# INSTITUTES

## AU
## DROIT CRIMINEL,

*OU*

## PRINCIPES GENERAUX
### SUR CES MATIERES,

*SUIVANT LE DROIT CIVIL, CANONIQUE,*
*ET LA JURISPRUDENCE DU ROYAUME;*

AVEC

## UN TRAITÉ PARTICULIER
### DES CRIMES.

*Par M<sup>e</sup>. PIERRE-FRANÇOIS MUYART DE VOUGLANS,*
*Avocat au Parlement.*

Capitis Judicia habent fuam formam, fuum judicium, numerum fuum;
quæfitorem fuum, fua tempora, fua nomina. *QUINTIL. Declam. 33.*

## A PARIS,

Chez LE BRETON, Imprimeur ordinaire DU ROI, rue de la Harpe.

M. DCC. LVII.
*AVEC APPROBATION ET PRIVILEGE DU ROY.*

ciens, & fur-tout celui que peut donner une longue
Expérience fur la fimple Théorie à cet égard.

C'EST ce double avantage, que je crois pouvoir réclamer en faveur de celui que j'ofe préfenter au Public.
L'Etude affidue que j'ai faite depuis plufieurs années de
cette Partie de notre Jurifprudence, jointe aux fecours
particuliers que j'ai puifés dans les Notes de mes Parens,
qui ont rempli fucceffivement, pendant l'efpace d'environ 60 années, l'Office de Lieutenant Criminel fous
les yeux d'un Parlement, m'ont mis, j'ofe le dire, en
état de donner, finon un Ouvrage complet fur ces Matieres qui n'en font gueres fufceptibles, du moins des
Facilités particulieres à ceux qui veulent s'y perfec-
tionner ; mais fur-tout aux Commençans, que j'ai eu
principalement en vûe.

Je n'avois pas encore conçû le deffein de cet Ou-
vrage, qu'il en a paru fucceffivement deux fur la même
Matiere : l'*un*, fous le titre de *TRAITÉ des Matieres
Criminelles*, par feu Mᶜ ROUSSEAU DE LA COMBE ;
l'*autre*, fans nom d'Auteur, fous le titre de la *MA-
NIERE de pourfuivre les Crimes dans les différens
Tribunaux du Royaume*, avec les *LOIX CRIMI-
NELLES*, &c.

L'un & l'autre de ces Traités, il faut l'avouer, contiennent d'excellentes chofes, & paffent avec raifon
pour ce que nous avons eu jufqu'ici de meilleur dans
cette Matiere. Mais, qu'il me foit permis de le dire,
les Eloges qu'ils peuvent mériter chacun en particulier,
ne diminuent en rien l'utilité de l'Ouvrage que je prends
la liberté de préfenter au Public.

L'AUTEUR du premier, connu d'ailleurs par plufieurs Ouvrages qu'il a donnés fur différentes Matieres,
femble avoir eu principalement en vûe l'Inftruction
d'un Praticien, & s'être moins attaché à remonter à la
fource des Principes, & à développer le Motif de la
Difpofition des Loix, qu'à en faciliter l'application par
des Exemples de Jurifprudence qu'il cite, ou par des
Modeles de Procédure dont il donne le Style.

L'AUTEUR du fecond femble, au contraire, avoir
totalement négligé les Inftructions familieres de la Pratique, pour fe livrer uniquement à la Difcuffion des
Principes & des Queftions également curieufes & rele-
vées. Le Public lui fera à jamais redevable des Recherches profondes qu'il a faites à ce fujet, & qui ne peuvent être que le fruit d'un long & infatigable travail.
Mais, outre que les Matieres qui font l'objet de ce
Traité, ne roulent principalement que fur la COMPÉ-
TENCE ; il faut convenir qu'elles font d'ailleurs fi abf-
traites, & même la plûpart tellement rares dans l'Ufage,
qu'elles femblent moins faites pour former un Praticien
qu'un Jurifconfulte. C'eft auffi le Jugement que l'Auteur en porte lui-même dans fa Préface, lorfqu'il dit,
qu'il a *tâché d'approfondir cette Matiere, & de pénétrer jufqu'aux premiers Principes.*

DANS CET OUVRAGE, j'ai tâché de prendre un
jufte milieu entre ces Auteurs ; fans me jetter dans une
profonde Difcuffion des Loix primitives fur cette Matiere ; dont la connoiffance ne femble refervée qu'à des
Savans du premier ordre. Sans m'arrêter au contraire

à de fimples Citations vagues & ifolées, ou à de vains Détails de Formules qui ne concernent que de purs Praticiens; j'ai tâché d'épargner à mon Lecteur tout ce qui peut le rebuter, ou lui faire perdre de vûe le But où je prétends le conduire; & ce But, c'eft de lui faire connoître, par des Principes conftans & des Exemples fuivis & foûtenus, le véritable Efprit des Loix & des Ordonnances qui ont été rendues fur cette Matiere.

C'EST dans cette vûe que j'ai partagé cet Ouvrage en deux Parties, qui embraffent toutes les Matieres Criminelles. Dans la *premiere*, que je préfente aujourd'hui fous le titre d'INSTITUTES AU DROIT CRIMINEL, avec un TRAITÉ DES CRIMES. J'ai raffemblé les Principes généraux, tant pour la Théorie que pour la Pratique. La *feconde*, qui aura pour titre INSTRUCTION CRIMINELLE, contiendra le développement de ces mêmes Principes, par l'application que j'en ferai aux Difpofitions des Loix particulieres du Royaume, & celle-ci fera la Matiere d'un fecond Volume, qui fuivra de près celui-ci.

LES TITRES feuls de ces Volumes fuffifent pour en annoncer toute l'Utilité, & en même tems les Motifs particuliers qui m'ont engagé à les entreprendre. Il ne me refte donc plus qu'à juftifier le Plan que je me fuis propofé pour les remplir.

J'ai employé dans ce PREMIER VOLUME, les Maximes les plus univerfellement reçues. J'ai confulté pour cet effet les Sources les plus pures du Droit, tant ancien que nouveau. J'ai remonté d'abord au DROIT

Romain ; dont la connoiſſance m'a paru néceſſaire, tant pour prévenir les Erreurs & les Mépriſes où l'Etude de ce Droit pourroit jetter ceux qui ne ſont point encore aſſez verſés dans la Pratique, que parce que ce même Droit a ſervi de fondement, comme l'on ſçait, à la plûpart des Ordonnances du Royaume ; & qu'il ſupplée même encore tous les jours au défaut de celles-ci, ſur-tout dans les Provinces où ce Droit eſt principalement en vigueur.

J'ai crû auſſi, ne devoir point négliger les Diſpoſitions du Droit Canonique dans une Matiere comme celle-ci, qui ne tient pas moins à la Religion qu'à l'Ordre public, ſur-tout lorſqu'il s'agit de déterminer la Nature & la Punition des Crimes. L'on ſçait d'ailleurs que c'eſt à ce Droit, que nous ſommes principalement redevables de l'Inſtruction, tant Criminelle que Civile.

C'eſt à la ſuite de ces deux premieres Sources, que j'ai placé les Monumens de notre Jurisprudence Françoiſe. Je comprends ſous ce nom les Ordonnances, Edits, Déclarations & Arrests de Réglemens.

Parmi les Arrests, j'ai recueilli avec plus de ſoin Ceux de ce Parlement, qu'on peut regarder comme autant de Modeles en cette Matiere ; & dans le nombre de ceux-ci, je me ſuis attaché principalement aux Arrêts rendus ſur les Concluſions de feu M. le Procureur Général Guillaume-François Joly de Fleury,

qui a toûjours été regardé comme un Oracle en cette
Matiere. J'ose même dire que c'est aux Leçons excellentes que j'ai reçûes de ce grand Magistrat, & que je
reçois encore tous les jours de son digne Fils & Successeur, que je croirai devoir principalement le succès
que pourra mériter cet Ouvrage.

Je n'ai point crû devoir aussi négliger la Jurisprudence du Parlement de FRANCHE-COMTÉ, dont les
Décisions sont d'autant plus remarquables, que ce Tribunal ayant été associé, comme l'on sçait, à l'honneur
de la Législation, du tems des derniers Ducs de Bourgogne, elles font aujourd'hui Partie des anciennes Ordonnances de cette Province.

Pour l'Interprétation de toutes ces différentes Loix
dans les endroits où leurs Dispositions m'ont paru obs-
cures ou insuffisantes, j'ai eu recours à l'Avis des Au-
TEURS les plus accrédités dans cette Matiere. Parmi
ces Auteurs, je n'ai point dédaigné les secours particuliers que m'ont fourni ceux des Pays Etrangers, sur-
tout de l'Italie & de l'Allemagne, où cette Etude me
paroît plus cultivée que par-tout ailleurs : je n'en veux
d'autre preuve en faveur des derniers, que la fameuse
Ordonnance de CHARLES V. vulgairement appellée
LA CAROLINE, qui contient le Recueil le plus exact
& le plus complet de tous les Principes qui doivent décider dans ces Matieres.

COMME ces Auteurs ne sont point aussi connus
parmi nous qu'ils méritent de l'être, je me suis contenté
de ne citer, dans le cours de cet Ouvrage, que ceux
qui

qui nous font les plus familiers ; tels que JULIUS CLA-
RUS, DAMHOUDERIUS, FARINACIUS, MATHEUS,
GOMES, MASCARDUS, MENOCHIUS, A. FABER,
ZOESIUS, PEREZIUS, ALEXANDER, FOLLERIUS,
ZACHIAS, GUDELINUS, DECIUS. Les autres, que j'ai
pareillement confultés, & dont je ne ferai qu'indiquer
ici les Noms & fes Ouvrages, font Seb. GUAZZINUS,
*Oper. Crim.* Mar. GIURBA, *Confil. feu Decif. Crim.*
Ant. CONCIOL, *Refol. Crim.* J. ZANGERUS, *de Quæft.*
*feu Tort. reor.* Flam. CHARTARIUS, *Prat. Interr. reor.*
MATHEUS, *de Afflict.* Th. GRAMMATICUS, *Decif.*
*Neap.* Raph. de VILLOSA, *de Fugit.* CARPZ, *Tract.*
*Crim.* ZUFFIUS, *Tract. Crim. Proceff. & Inft. Crim.*
STRUVIUS, *Progymn in Tit. lib. 1. Cod.*

A l'égard des Auteurs de notre Nation, on peut les
diftinguer en deux Claffes. Les uns, qui ont écrit avant
l'Ordonnance de 1670 ; tels que LISET, MASUER,
BOURDIN, DURET, CHARONDAS, THEVENEAU,
BOUGLER, MILLÆUS, AYRAUT, PAPON, TIRA-
QUEAU, IMBERT, LE BRUN ; & ce font ces premiers
que j'ai confultés principalement pour les Principes qui
doivent régler la Décifion dans ces Matieres.

Les AUTRES, qui ont écrit depuis l'Ordonnance, &
que j'ai confultés fingulierement fur le fait de l'Inftruction & de la Jurifdiction, font BRUNEAU, BORNIER,
LANGE, & autres *Arrétiftes* & *Praticiens* modernes.
Je ne diffimulerai même point, que j'ai eu recours quelquefois aux deux nouveaux Traités dont j'ai parlé ci-
devant, fur de certains Points de Jurifprudence que je
n'ai point trouvés établis ailleurs ; & je n'ai point craint

*b*

## P R E´ F A C E.

de paſſer pour Compilateur dans une Matiere comme celle-ci, qui étant preſque toute de Droit poſitif, ſe décide moins par le Raiſonnement que par les Autorités & par l'Uſage.

Enfin, comme l'INSTRUCTION eſt la Partie la plus eſſentielle des Matieres Criminelles, & que c'eſt de ſa validité que dépend la Preuve qui doit ſervir de fondement à la Condamnation ou à l'Abſolution de l'Accuſé ; j'ai crû devoir en faire l'objet particulier du SECOND VOLUME, j'y ai raſſemblé pour cet effet toutes les Loix qui peuvent ſervir de Régles en cette Matiere.

CES LOIX ſont de trois Eſpeces, qui formeront la Diviſion de ce ſecond Volume en autant de Parties.

Dans la PREMIERE, je traiterai de la Procédure Criminelle *en général*, ſuivant les différens Titres de l'ORDONNANCE de 1670.

Dans la SECONDE, de la Procédure *particuliere*, concernant l'*Inſtruction du Faux principal & du Faux incident*, ſuivant la nouvelle ORDONNANCE de 1737.

Enfin, dans la TROISIEME, je traiterai de l'*Inſtruction conjointe qui ſe fait entre le Juge d'Egliſe & le Juge Royal*, ſuivant les EDITS & DÉCLARATIONS qui ont été rendues à ce ſujet. J'ai crû devoir m'arrêter particulierement à ce dernier Objet, qui m'a paru de toute la Procédure Criminelle la Partie la plus délicate, & en même tems la plus ignorée. En effet, ces termes généraux dont ſe ſert l'Ordonnance de 1670, dans l'art. xiij. du Titre I. *N'entendons déroger par le précédent*

*article aux Priviléges dont les Eccléfiaftiques ont ac-
coûtumé de jouir*, font affez fentir la néceffité qu'il y
a de remonter à la fource de ces Priviléges, & conféquemment aux Loix qui les établiffent, afin d'en déterminer l'application & l'étendue. Ces Priviléges font
fondés principalement, comme l'on fçait, fur l'Ordonnance de Moulins, l'Edit de Melun, les Déclarations
de 1678 & 1684, l'Edit de 1695, & la Déclaration
du 4 Février 1711.

POUR faciliter l'intelligence de toutes ces différentes
Loix, je me fuis attaché à développer fur chacune de
leurs Difpofitions, l'origine & la définition des *termes*
qui y font employés, à diftinguer les *Régles*, des Exceptions, les Formalités *effentielles* des Actes de Procédure, de celles qui ne font que de *fimple ftyle*; & comme c'eft de la validité de ces Actes que dépend celle
de l'Inftruction, & que leur nullité intéreffe particuliérement les Juges, aux frais de qui elle doit être réparée. J'ai crû devoir terminer mes Obfervations par
des FORMULES de ces Actes que j'ai puifées dans nos
meilleurs Praticiens, & fingulierement dans celles qui
ont été rédigées de l'Avis de MM. les Commiffaires
Généraux de l'Ordonnance.

J'ai annoncé tout cela par des SOMMAIRES à la fuite
de ces articles; & quelquefois même, pour une plus
grande clarté, j'ai divifé ces Articles en plufieurs PA-
RAGRAPHES, lorfque leur difpofition eft de quelque
étendue, & contient différentes Parties.

C'eft encore dans la même vûe, qu'au lieu de m'ar-

rêter à de longues Differtations, ou à des Compila-
tions ennuyeufes d'Autorités & d'Exemples étrangers à
nos Mœurs, comme ont fait nos anciens Criminaliftes,
j'ai eu foin de ne faire ufage que des Maximes les plus
connues & les moins controverfées ; j'ai tâché fur-tout
de n'élever aucune Queftion qui ne fût tirée du fein
même de l'Article que je difcute, & dont je n'aye fur
le champ appuyé la Réfolution par des Principes & des
Exemples fondés fur la Jurifprudence des Arrêts, ou
fur l'Avis de MM. les Commiffaires qui ont préfidé à
la Rédaction de l'Ordonnance, & même quelquefois
fur les Décifions particulieres de MM. les Chanceliers
de PONCHARTRAIN & d'AGUESSEAU, qui ont été
confultés à ce fujet.

ENFIN, comme depuis l'Ordonnance il eft intervenu plufieurs Edits & Déclarations qui ont ajoûté ou
dérogé à quelqu'unes de fes Difpofitions, j'ai eu foin de
remarquer ces changemens fur les Articles particuliers
qu'ils concernent. J'y ai rapporté les Difpofitions de
ces nouvelles Loix ; & lorfqu'elles m'ont paru trop éten-
dues, je les ai renvoyées à la fuite des Titres auxquels
elles font relatives, afin de mettre le Lecteur à portée
d'en faire lui-même l'application, & de juger fi celle
que j'en fais eft exacte.

Si je remonte quelquefois aux Ordonnances *anté-*
*rieures*, ce qui m'arrive très-rarement, ce n'eft que
lorfque leurs Difpofitions fervent à mieux développer
l'efprit de ces dernieres. Par-là l'on fent affez la différence qui fe trouve entre ce Commentaire & celui de
BORNIER, & autres qui ont paru jufqu'ici, dont l'ob-

jet particulier a été de conférer les nouvelles Ordonnances avec les anciennes. J'ai crû d'ailleurs devoir
m'écarter de la Méthode qu'ont fuivie ces Auteurs, en
commentant féparément les termes de chaque Article,
par la raifon que fes parties, ainfi détachées, ne font
qu'en affoiblir le fens, & énerver les conféquences
qu'on en pourroit tirer, en les préfentant, comme je fais,
fous un feul point de vûe.

Tel est le Plan général que je me fuis propofé de
remplir dans cet Ouvrage. C'eſt beaucoup entreprendre, je le fens; mais après tout, que ne doit-on pas
tenter pour faciliter l'Etude d'une Matiere auſſi importante, dont l'Ignorance ou la fauſſe Application ne tendent à rien moins qu'à favorifer l'Impunité des Crimes,
ou à compromettre la Vie, l'Honneur & les Biens d'un
Innocent ?

# TABLE DES CHAPITRES

Contenus dans les Instituts.

# PARTIE CINQUIEME.

## DE L'INSTRUCTION.  217

# TABLE DES CHAPITRES

*Contenus dans le Traité des Crimes.*

## TITRE I.

### Des Crimes de Lèze-Majesté Divine. Page 430

## TITRE II.

### Du Crime de Lèze-Majesté humaine. 454

## TITRE III.

### Des Crimes de Luxure, & de leurs Peines. 478

c

# TABLE

## TITRE IV.

## TITRE V.

# TITRE VI.

# TITRE VII.

# TITRE VIII.

FIN des Table des Chapitres.

# INSTITUTES
## AU
## DROIT CRIMINEL,
### OU
## PRINCIPES GENERAUX
### SUR CES MATIERES,

*Suivant le Droit Civil, Canonique, & la Jurisprudence du Royaume.*

## PARTIE PREMIERE.

### Du Crime en général.

NOUS entendons par *Droit Criminel*, tout ce qui peut concourir à former un Procès criminel, & à le distinguer du Procès civil.

Pour qu'un Procès criminel se trouve accompli dans toutes ses parties, il faut qu'il y ait un CRIME, un ACCUSATEUR, un ACCUSÉ, un JUGE, l'INSTRUCTION, la PREUVE, le JUGEMENT, & son EXÉCUTION; ce sont tous ces différens objets que nous nous proposons de développer successivement dans cet Ouvrage, & qui forme sa division naturelle en huit Parties.

A

Nous commençons par le CRIME, parce que c'eſt le fondement du Procès criminel, & que ſans lui il n'y auroit beſoin ni de Loi ni de Magiſtrat: mais nous ne ferons que donner ici des notions générales ſur ſa Nature, ſur les différentes Manieres de le commettre, ſur ſes Qualités, & ſur ſes Diviſions. Nous nous réſervons d'entrer dans le détail de ſes différentes Eſpeces & des Peines qui leur ſont attachées, à la ſuite de la derniere Partie, qui concerne l'exécution des Jugemens.

# CHAPITRE PREMIER.

## De la Définition du Crime, & de ſa nature.

ON peut définir le Crime en général, tout ce qui eſt contraire aux Loix divines & humaines; de-là vient qu'on peut le conſidérer ſous deux rapports différens, ou dans l'ordre *moral*, ou dans l'ordre *politique*: au premier cas on l'appelle proprement PÉCHÉ; & au ſecond, CRIME, FORFAIT, DÉLIT; & c'eſt de ce dernier dont nous nous propoſons de traiter dans cet Ouvrage, l'autre étant purement du reſſort de la Théologie chrétienne.

Le Crime conſidéré ſous ce dernier rapport, eſt défini différemment par les Auteurs: voici de toutes les Définitions celle qui m'a paru la plus exacte, & dont le développement fera le ſujet particulier de ce chapitre; c'eſt un Acte défendu par la Loi, par lequel on cauſe du préjudice à un tiers par ſon dol ou par ſa faute; *factum jure prohibitum, quo quis dolo vel culpâ facientis læditur.*

NOUS diſons *en premier lieu*, que le Crime eſt un acte, *factum;* d'où il ſuit que les obligations qui en proviennent ſe forment toutes par le fait ſeulement, ſans qu'il y ait de la part de celui qui le commet une intention formelle de s'obliger; à la différence des contrats civils, dont l'obligation ne prend ſa ſource que dans le conſentement des Parties contractantes.

Il ſuit encore, de ce que le Crime eſt un acte, que la ſimple volonté qui n'a point paſſé les bornes de la penſée, n'eſt point miſe au nombre des crimes, parce que le pouvoir des Loix & de leurs Miniſtres ne peut s'étendre, non plus que leur connoiſſance, au-delà des actes extérieurs, ce pouvoir n'étant réſervé

*L. Obligamur 52. §. ex Peccato, ff. de Oblig. & Act.*

*L. Cogitationis, 18, ff. de Pœnis.*

qu'à cette Intelligence suprême qui perce l'obscurité des consciences, & sçait confondre le coupable sans le secours des preuves & des dépositions.

Ainsi deux choses à distinguer dans le Crime, le dessein & l'exécution, *consilium & eventus*. Le dessein seul n'est pas punissable par la justice des hommes; l'exécution au contraire troublant l'ordre public, est sujette aux rigueurs de cette Justice, & livre le coupable à la procédure & à la punition : les Loix Civiles & Canoniques s'accordent sur ce point.

L'on vient de dire que le dessein seul n'est point puni par les Loix humaines; mais lorsque ce dessein est manifesté par quelqu'acte extérieur, & que le coupable est surpris en faisant des efforts pour commettre le Crime, il n'est pas moins punissable que s'il l'avoit entierement consommé; ce qui s'entend sur-tout lorsque ce Crime est de sa nature *atroce*, & c'est dans ce sens que la loi veut qu'on considere moins l'événement que la volonté ; *in maleficiis voluntas spectatur, non exitus* : de ce nombre sont entr'autres les Crimes de Lèze-Majesté & d'Assassinat, suivant les Ordonnances du Royaume.

*L. Divus, 14. ff. ad leg. Cornel. de Siccar.*
*L. Quæsitant, ff. Qui & à quibus manum.*
*V. art. 195. de l'Ordonnance de Blois.*

Quant aux autres Crimes qui n'intéressent pas si essentiellement l'ordre public, tels que le vol & le simple homicide, les Loix veulent que l'on mette quelque différence pour la peine, entre ceux qui ont été suivis de l'effet & ceux qui sont simplement commencés, *consummata faciliùs puniuntur quàm non perfecta.*

*L. Si quis, §. 1. de Pœnis.*

Nous avons dit *en second lieu* que le Crime étoit un acte défendu par la Loi, *jure prohibitum.* Sous le nom de L o i, sont compris le Droit Civil & Canonique, les Ordonnances & les Coûtumes du Royaume.

Par LE DROIT CIVIL, nous entendons le Droit naturel, le Droit des gens, & le Droit Ecrit ou autrement le Droit Romain. Les deux premiers sont observés généralement dans toutes les nations. Le Droit écrit n'a plus force de loi, que dans certaines Provinces du Royaume, qui sont appellées par cette raison *Pays de Droit Ecrit*, à la différence des autres Provinces qu'on appelle *Pays Coûtumiers*, où ce droit n'est regardé que comme raison écrite, & n'a d'autorité qu'autant qu'il est confirmé par les Loix particulieres du Royaume.

Par LE DROIT CANONIQUE, l'on entend en général, l'ancien & le nouveau Testament, les Dispositions des Conciles, les Conſtitutions des Papes, les Déciſions des Peres de l'Egliſe; nous n'en parlerons ici que relativement à la Diſcipline, laquelle n'a d'autorité parmi nous qu'autant qu'elle eſt reçue & approuvée par les Loix du Royaume.

Par LES LOIX DU ROYAUME, nous entendons non-ſeulement les Ordonnances, Edits, Déclarations qui émanent directement de S. M. mais encore les Arrêts de réglemens des Cours ſupérieures, à qui le Prince a confié le ſoin de rendre la juſtice à ſes ſujets: il eſt vrai que ces derniers n'obligent que ceux qui ſont de leur reſſort, au lieu que les premiers lient également tous les ſujets du Royaume, à moins que le Prince n'en ait reſtraint l'exécution à certaines perſonnes, ou à certains lieux.

Sous le nom de COUTUMES, nous n'entendons parler que de celles qui ont été rédigées par écrit de l'autorité du Souverain, quoique de ſimples Uſages non écrits ne laiſſent pas que d'être d'une grande conſidération dans la Matiere dont nous traitons. Il y a quelques Coûtumes dans le Royaume qui prononcent des peines en certains cas, & ce ſont de celles-ci ſeulement dont nous aurons lieu de parler dans le cours de cet Ouvrage.

De ce que le Crime eſt un acte défendu par la Loi, il s'enſuit que tout ce qui eſt fait de l'autorité ou avec permiſſion de la Loi, ne ſçauroit être réputé crime.

Ainſi ceux qui commettent un homicide dans la néceſſité d'une juſte défenſe, ne ſont point réputés Criminels; parce que ſuivant le Droit naturel, il eſt permis de repouſſer la force par la force. Suivant le Droit Romain, le mari pouvoit tuer impunément ſa femme qu'il ſurprenoit en adultere, le pere ſon enfant, le maître ſon eſclave.

Non-ſeulement on peche contre la Loi en faiſant ce qu'elle défend, mais encore en ne faiſant pas ce qu'elle ordonne: l'on trouve dans le Droit pluſieurs exemples des Crimes de cette derniere eſpèce; entr'autres ceux de l'Eſclave qui n'avoit point défendu ſon maître; du Soldat qui avoit laiſſé tuer ſonCapitaine; du maître qui n'a point empêché ſon ſerviteur de commettre le Crime; du Frere qui n'a point révélé les embûches qu'il ſçavoit que ſon frere tendoit à la vie de leur pere commun, & généralement de tous ceux qui ne révéloient point les Crimes de léze-Majeſté, de rapt & d'adultere. A quoi les Interpretes du Droit ont ajouté les exemples du Sergent ou Archer, qui n'arrête pas un malfaiteur, lorſqu'il le peut; d'un Procureur du Roi & au-

L. 1. ff. De his qui ſunt ſui vel alieni juris.
L. unic. cod. de emend. ſerv.

L. 1. & 2. ff. De Jure can. Sillan.
L. Scientiam, 45. ff. ad leg. Aquil.
L. 2. ff. ad L. Pomp. de Parric.
L. Omne, ff. de re milit.

tres Officiers de Juſtice, qui par connivence, négligence ou autrement ne pourſuivent point la punition du Crime.

Il eſt vrai que parmi nous, comme chez les Romains, cette maniere de commettre le Crime, que les Auteurs appellent *delinquere in omittendo*, n'eſt point auſſi grave, ni punie auſſi ſévérement que celle qui ſe fait *in committendo* dont nous avons parlé ci-devant. *Jul. Clar. liv. 5: §. 1.*

Vainement la Loi auroit-elle le pouvoir de commander ou de défendre, ſi elle n'avoit encore celui de faire exécuter ce qu'elle commande & d'empêcher qu'on ne faſſe ce qu'elle défend ; il a donc fallu par une ſuite néceſſaire de ce pouvoir, qu'elle fît trois choſes, qui forment toute l'économie du Droit Criminel : 1°. qu'elle déterminât les caractères particuliers auxquels on pût reconnoître le Crime ; & c'eſt ce que nous allons tâcher d'éclaircir dans les Chapitres ſuivans de cette premiere Partie : 2°. qu'elle preſcrivît de certaines regles pour parvenir à la découverte de l'auteur du Crime, & ce ſont ces regles qui font la matiére de ce que nous appellons *Compétence, Inſtruction & Preuve*, dont nous traitérons ſucceſſivement dans le cours de cet Ouvrage ; 3°. enfin qu'elle établît des peines proportionnées à la grieveté de ces crimes ; & ce ſont ces peines dont l'application aux différentes eſpeces de Crime, fera le ſujet du Traité particulier qu'on voit à la ſuite de la derniere Partie de cet Ouvrage. *L. Legis virtus, ff. de Legib.* *L. Sancimus, cod. de Pœnis.*

Nous avons dit en *troiſiéme lieu*, que par le Crime on cauſoit du préjudice à un tiers, *quo quis læditur*. Ce tiers eſt ou le Public ou le Particulier, ou en même tems l'un & l'autre.

Le préjudice eſt cauſé au Public par le ſcandale & le trouble que le Crime apporte dans la ſociété civile, dont la ſûreté demande que le coupable ſoit puni, pour contenir par cet exemple ceux qui pourroient tomber dans le même Crime : il eſt cauſé au Particulier par l'offenſe qu'il en reçoit, ſoit dans ſa perſonne, ſoit dans ſon honneur, ſoit dans ſes biens.

Les Crimes qui frappent directement ſur la *perſonne*, ſont l'homicide, le rapt, le viol & autres excès ſemblables qui ſe commettent de perſonne à perſonne ; ceux qui attaquent l'*honneur*, ſont les injures graves qui nous ſont faites, ou directement à nous-mêmes ou indirectement dans la perſonne de nos proches ; enfin ceux qui ſe commettent ſur nos *biens*, ſont le vol, l'incendie & autres de cette eſpece, qui tendent à nous dépouiller ou à diminuer notre patrimoine. Nous aurons lieu de déterminer ci-après, en parlant de ceux qui peuvent accuser, en quoi consiste le droit & la maniere de poursuivre la réparation de ces sortes de préjudices.

Enfin, nous avons dit en *quatrieme lieu*, que pour former le Crime, il falloit du dol ou de la faute de la part de celui qui le commettoit : *dolo aut culpâ facientis*.

L'on appelle *Dol* tout ce qui se fait dans le dessein de nuire, & *Faute* tout le mal qui se fait sans dessein formel de nuire ; on voit par-là que c'est proprement le dol qui fait le Crime, & qui rend le coupable sujet aux peines portées par les Loix. La faute opere seulement ce qu'on appelle en Droit *délit* ou *quasi délit*, & ne soumet ordinairement celui qui le commet qu'à des condamnations pécuniaires.

Cependant il y a plusieurs distinctions remarquables à faire sur l'une & l'autre de ces Causes du crime.

1°. Quant au *Dol* quelquefois il est accompagné de préméditation, quelquefois il est sans préméditation. Au premier cas, que les Jurisconsultes appellent *delinquere proposito*, & dont ils donnent pour exemple des *voleurs* qui attendent les passans sur les chemins pour les détrousser, on peut aussi y comprendre la *trahison*, qui se fait lorsqu'on se sert d'une feinte amitié pour faire tomber son ennemi dans le piége qu'on lui tend; ou la convention secrette qui se fait à prix d'argent pour commettre le crime, & qu'on appelle proprement *assassinat*. Les crimes de cette espece sont les plus atroces de tous ; & ils doivent être punis sans espérance d'aucune grace, suivant la disposition des Loix divines & humaines.

Au second cas, que les Jurisconsultes appellent *delinquere impetu*, l'on comprend les crimes qui se commettent dans un premier mouvement, & qui sont l'effet de la colere & de l'emportement, tels que ceux arrivés dans une rixe, dans l'yvresse, ou dans l'ardeur d'une passion immodérée. Quoique ces crimes soient moins graves que ceux commis avec un propos délibéré ; néanmoins, comme ils ne sont pas tout-à-fait exempts de malice, & qu'ils sont faits avec intention actuelle de nuire, ils ne peuvent aussi être exempts de peine, comme nous le verrons ci-après, à moins que par des considérations particulieres le Prince ne juge à propos d'en accorder la rémission : ces considérations sont ou la *juste*

*L.* 11. §. 1. *ff. de Pœnis.*

*V. Exod.* 21. *ch.* 1. *v.* 25. *Voy. Ordonn. de* 1670. *tit.* 16. *art.* 4.

*L. Perspiciendum,* 11. §. *delinquitur, ff. de Pœnis.*

*L. Quidquid,* 48. *ff. de reg. jur.*

*douleur*, telle que celle d'un mari ou d'un pere qui tueroit celui qu'il trouveroit en flagrant délit avec sa femme ou sa fille ; ou l'*affection naturelle*, telle que celle d'un parent ou ami qui tueroit quelqu'un pour sauver la vie, l'honneur, ou les biens de son parent ou ami : ou la *juste crainte*, telle que celle d'un homme qui en tueroit un autre qu'il trouveroit de nuit dans sa maison ; ou enfin la trop *grande résistance* de la part de celui qu'on seroit chargé d'arrêter, & qu'on auroit tué dans les mouvemens de sa violence.

*L. 3. Si tamen. ff. de S. C. Sillan.*

*L. 21. & 22. ff. ad L. Jul. de Adult.*

Au reste, c'est par les circonstances qui accompagnent ou qui ont précédé ces crimes, qu'on peut juger s'il y a eu de la préméditation ou non. Ainsi, par exemple, en fait d'homicide arrivé dans une rixe, il faut considérer les armes dont on s'est servi, & si elles sont propres à causer la mort ; l'endroit du corps sur lequel on a frappé, si les coups ont été réitérés ; mais sur-tout s'il n'y a point eu de menaces ou de querelles antérieures, car c'est par-là principalement qu'on peut distinguer le crime fait avec préméditation, de celui qui n'est que l'effet d'un premier mouvement.

En général, le Dol ne se présume point : & comme il ne peut être sans quelque cause particuliere, telle que le ressentiment, l'intérêt, ou le mépris des Loix ; il faut, pour en être convaincu, que la preuve de cette cause soit rapportée ; autrement le crime est réputé purement casuel, ou du moins n'est plus considéré que comme une simple faute.

*Menoch. lib. 4. præsompt. 1. n. 1.*

2°. Quant à la FAUTE, qui est l'autre Cause du crime, elle se commet, ou en faisant une chose sans dessein de nuire, & dont il résulte néanmoins du préjudice à un tiers, ou en ne faisant pas ce que l'on est tenu de faire par les devoirs de son état : *Culpa alia est in non faciendo, alia in faciendo.*

*L. Si servum, ff. de verb. oblig.*

Les Auteurs en distinguent de trois sortes : la faute grossiere, la faute legere, & la faute très-legere ; *lata, levis, & levissima.*

La FAUTE GROSSIERE est celle qui blesse le sens commun, comme lorsqu'on manque en des choses qu'il n'est pas permis aux plus idiots d'ignorer.

*L. 8. §. 18. ff. Mand. vel contra.*

La FAUTE LEGERE se commet par celui qui n'apporte pas dans les affaires d'autrui le même soin qu'il a coûtume de prendre pour les siennes propres, comme le créancier qui laisse périr par sa négligence le gage qui lui a été confié.

*L. 77. ff. Pro socio.*

Enfin la FAUTE TRES-LEGERE est celle où tombent ceux qui ne font pas ce qu'ont coûtume de faire les peres de famille les

*L. 52. §. 3. ff.*
*Pro focio.*

plus diligens, comme celui qui s'eſt laiſſé voler pour n'avoir pas ſerré avec ſoin l'argent ou autres effets qu'il avoit empruntés.

Nous ne parlerons ici que de la Faute groſſiere, parce que c'eſt celle qui approche le plus du Dol, qui, comme nous l'avons dit, forme le principal caractere du crime, & qu'elle lui eſt même comparée en matiere civile.

Il y en a de pluſieurs eſpeces, dont nous trouvons des exemples ſous le titre de la *Loi Aquilie* au Digeſte, & ſous celui des Inſtitutes *de Obligationibus quæ ex quaſi delicto naſcuntur.*

*L. Qua actione,*
*7. §. fin. & L. 8.*
*10. 11. 30. ff. ad*
*leg. aquil.*

La premiere eſpece eſt de celle qui ſe fait par imprudence, *imprudentiâ.* La Loi en donne pour exemples, 1°. celui qui coupant des branches d'arbres, les laiſſe tomber dans un lieu où l'on a coûtume de paſſer, ſans avoir averti auparavant le paſſant qui en a été tué ou bleſſé. 2°. Le propriétaire ou locataire d'une

*L. 1. & 2. ff. de*
*his qui effud. vel*
*deject.*

maiſon qui jette ou répand quelque choſe dans la rue, nuiſible aux paſſans, ou qui ſouffre que dans la partie ſupérieure de ſa maiſon il y ait quelque choſe de mis ou ſuſpendu, qui en tombant pourroit nuire à ceux qui viendroient à paſſer. 3°. Celui qui

*V. Jul. Clar. §.*
*de Homicid. n. 3.*

tireroit un fuſil ou piſtolet ſur le chemin public ou dans les lieux fréquentés ; ou qui jetteroit une pierre après un chien, dont le coup auroit atteint & tué un homme.

*L. unica, ff. Furti*
*adv. naut. & caup.*
*V. Inſtit. de Oblig.*
*quæ ex quaſi delict.*
*naſc. §. 3.*
*L. 5. §. ſi Judex,*
*ff. de Oblig. & Act.*

La ſeconde eſpece de Faute eſt celle qui ſe fait par négligence, *inconſultâ negligentiâ*, comme celle d'un hôtellier ou d'un maître de coche ou de navire qui auroient laiſſé commettre des vols ou autres mauvaiſes actions dans leurs taverses, coches ou vaiſſeaux ; d'un pere de famille qui n'auroit pas ſoin de contenir ſon fils ; un maître ſon valet, & généralement de tous ceux qui négligent de remplir les devoirs attachés à leur état où à leur profeſſion.

Il y a même des cas où cette négligence peut dégénérer en de véritables crimes qui méritent une punition exemplaire, telle que celle d'un geolier qui ne tiendroit pas ſerré ſon priſonnier, d'un droguiſte qui vendroit du poiſon ſans les précautions qui ſont marquées par les Ordonnances.

*L. Item ſi, 9. ff.*
*ad leg. aquil.*
*V. Inſtit. §. 7. de*
*leg. aquil.*

La troiſiéme eſpece de Faute eſt celle qui ſe fait par impéritie, *imperitiâ*, comme par exemple celle d'un Médecin ou d'une Sage-femme, qui auroient donné ou fait prendre des remedes nuiſibles & dangereux, dont ils ne connoiſſoient pas la propriété ; d'un Chirurgien qui auroit opéré contre les régles de ſon art, d'un Juge qui auroit jugé contre la Loi ; & généralement de tous

ceux

ceux qui fe mêlent d'exercer une profeſſion dont ils ignorent les premiers élémens.

La quatrieme eſpece de Faute eſt celle qui fe fait par foibleſſe & inexpérience, *infirmitate*, telle que celle d'un cavalier ou d'un cocher, qui fe chargent de monter ou conduire des chevaux qu'ils ſavent être fougueux, & qu'ils n'ont ni la force ni l'adreſſe de contenir & d'empêcher de nuire aux paſſans. *L. idem juris, 8. §. 1. ff. ad leg. aquil.*

La cinquieme eſpece de Faute fe commet par un excès de rigueur, *nimia ſævitia*, telle que celle d'un maître qui tueroit ou eſtropieroit ſon ſerviteur en le corrigeant ; d'un pere qui bleſſeroit conſidérablement ſon fils, un régent ſon écolier. *L. 5. §. final. & L. 6. ff. ad leg. aquil.*

La ſixieme eſpece de Faute fe fait par un excès d'indulgence & de commiſération, *intempeſtiva miſericordia*, comme celle d'un particulier, qui délivreroit un priſonnier ou un eſclave que ſon maître retiendroit dans les fers ; celle d'un pere qui favoriſeroit les débauches de ſon enfant. *L. Item quæritur 13. §. item Julianus, ff. Locati. V. Inſtit. §. fin. ad leg. aquil.*

Nous verrons juſqu'à quel point ces différentes eſpeces de Faute ſont puniſſables, lorſque nous traiterons des différens Crimes auxquels elles peuvent donner lieu.

Nous avons dit qu'il falloit pour former le crime, que le préjudice fût cauſé par le dol ou par la faute de celui qui le commettoit ; par conſéquent tout préjudice qui fe fait ſans dol & ſans faute, ne peut jamais être regardé comme un véritable crime, ni expoſer celui qui le fait à aucune peine.

On peut cauſer du préjudice ſans dol & ſans faute dans les cas ſuivans qui ſont exceptés par les Loix. 1°. La néceſſité d'une juſte défenſe, 2°. la force majeure, 3°. l'accident ou cas fortuit, 4°. l'ignorance, 5°. le défaut d'intelligence, 6°. l'erreur. *CAUSES Qui font ceſſer le Crime.*

1°. PAR UNE JUSTE DÉFENSE, l'on entend celle qui eſt faite pour repouſſer la violence lorſqu'on eſt attaqué & pourſuivi avec tant de vivacité, qu'on ne peut fuir ſans danger de ſon corps & de ſa vie, ce que les Docteurs appellent *pro moderamine inculpatæ tutelæ*. *L. 4. 5. & 45. §. penult. ff. ad leg. aquil.*

Ainſi pour être dans le cas d'une légitime défenſe, il faut pluſieurs choſes. 1°. Que l'on ſoit attaqué ou pourſuivi, il n'eſt pas néceſſaire d'attendre qu'on ait reçu un premier coup ; il ſuffit qu'on ſoit ſur le point de le recevoir & qu'il y ait un péril évident de la vie. 2°. Il faut qu'il n'y ait eu aucune querelle précédente, qui ait pû donner occaſion à cette attaque. 3°. Que les

B

armes avec lesquelles on est attaqué soient mortelles , telles qu'une épée, un fusil, &c. 4°. Que les armes dont on s'est servi pour repousser la violence , soient égales & du même genre que celles dont on est attaqué, & non point supérieures. 5°. Qu'il n'y ait eu aucun intervalle entre l'attaque & la défense. 6°. Qu'on n'ait pû s'échapper par la fuite des mains de l'aggresseur : il faut cependant excepter les nobles ou les gens de guerre, à qui il est honteux de fuir. 7°. Qu'on n'ait pû se défendre de l'aggresseur autrement qu'en le tuant ; car si par exemple , c'est un enfant ou une femme qu'il est facile de desarmer, ou bien toute autre personne qu'on tueroit après l'avoir desarmé, ou dans le tems qu'on l'auroit mis en fuite & qu'elle étoit absolument hors d'état de faire aucun mal , c'est alors moins une défense qu'une vangeance, qui ne peut être excusée.

Le cas de la légitime défense, n'a pas seulement lieu lorsqu'il s'agit de sauver sa vie, mais encore de sauver son honneur ; ainsi une fille ou une honnête femme pourroient tuer impunément ceux qui voudroient les violer ; le pere même ou le mari, qui verroient l'honneur de leur fille ou femme exposé, de maniere qu'ils ne pourroient le leur conserver autrement que par la mort de celui qui l'attaque, pourroient le tuer sans encourir aucune peine.

Mais le cas de la légitime défense n'a pas lieu lorsqu'il s'agit de conserver uniquement ses biens ; ainsi celui qui tueroit un voleur qu'il verroit lui emporter quelques effets, ne seroit pas exempt de peine : il n'en seroit pas de même , si ce voleur étoit entré dans la maison par force & par violence, ou bien s'il étoit trouvé dans la chambre pendant la nuit , parce qu'alors il y auroit eû du danger pour la vie de celui qui l'auroit tué. Il y a cependant un cas où la nécessité d'une juste défense peut avoir lieu , pour la conservation de nos biens, c'est celui où pour garantir sa maison de l'incendie, l'on est obligé de démolir celle de son voisin.

Au reste, quand on dit en général que le cas d'une légitime Défense exempte de peine, cela ne s'entend que suivant la disposition du Droit Romain ; car c'est une maxime constante dans le Royaume, que tout homicide de quelque espece qu'il soit , soumet son auteur à la peine capitale ; de maniere que les Juges ne peuvent se dispenser de la prononcer : il n'y a que le Prince seul qui ait le droit d'en exempter ; ce qu'il fait par des Lettres qui s'obtiennent en Chancellerie de la maniere que nous le verrons dans la fuite. Il eft vrai que ces Lettres ne fe refufent jamais dans les cas que nous venons de marquer ; & quand même l'accufé négligeroit de les demander , ou qu'il ne feroit pas en état d'en faire les frais , les Juges fe chargeroient eux-mêmes de les lui obtenir , comme on en a vû plufieurs exemples.

2°. Quant à la FORCE MAJEURE, quoique dans le droit elle fe trouve comprife fous le nom de *cas fortuit*, il y a néanmoins cette différence entre l'un & l'autre , que le cas fortuit eft tout ce qui arrive fans qu'on ait pû raifonnablement le.prévoir , & qu'on auroit pû éviter , fi on l'avoit prévû ; au lieu que la force majeure eft tout ce qu'on n'auroit pû empêcher , quand même on l'auroit prévû.

Il y a trois fortes de Forces majeures, la divine , la naturelle & l'humaine : l'on peut donner pour exemple de la *premiere* , les orages, foudres , tempêtes & tremblemens de terre, débordemens des eaux; de la *feconde* , la ruine d'un bâtiment qui tombe de lui-même & par caducité , la mortalité des beftiaux ; enfin de la *troifieme* , les incendies & les ravages caufés par l'incurfion des ennemis ou dans une émeute populaire, l'homicide involontaire d'un homme contre lequel on eft pouffé par violence ; comme celui que commettroit un Barbier, qui rafant quelqu'un dans fa boutique , lui auroit-coupé la gorge par l'effet d'une impulfion violente ; ou celui dont la chûte auroit entraîné celle d'un autre , & lui auroit caufé quelque bleffure ou la mort même ; ou bien celui dont le trait s'échappe de fes mains & va tuer un paffant.

Cependant, fi ce dommage avoit été caufé dans un lieu où celui qui l'a fait involontairement , n'auroit pas dû fe trouver ; comme fi par exemple, le Barbier rafoit dans la rue au lieu de râfer dans fa boutique ; ou bien fi celui qui a entraîné un autre dans fa chûte s'étoit trouvé dans émeute populaire, qu'il auroit pû & dû éviter ; ou enfin fi celui dont le trait s'eft échappé, s'exerçoit dans une place publique; alors comme il y auroit eu originairement de la faute de la part de celui qui a caufé le dommage , ce feroit le cas de le condamner à le réparer , & même à quelque peine extraordinaire fuivant les circonftances. *L. 9. §. fin. ff. ad leg. aquil.*

*L. 5. §. Cafu, ff. de Pœnis.*

3°. Quant au CAS FORTUIT ; on peut lui appliquer tout ce que nous venons de dire de la force majeure ; la Loi nous en donne pour exemples , 1°. le chaffeur qui tue un homme croyant tirer fur une bête : 2°. celui , qui dans un tournois a tué celui qui luttoit contre lui, & qu'il avoit feulement deffein de terraffer *L. Perfpiciendum, 11. §. delinquitur, ff. de Pœnis. L. 1. §. Divus,*

ff. ad leg. com. de
Siccar.
L. 7. §. Si quis
in colluct. ff. ad
leg. aquil.
L. 11. 30. 31. &
32. cod. tit.

& de vaincre : 3°. celui qui jouant à la paume, auroit pouffé la balle contre l'un des spectateurs & lui auroit crevé l'œil : 4°. celui qui ayant mis le feu dans une brouffaille, a occasionné l'incendie de la maison ou de la vigne d'autrui. A quoi l'on peut ajouter celui dont l'animal auroit tué ou bleffé quelqu'un ; ou bien celui qui dans le cas d'une juste défense, auroit tué contre sa volonté une perfonne qui n'étoit point de la querelle : mais dans tous ces cas fortuits, il faut, comme dans ceux de la force majeure, pour qu'on soit exempt de peine, qu'il n'y ait aucune preuve de dol ni de faute précédente de la part de celui qui a fait le dommage ; c'est-à-dire, que les jeux, combats & autres actes qui ont occasionné le dommage, soient par eux-mêmes licites, qu'on s'y exerce dans le lieu destiné à cet effet & dans le tems accoutumé, qu'il n'y ait eu aucune querelle antérieure entre celui qui tue ou qui bleffe & celui qui a été tué ou bleffé ; & qu'enfin l'on n'ait jamais reconnu dans l'animal qui a tué ou bleffé, aucun vice avant l'accident.

Il y a de certains Crimes qui, quoique faits avec dol & préméditation, sont réputés néanmoins avoir été commis par cas fortuit, comme il arrive toutes les fois qu'on pêche plus qu'on auroit voulu. La Loi nous en donne les trois exemples suivans : le *premier*, est de celui qui s'étant proposé de n'employer que la violence nécessaire pour acquérir ou conserver la poffeffion d'une chose, est cependant venu jusqu'à tuer son adversaire : le *second*, est de celui qui s'étant proposé de ne brûler qu'une seule maison en a brûlé plusieurs : le *troisieme*, de celui qui dans le deffein de commettre un vol, s'empare d'une succeffion qu'il ne sçavoit pas lui appartenir.

4°. Quant à l'IGNORANCE ; lorsqu'on dit qu'elle excufe le crime, l'on ne veut parler que de cette ignorance invincible qui est telle que celui qui a fait le crime, n'a pû avoir connoiffance du mal qu'il faifoit, comme celle d'un voyageur qui fait une chose contraire à la coûtume des lieux où il paffe, laquelle néanmoins se pratique par-tout ailleurs.

L. Cum duobus,
52. ff. pro focio.

Il y a deux fortes d'Ignorances, celle de *Droit* & celle de *Fait* : cette dernière exempte du crime & de la peine, & non la premiere, si ce n'est dans l'efpece du voyageur dont nous venons de parler, ou lorsqu'il s'agit de la contravention à une Loi qui n'est point encore publiée : la Loi excepte encore la femme, le foldat & la perfonne ruftique ; mais cela ne ferviroit parmi nous qu'à faire diminuer leurs peines.

5°. Quant au Défaut d'Intelligence, l'on veut parler des impuberes, des furieux, infensés, ou des animaux, lesquels n'ayant aucune connoissance du bien & du mal, sont par conséquent incapables de commettre le crime ; nous aurons lieu de nous expliquer plus amplement sur ce sujet, en parlant de ceux qui ne peuvent être accusés.

6°. Enfin, quant à l'Erreur ; nous n'entendons parler que de celle où peuvent tomber les gens les plus sensés, telle que celle d'un chasseur, qui tue un homme croyant tirer sur une bête. *L. Quod non, 39. ff. de legib.* Mais si l'Erreur tombe seulement sur la qualité des choses du même genre ; c'est-à-dire, si on tuoit une autre personne que celle *L. Si per errorem, 9. ff. de Jurisdict. omni Jud.* qu'on avoit intention de tuer, alors comme cette Erreur ne feroit que convertir un crime dans un autre, celui qui y seroit tombé ne feroit pas moins punissable que s'il n'y avoit point eu d'erreur de sa part. En un mot l'Erreur n'excuse jamais, que lorsque la qualité sur laquelle elle vient à tomber est telle que cette qualité cessant, le crime cesse aussi : *Si qualitas in quâ erratum est, illa sit* *L. Si ignorans, ff. locato.* *quæ delictum esse faciat, eaque cessante, nullum est delictum.*

---

# CHAPITRE II.

## *Des différentes Manieres de commettre le Crime.*

APRÉS avoir marqué sur le Chapitre précédent les conditions nécessaires pour former le Crime, il s'agit présentement de déterminer en combien de manieres il peut être commis.

Le Crime se commet en quatre manieres, qui sont marquées par le Jurisconsulte Saturninus sur la loi *Aut facta*, au *ff. de pœnis ;* sçavoir par le fait, par paroles, par écrit, & par le consentement ; *facto, dicto, scripto, & consensu.*

1°. Par le Fait, le crime se commet ou envers la *personne*, comme l'homicide ; ou sur la *chose*, comme le vol & le faux ; ou en même tems sur la *personne* & sur la *chose*, comme l'enlevement ou la corruption d'un esclave ; ou envers *soi-même*, comme le suicide ou la mutilation de ses membres ; ou enfin sur *soi-même*, *L. Locatio, & quid illicitè, ff. de publ. vectig.* en même tems que sur *une autre personne*, comme l'adultere, le stupre, & autres péchés de la chair.

2°. Par Paroles, comme lorsqu'on dit des injures verbales, soit en public soit en particulier ; *ut convicia, aut infidæ ad-*

*vocationes ;* ou bien lorfqu'on profere des Blafphêmes , qu'on tombe dans le Parjure & qu'on employe des follicitations & des careffes pour féduire une vierge.

*L.* 16. *ff. de Pœnis.*

3°. Par E C R I T , le Jurifconfulte nous donne pour exemples , des pieces falfifiées & libelles diffamatoires , *ut falfa & famofi libelli.*

4°. Enfin , par le C O N S E N T E M E N T , le crime fe commet toutes les fois qu'on aide à le commettre , qu'on l'ordonne , qu'on en charge quelqu'un , qu'on le confeille & qu'on l'approuve : *Opem ferendo , juffu , mandato , confilio , ratihabitione.*

Comme ces cinq efpeces de Confentement ont des principes & des exceptions particulieres , nous croyons devoir les expliquer féparément , afin d'en mieux marquer les différences d'après les Loix & nos ufages.

La premiere efpece de Confentement , c'eſt lorfqu'on Aide , *opem ferendo.* On peut prêter aide de deux manieres : ou *immédiatement* , lorfqu'on eſt préfent à l'acte du crime , & qu'on en affure l'effet , comme en retenant celui qu'on veut battre ou tuer , pour l'empêcher de fuir & de parer le coup ; ou même lorfque fans faire aucun acte , l'on affiſte feulement le meurtrier par fa préfence avec armes , afin d'intimider la perfonne attaquée : ou bien *médiatement* , lorfque fans être préfent au crime on a prêté les inſtrumens qu'on fçavoit devoir fervir au meurtrier ou au voleur , comme les armes , le poifon , les ferremens , l'échelle pour efcalader le mur ; ou bien lorfqu'après le crime on a favorifé la fuite du criminel , en l'avertiffant , lui tenant des chevaux prêts ; ou en empêchant qu'il ne foit arrêté ; en recevant , cachant , ou vendant les chofes que l'on fçait avoir été volées.

*V. Menoch. de de Arbitr. jud. caf.* 349.

*L. Qui ferramenta, ff. de Furtis.*
*L. Si fciente,* 7. *ff. ad leg. Pomp. de Parricid.*

*L.* 1. *De Receptator,*

Ainfi ce n'eſt point tant l'acte d'affiſtance en lui-même que le deffein avec lequel on le fait , qui fait le crime & opere la complicité ; ce deffein fe reconnoît principalement par le profit qui en eſt revenu ou qui en devoit revenir à la perfonne qui aura donné affiſtance , ou par la pofition actuelle dans laquelle elle fe trouvoit lorfque le crime a été commis ; car fi , par exemple , plufieurs fe trouvant enfemble fortuitement dans une batterie s'entr'aidoient , & quelqu'un vînt à être tué , il n'y auroit que celui qui feroit prouvé avoir donné le coup qui feroit véritablement réputé le meurtrier , & devroit être puni comme tel ; les autres devroient fubir une moindre peine , fuivant les circonſtances. L'on en peut dire de même de ceux qui , par commifération ou par

d'autres fentimens naturels, auroient favorifé l'évafion d'un criminel ; ou bien qui fe feroient trouvés lors du crime dans un
lieu où ils avoient coûtume d'être ; à plus forte raifon , s'ils ne
s'y étoient rendus que dans la vûe de féparer les combattans. *V. J. Clar. Prax. Crim. quæft.* 90.

La feconde efpece de confentement, eft lorfqu'on Ordonne le
crime, *juffu;* celui qui ordonne le crime, n'eft pas moins coupa-
fuivant la Loi , que celui qui l'a exécuté ; *is damnum dat qui jubet
dare.* Il y a même des cas, où il en devient feul coupable ; comme lorfque celui qui l'exécute s'eft vû dans la néceffité d'obéir :
*ejus verò nulla culpa eft, cui parere neceffe fuit.* Néanmoins il faut
diftinguer avec les Interpretes du Droit, le cas où il s'agit d'un
fimple dommage, dont la réparation ne peut être que civile , &
celui où ce dommage fe trouve accompagné de crime , comme
d'une injure atroce; au premier cas, l'obéiffance peut s'excufer,
fur tout lorfque la foibleffe de l'âge ou de l'efprit l'a rendu en
quelque forte néceffaire ; mais au dernier cas on ne peut être excufable, parce que fuivant les principes du Droit naturel & de la
Religion, il n'eft pas permis d'être obéiffant jufqu'au crime ; cependant la peine de celui qui obéit doit être moindre que de celui
qui commande , & cette peine doit être plus ou moins févere à
proportion du degré d'autorité & de puiffance qu'exerce celui qui
commande envers celui qui obéit , comme le pere à l'égard de
fon fils, le maître à l'égard de fon domeftique, le Seigneur à l'é-
gard de fon vaffal ou de fes Jufticiables, le Magiftrat à l'égard
des Officiers fubalternes.

*L.* 169. *ff. de
Reg. jur.*

*V. même Loi.*

La troifieme efpece de confentement eft le M A N D A T , *mandato ;* c'eft-à-dire , lorfqu'on donne commiffion à quelqu'un
verbalement ou par écrit, de faire le crime. Il y a cette différence
entre le crime qui fe commet de cette maniere & celui qui fe
fait par le *Commandement*, que ce dernier fuppofant une efpece
de néceffité de la part de la perfonne qui obéit , la rend moins
puniffable que celle qui commande ; au lieu que le *Mandat*, ne
fuppofant aucune autorité de la part de celui qui le donne, celui
qui l'exécute eft cenfé agir volontairement & fans contrainte,
& conféquemment doit fubir la même peine que le premier.
Nous avons une infinité de Loix qui les déclarent l'un & l'autre
également coupables : *Nihil intereft ipfe quid facias, an per alium
fieri cures caufamvè crimini præbeas.* Il eft vrai que fur la Loi *liber
homo, 37. ff. ad leg. aquil.* le Jurifconfulte Javolenus en parlant de
la réparation du dommage qui eft dûe en ce cas, paroît décider

*L.* 16. *ff. de Oblig.
& Act.*
*L. Servos,* 8. *cod.
ad leg. Jul. de Vi.*
*V. Glof. in Clem.*
1. *de Pœnis.*
*V. Jul. Clar.*
*quæft.* 87.
*L.* 3. §. *Item cu-
jus, L. nihil in-
tereft,* 15. *ff. ad
leg. Cornel. de Sic.*
*V. art.* 195. *de
l'Ordon. de Blois.*

qu'on doit s'adreſſer ſeulement au *Mandataire*, en ces termes :
*Si liber homo cui imperare non poteram, meo mandato damnum dede-*
*rit, cùm eo qui dedit agendum eſt* ; mais on ne peut conclure de
cette déciſion, comme l'obſerve judicieuſement Accurſe ſur
cette Loi, que le Juriſconſulte ait voulu par-là exclure l'action
légitime, qui eſt également ouverte contre le Mandant, ſuivant
les autres Loix qu'on a ci-devant citées ; enſorte, dit cet Interprete, qu'il faut néceſſairement ſuppléer : *non ſolùm cum eo qui dam-*
*num dedit, ſed & cùm mandante agi poſſe.* L'on peut même dire,
qu'il y a d'autant plus de raiſon de s'adreſſer à ce dernier, qu'il
eſt à l'égard du Mandataire, ce qu'eſt la tête à l'égard de la
main : *tenetur propter mandatum, non ex mandato.*

La quatrieme eſpece de conſentement, eſt lorſqu'on *conſeille* le
crime, *conſilio*. La Loi *aut facta* que nous avons citée, n'héſite
point d'aſſimiler celui qui conſeille à celui qui aide le crime, &
à les aſſujettir l'un & l'autre aux mêmes peines que celui qui a
commis le crime : *Alios ſuadendo juviſſe ſceleris eſt inſtar, nec mi-*
*nus conſilia atque facta puniuntur.* L'on trouve ſous les titres du
Digeſte, *de publicis & privatis Judiciis*, une foule de Loix qui
contiennent des Diſpoſitions préciſes à ce ſujet.

CONSEILLER le Crime, ce n'eſt pas ſeulement avertir, ex-
horter, mais encore perſuader & enſeigner les moyens propres à
parvenir à la conſommation du crime : *Conſilium dare videtur qui*
*perſuadet & impellit atque inſtruit conſilio ad furtum faciendum* ; ainſi
l'on appelle *conſeiller* en matiere de *vol*, lorſqu'on indique les
endroits & les outils convenables pour s'introduire dans une
maiſon ; en matiere d'*adultere*, lorſqu'on déſigne le lieu & le tems
où l'on peut commodément le commettre ; en matiere de *calom-*
*nie*, lorſqu'on ſuggere des raiſons & des argumens propres à la
pallier. Par conſéquent celui qui ne feroit qu'employer de ſimples avertiſſemens ou exhortations générales, ſans indiquer aucun moyen particulier pour faciliter le crime, ne ſeroit point
cenſé complice du crime, ni tenu comme tel de réparer le dommage qui s'en feroit enſuivi. C'eſt ce que paroît décider l'Empereur Juſtinien ſur le §. *Interdum* aux Inſtitut. *de furtis*, en ces termes : *Certè qui nullam opem ad furtum faciendum adhibuit, ſed tan-*
*tum conſilium dedit atque hortatus eſt ad furtum faciendum, non tene-*
*tur furto.* Cependant il faut convenir que dans notre uſage, cette
déciſion ne doit point ſe prendre à la rigueur, & qu'elle ne doit
s'entendre que des cas où le conſeil n'a point été ſuivi de l'événement,

*L. Non ideo mi-*
*nus, cod. de Ac-*
*cuſat.*

*V. Bartol. in L.*
*Non ſolum, §. ſi*
*mandato.*
*V. Jules Clar.*
*quæſt. 89.*

*L. 50. §. penult.*
*ff. de Pœnis.*

nement, & qu'on ne peut pas dire qu'il y ait donné lieu ; car si le crime a été consommé, & qu'il paroisse par les circonstances qu'il ne l'auroit point été sans le mauvais conseil ; comme si celui qui l'a commis, étoit par lui-même incapable d'imaginer les moyens dont il s'est servi pour le commettre ; ou bien lorsqu'il l'a commis immédiatement après le conseil qui lui a été donné & sans avoir eu le tems de faire ses réflexions : dans tous ces cas, il n'est pas douteux que celui qui l'a donné, ne doive être tenu solidairement du dommage causé par le crime, & de la peine qui y est attachée.

*Jul. Clar. quæst. 88.*
*Decius sur la L. Consilio, ff. de reg. jur.*

Au reste, comme on peut dire en général que le mauvais conseil contribue toujours au crime, en ce qu'il augmente la malice de celui qui le commet, & qu'il le fortifie dans un dessein qu'il eût peut-être abandonné, s'il eût été détourné ; il est toujours plus sûr dans le doute d'en rendre responsable celui qui l'a donné, par la raison seule tirée de la regle de Droit, qui veut que *ex consilio non fraudulento non nascitur obligatio* ; ce qui doit avoir lieu surtout en fait de crimes atroces, où comme nous l'avons dit, *voluntas potius spectatur quàm exitus.*

*L. 97. de Reg. juris.*

La cinquieme espece de Consentement, est L'APPROBATION que l'on donne au crime après qu'il a été commis, *Ratihabitio.* Cette approbation se fait ou *tacitement* par des gestes & par la retraite qu'on donne au Criminel, depuis le crime commis ; ou *expressément* par des éloges & des applaudissemens que l'on donne au crime ou à celui qui l'a commis.

Quoique le consentement de cette espece soit de sa nature moins criminel que ceux qui précedent ou accompagnent le crime, en ce qu'on ne peut pas dire comme de ceux-ci, qu'il en a été la principale cause ; cependant il peut arriver qu'il ne le soit pas moins par ses circonstances, qui marqueroient évidemment la connivence, & qui rendroient celui qui approuve assez suspect pour donner lieu à la torture, & même à quelques peines extraordinaires ; & c'est dans ce sens que par les Loix 60. & 152. *ff. de reg. Juris*, la ratification en matiere de crime, est comparée au mandat. Au reste ces Loix ne doivent s'entendre proprement suivant les Interpretes, que par rapport aux condamnations pécuniaires, & non quant à la peine, à moins qu'il ne s'agisse du recellement de ceux qui ont commis les crimes les plus atroces, tels que celui de Lèze-Majesté au premier chef, & l'Assassinat, ou bien que le crime n'ait été commis sous le nom

*V. J. Clar. quæst. 87.*

C

Gloff. in §. deje-
ciffe, ff. de vi & vi
arm,
de celui qui l'approuve, & qu'il en ait eu connoiffance en l'approuvant.

Dans le nombre des Approbations *tacites*, l'on peut encore
ranger les exemples que nous avons donnés ci-devant de ces fortes de crimes qui fe commettent *in omittendo*; c'eft-à-dire, en
n'empêchant point le crime lorfqu'on le peut. En effet, fi aux
termes de la Loi, celui-là eft fans faute qui a fçu, mais qui n'a pû
L. 50. ff. de reg.
jur.
empêcher la mauvaife action : *Culpâ caret qui fcit, fed prohibere
non poteft;* on peut dire par argument à fens contraire, que celui
qui a pû empêcher le crime qu'il fçavoit, & ne l'a pas fait, en
devient le complice & conféquemment refponfable : cependant
cette maxime n'a guere lieu parmi nous, que dans les deux cas
fuivans : 1°. lorfqu'il s'agit d'un crime atroce, tel que celui de
Lèze - Majefté au premier chef, l'Hiftoire nous en fournit un
exemple fameux dans la perfonne de M. de Thou.

2°. Lorfque les perfonnes qui n'empêchent point le crime,
étoient tenues de le faire par les devoirs de leur état, & qu'elles
avoient l'autorité néceffaire à cet effet, tels que les Peres, les
Maîtres & les Magiftrats, & même les Maris. L'art. 612 de la
Coûtume de Bretagne rend les maris refponfables des délits de
leurs femmes.

Mais dans tous ces cas, les peines font moindres que celles qui
font prononcées contre les auteurs mêmes du crime, fuivant
L. Quifvis, §. fi
furem, ff. de furtis.
cette maxime que nous avons citée : *Gravior femper reputatur culpa in committendo quam in omittendo.*

# CHAPITRE III.

## Des différentes Qualités du Crime.

APRÉS avoir parlé de la Nature du Crime, & des différentes Manieres de le commettre, il nous refte à déterminer
les Qualités qui lui font acceffoires, & qui fervent à en augmenter ou diminuer la griéveté.

Comme ces Qualités dépendent des circonftances qui accompagnent, précedent ou fuivent le Crime, & que ces circonftances peuvent varier à l'infini, il n'eft guere poffible de les rappeller toutes ici.

L. aut. fatta, ff.
de Pœnis.
La Loi *aut fatta*, que nous avons ci-devant citée, les réduit

à sept principales : sçavoir, la Cause, la Personne, le Lieu, le Tems, la Qualité, la Quantité, & l'Événement : *causâ, personâ, loco, tempore, quantitate, qualitate, & eventu.*

1°. Quant à la Cause ou le Motif, il faut distinguer si le crime a été fait de propos délibéré, ou dans un premier mouvement, ou seulement par cas fortuit ; *aut proposito, aut impetu, aut casu.*

Les Causes ordinaires du propos délibéré sont, comme nous l'avons dit, le Ressentiment, l'Intérêt, ou le Mépris des Loix ; ce sont celles-ci qui font le véritable Crime, & qui ne peuvent jamais être excusées quant à la peine.

Les Causes du premier mouvement sont la Colere, l'Yvresse, l'Amour, ou la Jalousie : celles-ci peuvent faire diminuer la peine du Crime, quoiqu'elles ne l'excusent pas, même dans le cas d'une juste douleur, & lorsqu'on agit en vertu des ordres d'un Supérieur.

Les Causes du Cas fortuit excusent quelquefois le crime, comme la Force majeure, la nécessité d'une juste Défense, la Foiblesse de l'âge ou de l'esprit, l'Ignorance & l'Erreur ; d'autres fois elles ne font qu'en diminuer la peine, comme la Négligence, l'Imprudence, l'Impéritie, la Rusticité, la Commisération, &c.

2°. Quant à la Personne, il faut considérer non seulement celle qui a commis le crime, mais encore celle envers qui il a été commis. Ainsi le crime qui a été commis par un Esclave est plus grand & plus punissable que celui qui a été commis par une Personne libre. Mais si ce crime a été commis par cet Esclave envers son Maître, par un Fils envers son Pere, par un Sujet envers son Prince ; il le devient encore davantage que s'il avoit été commis par un simple Etranger. Pareillement, le crime commis par un Laïc envers un Prêtre, par un Roturier envers un Noble, par un Disciple envers son Précepteur, est plus énorme, & doit être puni plus féverement que celui commis de Particulier à Particulier.

Il faut encore considérer dans la Personne qui commet le crime, l'Etat qu'elle exerce, & sur-tout si les fonctions de cet état dont elle a abusé, intéressent particuliérement l'ordre public, comme le Médecin ou l'Apoticaire qui empoisonne, le Gouverneur qui livre la place aux ennemis, le Tuteur qui débauche sa Pupille, le Géolier qui abuse de sa Prisonniere, le Juge qui viole les Loix, le Magiftrat qui prévarique, le Notaire qui fait un acte faux, l'Hôte qui outrage ou qui vole ceux qui logent chez lui, l'Orfevre qui fait de la fauffe monnoie, le Vaffal qui outrage fon Seigneur, le Citoyen qui trahit fa Patrie, l'Eccléfiaftique qui mene une vie fcandaleufe, le Noble ou l'Homme de Guerre qui commet des baffeffes ; & généralement tous ceux qui, par l'abus qu'ils font de leur état, violent leur ferment & bleffent la fûreté ou la décence publique. Dans tous ces cas, qui augmentent l'atrocité du crime, il n'eft pas douteux qu'on doit auffi en augmenter la peine.

Il y a auffi des circonftances tirées de la Perfonne, qui fervent à diminuer fon crime : celles-ci fe tirent ordinairement de la foibleffe de l'âge, du fexe, & de l'habitude du corps ou de l'efprit qui rendent cette Perfonne moins capable de dol & de faute.

3°. Quant au LIEU, il fert quelquefois à augmenter le crime. Ainfi, fi c'eft dans l'Eglife que le crime a été commis, il devient *Sacrilege* ; il en eft de même s'il eft commis dans un Couvent, ou dans le Palais du Prince, dont la Perfonne eft facrée.

Le crime qui a été commis dans le Lieu où fe tient la Juftice ou dans une Place publique, à la vûe de tout le monde, eft plus grand & plus puniffable que s'il avoit été commis en tout autre Lieu.

L'Outrage reçû dans fa propre maifon eft plus grand que s'il étoit reçû dans la rue. Le vol fait fur le grand chemin eft plus grand que celui fait dans un lieu écarté. Le crime fait dans un Cabaret, & par une perfonne du Lieu ou par un Eccléfiaftique, eft plus grand que celui fait par un Voyageur ou un Etranger. Celui fait dans un Lieu de débauche, l'eft auffi davantage que s'il étoit fait dans un Lieu dont la fréquentation eft permife.

Par le LIEU, l'on entend auffi l'endroit du corps qui a été offenfé. Ainfi le crime eft plus grand s'il eft commis fur une partie précieufe, telle que l'œil dans l'homme, le vifage dans une femme dont la beauté contribue beaucoup à fon établiffement.

Le Lieu fert auffi à diminuer le crime, lorfque la perfonne qui l'a commis devoit naturellement s'y rencontrer, de maniere qu'on ne peut la foupçonner de dol & d'imprudence pour s'y être trouvée. Ainfi un Barbier qui rafant dans fa Boutique, a été pouffé violemment contre celui qu'il rafoit, & lui a coupé la gorge ; celui qui dans un Tournois public vient à tuer l'adverfaire contre lequel il luttoit ; celui qui jouant à la Paume , a crevé l'œil d'un des Spectateurs ; ou qui coupant des branches d'Arbres dans un Lieu écarté, a tué un Passant, est moins coupable , & ne doit pas être puni aussi sévérement que s'il avoit été dans un chemin public & dans des lieux où ces accidens pouvoient être raisonnablement prévûs.

4°. Le TEMS sert quelquefois à augmenter le crime ; comme par exemple le crime fait pendant la nuit, est plus grave & plus punissable que celui fait pendant le jour, parce qu'on étoit alors moins en état de s'en garentir. Il en est de même de ceux faits les jours de Dimanches & de Fêtes, pendant la célébration du Service Divin, pendant l'Audience, ou bien dans des Tems de trouble, d'incendie, de naufrage & d'émeute populaire, parce que dans tous ces cas, indépendamment du crime en lui-même, on viole encore le respect dû à la Religion & à la Justice, & les Loix même de l'humanité.

Le Tems sert aussi quelquefois à diminuer le crime ; comme si le vol est fait pendant une famine, & lorsqu'on étoit dans un besoin pressant.

5°. Quant à la QUALITÉ du Crime, l'on veut parler des circonstances qui le rendent qualifié, & lui font donner des dénominations différentes. Ainsi, par exemple en matiere d'Homicide, lorsqu'il est commis envers un Prince, il devient Crime de *Lèze-Majesté* ; envers un Pere, *Parricide* ; envers un Frere, *Fratricide*. S'il est fait avec préméditation, c'est un *Assassinat* ou un *Meurtre de guet-à-pans* ; si c'est par le Poison, c'est un *Empoisonnement*.

En matiere de Vol, s'il est fait d'une chose sacrée, c'est *Sacrilege* ; s'il est fait de Deniers royaux ou publics, c'est *Péculat* ; s'il est fait par des Magistrats & Officiers de Justice, c'est *Concussion* ; s'il est fait par des Conventions illicites, c'est *Usure* ou *Stellionnat* ; s'il est fait par un Débiteur, c'est *Banqueroute frauduleuse* ; enfin, s'il est fait par une Veuve ou par des Héritiers présomptifs, on l'appelle *Recellé, Spolation d'Hoirie*.

C'est par toutes ces circonstances qu'on peut juger si le crime est plus ou moins atroce, & quel genre de peines on doit lui infliger.

6°. La QUANTITÉ du Crime sert à faire distinguer le simple *Vol* du *Larcin* ; celui-ci de l'*Abigeat*, qui est le vol d'un troupeau entier.

C'est aussi la Quantité des Crimes commis par la même personne, qui sert à rendre le dernier crime plus grave, parce qu'elle marque une envie plus déterminée de le commettre. C'est pourquoi l'on a soin, en même tems que l'on condamne au Fouet ou aux Galeres, d'y ajoûter la marque d'un fer chaud sur les épaules, afin qu'en cas de récidive l'on puisse reconnoître le Criminel, & le condamner à une plus grande peine.

C'est encore par la quantité des Personnes qui tombent dans le même crime, ou par la quantité des crimes de différentes especes commis par les mêmes personnes, que les Loix veulent

*L. 16. §. 10. ff. de Panis.*
*L. 28. §. 3. eod. tit.*

que la peine soit augmentée : *Multis grassantibus exemplo opus est . . . . . crescentibus delictis pœnæ exasperantur.*

7°. Enfin, quant à l'Evenement, nous avons observé qu'en fait de Crimes qui ne sont pas atroces de leur nature, il falloit mettre une différence, par rapport à la Peine, entre ceux qui ne sont que commencés, & ceux qui ont été consommés par l'exécution. Mais cette distinction n'a point lieu lorsqu'il s'agit de crimes atroces, tels que ceux de Lèze-Majesté & d'Assassinat, où, comme nous l'avons dit, l'on considere moins l'événement que la volonté.

## CHAPITRE IV.
### De la Division du Crime.

LE Crime peut être consideré de plusieurs manieres, qui donnent lieu à autant de divisions différentes ; ou par rapport à sa Nature, ou à ses Circonstances, ou à la Compétence du Juge qui en doit connoître, ou à l'Instruction, ou à la Preuve, ou enfin à la Peine que les Loix y ont attachée.

1°. Par rapport à sa NATURE, le Crime est ou l'effet du Dol, ou seulement de la Faute. Au premier cas il conserve le nom de Crime, & au second on l'appelle *Délit* ou *Quasi-délit.*

2°. Par rapport à ses CIRCONSTANCES, le Crime est ou atroce ou leger. Il y a des crimes qui sont *atrocissimes*, & que les

*L. Levia, ff. de Accusat.*

Auteurs appellent *nefanda*, tels que les crimes de Lèze-Majesté, Parricide, &c. d'autres qu'ils appellent *absolus*, parce qu'ils subsistent d'eux-mêmes sans le concours de la personne envers laquelle ils ont été commis, tels que l'Homicide, le Vol, & le

Faux ; d'autres qu'ils appellent *respectifs* , parce qu'ils ne peuvent se former que par le concours de deux personnes , tels que l'Adultere , &c.

3°. Par rapport à la COMPÉTENCE , le Crime reçoit des divisions différentes ; ou de la qualité des JUGES qui en doivent connoître , & alors il prend la dénomination de *Cas royaux , prevotaux & ordinaires;* ou de la qualité des PERSONNES qui les commettent , & il est alors distingué en Délits privilégiés , communs, ecclésiastiques , militaires , & maritimes.

L'on entend par CAS ROYAUX , les crimes qui intéressent directement la personne du Roi ou sa dignité , & dont la poursuite a été réservée spécialement aux Juges royaux à cause des conséquences dangereuses qu'ils peuvent avoir par rapport à l'Etat , à la Religion , & à la Société civile. Ces Cas , tels qu'ils sont rapportés dans l'art. XI. du titre premier de l'Ordonnance de 1670 , sont 1°. le crime de Lèze-Majesté dans tous ses chefs : 2°. le Sacrilége avec effraction : 3°. la Rebellion aux Mandemens émanés de S. M. ou de ses Officiers : 4°. la Police pour le port des armes : 5°. les Assemblées illicites : 6°. les Séditions & Emotions populaires : 7°. la Force publique : 8°. la Fabrication, Altération ou Exposition de la fausse monnoie : 9°. la Correction des Officiers royaux pour malversation par eux commise dans leurs Charges : 10°. le crime d'Hérésie : 11°. le Trouble public fait au Service Divin : 12°. le Rapt & Enlevement de personnes par force & violence.

CAS ROYAUX.

Il y a encore plusieurs autres Cas royaux qui ne sont point rappellés dans cet article , & pour lesquels l'Ordonnance renvoye aux Ordonnances & Réglemens antérieurs. Ces Cas , tels qu'ils ont été recueillis par les Auteurs d'après ces anciens Réglemens , paroissent se réduire à ceux-ci : « Péculat ; Falsification » du Scel royal ; Levée de deniers sans Lettres Patentes du Roi ; » Démolition des murs d'une Ville ; Infraction de sauve-garde & » sauf-conduit royal ; Transport d'or & d'argent hors du Royau- » me ; Banqueroute frauduleuse ; Meurtre de guet-à-pans sur un » chemin royal ; Recellement des coupables qui ont commis des » cas royaux ; Injure faite au Juge royal ; Simonie même commise » par un Laïc ; Crime commis à l'occasion d'un droit honorifique » dans une Eglise ; Libelles composés contre le service du Roi & » Réglemens de la Cour ; Impression de Livres reprouvés & cén- » surés ; Viol de Religieuses ou Attentat à leur pudicité ; Diffama-

*V.* Ordonn. de Blois , art. 275. & 280. Edit de Crémieux , art. 10. Arrests de Laval, 16 Mars 1573. de Sens, 1 Juin 1556. d'Angers, 13 Mai 1667. de Montdidier , Juin 1659.

» tion de mariages bien famés par des affiches ou autres chofes
» équipollentes ; Monopole fait par confpiration avec attroupe-
» ment jufqu'au nombre de cinq ; Infultes fur chemins publics ».
Il y a des *Auteurs* qui ajoûtent l'Incendie ; l'Adultere ; le Faux ;
l'Ufure ; le Parricide ; le Fratricide ; la Sodomie ; & l'Incefte.

*V.* Bornier fur cet article.

CAS PREVÔ-TAUX.

Les CAS PREVOTAUX font ceux qui intéreffent fingulierement la police & la fûreté publique, & dont la pourfuite & punition demandant beaucoup de célérité, ont été confiés aux Prevots des Maréchaux par nos Ordonnances. Ces Cas, tels qu'ils
font marqués par l'article XII, du titre premier de l'Ordonnance
de 1670, font 1°. tous crimes commis par vagabons, gens fans
aveu & fans domicile, ou qui auront été condamnés à peine corporelle, banniffement ou amende-honorable : 2°. les oppreffions,
excès, ou autres crimes commis par gens de guerre, tant dans
leurs marches, lieux d'étape, que d'affemblée & de féjour pendant leur marche : 3°. les defertions d'armée : 4°. affemblées illicites avec port d'armes : 5°. levée de gens de guerre fans commiffion de S. M. : 6°. vol fur les grands chemins : 7°. vol avec
effraction, port d'armes, & violence publique, lorfqu'ils ont
été commis dans les Villes qui ne font point celles de la réfidence
des Prevots des Maréchaux : 8°. les facrileges avec effraction :
9°. l'affaffinat prémédité : 10°. fédition & émotion populaire :
11°. fabrication, altération ou expofition de monnoie. Mais il
faut remarquer que ces quatre derniers, qui font auffi du nombre
des cas royaux, ne deviennent de la compétence des Prevots
des Maréchaux, fuivant l'Ordonnance, que lorfqu'ils ont été
commis hors des Villes de leur réfidence.

Il faut encore remarquer qu'il eft intervenu depuis cette Ordonnance une nouvelle Déclaration du mois de Février 1731,
qui y a apporté plufieurs changemens & modifications, que
nous aurons lieu de rappeller ci-après en traitant de la Jurifdiction Prevotale.

CAS ORDI-NAIRES.

Les CAS ORDINAIRES font ceux qui ne font ni royaux ni
prevotaux, & dont les Juges royaux fubalternes, tels que les
Prevots & Châtelains, même les Juges des Seigneurs, ont droit
de connoître, à moins qu'ils ne s'en trouvent exclus par le privilége des Accufés, ou qu'ils ne fe foient laiffés prévenir par les
Baillifs & Sénéchaux dans les délais fixés par l'Ordonnance ; de
ce nombre font l'Homicide, le Sacrilége, & le Vol, lorfqu'ils
ne font point accompagnés des circonftances ci-deffus marquées.

Les

Les DÉLITS PRIVILÉGIÉS font ceux que commettent les Ecclésiastiques, & qui, à cause de leur atrocité, doivent être punis par des peines plus fortes que celles qui sont prononcées par les Canons. On les appelle aussi de ce nom, parce que la connoissance en est spécialement réservée aux Juges royaux sur toutes sortes de personnes, soit Ecclésiastiques, Militaires, ou Justiciables des Seigneurs. Nous aurons lieu d'en donner ci-après des exemples & d'en distinguer les vrais caracteres, en traitant *de la Jurisdiction Ecclésiastique.*

DÉLITS PRIVILÉGIÉS.

Les DÉLITS COMMUNS sont tous ceux, en général, que les Ecclésiastiques peuvent commettre comme les Laïcs, & qui sont tels de leur nature, qu'ils peuvent être suffisamment punis par les peines canoniques ; de ce nombre sont les Injures verbales, & autres de cette espece, qui n'exigent pas absolument la vindicte publique.

DÉLITS COMMUNS.

Les DÉLITS ECCLÉSIASTIQUES sont ainsi appellés, parce qu'ils ne peuvent être commis que par des Ecclésiastiques, & qu'ils concernent singulierement les fonctions de leur Ordre ou Ministere dont ils violent les obligations ; & comme ces obligations leur sont prescrites par les SS. Canons, par les Decrets des Souverains Pontifes, & par les Statuts ecclésiastiques, l'abus qu'ils en font ne peut aussi être puni que par les peines portées par ces Loix & par les Juges mêmes qu'elles ont établis pour l'exercice de cette Jurisdiction.

DÉLITS ECCLÉSIASTIQUES.

DÉLITS MILITAIRES : on appelle de ce nom tous ceux qui sont commis par les Gens de guerre, soit dans les Armées, soit dans les Camps ou aux environs, soit dans les Routes, soit dans les Quartiers ou Garnisons ; & dont la connoissance est attribuée spécialement aux Etats-Majors des Régimens & des Places, conjointement avec le Conseil de Guerre & les Prevots d'Armée.

DÉLITS MILITAIRES.

Ainsi, toutes les fois que le Soldat peche contre la fidélité qu'il a juré d'observer dans le Service du Roi, ou contre les ordres des Officiers qui lui sont préposés, tels que Généraux d'Armée, Officiers des Régimens & Compagnie dont il est, & même ceux des autres Compagnies ou Régimens qui seroient dans son Quartier ou Garnison, pour ce qui concerne le service de S. M. & généralement toutes les fois qu'il tombe dans quelque contravention aux Réglemens qui ont été faits pour la discipline & la police des Troupes de S. M. il commet un Délit *militaire.*

Ces Réglemens, qui sont rapportés au Code Militaire, con-

D

cernent finguliérement les crimes contre l'Etat, la Defertion, la
*Maraude*, les Vols, Excès & Querelles qui fe commettent de
Soldat à Soldat; & ils s'appliquent également aux Officiers des
Troupes qui favorifent ces fortes d'excès, ou qui s'écartent des
devoirs particuliers attachés à leurs fonctions : nous ne faifons
que les indiquer ici ; nous aurons lieu d'en parler avec plus de
détail ci-après, en traitant *de la Jurifdiction Militaire.*

**DÉLITS MA-**
**RITIMES.**
DÉLITS MARITIMES ; fous ce nom font compris tous les Délits qui fe commettent fur Mer, & à l'occafion des fonctions de
la Marine, par les Capitaines, Maîtres ou Patrons, Pilotes, Matelots, Soldats, & autres perfonnes qui compofent le Vaiffeau ;
& dont la connoiffance eft fpécialement réfervée au Confeil de
guerre de la Marine ou aux Juges de l'Amitauté. Nous en ferons
l'énumération ci-après, en traitant *de la Jurifdiction de la Marine.*

4°. Par rapport à l'INSTRUCTION, le Crime étoit divifé,
fuivant le Droit Romain, en Public & Privé.

**CRIMES PU-**
**BLICS.**
*V. le Liv. 48. au*
*ff. de publicis Ju-*
*diciis.*
*V. le Liv. 9. du*
*Code, même titre.*
*V. Liv. 4. des*
*Inftit. titre dern.*
On appelloit *Crimes publics*, ceux qui faifoient la matiere des
Jugemens publics, & dont il étoit permis à tout le monde d'ac-
cufer, *à quovis de populo.*

Parmi ces crimes, les uns attaquent la perfonne publique,
tels que les crimes de *Lèze-Majefté* ; d'autres les perfonnes privées, tels que l'*Homicide* & les *Péchés de la Chair* ; d'autres la
chofe publique, comme le *Péculat* & la *Fauffe Monnoie* ; d'autres
la chofe privée, comme la *Concuffion* & le *Faux* ; d'autres enfin
intéreffent en même tems & la perfonne & la chofe publique,
tels font les crimes qui bleffent la Religion & l'Ordre public,
comme l'*Héréfie*, le *Schifme*, le *Blafphéme*, la *Magie*, la *Simo-*
*nie*, &c.

Quoique l'accufation de ces fortes de crimes fût ouverte à
tout le monde, elle ne fe faifoit néanmoins qu'avec certaines formalités, telles que celles de la *Sufcription*, & autres dont nous
parlerons ci-après, en traitant *des Devoirs de l'Accufateur.*

**DÉLITS PRI-**
**VÉS.**
*V. le Liv. 47. au*
*ff. de privatis de-*
*lictis.*
L'on appelloit *Délits privés*, fuivant ce même Droit, tous ceux
qui ne bleffoient que l'intérêt des Particuliers, qui pouvoient
feuls s'en plaindre & les pourfuivre indifféremment, ou par la
voie civile ou par la voie extraordinaire. Les actions qui en réfultoient étoient appellées *pénales*, pour les diftinguer de celles
qui réfultoient des crimes publics, que l'on appelloit *actions po-*
*pulaires.*

Les Délits privés font réduits à quatre par JUSTINIEN dans les

Inſtitutes, le Vol, la Rapine, le Dommage, & l'Injure, *furtum,* *V.* INST. *liv.* 4;<br>*de Oblig. quæ ex<br>delictis naſcuntur.* *rapina, damnum, injuria;* les uns & les autres ſe régloient par des actions & des peines particulieres qu'il eſt à propos de re- marquer ici pour les diſtinguer de nos uſages.

1°. Quant au VOL, quoiqu'il ſe trouvoit placé dans la claſſe des Délits privés, il paroît qu'à cauſe des conſequences dange- reuſes qu'il pouvoit avoir dans la ſociété, l'on étoit tenu, même dans l'ancien Droit, de le pourſuivre de la même maniere que les Crimes publics; & cette pourſuite ſe faiſoit, ou par la voie de la *Revendication*, lorſqu'il s'agiſſoit de Meubles qui fuſſent en nature; ou par l'action appellée *Condictio furtiva*, lorſque les Meubles n'étoient plus en nature; & enfin lorſqu'il s'agiſſoit d'Immeubles, on en pourſuivoit la Reſtitution par une action appellée *Interdictum recuperandæ poſſeſſionis.*

L'on diſtinguoit auſſi, quant à la Peine, le Vol en *manifeſte* & *non manifeſte*: au premier cas, c'eſt-à-dire, lorſque le Voleur avoit été ſurpris en flagrant-délit, le peine étoit du *quadruple;* & au ſecond, c'eſt-à-dire lorſque le Vol avoit été fait ſecrette- ment, la peine étoit ſeulement du *double*: mais dans ce double, ni dans le quadruple, n'étoit point compriſe la choſe ou le prix de la choſe volée.

2°. A l'égard de la RAPINE, on la diſtinguoit du Vol en ce qu'elle ſe faiſoit toûjours avec violence & malgré le Propriétaire préſent: au lieu que le Vol étoit cenſé fait ſans violence & dans l'abſence du Propriétaire, quoiqu'il pût arriver qu'il y fût pré- ſent. Il y avoit auſſi cette différence par rapport à la peine, qu'elle étoit toûjours du quadruple dans la Rapine; & que dans ce quadruple étoit compriſe la choſe volée; ce qui paroiſſoit renfermer une ſorte d'injuſtice, la Rapine étant plus criminelle que le Vol manifeſte, qui ſe commet ſans violence. Mais la raiſon qu'en rendent les Juriſconſultes, c'eſt que les Vols manifeſtes ne pouvoient jamais être punis que par des peines pécuniaires com- me les autres délits privés: au lieu que ceux qui commettoient la Rapine pouvoient, outre la peine du quadruple, être encore condamnés à d'autres peines extraordinaires, en vertu de l'action publique qui réſultoit de la Loi Julie *de vi publica ſeu privata.*

3°. Par rapport à la troiſiéme eſpece de Délits privés appellée *Damnum*, il eſt diſtingué du Vol & de la Rapine, en ce qu'il ne ſe commet point comme ceux-ci, dans la vûe d'en tirer un profit particulier, *cum lucro.* C'eſt celui qui fait l'objet particulier de la

Loi *Aquilia* ; cette Loi , ainsi appellée du nom de son Auteur qui étoit Tribun du Peuple , avoit d'abord, comme l'on sçait, été divisée en trois chefs ou chapitres, dont le second avoit déja été abrogé du tems de Justinien.

Par le premier, Celui qui avoit tué volontairement ou par imprudence un Esclave ou un animal à quatre pieds, étoit condamné à payer au Maître la valeur de l'Esclave ou de l'animal ; non suivant le tems de leur mort, mais suivant leur plus value dans l'année qui avoit précédé cette mort.

Par le troisieme Chef, celui qui avoit blessé à dessein ou par imprudence tout autre animal, ou qui avoit causé quelque dommage à son voisin dans ses biens ou effets , tant par incendie, fracture, coupure, qu'autrement, étoit tenu de le réparer, en payant la plus value dans les trente jours antérieurs. Nous en avons donné ci-devant plusieurs exemples , notamment dans celui qui coupant des branches d'arbre , les laisse tomber sans avertir les passans ; dans le Regent qui blesse ou estropie son Disciple en le corrigeant ; dans le Chirurgien qui opere contre les regles de l'Art ; dans le Cocher qui n'a ni la force ni l'adresse de contenir ses chevaux ; dans le Propriétaire ou Locataire d'une Maison, qui répand de l'ordure dans la rue , ou laisse tomber quelque chose de nuisible aux passans, ou qui occasionne l'incendie de la Maison de son voisin. A quoi l'on peut ajoûter généralement, tous ceux qui par leur faute ou négligence causent quelque dommage à autrui, soit dans sa personne, soit dans ses animaux, & autres biens qui lui appartiennent.

Non seulement l'on est tenu, suivant cette Loi, du dommage qui procede de son propre fait, mais encore de celui causé par ses Esclaves ou par des animaux. Il est vrai qu'il y a dans ce dernier cas une action particuliere , dont il est parlé dans le titre *de Noxalib. actionib.* aux INSTITUTES , suivant laquelle le Maître qui venoit à succomber, étoit tenu ou d'abandonner l'Esclave ou l'animal à celui à qui il avoit causé le dommage , ce qui s'appelloit *dare servum aut animal noxæ* , ou bien de payer l'estimation de ce dommage ; & il ne pouvoit même se libérer entiérement par l'abandon de l'Esclave ou de l'animal, que lorsqu'ils avoient causé le dommage en son absence & à son insçû ; car s'il s'y étoit trouvé présent, il ne pouvoit se dispenser de réparer le dommage *in solidum* , parce que dans ce dernier cas il étoit censé y avoir concouru par son propre fait.

*V. aussi le tit. 9.*
*ibid. Si quadrupes*
*pauperiem fecisse*
*dicatur.*

4°. Enfin, pour ce qui concerne la quatrieme efpece de Délits privés appellée *Injuria*, nous aurons lieu d'en parler en traitant *des différentes efpeces de Crimes* : nous obferverons feulement ici, que par le mot INJURE, pris en général, on entend tout ce qui eft fait contre le Droit, *quidquid non jure fit*, & que dans ce fens elle comprend également tous les Crimes tant publics que privés. Nous ne voulons parler ici que de celle qui dans fon principe ne tend à bleffer que l'intérêt particulier, quoiqu'elle puiffe devenir tellement grave par fes circonftances, qu'elle réfléchiffe en même tems contre l'intérêt général de la Société, & demande une punition exemplaire.

C'eft par cette raifon que nous n'admettons point, comme les Romains, de diftinction entre Crimes publics & Délits privés ; nous n'en connoiffons point d'autre en matiere d'Inftruction que celle du GRAND & PETIT CRIMINEL ; & comme c'eft de l'atrocité ou de la legereté du Crime que dépend la pourfuite de l'une ou de l'autre de ces manieres, c'eft au Juge feul, qui peut s'en affûrer par le vû des charges & informations, de déterminer s'il y a lieu ou non à la pourfuite extraordinaire ; & lorfque cette voie a été mal-à-propos prife de la part de l'Accufateur, de convertir le Procès criminel en Procès ordinaire, comme nous le verrons dans la fuite.

Nous ne connoiffons point par conféquent toutes les différentes efpeces d'Actions établies par le Droit Romain en matiere de Délits privés, non plus que les Peines que ce Droit y avoit attachées. Il faut cependant excepter, 1°. pour ce qui concerne la Loi *Aquilia*, dont nous avons confervé l'action, pour pourfuivre la réparation du dommage que nous avons reçu dans nos perfonnes ou dans nos biens. Mais cette action qui n'eft que privée, n'exclut point l'action publique par laquelle on peut pourfuivre le coupable pour la punition du crime qui a caufé le dommage. D'ailleurs, la Réparation n'eft point fixée parmi nous comme elle l'eft par cette Loi ; elle dépend de l'eftimation qui en eft faite par le Juge ou par les Experts, eu égard aux circonftances. *V. Mornac fur la L. 23. §. Hæc actio, ff. ad leg. Aquil.*

2°. A l'égard de l'Action *Noxale*, nous ne l'avons confervée que relativement au dommage caufé par les animaux, l'efclavage étant, comme l'on fçait, aboli dans ce Royaume. Nous en avons cependant retenu quelque veftige par rapport aux Efclaves de l'Amérique Françoife, comme il paroît par l'article xxxiv. de l'Edit de Mars 1683. *V. Bugnion, de leg. abrog. liv. 4. ch. 64.*

5°. Le Crime confidéré par rapport à la PREUVE, eſt diviſé en manifeſte & occulte. On appelle *manifeſte*, le crime qui laiſſe après lui quelques traces auxquelles on peut le reconnoître ; *occulte*, celui qui n'en laiſſe point : de-là cette diſtinction qu'on trouve dans les Auteurs entre les Délits *facti permanentis*, & ceux *facti tranſeuntis*.

CRIMES MA-
NIFESTES.

Du nombre des premiers ſont, 1°. l'Homicide, dont on trouve des traces dans le Cadavre de la perſonne qui a été tuée ; 2°. l'Incendie, dont il reſte des traces dans les ruines de la maiſon brûlée ; 3°. le Vol avec effraction, dont il reſte des traces dans la choſe ſur laquelle l'effraction a été faite. Ce ſont ces traces qui forment ce qu'on appelle *Corps du délit*, dont nous aurons lieu de parler plus amplement ſous le titre *de la Preuve*.

CRIMES OC-
CULTE.

L'on peut donner pour exemple des *Crimes occultes*, le Vol ſans effraction, l'Adultere, les Injures verbales, & autres ſemblables qui ne laiſſent aucunes traces après eux. On peut auſſi y comprendre les crimes qui conſiſtent principalement dans la Penſée, tels que l'Héréſie & la Confidence.

6°. Enfin les Crimes confidérés par rapport à la PEINE, ſont diviſés dans le Droit en *ordinaires*, *extraordinaires*, *capitaux*, & *non capitaux*.

CRIMES OR-
DINAIRES.

On appelle dans le Droit *Crimes ordinaires*, ceux dont le nom & la peine ſe trouvent déterminés par quelque Loi publique.

Ces Loix, qui ſont rapportées ſous les titres de *publicis Judiciis* du Digeſte & du Code, ont pris elles-mêmes leurs dénominations particulieres de ceux qui en ont été les Auteurs, & des Crimes qui en ſont l'objet. Elles ſont au nombre de 11 ; ſçavoir, la Loi *JULIA*, *Majeſtatis* ; la Loi *JULIA*, *de Adulteriis* ; la Loi *JULIA*, *de Vi publicâ* ; la Loi *CORNELIA*, *de Sicariis & Veneficis* ; la Loi *POMPEIA*, *de Parricidiis* ; la Loi *CORNELIA*, *de Falſis* ; la Loi *JULIA*, *Repetundarum* ; la Loi *JULIA*, *de Annona* ; la Loi *JULIA*, *Peculatus*, *& de Sacrilegis*, *& de Reſiduis* ; la Loi *JULIA*, *Ambitus*, & la Loi *FABIA*, *de Plagiariis*.

Il y avoit auſſi des Délits privés *ordinaires*, tels que ceux dont nous avons parlé ci-devant.

CRIMES EX-
TRAORDINAI-
RES.

On appelle, dans le Droit, *Crimes extraordinaires*, ceux dont le nom ni la peine ne ſe trouvent déterminés par aucune Loi, mais ſont laiſſés à l'arbitrage du Juge pour les punir ſuivant les circonſtances : les voici tels qu'ils ſe trouvent répandus ſous les titres du Digeſte *de extraordinariis criminibus*, & ſuivans :

V. le liv. 47. au
ff. tit. 11. & ſuiv.

1°. Le Crime de ceux qui cherchent à corrompre la femme d'autrui, *sollicitatio alienarum nuptiarum & matrimoniorum interpellatio. L. 1. ff. de extr. crim.*

2°. La Corruption des fontaines publiques ; *qui aquas spurcaverint, fistulas, lacus, quodvè aliud ad injuriam publicam contaminaverint. L. 1. §. 1. ff. de extr. crim.*

3°. Le Crime de ceux qui corrompent la jeunesse, *qui puero pretextato. L. 1. ff. fin. eod. tit.*

4°. La Vente à faux poids & mesure, & le Monopole. *L. 6. eod. tit.* & la *L. in Dardanios 37. ff. de pœnis.*

5°. Le Crime de ceux qui filoutent & font des tours de gobelets. *V.* la *L. Sarcularii, eod. tit.*

6°. La Violation des sépulchres. *V.* le *tit. 22. de sepulchro violato. Ibid.*

7°. Le Stellionat. *L. 3. ff. de extr. crim.* & le *tit. 20. Stellionatus. Ibid.*

8°. Les Assemblées illicites sous prétexte de Religion. *V. L. 2. ff. de extr. crim.*

9°. L'Enlevement des Bornes. *V.* le *tit. 21. de termino amoto. Ib.*

10°. La Concussion. *V. L. 1. & 2. ff. de Concussione, tit. 13.*

11°. La Prévarication. *L. 1. 2. 6. ff. de Prævaricatione, tit. 15.*

12°. L'*Abigeat* ou Vol de Troupeaux. *V. L. 1. 2. & 3. ff. de Abigeis, tit. 14.*

13°. Le Recellement. *V. L. 1. ff. de Receptatoribus, tit. 16.*

14°. Le Vol dans les Bains publics, *tit. 17. de furib. balneariis. Ibid.*

15°. L'Expilation d'hérédité. *V. tit. 19. expilatæ hæreditatis. Ib.*

16°. L'Effraction des Portes & Prisons. *V. tit. 18. de effractorib. & expilatorib. Ibid.*

Les Crimes *capitaux* sont ceux dont la peine est capitale & tend à la mort naturelle, ou au moins civile, telle que celle que produisoient chez les Romains la condamnation aux mines & la déportation, & parmi nous les galeres ou le bannissement perpétuel. L'on en compte de huit sortes dans le Droit : 1°. le crime de Lèze-Majesté ; 2°. l'Adultere ; 3°. le Parricide ; 4°. l'Homicide ; 5°. la Violence publique ; 6°. le Péculat ; 7°. le Faux ; 8°. le Plagiat.

CRIMES CAPITAUX.
*V.* INSTIT. *de Publ. Judic.* §. 2.

Les Crimes *non capitaux* sont ainsi appellés dans le Droit, parce qu'ils ne pouvoient donner lieu à une peine capitale, mais tout au plus à une peine corporelle, & le plus souvent à des

CRIMES NON CAPITAUX.

**INSTITUTES**

peines pécuniaires. L'on mettoit de ce nombre les crimes punis par les Loix Julies, *de Ambitu, Repetundarum, de Annona,* & *de Refiduis.*

Nous ne connoiſſons point dans notre uſage les diſtinctions que le Droit Romain avoit miſes entre les Crimes ordinaires, extraordinaires, capitaux, non capitaux. C'eſt une maxime générale parmi nous, que les peines ſont arbitraires en ce Royaume ; non pas à la vérité que le Juge ait la liberté de condamner ou d'abſoudre à ſon gré, mais il doit regler ſon jugement ſuivant l'exigence des cas, c'eſt-à-dire tempérer ou augmenter les peines ſuivant la nature du crime & des preuves, la qualité des Accuſés, & autres circonſtances que nous venons de remarquer dans le Chapitre précédent : & encore cela ne doit s'entendre qu'avec ces deux modifications remarquables ; l'une, qu'il y a de certains crimes dont la peine ſe trouve diſertement prononcée par les Ordonnances du Royaume, & dont la preuve une fois acquiſe met les Juges ſupérieurs, comme les autres, dans la néceſſité de prononcer conformément à la diſpoſition de ces Loix ; de ce nombre ſont entr'autres les Crimes de Lèze-Majeſté, de Duel, d'Aſſaſſinat, de Rebellion à Juſtice à force ouverte, de Rapt, d'Empoiſonnement, de Vol domeſtique, de Faux, & de Banqueroute frauduleuſe.

L'autre, que dans les cas ſur leſquels l'Ordonnance ne s'explique point & paroît s'en rapporter à la prudence du Juge, il n'appartient proprement qu'aux Juges des Cours ſupérieures de modérer ou convertir les peines, & non à des Juges ſubalternes, qui ſont tenus de ſe conformer à la rigueur des Loix & de la Juriſprudence.

PARTIE II.

# PARTIE SECONDE.

## De l'Accufateur.

NOus avons dit que le Crime produifoit une obligation, & que cette obligation avoit deux effets différens ; l'un envers le Public, à qui il étoit dû une réparation authentique pour le mauvais exemple ; l'autre envers le Particulier, à caufe du préjudice qu'il en a reffenti.

C'eft de cette obligation que naît l'Action ou le droit qu'on a de pourfuivre l'auteur de ce crime, tant pour lui faire infliger la peine qu'il mérite, que pour la réparation du tort qu'il a caufé ; & c'eft cette action qu'on appelle ACCUSATION, celui qui l'exerce l'ACCUSATEUR, & celui contre lequel elle eft exercée l'ACCUSÉ.

Mais comme cette action, qui tend à compromettre la vie, l'honneur, ou les biens d'un Citoyen, eft odieufe par elle-même, & qu'il n'eft pas jufte de livrer indifféremment l'Accufé au reffentiment ou au caprice de fon Accufateur ; les Loix ont jugé à propos de la renfermer en de certaines bornes, en prefcrivant la maniere dont elle doit s'exercer, & les cas particuliers où elle peut avoir lieu. C'eft cette Maniere, ce font ces Cas particuliers que nous allons déterminer dans les trois Chapitres fuivans, en examinant en *premier* lieu quels font les devoirs de l'Accufateur en général, en *fecond* lieu quelles font les perfonnes qui peuvent accufer, & en *troifieme* lieu quelles font celles qui ne peuvent accufer.

# CHAPITRE PREMIER.

## Des Devoirs de l'Accufateur en général.

L'ACCUSATEUR eft en matiere criminelle, ce qu'eft le Demandeur en matiere civile, & il eft tenu comme lui de juftifier les caufes fur lefquelles fon action eft fondée, *Accufator quafi Caufator.*

Suivant le Droit Romain, l'Accufateur étoit tenu à plufieurs

*L. Criminis, cod. de his qui accuf. non poff.*

E

V. liv. 9. du code, tit. 2. & le liv. 48. du ff. tit. 2. de Accufat. & Inf-cript.

formalités rigoureufes, que nous trouvons rapportées fous le Titre du Code *de accufat.* & fous celui du Digefte *de accufat. & infcript.*

La premiere, c'eft qu'il devoit fe préfenter lui-même en Jugement, & ne pouvoit comparoître par Procureur ; la *feconde*, qu'il devoit défigner l'Accufé par fon nom ; la *troifieme*, qu'il devoit s'infcrire fur les Regiftres publics deftinés à cet effet ; la *quatrième*, qu'il devoit préfenter un Libelle contenant le nom du Juge, la qualité du Crime, le tems & le lieu où il avoit été fait ; la *cinquieme*, qu'il devoit déclarer avec ferment que ce n'étoit point par calomnie qu'il accufoit, & qu'il fe foûmettoit à la peine de la calomnie s'il ne prouvoit fon accufation ; la *fixieme*, qu'il devoit garder prifon en même tems que l'accufé, pendant l'inftruction du Procès, ou bien donner caution de perfifter dans l'accufation jufqu'au jugement du Procès criminel ; la *feptieme*, qu'au cas qu'il vînt à abandonner l'accufation avant le Jugement, il devoit fubir la peine du Senatus-confulte *Turpilien*, qui étoit

L. 1. ff. ad Senat. Turpil.

le payement de cinq livres d'or, avec la note d'infamie ; enfin, la *huitieme*, que fi l'Accufateur lors du Jugement fe trouvoit convaincu de calomnie, il devoit être puni de la même peine qu'auroit fubi l'Accufé s'il avoit été convaincu du Crime, & c'eft ce qu'on appelle la peine du TALLION. Il n'y avoit qu'un feul cas où il pouvoit être exempté de cette peine, c'eft lorfqu'il avoit été porté à intenter l'accufation par une jufte douleur pour l'offenfe qu'il auroit reçue dans fa perfonne ou dans celle de fes Proches. Au refte, l'accufation étoit ouverte à tout le monde ; il pouvoit y avoir en même tems plufieurs Accufateurs ; & il étoit libre, après avoir pris la voie criminelle, de revenir à la voie civile, comme de revenir à la voie criminelle après avoir pris celle-ci.

Toutes ces formalités qui avoient été introduites pour empêcher les abus qu'on pouvoit faire d'une voie fi favorable à l'efprit de vengeance & de vexation, n'avoient lieu que dans les accufations de crimes publics, dont l'inftruction fe faifoit à l'extraordinaire. Il y avoit même de certains cas où l'on étoit difpenfé de ces formalités, comme lorfque l'inftruction fe faifoit fur la fimple dénonciation d'un Particulier, ou qu'elle fe faifoit d'office par le Juge fur la notoriété du crime, *quafi denonciante famâ* ; ou enfin lorfqu'elle fe faifoit incidemment à un autre Procès criminel, *v. g.* contre un Témoin qui fe trouvoit convaincu de Parjure dans fon témoignage.

Quoique l'accufation ne foit pas regardée parmi nous d'un œil plus favorable que chez les Romains , cependant comme elle n'eft point libre à tout le monde , & qu'il y a même des cas où l'on eft obligé de l'intenter , ainfi que nous le verrons dans la fuite, on a cru devoir fe relâcher de l'ancienne rigueur du Droit fur ce point ; mais en même tems pour affûrer la preuve des crimes qui en font l'objet , on a cru devoir prendre certaines précautions qui rendent notre inftruction plus rigoureufe que celle des Romains.

1°. Nous ne connoiffons plus la formalité de l'Infcription , fi ce n'eft en matiere de Faux ; encore celle-ci ne fe pratique-t-elle point de même que chez les Romains, comme nous le verrons dans la fuite. AYRAUT, dans fon Ordre judiciaire , parle d'un autre cas où l'Infcription avoit lieu parmi nous avant l'Ordonnance ; c'eft en fait d'accufation contre les Magiftrats ou Perfonnes illuftres : voici de quelle maniere l'inftruction s'en faifoit fuivant cet Auteur. Il falloit, dit-il , préfenter Requête à la Cour, donner caution, communiquer fes faits & articles à M. le Procureur Général, lui nommer les Témoins dont on entendoit fe fervir : cela fait , fi M. le Procureur Général fe joignoit , la Cour donnoit commiffion pour informer ; l'information faite, rapportée & communiquée à M. le Procureur Général , elle décretoit , commettoit des Juges pour l'inftruction ; finalement elle jugeoit felon les Perfonnes , ou à la Tournelle ou à la Grand-Chambre , les autres affemblées.

*V. liv. 2. art. 4.*

2°. L'Accufateur n'eft plus obligé de fe préfenter lui-même pour former fon accufation ; il peut la former par le miniftere d'un Procureur qui foit conftitué fpécialement à cet effet.

3°. Cette accufation fe forme de deux manieres parmi nous comme chez les Romains , ou par la Plainte , qui eft la même chofe que le Libelle dont on a parlé ci-devant ; ou par la Dénonciation : mais il n'eft pas befoin que ni l'une ni l'autre foit accompagnée de la formalité du *ferment* : elle peut fe faire auffi d'office par le Juge , fans qu'il y ait plainte ni dénonciation, toutes les fois que le corps du délit eft conftant , & que le coupable eft furpris en le commettant.

4°. L'Accufateur n'eft plus obligé de garder prifon avec le Criminel , non plus que de donner caution ; il y a cependant deux cas où la derniere de ces formalités a encore lieu parmi nous :

E ij

1°. lorſque l'Accuſateur eſt étranger non naturaliſé : 2o. en cas d'élargiſſement proviſoire de l'Accuſé.

Quant à la premiere, elle a été en uſage parmi nous avant l'Ordonnance ; mais cela ſe faiſoit volontairement de la part de l'Accuſateur, qui pour preuve de la ſincérité de ſon accuſation offroit de garder priſon avec l'Accuſé juſqu'à l'entier jugement du Procès, & on les appelloit pour cela *Parties formées*.

*V. Imbert, inſtit. for. tit.* de la Plainte.

5°. L'Accuſateur eſt tenu d'avancer les frais du Procès criminel ; ce qui ne ſe pratiquoit point chez les Romains, où les frais ſe prenoient d'abord ſur les biens de l'Accuſé, & à défaut de biens de celui-ci, ſur le fiſc : auſſi ſuivant ce Droit l'on ne prononçoit jamais de réparations civiles au profit de l'Accuſateur, comme parmi nous.

*V. Ayraut, liv.* 2. *art.* 4. *ſomm.* 73.

6°. Il eſt permis à l'Accuſateur de ſe déſiſter en tout tems de l'accuſation ; mais au lieu de la peine du Senatus-conſulte *Turpilien* qu'il encouroit dans le Droit Romain, il ne peut être pourſuivi qu'en dommages & intérêts de la part de l'Accuſé, ſuivant l'art. v. du tit. III. de l'Ordonnance.

7°. En cas que l'Accuſateur vienne à ſuccomber dans ſon accuſation, il n'eſt point ſujet à la peine du *Tallion ;* nous avons ſubſtitué à cette peine celle des Réparations civiles, qui n'avoit pas lieu chez les Romains ; & encore cette peine pécuniaire n'at-elle pas toûjours lieu en faveur de l'Accuſé, quoique renvoyé abſous ; il faut pour cela que l'accuſation ſoit jugée calomnieuſe, c'eſt-à-dire qu'elle ait été faite ſans aucun fondement ni preuve

*L.* 1. §. 3. *au ff. ad Senat. Turpil.*

de la part de l'Accuſateur, mais uniquement dans la vûe de nuire & de vexer l'Accuſé ; ainſi l'Accuſateur peut en être diſpenſé parmi nous, comme il l'étoit chez les Romains, dans les cas ſuivans :
1°. à cauſe de la juſte douleur, comme les Pere & Mere qui pour

*L. Mater, cod. de Calumn.*
*L. ult au ff. de de Publ. Jud.*

ſuivent la mort de leur fils ; un Mari celle de ſa Femme, & *vice versâ* : 2°. à cauſe de l'obligation qui nous eſt impoſée, comme celle d'un Héritier que le Teſtateur a chargé de pourſuivre la

*La même Loi Mater,* §. *ſed extract.*

vengeance de ſa mort : 3°. à cauſe du devoir de ſa charge, comme le Tuteur qui pourſuit l'accuſation pour ſon Pupille : 4°. à

*L.* 2. *cod. de his qui accuſ. non poſſ.*
*La Loi* 1. *ci-deſſus, ad Senat. Turpil.*

cauſe de la juſte erreur, comme ſi l'Accuſateur a été trompé dans l'évenement de la preuve qu'il eſpéroit de la part des Témoins qu'il a produits, & qui ont été reprochés par des moyens d'incapacité qu'il ignoroit, ou lorſque parmi les Témoins capables qui ont été entendus, il s'en trouve un qui dépoſe confor mément à la Plainte , ou bien lorfqu'il n'a rendu cette Plainte qu'enfuite de la déclaration du mourant ; ou enfin lorfqu'il s'y trouve quelqu'autre indice qui faffe préfumer la bonne foi de cet Accufateur , comme s'il jouit d'une réputation entiere : & fi au contraire l'Accufé fe trouve d'ailleurs mal famé. C'eft pour cela que l'Ordonnance ne prefcrit rien de formel à ce fujet , & qu'elle paroît s'en rapporter entierement là-deffus à la prudence du Juge , lequel ayant lui-même inftruit l'accufation , eft en état de pefer toutes les circonftances qui peuvent faire admettre ou rejetter le dédommagement demandé par l'Accufé : mais fi par l'examen qu'il en fait , il trouve que l'Accufateur ne s'eft porté à intenter l'accufation que dans un efprit de reffentiment ou d'intérêt ; comme s'il a reçu ou s'eft fait promettre de l'argent pour la former, s'il eft convaincu d'avoir fuborné des témoins, & fi le crime qui fait l'objet de cette accufation eft d'ailleurs extrêmement grave de fa nature, c'eft alors le cas de prononcer non-feulement des peines pécuniaires contre l'Accufateur, mais même des peines corporelles & afflictives ; c'eft ce que l'Ordonnance donne à entendre par ces termes, *& à plus grande peine s'il y écheoit*, dont elle fe fert fur la fin de l'art. vij. du tit. III.

*V. Jul. Clar. quæft. 61.*

*V. Menoch, de Arbitr. jud. caf. 231. n. 31. & caf. 521. n. 21. liv. 2. Farinac. de Accufat. quæft. 16. n. 6.*

8°. Il ne peut y avoir qu'un feul Accufateur dans un Procès criminel ; en forte que s'il s'en préfente plufieurs , on ne reçoit que le plus apparent & le plus capable, ce qui fe fait après l'interrogatoire de l'Accufé dans le cas où celui-ci voudroit recriminer.

9°. Quoique l'Accufateur , dans l'origine , ait le choix de la voie civile ou extraordinaire ; néanmoins, lorfqu'il a pris la premiere, il ne peut revenir à l'autre, par la raifon qu'il ne fçauroit prendre au Criminel que les mêmes conclufions qu'il a prifes au Civil, à moins cependant, comme le remarque Jules Clare, que les deux actions ne tendent à différentes fins ; ou qu'il ne s'agiffe du crime de faux, lequel après avoir été pourfuivi civilement , peut encore faire la matiere d'une Procédure extraordinaire. Il eft vrai que dans le cas où il s'eft contenté de prendre la voie civile, cela n'empêcheroit pas que le Miniftere public ne puiffe pourfuivre en même tems par la voie extraordinaire pour la Vindicte publique , comme nous l'allons voir dans le Chapitre fuivant.

*V. Mornae , in L. 9. ff. de tribut. act. V. Jul. Clar. §. fin. quæft. 1.*

## CHAPITRE II.

*Qui sont ceux qui peuvent accuser.*

V. *Ayraut, ord. Judic. art. 4.*

L'ON connoissoit trois sortes d'Accusateurs dans le Droit Romain ; l'un qui se présentoit ouvertement, donnoit son Libelle, poursuivoit en son nom, & se soûmettoit à toutes les formalités que nous avons rapportées ci-devant, & celui-ci s'appelloit proprement Accusateur, *accusat qui in judicio publico reprehendit, arguit.* L'autre, qui se contentoit de poursuivre secrettement & sans vouloir paroître, s'appelloit *Nunciator ;* comme il n'avoit aucun intérêt particulier à l'accusation, & n'en devoit tirer aucun profit, il n'étoit aussi tenu à d'autres formalités qu'à celle de donner caution, & de produire les témoins : *prodit & indicat ; sed non reprehendit, neque arguit.* Enfin, le troisieme, qui s'appelloit *Index*, étoit celui qui s'accusoit lui-même en Justice, dans l'espérance de l'impunité, ou d'une récompense promise. Ce dernier n'étoit tenu à d'autre formalité qu'à affirmer par serment la vérité de ce qu'il disoit ; il pouvoit cependant être poursuivi & puni lorsqu'il étoit convaincu de parjure.

V. *le tit. du Code, de Delatoribus.*

Dans nôtre Usage, nous ne connoissons qu'un seul véritable Accusateur, parce qu'il n'y a que lui seul qui puisse poursuivre la vengeance du Crime, & conclure à la peine. C'est cet Officier public qui s'appelle dans les Cours Supérieures, *M. LE PRO-CUREUR GÉNÉRAL ;* dans les Justices inférieures, *Procureur du Roi* ou *Substitut* de M. le Procureur Général ; dans les Justices Seigneuriales, *Procureur Fiscal*, ou *Procureur d'office ;* & enfin *Promoteur* dans les Officialités.

Nous aurons lieu de remarquer dans la suite en quoi consistent les fonctions particulieres qui sont attachées à ces différentes Charges. Nous observerons seulement en général que les motifs particuliers qui ont fait confier à cet Officier le soin de la Vindicte publique, ont été d'empêcher l'impunité des Crimes par la négligence ou la connivence des Particuliers qu'ils intéressent, & la véxation des foibles par le crédit & le ressentiment des plus puissans ; & enfin, pour se servir des termes d'un célebre Auteur, de *faire cesser cette licence effrénée de s'entre-manger les uns & les autres, qu'avoient introduit les actions populaires.*

V. *Ayraut, ibid.*

Quant aux Particuliers envers qui le Crime a été commis, ou qui en reſſentent du préjudice, quoique ceux-ci ayent le droit de s'en plaindre, & de pourſuivre la réparation de ce préjudice, lorſqu'ils le font, ce n'eſt point proprement ſous le nom d'*Accuſateurs*, on les appelle tantôt *ſimples Plaignans*, lorſqu'ils ſe contentent de rendre plainte, & laiſſent faire l'inſtruction à la diligence du Miniſtere public; tantôt *Parties Civiles*, lorſqu'outre la Plainte ils adminiſtrent la Preuve & les Témoins, qu'ils pourſuivent l'Inſtruction à leurs frais, & qu'ils concluent à la réparation de leurs intérêts civils; & enfin on les appelle *Dénonçiateurs*, lorſque ne voulant point paroître, ils ſe contentent de faire leurs déclarations en préſence du Procureur du Roi, qui les inſcrit ſur ſes Regiſtres, pour pouvoir les nommer en fin de Cauſe, comme il y eſt tenu dans le cas où l'Accuſé renvoyé abſous, voudroit pourſuivre contre eux ſes dommages & intérêts. Nous verrons au reſte, en traitant de l'*Inſtruction*, les formalités particulieres qui concernent les uns & les autres : nous ne faiſons que donner ici une Notion générale de ces trois Manieres différentes de pourſuivre le Crime, que l'Ordonnance diſtingue ſous les noms de PLAINTE, ACCUSATION & DÉNONCIATION, & que nous comprenons dans l'uſage ſous le terme générique d'*Accuſation*. C'eſt auſſi ſous cette derniere dénomination que nous allons l'employer dans la ſuite, en parlant de ceux qui peuvent ou ne peuvent pas accuſer.

Nous avons obſervé, en parlant de la Diviſion des Délits publics & privés, ſuivant le Droit Romain, que les premiers étoient ainſi appellés, non ſeulement parce qu'ils étoient punis par des Loix publiques, & qu'ils intéreſſoient la Société en général; mais principalement parce qu'ils pouvoient être pourſuivis par toutes ſortes de perſonnes, *à quovis de populo*; & qu'au contraire les Délits privés étoient ainſi appellés, parce qu'ils ne bleſſoient que l'intérêt de quelques Particuliers, & qu'ils ne pouvoient être pourſuivis que par ceux mêmes qu'ils intéreſſoient.

Parmi nous ce n'eſt point, comme chez les Romains, de la Qualité du Crime que dépend le droit d'accuſer; mais c'eſt principalement l'Intérêt que nous avons dans l'accuſation du Crime, qui donne le droit d'en pourſuivre la réparation.

Ainſi où ce Crime intéreſſe uniquement le Public, comme ceux commis contre l'Etat ou la Religion; alors c'eſt à l'Officier

public, tel que le Procureur du Roi ou des Seigneurs, à en pourfuivre la punition en fon nom; & ce dernier peut même y être
contraint fuivant les Ordonnances & Arrêts de Réglemens, fans
attendre qu'il y ait de Dénonciateur, fur-tout lorfque le Crime
eft notoire, *denunciante famâ*. Mais auffi comme fon miniftere
eft forcé, il n'eft tenu à aucuns dommages & intérêrs envers
l'Accufé qui eft renvoyé abfous, fi ce n'eft dans le cas d'une Calomnie évidente, ou bien lorfqu'il refufe de nommer à cet Accufé
fon Dénonciateur, ou enfin lorfqu'il a négligé de demander caution à ce Dénonciateur notoirement infolvable.

*V. l'Art, 78. de l'Ordonn. d'Or-léans.*

Ou bien le Crime nous intéreffe en même tems que le Public;
alors c'eft encore à l'Officier public, comme feul véritable Accufateur, à en pourfuivre la punition: nous ne pouvons conclure
qu'à la Réparation de nos intérêts civils, & demander fa jonction pour ce qui concerne la Vindiête publique.

Ou enfin, le Crime ne bleffe que notre intérêt particulier, tel
qu'une fimple Injure, le Stellionat, le Recellé & Divertiffement;
alors, comme il ne peut opérer qu'une condamnation à des dommages & intérêts, c'eft à nous d'en faire la pourfuite en notre
nom, fans que le Procureur du Roi puiffe s'en rendre Accufateur
en cas de filence ou de défiftement de notre part; nous aurons
lieu d'en donner des exemples ci-après, en parlant de ceux qui
ne peuvent accufer: nous obferverons feulement, que parmi les
crimes de cette derniere efpece, il y en a qui, quoique legers de
leur nature, deviennent quelquefois fi graves par les circonftances des tems, des lieux, & des perfonnes, qu'ils méritent une
peine affliêtive, & même une peine capitale: nous en avons donné
ci-devant des exemples en parlant des *Crimes qualifiés.*

L'*Injure* peut nous intéreffer, comme nous l'avons dit, de deux
manieres; ou *direêtement*, lorfqu'elle eft faite à notre perfonne, à
notre honneur ou à nos biens; ou bien qu'elle eft faite à notre
occafion, comme celle faite à une perfonne qui nous reffemble,
& même à nos animaux: ou elle nous intéreffe *indireêtement*, lorfqu'elle eft faite à nos proches, c'eft-à-dire à ceux que nous avons
en notre puiffance, ou auxquels nous avons efpérance de fuccéder.

*V. Diêt. des Ar-rêts, verbo Accu-fer.*

Dans l'un & l'autre cas on eft en droit de pourfuivre la réparation de l'injure; tout le monde eft reçu à accufer; on ne confidere alors ni l'âge, ni le fexe, ni l'état de la perfonne qui s'eft
plaint

plaint ; en un mot c'eft l'Intérêt feul qui fait la regle par laquelle
on peut juger s'il y a lieu d'admettre ou de rejetter l'accufation.

Ainfi, par exemple, en fait d'Injure *directe*, les Fils de famille,
les Mineurs, les Femmes, peuvent en accufer de leur chef fans
qu'il foit befoin d'autorifation, fi ce n'eft lorfque l'injure eft le-
gere & qu'elle ne peut produire que des réparations civiles. *V. Confér. de Pa-ris, t. 5. p. 70.*

Les Enfans, les Furieux, quoique d'ailleurs incapables d'être
accufés de crime, comme nous le verrons dans la fuite, peuvent
néanmoins accufer par le miniftere de leurs Tuteurs & Curateurs.

Les Bâtards peuvent accufer comme les Enfans légitimes.

L'Etranger peut accufer comme le Regnicole ; avec cette différence néanmoins, que pour affûrer l'effet des condamnations
que l'Accufé pourroit obtenir contre lui, on oblige cet Etranger
de donner une bonne & fuffifante caution : il y en a un exemple
récent dans un Arrêt de la Tournelle du Parlement de Paris, rap-
porté par Rouffeau de Lacombe ; cet Arrêt eft du 10 Février *V. Part. 3. ch. 1. feft. 1. des MAT. Crim.*
1742.

Non-feulement il eft alors permis à tout le monde d'*accufer*,
mais l'on peut accufer toutes fortes de perfonnes ; ainfi un Pere
peut accufer fon Fils, une Femme fon Mari, le Frere peut accufer fon Frere, le Maître fon Domeftique, le Gendre fon Beau-
pere, le Neveu fon Oncle, le Filleul fon Parrein, & *vice versâ*,
ce qui ne doit néanmoins s'entendre qu'avec certaines modifications que nous remarquerons fur le Chapitre fuivant.

Quant à l'Injure qui nous eft faite *indirectement* dans la perfonne
de nos proches, nous avons diftingué entre celle faite aux perfonnes que nous avons en notre puiffance, & celle faite aux perfonnes auxquelles nous avons efpérance de fuccéder.

Dans l'Espece de la premiere, les Peres font admis à accufer
pour leurs Enfans.

Les Maris peuvent accufer pour l'injure faite à leurs Femmes.

Les Tuteurs pour celle faite à leurs Pupilles.

Les Abbés ou Supérieurs des Couvens peuvent pourfuivre l'injure faite à leurs Religieux.

Les Chapitres peuvent accufer pour l'injure faite à l'un de leurs *V. Journ, du Palais.*
Membres dans le tems de fes fonctions.

Les Seigneurs peuvent auffi pourfuivre l'injure faite à leurs Sujets, mais ce n'eft qu'en ces deux cas feulement, qui font remar-

F

qués par les Auteurs ; sçavoir , lorsque l'injure réfléchit contre le Seigneur , ou bien lorsqu'il s'agit d'exactions & de concussions commises par des Fermiers publics , envers ses Sujets.

Les Communautés peuvent aussi accuser dans les deux cas ci-dessus, pour l'injure faite à leurs Habitans ; mais cette accusation ne peut se poursuivre que par le ministere d'un Syndic qu'elles sont tenues de nommer à cet effet ; comme nous le verrons ci-après.

A l'égard des Communautés particulieres d'Artisans , elles peuvent accuser pour l'injure faite à l'un de leurs Membres dans l'exercice de ses fonctions. Elles peuvent aussi le faire , pour des contraventions faites à leurs Statuts par quelqu'un de leurs Membres ; mais non point lorsqu'il s'agit d'exactions commises par l'un des Maîtres-Jurés de leur Corps en se faisant donner de l'argent par les Aspirans : elles peuvent seulement , dans ce dernier cas , dénoncer au Procureur du Roi , qui en poursuit la punition à sa requête & diligence.

V. Boer. Jul. Clar. Imbert & Brillon.

Suivant le Droit Romain , le Maître pouvoit poursuivre l'injure faite à son Esclave , parce qu'il l'avoit sous sa puissance : mais il n'en est pas de même parmi nous , où l'esclavage est aboli ; le Maître ne peut poursuivre l'injure faite à son Domestique par la voie de l'Accusation , mais seulement par celle de la Dénonciation. Il y a cependant deux cas exceptés par les Auteurs : l'un , c'est lorsque le Domestique a été excédé dans les fonctions auxquelles ce Maître l'avoit préposé : l'autre , c'est lorsque le Domestique a été excédé pour la querelle de son Maître.

V. Baquet , des Droits de Just. ch. 6.

Lapeyr. décis. 417. Peref. in cod. de Injur. n. 13.

Dans l'ESPECE de l'injure faite en la personne de ceux à qui nous avons espérance de succéder, l'on entend celle faite à nos Pere, Mere , Ayeul , Ayeule , Mari , Femme , Frere , Sœur , Beau-pere , Belle-mere , Oncle , Tante , Neveux , Niéces , Cousin, Cousine, &c. en un mot, à tous ceux dont la succession peut nous regarder directement ou indirectement.

Mais si la seule Espérance de succéder nous donne le droit de poursuivre l'injure faite à nos proches, à plus forte raison lorsque leur succession nous est déja assûrée par leur mort ; ainsi les Héritiers peuvent sans contredit poursuivre l'injure qui a été faite au Défunt , soit de son vivant , soit même après sa mort en insultant à son cadavre ou à sa mémoire ; mais ils ne peuvent poursuivre celle qui a été faite au Défunt de son vivant, que lorsque

V. le tit. du cod. de viol. sepulchro.

l'accufation a été commencée par celui-ci, à moins que cette injure ne tende à flétrir fa mémoire & ne rejaillisse fur fa famille; dans ce dernier cas ils font autorifés à fe pourvoir contre les Jugemens qui auroient été furpris contre le Défunt, & à pourfuivre l'Accufé, tant pour la peine que pour les dommages & intérêts.

Ceci nous donne lieu d'examiner trois Queftions importantes qui ont fort partagé les Auteurs : la *premiere*, eft de fçavoir fi lorfqu'il y a plufieurs héritiers ou parens qui fe préfentent pour pourfuivre l'injure faite à leurs proches, ils doivent tous indiftinctement y être admis : la *feconde*, confifte à fçavoir s'il n'y a pas de certains cas où l'on eft tenu d'accufer & de pourfuivre la réparation de l'injure faite à fes proches : la *troifieme* enfin, qui eft une fuite des précédentes, eft de fçavoir fi à défaut de pourfuites de la part du parent le plus proche, le plus éloigné peut être admis à accufer.

L'on répond fur *la Premiere*, que comme c'eft l'intérêt qui regle la capacité d'accufer, lorfqu'il fe trouve plufieurs perfonnes intéreffées à pourfuivre l'injure faite à leurs proches, l'ordre dans lequel fe doivent faire ces pourfuites fe doit auffi régler fuivant les différens degrés d'intérêt, de maniere que celui qui eft le plus intéreffé doit être le premier reçu ; & tant que celui-ci pourfuit, il ferme l'action aux autres, parce qu'il ne doit y avoir, comme nous l'avons obfervé, qu'un feul Accufateur dans un Procès criminel, afin d'empêcher les vexations & que l'Accufé ne foit accablé par le grand nombre. Ainfi la Veuve & les Enfans doivent être préférés à tous autres dans la pourfuite de l'injure faite à leur Pere ou Mari.

I. Question.
Tous les Parens peuvent-ils être admis indiftinctement à pourfuivre l'Injure du Défunt ?

Que fi le Défunt ou la Défunte n'ont laiffé ni Mari ni Enfans, les Peres & Meres font admis à cette pourfuite, & à défaut de Pere & Mere, les parens les plus proches à fuccéder fuivant l'ordre généalogique.

Tel eft le fentiment de Papon & autres Criminaliftes les plus célebres, & ce fentiment paroît plus jufte & plus régulier que celui de Lapeyrere, qui n'admet aucun ordre dans les pourfuites, & qui prétend qu'elles peuvent être faites par les Pere & Mere, Freres & Sœurs de l'*Homicidé*, en même tems que par fa Veuve & fes Enfans, de maniere que l'amende & autres réparations civiles qui feroient prononcées, devroient fe partager également entr'eux.

En effet, comme c'est la Veuve & les Enfans qui font la plus grande perte, & qui ont par conséquent plus d'intérêt à poursuivre la réparation du crime, il paroît qu'on ne peut raisonnablement leur contester la préférence dans l'ordre des pourfuites, non plus que dans le profit des condamnations qui en peuvent résulter; & ce profit qui leur tient lieu d'indemnité doit se partager entr'eux; la moitié en appartiendra à la Femme & l'autre moitié à fes Enfans; c'est auffi à proportion de la part qui doit leur en revenir que chacun d'eux doit contribuer aux frais des pourfuites : c'est la remarque de Catellan, qui ajoûte que cette indemnité est tellement privilégiée, que la Femme qui paffe à de fecondes noces ne laiffe pas que d'en conferver la propriété, & peut même fuccéder *ab inteftat* à fes Enfans du premier lit dans la portion qui leur étoit échue de cette indemnité : ce qui paroît conforme à la difpofition de l'article premier du titre XXVII. de l'Ordonnance de 1670, où l'on voit que dans le nombre de ceux qui font admis à purger la mémoire du Défunt contumax, la Veuve & les Enfans font placés dans le premier rang, & que les autres parens ne font rappellés que fubfidiairement & dans le fecond ordre.

*V. Liv. 4. ch. 48.*

*V. auffi l'art. 34. de l'édit des Duels.*

Cependant il faut convenir qu'on ne peut fixer aucune Regle bien certaine à ce fujet, & que cela dépend principalement de la fituation des familles & de la qualité de l'injure, qui peut être telle qu'elle intéreffe toute la famille également.

*Perez. in cod. de Injur. n. 11. & 12.*

II. QUESTION. N'y a-t-il pas de certains cas où l'on est tenu d'accufer ?

Sur la *Seconde* Queftion, nous avons obfervé que fuivant le Droit Romain l'accufation étoit libre, de maniere qu'on ne pouvoit contraindre perfonne de la former; il y en a un titre exprès au Cod. *Ut nemo invitus agere cogatur.*

Cependant cette maxime n'étoit point fans exception, fuivant ce même Droit; l'on diftinguoit entre l'injure faite à un homme public & celle faite à un homme privé. Lorfque l'injure étoit faite à un homme public, tel qu'un Magiftrat, celui-ci étoit obligé d'en pourfuivre la réparation, fur-tout lorfqu'elle avoit été faite dans fes fonctions; & s'il ne le faifoit pas, il étoit tenu de l'action appellée *imminuti Magiftratus,* qui emportoit une note d'infamie.

A l'égard de l'injure faite à une perfonne privée, celle-ci n'étoit point tenue d'en pourfuivre la réparation : mais lorfqu'il fe trouvoit quelqu'un engagé envers elle par des devoirs d'honnêteté, de reconnoiffance ou d'obéiffance, celui-ci étoit obligé d'en faire la pourfuite ; tellement que s'il ne la faifoit pas, il encouroit non-feulement la perte de fes biens, mais fon filence à cet égard le rendoit fufpect du même crime, & fervoit même quelquefois à lui en faire imputer un autre.

Ainfi, par exemple, fi la Femme, dont l'honneur eft fous la protection & fauve-garde du Mari, s'étoit proftituée publiquement, ou qu'elle eût été débauchée par quelqu'un, & que le Mari ne l'eût pas répudiée auffi-tôt, ce dernier étoit tenu de l'action appellée *lenocinii*, qui le rendoit infame.

Pareillement, l'Héritier étranger qui auroit négligé de pourfuivre la vengeance de la mort de celui auquel il auroit fuccédé, outre la privation qu'il encouroit de cette fucceffion, dont il s'étoit rendu indigne par fon ingratitude, il étoit encore réputé complice du même crime que les auteurs de cette mort.

Même peine étoit prononcée contre la Femme qui n'auroit pas vengé la mort de fon Mari, ou contre le Mari qui n'auroit pas vengé la mort de fa Femme ; contre le Fils qui n'auroit pas vengé celle de fes Pere & Mere, ou contre ceux-ci qui n'auroient pas vengé celle de leur Fils : il en étoit de même du Patron à l'égard de fon Affranchi, & du Tuteur à l'égard de fon Pupille.

*L. Qui mortem, ff. de his quæ ut indign. L. Cum Frater, cod. eod. tit.*

Mais parmi nous comme la pourfuite des Crimes & de leurs peines eft confiée au Procureur du Roi qui a feul le fait de la Police, & dont le Miniftere eft forcé, ainfi que nous l'avons obfervé ci-devant ; & que d'un autre côté, ce n'eft point tant du bienfait de l'homme que de la difpofition de la Loi, que les Parens & Héritiers tiennent la fucceffion du Défunt, on ne contraint point ces derniers d'accufer, c'eft-à-dire de fe porter Parties civiles, mais feulement de rendre Plainte ou de Dénoncer le crime. C'eft fur ce fondement que par Arrêt du 30 Juillet 1730, rapporté dans Bruneau en fes Obfervations criminelles, une Veuve & des Enfans ont été difpenfés de pourfuivre à leurs frais l'accufation de la mort de leur Pere & Mari.

*V. Brun. Obferv. crim. p. 48.*

Il eft vrai que fi la Veuve & les Enfans étoient en état d'avancer ces frais, & qu'ils fe miffent en refus de le faire, on pourroit les y contraindre par la faifie de leurs biens, & même par l'emprifonnement de leurs perfonnes, à caufe de l'inofficiofité & de l'ingratitude qui font des vices perfonnels. C'eft la remarque que fait Ayraut & M. le Préfident Lifet dans fa Pratique civile &

criminelle. On peut même les obliger de consigner au Greffe certaine somme pour fournir à ces frais, à peine d'être privés de la succession, ainsi qu'il a été jugé par l'Arrêt rendu au sujet de l'Assassinat commis en la Ville de Paris sur la personne de la fille de Dumoulin, femme du Baillif de Coulomiers, & de ses enfans. Cet Arrêt est rapporté par Carondas sur Liset ; on en trouve aussi plusieurs dans Louet & Brodeau qui, sur de semblables refus de la part des Veuves & des enfans, les ont déclarés indignes de la succession du Défunt, & de tous les avantages qu'ils en avoient reçus.

*V. Louet, lett. h.*
*somm. 5.*

Cependant il faut convenir que cette Jurisprudence paroît un peu rigoureuse, & que celle qui n'imposeroit dans tous ces cas d'autre peine que la *Consignation* des frais, seroit plus conforme à l'esprit de l'Ordonnance, & même à celui de la Religion qui recommande si fort la clémence & le pardon des injures : *Nam hæres remittendo reo humanitati favet, sibique parcit.*

*Proverb. 25.*

C'est pour cela que bien-loin de réputer infame le mari qui retient auprès de lui sa femme, quoique convaincue d'Adultere, nous ne pouvons qu'applaudir à sa conduite, en ce qu'il remplit par-là les vœux de l'Eglise, qui ne tendent qu'à la conservation de la paix & de l'union dans les Mariages.

A l'égard du Magistrat qui ayant reçû une insulte dans ses fonctions, négligeroit d'en poursuivre la réparation, il est bien vrai que, comme ce seroit alors sa dignité encore plus que sa personne qui s'en trouveroit blessée, son silence en ce cas ne seroit pas tout-à-fait excusable, & pourroit le faire regarder comme un homme mol, & en quelque sorte incapable de la place qu'il occuperoit. Mais comme cette injure intéresseroit principalement l'ordre public, & par conséquent le Ministere du Procureur du Roi, ce seroit à celui-ci d'en poursuivre la vengeance sur la Dénonciation de ce Magistrat, sans qu'on puisse imputer aucune infamie à ce dernier, pour ne s'être point porté Partie civile.

**III. QUESTION.**
Si à défaut de poursuite du Parent le plus proche, on peut admettre le plus éloigné ?

Sur la *Troisieme* Question, Ayraut qui l'a traitée dans son Ordre judiciaire, se détermine en faveur de l'avis d'Imbert, qui ne donne la qualité d'*Accusateur* qu'au Parent le plus proche, comme ayant le plus vrai intérêt ; en sorte que tant que ce dernier vit, il ferme, *dit-il*, l'action aux autres. Voici quel est son raisonnement : ou ce Parent le plus proche a déja entamé l'Accusation qu'il a ensuite abandonnée, & alors on peut dire que *semel de*

*eâdem re actum eft :* ou bien il a accordé & tranfigé avec l'Accufé ; dans ce cas il a difpofé de tout l'intérêt qui appartenoit à
la Partie privée ; ou bien il n'a fait ni l'un ni l'autre ; & dans ce
dernier cas il eft cenfé en avoir fait la remife : ainfi tant qu'il
exifte, & qu'il peut fe ravifer, la faculté de fe porter Partie civile réfide en lui, & ne va par dévolution à d'autres, comme
étant un droit perfonnel, un droit de fang & d'affection qui eft
attaché à la proximité du degré, *more fucceffionum, perfond non
fubducta.*

C'eft par une fuite de ce Principe, que cet Auteur décide que
s'il y avoit plufieurs perfonnes au même degré, comme des Freres, chacun d'eux pourroit pourfuivre ou s'accorder en fon particulier, *fuo jure*, de maniere que le Puîné pourroit y être admis
comme l'Aîné, foit que ce dernier eût déja entamé l'Accufation,
ou qu'il eût négligé de la former.

C'eft encore par une fuite du même Principe, que fuivant cet
Auteur, lorfque l'un des Parens qui font dans un égal degré,
s'eft porté Partie civile, les autres ne font pas même reçûs à
prendre la qualité de Délateurs : il excepte feulement un cas,
fçavoir lorfqu'il y a apparence que la Partie civile collude avec
l'Accufé ; comme fi après avoir cédé fes actions à un tiers, elle
ne laiffoit pas que de demeurer en Caufe ; le Parent le plus éloigné pourroit alors obtenir, quoique fimple Dénonciateur, le
recouvrement de fes frais, dommages & intérêts, de même que
s'il s'étoit porté Partie civile. Mais dans tous les autres cas, ce
même Auteur conclud qu'il n'y a que les Héritiers plus proches
qui puiffent prétendre l'Intérêt civil, & que les autres ne font
confidérés que comme fimples Dénonciateurs, qui en cette qualité ne peuvent prétendre, *dit-il*, que les dépens qu'ils auroient
faits dans le cas de la négligence des Parens les plus proches.

*V. auffi Jul. Clar.
Prat. crim. quæft.
58.*

Il n'en feroit pas de même dans le cas où la Veuve négligeroit de pourfuivre, ou viendroit à s'accommoder avec l'Accufé :
cette négligence ou cet accommodement ne pourroit faire aucun
obftacle à l'accufation des autres Parens, quand même ceux-ci
ne feroient pas Héritiers. C'eft la remarque de Peleus.

*V. Peleus, liv. 6,
art. 16.*

Après avoir ainfi déterminé les Perfonnes qui peuvent & doivent accufer, voyons préfentement quels font ceux qui ne peuvent & ne doivent accufer.

## CHAPITRE III.

### *Qui font ceux qui ne peuvent accufer.*

*V.* le tit. 1. du liv. 9. du Code, *de his qui accufare non poffunt.*
*V.* auffi le tit. du ff. *de accufationib.*
*V.* encore le Code *au même titre.*

QUOIQUE, fuivant le Droit Romain, l'Accufation fût publique, il y avoit néanmoins de certaines perfonnes auxquelles cette voie n'étoit point permife, ou qui ne pouvoient en ufer qu'en de certains cas exceptés par les Loix.

Les uns ne pouvoient accufer par le *défaut d'âge*, tels que les Impuberes, qui pouvoient feulement pourfuivre la mort de leur Pere fous le nom & l'autorité de leur Tuteur; les autres à caufe du *Sexe*, comme les Femmes, qui n'étoient reçûes à le faire que lorfqu'il s'agiffoit de pourfuivre la mort de leur Mari ou Parens auxquels elles avoient efpérance de fuccéder, ou lorfqu'il s'agiffoit du crime de Faux; les autres à caufe de leur *Dignité*, comme les Magiftrats, qui ne pouvoient accufer pendant que duroit leur Magiftrature; les autres à caufe du *défaut d'Etat*, comme les Efclaves; les autres par l'*Indignité* de leurs perfonnes, comme les Excommuniés, les Condamnés pour crime, les Infames, les Calomniateurs, & ceux qui avoient reçû de l'argent pour accufer; les autres par le *défaut de Religion*, comme les Infideles & les Hérétiques; les autres à caufe du *Serment* qui les lioit à leur état, & ne leur permettoit pas de vaquer aux affaires publiques, comme les Clercs, les Soldats; les autres à caufe de la *Sufpicion* & de la *Défiance*, comme l'Ennemi, le Mandiant; les autres enfin à caufe de l'*Honnêteté publique* & de la *Reconnoiffance*, comme le Fils à l'égard du Pere, l'Affranchi à l'égard du Patron, la Femme à l'égard du Mari, le Donataire à l'égard du Donateur, le Frere à l'égard du Frere, l'Héritier à l'égard de fon Cohéritier.

Telles font les différentes efpeces d'incapacité que l'on trouve répandues dans ce Droit. Mais pour les diftinguer d'une maniere plus conforme à nos Mœurs & à nos Ufages, nous croyons devoir les ranger fous trois Claffes différentes qui feront la matiere d'autant de Paragraphes. Les uns ne peuvent accufer, parce qu'ils n'ont point d'intérêt; les autres, quoiqu'ayant intérêt, ne peuvent accufer, parce qu'ils en font empêchés par la Loi; d'autres enfin qui, quoiqu'ayant la capacité néceffaire pour accufer, s'en font eux-mêmes interdit la faculté, par la remife volontaire de leurs droits.

§. I.

## §. I.

### De Ceux qui ne peuvent Accufer par le Défaut d'Intérêt.

De ce nombre, font tous ceux qui veulent pourfuivre l'injure faite à une perfonne qui n'eft pas fous leur puiffance, où à laquelle ils n'ont aucune efpérance de fuccéder.

Ainfi, la Mere qui n'a point fon Enfant fous fa puiffance, n'eft point admife à pourfuivre l'injure faite à ce dernier, à moins qu'elle ne foit fa Tutrice.

La Femme ne peut pourfuivre l'injure faite à fon Mari, ce qui s'entend pendant la vie de .ce dernier; car elle le peut après fa mort; elle y eft même obligée, comme nous l'avons vû ci-devant.

Les Pere & Mere ne font point reçûs à fe plaindre de l'infulte faite à leurs Enfans bâtards; il y a cependant des Arrêts qui l'ont jugé ainfi.

Le Maître qui n'a point parmi nous, comme chez les Romains, fon Domeftique fous fa puiffance, ne peut pourfuivre l'injure faite à celui-ci, fi ce n'eft dans les cas où cette injure réfléchit contre lui.

Les Parens éloignés, qui n'ont aucune efpérance de fuccéder, ne peuvent accufer au défaut des Parens les plus proches, comme nous l'avons obfervé ci-devant.

Enfin, c'eft par une fuite du même principe que le Dépofitaire ne peut accufer pour le Vol qui lui a été fait du Dépôt, & que ce droit n'appartient qu'au feul Propriétaire, fuivant les Auteurs.

*V. les Plaid. de Servin.*
*V. Bouchel en fa Biblioth. verbo Vengeance.*
*V. Louet, lett. D.*

*V. Defpeiffes, liv. 2. fect. 1. art. 6.*

DANS le nombre de ceux qui ne peuvent accufer par défaut d'intérêt, font encore compris, non-feulement tous Particuliers qui s'ingerent à pourfuivre un Crime qui n'intéreffe que le Public, mais auffi ceux mêmes à qui le Miniftere public eft confié, tels que les Procureurs du Roi qui voudroient pourfuivre des Crimes qui ne bleffent que l'intérêt des Particuliers.

Parmi les Crimes de cette derniere efpece, il y en a trois remarquables, fçavoir *les Mauvais Traitemens faits par un Fils à fes Pere & Mere, le Rapt & l'Adultere.* Les Auteurs en ajoûtent plufieurs autres, dont nous aurons lieu de parler dans la fuite, tels que la Banqueroute frauduleufe, le Faux incident, la fimple Injure verbale, le Stellionnat, le Recelé ou Divertiffement, l'Ufure,

G

& généralement tout ce qui s'appelle *dol* & *fraude* dans les Conventions. Nous nous bornons, quant-à-préſent, aux trois exemples que nous venons de citer, parce qu'ils donnent lieu à pluſieurs Obſervations importantes, qui ſerviront à faire juger juſqu'à quel point doit s'entendre la Maxime que nous venons d'établir.

1°. Quant *aux Mauvais Traitemens* faits par un Fils à ſes Pere & Mere, c'eſt une Juriſprudence conſtante parmi nous, qu'il n'y a que les Pere & Mere qui ont reçû ces mauvais traitemens, à qui il ſoit permis de s'en plaindre, & que tant que ceux-ci ne ſe plaignent point, le Miniſtere public n'a pas droit d'en pourſuivre les auteurs. Il eſt vrai cependant, que comme ces Crimes peuvent être portés à un tel excès que l'Ordre public en ſoit bleſſé, & qu'il ſeroit dangereux de les laiſſer impunis par le défaut de pourſuite; la même Juriſprudence a introduit à cet égard les deux Exceptions ſuivantes: l'une, c'eſt qu'en même tems que l'on a jugé que l'accuſation n'étoit recevable que dans la perſonne du Pere, on n'a pas laiſſé que de prononcer des Condamnations contre le Fils, qui ſe trouvoit convaincu de ces mauvais traitemens, par une information faite à la Requête du Miniſtere public; c'eſt l'eſpece de l'Arrêt du Parlement de Paris, du 23 Avril 1648, rapporté par Brillon, *verbo* PERE.

L'autre Exception, c'eſt que dès qu'une fois le Pere a rendu Plainte de ces mauvais traitemens, il ne peut plus ſe rétraĉter, ou du moins cette Rétraĉtation ne ſçauroit empêcher que les Pourſuites ne ſoient repriſes, & continuées à la diligence du Miniſtere public, & le Crime puni dans toute ſa rigueur. Ainſi jugé par autre Arrêt rapporté par le même Auteur, qui ſans avoir égard à la Rétraĉtation du Pere, ordonna qu'il ſeroit paſſé outre au Jugement du Procès, & en conſéquence condamna le Fils aux Galeres perpétuelles.

Il en faut dire de même des mauvais traitemens faits par un Mari à ſa Femme, ou par celle-ci à ſon Mari.

2°. Quant au Crime de *Rapt*, il a été pareillement jugé par pluſieurs Arrêts, qu'il ne doit être pourſuivi que par les Pere & Mere, conjointement avec la Perſonne ravie, à l'excluſion du Procureur du Roi. Cette Juriſprudence eſt fondée ſur ce que de pareilles Pourſuites, qui ſeroient faites ſans la Plainte de ceux qu'elles intéreſſent perſonnellement, flétriroient en quelque ſorte

leur honneur, & que les Parens peuvent avoir des raifons particulieres pour ne point pourfuivre les Ravifleurs.

Mais il faut obferver que ce n'eft que des Rapts de Séduction
ou *Blandice*, appellés en Droit *raptus in parentes*, dont ces Arrêts
veulent parler, & non point de ceux faits avec Violence : car à
l'égard de ces derniers, comme ils forment un Crime public,
& que fuivant les Ordonnances, outre la peine de mort, ils emportent encore une incapacité abfolue dans la perfonne du Ra-
vifleur de pouvoir jamais devenir l'Epoux de la perfonne ravie ;
rien n'empêche alors le Procureur du Roi d'en faire la Pourfuite :
cela lui eft même expreffément recommandé par les Ordonnances, comme nous le verrons en traitant de ce Crime.

3°. Enfin pour ce qui concerne l'*Adultere*, il paroît par le
Droit Romain que tant que le Mariage duroit, il n'y avoit que
le Mari qui pût accufer fa Femme de ce crime ; mais auffi lorfqu'il la retenoit après qu'elle en avoit été convaincue, il pouvoit
être pourfuivi lui-même, comme nous l'avons dit, par l'action
appellée *Lenocinii*, dont la Peine étoit la même que celle de
l'Adultere. Ce n'étoit donc qu'après qu'il avoit fait divorce avec
fa Femme, qu'il étoit permis à tout le monde d'accufer celle-ci ;
& encore dans ce dernier cas, la Loi accordoit un certain Délai,
tant à ce Mari qu'au Pere de la Femme, pour fe difpofer à l'accufation, pendant lequel ils étoient préférés à tous Etrangers.
Enfin par la Loi troifieme, au Code *de Adult.* l'Empereur Conftantin exclut abfolument de l'accufation tous Etrangers, & réferva
feulement ce droit aux proches Parens de la Femme.

Suivant notre Jurifprudence, il n'y a proprement que le Mari,
ou fon Pere en fon abfence, qui puiffe accufer la Femme d'A-
dultere : le Procureur du Roi ne peut pas d'Office pourfuivre ce
Crime, fi ce n'eft dans les deux Cas que nous venons de remarquer ; fçavoir, lorfqu'il y a fcandale public, ou que le Mari fe
trouve complice du crime de fa Femme ; le Mari peut même en
ce dernier cas être accufé par les Pere, Mere, Freres, Oncles
paternels & maternels.

*V. Lepretre, art. 1.*
*ch. 33.*
*Faber, in cod.*
*defin. 4. ad leg.*
*Jul. de Adult.*
*V. Plaid. de Cor-*
*bin.*

Les motifs qui ont fait donner l'Exclufion aux Procureurs du
Roi, hors ces deux Cas particuliers, font fondés fur les mêmes
Principes de Religion & d'Honnêteté publique, que ceux qui
doivent engager le Mari à remettre à fa Femme l'injure qu'il en
reçoit, fans craindre d'encourir aucune infamie ; & ils fervent

pareillement à écarter l'accufation que pourroient intenter les
Héritiers de ce Mari après fa mort, quoique ceux-ci puiffent y
être admis en deux cas, fuivant les Arrêts : l'un c'eft lorfque l'accufation avoit déja été entamée par le Mari de fon vivant ; l'autre, c'eft par forme d'exception, lorfqu'il s'agit de défendre à
la Demande formée contre eux par la Veuve en payement de
fon Doüaire, & autres avantages qui lui ont été faits par fon
Mari, dont l'Adultere l'a rendue indigne.

*V. Bouguier,
lett.* a, *art.* 2.
*Ricard, des Do-
nat. part.* 1, *ch.* 3.
*fect.* 8,

## §. II.

### *De Ceux qui ne peuvent Accufer à caufe de la prohibition de la Loi.*

Nous avons dit, en fecond lieu, qu'il y avoit des perfonnes
qui, quoiqu'ayant intérêt d'accufer, ne pouvoient le faire parce
que la Loi les en avoit déclarés incapables.

Il y a deux fortes d'Incapacités prononcées par les Loix : l'une
abfolue, l'autre refpective.

L'INCAPACITÉ ABSOLUE fe tire principalement de la Qualité
ou de l'Etat de la perfonne ; & elle eft ainfi appellée, parce qu'elle
ne permet d'agir dans aucun tems ni dans aucun cas : nous en
avons donné ci-devant plufieurs exemples tirés du Droit Romain ; nous ne nous arrêterons qu'à celles qui nous font communes avec ce Droit, telles que l'incapacité produite par l'Infamie & par la Mort civile.

1°. Quant à l'INFAMIE, l'on en diftinguoit, dans le Droit,
de deux fortes ; l'une de fait, l'autre de droit. L'infamie de *fait*,
n'étoit autre chofe que la diminution de l'eftime des honnêtes
gens, *imminutio exiftimationis apud probos viros ;* elle étoit encourue par ceux qui n'avoient pas rempli avec affez d'exactitude
les fonctions de leurs charges, comme le Tuteur qui adminiftroit
mal la tutelle, le Fils dont la conduite avoit été blâmée par le
Teftament de fon Pere ; celui qui avoit été admonefté par le Juge ; en un mot elle comprenoit généralement tous les écarts qui
tendent à bleffer la réputation fans la détruire : celle-ci ne rendoit point incapable d'accufer.

*L.* 13. *ff. ex quib.
cauf. infam. irrog.*
*L.* 17, *ibid.*

L'Infamie de *droit*, ainfi nommée parce qu'elle eft expreffément
prononcée par la Loi ; c'eft celle qu'encouroient les Condamnés
pour crimes, les Veuves qui fe remarioient dans l'année du deuil,
les Femmes débauchées, les Perfonnes de Théâtre, les Affran-

*L.* 2. *cod. ex quib.
cauf. infam.*

chis qui étoient tombés dans le vice d'ingratitude envers leur Patron, les Perfonnes nées d'une conjonction odieufe, telles que les Bâtards, Adultérins ou Inceftueux, les Efclaves, les Captifs : Celle-ci opéroit une incapacité abfolue d'accufer chez les Romains.

Parmi nous, on ne connoît d'autre Infamie que celle qui eft prononcée par le Juge, ou qui eft une fuite de la condamnation à certaines peines qui emportent avec elles l'infamie. Quant à celle que produifoit chez les Romains la profeffion publique de certains Etats, le Mariage de la Veuve dans l'année de deuil, l'Efclavage ou la Captivité, l'Ingratitude de l'Affranchi envers fon Patron, & la Bâtardife; quoique fuivant nos mœurs ces différentes Caufes emportent avec elles le mépris public, néanmoins on ne les regarde point comme fuffifantes pour opérer l'incapacité abfolue d'accufer.

Ainfi, nous réputons feulement infames de droit, 1°. ceux qui ont été condamnés au Blâme, à l'Amende prononcée par Arrêt en matiere criminelle, à l'Aumône en matiere civile, à l'Amende-honorable, au Carcan, au Foüet, à la Fleur-de-Lis, au Banniffement, aux Galeres. 2°. Les Officiers qui ont été interdits à perpétuité des fonctions de leurs Charges. 3°. Enfin ceux qui ont été decrétés d'ajournement perfonnel ou de prife de corps, jufqu'à ce qu'ils fe foient purgés par un Jugement d'abfolution. L'effet que produit cette infamie eft de rendre la perfonne incapable des Dignités & des Charges publiques, de faire rejetter fon témoignage, de l'empêcher d'*efter* en Jugement, & conféquemment de pouvoir accufer.

2°. A l'égard de la MORT CIVILE, on en diftingue de deux fortes; l'une, qui n'attaque point l'honneur & ne fait feulement que priver du droit de Cité, c'est-à-dire de la faculté qu'a chaque Citoyen de pouvoir contracter, difpofer de fes biens, *efter* en Jugement, & c'eft celle que produit la Profeffion & Emiffion des vœux dans un état Religieux. L'autre, qui frappe également fur l'honneur & fur les biens, c'eft celle que produit la condamnation au Banniffement ou aux Galeres perpétuelles, lorfqu'elle eft prononcée contradictoirement, ou bien la condamnation à Mort prononcée par contumace; & même celle aux Galeres & au Banniffement perpétuel prononcée auffi par contumace, lorfque l'Accufé vient à déceder fans s'être repréfenté dans les cinq ans du jour de l'exécution du Jugement. Celle-ci eft diftinguée

de l'infamie proprement dite, qui n'affecte que l'honneur feulement, & ne prive point ceux qui en font notés, de la faculté de
difpofer de leurs biens ; mais elles ont cela de commun, qu'il faut
également, pour opérer l'un & l'autre, que la condamnation foit
juridique, c'eft-à-dire prononcée par le Juge dans fon Tribunal,
de maniere que le fimple Exil par Lettre de Cachet du Roi ne
fuffiroit point pour les produire.

Nous aurons lieu de marquer dans la fuite, avec plus de détail, les effets que produit cette Mort civile ; nous n'en parlons
ici que rélativement au Droit d'accufer, & nous obferverons à
cet égard, qu'il y a cette différence entre cette derniere efpece
de Mort civile & celle produite par l'Emiffion des vœux, que
quoique les Religieux foient incapables par eux-mêmes d'accufer, l'accufation peut néanmoins être formée fous leur nom par
les Supérieurs du Couvent où ils ont fait Profeffion, de même
que pour les autres actions qui peuvent les concerner ; au lieu
que par la Mort civile que produit la condamnation à une peine
capitale, le Condamné eft tellement incapable de tous actes civils, qu'il ne peut pas même pourfuivre l'accufation qu'il avoit
intentée avant fa condamnation, quoiqu'il dût lui en revenir des
dommages & intérêts. Il refte donc à fçavoir, en ce dernier cas,
fi à défaut de ce Condamné, fon plus proche parent, ou celui
au profit de qui la confifcation auroit été prononcée par le même
Jugement qui emporte la Mort civile, ne pourroit pas continuer
fous fon nom les pourfuites qui auroient été commencées avant
fa condamnation.

Il paroît qu'on pourroit foûtenir l'affirmative, par plufieurs raifons ; la *premiere* tirée de l'Intérêt public, qui ne permet pas que
le crime demeure impuni, & que le Coupable profite de l'incapacité furvenue dans fon Accufateur pour éluder la Peine & la
Réparation pécuniaire à laquelle il devoit être condamné. La *feconde*, fondée fur le Droit Naturel & des Gens, par lefquels il eft
permis de repouffer l'injure qui nous eft faite ; or le Condamné
à peine capitale, quoiqu'incapable des effets civils, n'eft certai-
nement pas privé des facultés du Droit Naturel & des Gens, &
peut conféquemment, à l'exemple du Pupille, du Fils de famille
ou de l'Efclave, fe procurer par l'interpofition d'un tiers, la réparation d'une injure qui lui a été faite en fa perfonne ou fur fes
biens. La *troifieme* enfin, c'eft que fi dans le cas d'une condamnation à mort naturelle les Héritiers peuvent reprendre l'accufa-

tion commencée par le Défunt, comme nous l'avons obfervé ci-devant, à plus forte raifon peut-on dire que la condamnation à peine capitale ne peut empêcher les plus proches parens du Condamné, de continuer fous fon nom les pourfuites qu'il avoit commencées avant fa condamnation, & fur-tout fi ces pourfuites avoient pour objet la réparation d'une injure qui réflechit contre la famille.

Ce que nous venons de dire en faveur du Condamné à une peine capitale qui emporte la Mort civile, peut s'appliquer avec bien plus d'avantage à celui qui n'eft condamné qu'à une peine infamante, puifque ce dernier conferve, comme nous l'avons dit, tous les droits de Cité, à la réferve feulement de ceux d'*efter* en Jugement & de poffĕder des Charges publiques.

L'INCAPACITÉ RESPECTIVE eft ainfi appellée, parce qu'elle n'a lieu qu'en certains cas & vis-à-vis de certaines perfonnes, & qu'elle n'empêche pas qu'on ne foit capable envers toute autre perfonne & en toute autre occafion.

La Loi nous en donne les exemples fuivans, que nous avons adoptés dans notre Jurifprudence, comme étant fondés fur des motifs particuliers d'équité & d'honnêteté publique.

Le PREMIER eft celui d'un FILS qui ne peut accufer fon Pere : la raifon qu'en rend la Loi, c'eft que le Pere & le Fils n'étant ré-putés qu'une feule & même perfonne, ils ne peuvent former une accufation pour laquelle il faut le concours de deux perfonnes, l'Accufateur & l'Accufé : mais le principal motif de cette exclu-fion parmi nous, eft fondé fur la *révérence* paternelle qui rendroit cette accufation odieufe dans la perfonne du Fils ; cependant, quoiqu'il ne puiffe accufer, il peut, fuivant la Loi, être admis à fe plaindre de fon Pere par la voie Civile, ou par la voie d'Ex-ception ; il peut même, fuivant les Auteurs, prendre la voie de la *Dénonciation*, lorfqu'il s'agit de crimes extrêmement atroces, tel que celui de Lèze-Majefté.

*L. 4. ff. de publ. Judic.*

*L. 5. Cod. ad L. Cornel. de Sicear.*

MASUER prétend que la Fille mariée dans une Coûtume qui la met hors de la puiffance de fon Pere, ne peut intenter action contre lui pour *injures verbales*, mais qu'elle doit recourir à l'au-torité du Juge pour lui faire *inhibition & défenfes*, & lui faire figni-fier la *Sauve-garde* du Seigneur : toutefois, ajoûte cet Auteur, le *Mari peut l'actionner pour la réparation de cette injure.*

*V. Mafuer en fa Prat. tit. 15. n. 19.*

2°. Nous avons vû que le PERE pouvoit accufer fon Fils pour

INSTITUTES

les mauvais traitemens qu'il en avoit reçus ; il le peut aussi, suivant les Constitutions Canoniques, pour cause d'Hérésie & Simonie, & suivant les Loix Civiles pour cause de crime de Lèze-Majesté, mais il ne le peut pour raison de simple Larcin.

*V. Journ. du Pal. t. 2. p. 643. col. 2.*

*V. Bonif. t. 1. p. 365.*

*L. 16. ff. de Furt.*

3°. Le MARI ne peut pareillement accuser sa Femme pour simple Larcin, *ob honorem bene transacti matrimonii;* c'est la raison qu'en rend la Loi : mais il peut poursuivre les Receleurs de sa Femme. C'est encore par la même considération de l'honneur du Mariage, que les Héritiers du Mari, & même ses Créanciers, ne peuvent poursuivre sa Veuve par la voie Extraordinaire pour les *Recelés* que celle-ci auroit faits dans la Succession du Mari ; la Loi ne leur donne que la simple Action civile appellée *rerum amotarum;* cependant dans notre usage on leur permet de commencer leurs poursuites par la Plainte & l'Information, parce qu'il peut s'y trouver des complices.

*V. le tit. du ff. rerum amotarum.*

*L. 4. cod. de crim. expil. hæred.*

4°. Il en est de même de l'HÉRITIER qui veut poursuivre son Co-héritier pour simple Spoliation d'hoirie ; la Loi lui interdit la voie criminelle, & ne lui donne pour cet effet qu'une simple action civile appellée *actio ad exhibendum.*

*L. 1. au cod. du même titre.*

5°. Suivant le Droit, le FRERE ne pouvoit accuser son Frere d'un crime capital & qui méritoit peine afflictive. La même incapacité a lieu parmi nous, à la réserve de deux cas, où il ne peut même s'en dispenser sans se faire regarder comme complice : le premier, c'est en fait de crime de Lèze-Majesté ; le second, c'est en fait de Parricide, & lorsqu'il s'agit de révéler les embûches dressées contre la vie du Pere commun.

*L. 13. & 18. ff. de his qui accus. non poss.*

*V. l'Ordonn. de Louis XI. en Dec. 1477.*

6°. Un PARENT ne peut se rendre Accusateur de son Parent en fait de crime qui réflechit contre l'honneur de la famille : on trouve dans les Plaidoyers de Gauthier un célebre Arrêt de la Chambre de l'Edit, du mois de Juillet 1638, qui a déclaré un Oncle non-recevable dans la Dénonciation par lui faite du crime d'Usure contre son Neveu.

7°. Nous avons remarqué que suivant les Loix Romaines l'Esclave ne pouvoit accuser son Maître ; cet exemple a été étendu à nos Domestiques par les Loix du Royaume, qui ne permettent à ceux-ci d'accuser leur Maître que dans un seul cas, c'est celui du crime de Lèze-Majesté : *servos Dominorum facinora confessos nullo modo audiri oportere nisi in crimine læsæ Majestatis :* c'est la disposition des Capitulaires de Charlemagne.

*L. 10. cod. de his qui accus. non poss.*

*V. lib. 7. Capit. 337. & 148.*

Cela n'empêche pas qu'il n'y ait d'autres cas où ils peuvent
être

être reçûs comme Témoins néceſſaires dans l'accuſation intentée contre leurs Maîtres, & qu'ils peuvent être admis à les dénoncer ; & ces cas ſe rencontrent toutes les fois qu'il n'y a point d'autres moyens pour aſſûrer la preuve & la punition du Crime, ou que les Maîtres ſe portent à des excès de rigueur envers eux.

8°. Dans le Droit, il étoit défendu au DONATAIRE d'accuſer ſon Donateur. Cela ſe pratique de même parmi nous : cependant ſi ce Donateur, pour ſe ménager un moyen de revenir contre ſa Donation ſous prétexte d'ingratitude de la part du Donataire, affectoit d'uſer de trop de rigueur envers ce dernier, celui-ci pourroit être reçu à s'en plaindre, & oppoſer cette Plainte par forme d'exception à la Demande en nullité de Donation qui ſeroit formée contre lui.

*L. 17. cod. de his qui accuſ. non poſſ.*

9°. Il en eſt de même des HÉRITIERS du Mari, qui, comme nous l'avons dit, ne pouvant directement accuſer la Femme d'Adultere, lorſque ſon Mari ne s'eſt pas plaint de ſon vivant, peuvent néanmoins le faire par forme d'exception, en lui oppoſant ce même Crime contre les Donations & autres avantages qui lui auroient été faits par ſon Mari.

*V. Ricard, des Donat. part. 1. ch. 3. ſect. 8.*

10°. L'ACCUSÉ ne peut accuſer ſon Accuſateur, tant qu'il ne s'eſt point juſtifié lui-même du crime dont il eſt accuſé ; & lorſqu'il y a des Plaintes reſpectives données de la part de deux Parties, l'uſage eſt parmi nous, que le Juge doit déterminer après l'Interrogatoire celui qui demeurera Accuſateur : il y a néanmoins des cas où la Récrimination peut avoir lieu, comme en fait de Rapt, ou lorſqu'il s'agit de crime plus atroce ; mais alors la pourſuite ſe fait ſous le nom du Procureur du Roi, & l'Accuſé n'a que la voie de la Dénonciation.

*L. Neganda, cod. de his qui accuſ. non poſſunt.*

*V. Arr. de Regl. du 10 Juill. 1665. Imbert, liv. 3. V. Carondas, en ſes Rep. liv. 2. L. 10. cod. de Teſtibus. V. Paul. lib. 7. ſentent. tit. 20. n. 7.*

11°. Enfin, un dernier exemple des Incapacités reſpectives, c'eſt celui de l'Accuſé qui ne peut accuſer ſon Co-accuſé ; la raiſon qu'en rend le Juriſconſulte Paulus, c'eſt de peur que deſeſpérant de ſauver ſa vie, cet Accuſé ne ſe porte à compromettre celle d'un autre, *ne alienam ſalutem in dubium deducat qui de ſuâ deſperavit.* La ſageſſe de cette Loi l'a fait adopter par le Droit Canonique, comme on le voit au chap. *Veniens*, tit. xx. EXTRA de Teſtib. *Nulli de ſe confeſſo adversùs alium in eodem crimine credendum* ; elle l'a été enſuite par notre Juriſprudence particuliere, ſuivant le témoignage de Mornac, Henrys, & Bardet. Il y a cependant de certains cas où les Complices font preuve les uns contre les autres : Bruneau en remarque huit ; ſçavoir, 1°. le Sa-

*V. Mornac ſur la loi 10. cod. de Teſtibus. Henrys, liv. 4. ch. 6. queſt. 86. Bardet, t. 1. l. 9. ch. 18.*

H

# INSTITUTES

crilege, 2°. le crime de Lèze-Majesté, 3°. le Sortilege, 4°. la Conjuration, 5°. la Fausse monnoie, 6°. l'Hérésie, 7°. la Simonie, 8°. l'Assassinat.

§. III.

*De Ceux qui ne peuvent Accuser, parce qu'ils se sont privés eux-mêmes de cette Faculté.*

Nous venons de parler de l'Incapacité involontaire de l'Accusateur ; il nous reste à parler présentement de celle qu'il encourt volontairement par son propre fait, c'est-à-dire par la Remise qu'il a faite de ses droits.

Cette REMISE peut se faire de deux manieres, ou expressément ou tacitement. Elle se fait *expressément*, par la Déclaration que donne l'Accusateur, verbalement ou par écrit, qu'il remet l'Injure qu'il a reçue en sa personne ou en celle de ses Proches.

Elle se fait *tacitement* de plusieurs manieres ; 1°. par la *Dissimulation* de cette injure pendant un certain tems ; 2°. par de certains *Actes* qui dénotent qu'on n'a point dessein de la poursuivre, comme lorsque l'on boit, mange, ou que l'on converse familierement avec celui de qui on a reçu l'injure ; 3°. lorsqu'on a reçu cette injure en *badinant*, sans avoir témoigné en être offensé ; 4°. enfin, lorsqu'on a reçu *Satisfaction* de cette injure, soit par la *Vengeance* qu'on en a tirée sur le champ par une autre injure de la même espece, suivant la maxime, *paria delicta mutuâ compensatione tolluntur* ; soit par la prompte *Rétractation* de celui qui l'a faite : mais par cette rétractation, on ne parle pas seulement de ces marques extérieures de repentir qu'il donneroit aussi-tôt après l'injure ; ces marques, quoique suffisantes pour effacer le crime dans le *for intérieur*, n'empêcheroient pas l'action, quant à la peine établie par la Loi, laquelle ne peut s'éteindre que par la réparation réelle de l'offense même : une rétractation de cette espece ne peut donc tout au plus servir qu'à effacer une simple injure verbale, suivant la maxime, *injuriam verbo factam, verbo deleri nihil prohibet* : on dit *simple injure verbale* ; car si elle se trouvoit atroce & diffamante, il est certain qu'une simple rétractation extrajudiciaire ne suffiroit point pour l'effacer, mais qu'il faudroit une rétractation authentique, comme celle faite par écrit ou à l'Audience, ou même par une Amende-honorable, suivant les circonstances ; à plus forte raison si cette Injure étoit *réelle*.

*V. Bruneau, des Criées, p. 539.*

*V. Jul. Clar. §. Injur. n. 10.*

*V. Faber, Instit. §. hæc actio, tit. de Injur.*

*V. Zoës. in ff. de Injur.*

*V. les Tit. du ff. & du Code, de Compensat.*

*V. Peres. in cod. de Injur. n. 8. & 9.*

*Argum. L. Qui ea mente, 63. ff. de Furtis.*

*L. 33. ff. de Reg. jur.*

*V. Bruneau, tit. des Criées, p. 440.*

Il y a même cela de particulier par rapport à celle-ci, que la Remife verbale qui en auroit été faite par la perfonne offenfée, ne l'empêcheroit pas de pourfuivre en outre l'Offenfant pour fes dommages & intérêts ; par la raifon, comme le remarquent les Auteurs, que ces dommages & intérêts peuvent fe demander par l'action de la Loi *Aquilia*, qui ne concerne point l'injure faite à la perfonne, mais feulement le dommage qu'elle en a reçu.

*L. 8. 15. 46. ff. de Injur. V. Peref. in Cod. eod. tit.*

Il en faut dire de même de la Remife verbale que feroit un Mourant en faveur de celui qui lui auroit fait une injure ; cette Remife étant alors cenfée purement faite en vûe de la Religion, elle ne peut préjudicier aucunement aux dommages & intérêts qu'il a droit de prétendre, & dont il tranfmet l'action à fes Héritiers : à plus forte raifon fi ce Mourant étoit détenu au lit par les bleffures qu'il auroit reçues de celui à qui il remet l'injure.

*V. Jul. Clar. quæf. 58.*

D'ailleurs, il y a certains cas où la Remife expreffe de ces dommages & intérêts, quoique faite par la perfonne même qui a reçu l'injure, ne fuffiroit pas pour décharger le Coupable ; ainfi, par exemple, un Mari peut pourfuivre l'injure faite à fa Femme, nonobftant la Remife qui en auroit été faite par celle-ci ; un Pere peut également pourfuivre l'injure faite à fon Fils, un Abbé celle faite à fon Religieux, le Maître celle faite à fon Serviteur à fon occafion, le Tuteur celle faite à fon Pupille, quoique ceux-ci l'auroient pardonnée. Pareillement, lorfque l'injure faite à un Magiftrat tendroit à compromettre fa dignité, la Remife qu'il en feroit n'empêcheroit pas, comme nous l'avons dit, que le Miniftere public n'en pourfuivît la punition ; il en eft de même de la Remife que feroient les Pere & Mere à leur Fils pour des mauvais traitemens notoires & fcandaleux qu'ils auroient reçus de lui ; ou dans le cas d'un Rapt de violence faite à leur Fille, & généralement dans tous les Crimes qui intéreffent l'ordre public.

*V. Papon, liv. 24. art. 4. tit. 1. Jul. Clar. qu. 58.*

*L. 5. §. qui vacantem, ff. de vi publicâ.*

Les Principes qu'on vient d'établir concernent principalement la Remife *verbale* ou *tacite* de l'injure ; il refte préfentement à parler de celle qui fe fait par *Ecrit*.

Celle-ci fe fait ordinairement de trois manieres ; ou par la *Ceffion* des droits, ou par la *Tranfaction*, ou par le *Défiftement* pur & fimple de la part de l'Accufateur. Comme ces fortes de Remifes fe réglent par des principes particuliers, & qu'elles donnent lieu à plufieurs difficultés dans la Pratique, nous croyons devoir les difcuter ici féparément.

H ij

### De la Cession des Droits en Matiere criminelle.

La Cession des droits, en matiere d'accusation, n'étoit point connue dans le Droit Romain, où il étoit permis à tout le monde d'accuser, sans qu'il fût besoin d'avoir un intérêt particulier à l'accusation ; il faut donc en chercher les principes dans nos usages.

Les Auteurs ont agité la Question de sçavoir si la Cession des droits pouvoit avoir lieu en matiere Criminelle : AYRAUT, qui est de ce nombre, la traite sur-tout avec tant d'énergie & de précision, que nous ne croyons pouvoir mieux faire, pour donner une idée exacte de ces sortes de conventions, que de rapporter ici les argumens dont il se sert pour en faire sentir les inconvéniens & les conséquences.

*V. Ayraut en son Ordre judic. liv. 2. art. 3. n. 72. & suiv.*

Cet Auteur observe d'abord, que régulierement ces sortes de Cessions ne devroient point être permises, d'autant que l'intérêt d'un vrai Accusateur est incessible, & que le Cessionnaire ne peut être regardé comme étant au lieu & place de son Cédant, mais seulement comme un simple Délateur ; ce qu'il fonde sur deux raisons principales.

La PREMIERE, c'est, dit-il, à cause des collusions qui sont en quelque sorte inséparables de ces Cessions, dont le prix sort toûjours de la *Bourse* de l'Accusé, à qui le Cessionnaire laisse choisir tel Juge qu'il lui plaît, fait renvoyer la Cause, détourne les Preuves, avoue les Faits allégués par l'Accusé, produit des Témoins parens, consent l'absolution de l'Accusé & sa propre condamnation aux dépens.

La SECONDE Raison qu'en rend cet Auteur, c'est que l'intérêt que cede l'Accusateur n'est point en son pouvoir, en ce qu'il n'est pas tant Civil que le Prix d'une pure affection, laquelle ne fait point partie de nos facultés, & n'est conséquemment transmissible. Or si cet intérêt n'a jamais appartenu à l'Héritier, à plus forte raison à un simple Successeur, tel que le Cessionnaire : car enfin, reprend cet Auteur, que nous poursuivions l'injure faite à nos Proches, c'est *jure sanguinis, non jure hæreditatis*. Cela est si vrai, qu'un Fils peut renoncer à la succession de son Pere, une Femme à celle de son Mari, & néanmoins être admis l'un & l'autre à poursuivre la vengeance de leur mort, & reprendre les Poursuites commencées par le Défunt, sans faire par-là Actes d'*héritier* ni de *commune*.

Cependant malgré ces raisons, cet Auteur est obligé de con-

venir que les Ceſſions ne laiſſent pas que d'être autoriſées par
l'uſage ; il remarque ſeulement que la Juriſprudence a introduit
pluſieurs différences entre le Ceſſionnaire & le véritable Accuſateur, qui font aſſez voir combien ces premiers ſont peu favorables. Ces Différences conſiſtent, 1°. en ce que s'il y a du doute
que le Ceſſionnaire ſoit ſolvable, on peut l'obliger à donner caution ; par la raiſon, *dit-il*, que ce n'eſt pas tant à la pourſuite du
Crime qu'il a un intérêt ſpécial, qu'au recouvrement des deniers
qu'il a débourſés. 2°. En ce que le Ceſſionnaire ne peut retirer
autre choſe de la condamnation de l'Accuſé que le prix de ſa
Ceſſion, ſans Amande ni Réparation civile, & conſéquemment
ſans les Priviléges de la contrainte par corps qui y ſont attachés.
3°. En ce que ſi le Condamné demandoit à faire ceſſion de Biens,
il pourroit y être reçû vis-à-vis du Ceſſionnaire & non de l'Accuſateur, dont l'intérêt procede directement du Crime commis
envers lui, & ſe trouve joint à l'intérêt public ; au lieu que celui
de Ceſſionnaire eſt purement pécuniaire, & procede *ex contractu,
non ex cauſâ maleficii.* 4°. Enfin, en ce que ſi l'Accuſation ſe trouvoit jugée fauſſe, le Ceſſionnaire devroit être tenu de la peine
de la *Calomnie ;* mais non pas toûjours l'Accuſateur, dont la dé-
marche peut être excuſée par une juſte douleur, tandis que le
Ceſſionnaire s'ingere dans une Accuſation de *ſang-froid,* & qu'on
peut conſéquemment lui imputer de ne s'être pas plus ſoigneuſement informé ſi l'Accuſé étoit coupable.

On peut joindre à toutes ces Différences remarquées par Ayraut, celle tirée de la Déclaration du mois de Mars 1710 concernant les Evocations des Procès criminels, ſuivant laquelle les
Accuſés ne peuvent évoquer du chef des Parens ou Alliés des
Ceſſionnaires des intérêts civils.

Au reſte, il faut convenir que hors les cas qu'on vient d'excepter, les Ceſſionnaires ne laiſſent pas que d'être admis parmi
nous, à jouir des mêmes Droits & Priviléges que les Accuſateurs
mêmes, ſur-tout lorſque les Ceſſions tendent à empêcher que le
Crime ne demeure impuni par l'impuiſſance & la pauvreté de
ceux qu'il intéreſſe. C'eſt ſur ce fondement qu'il a été jugé par
Arrêt du Parlement de Paris, du 11 Septembre 1708, au rapport de M. de Dreux, qu'un Ceſſionnaire d'une ſomme de 660
livres tranſportée par Acte paſſé devant Notaire pour intérêts
civils adjugés à une Mere contre l'Aſſaſſin de ſon Fils, avoit hypotheque du jour du Decret de Priſe de corps décerné contre

cet Aſſaſſin, lequel poſtérieurement à ce Decret & avant le Jugement définitif, avoit vendu partie de ſes Biens, & contracté
frauduleuſement pluſieurs Dettes hypothéquaires.

### De la Tranſaction ſur Crime.

Il y a cette différence entre la Tranſaction & la Ceſſion de
droits en matiere d'Accuſation, que celle-ci ſe fait ordinairement
ſans prix & au profit de Perſonnes étrangeres ; au lieu que la
Tranſaction ſe fait à prix d'argent & entre les Parties intéreſſées.
D'ailleurs elle ſe fait directement avec l'Accuſé ou ſon Fondé de
Procuration, tandis que la Ceſſion ne ſe fait qu'en ſon abſence,
quoique le plus ſouvent de concert avec lui & à ſes propres dépens, comme nous venons de le remarquer ci-devant.

Quelque odieuſe que paroiſſe d'abord cette eſpece de Convention qui tend à favoriſer l'impunité des Crimes & la cupidité
des Héritiers ; cependant différentes conſidérations de l'Intérêt
public & particulier l'ont fait admettre ſucceſſivement par le
Droit civil, canonique, & la Juriſprudence du Royaume. L'Ordonnance de 1567 permet en général de compoſer de toutes ſortes de Crimes ; l'Ordonnance de 1670 a confirmé cette diſpoſition par l'article xix. du Titre XXV. où elle approuve nommément l'exécution de ces ſortes d'Actes. C'eſt conformément à ces
Loix que dans toutes les Expéditions de Lettres de Grace accordées par S. M. on voit toûjours cette clauſe, *pourvû que ſatis-
faction ait été faite à Partie civile.* On trouve auſſi différens Arrêts
par leſquels les Freres & Sœurs, & même les Enfans de l'Homicidé, ont été déclarés non-recevables à faire caſſer des Tranſactions faites entre l'Accuſé & les Pere & Mere du Défunt, nonobſtant leurs offres de ſe rendre Parties civiles au Procès, & cela
ſur le fondement de cette maxime du Droit naturel, *uniquique
licet ſanguinem ſuum redimere.*

Mais s'il y a des cas où les Tranſactions en matiere criminelle
peuvent mériter quelque faveur, il y en a auſſi où elles ſont d'un
uſage extrêmement dangereux ; & ce ſont ces cas qui ont donné
lieu aux Exceptions ſuivantes. La PREMIERE, c'eſt que ces ſortes de Tranſactions n'ont point l'effet de ſauver la peine capitale
ou afflictive que pourroit d'ailleurs mériter le crime, ni par conſéquent d'empêcher les Pourſuites du Procureur du Roi ; c'eſt ce
qui eſt marqué bien expreſſément par l'art. xix. du Titre XXV.
de l'Ordonnance de 1670, qui enjoint au Procureur du Roi de

*L. 18. cod. de
Tranſact.
L. 1. ff. de bon.
eor. qui ante ſent.
V. cap. ult. Ex-
TRA de Tranſact.*

*V. Gl. in L.
Tranſigere, cod. de
Tranſact.*

pourſuivre inceſſamment ceux qui ſont accuſés de Crimes capitaux, auxquels il écheoit peine afflictive, *nonobſtant toutes Tranſactions*, &c. D'où il ſuit que ces ſortes d'Actes ne peuvent ſe faire
ſolidement que dans les Délits, dont la condamnation ne peut ſe
réſoudre qu'en dépens & intérêts civils.

Il y a plus. Bien-loin que les Tranſactions faites en matiere de
Crimes capitaux puiſſent être profitables à l'Accuſé, elles ne
font au contraire que fournir des indices preſſans contre lui,
en ce qu'elles ſemblent emporter une confeſſion tacite de ſon
crime, ſur-tout lorſqu'elles ont été faites à prix d'argent : c'eſt
pour cela, dit AYRAUT, qu'on a imaginé un expédient, dont
l'exécution, quoique fort uſitée dans la Pratique, n'en eſt pas
au fond plus réguliere, c'eſt qu'on fait céder à l'Accuſateur ſes
droits & actions au profit d'une tierce perſonne amie de l'Accuſé, laquelle après cette ceſſion ne fait aucune pourſuite, ou
ſe laiſſe *forclorre* de faire venir les Témoins pour être recollés &
confrontés, & par ce moyen donne ouverture à l'Accuſé d'obtenir ſon abſolution.

Une SECONDE EXCEPTION concerne certains Crimes qui ne
ſont aucunement ſuſceptibles de Tranſaction ; les uns à cauſe de
leur *atrocité*, comme l'Aſſaſſinat prémédité, le Duel, le Rapt,
& la Rébellion à Juſtice, que l'Ordonnance a déclaré irrémiſſi-
bles ; les autres, à cauſe de l'*honnêteté publique*, tel que le crime
d'Adultere : non ſeulement les Loix prononcent la nullité des
Tranſactions faites ſur ce crime, mais elles prononcent des peines contre le Mari, qui en recevant le prix de ces conventions,
ſe rend coupable du crime de Maquerelage ; ce qui s'entend,
ſuivant les Auteurs, lorſqu'elles ſont faites avant le Jugement de
condamnation. D'autres enfin, à cauſe de la *ſûreté du Commerce*,
tel que le crime de Faux. Cette derniere exception, qui ſe trouve
également marquée dans les Conſtitutions canoniques, a été
adoptée par notre Juriſprudence, & entr'autres par un Arrêt rapporté dans IMBERT, en ſon *Enchyridion*.

Une TROISIEME EXCEPTION ſe tire de la Qualité des Perſonnes qui tranſigent ; on vient d'en donner un exemple dans la
perſonne du *Mari*, qui ne peut tranſiger ſur l'Adultere de ſa Femme. L'on peut y joindre encore celui des *Seigneurs Hauts-Juſticiers*, & de leurs *Officiers*, à qui il eſt fait défenſes expreſſes de
faire aucune Compoſition *ni Tranſaction qui leur ſoient profitables*,
*à peine de perdre Juriſdiction & leurs états.* Ce ſont les termes des

*V. Ayraut, loc. citato.*

*V. Jul. Clar. queſt. 58.*
*L. Quamvis, ff. ad L. Jul. de A-dult. & L. de Crim. 10. cod. eod. tit.*
*L. Maritus, 19. ff. ad L. Jul. de Adult. §. plectitur.*
*V. Papon, liv. 2, Arr. 12.*
*V. Jul. Clar. loc. cit.*

Ordonnances de Charles V. en 1356, & de François I. en 1535, qui ont été renouvellées par l'article v de l'Arrêt de Reglement des Grands Jours de Clermont de l'année 1665.

Ces Défenses doivent s'appliquer à plus forte raison aux *Juges Royaux & aux Procureurs du Roi*, qui composeroient des Crimes avec les Accusés, puisque ce seroit alors une prévarication puniffable ; auffi par Arrêt de Reglement du Parlement de Befançon, rapporté au cinquieme tome du Recueil des Edits & Déclarations enregiftrés en ce Parlement, il eft défendu expreffément à tous Officiers des Bailliages d'entrer directement ni indirectement dans les Tranfactions qui feroient faites fur une Accufation, à peine de punition exemplaire.

Nota. Cet Arrêt eft du 6 Septembre 1718.

Enfin, une QUATRIEME EXCEPTION, qui eft remarquée par DESPEISSES, s'applique à l'*Héritier teftamentaire* ou *légitime* qui tranfige fur la mort du Défunt avec fon Meurtrier avant que de l'avoir pourfuivi en Juftice : cet Auteur prétend qu'il doit être privé de fa Succeffion, fans qu'il puiffe s'excufer fur fa rufticité, ni fur fa Parenté avec le Meurtrier ; & il fe fonde fur différentes Loix du Code & du Digefte, & fur plufieurs Arrêts des Parlemens de Paris & de Bordeaux. Il n'y a qu'un feul cas, fuivant cet Auteur, où cet Héritier pourroit être difpenfé de pourfuites, c'eft lorfqu'il fe trouve le Pere ou le Fils du Meurtrier même.

V. Defpeiffes, tome 2. part. 3. fect. 3.

L'on entend par *Pourfuites*, la Plainte fuivie de quelques actes de procédure criminelle ; la Plainte feule pourroit même fuffire fi cet Héritier étoit mineur ou pauvre ; mais s'il n'étoit dans aucun de ces cas, & qu'il eût été appellé par le Teftament du Défunt au préjudice de fes Héritiers les plus proches, il paroît que comme cette préférence exigeroit une reconnoiffance particuliere de fa part, il ne pourroit tranfiger qu'après qu'il y auroit eu une Sentence d'abfolution rendue par le premier Juge.

### *Du Défiftement pur & fimple en matiere d'Accufation.*

Il y a trois différences remarquables entre le Défiftement dont nous allons parler & la Tranfaction : la *premiere*, c'eft que ce Défiftement fe fait gratuitement & fans intérêt, & c'eft pour cela qu'il eft appellé *pur & fimple* ; au lieu que le Défiftement porté par la Tranfaction eft *conditionnel*, & a pour objet un dédommagement particulier ; la *feconde* différence confifte en ce que le Défiftement dont il s'agit fe fait en *Jugement*, au lieu que celui porté par la Tranfaction fe fait par un Acte *extrajudiciaire :* enfin la la *troifieme*, c'eft que ce Défiftement fe fait ordinairement *après que* l'Accufation a été introduite, au lieu que la Tranfaction *précede* ordinairement toutes pourfuites.

Suivant l'ancien Droit Romain, l'Accufateur n'étoit plus reçu à fe défifter, après qu'il avoit préfenté le Libelle contenant fa Plainte; il pouvoit dès-lors être contraint de pourfuivre jufqu'à fin de Caufe. Cette Loi ayant enfuite paru trop rigoureufe, on crut devoir la tempérer par le Senatus-Confulte TURPILIEN, qui laiffa à l'Accufateur la liberté de fe défifter jufqu'à la *Conteftation* en caufe, laquelle fe formoit par l'interrogatoire de l'Accufé; mais auffi après cette Conteftation il ne pouvoit plus le faire fans encourir l'infamie & une certaine peine pécuniaire, qui étoit de cinq livres d'or. Mais ce Senatus-Confulte n'a point lieu parmi nous : il a été abrogé par l'article v. du titre III. de l'Ordonnance, qui permet au Plaignant de fe porter Partie civile en tout état de Caufe, & conféquemment de fe défifter de fa Plainte toutes & quantes fois qu'il le juge à-propos; ce qui paroît fondé fur ce que le Procureur du Roi demeurant toûjours accufateur nonobftant le Défiftement de la Partie privée, la Juftice ni l'Intérêt public n'en fouffrent aucunement.

*L. Ad accufat. ff. ad S. C. Turpil.*

*L. Si cui, cod de Accufat. & Infcript.*

*V. Coquille fur la Coût. du Niv. art. 23.*

Il y a plus : fuivant le même article de l'Ordonnance, non-feulement le Plaignant a la liberté de fe porter Partie civile & de fe défifter en tout état de Caufe, mais il peut même, après qu'il s'eft porté Partie civile, fe défifter dans les vingt-quatre heures. Il eft vrai que fi par l'évenement l'Accufé étoit renvoyé abfous, ce Défiftement n'empêcheroit pas le Plaignant de répondre des dommages & intérêts qui peuvent réfulter de fa fauffe accufation, ainfi que des frais qui auroient été faits avant la fignification de fon Défiftement; telle eft la derniere difpofition de cet article. Enforte que tout l'effet que produit ce Défiftement en faveur du Plaignant, fe réduit à le décharger des frais faits depuis la fignification de l'acte qui le contient.

Un autre effet que le Défiftement produit contre le Plaignant même, c'eft de l'empêcher de pouvoir reprendre une feconde fois la même Accufation dont il s'eft défifté; cette Maxime, qui eft tirée de la Loi 2. *ad Turpil. ff.* s'obferve inviolablement parmi nous.

Mais pour que ce Défiftement puiffe produire l'un & l'autre de ces effets, il faut qu'il foit fait d'une maniere expreffe & par

I

66 **INSTITUTES**

*V. Covarruv. lib. 2. refolut. cap. 10.*
*V. Alexand. fur la L. Si tibi decem, §. 1. n. 1. ff. de Pactis. Jul. Clar. quæft. 58.*

quelqu'acte juridique ; parce que , comme nous l'avons obfervé ci-devant , il faut diftinguer en fait de Remife d'injures , celle qui eft faite uniquement en vûe de la Religion & concerne le *for intérieur*, & celle qui concerne le *for extérieur* & a pour objet l'intérêt civil, tel que le droit d'accufer & de pourfuivre les dommages & intérêts ; il eft certain que la premiere n'empêche point l'effet de l'autre fuivant le fentiment des Jurifconfultes.

# PARTIE TROISIEME.

## De l'Accusé.

L'ACCUSÉ est en matiere Criminelle ce qu'est le Défendeur en matiere Civile.

Comme en général le Mal ne se présume point, & que suivant les Préceptes de la Religion Chrétienne il n'est pas permis de juger témérairement les actions de son Prochain, les Loix civiles & canoniques s'accordent également à lui être favorables ; de-là les Priviléges & Exceptions particulieres qu'elles ont introduites en sa faveur.

Mais aussi, comme d'un autre côté il importe pour le bien de la Justice & pour la sûreté publique que les Crimes ne demeurent point impunis, & d'en empêcher le progrès par la terreur des châtimens, ces mêmes Loix ont voulu qu'on ne négligeât rien pour s'en assûrer la preuve ; de-là les Formalités rigoureuses auxquelles elles ont assujetti l'Accusé en plusieurs cas.

Ce sont ces Priviléges & ces Formalités dont nous allons donner d'abord une notion générale, après quoi nous déterminerons dans deux Chapitres particuliers, quelles sont les Personnes qui peuvent ou qui ne peuvent pas être accusés.

# CHAPITRE PREMIER.

## Des Priviléges de l'Accusé.

LEs Priviléges introduits en faveur de l'Accusé consistent principalement en ceux-ci :

1°. Qu'il n'est point obligé d'avancer les frais du Procès criminel, excepté seulement ceux concernant la preuve de ses faits justificatifs. *Art. 16. & 17. du tit. 25. de l'Ordonn. de 1670.*

2°. Qu'il ne peut renoncer à sa Défense, de maniere qu'en quelque tems qu'il se représente il doit être écouté dans sa Justification. *L. Ut vim, ff. de Jur. & Instit. V. le tit. des Défauts & Coutum. de l'Ord. de 1670.*

I ij

3°. Qu'on ne peut le condamner sans l'entendre, ou du moins sans le constituer en demeure d'une maniere juridique.

4°. Qu'on ne peut le condamner sur sa simple confession, suivant la Maxime, *nemo auditur perire volens.*

5°. Qu'il doit être renvoyé sur le seul défaut de preuves de la part de son Accusateur : cependant il faut convenir que ce Privilége, qui est fondé sur l'axiome de Droit, *actore non probante reus absolvitur,* n'a pas la même étendue parmi nous que chez les Romains, où tout le monde pouvoit accuser. Comme nous n'avons proprement qu'un seul Accusateur, qui est la Partie publique, & qu'il arrive souvent que plusieurs délits demeurent impunis par le défaut d'Accusateur, on a cru devoir établir pour maxime, que l'Accusé ne pourroit être entierement déchargé, qu'en justifiant son innocence d'une maniere juridique.

6°. Que lorsqu'il s'agit de prouver son innocence, l'Accusé peut faire entendre toute sorte de Témoins, même ceux qui seroient d'ailleurs reprochables.

7°. Que la déposition d'un Témoin, quoique non recollé, peut servir à la décharge de l'Accusé.

8°. Que de simples Présomptions sont regardées comme des Preuves, lorsqu'il s'agit de sa Défense.

9°. Que tous les Jugemens rendus contre lui pendant sa Contumace sont absolument éteints par sa présence & comparution, ensorte qu'il faut nécessairement recommencer la Procédure.

10°. Que dans le doute on doit incliner à son absolution plûtôt qu'à sa condamnation : *satius est impunitum relinqui facinus nocentis, quam innocentem damnari.*

11°. Dans les Jugemens qui sont rendus contre lui on doit passer à l'avis le plus doux, & il faut que l'avis plus sévere l'emporte de deux voix, tandis qu'il n'en faut qu'une seule en matiere Civile.

12°. Qu'il faut les preuves les plus claires & les plus évidentes pour fonder sa condamnation à une peine capitale ; *luce meridianâ clariores.*

13°. Qu'en cas d'Accusation calomnieuse ou mal fondée, il peut après le Jugement poursuivre son Accusateur en dommages & intérêts.

14°. Enfin qu'il ne peut plus être recherché ni poursuivi après un certain tems & dans certains cas que nous verrons ci-après.

# CHAPITRE II.

## *Des Formalités qui concernent l'Accusé.*

LES Formalités auxquelles l'Accusé est assujetti parmi nous, sont différentes de celles qui se pratiquoient chez les Romains.

A Rome, où l'Accusation étoit publique & s'instruisoit à l'Audience, l'Accusé avoit l'avantage de connoître en même tems, & son Accusateur qu'il pouvoit récriminer, & les Témoins qu'on lui opposoit & qu'il pouvoit reprocher, & enfin le Crime dont on l'accusoit, contre lequel il pouvoit fournir aussi-tôt ses défenses, auxquelles l'Accusateur étoit obligé de repliquer sur le champ ou dans un bref délai qui lui étoit accordé ; il pouvoit de plus se faire assister d'un Avocat, & même se défendre par Procureur, lorsqu'il étoit Personne illustre ou qu'il s'agissoit de simple accusation pour fait d'injure.

Mais en France, où l'instruction se fait secrettement sans aucune communication de Partie à Partie, mais seulement de la Partie au Juge, ce n'est qu'après que l'information est faite que l'Accusé peut avoir connoissance du crime qu'on lui impute par l'interrogatoire qu'on lui fait subir. Il ne se trouve jamais en présence de son Accusateur. Il ne connoît les Témoins qu'on lui oppose que par la Confrontation qui lui en est faite après que ceux-ci ont été entendus & recollés dans leur déposition. On ne lui donne communication ni de leur déposition ni des autres pieces de la Procédure, à la réserve seulement de celles qu'on prétend faire servir de conviction contre lui. Il ne peut récriminer son Accusateur qu'après qu'il s'est purgé lui-même de son accusation, ou qu'il y est admis par le Juge sur le vû de son interrogatoire. Tout Accusé, de quelle qualité qu'il soit, doit se présenter & être entendu par sa propre bouche, autrement on lui fait son Procès par contumace sur la seule déposition des Témoins. Enfin, il n'est admis à prouver les faits sur lesquels il prétend fonder son innocence qu'après que l'instruction du Procès est entierement achevée.

Nous aurons lieu, en traitant de toutes ces différentes parties de l'Instruction, de remarquer les causes particulieres qui ont fait introduire ces changemens dans notre Jurifprudence , avec les exceptions que les dernieres Ordonnances y ont apportées.

# CHAPITRE III.

## De Ceux qui peuvent être accufés.

TOus ceux qui peuvent commettre le Crime , peuvent en être accufés.

1°. Nous avons dit que pour former un Crime , il falloit du Dol ou de la Faute de la part de celui qui le commettoit ; ainfi tous ceux qui font capables de dol ou de faute , peuvent être accufés du crime qu'ils ont commis. Par conféquent les FILS DE FAMILLE , les MINEURS , les FEMMES MARIÉES & les ES-CLAVES , quoiqu'étant fous la puiffance de leurs Pere , Tuteur , Mari , & Maître , peuvent être accufés comme les Perfonnes libres , par la raifon que les peines du Crime doivent fuivre fon auteur : *Pæna folos authores & delinquentes tenere debet.*

C'eft auffi par cette raifon que les Peres & Maris ne font point tenus de payer les dommages & intérêts , ni même les Provifions alimentaires auxquelles leurs Fils & Femmes font condamnés , à moins qu'ils n'ayent concouru de quelque maniere à leur crime , foit par leur préfence ou autrement , ou que ces crimes n'ayent été commis dans des chofes auxquelles ces Fils & Femmes auroient été prépofés de leur part , ou enfin que les Procès criminels n'ayent été civilifés.

Pour ce qui concerne les ESCLAVES , nous avons vû que , fuivant le Droit Romain , lorfqu'ils avoient commis quelque dommage à l'infçû & fans la participation du Maître , celui-ci en étoit quitte en abandonnant l'Efclave à celui qui avoit reçû le dommage , ce qu'on appelloit *dare fervum noxæ.* Cet ufage s'eft encore perpétué parmi nous , relativement aux Efclaves de l'Amérique , où , fuivant l'article xxxiv. de l'Edit de Mars 1685 , les Maîtres font tenus des dommages commis par leur Efclave , *fi mieux ils n'aiment l'abandonner à celui à qui le tort a été fait.*

2°. Non-feulement ceux qui ont commis le Crime avec deffein & préméditation peuvent en être accufés , mais encore ceux qui l'ont commis dans le PREMIER MOUVEMENT : ainfi l'on peut accufer pour les Crimes commis dans la *Colere,* dans l'*Amour,*

*L. Hos accufare, §. fi Servus, ff. de Accufat.*

*L. 22. cod. de Pœnis.*

*V. Dict. des Arr. verbo Enfans.*

*V. Inftit. lib. 3. de noxali act.*

*L. 11. §. delinquitur, ff. de Pœn.*

& dans l'*Yvreſſe*; avec cette différence ſeulement que ceux-ci
ſont punis moins ſéverement que les premiers, ſur-tout lorſque
ces Crimes ont été l'effet d'une juſte douleur ou du reſſentiment,
comme ſi c'étoit pour venger l'attentat fait à la vie ou à l'honneur de ſes Proches ou de ſes amis : *Non tam propter iram quàm
propter cauſam juſtumque dolorem.*

   Il faut cependant excepter par rapport aux Crimes commis
dans l'*Yvreſſe*, lorſqu'ils ſont atroces de leur nature, & qu'il paroît par les circonſtances qu'on s'eſt enyvré à deſſein de faire un
mauvais coup, ou qu'on eſt ſujet, lorſqu'on eſt pris de vin, à
tomber dans de ſemblables excès : ils n'en deviennent alors que
plus puniſſables; & c'eſt principalement de ces derniers cas dont
veut parler l'Ordonnance de François I. du mois d'Août 1536,
qui porte, article premier, *Que s'il advient que par ébriété & chaleur de vin les yvrognes commettent aucun mauvais cas, il ne leur ſera
pardonné, mais ſeront punis de la peine dûe audit délit & davantage
pour ladite Ebriété à l'arbitrage du Juge.*

   Mais que dirons-nous de ceux qui ont commis le Crime dans
le ſommeil, que l'on appelle *Noctambules?* il ſemble qu'étant
alors incapables de Dol, ils ne peuvent être accuſés ni punis;
cependant comme on ne peut pas dire qu'ils ſoient abſolument
ſans faute, & qu'il peut ſe faire que le Crime ſoit une ſuite de
la Préméditation commencée pendant le jour, ou d'une inimitié
nourrie depuis long-tems, les Auteurs décident pour l'*affirmative*, & obſervent ſeulement que la peine du Crime fait en pareille circonſtance, doit être moindre que s'il avoit été commis dans un autre tems. De ce nombre eſt entr'autres *Mathæus*,
qui s'appuie du ſuffrage de pluſieurs Docteurs; mais le ſentiment
de *Barthole* ſur ce point me paroît le plus judicieux de tous. Il
faut diſtinguer, ſuivant cet Auteur, ſi celui qui a commis le crime
dans le ſommeil étoit averti de ſon imperfection; car en ce cas
il devroit être puni, parce qu'il y a, dit-il, de ſa faute, pour
n'avoir pas pris la précaution de coucher ſeul, & de faire fermer
ſa chambre, ou autrement prévenir l'inconvénient qui en pouvoit arriver. Mais que ſi au contraire il ignoroit cette imperfection, & que ce fût pour la premiere fois que la choſe fût arrivée,
il ne pourroit être ni accuſé ni puni, par la raiſon, dit-il, que
*dormiens furioſo æquiparatur.*

   3°. Ceux qui ont donné lieu au Crime par leur FAUTE, peuvent en être accuſés comme s'ils l'avoient fait par Dol, quoi-

*L. 6. §. 7. ff. de
re militari.*
*L. 38. §. 8. ff.
ad legem Jul. de
Adult. coërcendi.*

*L. 1. §. ult. ff.
ad leg. corn. de
Siccar.*

*V. Menoch. de
Arbit. caſ. 326.
V. Jul. Clar.
§ fin. quæſt. 60.*

*V. Barthole ſur la
L. Pœnâ, ff. ad L.
Pomp. de Parricid.*

*L. 1. §. ff. de
acquir. poſſeſſ.*

qu'ils soient punis avec moins de rigueur : par conséquent on peut accuser tous ceux qui tombent dans les cas d'*Imprudence*, de *Négligence*, d'*Impéritie*, d'*Inexpérience*, d'excès de *Rigueur* ou d'*Indulgence*, dont nous avons donné des Exemples dans la premiere Partie.

*V. ch. 1. part. 1.*

5°. Une VILLE, une ARMÉE, une COMMUNAUTÉ, peuvent être accusées, comme de simples Particuliers ; avec cette différence néanmoins qu'elles sont obligées en ce cas de nommer un Syndic pour les défendre, & pour l'Instruction de la Procédure qui se fait contre elle, comme nous le verrons ci-après sous le titre de l'*Instruction.*

*V. tit. 21. de l'Ordon. de 1670.*

6°. Les ABSENS peuvent être accusés comme les PRÉSENS ; & dans ce cas on leur fait leur Procès par contumace de la maniere portée par le Titre XVII. de l'Ordonnance de 1670, que nous aurons lieu de rappeller ci-après. Nous observerons seulement ici qu'il faut distinguer parmi les Absens ceux qui pouvant comparoître ne le font pas, & refusent d'obéir aux Citations qui leur sont faites de la part du Juge, & ceux qui ne paroissent pas, parce qu'ils en sont empêchés par quelques maladies ou autres causes légitimes, il n'y a proprement que les premiers que l'on appelle *Contumax*, que la Loi & les Ordonnances réputent comme présens. A l'égard des derniers, comme il ne tient pas à eux d'obéir, ils ne sont point réputés Présens, ni sujets à aucune Poursuite tant que l'empêchement dure ; mais il faut pour cela qu'ils ayent soin d'en justifier les causes, & de proposer leurs Exoines de la maniere prescrite par le Titre XI. de la même Ordonnance.

*L. 1. §. surdus ; ff. de S. C. Sillan.*

7°. Les SOURDS & les MUETS peuvent être accusés comme les autres. Nous verrons d'après le Titre XVIII. de l'Ordonnance la Procédure qui doit être observée à leur égard ; il faut seulement distinguer, quant à la Peine, ceux qui sont Sourds & Muets de naissance, de ceux qui ne le sont que par accident. Comme ces premiers ne sont pas censés avoir une connoissance aussi parfaite que les autres de ce qui est licite & de ce qui ne l'est pas, il paroît qu'ils ne doivent pas être punis avec la même rigueur, *tanquam parum intelligentes honestorum turpiumque discrimina.*

*V. Math. de Crim. cap. 1. n. 12.*

8°. Ceux qui ont commis le Crime ENVERS EUX-MESMES, comme en se donnant la mort ou se mutilant quelque membre, peuvent être accusés comme s'ils l'avoient commis envers autrui, par la raison que *nemo est dominus membrorum suorum.* L'on verra

d'après

d'après le tit. XXII. de l'Ordonnance, la maniere de faire le Pro‑
cès pour ces fortes de Crimes.

9$. Les Morts peuvent être accufés comme les Vivans, en
certains cas qui font marqués par le même titre XXII. de l'Or‑
donnance ; fçavoir, en fait de crime de *Lèze-Majefté divine &*
*humaine, Duel, Homicide de foi-même, Rebellion à Juftice avec force*
*ouverte, lors de laquelle le Coupable a été tué :* nous verrons auffi
d'après le même titre, la maniere de faire le Procès au Cadavre
ou à la mémoire du Défunt.

10°. Non-feulement tous ceux qui ont commis le Crime peu‑
vent en être accufés, mais encore leurs COMPLICES, c'eft-à-
dire ceux qui y ont participé en quelque maniere, foit en *aidant*
à le commettre, en *l'ordonnant, confeillant, approuvant.* Nous
avons donné ci-devant des exemples de ces fortes de Complici‑
tés, en traitant des différentes manieres de commettre le Crime.

11°. Enfin on peut dire *en général*, que tous ceux-là peuvent
être accufés, qui n'ont en leur faveur aucune des Exceptions que
nous allons remarquer dans le Chapitre fuivant.

# CHAPITRE IV.

## *De Ceux qui ne peuvent être accufés.*

NOus avons vû fous le titre précédent, que l'Accufation
pouvoit ceffer de trois manieres de la part de l'Accufateur ;
ou par le *défaut d'Intérêt*, ou par l'*Incapacité légale*, ou par la *Re‑*
*mife volontaire de fes Droits.* Il refte à voir préfentement de com‑
bien de manieres elle peut ceffer de la part de l'Accufé ; nous en
remarquons fix principales : la *premiere* fe tire de la QUALITÉ
de l'Accufé, qui le rend incapable de commettre le Crime ; la
*feconde* de la NATURE du Crime, qui eft fi leger en lui-même
qu'il ne peut donner lieu à aucune peine ; la *troifieme* d'une PRE‑
MIERE ACCUSATION que l'Accufé a déja fubie pour le même
Crime ; la *quatrieme* de la PRESCRIPTION du Crime ; la *cin‑*
*quieme* de la MORT de l'Accufé ; la *fixieme* enfin de la GRACE
du Prince.

Il y a, comme l'on voit, cette différence entre les premieres
Exceptions & les dernieres, que celles-là n'ont l'effet d'éteindre
l'Accufation que quant aux intérêts Civils ; au lieu que parmi

K

celles-ci il y en a qui éteignent tout-à-la-fois & l'Accufation &
le Crime, d'autres qui n'éteignent le Crime que quant à la peine
& non quant à la réparation Civile, d'autres enfin qui n'éteignent
ni la peine ni la réparation Civile en de certains Cas.

C'eſt pour déterminer ces différens effets & renfermer ces Exceptions dans de juſtes bornes, que nous croyons devoir les diſcuter féparement fous autànt de Paragraphes.

## §. I.

### *Exception tirée de la Qualité de l'Accuſé.*

Tous ceux qui ne peuvent commettre le Crime, comme étant
incapables du dol & de la faute néceſſaire pour le former, ne
peuvent auſſi en être accuſés; ainſi les *Enfans* ou *Impuberes*, les
*Infenſés*, les *Furieux*, les *Imbécilles*, font exempts d'accuſation;
ce qu'on peut dire à plus forte raiſon des *Animaux* qui font privés
entierement de l'uſage de la raiſon : cependant cela ne doit s'entendre qu'avec les modifications ſuivantes.

1°. Quant aux ANIMAUX, quoiqu'ils ne puiſſent être accuſés
directement, on peut néanmoins pourſuivre ceux à qui ils appartiennent pour les dommages que ces Animaux ont cauſés, lorſque ceux-ci y ont contribué, ſoit par leur négligence à les contenir, ſoit en les excitant à nuire & à bleſſer les Paſſans ; il y a
même des cas où on ne laiſſe pas que de punir les Animaux eux-
mêmes, comme nous le verrons en parlant du crime de *Beſtialité*.

2°. A l'égard des ENFANS, on n'entend parler que de ceux
qui font dans un âge ſi tendre, qu'il ne leur permet pas de diſcerner le bien & le mal; car s'ils approchent de la puberté, comme
s'ils ont atteint l'âge de dix ans & demi pour les mâles, & neuf
ans & demi pour les filles ; & que d'ailleurs les Crimes dont ils
ſont prévenus ſoient atroces de leur nature, ils peuvent, ſuivant
les Loix & la Juriſprudence, être accuſés & punis d'une peine
au-deſſous de celle de Mort ; il faut excepter ſeulement le crime
d'*Adultere*, qui ſuppoſe une entiere puberté dans celui qui le
commet.

3°. Pour ce qui concerne les INSENSÉS, FURIEUX, & IM-
BÉCILLES, il y a même raiſon pour les décharger de l'accuſation
que les Impuberes, étant privés comme eux de la liberté d'eſprit
néceſſaire pour commettre le Crime : l'on peut même ajoûter
cette conſidération particuliere en leur faveur, qu'ils ſont déja

*L. 1. ff. ſi quadr.
paup. fecif. dic.
Morn. ſur cette loi.*

*L. Infans, 12. ff.
ad leg. Corn. de
Siccar.
L. 1. & 1. code,
ſi adverſus delict.
L. 3. §. 1. ff. de
Injur.*

affez punis par le malheur de leur état ; *eum Fati infelicitas excufat, fatis furore ipfo punitur*, dit la Loi. D'ailleurs on ne doit pas craindre que cette impunité puiffe tirer à aucune conféquence , n'y ayant perfonne qui dans la penfée qu'il pourroit être un jour dans le cas d'en profiter, fe portât volontairement à commettre le Crime ; c'eft la remarque d'un fameux Criminalifte.

*L.* 12. *ff. ad leg. Cornel. de Siccar.*
*L.* 17. *ff. de Offic. præf.*

Il faut cependant excepter certains Crimes atroces qui intéreffent la Religion & l'Etat, & qui, à caufe du danger de leur conféquences, demandent une punition exemplaire ; tels entr'autres que les crimes de *Lèze-Majefté divine & humaine*, & le *Parricide*, pour lefquels les Infenfés peuvent être pourfuivis & punis comme tous autres, en quelque tems que ces crimes ayent été commis, foit avant foit après la Démence : c'eft le fentiment de Gomez & de Tiraqueau, qui fe fondent fur ces termes de la Loi 14, *ff. de* OFFIC. PRÆSID. *An per immanitatem facinoris.*

*V. Matheus de Crimin. cap.* 2. *n.* 5. *& feq.*

*L. Pæna, ff. ad leg. Pomp. de Parricid.*
*V. Jul. Clar. lib.* 5. §. *fin. n.* 7.
*V. Gomez, var. refol. cap.* 1. *n.* 72.
*Tiraqu. de Pœnis, cauf.* 3. *n.* 6.

Mais fuivant notre Jurifprudence on ne diftingue point, en fait d'Accufation, entre les crimes commis par les Infenfés ; c'eft-à-dire que ces crimes foient atroces ou non, qu'ils ayent été commis avant ou après la Démence, on ne laiffe pas que de procéder également contr'eux par la voie extraordinaire , par la raifon qu'il faut au moins conftater la Fureur, & qu'il peut fe faire qu'il y ait eu de bons intervalles.

Mais de quelle maniere doit fe faire cette Procédure ? Et quels en font les effets ?

Comme ces Queftions fe préfentent très-fouvent dans la Pratique , & que nos Ordonnances ne ftatuent rien de précis à ce fujet, nous croyons devoir les examiner ici, d'après les Auteurs, avec toute l'exactitude que leur importance paroît demander.

Ou le Crime a été commis dans la Folie, ou la Folie eft furvenue depuis le Crime.

Au PREMIER CAS, comme il n'y a point de véritables crimes, c'eft le cas d'appliquer les Principes & les raifons que nous avons établies ci-devant pour faire décharger l'Infenfé de toutes fortes de peines, foit corporelles foit pécuniaires : ce qui ne doit s'entendre néanmoins que fous les deux modifications fuivantes ; l'*une*, que le Crime ne foit point de nature à demander une punition exemplaire, tels que ceux de Lèze-Majefté divine & humaine & le Parricide, que nous avons exceptés ci-devant; l'*autre*, que le Crime ait été notoirement l'effet de la folie : car fi

*L.* 5. §. *penult. ff. ad L. Aquil.*

K ij

l'Accufé n'étoit infenfé que par intervalle, & qu'il y eût preuve qu'il fût tombé dans le Crime au moment qu'il étoit *in dilucidis intervallis*, il pourroit être condamné à la peine ordinaire que méritoit ce Crime ; c'eft le fentiment des Auteurs, & entr'autres de *Farinacius*, qui confeille même dans le doute de s'affûrer de la perfonne de l'Infenfé, & de le retenir dans les Prifons pendant un certain tems pour voir s'il viendra à réfipifcence ; après quoi fi la Folie continue de maniere à ne pouvoir plus efpérer aucun amendement, il faut ou le transférer dans l'Hôpital des Fous, ou le mettre à la garde de fes Parens.

*V. Jul. Clar. §. fin. quæft. 60. Farinac. qu. 94. part. 3. n. 45.*

Il y a même des Auteurs, qui prétendent que pour pouvoir condamner valablement l'Accufé qui n'eft infenfé que par intervalles, ce n'eft pas affez qu'il foit prouvé qu'il ait commis le Crime dans un de ces intervalles dilucides, mais qu'il faut encore que cet Accufé foit refté dans ces intervalles dilucides pendant tout le tems qu'on lui a inftruit fon Procès, afin qu'on pût dire qu'il a été en état de fe défendre. Ces Auteurs ajoûtent que c'eft aux Parens de l'Infenfé à prouver la continuité de fa Démence pendant un tems confidérable, fans quoi la préfomption eft toûjours pour les intervalles dilucides : *Furor non probatus per aliquod tempus continuum arguit dilucida intervalla* ; c'eft la Doctrine de Zachias en fes Queft. *Medico-legales, decif.* 2. & 5.

La Folie fe prouve ordinairement de trois manieres ; ou par les *Difcours*, ou par les *Faits*, ou par le *Rapport des Médecins* : mais de ces trois manieres, celle du Rapport des Médecins eft la plus fûre, fuivant l'Auteur que nous venons de citer ; parce que, dit-il, la Folie eft une maladie de cerveau que le Médecin eft plus en état de connoître que tout autre.

Pour que cette preuve foit juridique, fuivant notre ufage, il faut trois chofes : 1°. que le Juge interroge l'Accufé en particulier ; cet interrogatoire doit rouler fur tout ce qui peut conduire à faire connoître fi la Folie eft vraie ou feinte : 2°. il doit le faire vifiter par les Médecins, auxquels il fait prêter ferment avant la vifite, & leur rapport, pour qu'ils puiffent avoir foi en Juftice : 3°. faire une Enquête des actes de folie que l'Accufé auroit pû faire, tant en préfence qu'en l'abfence du Juge & dans un tems où il ne pouvoit pas foupçonner qu'on l'obfervoit, pour fçavoir fi ces faits ont été continus depuis la Folie furvenue, ou feulement par intervalles ; & fi auparavant l'Accufation il y avoit déja eu des accès de folie ( ce qui eft une forte préfomption pour afſûrer la vérité de la Folie ſurvenue depuis). Cette Enquête pourra être faite ſur Requête préſentée par les Parens, & ceux-ci pourront même en indiquer les Témoins ; mais il faut en même tems le concours du Miniſtere Public pour éviter tout ſoupçon de fraude & de ſubornation des Témoins.

Au SECOND CAS, c'eſt-à-dire ſi la Folie eſt ſurvenue depuis le Crime, il faut encore diſtinguer ; ou elle eſt ſurvenue pendant le cours de l'Inſtruction, ou elle eſt ſurvenue depuis l'Inſtruction & avant le Jugement, ou enfin depuis le Jugement & avant ſon Exécution.

Lorſqu'elle eſt ſurvenue pendant le cours de l'Inſtruction, c'eſt-à-dire avant ou même depuis la confrontation commencée, alors le Juge doit ſurſeoir toute Procédure, & s'attacher uniquement à conſtater la vérité de cette Folie de la maniere que nous venons de l'expliquer, afin de ne point s'expoſer à faire une Procédure fruſtratoire ; parce qu'en effet, ou l'Accuſé eſt réellement Fol, ou il feint de l'être ; s'il eſt Fol, il eſt hors d'état de ſe défendre ; s'il ne l'eſt pas, il s'efforcera d'autant plus de le paroître, dans la penſée qu'on ne fait cette Procédure que pour acquérir des preuves ſuffiſantes contre lui. On ne pourroit pas continuer l'Inſtruction par Contumace, ſous prétexte que la Loi compare l'Inſenſé à un Abſent, parce que, comme remarque judicieuſement Jules Clare, on ne peut pas dire de cet Inſenſé comme du Contumax, qu'il eſt cenſé confeſſer ſon Crime par ſa fuite : on ne pourroit pas non plus décerner un Curateur à cet Inſenſé, comme à l'Accuſé ſourd & muet, parce qu'il ne pourroit pas inſtruire ce Curateur, comme fait le dernier, par ſignes ou autrement ; en un mot, tant que l'Inſtruction n'eſt point achevée, on ne peut pas dire que cet Inſenſé ſe ſoit défendu, & conſéquemment il ne peut être ſujet à aucune condamnation, même pécuniaire. Ces raiſons ſont tirées du même Auteur, qui combat ſur ce point le ſentiment de Balde.

*V. Jul. Clar. quaſt. 60. n. 7.*

Cependant, ſi par l'évenement de la Procédure que feroit le Juge pour conſtater la Démence, il y avoit encore du doute ſur la vérité de cette Démence, il paroît que le Juge pourroit alors procéder à la Confrontation, & en y procédant interpeller l'Accuſé de répondre cathégoriquement, afin que ſi ce dernier faiſoit des réponſes diſparates & extravagantes en affectant d'être Fol, les Confrontations puiſſent ſubſiſter contre lui comme celles

*V. Catell. liv. 9. ch. 10.*

faites contre un Muet volontaire dont il eft parlé fous le Titre
XVIII. de l'Ordonnance, ces réponfes affectées & hors de propos devant être comparées au filence volontaire de l'Accufé. Il
paroît même que fi pendant le cours de la Procédure faite pour
découvrir la vérité de la Démence, quelqu'un des Témoins principaux étoit venu à déceder, on pourroit faire une Confrontation littérale de la dépofition de ce Témoin à cet Accufé, dont
la feinte ne doit pas lui être plus profitable que l'eft la fuite à un
Accufé contumax.

Mais fi la Folie n'eft furvenue qu'après l'entiere Inftruction ,
c'eft-à-dire après que l'Accufé a fourni fes Défenfes, *perfecto pro-
ceffu fuarum defenfionum*, comme dit Jules Clare, alors c'eft le
cas, fuivant cet Auteur, de prononcer quelque peine ; mais cette
peine, comme on vient de l'obferver, ne doit être que corporelle
ou pécuniaire, & ne peut aller jufqu'à la mort. Cependant fui-
*V. Bruneau en* vant notre derniere Jurifprudence, atteftée par Bruneau, lorfque
*fes Obferv. crim.* l'Inftruction a été faite par un premier Juge, celui-ci ne peut fe
*part. 1. tit. 27.* difpenfer de condamner l'Accufé devenu fol depuis cette Inftruc-
*max. 12.* tion, à la peine qu'il auroit dû fubir lorfqu'il a commis le Crime ;
& il n'y a que les Cours Supérieures & autres Juges en dernier
reffort qui puiffent modérer & adoucir la peine en ordonnant qu'il
fera enfermé, ce qu'elles ne font néanmoins qu'après s'être affû-
rées de la vérité de la Folie par des Enquêtes qu'elles font faire,
tant fur les lieux que dans la Conciergerie.

Enfin, fi la folie n'eft furvenue qu'après le Jugement qui condamne l'Accufé à mort, cette condamnation devroit-elle être
exécutée ? Jules Clare qui fe fait cette queftion, fe détermine
pour la *négative* fur le fondement de ce motif d'humanité, qui
nous doit faire regarder l'Infenfé comme fuffifamment puni par
fa propre folie : mais il ajoûte en même tems que cela n'empêche point que le Jugement ne puiffe être exécuté fur fes Biens,
quant aux peines pécuniaires, telles que la Confifcation, l'Amende, les Dommages-Intérêts, & les Dépens, dont la Partie civile peut pourfuivre le Recouvrement contre fes Héritiers pré-
fomptifs, ou contre le Curateur qu'il lui faut nommer à cet effet.

Ce fentiment a été adopté parmi nous avec les Modifications
fuivantes. 1°. L'Accufé devenu fol depuis la condamnation, n'eft
déchargé de la Peine de mort que lorfque le Crime pour lequel
il eft condamné, n'eft point du nombre de ceux qui demandent
une punition exemplaire, tels que ceux exceptés ci-devant par

les Auteurs, & pour lefquels l'Ordonnance veut que le Procès foit fait au Cadavre ou à la mémoire du Défunt. 2°. En le déchargeant de la peine de mort, nous le déchargeons en même tems de celle de la Confifcation, qui en eft une fuite, fuivant cette maxime de notre Droit François : *qui confifque le Corps, confifque les Biens.* 3°. Il n'y a lieu au Recouvrement des Dépens fur les Biens de cet Accufé que dans deux cas. L'un, c'eft lorfqu'ils ont été prononcés par un Jugement en dernier reffort, & non point par une Sentence dont il y ait Appel, parce que cet Appel éteint la Sentence, en même tems que les Dépens qu'elle a prononcés, fuivant cette autre maxime qu'en matiere criminelle *appellatio extinguit judicatum.* L'autre cas où les Dépens peuvent être recouvrés, c'eft lorfqu'il y a une Partie civile : car fi le Jugement étoit rendu fur la Pourfuite de la Partie publique feulement, celle-ci ne peut en prétendre aucun, par la raifon que le Roi ou les Seigneurs qu'elle repréfente, font tenus de rendre la Juftice fans frais à leurs Sujets. Il faut cependant excepter certaines Provinces, comme la Franche-Comté, où il eft d'un ufage immémorial, confirmé par une Lettre de M. le Chancelier BOUCHERAT, que l'Accufé condamné à quelque peine, eft auffi condamné aux Dépens, quand même il n'y auroit point de Partie civile, & que le Procureur du Roi ou du Seigneur feroit feule Partie au Procès.

*V. Maynard, decif. 52. liv. 4.*

*V. Bruneau, ibid, part. 2. tit. 30. Max. 7.*

### §. II.

#### *Exception tirée de la Nature du Crime.*

Cette Exception a lieu dans deux cas ; ou lorfqu'il n'y a point de véritable Crime, c'eft-à-dire qu'il n'y a eu ni Dol ni Faute de la part de celui qui l'a commis ; ou bien, lorfque ce Crime eft fi leger de fa nature, qu'il ne peut faire la matiere d'une Procédure criminelle.

Nous avons donné des exemples du premier cas, en parlant des Crimes commis par cas fortuit, ou dans la néceffité d'une légitime défenfe : nous avons obfervé en même tems que, quoiqu'aux termes des Loix, ces fortes de Crimes ne foient point puniffables, ni fujets à la Pourfuite extraordinaire ; cependant lorfqu'il s'agit d'Homicide & autres de cette efpece, contre lefquels les Ordonnances ont prononcé la peine de mort, on ne laiffe pas dans notre ufage de pourfuivre extraordinairement ceux qui ont eu le malheur d'y tomber, & même de prononcer contre eux la peine portée par les Ordonnances; tellement qu'ils ne peuvent en être déchargés que par la grace spéciale du Prince, qui s'en est refervé le pouvoir de la maniere que nous le verrons ci-après.

Nous voulons donc parler principalement ici de l'Exception tirée du fecond cas; c'eft-à-dire, lorfque le crime eft fi leger par lui-même qu'il ne peut donner lieu à aucune peine, mais feulement à quelque condamnation pécuniaire. De ce nombre font de fimples Injures verbales & autres délits femblables, qui ne pouvant donner lieu qu'à des dommages & intérêts, ne doivent être pour-fuivis que par la voie civile; cela eft recommandé expreffément aux Juges par différentes Ordonnances & Arrêts de Reglement. L'Ordonnance de 1539 leur en fait une injonction expreffe *dans toutes les matieres de petite importance*, ce font fes termes. Par un Arrêt de Reglement du Parlement de Befançon du 4 Septembre 1698, qu'on voit inféré dans le Recueil des Édits & Déclarations enregiftrés en ce Parlement, Défenfes expreffes font faites aux Juges de fon Reffort de procéder criminellement dans toutes les matieres qui *peuvent être traitées civilement*, à peine de dépens, dommages, intérêts des Parties, & d'être puni comme *Concuffionnaires*, & cela *quand même ils en auroient été requis par la Partie civile.*

Cependant, quelque fage que foit cette précaution pour empêcher les véxations & les abus qu'entraîne néceffairement la facilité d'admettre la Procédure extraordinaire dans les Crimes de cette efpece, il faut convenir qu'elle ne s'obferve pas exactement dans notre ufage; & que rien n'eft plus commun que de voir dans les cas même dont nous venons de parler, qu'on commence par la Plainte & l'Information, fous prétexte d'affûrer par-là plus promptement la preuve du Délit, qu'on ne le feroit par la voie civile; après quoi, le Juge civilife la Procédure, & renvoie les Parties à l'Audience. Mais après tout, l'avantage qui peut réfulter de cette Pratique n'intéreffant uniquement que l'Accufateur, doit-il l'emporter fur celui de l'Accufé? & peut-il fervir de titre fuffifant pour faire fubir à ce dernier l'appareil humiliant d'une voie odieufe, telle que celle de l'Accufation qui annonce des peines qu'il ne mérite point, & qu'on fçait même qu'il ne pourra jamais fubir par l'événement de la Procédure? Les exemples frappans dont retentiffent tous les jours nos Tribunaux, font affez fentir

la

*V. Procès-verbal de confer. de l'Or-donn. de 1670. p. 229.*

*V. tome 1. de ce Recueil.*

la nécessité de proscrire par un bon Reglement une maxime aussi dangereuse & aussi contraire à l'esprit des Loix & des Ordonnances.

### §. III.

*Exception tirée d'une premiere Accusation qu'a déja subi l'Accusé.*

Nous avons dit qu'un Accusé qui avoit subi une premiere Accusation, ne pouvoit plus en subir une seconde pour le même crime : *Qui de crimine publico in accusationem deductus est, ab alio super eodem crimine deferri non potest.*

La sagesse de cette Maxime fondée sur ces deux raisons particulieres ; l'*une*, de ne point compromettre trop souvent la vie d'un Citoyen ; l'*autre*, d'empêcher que par l'évenement de ces différentes Accusations, la peine ne vienne enfin à surpasser le crime, l'a fait adopter successivement & par la disposition du Droit canonique & par la Jurisprudence du Royaume ; & c'est de-là qu'est venue la regle *non bis in idem.*

Ainsi, il suffit que le Crime, qui fait l'objet de la nouvelle Accusation, soit précisément le même que celui dont on a été accusé précédemment ( n'importe que ce soit par le même Accusateur ou par un autre que celui qui l'avoit déféré pour la premiere fois ), pour que cette nouvelle Accusation ne puisse plus être écoutée : *sed hoc utrum ab eodem an ne ab alio accusari possit videndum est.*

D'où il suit, que quelque nouvelle preuve qui survienne contre cet Accusé, il ne peut plus être poursuivi pour le même Crime, soit qu'il en ait été déchargé, soit qu'il ait subi une premiere condamnation à cet effet.

Cependant, comme d'un autre côté il importe pour le bien de la Justice & de la Société, que le Crime ne demeure point impuni, on a cru devoir apporter à cette Maxime certaines restrictions qui l'empêchent de dégénerer en des abus encore plus dangereux que les inconvéniens mêmes qu'elle tend à éviter.

Une PREMIERE EXCEPTION tirée de la Loi *Si cui,* §. *iisd. ff. de Accusat.* c'est lorsque le nouvel Accusateur poursuit une Injure qui lui est faite ou à ses Proches, & qu'il justifie n'avoir eu aucune connoissance de la premiere Accusation : *Si is qui nunc Accusator extitit suum dolorem prosequitur, doceatque se ignorasse accusationem ab alio institutam.*

*L. Qui de crimine, 9. cod. de Accusat. L. Si cui, §. iisd. ff. de Accusat. L. His tamen, §. ult. ff. de Accusat. L. penul. ff. de naut. caup. & stabul.*

*V. Can. 29. Si illic, 23. quæst. 4. Cap. de his extra de Accusat.*

*V. le même §. iisd.*

L

Il eſt vrai que la Loi ajoûte qu'on ne doit recevoir cette nouvelle Accuſation que pour grande Cauſe, *magna ex cauſa;* c'eſt-
à-dire, comme l'expliquent les Auteurs, qu'il faut qu'il s'agiſſe
d'Injures extrêmement atroces.

*V. Jul. Clar.
queſt. 57.*

Une AUTRE EXCEPTION, ſuivant l'Auteur de la Gloſe ſur la
même Loi *Si cui,* c'eſt lorſque le ſecond Accuſateur prouve que
le premier a colludé avec l'Accuſé, *ſi doceat de prævaricatione prio-
ris Accuſatoris.*

Une TROISIEME EXCEPTION fondée ſur la Loi *premiere* au *ff.
de Prævaricat.* c'eſt lorſqu'il eſt prouvé que le Jugement d'abſolution a été ſurpris par le dol & la fraude de l'Accuſé, & ſur de
fauſſes Pieces ; c'eſt l'eſpece d'un Arrêt du Parlement de Tou-
louſe rapporté par Catelan.

*V. Catel. liv. 9.
ch. 1.*

Une QUATRIEME EXCEPTION tirée de la Loi, *Qui de crimine,*
au Code *de Accuſat.* c'eſt lorſqu'un même fait a produit différens
Crimes ; l'Accuſation de l'un n'empêche point celle de l'autre,
pourvû toutefois que ces deux Accuſations ſoient faites par des
perſonnes différentes ; *ſi tamen ex eodem facto plurima crimina naſcuntur, & de uno crimine in accuſationem fuerit deductus, de altero
non prohibetur ab alio defferri.*

Une CINQUIEME EXCEPTION, c'eſt lorſque le ſecond Accuſateur rapporte des Preuves différentes & plus fortes que le premier, & qu'il s'agit d'ailleurs d'un Crime extrêmement grave.
AYRAUT qui remarque cette Exception, rapporte à ce ſujet un
exemple mémorable dans la perſonne d'un Gentilhomme Breton,
qui, après avoir été abſous de Fratricide, fut repris quelques
années après, & exécuté pour le même Crime, ſur la déclaration
de ſon Domeſtique & ſur les preuves évidentes que celui-ci en
adminiſtra pour lors : il eſt vrai que cet Auteur obſerve en même
tems, que ce fut le Parlement & non le premier Juge, qui pro-
nonça ſur cette nouvelle Accuſation.

*V. Ayr. Ord.
judic. liv. 3. n. 25.*

*V. Jul. Clar. loco
citato.*

Sur quoi JULES CLARE, qui atteſte auſſi la même Exception,
obſerve qu'il faut diſtinguer entre l'Abſolution qui a été fondée
ſur le défaut d'*exiſtence* du Crime, & celle qui n'a été occaſionnée que par le défaut de *preuve;* il conclut avec PONTANUS,
ſur la Coûtume de Blois, que c'eſt dans ce dernier cas ſeulement
qu'il y a lieu d'admettre la nouvelle Accuſation, & il cite à ce
ſujet le chapitre *ad Falſariorum,* EXTRA *de Crimine falſi.*

Une SIXIEME EXCEPTION fondée ſur la Juriſprudence des
Arrêts, c'eſt qu'il ne ſuffit pas que la ſeconde Accuſation ſoit

formée pour le même Crime, mais il faut encore qu'elle soit dirigée contre la même personne ; ainsi, par exemple, un Particulier accusé d'un Meurtre pour lequel un autre auroit déja été jugé & condamné, ne pourroit pas opposer la Maxime *non bis in idem*, pour se faire renvoyer de la nouvelle Accusation intentée contre lui : c'est sur ce fondement que par Arrêt du Parlement d'Aix, rapporté par Boniface, l'Accusation de Meurtre fut reçue contre le véritable Meurtrier, nonobstant la condamnation à mort qui avoit été exécutée contre un autre Particulier qu'on avoit faussement accusé du même Meurtre.

*Bonif. tome 1. part. 3. liv. 1. tit. 1. ch. 38.*

Une SEPTIEME EXCEPTION, c'est qu'il ne suffit pas que le Jugement qui est intervenu sur la première Accusation soit simplement provisoire & d'*Instruction*, mais il faut qu'il contienne la condamnation ou l'absolution *définitive* de l'Accusé, pour que celui-ci puisse reclamer la Maxime, *non bis in idem* : c'est ainsi qu'il a été jugé par un Arrêt du Parlement de Toulouse, rapporté par Catelan dans l'endroit cité.

Enfin une HUITIEME EXCEPTION, c'est que l'Accusé, qui a été poursuivi à la Requête de la Partie publique, & qui a même subi la peine portée par son Jugement, peut être poursuivi de nouveau par la Partie civile pour ses dommages & intérêts, sans qu'il puisse se prévaloir de la Maxime, *non bis in idem*; c'est ce qui a été jugé en faveur des Créanciers de l'Accusé par un autre Arrêt du même Parlement de Toulouse rapporté par Catelan, *ibidem.*

## §. IV.

### *Exception tirée de la Prescription.*

Suivant la disposition du Droit, toutes sortes de Crimes peuvent être effacés par le laps d'un certain tems, qu'on appelle *Prescription.*

Cette disposition est fondée sur deux motifs également favorables, qui l'ont fait adopter par notre Jurisprudence : l'un, tiré de la *Charité Chrétienne*, qui fait présumer le pardon de l'injure par le silence qu'a gardé celui qui avoit intérêt de s'en venger; l'autre, fondé sur les principes de l'*Humanité* même, qui fait toûjours pancher en faveur de l'Accusé, & ne permet pas qu'on le punisse de nouveau pour un Crime qu'il a déja suffisamment expié par les frayeurs continuelles dont il a été agité pendant un tems confidérable. A quoi l'on peut ajoûter l'espece d'*Impossibilité* où se trouveroit cet Accusé de se procurer, après un si long tems, les Témoins & les Preuves nécessaires pour sa justification.

Cependant, comme il y a de certains Crimes, si atroces de leur nature, que leur impunité ne pourroit manquer d'entraîner des conséquences extrêmement dangereuses, & que l'on n'est présumé avoir cessé de les poursuivre, que par l'ignorance ou l'impossibilité où l'on étoit d'en acquérir la Preuve, on a cru devoir les excepter de cette regle générale.

Ces Crimes sont ceux de LEZE-MAJESTÉ AU PREMIER CHEF, & le DUEL lorsqu'il a été suivi de Plainte : il y en a encore plusieurs autres, tels que le *Parricide*, la *Supposition de Part*, le *Faux*, & l'*Apostasie*, que les Loix Romaines déclarent n'être sujets à aucune Prescription, *nulla præscriptione repelli :* mais ces Loix ne doivent s'entendre, suivant nos meilleurs Interpretes, comme CUJAS & GODEFROY, que des Prescriptions qui sont au-dessous de celle de vingt années, *nulla præscriptione nisi vicennali ;* c'est la remarque qui fut faite par le célebre Avocat Général Guillaume-François Joly de Fleury, lors de l'Arrêt du 12 Mai 1711, rapporté au VI. Tome du Journal des Audiences.

Ainsi, à l'exception des crimes de Lèze-Majesté & de Duel, il est certain, parmi nous, que toutes sortes de Crimes peuvent s'éteindre par la Prescription.

Mais quel Tems est nécessaire pour accomplir cette Prescription ? Depuis quand doit-elle se compter ? Et quels en sont les effets ? Tels sont les trois Objets importans qui nous restent à discuter sur cette matiere.

### *Du Tems nécessaire pour former la Prescription en Matiere Criminelle.*

Ce TEMS est différent suivant les différens Crimes : il y a des Prescriptions de *quarante jours* seulement, il y en a d'*une année*, il y en a enfin de *cinq, dix, vingt*, & même de *trente* années.

Nous ne parlerons point ici de la Prescription de deux années, établie par le Droit Romain en matiere *de Dol*, & pour la *Peremption* de l'Instance criminelle ; nous avons assujetti le Dol, lorsqu'il est poursuivi criminellement & qu'il mérite peine afflictive ou infamante, à la Prescription ordinaire des autres Crimes, & à celle de dix années lorsqu'il est poursuivi civilement par la voie de la *Rescision*.

*V. l'art. 35. de l'Edit des Duels du mois d'Août 1679.*
*V. Brodeau sur Louet, lett. C. som. 47. n. 4. & 5.*

*V. Pog. de Liv. en ses Regl. du Dr. Franç. liv. 4. ch. 10. regl. 39.*

*L. ult. cod. de Dolo.*
*L. 3. cod. ut intra certum tempus.*
*V. Mornac, sur la Loi derniere du code, de Dolo.*

A l'égard de l'INSTANCE CRIMINELLE, c'eſt un Principe conſtant parmi nous, qu'elle n'eſt point ſujette à la Peremption comme l'Inſtance civile. Ce Principe eſt fondé ſur l'Ordonnance de Rouſſillon, & il eſt atteſté par M. l'Avocat général
Joli de Fleury dans ſon Plaidoyer, lors de l'Arrêt du 12 Mai
1711, que nous avons cité ci-devant. Il n'y a, ſuivant la remarque de Bretonnier d'après Boniface, que le Parlement de Provence qui n'admet aucune diſtinction à cet égard.

*V. BRETONN.*
*queſt. de Droit,*
*verbo Peremption.*
*BONIF. tome 1.*
*liv. 1. tit. 23. n. 5.*
*& tome 5. liv. 20.*
*tit. 1.*

La PREMIERE ESPECE de Preſcription uſitée parmi nous, eſt
celle de *quarante jours*, qui a lieu ſingulierement en matiere de
BLESSURES ; elle eſt fondée ſur ce Principe établi en Médecine,
que tout homme bleſſé d'un coup mortel, eſt cenſé ne pouvoir
vivre au-delà de quarante jours. Mais cette Preſcription, ſuivant les Auteurs, ne décharge l'Accuſé que de la peine de Mort
attachée à l'Homicide, & non point des autres peines pécuniaires qui peuvent réſulter de la Bleſſure qu'il a faite, *non tenetur
de occiſo, ſed tantùm de vulnerato*, dit JULES CLARE. Cet Auteur
ajoûte, que même dans ce dernier cas l'Accuſé peut être condamné à des peines afflictives ſuivant les circonſtances du fait,
du lieu, des perſonnes, & de la maniere dont ces Bleſſures ont
été faites.

PRESCRIPTION
de
quarante Jours.

*V. Jul. Clar. §.*
*homicid.*
*Faber in cod. de-*
*finit. 64.*
*Mornac in L. 51.*
*ff. ad L. Aquil.*

Au reſte, il y a deux cas, ſuivant ce même Auteur, où cette
Preſcription ne peut décharger l'Accuſé de la peine d'Homicide.
L'un, c'eſt lorſqu'il y a eu continuité de Maladie depuis les quarante jours écoulés, ſans qu'on pût imputer aucune faute à la
perſonne bleſſée, & que la mort eſt ſurvenue quelque tems après
ce délai. L'autre, lorſqu'il eſt prouvé, par le Rapport juridique
des Médecins, que la Mort n'a été occaſionnée que par les bleſſures.

Ces deux Exceptions ont été adoptées par notre Juriſprudence, ſuivant laquelle, c'eſt par le rapport des Médecins &
Chirurgiens qu'on doit principalement ſe décider en pareil cas,
parce qu'il peut arriver que le Bleſſé ne meure que pluſieurs mois
après, quoiqu'il n'ait ceſſé de languir depuis ce tems-là, & qu'il
ne ſoit jamais relevé de ſon lit. C'eſt ſur ce fondement que par
un célebre Arrêt du mois de Janvier 1631, rapporté au premier
Tome du Journal des Audiences, la Cour a adjugé, ſur les Concluſions de M. l'Avocat général Talon, des Réparations civiles
à une Veuve dont le Mari bleſſé étoit décédé après les quarante

jours , nonobſtant cet axiome de Médecine , dont on voulut ſe prévaloir alors : *Symptomata ſupervenientia naturam morbi mutare ſolent , reuſque occaſionis non utique fit reus occiſionis.* ·

Ainſi il n'eſt pas douteux , en partant de ces Exceptions , que ſi incontinent après la bleſſure , l'Accuſé avoit été pourſuivi par la voie extraordinaire ; & que le Procès criminel , après avoir été civiliſé ſur le Vû des charges , avoit été terminé avant les quarante jours par une ſimple Condamnation à des peines pécuniaires pour raiſon de la bleſſure , & que cependant le Bleſſé fût mort avant ou après ces mêmes quarante jours écoulés , on ne puiſſe en ce cas reprendre la voie extraordinaire , & le pourſuivre comme coupable d'Homicide , par la raiſon que la premiere condamnation n'avoit pour objet que la bleſſure & non l'homicide qui s'en eſt enſuivi , & qui eſt un crime différent ; que d'ailleurs , aux termes de l'Ordonnance , la *Civiliſation* d'un Procès n'empêche point qu'on ne puiſſe reprendre la voie extraordinaire , même après la Sentence définitive.

La SECONDE ESPECE de Preſcription eſt celle d'*une année,* qui a lieu en matiere d'INJURES ; ce qui s'entend ſeulement des Injures verbales ou par écrit , & non de la Réelle , qui , ſuivant les Auteurs , ne peut ſe preſcrire que par le laps de *vingt années.* Cette différence , qui eſt marquée par l'Arrêt de Réglement du 13 Mars 1666 , eſt fondé ſur ce que l'action pour les Injures verbales avoit été introduite originairement par le Préteur , dont les fonctions ne duroient que l'eſpace d'une année ; au lieu que les Injures réelles étant miſes au nombre des véritables Crimes dont l'action venoit de la Loi , ne pouvoient ſe preſcrire que par un même eſpace de tems que ceux-ci ; mais la raiſon particuliere qui l'a fait adopter parmi nous , ſe tire de ce que les Injures verbales ou par écrit étant plus legeres de leur nature que les Réelles , elles ſont auſſi cenſées ſe remettre avec plus de facilité , & n'avoir beſoin pour cela que du conſentemeut tacite de celui qui les a reçûes , & qui n'en a point demandé la Réparation dans l'année.

Mais pour qu'on puiſſe préſumer ce Conſentement tacite de la part de celui qui a reçû l'Injure , il faut néceſſairement qu'il y ait preuve qu'il en a eu connoiſſance ; enſorte que ce n'eſt que du jour ſeulement qu'il a pû probablement être informé de cette Injure que commence à courir cette Preſcription.

*V. GAILL. l. 2. obſerv.* 205. *FACHIN , controv. lib.* 7. *cap.* 7. *& 8.*

La T R O I S I E M E E S P E C E de Prefcription eft celle de *cinq* *années*. Cette Prefcription a lieu principalement dans trois cas. 1°. En fait d'ADULTERE, celle-ci a pris fon origine dans la dif-pofition du Droit Romain. Elle eft fondée, comme le remarque M. l'Avocat Général Guillaume-François Joly de Fleury dans fon Plaidoyer, lors de l'Arrêt du 12 Mai 1711, que nous avons cité ci-devant, fur ces deux motifs particuliers ; fçavoir, d'une part la *Réconciliation préfumée* du Mari, que ce crime concerne uniquement ; & de l'autre le *Repentir* de la Femme, marqué par une meilleure conduite.

2°. Cette Prefcription de *cinq années* a encore lieu en faveur des Héritiers d'un Accufé, à la mémoire duquel on ne peut plus faire le Procès après l'expiration de cinq années, fuivant le fen-timent des Auteurs fondé fur les Titres du Code & du Digefte : *Ne de ftatu defunctorum poft quinquennium quæratur.* Il faut cepen-dant excepter les crimes de Lèze-Majefté, & autres pour lef-quels l'Ordonnance veut qu'on faffe le Procès à la mémoire du Défunt.

3°. Enfin, cette Prefcription a été introduite contre l'Accufé contumax qui ne fe repréfente point dans les cinq années, à compter du jour de l'exécution du Jugement qui a été rendu con-tre lui.

L'effet de cette derniere Prefcription ne confifte pas, comme celui des précédentes, à faire ceffer l'Accufation, puifqu'elle fup-pofe au contraire cette Accufation fuffifamment inftruite ; mais feulement à affûrer l'effet des Condamnations purement pécu-niaires qui ont été prononcées contre l'Accufé contumax, tout comme fi elles avoient été prononcées contradictoirement par Arrêt. L'on dit *purement pécuniaires*, parce que cette Prefcription n'empêche point d'ailleurs, que l'Accufé ne puiffe fe repréfenter après ces cinq années, & même en quelque tems que ce foit, pour fe juftifier de l'Accufation, & fe faire renvoyer abfous par un nouveau Jugement. Il peut même, après ces cinq années, faire ceffer l'effet de ces Condamnations pécuniaires par rapport aux Meubles & Immeubles qui ont été confifqués fur lui, en ob-tenant des Lettres pour *efter à Droit*, comme nous le verrons ci-après.

M A I S fi cet Accufé venoit à décéder fans s'être repréfenté dans les cinq années : non feulement les Condamnations pécu-niaires pourroient s'exécuter fur fa Succeffion ; mais il feroit de

plus réputé *mort civilement* du jour même de l'exécution du Jugement de Contumace, si ce Jugement prononçoit la Condamnation à mort ou aux Galeres, & Banniſſement perpétuel; de maniere qu'il n'auroit pû dès-lors valablement diſpoſer de ſes Biens,
ni recueillir les Succeſſions qui ſeroient ouvertes à ſon profit.
Ainſi toute la différence qui ſe trouve entre l'Accuſé contumax
qui décede pendant les cinq années & celui qui décede après
ce tems, c'eſt qu'au premier cas ſa Veuve & ſes Parens ſeroient
reçûs à purger ſa mémoire, conformément à l'article premier du
Titre XXVII. de l'Ordonnance, au lieu qu'ils ne le pourroient au
dernier cas, que par une Grace extraordinaire du Prince, & après
avoir obtenu des Lettres pour *eſter à Droit.*

Suivant la Coûtume de Bretagne ( art. ccxxviij. ) l'action du
Crime eſt éteinte par cinq ans, tant pour l'intérêt public que
civil, *s'il n'y a Plainte faite & Information, auquel cas il y aura
dix ans.*

**PRESCRIPTION de dix Années.**
*V. Tournet, lett. 5. Arr. 39.*
*Papon, liv. 3. tit. 12.*
*Baſſet, lib. 6. tit. 16.*
*Gomès de Trienn. Poſſ. quæſt. 12.*

La QUATRIEME ESPECE de Preſcription eſt celle de
*dix années*, qui a lieu dans le crime de SIMONIE; mais cela ne
doit s'entendre, ſuivant les Auteurs, que relativement à l'action
que produit ce Crime contre le Simoniaque; c'eſt-à-dire, que
le Poſſeſſeur du Bénéfice acquis par Simonie ne peut plus après
dix années être troublé dans ſa poſſeſſion, mais non point quant
au Crime en lui-même, lequel ne peut ſe preſcrire par aucun laps
de tems que ce ſoit, tant que dure la poſſeſſion du Simoniaque,
par la raiſon que cette poſſeſſion eſt cenſée perpétuer ſon crime,
ainſi jugée par Arrêt du Parlement de Paris, du 15 Février 1655,
rapporté au premier Tome du Journal des Audiences.

**PRESCRIPTION de vingt Années.**
*V. Cap. venerab. 6. extra de Except.*
*Le Pretre, cent. 4. ch. 4.*

La CINQUIEME ESPECE de Preſcription, qui eſt la plus générale, parce qu'elle comprend tous les Crimes qui ne ſont point
exceptés dans le Droit, eſt celle de *vingt années;* celle-ci, qui eſt
établie par la fameuſe Loi *Querela* 12. au Cod. *ad L. CORNEL.
de Falſis*, a été trouvée ſi ſage, qu'elle a été adoptée également
& par les Conſtitutions Canoniques & par la Juriſprudence du
Royaume; & elle eſt tellement favorable, qu'elle a lieu contre
les Mineurs, contre les Abſens comme les Preſens, & qu'elle ne
laiſſe pas que de courir en tems de *trouble.*
Nous avons vû, d'après les Interpretes du Droit, que cette
Preſcription embraſſoit généralement tous les Crimes que le Droit
Romain

Romain avoit déclaré imprefcriptibles, tels que le PARRICIDE
& la SUPPOSITION DE PART, même ceux qui font de leur nature *occultes*, tel que le FAUX; mais cela ne doit s'entendre, en
ce dernier cas, que par rapport à la Peine que mérite le Fauffaire,
& lorfqu'il s'agit d'un Faux *principal*; mais non point en matiere
de Faux *incident*, qui dure autant que l'Action même par laquelle
on pourfuit le *Rejet* de la Piece fauffe, & qui fe propofant que
par maniere d'exception, ne commence à fe prefcrire que du jour
même que la Piece a été produite, fuivant cette Maxime, *quæ
funt temporalia ad agendum, funt perpetua ad excipiendum*: ainfi l'on
peut être admis à propofer en tout tems la fauffeté d'un Acte,
quoique l'Auteur de cette fauffeté n'en doive plus être puni après
les vingt années, à l'exemple du crime d'Adultere, qui, quoiqu'étant prefcrit dans les cinq années par rapport à l'Action criminelle contre la Femme, peut néanmoins lui être oppofé en tout
tems par forme d'*Exception*, pour l'empêcher de recueillir les
avantages qui lui ont été faits par fon Mari.

Enfin la *cinquieme Efpece* de Prefcription eft celle de *trente an-*
*nées*, qui a lieu lorfqu'il y a eu une Sentence de condamnation
par contumace, & que cette Sentence a été exécutée, foit par
*Effigie* ou autrement, c'eft-à-dire par un *Tableau* attaché dans la
Place publique lorfqu'il s'agit de condamnations aux Galeres, à
l'Amende honorable, au Banniffement perpétuel, à la Flétriffure, & au Foüet, & par une fimple *Signification* à domicile ou à
la porte de l'Auditoire lorfqu'il s'agit de condamnations purement
infamantes ou pécuniaires.

**PRESCRIPTION de trente Années.**

Cette Prefcription eft fondée fingulierement, comme le remarquent nos Auteurs, fur ce que l'exécution de cette Sentence
perpétue l'Action, & qu'on ne peut rien imputer à l'Accufateur
qui a fait exécuter la Sentence autant qu'il dépendoit de lui; auffi
s'obferve-t-elle parmi nous dans toute fa rigueur. Defpeiffes rapporte un Arrêt du 25 Avril 1616, par lequel un Accufé qui avoit
été condamné par Contumace, & enfuite exécuté par Effigie,
ayant été arrêté & emprifonné vingt-huit années après la date
de fa Sentence, fut débouté de fa Requête tendante à ce que le
Crime fût déclaré prefcrit, fur le fondement que les trente années
n'étoient pas entierement accomplies.

*V. Defp. tome 3. tit. 2.*

Bruneau attefte cette Maxime comme indubitable au Palais,
de maniere, *dit-il*, que fi après dix-neuf années de la date du Ju-

*V. Tr. des Criées, p. 442.*

M

gement de mort rendu par Contumace on le faisoit exécuter par *Effigie*, cela prolongeroit de trente années la Prescription du Crime, qui au lieu de vingt ans qui auroient suffi sans cette exécution, ne pourroit être prescrit qu'après quarante-neuf années.

Ce n'est donc, suivant ces Auteurs, que depuis la date de cette exécution que la Prescription de trente années doit se compter.

Il y a encore un autre exemple de la Prescription de *trente années*, qui a lieu singulierement en matiere de Vol pour la restitution des choses dérobées. VEDEL, sur Catellan, rapporte un Arrêt du Parlement de Toulouse, du 13 Août 1691, qui a distingué cette Prescription de celle du Crime même, conformément à la Loi *in Hæredem*, *ff. de Dolo malo*, & à la Loi 5. *de Calomn.* Mais cette Jurisprudence n'est point suivie dans ce Parlement, où l'on juge que l'Action, pour révendiquer la chose dérobée, étant une suite du Crime, se prescrit par vingt années comme le Crime même; ainsi jugé par Arrêt du 11 Février 1604, rapporté par Louet, lett. *C*, somm. 47.

*V. Liv. 7. ch. 1.*

Mais depuis quel tems se doivent compter les autres Prescriptions lorsqu'il n'y a pas eu de Sentence exécutée? C'est la seconde Question que nous nous sommes proposés d'examiner ici.

### *Du Tems ou doit commencer la Prescription en Matiere Criminelle.*

Cette Question a fort partagé les Auteurs; les uns ont prétendu que la Prescription ne devoit se compter que du jour que le Crime avoit été découvert, *à die notitiæ*; d'autres du jour de la Plainte; d'autres du jour du dernier Acte de Procédure fait contre l'Accusé; d'autres enfin du jour seulement de la Signification de ce dernier Acte à la personne de l'Accusé : mais enfin la faveur de l'Accusé a prévalu, & les derniers Arrêts ont jugé que la Prescription commençoit à courir du jour même que le Crime avoit été commis. Bruneau rapporte un Arrêt du 6 Juillet 1703 qui l'a ainsi jugé, *in terminis*, sur les Conclusions de M. l'Avocat Général Omer Joly de Fleury, ensorte, dit-il, que cette Prescription ne peut être interrompue que par l'exécution de la Sentence rendue par Contumace. Lange, dans sa Pratique Civile & Criminelle, rapporte un autre Arrêt de la Cour, du 20 Décembre 1613, qui a jugé que la Prescription de vingt années n'étoit pas même interrompue par une Sentence de condamnation à la Ques-

*V. Bruneau, loc. cit.*

*V. liv. 2. ch. 2.*

tion, quoique l'Accufé, avant l'exécution de cette Sentence, eût brifé les Prifons & fe fût évadé.

Cependant, ce fentiment paroît combattu par plufieurs graves Auteurs, tels, entr'autres, que Boërius, Dargentré, Taïfand, Baffet & Brodeau, qui ont prétendu que la Prefcription de vingt années pouvoit s'interrompre, non-feulement par une condamnation exécutée par Effigie, mais encore par un fimple Decret réel exécuté par l'Emprifonnement de l'Accufé; de maniere que fi depuis cet Emprifonnement il venoit à s'évader des Prifons, ou à être élargi à Caution, cet Accufé ne pourroit fe prévaloir de la Prefcription qu'après l'expiration des vingt années, à compter, non du jour de l'exécution de ce même Decret, mais du jour de la derniere Procédure qui auroit été faite en conféquence, & fignifiée au domicile de cet Accufé depuis fon évafion. Ce dernier fentiment, qui eft fondé tant fur ce que l'Accufé n'eft plus cenfé, dès le moment de cette fignification, ignorer les pourfuites qui fe font contre lui, & par conféquent eft en état de fe défendre, que fur ce qu'on ne peut rien imputer à l'Accufateur qui a fait tout ce qui étoit en fon pouvoir, paroît auffi avoir fixé le dernier état de notre Jurifprudence, & fervi de motif au célebre Arrêt rendu en 1711, fur les Conclufions de M. l'Avocat Général Guillaume-François Joly de Fleury, lors duquel ce grand Magiftrat fit voir que cette Maxime devoit s'appliquer également à un Decret exécuté par contumace; & que fi d'une part elle étoit contraire à la difpofition du Droit Civil, fuivant lequel l'Inftance criminelle fe périmoit par deux années, & conféquemment tout ce qui tendoit à l'inftruction du Procès, tel qu'un *Decret,* de l'autre elle fe trouvoit conforme à l'Ordonnance de Rouffillon, fuivant laquelle la Péremption n'a lieu en Matiere Criminelle.

*V. Journal des Aud.* tom. 6. liv. 1. ch. 14.

Au refte, quand on dit que la Prefcription doit fe compter du jour que le Crime a été commis, l'on entend parler des Crimes qui fe commettent par un *feul acte,* tels que l'Homicide & le Sacrilege, *&c.* mais non point de ceux qui font de nature à être réitérés par *différens actes,* comme l'Adultere, l'Incefte, le Stupre, le Vol, la Fauffe Monnoie, l'Ufure, & autres femblables; à l'égard de ceux-ci, ce n'eft que du jour feulement du dernier acte que la Prefcription doit commencer; c'eft la diftinction judicieufe que fait JULES CLARE; mais fuivant cet Auteur il faut

*V. Jul. Clar. queft.* 52. n. 3. *Raviot,* tome 2. *queft.* 256.

également, dans l'un & l'autre cas, que les vingt années foient complettes, *de momento ad momentum.*

Cependant, VEDEL fur Catellan, Liv. VII. ch. 1. eftime au contraire que la Prefcription en Matiere Criminelle eft tellement favorable, qu'elle eft cenfée complette le jour même que les vingt années fe trouvent accomplies, à la différence des Prefcriptions de dettes civiles, qui exigent que le dernier jour foit entiérement achevé; & ce dernier fentiment me paroît le plus raifonnable & le mieux fondé, à caufe de la faveur de l'Innocence & de l'hor-reur des Peines.

### Des Effets de la Prescription en Matiere Criminelle.

Après avoir ainfi marqué les différentes efpeces de Prefcrip-tion, & les Cas particuliers qui peuvent en interrompre le cours, il ne refte plus qu'à déterminer quels en font les Effets: fur quoi il fe préfente deux Queftions importantes; *l'une*, de fçavoir fi par ces Prefcriptions la Réparation civile fe trouve éteinte en même tems que la Peine du Crime; *l'autre*, de fçavoir fi ces Prefcriptions ont un effet rétroactif qui puiffe *valider* les Difpofitions qui auroient été faites au profit de l'Accufé dans le tems inter-médiaire.

Sur la PREMIERE QUESTION, nous remarquerons avec BRETONNIER en fes Queftions de Droit, que les Parlemens jugent différemment à ce fujet: il y en a qui diftinguent entre la Peine du Crime & la Réparation Civile, & n'admettent pour celles-ci que la Prefcription de trente années, fur le fondement que cette Prefcription eft requife pour la libération d'une Dette Civile; & cette Jurifprudence conforme à la Difpofition du Droit Romain, eft celle des Parlemens de Grenoble, de Dijon, & de Franche-Comté.

D'AUTRES ne mettent aucune différence entre la Peine & la Réparation Civile, par rapport à la Prefcription, & veulent que celle de vingt années puiffe fuffire pour décharger égale-ment de l'une & de l'autre, par la raifon que l'Action en répa-ration eft une fuite du Crime, qu'on ne peut obtenir cette Ré-paration de l'Accufé fans le convaincre de fon Crime; qu'on ne peut le convaincre, fans fe mettre dans la néceffité de le punir; & qu'en un mot la Prefcription de vingt années fait préfumer l'innocence en matiere Criminelle, comme celle de trente ans fait préfumer la bonne foi en matiere Civile. Cette Jurifprudence comme la plus favorable à l'Accufé, eft auffi la plus fuivie; c'eft entre autres celles des Parlemens de Paris, de Touloufe & de Bordeaux; on trouve dans M. le Prêtre un Arrêt de la Cour du 22 Janvier 1600, lors duquel M. le Premier Préfident avertit les Avocats de ne plus douter de la certitude de cette Maxime, qui a été depuis confirmée par plufieurs Arrêts, & notamment par celui rendu le 6 Juillet 1703 fur les Conclufions de M. l'Avocat Général Omer Joly de Fleury, rapporté par Bruneau, qui fe trouva préfent à l'Audience.

*V. Centur. 2.*
*ch. 8.*

*V. Bruneau, Tr.*
*des Criées, p. 440.*

D'après ces Arrêts, il faut regarder comme une Jurifprudence conftante dans ce Parlement, que la Prefcription de vingt années, lorfqu'il n'y a pas eu de Sentence rendue par Contumace & exécutée, & celle de trente années, lorfqu'il y a eu une Exécution par *Effigie* ou autrement, operent indiftinctement la Décharge de l'Accufé, foit par rapport à la peine corporelle, foit par rapport à la peine pécuniaire.

Cependant s'il y avoit eu une Tranfaction fur le Crime, par laquelle l'Accufé fe feroit obligé de payer une certaine fomme, cet Accufé pourroit être contraint au payement de cette fomme, non-feulement après les vingt années, mais même jufqu'à quarante années, en vertu de l'action hypotécaire qui réfulteroit de ce contrat, c'eft la Remarque de Brodeau fur Louet. Il eft vrai, ajoute cet Auteur, que ce ne feroit point alors pardevant le Juge Criminel, mais pardevant le Juge Civil, que l'Accufé pourroit être pourfuivi pour l'exécuion de cet engagement; lequel ne formeroit plus qu'une Action purement Civile, l'Action *pénale* fe trouvant d'ailleurs éteinte par le laps de vingt années.

*V. lett. C. fomm.*
*47.*

Sur la SECONDE QUESTION, il paroît qu'après avoir été long-tems balancée par la faveur de l'Accufé, elle a été enfin décidée contre lui par les derniers Arrêts; c'eft-à-dire, que l'on a jugé que l'effet de la Prefcription de vingt & trente années fe bornoit uniquement à la décharge de fon Crime quant à la peine & aux dommages & intérêts qui en pourroient réfulter, mais qu'elle ne pouvoit fervir de titre à cet Accufé Contumax pour recouvrer les fucceffions qui feroient échûes à fon profit pendant le cours de cette Preſcription ; il y en a deux entr'autres rapportés dans la nouvelle Pratique Civile, Criminelle, le premier rendu le 2 Septembre 1737 ſur les Concluſions de M. l'Avocat Général Dagueſſeau, qui a déclaré non-recevable un Particulier condamné par Contûmace, & enſuite exécuté par *Effigie*, qui demandoit après trente années d'être reçû à purger ſa Contumace, & à propoſer ſes moyens de nullité contre les informations qu'il prétendoit n'avoir point été ſignées par le Juge ; l'autre au rapport de M. Severt, par lequel ce même particulier a été déclaré incapable de recueillir la Succeſſion de ſes Pere & Mere, qui s'étoit ouverte dans l'intervalle.

Me BOUCHER D'ARGIS dans ſes Annotations ſur Bretonnier, rapporte un Arrêt de la Grand'Chambre de ce Parlement du 4 Mars 1738, qui a porté la rigueur juſqu'à déclarer le Condamné à mort, qui avoit preſcrit la peine prononcée contre lui, incapable des Succeſſions ouvertes dans ſa famille, même depuis la Preſcription acquiſe.

L'on voit par-là, qu'il y a cette différence entre la Preſcription & l'Abſolution de l'Accuſé, que celle-ci opere un effet rétroactif pour la décharge de cet Accuſé, au lieu que la Preſcription ne ſert qu'à le mettre à l'abri de toutes recherches ; mais n'eſt pas, comme la premiere, une preuve de ſon innocence.

### §. V.

*Exception tirée de la Mort de l'Accuſé.*

Suivant le DROIT ROMAIN, le Crime ſe trouvoit abſolument éteint par la Mort du Coupable, ſoit quant à la peine, ſoit quant à la réparation Civile, & dans quel tems que cette mort fût arrivée, même depuis la condamnation prononcée contre lui pendant l'appel ; c'eſt entr'autres la Diſpoſition de la Loi 3 au Cod. *Si pendent. appel.*

Il y avoit cependant de certains crimes pour leſquels on pouvoit pourſuivre l'Auteur après ſa mort pour faire prononcer la confiſcation de ſes Biens, quoiqu'il n'y eût eû aucune pourſuite commencée de ſon vivant, tels que les Crimes de Léze-Majeſté, d'Héréſie, de Péculat, d'Adultere, de Faux & d'Homicide de ſoi-même : il y avoit de plus, certains cas où l'on pouvoit pourſuivre la réparation Civile contre ſes Héritiers ; ſçavoir lorſque le Procès avoit été commencé du vivant de cet Accuſé, ou lorſ-

*Margin notes:*

*V. liv. 2. ch. 2. édit. de 1741.*

*V. Catell. liv. 2. ch. 68.*

*L. 3. ff. de Pœnis. L. 20. ff. de Pœnis.*

que ceux-ci avoient profité de fon Crime, *ne aliæno fcelere di-tentur*; c'eft la raifon qu'en donne la Loi unique Cod. de *De-lict. Defunct.* Enfin la Loi *Videamus, ff. de eo quod metûs causâ,* va encore plus loin; elle veut que dans le cas même où l'Héritier fe trouveroit avoir confumé le profit qu'il auroit tiré de la Suc-ceffion du Coupable, il puiffe être également pourfuivi à ce fujet & même l'Héritier de cet Héritier.

Dans ce ROYAUME, nous tenons pour Maxime conftante, qu'à l'exception des cas pour lefquels l'Ordonnance veut qu'on faffe le Procès au Cadavre ou à la mémoire du Défunt; fçavoir, en fait de Crime de Leze-Majefté Divine ou Humaine, de Duel, d'Homicide de foi-même, de Rébellion à Juftice avec force ouverte, dans la rencontre de laquelle le Coupable avoit été tué; le Crime eft éteint par la mort du Coupable, quant à la Peine qu'il auroit dû fubir; mais il ne l'eft point quant à la réparation du tort que ce Crime a pû caufer, laquelle peut d'ailleurs fe pourfuivre fur fes biens contre fes Héritiers, & ceux-ci ne peu-vent fe fouftraire à ces pourfuites, qu'en purgeant la mémoire du Défunt de la maniere portée par le tit. XXII. de l'Ordonnance.

La SEULE QUESTION qui a divifé nos Auteurs fur ce point, a été de fçavoir, fi pour obtenir cette Réparation, il étoit né-ceffaire que le Crime eût été pourfuivi avant la mort du Cou-pable.

Il y a des Auteurs, qui prétendent qu'elle ne peut fe demander aux Héritiers, que lorfque l'Accufation a été commencée du vivant de l'Auteur du Crime, & que celui-ci s'eft défendu; par la raifon, difent-ils, que c'eft par la *Litifconteftation* feulement que fe forme le Contrat judiciel entre l'Accufateur & l'Accufé. Boniface rapporte un Arrêt du Parlement d'Aix du 16 Janvier 1643, qui l'a ainfi jugé dans une demande en dommages & in-térêts formée contre les Héritiers d'un Accufé pour une bleffure que celui-ci avoit faite. C'eft auffi la difpofition de l'article clxxx. de la Coûtume de Bretagne, qui porte que « l'action pour In-» jure ne paffe point à l'Héritier ni contre l'Héritier, à moins » qu'elle n'ait commencé d'être intentée du vivant de l'Agref-» feur & de l'Offenfé ».

Il y en a d'autres, qui prétendent que pour pouvoir demander cette Réparation, il faut non feulement qu'il y ait eu une con-teftation en caufe, mais même une condamnation prononcée du

V. FABER, Inf-tit. §. ult. de perp. & temp. act.

V. tome 2. part. 3. liv. 1. tit. 1. ch. 14.

vivant de l'auteur, fur le fondement que jufques-là l'Héritier eft cenfé tout ignorer, & conféquemment dans une impoffibilité abfolue de fe défendre : c'eft le fentiment de Mornac d'après Dumoulin.

ENFIN il y a des Auteurs, tels que Jules Clare & Catellan, qui prétendent que dans le cas même où la condamnation auroit été prononcée contre l'auteur du Crime, fes Héritiers ne font tenus de la Réparation qu'autant qu'il feroit prouvé que ce Crime a augmenté les Biens du Délinquant, ou qu'il a caufé un préjudice réel dans les Biens de la Partie offenfée, comme en fait d'Incendie, &c. & non point lorfqu'il a été commis uniquement par vengeance.

Mais aucune de ces opinions n'a été fuivie par les derniers Arrêts rapportés par Brodeau ; & l'on s'eft conformé fur ce point à l'équité canonique, qui veut que l'Héritier qui a profité des Biens du Coupable, foit tenu de décharger la confcience de ce dernier, lequel en commettant le Crime, eft cenfé avoir contraêté pour la Réparation de l'Intérêt civil, dont fa mort ne le décharge point, non plus que de fes autres dettes. C'eft auffi le fentiment de Coquille fur la Coûtume de Nivernois ; & ce fentiment a été adopté par MM. les Commiffaires, lors du Procès-verbal de Conférence fur l'Ordonnance de 1670, titre XXVII. article premier.

Ainfi on ne diftingue point, fuivant notre Jurifprudence actuelle, le Tems où la mort du Coupable eft arrivée ; fi c'eft avant ou après fa condamnation. On ne diftingue point non plus fi fes Héritiers ont profité ou non du fruit de fon crime, & quel a été le Motif particulier qui l'a porté à le commettre ; ces Héritiers font également tenus, dans tous ces cas, de réparer le préjudice qu'il a caufé par ce crime ; & ils ne peuvent, comme on l'a dit, s'exempter de cette Réparation qu'en purgeant la mémoire du Défunt. Il faut cependant excepter deux cas où la Partie civile ne feroit plus recevable à pourfuivre cette Réparation contre les Héritiers. L'*un*, c'eft lorfqu'il y a eu une affectation marquée de fa part à ne point pourfuivre du vivant de l'auteur du Crime, dans le deffein de faire dépérir les Preuves qui auroient pû être acquifes à fes Héritiers pour établir fon innocence. L'*autre*, c'eft lorfqu'il s'agit de Crime leger, qui ne mérite point de peine afflictive, telle que l'Injure verbale, &c. alors le filence de la Partie civile pendant la vie du Coupable, fait préfumer

*qu'elle*

V. *Brodeau fur Louet, lett. A. fomm.* 18.

V. *cap. fin. de Sepult. & cap. in Litter.* 5. *de Rapt.*

V. *Coquil. fur la Coût. de Niv. ch.* 1. *art.* 8.

qu'elle a voulu lui faire remife de cette Réparation civile qu'elle avoit droit d'exiger. C'eft l'efpece de l'Arrêt du Parlement d'Aix, rapporté par Boniface, & de l'article clxxx. de la Coûtume de Bretagne que nous avons cité : il faut donc, pour pouvoir être admis à pourfuivre les Héritiers dans ce dernier cas, ou que la mort du Coupable foit arrivée peu de tems après le Crime commis, ou que la Perfonne qui a reçû l'Injure ait manifefté de quelque maniere qu'elle n'entendoit point faire la remife de cette Réparation civile ; ou enfin que les dommages & intérêts qu'a occafionné le Crime foient de leur nature fixes & permanens, comme il arrive en matiere de Vol, de Péculat, Concuffion, Ufure, Incendie, Faux, Abigeat.

*L. Si cum, 10.
§. quis injur. ff.
L. 4. ff. de Calomn.*

*V. Jul. Clar. qu.
§1. n. 15.
Coquil. quæst. 7.*

Mais en Quoi doit confifter cette Réparation civile, & de quelle Maniere doit s'en faire la Pourfuite contre les Héritiers ? C'eft ce que nous nous propofons d'examiner ici avec la même exactitude que nous l'avons faite, par rapport à la Folie, qui eft une mort fictive de l'Accufé.

1°. Pour déterminer en Quoi doit confifter la Réparation civile, il faut diftinguer les différens tems où la Mort du Coupable eft arrivée, fi c'eft avant ou après fa condamnation.

Lorfque cette mort eft arrivée avant la condamnation de l'Accufé, la Réparation civile confifte uniquement dans les *Dommages & Intérêts* qui réfultent de fon crime, & dans lefquels font compris les *Médicamens* & les *Alimens* de la Perfonne bleffée, & les *Sentences de Provifion* alimentaire qui ont été rendues contre cet Accufé.

Mais fi l'Accufé eft décédé après le Jugement de condamnation ; dans ce cas, outre les dommages & intérêts réfultans du Crime, l'on peut encore pourfuivre contre ces Héritiers les *Dépens* de la Procédure criminelle, qui, comme nous l'avons obfervé plus haut, ne font dûs qu'en vertu d'un Jugement : mais il faudroit pour cela que ce Jugement fût en dernier reffort ; & fi c'eft une Sentence, qu'il n'y en ait point eu d'Appel, ou bien que cette Sentence eût été confirmée par Arrêt, parce qu'autrement l'Appel ou la Dévolution de cette Sentence l'anéantit abfolument, fuivant la Maxime *Appellatio extinguit judicatum in criminalibus*, de maniere que l'Accufé peut, nonobftant la condamnation à mort naturelle ou civile prononcée par cette Sentence, contracter verbalement pendant cet Appel, & recevoir toutes

*L. 6. ff. de his
qui not. inf.
L. 1. ff. ad Turpil.*

N

fortes de libéralités, foit par Teftament, foit par Donation entre-vifs; & que s'il vient à décéder pendant cet intervalle, il
eft cenfé mort *integri ftatûs.* Tous les Auteurs s'accordent fur ce
point.

Cependant, quoiqu'il y auroit eu un Arrêt confirmatif de cette
Sentence, ou autre Jugement en dernier reffort, & que ces Arrêts ou Jugemens auroient été rendus contradictoirement avec
l'Accufé, cela n'empêcheroit pas que les Héritiers ne puiffent
y former oppofition, s'ils avoient recouvré des Preuves de l'innocence de l'Accufé depuis fa mort, & s'ils étoient en état de
purger fa mémoire ; ce qui auroit lieu à plus forte raifon, fi
l'Arrêt ou Jugement avoit été rendu & même exécuté par Contumace, & fi les cinq années accordées par l'Ordonnance pour
purger cette Contumace, n'étoient pas encore écoulées lors de
la mort de l'Accufé.

Mais la Queftion feroit de fçavoir fi l'Accufé étant mort depuis l'Arrêt ou Jugement contradictoire qui l'auroit condamné
à une peine de mort naturelle ou civile, il n'y auroit pas lieu de
pourfuivre contre fes Héritiers la *Confifcation* & l'*Amende envers
le Roi* que l'Accufé auroit encouru en pareil cas.

Quant à la CONFISCATION, pour qu'elle puiffe avoir lieu,
ce n'eft pas affez, comme nous l'avons obfervé ci-devant d'après
les Auteurs, qu'il y ait eu une Condamnation prononcée, mais
il faut que cette Condamnation ait été exécutée fur la Perfonne
de l'Accufé. Ainfi il ne paroît pas qu'on puiffe l'exiger dans le
cas où l'Accufé viendroit à décéder avant l'exécution du Jugement qui emporte la Confifcation, à moins que, comme remarque JULES CLARE, cette confifcation ne procede de la Loi, &
ne s'encoure de plein droit par l'acte même du Crime. Mais comme la raifon particuliere qui a fait exclure la confifcation dans
ce cas, eft fondée fur ce qu'elle prive les Héritiers naturels de la
totalité des Biens d'un Condamné, ce qu'on ne peut pas dire de
l'AMENDE envers le Roi, qui ne prive fes Héritiers que d'une
très-médiocre partie de fes Biens ; il s'enfuit que l'on feroit en
droit de pourfuivre cette Amende en vertu du feul Jugement en
dernier reffort, quand même le Condamné feroit venu à décéder
avant fon exécution.

La feule difficulté qui pourroit fe rencontrer à cet égard, ce
feroit de fçavoir fi dans le cas où les Biens du Condamné ne fuffiroient pas pour fatisfaire à cette Amende en même tems qu'aux

*V. Ragueau, ind.
verbo qui confif-
que.
Mayn. liv. 4.
décif. 52.*

*V. Jul. Clar.
quæft. 52.*

intérêts civils, lequel des deux devroit être préféré, ou de la Partie civile, ou du Fermier du Domaine. Cette question, après avoir été long-tems agitée & balancée par la diverfité des Loix & des fentimens des Auteurs, a été enfin décidée folemnellement en faveur de la Partie civile par une Déclaration du 13 Juillet 1702, fuivant laquelle l'Amende envers le Roi n'a d'hypotheque que du jour feulement de la Condamnation de l'Accufé.

2°. Il reste préfentement à examiner de quelle Maniere doit fe pourfuivre cette Réparation civile, fi c'eft par la Voie civile, ou par la Voie extraordinaire.

Il eft certain, en général, que la peine du Crime étant abfolument éteinte par la mort du Coupable, & ne pouvant donner lieu à aucune Condamnation perfonnelle contre fes Héritiers, la Pourfuite ne peut plus s'en faire par la voie extraordinaire, dont l'objet particulier eft la punition du Crime, mais feulement par la voie civile, en ce qu'il n'y a plus que des dommages & intérêts à prononcer contre la Succeffion : ainfi, en quelque tems que meure cet Accufé, foit avant, foit après fa Condamnation, il faut néceffairement, pour parvenir à cette Réparation, recourir à la Procédure civile, & conféquemment abandonner toutes les Procédures criminelles qui ont été faites jufqu'alors.

Mais que deviennent ces Procédures criminelles ? Sont-elles abfolument nulles ? ou peuvent-elles encore fervir pour l'Inftruction du Procès civil ?

Il faut encore diftinguer à cet égard les différens tems où la mort du Coupable eft arrivée.

Si l'Accusé vient à décéder pendant l'Inftruction, & avant le Jugement de Récollement & de Confrontation, alors le Procès criminel fera converti en Procès ordinaire, fuivant la forme marquée dans le Titre XX. de l'Ordonnance de 1670 ; & les Informations qui auroient été faites, feront converties en Enquêtes avec les Héritiers de cet Accufé, ne s'agiffant plus que des Réparations pécuniaires envers la Partie civile, laquelle par conféquent ne pourroit être admife à faire de nouvelles Enquêtes de fa part, dans le cas où elle n'auroit pas eu le tems de faire entendre tous fes Témoins avant la mort de l'Accufé.

Mais fi cet Accufé venoit à décéder depuis la Confrontation commencée, le Jugement de Récollement & Confrontation tomberoient abfolument par cette mort, l'un & l'autre de ces Jugemens n'ayant été rendus que pour parvenir à la conviction du

Crime, dont la peine a ceffé par le décès de celui qui en étoit
l'auteur : d'ailleurs comment feroit-il poffible de confronter les
Témoins aux Héritiers du Défunt pour des Faits qui lui étoient
perfonnels, & pour lefquels ceux-ci ne font point accufés ? Ainfi
ne s'agiffant plus dès-lors que des dommages & intérêts à leur
égard, ils ne pourroient auffi être pourfuivis, quant à cet objet
particulier, que par la voie ordinaire, & cela nonobftant la difpofition de l'article iv. du Titre XX. de cette Ordonnance, fuivant lequel, lorfque la Confrontation a commencé d'être exécutée, on ne peut plus recevoir les Parties en Procès ordinaire,
cet article ne concernant & ne pouvant s'entendre que du cas où
l'Accufé eft vivant, parce qu'alors il faut néceffairement ou le
condamner à une peine, ou l'abfoudre ; au lieu que dans le cas
particulier il n'eft plus poffible de prononcer aucune peine. Il en
eft de même dans le cas de la Contumace d'un Accufé, dont la
mort feroit conftatée avant le Jugement de Condamnation ; la
peine qu'il méritoit ayant été éteinte par cette mort, on ne pourroit plus rendre aucun Jugement contre lui, & il ne refteroit
plus que la voie civile contre fes Héritiers.

Si L'Accusé venoit à décéder après les Confrontations,
pour lors les Juges pourroient faire deux chofes : ou rendre leur
Jugement par lequel ils régleroient les dommages & intérêts de
la Partie civile fans prononcer aucune peine ; ou bien, admettre les Héritiers de l'Accufé à faire preuve des Faits juftificatifs
pofés par cet Accufé dans les Interrogatoires & Confrontations ;
& l'Enquête pourroit alors fe faire à la feule Requête de ces
Héritiers, fans le concours de la Partie publique dont le Miniftere
feroit abfolument ceffé dès le moment qu'il n'y auroit plus lieu
de prononcer aucune peine. Par ce moyen, il ne feroit pas néceffaire de fe fervir de la Voie de purger la mémoire du Défunt,
marquée par le Titre XXVII. de cette Ordonnance, cette voie
ne devant avoir lieu au fens de ce Titre, qu'après une Condamnation exécutée.

Si l'Accusé n'étoit décédé qu'après la Sentence, il faut diftinguer : ou cette Sentence l'auroit condamné, ou bien elle auroit prononcé fon abfolution ; dans le premier cas, les Héritiers
auroient deux partis à prendre ; ou de fe foumettre à payer les
dommages & intérêts auxquels ce Défunt auroit été condamné,
ou d'appeller de cette Sentence, & fe mettre par-là en état de
purger la Mémoire du Défunt, conformément à l'article premier

du Titre XXVII. Mais si ces Héritiers restoient dans le silence, la Partie Civile seroit en droit de son côté, ou de poursuivre l'exécution de la Sentence, ou d'en appeler elle-même, au cas que cette Sentence n'eût pas prononcé des dommages & intérêts assez forts, afin de les faire regler par la Cour Supérieure ; ou enfin attendre que cette Sentence soit passée en force de chose jugée, par l'expiration des délais portés en l'article xij. du Titre XXVII. de l'Ordonnance de 1667.

Mais si au contraire la Sentence avoit prononcé l'Absolution de l'Accusé, & qu'il vînt à décéder pendant l'Appel qu'en auroit interjetté la Partie Civile, alors la poursuite de celle-ci devroit absolument cesser par cette mort ; & ce seroit le cas de dire en faveur de cet Accusé reconnu innocent par la Sentence, que *res judicata pro veritate habetur.* Cependant s'il y avoit une condamnation prononcée par cette Sentence contre la Partie Civile comme calomniatrice, & que les Héritiers de l'Accusé voulussent s'en prévaloir contr'elle, alors comme il s'agiroit de la défense de son honneur & de ses biens, qui est du Droit Naturel & des Gens, il est certain que la Maxime que l'on vient de citer ne pourroit empêcher cette Partie civile de faire réparer par l'appel le tort que cette Sentence pourroit lui avoir causé ; il faudroit donc, pour que cette Maxime pût avoir lieu, qu'il n'en résultât aucun préjudice à un tiers, ou que les Héritiers de l'Accusé se fussent désistés volontairement du profit de cette Sentence.

Si enfin, le décès de l'Accusé arrivoit après l'Arrêt confirmatif de cette Sentence ou autre Jugement en dernier ressort, la Partie civile pourroit, à plus forte raison, en poursuivre l'exécution contre les Héritiers ; tant par rapport aux dommages & intérêts, que par rapport aux dépens ; néanmoins il resteroit encore à ces Héritiers, comme nous l'avons dit, la voie d'Opposition à cet Arrêt ou Jugement en dernier ressort, dans le cas où ceux-ci auroient recouvré des preuves de l'innocence du Défunt capables de purger sa mémoire ; & cette voie est si favorable, qu'elle pourroit avoir lieu, non-seulement dans le cas où l'Arrêt auroit été exécuté par Contumace, pourvû que ce soit dans les cinq années ; mais encore dans le cas où cet Arrêt auroit été exécuté sur la personne du Défunt, dont l'innocence auroit été reconnue après cette exécution ; ensorte que dans ce dernier cas l'on pourroit obtenir la restitution des dépens-intérêts civils, & même de la confiscation.

De tout ce que nous venons d'obſerver, il réſulte les Principes ſuivans : 1°. que dans tous les Crimes, à la réſerve de ceux exceptés par l'Ordonnance, la Mort de l'Accuſé éteint abſolument la Peine, mais non la Réparation civile : 2°. que dans cette Réparation civile la Confiſcation n'eſt jamais compriſe, à moins que la Condamnation n'ait été exécutée ſur la perſonne de l'Accuſé, hors les cas où cette Confiſcation s'encourt de plein droit par l'acte même du Crime : 3°. que les Dépens, non plus que l'Amende envers le Roi, ne ſont point pareillement compris dans cette Réparation, à moins que l'un & l'autre n'ayent été prononcés par un Jugement en dernier reſſort, ou paſſé en force de choſe jugée : 4°. qu'en cas d'inſuffiſance des Biens du Coupable pour ſatisfaire en même tems, & aux Intérêts civils & à l'Amende envers le Roi, l'Intérêt civil doit être préféré : 5°. que la Réparation civile ne peut jamais être pourſuivie que par la Voie civile, en quelque tems que la Mort du Coupable ſoit arrivée : 6°. que néanmoins il y a des Procédures criminelles faites avant cette Mort, qui peuvent ſubſiſter : 7°. & qu'enfin pour s'exempter de cette Réparation, les Héritiers ne ſont pas toûjours tenus de ſe ſervir de la Voie de purger la Mémoire du Défunt qui eſt marquée par l'Ordonnance

## §. VI.

*Exception tirée de la Grace du Prince.*

Nous venons de voir les différentes manieres d'éteindre l'Accuſation qui procedent de la Loi, nous allons voir préſentement celles qui procedent de la Grace du Prince.

De tous les Droits qui appartiennent aux Souverains, il n'en eſt point ſans contredit de plus flateur que celui de pouvoir faire des Graces ; parce que c'eſt celui qui leur aſſure le plus ſolidement le cœur de leurs Sujets, & qui les fait reſſembler davantage à cette Majeſté Divine dont ils ſont l'image ſur la terre.

Rien par conſéquent n'étoit plus digne de la bonté de nos Rois, que la Réſerve qu'ils ſe ſont faite de ce pouvoir, en même tems qu'ils ont confié aux Magiſtrats le ſoin de rendre la juſtice à leurs Sujets ; c'eſt-à-dire que le pouvoir de ceux-ci eſt uniquement borné à pourſuivre le Crime, en prononcer les peines, & les faire exécuter ; mais ces Pourſuites, ces Condamnations & cette Exécution ceſſent d'avoir lieu auſſi-tôt qu'il plaît au Prince d'interpoſer ſon autorité ; & de déclarer le Crime & l'Accuſation éteints.

Or, de combien de Manieres se fait cette Déclaration, & dans quel Cas a-t-elle lieu ? c'est ce que nous nous proposons d'examiner ici, après avoir comparé sur ce point le Droit Romain avec le nôtre.

Suivant le Droit Romain, cette Déclaration étoit connue sous le nom d'Abolition, & se faisoit de plusieurs manieres ; il y en avoit de Générales & de Particulieres.

*L. 1. 3. & ult. cod. de Sentent. pass.*

La Générale, étoit celle qui effaçoit entiérement le Crime & sa peine, & remettoit l'Accusé dans son premier état, soit quant à son honneur, soit quant à ses biens ; c'est celle dont il est parlé dans la Loi premiere au Code *de generali Abolitione.*

La Particuliere, n'effaçoit le Crime que quant à la peine, & laissoit subsister d'ailleurs la note d'infamie avec la perte des biens, ou la perte des biens seulement ; c'est celle dont il est parlé dans la Loi 3. du Code au même Titre.

Nous ne connoissons point les Abolitions générales parmi nous, quelqu'étendue que le Prince donne aux Graces qu'il accorde, elles ne vont jamais jusqu'à effacer entiérement la note d'infamie qui est attachée au Crime ; & nous avons retenu sur ce point la Maxime établie par la Loi 3. du Code que nous venons de citer, *Princeps quos absolvit, notat* ; ensorte que la Réhabilitation accordée par les Lettres de Graces, ne produit autre chose en faveur de celui qui les obtient, qu'une Action pour poursuivre celui qui voudroit lui reprocher son crime, à moins que ces Lettres n'ayent été obtenues avant qu'il y ait eu un Jugement de Condamnation prononcée en dernier ressort.

De plus, ces Graces ne s'accordent point généralement pour toutes sortes de Crimes, comme chez les Romains ; il y a de certains Crimes que nos Rois ont exceptés par leurs Ordonnances, tels que l'Assassinat prémédité, le Crime de ceux qui se sont loués pour tuer ou excéder quelqu'un, quoique l'effet ne s'en soit point ensuivi, le Duel, le Rapt par violence, la Rébellion à Justice par force ouverte, dont il est parlé dans l'art. iv. du Tit. XVI. de l'Ordonnance ; à quoi l'on peut ajoûter à plus forte raison les crimes de Lèze-Majesté divine & humaine, la Sodomie, le Parricide, & l'Empoisonnement. Dans tous ces cas s'il y avoit eu des Lettres surprises à Sa Majesté, Elle permet aux Cours Supérieures de lui en faire leurs Remontrances , & aux Juges inférieurs de les adreſſer à M. le Chancelier.

ENFIN , pour ce qui concerne les *Biens* , il eſt certain que celui qui obtient Lettres de Graces n'eſt jamais diſpenſé de réparer les torts qu'a occaſionné ſon Crime , & de rembourſer à la Partie civile ſes dommages & intérêts , le Prince n'étant jamais cenſé , par les Graces qu'il accorde , vouloir préjudicier à un tiers , ſuivant cette belle Maxime : *Princeps reſcripta ſua concedendo , non præſumitur nocere cuiquam velle , nec aliena commoda lædere , cùm ad communem utilitatem ſit genitus* ; c'eſt pour cela que les Lettres de Graces portent toûjours cette clauſe , *moyennant Partie civile ſatisfaite.*

Ce n'eſt donc ſeulement que par rapport aux Confiſcations & Amendes , qui , comme nous l'avons obſervé , ſont acceſſoires à la Peine remiſe par ces Lettres , que l'Accuſé demeure déchargé : encore faut-il excepter par rapport à la Confiſcation deux cas ; 1°. lorſque les Biens confiſqués ont été aliénés après les cinq années de Contumace ; 2°. lorſque la Confiſcation eſt acquiſe au profit du Seigneur Haut Juſticier , dans l'un & l'autre cas la reſtitution de la Confiſcation n'a lieu que lorſqu'il y en a une clauſe expreſſe portée par les Lettres ; c'eſt la remarque de Theveneau , *Tit. XIV. de l'Inſtr. du Procès crim.*

Une SECONDE DIVISION établie par les Loix Romaines , & que nous avons adoptée dans nos uſages , c'eſt celle de l'*Abolition publique* & de l'*Abolition privée.*

La PREMIERE , dont il eſt fait mention dans la Loi 3ᵉ. au Code *de Epiſcop. aud.* eſt celle qui ſe faiſoit à l'occaſion de quelque Fête ſolemnelle , ou de quelque événement remarquable qui cauſoit une réjouiſſance publique , comme le *Gain d'une Bataille,* la *Naiſſance d'un Prince ,* &c.

L'uſage de celle-ci paroît extrêmement ancien , à en juger par ce qui ſe pratiquoit à l'occaſion de la Pâque chez les Juifs. Elle eſt connue parmi nous dans les cinq cas ſuivans ; 1°. le SACRE DU ROI OU DE LA REINE , 2°. leur ENTRÉE DANS LES VILLES DE LEUR ROYAUME , 3°. l'ENTRÉE DE L'EVESQUE D'ORLÉANS , 4°. la FIERTE DE ROUEN , 5°: enfin l'AMNISTIE ou Pardon général que le Roi accorde par un Traité ou un Edit particulier à tout un Peuple ou à des Soldats déſerteurs,

par

par lequel il déclare qu'il oublie le paffé, & promet qu'ils ne feront plus recherchés pour l'avenir à ce fujet.

Il y a cela de remarquable, par rapport à cette derniere efpece d'Abolition publique, qu'elle ne demande aucune autre formalité que la Publication de l'Édit ou du Traité qui la contient, & fon Enregiftrement au Parlement. Au lieu que les précédentes, qui s'expédient par des Brevets particuliers, ne produifent d'effet qu'autant qu'elles font accompagnées de la formalité de l'Entérinement qui fe fait de la maniere que nous le verrons ci-après. Il y a d'ailleurs des formalités particulieres à celles qui concernent l'ENTRÉE de l'Evêque d'Orléans, & la FIERTE de Rouen, dont on fera bien-aife de trouver ici le détail.

Le PRIVILEGE de l'Evêque d'Orléans doit fon origine à S. Agnan, premier Evêque de cette Ville, à qui il a été accordé par nos Rois. Il confifte à pouvoir, lors de fa premiere Entrée dans la Ville Epifcopale, délivrer des Prifonniers & les affranchir de la peine que méritent leurs crimes ; ce qui fe fait par des Brevets qu'il leur fait expédier. Mais, avant l'expédition de ces Brevets, il faut que ces Criminels foient écroués fur le Regiftre des Prifons d'Orléans ; que le Crime foit examiné dans le Confeil que l'Evêque établit pour juger s'il eft de la nature de ceux qui font rémiffibles par les Ordonnances. Il faut en outre que celui qui a obtenu le Brevet, fe pourvoye dans les fix mois du jour de la date par-devers le Roi, pour obtenir des Lettres de Rémiffion ; autrement, le tems paffé, il en demeure déchu.

PRIVILEGE de l'Entrée de l'Evêque d'Orléans.

Ces Lettres de Rémiffion s'entérinent de la même maniere que celles dont il fera parlé ci-après ; & elles font adreffées, comme celles obtenues à l'occafion du SACRE du Roi ou de fon ENTRÉE dans les Villes de fon Royaume, au Grand-Prevôt de fon Hôtel, au Greffe duquel les Procès criminels font portés, afin de voir fi l'Expofé des Lettres eft conforme aux charges & informations.

Le PRIVILEGE appellé communément de *la Fierte*, confifte en ce que le Chapitre de Notre-Dame de Rouen eft en poffeffion de délivrer tous les ans, le jour de l'Afcenfion, un Criminel, en lui faifant lever la Châffe de S. ROMAIN, l'un des Evêques de cette Ville, à la fuite d'une Proceffion folemnelle qui fe fait le même jour, où affifte le Parlement, la Chambre des Comptes,

PRIVILEGE de *la Fierte* de Rouen.

O

la Cour des Aydes, le Bailliage, l'Hôtel de Ville, & les autres Compagnies, Corps & Communautés de la Ville.

Pour cet effet, le Chapitre de Rouen, capitulairement assemblé, examine le Nom & la Qualité des Prisonniers qui se présentent, & choisit ceux qu'il en croit dignes; après quoi il l'envoie au Parlement assemblé en Robes rouges le même jour de l'Ascension, lequel juge quelquefois que le cas n'est pas rémissible; & lorsqu'il le juge *fiertable*, le Prisonnier est renvoyé au même instant pour servir à la Cérémonie dont on vient de parler. Il n'y a aucun Titre qui constate l'origine de ce Privilege. La Tradition commune porte qu'il a été accordé par le Roi Dagobert à S. Ouen, Archevêque de Rouen, successeur de S. Romain, en considération d'un fait miraculeux qui s'est passé du vivant de ce dernier, & qu'on raconte de cette maniere. Un Dragon monstrueux que le Peuple nomme *Gargouille*, faisant de grands ravages aux environs de la Ville de Rouen, de maniere qu'aucun habitant n'osoit sortir; S. ROMAIN, qui en étoit Archevêque, prit la généreuse résolution, pour le salut de son Peuple, d'aller avec un Criminel qu'il tira des Prisons, au-devant du Monstre, lequel rendant hommage à la vertu de ce Prélat, se laissa enchaîner & conduire en triomphe dans la Ville.

MEZERAY, dans son Histoire de France sur l'année 1607, observe que celui que le Chapitre avoit nommé cette année-là, fût obligé de prendre des Lettres d'Abolition au Grand-Sceau pour que cette Grace fût censée venir du Pouvoir du Prince, & fût regardée dans l'Ordre judiciaire comme l'effet de la Concession des Souverains.

Ce qui fait voir, que ces Priviléges ne sont que de simples Tolérances, qui n'ont lieu qu'autant qu'il plaît au Souverain de n'y point donner atteinte; aussi voit-on qu'ils ont reçû de tems à autre quelques modifications, lorsqu'on s'est apperçû qu'il en résultoit des abus. Tel a été entr'autres l'objet de la Déclaration d'Henri IV. de l'année 1597, qui a excepté des cas *fiertables*, les Crimes de Lèze-Majesté, Hérésie, Fausse-Monnoie, Violement des Filles, Assassinat de guét-à-pens; & c'est cette Déclaration qui sert encore aujourd'hui de Regle en cette matiere.

**ABOLITIONS PRIVÉES.** Les ABOLITIONS privées sont ainsi appellées, parce qu'elles s'expédient sur la Requête des Particuliers.

Dans le Droit Romain ces sortes d'Abolitions ne s'accordoient pas feulement, comme parmi nous, fur la Requête de l'Accufé ou de fes Héritiers, mais principalement fur la Demande de l'Accufateur lui-même, qui étoit obligé de prendre cette précaution, lorfqu'après avoir intenté fon Accufation, il abandonnoit fes Pourfuites pendant un certain tems, afin de ne point encourir la peine du Senatufconfulte *Turpilien.*

A l'égard de l'Accufé, il y avoit deux Efpeces d'Abolitions privées, au rapport de Cicéron; l'une appellée *PURGATIO*, par laquelle le Délinquant demandoit à être purgé du Crime qu'il confeffoit avoir commis, mais fans aucun mauvais deffein, & feulement par imprudence, cas fortuit, ou par la néceffité d'une légitime défenfe. Cette voie pouvoit être employée pardevant toutes fortes de Juges.

L'autre appellée *DEPRECATIO*, par laquelle le Délinquant s'avouoit entierement coupable du Crime, & en demandoit pardon. Celle-ci ne pouvoit fe pourfuivre que devant le Sénat feulement, qui pouvoit ufer de miféricorde & lui faire grace.

Nous avons retenu l'une & l'autre de ces Voies dans notre ufage, mais fous des noms différens & avec ces deux diftinctions remarquables. La PREMIERE, que toutes les Lettres de Grace, de quelle efpece qu'elles foient, doivent être émanées du Souverain, qui, comme nous l'avons dit, s'eft refervé ce Pouvoir fpécial, en confiant aux Magiftrats le foin de rendre la Juftice à fes Sujets.

La SECONDE, c'eft que fous le nom de LETTRES DE GRACE, nous ne comprenons pas feulement celles qui font accordées à l'Accufé dans le cours de l'Inftruction de fon Procès pour prévenir les Condamnations dont il eft menacé, mais encore celles qu'il obtient après le Jugement de Condamnation pour empêcher l'exécution des Peines qui font prononcées contre lui.

AINSI, l'on diftingue parmi nous deux fortes d'Abolitions privées : les unes qui s'obtiennent avant le Jugement, telles que les Lettres d'ABOLITION, de RÉMISSION & de PARDON.

Les autres qui fuivent ordinairement le Jugement, telles que les Lettres pour ESTER A DROIT, celles de RAPPEL DE BANC ou de GALERES, de COMMUTATION DE PEINE, de RÉHABILITATION, & de RÉVISION DE PROCÈS.

Quoique les Abolitions de cette derniere Efpece foient différentes par leur objet, nous croyons devoir les raffembler ici avec les précédentes, parce qu'elles ont des formalités qui leur font

*L. Aut privatim, ff. ad Turpil.*
*V. Imbert, Prat. liv. 3. ch. 17.*
*V. Cic. lib. 1. de Invent.*

*V. tit. 16. de l'Ord. de 1670.* communes, & qu'elles fe trouvent comprifes fous le même Titre de l'Ordonnance.

Il faut diftinguer trois chofes dans ces différentes Lettres, leur Forme, les Cas particuliers où elles peuvent avoir lieu, & enfin la Procédure néceffaire pour en affûrer l'effet; c'eft ce que nous allons tâcher de faire remarquer dans l'explication fommaire que nous allons donner des unes & des autres d'après les Ordonnances.

### Des Lettres de Grace qui s'obtiennent avant le Jugement de Condamnation.

LETTRES D'ABOLITION. 1°. Les LETTRES D'ABOLITION font celles que S. M. accorde à des Particuliers prévenus de Crimes qui méritent la mort fuivant la difpofition des Loix & des Ordonnances du Royaume ; elles font ainfi appellées, parce que le Roi éteint & *abolit* le Crime par fa pleine Puiffance & Autorité Royale, de maniere que le Coupable, qui eft qualifié d'*Impétrant* dans ces Lettres, n'en puiffe plus être recherché.

Ces Lettres ne s'accordent que rarement & pour de grandes confidérations ; elles ne s'expédient que dans la Grande Chancellerie, & qu'après avoir pris la précaution de s'affûrer par le vû des charges & des informations dont on fait venir les expéditions, fi les faits expofés font conformes à la vérité ; l'on exige même quelquefois de l'Impétrant la preuve qu'il a fatisfait à la Partie civile par Tranfaction ou autrement.

*V. Déclarat. du 29 Févr. 1703.* Ces Lettres font adreffées aux Parlemens, fi les Impétrans font *Gentilshommes*, & ils doivent pour cet effet exprimer leurs qualités ; & s'ils font *Roturiers*, aux Bailliages & Sénéchauffées dans le reffort defquels le Crime a été commis, ou à la plus prochaine en cas de fufpicion de celle-ci.

Pour parvenir à leur entérinement, les Impétrans font tenus de fe rendre dans la Prifon du Juge auquel elles font adreffées, les remettre au Greffe avec le Procès, les faire fignifier à la Partie civile pour fournir fes Réponfes & Moyens d'oppofition, les communiquer aux Gens du Roi, les repréfenter à l'Audience avec la Copie de l'Ecroue y jointe, ayant la tête nuë, à genoux, affirmer que ce font eux qui les ont obtenues, qu'ils entendent s'en fervir, & qu'elles contiennent vérité ; après quoi ils doivent fubir deux Interrogatoires, l'un dans la Prifon par le Rapporteur, l'autre fur la Selette dans la Chambre du Confeil immédiatement avant le

Jugement qui doit prononcer l'Entérinement. Par ce Jugement le Juge peut condamner l'Impétrant à une Aumône applicable au pain des Prisonniers, ou à une certaine somme pour faire prier Dieu pour l'ame du Défunt ; c'est la Disposition de la Déclaration du 21 Janvier 1685 : mais il ne peut le condamner à une Amende.

2°. Les LETTRES DE RÉMISSION font de deux fortes ; les unes, qui s'expédient en la Grande Chancellerie & qu'on appelle pour cela *Lettres de Rémission du Grand Sceau*, ou fcellées en Commandement, parce qu'elles doivent être fcellées par Sa Majesté, & contre-fignées par un Secrétaire d'Etat ; celles-ci s'obtiennent ordinairement pour les Homicides commis dans la chaleur d'une querelle & fans préméditation. Quoique ces Lettres s'obtiennent plus aifément que celles d'Abolition, il y a cependant des cas où elles ne s'accordent que très-difficilement ; fçavoir, lorfque l'Homicide a été commis avec certaines Armes défendues, telles qu'un *Couteau*, un *Canif*, un *Poignard*, *Pistolets de poche*, ou autres instrumens meurtriers dont l'atteinte eft prefqu'inévitable, & qui à caufe de la *trahifon* qu'ils renferment, emportent avec eux une efpece de guet-à-pens.

L'Adreffe de ces Lettres, ainfi que leur Entérinement, doit fe faire de la même maniere que celui des Lettres d'Abolition ; elles font comme celles-ci fcellées de cire verte, & il n'y a d'autres différences entr'elles, finon que dans les Lettres d'Abolition le Roi fe fert ordinairement des termes de *Pleine Puiffance & Autorité Royale*, & de ceux *Nous aboliffons*, & qu'elles font feulement datées du mois & de l'année de leur Impétration ; au lieu que dans les Lettres de Rémiffion, il eft dit feulement que c'eft par *Grace fpéciale* .... *Nous remettons*, & qu'elles doivent être datées du jour même de l'Impétration, & préfentées dans les trois mois à compter de ce jour. Auffi l'effet de ces dernieres, qui ne font accordées que fous la condition expreffe que les faits expofés par l'Impétrant fe trouvent conformes à la vérité, dépend principalement de l'Entérinement qui en eft fait par le Juge, que le Roi laiffe le maître de les admettre ou de les rejetter, & c'eft pour cela qu'elles font appellées par les Auteurs LETTRES DE JUSTICE ; au lieu que l'effet des premieres dépend moins de l'Entérinement que de la volonté expreffe du Roi, qui déclare qu'il pardonne le Cas de quelle maniere qu'il foit arrivé ; & c'eft pour cela qu'elles

LETTRES
de
REMISSION.

*V. Theveneau, tit. 14. de l'Instr. du pr. crim.*

font appellées proprement LETTRES DE GRACE, & qu'elles peuvent être obtenues même après le Jugement de condamnation.

Si les Lettres de Rémiſſion ſe trouvoient *Obreptices* ou *Subreptices*, c'eſt-à-dire ſi l'Accuſé, pour y parvenir, avoit avancé des faits faux dans ſa Supplique, ou en avoit ſupprimé de vrais, dont la connoiſſance auroit été un obſtacle à leur conceſſion, il eſt débouté de ſa Demande en entérinement, & jugé de même que s'il n'avoit point de Lettres.

Mais ſi l'expoſé ſe trouvoit conforme aux charges, ou ſi les circonſtances n'étoient pas tellement différentes qu'elles changent la qualité de l'action, les Juges, même ceux des Cours Supérieures, ne pourroient ſe diſpenſer de proceder à l'Entérinement de ces Lettres; cela leur eſt enjoint expreſſément par la Déclaration du 22 Novembre 1683, quand même, *eſt-il dit*, le mot d'*Abolition* ne s'y trouveroit pas employé : cette Déclaration leur permet ſeulement dans ce dernier cas, après qu'elles auront procedé à l'Entérinement, de faire des Remontrances à Sa Majeſté; & aux Juges inférieurs de s'adreſſer à M. le Chancelier, conformément à l'article premier du Titre XVI. de l'Ordonnance, pour y faire les conſidérations convenables.

Il y a plus, par une autre Déclaration du 10 Août 1686, il eſt ordonné aux Juges, dans le cas où l'expoſé des Lettres de Rémiſſion ſcellées au Grand Sceau ne ſe trouveroit pas conforme aux charges & informations, d'en ſurſeoir le Jugement & l'Entérinement juſqu'à ce qu'ils ayent reçu de nouveaux ordres de Sa Majeſté, ſur les informations qui ſeront envoyées à M. le Chancelier par les Procureurs Généraux des Cours ou Procureurs du Roi des Juſtices inférieures.

Mais toutes ces précautions ſont devenues inutiles au moyen de celle que prend actuellement M. le Garde des Sceaux, de faire venir, avant que d'expédier ces Lettres, des Copies des charges & informations, ſur le vû deſquelles Sa Majeſté ſe détermine à les admettre ou à les rejetter.

L'AUTRE ESPECE de Lettres de Rémiſſion, & qui eſt proprement celle dont il eſt parlé dans l'article ij. du Titre XVI. de l'Ordonnance, s'expédient dans les petites Chancelleries près les Parlemens ou autres Cours Supérieures; & elles ont lieu dans les deux cas ſeulement de l'*Homicide involontaire*, & de celui commis *dans la néceſſité d'une juſte défenſe* : on voit par la Déclaration du 22 Novembre 1683 , en quoi confiste la différence de ces Lettres d'avec les premieres ; mais elle eſt marquée principalement par la Déclaration du 21 Mai 1723. Aux termes de cette Loi , il eſt fait défenſes d'expédier aucunes Lettres de Rémiſſion dans les petites Chancelleries , ſi ce n'eſt pour *les Homicides purement involontaires & arrivés par cas fortuit , ou dans le cas où ceux qui les auront commis y auront été contraints par la néceſſité d'une légitime défenſe , & pour éviter un péril évident de la vie , ſans qu'il y ait eu aucune querelle qui ait pû y donner occaſion ,* & ce à peine de nullité des Lettres qui ſeroient obtenues pour tout autre cas que ceux ci-deſſus ; enfin , pour mieux aſſûrer l'exécution de cette Loi , il eſt enjoint aux Gardes-ſcels des Chancelleries , à peine d'interdiction , d'envoyer dans le premier mois de chaque quartier de l'année , un Etat des Lettres de *Rémiſſion* expédiées le quartier précédent.

Ainſi , s'il y avoit preuve , ou même du doute , qu'on ait pû ſauver ſa vie , autrement qu'en attentant à celle de ſon Agreſſeur , ſoit par la fuite , ſoit en le deſarmant ; ou bien , ſi la faute & l'imprudence qui a occaſionné l'Homicide involontaire étoit abſolument groſſiere & inexcuſable , comme ſi en jettant quelque choſe dans la ruë on n'a pas averti les Paſſans , ſi on s'exerçoit à tirer une Arme dans un lieu qui n'étoit point deſtiné à cet exercice , ou hors le tems accoûtumé , ſans crier ni avertir , il faudroit recourir à des Lettres du Grand Sceau dont nous avons parlé ci-devant.

*V. Menoch. de præſ. lib. præſ. 40.*

Comme les cas particuliers dans leſquels ces ſortes de Rémiſſions peuvent avoir lieu aux termes des Déclarations qu'on vient de citer , ſuppoſent toûjours qu'il y a eu quelque faute ou imprudence de la part de celui qui y eſt tombé , l'on pourroit en conclure que lorſqu'il n'y a eu ni faute ni imprudence on pourroit ſe diſpenſer de recourir à ces Lettres ; cependant l'uſage eſt contraire en ce Royaume , où toutes les voies de fait ſont abſolument défendues , enſorte que faute de ces Lettres les premiers Juges ne pourroient ſe diſpenſer de condamner à la peine de l'Homicide : il eſt vrai que les Cours Supérieures qui ont le droit de réformer ces Sentences , ne manqueroient pas d'adoucir cette peine , & même de ſolliciter elles-mêmes l'obtention de la Grace auprès du Roi , dans le cas où l'Accuſé ſeroit dans l'impuiſſance d'en avancer les frais.

*V. la Roche verbo GRACE , lib. 7. art. 2.*

Au reſte , quoiqu'aux termes de l'Ordonnance & des Déclarations dont on vient de parler , il paroiſſe que les Lettres de Rémiſſion n'ont lieu qu'en fait d'Homicide , il eſt certain qu'elles ne laiſſent pas d'être également employées pour d'autres cas, dont la peine peut aller juſqu'à la mort, notamment pour le crime de Rapt & autres, contre leſquels la peine de mort eſt prononcée par les Ordonnances ; mais elles ne peuvent avoir lieu pour des Crimes où il n'échet peine *corporelle*, ſuivant la remarque d'IMBERT en ſon *Enchyridion*.

*V. l'art.* 172. *de l'Ordonn. de* 1539.

LETTRES DE PARDON.

3°. LES LETTRES DE PARDON, dont il eſt parlé dans l'article iij. du même Titre XVI. de l'Ordonnance, ſont celles qui s'accordent pour les Crimes qui ne méritent pas la peine de mort, & qui néanmoins ne peuvent être excuſés ; l'on peut en donner pour exemple Ceux qui ſe ſont trouvés dans la compagnie de celui qui a commis l'Homicide, ſans s'être mis en devoir de l'empêcher lorſqu'ils pouvoient le faire. *Voyez* ce que nous avons dit ci-devant en parlant des Crimes commis *in omittendo*.

Ces Lettres peuvent être accordées aux petites Chancelleries, ainſi qu'il paroît réſulter de la diſpoſition de l'Ordonnance, qui, dans l'énumération qu'elle fait des Lettres de Grace qui doivent être ſcellées en la Grande Chancellerie, ne fait aucune mention de celles de Pardon ; cependant l'uſage eſt de les lever au Grand Sceau, ſur-tout dans les trois Cas ſuivans ; 1°. lorſqu'il y en a eu d'obtenues par l'auteur du Crime ; 2°. lorſque le ſilence a été abſolument inexcuſable, tel que celui d'un Pere, d'un Maître, ou autres Supérieurs, qui par leur autorité auroient pû contenir leurs Enfans, Domeſtiques, ou inférieurs ; 3°. ou bien lorſqu'il paroît qu'on a affecté de ſe montrer, pour encourager l'auteur du Crime & donner de la terreur à l'ennemi.

Ces Lettres doivent, comme celles de Rémiſſion, être datées non ſeulement du mois & de l'année ; mais encore du jour de leur Obtention ; elles doivent être préſentées dans trois mois, & entérinées de la même maniere.

### Des Lettres de Grace qui s'obtiennent après le Jugement de Condamnation.

LETTRES POUR ESTER A DROIT.

1°. LES LETTRES POUR ESTER A DROIT ſont celles que S. M. accorde aux Condamnés par contumace, lorſqu'après les cinq années ils veulent ſe repréſenter pour purger leur contumace, & ſe faire décharger par ce moyen, tant de la peine prononcée contre eux, que de la Confiſcation qu'ils ont encourue, ce qui s'entend pour les Pays où la confiſcation a lieu ; car, comme nous l'avons l'avons obſervé, il y a pluſieurs Provinces dans ce Royaume où ce droit odieux n'eſt point connu.

Ces Lettres s'obtiennent en Grande-Chancellerie ; elles s'entérinent par le Juge qui a rendu le Jugement de Condamnation : pour cet effet, le Procès doit être porté en ſon Greffe. Elles doivent, comme les autres, faire mention de la qualité de l'Impétrant, & s'il eſt Gentilhomme, être préſentées dans trois mois du jour de l'Obtention.

2°. Les LETTRES DE RAPPEL DE BAN ou DE GALERES ſont auſſi des Lettres du Grand-Sceau, par leſquelles S. M. rappelle des Galeres ou du Banniſſement perpétuel ou à tems, ceux qui ont été condamnés à ces ſortes de peines ; & les renvoie en la poſſeſſion de leurs Biens non confiſqués, à la charge de ſatisfaire aux condamnations portées par le Jugement, qui doit être attaché ſous le contre-ſcel de ces Lettres, à peine de nullité. Ces Lettres s'entérinent par les Juges ſans examiner ſi elles ſont conformes aux charges ; & quant au ſurplus, elles ſont ſujettes aux mêmes formalités que les précédentes.

*LETTRES DE RAPPEL DE BAN ou DE GALERES.*

3°. Les LETTRES DE COMMUTATION DE PEINE, ſont celles par leſquelles le Roi commue ou change la peine qui a été prononcée contre un Condamné, en une plus douce : il faut que le Jugement qui porte cette Condamnation, ſoit auſſi attaché ſous le contre-ſcel de ces Lettres, à peine de nullité. Il y a cela de particulier à ces Lettres, qu'elles n'ôtent point la note d'infamie, à moins qu'il n'y en ait une clauſe expreſſe.

*LETTRES DE COMMUTATION DE PEINE.*

4°. Les LETTRES DE RÉHABILITATION ſont accordées par le Roi pour rétablir le Condamné en ſon honneur & en ſes biens, & le relever de la note d'infamie qu'il a encourue par la Condamnation. Ces Lettres ſuppoſent toûjours que le Condamné a ſatisfait à la peine, & a payé les intérêts civils. Elles s'obtiennent également, & pour les perſonnes vivantes, & pour celles qui ſont décédées ; & elles s'entérinent ſans examiner ſi elles ſont conformes aux charges, & ſans qu'il ſoit beſoin que l'Impétrant ſoit en Priſon.

*LETTRES DE RÉHABILITATION.*

5°. Les LETTRES DE REVISION ſont accordées par le Roi, pour faire revoir & juger de nouveau un Procès criminel, ſoit à

*LETTRES DE REVISION.*

P

cauſe des vices de nullité dont il peut être infecté dans la forme, ſoit à cauſe de l'injuſtice évidente qu'il renferme au fond. Elles ſont en Matiere Criminelle, ce que ſont pour le Civil, les Lettres en forme de *Requête civile*, avec cette différence ſeulement, que dans ces dernieres, les Arrêts ne ſont point retractés, s'il n'y a des ouvertures dans la *Forme* ; au lieu qu'en entérinant les Lettres de *Reviſion*, on peut révoquer par le même Arrêt les Condamnations ſur les Moyens *du Fond*.

Ces Lettres n'ont lieu que contre des Jugemens rendus en dernier reſſort. Elles doivent être adreſſées aux Cours mêmes où le Procès a été jugé. L'Arrêt du Conſeil & l'Avis du Maître des Requêtes ſur leſquels elles ſont obtenues, doivent être attachés ſous le contre-ſcel de ces Lettres. Ceux qui y ſuccombent ſont condamnés, outre les dépens, à l'amende de 300 liv. envers le Roi, & de 150 liv. envers la Partie. Enfin, elles peuvent non-ſeulement ſe demander pour des Accuſés de leur vivant, mais encore après leur mort, comme il eſt arrivé dans l'affaire de l'Anglade, rapportée dans les Cauſes Célebres.

Il reſte à obſerver en général, par rapport aux Lettres de la derniere eſpece, qu'elles ont cela de commun avec celles de Remiſſion & de Pardon, qu'elles doivent être préſentées dans les trois mois du jour de leur impétration, & qu'elles s'entérinent de la même maniere ; mais elles ont cela de particulier, 1°. qu'elles doivent être entérinées par le Juge, ſans examiner ſi elles ſont conformes aux charges ; 2°. qu'elles n'empêchent pas que les Jugemens de condamnation ne ſubſiſtent, quant aux Dépens & aux Intérêts civils, & même quant aux Amendes & Confiſcations, à moins qu'il n'y en ait une réſerve expreſſe ; 3°. qu'enfin il n'eſt pas néceſſaire, pour leur Entérinement, que l'Accuſé ſe mette en Priſon, du moins l'Ordonnance n'en parle point.

# PARTIE QUATRIEME.

## Des Juges en Matiere Criminelle.

### TITRE PREMIER.

NOus avons dit que l'Effet de la Loi n'étoit pas seulement de Commander ou de Défendre, mais encore de Punir ceux qui ne faisoient pas ce qu'elle commandoit, ou qui faisoient ce qu'elle défendoit : mais inutilement auroit-elle prononcé des Peines, si elle n'avoit en même tems assûré leur exécution, en préposant quelqu'un pour les infliger dans les cas qu'elle auroit marqués, & pour les augmenter ou diminuer suivant les circonstances qu'elle n'auroit pas prévûes ; autrement il seroit arrivé nécessairement, que chaque Particulier offensé se seroit cru en droit de se faire justice lui-même, & de tirer vengeance des injures qu'il prétendroit avoir reçues. De-là le Trouble & le Desordre dans la Société : de-là l'Oppression des foibles par les plus forts : de-là, en un mot, l'Impunité des Crimes.

Il a donc fallu indispensablement, qu'il y eût un Officier Public chargé de la manutention des regles que la Loi avoit établies, pour parvenir à la preuve & à la punition des Crimes ; or cet Officier Public à qui elle a communiqué ce pouvoir, est ce que nous appellons JUGE ; c'est lui qui est le Ministre de la Loi, & qui lui donne l'action, en même tems qu'elle lui donne l'autorité nécessaire pour la faire exécuter, *Judex quasi jus dicens ;* ce Pouvoir, cette Autorité qu'il exerce, est ce qu'on appelle JURISDICTION.

C'est dans la personne du Prince seul que réside proprement ce Pouvoir & cette Autorité sur tous les Sujets de son Royaume ; c'est lui que la Loi a chargé spécialement du soin de leur rendre justice, & par la LOI nous n'entendons pas parler seulement de la Loi humaine, mais de la Loi divine dont ils tiennent principalement leur Droit ; *ideò posuit Deus Regem super Populum suum, ut faciat judicium & justitiam.*

V. Paralip. 2. Paul. Epist. ad Rom. c. 13. v. 4.

Le ROI est donc sans contredit le seul véritable Juge de son Royaume ; mais comme l'étendue de ses Etats, & la multitude des affaires qui en font inféparables, ne lui permettent pas de toûjours rendre la Juftice par lui-même à fes Sujets, il eft obligé de fe repofer de ce foin fur des Officiers, à qui il communique le pouvoir néceffaire pour faire exécuter les Loix : enforte que ceux-ci rendent la Juftice fous fon nom ; & qu'après avoir emprunté de lui leur Autorité comme de leur fource, ils font obligés de la lui rapporter comme à leur centre, à l'exemple des Fleuves & des Ruiffeaux, qui étant fortis de la Mer y retournent après différens trajets.

*V. Baquet, des Dr. de Juftice, ch. 4. n. 1. & fuiv.*

TELLE a donc été l'origine des différens Tribunaux du Royaume ; mais comme la multitude de ces Tribunaux qu'occafionnoit néceffairement celle des Crimes, auroit entraîné inévitablement un autre inconvénient qui n'eût pas été moins dangereux que le premier, fi on leur avoit confié à tous une égalité de pouvoir ; en ce que cette égalité auroit fait naître perpétuellement des Conflits, qui, en retardant l'Inftruction, auroient entraîné l'impunité des Crimes par le dépériffement des preuves ; il a fallu, pour obvier à cet inconvénient & faciliter à l'Accufé les moyens de fe juftifier, partager différemment l'Autorité qui leur a été confiée, foit en établiffant divers Degrés de Jurifdiction, foit en bornant l'exercice de cette Jurifdiction à la connoiffance de certains Cas particuliers ; c'eft la fixation de ces Degrés & de ces Cas particuliers qui forme ce qu'on appelle COMPÉTENCE.

Ainfi deux chofes à confidérer dans le Juge, la JURISDICTION & la COMPÉTENCE.

La JURISDICTION eft ce qui lui donne ce Pouvoir, cette Autorité publique, de faire rendre à chacun ce qui lui appartient, & de réprimer les Crimes.

La COMPÉTENCE eft le Droit qu'il a de connoître de certaines Affaires, de certains Crimes, par préférence & à l'exclufion de tout autre.

C'eft cette Jurifdiction & cette Compétence qui ont donné lieu à la divifion des Juges en *Civils, Criminels, ordinaires & extraordinaires,* & de ceux-ci en *Juges d'appel, Juges en dernier reffort.* Nous traiterons fucceffivement du Pouvoir des uns & des autres, après que nous aurons donné une notion générale des Devoirs qui leur font communs en cette matiere.

Parmi ces Devoirs, il y en a qui concernent fimplement la Jurifdiction, d'autres la Compétence, d'autres l'Inftruction, d'autres enfin les Jugemens : nous aurons lieu de traiter fous les Titres fuivans, de ceux qui concernent l'Inftruction & le Jugement ; nous nous bornerons quant à préfent à déterminer ceux qui font attachés à la Jurifdiction & à la Compétence, & qu'il eft d'autant moins permis d'ignorer en cette Matiere, qu'il n'y a point, comme l'on fçait, de plus grand défaut dans un Juge, que le *défaut de pouvoir.*

Suivant les Auteurs, trois chofes font néceffaires pour pouvoir juger en Matiere criminelle : 1°. une Autorité publique pour faire exécuter fes Jugemens ; 2°. le Pouvoir de connoître de la Matiere qui fait l'objet de la Conteftation ; 3°. enfin il faut que le Juge ne foit point fufpect à l'Accufé ; *in Judice tria requiruntur, ut poteftatem habeat judicandi, ut habeat hanc in ea caufa de qua Lis eft, ut non fit fufpectus ei qui convenitur.*  *V. Gud. lib. 4. cap. 2.*

C'eft l'examen de ces trois Conditions effentielles, qui fera la matiere des trois Chapitres fuivans, dans le *premier* defquels nous traiterons de l'Origine de la Jurifdiction & des Droits qui en dépendent ; dans le *fecond,* de la Compétence & des Moyens particuliers fur lefquels elle peut être fondée ; enfin dans le *troifieme,* des Caufes qui peuvent faire ceffer la Compétence, telles que la Récufation, l'Évocation, le Réglement de Juges, & la Prife à partie.

# CHAPITRE PREMIER.

## De la Jurifdiction Criminelle, & des Droits qui en dépendent.

LES Romains diftinguoient trois degrés de Pouvoir dans le Juge.

Le PREMIER, qu'ils appelloient *merum imperium,* ou DROIT DE GLAIVE, en vertu duquel le Juge pouvoit condamner à mort. Celui-ci, dans les premiers tems, avoit été réfervé au feul Peuple Romain, & il étoit une fuite du Pouvoir de faire des Loix, de créer des Magiftrats, de faire la Paix & la Guerre, & autres femblables qui font attachés à la Souveraineté ; de maniere que les Magiftrats n'en pouvoient ufer, que lorfqu'il leur avoit été  *L. 3. ff. de Jurifd.*  *L. 1. ff. de Confiit. Magiftr.*

attribué par une Commiſſion particuliere ; mais dans la ſuite ; c'eſt-à-dire ſous le regne des Empereurs , ce Droit de GLAIVE fut attaché à la Dignité des Premiers Magiſtrats, tels que le Préfet du Prétoire pour la Ville , & le Proconſul pour les Provinces.

Le SECOND DEGRÉ de pouvoir, qu'ils appelloient *mixtum imperium* , parce que le Commandement & la Juriſdiction s'y trouvoient mêlés enſemble , conſiſtoit ſingulierement dans un Droit de POLICE , tel que de donner des Diſpenſes contre le droit commun , d'accorder des Reſtitutions en entier , & en un mot, de connoître de toutes ſortes d'Affaires , hors de pouvoir uſer du Droit de GLAIVE ; c'eſt celui qui étoit attaché à la Qualité de ſimple Magiſtrat, & qui étoit exercé ordinairement par le Preteur.

Enfin , le TROISIEME DEGRÉ, qu'ils appelloient *Notio* , étoit celui de la *ſimple Juriſdiction.* C'eſt à ce dernier qu'étoit borné le Pouvoir de ceux qui avoient été commis par les Magiſtrats pour adminiſtrer la Juſtice ſous leur nom , & qu'on appelloit pour cela *Judices Dati*, ou autrement *Juges Pédanés*, parce qu'ils jugeoient ordinairement étant debout ſur leurs pieds, & qu'ils n'avoient point de Tribunal. Le pouvoir de ces derniers Juges conſiſtoit uniquement à faire exécuter leurs Jugemens , à la différence de celui des Magiſtrats qui joignoient encore à ce Droit celui de nommer des Juges , & de faire exercer la Juſtice ſous leur nom.

Il n'y avoit donc que les ſeuls Magiſtrats à qui la Juriſdiction fût propre , & qui par cette raiſon fuſſent en droit de la déléguer à d'autres. Ils pouvoient la déléguer en tout ou en partie, & même comprendre dans cette Délégation le Droit de GLAIVE , quoiqu'ils n'en jouiſſoient eux-mêmes, comme nous l'avons dit, qu'en vertu d'une Commiſſion particuliere : mais ils ne pouvoient ſe dépouiller de l'Office auquel la Juriſdiction étoit attachée.

Il y a plus : celui qui avoit la Juriſdiction *déléguée*, pouvoit comme celui qui l'avoit *propre*, nommer un Juge pour l'exercer ſous ſon nom ; & ce Droit de *ſubdéléguer*, qui s'eſt pratiqué ſurtout du tems des Empereurs, a été adopté par le Droit canonique, comme il paroît par le Titre des Décrétales *de Offic. & Poteſt. Jud. deleg.*

DANS NOTRE USAGE, depuis qu'il a plû à nos Souverains de communiquer aux Magiſtrats cette portion de leur autorité, qu'on appelle JURISDICTION , & de ne ſe réſerver que celle de

*L.* 1. *de Offic. Praf. urb.*

*L.* 1. 4. 5. *ff. de Off. ej. cui mand. eſt jur.*

*L.* 5. & *L. Notionem, ff. de verb. ſignif.*

*V. Loyſeau, des Seign. ch.* 9.

*L. ult. ff. de Offic. ejus cui mand. eſt Juriſd.*

*V. L. ci-deſſus.*

faire des Graces qui leur concilie l'amour & les bénédictions de
leurs Sujets, ce Droit de GLAIVE a dès-lors été régardé comme
faisant partie de la Jurisdiction ordinaire ; de maniere qu'il n'y a
que les Juges à qui ce Droit a été expressément interdit par les
Ordonnances, qui ne peuvent en user parmi nous, & que c'est
seulement par les Degrés de Jurisdiction que les Juges ordinaires
sont distingués entr'eux.

2°. Nous ne connoissons point pareillement dans nos Juges,
ce pouvoir de *déléguer* à d'autres leur Jurisdiction. Il faut, pour
pouvoir exercer la Justice dans ce Royaume, être revêtu d'une
Autorité publique que le Roi seul peut donner par des Provisions
en Titre d'Office, ou par des Commissions particulieres. Nous
n'entendons pas néanmoins exclure ici le pouvoir qu'ont les Evêques & les Seigneurs Hauts-Justiciers en vertu des Concessions
particulieres de nos Rois, de commettre en leur place des Juges
pour rendre la Justice. Nous exceptons encore le cas où il ne
se trouveroit pas dans un Tribunal un nombre suffisant de Juges
pour juger en Matiere criminelle ; l'Ordonnance permet alors
aux Juges d'appeller les plus anciens des Avocats suivant l'Ordre
du Tableau. Mais il y a cela de remarquable en ce dernier cas,
que le Juge ne cesse point d'exercer sa Jurisdiction, & qu'il n'y
a même que lui seul qui ait le Droit de prononcer le Jugement,
celui des autres étant borné simplement à donner leur avis.

*V. Ordonn. de 1670. tit. 25. art. 15.*

3°. Au lieu que chez les Romains, il n'y avoit qu'un seul Juge
préposé à chaque Tribunal, & que ce Juge connoissoit également des Matieres civiles & criminelles, on a distingué parmi
nous deux sortes de Juges ; l'un pour le Civil, connu sous le nom
de LIEUTENANT GÉNÉRAL dans les Bailliages, l'autre pour le
Criminel, qu'on appelle LIEUTENANT CRIMINEL ; & ceux-ci
ne pouvant encore suffire pour l'Administration de la Justice,
ou pouvant être empêchés pour cause de maladie, absence ou
suspicion ; on a crû devoir suppléer à tous ces cas, en leur asso-
ciant des Officiers pour les assister ou les remplacer dans leurs
fonctions ; & ces Officiers sont ce que nous appellons, dans les
Parlemens & Présidiaux, CONSEILLERS, & dans les Bailliages
& autres Tribunaux inférieurs, LIEUTENANS PARTICULIERS
& ASSESSEURS, *quia assident Judicibus.* Il paroît par les Titres
du Code & du Digeste *de Assess.* & *de Offic. Assess.* que ces sortes
d'Officiers n'étoient point inconnus chez les Romains, c'étoit la
fonction particuliere des Jurisconsultes ; mais cette fonction ne

120 INSTITUTES

s'exerçoit pas avec la même étendue de pouvoir, que celle des
Affesseurs parmi nous ; elle ne leur permettoit que d'affister le
Juge, non point de siéger en son absence ; à moins qu'ils n'y fussent autorisés spécialement par le Prince, ou par les premiers
Magistrats : encore ne pouvoient-ils le faire en ce dernier cas
que pour procéder à l'Instruction & rendre des Jugemens interlocutoires : il n'y avoit que le Magistrat seul qui pût prononcer
le Jugement définitif. Au lieu que nos Affesseurs ne dépendant
point du choix des Juges, & tenant leur pouvoir immédiatement
du Prince, par les Provisions de leurs Offices, peuvent faire tout
ce que fait le Juge, & le remplacer dans toutes ses fonctions en
cas d'absence, ou autre légitime empêchement de sa part : ils
peuvent comme lui appeller des Avocats pour les affister dans
leurs Jugemens en cas d'insuffisance des Juges.

4°. Enfin, pour mettre le Juge en état d'exercer la Jurisdiction criminelle parmi nous, il faut plusieurs choses.

En *premier lieu*, qu'il y ait un Officier chargé du soin de l'informer de tous les excès qui peuvent troubler la tranquillité publique, afin qu'il puisse les réprimer. Cet Officier est ce que nous
appellons *Procureur d'Office* ou *Fiscal* dans les Justices Seigneuriales, *Procureur du Roi* dans les Justices Royales, Bailliages &
Siéges Présidiaux, & PROCUREURS GÉNÉRAUX dans les Parlemens & autres Cours Supérieures ; il est appellé *Promoteur* dans
les Tribunaux Ecclésiastiques. Nous avons donné ci-devant une
idée générale des Fonctions de cet Officier public ; nous aurons
lieu de les détailler plus particulierement ci-après, en traitant
de l'Instruction dont il est le principal Mobile.

Il faut, en *second lieu*, qu'il y ait un Endroit destiné spécialement pour l'exercice de sa Jurisdiction, & que ce lieu soit public, afin que les Jugemens qui s'y rendent, ayent le caractere
d'autenticité nécessaire pour pouvoir les mettre à l'exécution ; ce
lieu est ce qu'on appelle AUDITOIRE. Par un Arrêt de Réglement de la Cour, du 19 Juin 1711, il est enjoint au Lieutenant-
Criminel de Blois, lorsqu'il procédera aux Interrogatoires & à
toutes les Instructions qu'il échera faire en la Ville de Blois, de
les faire dans le lieu où se tient la Jurisdiction du Bailliage de
Blois, sans pouvoir à l'avenir faire aucun Interrogatoire ou autre
Instruction en Matiere criminelle DANS SA MAISON, « sauf tou-
» tefois en cas de MALADIE de Témoins ou des Accusés étant
» en Decret d'ajournement personnel ou d'assigné pour être oui,
» de

*V. Ordonn. de*
*1536. art. 12.*

» de pouvoir par ledit Juge se transporter au lieu où ils sont ma-
» lades pour faire ladite Instruction, & sans rien innover à l'égard
» des Accusés Prisonniers, en cas qu'il soit d'usage de procéder
» aux Instructions contre eux en la CHAMBRE DE LA GEOLE des
» Prisons Royales de Blois ; & sans préjudice aussi en cas de fla-
» grant délit, d'interroger les Accusés dans LE LIEU où ils auront
» été arrêtés ou autre lieu convenable ; comme pareillement dans
» le cas d'EXOINE à l'égard de ceux qui sont en Decret de Prise
» de corps d'y pourvoir, ainsi qu'il appartiendra par raison ».
Cet Arrêt a été rendu sur les Conclusions de M. le Procureur Général Guillaume-François Joly de Fleury.

Il faut en *troisieme* lieu, qu'il y ait dans cet Auditoire un Tribunal sur lequel les Jugemens soient rendus : ainsi nous ne connoissons point ces Juges *Pedanés* dont il est parlé dans le Droit
Romain.

Il faut en *quatrieme* lieu, qu'il y ait des Officiers subalternes
chargés de rédiger ou de mettre à exécution ces Jugemens ; ces
Officiers ou Ministres de la Justice sont ce que nous appellons
*Greffiers, Huissiers, Sergens, Archers.* Nous aurons lieu de marquer dans la suite en quoi consistent leurs fonctions.

Il faut en *cinquieme* lieu, que pour assûrer l'exécution de ces
Jugemens, il y ait une Prison, c'est-à-dire, un Lieu propre à
contenir les Coupables, ou Ceux qui se sont rendus suspects à la
Justice.

Enfin, il faut en *sixieme* lieu, que ces Prisons & ces Prisonniers soient confiés à la garde de certaines personnes qui en soient
comptables envers le Juge. Ces personnes sont les *Geoliers* &
*Guichetiers*, dont nous aurons lieu de marquer pareillement les
fonctions, en traitant cette Partie de l'Instruction qui concerne
la Police des Prisons.

# CHAPITRE II.

## De la Compétence en Matiere Criminelle.

QUOIQUE tous les Juges ayent une Jurisdiction qui leur est
propre, cette Jurisdiction n'a pas toûjours la même étendue de pouvoir ; & c'est de la Diversité de ce pouvoir que résulte
la Compétence ou l'Incompétence des Juges.

Nous ne ferons qu'expoſer ici les Principes généraux qui concernent la Compétence en Matiere criminelle, nous aurons lieu d'en faire l'application aux différentes Eſpeces de Juriſdictions, dont nous traiterons ſucceſſivement ci-après.

Pour qu'un Juge ſoit Compétant en Matiere criminelle, il faut trois choſes.

En *premier lieu*, qu'il ait une Juriſdiction, c'eſt-à-dire, qu'il faut qu'il ſoit muni de Proviſion en titre d'Office ou d'une Commiſſion particuliere qui lui attribue le droit de juger. D'où il ſuit, que les *Arbitres* qui n'ont point cette autorité publique, & qui ne tiennent leur droit que du conſentement des Parties, ne peuvent être Juges en cette Matiere.

Il faut en *ſecond lieu*, qu'il ait le droit de juger des Matieres criminelles. Ainſi les *Juges-Conſuls*, les *Moyens & Bas-Juſticiers*, à qui l'Ordonnance a refuſé ce pouvoir, ne peuvent connoître en aucun cas de ces Matieres. L'on croit cependant devoir obſer-

*Voyez au ſurplus ci-après Tit. II. chap. 1.*

ver, à l'égard des Moyens & Bas-Juſticiers, que ſuivant l'uſage qui ſe pratique dans l'étendue de la Juriſdiction du Châtelet, & que l'on trouve atteſté par un Acte de *Notoriété* de M. le Lieutenant-Civil le Camus, du 29 Avril 1702, le *Moyen-Juſticier* peut dans les vingt-quatre heures informer, decréter, & faire l'Inſtruction juſqu'à Sentence définitive, après quoi il doit faire transférer l'Accuſé & ſon Procès aux Priſons du Haut-Juſticier : mais après les vingt-quatre heures, il ne peut plus en prendre connoiſſance, ni faire aucune Inſtruction. Pour ce qui concerne le *Bas-Juſticier*; il peut ſeulement informer & arrêter les Délinquans, mais il doit les renvoyer avec l'information au Haut-Juſticier ſans pouvoir les decréter.

Il y a des Juges qui ne peuvent connoître qu'incidemment de ces Matieres. De ce nombre ſont, 1°. les *Lieutenans-Généraux* des Bailliages, à qui les Edits de Création & d'Attribution des *Lieutenans-Criminels* ont reſervé le pouvoir de connoître de toutes les Matieres criminelles incidentes & *préjudicielles* aux Procès ci-

*V. Edit d'Hen. II. in Novemb. 1554.*

vils, ſans la déciſion & connoiſſance deſquelles ils ne pourroient décider les Cauſes civiles, comme ſont les *Fauſſetés de Lettres & Témoins*; comme auſſi, de connoître des Excès & Irrévérences commis en leur préſence & dans leurs fonctions, & de la Rébellion faite à l'exécution de leurs Jugemens; 2°. les *Juges des Eaux & Forêts*, qui peuvent connoître des Crimes commis au fait des Eaux & Forêts; 3°. les *Juges des Elections & des Gabelles, Traites foraines*, à qui la connoissance des Délits commis à l'occasion des Droits du Roi est attribuée. 4°. Enfin, les *Juges de la Connétablie* & autres Juges *Extraordinaires*, dont nous parlerons ci-après, qui connoissent des Délits commis par leurs Officiers, dans leurs fonctions.

Il faut en *troisieme lieu*, que la Matiere dont il s'agit, soit du nombre de celles dont le Juge a le droit de connoître en Matiere criminelle.

Le Droit de connoître en Matiere criminelle peut venir de trois sources différentes ; ou du LIEU dans lequel le Crime a été commis, ou de la NATURE du Crime, ou de la QUALITÉ de l'Accusé.

1°. C'EST PAR LE LIEU DU DÉLIT que se regle principalement la Compétence en Matiere criminelle ; & cela, tant à cause de la nécessité de l'exemple & de la consolation particuliere de ceux qui ont souffert du Crime, que pour la plus grande facilité des Preuves. Il y a cependant des Cas où le Juge du *Domicile* de l'Accusé peut connoître de ces Matieres, comme lorsqu'il a prévenu le Juge du lieu du Délit, & que celui-ci ne revendique point l'Accusé. Il y en a d'autres, où le Juge de la *Capture* peut aussi s'en retenir la connoissance, comme lorsqu'il s'agit de Crimes commis par des *Vagabonds & Gens sans aveu.* Enfin, il y a encore une exception en faveur du Juge du principal Accusé, qui le devient aussi de ses Complices, *ne dividatur continentia causæ.*

*L. 1. cod. ubi Senator.*

*L. Nulli, cod. de Judic.*

2°. Quant à la NATURE du Crime, il y en a dont la connoissance est spécialement reservée à de certains Juges, tels que les Cas appellés *Royaux*, qui ne peuvent être jugés que par des Juges Royaux ; les Délits purement *Ecclésiastiques*, que par les Juges d'Eglise ; les Délits *Militaires*, que par le Conseil de Guerre, ou par le Prevôt de l'Armée ; les Délits *Maritimes*, que par le Conseil de Guerre de la Marine, ou par les Officiers de l'Amirauté ; les Délits commis au *fait des Forêts* ou à l'occasion des *Droits du Roi*, dont la connoissance est reservée aux Juges des Eaux & Forêts & des Elections, dont nous avons parlé ci-devant.

3°. La QUALITÉ des Accusés sert aussi à déterminer la Compétence des Juges. Ainsi les ECCLÉSIASTIQUES ne peuvent être jugés dans aucun cas par les Prevôts des Maréchaux, non plus que les NOBLES ET OFFICIERS DE JUDICATURE. Ceux-ci ne peuvent pareillement être jugés par les Prevôts & Châtelains

Royaux. Les Officiers du Parlement ne peuvent être jugés criminellement que par le Parlement, toutes les Chambres affemblées. Les Ducs et Pairs ne peuvent auffi être jugés en Matiere criminelle que par le Parlement de Paris, toutes les Chambres affemblées. Les Seigneurs ne peuvent plaider en Matiere criminelle devant les Juges de leur Seigneurie. Les Juges Inferieurs ne peuvent faire le Procès à d'autres Juges de la même Qualité, *quia par in parem non habet imperium*. Il faut cependant excepter le Cas où le Parlement les auroit commis à cet effet.

Il y a auffi des Accufés privilégiés pour certains Tribunaux, mais qui ne peuvent jouir de ce privilége, que lorfqu'ils demandent leur renvoi devant ces mêmes Tribunaux; tels que les Officiers de la Chambre des Comptes, qui ont le droit d'être jugés en premiere Inftance par la Grand-Chambre du Parlement; les Officiers de la Cour des Aydes, qui prétendent auffi avoir le même Privilége en vertu d'un Edit de 1551, enregiftré au Parlement le 16 Mai de la même année; les Eccléfiastiques, qui ont le droit d'être jugés *fur l'Appel* en la Grand-Chambre du Parlement pour les Cas privilégiés; les Gentilshommes & Officiers de Judicature, qui ont pareillement le droit d'être jugés fur l'Appel en la Grand-Chambre du Parlement.

Il y a enfin des Accufés qui font privilégiés, tant par leur *Qualité* que par la *Nature* du Crime, tels que les Officiers de Maréchauffée, qui font de la Compétence de la Connétablie *pour les délits commis dans leurs fonctions;* & généralement tous autres Officiers de Judicature, qui pour de pareils délits, font jufticiables de leurs Juges Supérieurs.

Lorfqu'il ne fe rencontre aucune des trois Conditions que nous venons de remarquer, le Juge ceffe d'être compétent, & il eft alors tenu de renvoyer les Parties à leurs propres Juges.

Suivant l'article premier du Titre premier de l'Ordonnance de 1670, ce Renvoi doit être fait par le Juge lorfqu'il en eft requis, à peine de nullité des Procédures faites depuis la réquifition. Cependant, il faut diftinguer à cet égard entre l'Incompétence qui vient du *Privilége* de l'Accufé, & celle qui vient du *défaut de Pouvoir* du Juge, comme lorfqu'il n'eft ni le Juge du lieu du délit, ni celui du domicile ou de la capture de l'Accufé, ou qu'il s'agit de cas royaux. Au premier cas, le renvoi doit être demandé *in limine litis*; & c'est celui dont il est parlé dans les articles ij. & iij. du Titre premier de l'Ordonnance, suivant lesquels l'Accusateur ne peut plus demander le renvoi après qu'il a rendu Plainte, & l'Accusé après qu'il a oüi la lecture de la déposition d'un Témoin lors de la confrontation. Mais au second cas, où l'acquiescement des Parties ne peut rendre le Juge compétent, non-seulement l'Incompétence peut être opposée en tout état de Cause, mais les Juges ne doivent pas même attendre à faire le renvoi qu'ils en soient requis par les Parties, & ce conformément à l'article j. du Titre X. de l'Ordonnance de 1667, qui leur défend de retenir des Causes dont la connoissance ne leur appartient pas.

*L. Nemo, cod. de Jurisd. omn. Jud.*

Il est vrai qu'en Matiere Criminelle, cet article ne s'observe point avec la même rigueur, à cause de l'Intérêt public qui demande qu'on s'assûre promptement de la preuve du Crime. Et si, d'une part, il y a des Arrêts, tel que celui de *Saumur* rapporté dans les Loix Criminelles, qui ont cassé des Procédures faites par des Juges absolument incompétens dont on n'avoit pas requis le renvoi; il y en a d'autres aussi, qui se sont contentés de réformer les Jugemens sans casser les Procédures : mais cela paroît devoir encore moins souffrir de difficulté depuis la Déclaration du mois de Février 1731, suivant laquelle tous Juges du lieu du délit, quoique d'ailleurs incompétens, sont autorisés à informer, decréter, & même interroger les Accusés, avant que de faire le renvoi aux Juges qui en doivent connoître.

*V. Raviot, quest. 265. n. 22.*

Le RENVOI peut être fait de plusieurs manieres : ou par le Juge, de *son propre mouvement*, lorsqu'il se reconnoît absolument incompétent; ou sur la *réquisition de l'Accusé* qui se prétend privilégié; ou sur *celle du Procureur du Roi*, lorsqu'il s'agit de Cas royaux dont le Juge de Seigneur voudroit connoître; ou sur celle des *Procureurs des Seigneurs* qui revendiquent leurs Justiciables pour les Cas ordinaires; ou enfin sur celle des *Promoteurs des Officialités*, qui revendiquent les Clercs pour les délits Ecclésiastiques ou Communs. Au reste il y a cela de remarquable par rapport à ces Officiers publics, qu'ils peuvent demander ce Renvoi en tout état de Cause, & que les Privileges particuliers dont nous avons parlé ci-devant, n'ont point lieu, lorsqu'ils sont seules Parties.

*V. Ordonn. des Evocat. du mois d'Août 1669. au tit. des Committimus, art. 71.*

Nous venons de voir les Conditions nécessaires pour former la Compétence, voyons présentement les Causes particulieres qui peuvent la faire cesser.

## CHAPITRE III.

*Des Caufes particulieres qui font ceffer la Compétence, ou de la Récufation, Evocation, Reglement de Juges, & Prife à Partie en Matiere Criminelle.*

NOUS ne parlerons ici que des Moyens particuliers fur lefquels peuvent être fondées ces différentes Caufes du RENVOI, relativement à la Matiere que nous traitons. A l'égard des Formalités & des Procédures qui doivent être employées pour y parvenir, comme elles font les mêmes qu'en Matiere Civile, nous nous contenterons de renvoyer fur ce point aux Ordonnances qui ont été rendues à ce fujet.

### §. I.

#### *De la Récufation en Matiere Criminelle.*

Nous diftinguons la Récufation de l'Incompétence, en ce que la Récufation ne concerne que la perfonne du Juge, & ne tend point à dépouiller fon Tribunal, qui peut le faire remplacer par d'autres non fufpects, au lieu que l'Incompétence tend à dépouiller tout-à-la-fois & le Juge & fon Tribunal.

La Récufation eft fondée fur quatre Caufes différentes, qui font marquées fous le Titre XXV. de l'Ordonnance de 1667; fçavoir, 1°. la Parenté ou Alliance, 2°. la Reconnoiffance des bienfaits reçus ou à recevoir, 3°. la Prévention ou la Haine, 4°. l'Intérêt perfonnel du Juge dans la même Affaire.

1°. Quant à la PARENTÉ ou ALLIANCE, le Juge peut être recufé en Matiere Criminelle s'il eft Parent de l'Accufateur ou de l'Accufé; fçavoir, en ligne directe afcendante ou defcendante *jufqu'à l'infini*, & en ligne collatérale *jufqu'au cinquieme degré incluſivement;* & il doit s'abftenir, en quelque degré que ce puiffe être, s'il porte le nom & les armes de la famille de l'Accufateur ou de l'Accufé, & fi cette Parenté lui eft connue ou juftifiée par les Parties; & cela, porte l'article premier du même Titre, *non-obftant le confentement de toutes les Parties, même des Parties publiques.* Il y a plus : fuivant l'article iij. du même Titre, la Récufation ne laifferoit pas que d'avoir lieu, quoique le Juge feroit

Parent ou Allié commun des Parties. L'article iv. ajoûte qu'elle auroit lieu pareillement, quoique l'Alliance commune proviendroit feulement du chef des Femmes, pourvû que dans ce dernier cas la Femme d'où l'Alliance proviendroit fût encore vivante, ou du moins qu'elle eût laiffé des enfans : mais fi elle fe trouvoit décédée fans avoir laiffé d'enfans, il n'y auroit alors, fuivant le même article, que le Beau-pere, le Gendre, & les Beaux-freres qui pourroient être récufés.

2°. A l'égard de la feconde Caufe de Récufation fondée fur la RECONNOISSANCE des bienfaits reçus ou à recevoir, celle-ci a lieu, fuivant les articles ix. & x. du même Titre de l'Ordonnance, lorfque le Juge ou fes Enfans, fon Pere, fes Freres, Oncles & Neveux, ou fes Alliés en pareils degrés, ont obtenu quelque Bénéfice des Prélats Collateurs & Patrons eccléfiaftiques ou laïcs intéreffés en l'Affaire dont il s'agit ; *pourvû néanmoins*, eft-il dit, *que les Collations ou Nominations ayent été volontaires & non forcées.* Pareillement, fi le Juge eft Protecteur, Syndic de quelqu'Ordre & nomme dans ces Qualités ; s'il eft Abbé, Chanoine, Prieur, Bénéficier, ou du Corps d'un Chapitre, Collége, Communauté ; Tuteur honoraire, onéraire, fubrogé Tuteur ou Curateur, Héritier préfomptif ou Donataire, Maître ou Domeftique de l'une des Parties.

3°. Quant à la troifieme Caufe de Récufation fondée fur la HAINE ou la PRÉVENTION, elle a lieu dans les cas fuivans ; 1°. lorfque le Juge a follicité ou donné confeil, ou connu auparavant du Différend dont il s'agit comme Juge ; 2°. lorfqu'il a recommandé ou ouvert fon avis hors la vifite & le Jugement du Procès ; 3°. lorfqu'il a menacé verbalement ou par écrit depuis l'Inftance, ou dans les fix mois qui ont précédé la Récufation propofée ; 4°. s'il y a inimitié capitale. Mais tous ces Moyens de Récufation ne font reçus, fuivant l'article vj. du même Titre, que lorfqu'ils font fondés fur des preuves par écrit.

4°. La quatrieme Caufe de Récufation tirée de l'INTÉREST PERSONNEL du Juge, eft marquée par les articles v. & vij. du même Titre de l'Ordonnance, dont le premier porte, que le Juge pourra être récufé s'il a un Différend fur pareille queftion que celle dont il s'agit entre les Parties ; le fecond, que le Juge fera pareillement récufable s'il a un Procès en fon nom dans une Chambre dans laquelle l'une des Parties eft Juge. Il eft à-propos d'obferver à ce fujet, que comme il arrivoit fouvent que des Plaideurs, pour fe ménager des Moyens de Récufation, fe faifoient ceder des créances feintes ou véritables fur leurs Juges, ou affeƈtoient de former contr'eux de mauvaifes demandes, c'eft pour remédier à cet abus, que par une Déclaration du 27 Mai 1705, Sa Majefté a fait défenfes à tous Particuliers de fe faire ceder aucuns droits litigieux contre les Juges pardevant qui ils font en Procès, ni de former contr'eux aucunes demandes; & elle déclare nulles toutes ces ceffions & demandes qui feront faites depuis le Procès intenté, avec amende plus ou moins forte fuivant les différens Tribunaux.

Enfin, comme par une derniere Difpofition de l'Ordonnance il eft dit qu'elle n'entend point exclure les autres Moyens de *droit* & de *fait*, par lefquels un Juge peut être récufé; il paroît qu'on peut ajoûter aux Exemples que nous venons de citer, tous les Faits de Concuffion, Prévarication, Connivence, & autres pratiques baffes & odieufes où un Juge peut tomber, & dont il eft parlé dans le Droit fous ces mots génériques, *per fraudem*, *per gratiam, inimicitias aut fordes.*

*V. le tit. du ff. de Pæna Jud. qui male judic.*

L'on peut auffi y rapporter ceux tirés des difpofitions des Ordonnances d'Orléans & de 1627, confirmées par la Déclaration de 1706, qui font défenfes aux Juges de fe faire faire des *Ceffions & Tranfports des Droits litigieux*, &c.

Enfin, parmi ces autres moyens de *Droit* & de *Fait* dont veut parler l'Ordonnance, l'on peut encore comprendre les fuivans, qui font tirés de la Jurifprudence des Arrêts.

*V. Maynard, liv. 1. ch. 89.*

1°. Lorfque le Juge eft Parrain de l'Enfant de l'une des Parties, ou que celle-ci a tenu un de fes Enfans fur les Fonts de Baptême.

*V. Mayn. ibid. chap. 79. Morn. ad leg. 3. ff. de Teft.*

2°. Lorfque depuis le Procès commencé, le Juge a mangé avec la Partie & dans fa Maifon.

*V. Mayn. ibid. ch. 93.*

3°. Lorfqu'il y a une amitié étroite entre le Juge & la Partie.

*V. Mayn. ibid. ch. 80.*

4°. Lorfqu'ils font dans l'habitude de jouer enfemble dans des Maifons particulieres.

*V. Annot. d'Imbert, liv. 1. ch. 18.*

5°. Lorfque le Juge eft Locataire de l'une des Parties.

*V. Catellan, l. 9. ch. 7.*

6°. Lorfque le Juge eft Emphitéote de l'une des Parties.

7°.

7°. Lorſque le Juge a poſtulé en qualité d'Avocat ou de Procureur dans la même Cauſe qui eſt ſoumiſe à ſa déciſion.

8°. Enfin, lorſqu'il a été entendu comme Témoin dans la même affaire.

*V. Annot. d'Imbert*, loc. cit.
*L. Prætor, ff. de Juriſd. omn. jud.*
*Le Canon Statutum 2. qu. 5.*

Au RESTE, il faut remarquer en général, d'après les Auteurs, que le Juge peut être recuſé par des Moyens plus legers que le Témoin; par la raiſon, *diſent-ils*, qu'on ne peut manquer de Juges, mais qu'on manque ſouvent de Témoins.

*V. Catell. liv. 9. ch. 6.*
*V. Gloſ. in cap. Canonicus, extra de Offic. deleg.*

Il faut encore obſerver, qu'il ne ſuffit pas d'alléguer ces Moyens, & même d'en offrir la Preuve teſtimoniale; mais il faut qu'ils ſoient juſtifiés *par écrit*, autrement l'on s'en rapporte à l'affirmation du Juge; & la Partie qui ne rapporte point cette Preuve, ou qui propoſe des Moyens de récuſation inadmiſſibles, doit être condamnée à une amende plus ou moins forte ſuivant les différens Tribunaux: elle eſt de 200 liv. dans une Cour Souveraine; de 100 liv. aux Requêtes du Palais; de 50 liv. dans les Préſidiaux, Bailliages, & Sénéchauſſées; de 35 liv. aux Châtellenies, Prevôtés, Vicomtés, Elections, Greniers-à-Sel, & Juſtices des Seigneurs qui reſſortiſſent immédiatement aux Cours Souveraines; & de 25 liv. aux autres Juſtices des Seigneurs.

*V. art 6. du titre 25. de l'Ordonn. de 1667.*

En Matiere Civile, tout Juge qui ſçait des cauſes valables de Récuſation en ſa perſonne, eſt tenu, ſans attendre qu'elles ſoient propoſées, d'en faire ſa déclaration; & cette déclaration doit être communiquée aux Parties, & portée enſuite en la Chambre du Conſeil pour y être ſtatué. Mais cela ne s'obſerve point avec la même rigueur en Matiere Criminelle, où l'Ordonnance veut que l'Inſtruction ſoit faite diligemment, & que l'on procede aux Jugemens *nonobſtant toute Appellation comme de Juge incompétent & récuſé;* enſorte que ſi les Accuſés refuſent de répondre ſous prétexte de ces Appellations, le Procès doit leur être fait comme à des *Muets volontaires* juſqu'à Sentence définitive, laquelle néanmoins le Juge ne peut rendre, qu'après qu'il a été ſtatué ſur la Récuſation. Il eſt vrai que cet article ſuppoſe que le Juge n'a aucune connoiſſance certaine des cauſes de Récuſation ſur leſquelles l'Appellation eſt fondée; car ſi ces cauſes lui étoient connues, il ſe rendroit, par cette continuation de Procédure, reſponſable des dommages & intérêts de l'Appellant, & ſujet à la PRISE A PARTIE, dont nous parlerons dans un moment.

R

L'on a agité la Question de fçavoir fi la Récufation pouvoit être admife contre les Procureurs du Roi : il y a des Auteurs, tels que *Boerius* & l'*Annotateur d'Imbert*, qui prétendent que cela ne peut fouffrir difficulté lorfqu'il y a preuve d'inimitié capitale, & que ce Moyen peut être également propofé de la part de la Partie civile & de l'Accufé : mais à l'égard des autres Moyens tirés de la Parenté, Alliance, & de l'Amitié ou Liaifon particuliere, il n'y a, fuivant ces Auteurs, que la Partie civile qui foit recevable à les propofer, & non l'Accufé ; par la raifon, *difent-ils*, que le Procureur du Roi eft Partie néceffaire au Procès criminel.

*V. Boerius, decif. 58. & 258. L'Annot. d'Imbert, liv. 3. ch. 19. p. 683.*

## §. II.

### *De l'Evocation en Matiere Criminelle.*

L'EVOCATION differe de la Récufation, en ce qu'elle ne tend pas feulement, comme celle-ci, à dépouiller le Juge, mais fon Tribunal même de la connoiffance de l'affaire dont il s'agit.

Si en général, les Evocations font regardées comme odieufes parce qu'elles troublent l'ordre des Jurifdictions, il femble qu'on pourroit le dire à plus forte raifon en Matiere criminelle, où elles empêchent la facilité de l'Inftruction, en privant le Juge du lieu du délit, de la connoiffance qui devroit naturellement lui en appartenir. C'eft fur ce fondement que par les anciennes Ordonnances, & notamment par celle de François premier en 1529, article viij. elles ont été expreffément prohibées en ces fortes de Matieres.

Cependant, la néceffité d'empêcher ou prévenir les abus fréquens que les Juges des lieux faifoient & pouvoient faire de leur pouvoir, pour vexer ou favorifer l'une des Parties au préjudice de l'autre, les a fait admettre favorablement en certains cas qui font marqués par les dernieres Ordonnances, & fingulierement par celle du mois d'Août 1737.

Aux termes de cette nouvelle Loi, l'Evocation, en Matiere criminelle, doit être fondée fur l'une ou l'autre de ces deux caufes ; d'une part, la PARENTÉ ou l'ALLIANCE ; & de l'autre, le FAIT PROPRE du Juge.

Quant à la PARENTÉ & ALLIANCE, après avoir marqué par les art. ij. iij. & v. les cas particuliers où il eft permis d'évoquer ; fçavoir, du chef des Parens ou Alliés en ligne directe afcendante ou defcendante, même collatérale, telle qu'Oncle ;

Grand-Oncle, Neveu, Petit-Neveu *en quelque dégré que ce foit*; & à l'égard des autres Parens & Alliés de la ligne collatérale, jufqu'*au troifieme degré inclufivement*, c'eft-à-dire les iffus de Germain compris: après avoir enfuite fixé pour chaque différens Tribunaux le nombre des Parens & Alliés, aux degrés ci-deffus marqués, du chef defquels l'on peut évoquer; cette Ordonnance détermine précifément les cas où l'Evocation ne peut être accordée.

Elle veut 1°. que l'on ne puiffe évoquer du chef des Parens ou Alliés communs des Parties, à moins que celui qui demande l'Evocation ne fe trouve d'un degré plus éloigné du Juge, que celui contre lequel elle eft obtenue.

2°. On ne peut évoquer pareillement du chef des Alliés, lorfque le Mariage qui a produit l'Alliance ne fubfifte plus, & qu'il n'en refte point d'Enfans.

3°. On ne peut évoquer non plus, du chef des Parens & Alliés des Procureurs Généraux, lorfque ceux-ci font Accufateurs.

4°. Ni du chef de ceux qui ne font pas Parties au Procès, mais y ont feulement intérêt.

5°. Ni du chef des Parens ou Alliés des Complices ou Ceffionnaires des Intérêts civils.

6°. Ni du chef des Parens & Alliés des Syndics, Tuteurs, Curateurs, ou autres Adminiftrateurs.

7°. Enfin, l'on ne peut évoquer fur les Parentés & Alliances des Corps ou Communautés, à moins que dans ce dernier cas il ne s'agiffe de demandes & conteftations qui concernent leur intérêt perfonnel, & non celui des perfonnes qui font fous leur direction, Corps ou Communautés.

Pour ce qui concerne le FAIT PROPRE, la même Ordonnance explique par l'article lxviij. ce qu'on doit entendre par *Fait propre*; & elle veut que les Officiers des Cours, parmi lefquels elle comprend les Avocats & Procureurs Généraux, ne puiffent être reputés avoir fait leur Fait propre d'un Procès qui y fera pendant, s'il n'y a preuve de ces trois circonftances; 1°. qu'ils ont follicité les Juges de leur Compagnie en perfonne; 2°. qu'ils ont confulté; 3°. qu'ils ont fourni aux frais du Procès: elle exige que cette Preuve foit par écrit, & qu'elle foit rapportée par la Partie lors du Jugement de l'Inftance en Evocation: elle veut de plus, que fi celui, contre lequel on demande l'Evocation fe trouve

Juge dans la Chambre où eſt pendant le Procès, il ſoit du nombre de ceux qui y ont *ſéance & voix délibérative*.

Il y a cette différence entre l'Evocation fondée ſur la PARENTÉ, & celle fondée ſur le FAIT PROPRE, que comme cette derniere Cauſe, qui tend à deshonorer un Magiſtrat, eſt la plus odieuſe, l'Ordonnance veut que celui qui la propoſe, ſoit tenu de conſigner une ſomme de 150 livres, & de payer, en cas qu'il vienne à y ſuccomber, l'Amende de 450 livres, dans laquelle ſe trouvent compriſes les ſommes conſignées; au lieu que dans le cas de l'Evocation pour cauſe de Parenté, il ne ſe fait aucun conſing, & celui qui y ſuccombe ou qui vient à s'en déſiſter n'eſt condamné qu'à une Amende de 300 liv.

Au reſte, l'Evocation a cela de particulier, qu'elle ne peut être demandée que des Cours & Tribunaux qui ſoient en dernier reſſort; elle ne peut l'être par conſéquent des Préſidiaux, que dans le cas où ces Tribunaux jugent en dernier reſſort; & même dans ce dernier cas il n'eſt pas beſoin de recourir à des Lettres d'Evocation; il ſuffit de préſenter une ſimple Requête, ſauf l'Appel au Parlement du reſſort; & ſi la Demande ſe trouve bien fondée, le Renvoi de la Conteſtation ſe fait au plus prochain Préſidial, ſuivant la diſpoſition de l'art. lxxviij. de cette Ordonnance. L'art. xc. porte, que dans les cas où les Préſidiaux ne peuvent juger en dernier reſſort, s'il ſe trouve des Parentés ou d'autres Cauſes de ſuſpicion ſuffiſantes, c'eſt au Parlement à faire le Renvoi pardevant telle Juriſdiction qu'il jugera à-propos. Enfin, par l'art. v. du Titre XXVI. de l'Ordonnance de 1670, le Parlement eſt encore autoriſé à évoquer à lui les Procès criminels pendans pardevant les Juges de ſon reſſort, lorſque la Matiere eſt légere & qu'elle ne paroît pas mériter une plus ample Inſtruction : mais pour cela il faut trois choſes; ſçavoir, 1°. que les Charges & Informations ayent été vûes & examinées; 2°. qu'il y ait eu des Concluſions de M. le Procureur Général; 3°. que le Procès évoqué ſoit jugé ſur le champ à l'Audience.

Nous croyons devoir obſerver ici, que par l'article premier du Titre XXXVI. de l'Ordonnance du mois de Mars 1684, enregiſtrée au Parlement de Beſançon le 20 Avril ſuivant, le Roi a confirmé les Sujets du Comté de Bourgogne dans le Privilége qu'ils ont de ne pouvoir être traduits, même ſous prétexte d'Evocation générale & de Lettres de *Committimus*, hors le reſſort du Parlement de cette Province. Cet article a été renouvellé en dernier lieu par l'article xciij. de l'Ordonnance des Evocations, du mois d'Août 1737, lequel a été ajoûté dans le *Duplicata* de cette Ordonnance qui a été adreffé au Parlement de Befançon, où elle a été enregiftrée le 14 Juillet 1738.

## §. III.

### *Du Réglement de Juges en Matiere Criminelle.*

Le Réglement de Juges en Matiere Criminelle, a lieu dans le cas du CONFLIT de deux Jurifdictions égales en pouvoir, qui ont informé & decrété pour raifon de même fait contre les mêmes Parties. C'eft la Difpofition de l'Ordonnance du mois d'Août 1737, au Titre des Réglemens de Juges en Matiere Criminelle. *Art. j.*

Ou le Conflit s'éleve entre deux Cours *fupérieures ;* ou bien entre deux Jurifdictions *inférieures,* independantes l'une de l'autre, & *non reffortiffantes* en la même Cour : ou enfin entre deux Jurifdictions *inférieures,* indépendantes l'une de l'autre, & *reffortiffantes* en la même Cour.

Aux deux premiers Cas, c'eft au Confeil qu'il faut fe pourvoir ; l'on y leve des Lettres ou Arrêts de Réglement de Juges, qui portent que l'Inftruction fera continuée en la Jurifdiction qui eft commife par les Lettres ou Arrêts, jufqu'au Jugement définitif exclufivement, en attendant que le Réglement de Juges foit terminé. Mais pour pouvoir être admis à lever ces Lettres ou Arrêts, il faut plufieurs chofes fuivant l'Ordonnance : 1°. que l'Accufé contre lequel il y a un Decret de prife de corps fubfiftant, fe foit rendu Prifonnier ; 2°. qu'il en rapporte l'Ecroue en bonne forme, atteftée par le Juge, fignifiée à la Partie ou à fon Procureur, & même à la Partie publique ; 3°. que cette Ecroue foit attachée fous le contre-fcel des Lettres ou de la Commiffion expédiée fur l'Arrêt de Réglement de Juges ; 4°. enfin l'Ordonnance exige que les chofes foient entieres, c'eft-à-dire que ce même Accufé n'ait pas déja propofé un Déclinatoire, dont il ait été débouté par l'une des Cours ou Jurifdictions ; elle excepte feulement le cas où il auroit été informé & decrété pour le même fait par une autre Cour ou Jurifdiction d'un autre reffort.

Au troifieme Cas, c'eft-à-dire quand les Conflits s'élevent entre deux Jurifdictions reffortiffantes au même Parlement ou autres

Cours fupérieures, c'eſt à ces Cours qu'il appartient de les juger,¹ ſuivant l'Ordonnance du mois d'Août 1669, au Titre des Régle-mens de Juges en Matiere criminelle, article v. Il n'y a que les Conflits qui s'élevent entre les Lieutenans Criminels & les Pre-vôts de Maréchaux, qui doivent être renvoyés au Grand-Conſeil, ſuivant la diſpoſition de l'article vj. du Titre III. de l'Ordonnance de 1737.

Enfin, ſuivant l'article vij. du même Titre de cette derniere Ordonnance, les mêmes formalités doivent être obſervées pour les Réglemens de Juges qui ſe formeront en Matiere criminel-le, comme pour ceux qui ſeront obtenus en Matiere civile ; ils doivent être inſtruits & jugés de même au Conſeil du Roi ; & ceux qui y ſuccombent, doivent être condamnés aux mêmes Amendes que ceux qui ſuccombent dans les Demandes en Evo-cation.

## §. IV.
### De la Priſe à Partie.

SUIVANT la diſpoſition du Droit, le Juge pouvoit être pris à partie toutes les fois qu'il avoit *mal jugé*, par *haine*, par *faveur*, ou même par *impéritie*: c'eſt ce qui paroît par le Titre du DI-GESTE, *de variis & extraordinariis cognitionibus, & ſi Judex litem ſuam feciſſe dicatur*, & par celui du CODE, *de Pœna Judicis qui male judicavit*, &c.

*V. Theven. liv.* 6. *tit.* 5. *art.* 29.

SUIVANT les anciennes Ordonnances du Royaume, la Priſe à Partie ne pouvoit avoir lieu contre les Juges que lorſqu'ils avoient jugé par *Dol*, *Fraude* ou *Concuſſion*, ou lorſqu'il y avoit de leur part *Erreur* évidente en Fait ou en Droit. C'eſt la diſpoſition des Ordonnances de François I. en Décembre 1540, art. ij. & de Henri III. en 1586.

MAIS, ſuivant les Ordonnances de 1667 & 1670, il paroît que cette voie extraordinaire ne doit régulierement être em-ployée que dans les Cas ſuivans : 1°. Lorſque le Juge a contre-venu manifeſtement aux Ordonnances du Royaume ; c'eſt la diſ-poſition de l'article viij. du Titre I. de l'Ordonnance de 1667. 2°. Lorſqu'il retient des Cauſes dont la connoiſſance ne lui appar-tient pas ; c'eſt la diſpoſition de l'art. j. du Tit. VI. de la même Ordonnance. 3°. Lorſqu'il dénie le Renvoi qui lui eſt demandé par les Perſonnes privilégiées devant le Juge de leur Privilege ; c'eſt la diſpoſition de l'art. viij. du Tit. VIII. de la même Ordonnance. 4°. Lorſqu'il fait déni de Juſtice, c'eſt-à-dire qu'il refuſe de juger le Procès qu'il a entre les mains après les deux Sommations qui lui ont été faites par la Partie ; c'eſt la diſpoſition de l'art. iv. du Tit. XXV. de la même Ordonnance. 5°. Enfin, lorſqu'il commet quelque nullité dans l'Inſtruction de la Procédure criminelle ; c'eſt la diſpoſition de l'art. xxiv. du Titre XV. de l'Ordonnance de 1670.

Anciennement les Procureurs étoient dans l'uſage d'inférer dans les Lettres de Relief d'Appel qu'ils obtenoient en Chancellerie, la Clauſe d'*Intimation de Priſe à Partie* contre les Juges, conformément aux Ordonnances de 1540 & 1586, que nous avons citées. Mais par deux Arrêts de Reglement de la Cour des 4 Mai 1693 & 4 Juin 1699, ſur les Concluſions de M. l'Avocat Général DAGUESSEAU, il leur a été fait défenſes expreſſes, ainſi qu'à toute autre Perſonne, de prendre à Partie aucun Juge, ni de le faire intimer ſur l'Appel de leur Jugement, ſans en avoir auparavant obtenu la Permiſſion expreſſe par Arrêt, à peine de nullité de Procédure & de telles Amendes qu'il conviendra.

Le dernier de ces Arrêts ajoûte, que tous ceux qui croiront devoir prendre des Juges à Partie, ſeront tenus d'expliquer ſimplement & avec la modération convenable, les Faits & les Moyens qu'ils trouveront néceſſaires à la Déciſion de leur Cauſe, ſans ſe ſervir de termes injurieux à l'honneur & à la dignité des Juges, à peine de punition exemplaire.

Lorſque la Priſe à Partie eſt déclarée bonne ; le Juge eſt condamné aux dommages & intérêts de la Partie ; & il doit être remplacé par un autre pour la continuation de la Procédure, à moins que les Parties ne conſentent reſpectivement à ce qu'il demeure Juge.

AU RESTE, toutes ces Diſpoſitions ne s'appliquent proprement, comme l'on voit, qu'à des Juges inférieurs ; à l'égard de ceux des Cours Supérieures, les Parties n'ont d'autre voie que de porter leurs Plaintes verbales aux Chefs des Compagnies, ou à M. le Chancellier.

## *TITRE SECOND.*

### Des *Juges ordinaires* en *Matiere Criminelle.*

NOUS entendons par JUGES ORDINAIRES, ceux qui ont une Jurifdiction propre, & qui peuvent connoître en gé-néral de toutes fortes de Matieres, dont la connoiffance ne leur eft pas interdite expreffément par les Ordonnances.

SOUS la premiere Race de nos Rois, il y avoit des Tribunaux particuliers pour chaque Etat. Chacun de ces Tribunaux avoit des Loix & des Ufages qui leur étoient propres. Ils ne dépendoient point les uns des autres, mais reffortiffoient tous immédiatement au Roi. Les Militaires étoient jugés par les Gens de Guerre ; les Nobles par des Gentilshommes ; le Peuple des Villes capitales par des Ducs ; celui des autres Villes par des Comtes, & enfin celui des Bourgs & Villages par des Centeniers.

MAIS, quoiqu'indépendans les uns des autres, ces Tribunaux n'avoient pas le même degré d'Autorité. Il n'y avoit que les Ducs & les Comtes qui pouvoient ufer du Droit de *Glaive ;* encore ces derniers ne pouvoient-ils le faire qu'en de certaines circonftan-ces, & les premiers avec beaucoup de circonfpection. Pour em-pêcher les Abus que les uns & les autres pouvoient faire de leur Pouvoir, le Roi avoit foin d'envoyer de tems en tems des Com-miffaires, qu'il choififfoit ordinairement parmi les Evêques, les Ducs & les Comtes. Les fonctions de ces Commiffaires, qui étoient appellés *Miffi Dominici ,* étoient de vifiter les Provinces, entendre les Plaintes des Peuples, & d'en faire leur rapport au Souverain.

MAIS l'expérience ayant fait voir, que cette précaution n'étoit point encore fuffifante pour prévenir ou remédier à tous les def-ordres qu'entraînoit néceffairement l'éloignement de la Cour ; à ces Commiffaires ambulans on s'eft vû obligé d'en fubftituer de fédentaires, de multiplier le nombre des Tribunaux, & de for-mer dans chacun de ces Tribunaux différens degrés de Jurifdic-tion ; au moyen defquels le Pouvoir, dont les premiers Juges n'étoient d'abord comptables qu'au Roi feul, fe trouvoit tempéré

par

par celui des Juges fupérieurs qui pouvoient réformer leur Jugement, & les empêcher d'exercer impunément cette autorité ty-
rannique dont ils ufoient envers les Sujets du Roi. De-là l'origine
des Juges *fubalternes*, des Juges *inférieurs*, & des Juges *fupérieurs*.

Par Juges *fubalternes ordinaires*, nous entendons parler des JU-
GES DES SEIGNEURS & des PREVÔTS ROYAUX; par Juges
*inférieurs*, des BAILLIS & SÉNÉCHAUX; & par Juges *fupérieurs*,
des PARLEMENS.

On appelle auffi les premiers, Juges *à la charge d'Appel*; les
feconds, Juges *d'Appel*, parce que l'Appel des premiers reffortit
devant eux; & enfin les derniers, Juges *en dernier reffort*, parce
que leur Jugement n'eft point fufceptible d'Appel.

Nous allons tâcher de déterminer dans les trois Chapitres fuivans, les Fonctions particulieres qui peuvent concerner les uns
& les autres, en cette Matiere.

# CHAPITRE PREMIER.

## *Des Juges de Seigneurs, & de leur Compétence en Matiere Criminelle.*

SANS remonter à l'origine de la Jurifdiction Seigneuriale,
qu'on regarde communément comme une fuite de la Conceffion faite par HUGUES CAPET, des Seigneuries en toute Propriété, il fuffira d'obferver que la Poffeffion où font les Seigneurs
de l'exercer, a été reconnue & confirmée folemnellement par la
Déclaration du 25 Février 1536, donnée en interprétation du
fameux Edit de Crémieux; & qu'on n'a ceffé dès-lors de regarder cette Jurifdiction comme Patrimoniale & Ordinaire : c'eft à
ce Titre que lui a été attribué le Droit de Confifcation en Matiere
criminelle.

CETTE Jurifdiction, dans les premiers tems, étoit adminiftrée
par les Seigneurs eux-mêmes; mais comme l'exercice affidu
qu'elle demandoit, ne pouvoit fe concilier avec les Fonctions militaires auxquelles ces Seigneurs étoient principalement dévoués,
ils ont été obligés de confier cet exercice à des Officiers particuliers qu'ils commettoient à cet effet, & dont ils fe rendoient
conféquemment refponfables. L'art. xxvij. de l'Edit de Rouffillon
de 1563 leur impofe une Obligation expreffe à ce fujet, en même

S

tems qu'il leur laisse le pouvoir de révoquer ces Juges à leur volonté.

Les Seigneurs ne s'en sont pas tenus-là ; ils ne se sont pas plûtôt vûs autorisés à confier à des Tiers l'exercice de leur Jurisdiction, que dans la fausse opinion où ils étoient que la Seigneurie ne pouvoit aller sans Justice, ils ont eu soin, à chaque démembrement qu'ils faisoient de leurs Seigneuries, d'ajoûter à la portion démembrée une portion de cette Jurisdiction, dont ils se réservoient la plus considérable ; & c'est de-là qu'est venue cette Division de *Haute, Moyenne & Basse-Justice.*

La HAUTE-JUSTICE fut d'abord le partage ordinaire des Ducs & Comtes ; la MOYENNE, celui des Vicomtes, Viguiers, Prevôts & Châtelains des Villes qui étoient ordinairement les Lieutenans des Ducs & Comtes ; & enfin la BASSE, celui des Maires, Prevôts & Châtelains des Villages. Mais depuis ce tems-là, comme remarque LOYSEAU, les choses ont bien changé ; & elles sont venues à tel point, que les Vassaux de ces Seigneurs se sont crûs eux-mêmes en droit d'ériger des Jurisdictions, & d'en former de trois especes à l'exemple de leurs Seigneurs Suzerains, de maniere qu'à chaque Concession qu'ils faisoient des Justices, ils avoient soin d'en exprimer le Degré. Ainsi, lorsqu'ils concédoient la Haute, comme celle-ci comprenoit toutes les autres, ils déclaroient qu'ils concédoient la Haute, Moyenne & Basse. Il est vrai que, comme ces Vassaux n'avoient pas un pouvoir aussi étendu que leurs Seigneurs dominans, les degrés de Jurisdiction qu'ils établissoient, avoient aussi une autorité bien inférieure.

Quoi qu'il en soit, ce n'est qu'aux Hauts-Justiciers seulement qu'à été reservé le Droit de *Glaive,* c'est-à-dire, de pouvoir prononcer des peines afflictives jusqu'à celle de mort, & c'est pour marque de ce Droit qu'il leur est permis d'avoir des *Fourches patibulaires.* Les Moyens & Bas-Justiciers n'ont & ne peuvent jamais avoir ce Droit, comme nous l'avons observé d'après l'article xx. du Titre I. de l'Ordonnance de 1670. Tout le pouvoir de ceux-ci en Matiere criminelle, est borné aux peines pécuniaires, telles que les Amendes ; & encore le plus souvent ces Amendes sont-elles fixées à une certaine somme qu'ils ne peuvent excéder.

Suivant la Coûtume de Paris, l'Amende en Matiere criminelle ne peut aller au-delà de *60 sols* pour le Moyen-Justicier, & *7 sols 6 den.* pour le Bas-Justicier. Il est vrai qu'il y a des Coûtumes qui ont porté plus loin le Droit des Moyens-Justiciers, jusqu'à leur

*V. Capitul. de Charlem. liv. 3. c. 78.*

*V. Loys. des Seign. ch. 10.*

*V. Bacq. des Dr. de Just. ch. 9.*

*V. Loys. ibid. n. 30. & 36. BACQ. des Dr. de Just. ch. 2.*

permettre de prononcer des peines afflictives : de ce nombre sont les Coûtumes de Flandres & de Picardie, qui leur donnent le Droit de connoître des Rixes où il y a eu du sang répandu & du vol lorsqu'il n'est point capital ; pareillement celles d'Anjou, Touraine, & du Maine, qui lui attribuent la connoissance de l'homicide sans préméditation, & du simple larcin, & qui pour cet effet autorisent le Moyen-Justicier à avoir des Fourches patibulaires & une Prison, avec un Procureur d'office.

Mais ce qu'il y a de certain, c'est que les peines afflictives que le *Moyen-Justicier* peut prononcer, même dans ces Coûtumes, ne peuvent aller jusqu'à celle de *mort*; parce qu'encore une fois il n'a pas le Droit de *Glaive*, qui est réservé au seul Haut-Justicier, ni conséquemment celui de la Confiscation des Biens, qui en est une suite.

Mais comme l'attribution des Droits de *Glaive* & de *Confiscation*, qui donnent aux Seigneurs Hauts-Justiciers le Droit d'avoir des Procureur Fiscaux, ne leur a été faite qu'en vertu des Concessions particulieres de nos Rois, comme étant des Droits *Régaliens*, ils ne peuvent aussi en jouir qu'en remplissant exactement les devoirs & les conditions sous lesquels il a plû à nos Souverains de faire cette concession ; ces devoirs & ces conditions sont marqués par les Ordonnances & les Arrêts de Réglement, & ils consistent :

1°. En ce qu'ils sont tenus de reconnoître leur dépendance de la souveraineté du Roi par la Foi & l'Hommage qu'ils lui prêtent, & par les services de leurs personnes pour l'arriere-banc. *V. Coquil. en ses Quest. p. 6.*

2°. En ce que les Juges de ces Seigneurs, ne peuvent connoître de toutes sortes de Crimes, ni de toutes sortes de Personnes. 1°. Il y a de certains CRIMES dont la connoissance est spécialement réservée aux Juges Royaux & aux Prevôts des Maréchaux, tels que ceux qui forment les Cas Royaux & Prevôtaux, dont nous parlerons ci-après. 2°. Quant aux PERSONNES, il s'étoit d'abord élevé une grande contestation entre les Seigneurs, & les Baillis & Sénéchaux, à l'occasion de l'Edit de Cremieux ; ceux-ci prétendoient que la disposition de l'article v. de cet Edit qui excluoit les Prevôts Royaux du Droit de connoître des Causes des NOBLES, devoit s'appliquer à plus forte raison aux Juges des Seigneurs qui étoient inférieurs aux Prevôts : mais sur la représentation faite de la part des Seigneurs, que leurs Seigneuries étoient *patrimoniales*, & qu'ils en jouissoient à titre *onéreux*, au lieu que celle des Prevôts Royaux étoit l'effet d'une conceſſion purement gratuite ; ils ſont parvenus à ſe faire maintenir dans ce Droit par une Déclaration particuliere qui fut donnée en interprétation de ce même Edit le 24 Février 1436 , & qui a depuis été confirmée par l'art. x. du Titre I. de l'Ordonnance de 1670 ; de maniere que leur Juriſdiction s'étend aujourd'hui ſur toutes les perſonnes dont peuvent connoître les Baillis & Sénéchaux , & qu'elle ne ceſſe que par rapport à celles dont les Prevôts des Maréchaux & les Juges Militaires peuvent connoître à l'excluſion de tout autre Juge , comme *Déſerteurs* &c. & encore dans ces derniers Cas , ils peuvent informer, decréter , & interroger les Accuſés avant que d'en faire le renvoi, comme nous le verrons ci-après.

3°. En ce que leur Juriſdiction eſt ſubordonnée à celle des Juges Royaux , qui peuvent non-ſeulement les *prévenir* lorſqu'ils négligent d'informer dans les vingt-quatre heures des Délits qui ſont commis dans l'étendue de leurs Seigneuries , mais encore *réformer* leurs Jugemens ſur l'*Appel* qui en eſt interjetté : c'eſt ce qui les a fait appeller *Juges ſubalternes* , ou *Juges à la charge d'Appel*. Il faut néanmoins excepter deux Cas, où l'Appel de leurs Jugemens ſe porte directement au Parlement : l'*un* concerne les Juſtices des Duchés & Pairies qui ont le privilége de reſſortir immédiatement au Parlement en toutes Cauſes , ſoit civiles , ſoit criminelles ; l'*autre*, c'eſt lorſque leurs Jugemens prononcent des peines afflictives ou infamantes , & qu'ils ont été rendus après une procédure inſtruite par récollement & confrontation.

*V. tit. 26. de l'Ordonn. de 1670. art. I.*

4°. En ce que les Seigneurs ne peuvent en Matiere criminelle donner Plainte ni être pourſuivis par-devant leurs propres Juges , mais devant le Juge ſupérieur.

5°. En ce qu'ils ſont reſponſables de la prévarication de leurs Juges dans leurs fonctions ; c'eſt la diſpoſition de l'Ordonnance de Rouſſillon que nous avons citée , & de l'art. j. du Réglement des grands jours de Clermont du 10 Décembre 1664 , qui leur enjoint de nommer pour leurs Juges & Procureurs des Perſonnes de probité & de capacité , & d'avoir ſoin qu'ils ſe comportent bien dans leurs Charges , à peine d'amende arbitraire pour la premiere fois , & en cas de récidive , de demeurer civilement reſponſables des fautes de ces Officiers.

6°. En ce que le Juge qu'ils nomment doit être Gradué. Il y a une Déclaration du 26 Février 1680, qui l'a ainſi ordonné pour les Juſtices Seigneuriales qui ſont tenues en Pairie, & dont l'Appel

reſſortit nuement aux Cours de Parlement en Matiere civile : mais
BRUNEAU, qui rapporte cette Déclaration, obſerve en même
tems que l'on n'eſt point dans cet uſage dans l'étendue du Reſſort
du Parlement de Paris, & qu'on y obſerve ſeulement d'appeller
pour le Jugement des Gradués d'un autre Siége, lorſqu'il n'y en
a pas dans celui où l'on juge le Crime.

*V. Bruneau, Tr*<br>*des Criées, p. 429.*

7°. Outre l'Obligation d'avoir un Juge pour adminiſtrer la
Juſtice, les Seigneurs ſont encore tenus de nommer les Officiers
néceſſaires pour former une Juriſdiction, tels que Procureur Fiſ-
cal, Greffier, Huiſſier ou Sergent, & ils ſont également reſponſables des fautes que ceux-ci peuvent commettre dans les fonctions de leurs Charges, ſuivant le Reglement que nous venons
de citer. Ils ne peuvent, aux termes de ce Reglement, nommer
pour Officiers leurs Fermiers, ni donner leurs Fermes à ces Officiers.

*V. Arr. de Régl.*<br>*du 10 Dec. 1664.*<br>*art. 19.*

8°. Ils doivent pareillement avoir un Auditoire & un Tribunal
pour prononcer les Jugemens, quoiqu'anciennement ils étoient
en uſage de juger *ſous l'Orme*, ou de ſe ſervir d'un Tribunal
d'*Emprunt*. L'Auditoire doit être public, & ne peut être dans les
Châteaux, Maiſons fortes, afin que les Juges ſoient, ainſi que les
Parties, en pleine liberté & vûs de chacun, pour le bon exemple. Dans cet Auditoire, il doit y avoir un *Lieu ſûr* pour le Dépôt des Minutes du Greffe, tant des Procès Civils que Criminels,
à peine de privation de Juſtice en cas de contravention ou négligence.

*V. Loyſ. des*<br>*Seign. chap. 10.*<br>*n. 80. & ſuiv.*

*V. art. 8. dudit*<br>*Reglement.*

9°. Ils doivent avoir une Priſon & un Geolier. Cette Priſon
doit être au rez-de-chauſſée, en bon & ſuffiſant état ; & ils ſont
tenus de fournir le Pain & la Paille aux Priſonniers accuſés de
Crime, ſous peine de privation de leur Juſtice. Comme toutes
ces Obligations intéreſſent les Sujets du Roi ; pour empêcher qu'ils
ne ſouffrent de la négligence ou de la vexation des Seigneurs,
les Juges Royaux ſont autoriſés à tenir la main à ce que les Ordonnances & Réglemens ſur ce point ſoient exécutés.

*V. Ordon. d'Or-*<br>*léans, art. 55.*

*V. auſſi le tit. 13.*<br>*de l'Ordonn. de*<br>*1670, & l'art. 7.*<br>*dudit Reglement.*

*V. Bacq. des Dr.*<br>*de Juſt. ch. 18.*

10°. Ils ſont tenus de faire les frais des Procès criminels qui
s'inſtruiſent pour les Crimes commis dans l'étendue de leurs Seigneuries, lorſqu'il n'y a point de Partie civile, ou que celle-ci
n'eſt pas en état d'avancer ces frais ; c'eſt pour cela que leurs Procureurs qui ſuccombent dans les Accuſations ne ſont condamnés
à aucuns dépens : comme auſſi ils n'en peuvent obtenir aucuns
eux-mêmes contre les Accuſés qu'ils font condamner. Cette Obli-

*V. l'Ordonn. de*<br>*1670. tit. 1. art. 6.*

V. Loyfeau, ibid. ch. 12.

gation eſt fondée principalement ſur le profit que les Seigneurs peuvent tirer des Procès criminels par les Amendes & Confiſcations qui doivent leur en revenir. Mais comme tous les Crimes ne ſont pas de nature à entraîner la Confiſcation, qui n'a lieu que dans les Condamnations qui emportent Mort naturelle ou civile ; que d'ailleurs il y a pluſieurs Provinces dans le Royaume où la Confiſcation n'a jamais lieu, ou ſeulement en de certains cas, il arrivoit de-là que les Seigneurs qui ſe voyoient réduits à la ſeule eſpérance des Amendes, qui ſont ordinairement modiques, négligeoient le plus ſouvent, pour éviter les frais, de faire pourſuivre par leurs Officiers la punition des Crimes, ſur-tout lorſqu'ils étoient commis par des perſonnes inſolvables. C'eſt contre de pareils abus, que s'étoient d'abord élevées les Ordonnances de Moulins, d'Orléans & de Châteaubriant, en prononçant contre les Hauts-Juſticiers, qui négligeoient de punir les Crimes, la Privation de leurs Juſtices ; & c'eſt dans la vûe de les prévenir, que par les dernieres Ordonnances & Réglemens on a donné d'une part, aux Baillis & Sénéchaux, le Droit de Prévention ſur les Juges des Seigneurs qui négligent de pourſuivre, en même tems qu'on a rendu ces derniers reſponſables des frais qui ſe font pour cette Inſtruction ; & de l'autre, qu'on a fixé par des Réglemens particuliers les différentes eſpeces de frais que les Juges ne peuvent employer dans les Exécutoires qu'ils délivrent contre la Partie civile, ou contre les Fermiers ou Receveurs du Domaine du Roi ou des Seigneurs. Nous aurons lieu de rappeller ces Réglemens en traitant des *Peines pécuniaires ;* nous remarquerons auſſi en même tems les cas particuliers où les Seigneurs ne peuvent prétendre la Confiſcation, même dans les Pays où elle a lieu.

V. Ordonn. de Moulin, art. 30. d'Orléans, art. 20. de Châteaubriant, art. 63.

11°. Enfin nous avons dit que les Seigneurs Hauts-Juſticiers pouvoient avoir des Fourches patibulaires pour l'exécution de leur Juſtice criminelle ; cependant ils ne peuvent en faire dreſſer de nouvelles, ni faire relever, après l'an & jour, celles qui ſont abattues, qu'enſuite de la permiſſion du Roi portée par des Lettres qui doivent être entérinées par le Juge Royal. C'eſt une Maxime de notre Droit François, atteſtée par Bacquet en ſon Traité des Droits de Juſtice, chap. ix. n. 10. & 11. où il en rend cette raiſon ; que c'eſt tant pour *la conſéquence, que pour empêcher les entrepriſes qui pourroient être faites par les Seigneurs ſur les Droits du Roi & Juſtices appartenantes à Sa Majeſté.*

## CHAPITRE II.

*Des Juges Royaux Inférieurs, & de leur Compétence en Matiere Criminelle.*

NOus diftinguons deux fortes de Juges Royaux Inférieurs, les PREVÔTS ROYAUX, & les BAILLIS & SÉNÉCHAUX. On appelle les uns & les autres *Juges Royaux Ordinaires*, tant parce que leur Jurifdiction eft fondée fur des Provifions ou Commiffions particulieres, qui font émanées directement du Roi, à la différence de celle des Juges des Seigneurs ; que parce qu'ils connoiffent de toutes les Affaires qui ne font point formellement exceptées par les Ordonnances, à la différence des Juges Royaux Extraordinaires, dont la Jurifdiction eft bornée aux feules Matieres qui font marquées par l'Edit de leur Création ou d'Attribution.

Mais comme ces Juges Royaux different auffi entr'eux par l'étendue de leur Pouvoir, c'eft ce qui nous donne lieu de traiter ici féparément de leur Compétence.

### §. I.

#### *Des Prevôts Royaux.*

LES PREVÔTS ROYAUX, qui en de certaines Provinces font connus fous le nom de CHATELAINS, VIGUIERS, VICOMTES, font proprement ceux que nous appellons *Juges Ordinaires*, parce qu'ils jugent de tous les Cas *ordinaires*, c'eft-à-dire qui ne font ni royaux ni prevôtaux. Ils ont cela de commun avec les Juges Seigneuriaux, que l'Appel de leurs Sentences reffortit ordinairement aux Bailliages & Sénéchauffées, ce qui les fait appeller Juges Royaux *Inférieurs*, ou Juges Ordinaires à la *charge d'Appel.*

MAIS deux chofes les diftinguent principalement des Juges des Seigneurs : l'*une*, qu'ils ne peuvent connoître, comme ceux-ci, des Crimes commis par les Gentilshommes & Officiers de Juftice ; l'*autre*, qu'ils ne font point fujets comm'eux à la Prévention de la part des Baillis & Sénéchaux. Il eft vrai que par l'article vij. du Titre I. de l'Ordonnance, les Baillis font autorifés, en cas de négligence de la part des Prevôts Royaux, de connoître des Crimes commis dans l'étendue de leur Jurifdiction ; mais c'eft alors moins à titre de *Prévention*, que par forme de *Dévolution*, qui établit entr'eux une espece de concurrence ; & d'ailleurs ce n'est qu'après l'espace de trois jours seulement, à compter depuis le Crime commis ; que les Baillis peuvent connoître en ce dernier cas, tandis que celui de vingt-quatre heures leur suffit pour pouvoir connoître, au préjudice des Juges Seigneuriaux.

IL Y A des Coûtumes, telles que celles de Tours & de Montdidier, où les Prevôts Royaux ont la Prévention en Matiere criminelle sur les Juges Seigneuriaux de leur ressort.

IL Y A même certains cas où ils peuvent prévenir les Prevôts des Maréchaux ; sçavoir, lorsqu'il s'agit des Crimes commis par les Vagabonds & Gens sans aveu, Mendians valides condamnés à Peine corporelle, Bannissement, ou Amende honorable ; & lorsque ces Crimes ne sont d'ailleurs de leur nature, ni Royaux ni Prevôtaux : c'est la Disposition de l'art. x. de la Déclaration de 1731.

Au reste, quoique les Prevôts Royaux n'ayent pas le Droit de connoître des Cas royaux & prevôtaux de leur nature, cela n'empêche pas qu'ils ne puissent, aux termes de la Déclaration que nous venons de citer, informer, decréter, & même interroger les Accusés de ces Cas royaux & prevôtaux, à la charge d'avertir incessamment les Baillis & Prevôts des Maréchaux. Ils n'avoient ce pouvoir, suivant l'Ordonnance de 1670, que dans le seul Cas du flagrant-délit.

Les PREVÔTÉS ROYALES ont été principalement établies pour former le premier Degré dans les lieux où il n'y avoit point de Bailliage ni de Justice Seigneuriale. Cependant, le nombre de ces Jurisdictions s'étant considérablement multiplié, dans les lieux mêmes où il y avoit des Siéges de Bailliages & Sénéchauffées ; & l'expérience ayant fait voir que cette augmentation de Degrés de Jurisdiction dans un même lieu, étoit plus onéreuse que profitable au Public, le Roi, par un Edit du mois d'Avril 1749, a jugé à-propos de supprimer les Prevôtés Royales établies dans les Villes où il y a des Siéges de Bailliage, & de les réunir à ces Bailliages, conformément aux Ordonnances d'Orléans & de Roussillon.

Au reste, comme les Prevôts Royaux ont le Droit de connoître de tous les Cas qui n'ont pas été réservés spécialement aux Baillifs & Sénéchaux, on ne croit pouvoir donner une idée plus exacte de leur Compétence, qu'en déterminant précisément celle de ces derniers.

§. II.

## §. I I.

### *Des Baillis & Sénéchaux.*

Les mots de Baillis & Sénéchaux font synonymes. Il y a des Auteurs qui ont comparé leurs fonctions à celles qu'avoient les Préfets de la ville chez les Romains ; d'autres les ont affimilés aux Gouverneurs de Province, & ont prétendu qu'il n'y en avoit point d'autres dans les Provinces de ce Royaume du tems d'Henri I. & de S. Louis : ceux-ci ajoûtent, que c'étoient vraifemblablement ces Nobles que nos Rois de la premiere race envoyoient dans les Provinces pour y maintenir la Paix & la Police ; qu'on les appelloit Baillis, parce qu'ils étoient *baillés* & envoyés aux Provinces ; & Sénéchaux, parce qu'ils étoient ordinairement choifis parmi les vieux Chevaliers, *fenes Equites.*

*V. Ragueau, verbo Séné-Chaussée.*

*Bugn. de Leg. abrog. §. 111. Chop. fur la Coût. tume d'Anjou, ch. 46. n. 11.*

Il y a enfin d'autres Auteurs qui prétendent avec plus de fondement, que le mot *Bailliage* ne fignifie pas *Territoire* ni *Province*, comme les premiers Auteurs l'avoient penfé, mais un *Droit* d'exercer Jurifdiction en cas d'*Appel & Reffort*, & pour *Cas privilégié* ; que le mot de *Bail*, en ancien Langage François, fignifie *Protection*, parce que le principal objet de leur Inftitution a été de venir au fecours de ceux qui étoient opprimés par les Seigneurs voifins, & d'empêcher les entreprifes des Seigneurs fur les Droits Royaux.

*V. Coquille fur la Coût. de Nivern. p. 6.*

En effet, il paroît par les anciennes Ordonnances, notamment par celles d'Orléans & de Blois, que leurs premieres fonctions confiftoient à vifiter les Provinces, au moins fix fois l'année, pour ouir les Plaintes des Sujets, tenir la main à ce que la Force demeure au Roi, & que les Arrêts, Jugemens, Sentences foient exécutés ; compofer les Querelles, garder les Sujets d'oppreffion, diffiper les Affemblées illicites, *&c.*

*V. art. 40. de l'Ordonn. d'Orléans, & art. 187. de celle de Blois.*

Il paroît auffi, par ces mêmes Loix, que les fonctions particulieres des Sénéchaux n'étoient pas bornées feulement à l'adminiftration de la Juftice, mais qu'elles s'étendoient encore fur le Militaire, fuivant cette vieille Rubrique rapportée dans l'art. m. xc. des Loix de Jérufalem : *Item, quand le Roi n'eft pas en France, le Sénéchal tient fon lieu, foit pour la Juftice, foit pour la Bataille ;* en forte qu'on peut dire à leur égard ce que nous avons dit ci-devant des Seigneurs, que ne pouvant fuffire à cette fonction, ils fe font vûs dans la néceffité de la partager, & de faire exercer celle qui

*V. Chop. loc. citi §. 46. n. 11.*

T

concerne la Juſtice par des Officiers particuliers ; que nous connoiſſons aujourd'hui ſous le nom de LIEUTENANS GÉNÉRAUX,
LIEUTENANS CRIMINELS, & LIEUTENANS PARTICULIERS ;
mais avec cette différence néanmoins, qu'ils n'ont pas conſervé,
comme les Seigneurs, le Droit de nommer & de revoquer ces
Officiers, qui tiennent leur Proviſion immédiatement du Roi ;
qu'ils n'ont pas même conſervé aucune autorité ſur ceux-ci, qui
ont une Juriſdiction propre ; qu'en un mot, il ne leur reſte plus de
veſtige de leur ancienne ſupériorité, que le Titre de *Grands Baillis
& Sénéchaux*, avec le Droit de faire intituler de leur nom, les Jugemens que rendent leurs Lieutenans.

Nous ne parlerons ici, que de celui de ces Officiers qu'on nomme LIEUTENANT CRIMINEL, parce que ſes fonctions ſont particulierement deſtinées à la connoiſſance des Crimes, & qu'il ne
peut connoître en aucune maniere des Matieres civiles.

Les LIEUTENANS CRIMINELS ont été érigés en titre d'Office
en chaque Bailliage, par les Edits de François I. en Janvier 1522,
& d'Henri II. en Mai 1554. Il y a eu auſſi en Mai 1552, une nouvelle Création, par Henri II, de ces Officiers pour tous les Siéges Préſidiaux. Les *premiers* ont été créés pour connoître de tous
Crimes dont les Appellations reſſortiſſent au Parlement ; les *derniers*, pour connoître des Cas prevôtaux par prévention aux Prevôts des Maréchaux, & les juger comme ceux-ci en dernier reſſort, en obſervant les formalités dont il ſera parlé ci-après : il y
a même de certains cas où ils ſont préférés aux Prevôts des Maréchaux, quand même ces derniers auroient prévenu ; ces Cas
ſont marqués par les art. xvij. & xx. de la Déclaration de 1731,
que nous aurons lieu de rappeller ci-après, en traitant de la *Juriſdiction Prevôtale.*

Lorſque l'Ordonnance Criminelle, dans l'art. xj. du Tit. I. ſe
ſert de ces mots, NOS BAILLIS & SÉNÉCHAUX & JUGES
PRÉSIDIAUX, c'eſt des Lieutenans Criminels dont elle entend
parler : elle les appelle auſſi quelquefois NOS JUGES, pour
ſignifier que l'objet particulier de leur Inſtitution a été de connoître des Crimes qui regardent la Perſonne du Roi, ſa Dignité,
& ſon *Office* ; & c'eſt ce qui a fait appeller ces ſortes de Crimes
des *Cas Royaux*. Nous avons fait ci-devant l'énumération de ces
Cas, en traitant *de la Diviſion des Crimes* : nous ajoûterons ſeulement ici, que ce qui fait le Cas Royal, n'eſt pas tant l'énormité du Crime en lui-même, que la conſéquence qu'il peut avoir

par rapport à l'Etat & à l'Ordre public. Ainsi, toutes les fois que le Crime tend à blesser la Majesté du Souverain ou l'Intérêt général de la Société, il devient dès-lors de la Compétence des Baillis & Sénéchaux, à l'exclusion des Prevôts Royaux & des Juges des Seigneurs, qui peuvent seulement, comme nous l'avons dit, informer, decréter, & interroger les Accusés, à la charge du Renvoi.

Les Baillis & Sénéchaux peuvent aussi connoître de tous les Cas ordinaires, tant par *Prévention* sur les Juges des Seigneurs qui n'ont pas informé & decrété dans les 24 heures, que par forme de *Dévolution*, en cas de négligence de la part des Prevôts Royaux d'informer & decréter dans les trois jours : ils peuvent même connoître par la Voie de l'*Appel*, des Sentences rendues par l'un & l'autre de ces Juges en Matiere criminelle, lorsqu'elles ne prononcent que des condamnations pécuniaires, & qu'il ne s'agit pas de Crimes méritant peine afflictive.

Ils peuvent encore connoître des Cas *Prevôtaux*, à l'exclusion des Présidiaux, lorsque le Crime a été commis dans d'autres Bailliages que ceux où le Siége Présidial est établi ; c'est la disposition de l'art. viij. de la Déclaration de 1731. Il est vrai que dans ce cas ils n'en peuvent connoître qu'à la charge de l'Appel au Parlement, suivant la Déclaration du 29 Mai 1702.

La Déclaration de 1731 va encore plus loin ; elle veut que lorsque les autres Juges ordinaires, tels que les Prevôts Royaux & Juges des Seigneurs, ont informé & decrété avant le Prevôt des Maréchaux, ou le même jour, contre un Accusé qui se trouve poursuivi en même tems pour un Cas ordinaire & pour un Cas prevôtal, la connoissance de l'une & l'autre de ces Accusations soit dévolue aux Baillis & Sénéchaux, préférablement aux Prevôts des Maréchaux & à l'exclusion des Juges Ordinaires. *Art. 17.*

Ce n'est pas tout : lorsque dans un Procès criminel il se trouve différens Accusés, dont les uns sont poursuivis pour les Cas ordinaires, les autres sont chargés d'un Crime prevôtal, la même Déclaration veut que la connoissance des deux Accusations appartienne aux Baillis & Sénéchaux, à l'exclusion des Prevôts des Maréchaux, quand même celui-ci auroit prévenu. Il en est de même dans le Cas, où parmi les Accusés, il s'en trouve qui ne sont point Justiciables du Prevôt des Maréchaux, & sont privilégiés. *V. Art. 20.*

Enfin, suivant la même Déclaration, le Bailli est préféré au Prevôt des Maréchaux, quand même l'Accusation du Cas ordi- *V. Art. 9.*

T ij

naire feroit furvenue poftérieurement à celle du Cas prevôtal ;
pourvû qu'il ait decrété avant le Prevôt, ou le même jour, &
que le Cas prevôtal & ordinaire ait été commis dans le reffort de
fon Bailliage.

L'ON VOIT par-là, combien la Jurifdiction des Baillis & Sénéchaux eft favorable, & en même tems combien elle a d'étendue.
L'on pourroit encore ajoûter ici plufieurs autres Prérogatives
qui la diftinguent, telles que le Droit de connoître de l'*Entérinement* de toutes les Lettres de Grace qui font expédiées au Grand-
Sceau, à l'exception feulement de celles qui font obtenues par
les Gentilshommes dont l'adreffe doit être faite aux Parlemens ;
comme auffi le Droit de connoître généralement de *toutes les
Caufes criminelles*, dont la connoiffance n'eft pas réfervée en premiere inftance au Parlement.

DE TOUS les Bailliages & Sénéchauffées du Royaume, il n'en eft
point dont la Jurifdiction foit plus diftinguée par fes Priviléges,
que celle du CHASTELET DE PARIS. L'Ordonnance criminelle
contient plufieurs Exceptions remarquables en fa faveur, que
nous aurons lieu de rappeller, en traitant les différentes Parties de
l'Inftruction : nous obferverons feulement à ce fujet, qu'il y a certains Officiers attachés à cette Jurifdiction, qu'on appelle COM-
MISSAIRES, lefquels font diftribués en chaque Quartier de la Ville, & dont les principales fonctions font d'informer M. le Lieutenant Criminel ou M. le Lieutenant Général de Police & M. le
Procureur du Roi du Châtelet, des Crimes & Délits qui fe commettent dans leurs Quartiers auffi-tôt qu'ils en ont connoiffance ;
d'en recevoir les Plaintes ; faire les Informations enfuite de l'Ordonnance du Juge qui les commet ; dreffer des Procès-verbaux
des Perfonnes tuées ou bleffées, & de faire exécuter les Réglemens de Police pour la fûreté & netteté de la Ville de Paris.

IL Y A ENCORE dans cette Capitale une autre Jurifdiction
Royale créée à l'inftar des précédentes ; c'eft celle du BAIL-
LIAGE DU PALAIS, qui s'exerce par un Lieutenant Général,
& s'étend fur tous les Cas, tant Royaux qu'autres, qui fe commettent dans l'Enceinte du Palais, à la réferve feulement de ceux
dont le Parlement juge à propos de connoître en premiere Inftance.

DANS LE NOMBRE des Officiers qui font attachés aux Bailliages & Sénéchauffées, & qui peuvent connoître des Matieres criminelles, font encore compris les Lieutenans Particuliers & Affeffeurs Criminels, les Lieutenans Criminels de Robe-courte, & les Vice-Baillis & Vice-Sénéchaux.

Les Lieutenans Particuliers font des Officiers établis dans chaque Bailliage pour préfider en l'abfence des Lieutenans Généraux & des Lieutenans Criminels, & juger toutes les Matieres dont ceux-ci peuvent connoître. Ils ont été créés par l'Edit d'Henri III. en Juin 1586, ainfi que les Assesseurs Criminels. Les uns & les autres ont le Droit d'affifter à tous les Jugemens que rendent les Lieutenans Criminels, & de les remplacer dans leurs fonctions.

Les Lieutenans Criminels de Robe-courte, dont il eft parlé dans l'art. xij. du Tit. I. de l'Ordonnance, avoient été créés par l'Edit de Novembre 1554, avec pouvoir non feulement d'exécuter les Sentences & Commiffions des Lieutenans Criminels par qui ils devoient être reçûs; mais encore d'affifter avec eux & les Lieutenans Particuliers & Confeillers du Siége, au Jugement des Accufés des Cas Prevôtaux, même informer contre eux, les emprifonner, & en un mot de faire dans les Bailliages les mêmes fonctions que les Prevôts des Maréchaux dans les Provinces & Gouvernemens du Royaume. Mais par l'Edit de Mars 1720, ils ont tous été fupprimés, à l'exception feulement du Lieutenant Criminel de Robe-courte du Châtelet de Paris. Celui-ci, en qualité d'Officier du Châtelet, eft reçu au Parlement, & non à la Connétablie, comme les Prevôts des Maréchaux. Suivant la Déclaration du 2 Septembre 1555, il avoit le Droit de connoître généralement de tout ce qui concernoit le Fait de la Police. Mais par l'Arrêt de Réglement de la Cour, du 22 Février fuivant, fur l'Oppofition à l'Enregiftrement de cette Déclaration, la Police a été réfervée au Prevôt de Paris, & au Prevôt des Marchands *refpectivement*; & on lui a feulement attribué le Droit d'informer des abus & malverfations des *Vendeurs de Foin, Bois & autres denrées*, des *Débardeurs, Déchargeurs, Charretiers*, & autres Contrevenans aux Ordonnances & Réglemens de Police, & de les conftituer Prifonniers, &c.

Depuis ce tems-là, il y a eu plufieurs Réglemens faits entre le Lieutenant Criminel du Châtelet & le Lieutenant Criminel de Robe-courte; notamment l'Edit du mois de Janvier 1691, par

*Nota.* Il y a encore un Lieutenant de Robe-courte à Orléans, qui a été confervé par un Arrêt du Conseil du 9 Juin 1722.

lequel ce dernier eft autorifé à connoître en dernier reffort, *con-curremment & par prévention*, avec le Lieutenant Criminel (qui a néanmoins la préférence lorfqu'il decrete le même jour), des Cas prevôtaux mentionnés dans l'art. xij. du Titre I. de l'Ordonnance de 1670, en faifant juger préalablement fa Compétence, fuivant la forme prefcrite par cette Ordonnance & par les Arrêts du Confeil des 19 Juillet & 7 Septembre 1678. Suivant le même Edit, il peut auffi connoître, par *Concurrence & Prévention*, avec le Lieutenant Criminel, mais à la charge de l'*Appel* feulement, des Meurtres ou Attentats à la Vie des Maîtres commis par leurs Domeftiques, des Crimes de Viol & Enlevement, contre toutes fortes de Perfonnes, excepté contre les Eccléfiaftiques. Il a de plus, le Droit de connoître, à la charge de l'*Appel*, & à l'*Exclufion* du Lieutenant Criminel, des Rébellions commifes à l'exécution de fes Jugemens, & des Crimes commis par les Officiers & Archers de fa Compagnie, même par fon Greffier, en faifant les fonctions de leurs Charges, & non autrement. Enfin, il lui eft fait Défenfes de prendre connoiffance des Cas & Crimes qui doivent être jugés à la charge de l'Appel, autres que ceux marqués ci-devant, à peine de nullité des Procédures, & des dépens, dommages & intérêts des Parties.

Les VICE-BAILLIS & VICE-SÉNÉCHAUX, dont il eft parlé dans le même art. xij. de l'Ordonnance, font des Officiers qui étoient attachés aux Bailliages & Sénéchauffées, pour y exercer les mêmes fonctions que les Prevôts des Maréchaux, dont ils ne différoient qu'en ce que leur Jurifdiction fe trouvoit bornée par le Reffort même du Bailliage ou de la Sénéchauffée, au lieu que celle du Prevôt s'étendoit fur toute la Province ou Gouvernement. Ils étoient appellés VICE-BAILLIS, VICE-SÉNÉCHAUX, parce qu'ils exerçoient cette portion d'autorité qu'avoient anciennement les Baillis & Sénéchaux relativement à l'Intendance des Armes, & qu'ils étoient entretenus auprès d'eux & à leurs frais, comme l'étoient d'abord les Prevôts à l'égard des Maréchaux de France. Ils devoient, aux termes de l'art. j. de l'Edit du mois d'Août 1564, être reçus, comme les Prevôts, au Siége de la Connétablie à Paris. Mais enfin ils ont été compris dans la Suppreffion faite par l'Edit de Mars 1720, qui a excepté feulement le PREVÔT GÉNÉRAL DE LA CONNÉTABLIE & Maréchauffée de France, le PREVÔT DE L'ISLE DE FRANCE, le LIEUTE-

NANT DE ROBE-COURTE AU CHATELET de Paris, le CHEVALIER DU GUET & le PREVÔT DES MONNOIES, tous réfidens à Paris. C'eft à la place des autres Officiers fupprimés qu'ont été créés par le même Edit, des PREVÔTS GÉNÉRAUX dans chaque Généralité du Royaume avec des *Lieutenans.* Ce font Ceux-ci dont nous parlerons en traitant de la Jurifdiction Prevôtale : à l'égard des Prevôts de la Connétablie , nous aurons également lieu d'en parler, en traitant de la Jurifdiction Militaire , comme auffi des Prevôts qui ont été établis fingulierement pour la Marine.

## CHAPITRE III.

### Des Parlemens , & de leur Compétence en Matiere Criminelle.

PARMI les Juges Royaux ordinaires, le PARLEMENT tient fans contredit le premier rang ; les Auteurs l'appellent *le vrai Dépofitaire de l'Autorité du Roi , le Difpenfateur de fa Juftice , le Vengeur des Crimes* ; & c'eft en cette qualité qu'on peut dire de ce Tribunal, ce que la Loi dit du Préfet du Prétoire, qu'on doit regarder fes Jugemens comme s'ils étoient émanés du Prince mê-me , qui le fuppofe auffi diftingué des autres Juges par fa fidélité , fa fageffe , & fes lumieres, qu'il l'eft d'ailleurs par l'élévation de fon rang ; c'eft auffi par cette raifon que fes Jugemens font intitulés du nom du Souverain même, qu'il décide en dernier reffort, qu'il a le droit exclufif de faire des Réglemens , & de ne pouvoir être pris à Partie.

*V. Guypape, décif. 29. Louet, lett. P.*

*L. 1. ff. de Office Præf. Præt.*

NOUS ne rappellerons point les autres avantages qui diftinguent ce Tribunal en Matiere civile. Nous l'envifageons ici relativement à fa Compétence en Matiere criminelle ; & nous obfervons d'abord à cet égard que le Parlement eft compofé de plufieurs Chambres , parmi lefquelles il y en a une fingulierement deftinée à juger les Matieres criminelles : on l'appelle TOURNELLE , non pas tant, comme l'ont prétendu certains Auteurs, à caufe de la petite Tour où fe tient celle du Parlement de Paris , dont les autres Parlemens ont emprunté le nom ; mais principalement parce que les Juges de toutes les Chambres y vont fucceffivement juger tour-à-tour.

C'eſt dans cette Chambre que ſe tient la Chambre des Vacations, qui a les mêmes Priviléges en Matiere criminelle, aux termes de l'Edit du mois d'Août 1669, à l'exception ſeulement de la connoiſſance du Crime de RAPT, des Appels comme d'ABUS, & des Procès criminels faits aux Gentilshommes, lorſque ceux-ci demandent à être renvoyés à la Grand-Chambre ; elle eſt même autoriſée par la Déclaration du 4 Septembre 1675, à recevoir toutes Appellations comme d'abus, & toutes Plaintes de Crime de Rapt, & à rendre en conſéquence tous les Arrêts de défenſes, & autres Arrêts proviſoires qu'elle jugera à-propos, ſans néanmoins qu'elle puiſſe les juger définitivement.

La Tournelle du Parlement de Paris eſt compoſée de cinq Préſidens, de vingt Conſeillers, dont dix ſont de Grand-Chambre, & les dix autres ſont choiſis dans chaque Chambre des Enquêtes ; il y a cette différence entre ceux-ci & les premiers, qu'ils changent tous les trois mois : & lorſqu'ils ſortent de la Tournelle, ils ſont obligés de remettre dans trois jours au Greffe les Procès criminels dont ils avoient été chargés ; au lieu que les Conſeillers de Grand-Chambre ne changent qu'à chaque ſemeſtre, & qu'ils peuvent, en ſortant de la Tournelle, garder les Procès criminels de l'agrément du Préſident, ſuivant la diſpoſition de l'article cxl. de l'Ordonnance de Blois.

Il y a des Uſages particuliers dans les autres Parlemens, qu'il ſeroit trop long de rapporter ici ; mais ce qui diſtingue principalement celui de Paris de tous les autres, c'eſt l'avantage qu'il a non-ſeulement de connoître du *Domaine* du Roi & de la *Régale*, mais encore de compter parmi ſes Membres les PRINCES DU SANG, les DUCS ET PAIRS du Royaume, & de pouvoir les juger en Matiere criminelle.

L'OBJET principal de l'établiſſement des Parlemens, ayant été de réprimer les Abus que les Baillis & Sénéchaux, & autres Juges inférieurs, faiſoient anciennement de leur autorité, au préjudice des Sujets du Roi, le pouvoir de ces Tribunaux ſupérieurs n'eſt donc pas ſeulement borné à connoître par la voie de l'Appel des Sentences de ces premiers Juges, mais encore de faire rentrer ceux-ci dans leur devoir toutes les fois qu'ils viennent à s'en écarter, ſoit en leur donnant des Réglemens, ſoit en décidant les Conflits qui peuvent s'élever entr'eux, ſoit enfin en évoquant les Procès pendans par-devant eux, pour les juger à l'Audience.

MAIS indépendamment de ces Droits de ſupériorité, que le Parlement

lement peut exercer envers les *Juges de son Reſſort*, il a encore celui de pouvoir connoître en premiere Inſtance, à leur excluſion,
de certains Cas où le Bien public & l'intérêt des Parties paroît
le demander.

CES CAS ſont 1°. toutes les fois qu'il y a une Cauſe *urgente*,
& telle que l'autorité des premiers Juges ne peut apporter un remede aſſez prompt ni ſuffiſant ; c'eſt la diſpoſition de l'Ordonnance de 1493, art. xcvij.

2°. En fait de Crime de LEZE-MAJESTÉ au premier Chef. La
Grand-Chambre du Parlement de Paris eſt en poſſeſſion de connoître de ces ſortes de Crimes ; comme il paroît par les Arrêts
rendus contre Jean Chatel & Ravaillac, & en dernier lieu contre
le nommé *Robert-François Damiens*.

3°. En fait de DUEL, lorſqu'il a été commis dans l'enceinte ou
les environs des Villes où les Parlemens tiennent leur Séance, ou
bien lorſqu'il eſt commis entre Perſonnes de *grande qualité & importance* ; c'eſt la diſpoſition de l'Edit du mois d'Août 1679, art.
xxij. & xxx. confirmée par la Déclaration du mois de Décembre de la même année.

4°. De l'Entérinement des Lettres de Grace obtenues au Grand
Sceau, tant pour les GENTILSHOMMES que pour les OFFICIERS
ROYAUX ; c'eſt la diſpoſition de l'art. jx. de l'Edit d'Amboiſe,
renouvellée par l'art. cxcjx. de l'Ordonnance de Blois, & par
l'art. xij. du Titre XVI. de l'Ordonnance de 1670.

Ce n'eſt pas tout : les Parlemens ont encore des Droits particuliers, relativement aux PREVOTS DES MARÉCHAUX. 1°. Ils
connoiſſent de l'Infraction de Ban, lorſque la Peine du Banniſſement a été prononcée par leur Arrêt, en confirmant ou infirmant
les Sentences des premiers Juges, & cela quand même l'exécution en auroit été renvoyée à ceux-ci ; c'eſt la diſpoſition de l'article ij. de la Déclaration du mois de Février 1731. 2°. Lorſqu'un
même Accuſé ſe trouve pourſuivi pour un Cas ordinaire, pardevant les Juges Royaux ou des Seigneurs & pour un Cas Prevôtal de ſa nature, pardevant les Prevôts des Maréchaux ; & que
le Crime, dont le Prevôt aura connu, n'a pas été commis dans
le Reſſort des Bailliages où le Cas ordinaire eſt arrivé ; c'eſt au
Parlement d'y pourvoir par un Arrêt de Renvoi des deux Accuſations pardevant tel Juge Royal de ſon Reſſort qu'il jugera à-
propos ; c'eſt la diſpoſition de l'art. xvij. de la même Déclara-

V.

tion. 3°. Enfin, lorfque dans le Cas de cette double Accufation, l'Inftruction de l'une fe trouve pendante dans une Cour de Parlement, celle de l'autre Accufation doit y être portée pareillement en tout état de Caufe, fuivant la difpofition de l'article xviij. de la même Loi.

Nous avons vû ci-devant, en parlant des Evocations, les Droits particuliers qu'avoit le Parlement à l'égard des P R é s i-d i a u x, en ce que d'une *part* il connoît par Appel des Evocations qui font demandées de ces Tribunaux dans les Cas où ceux-ci jugent en dernier reffort, & qu'il peut renvoyer pardevant le plus prochain Préfidial, s'il trouve l'Evocation bien fondée ; & de l'*autre*, que dans le Cas où les Préfidiaux ne peuvent juger en dernier reffort, s'il fe trouve des Parens ou autres Caufes de fufpicion fuffifantes, le Parlement peut renvoyer pardevant telle Jurifdiction qu'il le juge à-propos.

Enfin le Parlement a encore des Droits Particuliers fur les Ju-ges d'Eglise. Ces Droits confiftent 1°. en ce qu'il peut connoître par la voie de l'Appel comme d'abus des Procès criminels faits aux Eccléfiaftiques : nous verrons ci-après, en traitant de la Jurifdiction Eccléfiaftique, les Cas particuliers où ces fortes d'Appels peuvent avoir lieu. 2°. En ce qu'il peut connoître par la même voie, de la Publication des Monitoires décernés par les Officiaux. 3°. En ce qu'il peut obliger les Evêques de donner des Vicariats pour l'Inftruction & Jugement des Procès criminels faits aux Eccléfiaftiques, lorfqu'il s'agit d'éviter la *recouffe* des Accufés, ou pour quelqu'autre Caufe importante à l'Ordre ou au Bien public, à l'effet de quoi les Prélats font tenus de choifir tels Confeillers, Clercs defdites Cours, qu'ils jugent à-propos. 4°. Qu'il peut obliger les Evêques de nommer des Officiaux pour la Partie de leur Diocèfe, qui fe trouve dans le Reffort du Parlement. 5°. Enfin qu'il peut commettre un Juge Royal lorfqu'il s'agit d'Inftruire le Procès criminel aux Eccléfiaftiques pour le Cas *Privilégié*, & même renvoyer en d'autres Siéges le Jugement de ces Procès.

Nous avons dit que la Chambre de la Tournelle étoit fpécialement deftinée pour juger les Matieres criminelles qui font du Reffort du Parlement, mais elle n'a pas ce Droit exclufivement aux autres Chambres : il y a de certaines Matieres qui ne peuvent être jugées que par le Parlement en général, c'est-à-dire toutes les CHAMBRES ASSEMBLÉES ; d'autres que par la GRAND-CHAMBRE & la TOURNELLE assemblées; d'autres par la GRAND-CHAMBRE seulement. Il y en a enfin qui sont particulieres aux Chambres des ENQUESTES.

LES CAS qui sont de la Compétence du PARLEMENT en général, sont, comme nous l'avons dit, le Droit de juger les Procès criminels des Membres de leur Corps, & celui qu'a en particulier le Parlement de Paris, de juger les Princes du Sang & les Ducs & Pairs du Royaume.

LES CAS qui sont attribués nommément à la GRAND-CHAMBRE & TOURNELLE assemblées, sont, 1°. le Droit de juger en premiere Instance les Procès criminels faits aux Présidens, Maîtres Ordinaires, Correcteurs, Auditeurs, Avocats, & Procureurs Généraux de la Chambre des Comptes ; ce qui s'entend, comme nous l'avons dit, lorsque ceux-ci demandent leur Renvoi. 2°. De juger aussi, tant en premiere Instance que sur l'Appel, lorsque les Accusés le requierent, les Procès criminels qui sont instruits contre les Trésoriers de France, Présidens Présidiaux, Lieutenans Généraux, Lieutenans Criminels ou Particuliers, les Avocats & Procureurs du Roi des Bailliages, Sénéchaussées, & Siéges Royaux ressortissans nuement aux Cours de Parlement : comme aussi ceux instruits contre les Prevots Royaux, & Juges ordinaires qui ont séance & voix délibérative dans les Bailliages & Sénéchaussées ; c'est la disposition de la Déclaration du 26 Mars 1676, regiſtrée en la Cour le .... Avril de la même année. 3°. De juger pareillement tous les Procès criminels qui sont poursuivis à la Requête de M. le Procureur Général, lorsqu'il estime à-propos de demander qu'ils soient jugés à la Grand-Chambre ; c'est encore la disposition de la même Déclaration que nous venons de citer. 4°. Enfin, de juger des Procès criminels faits aux Gentilshommes & aux Ecclésiastiques, mais sur l'Appel seulement, & lorsque ceux-ci demandent à y être renvoyés, ce qu'ils doivent faire avant que les opinions ayent été entamées en la Tournelle ; c'est la disposition de l'Ordonnance de 1670, Titre I. article xxj.

IL Y A DEUX CAS qui concernent singulierement la Compétence de la GRAND-CHAMBRE : l'un, c'est celui de la *vente des* Livres défendus ou imprimés sans Permiffion ; ce Cas lui eft attribué nommément par la Déclaration du 12 Mai 1717, regiftrée le 7 Juin fuivant, & cela quand même, porte cette Loi, la Sentence dont eft Appel porteroit Condamnation à peine afflictive ; & elle autorife de plus M. le Procureur-Général à requérir l'apport des Procédures commencées par le premier Juge : l'autre, c'est celui de connoître fur l'Appel des Jugemens rendus par le Lieutenant-Général de Police contre des *filles débauchées & de mauvaife vie*, quand même ces Jugemens auroient été rendus fur des Decrets, & qu'ils porteroient Condamnation à une Maifon de Force ; c'est la difpofition de la Déclaration du 26 Juillet 1713, regiftrée en la Cour le 9 Août fuivant.

Enfin les Cas particuliers, qui font de la Compétence dés Chambres des ENQUESTES, font les Matieres de petit criminel qui font portées pardevant elles, foit *en premiere Inftance* lorfque les Matieres font incidentes aux Procès pendans en ces Chambres, foit fur l'*Appel* des Sentences qui ne prononcent point de peines afflictives : ce qui s'entend lorfque cet Appel eft interjetté feulement par l'Accufé ou par la Partie civile ; car s'il eft interjetté par la Partie publique, le Procès doit alors fe porter à la Tournelle : il en eft de même lorfqu'en procédant au Jugement de l'Appel interjetté par la Partie civile, il fe trouve une voix qui tende à peine afflictive, comme nous le verrons ci-après fous le Titre des Jugemens.

APRÉS avoir traité des Droits éminens qui forment la Compétence des Parlemens en Matiere criminelle, nous croyons devoir dire un mot de ceux concernant les Officiers de ces illuftres Corps, qui font fingulierement prépofés à veiller à l'exécution des Réglemens de ces Cours, en même tems qu'à la manutention des Loix & des Ordonnances du Royaume, l'on veut parler des AVOCATS & PROCUREURS GÉNÉRAUX de ces Parlemens.

Quoique leurs fonctions femblent fe rapporter au même objet, il y a cependant des Droits particuliers attachés à chacune de ces Places, dont on fera bien aife de trouver ici le détail : le voici tel qu'il eft tiré des Edits & Arrêts des Réglemens qui font rap- *V. entr'autres p.* portés dans le Recueil imprimé par ordre de M. le Chancelier *331. de ce Recueil.* en 1687 ; mais principalement d'un Arrêt du Confeil d'Etat, du

20 Avril 1684, portant Réglement entre les Avocats & Procureurs Généraux du Parlement de Guienne.

Il réfulte de tous ces Réglemens,

1°. Que la Plume appartient entiérement à M. le Procureur Général.

2°. Que les Expédiens en Procès par écrit font fignés de M. le Procureur Général feul.

3°. Qu'à MM. les Avocats Généraux appartient la Parole dans les Caufes criminelles qui fe jugent à l'Audience.

4°. Que M. le Procureur Général peut feul donner des Conclufions fur Requête, ou fur les Affaires requérant célérité, & qu'il peut les donner en fon Hôtel comme au Parquet.

5°. Qu'à lui feul appartient la Parole, quand il s'agit d'Affaires publiques, ou concernant l'Enregiftrement des Edits, Déclarations, ou touchant les Intérêts de S. M. fauf lorfque les Affaires de cette qualité feront ou devront être portées à l'Audience, la Parole alors appartient à MM. les Avocats Généraux.

6°. Qu'il eft tenu de donner Communication à MM. les Avocats Généraux de toutes les Affaires qui concernent le Service du Roi, à la réferve de celles dont l'Adreffe lui eft faite en particulier.

7°. Qu'il doit être feul nommé dans les Commiffions ordinaires & extraordinaires, où il eft en ufage d'y comprendre & nommer les Gens du Roi; & il eft de fon choix d'y vaquer ou d'y commettre l'un de fes Subftituts.

8°. Qu'il a auprès de lui plufieurs Subftituts auxquels il fait la diftribution des Procès dans la forme prefcrite par l'enregiftrement de l'Edit de leur Création : cet Edit, qui eft de l'année 1586, donne à ceux-ci plufieurs beaux Droits, qui les diftinguent des Subftituts des autres Siéges, notamment celui de la Nobleffe, comme aux autres Membres du Parlement.

9°. Enfin, M. le Procureur Général doit avoir feul le Livre ou Regiftre des Dénonciations.

On peut ajoûter ici, un Privilége qui eft particulier à M. le Procureur Général du Parlement de Paris, c'eft que pendant la vacance de la Prevôté de Paris, les Sentences du Châtelet de Paris s'intitulent fous fon nom.

## TITRE TROISIEME.

*Des Juges Extraordinaires, & de leur Compétence en Matiere Criminelle.*

NOUS comprenons fous le nom de JUGES EXTRAORDINAIRES, tous ceux qui n'ont pas une Jurifdiction primitive, ou dont la Jurifdiction a été démembrée de celles des Juges ordinaires : on les appelle auffi de ce nom, parce qu'ils ne peuvent juger que les Perfonnes & les Matieres dont la connoiffance leur eft fpécialement attribuée par les Edits de leur Création, ou par des Commiffions particulieres.

PARMI ces Juges, il y en a qui font fingulierement deftinés à connoître des Matieres criminelles, tels que les Prevôts des Maréchaux, les Juges Militaires, & les Juges Eccléfiaftiques.

Il y en a d'autres qui n'en connoiffent qu'incidemment aux matieres qui font l'objet particulier de leur établiffement ; de ce nombre font : 1°. les Juges de l'Election & Grenier à Sel, Juges des Traites, Maîtres des Ports & leurs Lieutenans, pour les Délits, Fauffetés, & Rébellions commifes à l'occafion des Droits du Roi, dont l'Appel reffortit à la Cour des Aides : 2°. le Prevôt de l'Hôtel des Monnoies, pour les Délits commis au fait des Monnoies, dont l'Appel va à la Cour des Monnoies : 3°. les Juges des Maîtrifés des Eaux & Forêts & Tables de Marbre, pour les Délits commis à l'occafion des Eaux & Forêts, dont l'Appel reffortit au Parlement : 4°. les Préfidiaux pour les Délits commis par les Officiers des Eaux & Forêts : 5°. les Juges de l'Amirauté pour les Crimes Maritimes, dont l'Appel reffortit au Parlement : 6°. le Grand Prevôt de l'Hôtel, qui juge conjointement avec le Grand Confeil ou des Maîtres des Requêtes à fon choix, les Délits commis dans les Maifons Royales & à la fuite de la Cour : 7°. les Lieutenans Généraux de Police, pour les Crimes de Maquerelage & Proftitution publique, & autres contraventions aux Ordonnances & Réglemens de Police, à la charge d'Appel au Parlement : 8°. les Juges de la Confervation de Lyon, pour les Délits concernant le Négoce, dont l'Appel fe porte au Parlement : 9°. les Juges Confervateurs des Priviléges de l'Univerfité, dont l'Appel va pareillement au Parlement. 10°. Les Juges de la Connétablie pour les Délits commis par les Officiers de la Maréchauffée à la charge d'Appel au Parlement. 11°. Les Prevôts des Marchands, pour les Délits commis par les Marchands & leurs Commis au fait de la Marchandife, & par les Officiers de Police en l'exercice de leurs Charges ; comme auffi pour les Rixes & Querelles entre les Bateliers & autres Gens d'Eau fur les Ports de la Ville de Paris, à la charge d'Appel au Parlement.

Enfin, il y a des Juges extraordinaires, qui ne font uniquement établis que pour juger en dernier reffort de certaines affaires criminelles, tels que les Commiffaires nommés par le Roi. On peut mettre de ce nombre, les Commiffaires Généraux du Confeil qui font établis à Valence, pour inftruire & juger fouverainement & en dernier reffort les Procès criminels des Contrebandiers, Emploiés infideles, & ceux des Faux-fauniers & Complices dans les Provinces de Dauphiné, Provence, Languedoc, Lyonnois, Bourgogne, Auvergne, Rouergue, & Quercy.

Il y a cela de remarquable par rapport aux Juges de cette derniere efpece, qu'ils n'ont point de pouvoir jufqu'à ce qu'ils ayent reçu & accepté leurs Commiffions ; qu'ils ne peuvent les exécuter jufqu'à ce qu'ils en ayent fait apparoir aux Juges des lieux ; mais lorfqu'ils les ont une fois notifié, le Juge du lieu ne peut en empêcher l'exécution, ni les affujettir à la preftation de ferment, non plus qu'à l'information de vie & mœurs. De plus, ils ne peuvent fubdéleguer, que lorfque le Droit leur en eft donné par la Commiffion, & encore ne peuvent-ils le faire que pour l'Inftruction, & non pour la Décifion de la Caufe.

*V. Bodin, Rei publ. liv. 3. ch. 2. Guyp. queft. 286. Loyf. liv. 4. des Offices.*

Nous ne croyons pas devoir entrer dans un plus grand détail fur la Compétence de ces Tribunaux extraordinaires, qui fe trouve fixée par les termes de leurs Commiffions, ou par les Edits de leurs Attributions : nous nous arrêterons feulement à traiter ici des Principes particuliers qui concernent les Jurifdictions Prevôtales, Militaires, & Eccléfiaftiques, qui ont des regles & des formalités qui leur font propres, tant pour la Compétence que pour l'Inftruction.

*Faber, in cod. lib. 3. tit. 1. defin. 32.*

# CHAPITRE PREMIER.

## *De la Jurifdiction des Prevôts des Maréchaux.*

LA Compétence de cette Jurifdiction méritoit bien d'être traitée ici féparément, puifqu'elle a fait l'objet d'un Titre particulier de l'Ordonnance de 1670. Pour le faire avec autant d'ordre & d'exactitude, que l'importance de la matiere paroît le demander, nous commencerons par examiner quelle eft l'origine de cette Jurifdiction & des Officiers qui la compofent; & nous traiterons enfuite des Droits & des Formalités particulieres qui la diftinguent des autres Jurifdictions.

Les PREVÔTS DES MARÉCHAUX tirent leur origine de ces Officiers, qui étoient prépofés chez les Romains pour purger les chemins publics, des Voleurs qui les infeftoient, & à qui par cette raifon l'on avoit donné le nom de *Latronculatores.*

*L. Solemus, §. ult. ff. de Judic.*

*Quos damnatos ftatim puniri publice intereft. L. 16. ff. de Appellat.*

Comme ces fonctions étoient de nature à demander beaucoup d'activité & de diligence, & qu'elles ne pouvoient fe concilier avec l'appareil des formalités ordinaires, il a fallu, pour en faciliter l'exercice, y joindre une Jurifdiction, & donner en même tems à cette Jurifdiction le degré de pouvoir & le nombre des Officiers néceffaires pour affûrer promptement l'exécution des Jugemens qui en étoient émanés; de-là le Privilége fingulier qui lui a été attribué de pouvoir juger tout-à-la-fois en premiere Inftance & en dernier reffort. Ce Privilége leur a d'abord été donné par les Edits de François I. de 1514 & 1534, & enfuite confirmé par l'Ordonnance de 1670.

Mais, comme d'un autre côté ce Privilége faifoit perdre à l'Accufé l'avantage de l'Appel qui pouvoit lui faciliter les moyens d'acquérir des Preuves & de parvenir à fa Juftification, ces mêmes Loix ont cru devoir apporter les précautions les plus exactes pour prévenir les Abus qui en pouvoient réfulter, foit en affociant à ce Prevôt différens Juges pour l'affifter dans fes Jugemens, foit en déterminant de la maniere la plus précife les Cas particuliers fur lefquels fa Jurifdiction pouvoit s'étendre, foit enfin en l'aftraignant à de certaines Formalités dont l'omiffion fait dégénérer leur Jugement à la charge d'Appel; tel a été entr'autres l'objet particulier de la derniere Déclaration de 1731, qui a réuni

dans

dans une feule Loi les Difpofitions des précédentes, en même tems qu'elle y a apporté des Modifications confidérables, que nous remarquerons ci-après.

Les Tribunaux dans lefquels fe rendent leurs Jugemens font les Préfidiaux, dans l'étendue defquels la Capture a été faite, ou le Crime a été commis. Les Officiers dont ils doivent être affiftés font, outre les Confeillers de ces Siéges, l'Affeffeur de Maréchauffée & le Lieutenant de Robe-Courte. Il eft parlé des uns & des autres, & de leurs fonctions fous le même Titre de l'Ordonnance qui concerne les Prevôts des Maréchaux.

Suivant ce Titre, les Prevôts des Maréchaux peuvent être confidérés fous deux Rapports différens; ou comme Officiers Militaires, ou comme Juges.

En qualité d'Officiers Militaires, les fonctions des Prevôts des Maréchaux confiftent à veiller à la fûreté des chemins, comme ils faifoient chez les Romains; à mettre en exécution les Decrets & Mandemens de Juftice, lorfqu'ils en font requis par les Juges; à arrêter les Criminels pris en flagrant délit, ou à la clameur publique, comme auffi les Mendians valides, Vagabonds, & Gens fans aveu; & pour cet effet on leur a donné des *Officiers de Maréchauffée* & *Archers* fous leur commandement. *V. art. 3. & 4. du tit. 2. de l'Ordonn. de 1670.* *V. art. 1. de la Déclar. de 1731.*

Comme Juges, les Prevôts des Maréchaux ont le Droit de juger & de punir les Crimes qu'on appelle *Prevôtaux*, en obfervant les formalités prefcrites par l'Ordonnance.

Nous avons fait ci-devant l'énumération de ces différens Cas, tels qu'ils étoient marqués par l'article xij. du Titre I. de l'Ordonnance de 1670. Nous allons les rappeller ici fuivant les changemens qu'y a apporté la Déclaration de 1731, qui a fixé le dernier état de la Jurifprudence fur ce point, & ne permet pas qu'on puiffe y en ajoûter d'autres. *V. art. 5.*

Cette Déclaration diftingue deux fortes de Cas dont les Prevôts peuvent connoître, les uns qu'elle appelle *Prevôtaux* par la Qualité de l'Accusé, les autres *Prevôtaux* par la Nature du Crime; & il y a cette différence entr'eux, que les Prevôts peuvent connoître des premiers en tout tems & en quelques lieux qu'ils ayent été commis, même dans les Villes de leur réfidence; au lieu qu'ils ne peuvent connoître des derniers, que lorfqu'ils ont été commis ailleurs que dans les Villes de leur réfidence. *V. art. 4. & 6.*

Les Cas *Prevôtaux* par la Qualité des Accufés, font tous Cri- *V. art. 1. 2. & 3.*

X

mes commis ; 1°. par les Vagabonds & Gens fans aveu ( fous ce nom font compris, fuivant la Déclaration, non-feulement ceux qui n'ont ni Profeffion, ni Métier, ni Domicile certain, ni Bien pour fubfifter, & qui d'ailleurs ne peuvent être avoués ni certifiés de bonne vie & mœurs par perfonne digne de foi ; mais encore les Mendians valides qui font pareillement fans aveu ) : 2°. par ceux qui ont été condamnés à Peine corporelle, Banniffement, Amende honorable ; la Déclaration ajoûte que les Prevôts ne peuvent connoître de l'Infraction de Ban que lorfqu'ils ont prononcés eux-mêmes la Peine du Banniffement : 3°. par les Gens de Guerre, lorfque les Crimes font commis dans les lieux d'Etape, d'Affemblée, ou de Séjour pendant leur marche, & non point dans leur Garnifon : 4°. Enfin par les Deferteurs, leurs Fauteurs & Subornateurs, quand même ces derniers ne feroient point Gens de Guerre.

Les Cas *Prevôtaux* par la NATURE du Crime, font 1°. le Vol fur les grands chemins de la campagne, & non ceux faits dans les rues & Fauxbourgs des Villes : 2°. le Vol fait avec effraction, lorfqu'il eft accompagné de port d'armes & violence publique, ou lorfque l'effraction fe trouve avoir été faite dans les murs de clôture ou toîts des maifons, portes & fenêtres extérieures, & ce, quand même il n'y auroit eu ni port d'armes ni violence publique : 3°. le Sacrilége, lorfqu'il eft accompagné de port d'armes & violence publique : 4°. la Sédition, Emotion populaire, Attroupement, Affemblée illicite avec port d'armes : 5°. la Levée de Gens de Guerre fans commiffion émanée du Roi : 6°. la Fabrication ou Expofition de fauffe Monnoie.

Nous avons dit qu'il y avoit cette différence entre les Cas Prevôtaux par la *Qualité* des Perfonnes accufées, & ceux qui font Prevôtaux par la *Nature* du Crime, que les Prevôts ne peuvent connoître des derniers, que lorfqu'ils ont été commis hors la Ville de leur réfidence ; au lieu qu'ils peuvent connoître des premiers en tout tems & en quelque lieu qu'ils ayent été commis : cependant il y a certaines Perfonnes privilégiées qui ne peuvent être fujettes pour aucun Cas ni pour quel Crime que ce foit à la Jurifdiction Prevôtale. De ce nombre font 1°. les Eccléfiaftiques : 2°. les Gentilshommes, pourvû toutefois, ajoûte la Déclaration, qu'ils ne fe foient pas rendus indignes de ce privilége par quelque Condamnation qu'ils auroient fubi de Peine corporelle, Banniffe-

*V. art. 11.*

ment ou Amende honorable : 3°. les Secrétaires du Roi : 4°. les Officiers de Judicature, qui font du nombre de ceux dont les Procès criminels ont accoûtumé d'être jugés à la Grand-Chambre du Parlement.

Les Prevôts font tellement exclus de la connoissance de ces sortes de Personnes, que s'il s'en trouve une dans le nombre de plusieurs Accusés du même Crime, ils font tenus de les tous renvoyer aux Juges ordinaires ; & cela, porte la Déclaration, quand même la Compétence auroit été jugée en leur faveur. *V. art. 14.*

Suivant l'Ordonnance, ils doivent faire ce renvoi dans les vingt-quatre heures, sans être obligés de prendre l'avis des Préfidiaux ; la Déclaration de 1731 ajoûte que ce délai de vingt-quatre heures ne doit fe compter que depuis le premier Interrogatoire que les Prevôts doivent faire fubir à l'Accufé dans les vingt-quatre heures de la Capture. *V. Ordonn. de 1670. tit. 2. art. 14.* *V. Déclarat. de 1731. art. 23.*

Auffi, fuivant cette derniere Loi, quoique les Ecclésiastiques, les Gentilshommes, & autres Personnes privilégiées, dont nous venons de parler, ne puiffent pas être jugés par les Prevôts des Maréchaux ; ceux-ci peuvent néanmoins informer contre eux, même les décréter & arrêter, à la charge de renvoyer les Procédures & l'Accufé au Bailliage & Sénéchaussée dans l'étendue desquels le Crime aura été commis, pour y être jugés à la charge de l'Appel. *V. art. 15. ibid.*

Les Prevôts peuvent auffi, fuivant la même Déclaration, renvoyer ces Accufés privilégiés aux Siéges PRÉSIDIAUX, lorfqu'il s'agit de Crime commis dans le Bailliage où le Siége Préfidial eft établi ; mais ces derniers Tribunaux ne peuvent les juger, comme les Baillis & Sénéchaux, qu'à la charge de l'Appel, à la différence des Cas Prevôtaux de leur *nature*, dont ces Préfidiaux peuvent connoître en dernier reffort comme les Prevôts des Maréchaux, & même préférablement à ceux-ci lorfqu'ils ont décrété avant eux ou le même jour. Enfin les Préfidiaux font encore autorifés de connoître, mais à la charge de l'Appel feulement, de deux Accufations qui feroient portées devant eux dans le même Procès criminel contre différens Accufés, dont les uns feroient pourfuivis pour un Cas *ordinaire*, & les autres pour le Cas *Prevôtal*, ou bien dont les uns feroient privilégiés par leur qualité, & les autres ne le feroient pas ; c'eft la difpofition de l'article xx. de la même Déclaration. *V. art. 8. ibid.* *V. art. 7.* *V. art. 9.*

Nous avons vû, en traitant de la Compétence des Parlemens,

les Cas particuliers dont ils connoissoient à l'exclusion des Prevôts des Maréchaux, notamment de *l'infraction de Ban*, lorsque la Peine du Bannissement avoit été prononcée par leur Arrêt.

Nous avons vû aussi, en parlant des Baillis & Sénéchaux, les avantages que la Déclaration de 1731 donne à ceux-ci sur les Prevôts des Maréchaux; en ce qu'elle leur permet non-seulement de connoître des Cas prevôtaux par leur *nature*, lorsqu'ils sont commis dans les Villes de leur résidence, & des Cas prevôtaux par la *qualité* des Accusés, lorsque ceux-ci sont Ecclésiastiques, Gentilshommes, & autres exceptés ci-devant; mais encore en ce qu'elle leur accorde la préférence dans le cas d'une double Accusation pour le Cas prevôtal & pour le Cas ordinaire, lorsque ces Baillis & Sénéchaux, ou même les autres Juges ordinaires qui leur sont subordonnés, ont informé ou decrété avant les Prevôts des Maréchaux, ou le même jour.

Les Prevôts ont aussi de leur côté, des avantages particuliers, qui leur sont attribués par cette même Loi.

*V. art. 7.*

1°. Il y a un Cas prevôtal par la Qualité des Accusés, dont ils peuvent connoître à l'exclusion non-seulement des Baillis & Sénéchaux, mais encore des Présidiaux & de tous autres Juges; c'est celui concernant les *Déserteurs d'Armée*, leurs *Fauteurs* & *Subornateurs*, quand même ces derniers ne seroient pas Gens de Guerre.

*V. art. 1. tit. 2.*
*& art. 14. tit. 1.*

2°. Suivant l'Ordonnance de 1670 ils ne pouvoient connoître d'autres Cas que des Cas prevôtaux, & ils ne pouvoient en connoître que pour les juger en dernier ressort. Mais la Déclaration de 1731 y a apporté ces deux modifications remarquables: la *premiere*, qu'il y a de certaines circonstances où les Prevôts peuvent connoître des Cas ordinaires pour les juger prevôtalement, comme lorsque l'Accusé de Cas prevôtal se trouve en même tems accusé de Cas ordinaire; mais il faut pour cela qu'il n'y ait eu ni Plainte ni Information faite par le Juge ordinaire, ou bien que l'Instruction pour le Cas ordinaire ne se trouve pas pendante dans les Cours de Parlement, & sur-tout que le Cas ordinaire soit arrivé dans le Département du Prevôt, autrement, il est dit par la Déclaration, que Sa Majesté se reserve d'y pourvoir sur l'avis qui en sera donné à M. le Chancelier à la diligence des Procureurs du Roi. La *seconde*, qu'il y a un Cas royal dont les Prevôts peuvent connoître concurremment avec les Baillis & Sénéchaux, & par prévention; mais qu'ils ne peuvent aussi juger comm'eux.

*V. art. 18.*

qu'à la charge de l'Appel, c'est celui du Duel : ce pouvoir leur avoit déja été attribué par l'art. xix. de l'Edit de 1679. La Déclaration de 1731, en confirmant la disposition de cet Edit, ajoûte que les Jugemens, soit préparatoires, interlocutoires ou définitifs qui interviendront à ce sujet, ne pourront être rendus qu'au nombre de cinq Juges au moins, & qu'il sera fait deux Minutes de ces Jugemens.

3°. Enfin, à l'égard des Cas prevôtaux dont la connoissance est réservée aux Prevôts, pour que les Jugemens qu'ils rendent à ce sujet soient en dernier ressort, il faut qu'ils soient accompagnés des formalités qui sont prescrites par les Ordonnances, comme seules capables de leur donner ce caractere ; mais au lieu que ces Jugemens étoient nuls, suivant l'Ordonnance, par le défaut de ces formalités, ils ne font que dégénerer en simples Jugemens, à la charge de l'Appel, suivant la Déclaration de 1731.

Ces formalités consistent, 1°. à déclarer à l'Accusé au commencement du premier Interrogatoire, qu'il *doit être jugé en dernier ressort*, & faire mention de cette déclaration dans l'Interrogatoire. Cette déclaration & cette mention sont tellement nécessaires, que faute d'y avoir satisfait, les Prevôts des Maréchaux ou le Lieutenant Criminel qui auront procédé à l'Interrogatoire, sont non-seulement condamnés aux dommages & intérêts de la Partie, outre la nullité de la Procédure, mais encore ils sont entierement dépouillés de la connoissance de ce Procès, qui dès-lors doit être jugé, à la charge de l'Appel, par les Baillis & Sénéchaux dans le ressort desquels le Crime a été commis.

*V. Ordonn. de de 1670. tit. 2. art. 13. V. Déclarat. de 1731. art. 14.*

2°. A faire juger leur *Compétence* au Présidial, dans le ressort duquel la capture a été faite, ou le Crime commis ; le Prevôt doit pour cet effet faire porter les charges & informations à la Chambre du Conseil, & y faire conduire l'Accusé pour être oüi en présence de tous les Juges. Le Jugement de *Compétence* doit être prononcé sur le champ à l'Accusé ; il doit en être fait mention dans le Procès-verbal qui est dressé par le Greffier, & qui doit être signé par l'Accusé, sinon mention de son *refus*. Il doit aussi être fait mention dans le même Procès-verbal du *motif* qui a donné lieu au Jugement, & *que l'Accusé a été oüi*, le tout à peine de nullité.

*V. art. 15. de l'Ordonn. ibid.*

*V. art. 19. ibid.*

*V. Déclar. art. 25.*

3°. Il faut que les Juges soient au nombre de sept au moins, non-seulement pour les Jugemens de *compétence* & *définitifs*, mais encore pour les Jugemens *interlocutoires* qui sont rendus dans le cours de

*V. Ordonnance art. 18.*

l'Inftruction ; & ils doivent tous figner la Minute de ces Jugemens, à peine d'interdiction, de 500 livres d'amende envers le Roi, & des dommages & intérêts des Parties.

4°. Il faut que dans les Jugemens définitifs, qui font rendus fur des Accufations inftruites conjointement contre les mêmes perfonnes pour les Cas ordinaires & pour les Cas prevôtaux, les Prevôts ou Juges Préfidiaux qui ont prévenu marquent diftinctement les Cas dont l'Accufé eft déclaré atteint & convaincu, au moyen de quoi ces Jugemens feront exécutés en dernier reffort, fi l'Accufé eft déclaré atteint & convaincu du Cas prevôtal ; finon ils ne feront rendus qu'à la charge de l'Appel, dont il doit être fait mention expreffe : c'eft la difpofition de l'art. xix. de la Déclaration de 1731, qui prononce la peine de nullité, même d'interdiction contre les Juges qui contreviennent à cet article.

5°. Il faut enfin, que les Jugemens prevôtaux, foit définitifs, foit ceux de compétence, foient intitulés du nom du Prevôt ou de fon Lieutenant ; c'eft la difpofition particuliere de la Déclaration du 28 Mars 1720, art. iv.

Nous venons de voir les formalités qui concernent les Jugemens prevôtaux, il nous refte à parler de celles que doivent obferver les Prevôts pour parvenir à l'un & à l'autre de ces Jugemens.

PARMI ces dernieres, les *unes* concernent la Capture des Accufés, d'*autres* concernent le Cas où les Prevôts font jugés incompétens ; d'*autres*, celui où l'Accufé propofe des Moyens de Récufation contr'eux. Il y en a enfin qui doivent être obfervés par le Prevôt, lorfque la Compétence a été jugée en fa faveur, & en procédant au Jugement définitif.

*V. Ordonn. de 1670. tit. 2. art. 6. 7. 8. 9. 10 & 11.*

Les formalités qui concernent la Capture, confiftent en ce que les Prevôts doivent faire inventaire de ce qu'ils trouvent fur la Perfonne des Accufés, & le remettre dans trois jours au Greffe du lieu de la Capture ; qu'ils ne peuvent rien retenir des hardes, ni s'en rendre adjudicataires : qu'ils doivent conduire auffi-tôt les Prifonniers dans les Prifons du lieu, fans pouvoir les retenir en Chartre privée : qu'ils doivent leur laiffer Copie du Procès-verbal & de l'Ecroue : qu'ils font tenus d'informer en perfonne, fans pouvoir donner cette commiffion à leurs Archers, qui peuvent feulement écrouer les Prifonniers qu'ils ont arrêtés, enfuite des decrets des Prevôts des Maréchaux : qu'ils peuvent le faire fans l'Affeffeur, pourvû que ce foit au moment de la Capture : qu'ils doivent auffi interroger l'Accufé dans la forme que nous avons remarquée ci-devant, après quoi ils doivent s'adreffer au Préfidial du lieu de la Capture, pour faire juger leur Compétence.

Les formalités que les Prevôts des Maréchaux doivent garder, dans le Cas où l'Accufé eft jugé n'être pas de leur Compétence, confiftent uniquement à le renvoyer, comme nous l'avons dit, au Juge du lieu du délit, & cela dans les vingt-quatre heures qui commencent à courir du premier Interrogatoire ; paffé lequel tems, il ne peut plus faire ce renvoi que de l'avis du Préfidial. *V. art. 14. du tit. II. de l'Ordou. de 1670.*

Quant aux formalités qui doivent s'obferver dans le Cas où l'Accufé voudroit propofer des Moyens de Récufation contre le Prevôt, il faut diftinguer fi c'eft avant ou après le Jugement de Compétence ; fi c'eft auparavant, ces Moyens doivent être jugés au Préfidial au rapport de l'Affeffeur en la Maréchauffée, & d'un Confeiller du Siége, au choix de l'Accufé ; fi c'eft après le Jugement de Compétence, ces Moyens feront jugés au Siége où le Procès devra être jugé, c'eft-à-dire au Préfidial, fi le Prevôt eft jugé compétent, ou bien au Siége du lieu du délit, fi le Prevôt eft déclaré incompétent ; & dans ce dernier Cas, il eft tenu de faire transférer l'Accufé dans les deux jours aux Prifons du Juge du lieu du délit, fans que le Prevôt ni les Parties civiles puiffent fe pourvoir contre le Jugement qui l'a déclaré incompé-tent : ce Jugement doit être exécuté aux termes de la Déclara-tion, fauf à porter fes plaintes à Sa Majefté qui s'eft réfervée d'y pourvoir comme elle trouvera convenir. *V. art. 16. ibid.*

*V. Déclarat. art. 16.*

Enfin, dans le Cas où la Compétence eft jugée en faveur du Prevôt, les formalités qu'il doit obferver confiftent 1°. à inftrui-re le Procès avec fon Affeffeur ou un Confeiller du Siége : 2°. à faire procéder au dernier Interrogatoire de l'Accufé en préfence de tous les Juges : 3°. à fe faire affifter lors du Jugement défi-nitif, du même nombre de Juges que pour le Jugement de Com-pétence : 4°. à faire dreffer deux Minutes de ce Jugement Pre-vôtal, dont l'une doit refter au Greffe du Siége où le Procès eft jugé, l'autre doit refter au Greffe de la Maréchauffée : 5°. dans le Cas où la queftion préalable eft ordonnée par ce Jugement, il doit y affifter avec le Confeiller Rapporteur & un autre Confeil-ler : 6°. enfin il doit taxer en préfence du Rapporteur les dépens adjugés par le Jugement Prevôtal. *V. Ordonn. de 1670. art. 22. 24. 25. 26. & 27.*

## CHAPITRE II.

### *De la Jurifdiction Militaire.*

NOus connoiffons dans ce Royaume, cinq efpeces de Jurif-dictions Militaires, dont nous ne ferons que donner ici des Notions générales.

La premiere & la plus ordinaire, eft celle qui s'exerce par le CONSEIL DE GUERRE, dans les Places & Garnifons; la feconde, en tems de Guerre, par le PREVÔT DE LA CONNÉTABLIE & autres Prévôts, fervans à la fuite des Camps & Armées; la troifieme, s'exerce fur mer par les OFFICIERS DE MARINE; la quatrieme, eft celle qui s'exerce par MM. les MARÉCHAUX DE FRANCE, Gouverneurs ou Lieutenans Généraux des Provinces fur le point d'honneur, & différends entre Gentilshommes & autres qui font la profeffion des Armes; la cinquieme enfin, eft celle qui eft propre aux TROUPES SUISSES fervans en France.

Toutes ces Jurifdictions font diftinguées & par la Forme dans laquelle elles s'exercent, & par les Cas particuliers qui font l'objet de leur compétence; mais elles ne le font point quant aux Procédures qui s'y obfervent pour l'inftruction des Procès criminels: ces Procédures font les mêmes que celles marquées par l'Ordonnance de 1670, à la réferve feulement de la Jurifdiction Militaire Suiffe, qui a des ufages particuliers à cet égard.

### §. I.

### *De la Jurifdiction du Confeil de Guerre.*

Cette Jurifdiction, qui eft auffi ancienne que l'établiffement de la Difcipline dans les Troupes de ce Royaume, s'exerce dans la forme & pour les cas fuivans, qui font marqués par les Ordonnances du 22 Juillet 1665, 22 Août 1666 & premier Juillet 1725.

L'Affemblée pour le Confeil de Guerre, doit fe faire chez le Gouverneur, Lieutenant de Roi ou Commandant de la Place où fe trouvera la Compagnie du Soldat prévenu de Crime. Tous les Officiers de quelque Corps qu'ils foient, peuvent affifter à ce Confeil de Guerre, auquel le Gouverneur ou le Commandant

ont

ont droit de préfider: & lorfqu'il ne fe trouve pas dans les Places où fe tiennent les Confeils de Guerre, un nombre fuffifant d'Officiers, qui ne peut être moindre de fept, s'agiffant d'un Jugement en dernier reffort; l'on devra y fuppléer, en convoquant les Officiers, & même au befoin les Sergens ou Maréchaux-de-Logis, qui font en garnifon dans les Places les plus voifines : ceux-ci ne peuvent fe difpenfer de fe rendre fur la requifition qui leur en eft faite par les Gouverneurs ou Commandans; & au cas qu'il ne fe trouve pas, pour inftruire le Procès à un Fantaffin, affez d'Officiers d'Infanterie, l'Ordonnance permet d'y fuppléer par ceux de Cavalerie, & pareillement lorfqu'il s'agit d'inftruire le Procès d'un Cavalier, de recourir aux Officiers d'Infanterie; & dans l'un & l'autre cas, les Officiers qui font d'un Corps différent ont le Droit de prendre leur féance à gauche de celui qui préfidera au Confeil de Guerre, & d'y opiner les premiers; les autres Officiers prennent leur rang & féance au Confeil de Guerre fuivant l'ancienneté de leur Corps, fans que les Officiers de la Garnifon puiffent les en empêcher; à l'exception feulement du Capitaine de la Garnifon qui fe trouvera commander dans la Place, & qui doit en cette qualité avoir la préféance, quoiqu'il foit d'un Corps moins ancien.

L'ASSEMBLÉE ainfi faite, les Majors des Places, & à leur défaut ceux des Régimens, prennent des conclufions fur lefquelles fe rendent les Jugemens militaires.

Il y a un Réglement particulier, pour le Confeil de Guerre qui concerne le Régiment des Gardes Françoifes, fuivant lequel les Commandans ni les Officiers des Places ne peuvent y affifter ni faire aucune fonction; le Major ou Aide-Major de ce Régiment eft feulement tenu, lorfqu'il y a quelque Soldat à juger dans le Confeil de Guerre, d'avertir le Gouverneur ou Commandant de la Place, pour pouvoir affembler le Confeil de Guerre qui fe tient dans la Prifon ou chez le Commandant du Régiment, & après que le Jugement eft rendu, d'en aller rendre compte au Commandant de la Place, & lui demander la permiffion de prendre les armes pour l'exécution de ce Jugement. Ce Réglement qui eft du 8 Décembre 1691, fe trouve rapporté dans le Code Militaire, Titre XXX.

A l'égard des Cas particuliers qui forment la Compétence de ce Tribunal, nous allons les détailler ici avec d'autant plus d'exac-

Y.

titude, que cette Jurifdiction eft du nombre des Jurifdictions extraordinaires qui ne peuvent s'étendre au-delà des Perfonnes &
des Matieres pour lefquelles elles font établies. Mais auparavant
nous croyons devoir dire un mot de ce qui fe pratiquoit chez les
Romains à cet égard.

*L. 9. de Milit. ff. de cuftod. & exhib. recr.*
*L. 3. ff. de re militari.*

Il paroît, fuivant le Droit, que l'on étoit dans l'ufage de renvoyer un Soldat qui avoit commis un délit, pardevant celui qui
le commandoit ; c'étoit ordinairement le Lieutenant de la Milice
Romaine appellé *Magifter*, fuivant la notice de l'Empire : cependant ce renvoi ne fe faifoit pas généralement pour toutes fortes
de Crimes ; l'on diftinguoit entre ces Crimes, ceux qui étoient
propres aux Soldats, & ceux qui leur étoient communs avec
toute autre Perfonne ; on appelloit *Délits propres* ceux que le Soldat commettoit comme Soldat & à l'occafion de fes fonctions,
*quidquid ut miles admittebat,* la Loi en donne pour exemple la lâcheté ou la defobéïffance, *veluti fegnitiæ crimen contumaciæ, de-
fidiæ.* On les appelloit auffi de ce nom, parce qu'ils ne pouvoient
être punis que par de certaines peines, qui étoient particulieres
aux Soldats ; telles que celles d'être renvoyés ignominieufement,
ou de décheoir de fon rang, ou privés des emplois militaires, &
autres dont il eft parlé dans la Loi.

*L. 3. Deferto-rum, ff. de re mi-litari.*

On appelloit *Délits communs*, ceux qui ne tomboient pas dans
l'ordre de la Milice, & qui pouvoient être punis par des Loix publiques & ordinaires, *quæ à jure communi & publicis legibus vindi-
cabantur.* Dans le nombre de ceux-ci, la Loi mettoit le crime de
la Défertion, parce qu'il dégradoit entiérement le Soldat, & le
rendoit indigne de fon privilége.

Nous diftinguons, comme les Romains, les délits qui font
propres aux Soldats, de ceux qui leur font communs avec toute
autre perfonne ; mais nous avons des Principes particuliers, foit
par rapport à la Compétence des Juges qui en doivent connoître,
foit par rapport à la Qualité des délits qui en doivent faire l'objet.
Ces Principes font, comme nous l'avons dit, fondés fur des Réglemens particuliers, qui ont été établis pour la Difcipline & la
Police des Troupes dans ce Royaume.

Suivant ces Réglemens, qu'on trouve recueillis dans le Code
Militaire, il paroît qu'on peut réduire les Délits des Gens de
Guerre à cinq efpeces différentes : les uns, qu'ils commettent
contre la fidélité qu'ils ont juré d'obferver dans le *Service du Roi;*
les autres, contre les *Ordres des Officiers,* qui leur font prépofés ;

il y en a, qui font commis de *Soldat à Soldat;* d'autres, commis par des *Soldats* envers des *Particuliers;* il y en a enfin, qui font commis par les *Officiers* eux-mêmes.

### Délits contre le Service du Roi.

Ces Delits font marqués principalement par l'Ordonnance Militaire du premier Juillet 1725, & ils confiftent dans les fuivans.

1°. Lorfqu'on fait quelqu'entreprife ou confpiration contre le Service du Prince ou contre la fûreté des Villes, Places & Pays de fa domination; ou bien qu'en ayant connoiffance on n'en avertit pas les Officiers fupérieurs.

2°. Lorfqu'en tems de Guerre on entretient correfpondance avec l'Ennemi fans la permiffion du Général, fi c'eft à l'Armée; ou du Commandant, fi c'eft dans une Place affiégée.

3°. Lorfqu'on fort d'une Place ou Fort affiégé fans permiffion, qu'on s'écarte des limites du Camp, & qu'étant forti l'on veut y rentrer par efcalade ou autrement que par les portes & chemins ordinaires.

4°. Lorfque l'on tient ou l'on convoque des Affemblées fufpectes, avec armes offenfives, dans une Place affiégée, contre le gré du Gouverneur.

5°. Lorfqu'on excite quelque fédition, révolte ou mutinerie, en appellant à fon fecours ceux de fa Nation ou de fon Régiment.

6°. Lorfqu'on ne dénonce point l'Efpion qu'on fçait avoir été envoyé par l'Ennemi.

7°. Lorfque dans un Combat ou Affaut l'on tient des difcours capables de décourager fes Camarades, & de leur faire prendre la fuite; ou bien lorfqu'on débite de fauffes & dangereufes nouvelles dans un Camp ou dans une Ville affiégée; qu'on fait du bruit pendant la nuit, & autres chofes capables de caufer l'allarme.

8°. Lorfqu'on donne ou fait connoître l'Ordre à l'Ennemi, ou à d'autres qu'à ceux à qui il doit être donné.

9°. Lorfqu'on quitte le Pofte où l'on a été mis en Sentinelle, fans avoir été relevé par l'Officier, fi c'eft un Cavalier; ou par un Sergent, Caporal ou Anfpeffade, fi c'eft un Fantaffin.

10°. Lorfqu'étant dans le Camp ou en Garnifon l'on ne fuit pas fon Drapeau dans une Alarme, Champ de Bataille, ou autre expédition de Guerre; ou bien qu'on laiffe prendre le Drapeau à

l'Ennemi fans grande néceſſité, ou qu'on laiſſe ſauver des Priſonniers dont on étoit chargé.

11°. Lorſqu'on s'enyvre le jour de ſa Garde.

12°. Lorſqu'étant en Sentinelle on eſt trouvé endormi.

Enfin, comme par une derniere diſpoſition, la même Ordonnance confirme les Ordonnances antérieures rendues contre les
Deſerteurs, leurs Suborneurs, & Séduĉteurs, il nous reſte à déterminer, d'après ces premieres Loix, ce que l'on doit entendre
ſous les noms de Deſerteurs, Suborneurs, & Séduĉteurs.

Quant aux DESERTEURS, il paroît, ſuivant ces Loix, & notamment l'Ordonnance du 2 Juillet 1716, que l'on doit être réputé tel, 1°. lorſqu'on quitte la Compagnie dans laquelle on eſt
engagé, pour entrer dans une autre, ou pour ſe retirer dans les
Provinces du Royaume, ſans un Congé expédié dans les formes
preſcrites par Sa Majeſté, c'eſt-à-dire qui ſoit écrit dans le blanc
des Cartouches imprimées, qui ſont envoyées aux Majors ou
Aides-Majors, ſcellées du Cachet du Régiment : 2°. lorſqu'on eſt
trouvé ſans ce Congé à deux lieues du Quartier de la Compagnie
dont l'on eſt, ſi elle eſt dans le Royaume, ou à une demi-lieue
ſeulement, ſi elle eſt en Garniſon dans une Place frontiere : 3°.
lorſqu'on eſt trouvé ſans ce Congé à deux lieues du Camp, s'il ſe
tient dans le Royaume, ou à un quart de lieue ſeulement s'il ſe
tient ſur les Frontieres, allant du côté des Terres des Etats voiſins :
4°. lorſqu'un Soldat, après avoir été reformé, eſt rencontré ſur
les Frontieres ſortant des Terres de l'obéïſſance de Sa Majeſté,
pour paſſer dans les Pays étrangers : 5°. lorſqu'on ne s'eſt pas
rendu dans ſa Garniſon, quinze jours après l'expiration de ſon
Congé : 6°. lorſqu'on quitte ſa Compagnie à l'expiration du terme de l'Enrôlement, ſans avoir obtenu un Congé du Capitaine
dans la forme ci-devant preſcrite, & au refus de ce dernier, le
conſentement de l'Inſpeĉteur Général lors de la Revue : 7°. lorſqu'on quitte ſon Régiment ſous prétexte d'aller en Parti, ſans en
avoir un ordre par écrit, ſigné du Colonel ou du Commandant :
8°. lorſqu'on ne ſuit pas ſon Drapeau ou ſon Etendard dans une
Alarme ou Champ de Bataille, ou autre Expédition de Guerre.

La Peine prononcée dans tous ces cas, eſt celle de Mort ; mais
il faut obſerver en même tems, que cette Peine ne regarde proprement que les ſimples Soldats, tels que les Cavaliers, Dragons,
& Fantaſſins, & non point les Gendarmes, Gardes-du-Corps,

*V. l'Ordonn. du 30 Décemb. 1710.*

*V. artic. 33. de l'Ordonnance du 1 Juillet 1725.*

& Chevaux-Legers de la Maison du Roi : il est vrai que l'Ordonnance du 9 Novembre 1666 ne met sur ce point aucune distinction entr'eux : mais cette Ordonnance, comme le remarque l'Auteur du Code Militaire, n'est point observée, & il n'y a plus d'autre peine contre ces derniers, en cas de desertion, que celle d'une année de prison, & d'être chassé de la Compagnie.

A l'égard des Fauteurs, Suborneurs & Séducteurs de la Desertion, il paroît que ces mêmes Ordonnances comprennent sous ce nom, 1°. tous ceux qui sont convaincus d'avoir débauché les Soldats pour leur faire abandonner le Service ou pour les faire passer d'une Compagnie dans une autre : l'Ordonnance de 1716 veut que ceux-ci soient punis comme les Deserteurs.

2°. Ceux qui retirent par violence le Soldat deserteur des mains de ceux qui le conduisent, l'Ordonnance du mois d'Avril 1689, pour *les Armées Navales & Arsenaux de Marine*, prononce contre eux la peine de mort.

3°. Tous Sujets du Roi qui refusent de donner main-forte à ceux qui conduisent les Deserteurs, ils doivent être punis exemplairement, suivant la même Ordonnance de 1689.

4°. Les Habitans des Villes & Villages qui favorisent le passage des Deserteurs, la même Ordonnance les condamne à 50 livres d'amende pour chaque Soldat, dont elle veut que les Echevins soient solidairement responsables, & même par corps.

5°. Enfin les Prevôts & autres Officiers de Robe-Courte, qui ayant reconnu un Deserteur, ne l'auront pas arrêté, ou qui l'auront relâché après l'avoir arrêté ; la même Ordonnance veut que le Procès leur soit fait & parfait suivant la rigueur des Ordonnances, & que leurs biens soient confisqués au profit de Sa Majesté, qui en donnera le tiers au Dénonciateur.

Il y a encore plusieurs autres Délits contre le Service du Roi, dont il est fait mention dans des Loix particulieres, telles que celles rendues contre les *Passe-volans* ou faux Soldats; contre les Partisans ou ceux qui forment des Partis sans permission ; contre les Soldats transfuges ; & enfin celles concernant la Discipline que les Troupes doivent garder, soit dans les Marches d'Armée, soit dans les Camps, soit pour les Marches & Bagages : toutes ces Loix sont confirmées par l'Ordonnance du mois de Juillet 1727, & elles sont rapportées sous les Titres XII. XIII. XIV. XVIII. XIX. & XXIII. du Code Militaire, que l'on peut consulter à ce sujet.

*Délits des Soldats envers les Officiers.*

Les Délits que les Soldats peuvent commettre envers les Officiers, fe trouvent marqués par les fix premiers articles de l'Ordonnance du premier Juillet 1727, & ils confiftent :

1°. Dans leur DESOBÉISSANCE envers les Officiers des Régimens & Compagnies dont ils font, en tout ce qui leur eſt ordonné pour le Service de Sa Majefté, foit dans les Armées ou
en Route, ou dans les Quartiers & Garnifons.

2°. Dans leur DESOBÉISSANCE envers les Officiers des autres
Compagnies ou Régimens, qui fervent dans leur Quartier ou dans
leur Garnifon.

3°. Dans leur DESOBÉISSANCE envers les Maréchaux de Logis
& Sergens de leur Compagnie, en chofes concernant le Service
du Roi.

4°. Dans les MENACES & VOIES de fait qui feroient employées
par les Soldats envers les Officiers de leurs Régimens & autres
Troupes de leur Quartier ou Garnifon, foit en les frappant de
quelque maniere que ce puiſſe être, foit en mettant l'épée à la
main contr'eux, foit en portant la main fur la garde de leur épée,
ou faifant quelque mouvement pour mettre leur fufil en joue.

Tous les Délits ci-deſſus, font punis indiftinctement de la peine
de Mort.

5°. Dans les MENACES & VOIES de fait dont uferoient les Soldats envers les Maréchaux de Logis ou Sergens, tant de leur Compagnie que des autres Troupes de leur Quartier, & même envers le Caporal ou Brigadier. Mais il faut diftinguer à cet égard
les différens tems où ces Voies de fait auroient été commifes;
fi c'eſt pendant le fervice actuel ou hors le fervice; au premier
Cas la peine n'eſt pas moindre que celle de Mort pour le Soldat
qui frappe le Maréchal des Logis ou le Sergent avec qui il eſt de
garde ou de fervice actuel, & celle des Galeres perpétuelles lorſqu'il frappe le Brigadier ou le Caporal; au fecond Cas, la peine
du Soldat qui frappe ou met l'épée à la main contre le Sergent
ou le Maréchal des Logis, n'eſt que des Galeres perpétuelles;
& il n'y en a aucune de prononcée, pour ce qui concerne le Caporal ou le Brigadier.

6°. Dans le REFUS que feroient deux Soldats qui fe battroient,
d'obéir fur le champ à l'Officier de leur Régiment ou d'autres
Troupes de leur Garnifon, qui leur crieroient de fe féparer, l'Or-

donnance veut, article xv. que s'ils pouffent depuis ce tems-là un feul coup, ils foient paffés par les armes.

7°. Dans les CONSPIRATIONS que feroient les Soldats contre les Généraux & Commandans des Places, la même Ordonnance veut, art. xxj. qu'ils foient rompus vifs ; elle prononce auffi la peine de mort contre ceux qui ayant connoiffance de ces Conf-pirations, n'en auroient pas averti leurs Capitaines ou Meftres de Camp.

8°. Enfin dans les INSULTES & VOIES de fait que commet-troient les Soldats envers les Commiffaires des Guerres dans leurs fonctions, foit en les frappant, foit en fe mettant en pofture de les frapper, ils doivent être punis de la Potence, fuivant l'article xxviij. de la même Ordonnance.

### *Délits de Soldat à Soldat.*

Les Délits qui fe commettent de Soldat à Soldat font marqués par les articles xiij. xv. xxv. xxvij. xxviij. & xlij. de l'Ordonnan-ce Militaire du premier Juillet 1727, & ils confiftent :

1°. Dans les Querelles & Combats particuliers qu'ils font en-tr'eux : il y a fous le Titre XXIII. du Code Militaire une Ordon-nance particuliere rendue à ce fujet le 5 Janvier 1677.

2°. Dans les Tromperies qu'ils fe font au Jeu : l'on trouve fous le même Titre du Code Militaire, une Ordonnance du 15 Janvier 1691, concernant les Jeux défendus.

3°. Dans la Vente ou Achat de Poudre ou de Plomb, Outils, Habillemens, Armes, Chevaux : l'on voit encore fous le même Titre plufieurs Réglemens faits à ce fujet, l'un entr'aurres du 15 Mars 1704, un autre du 6 Décembre 1710, & un troifieme du 28 Février 1716.

4°. Dans le Vol des Armes, Linges, Habits ou Equipages. On peut voir au furplus l'Ordonnance du 18 Septembre 1723, contre ceux qui ont volé des pieces d'Artillerie.

### *Délits des Soldats envers les Particuliers.*

Les Délits qui fe commettent par les Soldats envers les Habi-tans des Lieux où ils paffent ou font en Garnifon, font marqués par les articles xxij. xxvj. xxx. xxxix. xlj. xlij. de la même Ordon-nance du premier Juillet 1727, & ils confiftent 1°. dans les Vols, Pilleries, & Violences que les Soldats commettent envers les Vi-vandiers ou Marchands venans dans les Villes ou dans les Camps, ou envers leurs Hôtes, lorfqu'ils font en Route ou en Garnifon, ou bien dans les Eglifes, foit du Royaume, foit du Pays Enne-mi : 2°. dans les Entreprifes qu'ils font contre les Perfonnes, Villes, Bourgs, Villages, Châteaux, & autres Lieux auxquels Sa Majefté a accordé une Sauve-garde : 3°. dans les Infultes qu'ils font aux Maires, Echevins, & Magiftrats des lieux où ils font en Garnifon : 4°. dans les Violences & Voies de fait qu'ils commettent envers les Prevôts, Archers, & autres Prépofés par les Juges ordinaires, pour empêcher qu'ils n'arrêtent les Soldats Prifonniers, ou pour les ôter de leurs mains : 5°. enfin dans les Ra-vages particuliers qu'ils caufent aux Seigneurs & Propriétaires des lieux où ils paffent, en dégradant les Forêts, chaffant, pêchant, tirant fur les Poulets, Pigeons, Lapins, & autres Animaux do-meftiques.

Voyez au furplus les Ordonnances concernans la Difcipline des Troupes dans leurs Marches ou dans les Garnifons, qui font rap-portées fous les Titres XII. XIII. & XIV. du Code Militaire.

### *Délits des Officiers des Troupes.*

Les DÉLITS qui fe commettent par les Officiers des Troupes peuvent fe réduire à ceux-ci : 1°. lorfqu'ils manquent à la fidélité qu'ils doivent au Roi, en abandonnant leurs Légions, & fe retirant du côté de l'Ennemi : l'Ordonnance de François I. en 1634 veut qu'ils foient punis comme eoupables du Crime de Leze-Majefté. Voyez les articles liij. ljv.

2°. Lorfqu'ils manquent à la fubordination qu'ils doivent en-vers leurs Officiers fupérieurs, & refufent de leur obéir pour ce qui concerne le Service, ils doivent être punis arbitrairement fuivant l'Ordonnance d'Henri II. du 16 Juillet 1551, art. ix.

3°. Lorfqu'ils reçoivent dans leurs Compagnies des Deferteurs d'autres Régimens, ou des PASSE-VOLANS ( on appelle de ce nom tous faux Soldats, tels que Valets d'Officiers & autres qui fe met-tent dans les rangs des Compagnies lors des Revues, ou bien de véritables Soldats qui paffent d'une Compagnie à l'autre dans le tems de ces mêmes Revues) ; la peine des Paffe-volans, fuivant les Réglemens rapportés fous le Titre XVIII. du Code Militaire, eft d'avoir le nez coupé ; & celle des Officiers, dans la Compagnie defquels font trouvés ces Paffe-volans, d'être caffés.

4°. Lorfqu'ils entrent en accommodement pour laiffer un Sol-dat Deferteur de leur Compagnie dans un autre, ou qu'ils ne dé-

noncent

noncent pas les Deferteurs de leur Compagnie au Secrétaire d'E-
tat de la Guerre, ou fi après qu'ils font arrêtés, ils ne requièrent
pas le Commandant de la Place d'affembler le Confeil de Guerre
pour les juger. *Voyez* les Ordonnances ci-deffus concernant les
Deferteurs.

5°. Lorfqu'ils enrôlent par force, ou qu'ils enrôlent des gens
mariés dans leur Garnifon. *Voyez* les mêmes Ordonnances.

6°. Lorfqu'ils vendent les Armes de leurs Soldats. *Voyez* l'Ordonnance du 6 Décembre 1710.

7°. Lorfqu'ils infultent les Commiffaires des Guerres dans leurs
fonctions. *Voyez* l'Ordonnance de 1727, art. xxxvij.

8°. Lorfqu'ils frappent ou infultent les Magiftrats ou Officiers
Municipaux. *Voyez* la même Ordonnance, art. xl.

9°. Lorfqu'ils jouent à des Jeux défendus. *Voyez* l'Ordonnance du 15 Janvier 1691, concernant ces fortes de Jeux.

10°. Lorfqu'ils fe marient fans le confentement de l'Infpecteur
Général du Département où ils font. *Voyez* l'Ordonnance du premier Février 1685.

11°. Enfin toutes les fois qu'ils favorifent ou tolèrent les excès
commis par les Troupes qu'ils commandent, foit en Marche,
foit en Garnifon. *Voyez* les Ordonnances ci-devant citées, concernant la Difcipline des Troupes dans leurs Marches ou Garnifon.

Toutes les différentes efpeces des Délits que nous venons de
détailler, foit qu'ils ayent été commis par des Officiers ou par
des Soldats, font de la Compétence du Confeil de Guerre; à
l'exception néanmoins de ceux commis dans les Marches, lieux
d'Etapes, d'Affemblée, & féjour pendant leur Marche, & des
Crimes commis par les Deferteurs d'Armée, dont la connoiffance appartient, comme nous l'avons vû, aux Prevôts des Maréchaux.

Il faut encore en excepter les Délits commis par des Soldats ou
Officiers envers des Habitans, Maires, & Echevins, lefquels font
de la Compétence des Juges ordinaires : cette Compétence leur
a été attribuée par plufieurs Ordonnances, notamment par celle
du 4 Novembre 1641, en ces termes remarquables : « Les Juges
» ordinaires des Lieux où les Troupes font en Garnifon, connoî-
» tront des Crimes & Délits commis dans lefdits Lieux par les
» Gens de Guerre, de quelque nature qu'ils foient, auxquels les

*V. Cod. Milit. tit. 28.*

Z

» Habitans des Lieux, ou autres Sujets de Sa Majesté, auront in-
» térêt, nonobstant tous Priviléges contraires ; néanmoins ils ne
» pourront procéder à l'Instruction & aux Jugemens des Procès
» de tout Crime de Soldat à Habitant, sans y appeller le Prevôt
» des Bandes ou du Régiment, en cas qu'il y en ait, & où il n'y
» en auroit pas, le Major ou Aide-Major, & autres Officiers
» commandant le Corps des Troupes dont sera l'Accusé ».

V. art. 43.

L'Ordonnance du 13 Mai 1665, ajoûte, que lorsque les Soldats auront été emprisonnés par Ordonnance des Juges des lieux,
les Officiers ne pourront les retirer, ni faire retirer des Prisons où
ils auront été mis, sous prétexte qu'ils doivent connoître de leurs
Crimes, mais qu'ils devront en faire la requisition aux Juges, de
l'autorité desquels ils auront été emprisonnés, & en cas de refus
de ceux-ci de leur remettre les Soldats, se pourvoir vers Sa Majesté.

V. art. 40.

Enfin, l'Ordonnance du premier Juillet 1727, après avoir confirmé les dispositions des précédentes, prévoit le Cas où les Officiers commettroient des Voies de fait ou des Insultes envers les
Magistrats ou Officiers municipaux ; & elle permet à ces derniers d'adresser leurs Plaintes & Procès-verbaux au Secrétaire
d'Etat de la Guerre, pour, sur le compte qui en sera rendu à Sa
Majesté, *y être par Elle pourvû, ainsi qu'il appartiendra.*

### §. II.

*De la Jurisdiction du Prevôt de l'Armée, ou de la Connétablie.*

Nous ne pouvons mieux marquer la forme & l'étendue de cette
seconde espece de Jurisdiction Militaire, qu'en rappellant ici les
termes même de l'Ordonnance d'Henri III. du mois de Décembre 1584, rapportée sous le Titre XXIX. du Code Militaire:
« Es Camps & Armées, pourra ledit Colonel faire prendre con-
» noissance, par ses Prevôts, de tous les Crimes & Délits commis
» par les Capitaines, Soldats & Goujats des Compagnies de Gens
» de Pied & Garnison, Armée & Campagne, jusqu'à Sentence
» de mort inclusivement, selon les formes & statuts gardés entre
» nos Gens de Guerre ; sçavoir, après en avoir fait rapport au
» Colonel-Général de France, & en son absence au Mestre de
» Camp, & pris l'avis & l'opinion d'iceux Capitaines qui se
» trouveront esdites Troupes & Armées, ou de la plus grande
» & saine partie d'iceux, lesquels signeront avec lesdits Prevôts

» les Jugemens qui interviendront . . . . . . Jugeront auſſi leſdits
» Prevôts tous Cas dépendans de l'Ordonnance, Réglement, Diſ-
» cipline qui eſt & ſera ci-après inſtituée par Nous ou les Colo-
» nel-Généraux de France ſur leſdits Gens de Pied, les Jugemens
» deſquels Nous validons & autoriſons ſans qu'ils en puiſſent être
» recherchés, *&c.* ».

Suivant cette Ordonnance, dont la diſpoſition a été renouvellée par pluſieurs Réglemens poſtérieurs, notamment par l'article vij. de l'Edit de Rouſſillon, & par les articles cccxxxviij. &
cccxxxix. de l'Ordonnance de 1629, on peut dire en général, que
les Prevôts de l'Armée ou de la Connétablie, ſont des Officiers
prépoſés par les Généraux d'Armée pour la recherche des Délits
que commettent les Soldats qui ſe débandent hors du Camp & à
la ſuite de l'Armée, en rodant & pillant le Pays, & pour connoître des contraventions faites aux Réglemens du Conſeil de
Guerre, même dans les Camps & Armées; enſorte qu'ils ont en
tems de Guerre, & dans les Camps & Armées, la même étendue
de pouvoir par rapport aux Délits militaires, que le Conſeil de
Guerre en a dans les Places & Garniſons en tems de Paix, ou dans
les Places aſſiégées en tems de Guerre.

Ils connoiſſent auſſi, concurremment avec les Prevôts des Maréchaux, des Deſerteurs d'Armée; avec cette différence que pour
les juger, ils doivent prendre l'avis des Officiers du Conſeil de
Guerre, au lieu que le Prevôt des Maréchaux doit s'adreſſer au
Préſidial dans le reſſort duquel la Capture a été faite.

Ils ſont encore diſtingués des Prevôts des Maréchaux, en ce
que ceux-ci ſont établis par le Roi, & attachés à des Provinces
ou Généralités particulieres.

## §. III.

### *De la Juriſdiction Militaire de la Marine.*

Une troiſieme eſpece de Juriſdiction Militaire, eſt celle qui s'e-
xerce ſur Mer, ou à l'occaſion des fonctions de la Marine; celle-
ci a des formalités particulieres qui ſont marquées par l'Ordonnance de la Marine du mois d'Août 1681, mais principalement
par celle du 15 Avril 1689, concernant les Armées Navales &
Arcenaux de la Marine.

Suivant ces Ordonnances, le Conſeil de Guerre doit être compoſé de l'*Amiral, Vice-Amiral, Lieutenans Généraux, Intendans,*

*Chefs d'Escadre*, *Capitaines de Marine*, *& autres Officiers*, qui ne peuvent être en moindre nombre que sept ; & lorsqu'il n'y a pas assez de Capitaines de Vaisseau dans le Bord pour composer ce nombre, l'on doit appeler les *Capitaines des Galiotes à mortier* & *de Frégates legeres*, & à leur défaut, les *Lieutenans de Vaisseau*, *Capitaines de Brûlots*, & *Enseignes de Vaisseau*, pourvû que ces Officiers ayent vingt-deux ans passés.

Ces Officiers ne peuvent s'assembler qu'avec la permission expresse du Commandant, à qui la Plainte doit être adressée. Le Major, ou en son absence l'Aide-Major, fait les fonctions de Procureur du Roi, & donne les Conclusions interlocutoires, ou définitives : mais après qu'il a donné ses Conclusions, il n'a plus voix délibérative ni rang au Conseil de Guerre : c'est le Prevôt ou son Lieutenant, qui est chargé de l'Instruction, laquelle doit se faire par Information, Interrogatoire, Récollement, & Confrontation, comme les autres Procédures criminelles ; c'est aussi ce dernier qui doit faire le Rapport du Procès au Conseil de Guerre, où il n'a pareillement voix délibérative.

Parmi les Cas, dont cette Jurisdiction peut connoître, il y en a qui concernent singulierement le *Service du Roi*, & la *Discipline Militaire* ; d'autres la *Police intérieure du Vaisseau* ; d'autres enfin qui concernent en général les *Gens* & les *Bâtimens de Mer*.

A l'égard des premiers concernans le SERVICE DU ROI, l'Ordonnance de 1689 en distingue de trois sortes ; 1°. la *Trahison* ou *Lâcheté* des Officiers qui commandent le Vaisseau ; 2°. la *Desertion* des Soldats & Matelots ; 3°. les *Voies de fait* commises par les Officiers, Mariniers, Matelots, & Soldats, soit entr'eux, soit contre les Officiers Majors, soit même contre les Habitans des lieux où ils sont envoyés. Nous croyons inutile de rappeler ici les dispositions de cette Ordonnance sur tous ces points, parce qu'elles sont absolument relatives à celles des autres Ordonnances Militaires que nous avons citées ci-devant, & que toute la différence ne tombe que sur la Qualité des peines, qui sont particulieres aux Marins. Ces peines sont celles de la *Cale*, de *courre la Bouline*, du *Cabestan*, & d'être mis à la *Boucle* ou aux *Fers* : la première consiste à attacher le Patient à une corde, & le jetter dans la Mer du haut de la Vergue du grand Mât, ce qui se fait une ou plusieurs fois, suivant la qualité du Crime : la seconde, à faire passer le Patient, une ou plusieurs fois, d'un bout du Pont à l'autre, devant l'Equipage rangé des deux côtés, qui le frappe de

cordes : la troifieme , à mettre le Patient fur une barre du Ca-
beftan, avec deux boulets de canon aux pieds, pendant une ou
plufieurs heures : enfin la quatrieme , à tenir le Prifonnier fous
la clef.

Les Délits qui concernent la POLICE INTÉRIEURE du Vaiffeau, font marqués par la même Ordonnance fous le Titre de la
*Police des Vaiffeaux*, & ils confiftent dans les fuivans : 1°. Irrévérences en matiere de Religion ; 2°. Yvrognerie ; 3°. Sortie du
Vaiffeau fans permiffion ; 4°. Abandon de la manœuvre qui a
été commandée ; 5°. Vente ou Perte des Armes au Jeu ou autrement ; 6°. Vol & Recellement des Hardes, Argent, & autres
chofes ; 7°. Ufage du Tabac en fumée hors le tems marqué ; 8°.
Vente de Vin, Eau-de-vie, & Tabac fans permiffion ; 9°. Port
de feu allumé dans les endroits voifins de la *Soute* aux Poudres,
ou Apport dans le Vaiffeau du foin , paille , & autres matieres
combuftibles , fans un ordre exprès du Capitaine.

Suivant le même Titre de cette Ordonnance, la connoiffance
de tous ces Délits appartient aux Capitaines qui commandent les
Vaiffeaux fous l'autorité du Général ou Commandant les Armées
navales ou Efcadres, à l'exception néanmoins de ceux qui font
de nature à mériter la peine de Mort naturelle ou civile : à l'é-
gard de ceux-ci , l'Ordonnance veut qu'ils ne puiffent être jugés
que par le Confeil de Guerre, fi ce n'eft dans le Cas de rebellion
ou fédition en préfence des Ennemis , ou dans quelqu'autre danger preffant, auxquels cas elle permet aux Capitaines d'en connoître, à la charge de ne pouvoir juger les Coupables, qu'après
avoir affemblé les Officiers du Vaiffeau & pris leur avis.

Enfin, les Délits qui concernent en général les Gens & Bâtimens de Mer, font l'objet particulier de l'Ordonnance de la Marine, du mois d'Août 1681, regiftrée en la Cour le 8 Janvier
1682.

Nous en remarquons de fix fortes, qui font proprement ceux
que nous appellons *Délits maritimes* ; fçavoir, 1°. les Délits qui
fe commettent à l'occafion des fonctions de la Marine ; 2°. ceux
qui fe commettent à l'occafion du naufrage , bris, & échoue-
ment des Vaiffeaux; 3°. ceux qui fe commettent à l'occafion des
Contrats maritimes & Prifes fur Mer ; 4°. ceux qui fe commettent contre la Police des Ports, Rades, Côtes, & Rivages de la

Mer ; 5°. ceux qui fe commettent à l'occafion de la coupe du Varech ; 6°. ceux qui fe commettent à l'occafion des Parcs & Pêcheries ; 7°. enfin, ceux qui fe commettent à l'occafion de la Pêche des Harengs & des Moluës.

Comme ces fortes de Délits n'intéreffent pas moins le Public, & fur-tout les Pays maritimes, que les perfonnes qui compofent les Vaiffeaux, nous croyons devoir les rappeller fommairement ici, avec les peines que l'Ordonnance y a attachées.

. Mais avant que d'entrer dans ce détail, nous obferverons en général que la connoiffance de tous ces Délits, lorfqu'ils ne font point commis en tems de Guerre & fur des Vaiffeaux du Roi, appartient fingulierement à cette Jurifdiction maritime, qui s'e-xerce fur terre fous le nom de l'Amiral, & qu'on appelle *Amirauté.*

Cette Jurifdiction, établie & confirmée fucceffivement par les Ordonnances de 1580, 1643, 1681, & en dernier lieu par la Déclaration du mois de Janvier 1694, a le Droit de connoître généralement de tous les Cas qui peuvent arriver, tant fur Mer depuis la conftruction jufqu'à la deftruction du Vaiffeau, que fur les Ports, Havres, Rivages, & fur les Quais, même entre Par-ticuliers & perfonnes privées, fans qu'ils puiffent y être troublés par les Juges ordinaires.

Outre cette Jurifdiction, il y a encore celle des PREVÔTS de la Marine, établie par Edit du mois d'Avril 1704, pour quelques Villes maritimes, comme *Calais, Dunkerque, Breft, Port-Louis,* le *Havre, Toulon, Marfeille,* & *Bayonne,* avec le pouvoir de con-noître de tous les Cas prevôtaux dans le reffort qui leur a été at-tribué.

*Délits qui fe commettent à l'occafion des fonctions de la Marine.*

Ces Délits concernent proprement les perfonnes qui font pré-pofées à la conduite du Vaiffeau, tels que le Capitaine, Maître ou Patron, le Pilote, & les Matelots.

1°. Quant au CAPITAINE, MAÎTRE ou PATRON du Vaiffeau, les Délits particuliers où il peut tomber contre les fonctions de fa Charge, font, 1°. lorfqu'il livre le Vaiffeau aux Ennemis, ou qu'il le fait malicieufement perir, il doit être puni de Mort (*voy. art. xxxvj.*) : 2°. lorfqu'il fait fauffe route, qu'il commet larcin, en fouffre dans fon Bord, ou donne lieu frauduleufement à la con-fifcation des Marchandifes, il doit être puni corporellement (*voy. art. xxxv.*) : 3°. lorfqu'il abandonne le Bâtiment en quelque dan-

*V. Ordonnance de la Marine, liv. 2. tit. 1.*

ger que ce foit, fans l'avis des principaux Officiers & Matelots, il doit auffi être puni corporellement (*voy. art. xxvj.*) : 4°. lorfque dans un danger, il n'a pas fauvé avec lui, l'argent & les effets les plus prétieux du Chargement, il doit en répondre en fon nom, fuivant la même Ordonnance (*voyez même art. xxvj.*) : 5°. lorfqu'il divertit, recele ou vend les victuailles du Vaiffeau, il doit auffi être puni corporellement, à moins que de l'avis des Officiers il n'ait vendu ce qu'il avoit de trop aux Navires qu'on trouveroit en plaine Mer, & qui feroient dans une néceffité preffante (*voy. art. xxxij. & xxxiij.*) : 6°. lorfqu'il entre dans les Havres étrangers fans y être obligé par la tempête ou les Pyrates, il doit être puni exemplairement (*voy. art. xxiv.*) : 7°. lorfqu'il n'acheve pas le Voyage pour lequel il s'eft embarqué, il eft tenu des dommages & intérêts des Propriétaires & Marchands, & peut même être pourfuivi extraordinairement s'il y échoit (*voy. art. xxvij.*) : 8°. enfin, lorfqu'il néglige d'informer, inftruire les Procès, & remettre entre les mains des Officiers de l'Amirauté du lieu de la décharge du Vaiffeau, dans le Royaume, ceux qui feront prévenus de Meurtres, Affaffinats, Blafphêmes, & autres Crimes capitaux commis en Mer (*voy. art. xxiij.*).

Les DÉLITS concernant les PILOTES, font 1°. lorfque par ignorance ou négligence ils ont fait périr un Bâtiment, ils font condamnés en 100 livres d'amende, & privés pour toûjours du Pilotage, & de plus tenus des dommages & intérêts des Parties ; & fi c'eft par malice, il y a peine de Mort portée contr'eux (*voy. art. vij.*) : 2°. lorfqu'ils fe préfentent pour conduire les Vaiffeaux à l'entrée & fortie des Ports & Rivieres, fans avoir été reçûs Pilotes Lamaneurs ( c'eft-à-dire Pilotes réfidans dans un Port dont ils connoiffent les entrées & iffues ), ils doivent être punis corporellement (*voyez art. v.*) : 3°. lorfqu'étant Pilotes Lamaneurs, ils ont fait échouer un Bâtiment ; fi c'eft par ignorance, ils font condamnés au Foüet, & privés pour jamais du Pilotage ; fi c'eft par malice, ils font punis du dernier fupplice, & leur corps attaché à un Mât planté près le lieu du Naufrage (*voy. art. xviij.*).

*V. la même Ordonnance, liv. 2. tit. 4.*

*V. Liv. 4. tit. 3.*

Les DÉLITS concernant les MATELOTS, font 1°. lorfqu'ils quittent le Maître fans congé & permiffion : fi c'eft avant le Voyage commencé, ils peuvent être contraints par corps à rendre ce qu'ils ont reçu, & fervir fans loyer ni récompenfe autant de tems

*V. la même Ordonn. liv. 2. tit. 7.*

qu'ils s'y étoient obligés ; fi c'eft après le Voyage commencé , ils doivent être punis corporellement ( *voy. art. iiij.* ) : 2°. lorfqu'ils quittent, fans le congé des Maîtres , le Bord du Vaiſſeau depuis qu'il a été chargé , ils font condamnés à cent fols d'amende , & en cas de récidive ils doivent être punis corporellement ( *voyez art. v.* ) : 3°. lorſqu'ils font couler les Breuvages, perdre le Pain , font faire eau au Navire , excitent fédition pour rompre le Voyage , frappent le Maître les armes à la main , ils font punis de Mort ( *voy. art. vij.* ) : 4°. lorſqu'ils font trouvés dormans en garde ou faifant le quart, ils doivent être mis aux fers pendant quinzaine ; & celui qui les trouvera dans cet état , & qui n'en donnera pas avis au Maître, doit payer cent fols d'amende ( *voy. art. viij.* ) : 5°. lorſqu'ils abandonnent le Maître & la défenfe du Vaiſſeau dans le Combat , ils doivent être punis corporellement ( *voy. art. jx.* ) : 6°. lorſqu'ils entrent au Service des Puiſſances Etrangeres fans la permiſſion du Roi, ils doivent être punis exemplairement ( *voy. art. x.* ) : 7°. enfin , lorſqu'ils defobéiſſent, fe mutinent, s'enyvrent, maltraitent leurs Camarades, ils peuvent être punis de la *Cale*, de la *Boucle*, & autres femblables peines par le Maître du Vaiſſeau, de l'avis des Pilotes & Contre-maîtres. *Voy. art. xxij. Tit. I. Liv. II.*

### Délits à l'occaſion du Naufrage , Bris , & Echouemens des Vaiſſeaux.

L'Ordonnance en donne les exemples fuivans fous le Titre IX. du Liv. IV. 1°. lorſqu'on *attente* à la vie & aux biens de ceux qui font Naufrage, il y a peine de mort ( *voyez art. ij.* ) : 2°. lorſqu'on *recele* des effets provenant du Bris ou Naufrage des Vaiſſeaux ou du cru de la Mer, ou même de ceux qui auront été jettés dans la Mer pour l'allégement du Vaiſſeau ; ceux qui en feront convaincus, & qui n'auront pas fait leur déclaration aux Officiers de l'Amirauté , dans le détroit de laquelle ils auront abordé, feront punis de la peine ordinaire des Recelleurs, fçavoir de la reſtitution du quadruple , & de punition corporelle ( *voy. art. v. & xix.* ) : 3°. lorſqu'on *dépouille* des corps noyés , & qu'on les *enfouit* dans le fable , même punition corporelle pour ceux qui en feront convaincus , & qui n'auront pas fait leur déclaration comme ci-devant ( *voyez article xxxij.* ) : 4°. toute *entreprife* faite pour procurer l'Echouement des Vaiſſeaux , foit par les Seigneurs des Fiefs voifins de la Mer, qui fous prétexte de Droit de VARECK, ou autre Droit, *forcent*

les

les Pilotes de faire échouer les Navires aux côtes qui joignent leurs terres pour en profiter, soit par ceux qui *allument* la nuit des feux trompeurs sur les Greves de la Mer, & dans les lieux périlleux, pour y attirer & faire périr les Vaisseaux ; dans tous ces Cas il y a peine de mort, & de plus le corps de ceux qui allument des feux trompeurs doit être attaché après l'Exécution à un Mât planté aux lieux où ils auront fait les feux ( *voyez art. xliv. xlv.* ) : 5°. enfin l'Ordonnance fait défenses, sous peine de la vie, à tous Soldats & Cavaliers de courir au Naufrage ( *voyez article xxx.* ). *Voyez* au surplus l'Ordonnance de François I. de 1543, concernant l'Amirauté.

*Délits à l'occasion des Prises sur Mer, & Contrats Maritimes.*

Ces Délits sont rapportés sous le Titre IX. du Liv. III. de l'Ordonnance de la Marine, & ils consistent 1°. dans tout *Armement de Vaisseau de Guerre sans Commission de l'Amiral*, ou toute *Commission* que l'on prend des Rois & Etats Etrangers pour armer des Vaisseaux de Guerre sans la permission du Roi : l'Ordonnance veut que les Coupables soient traités comme Pirates ( *voyez art. j. & iij.* ) : 2°. dans toute *Entreprise* faite par les Capitaines de Vaisseaux armés en Guerre contre les Sujets amis ou alliés du Roi, qui auront amenés leurs Voiles & représenté leur *Charte-partie* ou Police de Chargement, il leur est défendu de les arrêter & de prendre ni souffrir être pris aucune chose sous peine de la vie ( *voy. art. vj. & xiij.* ) : 3°. dans le *Coulement à fond* des Vaisseaux, & la descente des Prisonniers en des Isles & côtes éloignées pour céler la Prise, cela est défendu aux Chefs, Soldats, Matelots, sous peine de la vie ( *voyez art. xviij.* ) : 4°. dans l'*ouverture* des Coffres & Ballots, Tonneaux, Armoires des Vaisseaux pris, & dans le *transport* des Marchandises qui sont dedans, avant que la Prise ait été jugée ou qu'il en ait été ordonné en Justice, cela est défendu à peine de restitution du quadruple & de punition corporelle ; même peine est aussi portée contre ceux qui *achetent* ou *recellent* ces Marchandises avant ce tems-là ( *V. art. xx.* ) : 6°. enfin dans l'*Adjudication* de ces Marchandises, & autres effets provenans des Prises, qui seroit faite directement ou indirectement au profit des Officiers de l'Amirauté ; cela leur est défendu à peine de confiscation, quinze livres d'amende, & d'interdiction de leur Charge ( *voyez art. xxxiv.* ).

A a

*Délits contre la Police des Ports , Rades , Côtes , & Rivages de la Mer.*

Ces Délits , dont il eft parlé dans les Titres I. & VIII. du Liv. IV. de l'Ordonnance de la Marine, confiftent 1°. dans le *Vol* des cordages & uftenfiles des Vaiffeaux étant dans les Ports ; la peine eft la flétriffure d'un fer chaud portant la figure d'une Ancre, & le Banniffement perpétuel du lieu où aura été commis le Délit ; & même du dernier fupplice , s'il en réfulte la perte du Bâtiment ou la mort d'un homme (*voyez art. xvj. Tit. I.*) : 2°. dans l'*achat* de ces uftenfiles , lorfqu'ils font vendus par des Matelots ; cela eft défendu à peine d'être puni corporellement (*voy. art. xvij.*) : 3°. dans la *vente* des étoupes de vieux cordages de Vaiffeaux fans la permiffion du Maître ou des Propriétaires du Navire ; cela eft auffi défendu fous les mêmes peines de punition corporelle (*voyez art. xviij.*) : 4°. dans la *levée* des Droits qui ne feront infcrits dans une *Pancarte* approuvée par les Officiers de l'Amirauté , & affichée dans l'endroit le plus apparent du Port ; cela eft défendu à peine de concuffion (*voy. art. xix.*) : 5°. dans le *trouble* & empêchement apporté par quelque perfonne que ce foit , à l'entrée libre des Vaiffeaux des Sujets & Alliés du Roi dans les Rades de l'étendue de fa domination ; cela eft défendu à peine de punition corporelle (*voy. art. j. Tit. VIII.*).

*Délits à l'occafion de la coupe du Varech.*

V. l'Ordonn. de la Marine , liv. 4. Ces Délits font marqués par l'article iv. du Titre X. de l'Ordonnance , qui fait défenfes à tous Seigneurs , Fiefs voifins de la Mer, 1°. de s'approprier aucune portion des Rochers où croît le Varech : 2°. d'empêcher les Vaiffeaux de l'enlever dans le tems que la coupe en eft ouverte : 3°. d'exiger aucune chofe pour leur en accorder la liberté : 4°. d'en donner la permiffion à autres ; le tout à peine de concuffion.

On appelle *Varech* l'herbe qui croît en Mer fur les Rochers. On l'appelle autrement , *Gouefmon*, fur les Côtes de Bretagne & du Pays d'Aunis.

La Coûtume de Normandie , article dxcvj. comprend auffi , fous le mot *Varech*, toutes chofes que l'eau jette à terre par tourmente & fortune de Mer , ou qui arrivent fi près de terre , qu'un homme à cheval y puiffe toucher avec fa lance. Les Seigneurs de cette Province qui ont des Fiefs voifins de la Mer , prétendent que les effets qui font ainſi portés ſur ſon rivage , leur appartiennent ; & c'eſt ce qu'ils appellent *Droit de Varech.* C'eſt de ce Droit dont l'Ordonnance veut parler dans l'article xliv. du Titre des *Naufrages* , *Bris* , *& Echouemens* , lorſqu'elle fait défenſes à tous Seigneurs voiſins de la Mer , ſous peine de vie , de forcer les Pilotes de faire échouer les Navires aux côtes qui joignent leurs terres pour en profiter , ſous prétexte du Droit de *Varech.*

### *Délits à l'occaſion des Parcs & Pêcheries.*

Ces Délits , dont il eſt fait mention ſous le Tit. III. du Liv. **V.** de l'Ordonnance , conſiſtent 1°. dans les *troubles & empêchemens* que peuvent faire tous Généraux , Officiers , & Soldats des Iſles , Forts , Villes , & Châteaux qui ſont ſur le bord de la Mer , à ceux qui pêchent dans le voiſinage de leurs Places ; il leur eſt défendu d'exiger argent ni poiſſon pour la leur permettre , à peine contre les Officiers de la perte de leurs emplois ; & contre les Soldats , de punition corporelle ( *voy. art. x.* ) : 2°. dans la *plantation des pieux* pour tendre les guideaux ſur le paſſage des Vaiſſeaux , ou à deux cents braſſes près , il eſt enjoint , par l'article xiij. de ce Titre , aux Procureurs du Roi de chaque Siége de les faire arracher aux frais des Propriétaires , à peine d'interdiction de leurs Charges ; & s'ils ſont replantés aux mêmes lieux d'où ils auront été arrachés en exécution de ce même article de l'Ordonnance , elle veut par l'article ſuivant , que les Délinquans ſoient condamnés au fouet.

*V. Liv. 5. tit. 3.*

### *Délits à l'occaſion de la Pêche du Hareng & des Moluës.*

Il eſt parlé de ces Délits dans les Titres V. & VI. du Liv. V. de l'Ordonnance : ils ſe commettent 1°. par les Pêcheurs qui montrent des feux ſans néceſſité , & autrement que dans le tems & dans la maniere preſcrite par l'Ordonnance ; cela leur eſt défendu à peine de punition corporelle ( *voy. art. vij. Tit. V.* ) : 2°. par les Maîtres de Navires qui faiſant la pêche des Moluës ſur le Banc de Terre-Neuve , ou dans la Baye de Canada , font voile pendant la nuit ; ceux-ci ſont tenus de payer le dommage qu'ils pourroient cauſer , au cas qu'ils abordent quelques Vaiſſeaux ; & de plus , de 1500 liv. d'amende , & même de punition corporelle , s'il arrive mort d'homme dans l'abordage ( *voyez art. xiij. Titre VI.* ).

# INSTITUTES

## §. IV.

*De la Jurisdiction Militaire de MM. les Maréchaux de France.*

Une quatrieme espece de Jurisdiction Militaire, est celle de MM. les Maréchaux de France, ou Gouverneurs & Lieutenans Généraux des Provinces, sur le fait du *Point d'honneur*, & des Querelles entre *Gentilshommes*, & autres qui font la *profession des Armes*.

CETTE Jurisdiction, qui a été confirmée par l'article v. de l'E-dit de 1679, portant Réglement général contre les DUELS, consiste dans le Droit de juger & décider par Jugement souverain tous différends concernant le Point d'honneur & Réparation d'offense, soit qu'ils arrivent dans la Cour, ou dans quelqu'autre lieu des Provinces.

CE MESME EDIT, en attribuant ce Droit exclusif à MM. les Maréchaux de France & aux Gouverneurs & Lieutenans Généraux des Provinces, leur donne en même tems le pouvoir de commetre en chaque Bailliage & Sénéchaussée, un ou plusieurs Gentilshommes d'âge, qualité, & capacité requise pour recevoir les avis des différends qui surviennent entre les Gentilshommes, Gens de Guerre, & les renvoyer aux Maréchaux de France, ou aux Gouverneurs & Lieutenans Généraux des Provinces, lorsqu'ils y seront présens.

CE MESME EDIT donne encore pouvoir à celui ou ceux des Gentilshommes qui seront commis, de faire venir pardevant eux, en l'absence des Gouverneurs & Lieutenans-Généraux des Provinces, pour accorder les différends, ou renvoyer aux Maréchaux, Gouverneurs, & Lieutenans Généraux; au cas qu'on ne veuille pas se soûmetre à leur Jugement, & même de faire assigner, constituer prisonnier, & annoter les biens de ceux qui refuseront de paroître, & faire tous autres Actes nécessaires pour empêcher les Voies de fait; à l'effet de quoi il est enjoint aux Prévôts des Maréchaux, Exempts, & Archers, d'exécuter leurs ordres, à peine de suspension de leur Charge, & de privation de leurs Gages.

Enfin, comme parmi les différends qui arrivent entre les Gentilshommes, il y en a plusieurs à l'occasion des Chasses, Droits honorifiques, & autres Prééminences des Fiefs & Seigneuries qui se trouvent mêlées avec le *Point d'honneur*, le même Edit leur

*V. art. 7.*

attribue auffi le pouvoir de juger fommairement avec les Arbitres, dont ils engageront les Parties à convenir entr'elles, le fond de femblables différends, mais feulement à la charge de l'Appel au Parlement, lorfque l'une des Parties fe trouvera lézée par la Sentence arbitrale.

C'EST en vertu de ces différens pouvoirs, qui leur avoient été attribués par des Edits précédens, qu'il a été fait deux Réglemens particuliers par MM. les Maréchaux de France ; l'un du 22 Août 1653 ; l'autre du 22 Août 1679, qui ont été confirmés en dernier lieu par une Déclaration du 12 Avril 1723, où font marquées les diverfes Satisfactions & Réparations d'honneur, qui doivent être ordonnées fuivant les différens dégrés d'offenfe. Nous allons les rapporter dans un moment, après avoir dit un mot de la Procédure qui doit être obfervée, pour y parvenir.

LORSQU'IL fera furvenu quelques différends entre les Gentils-hommes, Gens de Guerre, & autres qui font profeffion d'Armes, foit par des *Rapports* & *Difcours injurieux*, foit par *manquement de Promeffes* ou *Paroles données*, foit par *Démenti*, *Coup de Main*, ou autres *Outrages* de quelque nature qu'ils foient ; tous ceux qui auront été préfens à ces offenfes, font tenus d'en avertir les Maréchaux de France, Gouverneurs, Lieutenans Généraux des Provinces, ou en leur abfence le Gentilhomme par eux commis, à peine d'être réputés & pourfuivis comme Complices de ces offenfes : le Réglement des Maréchaux de France, du 22 Août 1679, prononce la peine de fix mois de Prifon contre ceux qui en ayant connoiffance, n'en ont point donné avis.

IL EST pareillement enjoint aux Officiers de Juftice ordinaires, Prevôts des Maréchaux qui en auront connoiffance, d'informer de ces différends, d'envoyer leurs Procès-verbaux & Informations aux Maréchaux de France, pour être par eux procédé fuivant la rigueur des Réglemens.

AUSSI-TÔT que les Maréchaux de France, & autres Juges du *Point d'honneur*, font informés de ces différends, ils doivent, aux termes de ces Réglemens, empêcher de tout leur pouvoir, que les Parties fortent des *Voies civiles* & ordinaires pour venir à celles de *fait* ; & pour cet effet, ils doivent envoyer faire des défenfes expreffes aux Parties de fe rien demander par des *Voies de fait* ; & s'ils appréhendent de la defobéiffance de leur part, ils enverront des Archers & Gardes de la Connétablie & Maréchauf-

V. art. 4.

fée , pour fe tenir près de leurs Perfonnes , aux frais des Parties , jufqu'à ce qu'elles fe foient rendues pardevant eux.

SI LES PARTIES refufent, fans aucune caufe légitime, de comparoître pardevant les Juges du *Point d'honneur* fur l'Affignation qui leur a été donnée à leur Perfonne ou à leur Domicile, elles pourront y être contraintes après un certain tems qui leur fera marqué, foit par Garnifon qui fera pofée dans leur Maifon, foit par l'Emprifonnement de leurs Perfonnes ; & en cas de Contumace, par l'annotation de leurs Biens : fi enfin après qu'on leur aura donné une Garde, elles trouvent le moyen de s'en dégager, de quelque maniere que ce foit, l'Edit des Duels veut que non-feulement le Procès leur foit fait pour *Garde enfreinte* , à la Requête du Procureur du Roi de la Connétablie, felon la forme prefcrite par les Ordonnances, & que le Coupable foit decreté fur le fimple Procès-verbal des Gardes, fans d'autre information ; mais encore qu'elles ne puiffent être reçues à accommoder fur le *Point d'honneur* , qu'après qu'elles fe feront rendues en Prifon.

*V. art. 9.*

SI AU CONTRAIRE, l'Accufé comparoît fur l'Affignation, & qu'après l'avoir entendu, les Juges du Point d'honneur trouvent qu'il s'agiffe d'une injure atroce, & qui a été faite avec avantage, foit de deffein prémédité, ou de gaieté de cœur ; le même Edit veut que la Partie offenfée en reçoive une Réparation fi avantageufe, qu'elle ait fujet d'en demeurer contente ; & il confirme à cet effet le pouvoir attribué par les Rois prédéceffeurs à MM. les Maréchaux de France, de juger & décider par Jugement fouverain tous les différends concernant le *Point d'honneur* & Réparation d'offenfe.

*V. art. 5.*

Il ne refte donc plus qu'à déterminer les Peines que ce Tribunal eft en ufage de prononcer, conformément aux Réglemens, dont il eft parlé dans cet Edit.

On doit d'abord confidérer, aux termes de ces Réglemens, les Motifs & les Circonftances dans lefquelles ont été faites ces Offenfes, c'eft-à-dire fi c'eft dans la chaleur des démêlés ; fans aucun fujet ; fi elles n'ont point été repouffées par quelque Repartie ou Revanche plus atroce ; fi c'eft au fujet de quelque Intérêt civil, ou de quelque Procès déja intenté devant les Juges ordinaires, ou au fujet d'une Parole violée ; ou enfin fi l'Offenfe a été faite de deffein prémédité, de gaieté de cœur, & avec avantage.

1°. A l'égard des Offenses faites *sans sujet*, & *qui n'ont point été repoussées*, il faut distinguer, suivant ces Réglemens, si ces Offenses consistent seulement en *paroles injurieuses*, comme de *sot*, *lâche*, *traître*, & autres semblables ; la Peine est de deux mois de Prison, & après ce tems, l'Offensant doit faire déclaration à l'Offensé que, mal-à-propos & impertinemment, il l'a offensé par des paroles outrageantes, qu'il reconnoît être fausses, & lui en demande pardon ; si c'est un *démenti*, ou *menace de coup de bâton*, la Peine est de quatre mois de Prison, après quoi l'Offensant doit demander pardon à l'Offensé ; si c'est un *coup de main* ou *soufflet*, la Peine est d'un an de Prison, lorsque le coup de main a été précédé d'un démenti ; & de deux ans, s'il n'a point été précédé d'un démenti ; & de plus, après que l'Offensant est sorti de Prison, il doit se soûmettre à recevoir pareils coups de main de l'Offensé, & déclarer de parole & par écrit, qu'il l'a frappé brutalement, & le supplie de lui pardonner & oublier cette Offense ; enfin s'il s'agit de *coups de bâton*, & autres pareils outrages donnés dans la chaleur des démêlés, celui qui aura frappé doit tenir deux ans la Prison, en cas que ces coups ayent été donnés après un soufflet ou un coup de main ; & quatre ans, s'il n'a été frappé auparavant ; de plus, après qu'il sera sorti de Prison, il doit demander pardon à l'Offensé en présence de tel nombre d'amis de cet Offensé qu'il plaira aux Juges du Point d'honneur ; ce qui se fera de même que dans les autres Réparations ci-dessus.

2°. A l'égard des Offenses qui se feront au *sujet de quelque Intérêt civil*, ou de *quelque Procès* pendant dans un Tribunal ordinaire, les Réglemens de MM. les Maréchaux portent qu'outre les Punitions ci-dessus spécifiées en chaque espece d'Offense, les Juges du *Point d'honneur* pourront encore ordonner le Bannissement, pour autant de tems qu'ils jugeront à-propos, des lieux où l'Offensant fait sa résidence ; & de plus, s'il est prouvé qu'une des Parties se soit mise en possession d'un bien contesté, elle ne sera reçue à faire aucun accommodement, qu'après qu'elle aura remis les choses dans le même état.

3°. Par rapport aux Offenses pour *Paroles violées*, les mêmes Réglemens prescrivent plusieurs choses : 1°. ils veulent d'abord qu'on ne puisse à l'avenir se plaindre qu'une Parole a été violée, fi elle n'a été donnée par écrit, ou en préfence d'un ou plufieurs Gentilshommes : 2°. que ceux qui fe trouveront dans le cas de fe plaindre de la Parole violée, demandent auffi - tôt Juftice aux Juges du *Point d'honneur*, faute de quoi ils feront réputés Aggref-feurs de tous les Démêlés qui pourroient arriver en conféquence de la Parole violée : 3°. que ceux qui auront été témoins de la Pa-role violée, & n'en auront pas donné avis, feront refponfables de tous les Defordres qui en pourront arriver : 4°. enfin que ceux qui feront convaincus d'avoir manqué de Parole, feront tenus de faire les Réparations & Satisfactions qui feront ordonnées fui-vant l'importance de la Caufe.

4°. Pour ce qui concerne les Offenfes qui ont été faites de *def-fein prémédité*, de *gaieté de cœur*, & avec *avantage*, le dernier de ces Réglemens porte, que fi par le rapport de ceux qui ont été préfens, par notoriété ou autre preuve, il paroît qu'une injure de coups de bâton, de canne, ou autre de pareille nature, ait été faite de deffein prémédité, par furprife ou avec avantage ; celui qui aura frappé feul, & par devant, devra tenir Prifon quinze ans ; & celui qui aura frappé par-derriere, quoique feul ou avec avantage, foit en fe faifant accompagner, ou autrement, tien-dra Prifon pendant vingt années entieres dans une Ville, Cita-delle, Fortereffe éloignée au moins de trente lieues du lieu où l'Offenfé fait fa demeure ordinaire, avec défenfe de fe fauver de Prifon à peine de la vie ; & à l'Offenfé d'approcher du lieu de la Prifon de dix lieues, à peine de defobéiffance.

*V. art. 8.* Enfin la Déclaration de Février 1723, après avoir confirmé les Réglemens ci-deffus dans tous les points, ajoûte qu'attendu que les Peines qui y font portées n'avoient pas jufqu'alors été fuf-fifantes pour arrêter le cours de femblables Defordres, les Juges du *Point d'honneur* pourroient prononcer dans la fuite telles Peines qu'ils aviferoient, fuivant l'exigence des Cas au-delà de celles portées par les Réglemens ; elle ordonne, en outre, que celui qui aura frappé un autre en quelle circonftance que ce foit, foit puni de la Dégradation des Armes & de Nobleffe perfonnelle, & de quinze ans de Prifon ; après lequel tems il ne pourra fortir qu'en vertu des ordres du Roi, qui feront expédiés fur l'avis des Maré-chaux de France.

§. V.

## §. V.

### *De la Jurifdiction Militaire des Troupes Suiffes qui font au Service du Roi.*

UNE cinquieme efpece de Jurifdiction Militaire, qui s'exerce en ce Royaume, eft celle des TROUPES SUISSES, qui font au Service de Sa Majefté. Les Jugemens qui en font émanés fe rendent au nom & fous l'autorité du Colonel, Lieutenant Colonel, & des Capitaines, entre les mains de qui les Cantons ont dépofé le pouvoir de juger fouverainement de la Vie & de la Mort de ceux de cette Nation qui fervent dans ces Troupes.

Ce pouvoir eft le même que celui de toutes les autres Jurifdictions Militaires, & s'étend fur les mêmes Cas, que ceux portés dans nos Ordonnances Militaires, qui fervent de Regle dans les Cas non prévus par les Loix & les Ufages de cette Nation : l'on trouve ces Cas rapportés dans un Formulaire de ferment, qui eft à la fuite du Code criminel de l'Empereur Charles V. vulgairement appellé la CAROLINE, d'où font tirés la plûpart des Regles & des Ufages qui s'obfervent dans cette Jurifdiction, dont l'exercice fe fait, par rapport à l'Inftruction & aux Jugemens, de la même maniere que fi c'étoit dans le fein de la Nation même.

Le Confeil de Guere fe tient au jour indiqué par le Colonel; tout le Corps s'affemble fous les yeux du Public, & forme un Bataillon quarré, dans le centre duquel fe trouvent tous ceux qui doivent compofer ce Tribunal, c'eft-à-dire tous ceux qui ont grade d'Officiers dans le Régiment. Il y a outre cela un *Grand Juge*, dont la charge eft de diriger toutes les Fonctions & Sentences de ce Tribunal, & un *Capitaine* député du Tribunal pour veiller à ce que les Loix & les Ufages foient obfervés dans l'Inftruction, & qui eft chargé de lui en rendre compte.

Il y a encore d'autres Officiers qui font fubordonnés au Grand Juge, & qui fe tiennent debout derriere lui, la tête découverte; fçavoir, 1°. le *Grand Sautier*, qui fait les fonctions de Procureur Général : 2°. le *Subftitut* du Grand Sautier, qui fait en fa place toutes les Requifitions néceffaires : 3°. l'*Avocat du Criminel*, qui eft chargé de le défendre contre les Accufations & les Pieces de conviction qu'on lui oppofe; cet Avocat eft choifi parmi les Officiers du Régiment : 4°. enfin le *Greffier*, dont la fonction eft de

B b

lire la Procédure, écrire la Sentence que lui dicte le Grand Juge, en faire la lecture en présence du Tribunal supérieur, qui est le Maître de la réformer ou de la confirmer, mais qui ne sauroit en augmenter la peine. Lorsque la Sentence de mort est confirmée, le Grand Juge, pour marquer qu'après cette décision il n'y a plus de recours pour le Criminel condamné, rompt le Bâton de la Justice qu'il a devant lui, & l'exécution s'ensuit immédiatement en présence du Conseil de Guerre.

Il y a aussi plusieurs formalités remarquables, dans l'Instruction qui doit précéder ce Jugement. C'est le Colonel seul qui a droit de recevoir la Dénonciation d'un Crime commis par un Soldat du Régiment; ce n'est qu'ensuite de ses ordres que le Grand Juge peut procéder à l'Information qui doit être intitulée du nom de ce Colonel; le Grand Juge doit nommer deux ou trois Officiers pour l'assister à cette Information, outre les Officiers de la Compagnie dont est le Soldat, qui sont Commissaires nés de toutes les Affaires criminelles qui concernent la Compagnie. Cette Information se fait, tant en présence de ces Commissaires, que du Prevôt qui a amené le Criminel, & des Sergens, lesquels, ainsi que le Greffier, en vertu du serment qu'ils prêtent en cette Jurisdiction, sont tenus de garder un secret inviolable sur les Procédures criminelles, jusqu'à ce qu'elles soient rendues publiques le jour du Conseil de Guerre. Ces Informations, ainsi que tous les autres Actes de la Procédure criminelle, doivent être redigées en Langue Allemande. Lorsque les Témoins se trouvent d'une autre Jurisdiction que de celle du Régiment, le Grand Juge doit, à peine de nullité de leurs Dépositions, requérir le Juge du lieu d'où ils sont, pour qu'il les fasse assigner de comparoître devant lui, & déposer par serment pour la vérité. L'Information, le Recollement, la Confrontation se font au reste de la même maniere que celle prescrite par nos Ordonnances. Il en est aussi de même de l'Interrogatoire, à la réserve qu'on ne fait point prêter serment à l'Accusé, conformément aux Loix Impériales, qui sont fondées sur cette raison, que ce seroit l'exposer évidemment au Parjure, comme étant présumé vouloir nier le fait dont on l'accuse. On ne condamne aussi à la Torture, qu'à défaut, ou de preuves pour la conviction, ou de la confession de l'Accusé; & sur des indices violens, tels qu'ils sont marqués par les mêmes Loix impériales. On n'a aucun égard à la confession que fait l'Accusé pen-

dant la Torture, fi elle n'a été enfuite par lui ratifiée volontairement ; c'eft pourquoi on l'écrit fur une feuille féparée du corps
des Informations.

Enfin, toutes les Procédures doivent être exactement datées
& fignées par tous les Commiffaires ; & après qu'elles font ainfi
dreffées, le Grand Juge qui en eft le dépofitaire, doit les communiquer au Colonel ou à celui qui commande en fa place, lequel, fur l'examen qu'il en fait, ordonne, s'il le juge à propos,
l'Affemblée des Capitaines, pour décider à la pluralité des voix
fi le Procès eft fuffifamment inftruit, & fi le Délit eft affez grave,
pour que le Criminel foit mis au Confeil de Guerre, c'eft-à-dire
s'il eft du nombre de ceux qui méritent la Mort. Lorfqu'on l'a jugé
tel, le Colonel indique un jour pour la tenue du Confeil de Guerre, qui rend fon Jugement dans la forme que nous venons de
marquer ci-devant.

# CHAPITRE III.

### Des Juges d'Eglife, & de leur Compétence en Matiere Criminelle.

Nous plaçons cette Jurifdiction au nombre des Jurifdictions
*extraordinaires*, parce qu'elle n'eft fondée que fur les Con-
ceffions particulieres, que nos Rois ont jugé à propos d'en faire,
à cette premiere Portion de leurs Etats, par des motifs de piété &
de refpect pour la Sainteté du Miniftére dont elle eft revêtue.

Ainfi, l'Eglife a deux fortes de Jurifdictions qu'il faut bien diftinguer ; l'une *Spirituelle*, émanée de Jefus-Chrift même, dont
le pouvoir s'exerce fur les Ames, & à laquelle par conféquent
tous les hommes indiftinctement font fujets ; l'autre *Temporelle*,
qui n'eft fondée que fur la grace fpéciale des Souverains, parce
que l'Eglife étant dans l'Etat, c'eft au Prince qui en eft le chef,
& qui ne connoît aucune fupériorité pour le Temporel, que
celle qu'il tient immédiatement de Dieu-même, à la conferver
& la protéger, en même tems qu'il a le Droit d'aftreindre les
Membres qui la compofent, comme fes autres Sujets, à l'obfervation des Loix qu'il établit pour la Police de fon Royaume, &
de punir ceux d'entr'eux, qui viennent à les violer.

Ces Maximes, qui font puifées dans les Conftitutions canoniques même, pourroient être appuyées, au befoin, par les exemples de S. Paul & de S. Athanafe, dont le premier a appellé à Céfar, & l'autre à Conftantin.

Ce n'eft donc, encore une fois, qu'à titre de Conceffion particuliere, que nos Rois, à l'exemple des Empereurs Chrétiens, ont bien voulu fe relâcher en faveur de l'Eglife, de cette Jurifdiction temporelle dont elle jouit : mais comme cette Jurifdiction n'eft qu'une Exception au Droit commun, elle doit être renfermée dans de juftes bornes ; & ce font ces bornes que nous allons tâcher de déterminer relativement aux Matieres criminelles, en donnant une notion fommaire, 1°. de cette Jurifdiction & des Officiers qui la compofent, 2°. des Perfonnes fur lefquelles elle peut s'exercer, 3°. des Cas particuliers dont elle peut connoître ; 4°. des Procédures qui doivent s'y obferver, 5°. des Peines qu'elle a droit d'infliger, 6°. enfin, de la Maniere de fe pourvoir contre les Jugemens qui en font émanés.

Nous traiterons tous ces différens points, fuivant les Maximes le plus généralement reçues. La précifion que nous prefcrit le Titre de cet Ouvrage, nous oblige de renvoyer à la troifieme Partie du fecond Volume, l'examen des modifications particulieres que notre Jurifprudence y a apportées.

### §. I.

*De la Jurifdiction Temporelle de l'Eglife, & des Officiers qui la compofent.*

Par la JURISDICTION TEMPORELLE de l'Eglife, nous n'entendons point parler de cette Jurifdiction *Volontaire*, qui s'exerce par les Evêques en perfonne, ou par leurs Vicaires Généraux, & qui confifte principalement dans la Difpenfation des pouvoirs qui dépendent de la Dignité épifcopale ; tels que la Conceffion des Bénéfices & des Difpenfes, l'Etabliffement des Miniftres, la Confection des Statuts, les Jugemens en Matiere de Doctrine, l'Impofition des Pénitences, l'Approbation des Confeffeurs, &c. on ne peut douter que celle-ci ne foit propre à l'Eglife, comme étant une fuite néceffaire de cette Jurifdiction Spirituelle, dont nous avons parlé ci-devant ; mais nous voulons parler feulement de cette Jurifdiction *Contentieufe*, qui a pour objet les Matieres civiles ou criminelles, & qui eft exercée par les Officiaux.

CETTE Jurifdiction eft compofée de quatre degrés; le premier, eft celui de l'*Evêque*; le fecond, de l'*Archevêque* ou *Métropolitain*; le troifieme, du *Primat*; le quatrieme, du *Pape*: mais lorfque l'Appel fe porte au S. Siége (ce qui n'a lieu que quand les trois premieres Sentences ne fe trouvent pas conformes, ou lorfqu'il n'y a pas d'Appel comme d'Abus, comme nous le verrons ci-après), cet Appel doit être jugé par des Commiffaires ou Juges délégués, que le Pape eft tenu de nommer dans ce Royaume, conformément à la Pragmatique Sanction & au Concordat.

*V. Pragm. Sanct. de Caufis, §. Si vero.*
*V. Concord. de frivol. Appell, §. Si quis.*

Il y a plufieurs Archevêques dans ce Royaume, qui prennent la Qualité de PRIMAT. L'Archevêque de Rouen prend celle de *Primat de Normandie*; celui de Bourges, de *Primat d'Aquitaine*; celui de Sens, de *Primat des Gaules & de Germanie*; ceux de Lyon & de Vienne prennent auffi la Qualité de *Primat des Gaules*: mais celui qui eft en poffeffion d'exercer la Jurifdiction Primatiale fur les Métropolitains de Sens, de Tours, de Paris, & les Evêques leurs Suffragans, qui font du reffort du Parlement de Paris, c'eft l'Archevêque de Lyon.

*V. Loix eccléf. parr. 1. chap. 5. Max. 16.*

Nous avons dit que la Jurifdiction eccléfiaftique contentieufe s'exerçoit par des Officiaux. Nous en connoiffons de trois fortes dans ce Royaume: l'Official Ordinaire, le Forain, & le Privilégié.

L'OFFICIAL ORDINAIRE, eft celui qui exerce fa Jurifdiction dans les Villes Archiépifcopales & Epifcopales du Royaume.

L'OFFICIAL FORAIN, eft celui qui exerce fa Jurifdiction hors la Ville où fe tient le Siége épifcopal, *quafi foris extra Civitatem in aliqua parte Diocæfis degens*. On appelle auffi de ce nom, ceux que les Primats, Archevêques, & Evêques font tenus d'établir dans le reffort des Parlemens dont ils relevent, en exécution de l'art. xxxj. de l'Edit de 1695.

*Clem. 2. refcrip. in 6°.*

Enfin, l'OFFICIAL PRIVILEGIÉ, eft celui qui eft établi par les Chapitres des Eglifes Cathédrales & Collégiales, qui font exemptes de la Jurifdiction des Evêques, tels que ceux de l'Eglife Cathédrale & de la Sainte-Chapelle de Paris.

DE TOUS ces Officiaux, c'eft l'Ordinaire qui a le Pouvoir le plus étendu; c'eft de lui, comme feul véritable Juge en Matiere civile & criminelle, que les Ordonnances entendent parler fous le nom de *Nos Archevêques & Evêques*; c'eft dans cette Qualité, qu'il eft feul délégué pour la Fulmination des Bulles & Refcrits de Rome, & qu'il a le Droit de décerner des Monitoires.

Il a cela de commun avec le Vicaire Général, qu'il eſt deſti-
tuable à volonté, & que ſon Pouvoir ceſſe par la mort ou par la
tranſlation du Prélat qui l'a commis ; mais il en eſt diſtingué par
pluſieurs endroits remarquables : 1°. il a une Juriſdiction qui lui
eſt propre, & qu'il peut exercer en préſence de l'Evêque même :
2°. il n'eſt point tant l'Official de l'Evêque, que celui du Diocèſe
même ; & c'eſt ſous cette derniere Qualité, que les Reſcrits de
Rome lui ſont adreſſés, v. g. *Officiali Pariſienſi... Rhemenſi*, &c.

V. Edit de 1695,
art. 31.

3°. l'Evêque eſt tenu de nommer un Official, & il n'en peut nommer qu'un ſeul, hors le cas où ſon Diocèſe ſe trouve enclavé dans
le reſſort de différens Parlemens : 4°. en cas d'abſence de l'Official, l'Evêque ne peut lui en ſubſtituer un autre, mais ſeulement

V. ch. cum omni,
Extra de vita &
hon. Cler.
V. Edit d'Henri
II. 1554, Déclar.
des 16 Janvier &
22 Mai 1680.
V. Edit de 1695.
art. 43.

commettre un *Vice-gérent*, lequel doit au ſurplus avoir les mêmes Qualités que l'Official ; ſçavoir, qu'il doit être Prêtre & Li-
centié, ou Docteur en Théologie ou Droit Canon, & non étranger : 5°. il peut être pris à Partie en cas de calomnie évidente,
& lorſqu'il n'y a aucune Partie civile capable de répondre des
dépens, dommages, & intérêts : 6°. enfin, ce qui diſtingue principalement l'Official du Vicaire-Général, c'eſt qu'il doit avoir un
Lieu public & certain pour exercer ſa Juriſdiction ; que dans ce
lieu il doit, comme les autres Juges, avoir un Tribunal pour rendre ſes Jugemens, & que ce Tribunal, qui s'appelle OFFICIALI-
TÉ, doit être compoſé de pluſieurs Officiers.

Ces OFFICIERS ſont, 1°. le PROMOTEUR, qui fait les mêmes
fonctions que le Procureur du Roi, & doit, comme lui, avoir
un Regiſtre pour recevoir les Dénonciations ; il peut auſſi, com-

V. même art.

me l'Official, être pris à Partie en cas de calomnie apparente,
& lorſqu'il n'y a aucune Partie capable de répondre des dépens,
dommages, & intérêts ; mais ni l'un ni l'autre ne ſont tenus de
défendre à l'Intimation, qu'après que les Cours l'ont ainſi ordonné en connoiſſance de Cauſe. Ce Promoteur doit être nommé
par l'Evêque, qui lui donne un *Vice-Promoteur*, en cas de beſoin.

2°. Un GREFFIER ou SCRIBE, qui rédige les Sentences.

3°. Des APPARITEURS ou HUISSIERS, dont les fonctions
ſont ſemblables à celles des Huiſſiers ordinaires, qui peuvent être
employés également dans ce Tribunal.

4°. Il y a auſſi des PROCUREURS immatriculés aux Siéges des
Officialités, mais dont les fonctions ne ſont pas uniquement bornées à ce Tribunal.

5°. Enfin, comme la PRISON est réputée une véritable Peine dans les Tribunaux ecclésiastiques, l'Official est autorisé d'en avoir une, ainsi que des GÉOLIERS, pour la garde & le soin des Prisonniers.

## §. II.

*Des Personnes sur lesquelles la Jurisdiction Ecclésiastique peut s'exercer.*

Le PRIVILÉGE de l'Eglise, dans ce Royaume, ne consiste pas seulement dans la Jurisdiction qu'elle exerce sur ses Membres, mais encore dans l'avantage particulier qu'ont ces Membres, de pouvoir demander leur Renvoi pardevant les Juges qui exercent cette Jurisdiction, lorsqu'ils sont traduits pardevant les Juges séculiers ; & c'est ce Droit qu'ont les Ecclésiastiques, d'être jugés par leurs propres Juges, que l'on appelle communément PRIVILÉGE CLÉRICAL.

Mais pour empêcher les abus que les Juges d'Eglise, & les Ecclésiastiques eux-mêmes, pourroient faire de ce Privilége, il étoit nécessaire de déterminer les Personnes qui avoient droit d'en jouir, & les Cas particuliers où ce Privilége devoit cesser ; & c'est à quoi nos Rois ont pourvû sagement par différentes Loix, que nous allons rappeller ci-après.

Suivant l'art. xxj. de l'Ordonnance de Roussillon, il paroît que ce Privilége n'avoit d'abord été accordé qu'aux seuls Ecclésiastiques qui étoient dans les Ordres sacrés, tels que les *Prêtres, Diacres, & Soûdiacres* : l'art. lx. de l'Ordonnance de Moulins ajoûte, ou *Clercs actuellement résidens & servant aux Offices, Ministeres, & Bénéfices qu'ils tiennent dans l'Eglise* : cette disposition a été renouvellée d'une maniere encore plus précise, par l'art. xxxviij. de l'Edit de 1695, qui comprend parmi ceux qui doivent jouir de ce Privilége, non-seulement tous Prêtres, Diacres, & Soûdiacres, mais encore tous Clercs *vivant cléricalement*, résidens & servant aux Offices ou au Ministere & Bénéfices qu'ils tiennent en l'Eglise.

Ainsi, aux termes de cet Edit, pour être justiciable du Juge d'Eglise, il faut, en premier lieu, *être Clerc* ; par conséquent le Juge d'Eglise ne peut connoître, en aucune maniere, des Procès criminels qui concernent les Laïcs, sur lesquels il n'a aucune Jurisdiction, pour tout ce qui n'est pas purement spirituel.

Il faut, en second lieu, suivant cet Edit, *vivre cléricalement, ré-*

fider & fervir aux Offices ou au Miniftere & Bénéfices de l'Eglife ; d'où il fuit que les Religieux qui, par leur état, réuniffent toutes ces conditions, doivent jouir, comme les Clercs féculiers, du Privilége d'être jugés par les Evêques ou leurs Officiaux ; & même par leurs Supérieurs réguliers, lorfqu'ils font exempts de la Jurifdiction épifcopale : il faut feulement obferver, à l'égard de ces derniers, qu'aux termes de la Déclaration du 9 Mars 1696, les Archevêques ou Evêques qui font informés de quelques defordres dans aucun des Monafteres exempts de leur Jurifdiction, doivent avertir paternellement les Supérieurs réguliers d'y pourvoir dans les fix mois ; & même dans un moindre tems, en cas que le fcandale foit fi grand & le mal fi preffant, qu'il y ait un befoin indifpenfable d'y apporter un remede plus prompt : & faute par les Supérieurs réguliers d'y mettre ordre dans le tems, les Prélats font autorifés d'y pourvoir eux-mêmes, ainfi qu'ils l'eftimeront néceffaire, fuivant les Regles & Inftituts de chacun de ces Monafteres.

La seule difficulté qui pouvoit donc refter fur ce point, étoit de fçavoir fi les Religieufes qui, par leur état, n'ont & ne peuvent avoir les différens caractères qu'exige l'Edit de 1695, peuvent jouir du Privilége clérical : mais cette Queftion avoit déja été décidée en leurfaveur par l'article viij. de l'Edit de 1606, qui comprend, parmi les Perfonnes qui doivent jouir de ce Privilége, toutes celles généralement qui ont fait des vœux dans un Ordre religieux ; & c'eft fur ce fondement qu'elles y ont été confirmées depuis, par un célebre Arrêt du 9 Septembre 1694, rapporté au Journal des Audiences.

De ce qu'aux termes de l'Edit de 1695, il n'y a que les Clercs, *vivans cléricalement*, qui puiffent jouir du Privilége d'être jugés par le Juge d'Eglife : il fuit encore, qu'un Clerc qui ne porte pas l'habit de fon état, qui fe marie, qui s'adonne au trafic ou négoce, qui fuit la profeffion des armes, ou qui exerce quelque métier vil & mercenaire, ne doit point jouir de ce Privilége. Effectivement l'on trouve dans les Canons & les Conciles, une infinité de difpofitions qui l'ont décidé ainfi, fur le fondement que, *indignum eft eis ab Ecclefia fubveniri, per quos conftat in Ecclefia fcandalum generari.*

Mais cette exclufion ne doit proprement avoir lieu, fuivant les Auteurs, qu'en Matieres civiles, afin d'empêcher les fraudes que les Clercs, qui déguiferoient ainfi leur état, pourroient commettre

V. Can. fin. Extra. de vita & honeft. Cler.
V. Cap. 1. de Cler. conjug. in 6°.
V. Concil. de Tr. feff. 27. ch. 6.
V. Bruneau, Obf. crim. tit. 2. max. 7. & 8.

mettre envers leurs Créanciers ; & non point en Matiere criminelle, parce que ce Privilége est attaché à la Personne, & qu'il
la suit partout.

*V. Loix ecclés.
part. I. chap. 19.
max. 20.*

Suivant la disposition des Canons, ce Privilége étant accordé
au Corps entier du Clergé, ne peut recevoir d'atteinte par le
fait de ses Membres ; de maniere que ceux-ci ne peuvent y renoncer. Mais suivant notre Jurisprudence, l'on considere principalement la qualité des Délits, dont les Ecclésiastiques sont accusés : il y a des Cas où ils ne peuvent être traduits devant le Juge
Laïc, & où celui-ci doit les renvoyer, même d'Office, devant
leur propre Juge. Il y en a d'autres, où le Juge Laïc n'est tenu de
les renvoyer, que lorsqu'ils le requierent, ou qu'ils sont reven-
diqués par le Promoteur : il y en a, que le Juge Laïc peut juger
seul, nonobstant le Renvoi demandé : il y en a enfin, dont il doit
connoître, conjointement avec le Juge d'Eglise. Ce sont tous
ces différens Cas, que nous allons tâcher de déterminer sous le
paragraphe suivant.

*V. Cap. Si dili-
genti, EXTRA de
Foro compet.*

## §. I I I.

*Des Cas particuliers dont le Juge d'Eglise a Droit de connoître.*

DANS la division que nous avons faite des Crimes, nous en
avons remarqué de trois sortes, qui peuvent être commis par les
Gens d'Eglise ; les Délits purement *Ecclésiastiques*, les Délits *Communs*, & les Délits *Privilégiés*.

NOUS avons dit que les Délits *Ecclésiastiques* étoient ainsi appellés, parce qu'ils ne pouvoient être commis que par les Ecclésiastiques, & qu'ils concernoient uniquement leurs fonctions ; les
Délits *Communs*, parce qu'ils pouvoient être commis par les Ecclésiastiques comme par les Laïcs ; enfin, les Délits *Privilégiés*,
parce qu'ils troubloient l'ordre de la Société civile, & qu'à cause
de leur griéveté, ils méritoient des peines plus fortes que celles
que l'Eglise peut infliger.

NOS Auteurs se sont fort récriés contre cette derniere qualification, qui paroît résister aux Maximes du Royaume, suivant
lesquelles la Jurisdiction Ecclésiastique n'étant fondée elle-même
que sur un Privilége spécial, l'on devroit regarder, disent-ils,
les Cas dont cette Jurisdiction peut connoître, comme seuls Cas
privilégiés ; & ceux dont la connoissance est réservée aux Juges
Royaux, comme Délits communs.

C ç

Quoi qu'il en soit, c'est par la distinction de ces différens Délits, que s'établit naturellement la Compétence du Juge d'Eglise.

En effet, quant aux Délits purement *Ecclésiastiques*, qui consistent dans les contraventions où les Clercs peuvent tomber contre les regles & les devoirs, que les Canons, les Decrets des Souverains Pontifes, & les Statuts eccéléfiastiques ont attachés à leur Caractere ; comme ces Délits ne peuvent être commis que par des personnes revêtues de ce Caractere, & ne peuvent être punis que par les peines portées par les Loix mêmes qu'ils ont violées ( ce qui s'entend lorsque ces Loix sont d'ailleurs revêtues de toutes les formalités qui peuvent leur donner vigueur en ce Royaume),

*V. Loix ecclés. part. 1. chap. 19. max. 10. & 21.*

c'est aux Juges d'Eglise, comme seuls Ministres de ces Loix, qu'il appartient de les venger & de punir les Réfractaires. Ainsi les Juges Laïcs ne peuvent se dispenser de renvoyer, même d'office, les Clercs qui seroient traduits devant eux pour ces sortes de Délits, sur lesquels nos Ordonnances n'ont prononcé aucune peine ;

*V. Ayraut, liv. 3. art. 3. som. 33.*

ils ne peuvent même, suivant AYRAUT, se servir alors du terme de *renvoyer*, qui semble supposer qu'ils pourroient s'en retenir la connoissance ; mais de celui de *rendre* ou *délaisser*, qui suppose que la Personne ne leur appartient aucunement ; sur quoi cet Auteur atteste avoir vû corriger plusieurs Sentences, par Arrêts de la Cour.

A l'égard des Délits *Communs*, quoique ceux-ci forment, comme les premiers, des contraventions particulieres aux Loix de l'Eglise, & qu'ils soient également sujets à des Peines canoniques, il y a néanmoins cette différence, qu'intéressant en même tems l'Ordre politique de l'Etat, en ce que les Laïcs peuvent y tomber comme les Clercs, il y a aussi des peines prononcées contr'eux par les Loix du Royaume ; & c'est pour cela que les Juges Laïcs sont autorisés d'en connoître, lorsque les Juges d'Eglise négligent d'en ordonner la punition, ou que les Ecclésiastiques ne demandent point eux-mêmes leur Renvoi, ou qu'enfin ils ne sont point

*V. Imbert, liv. 3. ch. 9. Chenu, cent. 2. qu. 13.*
*V. Perard Castel, tom. 2. divis. 4. sect. 1. som. 8. & suiv.*

révendiqués par le Promoteur : c'est ce qui les a fait appeler par nos Auteurs, *mixti fori* ; de ce nombre sont entr'autres le Vol simple, l'Adultere, le Concubinage public, l'Usure & le Parjure, &c.

Enfin, quant aux Cas *Privilégiés*, comme ceux-ci troublent directement l'Ordre public, & qu'ils demandent une punition exemplaire, il étoit nécessaire, pour contenir les Ecclésiastiques par la terreur d'un châtiment plus rigoureux que celui que le Juge d'Eglise pouvoit leur infliger, de soûmettre à l'autorité du Juge Laïc, tous ceux qui pourroient tomber en de semblables excès.

Parmi ces Cas privilégiés, il y en a que le Juge Laïc peut juger seul, fans le concours du Juge d'Eglife, tels que les Délits commis au fait des Monnoies, fuivant la difpofition d'un Edit d'Henri II. de 1549, confirmé par un Arrêt du Confeil, du 20 Février 1675, rapporté dans le Récueil des Loix Criminelles.

D'autres, que le Juge Laïc doit inftruire conjointement avec le Juge d'Eglife, de la maniere que nous le verrons ci-après; de ce nombre font les Crimes de *Leze-Majefté au premier & au fecond chef*, le *Sortilége*, la *Magie*, le *Rapt*, *même fans violence*, le *Larcin qualifié avec port d'armes & violence*, l'*Homicide*, l'*Affaffinat*, l'*Incendie*, l'*Empoifonnement*, l'*Homicide de foi-même*, l'*Incefte fpirituel ou Commerce charnel avec une Religieufe ou avec fa Pénitente*, la *Sodomie*, le *Faux*, & généralement tous les Crimes que les Eccléfiaftiques peuvent commettre contre la *Police* ou à l'occafion des *Offices ou Emplois purement laïcs* qu'ils exerceroient.

L'on voit par-là, que quoique tous les Cas royaux foient compris dans le nombre des Cas privilégiés, néanmoins tous les Cas privilégiés ne font pas toûjours royaux; parce que pour former ce dernier, il n'eft pas néceffaire que le Crime réuniffe des circonftances qualifiées, qui le rendent directement contraire à l'Ordre public; mais il fuffit qu'il foit de nature à donner lieu à une peine plus forte que celle que le Juge d'Eglife peut infliger.

Il eft donc à-propos, pour pouvoir s'en former une idée exacte, de fçavoir quelles font les Peines que le Juge d'Eglife peut ou ne peut pas infliger; c'eft ce que nous allons examiner dans un moment, après que nous aurons dit un mot de la Procédure particuliere qui doit s'obferver dans leur Inftruction.

*V. pag. 225. dl ce Recueil.*

## §. I V.

*Procédure particuliere au Juge d'Eglife, en Matiere Criminelle.*

TOUTES LES FOIS que le Juge d'Eglife, par la Plainte qui lui eft adreffée, ou même dans le cours de l'Inftruction criminelle contre un Eccléfiaftique, vient à découvrir que le Délit peut donner lieu, foit par fa nature, foit par fes circonftances, à la condamnation à quelque Peine plus forte que celle qu'il lui eft permis de prononcer fuivant la difpofition des Canons & des Ordonnances, il doit en informer fur le champ le Procureur du Roi de la Jurifdiction royale. L'Edit du mois de Février 1678 lui en fait une injonction expreffe, à peine de tous dépens, dommages, & inté-

*V. la Déclar. du mois de Juil. 1691.*

V. la Décl. de Décemb. 1681.

rêts ; & c'eft par cette raifon, que les Ordonnances l'aftraignent d'ailleurs à exprimer dans les Decrets qu'il rend, la Caufe particuliere qui y a donné lieu.

Mais, comme il y a des cas où le Délit commun peut fe trouver joint au privilégié ; qu'il y en a d'autres, où les Délits peuvent avoir été commis en même tems & par un Eccléfiaftique & par un Laïc, la difficulté a été de fçavoir de quelle maniere devoit s'en faire l'Inftruction ; fi l'on devoit commencer par celle du Cas privilégié, comme le plus confidérable, ou bien fi cette Inftruction devoit fe faire conjointement par l'un & l'autre Juge, chacun pour les Cas qui les concernoient.

Anciennement, l'on étoit dans l'ufage de commencer par l'inftruction du Cas privilégié ; & ce n'étoit qu'après le Jugement, que les Juges Royaux étoient tenus de faire le Renvoi aux Officiaux pour le Délit commun, à la charge néanmoins, que les Eccléfiaftiques qui avoient été condamnés, tiendroient Prifon pour fatisfaction de la peine du Cas privilégié, dont les Officiaux étoient refponfables en cas d'élargiffement : mais cette forme, qui avoit été autorifée par l'Ordonnance de Moulins & par l'E-

V. Edit de Melun, art. 22.

dit d'Amboife en 1572, a été changée par l'Edit de Melun en 1580, & par les Déclarations de 1678 & 1684 ; enforte que l'inftruction s'eft faite dès-lors conjointement entre le Juge d'Eglife & le Juge Royal au Siége de la Jurifdiction eccléfiaftique.

Aux termes de ces dernieres Loix, qui ont été confirmées par l'art. xxxviij. de l'Edit de 1695, il faut diftinguer deux Cas, celui où le Procès criminel a été commencé par le Juge Royal pour le Délit privilégié, & celui où l'Official a commencé d'inftruire pour le Délit commun.

Au premier Cas, fi l'Accufé traduit devant le Juge Royal demande le renvoi pardevant l'Official, ou eft révendiqué par le Promoteur, les Procureurs du Roi des Siéges en doivent donner avis à l'Official, pour qu'il fe tranfporte fur les lieux, s'il le juge à-propos ; & en cas de refus de celui-ci, l'Accufé doit être transféré dans les Prifons de l'Officialité dans le délai de huitaine, à compter depuis la déclaration de l'Official qu'il entend inftruire le Procès dans l'Officialité ; & dans le même délai, le Juge Royal qui a commencé d'inftruire, doit auffi fe tranfporter en l'Officialité pour achever l'Inftruction ; après quoi le Procès pour le Délit commun ayant été inftruit & jugé en l'Officialité, l'Accufé doit être transféré dans les Prifons du Juge Royal, pour y être jugé pour le Cas privilégié.

DANS LE SECOND CAS, c'eſt-à-dire ſi le Procès a été commencé par l'Official, pour le Délit commun ; le même ordre ſera obſervé de la part de ce Juge, qui ſera tenu d'avertir le Juge Royal, dans le reſſort duquel le Cas privilégié aura été commis, & celui-ci devra ſe rendre au Siége de l'Officialité dans huitaine, après ſommation à lui faite à la Requête du Promoteur, faute de quoi le Procès eſt inſtruit par le Juge Royal, dans le reſſort duquel eſt ſitué le Siége de l'Officialité, ou par tels autres que le Parlement juge à-propos de commettre ; mais tant qu'il n'y a point de Juge Royal pour l'aſſiſter dans l'Inſtruction, l'Official ne peut procéder au Jugement.

Lorſque le Procès criminel, pour le Cas privilégié, s'inſtruit au Parlement, l'Evêque eſt tenu, comme nous l'avons obſervé d'après l'Edit de 1695, de donner à l'un des Conſeillers Clercs du Parlement ſon Vicariat, pour faire le Procès conjointement avec celui des Conſeillers Laïcs qui ſera commis.

NOUS porterions plus loin nos obſervations ſur ce point, ſi nous ne nous réſervions d'en faire l'objet particulier de la troiſieme Partie du II. Volume, que nous avons annoncé : nous nous contenterons d'indiquer ici, les formalités générales qui concernent cette Inſtruction conjointe ; les voici telles qu'elles ſont marquées par la Déclaration du 4 Février 1711, regiſtrée en la Cour le 3 Mars ſuivant.

Le Juge d'Egliſe doit avoir la *parole* ; c'eſt à lui de prendre le ſerment des Accuſés & des Témoins, de rédiger, en préſence du Juge Royal, les Informations, Interrogatoires, Recollemens & Confrontations. Le Juge Royal a ſeulement le Droit de requérir le Juge d'Egliſe d'interpeller les Accuſés ſur tels faits qu'il jugera néceſſaires, ſoit lors de l'Interrogatoire, ſoit lors de la Confrontation ; ces Interpellations & les Réponſes des Accuſés doivent être tranſcrites par les Greffiers, tant des Juges d'Egliſe que des Juges Royaux, dans les Cayers des Interrogatoires & des Confrontations. En cas de refus de la part de l'Official de faire les Interpellations requiſes par le Juge Royal, celui-ci peut les faire directement aux Accuſés ; & les Interpellations ainſi que les Réponſes, doivent être pareillement tranſcrites par les Greffiers des Juges Royaux, dans les Cayers des Interrogatoires, Confrontations, & autres actes de la Procédure.

L'Inſtruction ainſi achevée, ces deux Juges procedent chacun ſéparement, au Jugement définitif, ſuivant la forme preſcrite par les Edits que nous avons ci-devant cités.

## §. V.

*Des Peines que le Juge d'Eglise peut ou ne peut pas infliger.*

Parmi les Peines qui peuvent être prononcées contre les Eccléfiaftiques , l'on en diftingue de trois fortes , qui répondent aux trois différentes efpeces de Délits qu'ils peuvent commettre.

Il y en a que le Juge d'Eglife peut prononcer à l'exclufion du Juge Laïc ; d'autres , qu'il peut prononcer concurremment avec le Juge Laïc : il y en a enfin qu'il ne peut prononcer dans aucun Cas.

Nous ne ferons que donner ici une notion fommaire de toutes ces Peines, par rapport à leur nature & à leurs effets : nous aurons lieu , en traitant des différentes efpeces de Crimes , de remarquer les Cas particuliers auxquels elles font attachées.

*Peines que le Juge d'Eglife peut prononcer à l'exclufion de tout autre Juge.*

Ces Peines, font celles qui font purement fpirituelles, en ce qu'elles privent des Sacremens & des fonctions Eccléfiaftiques , telles que l'*Excommunication*, l'*Interdit*, la *Sufpenfe*, la *Dépofition*, la *Dégradation* : il y a des Auteurs qui ajoûtent l'*Abandonnement au Bras feculier* , quoique ce foit moins une peine, qu'une formalité à laquelle le Juge d'Eglife étoit obligé d'avoir recours toutes les fois que le Clerc s'étoit montré incorrigible par différentes récidives, ou que le Crime dont il étoit convaincu , méritoit par fon atrocité des Peines plus fortes que celles que l'Eglife peut prononcer ; formalité qui eft d'ailleurs devenue inutile parmi nous, depuis l'établiffement de l'Inftruction conjointe entre le Juge d'Eglife & le Juge Laïc dans le Cas Privilégié.

Il y a encore plufieurs autres Peines fpirituelles qui font marquées par les Canons, & dont nous ne parlerons point ici, foit parce qu'elles ont ceffé entierement d'être en ufage, comme les *Pénitences publiques*, foit parce qu'elles dépendent principalement de la Jurifdiction volontaire de l'Evêque , comme le *Jeûne*, la *Retraite dans les Séminaires*, les *Récitations de Prieres* & *Humiliations extérieures*, foit enfin parce qu'elles ne procedent pas toûjours du Crime, ou qu'elles font une fuite des précédentes, comme l'*Irrégularité* qui s'encourt , tant par ceux qui ont des défauts naturels, tels que les Bâtards, les Bigames, &c. que par ceux qui violent les Cenfures de l'Eglife.

L'Excommunication s'encourt de deux manieres, fuivant les Canons, ou par le fait feul, telle que celle qui eft prononcée pour de certains Crimes, comme de battre un Prêtre, &c. celle-ci s'appelle par les Canoniftes *latæ fententiæ*, parce qu'elle eft prononcée par le Droit; l'autre qu'ils appellent *ferendæ fententiæ*, n'a lieu qu'après qu'elle a été prononcée par le Juge d'Eglife, & qu'elle a été précédée de monitions, comme dans le Cas du Monitoire; celle-ci doit être employée avec modération, & pour des fujets très-graves, afin que le glaive de la Cenfure ne tombe point dans le mépris : c'eft la difpofition du Canon *Nullus, xj. quæft.* 3. renouvellé par le Concile de Trente. Il faut d'ailleurs que ceux contre qui elle eft prononcée, foient convaincus par les Dépofitions de Témoins irreprochables. *V. cap. Non dubium, Extra de fent. excommunic. V. cap. Religiofo, in 6°.*

*V. Conc. de Tr. feff. 25. de Reform. cap. 2. V. cap. Conftitutionem, in 6°.*

Cette Peine a lieu contre les Laïcs, de même que contre les Clers. Quant aux effets qu'elle produit, elle eft diftinguée par les Canoniftes en *majeure* & *mineure*. La premiere retranche abfolument du Corps de l'Eglife & de la Communion des Fideles; c'eft celle dont nous venons de parler. L'Excommunication *mineure* prive feulement du droit de recevoir les Sacremens, & de pouvoir être pourvû de Bénéfices; c'eft celle qui s'encourt par la communication avec un Excommunié d'Excommunication *majeure*, après qu'il a été dénoncé. Suivant les Canons, le Clerc qui fait les fonctions de fon Ordre, au préjudice de cette derniere Excommunication, n'encourt point l'irrégularité, quoiqu'il peche grievement; mais s'il continue d'avoir commerce avec l'Excommunié d'Excommunication majeure, après qu'il a été averti de s'en abftenir, il encourt lui-même l'Excommunication majeure, fuivant la difpofition du ch. *Quod in dubiis Extra de fent. excom. V. cap. Si celebrat, Extra de Clericis excomm.*

L'Interdit eft une Peine ou Cenfure canonique, qui prive de certains biens fpirituels, comme de l'adminiftration ou de la perception des Sacremens, & de la fépulture eccléfiaftique; elle a cela de commun avec l'Excommunication, qu'elle peut tomber fur les Laïcs comme fur les Eccléfiaftiques; mais elle en differe en ce point, qu'elle ne prive pas entierement, comme celle-ci, du droit d'adminiftrer ou de recevoir les Sacremens, mais feulement en certains lieux, en certains tems, & avec certaines cérémonies; c'eſt pour cela que les Canoniſtes en diſtinguent de trois ſortes; *l'Interdit perſonnel*, par lequel il eſt défendu aux Clercs de faire certaines fonctions de leur Ordre ou de leurs Bénéfices, & aux Laïcs de faire quelques actes extérieurs de Religion; *l'Interdit local*, par lequel il eſt défendu de faire certaines fonctions ſpirituelles dans une Egliſe, dans une Ville, ou dans un autre lieu; & enfin, *l'Interdit mixte*, ainſi appellé, parce qu'il tombe tout à-la-fois, & ſur la perſonne & ſur le lieu, comme celui prononcé contre une Egliſe & contre ceux qui la deſſervent.

V. cap. Si ſentent. EXTRA de ſent. excomm.

L'Interdit perſonnel ne s'étend point d'une perſonne à une autre; ainſi celui prononcé contre le Clergé d'une Ville, ne comprend point le Peuple; & celui du Peuple ne comprend point le Clergé.

Les *Interdits locaux* ont toûjours été regardés comme d'un uſage très-dangereux, parce qu'ils tendent à envelopper les Innocens avec les Coupables; c'eſt contr'eux principalement que s'eſt élevée la Pragmatique-Sanction, ſous le Titre *de Interdictis indifferenter non ponendis*. Ils ne peuvent jamais être prononcés contre une Province, & encore moins contre un Royaume entier; & à l'égard des autres, l'Auteur de la Gloſe ſur la Pragmatique conſeille ſagement de commencer par l'Interdit perſonnel contre les Coupables, avant que d'en venir au réel.

V. cap. Si civitas, EXTRA de ſent. excomm.

Suivant la diſpoſition du ch. *Si civitas*, aux Décrétales, l'Interdit de la Ville comprend celui des Fauxbourgs, celui d'une Egliſe comprend les Chapelles & les Cimetieres contigus à l'Egliſe.

V. cap. Alma, in 6°.

Suivant le ch. *Alma*, l'Interdit local n'empêche point d'adminiſtrer le Sacrement de Pénitence dans les lieux interdits, pourvû que ce ne ſoit pas, à ceux qui y ont donné lieu: on peut auſſi, nonobſtant cet Interdit, dire la Meſſe à voix baſſe, & célébrer le Service Divin, les Portes fermées, & ſans ſonner les Cloches: on peut même chanter l'Office ſolemnellement, ſonner les Cloches, & ouvrir les Portes de l'Egliſe aux Fêtes principales de l'année, en excluant les Excommuniés & ceux contre leſquels l'Interdit a été prononcé.

LA SUSPENSE eſt temporelle ou perpétuelle; la premiere peut tomber, tantôt ſur l'exercice de l'Ordre, tantôt ſur la jouiſſance des Bénéfices; c'eſt pourquoi il faut bien prendre garde à la maniere dont elle eſt prononcée; elle eſt levée de plein droit par le laps du tems marqué, ſans qu'il ſoit beſoin de Sentence: mais juſques-là elle ne peut être enfreinte, & l'Eccléſiaſtique qui célébreroit

breroit, ou percevroit les fruits du Bénéfice au préjudice de cette Suspense, encourroit l'Irrégularité.

La Suspense perpétuelle comprend ordinairement, & l'exercice de l'Ordre, & la jouissance des Bénéfices, dont on distrait seulement une modique portion pour la subsistance de l'Ecclésiastique suspens ; celle-ci ne doit se prononcer que pour de grands Crimes.

Cette Peine differe, comme l'on voit, des précédentes, en ce qu'elle ne peut tomber que sur des Clercs, & qu'elle ne prive point du droit de recevoir les Sacremens.

*V. cap. Cum æter. de sent. & re judica in 6°.*

La DÉPOSITION est définie par les Canonistes, *perpetua ab altaris ministerio remotio*; elle differe par conséquent de la Suspense en deux Points : l'*un*, qu'elle est perpétuelle de sa nature, tellement que pour ne la faire durer qu'un certain tems, il faut qu'il y en ait une déclaration expresse dans le Jugement qui la prononce ; au lieu que la Suspense n'est perpétuelle, que lorsqu'elle est ainsi prononcée ; l'*autre*, qu'elle frappe nécessairement sur l'exercice de l'Ordre, au lieu que la Suspense peut être bornée à la simple exclusion des fruits du Bénéfice.

*V. cap. 4. Extrà de Judic.*
*V. cap. 2. dist. 50.*

D'ailleurs, elle n'est point comme les précédentes, du nombre des Censures de l'Eglise ; mais c'est une véritable Peine, qui ne peut avoir lieu que lorsqu'elle a été prononcée par un Jugement ; & ce Jugement doit être précédé de Monitions, suivant la disposition du chap. *Clerici*, EXTRA *de Cleric. excomm.*

La DÉGRADATION est une Peine plus forte que la Suspense & la Déposition, en ce qu'elle ne prive pas seulement l'Ecclésiastique de l'exercice de l'Ordre, mais qu'elle le prive en quelque sorte de l'Ordre même, dont le caractere est ineffaçable ; aussi ne doit-elle être employée, suivant les Canons, que pour les Crimes les plus atroces ; & elle exige plusieurs formalités, qui tendent toutes à défaire en détail les mêmes marques qu'on avoit employées lors de l'Ordination du Prêtre qu'on veut dégrader. Ces formalités sont marquées par les Canons & les Conciles ; nous croyons inutile de les rappeller ici, parce qu'elles ne sont plus en usage parmi nous, & que nous regardons les Ecclésiastiques condamnés pour Crimes atroces, comme suffisamment dégradés par le Crime même.

*V. cap. Degradatio, in 6°.*
*V. Concil. de Tr. sess. 13. de Reform. cap. 4.*

*Peines que le Juge d'Eglise peut prononcer concurremment avec le Juge Laïc.*

Ces Peines, font celles qui tiennent en quelque maniere du temporel, comme la Privation des Bénéfices, la Privation de Sépulture, l'Aumône, la Réparation d'honneur, & la Prifon.

La Privation des Bénéfices s'encourt de deux manieres comme l'Excommunication; ou *ipfo facto*, comme étant la fuite d'un Crime atroce, qui, fuivant les Canons, fait vaquer le Bénéfice de plein droit, tels que l'*Héréfie*, la *Simonie*, &c. ou bien en vertu de la Sentence du Juge, par forme de punition pour un Crime auquel les Canons ne l'avoient point attachée expreffément : mais elle en differe en ces deux Points ; l'un, qu'elle ne peut être prononcée que contre les Eccléfiaftiques ; l'autre, qu'elle peut être prononcée par tous Juges, foit Eccléfiaftiques, foit Séculiers, dans les Cas qui font marqués par les Canons.

La Privation de Sépulture a lieu, fuivant les Canons, dans les fix Cas fuivans.

*V. cap. Quæfitum, 23. qu. 2.*
1°. Contre ceux qui ont été condamnés à Mort par Juftice.

*V. Leg. 1. ff. de Cadaver. punit.*
2°. Contre ceux qui fe font donné eux-mêmes la Mort.

*V. can. Placuit, cauf. 23. qu. 5.*
3°. Contre ceux qui ont été tués en Duel.

*Cap. Excommunicamus, §. Credentes, Ext. de Hæret.*
4°. Contre les Excommuniés dénoncés, qui meurent fans avoir demandé l'abfolution.

*V. Edit de 1606. art. 10.*
5°. Contre les Hérétiques.

*V. cap. Cum tu manifeftos, extra de Ufur. cap. Quemquum, de ufur. in 6°.*
6°. Contre les Ufuriers publics qui meurent dans ce Crime.

L'Aumône ayant toûjours pour objet la Caufe pie, telle que le Pain des Pauvres de l'Hôpital ou des Prifonniers, peut, par cette raifon, être prononcée par le Juge d'Eglife, comme par le Juge Laïc. Nous aurons lieu, en traitant des Peines pécuniaires, de remarquer les Principes particuliers qui peuvent la concerner.

La Réparation d'honneur fe fait de trois manieres, ou par écrit, ou à l'Audience, ou bien publiquement devant la porte d'une Eglife. On n'a jamais contefté au Juge d'Eglife, le Droit de prononcer les deux premieres ; mais la difficulté a été de fçavoir s'il pouvoit prononcer la troifieme, que nous appellons autrement

*Amende-honorable.* Il y a des Auteurs qui prétendent qu'il peut *V. Fevret, liv. 7. ch. 4.*
l'ordonner, par la raison qu'elle n'est point du nombre des Pei- *Chopin, de sacr. polit. liv. 2. ch. 3.*
nes qui rendent irrégulier celui qui la prononce, & privent des
effets civils celui contre qui elle est prononcée; ils ajoûtent seulement, qu'il ne peut ordonner qu'elle se fasse ailleurs que dans
l'*Officialité*, qui est le lieu où le Roi lui permet d'exercer sa Jus-
tice, & le seul Territoire qu'il ait en sa possession : mais ce sen- *V. D'Hericourt, part. 1. chap. 23. max. 6.*
timent, qui a été adopté par l'Auteur des Loix Ecclésiastiques,
paroît résister à la nature de cette Peine, que l'Ordonnance a mis
au nombre des Peines afflictives, & qui par conséquent ne peut
s'ordonner que pour des Cas privilégiés, & par les Juges Royaux.

La Prison peut non-seulement être ordonnée par le Juge
d'Eglise comme par le Juge Laïc, mais avec cette différence, *V. Fevret, liv. 7. ch. 4.*
qu'elle est réputée une véritable Peine dans le Droit canonique, *Chopin, de sacr. polit. liv. 2. ch. 3.*
& qu'elle est même la plus forte, lorsqu'elle est perpétuelle, que
l'Eglise puisse imposer; au lieu que dans les Tribunaux laïcs, elle *Carcer non ad pœnam sed ad custodiam est inventus. L. 6. cod. de Pœn.*
est moins regardée comme une Peine, qu'un lieu de sûreté pour
la détention de l'Accusé, quoique la longueur de cette détention
puisse servir beaucoup à faire diminuer les autres Peines, & que
même elle puisse en devenir une véritable, lorsque ces autres Peines sont commuées en une Prison perpétuelle.

Il y a encore cela de remarquable, que la Prison perpétuelle, *V. Loysel, Inst. coût. liv. 6. tit. 11. max. 13.*
lorsqu'elle est prononcée dans les Tribunaux laïcs, emporte la
Mort civile; au lieu qu'étant prononcée par le Juge d'Eglise, elle
n'emporte aucune note d'infamie, & ne rend point le Clerc déchu de ses Bénéfices, ni incapable d'en acquérir d'autres : c'est
la disposition du chapitre *Clericus* EXTRA *de Pœnis.*

### Des Peines que le Juge d'Eglise ne peut prononcer.

Comme l'Eglise abhorre le sang, & qu'elle n'a ni fisc ni terri- *V. cap. in Archiepisc. EXTRA de Raptor. incend. cap. Licet, EXTRA de Pœnis. Cap. Irrefrag. Ibid. de off. Jud. ord.*
toire, les Peines que ses Juges ne peuvent prononcer, sont par
conséquent toutes celles qui tendent à l'effusion du sang, ou à la
mutilation des membres, ou bien dont l'exécution regarde absolument le temporel, & demande une certaine étendue de territoire; de ce nombre sont la Peine de mort, les Galeres, le Bannissement, la Torture, le Fouet, la Flétrissure avec un fer chaud,
la Confiscation, & l'Amende.

Il y a cependant quelques observations à faire pour ce qui concerne la Torture, le Fouet, le Bannissement, & l'Amende.

1º. Quant à la TORTURE, on avoit d'abord agité ces deux Questions parmi les Docteurs ; l'*une*, de sçavoir si les Ecclésiastiques pouvoient être sujets à cette Peine ; l'*autre*, si l'Official pouvoit les y condamner.

SUR LA PREMIERE, on opposoit d'une part, la Dignité ecclésiastique ; & de l'autre, la nécessité des Fonctions attachées à ce Ministere, qui se trouvoient empêchées par la fracture des membres, & autres impressions fâcheuses qui en restoient sur la personne des Clercs. Mais ces raisons n'ont pas empêché qu'ils n'ayent été déclarés sujets comme les autres à la Torture, sur le fondement qu'elle n'est point tant une Peine, qu'un moyen pour tirer la vérité de la bouche des Accusés : c'est aussi la disposition du chapitre *Gravis* EXTRA *de Deposito*, où le Pape Alexandre III. veut que l'on contraigne par cette voie l'Ecclésiastique, à avouer le dépôt qui lui avoit été confié pour le bien de l'Eglise.

V. Tournet, lett. 1, ch. 75. Ferret, de l'Abus, liv. 8. ch. 4. n. 1. D'Héricourt, part. 1. ch. 23. max. 9.
V. Bornier, sur l'art. 1. tit. 19. de l'Ordonn. de 1670.
V. Liv. 4. ch. 8. n. 1. édit. de 1736.

L'AUTRE Question, qui sembloit devoir faire plus de difficulté, a pareillement été décidée par plusieurs Arrêts de la Cour en faveur de l'Official, qu'ils autorisent expressément à ordonner la Torture, pourvû toutefois qu'elle soit modérée, & qu'il ne s'ensuive aucune mutilation de membres. Cette Jurisprudence est attestée par Tournet, Fevret, & d'après eux par Bornier & l'Auteur des Loix Ecclésiastiques : mais comme les Arrêts sur lesquels se fondent ces Auteurs, ont été rendus avant l'Ordonnance de 1670, qui met la Question au nombre des Peines afflictives, & qui veut qu'elle ne puisse être ordonnée que pour des Crimes méritans Peine de mort ; je pancherois volontiers à croire avec l'Auteur des nouvelles Notes sur Fevret, que l'on jugeroit aujourd'hui tout différemment, si le cas se présentoit.

V. cap. Cum non, EXTRA de Judic.

2º. A l'égard du BANNISSEMENT, quoique l'Official ne puisse prononcer cette Peine, qui suppose une étendue de territoire que l'Eglise n'a point, il y a cependant un Cas particulier où ce Juge peut l'employer suivant les Auteurs ; c'est lorsqu'il se trouve quelque Prêtre étranger dans le Diocése, qui est soupçonné de quelques Crimes scandaleux, il peut ordonner qu'il se retirera dans son Diocése, sous Peine des Censures canoniques.

V. Arrêt du 15. Juillet 1631. rapp. au 1. tom. du Journ. des Aud.
V. Loix ecclés. ch. 23. max. 5.

3º. Par rapport à la Peine du FOUET, comme elle est ordinairement suivie de l'effusion de sang, on avoit d'abord douté si les Juges d'Eglise pouvoient y condamner les Clercs ; mais ils y ont été autorisés expressément par les Canons ; non pas, à la vérité, d'une maniere publique & ignominieuse par la main du Bourreau, telle qu'elle s'ordonne dans les Tribunaux féculiers, mais dans la Prifon, & par les mains du Concierge, à la façon de la difcipline que fe donnent eux-mêmes les Religieux, ou de la correction dont ufent les peres envers les enfans : cependant nous remarquons avec l'Auteur des Loix Eccléfiaftiques, que celle - ci n'eft guere plus ufitée que la premiere dans ce Royaume, ou du moins qu'elle eft plus ordinaire dans les Monafteres que dans les Officialités, où l'on regarde un pareil châtiment comme peu décent, fur-tout contre des Clercs qui font déja avancés en âge.

*V. Cap. 1. 23.
qu. 5. de Pœnis.*

*V. can. circum-
celliones, cauf. 23.
qu. 5.*

4°. Pour ce qui concerne l'AMENDE, tous les Auteurs font d'accord que le Juge d'Eglife ne peut la prononcer au profit du Roi, encore moins lorfqu'elle eft purement pécuniaire ; mais comme le motif particulier, fur lequel eft fondée cette prohibition qui leur eft faite par les Canons mêmes, eft d'empêcher qu'on ne puiffe taxer l'Eglife d'avarice, elle doit ceffer abfolument, lorfque les condamnations pécuniaires font prononcées au profit de l'Hôpital, ou qu'elles fe trouvent appliquées par le Jugement à la réparation d'une Eglife, ou à quelqu'autre œuvre pie ; à plus forte raifon, lorfqu'elles ont pour objet des dommages & intérêts au profit d'une Partie lézée, parce qu'elles font alors une fuite de l'action perfonnelle, pour laquelle les Clercs font jufticiables des Juges d'Eglife.

*V. can. Licet y
EXTRA de Pœnis.*

*V. Loix eccléf. ch.
23. max. 2.*

## §. VI.

### *De la maniere de fe pourvoir contre les Jugemens Eccléfiaftiques.*

Après avoir déterminé les Peines & les Cas particuliers qui peuvent faire la Matiere des Jugemens eccléfiaftiques, il ne refte plus, pour donner une idée complette de cette Jurifdiction, qu'à dire un mot de la maniere de fe pourvoir contre fes Jugemens.

IL Y A deux Voies de fe pourvoir contre les Jugemens eccléfiaftiques ; l'une *ordinaire*, qui eft l'Appel fimple, & fe porte devant les Supérieurs Eccléfiaftiques ; l'autre *extraordinaire*, qui eft l'Appel comme d'abus, & fe porte devant les Cours de Parlement.

L'APPEL SIMPLE ceffe d'avoir lieu, lorfqu'il y a trois Sentences conformes, enforte que fi après avoir épuifé les trois degrés de Jurifdictions de l'Evêque, du Métropolitain & du Primat, il ne fe trouve pas trois Sentences conformes, il faut avoir recours au Pape, qui, comme nous l'avons dit, eft tenu de nommer des Commiffaires dans le Royaume pour juger l'Appel ; &

fi après le Jugement de ces Commiſſaires, ce nombre n'eſt point encore rempli, l'on pourra appeller de ce Jugement, & obtenir du Saint-Siége de nouveaux Commiſſaires, juſqu'à ce qu'il y ait trois Sentences conformes.

L'Appel en tous ces Cas a un effet ſuſpenſif; il faut cependant excepter, lorſqu'il s'agit de Jugemens rendus en matiere de correction de Mœurs & de Diſcipline, leſquels doivent être exécutés par Proviſion, ſuivant la diſpoſition du Chapitre *Irrefragabili*, confirmée par le Concile de Trente.

*V. cap. Irrefrag. EXTRA de Offic. Jud. ordin.*
*V. Concil. de Tr. ſeſſ. 24. de Reform. cap. 10.*
*V. Concord. tit. de cauſes & appell.*

QUOIQUE, ſuivant la diſpoſition des Canons qui ſont reçus parmi nous, il ne ſoit plus permis d'appeller, après trois Sentences conformes; il reſte cependant encore à l'Eccléſiaſtique, contre lequel elles ont été rendues, deux reſſources pour ſe pourvoir contre leurs diſpoſitions; l'une, c'eſt celle de la *Requête civile*, qui peut s'employer dans ce cas, comme dans tous les Jugemens rendus en dernier reſſort; l'autre, c'eſt l'*Appel comme d'Abus*.

L'APPEL COMME D'ABUS eſt la ſeule voie par laquelle les Juges Laïcs peuvent connoître des Jugemens Eccléſiaſtiques, aux termes de l'Edit de 1695. Voici l'idée générale que nous en donne l'art. 79. des *Libertés de l'Egliſe Gallicane* : « Appellations » comme d'Abus, que nos Peres ont dit être quand il y a En» treprife de Juriſdiction, ou attentat contre les SS. Decrets & » Canons reçûs dans ce Royaume, Droits, Franchiſes, Libertés » & Priviléges de l'Egliſe Gallicane, Concordats, Edits & Or» donnances du Roi, Arrêts de ſon Parlement, Bref contre ce » qui eſt non ſeulement de Droit commun, divin ou naturel, » mais auſſi des Prérogatives de ce Royaume & de l'Egliſe » d'icelui ».

Cet Appel a été introduit, non ſeulement pour maintenir la Juriſdiction Royale & ordinaire contre les Entrepriſes des Juges Eccléſiaſtiques, quand il y en a, mais encore pour conſerver aux Juges Eccléſiaſtiques, ce qui eſt de leur connoiſſance & Privilége; & c'eſt pour cela, ſuivant la Remarque de M. le Premier Préſident de Lamoignon, lors du Procès-verbal de Conférence ſur l'Ordonnance de 1670, qu'il y a un grand nombre d'Evêques & d'Eccléſiaſtiques qui ſont du Corps du Parlement.

*V. Imbert, Prat. Civ. Crim. liv. 2. ſk. 2. n. 18.*

ANCIENNEMENT, il n'y avoit, au Rapport d'Imbert, que le Parlement de Paris qui pût connoître de ces ſortes d'Appels; mais aujourd'hui tous les Parlemens en connoiſſent également, & ils y ſont autoriſés formellement par une Déclaration du 8 Janvier 1719, rendue pour le Parlement de Flandres. L'on voit même dans le Préambule de cette Déclaration, que l'Appel comme d'Abus étoit déja pratiqué en Artois & dans le Comté de Bourgogne, long-tems avant la réunion de ces Provinces à la Couronne.

Suivant la Définition que nous venons de donner de l'Appel comme d'Abus, il paroît qu'il y a une infinité de Cas où il peut être employé. Nous n'en parlerons ici que relativement aux Matieres criminelles, & nous remarquerons qu'il a lieu principalement dans les trois Cas fuivans. 1°. En fait de *Compétence*, lorfque les Juges d'Eglife veulent connoître des Perfonnes & des Matieres qui ne font point de leur Reffort. 2°. En fait d'*Inftruction*, lorfqu'ils viennent à s'écarter de la forme qui eft prefcrite par les Ordonnances, à laquelle ils font affujettis comme les autres Juges. 3°. Enfin, par rapport aux *Jugemens*, lorfqu'ils contreviennent à la difpofition des SS. Canons & Decrets reçûs dans le Royaume & aux Libertés de l'Eglife Gallicane, en prononçant des Peines temporelles, ou plus fortes que celles qu'ils ont droit d'impofer.

L'Appel comme d'Abus, dans tous ces cas, fe porte à la Tournelle criminelle; & il a ce Privilége particulier, qu'étant fondé fur l'Intérêt public, il n'eft fujet ni à la Péremption, ni à la Défertion, & qu'il ne fe couvre par aucun tems, ni même par la Tranfaction des Parties; à moins qu'elle ne fût faite du confentement du Miniftere public, qui eft la principale partie dans cette affaire.

Au reste, en autorifant ces fortes d'Appels, nos Ordonnances y ont attaché plufieurs Reftrictions remarquables, qu'on peut regarder comme autant de Priviléges introduits en faveur des Jugemens Eccléfiaftiques.

1°. Son effet n'eft point fufpenfif, mais feulement dévolutif; lorfqu'il s'agit de la correction des Mœurs, de la Difcipline eccléfiaftique, & des Ordonnances faites par les Evêques dans le cours de leur Vifite. C'eft la difpofition de l'article xxxvj. de l'Edit de 1695, qui a confirmé fur ce point l'art. I. de l'Ordonnance de François I. en 1539.

2°. Lorfque ces Appels font interjettés des Decrets décernés par les Officiaux, les Parlemens ne peuvent faire défenfes d'exécuter les Decrets, ni élargir les Prifonniers, que fur le Vû des charges & informations. C'eft la difpofition de l'art. lx. de l'Ordonnance de Blois, renouvellée par l'art. xl. de l'Edit de 1695; qui ajoûte que cette difpofition aura lieu, même pour les Decrets d'ajournement perfonnel.

3°. Lorfque ces Appels font interjettés d'une Sentence d'Ex-communication, & que le Parlement, fur le Vû des charges & informations, juge qu'il y a lieu d'abfoudre l'Eccléfiaftique *à Cautele*, il doit le renvoyer à fon Evêque, ou à un autre fur le refus du Prélat, pour recevoir l'Abfolution; & de plus, par cette Abfolution, l'Eccléfiaftique devient feulement capable d'*efter à droit*, & non d'aucune fonction eccléfiaftique. C'eft la difpofition de l'art. xlj. de l'Edit de 1695.

4°. Enfin, lorfque l'Appel comme d'Abus fe trouve mal fon-dé, les Cours doivent, aux termes du même Edit, déclarer qu'il n'y a *abus*, & condamner les Appellans à l'Amende. Suivant l'art. viij. de l'Ordonnance de 1539, ceux qui fuccombent dans les Appels comme d'Abus, doivent, outre l'Amende ordinaire, être condamnés à une Amende extraordinaire envers le Roi, *fi la Matiere y eft difpofée;* mais par l'art. xxxvij. de l'Edit de 1695, cette Amende eft fixée à la fomme de foixante-quinze livres, fans qu'elle puiffe être modérée.

Si au contraire, l'Appel comme d'Abus fe trouve bien fondé, les Cours doivent, fuivant le même article de cet Edit, renvoyer pardevant l'Evêque, dont l'Official aura rendu le Jugement pour qu'il en nomme un autre; ou bien au Supérieur Eccléfiaftique, fi le Jugement eft émané de l'Evêque lui-même, ou s'il y a des raifons d'une Sufpicion fuffifante contre lui.

IL RESTE à obferver, par rapport aux Jugemens Eccléfiafti-ques, qu'ils ont le Privilége de pouvoir être exécutés fans *Pareatis* des Juges Laïcs; & que ceux-ci font tenus de prêter main-forte pour cette Exécution, lorfqu'ils en font requis, fans qu'ils puiffent prendre connoiffance des Oppofitions qui furviendroient à ce fu-jet. C'eft la difpofition de l'art. xxiv. de l'Edit de Melun, renou-

*V. Duperray, fur l'art. 44. de l'Edit de 1695.*
*V. Loix eccléf. part. 1. chap. 20. nox. 127.*

vellée par l'art. xliv. de l'Edit de 1695: mais cela ne doit s'enten-dre, fuivant nos Auteurs, que lorfqu'il s'agit de Jugemens rendus fur des Matieres fpirituelles, ou de l'Exécution de Decrets d'A-journement perfonnel ou de Prife de Corps.

PARTIE V.

# PARTIE CINQUIEME.
## De l'Inſtruction en Matiere Criminelle.

DE toutes les parties du Procès Criminel, il n'en eſt point, ſans contredit, de plus importante que l'INSTRUCTION, dont l'objet particulier eſt de préparer, rechercher, ordonner, & *compoſer* tout ce qui eſt néceſſaire pour parvenir à la condamnation ou à l'abſolution de l'Accuſé ; c'eſt pour cela que les Auteurs l'appellent l'*ame du Procès*, & qu'ils lui donnent la préférence ſur le Jugement même ; en ce que, diſent-ils, celui-ci eſt en quelque façon arbitraire, & dépend de la volonté du Juge ; au lieu que l'Inſtruction eſt de néceſſité & de la Loi ; & que comme on ne doit point interpreter en mal les actions d'autrui, on ne peut ſe diſpenſer, quelque notoire que ſoit le Crime, d'entendre ou mettre en demeure l'Accuſé, dont la Défenſe eſt de Droit Naturel. En un mot, le Juge doit y faire une attention d'autant plus ſérieuſe, qu'il ne peut la négliger ſans compromettre tout-à-la-fois, & l'*Intérêt public*, en ce que l'Inſtruction mal faite peut occaſionner l'impunité des Crimes par le dépériſſement des Preuves ; & ſon *intérêt particulier*, en ce qu'il eſt tenu de refaire cette Inſtruction à ſes propres frais, ſuivant la diſpoſition de nos Ordonnances.

*V. Ayraut, Ord. Jud. tit. 1. art. 1. ſom. 4. & 5.*

C'eſt donc pour prévenir, autant qu'il peut dépendre de nous, des inconvéniens auſſi dangereux, que nous allons tâcher de donner une idée auſſi exacte que ſommaire, des différentes Parties qui doivent compoſer cette Inſtruction ; nous diſons *ſommaire*, parce que nous ne ferons que d'en rapporter ici les Principes généraux, ſuivant le Plan que nous nous ſommes propoſé dans cet Ouvrage ; nous reſervant d'en traiter avec plus d'étendue dans le II. Volume, que nous avons annoncé ſous le Titre d'INSTRUCTION CRIMINELLE, ſuivant les Ordonnances du Royaume.

PARMI les différentes Parties qui doivent compoſer l'Inſtruction criminelle, il y en a qui lui ſont *eſſentielles*, & qui entrent néceſſairement dans tous les Procès criminels, telles que la *Plainte*, l'*Information*, le *Decret*, l'*Interrogatoire*, le *Réglement à l'Extraor-*

E e

dinaire, le *Recollement*, la *Confrontation*, les *Conclusions du Minis-*
*tère public*, & le *Jugement définitif*.

IL Y EN A D'AUTRES, qui, quoiqu'essentielles au Procès Criminel, n'ont lieu néanmoins qu'en certains cas extraordinaires,
telles que les Procédures particulieres aux *Prevôts des Maréchaux;*
celles faites en Matiere de *Faux principal & incident*, & de *Recon-*
*noissance des Ecritures privées;* celles faites contre l'*Accusé contuma-*
*ce*, contre les *Insensés*, contre les *Muets & Sourds*, contre les *Com-*
*munautés*, contre le *Cadavre* ou la *Mémoire du Défunt;* les *Procès-*
*verbaux des Juges;* *Rapports des Médecins* ou *Chirurgiens*, les *Sen-*
*tences de Provision*, le *Monitoire*, l'*Exoine de l'Accusé*, les *Reproches*
*des Témoins;* les *Jugemens & Procès-verbaux de Torture*, & les *Faits*
*justificatifs*.

D'AUTRES enfin, qui sont purement incidentes aux Procès
criminels, & ne sont point censées en faire partie, telles que les
*Récusations de Juges*, l'*Entérinement des Lettres de Grace*, la *Procé-*
*dure concernant la Police des Prisons*, les *Requêtes d'Atténuation* &
*de Conclusions civiles*.

CE SONT toutes ces différentes Formalités, qui vont faire la
Matiere de ce Titre, à l'exception néanmoins des Procédures
concernant les Prevôts des Maréchaux, l'Entérinement des Lettres de Grace, la Récusation des Juges, & le Procès fait aux Insensés, dont nous avons déja eu lieu de traiter sous les Titres précédens; & c'est dans la Discussion que nous ferons de chacune de
ces différentes parties, suivant l'ordre qu'elles doivent tenir dans
la Procédure, que nous aurons lieu de remarquer les liaisons particulieres qu'elles ont entr'elles, & en même tems ce qu'elles peuvent avoir de commun ou de différent par rapport à la Jurisprudence Romaine & Canonique. Nous croyons cependant devoir
observer d'avance, que les recherches que nous avons faites dans
ces deux premieres sources, n'ont pû nous fournir de grands secours sur cet objet particulier.

1°. A l'égard du DROIT ROMAIN, les Liv. XLVII. & XLVIII.
du Digeste, & le Liv. IX. du Code, qui sont presque les seuls
où il soit parlé de la maniere dont les Romains instruisoient les
Procès Criminels, ne nous donnent que des notions très-légeres
à ce sujet, & font entrevoir que c'étoit la partie de leur Jurisprudence la plus négligée. LOYSEAU en attribue principalement la
cause aux Auteurs de ce Droit, qui ne se sont pas, dit-il, *amusés*

*à nous repréſenter par leurs Livres le ſtyle & formes judiciaires d'ice-*
*lui, qui de leur tems étoient toutes notoires.*

*V. Loyſ. des Sei-*
*gneur. ch. 10.*

2°. Pour ce qui concerne la JURISPRUDENCE CANONIQUE,
outre que la Forme qu'elle preſcrit, eſt tirée elle-même des Principes du Droit Romain, nous croyons le détail où nous pourrions
entrer à ce ſujet d'autant plus inutile, que l'on ſçait d'ailleurs que
cette même Juriſprudence, après nous avoir tranſmis les Principes que nous avons retenus juſqu'ici de ce Droit, a été enfin forcée de plier elle-même ſous le joug des Formalités qui ont été
établies par nos Ordonnances.

*V. Ordonn. à*
*de 1667. tit. 1,*
*art. 1.*

CE N'EST donc que dans les Ordonnances du Royaume, que
nous pouvons puiſer les véritables Principes qui doivent régler
l'*Inſtruction criminelle;* mais parmi ces Ordonnances, celle qui
doit principalement nous ſervir de regle ſur cette Matiere, c'eſt
l'Ordonnance de 1670, qui contient une réformation générale de
toutes les précédentes. Nous ne pouvons donc mieux faire, que
de ſuivre, dans la diſtribution de ce Titre, l'ordre & la méthode
qui nous ont été tracés par cette Loi, d'autant plus reſpectable,
qu'elle a été faite, comme l'on ſçait, par le concours des plus
grands Magiſtrats que la France avoit alors.

Il eſt vrai que depuis cette Ordonnance, il a paru ſous le Regne
actuel deux nouvelles Loix ſur ces Matieres, qui ne ſont pas moins
recommandables par la ſageſſe de leurs diſpoſitions, quoiqu'elles
n'ayent pas la même étendue; on veut parler ſur-tout de l'Ordonnance concernant le *Faux principal, incident, & la Reconnoiſ-*
*ſance des Ecritures privées :* mais comme les Matieres qui ſont l'objet de cette derniere Loi, ſont elles-mêmes partie des diſpoſitions
de l'Ordonnance de 1670, dont elle n'a fait que remplacer les
Titres VIII. & IX. ſans nous écarter de l'ordre qui nous eſt tracé
par cette premiere Loi, nous nous contenterons de remarquer les
changemens & modifications qu'y a apporté cette derniere Loi,
& nous garderons à cet égard la même méthode que nous avons
ſuivie ci-devant, par rapport à la Déclaration de 1731 concernant la *Juriſdiction Prevôtale.*

---

# CHAPITRE PREMIER.

## De la Plainte.

V. tit. 3. de l'Ordonn. de 1670. LA PLAINTE est le premier acte de l'Instruction criminelle; elle est en cette Matiere, ce qu'est l'Exploit en Matiere civile, ou ce qu'étoit le Libelle dans le Droit Romain; elle differe cependant de celui-ci en deux points principaux: l'*un*, qu'elle ne doit point être signifiée à la Partie contre laquelle elle est rendue; l'*autre*, qu'elle ne doit point contenir de Conclusions. Ces Conclusions ne peuvent se prendre, comme nous le verrons, qu'à la fin de l'Instruction, & par une Requête particuliere, qu'on appelle *Requête de Conclusions civiles*. Celles de la Plainte ne peuvent tendre à autre chose, qu'à demander au Juge, qu'il lui plaise d'en donner acte au Plaignant, & lui permettre de faire informer des faits qu'elle contient, circonstances & dépendances, pour l'information faite, être ordonné ce qu'il appartiendra.

On peut définir la PLAINTE en général, un Acte secret par lequel on défere un Crime à la Justice, pour qu'elle s'en assûre la preuve, & qu'elle en ordonne la punition.

Cette Délation se fait de deux manieres: ou *directement*, lorsqu'elle est faite à la Requête de la Partie publique, ou de la Partie privée qui a ressenti du préjudice du Crime; ou *indirectement*, lorsque cette Partie privée voulant poursuivre le Crime sans se faire connoître, se contente de le dénoncer au Procureur du Roi ou des Seigneurs, qui poursuit en son nom & fait tous les frais du Procès criminel.

Lorsqu'elle est faite à la Requête de la *Partie publique* seulement, elle s'appelle proprement ACCUSATION; parce qu'il n'y a, comme nous l'avons dit, de véritables Accusateurs parmi nous, que les Procureurs du Roi & des Seigneurs; lorsqu'elle est faite à la Requête de la *Partie privée*, elle conserve le nom de PLAINTE; enfin, lorsqu'elle est faite par la Partie privée, & qu'elle se poursuit sous le nom du Procureur du Roi, on l'appelle DÉNONCIATION; c'est aussi sous ces trois Qualifications, qu'on la voit distinguée par le Titre III. de l'Ordonnance de 1670.

L'ACCUSATION se forme par un Requisitoire que donne la

Partie publique, où elle demande qu'il soit informé du Délit dont elle a connoissance ; elle ne s'y sert point du terme de *Suppliant*, parce qu'elle parle au nom du Roi. Aussi c'est aux frais de S. M. qui doit la Justice à ses Sujets ou à ceux des Seigneurs qui doivent profiter des Amendes & Confiscations, que se fait cette Poursuite ; & comme son Ministere est forcé, elle ne peut être tenue à aucuns dommages & intérêts envers l'Accusé renvoyé absous, si ce n'est, comme nous l'avons dit, dans le cas d'une calomnie ou d'une véxation évidente.

La PLAINTE proprement dite, se fait de trois manieres. 1°. Par une *Requête* que présente au Juge la Partie, ou son Fondé de Procuration spéciale. Cette premiere espece de Plainte qui est la plus ordinaire, n'a de date, suivant l'Ordonnance, que du jour seulement que la Requête est répondue par le Juge, ou en son absence par le plus ancien Praticien.

*V. art. 1, tit. 3.*

2°. Par un *Procès-verbal* que dresse le Greffier en présence du Juge & de la Partie ou de son Fondé de Procuration spéciale. Anciennement ce Procès-verbal pouvoit être aussi dressé par les Huissiers, Sergens, Archers & Notaires ; mais cela leur est défendu par l'Ordonnance de 1670, à peine de nullité. Pour la validité de cette seconde espece de Plainte, il faut deux choses suivant l'Ordonnance : 1°. que tous les Feuillets soient signés par le Juge & par la Partie ou son Fondé de Procuration spéciale ; 2°. qu'il soit fait mention de cette signature ou du refus de la Partie, tant sur la Minute que sur la Grosse du Procès-verbal.

*V. art. 2.*
*V. art. 4.*

3°. Enfin, une autre espece de Plainte qui se fait aussi par *Procès-verbal*, est celle qui est rédigée par les Commissaires du Châtelet de Paris sur l'Exposé du Plaignant. Cette derniere Forme est autorisée expressément par l'art. iij. du même Titre de l'Ordonnance, qui exige en même tems plusieurs choses de ces Commissaires ; 1°. qu'ils signent & fassent signer par la Partie ou son fondé de Procuration spéciale, tous les feuillets de la Plainte, & qu'ils en fassent mention expresse, ou de leur refus de signer, tant dans la Minute que sur la Grosse ; 2°. qu'ils remettent les Plaintes qu'ils ont ainsi reçues, au Greffe dans les vingt-quatre heures ; 3°. qu'au bas des Expéditions de ces Plaintes, ils fassent faire mention par le Greffier de cette remise, & du tems où elle a été faite, si c'est avant ou après midi.

Il faut de plus, pour avoir permission d'informer sur cette

Plainte, préfenter Requête à M. le Lieutenant Criminel du Châtelet, qui commet par fon Ordonnance le même Commiffaire qui a reçu la Plainte ; & celui-ci rend en conféquence une autre Ordonnance pour faire affigner les Témoins pardevant lui.

C'eft par la Plainte, faite de l'une des trois manieres dont on vient de parler, que la Partie eft cenfée reconnoître la Compétence du Juge, de maniere qu'elle ne peut plus demander le Renvoi devant un autre, encore qu'il foit Juge du lieu du Délit.

*V. art. 2. tit. 1. de l'Ordonn. de 1670.*

C'eft auffi par la Plainte, que la Partie devient refponfable des dommages & intérêts de l'Accufé renvoyé abfous, en même tems qu'elle acquiert le Droit de pouvoir elle-même, prétendre le recouvrement de fes dépens, dommages, & intérêts, en cas de condamnation de l'Accufé.

*V. art. 7. tit. 3.*

Enfin, c'eft par la Plainte que l'Accufateur contracte l'obligation d'avancer les frais du Procès criminel, dont il ne peut être difpenfé que dans le cas d'une infolvabilité notoire. Il faut cependant diftinguer à cet égard, entre celui qui fe tient aux termes de la Plainte, & que l'on appelle fimplement PLAIGNANT ; & celui qui pourfuit fur cette Plainte, que l'on appelle PARTIE CIVILE. Comme la crainte d'avancer les frais vis-à-vis d'un Accufé infolvable, pouvoit retenir le plus fouvent les Parties offenfées de rendre Plainte, ou de donner fuite à celle qu'ils avoient rendue, ce qui occafionnoit l'impunité des Crimes, c'eft pour remédier à cet inconvénient, que l'Ordonnance a fait trois chofes en faveur du Plaignant ; 1°. elle veut qu'il ne foit réputé Partie civile, ni conféquemment tenu d'avancer les frais, que par la déclaration précife qu'il en fait, foit par la Plainte même, foit par un Acte fubféquent : 2°. elle laiffe à ce Plaignant la liberté de prendre, en tout état de Caufe, la qualité de Partie civile : 3°. elle lui permet de pouvoir, même après avoir pris cette qualité, s'en defifter dans les vingt-quatre heures, par un Acte qu'il fera fignifier. Il eft vrai que ce defiftement n'empêche pas que l'Accufé ne puiffe pourfuivre fes dommages & intérêts contre lui, & qu'il ne fert qu'à l'exempter feulement des frais faits depuis la fignification de cet Acte.

*V. art. 5. ibid.*

LA DÉNONCIATION fe fait fur les Regiftres du Procureur du Roi, qui doit la faire figner par le Dénonciateur, s'il fçait écrire, finon la faire écrire en fa préfence par le Greffier du Siége, qui doit faire mention de ce Dénonciateur, afin que dans le cas

*V. art. 6.*

où celui contre qui elle est faite, vienne à être renvoyé absous, il puisse poursuivre les dommages & intérêts sur l'indication qui lui en sera faite par le Procureur du Roi, lequel ne peut alors se dispenser de nommer le Dénonciateur, sans se rendre lui-même responsable de ces dommages & intérêts.

Le Procureur du Roi doit aussi, sous la même peine, avoir la précaution de ne recevoir pour Dénonciateurs, que des Gens bien famés & solvables, à moins que ceux-ci ne se trouvent Parens proches de celui dont ils poursuivent l'Injure, & que leur pauvreté ne les mette hors d'état de prendre la Voie de la Plainte, qui les exposeroit à avancer les frais du Procès criminel. Il y a même, comme nous l'avons observé, cette différence entre les Dénonciateurs de cette derniere espece, & les premiers, qu'ils peuvent, en cas de condamnation de l'Accusé, obtenir des dommages & intérêts; & qu'en cas d'absolution, ils ne sont tenus d'en payer aucun: au lieu que les premiers n'en peuvent espérer dans aucun cas, mais doivent au contraire en payer lorsque leur Accusation est évidemment calomnieuse.

*V. art. 7.*

## CHAPITRE II.

### Des Procès-verbaux, des Juges; & des Rapports de Médecins & Chirurgiens.

NOus avons dit que le premier objet de la Plainte tendoit à assûrer la preuve du Délit : mais, comme parmi les Délits, il y en a qui laissent après eux quelques traces permanentes, tels que l'Homicide, l'Incendie, le Vol avec effraction, & autres que les Auteurs appellent *Delicta facti permanentis*, le premier Devoir du Juge doit donc être de vérifier exactement toutes les traces qui peuvent conduire à la preuve du Crime, suivant la Maxime *de re priusquam de reo inquirendum est*; c'est ce qu'on appelle *constater le corps du délit*. Or, comment le Juge doit-il procéder à cette Vérification? c'est ce qui nous est marqué par les Tit. IV. & V. de l'Ordonnance de 1670.

*V. tit. 4. & 5. de l'Ordon. de 1670.*

Suivant ces Titres, ce corps du Délit peut être constaté de deux manieres, ou par le *Procès-verbal* que fait le Juge sur les lieux, ou par le *Rapport* des Médecins & Chirurgiens.

## §. I.

### *Du Procès-verbal du Juge.*

V. tit. 4. ibid. Le PROCES-VERBAL du Juge, a lieu généralement dans tous les Cas qui sont susceptibles de Vérification ; mais singuliérement dans ceux où le Juge peut prendre connoissance par lui-même de l'état des choses, sans le secours des Experts, quoiqu'il lui soit libre de s'en faire assister, s'il le juge à propos.

V. art. 1. Ce Procès-verbal doit, suivant l'Ordonnance, être dressé sur le champ & sans déplacer. Il doit contenir une mention expresse du jour & de l'heure à laquelle il est dressé ; du Lieu où le Délit a été commis ; de l'Etat où a été trouvé le Blessé ou le Corps mort ; s'il s'agit de blessure ou d'homicide ; enfin généralement de tout ce qui peut servir à la décharge ou à la conviction de l'Accusé.

V. art. 2. Après qu'il est dressé, le Juge doit ordonner au bas de ce Procès-verbal, qu'il sera mis au Greffe dans les 24 heures ; ensemble les Armes, Meubles, Hardes, qui peuvent servir à la preuve, & qui sont dès-lors censés faire partie du Procès criminel.

Il y a des Cas où ces Procès-verbaux sont absolument inutiles ; comme lorsque le Crime est absolument notoire, ou lorsqu'il est si léger de sa nature, qu'il ne peut donner lieu à une Instruction extraordinaire. C'est aussi dans la vûe d'empêcher que les Juges n'abusent de la liberté indéfinie que l'Ordonnance paroît leur laisser à cet égard, pour vexer des Parties par des frais de transport que l'éloignement des lieux pourroit rendre fort considérables, que la Jurisprudence a crû devoir restreindre cette liberté à ces deux Cas seulement : l'*un*, lorsqu'il s'agit de Crimes méritant peines afflictives ou infamantes, & dans la poursuite desquels le Procureur du Roi se trouve joint à la Partie plaignante ; l'*autre*, lorsqu'ils en sont requis expressément par la Partie assistée du Procureur. C'est entr'autres la Disposition d'un Arrêt de Réglement du Parlement de Besançon, du 4 Septembre 1698, inséré dans le Recueil des Edits & Déclarations enregistrés dans ce Parlement.

## §. II.

### *Des Rapports de Médecins & Chirurgiens.*

V. tit. 5. ibid. Ces RAPPORTS ont singulierement lieu, lorsqu'il s'agit de
Blessures

Bleſſures ou d'Homicide, & que le Crime eſt de nature à ne pouvoir être conſtaté que par les Regles de l'Art.

Ils peuvent être ordonnés ou d'Office par le *Juge*, ou à la Requête du *Procureur du Roi*, ou à celle de la *Partie bleſſée*, ou enfin à la Requête des *Parens* de celui qui a été tué.

Lorſqu'il s'agit de BLESSURES, le Rapport doit faire mention de la Qualité de ces Bleſſures, de leur Profondeur, Longueur, Largeur, de l'Endroit du Corps où elles ſont faites, ſi elles ſont mortelles ou non, de la Qualité des Armes & Inſtrumens avec leſquels elles ont été faites, ſi elles ſont offenſives ou défenſives, ſi le Bleſſé en demeurera eſtropié, s'il ſera obligé de garder le lit ou la chambre, quelle ſorte de Remede lui ſera propre, quel Régime il doit garder, & enfin dans quel tems on peut eſpérer ſa Guériſon.

Lorſqu'il s'agit de la Viſite d'un CORPS MORT, le Rapport doit faire mention du Lieu où il a été trouvé, de ſa Stature, du Port, de l'Habit, de l'Age ou environ, de la Situation où il étoit, de l'Endroit du corps où eſt la Bleſſure, du Nombre des coups qu'il a reçûs, de l'Inſtrument dont on s'eſt ſervi, & enfin s'il y a apparence qu'il eſt décédé de tels ou tels coups.

Ces Rapports, après avoir été dreſſés, datés & ſignés par les Médecins ou Chirurgiens, doivent être remis entre les mains du Juge, & par eux affirmés véritables ; après quoi ils ſont joints au Procès. *V. art. 1.*

Il y a à Paris & dans pluſieurs autres Villes du Royaume, des Chirurgiens commis du Premier Médecin du Roi. L'Ordonnance veut qu'il affiſte au moins un de ces Chirurgiens à tous les Rapports qui ſeront ordonnés en Juſtice, à peine de nullité. *V. art. 3.*

Lorſque ces Rapports n'ont point été faits exactement, ou qu'ils ſont faits par des Médecins ou Chirurgiens choiſis par les Parties, & qui ſont ſuſpects au Juge, il peut d'Office ordonner une nouvelle Viſite par d'autres Médecins & Chirurgiens. *V. art. 2.*

Pour la validité de ce nouveau Rapport, l'Ordonnance exige pluſieurs choſes ; 1°. Que les Médecins & Chirurgiens prêtent Serment entre les mains du Juge, & qu'il ſoit expédié un Acte de cette Affirmation ; 2°. Qu'ils dreſſent en conſéquence leur Rapport, & le ſignent ſur le champ ; 3°. Qu'ils le remettent au Greffe pour être joint au Procès. Cette Remiſe ſe fait entre les mains du Greffier, ſans qu'il ſoit beſoin que le Juge en dreſſe

F f

V. art. 24

Procès-verbal; cela lui eſt même défendu expreſſément, à peine de cent livres d'Amende.

ENFIN, comme il peut arriver que la Viſite ordonnée par le Juge d'Office, ou ſur la Requête de l'Accuſateur, ait été faite par des Médecins & Chirurgiens qui ſeroient ſuſpects à l'Accuſé, celui-ci peut demander la Permiſſion de faire faire une Contre-viſite à ſes frais par d'autres Chirurgiens; ce qu'il obtient aiſé-ment ſur ſa Requête, pourvû qu'elle ſoit préſentée peu de jours après la premiere Viſite.

# CHAPITRE III.

## De l'Information.

V. tit. 6. de l'Or-donn. de 1670.

APRES s'être aſſûré du corps du Délit, il eſt du Devoir d'un bon Juge de s'empreſſer à en découvrir l'Auteur. La voie la plus ordinaire pour y parvenir, c'eſt l'INFORMATION : l'on dit *la plus ordinaire*, parce qu'il y en a d'autres, qui peuvent être employées également, telles que celles du MONITOIRE & de la PREUVE LITTÉRALE, dont il ſera parlé dans la ſuite.

L'INFORMATION eſt de toute la Procédure criminelle, l'Acte le plus eſſentiel, & qui demande le plus de Formalités. Elle eſt connue dans le Droit ſous le nom d'*Inquiſitio*. Mais au lieu que chez les Romains, elle ſe faiſoit publiquement & à l'Audience, ſon principal caractere parmi nous, c'eſt d'être une Piéce ſecrete & inconnue également à l'Accuſateur & à l'Accuſé; il n'y a que la Partie publique qui ayant Serment en Juſtice, peut & doit même en prendre communication, afin de pouvoir donner ſes Concluſions.

Liv. 7. tit. 3.

Cet uſage, qui s'eſt introduit même avant l'Ordonnance de 1539, comme le remarque Charondas ſur le Code HENRY, eſt fondé ſur la néceſſité d'accélérer la Procédure criminelle, afin de ne point laiſſer dans la véxation l'Innocent, & d'empêcher le dépériſſement des Preuves par la fuite du Coupable qui en auroit connoiſſance; mais principalement de prévenir les Abus que les Accuſateurs & les Accuſés pourroient faire eux-mêmes de la communication de cette Procédure, pour corrompre les Témoins & les faire varier dans le Récollement; & il s'obſerve en effet avec tant de rigueur parmi nous, que dans le cas où le Procès civil eſt converti en Procès criminel, l'Enquête ne peut être convertie en Information, par la raiſon ſeule qu'il eſt de la nature de l'Enquête d'être communiquée.

On peut donc définir l'INFORMATION, une Piece ſecrete du Procès criminel, contenant les Dépoſitions des Témoins qui ſont adminiſtrées par la Partie plaignante, & que le Juge fait rédiger en ſa préſence par ſon Greffier, ſuivant la forme preſcrite par l'Ordonnance.

Ainſi quatre ſortes de Perſonnes, doivent concourir à l'Information : 1°. la Partie publique ou privée, à la Requête de qui elle eſt faite : 2°. le Témoin qui dépoſe : 3°. le Juge qui reçoit la Dépoſition : 4°. le Greffier qui la rédige. Toutes ces Perſonnes ont des devoirs particuliers à remplir, ſuivant l'Ordonnance.

1°. Quant à la PARTIE, les devoirs & formalités particulieres qui la concernent, conſiſtent, 1°. en ce qu'après avoir obtenu ſur ſa Plainte, l'Ordonnance du Juge qui lui permet d'informer, elle doit faire aſſigner les Témoins qu'elle veut faire entendre, dans les délais de l'Ordonnance ; & au cas que ces Témoins ſoient domiciliés hors du reſſort de la Juriſdiction du Juge qui a reçu la Plainte, elle doit obtenir une Commiſſion *Rogatoire* pour les faire entendre par le Juge de leur domicile, ou pour que celui-ci permette aux Témoins de venir dépoſer hors de leur reſſort ; 2°. elle ne peut aſſiſter, ni à l'Information, ni à la Preſtation du ſerment de ces Témoins ; 3°. elle doit payer leur ſalaire, ſuivant la taxe qui en ſera faite par le Juge au bas de l'Exploit, ſans qu'elle puiſſe donner aucune choſe au Témoin, s'il n'eſt ainſi ordonné ; 4°. enfin, après que l'Information a été faite ſur ſa Plainte, elle peut encore faire informer par Addition, au cas qu'elle vienne à découvrir de nouveaux Témoins ; mais il faut pour cela de nouvelles Concluſions du Procureur du Roi, & une nouvelle Ordonnance du Juge.

*V. art. 1. tit. 6.*

*V. art. 3.*

2°. A l'égard des TÉMOINS, les devoirs & formalités qui les concernent, conſiſtent 1°. à comparoître ſur les Aſſignations qui leur ſont données ; ſinon, ils peuvent y être contraints par Amende, & même par Empriſonnement de leurs perſonnes ; c'eſt-à-dire que ſi ces Témoins font défaut ſur la *premiere* Aſſignation, on leur en fait donner une *ſeconde* en vertu de l'Ordonnance du Juge, qui les condamne à l'Amende de dix livres, pour laquelle

*V. art. 3.*

ils peuvent être saisis faute de payement ; & s'ils font encore défaut sur cette Réassignation, le Juge ordonnera qu'ils seront contraints par *corps* s'ils font Laïcs ; & s'ils font Ecclésiastiques, par la *saisie de leur temporel* ; & enfin s'ils font Réguliers, outre la saisie du temporel du Couvent, les Supérieurs qui ne les feront comparoître, seront encore punis de la *suspension de leurs Priviléges* : 2°. lorsque les Témoins comparoissent, ils doivent repré-

*V. art. 4.* senter leurs Exploits d'assignation, excepté dans le Cas du *Flagrant-délit* : 3°. ils doivent prêter serment de dire la vérité : 4°.

*V. art. 11.* signer leur Déposition après que la lecture leur en a été faite, & qu'ils ont déclaré qu'ils y persistent : 5°. approuver les ratures :

*V. art. 12.* 6°. signer les renvois qui s'y trouveront.

Nous ne parlons ici que de la forme extérieure des Dépositions, en ce qui concerne l'Instruction ou la maniere d'entendre les Témoins ; à l'égard des Qualités qu'ils doivent avoir, & des Conditions nécessaires pour la validité des Dépositions en elles-mêmes, nous nous réservons de les developper sous le titre suivant, où nous parlerons de la Preuve Testimoniale.

3°. A l'égard du Juge, les devoirs & formalités qui le concernent, consistent principalement, 1°. en ce qu'il ne doit infor-

*V. art. 4.* mer, que lorsqu'il en est requis par les Parties ; il y a cependant des Cas où il peut le faire d'office, tels que ceux du *Flagrant-délit* ou d'une *Sédition* ; ou lorsqu'il s'agit de Crimes commis par des *Vagabonds*, *Gens sans aveu*, & personnes *notoirement diffamées* ; ou bien d'empêcher la *consommation* d'un Crime projetté ou commencé ; ou enfin de venir au secours d'un *foible* opprimé par un plus *puissant*, dont il n'oseroit se plaindre, & autres Cas semblables qui requierent une *extrême célérité* ; tout cela ne doit s'entendre néanmoins, qu'en fait de Crimes *atroces* de leur nature, & relativement à des Parties privées, mais non point à l'égard de la Partie publique ; car comme celle-ci est chargée principalement du soin de la Vindicte publique, le Juge ne peut régulierement procéder à l'Information qu'ensuite de son Requisitoire.

2°. En ce qu'il doit procéder à l'Information en *Personne*, & non pas par le ministere des Huissiers ou Sergens, comme il pouvoit le faire avant l'Ordonnance de Blois ; si cependant le Témoin se trouvoit domicilié hors de son Ressort, il peut commettre le Juge de domicile pour l'entendre, en lui adressant des Lettres *Rogatoires*, si celui-ci est son supérieur ; ou une simple Commission, s'il est son inférieur.

3°. Qu'il doit punir par Amende & par Emprisonnement même, les Témoins Laïcs qui refusent de comparoître, & par saisie du Temporel, & même par suspension de Priviléges, ceux qui sont Ecclésiastiques ou Religieux.

4°. Qu'il ne peut informer ni entendre des Témoins hors de son Ressort, à moins qu'il n'y soit autorisé par une Commission particuliere du Parlement qui lui permette cet Emprunt de territoire (ce qui se fait par Arrêt sur Requête).

5°. Qu'il doit être assisté d'un Greffier ou Commis au Greffe, *V. art. 6.* & en cas d'absence, maladie, & autres légitimes empêchemens de ceux-ci, il peut commettre son Clerc ou autres Personnes pour écrire les Informations qu'il fait dedans ou dehors de son Siége; il peut même, suivant l'Ordonnance, s'il est Commissaire de la Cour, employer à ce ministere telle Personne qu'il vou- *V. art. 7.* dra, en lui faisant prêter serment.

6°. Enfin, qu'il doit observer exactement toutes les formalités que l'Ordonnance lui prescrit pour la validité des Dépositions; *V. art. 11.* sçavoir, il doit entendre les Témoins séparément & secretement; leur faire représenter les Exploits d'assignation, en faire mention; *V. art. 4.* leur faire prêter serment, en faire aussi mention; leur demander *V. art. 5.* leur nom, surnom, âge, qualité, demeure, s'ils sont Serviteurs ou Domestiques, Parens ou Alliés des Parties, & en quel degré; faire mention du tout dans l'Information; faire rédiger leur Dé- *V. art. 10.* position tant à charge qu'à décharge; avoir soin qu'il n'y ait aucun interligne, de faire approuver les ratures ou renvois; signer le tout avec le Témoin & le Greffier; faire écrire sa Déposition en sa présence, en faire faire la lecture au Témoin, lui faire déclarer s'il y persiste, en faire mention, la lui faire signer, & si le Témoin ne sait ou ne peut signer, en faire mention pareillement; signer & cotter lui-même cette Déposition à chaque page, la faire signer par le Greffier; enfin taxer les frais & salaires des Témoins qui le requierent.

Parmi ce grand nombre de formalités, il y en a qui doivent être observées à peine de nullité des Dépositions & des dommages & intérêts envers les Parties, telles que l'audition secrete & séparée des Témoins, la lecture & signature de leur Déposition, leur Déclaration qu'ils y persistent, la mention de cette lecture & de cette Déclaration, la mention du nom, surnom, âge, qualités & demeure des Témoins, la rédaction à charge & décharge, le défaut d'interligne, l'approbation & la signature par rapport aux ratures & renvois. A l'égard des autres formalités, leur omiſſion n'emporte point la nullité des Dépoſitions, aux termes de l'Ordonnance, mais elle rend ſeulement le Juge reſponſable des dommages & intérêts.

*V. art. 14.*   Lorſque ces Dépoſitions ſont déclarées nulles par défaut des formalités, l'Ordonnance permet de les réitérer, s'il eſt ainſi ordonné par le Juge, & dans ce cas on pourra contraindre les Témoins à venir dépoſer de nouveau, par les mêmes voies, & ſous les peines portées ci-deſſus.

  4°. Enfin, pour ce qui concerne le GREFFIER, les devoirs & formalités qui lui ſont particulieres, conſiſtent à rédiger les Dépoſitions en préſence du Juge & ſous ſa dictée ; en faire lecture aux Témoins, les leur faire ſigner, & au cas qu'ils ne ſachent ou ne puiſſent ſigner, en faire mention, s'ils déclarent qu'ils y perſiſtent en faire auſſi mention, leur faire approuver les ratures & ſigner les renvois ainſi que par le Juge ; ne point communiquer à perſonne l'Information & autres Pieces ſecretes du Procès ; ne point ſe déſaiſir des Minutes, ſi ce n'eſt 1°. entre les mains du Procureur du Roi, pour qu'il puiſſe donner ſes concluſions, à la charge, par celui-ci, de les remettre dans trois jours au plus tard, & à cet effet de marquer ſur le Regiſtre l'heure à laquelle les Informations lui ont été remiſes : 2°. en celles du Rapporteur, pour s'en ſervir dans la viſite du Procès, à la charge, par ce dernier, de les remettre vingt-quatre heures après le Jugement : 3°. à l'égard de ceux qui auront été commis par les Officiers des Cours pour faire les fonctions de Greffiers, ils ſont tenus de remettre leurs Minutes au Greffe des Cours, trois jours après la Procédure achevée, ſi elle s'eſt faite au lieu de la Juriſdiction, ou dans les dix lieues ; & ſi c'eſt dans un lieu plus éloigné, le délai ſera augmenté d'un jour par chaque dix lieues.

*V. art. 9.*
*V. art. 11.*
*V. art. 12.*
*V. art. 13.*
*V. ibid.*
*V. art. 16.*

*V. art. 18.*   Enfin tous Greffiers généralement ſont tenus, ſuivant l'Ordonnance, d'avoir un Regiſtre de toutes les Procédures criminelles, qui ſoit relié, chiffré, & paraphé par ordre de date ; d'en envoyer un Extrait tous les ſix mois au Greffe des Bailliages & Séné-chauſſées, s'ils ſont Greffiers de Prevôtés royales ou de Juſtices ſeigneuriales ; & tous les ans au Procureur Général du Parlement, s'ils ſont Greffiers de Bailliage & Sénéchauſſée du Reſſort.

*V. art. 19.*

# CHAPITRE IV.

## *Du Monitoire.*

Nous avons dit qu'indépendamment de l'Information, il y avoit encore un autre Moyen d'acquérir la Preuve testimoniale, & ce Moyen c'est le Monitoire qui a lieu principalement dans trois Cas ; 1°. lorsqu'on ne connoît point les Témoins qui peuvent déposer sur le Crime dont on se plaint ; 2°. lorsqu'il ne se trouve pas dans les Informations, une preuve suffisante pour connoître l'Auteur du Crime ; 3°. enfin lorsque les Témoins qui en peuvent avoir connoissance sont retenus par la crainte des Accusés ou de leurs Amis.

*V. tit. 7. de l'Ordonn. de 1670.*

L'on voit par-là, que l'Information n'exclut point le Monitoire, quoiqu'il puisse y avoir un Monitoire sans qu'il y ait eu d'Information précédente , sans même qu'il y ait aucun commencement de preuve ni refus de déposer de la part des Témoins ; il y a cependant cette différence entre l'un & l'autre de ces Actes , que comme les Dépositions faites ensuite du Monitoire, ne sont point précédées, ainsi que celles de l'Information, de la prestation de serment ; elles ne peuvent aussi former de Preuves juridiques, qu'autant qu'elles sont répétées par le Juge, dans la forme ordinaire de l'Information , ensorte que jusqu'au moment de cette répétition, les Dépositions ne sont regardées que comme de simples Mémoires ; & que les Témoins peuvent augmenter ou retrancher les faits, qui y sont contenus.

*V. art. 1. tit. 7.*

Le Monitoire peut être défini une voie de Droit par laquelle, en vertu de Lettres monitoriales obtenues de l'Official , ensuite de la permission du Juge, il se fait une *Annonce* par le Curé ou le Vicaire au Prône des Eglises Paroissiales, à tous les Fideles pendant trois Dimanches consécutifs, avec injonction à ceux ou à celles qui ont connoissance du fait & de ses circonstances, de venir à révélation & à les indiquer, sous Peine d'Excommunication. Il est ainsi appellé *à monitione*, parce que, suivant les Canons , toute Sentence d'Excommunication doit être précédée de monitions.

Il y a donc six sortes de Personnes à considérer dans le Monitoire ; 1°. la Partie qui le demande ; 2°. le Juge qui accorde la permiſſion de l'obtenir ; 3°. l'Official qui le décerne ; 4°. le Curé qui le publie ; 5°. les Témoins qui doivent venir en révélation ; 6°. enfin la Perſonne contre laquelle il eſt obtenu , ou qui a intérêt d'en empêcher la publication.

TOUTES ces Perſonnes ont des obligations particulieres à remplir , que nous allons remarquer ſucceſſivement d'après les diſpoſitions de l'Ordonnance.

1°. Quant à la PERSONNE qui demande le Monitoire, elle doit avoir un intérêt réel & certain à la découverte du Crime : 2°. elle doit profeſſer la Religion Chrétienne , parce qu'elle ne peut profiter des ſecours de l'Egliſe , lorſqu'elle en méconnoît d'ailleurs l'autorité : 3°. elle ne peut déſigner la Perſonne contre laquelle elle le demande, autrement que ſous le nom de *Quidam* ; elle ne peut pas même la déſigner par ſon habit, ni par ſa taille, ni par les traits de ſon viſage , mais ſeulement marquer le jour, le lieu & l'heure où le Crime a été commis , les armes & les inſtrumens dont on s'eſt ſervi pour le commettre , & généralement toutes les autres circonſtances qui peuvent ſervir à faire connoître aux Témoins le ſujet pour lequel ils viennent à Révélation : 4°. elle ne peut avoir communication des Révélations, mais ſeulement du nom & du domicile des Témoins ; il n'y a, ſuivant l'Ordonnance, que les Procureurs du Roi & des Seigneurs , & les Promoteurs des Officialités qui puiſſent avoir communication de ces Révélations : 5°. enfin lorſque les Révélations ſont faites , elle doit préſenter ſa Requête au Juge pour faire répeter les Témoins , afin de rendre leurs Dépoſitions plus certaines.

*V. art. 15.*

*V. art. 11.*

2°. A l'égard du JUGE qui en accorde la permiſſion , 1°. il ne doit le faire que lorſqu'il s'agit de Faits graves & de Scandale public , aux termes de l'Edit de 1695 ; mais dans tous ces Cas, il peut accorder cette permiſſion en tout tems, au Civil comme au Criminel ; & ce pouvoir n'eſt pas ſeulement attribué aux Juges Royaux , mais encore à ceux des Seigneurs : 2°. lorſque cette permiſſion eſt une fois accordée, l'Official ne peut s'empêcher d'y déférer , le Juge peut le contraindre à décerner le Monitoire, d'abord par la ſaiſie de ſon temporel, & enſuite par la confiſcation de ce temporel au profit des Hôpitaux, en cas que l'Official perſiſte dans ſon refus : 3°. il peut auſſi punir, par les mêmes voies de ſaiſie & de confiſcation , les Curés des Paroiſſes qui refuſent de

*V. art. 2.*

publier

publier le Monitoire , & de plus nommer d'office un autre Prêtre pour les publier : 4°. il doit ftatuer fur les oppofitions qui font formées à la publication des Monitoires , c'eft-à-dire en débouter les Oppofans , fi leurs oppofitions fe trouvent mal fondées , & ordonner qu'il fera paffé outre à la publication ; & fi au contraire l'oppofition eft légitime, faire défenfes de paffer outre : 5°. il doit , fur la Requête qui lui eft préfentée par la Partie qui a obtenu Monitoire, ordonner que les Témoins oüis en Révélation feront affignés devant lui pour être répetés ; ce qui fe fait par un Procèsverbal , & avec les mêmes formalités que pour l'Information : 6°. enfin il doit pourvoir aux frais concernant les Révélations. *V. art.* 10.

3°. Quant à l'Official , c'eft à lui feul qu'appartient le pouvoir de décerner le Monitoire , privativement à l'Evêque même , ce pouvoir étant l'effet de la Jurifdiction contentieufe que l'Evêque eft tenu de faire exercer par fon Official ; mais il ne lui eft pas libre de le refufer lorfque le Juge laïc a permis de le demander , il peut y être contraint par les voies de faifie & de confifcation , dont nous avons parlé ci-devant. Il ne peut non plus , à peine de nullité du Monitoire & de tout ce qui fera fait en conféquence , rien changer aux faits fur lefquels la permiffion du Juge eft obtenue, & qui font rappellés dans le Jugement qui porte cette permiffion ; il a feulement le Droit de demander une retribution pour chaque Monitoire qu'il accorde , & cette retribution ne peut , fuivant l'Ordonnance , excéder trente fols , & même une moindre fomme , fuivant l'ufage des lieux , à peine de reftitution du quadruple.

4°. Pour ce qui concerne le Curé , fon devoir eft 1°. de faire la publication du Monitoire à la premiere requifition qui lui en eft faite , fous les peines que nous avons remarquées ci-devant : 2°. de recevoir les Révélations par lui-même ou par fon Vicaire : 3°. de les figner & faire figner au Révélant : 4°. de les envoyer cachetées au Greffe de la Jurifdiction où le Procès eft pendant , & d'avancer les frais de cet envoi, dont il fe fera rembourfer en vertu d'un Exécutoire qui lui fera délivré par le Juge ; il pourra auffi en même tems exiger une rétribution pour la peine d'avoir reçu ces Révélations ; mais cette rétribution ne peut , fuivant l'Ordonnance , excéder dix fols , & elle doit même être au-deffous dans les lieux où il eft d'ufage de donner une moindre fomme , le tout à peine de reftitution du quadruple.

*V. art. 5. & 6.*

*V. art. 10.*

*V. art. 7.*

G g

5°. Par rapport aux Témoins qui doivent venir à Révélation, ce sont généralement tous ceux qui ont connoissance du fait pour lequel le Monitoire est obtenu, & ils ne peuvent s'en dispenser sans encourir la peine d'Excommunication : il y a cependant certaines Personnes qui sont exceptées ; sçavoir, 1°. celui contre lequel le Monitoire est publié : 2°. ses conseils, tels que les Avocats, Confesseurs, Médiateurs : 3°. ses Parens ou Alliés jusqu'au quatriéme degré, inclusivement. Hors ces Personnes, il n'en est point qui puissent s'exempter de venir déclarer ce qu'elles sçavent du fait dont il s'agit, pas même les Ecclésiastiques & les Impuberes.

6°. Enfin par rapport à l'Accusé, contre lequel le Monitoire est obtenu, ou toute autre Personne qui croit avoir intérêt d'en empêcher la publication, il y a deux manieres de se pourvoir ; l'*une*, est celle de l'*Opposition* qui se forme pardevant le Juge même qui a permis l'obtention du Monitoire ; l'*autre*, c'est celle de l'*Appel comme d'abus*, qui se porte pardevant les Cours de Parlement.

La Premiere se fait par un simple Acte, où l'Opposant doit élire domicile dans le lieu de la Jurisdiction de ce même Juge, à peine de nullité de son Opposition ; cet Acte doit être signifié, tant à celui qui publie le Monitoire, qu'à la Partie même qui l'a obtenu. Celle-ci peut de son côté faire assigner l'Opposant en main-levée, sans commission ni mandement, pour comparoir à certain jour & heure, mais il faut que ce soit dans les trois jours pour le plus tard. L'Opposant doit venir plaider au jour de l'Assignation, & le Jugement qui interviendra doit être exécuté, nonobstant Appellation, même comme d'*abus*. Il est défendu aux Cours, & à tous autres Juges, d'accorder des défenses ou surséances contre ce Jugement, si ce n'est après avoir vû les Informations, le Monitoire, & les Conclusions du Ministere public : l'Ordonnance déclare nulles toutes celles qui seroient obtenues autrement, & elle veut que les Jugemens soient exécutés sans qu'il soit besoin d'en demander la main-levée ; elle veut de plus, que tant les Parties qui les auront demandées, que les Procureurs qui auront occupé sur leur Requête, soient condamnés chacun en cent livres d'amende.

Au second Cas, c'est-à-dire lorsque l'Opposant se pourvoit par la voie d'Appel comme d'abus pardevant les Cours de

*V. art. 8.*

*V. art. 9.*

Parlement, il doit notifier cet Appel à celui qui publie le Monitoire, & à la Partie qui l'a obtenu ; mais au lieu du délai de trois
jours seulement que l'Ordonnance lui accorde dans le premier
Cas, elle lui permet de garder dans ce dernier, les délais ordinaires des Appels comme d'abus ; au reste les Moyens d'abus sur
lesquels doit être fondé cet Appel, doivent se tirer principalement de l'omission des formalités que nous venons de remarquer
ci-devant.

# CHAPITRE V.

## De l'Instruction concernant la Reconnoissance des Ecri-
tures en Matiere Criminelle, le Faux principal,
& le Faux incident.

NOUS avons dit que le Crime ne se prouvoit pas seulement
par des Témoins, mais encore par des Pieces : or comme
parmi ces Pieces il y en a qui par leur autenticité emportent avec
elles une foi entiere ; d'autres, qui n'étant que sous signatures
privées, ne peuvent faire foi en Justice qu'autant qu'elles sont
reconnues par celui qui les a faites, ou qu'elles sont vérifiées avec
lui en Jugement ; il étoit de l'ordre de placer, à la suite des formalités nécessaires pour la validité de la Preuve testimoniale, celles qui sont requises pour donner à la Preuve littérale les qualités
qui peuvent la rendre Juridique ; c'est aussi ce qu'a fait l'Ordonnance de 1670, dans le Titre VIII. de la *Reconnoissance des Ecritures & Signatures en Matiere criminelle*, qui suit immédiatement ceux
de l'Information & du Monitoire.

L'ORDONNANCE a plus fait : comme il y a des Cas où ces
Pieces peuvent non-seulement servir à prouver le Crime, mais
encore à le former elles-mêmes par le Faux qu'elles renferment,
& qu'il étoit important de tracer des regles sûres pour parvenir à
la découverte de ce Faux ; c'est dans cette vûe qu'à la suite du
Titre *de la Reconnoissance*, l'Ordonnance a placé celui du *Faux
principal & du Faux incident.*

Nous nous proposons de suivre le même ordre dans ce Chapitre, en observant néanmoins que comme depuis l'Ordonnance
de 1670, il est intervenu une Ordonnance particuliere en Juillet

1737, qui a apporté plusieurs changemens à cette première Loi, & qui a fixé la manière dont on devoit procéder sur ces trois différens objets : c'est principalement dans cette nouvelle Ordonnance que nous allons puiser les principes généraux dont nous ferons usage dans les trois Paragraphes qui vont partager ce Chapitre, nous réservant de les discuter avec plus d'étendue dans le second Volume que nous avons annoncé.

## §. I.

### De la Reconnoissance des Ecritures en Matiere Criminelle.

Cette Reconnoissance a lieu, lorsque dans un Procès criminel la Partie publique ou privée, ou même un Témoin, a produit des Billets, Lettres, ou Actes écrits & signés de la main de l'Accusé ou de ses Complices, ou même d'autres Personnes, pourvû qu'il y soit fait mention de l'Accusé.

Elle a lieu aussi généralement pour toutes sortes de Papiers qui ont été trouvés dans le domicile de l'Accusé, ou sur lui, & qui peuvent servir à sa conviction.

Pour parvenir à cette Reconnoissance, l'Ordonnance prescrit plusieurs formalités qui concernent 1°. le tems où l'on peut procéder à cette Reconnoissance : 2°. la manière de procéder à la représentation des Pieces à l'Accusé : 3°. la manière de procéder à la vérification de ces Pieces, en Cas de dénégation de la part de l'Accusé : 4°. la qualité des Pieces de comparaison qui doivent être employées à cette vérification : 5°. ceux par qui ces Pieces de comparaison peuvent être fournies : 6°. la manière de procéder à leur représentation à l'Accusé : 7°. la manière de procéder à leur vérification après qu'elles sont admises : 8°. la qualité & les fonctions des Experts à ce sujet : 9°. les Cas où l'on en doit nommer de nouveaux : 10°. la qualité & les fonctions des Témoins qui peuvent aussi être employées à ce sujet : 11°. la manière de procéder dans le Cas où les Pieces de comparaison ont été rejettées, & où il en sera fourni de nouvelles qui auront été admises : 12°. enfin le Jugement définitif qui intervient sur toutes ces Procédures.

Ce sont tous ces différens objets que nous allons parcourir successivement, d'après les dispositions qui sont rapportées, tant sous ce Titre de la nouvelle Ordonnance que sous ceux du *Faux principal* & *du Faux incident* auxquels elle renvoie à ce sujet.

Le TEMS où l'on peut procéder à cette Reconnoissance, dépend de celui où la Piece a été produite ; si c'est au commencement du Procès, l'on doit y procéder lors de l'Interrogatoire ; si c'est depuis l'Interrogatoire seulement, l'on y procede dans le cours de l'Instruction par un Procès-verbal qui doit être dressé à cet effet de la maniere que nous le verrons ci-après ; & ce Procès-verbal doit, ainsi que la Piece, demeurer joint au Procès.

V. art. 2. de l'Ordonn. de 1737. tit. de la Reconn.
V. art. 1. ibid.

La REPRÉSENTATION de la Piece se fait ainsi : le Juge fait prêter serment à l'Accusé ; il l'interpelle de déclarer s'il a écrit ou signé la Piece en question, ou bien s'il la reconnoît véritable, au cas qu'elle ait été écrite & signée de la main d'un autre. Sur cette Interpellation, l'Accusé convient ou disconvient de la vérité des faits ; s'il déclare qu'il a écrit ou signé la Piece, ou qu'il la reconnoît véritable, quoiqu'écrite & signée d'une autre main, alors le Juge la paraphe & la lui fait parapher, s'il sçait ou peut la parapher, sinon il en doit faire mention ; & par-là cette Piece acquiert une foi pleine & entiere, de maniere qu'il n'est plus besoin d'aucune vérification, & elle doit demeurer jointe à la Procédure criminelle.

Si au contraire l'Accusé refuse de la reconnoître, ou de répondre à l'Interpellation qui lui est faite, alors le Juge doit, par le même Procès-verbal, ordonner la vérification de cette Piece, qui demeurera pareillement jointe à la Procédure criminelle : il doit ordonner de même cette vérification, dans le cas où l'Accusé seroit contumax, encore que la Piece n'auroit pû lui être représentée.

V. art. 4. ibid.

Cette VÉRIFICATION se fait par Pieces de comparaison sur la Déposition des Experts ou des Témoins.

Les PIECES DE COMPARAISON doivent être autentiques par elles-mêmes, telles que les signatures apposées aux Actes devant Notaires ou autres Personnes publiques, ou celles qui sont apposées aux Actes judiciaires faits en la présence du Juge ou du Greffier, ou enfin celles écrites & signées par l'Accusé lui-même, comme faisant fonction de Personne publique.

V. artic. 8. du tit. de la Reconn.
V. art. 13. de cette Ordonnance, tit. du Faux princ.
V. art. 14. ibid.

L'on peut cependant admettre encore pour Piece de comparaison les écritures & signatures privées qui auroient été reconnues par l'Accusé, ou vérifiées avec lui, pourvû que ce soit du

V. art. 48. ibid.
V. auffi art. 16.
du tit. de la Recon.

confentement, tant de la Partie publique, que de la Partie civile, & non autrement.

V. le même arti-
cle 16.
V. auffi l'art. 33.
du tit. du Faux
principal.

Enfin le Juge peut auffi, à la Requête de ces mêmes Parties, ou même d'Office, admettre pour Pieces de comparaifon le *corps d'écriture* qu'il ordonnera de faire à l'Accufé fous la dictée des Experts, & après qu'il l'aura fait parapher par cet Accufé & par ces Experts, & qu'il l'aura paraphé lui-même avec les Parties publiques & civiles.

V. art. 11. du tit.
du Faux principal
de l'Ordonnance de
1737.
V. art. 5. & 6.
ibid.

Les Pieces de comparaifon auténtiques doivent être fournies par la PARTIE PUBLIQUE OU CIVILE, fi elles font en leur poffeffion ; & fi elles n'y font pas, elles doivent être remifes au Greffe par tous ceux qui en font les DÉPOSITAIRES ; & faute par ceux-ci de les remettre dans le délai qui leur fera marqué, ils pourront y être contraints par corps, s'ils font Dépofitaires publics, & par faifie de leur temporel fi ce font des Eccléfiaftiques ; enfin par toutes Voies dûes & raifonnables, fi ce font de fimples Dépofitaires. Mais pour l'ACCUSÉ, il ne peut jamais être admis à en fournir de cette efpece, fi ce n'eft du confentement des Parties publiques & civiles, & après l'Inftruction achevée fur le vû du Procès.

V. art. 5. du tit.
de la Reconn. &
art. 17. & 47. du
tit. du Faux princ.
V. art. 7. du tit.
de la Reconn.
V. art. 9. ibid.

Lors de la PRÉSENTATION qui eft faite de ces Pieces, il en doit être dreffé Procès-verbal au Greffe en préfence de la Partie publique & de la Partie civile, s'il y en a, ou de fon Fondé de Procuration fpéciale, comme auffi en préfence de l'Accufé, qui fera pour cet effet amené par ordre du Juge s'il eft dans les Prifons, & fera tenu de convenir ou difconvenir de ces Pieces fur le champ, fans qu'il lui foit donné pour cela délai ni confeil.

V. art. 7.

S'il en convient, le Juge les lui fera parapher s'il fçait ou peut le faire, finon il en fera mention dans le Procès-verbal ; le Juge les paraphera auffi lui-même, & les fera parapher par la Partie publique, & même par la Partie civile s'il y en a, & fi elle peut ou veut les parapher, finon mention fera faite de fon refus, à peine de nullité.

Si au contraire l'Accufé contefte ces Pieces, ou s'il refufe d'en convenir, le Juge en doit faire mention dans le même Procès-verbal pour y être pourvû fur les Conclufions de la Partie publique, & enfuite de Délibération du Confeil.

Enfin fi l'Accufé eft contumace, il faut diftinguer, fuivant l'Ordonnance, le Cas où la contumace a été inftruite contre lui, & celui où elle ne l'a pas encore été. Lorfque la Contumace a été inftruite, le Juge peut paffer outre au Procès-verbal, fans qu'il foit befoin de faire donner à l'Accufé aucune Sommation ni Signification préalable pour y comparoître.

Mais fi la Contumace n'eft pas inftruite à fon égard, l'Ordonnance veut qu'il lui foit donné une Sommation par un Acte fignifié dans la forme & aux lieux prefcrits par l'Edit de Décembre 1680, de comparoître dans un certain délai, qui fera de trois jours, s'il eft dans le lieu de la Jurifdiction, & de huitaine, s'il eft dans les dix lieues; en cas de plus grande diftance, ce délai fera augmenté d'un jour, ou tout au plus de deux jours par dix lieues : s'il ne comparoît pas dans ce délai, il fera paffé outre au Procès-verbal, & les Pieces qui feront reçues feront paraphées par le Juge & par les Parties publiques & civiles.

C'eft à la fin de ce Procès-verbal, que le Juge doit, fur les Conclufions du Miniftere public, régler s'il y a lieu d'admettre ou rejetter ces Pieces; à moins qu'il ne juge à propos d'en referer avec les autres Officiers du Siége, qui y pourvoiront par Délibération de Confeil, après que le Procès-verbal aura été communiqué aux Parties publiques & civiles.

En cas de l'ADMISSION des Pieces de comparaifon, le Juge nommera des EXPERTS pour procéder à leur Vérification. Ces Experts, qui feront choifis parmi les Maîtres Ecrivains Jurés, ou des Praticiens Experts aux lieux où il n'y en a pas, doivent être nommés d'office. Après avoir prêté ferment, ils procéderont à la Vérification, fans pouvoir en être empêchés par les Requêtes de récufation que préfentera contr'eux l'Accufé, lequel pourra feulement les reprocher dans la même forme & dans le même tems que les autres Témoins. Ils feront entendus féparement, comme les autres Témoins. En procédant à leur Audition, il fera remis à chacun d'eux les Pieces fuivantes pour les examiner fans déplacer; fçavoir, 1°. la Piece qu'il s'agira de vérifier; 2°. le Jugement qui en ordonne la Vérification; 3°. les Pieces de comparaifon; 4°. le Procès-verbal de préfentation de ces Pieces; 5°. enfin le Jugement qui les a reçues.

*V. art. 9. de l'Ordonn. de 1670. tit. de la Reconn.*
*V. article 10. de l'Ordonn. de 1737. même tit.*

En cas de diverfité dans leurs opinions, ou de doute fur la maniere dont ils s'expliqueront, le Juge pourra nommer de NOUVEAUX EXPERTS fur la Requifition de la Partie publique.

*V. art. 36. tit. du Faux principal.*

ou même d'Office ; mais il ne pourra le faire depuis le Reglement à l'Extraordinaire, qu'après que l'Instruction sera achevée
& en jugeant le Procès avec les autres Juges. Le Juge pourra
aussi, dans le même tems, ordonner qu'il soit entendu de nouveaux Experts sur la Requête de l'Accusé.

V. art. 54. ibid.

Indépendamment des Experts, la Vérification peut encore se
faire par TÉMOINS. L'Ordonnance veut qu'on puisse entendre,
comme tels, ceux qui auroient vû écrire ou signer les Ecritures
privées, ou qui auroient connoissance, de quelque autre maniere,
des Faits qui peuvent servir à en établir la vérité.

V. art. 12. tit. de<br>la Reconn.

En procédant à l'audition de ces Témoins, le Juge doit leur
représenter & leur faire parapher les Ecritures & Signatures privées, & les Pieces de conviction dont ils ont connoissance ; &
si ces pieces ne sont pas au Greffe lors de l'Information, la représentation doit leur en être faite, lors du Recollement ou de la
Confrontation. Ils doivent aussi les parapher avec le Juge, sinon
mention sera faite de leur refus : si ces Témoins administrent
eux-mêmes quelques Pieces lors de leur Déposition, Recollement
ou Confrontation, elles doivent y demeurer jointes après avoir
été paraphées ; & si ces Pieces servent à conviction, elles doivent être représentées à ceux des Témoins qui en ont connoissance, & qui sont entendus, recollés, ou confrontés depuis la Remise de ces Pieces : ces derniers doivent aussi les parapher.

V. art. 13. ibid.

Dans le Cas où les Pieces de comparaison auront été rejettées,
les Parties publiques ou civiles sont tenues d'en rapporter d'AU-
TRES dans le délai qui leur sera prescrit, faute de quoi les Juges
pourront ordonner qu'il sera passé outre à l'Instruction & au Jugement. Ces pieces doivent être de la même qualité que celles
marquées ci-devant ; & il doit être dressé Procès-verbal de leur
présentation, auquel l'Accusé ne peut assister. L'Ordonnance permet aussi à l'Accusé d'en indiquer de nouvelles, mais ce n'est
que sous plusieurs restrictions remarquables. La premiere, que le
Juge ne peut avoir égard à la Requête qu'il présente à cet effet
qu'après l'Instruction achevée, & par Délibération de Conseil sur
le Vû du Procès. La seconde, que si cette Requête est admise,
le Jugement qui l'admet, doit lui être prononcé dans vingt-quatre
heures au plûtard, avec interpellation d'indiquer ces nouvelles
Pieces sur le champ, ou dans tel délai qui lui sera fixé. La troisieme,

fieme, qu'il ne pourra préfenter dans la fuite d'autres Pieces, que celles qu'il aura indiquées. La quatrieme, que les Parties publiques & civiles pourront contefter ces nouvelles Pieces. La cinquieme, que le Procès-verbal de Préfentation de ces nouvelles Pieces fera fait à la Requête de la Partie publique, & en préfence de l'Accufé, qui fera tenu de parapher celles qui feront reçûes, finon mention de fon refus. Enfin la fixieme, qu'il fera procédé également à ce Procès-verbal, dans l'abfence de l'Accufé, après qu'il aura été dûement appellé à la Requête de la Partie publique. *V. même art. 47.*

*V. art. 50.*

Ces nouvelles Pieces étant admifes, le Juge, après les avoir fait parapher, procédera à la Requête de la Partie publique à une nouvelle audition des mêmes Experts qui ont été déja entendus, à moins qu'il ne foit ordonné qu'il en fera entendu de nouveaux, ce qui ne peut fe faire qu'après l'Inftruction achevée, & par Délibération du Confeil fur le Vû du Procès; & dans ce dernier Cas, ils feront toûjours nommés d'Office par le Juge. Ces Experts feront entendus fur ce qui peut réfulter de ces nouvelles Pieces, qui leur feront remifes à cet effet, avec les anciennes Pieces de Comparaifon, les Procès-verbaux de Préfentation & les Jugemens de Réception de ces Pieces. Il eft libre au Juge de ne faire qu'une feule & même Information par Experts dans le cas où il y auroit de nouvelles Pieces de Comparaifon produites de la part de la Partie publique ou civile, à l'occafion de celles qui auroient été indiquées par l'Accufé. *V. art. 54.*

*V. art. 51.*

Si l'Accufé demande, qu'il foit entendu de nouveaux Experts fur les unes & fur les autres, le Juge ne pourra l'ordonner qu'après l'Inftruction achevée, & par Délibération du Confeil fur le Vû du Procès. Mais il pourra ordonner d'Office qu'il foit entendu de nouveaux Témoins qui auront vû écrire & figner ces nouvelles Pieces, ou qui auront connoiffance, en quelque autre maniere, de la vérité des Faits qui peuvent les concerner. *V. art. 54.*

C'eft fur le Vû des Dépofitions faites par ces Experts ou par ces Témoins, foit dans la premiere, foit dans la nouvelle Information, que le Juge décernera tel Decret ou Ordonnance qu'il jugera à propos, ou même qu'il ordonnera fans Decret que les Experts & les Témoins entendus dans ces Informations feront recollés & confrontés. Le Récollement & la Confrontation des Experts, fe feront de la même maniere que ceux des autres Témoins; avec cette différence feulement, qu'il n'eft pas befoin de les interpeller, lors de la confrontation, de déclarer fi c'eft de *V. art. 56.*

*V. art. 37. ibid.*

H h

l'Accufé préfent qu'ils ont entendu parler dans leur Dépofition & Recollement, à moins qu'ils n'ayent dépofé de faits perfonnels à l'Accufé.

V. art. 32.

Les Pieces de Comparaifon, tant anciennes que nouvelles, ne peuvent être repréfentées à l'Accufé que lors de la Confronta-tion ; & les unes & les autres doivent alors être par lui para-

V. art. 45.

phées, finon mention de fon Refus. En cas d'omiffion de cette Repréfentation & du Paraphe, tant par cet Accufé, que par les Témoins, il doit y être fuppléé par une nouvelle Confrontation, à peine de nullité du Jugement qui interviendroit fans avoir ré-paré cette omiffion.

V. art. 19. de la Reconn.

V. art. 59. tit. du Faux princ.

4°. Enfin, c'eft dans cet état qu'interviendra le JUGEMENT DÉFINITIF. L'Ordonnance veut que fi ce Jugement prononce la Suppreffion, ou la Lacération, ou la Radiation en tout ou en par-tie, ou même la Réformation ou le Rétabliffement des Pieces, il doit être furfis à fon exécution fur tous ces Chefs, jufqu'à ce qu'il y ait été pourvû par les Cours fur le Vû du Procès ; & cela, quand même, ajoûte-t-elle, il n'y en auroit eu aucun Appel, & que l'Accufé y auroit acquiefcé, ou bien que le Jugement feroit de nature à pouvoir être exécuté fans avoir été confirmé par Ar-rêt ; elle permet même, dans le cas de l'Acquiefcement de l'Ac-

V. art. 60. ibid.

cufé, de le mettre en liberté, s'il n'y a point d'ailleurs d'Appel à *Minimâ* interjetté par le Miniftere public.

V. art. 61.

La même Surféance eft ordonnée par rapport aux Jugemens rendus par contumace, tant que les Accufés ne fe repréfenteront pas, ou ne feront point arrêtés ; & cela, nonobftant l'expiration des cinq années. Elle doit avoir lieu auffi, par rapport à l'exécu-tion des Arrêts rendus par contumace, qui contiendront quel-

V. art. 62.

qu'une des difpofitions ci-deffus, fi ce n'eft que dans la fuite les Cours ne l'ordonnent autrement, fuivant l'exigence des cas.

V. art. 63.

L'Ordonnance veut encore, que par le même Jugement qui contiendra la condamnation ou l'abfolution de l'Accufé, il foit ftatué fur la Remife des Pieces, foit à la Partie civile, foit aux Témoins, foit à l'Accufé, foit aux Dépofitaires publics. Mais à l'égard du tems, auquel cette Remife doit être faite, elle diftin-gue entre le Cas où il y a Appel de ce Jugement, & celui où il n'y en a point ; elle veut que s'il y a Appel du Jugement, ou fi

V. art. 64. & 66.

le Procès eft de nature à être porté dans les Cours, fans qu'il y ait d'Appel, la Remife des Pieces ne puiffe être faite qu'après qu'il y aura été pourvû par les Cours, & après l'Arrêt définitif qui aura ordonné cette Remife. Mais s'il n'y a point d'Appel, ou fi le Procès n'eft pas de nature à être porté fans Appel dans les Cours, alors la Remife n'en peut être faite que fix mois après le Jugement qui l'a ordonné, à peine contre les Greffiers qui les délivreront avant ce tems-là, d'interdiction, d'amende, dommages & intérêts des Parties, & même d'être procédé extraordinairement contr'eux. Elle leur fait encore défenfes fous les mêmes peines, de donner aucunes Copies ni Expéditions des Pieces fervant à conviction, fi ce n'eft en vertu d'un Jugement rendu fur les Conclufions du Miniftere public.

§. II.

*Du Faux principal.*

On appelle FAUX PRINCIPAL, parce qu'il fait la Matiere d'une Accufation principale & directe, pour le diftinguer du *Faux incident*, qui ne fe pourfuit qu'à l'occafion d'une Affaire civile.

Cette Accufation peut avoir lieu toutes les fois qu'on vient à découvrir l'exiftence d'une Piece fauffe, dont l'on veut ou l'on peut fe fervir contre nous ; & cela, quand même cette Piece auroit d'ailleurs été vérifiée & jugée véritable vis-à-vis de nous, pourvû que ce foit à d'autres fins, que celle d'une Pourfuite de Faux principal ou incident.

Elle s'intente contre tous ceux qu'on prétend avoir fabriqué ou fait fabriquer cette Piece ; mais plus ordinairement contre les Notaires, Greffiers, & autres perfonnes publiques : & elle peut être pourfuivie par tous ceux qui ont intérêt à la fuppreffion de cette Piece, ou par leur Fondé de Procuration fpéciale paffé devant Notaires.

Cette Pourfuite commence, comme celle de tous les autres Crimes, par la Plainte, Dénonciation & Accufation ; & il n'eft plus befoin d'Infcription de Faux, Confignation d'Amende, Sommation, & autres Procédures préliminaires qui font marquées par l'Ordonnance de 1670. Toutes ces Formalités n'ont été confervées par la nouvelle Ordonnance, que dans la Pourfuite du Faux incident, dont nous parlerons ci-après. Cette derniere Loi n'exige autre chofe de la part de celui qui veut intenter celle du Faux principal, finon qu'à fa Requête de Plainte foit jointe la

H h ij

*V. art. 65.*

*V. art. 68. & 69.*

*V. art. 2. de ce titre de l'Ordonn. de 1737.*

*V. art. 1. & 5.*

*V. art. 3. & 5.*

Piece prétendue fauffe fi elle eft en fa poffeffion ; & fi elle n'y eft pas , elle veut que l'Ordonnance du Juge qui permettra d'informer fur cette Plainte , porte injonction à ceux qui en font les Dépofitaires , de l'apporter au Greffe dans un certain délai , à peine d'y être contraints ; fçavoir, par Corps , fi ce font des Dépofitaires publics ; par Saifie du Temporel , fi ce font des Eccléfiaftiques ; & par toutes Voies dûes & raifonnables , fi ce font de fimples Dépofitaires. Mais jufqu'à ce que cette Piece ait été remife au Greffe, l'on ne peut procéder à l'Information, à moins que le Jugement, portant Permiffion d'informer, ne l'ordonne ainfi, ou que cette Piece n'ait été fouftraite ou perdue, ou enfin qu'elle ne foit entre les mains de l'Accufé même ; auxquels Cas l'Ordonnance laiffe à la prudence des Juges de ftatuer, ainfi qu'ils jugeront à propos, fuivant l'exigence des cas.

L'Ordonnance veut auffi , que par le même Jugement qui permettra d'informer, & qui ordonnera la remife de la Piece au Greffe, il foit en outre ordonné qu'il fera dreffé Procès-verbal de l'état de cette Piece, c'eft-à-dire des ratures, furcharges, interlignes, additions, endroits vuides ou des mots obmis, & autres circonftances du même genre qui peuvent s'y trouver. Ce Procès-verbal, qui fera fait en préfence de la Partie publique & civile, s'il y en a , doit auffi faire mention de la date , du nombre des pages ou feuillets, du nombre des lignes de chaque feuillet ou page de cette Piece, qui demeurera au Greffe après avoir été paraphée par le Juge & par les Parties préfentes.

La preuve du Faux peut fe faire de quatre manieres, dont le Juge fera mention par le même Jugement qui permet d'informer, ou par un autre poftérieur ; fçavoir, 1°. par Titres, 2°. par Témoins, 3°. par Experts, 4°. par Comparaifon d'Ecritures : l'Ordonnance a attaché à chacune de ces Preuves différentes formalités, que nous allons rappeller en peu de mots, comme étant la plûpart relatives à celles que nous avons remarquées ci-devant.

1°. PAR TITRES , c'eft-à-dire par des Pieces qui peuvent fervir à la *conviction* de l'Accufé ; ces Pieces feront fournies par la Partie publique ou civile, s'il y en a ; il en fera dreffé Procès-verbal en leur préfence, & elles demeureront dépofées au Greffe comme les Pieces prétendues fauffes, afin d'être repréfentées à l'Accufé lors de l'Interrogatoire & de la Confrontation.

Ces Pieces peuvent auffi être fournies par les Témoins lors de

(margin notes:)
V. art. 7.
V. art. 6.
V. art. 10. & 11.

leurs Dépofitions, auxquelles elles demeurent jointes, afin de leur être repréfentées lors de leur Recollement & Confrontation, ainfi qu'à l'Accufé : ce dernier peut auffi en repréfenter pour fa décharge lors de fon Interrogatoire ou de fa Confrontation, aux-quelles ces Pieces demeureront pareillement jointes ; & le Juge, après les lui avoir fait parapher, doit les repréfenter & faire pa-rapher par les Témoins qui en ont connoiffance, & même par chaque Accufé, s'il y en a plufieurs qui foient recollés & con-frontés les uns aux autres.

*V. art. 40.*
*V. art. 41. & 42.*

2°. Par Témoins : l'Ordonnance veut qu'on puiffe entendre, comme Témoins, ceux qui ont connoiffance de la fabrication, altération, & en général de la fauffeté des Pieces ou des Faits qui peuvent fervir à en établir la preuve ; & elle permet à cet ef-fet, de recourir à la voie du Monitoire en tout état de Caufe.

*V. art. 24.*

Le Juge, en procédant à l'Audition de ces Témoins, doit leur repréfenter les Pieces prétendues fauffes, & les leur faire para-pher : il doit auffi repréfenter les Pieces de conviction à ceux de ces Témoins qui les ont fournies, ou qui en ont connoiffance ; & fi les unes & les autres ne fe trouvoient pas dépofées au Greffe lors de l'Information, il pourra les leur repréfenter & faire para-pher lors du Recollement ou de la Confrontation : il pourra mê-me, lors de ces derniers Actes, leur repréfenter & faire parapher, s'ils l'eftiment à propos, les Pieces de comparaifon, ou quelques-unes d'elles ; en cas d'omiffion de la repréfentation & du paraphe des Pieces prétendues fauffes, & de celles de conviction lors de la Confrontation, il doit y fuppléer par une nouvelle Confron-tation, comme nous l'avons dit ci-devant.

*V. art. 25 & 26.*
*V. art. 27.*
*V. art. 38.*
*V. art. 28. & 45.*
*V. art. 45.*

3°. Par Experts : les Experts doivent être nommés d'office par le même Jugement qui ordonnera l'Information ; ils doivent être entendus féparément & par forme de Dépofition ; ils ne peu-vent être recufés, mais feulement reprochés comme les autres Témoins ; le Juge peut, en cas de diverfité dans leurs Dépofi-tions, ou de doute fur la maniere dont ils fe font expliqués, en nommer de nouveaux fur la Requête de la Partie publique ou ci-vile, & même d'office ; pourvû que ce foit avant le Réglement à l'Extraordinaire ; il peut même, comme nous l'avons dit, en nommer de nouveaux fur la Requête de l'Accufé ; mais ce n'eft qu'après l'Inftruction achevée, & enfuite de Délibération du Con-feil fur le Vû du Procès.

*V. art. 8.*
*V. art. 12.*
*V. art. 9.*
*V. art. 36.*

V. art. 23. En procédant à l'Audition de ces Experts, le Juge doit leur faire remettre les Pieces suivantes pour les examiner séparément & sans déplacer ; sçavoir, 1°. la Piece prétendue fausse ; 2°. la Plainte ; 3°. l'Ordonnance portant permission d'informer ; 4°. le Procès-verbal de Présentation de la Piece ; 5°. les Pieces de Comparaison ; 6°. le Jugement qui les a reçues. Il doit aussi leur re-présenter les Pieces prétendues fausses & celles de Comparaison V. art. 37. lors de leur Recollement & Confrontation. Cette Confrontation se fait de la même maniere que celle des autres Témoins, à la réserve seulement, qu'il n'est pas besoin d'interpeller ces Experts, de déclarer si c'est de l'Accusé présent dont ils entendent parler, à moins qu'ils n'ayent déposé des faits qui lui soient personnels ; en un mot, l'on doit observer à leur égard, les mêmes formalités que celles usitées en Matiere de *Reconnoissance d'Ecritures*, dont nous avons parlé ci-devant.

4°. PAR PIECES DE COMPARAISON : ces Pieces doivent être de la même qualité que celles dont nous avons parlé sous le para-V. art. 13, 14. & 33. graphe précédent, c'est-à-dire autentiques par elles-mêmes, comme signatures apposées aux Actes des Notaires & autres per-sonnes publiques, ou aux Actes judiciaires faits en présence du Juge ou du Greffier ; ou bien écrites & signées par l'Accusé, comme faisant fonction de personne publique. On peut aussi ad-mettre celles que cet Accusé aura reconnues, ou qui auront été vérifiées avec lui, pourvû que ce soit du consentement de la Partie publique & civile ; comme aussi *le Corps d'Ecriture* que cet Accusé aura écrit par ordre du Juge sous la dictée des Experts, & en présence des Parties publiques & civiles. Enfin, par un ar-ticle particulier, l'Ordonnance laisse à la prudence du Juge, lors-V. art. 15, de ce titre. que l'accusation du Faux ne tombera que sur un endroit de la Piece qu'on prétendra être faux & falsifié, d'ordonner que le surplus de cette Piece servira de Piece de Comparaison.

L'Ordonnance veut au surplus, que l'on procede à la vérifi-cation du Faux par Pieces de Comparaison, de la même maniere que nous l'avons vû ci-devant, par rapport à la reconnoissance V. art. 12, 16. & 17. des Ecritures ; sçavoir, que ces Pieces doivent être fournies par la Partie publique ou civile, & si elles ne sont pas en leur pos-session, par ceux qui en sont les Dépositaires ; qu'elles doivent demeurer au Greffe ; qu'il en doit être dressé Procès-verbal en présence de la Partie publique & civile. Il y a seulement cette différence en Matiere de Faux, que l'Accufé ne peut affifter au Procès-verbal de Préfentation des Pieces de Comparaifon, comme en fait de fimple Reconnoiffance ; & que ces Pieces ne peuvent lui être repréfentées que lors de la Confrontation. Au refte, à la fin du Procès-verbal, comme dans celui fait en Matiere de Reconnoiffance, le Juge doit regler d'office, ou après en avoir délibéré avec les Officiers du Siége, ce qu'il appartiendra pour l'admiffion ou le rejet de ces Pieces ; que fi elles font admifes, elles doivent être remifes avec la Piece prétendue fauffe, après qu'elles auront été paraphées tant par le Juge que par les Parties publiques & civiles, aux Experts, pour les examiner féparément & fans déplacer ; & c'eft fur leurs Dépofitions & celles des Témoins, que le Juge rendra tel Decret contre l'Accufé ou autres qu'il appartiendra ; & en cas de Réglement à l'Extraordinaire, ces Pieces feront repréfentées aux Experts lors de leur Recollement, & tant à eux qu'à l'Accufé lors de la Confrontation, de la maniere dont nous l'avons remarqué ci-devant. *V. art. 18.* *V. art. 32.* *V. art. 30.*

Que fi au contraire, les Pieces de Comparaifon font rejettées, le Juge pourra ordonner d'*office*, fi c'eft avant le Réglement à l'Extraordinaire, & enfuite de Délibération de Confeil feulement, fi c'eft depuis le Réglement, qu'il en fera fourni d'autres par les Parties publiques & civiles, ce que celles-ci pourront faire en tout état de Caufe, pourvû que ce foit dans le délai qui leur fera marqué. Il pourra auffi, lorfque l'Accufé demandera qu'il en foit fourni de nouvelles aux Experts, avoir égard à fa Requête, mais ce n'eft que fous les conditions que nous avons remarquées ci-devant, & notamment, que fa Requête ne pourra être admife qu'après l'Inftruction achevée, & de l'avis des autres Juges fur le vû du Procès ; que le Jugement qui admettra cette Requête, lui fera prononcé dans les vingt-quatre heures ; qu'il fera tenu d'indiquer fur le champ ces nouvelles Pieces, ou dans un certain délai qui lui fera marqué par le Juge ; qu'il ne pourra dans la fuite en préfenter d'autres ; que les Parties publiques & civiles pourront contefter ces nouvelles Pieces, fi elles ne font pas de la qualité requife, & fi l'on n'a pas obfervé les formalités prefcrites par l'Ordonnance, en ce qui concerne leur apport & leur remife au Greffe, qui devront être faits à la Requête de la Partie publique. *V. art. 20.* *V. art. 52.* *V. art. 46. 47. 49. & 50.*

C'eft enfuite de la réception de ces nouvelles Pieces, dont il fera dreffé Procès-verbal à la Requête de la Partie publique & en préfence de l'Accufé, qui les paraphera, ou même en fon ab-

V. *art.* 52.
fence, après qu'il aura été dûement appellé, que le Juge ordon-nera une nouvelle Information ; qu'il decernera de nouveaux Decrets, ou même qu'il pourra ordonner, fans Decret, que les mêmes Experts, ou de nouveaux qui feront entendus dans cette Information ; feront recollés & confrontés, ou enfin y ftatuer autrement fuivant l'exigence des Cas.

L'on ne rappellera point ici les autres formalités qui concer-nent le Jugement définitif rendu fur cette Matiere, parce que ces formalités font précifément les mêmes que celles que nous avons rapportées précédemment fut *la Reconnoiffance des Ecritures*, & que l'Ordonnance n'a fait que renouveller à cet égard les mêmes difpofitions, foit par rapport à la furféance de l'exécution de ce Jugement, lorfqu'il ordonnera la fuppreffion ou la radiation, en tout ou en partie, même la réformation ou le rétabliffement des Pieces qui auront été déclarées fauffes, foit par rapport à la re-mife des Pieces, foit enfin par rapport aux Défenfes faites aux Greffiers à ce fujet.

## §. III.

### *Du Faux Incident.*

V. *art.* 1. de ce titre.
La pourfuite du Faux incident a lieu, fuivant l'Ordonnance, lorfque dans le cours d'un Procès l'une des Parties ayant fignifié, communiqué, ou produit quelque Piece que ce puiffe être, l'au-tre Partie prétend que cette Piece eft fauffe ou falfifiée.

V. *art.* 2.
Elle a auffi lieu, comme celle du Faux principal, quand même la Piece prétendue fauffe auroit été vérifiée & jugée véritable avec le Demandeur en faux dans une autre affaire & à d'autres fins que celle d'une pourfuite de Faux principal ou incident.

V. *art.* 21.
Cette pourfuite n'empêche pas celle du Faux principal, qui peut être faite en tout tems par le MINISTERE PUBLIC, fans qu'il foit furfis à l'Inftruction ou au Jugement du Faux incident, & de plus les Tranfactions qui pourroient être faites fur la pourfuite de ce Faux incident, ne peuvent, fuivant l'Ordonnance, être exécutées ni homologuées qu'après avoir été communiquées à cette Partie publique, qui peut faire à ce fujet telles requifitions qu'elle jugera à-propos.

V. *art.* 52.

V. *art.* 19. & 20.
Quant à la PARTIE PRIVÉE, elle peut auffi, nonobftant la pourfuite du Faux incident, former l'accufation en Faux princi-pal, mais dans un feul Cas feulement, fçavoir lorfque la Piece
infcrite

inscrite de Faux a été rejettée du Procès ; ce qui peut arriver de deux manieres , ou par le fait de cette Partie , ou par le fait du Défendeur en faux , lorsqu'ils n'ont pas satisfait l'un ou l'autre aux formalités que leur prescrivoit l'Ordonnance , & dont nous parlerons ci-après. Mais il y a cette différence entre l'un & l'autre de ces Cas , que lorsque la Piece a été rejettée par le fait du Défendeur en faux , le Demandeur peut prendre la voie du Faux principal dans le cours de l'Instruction du Faux incident , sans que l'Instruction ni le Jugement de la Contestation à laquelle l'Inscription de Faux étoit incidente , en soient retardés ; à moins que le Juge n'en ordonne autrement : au lieu que lorsque le rejet de la Piece a été occasionné par le fait du Demandeur , celui-ci ne peut être reçu à former l'Accusation principale , qu'après le Jugement du Procès.

Au reste , deux choses à observer par rapport à cette nouvelle Accusation principale ; l'une que le rejet de la Piece qui peut y donner lieu , ne peut être ordonné que sur les Conclusions de la Partie publique ; l'autre qu'elle ne peut être portée , soit de la part de la Partie publique , soit de la part de la Partie privée , ailleurs que dans la Jurisdiction même qui est saisie de la poursuite du Faux incident , & qu'elle doit être jugée par ceux des Juges de cette Jurisdiction , à qui la connoissance des Matieres criminelles *V. art. 22.* est attribuée.

Parmi les différentes formalités que l'Ordonnance prescrit pour l'Instruction du Faux incident , il y en a qui lui sont communes avec le Faux principal , d'autres qui lui sont particulieres.

Celles qui sont *particulieres* au Faux incident , concernent l'Instruction qui précede le Jugement ou Ordonnance portant permission d'Informer sur ce Faux , & elles consistent :

1°. Dans la CONSIGNATION de l'Amende ; cette Amende est de cent livres, dans les Cours, Requêtes de l'Hôtel, & du Palais ; de soixante livres, dans les Bailliages , & autres Siéges ressortissans nuement aux Cours ; & de vingt livres, dans les autres Siéges. La consignation doit être d'une somme de trois cents livres dans les Cours , & même plus forte si elles l'ordonnent ainsi , lorsque la Requête à fin de permission de s'inscrire en faux , est donnée dans les six semaines antérieures au tems auquel elles finissent leurs séances ou semestres.

2°. Dans la REQUESTE à fin de permission de s'*inscrire en faux :* par cette Requête, qui doit être signée par le Demandeur en faux ,

I i

ou par son Fondé de Procuration spéciale passée devant Notaires., laquelle sera attachée à cette Requête, ainsi que la Quittance de consignation de l'Amende ; il conclura en même tems, à ce que le Défendeur soit tenu de déclarer, s'il entend se servir des Pieces qui y sont indiquées.

V. art. 7.

3°. Dans L'ORDONNANCE du Juge sur cette Requête, portant que l'Inscription sera faite au Greffe par le Demandeur, & qu'à cet effet il sera tenu de sommer dans trois jours au plus tard le Défendeur, de déclarer s'il veut se servir de la Piece maintenue fausse, passé lequel tems, il sera déchu de sa Demande en Inscription de faux.

V. art. 8.

4°. Dans la SOMMATION qui sera faite en conséquence au Défendeur dans le domicile de son Procureur : par cet Acte auquel sera jointe copie de la Quittance d'Amende, du Pouvoir spécial, s'il y en a, de la Requête du Demandeur & de l'Ordonnance du Juge, ce Défendeur sera interpellé de faire sa Déclaration dans le délai qui lui sera marqué ; passé lequel tems, s'il ne fait pas cette Déclaration, le Demandeur pourra se pourvoir à l'Audience pour faire ordonner que cette Piece sera rejettée du Procès, sauf à en tirer telles inductions qu'il jugera à-propos, pour fonder ses dommages & intérêts, & même pour faire déclarer le Défendeur déchu du Bénéfice contentieux, s'il s'agit de Matiere bénéficiale.

V. art. 9.

V. art. 10.

V. art. 11.

V. art. 12.

5°. Dans la DÉCLARATION du Défendeur, sur cette sommation : cette Déclaration doit être faite par un Acte signé de lui, ou de son Fondé de Procuration spéciale passée devant Notaires ; si elle porte, qu'il ne veut pas se servir de la Piece, le Demandeur se pourvoira alors à l'Audience pour faire statuer sur le rejet de cette Piece de la maniere dont nous l'avons dit ci-devant : mais ce rejet ne pourra être ordonné dans aucun Cas, que sur les Conclusions du Ministere public, à peine de nullité.

V. art. 13.

V. art. 18.

6°. Dans la REMISE, qui doit être faite au Greffe de la Piece arguée de faux de la part du Défendeur, lorsqu'il a déclaré qu'il entendoit s'en servir : cette Remise doit être faite dans les vingt-quatre heures, à compter du jour de la signification de sa Déclaration ; & vingt-quatre heures après cette Remise, il doit donner copie au Demandeur, dans le domicile de son Procureur, de l'Acte de Mis au Greffe ; & faute par lui de la remettre ou de faire signifier l'Acte de Mis au Greffe dans le tems qu'on vient de marquer, le Demandeur pourra se pourvoir à l'Audience pour

V. art. 14.

faire ftatuer fur le rejet de cette Piece, ou demander la permiffion de la remettre lui-même au Greffe à fes frais, pour le recouvrement defquels il lui fera délivré Exécutoire.

7°. Dans l'Acte d'Inscription de Faux que fait au Greffe
le Demandeur en perfonne, ou fon Fondé de Procuration fpéciale, paffée devant Notaires : cette Infcription doit être formée
dans les vingt-quatre heures après la remife de la Piece au Greffe, fi c'eft lui qui l'y a dépofé ; & dans le même efpace de tems,
à compter de la fignification de l'Acte de Mis au Greffe, fi elle
y a été dépofée de la part du Défendeur ; & faute par le Demandeur de former fon Infcription dans ce tems, le Défendeur
pourra fe pourvoir à l'Audience pour faire ordonner que fans s'arrêter à la Requête du Demandeur, il fera paffé outre au Jugement du Procès. *V. art. 13.*

8°. Dans la Remise de la Minute de cette Piece au Greffe,
fi le Demandeur le requiert ainfi, & fi cette Minute peut être
rapportée : cette Remife doit être faite par le Défendeur, ou fur
fes pourfuites & diligences, par ceux qui en font les Dépofitaires,
lefquels pourront y être contraints par les même voies & dans les
mêmes délais que ceux marqués pour le Faux principal ; & faute
de la remettre ou faire remettre dans le délai qui lui fera marqué, & qui courra du jour de la fignification du Jugement qui
en ordonnera l'apport, le Demandeur pourra fe pourvoir à l'Audience pour demander le rejet de la Piece, fi mieux il n'aime
demander qu'il lui foit permis de faire apporter cette Minute à fes
frais, dont il lui fera délivré Exécutoire. *V. art. 16.* *V. art. 17.*

9°. Dans le Procés-verbal qui fera dreffé, tant de la Piece
prétendue fauffe, que de la Minute, ce qui fe peut faire par un
feul & même Acte, fi le Juge l'ordonne ainfi : ce Procès-verbal
doit être fait trois jours après la fignification, qui fera faite dans
le domicile des Procureurs des Parties, de la remife de l'une &
l'autre de ces Pieces ; & l'on y doit obferver d'ailleurs les mêmes
formalités que celles marquées pour le Faux principal. *V. art. 23. & 24.* *V. art. 25.*

10°. Dans les Moyens de Faux, que doit mettre au Greffe
le Demandeur, dans les trois jours après que le Procès-verbal
aura été dreffé : faute par lui de les remettre dans ce délai, qui
ne courra que du jour du dernier Procès-verbal, s'il y en a deux,
l'Ordonnance permet au Défendeur de fe pourvoir à l'Audience
pour faire ordonner, *s'il y échet*, que le Demandeur demeurera
déchu de fon Infcription de Faux ; elle permet auffi au Deman- *V. art. 27.*

deur, pour fe mettre en état de fournir ces Moyens, de prendre communication, en tout état de caufe, des Pieces arguées de faux par les mains du Greffier ou du Rapporteur, & cela fans déplacer & fans *retardation*; & enfin elle défend de donner, en aucun Cas, copie ni communication des Moyens de Faux au Défendeur. Nous verrons ci-après fous le Titre de la Preuve, en quoi peuvent confifter ces Moyens de Faux.

V. art. 28.

V. art. 29.

11°. Dans le JUGEMENT qui admet ou rejette ces Moyens en tout ou en partie, & en ordonne la jonction à l'Incident de Faux, ou au Procès principal : l'Ordonnance veut que ce Jugement ne puiffe être rendu que fur les Conclufions du Miniftere public; qu'il marque expreffément tous les Moyens de Faux; qu'il ordonne qu'il en fera informé, tant par Titres, que par Témoins, comme auffi par Experts & par comparaifon d'écritures; qu'il ne puiffe être informé fur d'autres Moyens que ceux marqués par le difpofitif de ce Jugement; elle permet néanmoins aux Experts de faire telles obfervations, dépendantes de leur Art, qu'ils jugeront à-propos fur les Pieces prétendues fauffes.

V. art. 21.
V. art. 20.

C'eft à ce Jugement, que commencent les formalités qui font *communes* au Faux principal & au Faux incident, & qui concernent les Pieces de Conviction, les Témoins, les Experts, les Pieces de Comparaifon, les Procès-verbaux de préfentation de ces Pieces, Celles qui doivent être repréfentées à l'Accufé, ou qu'il peut repréfenter lui-même, les Jugemens interlocutoires & définitifs, comme auffi les Défenfes faites aux Greffiers par rapport à la Remife & aux Expéditions des Pieces qui ont été dépofées au Greffe. Nous ne croyons devoir rien répéter à cet égard, pour ne point tomber en des redites ennuyeufes, que l'Ordonnance a voulu éviter elle-même, en renvoyant aux difpofitions du précédent Titre; nous nous contenterons feulement de remarquer ici quelques différences legeres qui fe rencontrent dans l'une & l'autre de ces Inftructions.

V. les art. 32. 33. 34. 36. 38. 39. 41. 43. 44. 45. 46. 47. 53.

La PREMIERE concerne le *Procès-verbal* de préfentation des Pieces de Comparaifon. Dans l'Inftruction du Faux incident, l'Accufé ou le Défendeur doit être préfent à ce Procès-verbal pour convenir ou contefter ces Pieces, & les parapher; au lieu que dans l'Inftruction du Faux principal, ces Pieces ne doivent lui être repréfentées que lors de la Confrontation.

V. art. 34.

La SECONDE différence concerne les *Pieces* qui doivent être remifes aux Experts, en procédant à leur Audition; parmi ces

V. art. 39.

Pieces, il y en a plusieurs qui ne sont point usitées dans l'Instruction du Faux principal , & dont néanmoins la remise est indispensable dans celle du Faux incident , telles que la Requête à fin de permission de s'inscrire en Faux , l'Ordonnance sur cette Requête , l'Acte d'Inscription en Faux , les Moyens de Faux , & le Jugement qui les a admis.

La TROISIEME différence, concerne la *Remise* qui doit être faite des Pieces aux Parties , ou à ceux qui en sont les Dépositaires : en Matiere de Faux incident , les Juges ont la liberté, lorsqu'il n'y a point eu de Réglement à l'extraordinaire, de statuer sur la remise ou le renvoi des Pieces de Faux , & autres qui ont été déposées au Greffe; ce qu'ils ne peuvent faire dans le Faux principal , que par le Jugement définitif de condamnation ou d'absolution : il est vrai que dans le premier Cas , ils ne peuvent statuer sur cette remise que sur les Conclusions du Ministere public ; & que leur Jugement ne peut être exécuté au préjudice de l'Appel qui en seroit interjetté.

*V. art. 48.*

Enfin la QUATRIEME différence concerne l'*Amende* à laquelle doit être condamné celui qui succombe dans le Faux incident, outre les dépens, dommages, & intérêts qui sont dûs seulement par l'Accusateur en Faux principal, qui vient à succomber ; cette Amende , en y comprenant les sommes consignées avant l'Inscription de Faux, est de trois cents livres, dans les Cours , & aux Requêtes de l'Hôtel & du Palais ; de cent livres, aux Siéges ressortissant nuement aux Cours ; & de six cents livres, aux autres Siéges.

*V. art. 49.*

Cette Amende n'a pas lieu seulement, contre le Demandeur qui succombe dans la poursuite du Faux, mais encore contre celui qui , dans le cours de l'Instruction , s'est desisté volontairement de l'Inscription qu'il a formée au Greffe.

*V. art. 50.*

Elle a lieu pareillement dans le Cas, où par le Jugement définitif, les Parties sont mises hors de Cour, faute par le Demandeur d'avoir rapporté des Moyens & des Preuves suffisantes, & d'avoir satisfait aux formalités qui lui sont prescrites. Enfin elle ne laisse pas que d'être dûe , dans tous les Cas dont on vient de parler, quand même le Jugement n'en prononceroit pas expressément la condamnation , & que le Demandeur offriroit de poursuivre le Faux, comme Faux principal.

*V. même art. 50.*

Mais cette Amende n'a pas lieu, suivant l'Ordonnance , lorsque la Piece arguée de Faux aura été déclarée fausse en tout ou

*V. art. 11.*

en partie; ou lorfqu'elle aura été rejettée du Procés ; ou lorfque la Demande , à fin de s'infcrire en Faux, n'aura pas été admife, ou fuivie d'Infcription formée au Greffe ; & même dans ces derniers Cas , les fommes confignées doivent être reftituées au Demandeur, quoique le Jugement n'en ordonneroit pas expreffément la reftitution.

Au refte , le Jugement qui prononce la condamnation ou la reftitution de cette Amende, ne peut être rendu que fur les Conclufions du Miniftere public.

## CHAPITRE VI.

### Des Decrets.

*V. Tit. 10. de l'Ordonn. de 1670, art. 1.*

LE Decret eft la premiere Ordonnance que rend le Juge fur le vû des Informations & des Conclufions du Procureur du Roi ou des Seigneurs.

L'Ordonnance en diftingue de trois fortes : le Decret d'Affigné pour être oüi ; le Decret d'Ajournement perfonnel , & le Decret de Prife-de-corps.

LE DECRET D'ASSIGNÉ POUR ESTRE OUI, eft une Ordonnance du Juge, portant que l'Accufé fera affigné pour être oüi fur les faits réfultans des Charges & Informations.

Ce Decret n'a lieu ordinairement, que pour des Matieres legeres , & qui ne peuvent donner lieu qu'à des Condamnations pécuniaires , ou pour des Crimes graves dont il n'y a aucune preuve acquife par l'Information , ou enfin contre des Accufés d'un rang diftingué qui fe trouvent prévenus de Crimes qui peuvent avoir trait à quelque peine.

*V. art. 3.*

Si l'Accufé ne comparoît pas fur ce Decret dans le délai qui eft marqué, & qui eft le même qui s'obferve en Matiere civile, ce Decret fera converti en celui d'Ajournement perfonnel, par un Jugement particulier que le Juge rendra à cet effet.

LE DECRET D'AJOURNEMENT PERSONNEL, eft une Ordonnance portant que l'Accufé fera Ajourné, pour comparoir en perfonne pardevant le Juge, & être interrogé fur les faits réfultans des Charges & Informations, & autres fur lefquels la Partie publique requerra qu'il foit entendu.

Suivant l'Ordonnance, ce Decret eft diftingué principalement

de celui d'Assigné pour être oüi, en ce qu'il a l'effet d'emporter
interdiction, lorsqu'il est décerné contre un Juge ou Officier de
Justice ; aussi faut-il, pour le décerner, des causes plus graves que
pour le premier ; il ne doit être employé régulierement, que pour
des Crimes qui peuvent donner lieu à quelque peine afflictive,
ou contre des Personnes distinguées qui seroient dans le cas d'être
decrétées réellement, sans la considération particuliere que mérite leur rang ou dignité.

*V. art. 10. & 11.*

Il peut être aussi décerné, toutes les fois que les Charges &
Informations paroissent trop fortes pour ne prononcer qu'un Assigné pour être oüi, & ne le paroissent pas assez pour faire décerner un Decret de Prise-de-corps.

Enfin ce Decret peut encore être décerné, aux termes de
l'Ordonnance, sur les Procès-verbaux des Juges Royaux, ou
autres Juges inférieurs, en cas d'insulte dans leurs fonctions ; comme aussi sur les Procès-verbaux des Sergens & Huissiers, en cas
de rébellion à Justice.

*V. art. 5.*

*V. art. 6.*

Lorsque l'Accusé ne comparoît pas sur ce Decret, dans le délai marqué, l'Ordonnance veut qu'il soit converti en Decret de
Prise-de-corps ; mais il y a cette différence entre l'Accusé qui a
été decreté originairement de Prise-de-corps, & celui qui ne
l'est qu'en vertu de cette conversion, que ce dernier ne peut
être arrêté Prisonnier, lorsqu'il a comparu & qu'il a été interrogé, si ce n'est dans deux Cas seulement ; l'*un*, c'est lorsqu'il est
survenu contre lui de nouvelles Charges, tant par les Aveux qui
lui sont échappés lors de son Interrogatoire, que par la Déposition des nouveaux Témoins qui auroient été entendus dans une
Addition d'information ; l'*autre*, c'est lorsque par des raisons particulieres, les Cours supérieures déliberent secretement, que l'Accusé sera arrêté en comparoissant.

*V. art. 7.*

Le Decret de Prise-de-corps, ou autrement le Decret
Réel, est une Ordonnance du Juge, portant que l'Accusé sera
pris au corps, & conduit dans les Prisons pour y être oüi & interrogé sur les faits résultans des Charges & Informations.

Suivant l'Ordonnance, ce Decret ne peut être rendu contre
un Accusé qui a un domicile certain, que lorsqu'il paroît par les
Charges & Informations que le Crime est de nature à donner
lieu à quelque peine afflictive ou infamante. Mais ce n'est pas
toûjours sur les préuves résultantes des Informations, que ce Decret peut être rendu : il y a plusieurs Cas où le Juge peut decré-

*V. art. 19.*

*V. art.* 8.

ter fans Informations précédentes ; fçavoir , 1°. fur la feule notoriété , lorfqu'il s'agit de Crime de Duel : 2°. fur la Plainte des Procureurs du Roi, pour les Crimes commis par les Vagabonds & Gens fans aveu : 3°. fur la Plainte des Maîtres , pour Délits

*V. art.* 9.

commis par leurs Domeftiques : 4°. fur la Capture de l'Accufé en Flagrant-délit, ou à la Clameur publique : 5°. contre des Per-

*V. art.* 18.

fonnes non connues , fur l'indication qui en fera faite, & fous les defignations de l'habit de la Perfonne , & autres fuffifantes : 6°.

*V. art.* 5.

fur les Procès-verbaux des Préfidens & Confeillers des Cours fu-

*V. même art.*

périeures : 7°. fur les Procès-verbaux des Juges inférieurs, pour les Infultes à eux faites pendant leurs Séances ; mais il faut pour cela que ces Procès-verbaux ayent été répétés par leurs Affiftans, c'eft-à-dire par les Officiers qui fiégent avec eux , & à qui il a été fait pareilles Infultes : 8°. enfin fur les Procès-verbaux des Huiffiers ou Sergens , en cas de rébellion à Juftice ; ce qui ne doit avoir lieu néanmoins , fuivant l'article vj. de ce Titre de l'Ordonnance, qu'après que ces Huiffiers ou Sergens , ainfi que les Records dont ils étoient affiftés , auront été répétés par le Juge : elle excepte feulement , par le même article, les Maîtrifes des Eaux & Forêts qu'elle confirme dans l'ufage de decréter de Prife-de-corps les Procès-verbaux faits par les *Sergens , Gardes, & Verdiers de ces Maîtrifes* , fans qu'il foit befoin de répétition de Records.

Après avoir déterminé les différentes efpeces de Decret, & les Cas particuliers où ils peuvent avoir lieu , il ne refte plus qu'à rappeller ici les formalités qui doivent accompagner ou fuivre leur exécution. Ces formalités confiftent , fuivant l'Ordonnance,

*V. art.* 13.

1°. en ce que celui, à la Requête de qui le Decret doit être exécuté , eft tenu d'élire domicile dans le lieu où doit fe faire l'exécution, fans néanmoins , *eft-il dit*, que cette Election puiffe attribuer aucune Jurifdiction aux Juges du lieu où elle fe fait.

*V. art.* 12.

2°. Cette exécution ne peut être retardée par aucune appellation , même de Juge incompétant ou récufé , mais feulement par des *Saufs-conduits* qu'auroient obtenus les Accufés, ou dans le cas de l'*Éxoine*, dont il fera parlé ci-après.

*V. même art.*

3°. Il n'eft pas befoin , pour procéder à cette exécution , de demander permiffion ni *Pareatis* ; elle ne peut même être empêchée par les *immunités* ou *franchifes*.

*V. Ordonn. de de* 1539. *art.* 166.
*V. art.* 14. & 15.

4°. Les Sergens & Huiffiers peuvent demander main-forte pour affûrer l'exécution de ces Decrets, tant aux Gouverneurs, Lieutenans

tenans Généraux des Provinces , Villes , Baillis & Sénéchaux , Maires , Echevins , qu'aux Prevôts des Maréchaux , leurs Lieutenans , & Archers ; & il est enjoint à ces derniers de leur prêter main-forte , à peine de radiation de leurs Gages en cas de refus , dont il doit être dreffé Procès-verbal par les Juges ou Huissiers , pour être envoyé aux Procureurs Généraux de leur Ressort.

5°. Il est défendu à tous Juges , même à ceux des Officialités , d'ordonner que l'Accusé sera amené sans scandale. *V. art. 17.*

6°. Les Accusés qui ont été arrêtés , doivent être conduits dans les Prisons publiques du lieu , & non dans des Maisons particulieres , si ce n'est pendant le tems de leur conduite , ou en cas de péril & d'enlevement , dont les Huissiers doivent faire mention dans leur Procès-verbal de Capture. *V. art. 16.*

7°. Enfin l'Accusé qui a été conduit dans les Prisons , ou qui s'y est rendu volontairement pour satisfaire au Decret , ne peut plus être élargi que de l'autorité du Juge , quand même les Parties publiques & civiles y consentiroient. De plus l'Elargissement ne peut être fait que sur le Vû des Charges , Informations Interrogatoire , Conclusions du Procureur du Roi , & qu'ensuite des Réponses de la Partie civile , ou de Sommation à elle faite de répondre. L'Ordonnance a porté encore la précaution plus loin , afin d'empêcher que les Juges ne laissent languir trop long-tems les Accusés dans les Prisons , elle enjoint aux Procureurs du Roi d'envoyer tous les six mois aux Procureurs Généraux de leur Ressort , un Etat signé par les Lieutenans Criminels & par eux , des Ecroues & Recommandations faites pendant les six mois précédens , qui n'auront point été suivies de Jugemens définitifs : cet Etat doit contenir la date des Decrets , Ecroues , Recommandations , le Nom , Surnom , Qualité , Demeure des Accusés , le Titre de l'Accusation , & l'Etat de la procédure ; & il doit être délivré gratuitement par les Greffiers , Géoliers , & porté sans frais par les Messagers. Enfin par une derniere disposition , l'Ordonnance veut qu'après le Jugement définitif , l'Accusé ne puisse être élargi , si ce Jugement porte condamnation à peine afflictive , ou si ayant prononcé absolution , il y en a Appel de la part de la Partie publique ; & cela quand même la Partie civile y consentiroit , & que les Amendes , Aumônes , & Réparations auroient été consignées par l'Accusé. *V. art. 23.*

*V. art. 20.*

*V. art. 24.*

K k

## CHAPITRE VII.

### *Des Excuses ou Exoines de l'Accusé.*

V. Tit. 11. de l'Ordonnance de 1670.

L'EXÉCUTION d'un Decret peut être empêchée de deux manieres ; ou par une Absence *volontaire* de la part de l'Accusé qui prend la fuite ou se tient caché, ce qu'on appelle *Contumace* ; ou par une Absence *forcée* qui est causée par un légitime empêchement, tel que celui de la Maladie ou de Blessures ; & c'est celle-ci qui donne lieu à l'EXOINE, dont il est parlé sous le Titre XI. de l'Ordonnance ; elle a lieu pour toutes sortes de Decrets, au lieu que la premiere n'a proprement lieu qu'en Matiere de Decret de Prise de corps, comme nous le verrons ci-après.

V. Ragueau, en son Ind. des Dr. royaux.
V. Cujas, sur la Loi 22. ff. de Obligat. & Act.
V. art. 1, & 2.

Le mot *Exoine*, suivant les Auteurs, est dérivé du vieux Langage François, qui signifie *Excuse*, ou comme dit Cujas, du mot *exidoniare*, c'est-à-dire *quasi non esse idoneum se affirmare* ; il est défini par l'Ordonnance, un Acte contenant Procuration spéciale passée devant Notaire ensuite du Rapport d'un Médecin de Faculté approuvée, qui y est joint, par laquelle l'Accusé déclare qu'il ne peut comparoître en Justice, & satisfaire au Decret pour cause de Maladie ou de Blessures.

Ainsi, plusieurs choses doivent concourir à la validité de l'Exoine ; 1°. il faut qu'il y ait un Rapport de Médecins qui soit de Faculté approuvée. Ce Rapport doit faire mention de la Qualité des accidens de la Maladie ou de la Blessure, qui empêchent l'Accusé de satisfaire au Decret ; & il doit être affirmé pardevant le Juge du lieu, qui dressera un Procès-verbal de cette affirmation, pour être joint à la Procuration de l'Accusé.

2°. Il faut que cette Procuration soit spéciale & passée devant Notaire, & qu'il y soit fait mention expresse du nom de la Ville, Bourg ou Village, Paroisse, Rue, Maison où l'Accusé est détenu Malade.

3°. Il faut que la Cause qui donne lieu à l'*Exoine*, soit la Maladie ou des Blessures, & que cette Maladie ou Blessure soit telle, que l'Accusé ne puisse se mettre en chemin sans danger de sa vie.

4°. Enfin, l'Ordonnance ne parle sous ce Titre, que de l'Accusé seulement ; d'où il suit que ce Droit n'est point accordé à la

Partie civile, quoiqu'elle se trouveroit dans le même cas de Maladie ou de Blessure.

La PROCÉDURE, pour parvenir à la reception de l'Exoine, se fait ainsi : le Porteur de la Procuration doit la présenter au Juge qui instruit le Procès criminel ; le Juge en ordonne la Communication au Procureur du Roi & à la Partie civile, s'il y en a ; le Porteur de la Procuration fait donner en conséquence une Sommation à cette Partie civile, de se trouver à l'Audience où l'Exoine sera présenté ; la Cause étant portée à l'Audience, si les causes de l'Exoine paroissent légitimes, le Juge ordonnera qu'il en sera informé respectivement par les Parties dans un bref délai ; sçavoir, de la part du Procureur du Roi & de la Partie civile, de la fausseté des Causes sur lesquelles est fondé l'Exoine, & de la part de l'Accusé, de la vérité de ces mêmes Causes : après le délai expiré, le Juge fera Droit sur ce qui se trouvera produit de la part d'une des Parties, qui aura fait signifier à l'autre son Acte de *Produit* ; & si le Demandeur de l'Exoine ne produit pas dans le tems son Enquête, il en sera debouté par le même Jugement ; si au contraire l'Exoine est jugé valable, le Juge donnera à l'Accusé un délai convenable pour comparoître ; mais s'il ne comparoît pas avant l'expiration de ce délai, il ne lui en sera point accordé d'autre, & son Procès pourra lui être fait par Contumace, après qu'il aura été decrété de prise de Corps.

*V. art. 1.*

*V. art. 4.*

Cependant, s'il s'agissoit d'un Crime grave, ou d'acquérir des Preuves contre d'autres Accusés, le Juge pourroit se transporter d'office sur les lieux, ou à la Requête des Parties publiques ou civiles, & faire subir Interrogatoire à l'Accusé ; & si ce dernier étoit Malade hors de son Ressort, il pourroit donner Commission *Rogatoire* au Juge dans le Ressort duquel se trouveroit cet Accusé.

# CHAPITRE VIII.

## *Des Sentences de Provision.*

LORSQUE la Partie qui a rendu Plainte a été blessée, & qu'elle n'est pas en état de pourvoir aux Alimens & aux Médicamens qui lui sont nécessaires, elle présente sa Requête au Juge pour obtenir une certaine somme à cet effet contre l'Accusé, & c'est ce qu'on appelle PROVISION.

*V. Tit. 12. de l'Ordonn. de 1670.*

Le Jugement qui l'ordonne, doit être rendu sur le Vû de la Plainte, de l'Information, du Decret, & du Rapport des Médecins & Chirurgiens, sans qu'il soit nécessaire qu'il y ait des Conclusions du Procureur du Roi, parce que ce Jugement ne fait point partie de la Procédure criminelle ; & c'est pour cela qu'il est qualifié du nom de SENTENCE.

*V. art. 1.*

Comme cette Sentence a pour objet de pourvoir aux Alimens & Médicamens de la Partie blessée, & qu'elle doit conséquemment être fondée sur des besoins pressans, de-là ce grand nombre de Priviléges que l'Ordonnance y a attachés.

Le PREMIER PRIVILÉGE, consiste en ce que ces Sentences doivent être exécutées sur le champ, sans qu'elles puissent être sursises, ni jointes au Procès par le Juge qui les a rendues ; les Cours supérieures ne peuvent même, suivant l'Ordonnance, accorder des défenses ou surféances sur l'Appel de ces Sentences, qu'après avoir vû les Charges, Informations, & le Rapport des Médecins & Chirurgiens, & après que le tout a été communiqué à M. le Procureur Général, dont il doit être fait mention expresse dans l'Arrêt : mais ce Privilége cesse d'avoir lieu lorsque les Provisions excedent les sommes que l'Ordonnance a fixées par rapport aux différens Tribunaux ; sçavoir, celle de 200 liv. lorsque les Sentences sont rendues par les Baillis & Sénéchaux ; celle de 120 livres, lorsqu'elles sont rendues par d'autres Juges royaux ; enfin celle de 100 livres, lorsqu'elles sont rendues par les Juges des Seigneurs.

*V. art. 4.*

*V. art. 8.*

*V. art. 7.*

Un SECOND PRIVILÉGE, consiste en ce que les sommes adjugées pour Provision, ne peuvent être saisies pour quelque cause & prétexte que ce soit, même pour frais de Justice, & qu'il ne suffit pas de les consigner au Greffe ou ailleurs : l'Ordonnance déclare nulles ces sortes de Consignations, prononce la peine d'Interdiction contre les Greffiers ou les Commis qui les ont reçues ; & elle veut que ces Consignations, ainsi que ces Saisies, ne puissent empêcher que les Parties condamnées ne soient contraintes au payement.

*V. art. 5.*

Un TROISIÉME PRIVILÉGE, consiste en ce que cette Sentence peut être exécutée, non-seulement par la saisie des biens de la Partie condamnée, mais encore par l'emprisonnement de sa Personne ; ensorte que si elle se trouvoit déja prisonniere lors de la Sentence, & qu'elle vînt à obtenir son élargissement après avoir purgé son Decret, elle pourroit encore être retenue Pri-

*V. art. 6.*

fonniere en vertu de cette même Sentence, avec cette différence néanmoins, qu'il faudroit dans ce dernier Cas lui donner des Alimens, & non point fi l'emprifonnement avoit été fait en exécution de cette Sentence, parce que ce feroit alors accorder Provifion contre Provifion, ce qui ne fe peut.

Un QUATRIEME PRIVILÉGE, c'eft que la Partie condamnée ne peut exiger Caution de celui à qui elle fait le payement de la Provifion, quand même il feroit d'ailleurs infolvable ; & qu'elle ne peut même répéter ce payement dans aucun cas, de maniere qu'elle ne peut comprendre les fommes qu'elle a payées, dans les dommages & intérêts qu'elle pourroit obtenir par l'évenement du Procès, ni dans ceux auxquels elle feroit condamnée envers la Perfonne à qui elle a fait ce payement.

*V. même art. 6.*

*V. Papon, liv. 18. des Provifions , n. 18. & 38.*

Un CINQUIEME PRIVILÉGE, confifte en ce que ces Sentences de Provifion, de même que les Incidens auxquels elles peuvent donner lieu, doivent fe juger gratuitement ; & que le Juge ne peut prendre aucun émolument à cet effet, ni même les Cours fupérieures aucunes épices, pour les Arrêts de défenfes qu'elles donnent à ce fujet.

*V. art. 3.*

*V. art. 8.*

Enfin, à tous ces Priviléges, l'Ordonnance a crû devoir ajouter deux Reftrictions remarquables pour prévenir les abus qui en pourroient réfulter ; l'*une*, par laquelle elle veut que la Provifion ne foit accordée qu'à l'une des Parties feulement, & elle défend aux Juges d'en accorder à toutes les deux, à peine de Sufpenfion de leurs Charges, & de tous dépens, dommages, & intérêts ; l'*autre*, par laquelle elle leur défend d'accorder à la même Partie une feconde Provifion, à moins qu'elle ne foit jugée néceffaire, & qu'il y ait au moins un intervalle de 15 jours entre la premiere & la feconde.

*V. art. 2.*

*V. art. 3.*

---

# CHAPITRE IX.

## Des Prifons , Greffiers des Geoles , Geoliers & Guichetiers.

APRÉS avoir parlé des Decrets & de leur Exécution, rien n'étoit plus digne de la fageffe du Legiflateur, que d'arrêter quelque tems fes regards fur ces lieux ténébreux où un Accufé a

*V. Tit. 13. de l'Ordon. de 1670.*

le malheur de se trouver détenu en vertu de ces Decrets , & d'em: pêcher par de bons Réglemens, que la PRISON, qui est destinée pour la garde des Hommes, ne dégénerât en un véritable Suppli- ce, soit par le mauvais état où elle se trouveroit, soit par les ve- xations auxquelles elle les exposeroit de la part de ceux qui sont préposés à leur garde ; tel a été aussi l'objet particulier du Tit. XIII. de l'Ordonnance, dont les dispositions ont été renouvellées & augmentées dans la suite par plusieurs Arrêts de Réglement, & notamment par ceux des 18 Juin & 1er Septembre 1717, faits pour les Prisons de la Ville de Paris & des Provinces du Ressort de ce Parlement, qu'on peut regarder comme autant de modeles en cette Matiere.

L'on voit par la réunion de toutes ces Loix, les différentes obli- gations qui concernent à ce sujet, non-seulement les Greffiers des Géoles, Géoliers, & Guichetiers, mais encore les Seigneurs Hauts Justiciers, les Juges, les Procureurs du Roi, les Huissiers, Sergens, & Archers.

*V. art. 1. du tit. 13. de l'Ordonn.*
*V. aussi art. 32. du Réglement de Septembre 1717.*
*V. art. 2. ibid.*
*V. la Déclar. du 9. Nov. 1724. par rapp. aux Engagist.*
*V. art. 26.*

1°. Quant aux SEIGNEURS HAUTS JUSTICIERS, ils doivent soigner à ce que leurs Prisons soient sûres, & non contraires à la santé des Prisonniers ; & pour cet effet, qu'elles soient au rez- de-chaussée ; sinon elles doivent être construites & rétablies à leurs frais à la diligence des Procureurs du Roi. Ils doivent de plus pourvoir ces Prisons de Geoliers & Consierges qui sachent lire & écrire. Ils doivent fournir des alimens aux Prisonniers pour Crime. Enfin ils ne peuvent excéder la Redevance annuelle qui sera taxée par les Juges pour les Baux-à-ferme de leurs Prisons, ni les affermer à d'autres, le tout à peine de privation de leur Droit de Justice.

*V. art. 39.*

*V. art. 34.*

*V. art. 37.*

2°. A l'égard des JUGES, leur devoir particulier, consiste à faire observer les Réglemens par les Greffiers, Geoliers, & Guiche- tiers : à informer des Exactions & Contraventions par eux com- mises ; à les punir sur la Preuve qui leur en sera administrée, & qui est censée complette en pareil cas, par les Dépositions de six Témoins, quoiqu'ils déposent des faits singuliers : à taxer les les Droits des Greffiers pour les Extraits des Emprisonnemens, Recommandation, Décharges, & Elargissemens ; pour les Vi- vres, Denrées, Gîte, & Geolage, dont il doit être fait un Ta- bleau ou *Tarif* qui sera posé au lieu le plus apparent de la Pri- son ; à taxer aussi ce que doivent payer les Créanciers pour la nourriture de leurs Débiteurs ; & faute par ceux-ci de faire ce

*V. art. 10. & 11.*

*V. art. 23.*

payement après deux Sommations qui leur feront faites à diffé- *V. art. 14.*<br>*V. cependant la*<br>*Décl. du 10 Janv.*<br>*1680. art. 5.*
rens jours, ordonner l'Elargissement du Débiteur trois jours après
la derniere de ces Sommations ; n'ordonner l'Elargissement des
Prisonniers pour Crime, qu'après avoir vû les Informations, l'In- *V. art. 34. de ce*<br>*tit. & art. 22. du*<br>*tit. 10.*
terrogatoire, les Conclusions du Ministere public, & les Ré-
ponses ou Sommations de répondre faites à la Partie civile ; assis- *V. art. 39.*
ter aux Baux à Ferme des Prisons seigneuriales, s'ils sont Juges
Royaux, & en taxer la Redevance. Enfin ils ont le Droit de
connoître généralement de tout ce qui concerne la Police des Prisons, de procéder à la Réception des Greffiers & Geoliers, &
de cotter & parapher leurs Regiftres.

3°. Pour ce qui concerne les PROCUREURS DU ROI, ils sont *V. art. 334*
obligés de visiter une fois chaque semaine les Prisons pour entendre les Plaintes des Prisonniers ; d'avoir attention qu'il leur
soit fourni du Pain de bonne qualité ; & s'il s'en trouve parmi eux
de malades, les faire visiter par des Médecins & Chirurgiens, & *V. art. 28. du*<br>*Régl. du 1. Sept.*<br>*1717.*
même transférer dans les chambres, s'il en est besoin ; ils doivent
encore, aux termes des Réglemens, faire représenter les Registres aux Greffiers & Geoliers, & envoyer à la Cour, tous les
trois mois, des Mémoires exacts des Droits qui ont été perçus
par les Greffiers des Geoles.

4°. A l'égard des HUISSIERS, SERGENS, ET ARCHERS, ils *V. art. 3. de l'Or-*<br>*donnance.*
ne peuvent être Greffiers de Geoles, Geoliers ni Guichetiers. Ils
doivent dresser Procès-verbal des Papiers, Hardes, & Meubles,
dont celui qu'ils arrêtent Prisonnier se trouve saisi ; ils doivent *V. art. 7.*
faire signer ce Procès-verbal de deux Témoins dont ils seront
assistés. Ils doivent remettre au Greffe celles des Hardes qui peuvent servir à la preuve du Procès, & laisser le reste à l'Accusé.
Ils doivent donner eux-mêmes en mains propres, à l'Accusé ame- *V. art. 19. du Ré-*<br>*glement de Septem-*<br>*bre. 17.17.*
né entre les deux Guichets, en présence des Greffiers & Geo-
liers, des copies lisibles & en bonne forme des Ecroues & Recommandations qui seront faites de sa Personne. L'on appelle
ECROUE un Acte qui fait foi de l'Emprisonnement de l'Accusé,
& par lequel l'Huissier ou Archer se décharge, sur le Registre du
Greffier de la Geole, de la Personne de celui qu'il a arrêté Pri-
sonnier : pour la validité de cet Acte, il y doit être fait mention *V. art. 13. de*<br>*l'Ordonn.*
des Arrêts, Jugemens, & autres Actes en vertu desquels il est
fait, du Nom, Surnom, & Qualités du Prisonnier, de celui de
la Partie qui a fait faire l'Emprisonnement, du Domicile par elle
élû au lieu où la Prison est située ; enfin il ne peut être fait qu'une

seule Ecroue, quoiqu'il y ait plusieurs causes d'Emprisonnement:
On appelle RECOMMANDATION un Acte par lequel on donne
connoissance aux Geoliers ou aux Consierges d'une autre cause
d'Emprisonnement, que celle pour laquelle il a été originairement fait : cet Acte doit contenir les mêmes mentions que l'E-
croue, à peine de nullité ; il doit aussi être signifié, & copie laissée au Prisonnier en parlant à sa personne, de quoi l'Huissier doit
faire mention dans son Procès-verbal, à peine de nullité. Enfin
par les articles xxiij. & xxiv. du Réglement du premier Septembre 1717, il est fait défenses aux Huissiers de rien exiger de ceux
qu'ils arrêtent, sous quel prétexte que ce soit, ni pareillement
de ceux qu'ils transferent d'une Prison à l'autre, à moins que ces
derniers ne soient détenus pour dettes, & qu'ils ne demandent
eux-mêmes leur translation ; cette translation doit aussi se faire,
*V. art. 38.* lorsque les Prisonniers ont été mis dans des Prisons empruntées,
& elle doit se faire incessamment, suivant l'Ordonnance.

5°. Quant aux GREFFIERS DES GEOLES, il y a des Devoirs
qui leur sont particuliers, d'autres qui leur sont communs avec les
Geoliers.

*V. art. 5.* Les Devoirs qui leur sont particuliers, consistent principalement en ce qu'ils ne peuvent être établis que pour des Prisons
Royales & non Seigneuriales : qu'ils doivent prononcer les Jugemens de condamnation ou d'absolution, & d'élargissement
*V. art. 29.* aux Accusés, le même jour qu'ils ont été rendus ; les mettre hors
des Prisons, & l'écrire sur le Registre de la Geole, lorsqu'il n'y
a point d'Appel de la part de la Partie publique dans les vingt-
quatre heures, & que les sommes adjugées pour Amende, Aumône, & Intérêts civils, ont été consignées entre leurs mains,
& qu'enfin l'Accusé n'est pas détenu Prisonnier pour d'autres
causes.

*V. art. 6.* Les Devoirs qui leur sont communs avec les Geoliers, consistent en ce qu'ils doivent avoir deux Registres cottés & paraphés
par le Juge dans tous les feuillets : l'*un*, pour les Ecroues, Recommandations, Elargissemens, & Décharges, dont les feuillets se-
*V. art. 7.* ront séparés en deux colonnes ; l'*autre*, pour mettre, par forme
d'Inventaire, les Papiers, Hardes, & Meubles servans à la preuve du Procès dont le Prisonnier aura été trouvé saisi : qu'ils doivent faire signer cet Inventaire par l'Accusé, sinon mention de
*V. art. 8.* son refus : qu'ils ne peuvent laisser aucun blanc dans leurs Re-
*V. art. 9.* gistres, ni délivrer des Ecroues qu'à ceux qui seroient actuellement

ment

ment Prisonniers, ni faire des Ecroues ou Décharges sur feuilles volantes, cahiers, ni autrement que sur leurs Registres : qu'ils ne peuvent rien prendre des Prisonniers sous prétexte de *bien-venue*, ni les maltraiter & excéder à ce sujet : qu'ils ne peuvent recevoir d'autres Droits que ceux qui leur font taxés par le Juge pour les Extraits des Emprisonnemens, Recommandations, & Décharges qu'ils délivreront : qu'ils ne peuvent prendre ni recevoir aucuns Droits de Consignation, encore qu'ils leur fussent volontairement offerts : qu'ils doivent porter au Procureur du Roi ou des Seigneurs, dans les vingt-quatre heures au plus tard, la Copie des Ecroues & Recommandations qui seront faites pour Crimes : enfin qu'ils ne peuvent empêcher l'Elargissement du Prisonnier sous prétexte de frais de nourriture & autres dépenses à eux dûes.

6°. Quant aux GEOLIERS, indépendamment des Devoirs qui leur font communs avec les Greffiers en ce qui concerne la forme de leurs Registres & la qualité des Droits qui leur font attribués, il y en a plusieurs autres qui les regardent personnellement ; sçavoir, qu'ils doivent exercer en personne, & non par aucun commis : qu'ils doivent donner à leurs Guichetiers, & autres Personnes qu'ils préposent à la garde des Prisons, des Gages raisonnables : que ces Guichetiers doivent, ainsi que les Geoliers, sçavoir lire & écrire : qu'ils ne peuvent permettre à qui que ce soit la communication avec les Prisonniers pour Crimes avant l'Interrogatoire, & même après, s'il est ainsi ordonné par le Juge : qu'ils ne peuvent la permettre en aucun tems aux Prisonniers détenus au Cachot, ni souffrir qu'il leur soit donné aucune Lettre ni Billets : qu'ils doivent visiter ceux-ci au moins une fois par jour, & donner avis au Procureur du Roi de ceux qui sont malades : qu'ils ne peuvent mettre les Prisonniers au Cachot ni les en tirer, non plus que leur mettre les fers aux pieds, que de l'autorité du Juge seulement : qu'ils ne peuvent prendre ni recevoir aucuns Droits ou Salaires de ces Prisonniers, encore qu'ils leurs fussent volontairement offerts : qu'ils ne doivent point laisser vaguer les Prisonniers, ni souffrir que les Hommes & les Femmes habitent dans la même Chambre : qu'ils ne peuvent recevoir des Prisonniers aucune avance pour leur Nourriture, Gîte, & Geolage : qu'ils doivent donner Quittance de tout ce qui leur sera payé : qu'ils doivent fournir aux Prisonniers pour Crime, le Pain, l'Eau, & la Paille bien conditionnés, suivant les Régle-

V. art. 14.
V. aussi l'art 26.
du Réglement de
Sept. 1717.
V. art. 10.

V. art. 10.

V. art. 20.

V. art. 3.

V. art. 2.

V. art. 16.

V. art. 17.

V. art. 21.
V. art. 18. & 19.

V. art. 19.
V. art. 20.
V. art. 22.

V. art. 15.

L l

mens , dont ils se feront rembourfer par les Seigneurs ou par les Fermiers , Receveurs , ou Engagiftes du Domaine : qu'ils ne peuvent fournir de la Viande aux Prifonniers aux jours qui font défendus par l'Eglife ; ni fouffrir qu'on leur en apporte de dehors, fi ce n'eft dans le cas de maladie & par ordonnance du Médecin ; ils ne peuvent au refte empêcher les Prifonniers qui ne font point au Cachot , de faire venir de dehors les Vivres & autres Provifions dont ils ont befoin ; ils ont feulement le Droit de les vifiter.

Il y a encore d'autres Devoirs particuliers , qui leur font prefcrits par les Arrêts de Réglemens , tels que ceux concernant les devoirs de la Religion par rapport à la Meffe & aux Prieres ; l'obfervation des Fêtes & Dimanches; le tems de l'ouverture des Chambres des Prifonniers ; la qualité des Perfonnes qui peuvent être admifes à entrer dans ces Chambres ; la diftribution des Aumônes qui feront faites aux Prifonniers ; enfin l'attention que doivent avoir ces Geoliers , de donner avis au Procureur du Roi ou des Seigneurs de tous les defordres , & notamment des Juremens & des Exactions & Violences qui fe commettroient entre les Prifonniers.

V. art. 271
V. art. 281
V. art. 1. 2. 7. 9.
& 10. du Régl. du
1. Sept. 1717.

## CHAPITRE X.

### De l'Interrogatoire.

L'INTERROGATOIRE, pris dans fa fignification générale , eft un Acte judiciaire fait pour parvenir à la découverte de la Vérité , par la Déclaration de celui contre qui on veut la faire , fervir , & dans ce fens il a lieu dans la Procédure civile , comme dans la criminelle.

Mais l'Interrogatoire , pris dans le fens dont nous entendons parler ici , eft un Acte de la Procédure criminelle par lequel le Juge , après avoir fait prêter ferment à l'Accufé qui comparoît fur le Decret , l'interroge fur les faits réfultans des Charges & Informations. C'eft celui dont il eft parlé dans les Titres du Code ou du Digefte *Quæftionibus* , & que les Jurifconfultes appellent *Examinatio Rei* , parce qu'il eft , à l'égard de l'Accufé , ce qu'eft l'Information à l'égard des Témoins.

Nous n'en parlerons point ici , relativement à l'effet qu'il peut

V. Tit. 14. de l'Ordonn. de 1670.
V. auffi liv. 11. du ff. tit. 1. de Interrog. injur. fact. & de Interrog. act.

produire dans le Procès criminel, c'eſt ce que nous aurons lieu d'examiner ſous le Titre ſuivant, en traitant de la Preuve qui peut réſulter de la Confeſſion de l'Accuſé ; nous nous bornerons quant à préſent à marquer les formalités qui doivent l'accompagner, & comme ces formalités ſont différentes de celles qui ſe trouvent établies dans le Droit Romain, ſuivant lequel l'Interrogatoire ſe faiſoit publiquement à l'Audience, ſur l'Interpellation de l'Accuſateur. Nous ne pouvons chercher ailleurs les véritables principes qui les concernent, que dans les Ordonnances du Royaume, & ſingulierement dans le Titre XIV. de l'Ordonnance de 1670, où ces formalités ſe trouvent exactement détaillées.

Suivant ce Titre, il paroît que l'Interrogatoire, en Matiere criminelle, n'a pas ſeulement été introduit parmi nous, pour faciliter la découverte du Crime, mais encore pour favoriſer la défenſe de l'Accuſé, en lui donnant un Moyen de faire valoir les raiſons qui peuvent ſervir à le juſtifier ; Moyen d'autant plus précieux pour lui, que juſqu'alors toute la Procédure criminelle s'eſt inſtruite à ſon inſçû.

Mais par la même raiſon, que l'objet particulier de l'Accuſé, dans l'Interrogatoire, eſt de ſe juſtifier & de pallier ſon Crime, le Juge doit auſſi de ſon côté, apporter dans cet Acte une attention particuliere, pour démêler la vérité à-travers les nuages où le Coupable cherche à l'envelopper.

Ainſi pour y bien procéder, le Juge doit donc, après avoir demandé les ſecours d'en-Haut, s'attacher à bien connoître la nature du Crime ſur lequel il doit interroger, le caractere & les mœurs de l'Accuſé ; obſerver ſa contenance, ſes geſtes, ſes variations, & autres circonſtances qui peuvent ſervir à dévoiler la ſituation de ſon eſprit ; lui faire des demandes claires & non captieuſes ; ne l'interroger que ſur des faits relatifs au Crime qui fait le Titre de l'Accuſation ; enfin ne point chercher à lui extorquer des aveux par l'eſpérance de l'impunité.

Tels ſont les Devoirs généraux qui lui ſont marqués également par toutes les Loix. Venons préſentement aux Devoirs particuliers que l'Ordonnance lui preſcrit, pour la validité de la Procédure.

Ces Devoirs conſiſtent en premier lieu, à procéder à l'Interrogatoire inceſſamment & au plus tard dans les vingt-quatre heures après l'Empriſonnement de l'Accuſé ; & lorſque le Juge néglige d'y procéder dans les vingt-quatre heures, l'Accuſé peut préfenter Requête au plus ancien des Officiers du même Siége pour demander à être interrogé.

2°. A ne procéder à cet Interrogatoire, que dans le Lieu où fe V. art. 4. tient la Juftice, c'eft-à-dire dans la Chambre du Confeil ou de la Geole ; il faut cependant excepter le cas de la maladie, ou autre légitime empêchement de l'Accufé, & celui du flagrant-délit ; au premier cas, le Juge eft obligé de fe tranfporter auprès de lui pour recevoir fes Réponfes ; & au fecond, l'Ordonnance lui per- V. art. 5. met de faire l'Interrogatoire dans le premier lieu qui fera trouvé commode.

3°. A n'y procéder qu'en Perfonne, & non par le miniftere de V. art. 2. fon Greffier, lequel ne peut interroger en aucun cas, à peine de nullité : cependant en cas d'abfence, récufation, ou autre légitime empêchement du Juge, il y peut être procédé par le plus ancien Officier du Siège.

4°. A prendre le ferment de l'Accufé ; & comme c'eft ce fer- V. art. 7. ment qui donne la force à fes Réponfes, le Juge en doit faire mention dans l'Interrogatoire, à peine de nullité.

5°. A faire l'Interrogatoire en Langue Françoife ; & fi l'Accu- V. art. 12. fé n'entend pas cette Langue, nommer un Interprete pour lui expliquer les Interrogatoires qui lui feront faits, & au Juge les Réponfes de l'Accufé ; faire figner le tout à cet Interprete, ainfi qu'à l'Accufé, finon faire mention de fon refus.

6°. A interroger l'Accufé feul, & s'il y en a plufieurs, les in- terroger féparément, fans fouffrir qu'ils foient affiftés de perfon- ne autre que le Greffier ; l'Ordonnance ne permet pas même l'af- V. art. 6.<br>V. art. 8. fiftance d'un Confeil, fi ce n'eft après l'Interrogatoire, & dans les Cas fuivans ; fçavoir, pour Crimes de *Péculat, Concuffion, Banqueroute frauduleufe, Vol de Commis ou Affociés en Affaire de Finance ou de Banque, fauffeté de Pieces, fuppofition de Part,* & au- tres Crimes où il s'agiroit de *l'état des Perfonnes.* Dans tous ces V. art. 9. Cas le Juge peut permettre aux Accufés, fi la Matiere le re- quiert, de conférer avec leurs Confeils ou leurs Commis ; il peut auffi, toutes les fois qu'il s'agit de Crimes qui ne font pas capi- taux, permettre aux Accufés de conférer, après leur Interro- gatoire, avec qui bon leur femblera.

7°. A repréfenter à l'Accufé, lors de l'Interrogatoire, les Har- des, Meubles, & Pieces qui peuvent fervir à la preuve de fon Crime ; lui faire parapher les Pieces, finon faire mention de la caufe de fon refus ; faire auffi mention de la Réponfe de cet Accufé, qu'il eft tenu de faire fur le champ, relativement à ces Pieces, fans qu'il puiffe lui en être donné autre communication, fi ce n'eft dans les Cas ci-deffus, où l'Ordonnance permet de lui donner un Confeil, & après l'Interrogatoire achevé. *V. art. 10.*

8º. A ne faire aucune rature ni interligne dans l'Interrogatoire ; & au cas que l'Accufé veuille faire quelque changement dans fes Réponfes, en faire mention à la fuite de cet Interrogatoire.

9º. A interroger l'Accufé, tant fur les faits portés par l'Information, qu'autres qui lui feront adminiftrés par les Parties publiques & civiles, auxquelles l'Ordonnance permet de donner des Mémoires à cet effet. *V. art. 31*

10º. A demander à l'Accufé s'il veut *prendre Droit* par les Charges & Informations, c'eft-à-dire s'en rapporter à la Dépofition des Témoins ; & au cas qu'il y confente, & que la Partie civile de fon côté, confente à prendre Droit par l'Interrogatoire, dont la communication ne peut lui être refufée dans aucun cas, non plus qu'à la Partie publique, à qui elle doit être faite inceffamment ; le Juge leur permettra, fi le Crime n'eft point capital, de donner leurs Requêtes refpectives dans un certain délai, après lequel il pourra procéder au Jugement du Procès, encore que les Requêtes ni les réponfes n'auroient point été fournies. *V. art. 20. V. art. 18. V. art. 17.*

11º. A faire lecture de l'Interrogatoire à l'Accufé à la fin de chaque féance, le lui faire figner, cotter, & parapher en toutes fes pages après que le Juge l'a figné. *V. art. 13.*

12º. A réitérer les Interrogatoires, fi la Matiere le requiert, & néanmoins à les rédiger chaque fois dans les cahiers féparés ; ces Interrogatoires doivent être répétés, fur-tout à chaque nouvelles Plaintes ou Informations qui fe font contre l'Accufé. *V. art. 15.*

13º. Enfin à ne rien prendre ni recevoir des Prifonniers pour leur Interrogatoire ; fauf à fe faire payer de leur Droit par la Partie civile, s'il y en a.

Il y a encore plufieurs autres Interrogatoires, dont il eft parlé, tant fous ce Titre de l'Ordonnance, que fous les fuivans ; fçavoir, 1º. ceux que les Commiffaires du Châtelet peuvent faire fubir la premiere fois, aux Accufés pris en Flagrant-délit, aux Domeftiques qui font accufés par leurs Maîtres, & à ceux contre lefquels il y a un Decret d'Ajournement perfonnel feulement : 2º. celui qui fe fait dans le tems de la Confrontation, lorfque l'Accufé requiert le Juge d'interroger les Témoins fur certaines circonftances de leurs Dépofitions, qui peuvent juftifier fon innocen- *V. art. 14.*

ce : 3°. ceux que l'on fait fubir à l'Accufé , lors de la Torture :
4°. ceux qu'on fait fubir à des Curateurs ou Syndics , lorfque les
Accufés ne font pas en état de répondre par eux-mêmes , tels que
les Sourds & Muets de naiffance , les Communautés , les Morts
aux Cadavres defquels on fait le Procès : 5°. enfin , les Interrogatoires qu'on fait fubir , tant à l'Accufé qu'aux Curateurs , Syndics , & Interpretes , immédiatement avant le Jugement définitif.

Ces derniers Interrogatoires different principalement des autres
en trois chofes : 1°. en ce qu'ils doivent fe faire en préfence de
tous les Juges qui affiftent au Jugement , au lieu que les premiers
fe font feulement par le Juge qui fait l'Inftruction : 2°. en ce que
l'Accufé , pendant ces derniers Interrogatoires , doit être fur la
Sellette ; & les Curateurs , Syndics , & Interpretes derriere le
Barreau , lorfque les Conclufions du Miniftere public tendent à
peine afflictive ; au lieu que dans les premiers l'Accufé doit être
feulement debout , tête nuë , en préfence du Juge qui l'interroge.
Il faut cependant obferver à cet égard , que quoique les Conclufions du Miniftere public ne tendent point à peine afflictive ,
l'Accufé ne doit pas moins fubir ce dernier Interrogatoire , toutes
les fois que le Procès a été d'ailleurs réglé à l'Extraotdinaire , &
inftruit par recollement & confrontation ; à la vérité il ne doit
point , en ce dernier Cas , le fubir fur la Sellette , mais feulement
derriere le Barreau , fuivant la Déclaration du 13 Avril 1703 :
3°. une autre différence , qui fe trouve entre ces derniers Interrogatoires , & ceux faits immédiatement après le Decret , c'eft
qu'ils font des Pieces fecrettes du Procès criminel , au lieu que les
premiers peuvent être communiqués à la Partie civile , comme
nous l'avons vû ci-devant.

Il y a encore cela de remarquable , par rapport aux Interrogatoires fur la Sellette & derriere le Barreau , qu'ils doivent avoir
lieu , fuivant l'Ordonnance , non-feulement en premiere Inftance,
mais encore fur l'Appel , lorfque le Jugement porte condamnation
peine afflictive , ou qu'il y a Appel *à minimâ* , de la part de M. le
Procureur Général. Et de plus , comme ces Actes peuvent beaucoup fervir à la Défenfe de l'Accufé , l'Ordonnance veut , que
lorfqu'ils ont été fubis en premiere Inftance , ils foient envoyés
dans les Cours avec les autres Pieces du Procès.

A l'égard des Interrogatoires qui fe font dans le tems de la
Confrontation & de la Torture , comme auffi ceux qui fe font
dans les Procès criminels contre les Sourds & Muets , les Com-

*V. art. 23.*

*V. art. 21.*

*V. art. 22.*

munautés, le Cadavre ou la Mémoire du Défunt ; comme ils exigent des formalités particulieres, & qu'ils font la Matiere de différens Titres de l'Ordonnance, nous nous refervons d'en parler féparément, fuivant l'ordre qui nous eft tracé par cette Loi.

## CHAPITRE XI.
### *Des Recollemens & Confrontations.*

QUOIQUE ces deux Actes foient différens par leur forme, & qu'ils doivent être rédigés dans des Cayers féparés, l'Ordonnance les a néanmoins réunis fous le même Titre, parce qu'ils fe prononcent par le même Jugement, & qu'il y a plufieurs difpofitions qui les concernent également. V. *Tit.* 15. *de l'Ordonn. de* 1670.

C'eft auffi à l'exemple de cette Loi, que nous croyons devoir les raffembler dans ce Chapitre, & les placer immédiatement après l'Interrogatoire, fur le Vû duquel le Jugement qui les ordonne eft ordinairement prononcé.

Le RECOLLEMENT, n'eft autre chofe que la Répétition que le Juge fait au Témoin de fa Dépofition, pour fçavoir s'il y perfifte, & s'il n'a rien à y augmenter ou diminuer : il en eft parlé dans la Loi 19. *Cod. de Teftib.* Il a lieu principalement dans deux Cas ; ou lorfque la Dépofition a été reçue par un Curé à la fuite d'un Monitoire, comme nous l'avons vû ci-devant, ou bien lorfque le Procès a été reglé à l'Extraordinaire ; & c'eft ce dernier qui eft connu proprement fous le nom de RECOLLEMENT, l'autre fous celui de RÉPÉTITION.

Le RÉGLEMENT à l'Extraordinaire, en vertu duquel fe fait le Recollement, fe prononce par un Jugement particulier fur le Vû des Charges, Informations, & fur l'Interrogatoire de l'Accufé : il peut avoir lieu en trois Cas ; 1°. lorfque le Crime eft de nature à mériter Peine afflictive ou infamante, & que la Dépofition du Témoin fait charge confidérable contre l'Accufé : 2°. lorfqu'il paroît par les Charges, que le Crime, quoique leger de fa nature, fe trouve accompagné de certaines circonftances extrêmement aggravantes : 3°. enfin, toutes les fois que l'Accufation eft pourfuivie à la Requête du Miniftere public feulement. V. *art.* 1.

Lorfque le Juge néglige d'ordonner le Réglement à l'Extraor-

V. art. 9.

dinaire dans tous ces Cas, l'Ordonnance veut qu'il y foit fuppléé par les autres Juges lors de la Vifite du Procès.

L'Effet ordinaire du Recollement, eft d'affûrer la preuve qui réfulte de la Dépofition du Témoin oüi dans l'Information;
V. art. 5.
c'eft par cette raifon qu'il eft permis aux Témoins, lors du Recollement, d'ajoûter ou diminuer à leurs Dépofitions; & que de-puis ce Recollement ils ne peuvent les retracter, ni même les
V. art. 11.
changer dans des circonftances effentielles, fans s'expofer à être punis comme Fauffaires.

Il fuit de-là, qu'on ne devroit avoir aucun égard à la Dépofition d'un Témoin qui n'auroit pas été recollé; c'eft auffi ce que
V. art. 4.
l'Ordonnance donne à entendre, en ne difpenfant pas même de cette formalité, les Témoins qui auroient été oüis pardevant un des Confeillers de la Cour, comme ils l'étoient avant cette Loi.

V. art. 10.
Cependant il y a un Cas, fuivant cette même Loi, où la Dépofition du Témoin, non recollé, peut fervir; fçavoir, lorf-qu'elle tend à la Décharge de l'Accufé.

Il y a même des Cas où le Recollement feul ne fuffit pas pour former une Preuve juridique, & qu'il faut encore pour cela qu'il
V. art. 8.
foit fuivi de la Confrontation; c'eft toutes les fois que par le Ju-gement il eft dit que les Témoins feront *recollés & confrontés*; l'Ordonnance excepte feulement le Témoin décédé pendant la Contumace de l'Accufé, & depuis fon Recollement.

Il eft vrai que dans ce dernier Cas, elle veut qu'il y foit fuppléé par une Confrontation littérale, qui fe fait de la Dépofition de ce Témoin à l'Accufé, comme nous le verrons ci-après. Cette Confrontation littérale a pareillement lieu dans le Cas où le Témoin eft mort civilement pendant la Contumace de l'Accufé, ou bien lorfque ce Témoin eft empêché de paroître par l'effet de quel-que Caufe majeure, arrivée pendant cette même Contumace, telle qu'une Abfence néceffaire, occafionnée par l'exécution d'un Jugement qui porte condamnation aux Galeres ou au Banniffe-ment à tems.

Cependant il faut remarquer que la Confrontation littérale n'a lieu dans ces deux derniers Cas, que lorfque les Témoins abfens ou morts civilement, ont été récollés avant leur abfence ou mort civile; & que dans les Cas où elle eft employée, elle produit le même effet que la Confrontation verbale, dont il fera parlé ci-après, tellement que l'Accufé ne peut en éluder la force que par des Reproches qui foient juftifiées par Ecrit & par Pieces.

Au

Au reste , comme il peut arriver que parmi les Témoins recollés , il y en ait plusieurs qui soient inconnus à l'Accusé , & qui
ne déposent rien qui fasse Charge contre lui ; l'Ordonnance a
cru devoir s'en rapporter à la prudence du Juge sur ce point , &
c'est pour cela que dans les Jugemens qui ordonnent que les Témoins seront recollés , elle permet d'ajoûter la Clause , & *si besoin est* , *confrontés.*  V. art. 1.

Nous avons dit que le Recollement se faisoit en vertu du Réglement à l'extraordinaire ; il ne peut même y être procédé , suivant l'Ordonnance , qu'il n'ait été ordonné par un Jugement.  V. art. 3.
Cependant il y a des Cas où il peut avoir lieu avant qu'il soit
ordonné par un Jugement , & sur la simple Requête des Parties publiques ou civiles ; sçavoir , 1°. dans le Cas du Duel ,
suivant l'article xxvj. de l'Edit des Duels du mois d'Août 1679:
2°. A l'égard des Témoins âgés , malades , valétudinaires , prêts  V. même art.
à faire voyage : 3°. enfin généralement dans tous les Cas d'*Urgente nécessité.* Mais toutes ces exceptions ne doivent avoir lieu ,
suivant l'Ordonnance , que lorsque l'Instruction se fait vis-à-vis
d'un Accusé présent , & non point contre un Accusé contumax ;
elle veut que dans ce dernier Cas la répétition du Témoin ne
puisse tenir lieu de Confrontation , qu'après qu'il aura été ainsi
ordonné par le Jugement de défaut & contumace.

Au reste le Recollement a cela de particulier , qu'il ne peut  V. art. 6.
être réitéré , encore qu'il ait été fait pendant la Contumace de
l'Accusé , ou que le Procès ait été instruit en différens tems , ou
même qu'il y ait plusieurs Accusés ; il faut seulement excepter le
Cas où le Juge seroit obligé de recommencer la Procédure à cause de quelque nullité.

Tels sont les Principes généraux qui concernent le Recollement. Voyons présentement quelle en est la Procédure.

Ensuite du Jugement qui regle à l'extraordinaire , la Par-
tie civile doit faire assigner , dans un délai compétent suivant la  V. art. 1.
distance des Lieux & la qualité des Personnes & de la Matiere ,
les Témoins qui ont été oüis dans les Informations , & autres qui
peuvent être oüis de nouveau ; & ceux-ci sont tenus de compa-  V. art. 2.
roître sur cette Assignation , à peine d'Amende pour le premier
défaut , & de contrainte par corps , en Cas de contumace : si la
Partie civile néglige de faire donner cette Assignation , l'Accusé
peut l'y faire obliger , en présentant une Requête sur laquelle il
obtiendra une Sentence qui ordonnera qu'il sera procédé au Re-
M m

collement & à la Confrontation, à la diligence du Procureur du Roi, & aux frais de la Partie civile, dont il lui fera délivré Exécutoire. Les Témoins étant comparus, le Juge les recollera féparément de cette maniere ; il leur fera prêter ferment ; il leur fera lecture de leurs Dépofitions, après quoi il les interpellera de déclarer s'ils veulent y ajoûter ou diminuer ; s'ils déclarent qu'il y perfiftent, il en fera mention ; & pareillement il doit écrire ce qu'ils voudront ajoûter ou diminuer, & après en avoir fait lecture, il leur fera figner & parapher le Recollement dans toutes fes pages, il le fignera lui-même avec eux ; & enfin s'il fe trouve quelques Témoins qui ne veuillent ou puiffent figner, il fera fait mention de leurs refus.

V. art. 5.

Le Recollement des Témoins étant fait ainfi, dans un cahier féparé des autres Procédures, le Juge fait venir l'Accufé pour procéder à la Confrontation, qu'il fait rédiger auffi dans un autre cahier féparé.

LA CONFRONTATION, appellée en certains lieux *Accarriation* ou *Accarrement*, eft un Acte par lequel le Juge préfente à l'Accufé les Témoins, pour que ceux-ci lui foûtiennent en *face* ce qu'ils ont dit contre lui dans leur Dépofition & Recollement, qu'ils voyent fi c'eft le même dont ils ont entendu parler ; & pour que l'Accufé de fon côté déclare ce qu'il peut avoir à dire contre ces Témoins ou contre les faits contenus dans leurs Dépofitions, dont on lui fait lecture.

Elle eft ce qu'on appelle en Droit, *Publicatio Proceffûs*, & c'eft par elle que fe forme, fuivant les Auteurs, la conteftation en caufe ; ce qui l'a toûjours fait regarder comme un Acte effentiel de la Procédure criminelle.

V. Ayraut, Ord. Jud. liv. 1. V. cap. Qualiter & quando, §. debet igitur, EXTRA de Accufat. V. Jul. Clar. lib. 5. §. fin. qu. 45.

AYRAUT dit qu'elle a été pratiquée dans tous les tems, foit à Rome ou ailleurs : l'on voit en effet par un Edit de Louis XII. de l'an 1499, que l'ufage en eft fort ancien parmi nous ; & l'on ne peut applaudir au fentiment de Jules Clares, qui prétend la faire regarder comme un remede extraordinaire, en ce que, dit-il, elle a moins pour objet la défenfe que la conviction de l'Accufé : il faut convenir au contraire, avec nos Auteurs François, que la Confrontation eft le moyen le plus fimple & le plus fûr pour tirer la vérité pour ou contre l'Accufé, à qui l'on a toûjours permis de fournir alors fes reproches, de prendre Droit fur les Réponfes des Témoins, de les faire interroger par le Juge fur

les circonſtances de leurs Dépoſitions qui peuvent ſervir à juſtifier ſon innocence ; de maniere qu'on ne peut douter que l'omiſſion de cet Acte ne doive entraîner néceſſairement la nullité du
Procès criminel.

Cependant, cette Maxime n'eſt point ſans exception, s'il y a
des Cas où la Confrontation eſt abſolument indiſpenſable, comme lorſque les Témoins ont déclaré par leurs Dépoſitions qu'ils
ne connoiſſoient point l'Accuſé de nom, mais ſeulement de vûe
& à ſes habits, ou bien lorſque leurs Dépoſitions fait charge conſidérable contre cet Accuſé, & qu'il s'agit de Crime qui eſt de
nature à mériter peine afflictive ; ou enfin lorſque le même Jugement qui ordonne le Recollement, ordonne auſſi la Confrontation : il eſt certain qu'il y en a auſſi pluſieurs autres où cette Confrontation peut devenir inutile, comme lorſque la Dépoſition ne
charge point, ou que cette Dépoſition, qui faiſoit charge lors
de l'Information, a été retractée lors du Recollement, ou enfin
lorſque le Témoin déclare expreſſément au Juge qu'il ne connoît
point l'Accuſé : il y en a même où il y auroit du danger d'employer cette Voie, comme lorſqu'il s'agiroit d'oppoſer un Témoin foible vis-à-vis d'un Accuſé puiſſant, tels qu'un Eſclave
vis-à-vis de ſon Maître, un Enfant vis-à-vis de ſon Pere, un
Sujet vis-à-vis de ſon Seigneur, & autres Cas ſemblables où la
crainte & le reſpect que la préſence des Accuſés doit inſpirer naturellement aux Témoins, pourroit les porter à chanceler, &
même à retracter entierement leurs Dépoſitions : c'eſt par toutes
ces raiſons, ſans doute, que l'Ordonnance a cru devoir, comme
nous l'avons dit, s'en rapporter à cet égard à la prudence des
Juges, à qui elle permet non-ſeulement d'inſérer dans leur Jugement la Clauſe, *ſi beſoin eſt confronté ;* mais encore d'ordonner,
lors de la viſite du Procès, la Confrontation qu'ils jugeront néceſſaire, & qui n'aura point été ordonnée par le Juge prépoſé à
l'Inſtruction.

La Confrontation ne ſe fait pas ſeulement de l'Accuſé aux V. *art. 23.*
Témoins, mais encore de l'Accuſé à d'autres Accuſés ; & celle-
ci que les Criminaliſtes diſtinguent par le nom d'*affrontation*, eſt
aſſujettie aux mêmes formalités par l'Ordonnance. Mais on ne
peut confronter les Témoins aux Témoins, ce ſeroit ôter à l'Accuſé le moyen de ſe juſtifier, en empêchant les contradictions où
ceux-ci pourroient tomber dans leurs Dépoſitions, étant entendus ſéparément : l'exemple de ces Vieillards Impoſteurs, dont il

eſt parlé dans la Sainte - Ecriture , fait aſſez ſentir la néceſſité de cette derniere précaution.

Parmi les Formalités, qui concernent la Confrontation, il y en a qui lui ſont communes avec le Recollement , d'autres qui lui ſont particulieres.

LES FORMALITÉS qui lui ſont communes avec le Recollement ſont , 1°. qu'elle doit être faite dans un cahier ſéparé des autres Procédures : 2°. que les Témoins y doivent être entendus ſéparément : 3°. qu'elle doit être précédée du ſerment & de la lecture de la Dépoſition du Témoin : 4°. qu'elle doit être paraphée & ſignée dans toutes les pages : 5°. qu'elle ne peut avoir lieu que lorſqu'il s'agit de Crime méritant peine afflictive , & que la Dépoſition du Témoin fait charge ; l'on a même obſervé que dans ce dernier Cas, le Juge pouvoit l'ordonner après l'Inſtruction achevée , & lors de la viſite du Procès.

LES FORMALITÉS qui lui ſont particulieres conſiſtent , 1°. en ce qu'elle ne peut être faite qu'à la ſuite du Recollement : 2°. qu'elle doit être faite dans un cahier ſéparé de celui du Recollement : 3°. que pendant le tems de cette Confrontation , l'Accuſé doit être en Priſon s'il a été decreté originairement de Priſe-de-corps , & qu'il en doit être fait mention dans la Procédure; l'Ordonnance excepte ſeulement le Cas , où les Cours l'ordonneroient autrement, ne jugeant les Appellations : 4°. qu'avant la lecture de la Dépoſition du Témoin , le Juge doit interpeller l'Accuſé & le Témoin de déclarer s'ils ſe connoiſſent : 5°. qu'il ne doit d'abord faire lecture à l'Accuſé que des premiers articles de la Dépoſition qui concernent le nom , l'âge , & la qualité du Témoin ; & enſuite l'interpeller de fournir ſur le champ les Reproches qu'il peut avoir contre le Témoin , en l'avertiſſant qu'il n'y ſera plus reçu après qu'il aura entendu lecture de la Dépoſition : 6°. qu'il doit être fait mention , tant de l'interpellation que de cet Avertiſſement , dans la rédaction de cet Acte : 7°. que ſi l'Accuſé fournit des Reproches, le Juge doit interpeller le Témoin de déclarer ce qu'il a à répondre ſur la vérité de ces Reproches : 8°. qu'il doit auſſi faire mention , tant des Reproches que l'Accuſé aura fournis , que des Réponſes du Témoin à cet égard : 9°. que ſi l'Accuſé déclare ne vouloir fournir de Reproches , le Juge fera pareillement mention de cette déclaration : 10°. après que l'Accuſé aura fourni ſes Reproches, ou déclaré qu'il n'en veut point fournir , le Juge lui fera lecture de la Dépoſition & du Recollement du Témoin , & il l'in-

V. art. 13.

V. art. 12.

V. art. 14.

V. art. 15. & 16.

V. art. 16.

V. art. 17.

V. art. 18.

terpellera enfuite de déclarer fi ces Dépofitions contiennent vé- V. art. 18.
rité ; il interpellera en même tems le Témoin de déclarer fi c'eft
de l'Accufé dont il a entendu parler dans fes Dépofitions : 11°.
qu'il fera mention, tant des Réponfes de l'Accufé, que de celles V. même art.
du Témoin à cet égard : 12°. qu'il interpellera le Témoin, fi l'Accufé le requiert, de reconnoître les contrariétés & autres circonftances de fa Dépofition, qui peuvent être favorable à cet Accufé :
13°. qu'il fera auffi mention de ces Remarques, Interpellations ;
& des Reconnoiffances & Réponfes qui feront faites par le Témoin à ce fujet : 14°. qu'enfin après que l'Accufé aura entendu la V. art. 20.
lecture de la Dépofition, il ne pourra plus être reçu à fournir
des Reproches contre le Témoin, à moins que ces Reproches
ne foient juftifiés par Pieces.

Nous verrons au refte, en traitant de la Preuve *teftimonia-*
*le,* en quoi peuvent confifter ces Reproches : nous obferverons
feulement en paffant, que parmi les Reproches valables en cette
Matiere, l'Ordonnance admet fous ce même Titre, celui que V. art. 22.
l'Accufé fourniroit contre un Témoin, qui depuis l'Information
auroit donné des Déclarations par écrit contraires à fa Dépofition ; non-feulement elle veut que ces Déclarations foient rejettées du Procès comme nulles, mais que le Témoin qui les aura
faites, & la Partie qui les aura produites, foient condamnés chacun en 400 liv. d'amende, & même à plus grande peine s'il y a lieu.

# CHAPITRE XII.

## Des Défauts & Contumaces.

Nous venons de parler de la Procédure qui fe fait contre V. tit. 16. de
l'Accufé *préfent,* qui a fatisfait au Decret ; nous allons voir l'Ordonn. de 1670.
préfentement celle concernant l'Accufé *abfent,* qui s'eft mis en
refus d'exécuter le Decret, ou qui après l'avoir exécuté, a pris
la fuite.

Cette Procédure, dont il eft parlé fous les Titres *de requirendis* V. le Cod. liv. 9.
*reis,* du Code & du Digefte, n'a lieu, comme nous l'avons dit, tit. 4. & le ff. liv.
que dans le cas du Decret réel ; & elle peut être employée, fui- 48. tit. 17.
vant l'Ordonnance, dans les Cas fuivans : 1°. contre l'Accufé
qui n'a pû être arrêté en vertu du Decret : 2°. contre l'Accufé
qui, après avoir été arrêté, s'eft évadé des Prifons : 3°. contre

l'Accusé qui a brisé les Prisons : 4°. contre l'Accusé, qui ayant été élargi à Caution après son Interrogatoire, ne se représente pas pour subir la Confrontation : 5°. enfin, contre l'Accusé, qui ayant pour Prison la Suite du Conseil, ou du Grand Conseil, ou bien le Lieu de la Jurisdiction où s'instruit son Procès, ou même les Chemins de celle où il auroit été renvoyé, ne se représente pas au tems marqué par le Jugement.

Nous aurons lieu de parler de toutes ces différentes Instructions dans les trois Paragraphes suivans, où nous traiterons des Procédures particulieres qui se font contre les Accusés qui ne satisfont point au Decret, ou qui, après y avoir satisfait, viennent à s'évader, ou enfin qui viennent à se représenter après le Jugement de Contumace. C'est en parcourant tous ces différens Objets, que nous aurons lieu de dire un mot des Procédures qui concernent les Lettres de *Réhabilitation* & celles d'*Ester à droit.*

## §. I.

*Des Procédures contre l'Accusé qui ne satisfait point au Decret.*

V. tit. 17. art. 1. LE PREMIER Acte de Procédure, qui se fait contre l'Accusé qui n'a pû être arrêté en vertu du Decret, est la PERQUISITION DE SA PERSONNE.

V. art. 2. Cette Perquisition doit être constatée par un PROCÉS-VERBAL qui se fait en présence des Voisins, s'ils veulent y assister ; sinon, mention sera faite de leur Refus ; & elle doit être faite & la Copie du Procès-verbal laissée au domicile de V. art. 9. l'Accusé, ou au lieu de sa résidence, s'il en a une dans le lieu où s'instruit le Procès ; & lorsque l'Accusé n'a ni domicile ni résidence au lieu de la Jurisdiction, il suffit, suivant l'Ordonnance, d'afficher la copie du Decret à la Porte de l'Auditoire ; mais depuis ce tems-là il est intervenu une Déclaration au mois de Décembre 1680, enregistrée en la Cour le 10 Janvier 1682, qui a apporté quelque changement à cet égard. Suivant cette derniere Loi, il faut distinguer trois Cas, par rapport à la Perquisition de l'Accusé contumax, & à la Signification qui doit lui être faite du Procès verbal : 1°. Lorsqu'il a résidé dans l'étendue de la Jurisdiction où le Crime a été commis ; 2°. lorsque cet Accusé n'a point résidé dans l'étendue de cette Jurisdiction ; 3°. enfin, lorsque cet Accusé n'a aucun domicile connu. Au *Premier* Cas, la Perquisition peut être valablement faite, & la Copie du Procès-verbal laissée dans la Maison où l'Accusé résidoit lors de son Crime, sans qu'il soit besoin de la faire en son domicile ordinaire, pourvû néanmoins que cette Perquisition ait été faite dans les trois mois du jour que le Crime a été commis. Au *Second* Cas, où l'Accusé n'a point résidé dans l'étendue de la Jurisdiction, il suffit d'afficher la Copie du Decret à la Porte de l'Auditoire, conformément à la disposition de l'Ordonnance, sans qu'il soit nécessaire de faire aucune Perquisition au lieu où demeuroit l'Accusé avant qu'il eût commis le Crime; mais il faut encore pour cela, que la Perquisition ait été faite dans les trois mois du jour que le Crime a été commis, autrement elle doit être faite au domicile ordinaire de l'Accusé. Enfin, dans le *Troisieme* Cas, c'est-à-dire, lorsque l'Accusé n'a point de domicile connu, il suffit d'afficher la Copie du Decret à la Porte de l'Auditoire en quel tems que la Perquisition ait été faite, soit avant, soit depuis les trois mois échus, à compter du jour du Crime commis.

Le Second Acte de Procédure, qui se fait à la suite du Procès-verbal de Perquisition, c'est la Saisie & Annotation des Biens de l'Accusé, tant Meubles qu'Immeubles. Cette Saisie se fait avec les mêmes formalités que celle marquée par l'Ordonnance civile sous le Titre *des Sequest. & Commiss.* Elle doit, comme celle-ci, être accompagnée de l'établissement d'un Gardien, à la réserve néanmoins que ce Gardien ne peut être pris parmi les Parens ou Domestiques des Fermiers & Receveurs des Domaines de S. M. ou des Seigneurs. 

V. *art.* 4.
V. *art.* 5.
V. *art.* 6.

Il y a encore un autre Acte de Procédure, qui se peut faire dans le même tems que la Saisie, c'est l'*Apposition des Scellés* qui a lieu dans l'Accusation des Crimes capitaux, & lorsqu'on croit trouver dans la Maison de l'Accusé quelque effet qui puisse servir à la conviction de son Crime. On obtient pour cet effet une Ordonnance du Juge, en vertu de laquelle le Juge ou le Commissaire se transporte dans la Maison, & dresse son Procès-verbal d'Apposition de Scellés, qui fait dès-lors Partie du Procès criminel.

Un Troisieme Acte de Procédure, qui est marqué par l'Ordonnance, c'est l'Exploit d'Assignation *à Quinzaine*. Cet Exploit doit, aux termes de la Déclaration de 1680, être signifié 

V. *art.* 7.

de la même maniere que le Procès-verbal de Perquifition, dont il eft parlé ci-deffus. Elle ajoûte feulement, qu'outre le Délai de Quinzaine, il fera encore donné celui d'un jour pour chaque dix lieues de diftance qui fe trouvera du domicile de l'Accufé juf-qu'au lieu de la Jurifdiction où il fera affigné. Au refte, il faut obferver, que dans ce Délai, comme dans ceux des autres Ex-ploits, les jours auxquels l'Affignation eft donnée, non plus que ceux où le Délai eft échu, n'y font jamais compris.

*V. art. 8.*

Le Quatrieme Acte de Procédure, eft l'Exploit d'Affigna-tion à *Cri public*, qui fe donne après l'expiration des Délais de celui de quinzaine, le Délai de ce fecond Exploit n'eft que de huitaine. Par *Cri public*, l'on entend celui qui fe fait à fon de *Trompette*, tant fur les Places publiques & principaux Carrefours de la Ville, qu'à la Porte de la Jurifdiction, & même devant le do-micile ou lieu de réfidence de l'Accufé, s'il en a une ; & s'il n'en a point, le Procès-verbal doit être affiché à la Porte de l'Audi-toire. A Paris, cette Affignation fe donne par un Juré-Crieur ordinaire du Roi, affifté de fon Trompette ou Tambour, & de deux Records.

*V. art. 9.*

Le Cinquieme Acte de Procédure, qui a lieu après l'expi-ration des Délais de ces deux Exploits, c'eft la Remise qui en doit être faite, ainfi que des autres Pieces de la Procédure, au Parquet des Gens du Roi, pour qu'ils donnent leurs Conclufions *préparatoires* à cet égard.

*V. art. 12.*

Le Sixieme Acte, c'eft le Jugement préparatoire que le Juge rend fur ces Conclufions, par lequel il ordonne que les Témoins feront *recollés* en leurs Dépofitions, & que le *Recolle-ment vaudra Confrontation*.

*V. art. 13.*

Le Septieme eft le Recollement, qui fe fait par un Procès-verbal, & de la même maniere que celui dont nous avons parlé ci-devant.

*V. art. 14.*

Le Huitieme eft la Nouvelle Remise, qui doit être faite du Procès au Parquet des Gens du Roi, pour qu'ils donnent leurs Conclufions *définitives*.

*V. art. 15.*

Le Neuvieme eft le Jugement définitif, qui intervient fur

fur ces Conclufions. Par ce Jugement, le Juge doit déclarer la
Contumace bien inftruite, s'il la trouve telle ; & pour le profit,
prononcer contre l'Accufé des Condamnations corporelles ou
pécuniaires, telles que fon Crime peut mériter ; & lorfque ces
Condamnations tendent à peines afflictives, il doit déclarer, par
le même Jugement, la maniere dont ces Condamnations doivent
être exécutées : fçavoir, fi la Condamnation tend à Mort naturelle, il ordonnera qu'elle foit exécutée par Effigie, c'eft-à-dire,
par un Tableau qui fera attaché à la Potence ou à l'Echaffaut
dreffé fur la Place publique, & qui repréfentera le Genre de Mort
que l'Accufé doit fouffrir ; & s'il s'agit d'une Condamnation aux
Galeres, Banniffement perpétuel, Amande honorable, Flétriffure
& au Fouet, il doit ordonner, au lieu d'Effigie, que le Jugement
fera écrit fur un Tableau, qui fera pareillement attaché à un Poteau dans la Place publique. Mais à l'égard de toutes autres Condamnations que celles ci-deffus, l'Ordonnance veut qu'il ne foit
ordonné ni Tableau, ni Effigie, & que l'Exécution ne s'en faffe
autrement que par la fimple Signification du Jugement ou Copie
laiffée au domicile de l'Accufé, s'il en a un, ou affiché à la
Porte de l'Auditoire, s'il n'en a point.

Enfin le DIXIEME & dernier Acte, c'eft le PROCÉS-VERBAL
DE L'EXÉCUTION qui fe fait, des Jugemens de Contumace,
dont on vient de parler. Ce Procès-verbal doit être dreffé par le
Greffier au bas du Jugement qui contient la condamnation ; &
il eft tellement effentiel, que ce n'eft que depuis fa date feulement que fe compte le tems des cinq années, qui font accordées
à l'Accufé pour fe repréfenter & faire ceffer l'effet des Condamnations pécuniaires, Amendes, & Confifcations qui ont été prononcées contre lui.

C'eft auffi du jour de ce même Procès-verbal, que l'Ordonnance
répute mort civilement celui qui a été condamné par Contumace à Mort, ou aux Galeres & Banniffement perpétuel, & qui
fera décédé après les cinq années, fans s'être repréfenté ou avoir
été conftitué Prifonnier ; de maniere qu'il ne refte plus, comme
nous l'avons dit, aux Parens de ce condamné, d'autre reffource
que de recourir à des Lettres de RÉHABILITATION, dont l'effet
fe réduit uniquement à purger la mémoire du défunt, mais ne
peut empêcher l'exécution des Condamnations pécuniaires qui
ont été prononcées contre lui, & que l'Ordonnance veut être

V. *art.* 15.

V. *art* 161.

V. *même art.* 16.

V. *art.* 17.

V. *art.* 19.

V. *art.* 18.

N n

dès-lors réputées contradictoires, & valoir comme si elles avoient été prononcées par Arrêt.

De la Procédure sur les Lettres de Réhabilitation.

La Procédure, pour parvenir à l'Entérinement de ces Lettres, est marquée par l'Ordonnance, sous le Titre XXVII. des *Procédures à l'effet de purger la mémoire d'un défunt*. Nous en avons déja dit un mot en parlant des LETTRES DE GRACE : nous ajoûterons seulement à cet égard, que la Veuve, les Enfans, & autres Parens du condamné qui ont obtenu ces Lettres, doivent avant que de les présenter & de faire aucune procédure, commencer par

V. art. 5. du tit. 27. de l'Ordonn. de 1670.

acquitter les frais de Justice, & consigner l'Amende ; que si le Jugement de Contumace, contre lequel ils veulent se pourvoir, a été rendu par un Juge inférieur, ils doivent en interjetter Ap-

V. art. 1.

pel ; s'il a été rendu par des Cours supérieures, ils doivent se pourvoir pardevant les Cours mêmes qui l'on rendu, y faire assigner

V. art. 3.

les Procureurs du Roi & Parties civiles, pour voir procéder à l'Entérinement de ces Lettres, dont ils donneront en même tems copie ; l'Ordonnance leur permet de produire, dans le cours de

V. art. 6.

l'Instruction, telles Pieces qu'ils jugeront à-propos, dont ils devront pareillement donner copie à la Partie civile, qui de son

V. art. 7.

côté, pourra répondre, & leur opposer d'autres Pieces, dont elle donnera aussi copie ; le tout dans les délais qui seront les mêmes que ceux prescrits pour les Affaires civiles, à moins qu'ils

V. art. 5.

ne soient prorogés par le Juge. Enfin c'est tant sur ces Productions respectives, que sur les Charges, Informations, & autres Pieces sur lesquelles la Condamnation par Contumace est intervenue, que sera rendue la Sentence d'Entérinement de ces Lettres de Réhabilitation.

## §. I I.

*Des Procédures contre l'Accusé, qui, après s'être représenté, ou avoir été constitué Prisonnier, vient à s'évader.*

L'ÉVASION de l'Accusé se fait de plusieurs manieres, qui donnent lieu à autant de Procédures différentes ; ou elle se fait *avec violence*, soit par Rébellion à Justice, soit par le Bris de Prison ; ou elle se fait *sans violence*, comme lorsque l'Accusé élargi à caution après son Interrogatoire, ne se représente point sur la sommation qui lui en est faite ; ou bien lorsqu'étant détenu dans les Prisons ou dans une Chambre malade, il s'est évadé par la faute & négligence des Huissiers, Geoliers, Archers, & autres commis à fa garde ; ou enfin lorfqu'ayant été élargi à caution , ou ayant pour Prifon la fuite du Confeil du Roi , ou du Grand-Confeil, ou le Lieu de la Jurifdiction où le Procès s'inftruit , ou les Chemins de celle où il a été renvoyé , il ne fe repréfente point dans le tems qui lui eft prefcrit.

1°. Dans le Cas de l'Evafion faite par *violence*, l'Ordonnance veut que l'Inftruction s'en faffe par Contumace ; & cette Inftruction peut fe faire féparément, ou en même tems que celle pour le Crime qui a fait le titre originaire de l'Accufation ; c'eft-à-dire que fi cette Evafion eft faite depuis l'Interrogatoire, il n'eft pas befoin de faire ajourner l'Accufé, ni proclamer à cri public, parce qu'il eft cenfé avoir purgé fon Decret par l'Interrogatoire qu'il a fubi ; enforte que la Partie civile peut continuer fes Pourfuites, en faifant oüir de nouveaux Témoins & demandant qu'ils foient recollés ; fur quoi elle obtiendra un Jugement préparatoire, qui, fur le Vû du Procès-verbal de cette Evafion, ordonnera que les Témoins qu'il aura fait affigner feront oüis, que ceux qui l'ont été, feront recollés, & que le Recollement vaudra Confrontation, le tout après que la Procédure aura été communiquée à la Partie publique.

*Procédure en cas de l'Evafion faite par violence & rebellion à Juftice.*

*V. art. 14.*

Quant à l'Inftruction particuliere, que l'Ordonnance veut être faite pour le Crime du Bris de Prifon, voici de quelle maniere on y procede ordinairement, quoique l'Ordonnance n'en parle point : le Geolier rend fa Plainte du Bris de Prifon ; fur cette Plainte le Juge fe tranfporte dans la Prifon, examine la maniere dont le Prifonnier eft forti, en dreffe fon Procès-verbal, auquel il appelle des Maçons & Serruriers, à qui il fait prêter ferment ; il procede enfuite à l'Information fur les Conclufions de la Partie publique : les Témoins, qui font ordinairement les autres Prifonniers, font adminiftrés par le Geolier ou le Concierge qui avoit la garde du Prifonnier évadé, & ils font affignés dans les délais de l'Ordonnance. Sur cette Information & fur les Conclufions de la Partie publique, le Juge decrete ; après quoi le Procès s'inftruit par Contumace de la maniere que nous avons marqué ci-devant, c'eft-à-dire par la Perquifition, les Affignations à quinzaine & à huitaine, & par le Recollement des Témoins, qui vaudra Confrontation.

*Procédure particuliere en cas de Bris de Prifon.*

*V. art. 15.*

2°. Dans le Cas de l'Evafion faite fans *violence* de la part de l'Accufé détenu dans les Prifons ou dans une Maifon, la Procé-

*Procédure en cas d'Evafion faite fans violence.*

dure se fait de la même maniere que celle de l'Evasion faite depuis l'Interrogatoire, c'est-à-dire qu'on continue l'Instruction par Contumace, sans qu'il soit besoin d'Ajournement ni Proclamation à cri public ; avec cette différence seulement, que le Juge doit procéder à l'Information sur le fait particulier de l'Evasion, pour s'assûrer si elle n'a point été faite par la faute & la négligence du Geolier & autres Commis à la garde des Prisons, qui peuvent dans ce Cas être poursuivis criminellement, decrétés & jugés par le même Jugement que l'Accusé principal.

Procédure contre l'Accusé élargi, qui ne se représente point lors de la Confrontation,

3°. Dans le Cas de l'Evasion de l'Accusé élargi à caution depuis son Interrogatoire, & qui ne se représente point pour subir la Confrontation, l'Instruction s'en fait de la même maniere que celle ci-devant, c'est-à-dire que le Juge peut ordonner que le Recollement vaudra Confrontation, sans qu'il soit besoin de faire aucun Ajournement ni Proclamation à cri public.

Procédure contre l'Accusé, qui ayant pour prison la suite du Conseil, ne se représente point lors du Jugement.
V. art. 10.

4°. Enfin, dans le Cas de l'Evasion de l'Accusé, qui a pour Prison la suite du Conseil du Roi, ou du Grand Conseil, ou le lieu de la Jurisdiction où s'instruit le Procès, ou bien les chemins de celle où il aura été renvoyé, l'Ordonnance veut que cet Accusé soit assigné par une seule Proclamation à la porte de l'Auditoire, & le Procès-verbal de Proclamation affiché au même endroit, & qu'il soit procedé sans d'autres formalités au reste de l'Instruction & au Jugement du Procès.

§. II h

*Des Procédures concernant l'Accusé Contumax qui vient de se représenter.*

La REPRÉSENTATION de l'Accusé a deux Effets, qu'il faut bien distinguer : l'un concerne les *Procédures*, l'autre concerne les *Biens*.

V. art. 18.

1°. Quant aux PROCÉDURES, l'effet de cette Représentation est tel, suivant l'Ordonnance, qu'en quel tems qu'elle se fasse, même après les cinq années de l'Exécution du Jugement de Contumace, elle anéantit absolument toutes les Procédures & Jugemens qui ont été rendus contre lui, de maniere qu'il n'est pas nécessaire d'en faire prononcer la nullité par un nouveau Jugement.

ni d'interjetter Appel de la Sentence de Contumace ; mais l'on doit recommencer une autre Procédure, qui est la même que celle faite contre les Accusés présens.

CETTE nouvelle Procédure consiste principalement dans la Confrontation de l'Accusé avec les Témoins, nonobstant qu'il ait été dit que le Recollement de ceux-ci *vaudroit Confrontation*. Cependant, comme il pourroit arriver que parmi les Témoins qui ont été oüis dans l'Information, il y en auroit quelqu'un de décédé ou mort civilement depuis la Contumace de l'Accusé ; d'autres qui ne pourroient plus être confrontés, soit par rapport à une longue absence, soit à cause d'une Condamnation aux Galeres ou Bannissement à tems, ou pour quelqu'autre empêchement légitime, l'Ordonnance, qui a prévû sagement tous ces Cas, distingue entre ces Témoins, ceux à qui ces empêchemens sont survenus avant le Recollement, & ceux à qui ils ne sont survenus que depuis le Recollement : quant aux premiers, elle veut que leur Déposition soit rejettée, & que les Juges n'y ayent aucun égard, à l'exception seulement de celles qui tendent à la décharge de l'Accusé. V. art. 21.

A l'égard des Témoins qui sont morts, ou qui ont été empêchés depuis le Recollement, elle veut qu'il soit fait une Confrontation *littérale* de leurs Dépositions à l'Accusé, à qui elle laisse en même tems la faculté de fournir des reproches, comme dans la Confrontation verbale ; avec cette différence seulement, que les reproches qu'il fournira en ce dernier Cas, doivent être justifiés par des Pieces, comme nous l'avons observé ci-devant. V. art. 22. & 23.

2°. Mais il n'en est pas de même, par rapport aux effets que la représentation de l'Accusé peut produire sur ses BIENS ; elle n'a pas la force de lui en procurer l'entier recouvrement ; ce recouvrement se fait avec plus ou moins d'étendue, suivant le tems où s'est fait la représentation. Ainsi, lorsque cette représentation est faite *dans l'année* de l'exécution du Jugement, l'Ordonnance veut que sur la Requête qu'il présentera, à laquelle sera attachée son Ecroue, il lui soit accordé Main-levée des meubles & immeubles qui lui ont été saisis, avec la restitution du prix des meubles qui auront été vendus, & des revenus des immeubles qui auront été perçus, sur lesquels néanmoins seront déduits les frais de Contumace, que l'Accusé est tenu de payer, comme aussi la somme qu'il est tenu de consigner pour l'Amende à laquelle il a été condamné par le Jugement de Contumace. V. art. 26.

C'eſt auſſi pour d'autant mieux aſſûrer cette reſtitution , que l'Ordonnance fait des défenſes expreſſes aux Juges , Greffiers , Huiſſiers , ou autres Officiers , de faire tranſporter chez eux , ni même au Greffe , aucuns deniers , meubles , hardes , ou fruits appartenans aux Accuſés contumax , tant ceux condamnés , que ceux mêmes contre leſquels il n'y auroit eu de Decret ; comme auſſi de s'en rendre Adjudicataires ſous leurs noms ou ſous noms interpoſés , ſous quelque prétexte que ce ſoit , à peine d'interdiction & du double de la valeur.

V. art. 19. & 16.<br>V. art. 27.

Que ſi au contraire la repréſentation de l'Accuſé ne ſe faiſoit qu'*après l'année*, il n'y auroit plus lieu à la reſtitution des fruits des immeubles ; c'eſt ce qui paroît réſulter de la diſpoſition de l'art. xxxj. de ce Titre , où Sa Majeſté déclare qu'*Elle ne fera aucun don des Confiſcations qui lui appartiendront pendant les cinq années de Contumace, ſi ce n'eſt pour les fruits des immeubles ſeulement.* Il y a plus , non-ſeulement l'Accuſé qui ne ſe repréſente point dans l'année , ne peut prétendre la reſtitution des fruits de ſes immeubles ; mais s'il ne ſe repréſente point dans les cinq années de l'exécution de la Sentence de Contumace , il ne peut pas même , comme nous l'avons dit , empêcher par ſa comparution après ce tems-là , l'effet des autres Condamnations pécuniaires , Amendes & Confiſcations qui auroient été prononcées contre lui par cette Sentence ; ces Condamnations doivent alors , ſuivant l'Ordonnance , être réputées contradictoires , & valoir comme ſi elles avoient été ordonnées par Arrêt.

V. art. 28.

Il eſt vrai que comme ce n'eſt qu'avec regret , & uniquement en haine de la Contumace , que le Légiſlateur s'eſt déterminé à cette rigueur , il n'a pas voulu priver abſolument l'Accuſé de toute reſſource à cet égard. C'eſt pourquoi , à la ſuite d'une Diſpoſition ſi rigoureuſe , S. M. ajoûte deux Reſtrictions remarquables en faveur de cet Accuſé ; l'*une* , par laquelle elle ſe réſerve expreſſément la faculté de lui accorder des Lettres pour ſe purger & *eſter à Droit* , leſquelles néanmoins , eſt-il dit , n'auront d'autre effet dans le Cas où le Jugement qui interviendroit en conſéquence , porteroit Abſolution , ou n'emporteroit point de Confiſcation , que de leur procurer la Reſtitution des Meubles & Immeubles qui auroient été confiſqués ſur eux par le Jugement de Contumace , mais non point celle des Amendes , Intérêts civils & des fruits des Immeubles.

V. art. 28.

L'*autre* Reſtriction , qui eſt une ſuite de la précédente , par laquelle S. M. défend aux Receveurs du Domaine, Donataires, ou aux Seigneurs à qui la Confiscation appartient, de se mettre en possession des Biens du Condamné par Contumace, après l'expiration des cinq années; si ce n'est qu'après qu'ils y auront été envoyés en possession par le Juge, & en conséquence du Procès-verbal que ce dernier dressera de la qualité & valeur des Meubles & de l'état des Immeubles, à peine contre les Donataires & les Seigneurs d'être déchûs de leur droit, qui sera adjugé aux Pauvres du lieu, & contre les Receveurs du Domaine de 1000 livres d'Amende, dont moitié applicable au profit du Roi, & l'autre moitié aux Pauvres du lieu.

*De la Procédure sur les Lettres pour ester à droit.*

Nous avons eu lieu, en traitant des Lettres de Grace, de remarquer la forme dans laquelle devoient être expédiées des Lettres pour ESTER A DROIT, il nous reste à dire un mot de la Procédure & des Conditions nécessaires pour parvenir à leur Entérinement. Les voici telles qu'elles sont marquées sous le Titre XVI. de l'Ordonnance. 1°. L'Accusé doit se mettre en état dans les Prisons, lors de la Présentation de ces Lettres, & y demeurer pendant tout le tems de l'Instruction jusqu'au Jugement définitif. 2°. Il doit refondre les Dépens de la Contumace. 3°. Consigner les Amendes & les Sommes qui auront été adjugées aux Parties; le Roi décharge quelquefois de cette Consignation par une Clause dérogatoire qui est insérée dans ces Lettres. 4°. Il doit les présenter dans trois mois du jour de l'Obtention, sans espérance de pouvoir après ce tems en obtenir de nouvelles, ni d'être relevé du laps de tems; cette Présentation se fait par une Requête, à laquelle sont jointes ces Lettres & l'Ecroue de l'Accusé. 5°. Sur cette Requête, & sur les Conclusions du Procureur du Roi, à qui ces Lettres & le Procès doit être communiqué, il intervient Sentence ou Arrêt (si c'est à une Cour supérieure que ces Lettres sont adressées) qui en ordonne l'entérinement, & en conséquence que l'Accusé sera oüi & interrogé sur les faits résultans des Charges & Informations, pour l'Interrogatoire fait & communiqué au Procureur du Roi, être ordonné ce que de raison. 6°. Enfin, c'est sur cet Interrogatoire & sur les Conclusions du Procureur du Roi, qu'intervient un second Jugement qui ordonne le Recollement & la Confrontation des Témoins à l'Accusé; & c'est dès-lors que l'Instruction se continue jusqu'au Jugement définitif, de la maniere que nous le verrons ci-après.

# CHAPITRE XIII.

*De l'Instruction particuliere qui se fait contre les Muets & Sourds, & contre ceux qui refusent de répondre.*

V. Tit. 18. de l'Ordonn. de 1670.

L'ORDONNANCE distingue deux sortes de Procédures à cet égard ; l'*une*, concernant l'Accusé qui ne peut répondre, ou parce qu'il est Muet, ou parce qu'il est tellement Sourd, qu'il ne peut entendre le Juge, ou enfin parce qu'il est tout-à-la-fois Sourd & Muet ; l'*autre*, concernant l'Accusé, qui pouvant répondre, ne le fait pas, & que l'Ordonnance appelle *Muet volontaire.*

V. art. 1. & 2.

V. art. 6.

AU PREMIER CAS, elle veut que le Juge nomme d'office un Curateur qui sache lire & écrire ; qu'il lui fasse prêter serment de bien & fidelement défendre l'Accusé ; qu'il fasse mention de cette prestation de serment, ainsi que de l'assistance de ce Curateur dans tous les Actes de la Procédure, si ce n'est dans le dispositif du Jugement définitif, lequel ne doit être rendu que contre l'Accusé seulement.

V. art. 4.

V. art. 5.

Cependant si cet Accusé, quoique Sourd & Muet, sçait écrire, il pourra mettre par écrit, & signer avec son Curateur, toutes les Réponses, dire les Reproches qu'il aura à former contre les Témoins : si au contraire il ne sçait, ou ne veut écrire ni signer, le Curateur répondra en sa présence après s'être instruit secretement avec lui par signes, ou autrement : il fournira des Reproches contre les Témoins, & fera généralement *tous Actes, ainsi que pourroit faire l'Accusé*, à la réserve seulement qu'il ne

V. art. 5.

sera point tenu, comme celui-ci, de subir le dernier Interrogatoire sur la Sellette, en cas de Conclusions tendantes à peine afflictive, mais seulement derriere le Barreau, étant debout, tête nuë, en présence de tous les Juges.

V. art. 7.

V. art. 8.

AU SECOND CAS, c'est-à-dire si l'Accusé pouvant répondre, ne le fait pas, l'Ordonnance ne veut pas qu'il lui soit donné de Curateur, mais qu'il lui soit fait sur le champ trois Interpellations de répondre, à chacune desquelles le Juge devra lui déclarer, que faute par lui de répondre, son Procès lui sera fait comme à *un Muet volontaire*, & qu'il ne sera plus reçu à répondre sur ce qui sera fait en sa présence. Pendant son refus de répondre,

l'Ordonnance

l'Ordonnance permet toutefois au Juge de lui donner tel autre délai qu'il jugera convenable, pourvû qu'il n'excede pas le tems de vingt-quatre heures. Mais si après ces Interpellations & ce délai, l'Accusé persiste encore dans le refus de répondre, ou si après avoir commencé de répondre, il cesse de vouloir le faire, elle veut que le Juge continue l'instruction de son Procès, sans qu'il soit besoin de l'ordonner ; à la charge néanmoins qu'il sera tenu d'insérer dans chaque article des Interrogatoires & autres Procédures qui seront faites en la présence de cet Accusé, la mention expresse qu'*il n'a voulu répondre*. Au moyen de cette précaution que l'Ordonnance exige, à peine de nullité des Actes où cette mention n'aura pas été faite, & de dépens, dommages, & intérêts de la Partie contre le Juge qui y aura manqué ; tout ce qui aura été fait contre l'Accusé sera valable ; ensorte que s'il vouloit répondre dans la suite, ce qui sera fait jusqu'à ses Réponses subsistera, même la Confrontation des Témoins contre lesquels il n'aura fourni de Reproches ; & il ne sera plus reçu à en fournir d'autres, à moins que ces Reproches ne soient justifiés par Pieces.

*V. art. 9. & 11.*

## CHAPITRE XIV.

### De la Procédure en fait de Question & Torture.

NOUS ne parlons ici de la Torture, que relativement à la Procédure, c'est-à-dire au Jugement qui l'ordonne, & au Procès-verbal qui doit l'accompagner ; nous nous réservons de traiter ci-après, sous le Titre de la PREUVE VERBALE, des Causes particulieres qui peuvent y donner lieu ; du degré de Preuve qui peut en résulter ; & enfin de la Qualité des Personnes qui ne peuvent y être appliquées.

*V. Tit. 19. de l'Ordonnance, de 1670.*

L'ORDONNANCE distingue deux sortes de Tortures, auxquelles elle a attaché des Formalités particulieres ; l'une, est la Question *provisoire* ; l'autre, la Question *définitive*.

LA QUESTION *provisoire* est ainsi appellée, parce qu'elle a pour objet de parvenir à l'entiere conviction de l'Accusé par l'aveu de son Crime, dont les Preuves ne sont pas d'ailleurs suffisantes pour opérer sa condamnation : elle s'ordonne par un Jugement particulier avec les Formalités suivantes : 1°. ce Juge-

O o

V. art. 6. ment doit être dreffé & figné aussi-tôt qu'il est rendu : 2°. si ce Jugement est en dernier reffort, le Rapporteur du Procès doit en conféquence, & *sans divertir*, se transporter, assisté de l'un des autres Juges, dans la Chambre de la Question pour le faire prononcer à l'Accusé : 3°. V. art. 7. si le Jugement est à la charge de l'Appel, il faut en suspendre l'exécution jusqu'à ce qu'il ait été confirmé par l'Arrêt des Cours, soit qu'il y ait Appel ou non de la part de l'Accusé : 4°. avant que d'appliquer l'Accusé à la Question, V. art. 8. on doit lui faire subir un premier Interrogatoire après lui avoir fait prêter ferment; & cet Interrogatoire doit être figné par l'Accusé, finon mention doit être faite de son refus : 5°. pendant la Question, qui lui est donnée en préfence des Commissaires, ceux-ci doivent lui faire subir un second Interrogatoire; & dans le Procès-verbal qu'ils dreffent à ce sujet, ils doivent faire mention de l'état de la Question, des Réponfes, Confessions, Déné- V. art. 9. gations, & Variations de l'Accusé sur chaque article de l'Interrogatoire : 6°. dans le Cas où l'Accusé confeffe son Crime, l'Or- V. art. 10. donnance permet aux Commissaires de modérer les rigueurs de la Question; elle leur permet aussi, s'il vient à varier, de recommencer les premieres rigueurs; mais dès qu'une fois l'Accusé a été ôté de la Question, elle ne veut pas qu'il puisse y être appliqué de nouveau pour le même fait : 7°. V. art. 11. l'Ordonnance ne permet pas non plus d'ordonner que l'Accusé fera feulement préfenté à la V. art. 9. Question, si ce n'est aux Juges des Cours fupérieures, & lorsqu'il s'agit de Perfonnes privilégiées, dont nous parlerons ci-après : 8°. enfin elle veut, qu'après que l'Accusé a été ôté de la V. art. 11. Question, on lui faffe subir un troifieme Interrogatoire, tant sur fes Déclarations précédentes, que sur les Faits par lui déniés ou confeffés; & que cet Interrogatoire soit par lui figné, finon mention de son refus.

Nous avons dit que l'effet ordinaire de ce Jugement étoit de faire renvoyer abfous l'Accusé qui n'avoit rien avoué dans la Torture; cependant comme il pourroit arriver qu'il y eût d'ailleurs au Procès des Preuves confidérables, & telles qu'elles fuffiroient pour le faire condamner à quelque Peine, & qu'il ne faudroit plus que l'aveu de cet Accusé, pour le faire condamner à Mort, l'Ordonnance a permis aux Juges d'arrêter, lors du même Jugement, que nonobftant la condamnation à la Question, les Preuves fubfifteroient en leur entier, pour faire condamner l'Accusé, qui fubiroit la Question sans rien avouer, à toute autre

Peine que celle de Mort ; elle permet même de prononcer celle-ci, dans le Cas où il surviendroit de nouvelles Preuves depuis la Question. C'est ce qui a donné lieu à cette distinction que font les Criminalistes entre la Question *avec réserve de Preuves*, & la Question *sans réserve de Preuves*, dont nous aurons lieu de parler en traitant des Peines.

La Question qu'on appelle *définitive* a pour objet uniquement de découvrir les Complices de l'Accusé, qui se trouve d'ailleurs convaincu du Crime ; aussi celle-ci, ne s'ordonne que par le même Jugement qui porte la condamnation à Mort contre l'Accusé. L'Ordonnance veut que si par l'effet de cette Torture, qui s'exécute au reste de la même maniere que la précédente, l'Accusé vient à révéler quelques Complices qui puissent être arrêtés, il soit procédé sur le champ à leur Capture, & même à leur Confrontation, par le Prevôt des Marechaux, si le Cas est Prevôtal, sans attendre qu'il ait fait juger sa compétence, qu'il sera tenu néanmoins de faire juger aussi-tôt après. *V. en. 3*

---

# CHAPITRE XV.

*De la Procédure en fait de Converfion de Procès Civils en Criminels, & de ceux-ci en Procès ordinaires.*

Comme il peut arriver que dans le cours d'un Procès intenté par la Voie civile, il survienne des Preuves capables de donner lieu à une poursuite extraordinaire, de même aussi il peut arriver que dans l'Instruction d'un Procès criminel, l'on n'acquiere pas des Preuves suffisantes pour donner lieu à la continuation de la Procédure extraordinaire ; ce sont ces deux Cas que l'Ordonnance a prévu sous le Titre XX. & pour lesquels elle a établi deux sortes de Procédures. *V. Tit. 20. de de l'Ordonnance de 1670.*

La Premiere, qu'elle appelle *Converfion de Procès civil en Procès criminel*, a lieu, lorsque dans l'Instruction d'un Procès intenté par la Voie civile, les Juges viennent à reconnoître que la Matiere est assez grave pour donner lieu à quelque Peine afflictive ou infamante ; l'Ordonnance leur permet alors d'ordonner

V. *art.* 1.

que ce Procès fera pourfuivi extraordinairement, c'eft-à-dire avec toutes les Formalités ufitées dans la Procédure criminelle, telles que la *Plainte*, l'*Information*, le *Decret* ; elle leur permet même de commencer par le Decret, lorfque la Preuve fe trouve confi-

V. *art.* 2.

dérable, & d'ordonner enfuite la continuation de la Procédure extraordinaire.

L'autre Procédure, que l'Ordonnance appelle RÉCEPTION EN PROCÈS ORDINAIRE, a lieu dans le cas où, la Voie extraordinaire ayant d'abord été prife, il paroît fur le vû des Informations, Interrogatoires & même du Recollement, que l'affaire n'eft pas

V. *art.* 3.

de nature à donner lieu à quelque peine afflictive ou infamante; alors le Juge doit ordonner même d'Office, & fans qu'il foit befoin des Conclufions du Miniftere public, que les Parties feront reçûes en Procès ordinaire; qu'à cet effet les informations feront converties en Enquête, & qu'il fera permis à l'Accufé d'en faire de fa part dans la forme & les délais prefcrits par l'Ordonnance Civile; mais il faut fuivant l'Ordonnance, que le Juge ordonne cette réception avant la confrontation des Témoins, parce que c'eft fingulierement par cet Acte, que le Procès eft cenfé contracter fa nature de *Criminel*, de maniere qu'après cette Confrontation, il doit être prononcé définitivement fur l'Abfolution

V. *art.* 4.

ou la Condamnation de l'Accufé.

Quand nous difons, que cette réception en Procès ordinaire doit avoir lieu lorfqu'il s'agit de Délits legers de leur nature, & qui ne peuvent donner lieu à aucune Peine afflictive ni infamante, nous ne voulons parler que des Inftructions qui fe font à la Requête de la Partie Civile; mais s'il n'y a au Procès d'autres Parties que le Procureur du Roi ou celui des Seigneurs, la réception en Procès ordinaire ne peut jamais avoir lieu, & l'Inftruction doit être continuée, comme nous l'avons dit, en vertu du Réglement à l'extraordinaire.

Au refte, comme c'eft par la Qualité de la preuve que le Juge doit principalement fe déterminer à convertir le Procès Criminel en Procès Ordinaire, ou le Procès Ordinaire en Procès Criminel; fi après avoir ordonné l'une ou l'autre de ces Converfions, il vient à découvrir de nouvelles Preuves, qui fervent ou à la décharge ou à la conviction de l'Accufé, rien ne l'empêche de reprendre les premieres voies qu'il avoit d'abord abandonnées; c'eft-à-dire, de reprendre la *Voie Civile*, lorfqu'il paroît par les

Informations, Interrogatoires & Récollemens que le Procès qu'il avoit converti en criminel peut être suivi d'une Condamnation à peine afflictive ou infamante, & pareillement de reprendre la *Voie extraordinaire*, lorsqu'après avoir civilisé le Procès, il vient à découvrir des Charges considérables contre l'Accusé ; mais il y a cette différence entre l'un & l'autre de ces cas, qu'au *premier*, la reprise de la voie civile ne peut avoir lieu qu'avant la Confrontation, au lieu que dans le *dernier*, la voie extraordinaire peut être reprise en tout tems, & toutes les fois que la *Matiere y est disposée*. V. *art.* 5.

## CHAPITRE XVI.

*De l'Instruction particuliere qui se fait contre les Communautés des Villes, Bourgs, Villages, Corps, & Compagnies.*

SOUS le nom de COMMUNAUTE's, sont comprises non-seulement celles des Villes, Bourgs & Villages, mais encore celles des Religieux, Chapitres, Sociétés de Prêtres attachés à une Paroisse, & même des Confrairies de Dévotion. V. *Tit.* 21. *de l'Ordonnance de* 1670.

Sous le nom de CORPS, l'on entend parler des Cours Supérieures, des Universités, des Régimens de Cavalerie ou d'Infanterie.

Enfin sous le nom de COMPAGNIES, l'on veut parler des Officiers des Tribunaux inférieurs, de l'*Ordre* des Avocats au Parlement, du *Collége* des Avocats au Conseil du Roi, de la *Communauté* des Procureurs, Huissiers, & des *Maîtrises* des Marchands & Artisans.

En marquant la Procédure qui doit être gardée contre ces sortes d'Accusés, l'Ordonnance fait en même tems mention des Cas particuliers qui peuvent y donner lieu, & des Peines qui peuvent être prononcées dans tous ces cas.

I. Quant à la PROCEDURE, elle veut 1°. que le Decret qui est prononcé contre les Communautés sur le vû de la Plainte & de l'Information, leur soit signifiée dans la personne du Syndic ou Echevin, un jour de Dimanche, à l'issue de la Messe Paroissiale, &

enfuite attaché à la Porte de l'Eglife : 2°. que par le même Decret, il leur foit enjoint de nommer un Syndic ou Député pour
comparoître & répondre en leur nom aux Conclufions qui feront
prifes contre elles : 3°. que faute par elles de nommer ce Syndic
ou Député, le Juge nomme d'office un Curateur : 4°. que toutes
les Procédures foient faites contre ce Curateur, Syndic ou Député, de la même maniere que contre de véritables Accufés, en
obfervant néanmoins de la part du Juge, de faire mention de ce
Curateur, Syndic ou Député dans tous les actes de la Procédure,
à la réferve feulement du Jugement définitif, dans le Difpofitif
duquel il doit être fait mention nommément de la Communauté
contre laquelle il eft porté.

II. Les C A S particuliers qui peuvent donner lieu à cette Inftruction, font fuivant l'Ordonnance, les *Rébellions*, *Violences* ou
autres *Crimes* que ces Communautés pourroient avoir commis.

Mais pour qu'on puiffe procéder valablement contre les Communautés dans tous ces cas, il faut que le Crime ait été commis
par *Commune Délibération*, de maniere qu'on ne puiffe difcerner
le véritable Auteur du Crime ; car c'eft contre celui-ci, quand
il eft connu, qu'on doit diriger principalement fes pourfuites,
fauf à revenir enfuite contre la Communauté, fi, pendant ou
après l'Inftruction, on vient à découvrir qu'il n'a agi que par fes
ordres & dans un tumulte excité par celle-ci. Par la même raifon, lorfque dans le cours du Procès intenté originairement contre la Communauté, on vient à découvrir le principal Auteur du
Crime & fes Complices, l'Ordonnance veut que le Procès foit
fait à ceux-ci indépendamment de celui fait aux Communautés ;
avec cette réferve feulement, que s'ils font condamnés à des peines
Pécuniaires ; ils ne feront point tenus de celles auxquelles la Communauté aura été condamnée en fon nom, ne pouvant être condamnés deux fois pour le même Crime.

III. Les P E I N E S que l'Ordonnance permet aux Juges de
prononcer contre les Communautés, confiftent en celles-ci,
1°. Amende envers le Roi ; 2°. Réparation civile, dommages &
intérêts envers la Partie ; 3°. Privation de leurs Priviléges ; 4°. Ou
enfin quelqu'autre Punition qui marque publiquement la Peine
qu'elles ont encourue par leurs Crimes, telles que la Démolition
de leurs Murs, Lieux ou Edifices diftingués.

V. art. 2.

V. art. 3.

V. art. 1.

V. art. 5.

V. art. 4.

# CHAPITRE XVII.

*De l'Inſtruction particuliere qui ſe fait contre le Cadavre
ou la Mémoire du Défunt*

IL paroît d'abord aſſez extraordinaire qu'on faſſe le Procès à un Accuſé, qui ne peut plus ni comparoître ni ſe défendre, & qui n'eſt même plus ſuſceptible de Punition. Ce ſont ces conſidérations qui avoient porté les Romains à établir pour Maxime, que la Mort éteignoit abſolument le Crime, comme nous l'avons remarqué ci-devant: mais comme l'objet particulier qui a fait introduire les Accuſations parmi nous, tend à contenir par la terreur des Châtimens, ceux qui pourroient ſe porter à tomber dans les mêmes Crimes, s'ils n'avoient rien à appréhender ſoit pour eux, ſoit pour leur famille; nous avons cru qu'il n'y avoit pas moins de juſtice à punir l'Accuſé même après ſa mort par des Condamnations flétriſſantes, qu'à le rétablir dans ſon honneur, lorſqu'après avoir été flétri par quelque condamnation, ſon innocence venoit à être reconnue: c'eſt pour cela que nous avons admis deux ſortes de Pourſuites après la mort de l'Accuſé. L'une, dont nous avons parlé ci-devant ſous le §. premier du Chap. xij. *de l'Inſtruction*, a pour objet de purger la Mémoire du Défunt lorſqu'elle a été flétrie par des Condamnations injuſtes; celle-ci ne peut être admiſe qu'en vertu de Lettres de *Réhabilitation*, lorſque l'Accuſé eſt décédé après les 5 années de l'exécution du Jugement de Contumace. L'*autre*, qui ſe fait contre le Cadavre ou la Mémoire du Défunt afin de laiſſer à la Poſtérité une Note perpétuelle de ſon Crime, eſt celle dont nous nous propoſons de traiter dans ce Chapitre.

Cette derniere Procédure qui eſt marquée par le Tit. XXII. de l'Ordonnance avoit lieu anciennement pour toutes ſortes de Crimes, qui étoient de leur nature atroces; mais elle a été ſagement reſtrainte par cette Loi à certains Crimes, qui par le danger de leurs conſéquences, ſemblent demander une Punition plus exemplaire que tous les autres: ces Crimes ſont 1°. ceux de LEZE-MAJESTÉ *Divine & Humaine*, 2°. le DUEL, 3°. l'HOMICIDE DE SOI-MESME, 4°. la REBELLION A JUSTICE *avec force ouverte, lors de laquelle le Défunt a été tué.*

V. Tit. 22. de l'Ordonnance de 1670.

V. art. 1.

AINSI lorſqu'il ſe rencontre l'un ou l'autre de ces cas, il y a lieu d'inſtruire le Procès contre l'Accuſé Défunt ; & ce Procès eſt fait ou à ſon Cadavre, que l'on fait exhumer à cet effet, s'il a été enterré ; ou bien à ſa Mémoire, ſi ſon Cadavre n'exiſte plus ou s'il ne peut être trouvé. L'Ordonnance ne met aucune diſtinction par rapport à la *Procédure* qui doit ſe faire dans l'un & l'autre de ces Cas ; mais ſeulement quant à la *Peine*, qui, comme l'on ſçait, lorſque le Cadavre eſt exiſtant, eſt d'être traîné ſur la *Claie*, & d'être privé de la Sépulture en terre ſainte, avec la confiſcation de ſes biens dans les Pays où elle a lieu.

A l'égard de la PROCEDURE, elle a cela de particulier, que l'Accuſé n'étant point en état de ſe défendre par lui-même, le Juge doit lui nommer d'Office un Curateur qui ſçache lire & écrire. Ce Curateur doit être choiſi parmi les Parens du Défunt préférablement à tous autres, à cauſe de l'intérêt particulier qu'ils ont à la conſervation de l'honneur & des biens du Défunt ; & ce n'eſt que dans le cas où il ne ſe trouve point de Parent capable, ou qu'il ne s'en offre aucun pour pourſuivre, que le Juge peut nommer un Etranger. Ce Curateur étant nommé, doit prêter Serment entre les mains du Juge, qui doit l'interroger de la même maniere que l'auroit pû être l'Accuſé vivant. Le reſte de la Procédure doit ſe faire à ſon égard, comme celle qui ſe fait à l'égard du Curateur donné aux Sourds & Muets ; c'eſt-à-dire, qu'il doit être fait mention de lui dans tous les Actes de la Procédure, à la réſerve du Jugement définitif, qui doit être prononcé nommément contre l'Accuſé ou ſa Mémoire, dans le Cas où il ſe trouve convaincu du Crime dont il eſt prévenu. Ce Curateur doit de plus interjetter Appel de ce Jugement ; & s'il ne le fait pas, il peut y être contraint par quelqu'un de la famille de l'Accuſé ; & ſur la Sommation qui lui en ſera faite, les Cours pourront nommer un autre Curateur, & choiſir le Parent même qui aura fait ſommer, ou tels autres qu'elles jugeront à propos. Elles pourront même remplacer ce Curateur d'Office, s'il y a preuve d'inhabilité ou négligence de ſa part dans les Pourſuites qui auront été faites en premiere Inſtance.

Nous croyons devoir obſerver ici, que depuis l'Ordonnance il eſt intervenu une Déclaration du Roi du 5 Septembre 1712, regiſtrée le 3 Octobre ſuivant, qui a introduit des Formalités particulieres pour aſſûrer la Preuve des Crimes qui peuvent donner lieu à la Procédure dont nous venons de parler.

*Cette*

V. *art.* 3.

V. *même art.* 3.

V. *ibid.*

V. *art.* 4.

V. *art.* 5.

Cette Loi renferme quatre Difpofitions remarquables. Par la *Premiere*, elle enjoint aux Propriétaires ou Locataires, Aubergiftes, Meuniers, Bateliers, & généralement à tous ceux qui ont connoiffance des Cadavres de Perfonnes que l'on foupçonnera n'être pas mortes de Mort naturelle, d'en donner avis auffi-tôt; fçavoir, fi c'eft dans la Ville & Fauxbourgs de Paris, au Commiffaire du Quartier; & fi c'eft dans les lieux circonvoifins, aux Juges qui en doivent connoître. Par la *Seconde*, elle enjoint aux Juges & Commiffaires, après qu'ils feront avertis, de fe transporter diligemment fur les lieux, dreffer Procès-verbal de l'état du Corps, lui appliquer le Scel fur le front; le faire vifiter par Chirurgiens en leur préfence, informer, entendre fur le champ ceux qui feront en état de dépofer de la Caufe de la Mort, du Lieu, des Vie & Mœurs du Défunt, & généralement de tout ce qui pourra contribuer à la connoiffance du Fait, fuivant la forme prefcrite au Titre XXII. de l'Ordonnance de 1670. Par la *Troifieme*, elle fait défenfes à toutes Perfonnes de faire inhumer les Cadavres, avant que les Officiers ayent été avertis, que la Vifite en ait été faite, & l'Inhumation ordonnée, à peine d'Amende contre les Contrevenans, même de Punition corporelle, comme Fauteurs & Complices d'Homicide, s'il y échoit. Enfin, par la *Quatrieme*, elle fait défenfes aux Juges, à peine d'Interdiction, de retarder l'Inhumation des Cadavres après l'exécution de ce qui eft ci-deffus ordonné, fous prétexte de vacations par eux prétendues.

# CHAPITRE XVIII.

## Des Requêtes d'Atténuation & Conclufions Civiles.

LE Recollement & la Confrontation étant faits, le Procès eft cenfé entiérement inftruit, de maniere que le Juge n'a plus befoin, pour procéder au Jugement définitif, que des Conclufions du Procureur du Roi. Cependant, comme ce Jugement doit néceffairement contenir la Condamnation ou l'Abfolution de l'Accufé, & qu'il eft jufte, dans le *premier* Cas, d'accorder des Réparations à la Partie civile, proportionnées au tort que ce Crime lui a caufé; & dans le *fecond*, d'accorder pareillement à l'Accufé qui eft reconnu innocent, la Réparation du tort que

*V. Tit. 23. de l'Ordonnance de 1670.*

P p

lui a caufé l'Accufation, foit dans fon honneur, foit dans fes biens, l'Ordonnance a crû devoir leur ménager à l'un & à l'autre des V. art. 3. reffources particulieres, pour pouvoir parvenir à cette Réparation, en leur permettant d'en former la Demande par des Requêtes refpectives, & d'y joindre telles Pieces que bon leur femblera.

La Requête donnée par la Partie civile, s'appelle REQUESTE DE CONCLUSIONS CIVILES, parce qu'elle tend à la Réparation des dommages & intérêts civils ; & que cette Partie, comme nous l'avons dit, ne peut conclure à aucune Peine. Cette Requête doit rappeller les Faits de la Plainte, en juftifier la vérité, tant par les Réponfes de l'Accufé dans fon Interrogatoire, dont elle peut prendre communication, que par d'autres Pieces juftificatives qu'elle peut avoir entre les mains.

La Requête donnée de la part de l'Accufé, s'appelle REQUESTE D'ATTÉNUATION, parce qu'elle a fingulierement pour objet d'établir la fauffeté, ou du moins de diminuer la griéveté des Faits qu'on lui impute, par d'autres Faits qu'il oppofe, ou par des reproches & moyens de nullité qu'il aura remarqués dans la Procédure.

L'une & l'autre de ces Requêtes fe donnent ou en même tems ou féparément, ou même peuvent fe donner l'une fans l'autre, parce qu'elles ne font point Partie du Procès criminel ; auffi l'Or-donnance veut expreffément, que faute par les Parties de don-ner ces Requêtes, le Jugement du Procès n'en puiffe être retar-dé, foit en premiere Inftance, foit fur l'Appel ; & elle leur dé-fend même toute autre efpece d'Ecritures, tels qu'Appointemens à oüir droit, &c. qui étoient ufités avant l'Ordonnance.

V. même art. 3.
V. art. 1. & 2.

# CHAPITRE XIX.

## Des Conclufions définitives des Procureurs du Roi & des Seigneurs.

V. Tit. 24. de l'Ordonnance de 1670.

NOUS avons dit que la Partie civile ne pouvoit conclure à la Peine, & que ce droit regardoit fingulierement le Mi-niftere public ; c'eft pour cela que par un Titre particulier, l'Or-donnance a établi la néceffité de ces Conclufions. Elle les appelle

*Définitives*, pour les diftinguer de celles que la même Partie publique doit donner dans le cours de l'Inftruction, afin de préparer au Jugement définitif, & qui pour cela font appellées *Conclufions préparatoires*. Nous avons remarqué ci-devant, les différens Cas où ces premieres Conclufions étoient néceffaires, & le droit particulier qu'elles donnent aux Procureurs du Roi, d'avoir dans tous ces Cas, la communication des Pieces fecrettes de la Procédure. Mais comme d'un autre côté, la Qualité d'Accufateurs qu'ont ces Officiers publics, pourroit faire craindre qu'ils n'abufent de ce même droit, pour retarder à leur gré le Jugement du Procès, & quelquefois même pour captiver les fuffrages des Juges, l'Ordonnance a cru devoir prévenir ces abus par les Formalités particulieres auxquelles elle les a affujettis fous le Titre XXIV.

Ces Formalités confiftent, 1°. en ce qu'ils doivent, auffi-tôt après le Recollement & la Confrontation achevée, prendre le Procès en Communication pour donner leurs Conclufions définitives. 2°. En ce qu'ils doivent donner ces Conclufions inceffamment, après cette Communication. 3°. En ce qu'ils ne peuvent affifter à la Vifite, ni au Jugement du Procès. 4°. Qu'ils doivent donner leurs Conclufions par écrit : l'Ordonnance excepte feulement le Procureur du Roi du Châtelet, qu'elle confirme dans l'ufage où il eft de donner fes Conclufions de *vive voix* dans les affaires de petite importance, & qui requiérent célérité. 5°. Que ces Conclufions doivent être cachetées, ce qui n'eft point néceffaire pour les Conclufions préparatoires. 6°. Enfin, que ces Conclufions ne doivent point contenir les raifons particulieres fur lefquelles elles font fondées.

V. art. 1.
V. art. 2.
V. art. 3.

# CHAPITRE XX.

## Des Faits justificatifs de l'Accusé.

NOUS avons réfervé les FAITS JUSTIFICATIFS de l'Accufé pour le dernier Chapitre de ce Titre, parce que c'eft en effet le dernier Acte de Procédure qui fe fait dans l'Inftruction Criminelle, & qu'il n'a même lieu qu'après que la Vifite du Procès eft déja commencée.

V. Tit. 28. de l'Ordon. de 1670.

COMME le Juge en inftruifant un Procès Criminel ne doit fe

propofer d'autre But que de découvrir la vérité, il ne doit conféquemment négliger aucun des moyens qui peuvent le conduire à
ce But. Ainfi lorfqu'après la vifite de ce Procès, & que l'Accufé
a fubi fon dernier interrogatoire fur la Sellette, il vient à reconnoître que la Preuve de cette vérité n'eft pas fuffifamment acquife, & qu'il lui refte encore des doutes fur le Jugement qu'il
doit porter ; alors, ou ces doutes font combattus par des préfomptions violentes qui s'élevent contre l'Accufé , de maniere à le
faire regarder plûtôt comme Coupable qu'Innocent , & qu'il ne
manque plus que fa propre confeffion pour le convaincre : c'eft
le cas où il peut ordonner la Torture, comme nous l'avons dit ci-
devant ; ou bien ces doutes font tels qu'ils font pencher la Ba-
lance en faveur de l'Accufé, comme lorfque par fon interrogatoire & fa confrontation, il articule certains faits, ou fournit certains reproches contre les Témoins, dont la Preuve une fois acquife pourroit fervir à juftifier entierement fon innocence ; alors
le Juge doit, fur la Requête qui lui eft préfentée par l'Accufé,
ou même d'office, choifir parmi ces Faits ou ces Reproches ceux
qui lui paroiffent les plus relevans pour en faire la matiere d'une
Enquête qu'il ordonnera par un Jugement particulier ; & c'eft
ce qu'on appelle *admettre l'Accufé à fes Faits juftificatifs*. L'Ordonnance a prefcrit fous le Titre xxviij. différentes formalités à ce
fujet, dont les unes concernent le *Tems* où cette Enquête doit
être ordonnée, d'autres la *Qualité* des *Faits* qui en doivent être
l'objet, d'autres le *Jugement* qui doit l'ordonner, d'autres enfin
la *Maniere* de procéder à l'*Exécution* de ce Jugement.

1°. Quant au TEMS, la Preuve des Faits juftificatifs ne peut
être ordonnée, ni aucuns Témoins entendus pour y parvenir
qu'après la Vifite du Procès ; ce que l'Ordonnance a établi, non-
feulement pour empêcher que l'Inftruction du Procès n'en foit
retardée, mais encore que la Preuve que le Juge ordonneroit
avant la Vifite du Procès ne devînt *fruftratoire* par l'Evénement,
au moyen de ce qu'il pourroit fe trouver dans le Procès, une Preuve fuffifante pour affurer la Condamnation ou l'Abfolution de
l'Accufé.

2°. Par rapport à la QUALITÉ des Faits juftificatifs : ces Faits
doivent être tirés principalement ou de la *nature* du Crime que
l'Accufé prétend n'avoir point commis, ni pû commettre comme
étant abfent ; ou qu'il convient avoir commis, mais fans aucun
mauvais deffein, & par cas fortuit feulement, ou dans la nécef-

V. art. 1.

fité d'une jufte Défenfe : ou bien des *Dépofitions* des Témoins qui ont été entendus dans les Informations, & que l'Accufé foutient être reprochables.

Mais comme c'eft par les Interrogatoires & les Confrontations que l'Accufé a dû néceffairement s'expliquer fur l'un & l'autre de ces Points , c'eft pour cela que l'Ordonance a voulu en même tems, que l'Accufé ne fût reçu à faire preuves d'autres Faits , que de ceux que le Juge aura choifi du nombre de ceux articulés dans les Interrogatoires & Confrontations.  *V. art. 1.*

3°. Le JUGEMENT qui doit admettre cette Preuve , doit faire mention des Faits juftificatifs qui en font l'objet , comme auffi de  *V. art. 3.* la fomme que l'Accufé fera tenu de configner au Greffe , pour  *V. art. 7.* fournir aux frais de cette Preuve, dont il eft tenu , comme étant ordonnée uniquement en fa faveur; cependant fi cet Accufé n'é- toit pas en état de faire ces frais , comme il ne feroit pas jufte de le laiffer fans Défenfe par le défaut de cette Preuve , l'Ordon- nance permet au Juge d'ordonner que ces frais feront avancés par la Partie civile , s'il y en a , ou par les Receveurs Engagiftes du Domaine , & les Seigneurs , de même que dans les autres Actes de l'Inftruction criminelle ; au refte ces frais doivent être taxés modérement par le Juge , fur un Etat qui lui en fera donné par le Procureur du Roi.

4°. Enfin , pour ce qui concerne l'EXÉCUTION de ce Juge- ment , l'on doit y procéder de la maniere fuivante : 1°. il doit  *V. art. 4.* être prononcé à l'Accufé auffi-tôt après qu'il eft rendu , & au plus tard dans les vingt-quatre heures : 2°. lors de cette Pronon- ciation , l'Accufé doit être interpellé de nommer fur le champ les Témoins qu'il prétend faire entendre; & s'il fait refus de les nommer , il ne fera plus reçu à le faire dans la fuite : 3°. après qu'il les aura nommés une fois , il ne fera plus reçu à en nommer d'autres : 4°. ces Témoins feront affignés à la Requête du Pro-  *V. art. 6.* cureur du Roi ou des Seigneurs : 5°. le Juge les entendra d'offi- ce , c'eft-à-dire fans attendre les délais ordinaires , qui font pref- crits pour les Enquêtes en Matiere civile : 6°. pendant que l'En-  *V. art. 5.* quête fe fait , l'Accufé doit être en Prifon , afin qu'il ne puiffe fuborner les Témoins : 7°. après que l'Enquête eft achevée , elle doit être communiquée, tant au Procureur du Roi pour donner  *V. art. 8.* fes Conclufions , qu'à la Partie civile , s'il y en a ; & celle-ci  *V. art. 9.* pourra fur cette Communication , contredire l'Enquête par une

Requête qu'elle donnera à cet effet , & qu'elle fera fignifier à l'Accufé avec les Pieces qu'elle voudra y ajoûter, dont elle donnera Copie : l'Accufé pourra auffi de fon côté, répondre par une autre Requête, & y joindre de nouvelles Pieces, dont il donnera pareillement Copie ; mais ils ne pourront ni l'un ni l'autre prendre aucun Réglement , ni faire une plus ample Inftruction à ce fujet : 8°. enfin , tant cette Enquête , que ces Requêtes & Pieces feront jointes au Procès , pour y avoir égard lors du Jugement définitif.

V. *art.* 8.

# PARTIE SIXIEME.

### *De la Preuve en Matiere Criminelle.*

POUR faire connoître toute l'importance de cette PARTIE du Procès criminel, il suffira d'observer qu'elle est l'objet particulier de son Instruction, en même tems qu'elle doit servir de regle au Jugement qui doit décider du sort de l'Accusé.

La PREUVE, en général, peut être définie un Moyen ou un Argument, dont on se sert pour parvenir à la découverte de la Vérité, lorsque les Parties sont contraires en Faits. Ainsi, toutes les fois qu'une chose devient douteuse, ou par la Dénégation des Parties, ou par la Contrariété des Faits dont elles cherchent à l'obscurcir, il faut nécessairement en venir à la Preuve.

MAIS telle est la misere de la condition des Hommes, que leurs lumieres étant bornées à des objets purement extérieurs, qui sont eux-mêmes le plus souvent offusqués par les nuages que leurs passions y répandent, ce qui paroît certain & démontré aux uns, est entiérement suspect ou équivoque aux yeux des autres. Il a donc fallu, pour remédier autant qu'il étoit possible, aux écarts continuels, où ce contraste de sensations ne manqueroit pas de jetter ceux qui doivent décider de la Vie, de l'Honneur, & des Biens d'un Citoyen, leur prescrire de certaines Regles, qu'on a cru les plus propres pour parvenir à la connoissance des Faits contestés entre les Parties. De-là ces différens genres de Preuves que la Loi introduit, & qu'elle veut que les Juges prennent pour base de leurs Jugemens, *Judex debet judicare secundum allegata & probata.*

OR, quels sont ces différens genres de Preuves? Si l'on remonte aux tems les plus reculés, il paroît que de toutes les Preuves, la plus ancienne est celle qui résulte de la Déposition des Témoins; c'étoit aussi la plus naturelle & la meilleure pour ces premiers tems, où la bonne foi & la simplicité regnoient avec plus d'éclat. Les Histoires sacrées & profanes nous apprennent que l'usage en étoit extrêmement fréquent, non-seulement parmi les Hébreux, mais encore dans les autres Nations de la Terre, & sur-tout chez les Romains, qui appelloient cette Preuve *inartificielle*, parce

*V. le liv. 4. du Code, tit. 19. de Probationib.*
*V. le liv. 22. du ff. tit. 3. de Probat. & Præs.*
*V. les Décrétales, liv. 2. tit. 23.*

*L. Illicita, ff. de Offic. Jud.*

*V. Deuteron. cap. 19. ℣. 15.*

*V. Quintil. liv. 5. Decl.*

qu'elle ne demandoit point d'art ni d'efforts de raisonnement ; *quia arte caret.*

MAIS les abus que l'on en a fait dans la suite, à mesure que la corruption s'est introduite dans les Mœurs, se sont multipliés à tel point, que les Législateurs, après avoir été obligés d'en abolir presqu'entierement l'usage en Matiere civile, ne l'ont conservé dans les Matieres criminelles, que parce que les Crimes consistent dans des Faits, qui le plus souvent ne peuvent se prouver d'une autre maniere ; l'on dit *le plus souvent,* parce qu'il y a de certains Cas où cette Preuve devient non-seulement inutile, mais qu'elle est même absolument impossible ; & ce sont ces Cas qui ont donné lieu à l'établissement des autres genres de Preuve, dont nous nous proposons de traiter sous ce Titre.

NOUS ne nous arrêterons point à suivre ici les Divisions qu'en ont donné les Auteurs, parce que la plûpart des Preuves dont ils font mention, ou ne sont plus usitées, ou n'ont plus le même degré d'autorité parmi nous.

LES PREUVES qui ne sont plus usitées parmi nous, sont celles connues anciennement sous les noms de *Purgation vulgaire* & de *Purgation canonique,* & qui étoient spécialement employées lorsqu'il n'y en avoit point d'autres, pour convaincre l'Accusé du Crime dont il étoit d'ailleurs violemment soupçonné.

LA PURGATION VULGAIRE, que la barbarie des premiers siécles avoit introduite, & que la superstition avoit accréditée jusqu'au point de la faire appeller JUGEMENT DE DIEU, se faisoit de plusieurs manieres, tantôt par l'épreuve de l'*Eau froide,* tantôt par celle de l'*Eau bouillante,* tantôt par celle du *Feu,* tantôt par celle du *Fer ardent,* quelquefois par le *Combat en champ clos,* d'autres fois par la *Croix,* & enfin par la *Cruentation,* c'est-à-dire, lorsque le sang découloit de la plaie du Mort en présence du Meurtrier. Mais comme toutes ces Epreuves ne tendoient qu'à tenter Dieu, & à compromettre le respect dû aux choses les plus saintes de la Religion, elles ont été réprouvées hautement, tant par les Constitutions canoniques que par les Ordonnances de nos Rois, à la réserve néanmoins de celle du *Combat en champ clos,* qui s'est perpétuée long-tems parmi nous, & à laquelle ont succédé ces Combats singuliers qu'on appelle *Duels,* contre lesquels nos Rois ont été obligés de sévir par les Loix les plus rigoureuses.

LA PURGATION CANONIQUE ainsi appellée, parce qu'elle
étoit

*V. Ordonn. de Moulins, art. 54. & 55.*

*V. Rochest. liv. 7. tit. 72. art. 3. qu. 2.*

*V. cap. Mononomachiam, 2. à c. 8. Extra de Purg. vulg.*
*V. Capit. de Charlemagne, tit. 1. c. 105.*

étoit autorifée par les Canons, fe faifoit par Serment, & elle avoit lieu toutes les fois qu'un Evêque ou un Prêtre étoit diffamé publiquement pour quelque Crime, quoiqu'il n'y eût ni Preuves ni Accufateurs contre lui, il ne laiffoit pas, à caufe de la fainteté attachée à fon Caractere, d'être obligé de fe purger, fuivant les Canons, afin qu'il ne reftât aucune tache à fa réputation; il venoit pour cet effet dans l'Eglife, & juroit fur tout ce qu'il y avoit de plus faint, qu'il étoit innocent; il amenoit avec lui d'autres Perfonnes, qui faifoient le même Serment, & qui s'appelloient *Compurgatores*: lorfqu'il n'ofoit prêter le Serment, ou qu'il ne trouvoit pas le nombre fuffifant de Compurgateurs, il étoit réputé convaincu.

*V. Can. Haber... Manfiam, qu.* 14.

*V. Inflit. au Dr. Ecclef. de Fleury.*

A L'ÉGARD des Preuves dont l'autorité n'eft plus la même parmi nous, nous en remarquons de trois fortes d'après, nos anciens Criminaliftes; celles tirées de l'Evidence du Fait, du Bruit commun, & de la Fuite: *Ab evidentiâ facti, fama publica & fuga.*

*V. Bougler. praxi crim.*

La premiere, tirée de l'EVIDENCE DU FAIT, fuffifoit, aux termes du Droit, pour affeoir la Condamnation. Mais comme il peut fe faire qu'un Crime qui paffe pour notoire aux yeux du Public, ne le foit pas en effet, cela ne doit pas empêcher parmi nous, que le Juge n'en ordonne la Preuve, afin de ne point s'expofer à voir annuller fa Procédure, ou à une Prife à Partie, fi la chofe venoit à fe trouver autrement qu'elle avoit paru; enforte que tout l'effet que pourroit alors produire cette notoriété, ce feroit d'autorifer le Juge à faire arrêter l'Accufé fans une Information, & même fans une Plainte précédente; encore faut-il, fuivant Theveneau, qu'il s'agiffe d'un Crime atroce, dont l'Inftruction requierre célérité, & que celui qui eft furpris en le commettant, n'ait ni domicile ni biens, *afin*, dit-il, *que par trop grande licence il ne foit permis aux Juges de profaner l'honneur des familles.*

*L. Si quis in fervit. §. idem, ff. de Fact. L.* 1. *ff. de in integ. reftit.* *V. Quintil. Decl.* 260.

*V. Jean Faber en fa Préface fur les Inftitutes.*

*V. Theven. de l'Inftr. du Procès Crim. art.* 2. & *art.* 14. *tit.* 3. *V. le même tit.* 3. *art.* 4. *ibid.*

La feconde efpece de Preuve, qui n'a plus la même autorité parmi nous, c'eft celle tirée du BRUIT COMMUN: les Auteurs la regardent comme une efpece de Preuve teftimoniale; *cùm fit fama vulgi multitudinis quoddam teftimonium.* Mais comme l'expérience a fait voir que c'eft fouvent moins l'équité & la vérité, que la paffion & l'intérêt qui préfident au jugement de la populace, on a crû plus convenable d'affujettir cette Preuve aux mêmes Reftrictions que celles que nous avons remarquées, par rapport

*V. Quintil. Decl.* 253.

à la précédente ; c'eft-à-dire, que cette forte de Preuve ne peut tout au plus fervir qu'à faire décerner un Decret fans une Information ou une Plainte précédente ; quoiqu'il y ait des Auteurs

refpectables, tels qu'ALEXANDRE & DECIUS, qui prétendent que s'il s'agiffoit d'un Crime dont la Preuve feroit difficile, la commune Renommée, jointe à quelques adminicules, pourroit fuffire pour la Condamnation.

Une troifieme Efpece de Preuve, qui n'a plus la même autorité parmi nous, eft celle tirée de la FUITE de l'Accufé, la Loi

compare le Fugitif au Condamné : *Sic qui in fugâ eft damnato comparatur.* Ce qui doit s'entendre principalement, fuivant les Auteurs, de la Fuite qui a précédé l'Accufation, parce qu'alors elle eft cenfée l'Effet du Remords que le Crime a caufé. Mais nous ne mettons aucune diftinction à cet égard, foit que la Fuite ait précédé, ou qu'elle ait fuivi l'Accufation, nous ne la regardons jamais comme formant une entiere conviction du Crime, par la raifon qu'elle peut être fondée fur des Motifs particuliers, qui peuvent la faire fervir de reffource aux plus innocens ; telle que la crainte d'éprouver les rigueurs d'une Prifon, ou de devenir la victime du crédit de fes ennemis, ou de la corruption des

Témoins. Elle ne peut donc former tout au plus qu'un fimple indice, qui ne fubfifte qu'autant que dure la Fuite ; enforte que dans quelque tems que l'Accufé vienne à fe repréfenter après cette Fuite, la Juftice lui tend les bras, & veut que toutes les Procédures, qui ont été faites jufqu'alors contre lui, demeurent abfolument anéanties, comme nous l'avons obfervé ci-devant d'après l'Ordonnance.

AINSI, pour traiter de la Preuve en Matiere criminelle, d'une maniere plus conforme à nos Mœurs & à nos Ufages, nous obferverons d'abord, que cette Preuve doit avoir deux objets principaux : l'un, de *conftater le corps du Délit* ; l'autre, de *convaincre l'Accufé, d'en être l'auteur.* C'eft à ces deux Objets effentiels que le Juge doit s'attacher, & que doivent fe rapporter tous les différens Genres de Preuve qu'il emploie, pour fe mettre en état de porter un Jugement certain dans cette Matiere.

Suivant ce Principe, la première & la principale Preuve, qui doit donc fixer fon attention, c'eft celle qui fe tire du CORPS DU DÉLIT. A l'égard des Preuves qui tendent finguliérement à la conviction de l'Accufé, elles font différentes, fuivant les Circonftances : tantôt elles fe tirent de la Dépofition des Témoins qui l'ont vû & entendu, c'eft ce qu'on appelle PREUVE TES-TIMONIALE; tantôt elles fe tirent des Pieces autentiques ou reconnues par l'Accufé, & c'eft ce qu'on appelle PREUVE INS-TRUMENTALE; ou bien elles fe tirent de la Confeffion même de cet Accufé, & c'eft ce qu'on appelle PREUVE VOCALE; ou enfin elles réfultent des Indices & Préfomptions qui s'élevent contre lui, & c'eft ce qu'on appelle PREUVE CONJEC-TURALE.

Telles font les différentes Efpeces de Preuves, qui font autorifées parmi nous, & que l'Ordonnance admet expreffément dans l'art. v. du Tit. XXV. lorfqu'elle dit, que « les Procès pourront » être inftruits & jugés, encore qu'il n'y ait point d'Information. » Si d'ailleurs il y a Preuve fuffifante par les Interrogatoires & » par Pieces autentiques reconnues par l'Accufé, & autres Préfomptions & Circonftances du Procès ». Ce font auffi celles qui vont faire la Matiere de la divifion de ce Titre en cinq Chapitres, où nous nous propofons de rappeller les Conditions néceffaires que les Loix & Ordonnances exigent, pour en affûrer la validité.

LORSQUE toutes les Conditions marquées par la Loi, fe trouvent remplies, alors la Preuve eft cenfée parfaite & juridique; & c'eft celle-ci qui eft abfolument néceffaire pour opérer la Condamnation à une Peine capitale. Mais lorfque quelqu'une de ces Conditions vient à manquer, la Preuve eft alors cenfée imparfaite & infuffifante pour opérer cette Condamnation capitale, quoiqu'elle puiffe d'ailleurs fervir à en faire prononcer une moindre, fuivant les circonftances que nous remarquerons ci-aprés. D'où il fuit, qu'une Preuve peut être parfaite de deux manieres; ou *abfolument*, lorfqu'elle eft telle, qu'elle peut fuffire généralement dans tous les Cas où elle peut être employée; ou *refpectivement*, lorfqu'elle ne peut fuffire que dans certains Cas. Ainfi, par exemple, une Preuve peut être parfaite pour opérer la Décharge d'un Accufé, & qui ne le feroit pas néanmoins pour opérer fa Condamnation; une autre peut fuffire pour donner lieu à un Decret qui ne fuffiroit pas pour donner lieu à la Torture; une autre pourroit être fuffifante pour la Torture, qui ne le feroit pas pour opérer la Condamnation à Mort : enfin, il y a des Preuves qui pourroient fuffire pour la conviction de certains Crimes,

*V. L. fin. C. de Probat.*

Q q ij

qui de leur nature font *occultes*, & ne fuffiroient pas pour d'autres, qui laiffent des traces après eux. Ce font tous ces différens Cas, que nous aurons foin de diftinguer dans les Chapitres fuivans.

# CHAPITRE PREMIER.

## De la Preuve tirée du corps du Délit.

L A Peine n'étant ordonnée que pour le Crime, & ne pouvant avoir d'application, qu'autant que l'exiftence de ce Crime eft certaine, ce n'eft donc que fur la Preuve de cette exiftence que le Juge peut affeoir fon Jugement, *ubi enim lex aliquid difponit ratione certæ rei, debet prius de illa re conftare.* Le premier devoir du Juge & le plus indifpenfable en cette Matiere, eft donc de s'affûrer du corps du Délit qui lui eft déféré.

*L. Divus,* 25. *ff. de Milit. teftam.*

Mais que doit-on entendre par *Corps du Délit*, & de quelle maniere doit s'en faire la Preuve? c'eft ce que l'on fe propofe d'examiner dans ce Chapitre.

Pour cela, il faut rappeller la diftinction que nous avons faite fous le Titre précédent, entre les Crimes qui laiffent des traces après eux, & que les Auteurs appellent *Delicta facti permanentis*, & ceux qui n'en laiffent point, qui font appellés par cette raifon *Delicta facti tranfeuntis*.

A l'égard des premiers, dont nous avons donné pour exemple l'HOMICIDE, l'INCENDIE, le VOL AVEC EFFRACTION, &c. comme les traces que laiffent ces Délits, confiftent principalement dans le *Cadavre*, dans la *Maifon incendiée*, & dans les *Portes & Serrures brifées*; la Preuve du corps de Délit ne peut donc fe faire régulierement dans tous ces Cas, que par la repréfentation de ce Cadavre, ou par l'infpection des Lieux incendiés & des chofes fur lefquelles a été commife l'effraction; & cette repréfentation ou infpection doit être conftatée elle-même, tant par des Procès-verbaux des Juges, que par des Rapports de Médecins, Chirurgiens, & autres Experts, comme nous l'avons vû ci-devant d'après les Titres IV. & V. de l'Ordonnance.

Cette Preuve eft tellement effentielle, qu'elle ne peut être fuppléée ni par la dépofition des Témoins, ni par de fimples indices & conjectures, quelques fortes qu'elles foient d'ailleurs; pas même par la confeffion de l'Accufé, enforte que quand même ce dernier, pour empêcher les recherches qu'on voudroit faire du corps du Délit, viendroit à déclarer que la Perfonne qu'il a tuée lui étoit inconnue, & qu'après l'avoir tuée il l'a jettée dans la Mer ou dans la Riviere, cette Déclaration ne pourroit mériter aucun égard, ni empêcher le Juge de le renvoyer quitte & abfous de l'Accufation, ou du moins à la charge de donner caution de fe repréfenter ; c'eft le fentiment des plus fameux Criminaliftes, entr'autres de Jules Clares & Farinacius, qui confeillent néanmoins aux Juges de ne renvoyer cet Accufé qu'après avoir fait des perquifitions exactes dans les lieux qu'il a indiqués.

*V. Jul. Clar. qu. 4. Farin. de Inquif. qu. 2.*

Il y a même, fuivant ces Auteurs, certains Cas où la *Déclaration* de l'Accufé pourroit fuffire pour faire prononcer une condamnation corporelle contre lui ; fçavoir, 1°. fi celui qu'il déclareroit avoir tué & jetté dans la Mer ou dans une Riviere, étoit une Perfonne connue dans le lieu, & que malgré toutes les perquifitions qu'on auroit faites, on n'en auroit point eu de nouvelles depuis le tems où l'Accufé conviendroit l'avoir tué : 2°. fi c'étoit d'ailleurs un bruit commun dans ce même lieu, que la Perfonne en queftion auroit été tuée : 3°. fi l'Accufé étoit lui-même un homme diffamé : 4°. s'il avoit fa demeure voifine de la Mer ou de la Riviere où il prétend avoir jetté le Cadavre : 5°. s'il fe trouvoit faifi de quelques effets qui auroient appartenu à la Perfonne en queftion : 6°. fi l'on avoit trouvé du fang répandu dans l'endroit où il diroit avoir commis l'homicide, il peut même dans ce dernier Cas, fuivant Jules Clares, être fujet à une condamnation capitale, parce que ce fang formeroit alors une efpece de *corps de Délit.*

*V. Jul. Clar. qu. 55.*

Il y a encore des Cas, fuivant ces mêmes Auteurs, où la Preuve par *Témoins* peut être jointe aux Procès-verbaux des Juges & aux rapports des Médecins & Chirurgiens ; & ces Cas fe rencontrent toutes les fois qu'il n'eft pas poffible de conftater autrement le corps du Délit : comme fi, par exemple, le Cadavre qui feroit repréfenté fe trouvoit tellement défiguré pour avoir été inhumé ou refté dans l'eau pendant quelque tems, qu'il ne feroit plus poffible de le reconnoître ; ou bien fi ce Cadavre étoit d'une Perfonne d'ailleurs inconnue aux Juges & aux Médecins & Chirurgiens, & qu'on ignorât fon nom, fon pays ; l'Ufage dans ce dernier Cas eft d'expofer le Cadavre en un lieu public, comme on fait à Paris à la *Morgue* du Châtelet, pour que les Paffans foient à portée de le voir & de le reconnoître ; ou enfin, s'il s'agiſſoit d'un coup de fuſil tiré contre quelqu'un, comme le corps du Délit conſiſteroit alors dans la maniere dont le fuſil auroit été chargé, ſi c'étoit avec une balle ou autre choſe propre à bleſſer dangereuſement celui contre lequel il a été tiré, on ne pourroit parvenir à le conſtater autrement, que par la Dépoſition des Témoins qui auroient vû charger le fuſil, & par la viſite du lieu où ce coup auroit dû porter pour voir s'il n'y ſeroit reſté aucune trace du plomb.

A L'ÉGARD des Délits qui ne laiſſent après eux aucune trace, tels que l'*Adultere*, l'*Héréſie*, & autres de cette eſpece qui ſont connus dans le Droit ſous le nom de *Délits occultes* ; ceux-ci n'étant point comme les premiers, ſujets à l'inſpection des yeux, la Preuve du *corps de Délit* ne peut s'acquérir autrement que par la confeſſion de l'Accuſé, jointe à des indices & conjectures ; & ces indices & conjectures peuvent eux-mêmes être prouvés indifféremment, ou par des Procès-verbaux des Juges, ou par des rapports des Médecins, Chirurgiens, ou par la Dépoſition des Témoins, ou même par des Ecrits, ſuivant l'exigence des Cas.

V Jul. Clar. qu. 5. & qu. 55.

Au reſte, par la Preuve du corps du Délit dans ces derniers Cas, comme dans les premiers, l'on n'entend pas ſeulement parler de la Preuve que le Délit a été commis, mais que ce Délit a été commis avec une mauvaiſe intention de la part de celui qui en eſt l'Auteur, *ſed conſtare etiam debet crimen doloſe & ſcelere fuiſſe commiſſum*, ajoûte la Loi. Ainſi, par exemple, dans le Cas où une Perſonne ſeroit trouvée noyée dans un Puits ou dans une Riviere, ou morte dans une Priſon, ou précipitée dans la Rue du haut d'une Maiſon, quoique le corps du Délit paroiſſe conſtaté par la repréſentation du Cadavre, on ne peut pas néanmoins le regarder comme tel, ni en faire la matiere d'une Inſtruction criminelle, qu'autant qu'il ſe trouveroit d'ailleurs accompagné de quelques circonſtances, qui feroient juger que cette mort a été volontaire de la part du défunt qui a cherché à ſe détruire, ou qu'elle a été cauſée par la violence d'un tiers : autrement le mal ne devant point ſe préſumer, on doit ſuppoſer dans le doute que cette mort eſt arrivée par pur accident.

I. 1. ff. ad S. C. Sillan.§.Item illud.

V. Jul. Clar. & Farin. loc. cit.

C'eſt pour cela que l'Ordonnance veut que le Juge ne ſe tranſporte ſur les lieux pour dreſſer ſon Procès-verbal, que lorſqu'il en eſt requis, & qu'il n'ordonne pareillement la viſite des Méde-

cins & Chirurgiens que fur la requifition des Parties, ce qui s'entend de la premiere vifite, car il peut en ordonner d'office une
feconde, fuivant l'Ordonnance. C'eft par la même raifon qu'elle
exige, que dans le Procès-verbal du Juge il foit fait mention de
l'état du Cadavre, du lieu où il l'a trouvé, & généralement de
tout ce qui peut fervir à la décharge ou à la conviction de l'Accufé. C'eft encore dans la même vûe, qu'elle lui enjoint de faire
remettre au Greffe les Armes, Meubles, & Hardes, qui feront
trouvés fur le Cadavre pour faire partie du Procès criminel. C'eft
enfin par une fuite du même motif, que par la derniere Déclaration
du 5 Septembre 1712, dont nous avons parlé plus haut, il eft
fait une injonction expreffe aux Propriétaires, Aubergiftes, Locataires des Maifons, & à tous autres, de donner avis aux Juges
ou aux Commiffaires du Quartier, des Cadavres des Perfonnes
que l'on foupçonnera n'être pas mortes de mort naturelle; avec
défenfes de les faire inhumer avant que d'en donner avis, que la
vifite en ait été faite, & l'inhumation ordonnée par les Juges, à
peine d'Amende, & même de Punition corporelle, comme Fauteurs & Complices d'Homicide.

*V. art. 2. du tit. 5. de l'Ordonn.*

# CHAPITRE II.

## De la Preuve Teftimoniale.

NOUS plaçons cette Preuve dans le premier rang de celles
qui tendent à convaincre l'Auteur du Crime, parce que,
comme nous l'avons obfervé, c'eft celle dont l'ufage eft le plus
ancien & le plus fréquent en Matiere criminelle, la plûpart des
Crimes ne pouvant fe prouver d'une autre maniere.

*V. liv. 24. tit. 5. ff. de Teftib. V. liv. 4. tit. 20. Cod. de Teftib.*

La Preuve teftimoniale peut être confidérée fous trois points
de vûe différens, ou par rapport à la *Qualité* des *Témoins* qui
dépofent, ou par rapport à leurs *Dépofitions* en elles-mêmes,
ou enfin par rapport à la *Maniere* de les entendre. Nous avons
vû fous le Titre de l'*Inftruction* les formalités qui concernent la
*Maniere* de les entendre; il nous refte à traiter de celles qui concernent la Qualité des Témoins & de leurs Dépofitions, ou plûtôt il s'agit préfentement d'examiner les Moyens particuliers qui
peuvent empêcher d'entendre ces Témoins, ou d'avoir égard à
leurs Dépofitions après qu'ils ont été entendus.

## §. I.

*De la Preuve teſtimoniale conſidérée par rapport à la qualité des Témoins.*

L. 1. §. 1. ff. de Teſtib.

Tous ceux-là peuvent être Témoins, qui n'en ſont point empêchés par la Loi.

Un Témoin peut, ſuivant la Loi, être reproché pour différentes Cauſes. Ces Cauſes ſont, ou l'*Affection* préſumée en faveur de l'Accuſé, ou la *Crainte* & la *Révérence* qu'il lui doit, ou l'*Inimitié capitale* qu'il a contre lui, ou la *Foibleſſe de l'Age* ou de l'*Eſprit*, ou ſon *Infamie*, ou l'*Intérêt perſonnel* qu'il peut avoir au même Procès Criminel, ou le *Devoir de ſa Charge* qui l'oblige au ſecret, ou enfin ſa *Pauvreté* & autres circonſtances ſemblables, qui peuvent l'expoſer au danger de la Corruption. Nous allons reprendre ſucceſſivement toutes ces Cauſes, afin d'y appliquer les Exceptions que les Loix & les Auteurs y ont apportées.

L. Parentes, 6. Cod. de Teſtib.
L. Teſtis, 20. ff. de Teſtib.
V. Farin. de Teſtib. quæſt. 4 n. 70.
V. Maſcard. de Probat. concluſ. 1153. liv. 3.

1°. A cauſe DE L'AFFECTION PRÉSUMÉE, on ne doit entendre pour Témoin, le PERE dans la Cauſe de ſon Fils, ni le FILS dans celle de ſon Pere, & cela quand même l'un & l'autre y conſentiroient; les Auteurs exceptent néanmoins les cas ſuivans: 1°. lorſqu'il s'agit de Crime de Leze-Majeſté Divine & Humaine: 2°. en fait de Crime atroce, qui ne peut être prouvé autrement: 3°. enfin lorſqu'il y a Parité d'Affection, comme ſi le Pere eſt entendu dans la Cauſe d'un de ſes Fils contre ſon autre fils: au reſte ces ſortes de Dépoſitions ne pourroient ſuivant ces mêmes Auteurs donner lieu à la condamnation, mais ſeulement à la Capture de l'Accuſé.

L'AYEUL & autres ASCENDANS, ne peuvent auſſi, à cauſe de l'Affection préſumée, être entendus dans la Cauſe de leurs Deſcendans, en ligne directe, en quelque degré que ce ſoit.

Une MERE ne peut être Témoin dans la Cauſe de ſon Enfant Batard.

L. Jul. 4. ff. de Teſtib.
V. cap. Conſanguineos, 3. qu. 9.
V. Farin. loc. cit. n. 108.

Un FRERE ne peut ſervir de Témoin contre ſon Frere, excepté dans les cas ſuivans; 1°. en fait de Crime de Leze-Majeſté Divine & Humaine; 2°. lorſqu'il s'agit de dépoſer pour un Frere contre un autre Frere, à cauſe de la Parité d'Affection; 3°. lorſqu'il s'agit de juſtifier ſon Frere; 4°. lorſqu'il s'agit de révéler les Embûches que ſon Frere tend à la vie de leur Pere commun; 5°. enfin, lorſqu'il eſt entendu du conſentement de ſon Frere.

Les

Les PARENS COLLATÉRAUX ne peuvent être obligés de dé- *L. Jul. 4. ff. de Testib.*
poser jufqu'au feptieme degré, fuivant la Difpofition du Droit;
mais fuivant nos Ordonnances, ils peuvent être entendus comme
Témoins, lorfqu'ils font au-delà du quatrieme degré en Matiere
civile, & au-delà du cinquieme en Matiere criminelle. Ils peuvent
auffi être entendus quoique d'un degré plus proche, dans les Cas
fuivans qui font remarqués par les Auteurs; 1°. lorfqu'ils font
Parens communs de l'Accufateur & de l'Accufé; 2°. lorfqu'il
s'agit de Crimes occultes qui ne peuvent fe prouver autrement;
3°. lorfqu'il s'agit de prouver l'innocence de l'Accufé; 4°. lorfque
leur Dépofition eft contre le Parent; 5°. lorfqu'ils comparoiffent
volontairement; 6°. enfin, lorfqu'ils n'ont point déclaré leur qualité fur l'Interpellation qui leur en a été faite par le Juge, conformément à l'Ordonnance.

Les ALLIÉS ne peuvent être Témoins dans la Caufe de leurs
Alliés; l'on comprend fous ce nom tant ceux qui font à l'*inftar*,
des Pere & Enfans, comme BEAU-PERE, BELLE-MERE, *L. 4. 5. ff. de Testib.*
GENDRE & BELLE-FILLE, que les autres Collatéraux, jufqu'aux
degrés prohibés par l'Ordonnance, qui les affimile fur ce point
aux Parens; il faut feulement excepter le Cas où il ne feroit
point refté d'enfans du Mariage qui a produit l'Alliance. *V. Ordonn. des*

Les PARRAINS & MARRAINES ne peuvent être Témoins *Evocat. de 1737. art. 5.*
dans la Caufe de leurs FILLEULS & FILLEULES, non plus que
dans celle des Pere & Mere de ces derniers, avec qui ils ont contracté une Alliance fpirituelle, *& vice verfâ.*

Les MARI & FEMME ne peuvent être admis en témoignage *L. Etiam, 2. Cod. de Teftib.*
l'un contre l'autre; & cela avec d'autant plus de raifon, qu'ils
font eux-mêmes la fource des Parentés & Alliances, & que
leur Affection eft fondée fur un lien facré & indiffoluble : les *V. Farin. ibid. n. 121. & fuiv.*
Auteurs exceptent cependant les Crimes graves qui ne peuvent
fe prouver d'une autre maniere.

Le DONATAIRE ne peut auffi, à caufe de l'Affection préfumée,
être entendu comme Témoin, dans la Caufe de fon Donateur.

Le TUTEUR ne peut l'être dans celle de fon Mineur.

L'AMI INTIME, dans celle de fon Ami, avec qui il boit & *L. 3. ff. de Teftib.*
mange journellement.

Le BÉNÉFICIER, dans celle de fon Collateur, pourvû néan- *V. art 9. tit. 24. de l'Ordonnance de 1667.*
moins que la Collation ait été volontaire & non forcée.

La CONCUBINE ne peut être entendue dans la Caufe de celui avec qui elle eft en mauvais commerce; au refte tout cela

R r

ne doit s'entendre qu'avec les Exceptions marquées ci-devant; notamment qu'on ne doit admettre ni avoir égard aux Dépositions des Personnes dont on vient de parler, que lorsque le Crime ne peut être prouvé autrement, ou que ces Dépositions se trouvent concordantes avec celles d'autres Témoins non reprochables.

*V. Jul. Clar. qu.*
*24. § fin.*
*V. Farin. loc. cit.*

2°. A cause de la CRAINTE & de la RÉVÉRENCE, l'on n'admettoit point chez les Romains le témoignage de l'ESCLAVE contre son Maître, ce qui se pratique encore aujourd'hui à l'égard de nos Esclaves de l'Amérique Françoise.

*L. Servos, Cod.*
*de Teflib.*
*V. Edit de Mars*
*1685.*

POUR ce qui concerne nos SERVITEURS & DOMESTIQUES dans ce Royaume, il est certain en général, qu'ils ne peuvent être entendus dans la Cause de leurs Maîtres, pendant le tems qu'ils sont à leur service, & qu'ils demeurent avec eux; c'est ce qui résulte clairement de la Disposition de l'article v. du Tit. VI. de l'Ordonnance, qui veut que le Juge interpelle le Témoin de déclarer, avant que d'être entendu en déposition, s'il est Serviteur & Domestique de l'une des Parties. Il faut excepter cependent certains Cas, où ceux-ci sont reçus comme Témoins nécessaires; par exemple, lorsqu'il s'agit d'un Délit occulte commis

*L. 7. ff. de Teflib.*
*V. Farin. ibid.*
*qu. 54.*
*L. Etiam, Cod.*
*de Teflib.*

de *nuit* dans l'intérieur de la maison, ou d'un Crime atroce qui intéresse l'Etat & la Religion : mais il faut pour cela, que le Domestique soit d'ailleurs prouvé de bonnes Vie & Mœurs. Suivant la Disposition de l'Article clv. de la Coutûme de Bretagne, le Serviteur quoique sorti de chez son Maître, ne peut être entendu en témoignage à la Requête de son Maître; mais il peut l'être lorsqu'il s'agit de déposer contre lui, pourvû qu'il ne soit point sorti mal de chez son Maître, & qu'il n'y ait point de preuve que c'est par *ressentiment* qu'il a déposé contre lui.

SOUS le Nom de DOMESTIQUE, on entend généralement tous ceux qui sont aux Gages de l'Accusé ou de l'Accusateur, & conséquemment leurs Intendans, Agens d'Affaires & Commensaux; tels qu'Aumôniers, Gouverneurs & Précepteurs.

*V. Mafuers, tit.*
*17. des Témoins*
*& Repr.*
*V. Menoc. de Ar-*
*bitr. cas 487, n. 3.*
*L. Idonei, 6. ff.*
*de Teflib.*
*L. 3. ibid. §. 5.*
*L. Eos Teftes,*
*Cod. de Teflib.*

C'est aussi à cause de la Crainte & Révérence, que le VASSAL ou JUSTICIABLE ne doit point être reçu en témoignage dans la Cause de son Seigneur, le MINEUR dans celle de son Tuteur, le DÉBITEUR dans celle de son Créancier, ce qui s'entend lorsque la Dette est considérable; & en un mot le FOIBLE dans celle du Puissant, dont il a à redouter le Crédit, si ce n'est dans tous les Cas que nous venons d'excepter ci-devant.

3°. A cauſe de l'INIMITIÉ, un Témoin peut être valablement reproché, mais il faut pour cela les conditions ſuivantes : 1°. que l'Inimitié ſoit capitale ; mais que doit-on entendre par Inimitié capitale ? c'eſt ce qui eſt laiſſé à l'arbitrage du Juge, ſuivant les Auteurs : 2°. que celui qui l'oppoſe en prouve la Cauſe, ou du moins qu'il en indique quelques effets extérieurs, telles que des Menaces & des Inſultes verbales ou par écrit : 3°. que ces Menaces ou ces Inſultes ayent été faites dans le cours du Procès criminel, ou peu auparavant : 4°. qu'elles n'ayent point été ſuivies de Réconciliation ; mais il faut que cette Réconciliation ait été faite dans un tems non ſuſpect, & long-tems avant la Dépoſition ; car s'il y avoit eû de l'Affectation de la part du Témoin, qui prévoyant devoir être entendu dans un Procès criminel contre l'Accuſé ſon Ennemi, auroit donné quelque démonſtration extérieure de Réconciliation à ſon égard, afin d'empêcher celui-ci de le reprocher, il ne devroit point pour cela être admis en témoignage ; comme au contraire, ſi l'Accuſé prévoyant que le Témoin ſeroit requis de dépoſer contre lui, affectoit de lui chercher querelle de propos-délibéré, afin de le pouvoir reprocher ſous prétexte d'inimitié, la Dépoſition de ce Témoin ne laiſſeroit pas que d'être bonne : 5°. enfin, il faut que l'inimitié ſoit réciproque entre l'Accuſé & le Témoin.

*L. 3. ff. de Teſtib.*

*V. l'Ordonnance civile, tit. des Recuſat.*
*V. Jul. Clar. §. fin. quæſt. 24. verſ. liem quaro.*

*V. Mainard, tom. 1. liv. 4. ch. 98.*

Au reſte il y a cela de remarquable, par rapport à cette eſpece de Reproche, qu'il peut être oppoſé en tout tems & contre toutes ſortes d'Accuſations, même en celle de Crime de Leze-Majeſté.

*V. Bald. in L. 2. §. Sed etſi, ff. de Teſtib.*
*V. Maſuer, tit. 17. des Témoins.*
*V. Papon, liv. 9. tit. 3. n. 16.*

L'ENNEMI du Pere eſt cenſé l'Ennemi du Fils, & peut être valablement reproché par ce dernier.

*V. Maſuer, ibid.*

Un TÉMOIN qui a autrefois dépoſé en Matiere criminelle contre un Accuſé, eſt réputé ſon Ennemi, & peut être par lui reproché comme tel.

*L. Producti Teſtes, ff. de Teſtib.*

PAREILLEMENT, ſi le Témoin a Procès avec celui contre qui il dépoſe.

*V. cap. Cum juventute, extr. de Purg. can.*

Les INFIDELES, les Juifs, les Mahométans, & les Hérétiques ne peuvent être admis en témoignage contre un CHRÉTIEN à cauſe de l'Inimitié préſumée, ſur-tout ſi l'Accuſateur qui les produit ſe trouve de même Religion qu'eux.

Le TÉMOIN qui ſe préſente pour dépoſer, ſans être ajourné ni produit par la Partie, doit être rejetté comme ſuſpect d'Inimitié.

*V. Farin. ibid. qu. 56. n. 231.*
*V. Maſcard. conſ. 462. n. 16.*

l L. Testium, 3. §.
5. ff. de Testib.
V. Farin. ibid.
qu. 58. n. 3.

V. Jules Clare,
qu. 24. n. 18.

4°. A cause du DÉFAUT D'AGE, on ne reçoit point le témoignage des IMPUBERES : cependant on ne laisse pas que de les entendre en Matiere criminelle, sauf au Juge d'y avoir tel égard que de raison ; *si non ut probent, saltem ut prosint ad veritatem indagandam*, dit Jules Clare ; ce qui doit avoir lieu principalement lorsque leur Déposition est en faveur de l'Accusé, ou qu'ils approchent de la Puberté, mais sur-tout lorsqu'il s'agit de Crimes atroces, qui ne peuvent se prouver autrement.

L. in testimon. 20.
ff. de Testib.

V. Farin. ibid.
qu. 56.

Les MINEURS, qui ont atteint l'âge de quatorze ans & audessus, peuvent être admis à déposer en Matiere criminelle, à la différence des Matieres civiles, pour lesquelles il faut une pleine Majorité ; il est vrai que le témoignage des Mineurs en ce premier Cas, ne peut former une Preuve suffisante pour asseoir une Condamnation à Peine capitale, mais seulement de simples indices qui peuvent donner lieu à la Capture, ou tout au plus à la Torture : il y a même des Auteurs, qui prétendent que leur témoignage ne doit pas être admis indifféremment pour toutes sortes de Crimes, mais seulement en fait de Crime de Leze-Majesté Divine & Humaine, ou lorsqu'il s'agit de Crimes *occultes* ; & de plus ils veulent que dans ces derniers Cas, les Mineurs ayent été requis par le Juge de son propre mouvement.

V. Farin. qu. 58.
n. 54.
V. Jules Clare,
§. fin. qu. 24.

Suivant ces mêmes Auteurs, le MAJEUR peut être reçu à déposer des faits qu'il a vûs lorsqu'il étoit en Puberté.

L. Testium, ff. de
Testib.
V. Farin. ibid.
n. 435.
V. Masuer, tit.
des Témoins.

V. Gomez, var.
resol. tom. 3. c. 14.
V. Catell. liv. 9.
ch. 7.

5°. A cause du DÉFAUT DE RAISON, l'on n'admet point en témoignage les FURIEUX, les INSENSÉS, les INTERDITS pour cause de prodigalité, & les Personnes YVRES ; ce qui s'entend lorsque l'yvresse est complette, & qu'elle a duré pendant tout le tems de la Déposition : il y a des Auteurs qui excluent généralement tous Témoins qui sont yvrognes d'habitude & fréquentent journellement les Cabarets : il y en a d'autres plus modernes qui prétendent que l'yvrognerie n'est plus regardée aujourd'hui comme un reproche valable.

L. 3. ff. de Testib.
L. Eustib. 16. ff.
ex quibus causs. infam. irrog.

6°. A cause de l'INFAMIE, on ne reçoit point en témoignage, 1°. ceux qui ont été repris ou condamnés en Justice à Peine *afflictive* ou *infamante*, tel que le Fouet, le Blâme, &c. à plus forte raison ceux qui ont encouru la *mort civile* par une condamnation aux Galeres & Bannissement perpétuel, ou par le défaut de représentation dans les cinq années du jour de l'exécution du Jugement de Contumace : 2°. ceux qui font *Excommuniés* , ce qui s'entend d'une Excommunication majeure qui retranche tout-à-la-fois & de la perception des Sacremens , & de la Communion des Fideles ; mais cette incapacité, qui eft établie par le Droit canonique , n'eft point reçûe dans le Royaume ; Bruneau prétend, d'après Faber , que le reproche d'Excommunication n'eft point admis parmi nous en quelque Crime que ce foit , même d'Héréfie , Simonie , & de Leze-Majefté : 3°. ceux qui font accufés d'un *Crime atroce* , & qui emporte par lui-même l'infamie ; mais il faut pour cela qu'il y en ait preuve *par écrit* , & le Juge ne doit point avoir égard aux reproches généraux que l'Accufé feroit au Témoin d'avoir commis de certains Crimes , & même qu'il en feroit accufé ; ces faits devroient être regardés & punis comme colomnieux , fuivant l'Ordonnance. Il en eft de même fi l'on avançoit dans les reproches que les Témoins ont été Emprifonnés , Decretés , Condamnés , ou repris de Juftice , lorfque ces reproches ne feroient point juftifiés avant le Jugement du Procès par des Ecroües , Decrets , Condamnations , ou autres Actes ; c'eft pour cela que l'Ordonnance veut que les Procureurs ne puiffent en fournir de femblables , s'ils ne font Fondés de Procuration fpéciale par écrit : 4°. les *Bâtards* non légitimés ne peuvent être entendus comme Témoins , à caufe de la Note d'infamie que la Loi a attachée à leur naiffance ; il faut néanmoins excepter , fuivant les Auteurs , ceux qui font iffus de Maifons illuftres , ou qui par la régularité de leurs mœurs, ont fçû réparer le vice de leur naiffance , ou enfin lorfque le Crime eft de nature à ne pouvoir fe prouver autrement , que par la Dépofition de ces fortes de Perfonnes : 5°. la *Maquerelle* publique eft déclarée incapable de témoignage , comme étant infâme de Droit ; cependant s'il s'agiffoit d'un Crime commis dans un lieu où elle fait fon mauvais commerce , comme elle eft cenfée en avoir plus de connoiffance qu'un autre , elle pourroit être entendue à ce fujet : c'eft entr'autres le fentiment de Farinacius , qui obferve à cette occafion , que ce fut par une Maquerelle , nommée *Julia* , que la confpiration de Catilina fut découverte.

7°. A caufe de l'INTÉRÊT PERSONNEL , un Témoin ne peut être entendu lorfqu'il a un PROCÉS femblable à celui de l'Accufateur qui le produit.

Par la même raifon , l'ACCUSÉ ne peut être entendu en té-

*V. cap. Veniens, 38. ext. de Teftib.*

*V. Bruneau, Obf. crim. tit. 17. max. 14.*

*V. Papon, liv. 9. tit. 3, n. 12.*
*V. Baffet, tom. 1. liv. 6. tit. 9. ch. 26.*
*V. art. 2. tit. 23. de l'Ordonnance de 1667.*

*V. Theveneau, tit. 6. de l'Inftruct. des Procès crim.*
*V. art. 6. du même tit. 23. de l'Ordonn. de 1667.*
*V. Décif. de la Rote 600. part. 3.*
*V. Farin. qu. 56. n. 410. & fuiv.*

*L. 3. §. Leg. Juliæ ff. de Teftib.*

*V. qu. 56, n. 366.*

*L. 10. ff. de Teftib.*
*V. cap. Cum caufam quælib. extr. de Judic.*

*L. Quoniam,* 11. *Cod. de Testib.*
*V. Auth. de Testib.* §. *Si vero, coll.* 7.
*V. cap. Cum Monasterium, extr. tit.* 18.
*V. Menoch. de Arbitr. cas* 236.
*V. Papon, liv.* 22. *tit.* 13.

moignage contre son Co-accusé ; il faut excepter les Déclarations qu'il peut faire contre ses Complices, lors de la Question définitive, ou par son Testament de mort.

Il faut encore excepter, suivant les Auteurs, certains Cas où les Complices peuvent servir de Témoins, & faire preuve les uns contre les autres, comme en fait de Crime de *Leze-Majesté*, *Sacrilége*, *Conjuration*, fausse *Monnoye*, *Hérésie*, *Simonie*, *Assassinat*, ou bien lorsqu'il s'agit de prouver la *corruption* des Témoins.

*V. Can. Super, qu.* 2. *cauf.* 14.

Un ASSOCIÉ ne peut être entendu comme Témoin, contre son Associé, & généralement tous ceux que l'évenement de la contestation peut intéresser en quelque maniere ; il faut excepter néanmoins les Chanoines, qui, suivant la disposition du Droit canonique, peuvent être Témoins dans les Affaires temporelles de leurs Chapitres.

*L. Mandatis,* 25. *ff. de Testib.*

Le PROXENETE ou *Courtier d'Affaires*, ne peut être Témoin en Matiere criminelle dans l'Affaire où il a été employé ; ce qui s'entend singulierement en fait de *Simonie* ou de *Concussion*, mais non point en fait d'*Usure*, à cause de la difficulté de la preuve de ce dernier Crime.

*V. Menoch. de Arbitr. cas* 235.
*L. Quoniam multa,* 6. *Cod. ad L. Jul. de vi privat.*
*V. Farin. ibid. qu.* 60.

CELUI qui dépose avoir payé des intérêts usuraires à l'Accusé, n'est pas digne de foi, à cause du profit qui doit lui en revenir ; il n'en seroit pas de même, si cette Déposition étoit faite au profit d'un Tiers.

Un COMPAGNON de Voyage ne peut être Témoin dans une injure faite à son Compagnon, lorsqu'il s'est trouvé mêlé dans la querelle, & qu'il y a d'ailleurs quelque preuve de son ressentiment particulier.

*V. Ayraut, liv.* 3. *art.* 2. *som.* 2.
*L. fin. Cod. de Offic. Assess.*
*V. cap. Romana, EXTRA de Testib. lib.* 6.
*V. Dumol. tom.* 2. *p.* 575.
*V. cependant Annalæus Rob. lib.* 2. *rerum Judic.*

8°. A cause DU DEVOIR DE SA CHARGE qui oblige au secret, on ne peut contraindre un AVOCAT, un PROCUREUR, ni même un SOLLICITEUR de venir en témoignage dans la Cause de leurs Cliens, à plus forte raison un CONFESSEUR dans celle de sa Pénitente ; mais toute autre Personne qui seroit assignée pour venir déposer, ne pourroit se dispenser de comparoître & de dire ce qu'elle sçait contre l'Accusé, quand même elle se seroit d'ailleurs engagée à garder le secret.

9°. Enfin à cause DU DANGER DE LA CORRUPTION, on peut reprocher le Témoin qui est PAUVRE & INDIGENT ; c'est pour cela que la Loi recommande expreſſément au Juge de s'informer, avant qu'il entendre le Témoin, de ſon état & condition pour ſçavoir s'il eſt Pauvre ou Riche: *Exploranda imprimis conditio cujuſque, an locuples, vel egens ſit, ut lucri cauſa quid facile admittat.* C'eſt auſſi ce qui a donné lieu à cette Regle de notre Droit François : *Pauvreté n'eſt pas vice, mais en grande pauvreté n'y a pas grande loyauté.* Il faut donc pour que ce reproche ait lieu, 1°. que la Pauvreté ſoit grande, c'eſt-à-dire que le Témoin ſoit Mandiant : 2°. il faut de plus qu'il ſoit notoire que le Pauvre ſoit devenu tel par ſa faute & ſa mauvaiſe conduite ; car s'il eſt prouvé être de bonnes mœurs, & n'être devenu Pauvre que par accident, il peut être entendu comme les autres Témoins : 3°. enfin le reproche de Pauvreté ceſſe encore, lorſque la Dépoſition ſe trouve conforme à celle des autres Témoins, ou lorſqu'il s'agit de prouver l'innocence de l'Accuſé.

*L. Teſtium, ff. de Teſtib. L. 3. ibid. V. Jul. Clar. §. fin. qu. 24.*
*V. Inſtit. de Loyſ. tit. des Preuves, Régl. 12.*
*V. Baſſet, tom. 1. liv. 6. tit. 9. ch. 4. V. Menoch. de Arbitr. cas 96. n. 7. & ſuiv. V. Gloſ. in L. Non nulli, ff. de Accuſat.*

Le Témoin qui eſt prouvé avoir reçû de l'*argent* pour venir dépoſer, peut être valablement reproché.

*V. Catell. liv. 9. ch. 7.*

Suivant le Droit canonique, la FEMME ne peut être admiſe à dépoſer en Matiere criminelle, ſi ce n'eſt dans les trois Cas ſuivans : 1°. en fait de Crime de Leze-Majeſté : 2°. lorſque la vérité ne peut ſe prouver autrement : 3°. lorſque le Juge l'entend d'office. Mais ſuivant la diſpoſition du Droit romain, que nous avons adoptée ſur ce point, le témoignage des Femmes eſt reçû généralement dans tous les Actes de Juſtice ; il eſt vrai qu'en Matiere criminelle, elles ne ſont point regardées comme Témoins *omni exceptione majores* ; ce qui a fait dire à BRUNEAU que la Dépoſition de deux Femmes ne pourroit ſuffire pour opérer la condamnation à mort, & qu'il en faudroit au moins trois.

*V. cap. Mulierem, qu. 5. cap. Forus, 10. de verb. ſignif.*
*L. ex eo 18. ff. de Teſtib. V. Papon, liv. 9. tit. 3. n. 17.*
*V. Brun. Obſerv. crim. tit. des Informat. max. 40.*

### §. II.

*De la Preuve Teſtimoniale, conſidérée par rapport à la Dépoſition en elle-même.*

Pour la validité d'une Dépoſition, il faut trois choſes, 1°. qu'elle ſoit préciſe & concluante, 2°. qu'elle ſoit concordante avec celle des autres Témoins, 3°. enfin qu'elle ſoit ſincere.

Pour qu'une Dépoſition ſoit PRÉCISE ET CONCLUANTE, il faut que le Témoin dépoſe cathégoriquement d'un fait qui ſoit relatif au titre de l'Accuſation, & dont il ait pleine connoiſſance, c'eſt-à-dire qu'il a vû l'Accuſé commettre le Crime, & qu'il

*L. Teſtium, 18. Cod. de Teſtib. & la Gloſ. ſur cette Loi.*

L. 1. 2. ff. de Teſtib.
V. cap. Praeterea,
EXTRA de Teſtib.
V. Menoch: de
arbitr. Judic. cas
475.
V. Jules Clar.
qu. 21. n. 3.
V. Farin. lib. 3.
tit. 7. qu. 69.

le reconnoît pour être le même, lors de la Confrontation, ainſi que celui envers qui le Crime a été commis. Par conſéquent la Dépoſition du Témoin qui n'a connoiſſance du fait que par *oüi-dire*, ou qui *vacille*, ne peut mériter aucun égard ; ce qui ne doit s'entendre néanmoins, ſuivant les Auteurs, qu'avec les modifica-tions ſuivantes.

1°. A l'égard des Témoins par OUI-DIRE, ces Auteurs en diſtinguent de trois ſortes : les uns qu'ils appellent *teſtes ex auditu proprio*, tels que ceux qui diroient avoir oüi le bruit des coups, les menaces de l'Accuſé, & les cris d'un mourant ; la Dépoſition

TÉMOINS PAR
OUI DIRE.

d'un Témoin de cette eſpece, ne prouve, ſuivant ces Auteurs, qu'autant qu'elle ſe trouve jointe à d'autres circonſtances, com-me ſi le Témoin ajoûte, qu'il s'eſt tranſporté tout de ſuite auprès du mourant ; qu'il l'a reconnu, ainſi que l'Accuſé : autrement, comme la voix de l'homme, ainſi que les cris, ſont ſujets à des variations ſuivant les différens âges, ou les différentes circonſtan-ces de la maladie ou de la ſanté, & qu'il peut ſe trouver d'ail-leurs des Malfaiteurs aſſez méchans pour contrefaire leur voix, elle ne peut ſervir pour donner lieu à une Peine capitale, mais ſeulement à la Torture.

Ce n'eſt pas cependant qu'il n'y ait de certains Crimes dont la Preuve ne peut s'acquérir autrement que par le ſens de l'oüie,

comme le Blaſphême, les Injures verbales, & autres ſemblables.

L'AUTRE eſpece de Témoins par OUI-DIRE, que les Auteurs appellent *teſtes ex parte accuſati*, eſt de ceux qui diſent avoir en-tendu faire à l'Accuſé l'aveu de ſon Crime ; il eſt certain que de pareilles Dépoſitions ne peuvent faire Preuve pour la Condam-nation, puiſque, comme nous l'allons voir dans un moment, la Confeſſion de l'Accuſé ne peut former elle-même aucune Preu-ve à cet effet ; mais elle peut ſeulement, ſuivant ces Auteurs, donner lieu à la Torture.

LA TROISIÈME eſpece de Témoins par OUI-DIRE, eſt de ceux que les Auteurs appellent *teſtes ex auditu alieno*, parce que leur témoignage n'eſt fondé que ſur ce qu'ils ont oüi dire à d'au-tres : ſi c'eſt à l'Accuſateur, leur Dépoſition ne forme aucune

V. cap. Licet ex
Quad. 45. extr. de
Teſtib.
V. Menoch. de
Arbitr. cas 475.
n. 15.

ſorte de Preuve, *ne plus credatur copiae quàm originali* ; mais ſi c'eſt à d'autres Perſonnes, leur Dépoſition ne peut mériter aucun égard, que lorſqu'elles ſont accompagnées des conditions ſuivan-tes : 1°. qu'ils nomment les Perſonnes à qui ils l'ont entendu dire : 2°. que ces Perſonnes ſoient en grand nombre, & qu'elles ayent tenu un langage uniforme : 3°. que ces Perſonnes ne puiſſent elles-mêmes être entendues en témoignage , parce qu'elles ſont ou mortes , ou réſidentes dans les Pays étrangers : 4°. que ces Perſonnes ſoient dignes de foi , & nullement reprochables : 5°. enfin ces Témoins ſont encore reçus, lorſqu'il s'agit de concourir à la Juſtification de l'Accuſé.

2°. Quant aux Témoins qui VACILLENT , quoique leurs Dépoſitions ne puiſſent ſervir en Matiere criminelle , & qu'elles ne forment pas même un indice ; il y a cependant de certains Cas où ces Dépoſitions peuvent mériter quelque égard , comme lorſqu'il s'agit de la Défenſe de l'Accuſé, ou de Crimes d'une Preuve difficile.

TÉMOINS VACILLANS.

*V. Jul. Clar. qu. 53. n. 21.*

*V. Alex. conſil. 152.*
*L. Solam, Cod. de Teſtib.*
*V. §. Nulli autem in authent. de ſanct. Epiſc.*
*V. Jules Clar. qu. 53. verſ. Præterea.*

*V. Bald. ſur le ch. Cum cauſam , 37. n. 25. de Teſtib.*
*V. le même conſil. 182. n. 3. lib. 4.*
*V. Gl. ad Leg. Teſtium, Cod. de Teſtib.*
*V. Bartol. in L. 1. Cod. de verb. ſignif.*
*V. Maſcard. concluſ. 1369.*

Un Témoin eſt dit VACILLER , lorſque ſa Dépoſition n'eſt point concluante ; qu'il ne peut en rendre raiſon ; qu'elle eſt faite ſur des choſes différentes de celles qui ſont l'objet de la Plainte ; ou qu'elle eſt conçue en termes qui ne ſont point affirmatifs , tels que ceux-ci : *Je crois.... Si je ne me trompe.... Il peut ſe faire.... Si je m'en ſouviens bien....* & autres ſemblables.

Ce n'eſt pas aſſez que le Témoin rende raiſon de ce qu'il dit , mais il faut encore que la raiſon qu'il rend ſoit convenable & conforme à la vérité, *quia idem eſt nullam rationem reddere, & reddere illam non bonam neque congruam :* ainſi quand le Témoin dépoſe *de viſu,* la raiſon qu'il rend doit être tirée du ſens de la vûe ; quand il dépoſe *de auditu,* la raiſon qu'il rend doit être tirée du ſens de l'oüie ; mais s'il ne rend d'autre raiſon de ſa Dépoſition, que la Dépoſition même , comme s'il diſoit : *Je ſçais , parce que je le ſçais,* ou *parce que cela eſt ainſi,* cela ne prouveroit point : mais ſi au contraire il diſoit : *Je ſçais , parce que j'étois préſent,* la raiſon en ſeroit bonne.

Nous avons dit *en ſecond lieu,* que pour la validité d'une Dépoſition, il falloit qu'elle fût CONCORDANTE avec les autres : la Loi exige , pour former une Preuve complette, les Dépoſitions conformes de deux Témoins qui ſoient *omni exceptione majores* ; ainſi les Témoins *ſinguliers,* en Matiere criminelle , ne prouvent point ; *vox unius, vox nullius :* l'on appelle Témoin *ſingulier* celui qui dépoſe d'un fait particulier , dont les autres ne parlent point.

TÉMOINS SINGULIERS.

*L. Ubi, ff. de Teſtib.*
*L. Jurisjur. 9. Cod. ibid.*
*V. cap. Licet univerſis, & cap. Veniens, extr. de Teſtib.*

Quand on dit que la Dépoſition d'un Témoin ſingulier ne prouve point, cela ne doit s'entendre que relativement à la Condamnation à Peine capitale ; car cette Déposition , lorsqu'elle frappe directement sur le Crime , & que le Témoin est d'ailleurs *omni exceptione major* , forme une semi-Preuve qui peut donner lieu à quelque Peine extraordinaire , & même à la Torture , lorsqu'elle est jointe à quelque adminicule , comme nous le verrons ci-après.

Il y a même des Cas, où ces sortes de Dépositions , lorsqu'elles sont en certain nombre, peuvent former une Preuve complette. Nous en allons donner des exemples , après que nous aurons distingué , avec les Auteurs , trois sortes de Singularités dans les Témoins : les unes qu'ils appellent *adminiculatives* , parce qu'elles semblent se prêter un mutuel secours , & qu'elles tendent au même Objet ; celles-ci étant réunies, forment, suivant eux, une semi-Preuve : les autres qu'ils appellent *obstatives* , parce qu'elles semblent se contrarier & se détruire réciproquement ; celles-ci ne peuvent jamais mériter aucun égard : enfin celles de la troisieme espece qu'ils appellent *diversificatives* , parce que les Témoins parlent dans leurs Dépositions de plusieurs Actes du même Crime, qui ont été faits en différens tems ; cette derniere a lieu dans les Crimes qui se commettent par Actes réitérés , tels que l'Inceste , l'Adultere , le Blasphême , la Sodomie , le Péculat , la Concussion , l'Usure , & le Vol. C'est principalement dans ces derniers Cas que les Dépositions des Témoins singuliers peuvent former une Preuve suffisante pour donner lieu à la Condamnation , lorsqu'ils se trouvent en certain nombre : ce nombre est fixé par nos Ordonnances à celui de six en Matiere d'Excès, Violences, & Exactions commises par les Geoliers & Guichetiers envers les Prisonniers ; & à celui de dix, par la Jurisprudence des Arrêts en fait de Preuves d'Usure.

Il y a des Auteurs qui prétendent que les Témoins singuliers peuvent aussi suffire pour prouver des Menaces. Il y en a d'autres qui soûtiennent qu'ils peuvent même former une Preuve entiere en fait d'Homicide ; sçavoir, lorsque leurs Dépositions sont telles , qu'elles ont une connexité nécessaire entr'elles , & qu'elles embrassent le commencement , le progrès , & la fin de l'Acte qui a fait le Crime : *ubi agitur de probatione Actus connexi , si unus Testis probat de principio , alius de fine , tunc Testes etsi singulares , probant.* Ainsi, par exemple , *un* Témoin dira avoir vû l'Accusé sortir de sa Maison , portant une Arme vers l'endroit où le Meurtre a été fait ; un *autre* dira l'avoir vû entrer dans cet endroit avec

V. Farin. qu. 64.
V. Jules. Clar. qu. 53.

V. Faber, Cod. lib. 6 tit. 2. de fin. 3.
V. le même, liv. 9. tit. 2.

V. art. 37. du tit. 12. de l'Ordonn. de 1670.

V. Farin. qu. 64. n. 275.

V. Jules Clare, qu. 53.

V. Jules Clare, qu. 63. n. 9.

une Arme; un *troisieme* dira avoir entendu au même lieu le cri d'un mourant, & le bruit des coups; un *quatrieme* dira avoir vû l'Accusé sortir en fuyant, étant pâle & ému; un *cinquieme* aura vû un instant auparavant, dans le même endroit, celui qui a été tué, seul, & l'Accusé s'approcher de lui, le menaçant avec cette même Arme, dont il est prouvé qu'il a été blessé mortellement.

Mais s'il est certain en général, que les Dépositions des Témoins qui roulent sur des Faits singuliers & différens entr'eux, ne peuvent former aucune Preuve; à plus forte raison, lorsqu'il se trouve une contrariété absolue dans ces mêmes Faits, ou dans les Dépositions de ces Témoins.

Il y a trois sortes de Contrariétés en cette Matiere, qu'il faut bien distinguer; la *premiere*, est celle des Dépositions des Témoins entr'elles, comme lorsqu'un Témoin dépose avoir vû faire ou entendu dire une chose en présence d'un autre, & que celui-ci soutient absolument le contraire dans sa Déposition; la *seconde*, est celle qui se trouve entre les Dépositions d'un même Témoin, qui a dit dans le Recollement ou à la Confrontation le contraire de ce qu'il a dit dans l'Information, ou qui depuis ces Actes aura donné des Déclarations contraires par écrit; la *troisieme*, est celle qui se trouve dans les *Faits* contenus dans la même Déposition.

1°. QUANT à la Contrariété entre les Dépositions des *différens Témoins*, que les Auteurs appellent PREUVE OBSTATRICE, son effet ordinaire est d'empêcher qu'on ajoute foi ni à l'une ni à l'autre, *Testis unus contradicens alteri neutri credi debet*; ce qui ne doit s'entendre néanmoins que lorsque ces Dépositions sont absolument inconciliables, & que ces Témoins paroissent également dignes de foi; ou bien lorsque cette contrariété tombe sur les circonstances essentielles, c'est-à-dire, lorsque ces Témoins ne s'accordent ni sur le tems ni sur le lieu, comme il est arrivé aux Témoins de SUZANNE: & de plus, si le Témoin qui tombe dans cette contrariété se trouve contredit par un grand nombre d'autres, ou même par un seul qui soit plus digne de foi que lui, il est réputé Faussaire, & peut comme tel, suivant les mêmes Auteurs, être emprisonné & même mis à la torture; mais si au contraire cette contrariété ne tombe que sur des circonstances purement accidentelles & éloignées, telles que le Surnom, la Patrie, la Parenté, ou sur les termes dont on s'est servi en commettant le Crime, comme en fait de Blasphême & autres semblables; ou

TÉMOINS
CONTRAIRES.

*V. art. 21. tit. 15.
de l'Ordonnance de
1670.*

*V. Grammat. consil. 26. n. 22.
V. Bruneau, Obs.
crim. tit. 17. max.
12.*

*V. Bald. in cap.
Cum causam, 37.
V. Marscard. concluf. 1375.
V. Caball. resol.
crim. cas 103.*

*V. Farin. qu. 65.
de Testib. n. 18.
V. l'annot. de Jul.
Clar. qu. 25. n. 16.*

bien fi l'un des Témoins a une plus grande autorité que l'autre ; ou enfin s'il dépofe des chofes plus vraifemblables, cette contra-riété n'empêche pas que le Juge ne puiffe ajouter foi à cette der-niere Dépofition préférablement aux autres.

2°. QUANT à la Contrariété qui fe trouve dans les Dépofitions du *même Témoin* dans différens Actes de la Procédure, tels que l'Information & le Recollement, ou dans deux Procès différens, on ne doit avoir égard à aucune de ces Dépofitions à caufe du Parjure où le Témoin eft néceffairement tombé ; de plus ce Té-

*V. art. 21. tit. 15.*
*de l'Ordonnance de*
*1670.*
*V. Jules Clare,*
*qu. 53.*
*V. Farin. qu. 67.*

moin eft puniffable fuivant l'Ordonnance, d'une Amende de 400l. & même d'une plus grande Peine, s'il y échet. Les Auteurs ex-ceptent néanmoins les trois Cas fuivans : 1°. lorfque le Témoin dans l'une de fes Dépofitions, s'eft fervi de certains termes qui n'étoient pas abfolument affirmatifs ; comme s'il avoit dit, *je crois :* 2°. lorfque l'un des Actes ou Jugemens dans lefquels ce même Témoin a dépofé, a été déclaré nul, alors il faut, fuivant ces mêmes Auteurs, s'en tenir à la Dépofition faite dans l'Acte ou dans le Jugement qui eft refté valable. Mais cette Exception n'eft point admife dans notre ufage : nous regardons l'une & l'autre de ces Dépofitions également nulles ; & de plus lorfque la con-

trariété tombe fur des circonftances effentielles, elle expofe le Témoin à la rigueur des Peines portées par l'Ordonnance : 3°. lorf-qu'il s'agit d'un fait embrouillé, ou qui s'eft paffé dans un tems fi éloigné, qu'il puiffe faire préfumer naturellement l'oubli de la part du Témoin.

3°. Enfin, quant à la Contrariété qui fe trouve dans les *Faits* contenus en une même Dépofition, il y a des Auteurs qui pré-tendent qu'elle rend cette Dépofition abfolument nulle en fon en-tier, à caufe de la mauvaife foi préfumée de ce Témoin & du Parjure où il eft tombé : *Qui peccat in uno peccat in toto.* Cepen-

dant le plus grand nombre des Auteurs eft d'avis, que cette con-trariété n'empêche pas qu'on ne puiffe ajoûter foi au refte de la Dépofition, & ce fentiment a été adopté par nos Praticiens, qui en conféquence ont établi pour maxime, qu'en *Matiere cri-minelle, la Confeffion pouvoit fe divifer.*

Nous avons dit en cinquieme lieu, que la Dépofition devoit être SINCERE ; par conféquent toute Dépofition fuggerée ou fauffe doit être rejettée.

1°. UNE Dépofition eft dite *fuggerée*, non-feulement lorfque le Témoin a reçu de l'Argent pour dépoſer, mais encore lorſ-qu'il dépoſe enſuite de promeſſes qui lui ont été faites ; outre que ſa Dépoſition ne prouve point dans tous ces Cas ; ce Témoin peut encore, ſuivant les Auteurs, être mis à la Torture pour ſavoir s'il a dit faux ; & au cas qu'il vienne à perſiſter dans ſa Dépoſition, il ne doit pas laiſſer que d'être condamné à quelques Peines extraordinaires à cauſe de la Corruption ; mais il ne pour-roit être ſujet à aucune Peine ni Pourſuite, s'il paroiſſoit d'ail-leurs que l'Argent qu'il a reçu, lui a été donné pour autre cauſe que pour ſa Dépoſition, comme pour la Dépenſe de ſon voyage ou en conſidération de ſes peines, ce qui ſe préſume aiſément lorſque la ſomme ne ſe trouve pas exceſſive, & qu'on ne prouve pas qu'elle a été donnée en vertu d'une convention précédente.

2°. Une Dépoſition eſt réputée FAUSSE toutes les fois que le Témoin a déclaré affirmativement une choſe contre ſa propre connoiſſance ; ainſi celui qui dit la vérité, ſans le ſavoir, n'eſt pas moins réputé Fauſſaire que celui qui dit la vérité croyant dire le faux, quoiqu'il ne ſoit point auſſi puniſſable.

FAUX TÉMOINS.

Le FAUX peut tomber ſur les Déclarations que fait le Témoin, ou par rapport à ſa *Qualité*, comme s'il nie qu'il eſt Parent ou Allié, quoiqu'il le ſoit effectivement ; s'il prend le Nom d'un au-tre, & s'arroge une qualité qu'il n'a point ; ou par rapport aux *Circonſtances* du Procès, qu'il altere ou qu'il ſupprime : mais pour qu'il ſoit ſujet dans l'un & l'autre de ces Cas à la rigueur des Pei-nes portées par les Loix, il faut comme nous l'avons dit, que les Circonſtances ſur leſquelles tombe ce faux, ſe trouvent *eſſentiel-les* & non pas ſimplement *acceſſoires* au Procès.

V. Caball. reſol. crim. cas 28. V. Farin. qu. 67.

L'on entend par *Circonſtances eſſentielles* toutes celles qui ſont de Nature à influer néceſſairement ſur la Condamnation ou ſur l'Abſolution de l'Accuſé. Les Auteurs nous en donnent les exem-ples ſuivans : 1°. lorſque le Témoin ſoûtient avoir reconnu l'Ac-cuſé à la faveur de la Lune, tandis qu'il ſeroit prouvé par le Calendrier, qu'il n'en faiſoit point dans ce tems-là : 2°. lorſque le Témoin qui ne ſait ni lire ni écrire, ſoûtient néanmoins avoir lû ou vû un Teſtament ou autre Contrat, qu'il déſigne par ſon Nom : 3°. le Témoin qui ſeroit ſourd, diroit avoir entendu : 4°. lorſqu'il dépoſeroit avoir été préſent à l'Action, & diroit ce-pendant qu'il n'a rien vû : 5°. lorſqu'il nieroit avoir été préſent, & ſeroit convaincu du contraire par d'autres Témoins : 6°. enfin ſi ce Témoin ſe contrediſoit ſur le fait du Crime, ſans en pour-

V. Farin. ibid. V. Jul. Cl. qu. 53. V. Alex. conſ. 88. Decius, conſ. 105.

V. Menochius, de Arbitr. cas 297. n. 35.

L. Qui falſo, 16.
ff. de Teſtib.
V. Bartol. in L.
Liber, ff. de Queſt.

voir donner aucune raiſon. Dans tous ces Cas , non-ſeulement les Dépoſitions ne prouvent rien, mais encore les Témoins peuvent être punis comme Fauſſaires.

Au reſte, un Témoin qui nie ce qui peut tourner à ſa propre infamie, ne peut être regardé ni puni comme Faux Témoin , à moins que l'infamie ne ſoit notoire & n'ait été l'effet de quelque Condamnation publique ; autrement c'eſt le cas de dire de ce Témoin, comme de l'Accuſé qui nie ſon Crime, que le Parjure qu'ils commettent eſt du nombre de ces Crimes qui *habent ſolum Deum ultorem.*

V. Jule Clar. §.
Perjurium.
V. Boetius, déciſ.
305.

# CHAPITRE III.

## De la Preuve inſtrumentale ou littérale en Matiere Criminelle.

V. Jul. Cl. qu. 54.
n. 1.
V. Farin. qu. 84.

L'ON a fort agité la Queſtion de ſçavoir, ſi les Crimes pouvoient ſe prouver par Ecrit. Il y a des Auteurs, tels que JUL. CLARE & FARINACE, qui ont prétendu que régulierement les Crimes ne pouvoient ſe prouver que par Témoins , par la raiſon que le témoignage des Actes par écrit étoit muet, qu'il ſe faiſoit des Perſonnes abſentes , leſquelles ne pouvoient ſatisfaire aux Demandes qu'on voudroit leur faire , outre qu'il étoit libre d'inſérer dans ces Actes tout ce que l'on vouloit ; au lieu que le Témoin parloit, rendoit raiſon de ce qu'il diſoit , & répondoit à tout ce qu'on lui demandoit.

L. 3. §. 3. ff. de
Teſtit.

Mais ce ſentiment, qu'ils appuient ſur différentes Loix, notamment ſur la Loi *Teſtium §. Item Divus Adrianus*, où l'Empereur Adrien déclare *ſe Teſtibus non teſtimoniis fidem adhibere*, a été combattu & refuté avec ſuccès par d'autres Juriſconſultes plus modernes, tels que CUJAS & MATHEUS, qui ont fait voir que par

V. Math. de crim.
liv. 48. tit. 15.
ch. 5.

le mot *Teſtimoniis* employé dans cette Loi , l'Empereur n'a voulu parler , que des Dépoſitions des Témoins rédigées par écrit, & non point des Actes ou Inſtrumens qui contiennent la preuve du Crime ; ce qu'ils établiſſent par d'autres Loix, qui bien-loin d'exclure la Preuve qui réſulte des Actes , ſemblent au contraire la préférer à celle des Témoins , en ce que ceux-ci ſont ſujets à ſe laiſſer corrompre ; & ils ſe fondent principalement ſur la Loi *Teſtium facilitatem* au CODE de *Teſtibus.*

Mais pour réfoudre cette Queftion d'une maniere plus conforme à nos ufages, il faut diftinguer.

Il y a des CAS, où la Preuve teftimoniale exclut entierement la Preuve littérale, comme lorfqu'il s'agit de Crimes qui ne peuvent être prouvés autrement que par Témoins, tels que l'Injure verbale, le Blafphême, l'Adultere, le Rapt, la Fabrication de la fauffe Monnoie. Ce font de ces Cas dont ont voulu parler, fans doute, les Loix citées par JULES CLARE & FARINACE.

Il y en a D'AUTRES, où la Preuve littérale exclut à fon tour la teftimoniale, comme en fait de Crimes qui ne peuvent être prouvés autrement que par écrit, parce qu'ils confiftent principalement dans la Penfée, tels que l'*Héréfie*, la *Confidence*, la *Conjuration envers le Prince*, l'*Ufure*, la *Subornation des Témoins;* ou bien, parce qu'ils ne peuvent tomber que fur les Ecrits même, comme le *Faux* & les *Libelles diffamatoires.* Ce font ces Cas qui font marqués par Loi *ubi Falfi* xxij. au Cod. *ad* L. Corn. *de Falf.* & par la Loi 1ʳᵉ au Code *de Probationib.* qui porte que *contra fcriptum teftimonium, non fcriptum teftimonium non fertur;* & enfin par la Loi derniere, du même Titre, qui après avoir établi la néceffité de la Preuve d'une Accufation par de bons Témoins, *munita fit idoneis Teftibus,* ajoûte cette alternative, *vel inftructa apertiffimis documentis.* C'eft auffi de ces mêmes Cas, dont veut parler fans doute l'Ordonnance de 1670, dans l'art. v. du Titre XXV. qui porte que les Procès Criminels pourront être inftruits, encore qu'il n'y ait point d'Information; fi d'ailleurs il *y a Preuve fuffiffante par Pieces authentiques ou reconnues par l'Accufé.* C'eft encore de ces mêmes Cas dont il eft parlé dans les art. xx. du Tit. XV. & art. xxij. du Tit. XVII. de la même Ordonnance, par le premier defquels elle permet à l'Accufé de propofer des reproches en tout état de Caufe, s'ils font juftifiés par *Ecrit;* & par le fecond, elle défend aux Juges d'avoir aucun égard aux reproches faits contre les Témoins décedés ou morts civilement pendant la Contumace, s'ils ne font juftifiés par *Pieces.* A quoi l'on peut ajoûter la Difpofition de l'art. ij. du Tit. XXIII. de l'Ordonnance de 1667, qui répute calomnieux les reproches tendans à flétrir les Témoins, s'ils ne font juftifiés avant le Jugement par des Decrets, Condamnations ou autres *Actes.*

ENFIN il y a des Cas, où la Preuve littérale peut concourir avec la Preuve teftimoniale, & qu'elles ont une force égale: ces Cas (dont il eft parlé dans la Loi 15. au Code *de fide inftrum.*

où l'Empereur Conſtantin décide expreſſément que , *in exercendis litib. eamd. vim obtinent , tam fides inſtrumentorum quam Depoſitiones Teſtium*) ont principalement lieu dans les *Inſcriptions* de faux , ou lorſqu'il s'agit de la *Vérification* par comparaiſon d'Ecriture , dont nous avons parlé ſous le Titre de l'*Inſtruction*. On peut encore y en ajoûter pluſieurs autres qui ſont mentionnés dans trois différens Articles de l'Ordonnance de 1670 ; ſçavoir , 1°. dans l'ART. ij. du Tit. IV. où elle veut que le Juge , après avoir fait mettre les ſcellés ſur les Effets de l'Accuſé contumax , dreſſe un Procès-verbal des Pieces qu'il trouvera ſous le ſcellé ; qu'il les nombre , cote , & paraphe en préſence de l'Accuſé & de la Partie publique ; & qu'il remette ce Procès-verbal au Greffe , pour faire enſuite partie des Pieces du Procès : 2°. dans l'ART. ix. du Tit. II. où elle enjoint aux Prevôts de faire l'Inventaire , en arrêtant les Accuſés , des Papiers dont ils ſe trouvent ſaiſis : 3°. enfin dans l'ART. x. du Tit. XIV. où elle veut que les Pieces, ſervant à la Preuve , ſoient repréſentées à l'Accuſé lors de ſon Interrogatoire , & par lui paraphées , ainſi que par le Juge , ſinon qu'il ſoit fait mention de ſon refus.

Il réſulte clairement de toutes ces Diſpoſitions , que la Preuve littérale doit être regardée comme une Preuve juridique en Matiere criminelle : il ne reſte donc plus qu'à en déterminer les effets relativement à ces Matieres , & c'eſt ce que nous nous propoſons de faire ſous les deux Paragraphes ſuivans , en examinant , *d'une part* , les Conditions qui ſont néceſſaires pour la former ; *& de l'autre* , les Cauſes particulieres qui peuvent la détruire.

### §. I.

*Conditions néceſſaires pour former la Preuve Inſtrumentale ou Littérale.*

La PREUVE INSTRUMENTALE OU LITTÉRALE , eſt celle qui réſulte des Pieces produites dans un Procès criminel.

Sous le nom de PIECES ſont compris , tant les Ecrits *publics* , que les Ecrits *privés*.

L'ON appelle *Ecrits publics* ceux qui ſont ſouſcrits , non-ſeulement par les Parties contractantes , mais encore par les Perſonnes publiques , qui , par le caractere de leur Charge , rendent ces Ecrits certains & autentiques. L'on appelle auſſi de ce nom

les

les Actes qui font paffés en Juftice , ce qui les a fait divifer en judiciaires & *extrajudiciaires.*

Sous le nom d'Actes *judiciaires* , en Matiere criminelle , l'on entend parler principalement des Procès-verbaux des Juges, & des Rapports des Médecins & Chirurgiens , & autres Gens experts qui ont ferment en Juftice : les Actes publics *extrajudiciaires* font ceux qui font paffés par les Notaires.

LES ECRITS PUBLICS , lorfque ce font des Originaux ou des Copies collationnées avec les Parties mêmes, font foi en Juftice , fans que pour les y faire valoir , il foit befoin qu'ils foient reconnus ni vérifiés , finon lorfqu'ils font argués de faux ; ce font ceux-ci proprement qui font connus dans le Droit fous le nom d'*Inftrumens.*

*V. cap. Scripturam, EXTRA de fide Inftrum.*
*V. le tit. du ff. de fide Inftrument.*
*V. auffi le même tit. du Code , & l'Authent. de Inftr, caut. & fide.*

A Rome, les Actes étoient cenfés publics lorfqu'ils étoient foufcrits de trois Témoins ; mais ils ne faifoient foi entiere qu'après qu'ils avoient été reconnus par ces Témoins en préfence du Juge , & dépofés dans les Regiftres publics , ce qu'on appelloit *infinuer apud acta.*

Quant aux ECRITS-PRIVÉS , l'on appelle ainfi , ceux qui font faits par toutes Perfonnes qui n'ont point la qualité d'Officiers publics , ou qui étant Officiers publics , n'agiffent point fous cette qualité. Suivant le Droit Romain , ils faifoient foi feulement contre celui qui les avoit foufcrits , mais non point en fa faveur au préjudice d'un Tiers , fi ce n'eft lorfqu'ils fe trouvoient atteftés par trois Témoins , & même par cinq , lorfque ce Tiers fe trouvoit une Perfonne ruftique & illittérée , & que la fomme y portée excédoit un écu d'or.

*L. Publica, 26. ff. Depofiti.*
*L. Scripturas , Cod. Qui poft in pign.*
*L. Comparationes, 2. Cod. de fide Inftrument.*
*Nov. 73. de Inftr. caut. §. oppofitio.*

EN FRANCE , dans les premiers tems de la Monarchie , l'ignorance étoit fi grande , que peu de Perfonnes fçavoient écrire , & conféquemment on paffoit fort peu d'Actes ; & nous remarquons même , avec l'Auteur du Traité de la Diplomatique , que vers l'onzieme fiecle , on fe contentoit d'appofer fon fceau ou cachet fur les Actes , au lieu de les figner ; & le Notaire ne faifoit qu'énoncer le nom des Témoins qui y avoient été préfens. Mais depuis que l'ufage de l'Ecriture eft devenu plus commun , & que les Parties ont bien voulu fe contenter des Ecritures privées , celles-ci ont dès-lors été regardées comme de véritables Preuves, lorfqu'elles ont été reconnues par ceux mêmes auxquelles elles étoient attribuées ; ou lorfqu'en cas de dénégation de leur part elles ont été vérifiées par Experts & comparaifon d'Ecritures ,

*V. liv. 2. ch. 18.*

T t

& même fur la Dépofition des Témoins qui les ont vû écrire & ·figner par l'Accufé.

Cette Vérification a lieu , comme nous l'avons vû , dans trois Cas différens : le *premier* eft celui du FAUX PRINCIPAL , dont l'action s'intente , tant contre la Piece prétendue fauffe , que contre celui qui s'en fert , & qu'on prétend l'avoir fabriquée ou fait fabriquer : le *fecond* eft celui du FAUX INCIDENT , qui concerne une Piece dont l'écriture ou la fignature eft arguée de faux , fans que celui qui a déclaré vouloir s'en fervir foit particulierement accufé d'en être l'Auteur : le *troifieme* eft celui de la demande en RECONNOISSANCE d'une écriture , qui renferme quelques Faits criminels , ou qui fert à prouver qu'une Perfonne a part dans une Action criminelle.

Pour que la Preuve littérale foit complette , en Matiere criminelle , ce n'eft pas affez que la Piece faffe foi entiere , c'eft-à-dire qu'elle foit *autentique* par elle-même , & non arguée de faux ; ou bien qu'elle foit reconnue par l'Accufé , fi c'eft une Ecriture *privée* ; mais il faut encore que cette Piece foit précife fur le fait du Crime , c'eft-à-dire que s'il s'agit de Faits d'Injure , de Débauches , de Subornation , ou Confpiration , il faut que ces Faits foient contenus expreffément dans la Piece même dont on veut exciper contre l'Accufé ; enforte que fi l'on s'en fert feulement pour en tirer des inductions contre lui , elle ceffe dès-lors d'être regardée comme Preuve littérale , & rentre dans la Claffe des fimples Preuves conjecturales , dont nous parlerons ci-après.

Nous avons dit que l'Ecriture privée , pour faire foi entiere , devoit être reconnue par l'Accufé ; par conféquent l'on ne peut regarder comme une Preuve complette, celle qui réfulte de la Vérification par Experts fur comparaifon d'Ecritures. En effet, outre que ces Experts s'expliquent toûjours d'une maniere vague & incertaine par ces mots , *nous croyons* ... *nous eftimons* ... perfonne n'ignore que leur Art eft , par lui-même , fujet à une infinité d'erreurs, d'autant que la Situation mal-aifée d'un homme en écrivant ou fignant , une Maladie , l'Yvreffe , une Plume mal taillée , du mauvais Papier , & autres Circonftances femblables , peuvent changer en partie la formation des lettres. A quoi l'on peut ajoûter qu'il y a des Fauffaires fi habiles à contrefaire la fignature des autres , que ceux mêmes dont on a contrefait l'Ecriture s'y trouvent trompés : il n'y auroit donc que les Cas , où les Experts parleroient *affirmativement* , & où la reffemblance des Ecri-

tures feroit tellement palpable , que les moins clairs - voyans ne
pourroient s'y méprendre , & que d'ailleurs leur Dépofition fe
trouveroit foûtenue de celle des Témoins qui auroient vû écrire
& figner les Pieces par l'Accufé ; qu'elle pourroit former une
Preuve complette contre lui.

AU RESTE, pour que les Experts foient eux-mêmes dignes de
foi, il faut qu'ils ayent de bonnes mœurs , le fçavoir , & l'expérience néceffaire pour s'acquitter de cet emploi ; c'eft pour cela
qu'il y a dans les Villes principales du Royaume des *Experts-
Jurés* qui font ordinairement pris parmi les Maîtres Ecrivains ,
mais cela n'empêche pas que le Juge ne puiffe en nommer d'autres d'office , qu'il choifit parmi les Greffiers, leurs Commis, Notaires, Huiffiers, & autres ; ce font auffi ces derniers que l'on emploie ordinairement dans les lieux où il n'y a point d'Experts.

## §. II.

### *Des Caufes qui peuvent détruire la Preuve Littérale.*

Après avoir marqué les Conditions néceffaires pour former la
Preuve littérale, il ne refte plus, pour en donner une idée exaête,
qu'à déterminer les Caufes particulieres qui peuvent la faire
ceffer.

Ces Caufes, font les MOYENS DE FAUX ou de NULLITÉ, qui
peuvent être oppofés aux Aêtes autentiques ou privés , fur lefquels on prétend fonder cette Preuve.

La FAUSSETÉ d'une Piece, confifte ordinairement en tout ce
qui eft fait par imitation naturelle ou artificielle de cette Piece
avec une autre , ou par l'altération de cette Piece même , foit
dans le Corps, foit dans la Date, foit dans les Signatures, ou Marques qui font faites pour en tenir lieu , foit enfin dans le Papier
même fur lequel elle eft écrite.

1°. On appelle IMITATION NATURELLE , en cette Matiere,
celle qui fe fait à l'œil, c'eft-à-dire en imitant avec la Plume, de
même qu'un Ecolier qui apprend à écrire , en obfervant les mêmes pofitions, mouvement , degré de vîteffe, &c.

2°. On appelle IMITATION ARTIFICIELLE, celle qui ne fe fait
pas feulement à l'œil & de la main , comme la naturelle , mais
encore par l'Art des *contretiremens* ; celle-ci eft plus facile que la

premiere, parce qu'il y a de certaines regles pour y parvenir, que fort peu d'Experts ignorent.

3°. L'ALTÉRATION d'une Piece se fait de plusieurs manieres : 1°. par l'*Enlevement* de quelque Chiffre, Lettre, Mot, Ligne, Page entiere, plus ou moins : 2°. par le *Renforcement* & le *Rétablissement* du Papier, dont la force & l'épaisseur auroient été affoiblies & diminuées par l'enlevement de l'Ecriture qui y étoit originairement, afin d'y en substituer une autre : 3°. par l'*Inversion* des Feuilles de Papier ou Parchemin : 4°. par *Addition* ou *Collement* de plusieurs Morceaux de Papier pour en composer une seule Piece : 5°. par la *Soustraction* & *Changement* de Feuillets, d'un ou plusieurs Cayers ou Registres : 6°. par *Déguisement* d'Ecriture : 7°. par la *Supposition* de Pieces nouvellement faites, qu'on veut faire passer pour anciennes : 8°. par les *Antidates* ou *Postidates* de ces Pieces : 9°. par les *Blancs-Seings* : 10°. enfin par le *Défaut de conformité* de l'Expédition avec la Minute.

On peut voir au surplus, dans les Auteurs qui ont traité de cette Matiere, & notamment dans *Raveneau* & *de Blegny*, les différens Moyens qu'ils indiquent, pour reconnoître toutes les faussetés dont les Ecrits sont susceptibles ; nous nous contenterons d'en donner ici une notion générale, afin de prémunir nos Lecteurs contre de pareilles surprises.

Quant aux MOYENS DE NULLITÉ, ils se tirent non-seulement du défaut des formalités que les Loix exigent pour la perfection des Contrats que ces Pieces contiennent, mais principalement des vices extérieurs que présentent ces mêmes Pieces, telles que les *Surcharges*, *Ratures*, *Lacérations*, *Interlignes*, *Additions*, *Endroits vuides*, *Omission* de mots, & autres semblables, dont il

*L. Si Chirographum*, 24. *ff. de Testib.*

est parlé dans le Droit sous ces mots, *Cancellatio, inductio, rasio, innovatio.*

Lorsque ces Nullités tombent sur un endroit essentiel de la Piece, elles empêchent qu'on puisse y ajoûter aucune

*V. cap. ex litteris, extr. de fide Instrument.*
*V. Boer. décis.* 3.11. n. 3.

foi ; mais si elles ne frappent que sur une partie purement accessoire, & sans laquelle on pourroit dire que l'engagement n'eût pas été moins contracté, elles n'ont point l'effet de faire rejetter entierement la Piece, à moins qu'il ne paroisse d'ailleurs que ces Ratures, Lacérations, Interlignes, Additions, ou Omissions, ayent été faites avec l'intention de commettre un Faux, dont l'effet, comme nous l'avons dit, eft d'infecter totalement les Pieces où il fe trouve : *nam pro parte falfum, totum redditur fufpectum & falfum judicatur.* Il faut feulement excepter, fuivant les Auteurs, lorfque la Piece eft divifée en plufieurs Articles ou Chapitres, qui font par eux-mêmes diftincts & féparés ; alors la fauffeté qui fe trouve dans l'un, n'empêche pas qu'on ne puiffe ajoûter foi à l'autre.

Parmi les Nullités, qui peuvent fe rencontrer dans une Piece, l'on peut encore compter celle qui réfulte de fa Contrariété abfolue avec une autre Piece ; mais il faut pour cela, fuivant les Jurifconfultes, que ces deux Pieces foient produites par l'Accufateur ; car fi elles ont été produites par l'une & l'autre des Parties, alors dans le concours, celles qui font dans une forme authentique, font préférées aux Ecritures privées. L'on excepte néanmoins, dans le Droit, les Ecritures privées qui fe trouvent foufcrites de trois Témoins dignes de foi. Mais toutes ces diftinctions ne font point reçues parmi nous ; & il faut dire de cette contrariété, comme de celle qui fe trouve entre les Dépofitions des Témoins en Matiere criminelle, fçavoir, qu'elles ont également l'effet d'empêcher, que le Juge ne puiffe affeoir fur l'une ni fur l'autre, une Condamnation à Peine capitale.

*V. Can. Puta, III. qu. 9.*
*L. penult. Cod. de fide Inftrum.*
*V. Zoes, in ff. l.b. 22. tit. 4. n. 11. ne utile per inutile vitietur.*
*V. cap. Utile, de Reg. Juris in 6°.*

*L. Scripturæ, 14. Cod. de fide Inftrum.*

*V. Zoes, ibid.*

*L. Cum de ætate, 14. ff. de Probat.*
*L. Scripturas, Cod. Qui potiores in pign. hab.*

---

# CHAPITRE IV.

## *De la Preuve Vocale, ou de la Confeffion de l'Accufé.*

LES Auteurs diftinguent deux fortes de Confeffions en Matiere criminelle ; l'une, *volontaire* ; l'autre, *forcée*. La premiere fe fait, tant en Jugement qu'en dehors ; la feconde n'a lieu qu'en Jugement. Comme elles ont l'une & l'autre des Principes particuliers, nous croyons devoir les difcuter féparément, après que nous aurons expofé ici quelques Principes généraux fur cette Matiere.

L'on n'a jamais douté, que la Confeffion ne fût une véritable Preuve, & une Preuve tellement forte, que la Loi n'héfite point de la comparer à celle qui réfulte de la chofe jugée, *confeffus pro judicato eft* ; mais il faut pour cela qu'elle réuniffe plufieurs conditions effentielles, parmi lefquelles il y en a de *générales*, & qui s'appliquent également aux Matieres civiles comme aux Matieres

*V. le ff. liv. 42. de Confeffis.*
*V. le liv. 7. du Code, tit. 59. de Confeffis.*

*L. 1. ff. de Confeff.*

criminelles ; d'autres, qui font *particulieres* aux Matieres crimi-nelles.

L. 1. ff. de Queft.
V. Jul. Cl. qu. 54.

Les CONDITIONS qui font néceffaires pour la validité de cette Preuve, tant en Matiere civile qu'en Matiere criminelle, confif-tent, 1°. en ce que la Confeffion doit être faite librement, & non extorquée par la crainte ni par l'appâs de quelque récompenfe ;

L. 2. ff. de Confeff.
V. Gl. fur cette
Loi.
V. Farin. qu. 81.
de Inquif.

V. Menoch. de
Arbitr. cas 169.
V. Farin. confil.
34.
L. 8. ff. de Confeff.

2°. qu'elle doit être faite en connoiffance de Caufe, & non par erreur ; 3°. qu'elle ne doit point être révoquée avant le Jugement ; 4°. qu'elle doit être claire & fpécifique dans fes circonftances ; 5°. qu'elle doit être vraifemblable, & fondée fur quelque Caufe poffible ; 6°. qu'elle ne doit être accompagnée d'aucune reftric-tion qui tende à la détruire ; 7°. enfin, qu'elle foit fondée fur un Fait réel & certain, ce qui s'appelle en Matiere criminelle CORPS DE DÉLIT : *non omnimodo confeffus condemnari debet, rei nomine, quæ an in rerum natura effet, incertum fit.*

A l'égard des CONDITIONS qui font particulieres à la Confef-fion en Matiere criminelle, nous remarquerons, avec les Auteurs, quatre Différences principales, qui la diftinguent de celle faite en Matiere civile.

V. Faber, in §.
Item fi quis, Inftit.
de Act.
V. Jul. Cl. lib. 5.
qu. 57.
V. Boetius, décif.
243.
V. Papon, liv. 24.
tit. 8. art. 1.

La PREMIERE, c'eft que la Confeffion, qui ne peut fe divifer en Matiere civile, peut l'être en Matiere criminelle, c'eft-à-dire que l'on peut en adopter une partie & rejetter l'autre ; ce qui ne doit s'entendre néanmoins, fuivant les Auteurs, que de la Con-feffion qui eft faite avec fa Caufe, & qu'ils appellent *Confeffio qualificata.* Jules Clare nous en donne pour exemple un Accufé d'Homicide qui avoue le Crime, mais qui en même tems foûtient qu'il l'a fait par la néceffité d'une défenfe légitime : dans ce Cas le Juge doit rediger par écrit toute la Confeffion, avec la Caufe que l'Accufé dit l'avoir porté à tuer ; & fi ce dernier s'offre à prou-ver cette Caufe, il doit y être admis : enforte que ce n'eft, dit cet Auteur, que par le refus ou le défaut de Preuves de fa part, que le Juge peut s'en tenir à la premiere partie de fa Confeffion.

V. Bartol. fur la
L. 2. Cod. de Con-
feffis.
V. Jul. Cl. qu. 50.
V. Boer. décif.
63.

La SECONDE différence, c'eft qu'en Matiere criminelle la Confeffion peut être faite valablement par un Mineur, fans qu'il foit befoin de l'affiftance ni de l'autorifation de fon Curateur com-me en Matiere civile ; la minorité peut feulement fervir à faire diminuer la peine.

La TROISIEME, c'eft qu'au lieu qu'en Matiere civile la Con-feffion n'oblige, qu'autant qu'elle eft acceptée par la Partie, & qu'elle eft faite en Jugement : en Matiere criminelle l'acceptation de la Partie n'eſt point néceſſaire, il ſuffit qu'elle ſoit prouvée par deux Témoins.

Enfin la QUATRIEME différence conſiſte, en ce qu'on peut s'obliger civilement, pour un Fait dont on s'avoue l'auteur, quoiqu'on ne le ſoit point; pourvû que ce Fait ſoit d'ailleurs conſtant. Ainſi, ſuivant la Loi, celui qui déclare avoir tué un Eſclave, ſans l'avoir fait, n'eſt pas moins tenu de la Peine pécuniaire portée par la Loi AQUILIE, que s'il l'avoit effectivement tué, lorſqu'il eſt prouvé d'ailleurs que ce même Eſclave a été tué : *Si is cum quo lege Aquilia agitur confeſſus eſt ſervum occidiſſe, licet non occiderit, ſi tamen occiſus ſit homo, ex confeſſo tenetur.* *L. Si is, 4. ff. de Confeſſis.*

Mais il n'en eſt pas de même en Matiere criminelle, où il s'agit principalement de la conſervation de la Vie & de l'Honneur, qui ſont des biens perſonnels dont nous ne ſommes pas les maîtres; comme il peut arriver que les Confeſſions que l'Accuſé fait contre lui, ſoient l'effet des impreſſions précédentes, telles que la *Force*, les *Promeſſes*, la *Maladie*, *Débilité d'eſprit*, *Deſeſpoir*, *Propoſition de mourir*; elles ne peuvent ſuffire, pour faire prononcer ſa Condamnation à peine capitale, ſuivant la maxime *nemo auditur perire volens* : il faudroit donc pour cela, que cette Confeſſion fût appuyée de quelques indices preſſans, & ſur-tout que le Corps de délit fût conſtant, comme nous le verrons ci-après. *V. Ayrant, liv. 3. art. 3. ſom. 27.*

## §. I.

### *De la Confeſſion volontaire de l'Accuſé faite hors Jugement.*

Cette Confeſſion extrajudiciaire ſe fait de deux Manieres : ou *expreſſément*, ou *tacitement.*

1°. Elle ſe fait *expreſſément* par la Déclaration verbale que l'Accuſé fait de ſon Crime, en préſence de ſon Accuſateur, ou telle autre perſonne que ce ſoit, même devant un Juge incompétent, ou qui n'eſt point ſéant dans ſon Tribunal, ou devant un Arbitre, ou pardevant un Notaire. Quoiqu'en général une Déclaration de cette Eſpece ne puiſſe former aucune Preuve capable de donner lieu à quelque Condamnation contre l'Accuſé, il y a néanmoins des Cas où elle peut former un indice ſuffiſant pour donner lieu à la Torture : comme ſi l'Accuſé a dit de lui-même, & ſans y être forcé, qu'il a commis le Crime, s'il avoit menacé d'ailleurs de le commettre avant qu'il ait été commis;

& fi la chofe a fuivi de près fes menaces, & enfin fi cet Accufé eft tel qu'on le puiffe foupçonner aifément du Crime; c'eft la difpofition de l'art. xxxij. de la Caroline. Il faut d'ailleurs, fuivant les Auteurs, le concours de ces trois circonftances, pour qu'une telle Confeffion extrajudiciaire puiffe donner lieu à la Torture : fçavoir, 1°. qu'elle n'ait point été révoquée, ou du moins qu'elle ne l'ait été que long-tems après qu'elle a été faite; 2°. qu'elle foit prouvée par deux témoins, *omni exceptione majores* ; 3°. que cette Confeffion ait été faite férieufement, & non par moquerie, plaifanterie ou bravade. C'eft pour cela, ajoûtent-ils, qu'il eft à propos de diftinguer fi elle a été faite avant ou après l'Accufation intentée, fi elle a été faite librement & de fang-froid, ou bien par crainte, colere, perfuafion & furprife de la part de l'Accufateur.

*V. Menoch. Præfumpt. lib. 1. qu. 89.*<br>*V. Jules Clar. qu. 55. n. 3.*

*V. Farin. de reo confeff. qu. 82.*

2°. A l'égard de la Confeffion extrajudiciaire *tacite*, l'on peut en donner pour exemple celle qui réfulte de la *Fuite* de l'Accufé, ou de la *Tranfaction* qu'il fait fur le Crime, ou enfin des *Papiers domeftiques* qui font trouvés chez lui. Comme on ne peut pas dire que l'Accufé ait eu une intention formelle de s'avouer Criminel par tous ces faits, qui peuvent même être fondés fur des motifs légitimes; il paroît que la Preuve qui en réfulte doit être moins confidérée que celle que produit la Confeffion extrajudiciaire *Expreffe*; auffi avons-nous remarqué par rapport à la Fuite, qu'elle ne formoit qu'un indice leger, quand même elle auroit précédé l'Accufation.

*V. Menoch. de Arbitr. qu. 101.*

Il en faut dire de même de la Transaction, lorfqu'elle eft faite vis-à-vis de Partie civile feulement, & que l'Accufé ne paroît point lui-même au Contrat, mais quelqu'autre fous fon Nom. Mais fi elle eft faite avec la Partie publique, & pour quelque Crime atroce, elle forme alors fuivant les Auteurs, un indice fuffifant pour donner lieu à la Torture.

Enfin, pour ce qui concerne la Confeffion tirée des Journaux & Papiers Domestiques qui ne font point reconnus par l'Accufé, quoique d'ailleurs ils feroient vérifiés par Experts, nous avons dit qu'ils ne pouvoient former une Preuve capable de donner lieu à une Peine capitale; ce qui doit s'entendre furtout de ces fortes de Papiers qui font deftinés à demeurer fecrets, tels que ceux qui contiendroient la Confeffion d'un Pénitent: la production de ces Pieces eft défendue expreffément par le Droit

canonique

canonique; & c'eft fur ce principe qu'a été rendu le fameux Arrêt du 16 Juillet 1676, rapporté par Bruneau en fes Obfervations
fur les Matieres criminelles, Part. I. Tit. XVI. Max. xv.

*V. Loix ècclìf. part. 3. chap. 3. max. 17, aux notes;*

Il y a cependant un Cas, où il paroît que de fimples Papiers
domeftiques pourroient fervir à former une Preuve complette,
quoique non reconnus par l'Accufé; comme fi, par exemple,
en fait de Meurtre ou Affaffinat, l'on rapportoit quelque Promeffe par écrit que l'Accufé auroit fait au Meurtrier, pour tuer un
autre, & fi en même tems l'on rapportoit un Livre de Raifon du
Meurtrier, dans lequel il feroit fait mention de la même fomme
& de la Délivrance qui en auroit été faite dans le tems marqué;
& fi enfin, tant la Promeffe que le Livre de Raifon, fe trouvoient
vérifiés juridiquement avec lui, par comparaifon d'Ecritures.

## §. I I.

### *De la Confeffion volontaire de l'Accufé, faite en Jugement.*

La CONFESSION judiciaire fe fait de deux manieres, comme
l'Extrajudiciaire, ou EXPRESSÉMENT, telle que celle qui fe fait
par l'Accufé, lors des différens Interrogatoires qu'il fubit, foit
en vertu des Decrets d'*affigné pour être oüi*, d'*Ajournement perfonnel*, ou de *Prife-de-corps*, foit lors de fa *Confrontation* avec les
Témoins, foit lors du dernier Interrogatoire qu'il fubit fur la
*Sellette* ou derriere le *Barreau* avant le Jugement de fon Procès;
ou TACITEMENT, comme celle qui réfulte de la *Contumace* de
l'Accufé, qui ne comparoît point fur le Decret, ou du *Refus*
qu'il fait de répondre lors de l'Interrogatoire.

Nous ne nous arrêterons point à celles de la derniere efpèce, qui
ne peuvent jamais former une Preuve contre l'Accufé, du moins
quant à celle tirée de fa CONTUMACE qui, comme nous l'avons
dit, peut avoir été occafionnée par quelques motifs légitimes;
& dont l'effet ceffe entierement, auffi-tôt qu'il fe met en devoir
de fe repréfenter.

A l'égard de celle qui fe tire du REFUS de répondre lors de
l'Interrogatoire, quoiqu'elle forme une Preuve en Matiere civile,
aux termes de l'Ordonnance de 1667, elle ne peut tout-au-plus,
en Matiere criminelle former qu'un fimple indice contre l'Accufé, lorfqu'il ne paroît d'ailleurs aucune raifon qui puiffe juftifier
fon filence; en forte, que s'il veut répondre après les Interpellations & le délai qui lui aura été accordé par le Juge, il pourra

*V. art. 4. tit. 10.*

*V. art. 10. tit. 28. de l'Ordonnance de 1670.*

y être reçu ; & l'effet qu'aura produit son refus, se réduira seulement à laisser subsister les Procédures qui auront été faites jusqu'à ses Réponses, & à l'empêcher de fournir des Reproches contre les Témoins, autres que ceux qui seront justifiés par Pieces.

Il n'y a donc que la Confession judiciaire EXPRESSE qui doive fixer ici principalement notre attention.

Comme la Défense est de Droit naturel, & que c'est sur ce principe qu'on ne peut obliger en Matiere civile, de produire un Titre contre soi-même ; il paroît qu'à plus forte raison, on ne peut obliger un Accusé de révéler par sa propre bouche des Faits qui tendent à le couvrir d'infamie, & qui l'exposent à la perte de sa vie, ou de ses membres, dont il n'est pas le Maître. Effectivement c'est sur ce principe, si conforme aux Loix de l'humanité, que s'est établi la Maxime, *Nemo auditur perire volens, aut propriam turpitudinem allegans.* Néanmoins comme d'un autre côté, il importe pour le bien de la Justice & de l'Ordre public que la Vérité soit connue, & qu'il y a de certains Crimes commis en secret, dont on ne peut avoir une entiere connoissance que par la Révélation de celui qui en est l'Auteur ; il a fallu, par une suite nécessaire du Pouvoir que la Loi a confié aux Juges de rendre la justice & de maintenir l'Ordre public dans la Société, qu'elle lui donnât en même tems le pouvoir d'obliger celui qui vient à troubler cet Ordre, de rendre hommage à la Vérité, qui en est le fondement certain. Or le moyen qu'elle lui permet d'employer à cet effet, c'est celui de l'INTERROGATOIRE. Mais comme l'intérêt propre que l'Accusé peut avoir à déguiser cette Vérité, a souvent plus de pouvoir sur son esprit que la Loi même, dont l'empire ne peut s'étendre jusqu'à la connoissance des choses intérieures ; il a fallu pour le détacher de cet intérêt, se servir d'une Voie supérieure à toutes les Loix humaines, en le retenant par la crainte des Jugemens de Celui qui voit tout & qui est l'Auteur de toutes vérités ; cette voie est celle du SERMENT. Ainsi c'est de ce Serment qui consiste à prendre Dieu à Témoin de la vérité qu'on va déclarer, que se tire principalement la force de la Preuve qui résulte de cet Interrogatoire ; c'est lui, qui fait que les Aveux de l'Accusé peuvent servir à sa Condamnation comme à sa Décharge ; c'est aussi sur ce fondement que l'Ordonnance a placé ces sortes de Confessions dans la Classe des Preuves qui peuvent servir à la Décision du Procès criminel ; lorsqu'elle dit

*L. Jurisjur. 9.*
*Cod. de Testib.*

que *ces Procès pourront être inftruits & jugés, encore qu'il n'y ait point d'Information ; fi d'ailleurs, il y a Preuve fuffifante par les* INTERROGATOIRES, &c.

Il eft vrai, que comme il peut arriver que le defir de confer-ver fa vie, l'emporte fur les Loix de l'Evangile, ou que cette Confeffion foit faite par crainte ou quelqu'autre motif particulier de reffentiment ou de defefpoir; il faut convenir que cette Preu-ve n'a pas parmi nous la même force que les précédentes ; c'eft-à-dire, qu'elle ne peut de fa nature operer la Condamnation à une Peine capitale, & qu'il faut pour cela le cóncours de plufieurs Conditions, que nous allons rapporter ici d'après les Auteurs.

PREMIEREMENT, cette Confeffion doit être accompagnée de quelques Indices preffans, ou de la Dépofition d'un bon Témoin; mais principalement de l'exiftence du corps du Délit, parce que, comme nous l'avons dit, l'Accufé ne peut faire par fa Confeffion qu'il y ait un Crime où il n'y en a point : il y a des Auteurs, tels que Louet & d'Argentré, qui prétendent que la Confeffion de l'Accufé jointe au corps du Délit peut fuffire pour le faire condam-ner à la Mort ; mais je ferois plus volontiers de l'avis de Jules Clare & de Peleus qui veulent encore d'autres Indices, & qui n'exceptent feulement que le Crime de Leze-Majefté. *V. Louet, lett. C. fom. 37. d'Argentré fur la Coûtume de Bretag. art. 172. V. Jul. Clar. §. Læfæ Maj. V. Peleus, Inft. for. liv. 8. art. 13.*

2°. Il faut que cette Confeffion foit faite dans le même Procès criminel, & qu'elle tombe fur le même Crime, qui fait le Titre de l'Accufation ; car fi elle a été faite par l'Accufé dans une autre Circonftance, comme dans le tems qu'il dépofoit comme Témoin dans un autre Procès criminel, qui n'étoit nullement connexe & acceffoire à celui dont il s'agit : elle ne peut tout au plus, fui-vant les Auteurs, donner lieu qu'à la Torture ou à une Peine ex-traordinaire. *V. Mafcard. de Probat. concl. 383. V. Farin. qu. 81. n. 172. de reo conf. & conv. V. Cap. 1. ext. de except.*

3°. Il faut que la Procédure dans laquelle eft faite cette Con-feffion, ne foit d'ailleurs point vicieufe, parce que l'Interro-gatoire qui la contient faifant partie des Pieces du Procès, tom-be avec le Procès même, *fublato toto tolluntur etiam Partes* ; à plus forte raifon, lorfque cette nullité tombe fur l'Interrogatoire même, c'eft-à-dire, lorfque le Juge n'y a point obfervé les for-malités dont nous avons parlé fous le Titre de l'Inftruction.

4°. Que cette Confeffion ait été faite par l'Accufé enfuite de l'Interrogatoire du Juge, & non auparavant.

5°. Que la Réponfe de l'Accufé qui contient cette Confeffion foit cathégorique & précife fur le fait pour lequel il eft interrogé, c'est pour cela que le silence de celui qui refuse de répondre n'est point censé emporter la Confession de son Crime, d'autant plus qu'il peut avoir, comme nous l'avons dit, d'autres Causes, telles que la Crainte ou l'incompétence du Juge.

6°. Il faut encore que l'Accusé persiste dans cette Confession, & qu'il ne la révoque point avant le Jugement, comme ayant été faite par erreur : sur quoi il faut distinguer avec les Auteurs, entre la Révocation qui a été faite sur le champ & en présence du Juge, & celle qui a été faite hors de la présence du Juge: dans le cas de la première, il n'est pas besoin que l'Accusé justifie de la Cause de son Erreur ; mais dans le cas de la dernière, il faut que la cause de cette Erreur soit justifiée ; & cette cause qui est ordinairement fondée sur la Surprise, la Crainte ou le défaut d'Intelligence, peut être justifiée non-seulement par l'Accusé lui-même, mais encore par ses Pere & Mere & ses Parens, malgré lui ; & elle peut s'établir par de simples Conjectures & Présomptions qui, comme on l'a dit, sont regardées comme de véritables Preuves, lorsqu'elles tendent à sa Décharge.

7°. Enfin, il faut que cette Confession réunisse les autres Caracteres dont nous avons parlé au commencement de ce Chapitre, & sur-tout qu'il ne paroisse en aucune maniere, qu'elle ait été suggerée : elle est censée telle, lorsqu'elle est faite par crainte ou dans l'espérance de l'impunité promise par le Juge, ou que sans aucun Indice précédent, le Juge interroge l'Accusé sur l'espece & les circonstances particulieres du Crime.

## §. III.

### De la Confession forcée de l'Accusé, ou de celle faite à la Torture.

L'on ne peut disconvenir que s'il y a des raisons pour faire rejetter l'usage de la Torture, il y en a aussi de plus fortes pour en justifier la nécessité dans de certaines circonstances.

Les RAISONS qui paroissent devoir l'exclure, se tirent principalement de ce que la Torture tendant à tourmenter & à mutiler le corps, est une véritable Peine, & qu'il y a une sorte d'injustice & d'inhumanité, de punir un homme avant qu'il soit entierement convaincu du Crime ; que d'un autre côté cette Peine, devient le plus souvent inutile, en ce que, si l'Accusé est vigoureux, il la souffrira sans rien avouer, & au contraire, s'il est de complexion foible, la rigueur de ce tourment pourra ou l'obli-

Marginal notes:

V. cap. Ex parte, EXTRA de Confessis.
V. Gl. sur la L. 2. ff. de Confessis.
V. Jul. Clar. qu. 55.
V. Farin. de reo conf. & conv. qu. 81.

V. Bald. in L. fin. Cod. de Probat.

V. Farin. qu. 81. & 83. n. 88.
V. Jul. Clar. qu. 54.

V. le liv. 48. du ff. tit. 18. de Quest.
V. le Cod. liv. 9. tit. 41.

ger de s'avouer Auteur d'un Crime qu'il n'a point commis, ou l'expoſer à ſuccomber ſous le poids de ce tourment, s'il perſiſte à ne
point avouer, comme on en a vû de nos jours un triſte exemple
dans la Perſonne de le BRUN.

MAIS les RAISONS qui ſemblent au contraire devoir l'autoriſer, ſont fondées ſur ce qu'étant ſouvent impoſſible d'acquérir une
entiere conviction du Crime, ſoit par les Dépoſitions des Témoins, ſoit par les Pieces, ſoit par les Indices qui concourent rarement enſemble pour former cette Preuve plus claire que le jour,
qu'il faut pour condamner; il n'y auroit pas moins d'injuſtice à
renvoyer abſous celui qui eſt d'ailleurs ſuſpect de Crime, qu'il y
en auroit à condamner celui qui n'eſt pas entierement convaincu:
outre que le bien de l'humanité demande que les Crimes ne demeurent point impunis; c'eſt pour cela que faute d'autres moyens
pour parvenir à cette entiere conviction, on s'eſt vû obligé de
tourmenter le corps de l'Accuſé; parce que l'Expérience nous
apprend que la Vérité ſort ſouvent du ſein même des Paſſions
qui troublent l'Ame, telles que la Douleur, la Colere & la
Crainte; auſſi voit-on que l'uſage de la Torture eſt fort ancien,
& qu'elle n'a pas ſeulement été employée chez les Romains &
chez les Grecs, mais encore chez les Hébreux, comme il paroît
au Livre des NOMBRES, où Moïſe ordonne, que pour convain- *V. Num. liv. 6.*
cre une femme d'Adultere, on lui donne des Potions ameres qui *V. 13. & ſuiv.*
excitent des tiraillemens.

TELLES ſont auſſi les Conſidérations particulieres qui en ont
fait perpétuer l'uſage juſqu'à nous; il eſt vrai qu'en même tems
que nos Ordonnances l'ont autoriſé, elles y ont attaché des
Conditions particulieres qui font aſſez ſentir avec combien de
circonſpection un Juge doit ſe porter à employer cette voie, qui
eſt également périlleuſe & pour l'ame & pour le corps de celui
qui a le malheur de l'éprouver.

NOUS avons dit, ſous le Titre précédent, que l'uſage de la
QUESTION avoit été introduit parmi nous à deux fins principales; l'une, pour parvenir à l'entiere conviction de l'Accuſé;
l'autre, pour avoir la Révélation de ſes Complices: celle-ci qui
fait l'objet de la Queſtion *définitive*, ne peut jamais la faire regarder comme une véritable Preuve, en ce qu'elle n'a lieu, qu'après
que l'Accuſé eſt déja convaincu & qu'elle s'ordonne par le Jugement même qui contient ſa Condamnation; auſſi n'a-t-elle d'autre effet, comme le Teſtament de Mort, que de faire arrêter ce-

lui contre qui elle eſt faite, ſuivant la Diſpoſition de l'article iv. du Tit. XIX. de l'Ordonnance. Il n'y a donc que la premiere, concernant la Queſtion *proviſoire*, qui puiſſe être placée régulierement dans l'ordre des Preuves ; c'eſt auſſi celle qui a fait l'objet principal, tant des Diſpoſitions de l'Ordonnance dans ce même Titre XIX. que de celles des Loix Romaines & de la juriſprudence des Arrêts.

Parmi ces Diſpoſitions, nous en remarquons de quatre ſortes : les *unes* tendent à déterminer les CAS particuliers où la Torture peut être ordonnée ; les *autres*, la FORME dans laquelle le Juge doit y procéder ; d'*autres*, la QUALITÉ des Perſonnes qui peuvent y être appliquées ; d'*autres* enfin, la PREUVE qui en peut réſulter : il y en a auſſi, qui concernent la Maniere d'appliquer cette Peine, dont nous aurons lieu de parler ci-après, en traitant de l'Ordre des PEINES.

1°. Les CAS PARTICULIERS où la Torture peut avoir lieu, ſont marqués par l'art. j. du Tit. XIX. de l'Ordonnance que nous venons de citer. Cet article porte que *s'il y a une preuve conſidérable contre l'Accuſé d'un Crime qui mérite peine de Mort & qui ſoit conſtant, les Juges pourront ordonner qu'il ſera appliqué à la Queſtion, au cas que la Preuve ne ſoit pas ſuffiſante.*

Ainſi, en partant de cette Diſpoſition, avant que d'ordonner la Torture, le Juge doit donc examiner quatre choſes : 1°. ſi le corps du Délit eſt conſtant ; 2°. ſi le Crime eſt de nature à mériter la Peine de mort ; c'eſt-à-dire, s'il eſt du nombre de ceux contre leſquels les Loix & les Ordonnances ont prononcé cette Peine : 3°. s'il y a une Preuve conſidérable contre l'Accuſé. Quels ſont les Indices particuliers qui doivent concourir à former

L. 18. §. 1. ff. de Queſtion.
cette Preuve *conſidérable* ? c'eſt ce que nous aurons lieu d'examiner ci-après en traitant de la Preuve conjecturale : 4°. enfin, s'il n'y a point d'autres voies pour convaincre entierement l'Accuſé ; c'eſt pour cela qu'elle ne doit être employée, comme nous l'avons vû, qu'après l'entiere Inſtruction du Procès.

2°. Quant à la FORME de procéder, elle conſiſte, comme nous l'avons vû ſous le Titre de l'*Inſtruction*, dans les précautions que le Juge doit garder avant, lors, & après la Torture ; ſçavoir, 1°. *avant la Torture*, il ne peut l'ordonner que conformément à l'uſage qui s'obſerve dans le lieu ; le Jugement qui l'ordonne doit

être confirmé par Arrêt, & il doit attendre, pour le faire exécuter, que l'Accusé ait été huit ou dix heures sans manger : 2°.
*lors de la Torture*, il doit interroger l'Accusé, sans qu'il soit nécessaire qu'il lui fasse prêter un nouveau Serment ; examiner ses
Réponses ; observer ses gestes, sa contenance, ses cris, & les
contradictions où il peut tomber ; faire mention du tout dans son
Procès-verbal de Torture ; modérer la rigueur de ce tourment
pendant que l'Accusé avoue, même le suspendre, s'il survient à
l'Accusé quelqu'infirmité, comme une Descente, ou s'il tombe
en défaillance ; ne l'y laisser qu'un certain tems, qui ne doit pas
être plus long d'une heure, ou d'une heure & un quart : 3°. enfin, *après la Torture*, il doit faire signer les Réponses à l'Accusé ;
& lorsqu'il a été ôté de la Question, il ne peut l'y faire remettre une seconde fois pour le même Crime.

*V. Jul. Clar. qu. 64. Farin. qu. 38. V. Brun. tit. 21. max. 19. de ses Obs. crim.*

3°. A l'égard des PERSONNES qui ne peuvent être appliquées
à la Torture, il paroît, suivant le Droit, qu'il y en avoit qui
étoient exemptes à cause de leur *Dignité* & de l'*importance de
leurs fonctions*, tels que les Ecclésiastiques, les Nobles, les Militaires, les Magistrats & leurs Descendans jusqu'au deuxieme
degré ; les autres à cause de la *foiblesse* de leur âge ou de leur
complexion, comme les Femmes, les jeunes Gens, les Vieillards, les Infirmes ; on pouvoit seulement présenter ceux-ci à la
Question, afin de les intimider. Mais toutes ces Exemptions
n'ont plus lieu parmi nous, qui avons pour maxime que le Crime dégrade celui qui le commet, de maniere qu'il le rend incapable de jouir d'aucuns Priviléges : c'est sur ce fondement que,
par plusieurs Arrêts rapportés dans *Joannes Galli*, il a été défendu aux Avocats de citer des Loix pour prouver que les Nobles
& les Docteurs étoient exempts de la Torture ; ce qui ne doit
s'entendre néanmoins qu'avec les exceptions suivantes ; sçavoir,
1°. que quoique toutes sortes d'Accusés puissent être mis à la
Torture dans les Cas marqués par l'Ordonnance, elle permet
néanmoins, par un article particulier, aux Cours supérieures
d'ordonner que l'Accusé sera présenté à la Question sans y être
appliqué : 2°. que les Femmes qui se trouvent enceintes, lors
du Jugement de Torture, ne peuvent y être appliquées qu'après
qu'elles sont accouchées ; les Auteurs veulent même qu'on atten-
de quarante jours depuis l'accouchement : 3°. que la Torture ne
pouvant avoir lieu que pour des Crimes qui méritent la mort,

*L. Milites, & L. Divo Marco, Cod. de Querell. L. De-curiones. ibid. L. 1. §. 33. ff. ad Sen. Sillan.*

*V. Bruneau, ibid. max. 14. V. Joan. Gall. qu. 46.*

*V. art. 5. tit. 19. Ordon. de 1670.*

*V. Jul. Clar. qu. 64. n. 23.*

les Impuberes qui ne peuvent jamais être sujets à une Condamnation de cette espece, ne peuvent conséquemment être sujets à la Torture : 4°. que l'objet particulier de la Torture étant de tirer la vérité de celui à qui on la fait subir, on ne peut par conséquent y appliquer les *Sourds* & les *Muets*, qui ne sont pas en état de répondre ; il en faut dire de même des *Furieux* & des *Insensés* ; à l'égard des Aveugles, point de difficulté qu'ils ne puissent y être mis, lorsqu'il s'agit des Faits qu'ils ont pû voir avant leur aveuglement, ou qu'ils ont oüis dire depuis qu'ils sont aveugles : 5°. enfin, quant aux jeunes Personnes, aux Vieillards, & aux Infirmes, le Juge doit avoir égard à leur état pour modérer la rigueur des tourmens, & empêcher qu'ils ne succombent sous le poids de la Torture.

Au surplus nous observons les mêmes précautions qui sont indiquées par les Loix Romaines, pour parvenir plus aisément à la confession du Crime ; sçavoir, que lorsqu'il se trouve plusieurs Personnes condamnées en même tems à la Question, l'on a soin de commencer par les foibles, afin d'intimider les plus forts ; & conséquemment d'y mettre les Femmes avant les Hommes, le Fils avant le Pere, &c.

[*L. 18. ff. de Quest.*]

4°. Enfin quant à la Preuve qui peut résulter de la Confession faite en la Torture, lorsque toutes les conditions qu'on vient de marquer se trouvent remplies, la Confession de l'Accusé forme une Preuve suffisante, soit pour opérer sa Condamnation, s'il convient avoir commis le Crime, soit pour opérer sa Décharge, entiere, s'il persiste à soûtenir qu'il ne l'a point commis : quand on dit *Décharge entiere*, on ne veut pas seulement parler de celle de la Torture, à laquelle l'Accusé ne peut plus être remis une seconde fois, mais encore de toute autre Condamnation, même pécuniaire, qui auroit pû être prononcée contre lui, s'il n'avoit pas été condamné à la Torture ; ensorte que c'est le Juge qui devient dès-lors responsable des dommages & intérêts envers les Parties civiles, au Cas qu'il soit prouvé qu'il ait indiscretement ordonné la Torture, tandis qu'il y avoit lieu de condamner définitivement, ou du moins qu'il auroit pû recourir à une autre preuve ; non-seulement l'Accusé ne peut dès-lors être poursuivi de la part de la Partie civile pour des dommages & intérêts, mais il peut lui-même répéter des dommages & intérêts contre cette

*V. Liset en sa Prat. crim. liv. 1. tit. 7. V. Theven. liv. 5. tit. 8. art. 4. L. Divus, 9. ff. de Quæstionib. V. Boetius, décis. 163. n. 14, V. Farin. qu. 40.*

*V. Bruneau, ibid. max. 27.*

Partie

Partie civile, s'il y a Preuve de Calomnie ou de Subornation de Témoins de fa part.

Au refte, pour que l'Accufé qui n'a rien avoué dans la Torture foit déchargé de toute Condamnation, il faut, comme nous l'avons dit, que le Jugement ne contienne aucunes réferves particulieres à ce fujet, c'eft-à-dire que les Juges n'ayent point arrêté, comme ils peuvent le faire, aux termes de l'article ij. du Titre XIX. que nonobftant la Condamnation à la Queftion, les Preuves fubfifteroient en leur entier, parce que dans ce dernier Cas, que nous appellons *Queftion avec réferve de Preuves*, les Juges font autorifés à condamner l'Accufé, qui n'a rien avoué dans la Torture, à toutes fortes de Peines pécuniaires ou afflictives; & qu'ils peuvent même le condamner à la Peine de mort, s'il furvenoit de nouvelles Preuves depuis la Queftion; c'eft pourquoi il faut des Preuves plus fortes pour donner lieu à cette efpece de Queftion, qu'à celle *fans réferve de Preuves*, parce qu'elle expofe l'Accufé à une double Peine.

*V. Can. 23. extr. de Accufat.*
*V. Menoch. de Præfumpt. qu. 97.*

# CHAPITRE V.

## *De la Preuve Conjecturale ou par Indices.*

CETTE Preuve, dont il eft parlé aux DECRÉTALES, fous le Titre *de Præfumptionibus*, a lieu ordinairement à défaut de la littérale ou de la teftimoniale, quoiqu'elle puiffe auffi, comme nous l'avons vû, fe rencontrer avec celle-ci, & fervir à en augmenter la force & l'autorité.

*V. cap. Afferre; extr. de Præfumpt.*

Sans nous arrêter ici à la diftinction que mettent certains Auteurs entre ce qu'on appelle *préfomptions, conjectures, fignes, fufpicions, adminicules*, nous comprendrons tout cela fous le nom générique d'INDICES, comme étant le plus ufité en Matiere criminelle, du moins pour ce qui concerne les Preuves contre l'Accufé (celui de *préfomption* n'étant ordinairement employé que pour ce qui regarde fa défenfe): nous diftinguerons feulement ces Indices, relativement à la Preuve qui peut en réfulter, en trois Claffes différentes : Indices *urgens* ou *manifeftes*, Indices *prochains*, Indices *éloignés*.

Les INDICES MANIFESTES font ceux dont l'évidence eft telle, que la Loi ne permet pas de douter de la vérité des Faits qu'ils

indiquent, & qu'elle rejette abſolument toute Preuve contraire ; on les appelle autrement, *néceſſaires*, parce qu'ils ſont des
conſéquences néceſſaires d'un Fait conſtant ; on peut les comparer à ceux que les Juriſconſultes appellent en Matiere civile, *præſumptiones juris & de jure* : ce ſont ceux-ci dont il eſt parlé dans la
Loi derniere au Code *de PROBAT.* ſous ces mots, *Indiciis in-
dubitatis, & luce clarioribus.*, & que l'Ordonnance a mis au nombre des Preuves, par ces termes dont elle ſe ſert à la fin de l'article v. du Titre XXV. que nous avons cités, *& autres préſomptions
& circonſtances du Procés ;* on peut en donner pour exemple, lorſqu'en fait de Meurtre, deux Témoins irréprochables dépoſent
avoir vû l'Accuſé qui avoit à la main l'épée nue & enſanglantée
ſortir du lieu où, quelque tems après, le corps du Défunt a été
trouvé bleſſé d'un coup d'épée.

V. auſſi la L. 19. Cod. de rei vindic. V. encore le chap. Litteras, Extra de Præſumpt.

Les INDICES PROCHAINS ſont ceux qui ſont fondés ſur de
certains ſignes que la Loi regarde comme véritables, tant que
l'Accuſé ne les détruit point par une Preuve contraire, c'eſt
pour cela qu'ils ſont appellés *præſumptiones juris ;* de ce nombre
ſont ceux qui réſultent, tant de la comparaiſon d'Ecritures par
Experts, que des Preuves littérales & teſtimoniales imparfaites,
dont nous avons parlé ci-devant. Les Indices de cette ſeconde
eſpece, ne peuvent jamais opérer par eux-mêmes la Condamnation capitale de l'Accuſé ; mais ils peuvent ſeulement donner lieu
à la Torture, ou faire prononcer quelques Peines afflictives, infamantes ou pécuniaires, ou bien ſervir à la décharge abſolue de
l'Accuſé : l'on en peut donner pour exemples ceux qui ſervirent
de motif au fameux Jugement de Salomon.

V. Menoc. lib. 1. Præſumpt. qu. 30. & ſuiv.

Les INDICES ÉLOIGNÉS ſont ceux qui ne frappent que ſur
des Circonſtances générales qui n'ont point un rapport immédiat au fait du Délit, & qui ne conſiſtant proprement que dans
l'opinion des Hommes, ſont appellés par cette raiſon *præſumptiones Hominis :* comme les circonſtances qui y donnent lieu peuvent varier à l'infini, il n'eſt pas poſſible d'en donner une idée bien
préciſe, ni de fixer des regles abſolument certaines à ce ſujet ; nous
obſerverons ſeulement, en général, que comme ces ſortes d'Indices peuvent avoir d'autres Cauſes que le Crime, ils ne peuvent donner lieu par eux-mêmes à aucune eſpece de Condamnation, encore moins à la Torture, à moins qu'ils ne ſe trouvent réunis avec quelques ſemi-Preuves ou Indices prochains
(ce qui les a fait appeller autrement, *adminicules*) ou bien qu'ils

se trouvent eux-mêmes en grand nombre, suivant la Maxime *quæ singula non prosunt, simul collecta juvant.* Il faut de plus, que ces Indices soient prouvés par deux Témoins, à la différence des Indices prochains, pour lesquels un seul Témoin peut suffire.

*V. Menoch. Præf. qu.* 89.
*V. art.* 23. *de la Carol.*
*V. Jul. Clar. qu.* 22.

L'Ordonnance n'ayant point déterminé, dans l'article que nous venons de citer, la Qualité des Présomptions & Circonstances qu'elle veut faire servir de Preuves dans les Procès criminels, semble s'en être rapportée à la prudence des Juges sur ce point. Tel est aussi l'esprit des Loix Romaines, comme il paroît par ces termes du §. 2. de la Loi III. au ff. *de Testib. Quæ argumenta ad quem modum probandæ cuique rei sufficiant, nullo certo modo definiri potest.* Cependant comme, d'un autre côté, l'on trouve dans ces mêmes Loix plusieurs Décisions remarquables qui ont déterminé l'effet que pouvoient produire les Indices, soit lorsqu'ils se trouvent réunis à d'autres, soit lorsqu'ils sont pris séparément ; nous ne croyons pouvoir mieux faire, pour prévenir les Abus dangereux que pourroit entraîner la prévention ou l'ignorance du Juge dans une Matiere aussi importante, que de faciliter l'application de ces Loix à nos usages, par des exemples familiers que nous avons puisés dans les Auteurs les plus célebres en ce genre ; ces Auteurs sont entr'autres *Zanger*, *Matheus*, *Farinacius*, *Mascardus*, *Menoch*, *Masuer* : mais de toutes les autorités, celle qui nous a paru la plus respectable & la plus précise sur toutes ces Matieres, c'est la fameuse CAROLINE, dont les sages dispositions semblent réunir tout ce qu'on peut dire de plus juste & de plus méthodique à ce sujet. C'est aussi, conformément à cette Loi, que nous allons diviser ces exemples en deux Classes. Dans la *premiere*, nous rassemblerons les Indices généraux qui peuvent s'appliquer à toutes sortes de Crimes ; dans la *seconde*, nous distinguerons les Indices qui sont particuliers à certains Crimes.

*V. Jul. Clar. qu.* 20. & 64.

## §. I.

### Des Indices généraux des Crimes.

CES Indices se tirent ou de la *Personne* de l'Accusé, ou de la *Cause* qui a donné lieu à son Crime, ou du *Lieu*, ou du *Tems* où il l'a commis, ou enfin des *Circonstances* qui ont précédé, accompagné, & suivi ce Crime.

Parmi ces Indices, il y en a qui sont prochains, & d'autres éloignés. Nous allons donner des exemples des uns & des autres,

& diſtinguer en même tems les effets qu'ils peuvent produire dans le Procès criminel.

## Indices prochains.

V. Ordonnance de S. Louis, en Décembre 1254.
V. Imbert, liv. 3. ch 13. n. 2.
V. la Carol. art. 30.

LES INDICES PROCHAINS ſont, 1°. la DÉPOSITION d'un Témoin unique, pourvû qu'il ſoit d'ailleurs irreprochable, & qu'il dépoſe du fait même du Crime ; car ſi ſa Dépoſition tombe ſeulement ſur quelques circonſtances de ce Crime, elle ne forme alors qu'un Indice éloigné. Au reſte, il faut remarquer qu'elle ne peut, même dans le premier Cas, donner lieu à la Torture, à moins qu'elle ne ſoit accompagnée de quelque adminicule ou Indice éloigné, tel que la mauvaiſe réputation de l'Accuſé, &c.

V. Maſuer, Prat. tit. 36.

2°. La Dépoſition des EXPERTS, ſur comparaiſon d'Ecritures, eſt auſſi regardée comme un Indice prochain, & ſuffiſant pour donner lieu à la Torture.

V. le tit. 17. de l'Ordonn. de 1670. art. 5. 6. & 8.

3°. La Qualité de l'ACCUSATEUR peut auſſi ſervir d'Indice prochain contre l'Accuſé ; ainſi, par exemple, la Déclaration que feroit un Membre de Cour ſupérieure, un Juge royal, un Huiſſier même, pour des inſultes faites dans leurs Fonctions, un Maître pour les Délits commis envers lui par ſes Domeſtiques, pourroit ſuffire, non-ſeulement pour faire decréter l'Accuſé, comme nous l'avons dit ci-devant, mais encore pour le faire mettre à la Torture, s'il y avoit d'ailleurs quelques adminicules.

V. même art. 8.

4°. La Qualité de l'ACCUSÉ, s'il eſt Vagabond & non Domicilié, peut former un Indice ſuffiſant pour le faire decréter, mais non pour le faire mettre à la Torture, à moins qu'elle ne fût jointe à quelques ſemi-Preuves.

V. la Carol. art. 29.

5°. Les EFFETS trouvés dans le lieu du Délit, qui ſont reconnus appartenir à l'Accuſé, forment un Indice prochain capable de le faire mettre à la Torture.

V. Bald. in Leg. Me. um, ff. quod metus cauſa.
V. art. 43. de la Caroline.

6°. Les MENACES qu'a fait l'Accuſé forment auſſi un Indice prochain, ſi le Crime a ſuivi de près ces Menaces, & s'il paroît d'ailleurs qu'il eſt dans l'habitude de les exécuter.

L. 4. Cod. de Quæſt.
V. art. 25. & 31. de la Carol.

7°. La DÉCLARATION que fait l'Accuſé de ſes COMPLICES, après qu'il eſt convaincu du Crime, comme celle faite lors de la Queſtion définitive, ou par un Teſtament de mort, eſt regardée comme un Indice prochain, capable de faire arrêter ceux contre qui elle eſt faite ; mais non point de les faire mettre à la Torture, à moins qu'il n'y ait d'ailleurs quelque adminicule : mais ſi au contraire cette Déclaration eſt faite volontairement, avant la conviction de l'Accufé, elle ne forme alors qu'un Indice éloigné, *qui enim fibi non pepercit, multo minus aliis parcet* : c'eft la raifon qu'en rend la Loi.

*L. ult. §. Si autem, 6. ff. de Bon. cor. qui ante fent.*

8°. La Déclaration que feroit le Mandataire contre fon Mandant, feroit un Indice prochain capable de le faire arrêter, mais non point de le faire mettre à la Torture, à moins qu'il n'y ait d'autres adminicules.

*V. Menoch. lib. 1. Præf. qu. 89.*

9°. Le Lieu où a été trouvé l'Accufé, peut être regardé comme un Indice prochain, lorfqu'il eft fufpect, retiré, & favorable pour commettre le Crime.

*V. art. 25. de la Carol.*

10°. L'Inimitié capitale de l'Accufé envers celui qui a été tué, ou offenfé en fon Honneur ou fes Biens, eft mife au nombre des Indices prochains, capables de donner lieu à la Torture, pourvû qu'il y ait d'autres adminicules, comme *Bruit public*, & autres femblables.

*V. même art.*
*L. 1. Cod. Si quis Imper. maled.*
*L. 1. §. Quæft. ff. de Quæftionib.*

11°. La Transaction ou Convention faite à prix d'argent fur le Crime, eft un Indice prochain pour la Torture, lorfqu'elle eft faite par l'Accufé en Perfonne & avec la Partie publique.

*V. art. 25. de la Carol.*
*V. Menoch. loc. cit. n. 8.*

12°. L'Evasion de l'Accufé avec l'Auteur du Crime, le faifant préfumer fon Complice, forme auffi un Indice prochain pour le faire arrêter, & même pour la Torture.

13°. La Recousse du Prifonnier faite par l'Accufé qui l'arrache par violence des mains de la Juftice, ou l'empêche d'être arrêté, eft un Indice prochain pour la Torture, lorfqu'elle a été fuivie d'une fuite commune, & qu'il n'y a point d'ailleurs de liaifon étroite de Parenté.

*V. Menoch. ibid. n. 10.*

14°. Le Commerce fecret de *Lettres* entre l'Accufé & l'Auteur du Crime, eft auffi un Indice prochain pour la Torture, lorfqu'il eft joint à quelques adminicules, comme lorfqu'il eft prouvé que l'Accufé avoit connoiffance du Crime, & qu'il ne l'a point révélé ; il peut même former une Preuve fuffifante en fait de Crime de *Leze-Majefté*, pour donner lieu à une peine capitale.

*V. Menoch. ibid. n. 113.*
*V. Farin. qu. 51. n. 2.*

15°. Les Conférences fecrettes de l'Accufé avec l'Auteur du Crime, comme fi on l'a vû lui parler à l'oreille, & fi le Crime s'eft enfuivi auffi-tôt, forment encore un Indice prochain pour la Torture, pourvû qu'il y ait d'ailleurs quelques adminicules.

*V. Menoch. ibid. n. 115.*

16°. Les Clameurs du Peuple forment un Indice prochain, qui fuffit pour donner lieu à la Capture.

*V. Menoch. ibid. n. 119.*
*V. Farin. qu. 5.*

17°. L'Achat & préparation qu'on a vû faire à l'Accufé des inftrumens propres à commettre le Crime, qui a fuivi peu de

*V. Menoch. ibid. n. 120. & 122.*

tems après, forme un Indice prochain capable de donner lieu à la Torture, pourvû qu'il y ait d'ailleurs quelques adminicules.

*V. Boer. decif. 90.*
*V. l'Annot. d'Imb.*
*liv. 3. ch. 10.*

*V. la Carol. art.*
*32.*
*V. Jul. Clar. qu.*
*55. n. 3.*
*V. Boer. decif. 9.*
*& 148.*

18°. Les Variations de l'Accusé dans ses Réponses, lors des Interrogatoires, ce qui s'entend lorsqu'elles tombent sur des circonstances essentielles.

19°. La Confession extrajudiciaire que fait l'Accusé, d'avoir commis le Crime, forme, suivant les Auteurs, un Indice prochain capable de donner lieu à la Torture; ce qui s'entend, comme nous l'avons dit, lorsqu'elle a été faite sérieusement, qu'elle n'a point été révoquée sur le champ, qu'elle est prouvée par deux bons Témoins, & que d'ailleurs le corps du Délit est constant.

*V. Farin. qu. 81.*
*V. Bald. in L. 1.*
*Cod. de Confeff.*

Il en est de même de la Confession judiciaire faite incidemment dans un autre Procès criminel, comme celle faite pardevant un Juge incompétent, quoiqu'il y ait des Auteurs qui prétendent qu'il ne peut résulter de celle-ci qu'un indice éloigné, & que l'Accusé peut la rétracter, sans être tenu de justifier de la cause de son erreur.

## Indices éloignés.

*V. cap. Testis,*
*Extra de Præ-*
*fumpt.*
*V. Bald. confil.*
*174.*
*V. Menoch. ibid.*
*qu. 89.*

Les Indices éloignés ou Adminicules, font 1°. le Bruit public; il peut néanmoins donner lieu à la Torture, lorsqu'il se trouve joint à d'autres Adminicules: Menoch. exige les trois suivans: 1°. que l'Accusé soit d'une vile condition; 2°. Qu'il ait été diffamé pour un autre Crime du même genre; 3°. que cette diffamation soit fondée sur le témoignage de gens dignes de foi, & non ennemis de l'Accusé.

*L. 1. ff. de Bonis*
*eor. qui ante fent.*
*V. art. 25. de la*
*Carol.*

2°. La Fuite, ce qui s'entend principalement, comme nous l'avons dit, de celle qui précede l'Accusation.

*V. Menoch. ibid.*
*quest. 89. n. 70. &*
*fuiv.*
*V. Bartol. in L.*
*de Minore, 10. §.*
*Si plurimum, ff. de*
*Quæst.*

3°. La Vacillation & l'inconstance du discours de l'Accusé, le tremblement de sa voix le trouble de son esprit, sa taciturnité, tout cela ne forme que de simples Indices éloignés, parce qu'ils peuvent être l'effet de la timidité naturelle de l'Accusé qui se voit traduit par-devant un Juge pour un Crime atroce. *Voyez* au surplus ce que nous avons dit ci-devant par rapport à l'Accusé qui refusoit de répondre.

4°. Le Tems commode pour commettre le Crime.

*L. Famof, ff. ad*
*L. Jul. maj.*

5°. L'Intérest qu'avoit l'Accusé de commettre le Crime, *is fecit scelus qui prodest.*

*V. art. 25. & 26.*
*de la Carol.*

6°. L'Habitude où est l'Accusé de commettre des Crimes du même genre.

7°. Les LIAISONS de l'Accusé avec les Personnes qui ont commis un Crime semblable à celui dont il est prévenu.

*V. encore le même art.*

8°. L'EMPRESSEMENT extraordinaire de l'Accusé à faire procéder à la recherche du Crime, sans qu'il y ait d'intérêt.

*V. Farin. lib. 1. qu. 52.*
*V. art. 25. de la Carol.*

9°. Les EFFORTS qu'on a vû faire à l'Accusé pour corrompre les Témoins.

10°. Des MENÉES SECRETES qu'on lui a vû faire pour s'assûrer des Complices.

11°. Le RECELEMENT qu'a fait l'Accusé de l'Auteur du Crime, qui n'est ni son Parent ni son Allié.

*V. Menoch. ibid. n. 108.*
*V. art. 4. de la Carol.*

12°. La PROXIMITÉ de la Maison de l'Accusé, du lieu où le Crime a été commis.

*V. Menoch. ibid.*
*V. Farin. qu. 52.*
*V. Menoch. ibid.*
*n. 132.*

13°. L'AFFECTATION de l'Accusé d'avoir l'oreille dure, ou d'avoir perdu l'esprit ou la mémoire lorsqu'on l'interroge.

14°. La MAUVAISE PHYSIONOMIE de l'Accusé, ou le vilain nom qu'il porte.

*V. Farin. ibid. qu. 52.*
*V. Menoch. ibid.*
*V. art. 25. de la Carol.*

15°. La MAUVAISE RENOMMÉE de l'Accusé, comme s'il passe pour être d'un caractere méchant, avare, audacieux, enclin au Crime; s'il a commis des Crimes du même genre, ou autres pour lesquels il a obtenu des Lettres de Grace du Prince; ou bien s'il a été repris de Justice.

Tels sont les Indices généraux qui peuvent s'appliquer à toutes sortes de Crimes : il ne reste plus présentement qu'à justifier cette application par des exemples particuliers.

### §. II.

*Des Indices particuliers à certains Crimes.*

PARMI les Crimes, il y en a qui sont de nature à mériter la Peine de Mort, & c'est dans ceux-ci singulierement que les Indices peuvent donner lieu à la Torture ; il y en a *d'autres* qui peuvent seulement donner lieu à des Peines corporelles ou infamantes, & c'est relativement à ces derniers que les Indices ne peuvent opérer d'autres effets que de faire prononcer quelques Condamnations pécuniaires : nous ne parlerons ici que des premiers, & dans le nombre de ceux-ci, nous ne nous arrêterons qu'à ceux qui peuvent se reconnoître par des Indices particuliers, tels que le Meurtre ou Assassinat, l'Empoisonnement, l'Incendie, la Magie ou Maléfice, la fausse Monnoye, l'Adultere ou le Stupre, le Vol ou Larcin.

V. Menoch. lib. 1.
Praf. qu. 89.
V. Farin. lib. 1.
tit. 51. qu. 35.
V. art. 27. 29. 33.
34. de la Carol.

1°. En fait de MEURTRE ou ASSASSINAT , les Indices particuliers font , 1°. lorfqu'un Témoin irreprochable a vû quelqu'un, ayant à la main l'épée nue & enfanglantée, fortir du lieu où on a trouvé une Perfonne bleffée: 2°. lorfque la bleffure paroît avoir été faite avec la même Arme ou l'Inftrument que celui qu'on a vû porter à l'Accufé : 3°. lorfqu'un ou plufieurs Témoins ont entendu crier celui qui a été tué , & fe plaindre dans le tems qu'on lui a porté le coup : 4°. fi l'on a trouvé quelques gouttes de fang fur fon habit: 5°. fi l'Accufé étoit pâle, & avoit l'air émû & embarraffé dans fes Réponfes : 6°. fi on a trouvé fur lui les Hardes & Effets de celui qui a été tué : 7°. ou bien s'il les a donnés ou vendu : 8°. fi l'Accufé a conreffé avoir tué pour la défenfe de fa vie : 9°. fi la Perfonne qui a été tuée a déclaré en mourant que c'eft l'Accufé qui l'a tué : 10°. s'il eft prouvé que l'Accufé a été l'aggreffeur : 11°. fi , contre fa coûtume, il a été trouvé avec des Armes dans le lieu où le Meurtre eft arrivé : 12°. s'il avoit reçû précédemment quelque affront ou quelques bleffures de celui qui a été tué : 13°. fi on l'a vû en embufcade devant la Maifon du mort , ou dans le lieu où le Meurtre eft arrivé.

Tous ces Indices, pris féparément, peuvent fuffire pour donner lieu à la Torture , lorfqu'ils font accompagnés de quelques autres adminicules, ou Indices éloignés , telles que l'Inimitié capitale, l'Inconftance, la Variation, & la Contradiction dans les Difcours, la Fuite, la Mauvaife Phyfionomie, la Mauvaife Renommée , la Clameur du Peuple.

V. Menoch. ibid.
qu. 89. n. 123. &
fuiv.
V. art. 37. de la
Caroline.

2°. En fait d'EMPOISONNEMENT , les Indices particuliers font, 1°. fi l'Accufé eft convaincu à avoir acheté du Poifon , ou d'en avoir eu entre les mains de quelqu'autre maniere : 2°. fi on le lui a vû préparer : 3°. s'il a eu quelque différend avec la Perfonne qui a été Empoifonnée : 4°. s'il devoit retirer quelque Profit de fa Mort , comme étant fon Héritier préfomptif , & s'il étoit d'ailleurs noté & malfamé.

Tous ces Indices peuvent donner lieu à la Torture, à moins que l'Accufé ne prouve que le Poifon étoit deftiné à d'autres ufages, ou qu'il n'y ait pas de Preuves certaines que c'eft lui qu'on a vû préparer ou acheter le Poifon.

V. art. 25. de la
Caroline.

3°. En fait d'INCENDIE , les Indices particuliers font , 1°. fi , peu de tems avant l'Incendie , on a vû entre les mains de l'Accufé des Ouvrages de Feu d'Artifice extraordinaires , & tels qu'on a coûtume de s'en fervir pour les Incendies fecrettes : 2°. fi on lui a vû préparer des Torches & autres Matieres combufti-bles , dont l'Accufé ne puiffe prouver la deftination à d'autres ufages : 3°. s'il y a eu des Menaces précédentes, faites verbale-ment ou par écrit : 4°. enfin s'il y a Preuve que l'Incendie n'a pû arriver accidentellement par l'effet du Tonnerre ou par l'impru-dence des Gens de la Maifon.

Tous ces Indices peuvent donner lieu à la Torture.

4°. En fait de MALÉFICE ou SORTILÉGE, les Indices parti-culiers font, fuivant les Auteurs qui ont écrit fur cette Matiere : 1°. fi on a trouvé chez l'Accufé des Livres ou Inftrumens qui ont rappott à la Magie, comme *Hoftie* , *Membres humains* , *Images de cire tranfpercées d'Aiguilles* , *Ecorces d'arbres* , *Os* , *Clous* , *Che-veux* , *Plumes entrelacées en forme de Cercles ou à-peu-près* , *Epin-gles* , *Charbons* , *Paquet de Chiffons trouvé au Chevet du Lit des Enfans* : 2°. fi on l'a vû mettre quelque chofe dans une Etable , & que le Bétail peu de tems après foit péri : 3°. fi on a trouvé un Ecrit contenant un *Pacte* fait avec le *Démon* : 4°. fi on a vû faire à l'Accufé des Mouvemens extraordinaires & autres Actes qui paroiffent furpaffer la force humaine : 5°. fi on l'a entendu invo-quer le Démon , & jettant des Sörts fur les Animaux : 6°. fi on lui a vû pratiquer des fingularités remarquables dans les Actes de Religion : 7°. fi on a vû changer de demeure à ceux qui vivoient en liaifon avec l'Accufé, auffi-tôt après qu'il a été arrêté : 8°. fi l'Accufé s'eft offert à quelqu'un pour lui apprendre la Magie : 9°. s'il a menacé d'un Malheur, qui foit arrivé en effet : 10°. s'il a continuellement le nom du Diable dans la bouche, & s'il a coutume d'appeller de ce nom fes Enfans ou ceux d'autrui.

*V. Bodin , liv.* 4e *ch.* 2.
*V. Binsfeld, tr. de Conf. malef. concl.* 34. & fuiv.
*L. fin. de Judic. crim. malef.* 17.
*Cod. de Malef.*
*V. art.* 44. *de la Caroline.*

Tous ces Indices peuvent, fuivant les Auteurs, donner lieu à la Torture ; mais nous verrons en traitant de ce Crime, avec quelle circonfpection le Juge doit fe comporter dans une Matiere auffi délicate, & que la trop grande crédulité des Peuples pourroit faire dégénérer en des Superftitions dangereufes.

5°. En fait DE FAUSSE MONNOIE, les Indices qui peuvent donner lieu à la Torture, confiftent principalement dans les trois fuivans : 1°. fi l'on trouve chez l'Accufé les Inftrumens propres à la fabrication de la Monnoie : 2°. fi l'on trouve chez lui de la fauffe Monnoie : 3°. enfin, fi l'Accufé fe trouve d'ailleurs fufpect dans fa Conduite & dans fes Mœurs.

*V. Mafcard, vol.* 2. *de Probat. concl.* 106. *n.* 9.

6°. En fait d'ADULTERE ou de STUPRE, les Indices particu-liers font, fi l'Accufé a été trouvé feul à feul avec la Perfonne

*V. cap. Litteris, EXTRA de Præf.*

Y y

354 **INSTITUTES**

*V. Menoch. lib. 1.*
*Præf. 41.*
*V. Mascard, ib.*
*concl. 981. & vol.*
*1. concl. 312.*

dans un lieu secret ; si on les a vûs couchés ensemble ou dans une certaine Posture, qui tende à la consommation du Crime ; si on les a trouvés l'un ou l'autre nud en chemise ; si on a vû entrer ou sortir de nuit l'Accusé de la Maison de la Femme ou Fille avec laquelle il est soupçonné d'avoir eu Commerce ; si celle-ci est devenue enceinte depuis ce tems-là ; si la femme mariée a reçû des Hommes chez elle, pendant l'absence de son Mari, & à des heures indues ; si elle passe d'ailleurs pour Coquette dans le lieu ; si l'Accusé n'a pas laissé que de la fréquenter malgré les Défenses du Magistrat, & nonobstant les Plaintes rendues par le Mari ; si on a trouvé sur l'Accusé ou sur la Femme des Lettres ou Billets qui annonçoient le mauvais Commerce ; si on leur a entendu tenir ensemble de certains discours relatifs à l'Action du Crime.

*L. Inciv ite, 5.*
*Cod. de Furtis.*
*V. art. 38. 39. &*
*43. de la Carol.*
*V. Menoch. lib. 5.*
*Præf. qu. 31.*
*V. Jules Clare,*
*qu. 21. n. 41.*
*V. Bartol. in L.*
*Si post. aff. de Quest.*

7°. Enfin, en Matiere de VOL ou LARCIN, les Indices particuliers sont, si l'Accusé est trouvé saisi des effets qui ont été volés ; s'il les a vendus, donnés, ou en a disposé en quelqu'autre maniere suspecte, sans vouloir déclarer de qui il les a achetés, & à quel titre il les possede ; si depuis le tems qu'a été fait le Vol, on l'a vû fréquenter journellement les Cabarets des lieux voisins, & faire une dépense au-delà de ce que ses facultés pouvoient porter ; s'il ne travaille point de son Métier, & ne peut prouver par quelle autre voie il s'est enrichi ; si l'on trouve sur l'Accusé de fausses Clefs ou autres Instrumens suspects ; si on a trouvé une Echelle adossée contre le mur, ou les fenêtres par où le Voleur a passé, & si cette Echelle appartient à l'Accusé ; si on a vû l'Accusé sortant de la Maison où s'est fait un Vol, portant un Paquet sous son Manteau ou Habit, qu'il s'efforçoit de cacher ; s'il a transigé avec la Personne volée, ou s'est porté Caution de celui par qui cette Personne prétend avoir été volée ; si l'Accusé n'a pas gardé & fait fermer les Portes de la Maison où le Vol a été fait ; s'il y a Preuve qu'il en ait profité ; enfin, si l'Accusé est d'ailleurs d'une conduite telle qu'on le puisse soupçonner capable de Vol.

TOUS ces Indices peuvent servir à la conviction de l'Accusé, lorsqu'ils sont accompagnés de quelques adminicules, & sur-tout de l'évasion subite de ses Complices aussi-tôt après sa Capture.

# PARTIE SEPTIEME.

*Des Jugemens en Matiere Criminelle.*

NOUS voici enfin arrivés au Terme auquel aboutissent toutes les autres parties du Procès Criminel, & qui en fait l'Objet particulier.

IL Y A en Matiere criminelle, comme en Matiere civile, deux sortes de Jugemens; les uns *sujets à l'Appel*, les autres *en dernier Ressort.*

Les JUGEMENS sujets à l'Appel, sont ceux qui sont rendus par les Juges inférieurs & subalternes, tels que les Juges royaux & ceux des Seigneurs; ils sont appellés autrement SENTENCES ou JUGEMENS EN PREMIERE INSTANCE.

Les JUGEMENS en dernier Ressort sont de deux sortes : les *uns*, sont rendus par des Juges inférieurs, en vertu de l'attribution particuliere qui leur a été donnée, pour connoître de certains Crimes en dernier Ressort; tels que ceux rendus par les Prevôts des Maréchaux & les Présidiaux en Matiere de Cas prevôtaux, & ceux rendus par le Conseil de Guerre dans les Cas militaires.

Les *autres*, sont émanés des Tribunaux supérieurs, tels que le Conseil du Roi, les Cours de Parlement, Chambres des Comptes, Cours des Aides, Grand-Conseil, Cour des Monnoies, & Conseils supérieurs; ceux-ci sont proprement appellés ARRESTS, pour les distinguer des précédens, qui conservent le nom de JUGEMENS.

Ce sont ces trois especes de Jugemens, qui sont distingués dans le Tit. XXV. de l'Ordonnance, sous les noms de SENTENCES, JUGEMENS, & ARRETS.

NOUS avons vû ci-devant, en traitant des Jurisdictions Prevôtales & Militaires, les formalités particulieres qui doivent accompagner les *Jugemens* rendus dans ces différens Tribunaux. Il ne nous reste plus à parler ici, que de celles qui concernent les Jugemens ordinaires, connus sous le nom de *Sentences & Arréts;* & c'est ce qui va faire la Matiere des deux Titres suivans, dans le *premier* desquels nous nous proposons de traiter de la Forme de procéder aux Jugemens en premiere Inftance, ou Sentences en Matiere criminelle; & dans le *fecond*, de la Forme de procéder fur l'Appel de ces Jugemens, dans les Cours fupérieures.

---

## TITRE PREMIER.

### *Des Jugemens en premiere Inftance, ou Sentences en Matiere Criminelle.*

L'ON diftingue, en Matiere criminelle, trois fortes de Sentences.

Les unes, appellées PRÉPARATOIRES, qui regardent fingulierement l'Inftruction, dont elles font partie; telles que Celles portant la Permiffion d'informer, le Decret, le Réglement à l'extraordinaire; on les appelle autrement SENTENCES D'INSTRUCTION.

Les autres, appellées INTERLOCUTOIRES, qui fe rendent incidemment à l'Inftruction & dans des Cas particuliers, telles que les Sentences de Provifion; Celles qui, fur des Informations refpectives des Parties, déclarent laquelle des deux demeurera Accufateur ou Accufé; Celles de Converfion du Procès criminel en Procès ordinaire; Celles qui admettent l'Accufé à fes Faits juftificatifs; Celles qui ordonnent qu'il fera appliqué à la Torture.

Enfin, les Sentences de la troifieme efpece font appellées DÉFINITIVES, parce qu'elles terminent l'Inftruction du Procès criminel, & qu'elles ne laiffent plus rien aux Juges à prononcer.

NOUS avons vû fous le Titre de l'*Inftruction*, les Formalités particulieres qui doivent accompagner les Sentences préparatoires & interlocutoires : nous nous bornerons donc uniquement à rappeller ici les Caracteres effentiels qui diftinguent la Sentence définitive.

# CHAPITRE PREMIER.

## *Des Sentences définitives en Matiere Criminelle.*

LE mot *Sentence*, vient de celui de SENTIR, parce que le Juge en la rendant déclare son sentiment sur l'Affaire qui, est soumise à sa décision, *quid sentiat super re propositâ.* Or comme le Juge n'est en état de déclarer ce sentiment, & de porter un Jugement certain sur une Affaire, qu'après qu'elle est entierement instruite; ce n'est aussi proprement qu'au Jugement définitif, que le mot *Sentence* paroît devoir s'appliquer. Telle est en effet l'expression que l'usage a principalement consacrée parmi nous, les autres Sentences n'étant connues que sous le nom d'*Ordonnances* ou de *Jugemens.*

Les SENTENCES définitives, sont rendues ou *contradictoirement* ou par *défaut.* Nous ne parlerons ici que des premieres; nous avons eu lieu de remarquer les Formalités qui concernent les dernieres en traitant des DÉFAUTS & CONTUMACES.

Pour la validité d'une Sentence, il faut qu'elle soit revêtue de toutes les formalités que les Loix & les Ordonnances y ont attachées, *quoad validitatem Sententiæ requiritur ut Judex recte judicet, ideo id sequi debet quod convenit :* mais si jamais l'accomplissement exact de ces solemnités fut indispensable, c'est sans contredit lorsque cette Sentence est rendue en Matiere criminelle, puisqu'elle doit décider des biens les plus précieux de la Société, tels que la Vie & l'Honneur d'un Citoyen; de-là ces Obligations multipliées, que les Législateurs imposent aux Juges qui doivent y procéder.

Parmi ces Obligations, il y en a qu'il doit remplir immédiatement *avant que de procéder* au Jugement, d'autres en y *procédant,* d'autres enfin aussi-tôt *après qu'il l'a rendu.* Nous allons les discuter séparement sous les trois Paragraphes suivans.

### §. I.

#### *Des Obligations du Juge avant que de rendre son Jugement.*

CES OBLIGATIONS consistent, 1°. à procéder à ce Jugement le plus *promptement* qu'il lui est possible; cela lui est expressément

V. art. 1. & 2. tit. 25. de l'Ordon. de 1670.

recommandé par l'Ordonnance, qui veut qu'il y procede préférablement à toutes autres Affaires, & même nonobstant toutes Appellations, comme de Juge *incompétent & recusé*.

2°. A examiner s'il n'y a point de *nullité* dans la Procédure; & lorsque cette nullité tombe sur quelques parties essentielles, telle que l'*Information*, elle doit être réparée aux frais de ce Juge, suivant la disposition de l'art. xxiv. du Titre XV. de l'Ordonnance, qui porte que « s'il est ordonné que les Témoins seront oüis une » seconde fois, ou le Procès fait de nouveau à cause de quelques » nullités dans la Procédure, le Juge qui l'aura commise sera con- » damné d'en faire les frais, & payer les vacations de celui qui » y procédera, & encore de tous les dommages & intérêts des » Parties ».

3°. A examiner les Reproches qui ont été faits par l'Accusé contre les Témoins; & si ces Reproches sont trouvés valables, rejetter les Dépositions des Témoins reprochés, sans les lire.

4°. A faire subir à l'Accusé le dernier Interrogatoire; sçavoir, sur la *Sellette*, lorsque les Conclusions du Ministere public tendent à Peine afflictive; ou seulement derrière le *Barreau*, lorsqu'elles n'y tendent pas; le tout conformément à la Déclaration du 12 Février 1681.

5°. Enfin à examiner le fond du Procès, c'est-à-dire à considérer d'une part, si le Crime a été véritablement commis; & de l'autre, si l'Accusé en est effectivement l'Auteur; & cet Exa-

V. art. 5. tit. 25.
men doit se faire, suivant l'Ordonnance, tant sur les Informations, que sur les Interrogatoires, Pieces autentiques ou reconnues par l'Accusé, & sur les autres Présomptions & Circonstances du Procès.

Suivant le Droit romain, lorsque malgré toutes ces Recherches le Juge éprouvoit encore quelqu'embarras dans la Maniere dont il devoit porter sa Décision, il étoit tenu d'aller faire lui-même le Rapport du Procès au Prince ou autres Magistrats supérieurs, & prendre leur avis sur le Jugement qu'il devoit rendre. Cette Route, qui lui étoit marquée par les Titres du Code & du Digeste *de Appellationibus & Relationibus*, paroît en effet si sage & si réguliere, que quoique nos Ordonnances ne contiennent rien de précis à ce sujet, on ne croit pouvoir trop la recommander aux Juges, afin de prévenir les écarts où l'ignorance, & la fausse application des Principes, pourroient les jetter, dans une Matiere de cette importance. C'est aussi par de semblables motifs, sans dou-

te, que l'ufage de ces *Rapports* ou *Relations* s'eft encore confervé de nos jours dans l'ALLEMAGNE , comme il paroît par l'article ccxix. de la Caroline, qui veut que les premiers Juges prennent l'avis des Magiftrats fupérieurs pour fixer leur perplexité
dans les Jugemens criminels qu'ils ont à rendre , & que ces Magiftrats recourent eux-mêmes , en pareil cas, aux Univerfités les
plus prochaines, aux Villes, Communautés , & autres Perfonnes verfées dans les Loix. Il eft vrai, que nous en voyons encore
quelques veftiges parmi nous, dans les précautions que prennent
ordinairement les Juges , lorfqu'ils font arrêtés par quelques difficultés , de s'adreffer aux Cours fupérieures, s'ils font fubalternes,
ou à M. le Chancelier, comme Chef de la Juftice , fi ce font des
Magiftrats fupérieurs,

### §. II.
#### *Des Obligations du Juge en rendant fon Jugement.*

Ces *Obligations* font de deux fortes : il y en a qui regardent
principalement le FOND du Jugement, ou les *difpofitions intérieu-*
*res* que le Juge doit avoir en le rendant ; les autres concernent
fimplement la FORME extérieure de ce Jugement.

Les OBLIGATIONS qui concernent les difpofitions intérieures
du Juge , lui font prefcrites également par les Loix divines & humaines , & elles confiftent principalement , 1°. à avoir la Capacité & la Science néceffaire pour bien juger, *ignorantia judicis*
*plerumque eft calamitas innocentis.* Par la *Capacité* , nous voulons
parler auffi de l'âge compétent ; cet âge eft celui de vingt-
cinq ans.

2°. A ne point fe laiffer prévenir ni corrompre par les Sollici-
tations, Préfens, Argent, & autres Voies odieufes , dont il eft
parlé dans le Droit fous ces mots : *Per gratias , vel inimicitias ,*
*vel fordes.* Nous verrons, en traitant des Crimes de Concuffion
& de Calomnie, les Peines qu'il encourt en pareil Cas. Voyez
au *furplus* ce que nous avons dit ci-devant, en parlant des Caufes
de Recufation & de Prife à Partie.

3°. A régler fon Jugement fur les Preuves qui lui font admi-
niftrées, & non fur ce qui eft de fa connoiffance particuliere, fuivant la Maxime que nous avons déja citée : *Judex debet judicare*
*fecundum allegata & probata.*

4°. A fe conformer aux Loix & aux Ordonnances dans l'ap-

V. le ff. liv. 4. tit.
17. de Offic. judY
V. Decr. de Grat.
3. qu. 6. c. 1. §. fi
vero.

V. S. Auguft. de
Civit. Dei , c. 6.

L. Filius , ff. de
Judic.

V. Loyfel ; tit.
des Jugemens ,
regl. 11.

plication qu'il doit faire des Peines ; & lorſque ces Peines ne ſont point portées expreſſément par aucunes Loix, il doit les augmen-ter ou diminuer, ſuivant les circonſtances, de maniere que la

*L. 11. ff. de Pœn.* Peine ſoit toûjours proportionnée au Délit. Nous verrons ci-après, en traitant de l'Exécution des Jugemens, les Cas particuliers qui peuvent donner lieu à l'augmentation ou à la diminution des Peines.

5°. A pancher dans le doute en faveur de l'Abſolution, plûtôt que de la Condamnation de l'Accuſé, ſuivant cette belle Maxi-

*L. 5. ff. de Pœnis.* me de l'Empereur Trajan : *Satius eſt impunitum relinqui facinus no-centis quàm innocentem damnare.* Tel eſt auſſi l'eſprit de l'Ordon-

*V. art. 12. du tit. 25.* nance, lorſqu'elle veut que les Jugemens, rendus en cette Ma-tiere, paſſent toûjours à l'avis le plus doux, & que le Jugement le plus ſévere ne puiſſe l'emporter, à moins qu'il ne prévale de deux Voix, dans les Procès qui ſe jugent en dernier reſſort, & d'une Voix, dans ceux qui ſe jugent à la charge de l'Appel.

6°. Enfin, pour que le Juge ſoit plus en état de rendre ſon Ju-

*V. art. 9. ibid.* gement, l'Ordonnance veut qu'il ſoit à jeun, & qu'il ne puiſſe y procéder de *relevée*, toutes les fois que les Concluſions du Mi-niſtere public tendent à la Mort, & qu'il s'agit de Crime méri-tant la Peine de Mort naturelle ou civile, ou Banniſſement à tems ; elle a cru ſeulement devoir ajoûter une exception en fa-veur des Uſages qui s'obſervent à cet égard dans les Cours ſupé-rieures, à cauſe du grand nombre d'affaires dont elles ſont ſur-chargées.

LES OBLIGATIONS du Juge, en ce qui concerne la forme extérieure des Jugemens, ſont celles qui tendent à les rendre juridiques & en aſſûrer l'exécution : elles conſiſtent à remplir les formalités ſuivantes.

La PREMIERE, c'eſt que le Jugement doit être rendu dans le lieu où s'exerce la Juſtice ; c'eſt la diſpoſition de l'article x. du

*L. Cum ſentent. C. de ſentent. & interloc. V. Nov. 82. §. ſedebunt.* Titre XXV. de l'Ordonnance, conforme à celle du Droit, qui veut auſſi que le Juge en le rendant, ſoit aſſis dans ſon Tribunal.

La DEUXIEME, c'eſt que le Juge doit être aſſiſté d'autres

*V. Ayraut, Ord. jud. liv. 2. art. 3. ſom. 29.* Juges pour rendre ſon Jugement ; c'eſt pour cela, comme le remarque AYRAUT, qu'il y parle au pluriel, & conjoint le paſ-ſé avec le préſent par ces mots, *avons dit & diſons, ordonné & or-donnons,* à la différence des autres Officiers de Juſtice, tels que Greffiers, Huiſſiers, &c. qui ne parlent qu'au ſingulier.

De

De plus, il faut que les Juges, dont il est assisté, soient en nombre suffisant pour rendre ce Jugement. Par l'art. x. qu'on vient de citer, l'Ordonnance veut qu'au Jugement des Procès qui sont jugés à la charge de lAppel par les Juges royaux ou ceux des Seigneurs, il y ait au moins *trois* Juges qui soient Officiers du Siége, s'il y en a, ou du moins qui soient Gradués; & par l'article suivant, elle exige qu'il y en ait au moins *sept* pour les Jugemens en dernier ressort, & qu'à défaut d'Officiers, pour cause d'absence & de récusation, il soit pris pareillement des Gradués. Par un Arrêt du Conseil du 31 Juin 1679, il a été réglé qu'on ne pourroit compter que pour une, les Voix de Parens ou Alliés au premier degré; sçavoir, Pere & Fils, Frere, Oncle, Neveu, Beau-Pere, Gendre, Beau-Frere, lorsqu'elles se trouvent conformes.

La TROISIEME, que le Jugement doit être rendu le *jour*, & non la nuit, toute Assemblée nocturne étant défendue comme suspecte de fraude & de sédition; ce jour ne doit être férié, c'est-à-dire ni Dimanche ni Fête.

*Can. Consuluit, 24. extr. de Offic. deleg.*
*L. Omnes, 7. Cod. de Feriis, tit, ult. ff. eod. tit.*

La QUATRIEME, que le Jugement doit être couché par écrit, & en Langue vulgaire, afin que tout le monde puisse le sçavoir & l'entendre; c'est la disposition des Ordonnances de Charles VIII. en 1490, article x. & de Louis XII. en 1515, article xlvij. & de François I. en 1539, article iij.

La CINQUIEME, que ce Jugement doit être conçu en termes clairs, & non vagues ni génériques, c'est-à-dire qu'il doit statuer précisément & spécifiquement sur tous les différens Chefs de l'Accusation.

*L. fin. Cod. de sentent. quæ sine certa quantit.*

La SIXIEME, qu'il doit faire mention expresse du Crime qui fait le titre de la Plainte, afin que l'Accusé & le Public puissent sçavoir ce qui a fait le sujet de sa Condamnation, & des Poursuites qui ont été faites contre lui.

*V. Imbert, Prat. liv. 3. ch. 10.*
*V. Ayraut, l. 2. part. 2. n 25.*

La SEPTIEME, qu'il doit contenir le *Vû* des Pieces de la Procédure, pour qu'on puisse connoître si cette Procédure est en regle, & si le Jugement n'a point été surpris; ce *Vû* doit, ainsi que le Dispositif, être rédigé par le Greffier sous la dictée du Rapporteur. Par Arrêt des Grands Jours de Poitiers du 15 Janvier 1689, article xxviij. il est défendu aux Juges de signer des Sentences dont le Vû est en blanc.

La HUITIEME, qu'il doit contenir l'Absolution ou la Condamnation de l'Accusé, & c'est de-là proprement qu'il tire son nom

*L. 3. Cod. de sentent. & interloc.*

Z z

de *Jugement définitf*. L'article iv. du Titre XX. de l'Ordonnance
en fait une Loi expreſſe aux Juges, en ordonnant qu'aprés la Confrontation des Témoins, l'Accuſé ne pourra plus être reçu en Procès ordinaire, mais qu'*il ſera prononcé définitivement ſur ſon Abſolution ou ſa Condamnation*. Cependant comme il peut arriver que
l'Inſtruction ne produiſe pas une Preuve ſuffiſante pour que le Juge
puiſſe y aſſeoir un Jugement certain, de maniere qu'il n'y auroit
pas moins d'injuſtice à renvoyer l'Accuſé entierement abſous,
qu'à prononcer une Peine contre lui, alors il peut prendre trois
différens Tempéramens que l'uſage a introduits, & que l'Ordonnance ne deſapprouve point, parce qu'ils n'empêchent pas que le
Jugement ne puiſſe être regardé comme définitif : le premier, c'eſt
le *Renvoi pur & ſimple* de l'accuſation; le ſecond, le *Hors de Cour*; le
troiſieme, le *Plus amplement informé* : ce dernier paroît le plus ſûr
& le plus régulier de tous, comme le plus conforme à l'eſprit de
l'Ordonnançe; & il doit avoir lieu, ſuivant la remarque de M.
Talon, lors du Procès verbal de Conférence, toutes les fois qu'il
n'y a pas aſſez de Preuves pour condamner, & qu'il y en a aſſez
pour ne pas abſoudre : il eſt appellé en Droit *Ampliation*; il differe
du *hors de Cour*, en ce que celui-ci contient proprement l'Abſolution de l'Inſtance; au lieu que dans le Cas du *plus amplement
informé*, s'il ſurvient de nouvelles Preuves du Crime, la Procédure reprend alors ſa premiere vigueur, enſorte qu'on peut dire
qu'il participe tout-à-la-fois & du Jugement interlocutoire, & du
Jugement définitif.

Il y a deux ſortes de *plus amplement informé*; l'un *à tems*, comme d'une ou pluſieurs années; l'autre *indéfini*, & que les Praticiens appellent *uſquequo*.

Le PLUS AMPLEMENT INFORMÉ A TEMS, a lieu ordinairement pour des Crimes qui ne ſont point abſolument atroces, ou
dont les Indices ſont legers; il a lieu auſſi dans tous les Cas où il
n'y a d'autre Partie que le Procureur du Roi ou celui des Seigneurs,
& qu'il y auroit lieu de mettre hors de Cour, s'il y avoit une Partie civile. Il y a même un Cas particulier où le Juge ne peut s'empêcher de l'ordonner, c'eſt celui marqué par la Déclaration du
mois de Février 1723, contre les prévenus de Duel par notoriété, qu'elle veut ne pouvoir être renvoyés abſous qu'aprés un *plus
amplement informé* d'une année, pendant laquelle ils ſont tenus
de garder Priſon.

Le PLUS AMPLEMENT INFORMÉ INDÉFINI n'eſt au contraire

prononcé que dans les Crimes graves , qui intéreffent l'Ordre public , & dont les indices font confidérables ; ce qui fait que l'Accufé demeure toûjours *incerti dubiique ftatûs,* comme dit Ay-RAUT, & que le Miniftere public peut, s'il furvient de nouvelles Preuves , reprendre fes pourfuites contre lui ; qu'en un mot il ne peut acquérir une entiere décharge, quant à la Peine , qu'après l'expiration du tems néceffaire pour opérer la Prefcription du Crime : c'eft par cette raifon qu'il eft mis dans le nombre des Peines, comme nous le verrons ci-après. L'on peut dire en effet , qu'il eft la peine, non du Crime , mais des Préfomptions & des Indices violens qui n'ont point été purgés , & qui demandent une fatisfaction particuliere.

La NEUVIEME Formalité confifte en ce que , fi le Jugement porte une Condamnation , la Peine en doit être néceffairement exprimée , fuivant cette maxime de notre Droit François , que *toutes Peines requierent déclaration.* La néceffité de l'expreffion de cette Peine eft fondée principalement fur l'intérêt public , qui demande des exemples de rigueur , afin de contenir par la crainte d'un femblable châtiment ceux qui pourroient tomber en pareils Cas , *pœna unius metus debet effe multorum ;* cependant il faut dif- tinguer entre les Crimes dont la peine eft prononcée difertement par les Ordonnances, & ceux dont la peine ne fe trouve portée par aucune difpofition de ces Loix ; ce n'eft proprement qu'à l'é- gard de ces derniers , que la mention de la peine eft néceffaire dans les Jugemens, & il fuffit dans les premiers de prononcer en général la peine portée par les Ordonnances.

*V. Loyfel, Inft. tit. des Peines, regl. 3.*

*L. 1. Cod. de leg. Jul. repetund.*

La DIXIEME concerne la maniere dont ces Peines doivent être prononcées par les différens Juges, c'eft-à-dire que fi ces Juges font fubalternes , ils doivent fe fervir de cette prononcia- tion : *Nous déclarons l'Accufé dûement atteint & convaincu de tels Crimes, pour réparation de quoi nous le condamnons à telle Peine,* &c. au lieu que les Cours fupérieures fe contentent feulement de dire en général, *pour les Cas réfultans du Procès, nous condamnons,* &c.

Sous le nom de PEINES, nous ne voulons pas feulement parler des Peines corporelles ou infamantes , mais encore des Peines pécuniaires, telles que la Confifcation, Amendes , & Répara- tions civiles, *&c.*

Enfin la ONZIEME Formalité concerne les dépens du Procès , fur lefquels le Jugement doit néceffairement ftatuer, foit par une fimple *Réferve,* lorfqu'il s'agit de Jugemens interlocutoires ou

*L. Properandum, Cod. de Judic.*
*L. 4. Cod. de Fructib. & Litium exp.*

préparatoires, ou par une *Compenſation* ou *Condamnation* abſolue, lorſqu'il s'agit d'un Jugement définitif ; il faut cependant excepter les Procès où le Roi eſt ſeul Partie. C'eſt une regle de notre Droit François, que le Roi ne reçoit ni ne paye aucuns dépens : il en eſt de même à l'égard des Seigneurs Hauts-Juſticiers, pour les Procès criminels qui s'inſtruiſent à leur Requête en premiere Inſtance ; mais ceux-ci peuvent en obten r ou y être condamnés en Cauſe d'appel, ſuivant le témoignage des Auteurs.

*V. Baquet, des Dr. de Juſtice, ch. 7. n. 17. & ſuiv.*
*V. Papon, art. 3. liv. 18. tit. 2. n. 28.*

## §. III.

### *Des Obligations du Juge après qu'il a rendu le Jugement.*

Ces Obligations conſiſtent dans la Signature & dans la Prononciation qui doit être faite de ce Jugement à l'Accuſé.

1°. Quant à LA SIGNATURE, elle doit être faite par tous les Juges qui y ont aſſiſté, à peine d'interdiction & dommages-intérêts des Parties, & de 500 liv. d'Amende contre ceux des Juges qui ne ſigneront pas : c'eſt la Diſpoſition de l'Art. xiv. du Titre XXV. de l'Ordonnnance : il y a cependant une exception dans le même Article, en faveur des Cours Supérieures, qu'elle confirme dans l'uſage de ne faire ſigner leurs Arrêts que par le Rapporteur & le Préſident.

*V. le tit. du Code, ſententiam reſcindi non poſſe.*
*V. auſſi la Loi 27. de l'œnis.*

Après que ces Jugemens ſont ſignés, il n'eſt plus au pouvoir du Juge de les retracter, quand même l'Accuſé rapporteroit en ſa faveur de nouvelles Pieces, qu'il auroit recouvrées depuis ; ce dernier n'a plus, pour ſe pourvoir contre ce Jugement, que les voies de Droit, dont il ſera parlé ci-après. Cependant, ſi depuis la Signature & avant la Prononciation de ce Jugement à l'Accuſé, le Juge venoit à reconnoître l'Erreur viſible ſur laquelle il ſe ſeroit fondé ; il pourroit, ſuivant BRUNEAU, le réformer après y avoir fait former oppoſition par un Appel converti, pourvû que ce ſoit avant la Prononciation. A l'égard des Jugemens en dernier reſſort, le même Auteur prétend, que ſi après le Jugement rendu, on venoit à découvrir l'innocence de l'Accuſé condamné, les Juges qui ont jugé doivent informer le Roi ou M. le Chancellier de leur Erreur, & de tout ce qui ſert à prouver l'innoncence de l'Accuſé.

*V. Obſ. crim. tit. 27. part. 1. max. 26.*

Mais s'il ſe trouvoit ſeulement quelques Diſpoſitions obſcures ou ambigues dans ces Jugemens en dernier reſſort, l'on peut en demander l'interprétation aux Juges mêmes qui les ont rendus, &

ceux-ci ne peuvent se dispenser d'avoir égard à cette demande, pourvû qu'elle ne cache point une *Proposition d'erreur* , qui est défendue expressément par les Ordonnances.

2°. Quant à la Prononciation du Jugement, nous avons dit que c'est par ce dernier Acte que se consomme le Pouvoir du Juge.

V. art. 109. de l'Ordonn. de 539. & l'art. 42. tit. 35. de l'Ordonn. de 1607.

Suivant l'ancien Droit Romain, tous les Jugemens devoient se prononcer de vive voix ; mais depuis la Loi *Cassia*, qui introduisit la liberté des suffrages , l'on pratiqua l'usage des Tables d'airain ; il y en en avoit trois, l'une d'*Absolution*, l'autre de *Condamnation*, & la troisieme d'*Ampliation*.

Suivant les anciennes Ordonnances du Royaume, cette Prononciation devoit se faire publiquement par le Juge séant dans son Tribunal , ou par le Greffier en sa présence , à peine de nullité, & de dommages & intérêts contre le Juge : c'est entr'autres la Disposition de l'Ordonnance de François I. en Octobre 1535, ch. XII. art. xij. & d'Henri III. à Paris, en Juillet 1581.

Mais suivant l'usage actuel, la Prononciation des Jugemens criminels, qui tendent à Peine afflictive , ne se fait point publiquement. Ces Jugemens se rendent à huis-clos , dans la Chambre du Conseil ; ils doivent néanmoins être prononcés de vive-voix à l'Accusé, pour sçavoir s'il veut en appeller ; mais ce n'est point par le Juge, c'est par le Greffier que se fait cette Prononciation, & cela dans deux tems différens ; l'*un*, dans la Chambre où il a été rendu, en présence du Juge & du Rapporteur ; l'*autre*, dans le lieu de l'Exécution , de la maniere que nous le verrons ci-après.

# TITRE SECOND.

## De l'Appel des Jugemens en Matiere Criminelle.

NOus venons de voir dans les Chapitres précédens, les différens Moyens qui peuvent concourir à former un Jugement criminel ; nous allons voir présentement ceux dont on peut se servir pour le faire réformer.

Le Moyen le plus ordinaire & le plus régulier est celui de l'Appel, lorsque le Jugement a été rendu en premiere Instance. Nous disons *le plus régulier*, parce qu'il y en d'autres à la vérité , mais qui n'ont lieu qu'en certains Cas extraordinaires que nous avons remarqués sous les Titres précédens, telle que la *Preſcription* ou la *Repréſentation* de l'Accuſé en fait de Jugement rendu par Contumace. A l'égard des Voies de nullité qui ſont autoriſées par les Loix Romaines en cette Matiere, perſonne n'ignore qu'elles n'ont point lieu parmi nous, non plus que les Exceptions particulieres, dont il eſt parlé ſous le Titre du Digeſte, *quæ ſententiæ ſine appellatione reſcindantur.*

V. *Imbert, Prat. liv. 2. ch. 5.*

L'APPEL en général, eſt une Voie de Droit établie pour garantir contre l'impéritie ou l'iniquité des premiers Juges. Mais ſi jamais cette voie fut favorable, l'on peut dire que c'eſt ſur-tout en Matiere criminelle, comme étant fondée ſur le Droit naturel, en ce qu'elle ſert à la défenſe de la Vie, de l'Honneur & des Biens d'un Accuſé; & c'eſt dans ce ſens qu'on peut définir l'APPEL, une reſſource ouverte à l'Innocent pour faire réformer par le Juge ſupérieur, les Condamnations injuſtes qui ont été prononcées contre lui par le Juge inférieur; auſſi voit-on que les Loix ont attaché des Priviléges particuliers à ces ſortes d'Appels, qui les diſtinguent de ceux interjettés en Matiere civile.

I. 1. ff. de Appellat.

Le PREMIER de ces Priviléges conſiſte, en ce qu'en Matiere criminelle, l'Appel éteint entierement le Jugé, *Appellatio extinguit Judicatum;* de maniere que le Condamné, qui vient à déceder pendant cet Appel, eſt cenſé mort *integri ſtatûs,* & que tous les Actes qu'il a faits juſqu'alors ſont réputés valides.

L. 2. §. cum accipimus, ff. de Pænis.

Un SECOND Privilége conſiſte, en ce que toutes ſortes d'Accuſés de quelque qualité qu'ils ſoient & pour quelque Crime qu'ils ayent été condamnés, ſont reçus à appeller du Jugement rendu par le premier Juge: en quoi nous ne ſuivons point la Diſpoſition du Droit romain, qui ne permettoit pas d'admettre l'Appel des Accuſés pour certains Crimes, dont la Punition requéroit célérité, tels que les Voleurs inſignes, les Séditieux, & ceux qui étoient convaincus d'avoir commis une Violence publique; nous exceptons ſeulement les Jugemens militaires, ou ceux rendus en Matiere des Cas Prevôtaux, dont nous avons parlé ci-devant.

L. *Obſervare, Cod. quorum appellat. non recip.*

Un TROISIEME Privilége conſiſte, en ce que non-ſeulement il eſt permis d'appeller de tous Jugemens rendus en Matiere criminelle, lorſqu'ils ne ſont pas en dernier reſſort; mais qu'il y a même certains Jugemens, dont l'Appel a néceſſairement lieu, & doit être porté de plein droit devant les Cours ſupérieures, quand même l'Accuſé auroit acquieſcé à ce Jugement. De ce

V. *art.* 6. *tit.* 26.<br>V. *art.* 7. *tit.* 19.

nombre, font les Jugemens qui portent Condamnation à Peine corporelle ou à la Torture.

Un QUATRIEME Privilége confifte, en ce que lorfqu'il y a plufieurs Accufés du même Crime, l'Appel d'un feul fert à tous les autres, qui ont été condamnés par le même Jugement ; c'eft ce qui réfulte de la difpofition des Art. vij. & viij. du T. XXVI. de l'Ordonnance de 1670, qui veut que lorfqu'il y a plufieurs Accufés d'un même Crime, ils foient envoyés dans les Cours, encore qu'il n'y en ait qu'un qui ait été jugé, ou que l'un ait été condamné & l'autre abfous.

Un CINQUIEME Privilége, fe tire de la Difpofition des Loix romaines, fuivant lefquelles, fi celui qui a été condamné pour différens Crimes, appelle feulement pour quelques-uns, l'Appel doit être alors reçu pour le tout, & fufpendre l'exécution du Jugement, même par rapport à ceux dont on n'a point appellé, pourvû que ceux dont on a appellé, foient les plus graves.

*L. 1. & 2. Cod. Si unus ex plurib. L. 4. Si certæ, ff. de Appell. L. unica, ff. Nihil innov. appell. interpof.*

Un SIXIEME Privilége, qui eft auffi fondé fur la Difpofition des Loix romaines, confifte, en ce que dans le Cas où l'Accufé négligeroit d'interjetter Appel, ou renonceroit à le faire ; fes Parens pourroient être admis à l'interjetter pour lui : ce Privilége qui eft fondé tant fur la faveur de l'Accufé, que fur l'intérêt particulier qu'ont fes Parens à la confervation de fon Honneur & de fes Biens, a été adopté par nos Ordonnances, & notamment par les Art. ij. & iv. du Tit. XXII. de l'Ordonnance de 1670 ; fuivant lefquels les Parens peuvent obliger le Curateur d'interjetter Appel de la Sentence rendue contre le Cadavre ou la Mémoire du Défunt ; & faute par ce Curateur d'interjetter cet Appel, ils font admis à l'interjetter eux-mêmes.

*L. 6. de Appellat.*

Un SEPTIEME Privilége de l'Appel en Matiere criminelle confifte, en ce qu'il ne tombe point en Défertion, ce qui s'entend lorfque le Miniftere public eft Partie principale.

En effet, quoique l'Appel, fuivant la définition que nous en avons donnée, paroiffe avoir été principalement introduit en faveur de l'Accufé, il y a cependant des Cas où les Parties publiques & même les Parties civiles font également reçûes à en appeller ; c'eft ce qui réfulte de la difpofition de l'Art. xj. du Tit. XXVI. de l'Ordonnance, qui porte, que « fi la Sentence, dont eft Appel, » n'ordonne point de Peine afflictive, Banniffement ou Amende » honorable, & qu'il n'y en *ait Appel par les Procureurs du Roi, ou* » *ceux des Juftices Seigneuriales, mais feulement par les Parties civiles,*

» *le Procès sera envoyé au Greffe des Cours* ». Nous aurons lieu de remarquer ci-après les Cas particuliers où ces Appels peuvent avoir lieu de la part de la Partie publique.

Enfin, un HUITIEME Privilége de l'Appel en Matiere criminelle consiste, en ce qu'il doit être porté directement dans les Cours, sans que l'Accusé soit obligé d'essuyer les différens degrés de Jurisdiction. Ce Privilége a lieu nécessairement, suivant l'Ordonnance, en fait d'Accusation pour Crime qui mérite Peine afflictive.

V. art. 1. tit. 26. A l'égard des autres , elle laisse la liberté à l'Accusé , lorsque les Sentences ont été rendues par des Prevôts Royaux ou par des Juges de Seigneurs , d'en interjetter Appel , ou pardevant les Cours, ou pardevant les Baillifs & Sénéchaux; mais il y a cela de remarquable par rapport à ces derniers, que lorsqu'ils prononcent sur ces Appels, ils ne peuvent dire, comme les Cours supérieures, qu'ils mettent l'*Appellation au néant*, ou l'*Appellation & ce dont est Appel au néant*; mais qu'ils doivent dire qu'il a été *bien* ou *mal jugé, an* BENE *vel* MALE : c'est ce qui leur est enjoint expressément par le Réglement du 10 Juillet 1665.

L'APPEL étant, comme nous l'avons dit, le passage de la Jurisdiction d'un Juge inférieur à celle d'un Juge supérieur, il s'ensuit que le Jugement rendu par le Souverain, qui ne reconnoît point de Supérieur, & conséquemment ceux rendus sous son nom par les Cours supérieures, ne sont point susceptibles de cette voie; c'est pour cela que ces Jugemens sont qualifiés du nom d'*Arrêt*, parce qu'ils arrêtent entierement le cours des Procès. Cependant, comme il peut arriver, que ces Arrêts ne soient pas eux-mêmes exempts d'irrégularité ou d'injustice , la bonté de nos Souverains ne leur a pas permis de priver leurs Sujets de toutes ressources contre les Condamnations prononcées par ces Arrêts : les ressources qu'elle leur a laissées à cet égard, sont de cinq sortes, & s'employent, suivant les différens Cas où se trouvent les Condamnés : sçavoir , 1°. la REQUESTE CIVILE, dont les Lettres s'entérinent dans le même Tribunal, quoique pardevant d'autres Juges que ceux qui ont rendu l'ARREST ; les formalités qui les concernent , sont marquées sous le Titre *des Requêtes civiles* de l'Ordonnance de 1667; 2°. la VOIE de *purger la Mémoire du Défunt*, qui a lieu aussi pardevant les mêmes Cours qui ont rendu l'Arrêt, & qui ne peut être admise qu'en vertu de Lettres de Chancellerie, lorsqu'elle est prise après l'Expiration des cinq années

nées de Contumace ; 3°. les LETTRES D'ABOLITION , dont l'entérinement doit auffi fe faire par les mêmes Cours ; 4°. les LETTRES DE RAPPEL *de Ban* ou *de Commutation* de Peines, qui s'entérinent de même par les Juges qui ont prononcé la Peine ; 5°. les LETTRES DE RÉVISION du Procès ; ces Lettres, dont nous avons parlé ci-devant, font en Matiere criminelle ce qu'eft la Caffation en Matiere civile : il y a néanmoins cette différence entr'elles, qu'en Matiere de Caffation, les Arrêts ne font point ré-tractés, s'il n'y a des ouvertures dans la Forme ; au lieu qu'en en-térinant les Lettres de Révifion, on peut révoquer par le même Arrêt, les Condamnations fur les Moyens du Fond. 6°. Enfin, il refte encore la Voie de l'OPPOSITION, qui a lieu fingulierement en faveur de ceux qui fe trouvent léfés par les Difpofitions d'un Arrêt, dans lequel ils n'ont point été Parties , ou dûement appel-lés. Celle-ci fe pourfuit comme la Requête civile, pardevant les Juges même qui ont rendu l'Arrêt ; mais il n'eft pas befoin de recourir à des Lettres de Chancellérie, elle s'admet fur une fim-ple Requête, fuivant la Difpofition de l'art. ij. du Tit. XXXV. de l'Ordonnance de 1667.

V. ci-devant Part. III, ch. 4.

' Tels font les Principes généraux, qui concernent l'Appel en Matiere criminelle. Il s'agit préfentement de diftinguer ceux qui font particuliers à chacune des différentes Sentences, foit Prépa-ratoires, foit Interlocutoires, foit Définitives, qui peuvent inter-venir en cette Matiere : c'eft l'objet des trois Chapitres fuivans.

## CHAPITRE PREMIER.

### De l'Appel des Sentences Préparatoires.

NOus avons compris fous le nom de *Sentences préparatoires*, toutes celles qui tendent à l'Inftruction, comme les OR-DONNANCES portant PERMISSION *d'informer*, les DECRETS & le RÉGLEMENT *à l'Extraordinaire.*

DANS la Régle générale, il paroît d'abord qu'on ne devroit être reçu à appeller que des feules Sentences définitives , par la raifon que celles-ci ne peuvent être réparées autrement que par la Voie de l'Appel, & qu'elles peuvent au contraire réparer tou-tes celles qui ne font rendues que par Provifion. Mais comme d'un autre côté, parmi les Sentences provifoires, il y en a, telles

A a a

que le Decret & le Réglement à l'Extraordinaire, dont l'effet flétrit en quelque forte ceux contre qui elles font rendues, foit par le *poids* de l'Interdiction dont elles les chargent, foit par la *force* des Préfomptions qu'elles élevent contre eux ; il faut convenir qu'il n'y auroit pas moins de dureté & d'injuftice à les priver de la reffource de l'Appel, dans l'un & dans l'autre de ces Cas, qu'il y auroit d'abfurdité à regarder toûjours ces fortes de Sentences, comme l'effet d'une impartialité inaltérable de la part du Juge qui les a rendues. L'on n'a donc pas crû devoir rejetter les Réclamations de l'Accufé contre les Sentences rendues dans le cours de l'Inftruction, non plus que contre les Sentences définitives. Auffi voit-on, par les art. j. & ij. du Tit. XXVI. de l'Ordonnance, qu'elle admet expreffément l'Appel de ces Sentences préparatoires, ou plûtôt qu'elle n'a fait que confirmer l'ufage de ces fortes d'Appels, qui s'eft pratiqué, même dès les premiers tems, parmi nous.

V. *Style du Parlement*, §. 2. *tit.* 28. *part.* 3.

Il eft vrai auffi, que comme les Accufés pouvoient fe faire de ces fortes d'Appels, une Reffource dangereufe pour fe procurer l'impunité par le Dépériffement des Preuves, il étoit également de la Sageffe du Légiflateur de prévenir cet abus, en mettant un jufte frein à la témérité des Plaideurs & à la facilité des Juges qui pourroient les favorifer ; & c'eft à quoi l'Ordonnance a fagement pourvû par les art. ij. iij. & iv. du même Titre, en ordonnant, d'*une* part que ces Appels feroient portés à l'Audience des Cours, & ne pourroient faire la Matiere d'un Procès par Ecrit ; & de l'*autre*, que ces Appels n'auroient point l'effet d'empêcher ou retarder l'exécution de ces Sentences, ni le Jugement définitif du Procès.

L'Ordonnance a porté fon attention encore plus loin. Comme il pourroit y avoir de la vexation de la part du premier Juge dans ces Sentences préparatoires, & que le Crime qui en fait l'objet, ne feroit pas de nature à pouvoir donner lieu à aucune peine, ni par conféquent mériter une plus ample inftruction ; c'eft pour obvier à ce nouvel inconvénient, qu'après avoir ordonné par l'art. iij. du même Titre, qu'aucune Appellation ne pourroit empêcher ni retarder l'exécution de ces Sentences, l'Ordonnance ajoûte ces deux Exceptions remarquables dans les deux articles fuivans ; l'*une*, par laquelle elle permet aux Cours, pardevant lefquelles ces Appellations feront portées, d'accorder des Surféances ou Défenfes de continuer l'Inftruction du Procès ; l'*autre*,

V. *art.* 5. & 6. *tit.* 26 *de l'Ordonn. de* 1670.

par laquelle elle leur donne le Pouvoir d'Evoquer le Fond des Procès dans lesquels sont intervenues ces mêmes Sentences.

ENFIN, pour empêcher l'abus, que les Cours pourroient faire elles-mêmes de ce double Pouvoir, l'Ordonnance les a astreint, par ces mêmes articles, à de certaines formalités, dont l'omission opere la nullité tant des Défenses & Surséances que des Evocations dont on vient de parler.

1°. Quant aux DÉFENSES & SURSÉANCES, l'Ordonnance exige trois choses pour leur validité ; 1°. qu'elles soient accordées sur le Vû des charges & informations, & sur les Conclusions des Procureurs Généraux ; 2°. qu'il soit fait mention expresse du Vû de ces charges & de ces Conclusions dans l'Arrêt qui contient ces Défenses & Surséances ; 3°. que les Défenses & Surséances ne soient accordées en Matiere d'appel de Decrets, que lorsqu'il s'agit de Decrets de prise de corps ; c'est-à-dire que dans les autres Decrets, même ceux d'Ajournement personnel, les Cours ont la liberté d'accorder des Défenses & Surséances sans voir les charges & informations, & sans les Conclusions des Procureurs Généraux : mais cette derniere Disposition ne doit s'entendre qu'avec les modifications qu'y a apporté la Déclaration du mois de Décembre 1681, qui porte expressément, que les Cours ne pourront donner des Arrêts de Défenses ou Surséances sur les Decrets d'ajournement personnel, qu'en la même forme que celle portée pour les Decrets de prise de corps dans les trois Cas suivans : 1°. lorsque ces Decrets d'ajournement personnel auront été décernés contre un Accusé, dont les co-Accusés pour les mêmes Crimes auroient été decrétés de Prise de corps : 2°. lorsque ces Decrets auront été decernés par les Juges royaux ou des Seigneurs pour *Fausseté*, ou contre les Officiers de Justice pour *Malversation* : 3°. lorsque ces Decrets auront été rendus par les Juges d'Eglise : ce qui a été confirmé depuis à leur égard par l'art. xl. de l'Edit de 1695, qui porte que *les Cours ne pourront faire défenses d'exécuter les Decrets, même ceux d'ajournement personnel, decernés par le Juge d'Eglise, sans avoir vû les Procédures & Informations sur lesquelles ils auront été rendus.*

Au reste, pour que les Parties puissent parvenir à avoir des Défenses & Surséances dans tous ces Cas, la même Déclaration exige deux choses, indépendamment du Vû des Charges, des Conclusions du Ministere public, & de la mention de ces Dé-

fenfes ou Surféances dans les Arrêts ; l'*une*, que la Copie du Decret perfonnel foit attachée à la Requête par laquelle on demande
ces Défenfes ; l'*autre*, qu'il foit fait mention dans ces Decrets du
Titre d'Accufation, & ce à peine d'interdiction contre les Juges
inférieurs qui auront manqué de l'exprimer.

2°. Pour ce qui concerne les EVOCATIONS du Principal,
l'Ordonnance veut, que non-feulement elles ne puiffent avoir
lieu, comme les Défenfes & Surféances, qu'après l'examen des
Charges & Informations, & qu'il en foit fait mention expreffe
dans les Arrêts, mais elle y a ajoûté encore deux autres conditions, qui ne font pas moins effentielles que les précédentes, &
qu'elle exige également à peine de nullité; l'*une*, que les Cours
ne pourront ordonner ces Evocations, qu'après qu'elles auront
reconnu par l'examen des Charges qu'il ne s'agit que de *Matieres
legeres*, & qui ne méritent pas une plus ample Inftruction ; l'*autre*, qu'en évoquant elles feront tenues de *juger* fur le champ à
l'*Audience*; ce qui fe fait alors fur les Conclufions de l'un de MM.
les Avocats Généraux, à qui le Procès doit être remis à cet effet, fuivant la difpofition de l'art. x. du même Tit. XXVI.

Ces Difpofitions, qui font portées par l'art. v. du même Titre,
ne doivent encore s'entendre, comme les précédentes, qu'avec
certaines modifications qu'il eft à-propos de remarquer ici.

1°. L'Ordonnance ne parle dans cet article que des COURS,
d'où l'on peut conclure que ce n'eft qu'à elles feules qu'appartient
le droit d'évoquer en cette Matiere, exclufivement aux Baillis
& Sénéchaux; cependant il paroît par l'article xxiij. de l'Edit de
Cremieu, que ce Droit avoit été pareillement attribué à ces derniers, fans aucune diftinction des Matieres civiles & criminelles.
Il eft vrai que d'un autre côté l'on voit par la Déclaration du
mois de Juin 1559, qui a été rendue en conféquence de cet Edit,
que ce même Droit leur a été entierement ôté, puifqu'elle leur
défend de retenir ni évoquer à eux la Caufe principale, en cas
d'Appel des Sentences interlocutoires ; & qu'elle leur enjoint de
renvoyer les Parties pardevant les mêmes Prevôts & Châtelains,
s'il fe trouve que ceux-ci ayent bien jugé, ou pardevant d'autres,
s'ils avoient mal jugé ; ce qui a été confirmé depuis par l'art. xviij.
de l'Ordonnance de Rouffillon, & par l'art. cxlviij. de celle de
Blois ; & c'eft fans doute conformément à ces dernieres Loix,
que l'Ordonnance femble les avoir exclus de ce Droit en Matiere

criminelle, en ne faifant mention que des Cours fupérieures : mais il n'en eft pas de même en Matiere civile, où ils y ont été maintenus expreffément par l'Ordonnance de 1667, qui leur permet d'évoquer les Caufes, Inftances & Procès pendans aux Siéges inférieurs, à la charge de les juger définitivement en l'Audience & fur le champ, par un feul & même Jugement.

2°. Nous avons dit que l'Evocation du Principal ne pouvoit être faite par les Cours qu'en *Matiere legere* ; il y a cependant des Cas où ces Cours ont également ce Droit, quoiqu'il s'agiffe de Matiere abfolument grave & importante : ces Cas font, comme nous l'avons dit, toutes les fois qu'il y a grande & *urgente* Caufe ; telle, par exemple, que la trop grande Puiffance d'un Accufé fur les Lieux. Ce Droit particulier leur eft encore attribué par l'Ordonnance de 1495, lorfque le premier Juge a commis quelque Nullité dans la Procédure.

3°. Nous avons dit que l'Evocation ne pouvoit être faite par les Cours qu'à la *charge de juger à l'Audience* ; cette difpofition, dont on ne peut trop louer la fageffe, en ce qu'elle tend à accélérer l'Inftruction des Procès & éviter des frais ruineux aux Parties, n'eft cependant point encore fans Exception ; il y en a une entre autres, tirée de l'art. ix. de la Déclaration du 15 Mars 1673, enregiftrée le 24 du même mois, qui porte « qu'il fera fait des Rôles » pour la Tournelle criminelle, lefquels finis toutes les Caufes, à » l'exception des Appels comme d'abus & des Requêtes civiles, » demeureront appointées par un Réglement général ». Il eft vrai que cet article ajoûte qu'à l'égard des Appellations de *Decrets* & de *Procédures* qui fe trouveront ainfi appointées, lorfque les Affaires feront legeres & ne mériteront pas d'être inftruites, le principal pourra en être évoqué pour y faire Droit définitivement, comme à l'Audience, après que les Informations auront été communiquées à M. le Procureur Général, & l'Inftruction faite, fuivant l'Ordonnance.

4°. Comme il n'eft parlé dans les différens articles de l'Ordonnance que nous venons de citer, que de l'Appel qui eft interjetté par les Accufés, & que ce n'eft feulement qu'en Matiere de Sentences définitives, qu'il eft fait mention de l'Appel interjetté par les Parties publiques ou par les Parties civiles ; il femble qu'on en pourroit conclure, que celles-ci ne feroient pas également reçues à appeller des Jugemens préparatoires ; cependant cela ne fouffre point de difficulté dans la Pratique, du moins quant à la

PARTIE PUBLIQUE, qui étant chargée du foin de la Vindiĉte publique, eſt fondée conſéquemment à reclamer contre tous les Jugemens qui pourroient favoriſer l'impunité des Crimes, tel que celui qui contiendroit un Decret trop leger. A l'égard de la PARTIE CIVILE, comme c'eſt l'Intérêt qui fait la meſure des actions, l'on peut dire, que par la même raiſon qu'elle eſt en droit d'accuſer, elle a auſſi le droit d'empêcher, par la voie de l'Appel & par celle des Défenſes & Surſéances, l'exécution d'une Sentence qui pourroit lui cauſer un préjudice irréparable, en définitive, telle que celle qui prononceroit un ſimple Decret d'aſſigné pour être oüi contre un Accuſé ſuſpeĉt, dont la détention pourroit ſeule faire toute la ſûreté des Condamnations qu'elle obtiendroit contre lui.

Au reſte, pour ce qui concerne l'INSTRUCTION de ces ſortes d'Appels, elle ſe fait ainſi: après que les Informations & le Procès criminel ont été apportés au Greffe de la Cour, M. le Procureur Général les diſtribue à l'un de ſes Subſtituts, qui va s'en charger au Greffe. Le Procureur de l'Appellant donne ſa Requête pour avoir des Concluſions; & pendant ce tems, M. le Préſident les diſtribue à l'un de Meſſieurs, qui après qu'il y a eu des Concluſions données, prend les Informations au Greffe, dont il ſe charge ſur le Regiſtre; & ſur ſon Rapport intervient Arrêt qui joint les défenſes à l'Appel, & renvoie devant le premier Juge pour faire le Procès en état de Priſe de Corps; ou fait défenſes d'exécuter ce Decret, & d'attenter à la Perſonne & aux Biens de l'Accuſé, à la charge par lui de ſe repréſenter à toutes Aſſignations en état d'Ajournement Perſonnel; ou enfin, la Cour prend le parti d'ordonner l'Evocation du principal, ſi la Matiere s'y trouve diſpoſée.

# CHAPITRE II.

## De l'Appel des Sentences interlocutoires en Matiere Criminelle.

NOUS avons compris ſous le nom de SENTENCES INTERLOCUTOIRES, les Sentences de Proviſions, Celles qui, ſur des Informations reſpectives, déclarent laquelle des deux Parties demeurera l'Accuſateur & l'Accuſé; Celles qui ordonnent la converfion des Procès criminels en Procès civils ; Celles qui condamnent à la Torture ; & Celles qui admettent l'Accufé à fes Faits juftificatifs : à quoi l'on peut ajoûter Celles qui déboutent l'Accufé du Renvoi par lui demandé.

S'IL EST PERMIS , comme nous venons de le voir dans le Chapitre précédent , d'appeller des Sentences préparatoires , quoiqu'elles faffent partie néceffaire de l'Inftruction criminelle , & qu'elles foient toûjours réparables en définitive : à plus forte raifon cette Voie doit-elle être ouverte pour les Sentences INTERLOCUTOIRES qui , de leur nature , font purement incidentes à l'Inftruction , & dont l'effet ne peut , le plus fouvent , être réparé par le Jugement définitif. Auffi voit-on que l'Ordonnance autorife non-feulement l'Appel de ces dernieres , mais qu'elle donne à cet Appel plus de force qu'à celui des Sentences préparatoires , puifqu'il a l'effet d'en fufpendre l'exécution , fans qu'il foit befoin d'Arrêt de Défenfes ou de Surféances.

Cependant , il faut diftinguer parmi ces Sentences interlocutoires : il y en a dont l'Appel n'eft jamais fufpenfif , & n'eft pas même fufceptible de défenfes & surféances ; de ce nombre font les Appels comme de Juge *incompétent & recufé* , lefquels ne peuvent , fuivant l'Ordonnance , empêcher ni retarder , en aucune maniere , l'Inftruction du Procès ; enforte que fi l'Accufé, qui auroit été débouté de fon Renvoi , refufoit de répondre fous prétexte de cet Appel , le Juge doit continuer de lui faire fon Procès comme à un *Muet volontaire* ; il eft vrai qu'en même tems l'Ordonnance ne permet pas , que cette continuation d'Inftruction puiffe préjudicier à fon Appel , en ajoûtant que les Procédures qui feroient faites depuis cet Appel , ne pourroient lui être oppofées comme fins de non - recevoir , c'eft-à-dire que le Juge d'Appel doit faire droit fur l'Incompétence , de la même maniere que fi ces Procédures n'avoient point été faites.

V. *art. 2. tit. 25.*

V. *art. 3. ibid.*

Il y a d'autres Sentences interlocutoires , dont l'Appel n'a l'effet d'en fufpendre l'exécution qu'en certains Cas ; ainfi les Sentences de Provifion font exécutoires , nonobftant l'Appel , lorfqu'elles n'excedent une certaine fomme ; fçavoir , celle de 200 liv. étant rendues par les Baïllis & Sénéchaux ; celle de 120 liv. étant rendues par les Juges royaux ; & enfin celle de 100 liv. lorfqu'elles font rendues par les Juges des Seigneurs : il eft vrai que dans ce dernier Cas , les Cours peuvent donner des Défenfes & Surféances ; mais ce n'eft que fous les mêmes conditions , &

V. *art. 7. tit. 12.*

avec les mêmes formalités que celles prescrites à l'égard des Sentences préparatoires, & de plus l'Ordonnance exige, en ce dernier Cas, que les Défenses ne puissent être accordées que sur le Vû des Rapports des Médecins & Chirurgiens.

A l'égard des autres Sentences interlocutoires, telles que celles qui, sur des Informations respectives, déclarent laquelle des deux Parties plaignantes deméurera l'Accusateur ou l'Accusé, celles qui ordonnent la conversion des Procès criminels en Procès ordinaires, celles qui admettent l'Accusé à ses Faits justificatifs, & enfin celles qui ordonnent la Question *préparatoire* ; il est certain que leurs Appels ont l'effet suspensif, & qu'il n'y a entr'elles d'autre différence sur ce point, sinon que l'Appel des Sentences de Provision, & de celles qui sont rendues sur des Informations respectives, ne se jugent jamais qu'à l'Audience sur les Conclusions de MM. les Avocats Généraux ; au lieu que l'Appel des Sentences qui admettent les Faits justificatifs, ou ordonnent la Question, ne se jugent qu'en la Chambre du Conseil, comme les Procès par Ecrit, par la raison que celles-ci ne sont rendues qu'après le Réglement à l'extraordinaire, qui a le même effet, en Matiere criminelle, que l'appointement en Droit, en Matiere civile ; c'est pourquoi, dans ces derniers Cas, il faut des Conclusions de M. le Procureur Général. Il y a d'ailleurs cela de particulier, par rapport à l'Appel du Jugement de Torture, qu'il est de *Droit*, & comme tel, ne peut être couvert par l'acquiescement même que l'Accusé donneroit à ce Jugement.

## CHAPITRE III.

*De l'Appel des Sentences définitives en Matiere Criminelle.*

C'EST proprement, comme nous l'avons dit, pour ces sortes de Sentences que l'Appel a été introduit, parce qu'elles doivent contenir l'Absolution ou la Condamnation de l'Accusé, & qu'elles ne peuvent point être retractées par le Juge même qui les a rendues ; c'est aussi à l'Appel de ces dernieres Sentences, que doivent s'appliquer singulierement tous les Principes que nous avons remarqués au commencement de ce Titre.

EN même tems que nous avons dit que les Sentences, pour être définitives, devoient contenir l'Absolution ou la Condamnation

des

des Accufés ; nous avons obfervé qu'il y avoit différentes Mànieres de condamner & d'abfoudre : qu'en fait d'ABSOLUTION, tantôt les Sentences prononçoient cette Abfolution pure & fimple, tantôt elles fe contentoient d'un fimple *Renvoi de l'Accufation*, & quelquefois même *d'un hors de Cour* ; qu'en fait de CONDAMNATION, elles prononçoient tantôt des Peines *afflictives* ou *infamantes*, tantôt des Peines *pécuniaires*, ou enfin qu'elles n'ordonnoient qu'un plus *amplement informé*.

C'eft par toutes ces différentes difpofitions, qu'on peut juger de la *Qualité* du Tribunal où l'Appel de ces Sentences doit être porté, de la *Maniere* dont il doit être inftruit, & enfin de l'*Effet* qu'il peut produire. Nous aurons lieu de faire toutes ces Diftinctions dans les deux Paragraphes fuivans, où nous traiterons, *en premier lieu*, de l'Appel des Sentences qui portent condamnation à Peines afflictives ou infamantes ; *en fecond lieu*, de celui des Sentences qui ne prononcent que des Condamnations pécuniaires.

### §. I.

*De l'Appel des Sentences qui portent Condamnation à Peines afflictives ou infamantes.*

Lorfque la Sentence porte une Condamnation qui tend à Peine afflictive, l'Appel en doit être porté néceffairement dans les Cours fupérieures ; & cela, quand même la Sentence auroit été rendue par des Juges de Seigneurs, fans que les Baillis, dont ces Juges reffortiffent d'ailleurs, puiffent, en aucune maniere, s'en attribuer la connoiffance ; c'eft la difpofition de l'article j. du Titre XXVI. de l'Ordonnance, qui comprend généralement toutes fortes de Sentences de *quelque qualité qu'elles foient*: il y a feulement une exception en faveur du Bailli du Duché de Bar, fondée fur des anciens Traités faits entre nos Rois & les Ducs de Lorraine.

Mais que doit-on entendre par PEINES AFFLICTIVES, dont il eft parlé dans cet article ? Il paroît, fuivant l'article vj. du même Titre, que l'Ordonnance a fixé le nombre de ces Peines à celles des *Galeres*, du *Banniffement* à perpétuité, & de l'*Amende honorable*: mais il faut remarquer, avec les Commentateurs, que l'Ordonnance n'a voulu parler, dans ce dernier article, que des Peines afflictives, dont l'Appel va de *Droit* dans les Cours, quand même il ne feroit pas interjetté de la part de l'Accufé ; & qu'à l'égard des autres Peines afflictives, dont elle ne parle point dans ce mê-

Bbb

me article, tels que le *Bannissement à tems*, le *Fouet*, le *Carcan*, ou même celles qui sont simplement infamantes, telle que le *Blâme*; quoique l'Appel de celles-ci ne soit point de *Droit* comme les précédens, & ne puisse avoir lieu que lorsqu'il est interjetté par l'Accusé, cela n'empêche pas qu'il ne doive être porté également aux Cours supérieures, à l'exclusion des Bailliages & Sénéchaussées. Telle est la Jurisprudence de ce Parlement, comme il paroît par l'art. xxxviij. de l'Arrêt de Réglement du 3 Septembre 1667.

Dans le nombre des Condamnations, dont l'Appel doit être porté dans les Cours, nous ne comprenons point la simple *Amende*, parce qu'elle n'est réputée infamante, suivant l'Ordonnance, qu'après que les Sentences qui la prononcent, ont été confirmées par Arrêt; mais nous y avons compris le *plus Amplement informé*; parce que, comme nous l'avons observé, pendant le tems qui est fixé par ces sortes de Jugemens, le Procès conserve sa nature de Procès criminel, de maniere qu'il peut être suivi de la Condamnation à quelques Peines *afflictives*, dans le Cas où il surviendroit de nouvelles Preuves contre l'Accusé; ce qui a lieu sur-tout à l'égard du *plus Amplement* INFORMÉ *indéfini*, qui est mis au nombre des Peines, comme nous le verrons ci-après.

QUANT à la Maniere dont ces Appels s'instruisent dans les Cours, elle consiste dans les formalités suivantes. L'Accusé doit aussi-tôt après cet Appel, être envoyé avec son Procès dans les Cours; il est défendu aux Greffiers d'envoyer l'un & l'autre séparément, à peine d'interdiction & de 500 liv. d'Amende. Que s'il y a plusieurs Accusés, & qu'il n'y en ait qu'un qui ait été jugé & condamné, & que les autres ayent été absous, ou n'ayent pas encore été jugés; ceux-ci ne laisseront pas que d'être également envoyés dans les Cours avec l'Accusé, qui a été jugé & condamné. Les frais de la conduite de ces Accusés & de leur Procès doivent être avancés par la Partie civile, s'il y en a, ou par les Receveurs & Engagistes du Domaine du Roi ou des Seigneurs, contre lesquels il sera délivré par les Cours un Exécutoire au profit de ceux qui feront cette conduite. L'Accusé & son Procès étant arrivés aux Geoles des Prisons, le Greffier de la Geole ou le Geolier sont tenus de remettre incessamment le Procès aux Greffiers des Cours, & ceux-ci d'avertir le Juge qui préside, de cette remise, afin qu'il fasse la distribution de ce Procès; c'est-à-dire, qu'il nomme un Rapporteur. Ce Rapporteur nommé, le Procès doit être communiqué ensuite à M. le Procureur Général, pour donner ses Conclusions, ce qu'il fait sur le Rapport de l'un de

*V. art. 6.*

*V. art. 7. & 8.*

*V. art. 16. & 17. tit. 25.*
*V. art. 14. tit. 26.*

*V. art. 9. ibid.*

*V. art. 10.*

fes Subftitus à qui il en fait la diftribution. Ces Conclufions fe
donñent de la même maniére que les Conclufions définitives en
premiere inftance ; c'eft-à-dire, qu'elles doivent être par écrit &
cachetées, & ne peuvent contenir les raifons fur lefquelles elles
font fondées. L'Ordonnance en parlant de ces Conclufions, ajoute
ces mots, s'*il y écheoit*, pour donner à entendre qu'il y a des cas
où M. le Procureur Général peut fe difpenfer de prendre des
Conclufions; fçavoir, lorfqu'il y en a eu de prifes en premiere
inftance, & qu'il ne juge pas à propos d'en prendre de plus fortes fur l'Appel. Enfin ces Conclufions étant données & le Procès rapporté dans la Chambre de la Tournelle, on fait venir les
Accufés, à qui l'on fait fubir un nouvel Interrogatoire fur la Sellette ou derriere le Barreau ; & c'eft enfuite de cet Interrogatoire, qui eft le feul Acte de Procédure qui fe faffe dans les Cours
où l'on ne prend d'ailleurs ni *Relief* & il ne fe fait aucune *intimation*, qu'intervient Arrêt ou *Préparatoire* qui ordonne que l'Accufé fera préalablement appliqué à la Queftion dans les Cas où
il n'y auroit pas été condamné par le premier Juge, ou *Définitif*
par lequel la Cour confirmera ou réformera le Jugement, dont eft
Appel, en tout ou en partie; ou bien ajoutera aux Condamnations qui y font portées celle de la Queftion *définitive* pour avoir
révélation des Complices, ce qui s'entend toujours dans le cas où
cette Queftion n'auroit pas été prononcée par le Premier Juge.

V. art. 15.

Nous avons vû au commencement de ce Titre, les Formalités
qui font particulieres à ces Arrêts & les diftinguent des Sentences;
elles roulent fingulierement fur ces trois points, 1°. la *Maniere*
de les prononcer, 2°. le *Nombre* des Juges qui doivent y affifter,
3°. la *Forme* de leurs fignatures.

1°. Quant à la MANIERE de prononcer les Arrêts, nous avons
dit que les Cours n'étoient point tenues d'en expliquer les motifs,
mais qu'elles fe contentoient de dire en général *pour les cas réfultans du Procès, nous condamnons*, &c. au lieu que les premiers Juges font tenus d'exprimer ees motifs en difant : *Nous déclarons
dûement atteint & convaincu de tel Crime*, &c.

2°. A l'égard du NOMBRE des Juges qui eft néceffaire pour former un Arrêt, il ne peut fuivant l'Ordonnance être moindre que
celui de *fept*, encore faut-il que ces Juges ayent voix délibérative,
( c'eft-à-dire qu'ils ayent vingt-cinq ans accomplis; quoique fuivant l'ufage du Parlement de Paris, l'on compte toujours la voix
du Rapporteur, quand même il n'auroit pas cet âge) : au lieu que

celui de *trois* suffit pour les Sentences, même celles qui condamnent à des Peines afflictives ; il faut excepter néanmoins celles rendues pour le Crime de Duel, où il en faut *cinq*, suivant l'art. xxviij. de la Déclaration du 5 Février 1731.

3°. Enfin, quant à la Signature, il suffit, suivant l'Ordonnance, que les Arrêts soient signés du Président & du Rapporteur, au lieu que les Sentences doivent être signées de tous les Juges qui y ont assisté.

## §. II.

### *Des Appels des Sentences qui ne prononcent que des Condamnations Pécuniaires.*

Nous comprenons sous cet Appel non-seulement celui interjetté par l'Accusé, mais encore celui qu'interjetteroit la Partie civile, dans le cas où les Condamnations pécuniaires ne se trouveroient pas suffisantes, ou que la Sentence contiendroit l'entiere Absolution de l'Accusé ; parce que ces Appels se reglent par les mêmes Principes, & qu'ils sont également distingués des précédens, soit par rapport aux *Effets* qu'ils produisent, soit par rapport au *Tribunal* où ils doivent être portés, soit enfin par rapport à la *Maniere* dont doit s'en faire l'Instruction.

1°. Quant à l'Effet de cet Appel, nous avons dit qu'il suspendoit l'exécution des Sentences, lorsque les Condamnations qu'elles prononçoient excédoient une certaine somme ; sçavoir, celle de 40 liv. envers la Partie, & de 20 liv. d'Amende envers les Seigneurs, lorsqu'elles sont rendues dans les Justices Seigneuriales ; celles de 50 liv. envers la Partie, & de 25 liv. envers le Roi, lorsqu'elles sont rendues dans Jurisdictions Royales, qui ne ressortissent nûement aux Cours ; & enfin celles de 100 liv. envers la Partie & 50 liv. envers le Roi, lorsqu'elles sont rendues dans les Bailliages & autres Sieges ressortissans nûement aux Cours.

Par conséquent, dans le cas où la Condamnation portée par ces Sentences n'excéderoit point les sommes dont on vient de parler ; ces Sentences devroient être exécutées nonobstant l'Appel qui en seroit interjetté ; c'est aussi la Disposition du même article de l'Ordonnance, qui veut même que dans ce dernier cas, l'exécution n'en puisse être empêchée ni retardée par des *Défenses* ou *Surséances*, qu'elle déclare nulles de plein droit & sans qu'il soit besoin d'en demander la main-levée ; elle ajoute néanmoins deux choses remarquables en faveur des Appellans : l'*une*, que ces Sentences ne peuvent être exécutées qu'en donnant Cau-

*V. art. 6. tit. 25.*

*V. art. 6. tit. 25.*

*V. art. 8. ibid.*

*V. art. 6.*

TION de la part de celui qui les a obtenues : l'*autre*, que les Amendes que payeroit l'Accusé en exécution de ces Sentences, ne sont réputées infamantes à son égard, que dans le cas où elles viendroient à être confirmées par Arrêt. *V. art. 7.*

2°. Par rapport au TRIBUNAL où cet Appel doit être porté, nous avons aussi observé, qu'il n'étoit point nécessaire, comme dans l'Appel des Sentences qui prononcent des Peines *afflictives*, que cet Appel soit porté dans les Cours supérieures ; & que l'Ordonnance laissoit au choix de l'Accusé de le porter devant ces Cours, ou devant les Baillifs & Sénéchaux : Nous ajoûterons seulement, que lorsque cet Appel est porté dans les Cours, c'est la Chambre des ENQUESTES & non la TOURNELLE, qui en doit alors prendre connoissance. *V. art. 11. tit. 26.*

3°. Enfin, pour ce qui concerne les FORMALITÉS de l'Instruction sur ces sortes d'Appels, elles sont les mêmes que celles qui s'observent sur l'Appel des Procès civils ; c'est-à-dire, que cet Appel se relève par Lettres prises en Chancellerie dans les mêmes délais, que ceux portés par l'Ordonnance de 1667 sous le Titre des Présentations : que l'Appellant doit constituer Procureur, prendre un Appointement de Conclusions : que la Distribution s'en fait aux Conseillers *Clercs* comme aux Conseillers *Laïcs* : que l'Appellant est tenu de consigner l'Amende : que l'Instruction s'en fait en vertu d'Appointement à fournir *Griefs*, *Réponses à Griefs*, &c. qu'on y donne communication des Informations, qui ne sont plus alors considérées que comme des Enquêtes : que les Accusés ne sont plus obligés d'être aux pieds de la Cour : qu'ils ne doivent pas subir un nouvel interrogatoire avant ce Jugement : que les Accusés qui ont le Privilége d'être jugés en la Grand'Chambre en Matiere criminelle, ne peuvent en jouir sur l'Appel de ces sortes de Sentences : que ces Appels ne peuvent être jugés en Vacation aux termes de l'Edit de 1669 : qu'en un mot on y doit suivre généralement toutes les Regles prescrites par l'Ordonnance civile.

Les seules formalités qui distinguent ces sortes d'Appels de ceux interjettés en Matiere civile, ainsi que de ceux interjettés des Sentences qui portent Condamnation à Peine afflictive, concernent la Remise ou l'Envoi qui doit être fait par le Greffier, du Procès sur lequel ces Sentences sont intervenues. 1°. A l'égard des Sentences portant Condamnation à Peine afflictive, dont l'Appel va de *Droit* dans les Cours, le Greffier doit faire cette Remise ou Envoi aussi-tôt après que ces Sentences sont rendues ;

sans qu'il soit besoin de lui faire aucune Réquisition préalable à cet effet, au lieu que dans le cas de l'Appel des Sentences qui ne prononcent que des Condamnations pécuniaires, il n'est tenu à faire cet Envoi ou Remise qu'après le Commandement qui lui en est fait, & dans un certain délai que l'Ordonnance a fixé à trois jours, à compter depuis ce Commandement, si le Greffier demeure dans le lieu de l'établissement des Cours; & à huitaine, s'il demeure dans la distance de dix lieues; enfin, s'il demeure dans une plus grande distance, elle veut que le délai soit augmenté d'un jour par chaque dix lieues, le tout à peine contre le Greffier, qui refuse de satisfaire dans les délais ci-dessus marqués, d'interdiction & de 500 liv. d'Amende.

V. art. 11. ibid.

2°. Pour ce qui concerne l'Appel des Sentences rendues en Matiere civile, le Greffier peut remettre les Pieces du Procès aux Parties mêmes, au lieu qu'en Matiere d'Appel de Sentences qui prononcent des Condamnations purement pécuniaires, ces Greffiers sont tenus de les remettre ou envoyer directement par les Messageries publiques au Greffe ou Bailliage où se porte l'Appel de ces Sentences, & ils ne doivent envoyer que des Grosses & non des Minutes des Pieces secrettes du Procès; par la raison, sans doute, que ce Procès, quoique civilisé, peut reprendre sa premiere nature de Procès criminel, dans le cas où le Ministere public jugeroit à propos d'interjetter Appel à minima.

En effet, toutes les fois que dans le cours de l'Appel interjetté par l'Accusé ou par la Partie civile, d'une Sentence qui ne prononce que des Condamnations pécuniaires, il plaît à M. le Procureur Général, sur la communication qu'il prend du Procès, d'interjetter Appel à minima, ou bien lorsque cet Appel est interjetté par le Procureur du Roi ou des Seigneurs, à qui les Sentences doivent être pareillement communiquées, quand elles portent une Condamnation moins severe que leurs Conclusions, alors ce Procès se porte directement à la Tournelle, où il s'instruit de la même maniere que celui des Sentences qui prononcent des Peines afflictives; ensorte que si l'Accusé a été élargi depuis la Prononciation de la Sentence, il est tenu de se rendre en état lors du Jugement du Procès dans les Cours, afin d'être interrogé derriere le *Barreau*, ce qui sera ordonné sur la Sommation de M. le Procureur Général, à laquelle si l'Accusé ne satisfait point, il sera fait perquisition de sa Personne, & sur le Procès-verbal de perquisition, ou sur le Certificat du Geolier qu'il ne s'est pas représenté, on ne laissera pas que de procéder au Jugement.

V. art. 13. lit. 26.

✳✳✳✳✳✳✳✳✳✳✳✳✳✳✳✳✳✳✳✳

# PARTIE HUITIEME.

*De l'Exécution des Jugemens en Matiere Criminelle.*

### TITRE PREMIER.

NOus venons de parler des Jugemens Criminels en ce qui concerne les *Fonctions du Juge*, nous allons préfentement les confidérer par rapport aux Effets qu'ils produifent contre *les Parties*.

Nous avons dit que le Jugement, pour être définitif, devoit contenir l'Abfolution ou la Condamnation de l'Accufé : il s'agit donc, pour remplir l'objet que nous nous fommes propofé dans cette derniere Partie, de déterminer en quoi confifte l'Exécution des Jugemens dans l'un & l'autre de ces Cas.

# CHAPITRE PREMIER.

*De l'Exécution des Jugemens qui contiennent l'Abfolution de l'Accufé.*

LORSQUE le Jugement contient l'Abfolution, fon Exécution confifte principalement en deux chofes ; d'*une part*, l'ELARGISSEMENT de l'Accufé, s'il eft prifonnier ; de l'*autre*, le RECOUVREMENT des dépens, dommages, & intérêts qui lui font adjugés contre fon Accufateur.

1°. Quant à l'ELARGISSEMENT, il doit être fait le jour même, ou dans les 24 heures de la Prononciation du Jugement ; c'eft la difpofition de l'art. xxj. du Tit. XXV. qui veut « que les Jugemens » foient exécutés le même jour qu'ils ont été prononcés, & de » l'art. xxix. du Tit. XIII. qui ordonne aux Greffiers de pronon » cer aux Accufés les Arrêts, Sentences, & Jugemens d'abfolu » tion ou d'élargiffement le même jour qu'ils auront été rendus ; » & s'il n'y a point d'Appel par les Procureurs du Roi ou des Sei » gneurs, dans les 24 heures mettre les Accufés hors des Prifons ;

» l'écrire fur le Regiftre de la Geole, & y faire mention du Juge-
» ment qui contient l'abfolution ».

V. même art. 29. lit. 13.

Cet élargiffement doit pareillement avoir lieu, encore que le Jugement prononceroit des Condamnations pécuniaires contre l'Accufé, pourvû qu'il configne entre les mains du Greffier de la Geole les fommes adjugées pour Amende, Aumône, ou Répa-rations civiles.

Suivant un Arrêt de Réglement de la Cour, du 9 Juillet 1716, rapporté au 6e Tome du Journal des Audiences, le Greffier eft tenu, en prononçant la Sentence à l'Accufé, de recevoir fa dé-claration s'il en eft Appellant, ou s'il y acquiefce; & la lui faire figner, s'il fçait écrire, au bas de la Prononciation, finon lui faire *déclarer qu'il ne fçait écrire ni figner de ce interpellé.*

2°. Pour ce qui concerne le RECOUVREMENT des dommages & intérêts, quoiqu'il foit une fuite ordinaire de l'Abfolution de l'Accufé, il y a cependant certains Cas où il ceffe d'avoir lieu, ou du moins qu'il eft fujet à plufieurs reftrictions remarquables.

D'abord, quant aux DÉPENS, il faut diftinguer trois fortes de Jugemèns, 1°. ceux rendus fur la Pourfuite du Procureur du Roi feulement; 2°. ceux rendus fur la Pourfuite des Procureurs des Seigneurs; 3°. enfin ceux rendus fur la Pourfuite de la Partie ci-vile. Au *premier* Cas, il n'y a aucuns dépens à efpérer pour l'Ac-cufé quoique renvoyé abfous, fuivant la maxime de notre Droit François, que nous avons rapportée ci-devant: au *fecond* Cas, il ne peut pareillement en répéter, comme nous l'avons dit, fi ce n'eft lorfque les Procureurs des Seigneurs y font condamnés fur l'Appel. Ce n'eft donc qu'au *dernier* Cas, que ces Dépens, tant ceux faits en première Inftance, que ceux faits fur l'Appel, peuvent être répétés contre la Partie civile qui fuccombe, fuivant

L. 13. §. 6. Cod. de Judic.

la maxime *Victus Victori in expenfis Caufarum ad integram earum refufionem debet condemnari.* Cette maxime eft confacrée par l'ar-ticle j. du Tit. des Dépens de l'Ordonnance de 1667, à laquelle l'Ordonnance criminelle renvoie expreffément par l'art. xx. du Tit. XXV. qui porte que *ce qui a été ordonné par les Dépens en Matiere civile, doit être exécuté en Matiere criminelle.*

A l'égard des DOMMAGES & INTÉRESTS de l'Accufé, nous avons dit qu'ils lui font dûs, lorfqu'ils lui font adjugés contre fon Accufateur; ce qui fe fait de deux manieres, ou par le Jugement même d'Abfolution & enfuite de la Requête qu'il aura préfentée

à

à cet effet ; ou bien par un Jugement poſtérieur, ſur la demande particuliere que l'Accuſé en aura formée depuis ce Jugement, contre la Partie civile ou contre ſon Dénonciateur, qu'il ſe fera fait nommer par le Procureur du Roi.

Mais cette Demande n'eſt pas toûjours écoutée ; & nous avons vû dans la ſeconde PARTIE, en traitant des devoirs de l'*Accuſateur*, qu'il y avoit pluſieurs Cas où l'Abſolution de l'Accuſé n'étoit pas un titre ſuffiſant pour autoriſer à former cette Demande, & encore moins pour en aſſûrer le ſuccès : ce que nous allons tâcher de rendre encore plus ſenſible, en diſtinguant ici deux ſortes d'Abſolutions d'après les Auteurs : l'une *parfaite*, qui décharge en même tems l'Accuſé du Crime & de l'Accuſation ou de l'Inſtance, de mániere qu'il ne peut plus être pourſuivi à ce ſujet, ſuivant la maxime *non bis in idem*, & c'eſt celle que nous appellons ABSOLUTION PURE & SIMPLE. : l'autre *imparfaite*, qui décharge ſeulement l'Accuſé de l'Inſtance, mais non du Crime pour lequel il peut être pourſuivi derechef, en cas qu'il ſurvienne de nouvelles Preuves ; c'eſt celle que produit un ſimple RENVOI de l'Accuſation, un HORS DE COUR, ou un PLUS AMPLEMENT INFORMÉ.

C'eſt dans le ſeul Cas de l'Abſolution pure & ſimple, que l'Accuſé peut prétendre des dommages - intérêts pour le préjudice qu'il a reſſenti d'une injuſte Accuſation : mais comme une Accuſation, pour être injuſte, n'eſt pas toûjours téméraire ni calomnieuſe, & que ce n'eſt proprement que dans le Cas où elle eſt téméraire & calomnieuſe, qu'elle peut, ſuivant l'Ordonnance, donner lieu à des dommages-intérêts, & même à une plus grande peine ; il eſt certain que lorſqu'il eſt prouvé d'ailleurs que l'Accuſateur a été porté par quelqu'autre motif à la former, telle qu'une juſte Douleur ou une Erreur excuſable, &c. il y a lieu de décharger ce dernier de cette demande en dommages - intérêts, & de mettre les Parties *hors de Cour* à ce ſujet.

Mais ſi dans le Cas même d'une Abſolution parfaite, qui ſuppoſe une entiere innocence de la part de l'Accuſé, celui-ci n'eſt pas toûjours en droit de demander des dommages-intérêts ; on peut dire, à plus forte raiſon, qu'il ne peut jamais en prétendre dans le Cas d'un *Renvoi* d'Accuſation, d'un *hors de Cour*, ou d'un *plus amplement informé*, qui laiſſent ſoupçonner l'Accuſé du Crime qu'on lui impute ; de maniere qu'il n'eſt cenſé avoir échappé à la Peine, que par le défaut de Preuves ſuffiſantes pour le convaincre.

C c c

Lorfque l'Accufé renvoyé Abfous par Arrêt fe trouve dans le Cas de prétendre des dommages-intérêts, il peut comprendre dans fa Demande la Reftitution de toutes les fommes qu'il aura été obligé d'avancer dans le cours de l'Inftruction du Procès criminel, & même depuis l'Appel du premier Jugement, telle, entr'autres, que l'Amende qu'il a été obligé de payer par Provifion dans le Cas marqué par l'article vj. du Titre XXV. comme auffi celle qu'il a été obligé de configner, lorfqu'il s'eft repréfenté pour purger fa Contumace, conformément à l'article xxvj. du Titre XVII. dont nous avons parlé ci-devant. Il peut même répéter les dommages-intérêts qu'il a foufferts, faute de recouvrement de ces Amendes, après qu'il en a pourfuivi le rembourfement contre les Receveurs du Domaine. En un mot, fous le nom de *dommages-intérêts*, font compris non-feulement les pertes réelles que l'Accufé aura faites, mais encore le profit certain dont il aura été privé par l'effet d'une injufte Accufation, *quod lucrari potuimus aut quòd nobis abeft* : il peut conféquemment reclamer la reftitution des fruits, tant ceux qui ont été perçus, que ceux qu'on a négligé de percevoir, *fructus perceptos & percipiendos* : à la vérité cette reftitution, pour avoir lieu parmi nous, doit être ordonnée par le Jugement, & elle n'eft point, comme dans le Droit Romain, une fuite néceffaire de celle du principal.

Tels font les effets particuliers que produit, en faveur de l'Accufé, le Jugement qui contient fon Abfolution. Voyons préfentement ceux que peut produire le Jugement qui contient fa condamnation, & qui fait le principal objet de cette derniere partie.

*L. Si commiffum, ff. rem ratam haberi.*

*V. Inftit. liv. 4. tit. 17. §. 1. L. 173. §. 1. ff. de reg. Jur.*

# CHAPITRE II.

## De l'Exécution des Jugemens qui prononcent des Condamnations contre l'Accufé.

COMME l'Exécution de ce Jugement doit être différente, fuivant les différentes efpeces de Peines qu'il prononce, & que l'application de ces Peines doit elle-même fe régler, fuivant les différentes efpeces de Crimes pour lefquels elles ont été établies; c'eft pour traiter cette derniere partie avec toute l'exactitude que l'importance & l'étendue de la matiere paroît demander, que nous croyons devoir la divifer en deux parties : dans la *premiere*, nous examinerons l'Exécution des Jugemens, par rapport aux différentes Peines : dans la *feconde*, qui fera l'objet d'un TRAITÉ particulier, que nous avons annoncé, nous tâcherons de déterminer l'application de ces Peines aux différentes efpeces de Crimes ; mais avant que d'entrer dans ce détail, il eft à propos de dire un mot des Formalités générales qui doivent précéder l'Exécution de ces Jugemens, dont le privilége eft tel, fuivant l'Ordonnance, que cette Exécution peut fe faire, pour ce qui concerne la Peine, en tous lieux, fans Permiffion ni *Pareatis*.

La PREMIERE formalité confifte dans la *Prononciation* de ces Jugemens : cette Prononciation doit fe faire, comme nous l'avons dit, par le Greffier dans deux tems différens ; d'*abord* dans la Chambre du Confeil, en préfence du Juge & du Rapporteur, l'Accufé étant à genoux ; *enfuite* au lieu même du Supplice : le Greffier doit, lors de ces Prononciations, recevoir les Déclarations de l'Accufé, conformément à l'Arrêt de Réglement, cité ci-devant.

La SECONDE, qui eft marquée par l'article xxj. du Titre XXV. de l'Ordonnance, confifte en ce que ces Jugemens doivent être exécutés le même jour qu'ils ont été prononcés ; enforte que s'il y a Appel, ou que l'Exécution en ait été renvoyée fur les lieux, ce Jugement doit être tenu fecret à l'Accufé jufqu'à ce qu'il ait été confirmé par Arrêt, ou que l'Accufé foit arrivé fur les lieux de l'Exécution ; ce qui ne doit s'entendre néanmoins qu'avec les exceptions fuivantes. La *premiere*, tirée de l'art. xxiij. du même Titre, regarde les *Femmes enceintes*, dont le Supplice doit être retardé jufqu'après leur accouchement, & même qu'elles foient revenues en fanté ; cette difpofition eft conforme à la Loi *Prægnantis 3. au ff. de Pœnis* ; mais comme il pourroit arriver que celles-ci, dans la vûe d'éloigner l'Exécution de leur Jugement, affecteroient une feinte groffeffe, ou feroient de fauffes déclarations fur ce point, l'Ordonnance y a pourvû fagement par ce même article, en ordonnant que les Femmes qui paroîtroient ou déclareroient être enceintes, foient vifitées par des *Matrones* qui feroient nommées d'office, & qui feroient leur Rapport à la forme prefcrite par l'Ordonnance civile au Titre des

EXPERTS. La *seconde* exception a été établie en faveur des Cours supérieures, qui peuvent, par des raisons particulieres, différer l'Exécution du Jugement : ensorte que l'obligation de le faire exécuter le jour même de leur prononciation, ne concerne proprement que les Juges inférieurs ; c'est l'observation qui fut faite par M. Pussort, lors du Procès verbal de Conférence. Enfin une *troisieme* exception, qui est tirée de la Loi VI. au Code *de Feriis*, & qui a été confirmée par l'art. iv. de l'Ordonnance de Henri II. en 1551, c'est que l'Exécution ne peut se faire les jours de *Dimanches* & *Fêtes*. Il y a cependant des Cas pressans qui obligent de passer sur cette Regle, tels que Ceux dont il est parlé dans la Loi IX. du même Titre du Code, *ne differatur sceleratorum proditio consiliorum*.

La TROISIEME formalité, qui concerne l'Exécution du Jugemenr, consiste en ce que cette Exécution doit être faite sur les Lieux mêmes où le Crime a été commis. « Si les Arrêts rendus » sur l'Appel d'une Sentence portent Condamnation à Peine af- » flictive, les Condamnés seront *renvoyés sur les Lieux* » ; c'est la disposition de l'article x.v.j. du Titre XXVI. de l'Ordonnance. Cette disposition, conforme à celle de la Loi XXVIII. §. 15. auss. *de Pœnis*, est fondée, comme nous l'avons dit plus haut, tant sur la Nécessité de l'exemple, *ut pœna unius metus esse possit multorum*, que sur une espece de satisfaction qui est dûe à ceux qui ont souffert du Crime, soit dans leur Personne, soit dans celle de leurs Proches, *in solatium parentum occisi*.

C'est aussi pour assûrer l'effet de cette disposition, que l'Ordonnance ajoûte, par le même article, que les Condamnés seront conduits *sous bonne & sûre garde*, aux frais de ceux qui en seront tenus, c'est-à-dire de la Partie civile, ou à son défaut, des Receveurs du Domaine ou des Seigneurs.

CEPENDANT, comme il pourroit y avoir du péril dans le transport du Condamné, qui seroit une Personne de marque & puissante sur les Lieux, ou qui auroit été favorisé par les premiers Juges, de maniere qu'il seroit plus sûr & plus avantageux pour l'exemple, que le Jugement fût exécuté dans la Ville même où les Cours tiennent leurs séances, que sur les Lieux où le Crime auroit été commis ; l'Ordonnance a crû devoir laisser en même tems à ces Cours la liberté de déroger à la disposition de cet article, par cette exception qu'elle y ajoûte, *s'il n'est autrement ordonné par nos Cours par des considérations particulieres*.

Une QUATRIEME formalité, qui est marquée par l'art. xxiv. du Tit. XXV. de l'Ordonnance, consiste dans l'Administration des secours spirituels au Condamné à mort ; l'Ordonnance veut qu'à cet effet, le Sacrement de Confession lui soit offert, & qu'il soit assisté d'un Ecclésiastique jusqu'au lieu du Supplice.

Suivant le Droit canonique, on peut lui administrer l'Eucharistie, pourvû que ce ne soit pas le jour même de l'Exécution du Jugement.

V. *Can. Quæsitum, c.* 13. *qu.* 2.
V. *Jul. Clare.*
*qu.* 99.

La CINQUIEME formalité concerne les Déclarations que pourroit faire le Condamné à mort au sujet de ses Complices, & les Accidens qui pourroient lui arriver jusqu'au lieu du Supplice ; & elle consiste en ce que le Juge (ou le Rapporteur s'il s'agit de l'Exécution d'un Arrêt de la Cour) doit se transporter à cet effet dans un lieu voisin de celui du Supplice, & dresser son Procès verbal, tant des Déclarations de l'Accusé, qu'il lui fera signer, que des Accidens qui lui seront survenus, comme la *mort subite* avant l'Exécution, & autres semblables.

INDÉPENDAMMENT de ces formalités *générales*, qui concernent principalement l'Exécution des Jugemens de Condamnation à mort, il y en a encore de particulieres qui concernent l'Exécution des Jugemens portant Condamnation à Amende honorable ou au Bannissement.

1°. A l'égard du Jugement qui condamne à l'AMENDE HONORABLE, l'Ordonnance veut que si, après la prononciation qui en a été faite au Condamné, celui-ci refuse d'obéir, le Juge lui fasse trois Injonctions différentes, après lesquelles il pourra le condamner à une plus grande Peine.

V. *art.* 22. *tit.* 25.

2°. Par rapport au Jugement, qui condamment au BANNISSEMENT ; outre la prononciation qui doit en être faite au Condamné par le Greffier, ce dernier est tenu de lui faire encore lecture de la Déclaration du 30 Mai 1682 : c'est la disposition d'un Arrêt de Réglement de la Cour du 12 Mai 1685.

## TITRE SECOND.

### Des Peines en général, & des Cas où l'on peut les diminuer ou les augmenter.

C'EST ici le point le plus important, & en même tems le plus délicat de tout le Procès criminel.

Les Peines étant établies, comme nous l'avons dit, à deux fins principales ; l'une, pour *punir le Coupable*, & l'empêcher de retomber dans le Crime ; l'autre, pour *l'exemple*, afin de contenir par la terreur des Châtimens ceux qui pourroient y tomber comme lui : le Juge ne doit jamais perdre de vûe l'un & l'autre de ces objets dans les Jugemens qu'il prononce en cette Matiere.

LA PEINE peut donc être définie en général : la Vengeance ou Satisfaction publique & particuliere, que la Loi fait tirer par ses Ministres, de l'Auteur du Crime.

Suivant cette définition, il y a cinq choses à considérer par rapport à la Peine, 1°. le CRIME qui y donne lieu, 2°. la LOI qui l'ordonne, 3°. le JUGE qui la prononce, 4°. l'ACCUSÉ qui la subit, 5°. enfin le PUBLIC ou le PARTICULIER qui demande satisfaction.

Nous disons, *en premier lieu*, qu'il faut un Crime pour qu'il y ait lieu à la Peine ; d'où il suit que la Peine ne peut être l'effet de la pure Convention des Parties, encore moins être appliquée à une Personne pour une autre.

Ainsi nous réprouvons comme contraire aux bonnes mœurs, l'Engagement que contracteroit un Fidejusseur, qui répondroit corps pour corps de la Personne d'un Criminel, par la raison que personne n'est le Maître de ses membres ; & c'est de-là qu'est venue cette Maxime de notre Droit François : *Que tous Délits sont personnels, & qu'en Crime il n'y a point de Garant.*

V. *Loysel, Instit. Cout. liv. 6. tit. 1. max. 8.*

*L. ult. ff. de Panis.*

Par la même raison, nous avons rejetté cette Maxime barbare tirée des anciennes Loix Romaines, qui autorisoit la conversion des Dettes purement civiles en des Peines corporelles par le défaut de payement du Débiteur.

C'est encore sur ce fondement, que s'est établi parmi nous

cette Maxime, que l'on ne peut pourſuivre un Héritier pour la peine du Crime que le Défunt a commis.

Enfin c'eſt par une ſuite du même principe, que nous avons aboli la Peine du TALLION.

Nous avons dit *en ſecond lieu*, que la Peine eſt ordonnée par la Loi, & c'eſt ce qui la diſtingue de celle qui eſt appellée en Droit, *Mulĉta*, qui dépend entierement de l'arbitrage du Juge ; par conſéquent pour qu'une Peine ſoit réguliere, il faut qu'elle ſoit du nombre de celles qui ſont établies par la Loi ; & il ne dépend pas du Juge d'y en ſubſtituer d'autres à ſon gré.

*L. 131. §. inſtar, ff. de verb. ſignif.*

*L. Aut damnum, ff. de Pœnis.*

Nous avons dit *en troiſieme lieu*, qu'elle devoit être prononcée par le Juge ; & c'eſt ce qui a donné lieu à cette autre Maxime de notre Droit François, *que toutes Peines requierent Déclaration.* Ainſi, l'on peut dire que ſi d'*une part*, la Peine dépend de l'autorité de la Loi, de *l'autre*, elle dépend auſſi de celle du Juge, qui en fait l'application, & qu'elle a chargé de la faire exécuter ; l'on peut même ajoûter qu'elle dépend principalement du Juge, en ce que la Loi eſt obligée de s'en rapporter à lui pour la Queſtion de *Fait*, dans les Cas mêmes qu'elle a prévûs, à plus forte raiſon dans ceux qu'elle n'a pû prévoir, à cauſe de la variété infinie des circonſtances ; c'eſt à ce ſujet que la fameuſe Loi *Perſpiciendum* lui recommande d'appliquer les Peines ſuivant l'exigence des Cas, ſans affecter ni trop de douceur, ni trop de ſévérité : *Perſpiciendum eſt judicanti, ne quid aut duriùs aut remiſſiùs conſtituatur quam cauſa depoſcit, nec enim aut ſeveritatis aut clementiæ gloria affeĉtanda eſt ; ſed perpenſo Judicio prout quæque reſ expoſtulet, judicandum eſt.*

*Faĉti quæſtio in arbitrio eſt judicantis, L. 1. §. 4. ff. ad S. C. Turpil. V. le tit. du ff. de Pœnis.*

Suivant les Maximes du Droit *Canonique*, il doit faire les fonctions d'un Pere, & ne point oublier en faiſant la guerre aux Crimes, les foibleſſes auxquelles eſt ſujette l'humanité ; en un mot, être plus occupé à détruire & prévenir le mal par la punition du Coupable, qu'à ſatisfaire en le puniſſant, le reſſentiment particulier, que peut lui inſpirer l'atrocité de ſon Crime.

C'eſt conformément à ces ſages principes, que doit s'entendre la Maxime, *que les Peines ſont arbitraires en ce Royaume ;* c'eſt-à-dire, que le Juge a le pouvoir de les augmenter ou diminuer ſuivant les circonſtances.

Mais quelles ſont les Circonſtances qui doivent principalement déterminer le Juge à augmenter ou à diminuer les Peines? C'eſt ce que nous croyons devoir examiner ici, d'après les Regles générales qui nous ſont indiquées par les Loix & par les Auteurs.

### Circonſtances qui peuvent ſervir à faire augmenter la Peine.

Ces Circonſtances ſont les mêmes, que celles qui ſervent à augmenter la noirceur du Crime, & elles ſont fondées ſur les mêmes Cauſes.

Ces CAUSES, que nous avons remarquées dans la premiere Partie de cet Ouvrage, ſe tirent, 1°. des MOTIFS qui ont fait agir l'Accuſé ; comme le Dol, la Trahiſon, l'Avarice, la Haine, le Mépris des Loix.

*L. 28. §. ult. ff. de Pœnis. L. 17. Cod. eod. tit.*

2°. De la Qualité de l'ACCUSÉ ; comme s'il eſt d'ailleurs Malfamé, ou a été repris de Juſtice ; ſi c'eſt un Vagabond ; ſi c'eſt une Perſonne Noble ou un Militaire, qui a commis une Action baſſe ; ſi c'eſt un Homme public, qui a abuſé de ſes fonctions.

*L. Quad. ff. de Pœnis.*

3°. De la PERSONNE envers qui le Crime eſt commis ; comme ſi c'eſt un Souverain, une Perſonne illuſtre, un Magiſtrat, un Pere, un Maître ou Supérieur, une Perſonne foible & hors d'état de ſe défendre.

*L. 28. §. 8. ff. de Pœnis.*

4°. Du LIEU où le Crime a été commis ; comme ſi c'eſt dans l'Egliſe, dans le Palais du Prince, l'Auditoire de la Juſtice, la Place publique, le grand Chemin, le Cabaret, lieu de Débauche, ou en ſa propre Maiſon.

*L. Pleriq. ff. de in jus voc.*

5°. De la MANIERE dont le Crime a été commis ; comme ſi c'eſt en attaquant & avec avantage ; ſi c'eſt avec armes, & ſi ces armes ſont défendues ; ſi c'eſt avec effraction ou ignominie ſcandaleuſe.

6°. Du TEMS ; comme ſi c'étoit pendant la nuit, pendant la célébration du Service divin, pendant la tenue de l'Audience.

7°. De l'HABITUDE ; comme ſi c'eſt une récidive de la part de l'Accuſé, ou ſi le même Crime eſt commis par un grand nombre de Perſonnes. A quoi l'on peut ajouter les autres Circonſtances tirées de la Quantité & de l'Evenement, que nous avons remarquées dans le Chapitre III. de la premiere Partie.

### Circonſtances qui peuvent faire diminuer la Peine.

*L. Si diutino, 25. ff. de Pœnis. V. Loyſel, Inſtit. tit. des Peines, Regl. 13.*

1°. La *longue durée* d'une Accuſation, ou de la Détention de l'Accuſé dans la Priſon.

2°.

2°. La *Colere*, sur-tout lorsque le motif en est naturel & fondé sur une juste douleur, tel que celui qui porteroit un Mari à tuer sa femme, qu'il surprendroit en Adultere.

3°. La *Fureur* ou Démence survenue après le Délit commis.

4°. La *Crainte*, pourvû qu'elle soit raisonnable, & telle que celle que les Canonistes appellent *Metus cadens in constantem virum.*

5°. L'*Yvresse*, lorsqu'elle est extrême, & qu'elle n'est point habituelle ni préméditée.

6°. La *Passion* de l'Amour.

7°. L'*Age tendre*, ce qui s'entend lorsqu'on n'a pas encore acquis la pleine Puberté.

8°. L'*Extrême Vieillesse*, ce qui ne doit s'entendre que pour des Délits legers, & non en fait de Crimes atroces qui supposent dans les vieilles gens une habitude invétérée.

9°. L'*Imprudence*.

10°. L'*Impéritie* ou l'inexpérience dans son Métier.

11°. La *Rusticité*.

12°. Le *Sexe*.

13°. La *Commisération*.

14°. L'*Affection* tirée de la Consanguinité.

15°. La *Confession* volontaire de l'Accusé.

16°. La *Dignité* ou la *Noblesse* de l'Accusé peut faire modérer la Peine, lorsqu'il s'agit de Crimes ordinaires, & non point en fait de Crimes *atroces*, qui par leurs motifs odieux, dégradent celui qui les commet, & ne le rend, s'il est Noble, que plus condamnable.

17°. Les *Services* rendus à la Patrie.

18°. Les *Talens* éminens qui peuvent rendre l'Accusé utile à la Société.

Marginal notes:

V. *Boer. decis.* 168.
V. *Jul. Clare, qu.* 60. *n.* 8.
V. *Jul. Cl. ibid. n.* 7.
V. le même, n. 17. *Menoch. de Arbitr. jud. cas.* 135. & 5. *Tiraq. de Pœnis temp. cauf.* 35. *n.* 1.
L. *Omne delictum,* §. *per vinum, ff. de Pœnis, Menoch. ib. caf.* 326.
V. *Tiraq. ibid. cauf.* 4. *Menoch, de Arbitr. caf.* 128.
L. *Auxilium,* 37. *de minor. Jul. Cl. qu.* 60. *n.* 2.
L. 108. *de reg. jur. Glof. fur cette Loi. Jules Clare, qu.* 60. *n.* 5.
V. *la même Loi ci-dessus.*
V. *Tiraq. loc. cit.*
L. *ult. Cod. de Testib.*
V. *Tiraq. ibid. cauf.* 9.
L. *ult. ff. de receptator.*
V. *la même Loi ci-dessus.*
L. 5. §. *fane,* C. *ad L. Jul. maj.*
L. 3. §. *leg. Cornel. de Siccar.*
V. *Jules Clare, qu.* 60. *n.* 24. *Loysel, ibid. regl.* 29. *Art.* 194. *de l'Ordonn. de Blois.*
L. *Si severior,* C. *ex quib. cauf. infam. irrog. Jul. Cl. qu.* 60. *n.* 27.
L. *Ad bestias, ff. de Pœnis. Jules Cl. qu.* 60. *n.* 16.

19°. L'*extrême Pauvreté*, ce qui s'entend seulement en fait de Vol de choses nécessaires à la vie.

*L. Liberorum & infirm. ff. de his quæ not. infam.*
V. *Jules Clare*, *qu. 58. n. 23.*

20°. L'*Obéissance* aux Ordres du Maître ou Supérieur.

21°. La *bonne Réputation* de l'Accusé avant le Crime.

*L. Si quis*, §. 2. ff. de Pænis.

22°. Le *défaut de Consommation* du Crime, *consummata faciliùs puniuntur quàm non perfecta.*

23°. La *Réciprocité d'injures ;* c'est-à-dire, lorsque le Crime a été commis pour repousser une injure reçue ; *Paria Delicta mutuâ compensatione tolluntur :* mais cette compensation n'a lieu qu'en fait de Délits legers & qui sont du même genre, non point lorsqu'il s'agit de Crimes atroces ; quoiqu'à la vérité ces derniers, lorsqu'ils sont commis pour la *Défense*, sont moins punissables, que lorsqu'ils sont commis en *attaquant*.

24°. Enfin, l'*Evenement heureux* du Crime a quelquefois servi pour en faire modérer la Peine ; comme par exemple, un Capitaine qui auroit remporté une Victoire complette sur l'Ennemi qu'il auroit attaqué, malgré la défense de son Général : il faut convenir cependant, que la rigueur des regles de notre Discipline Militaire s'oppose absolument à une pareille modération.

Nous avons dit en dernier lieu, que la Peine avoit pour objet de satisfaire à la Réparation du tort fait par le Crime, tant au Public qu'au Particulier ; & c'est sous ce dernier Rapport, que nous l'allons considérer dans les Chapitres suivans, d'après les Divisions différentes qu'elle a reçue dans le Droit Romain & dans le nôtre.

Nous avons dit, en traitant de la Jurisdiction Ecclésiastique, tout ce que le Droit Canonique avoit de particulier à cet égard.

# CHAPITRE PREMIER.

## Des Peines, suivant le Droit Romain.

LES Romains divisoient d'abord les Peines en *Personnelles* & *Réelles ;* ils appelloient *Personnelles*, celles qui frappoient sur la Personne ; & *Réelles*, celles qui frappoient sur les Biens.

Les Personnelles étoient subdivisées, suivant eux, en *Capitales* & non *Capitales*.

Les Capitales étoient toutes celles qui tendoient à la Mort, ou à la perte de la Liberté & des droits de Cité. *L. 28. ff. de Pœnis.*

Les Peines capitales qui tendoient à la Mort, étoient celles du Glaive, l'Exposition aux Bêtes, le Feu-vif, les Fourches & le Crucifiement. Ce dernier Supplice, qui étoit destiné principalement pour les Esclaves & pour les Etrangers, s'exécutoit de plusieurs manieres; mais la Forme dans laquelle fut faite la Croix du Sauveur du Monde, a cessé d'être en usage depuis les Défenses expresses qui en furent faites par l'Empereur Constantin; enforte que dès-lors, bien loin d'avoir été regardée comme un sujet d'ignominie, elle est devenue l'objet particulier du Culte & de la Vénération des Fideles, tellement que les Empereurs mêmes se sont toûjours fait gloire de la porter au-dessus de leur Diadême. *L. 11. §. capitis ff. de Pœnis.*

Nous ne parlons point ici d'une infinité d'autres Supplices, que la barbarie des Tyrans avoit inventée pour persécuter les Chrétiens, & dont l'usage a cessé avec le Paganisme, qui leur avoit donné naissance.

Les Peines capitales, qui causoient seulement la perte de la Liberté & des droits de Cité, étoient la Condamnation aux Mines, & l'Interdiction du Feu & de l'Eau; cette derniere Peine que les Romains avoient empruntée des Grecs, étoit comparée au dernier Supplice, en ce qu'on regardoit comme une espece de Mort, la Privation des Elémens aussi nécessaires à la Vie, que le Feu & l'Eau, & que le Condamné ne pouvoit trouver asile chez qui que ce soit; il paroît qu'elle étoit déja abolie dès les derniers tems de l'Empire Romain, & qu'on y avoit substitué à sa place celle de la Déportation, qui étoit une Rélégation perpétuelle dans quelques Isles; mais celle-ci n'avoit point un effet aussi étendu, que l'interdiction du Feu & de l'Eau, en ce qu'elle ne privoit point de la *Liberté* ni des autres facultés qui dépendoient du droit des Gens, comme de pouvoir disposer & faire toutes sortes de Contrats, mais qu'elle privoit seulement des *droits de Cité*; c'est-à-dire de tous ceux qui avoient été introduits par le Droit civil, comme les Droits attachés à la puissance paternelle, ceux concernans les Testamens, *&c.* *V. le tit. du ff. de interd. releg. & deport.*

La Déportation avoit aussi un effet moins étendu, que la Condamnation aux Mines, en ce que celle-ci donnoit ouverture à la *L. 15. ff. de interd. & relegat. & deport. L. 1. Cod. de hæred. Instit.*

Subftitution, de même que la Mort naturelle ; au lieu que la Déportation laiffoit la Subftitution en fufpens, & la faifoit dépendre du Prédécès de l'Héritier fubftitué ou de l'Héritier grévé ; en forte que fi l'Héritier grévé furvivoit au fubftitué, la Subftitution devenoit caduque, & les Biens fubftitués acquis irrévocablement au Fifc.

Il y avoit aussi des Peines capitales qui ne privoient point le Condamné des Droits de Cité ; de maniere qu'il pouvoit conferver pendant qu'elles duroient, la Puiffance paternelle, & joüir de tous les honneurs qui lui étoient déférés par fes concitoyens, à moins que cela ne fût porté autrement par le Jugement qui les prononçoit. De ce nombre étoit le fimple EXIL ou *Rélégation*, qui confiftoit dans la Défenfe d'habiter en certains lieux pendant un certain tems ou à perpétuité ; ou bien la fimple INTERDICTION, qui confiftoit dans la Défenfe de faire certaines chofes, comme de continuer les fonctions de l'Emploi qu'on exerçoit. Cette derniere étoit pareillement à *tems* ou *perpétuelle*, & elle étoit ordinairement prononcée par le Prince ; au lieu que la Rélégation ne l'étoit que par les Juges particuliers, & la Déportation par le Sénat.

Les PEINES NON CAPITALES, dans le Droit Romain, étoient celles qui n'affectoient que l'honneur, & emportoient l'infamie ou la perte des Dignités, avec incapacité d'en acquérir d'autres, & de pouvoir efter en Jugement. Celles-ci étoient prononcées par la Loi dans tous les différens Cas que nous avons eu lieu de remarquer, en parlant de ceux qui ne pouvoient *accufer* chez les Romains ; elles étoient auffi la fuite ordinaire de la Rélégation à tems & des Peines réelles.

Sous le nom de PEINES RÉELLES, les Romains comprenoient la *Confifcation* ou autrement la *Profcription* des Biens de l'Accufé au profit du Fifc ou de fes Créanciers. Ils en diftinguoient de deux fortes : l'une *principale*, qui étoit prononée par forme de Peine, & ne pouvoit l'être que par les premiers Magiftrats, tels que le Sénat, le Préfet du Prétoire, fon Lieutenant & le Préfet de la Ville ; mais non point par les Gouverneurs des Provinces. Celle-ci comprenoit l'univerfalité des Biens.

L'autre *Confifcation*, qu'ils appelloient *accessoire*, pouvoit être prononcée par toutes fortes de Juges : celle-ci ne comprenoit qu'une Partie des Biens, & elle étoit la fuite ordinaire de toutes condamnations à Mort naturelle ou civile.

DANS l'ancien Droit, ces fortes de Confifcations tournoient comme les premieres, au profit du Fifc. Maïs par le Droit nouveau, on a d'abord adjugé une moitié des Biens aux Enfans du Condamné, enfuite la totalité; & à défaut des Enfans, on les a adjugés aux Parens du Condamné jufqu'au troifieme degré, & enfin ce n'eft qu'à défaut de ceux-ci, qu'ils étoient dévolus au Fifc. Cette derniere Difpofition, qui eft tirée de la fameufe AUTHENTIQUE, *Bona Damnatorum*, ceffoit néanmoins d'avoir lieu en trois Cas: 1°. en fait de Crime de Lèze-Majefté, pour lequel les Biens de l'Accufé étoient dévolus irrévocablement au Fifc; 2°. au profit des Créanciers de l'Accufé, qui étoient préférés, non feulement à fes Enfans & autres Parens, mais encore au Fifc, hors le Cas du Crime de Lèze-Majefté; 3°. en faveur des Héritiers de la Femme condamnée à mort, dont la Confifcation ne pouvoit avoir lieu qu'en de certains Cas, tels que ceux de Lèze-Majefté, du Parricide, de la Violence publique, de l'Empoifonnement, & de l'Homicide.

*L.* 10. *Cod. de bonis profcript. & damn.*

*L. Quinque, ff. de bon. damnat.*

Il y avoit auffi d'autres Peines réelles ou pécuniaires introduites par le Droit civil, comme du *Double*, du *Triple*, du *Quadruple*: celles-ci étoient une fuite des Actions pénales, telles que celles concernant les *Délits privés*, dont nous avons parlé dans la premiere Partie de cet Ouvrage.

# CHAPITRE II.

## *Des Peines, fuivant nos ufages.*

COmme la PEINE, fuivant nos Maximes, ne peut être que l'effet de la Condamnation, & que la Condamnation ne peut tomber que fur l'une ou l'autre de ces trois chofes, la *Vie*, l'*Honneur* & les *Biens*; nous ne connoiffons par conféquent que trois fortes de Peines, les Peines *corporelles*, les Peines *infamantes*, & les Peines *pécuniaires*.

C'eft à ces trois Claffes, en effet, que l'on peut rapporter toutes les Peines qui font en ufage parmi nous; mais quoique ces Peines ayent des Objets différens, & qu'elles puiffent fubfifter féparément les unes des autres, elles fe réuniffent néanmoins le plus fouvent dans leur application, foit par l'effet du Crime qui les produit, foit par celui du Jugement qui les prononce; en-

forte qu'il y en a, qui font tout-à-la-fois corporelles, infamantes,
& pécuniaires; d'autres, qui, quoique corporelles, ne font point
infamantes; d'autres qui font en même tems infamantes & pécuniaires; d'autres enfin, qui font pécuniaires fans être infamantes.
Ce font ces Cas particuliers que nous aurons foin de diftinguer
dans l'Enumération que nous allons faire des différentes Peines,
fous les trois Paragraphes fuivans.

## §. I.

### *Des Peines corporelles.*

Nous appellons de ce nom, toutes celles qui tendent à détruire
le Corps, ou à l'affliger de quelque manière, foit par la mutilation de fes membres, foit par l'état violent où elles le rédui-
fent; on les appelle auffi par cette raifon *Peines afflictives*, quoique cette derniere Qualification foit employée plus ordinairement à défigner celles qui tendent feulement à priver l'Homme
de fa liberté.

Ces PEINES, fuivant l'ordre dans lequel elles font marquées
par l'art. xiv. du Tit. XXV. de l'Ordonnance, font, 1°. la *Mort
naturelle*, 2°. la *Queftion avec réferve de Preuves en leur entier*, 3°. les
*Galeres perpétuelles*, 4°. le *Banniffement perpétuel*, 5°. la *Queftion
fans réferve de Preuves*, 6°. les *Galeres à tems*, 7°. le *Fouet*, 8°.
l'*Amende honnorable*, 9°. le *Banniffement à tems*.

Quoique l'Ordonnance ne faffe mention que de celles-ci, il y
en a plufieurs autres qui font réputées également Peines corporelles dans notre ufage, & qui par cette raifon ne peuvent être
exécutées qu'après qu'elles ont été confirmées par Arrêt fur l'Appel au Parlement. De ce nombre font celles d'*être Marqué de la
Fleur-de-lys fur l'épaule*, d'*être Pendu fous les aiffelles*, d'*être Traîné
fur la Claie*, d'*avoir le Poing coupé*, *la Langue percée ou coupée*, *le
Carcan ou Pilori*, *la Réclufion dans une Maifon de Force*, *la Prifon
perpétuelle*, *le Fouet fous la Cuftode*.

Nous allons donner une Notion générale de toutes ces différentes Peines, fuivant l'ordre que nous venons de marquer, en
obfervant en même tems les Cas particuliers où elles ont lieu,
& les Effets qui en peuvent réfulter, relativement à l'Honneur &
aux Biens du Condamné.

Il y a plufieurs autres Peines corporelles dont nous ne parlons
point ici; foit parce qu'elles ont ceffé d'être en ufage, telles que

celles d'être *jetté dans la Mer* ou *dans un Fleuve*, d'avoir les *yeux crevés*, le *nez*, les *oreilles*, ou les *pieds coupés*; soit parce qu'elles ne se prononcent point dans les Tribunaux ordinaires, telles que celles de *passer par les Armes* ou *par les Baguettes*, l'*Estrapade*, la *Cale*, la *Boucle*, & autres qui sont particulieres aux Militaires ou aux Marins, dont nous avons eu lieu de parler, en traitant de ces sortes de Jurisdictions; nous observerons seulement, à l'égard de la Peine du *Nez* ou des *Oreilles* coupées, que la premiere a encore lieu, comme nous l'avons vû, contre les Faux-soldats ou *Passevolans*, & la seconde contre les Esclaves d'Amérique, suivant la Disposition de l'Edit de 1685.

1°. CONDAMNATION *à Mort naturelle*; c'est la premiere & la plus grande de toutes les Peines : l'Ordonnance y ajoûte le mot *naturelle*, pour la distinguer de la Mort civile, dont nous parlerons ci-après.

Cette Peine est connue dans le Droit Romain, tantôt sous le nom de *Peine ordinaire*, tantôt sous celui de *Peine capitale*, & quelquefois aussi sous le nom de *dernier Supplice*. Elle a été introduite, tant pour exterminer le Méchant, afin qu'il ne fasse plus de mal, que pour détourner les autres de mal faire, par la terreur de son châtiment.

Il y a deux choses à remarquer par rapport à cette peine : l'une, qu'il ne suffit pas qu'elle soit prononcée dans le Jugement, mais il faut encore qu'il y soit ajoûté *jusqu'à ce que Mort s'ensuive*; ensorte que si après la Prononciation du Jugement, qui contient cette Condamnation, l'Accusé venoit à s'échapper de la Prison ou du lieu du Supplice, & qu'il fût repris; ou même si après avoir subi l'Exécution de ce Jugement, il arrivoit qu'il donnât encore des signes de Vie, on ne laisseroit pas de lui faire souffrir le même Supplice, sans autres formalités. L'*autre*, que cette Peine emporte la Confiscation des Biens, suivant cette Maxime de notre Droit François, qui *confisque le Corps, confisque les Biens*, ce qui ne s'entend néanmoins que pour les Pays où la Confiscation a lieu.

Il y a cinq sortes de Condamnations à mort naturelle, qui sont usitées parmi nous. La *premiere* est celle d'être ÉCARTELÉ, la *seconde* est celle du FEU VIF, la *troisieme* est celle de la ROUE, la *quatriéme* celle de la POTENCE, & la *cinquieme* celle de la TESTE TRANCHÉE.

*[Note marginale: PEINES CORPORELLES qui sont mentionnées dans l'Ordonnance.]*

*[Note marginale: L. ult. 21. ff. de Panis.]*

La Peine d'être ÉCARTELÉ ou *tiré à quatre Chevaux*, s'exécute, en attachant des Chevaux à chaque Bras & Jambe du Patient, & en les chaffant de quatre côtés différens ; elle s'execute auffi fur Mer, par le Trait de plufieurs Galeres. Ce Supplice eft d'un ufage fort ancien, comme il paroît par différens Paffages des Poëtes & des Hiftoriens Romains. Il n'a lieu ordinairement que dans les Crimes de *Leze-Majefté au premier Chef*, ou Attentats contre la Perfonne facrée du Souverain, quoiqu'il y ait des Exemples dans notre Hiftoire, qu'il eft auffi employé pour punir les Attentats faits à la Perfonne des Princes du Sang, entr'autres ceux de *Salfede* & de *Poltrot*, dont le premier avoit attenté à la Perfonne du Duc d'Anjou, Frere d'Henri III. & le dernier à celle du Duc de Guife.

Il paroît par les Arrêts du Parlement de Paris, qui ont été rendus en pareil Cas, & notamment ceux rendus contre *Jean Chatel*, *Ravaillac*, & en dernier lieu contre le nommé *Robert-François Damiens*, que ce Supplice eft ordinairement accompagné de plufieurs autres Peines, qui en augmentent la Rigueur. Pourroit-il en effet y en avoir de trop rigoureufes pour punir des Monftres auffi exécrables & auffi dangereux ? Ces Peines font l'Amende honorable, le Tenaillement aux Mammelles, Bras, Cuiffes & Gras de Jambes ; où l'on jette du Plomb fondu, de l'Huile bouillante, de la Poix-Réfine brûlante, de la Cire & du Soufre fondus enfemble ; les Membres, après l'Exécution, mis au Feu, pour y être confumés ; les Cendres jettées au vent ; le Rafement de la Maifon où demeuroit le Condamné ; la Suppreffion de fon Nom, avec Défenfes à fes Parens de le porter ; Banniffement de fes Pere & Mere à perpétuité hors du Royaume, avec Défenfes d'y rentrer, à peine de la Potence, fans autre forme de Procès ; enfin, la Confifcation des Biens au profit du Roi, à l'Exclufion des Seigneurs & des Créanciers, même dans les Pays où la Confifcation n'a pas lieu.

La Peine du FEU VIF ne s'exécute point parmi nous, fur des Tables de Cuivre comme chez les Romains, mais en attachant le Condamné, revêtu d'une Chemife de Soufre, à un Poteau dreffé fur une Place publique ; & après que fon Corps eft confumé par les flammes, on jette fes cendres au vent : elle eft ordinairement précédée de l'Amende honorable. Cette Peine a lieu pour les Crimes de *Magie, Héréfie, Sacrilége, Blafpheme, Sodomie,*

V. FLOR. lib. I. c. 3. SENEQ. epift. 14. VIRGILE, Enéïde, chap. 8. OVID. Trift.

*mie*, *Beſtialité*, *Inceſte* au premier degré, *Incendie*, *Empoiſonne-*
*ment.*

La Peine de la ROUE nous eſt venue d'Allemagne : elle s'exécute ſur un Echaffaut dreſſé en Place publique, où après avoir
attaché le Condamné à deux morceaux de bois taillés en Sautoir
ou en forme de Croix de S. André, l'Exécuteur de la Haute-Juſ-
tice lui décharge pluſieurs coups de Barre de fer ſur les Bras,
Cuiſſes & Jambes ; après quoi il le met ſur une Roue, la face
tournée vers le Ciel, pour y expirer. Mais afin d'empêcher que
la rigueur extrême de ce Supplice, ainſi que de celui du Feu vif,
n'expoſe le Salut du Condamné par le deſeſpoir où elle pourroit
le jetter, les Juges des Cours ſupérieures ont attention le plus
ſouvent d'ordonner par un *Retentum*, qu'ils mettent au bas de
l'Arrêt, que le Condamné ſera étranglé dans le tems de l'Exécution.

Au reſte, cette Peine n'a lieu que pour des Crimes extrêmement atroces, tels que l'*Aſſaſſinat*, le *Meurtre d'un Maître par ſon*
*Valet*, le *Vol de Grand-chemin*, le *Parricide*, le *Viol* ; les Femmes
ne ſont point condamnées à cette Peine, par des raiſons de décence & d'honnêteté publique.

La Peine de la POTENCE ou de la Corde s'exécute d'une maniere trop connue pour qu'il ſoit néceſſaire de la rappeller ici ;
nous obſerverons ſeulement qu'elle ne s'applique qu'à de ſimples
Roturiers, & qu'elle eſt ordinairement employée dans les Cas du
*ſimple Homicide*, du *Recélement de Groſſeſſe*, de la *ſuppreſſion de*
*Part*, de la *ſuppoſition de Perſonnes*, de la *fauſſe Monnoie*, du
*Rapt*, du *Stupre*, de la *Banqueroute frauduleuſe*, du *Faux*, du
*Péculat*, du *Larcin*, lorſqu'il eſt conſidérable ou réitéré, du *Vol Do-*
*meſtique*, du *Recélement de Vol*, du *Plagiat*, de l'*Aſſemblée illicite*
*avec port d'Armes*, *Sédition & Emotion Populaire*.

La Peine de la TESTE TRANCHÉE a pris ſon origine chez les
Grecs, & elle a été ſpécialement établie pour les Perſonnes Nobles, afin de leur ſauver l'infamie attachée à celle de la Potence ;
ainſi on peut dire en général qu'elle a lieu à l'égard de ceux-ci
dans les mêmes Cas qui font condamner à la Potence les Roturiers ; & c'eſt de-là qu'eſt venue cette regle de notre Droit françois, rapportée dans Loyſel, qu'*en Crime qui mérite la Mort*, le
*Vilain ſera pendu*, *& le Noble décapité*. Ce qui ne doit néanmoins
s'entendre que lorſqu'il s'agit d'un Crime qui n'eſt pas deshono-
rant par lui-même, quoique d'ailleurs inexcuſable ; car s'il eſt de

*V. tit des Peines,*
*Régl. 28.*

E e e

sa nature infamant à cause de sa noirceur & de la bassesse qu'il renferme, le Noble ne devroit point être distingué du Roturier: suivant cette autre regle qu'on voit à la suite de la précédente, *toutefois où le Noble seroit convaincu d'un vilain Cas, il sera puni comme Vilain.*

*V. Loysel, ibid.*

2°. QUESTION *avec réserve de Preuves en son entier*, c'est la seconde espece de Peine corporelle, suivant l'Ordonnance : nous avons dit que cette Question ne s'ordonnoit que lorsqu'il y avoit des Preuves si considérables contre l'Accusé, qu'il ne manquoit plus que sa Confession pour le faire condamner au dernier Supplice, & que ces Preuves étoient d'ailleurs suffisantes pour le faire condamner à toute autre Peine ; cette Question est ou *ordinaire* ou *extraordinaire.*

La premiere est moins rude que la derniere, qui se fait par le redoublement de celle-ci, c'est-à-dire que si la Question est donnée à l'Eau ou aux Brodequins, comme elle se pratique dans le Ressort de ce Parlement, l'on double le nombre des Pots d'eau ou celui des Coins.

La Question ordinaire, s'emploie communément à l'égard des Personnes foibles, tels que les jeunes Gens, les Vieillards ou Infirmes ; mais le plus souvent on ordonne l'une & l'autre en même tems.

Comme ces Questions se donnent différemment dans les différens Parlemens, l'on croit devoir rappeller ici celles qui sont les plus usitées.

Au Parlement de PARIS, la Question se donne, comme nous venons de le dire, de deux manieres, à l'Eau & aux Brodequins; celle à l'*Eau* se donne ainsi : on fait boire de l'eau au Patient avec une Corne, mise par le bout dans la Bouche, après qu'il a été attaché sur le Dos par les Bras & les Jambes à des Bancs ou Traiteaux, ensorte que son Corps ne se supporte que par les Cordes qui le tiennent attaché en cet état : la Question ordinaire est de quatre Pots d'eau, & l'extraordinaire de huit à neuf.

Celle des *Brodequins* se donne en serrant les Jambes du Patient par des Ais ou Planches attachées avec des Cordes, entre lesquelles on met des Coins : on en met six pour la Question ordinaire, & neuf pour la Question extraordinaire, & on frappe à coups de Marteau ou Maillet sur les Coins : celle-ci se pratique principalement au Grand-Conseil.

Au Parlement de ROUEN, on la donne en ferrant le Pouce ou autres Doigts, ou une Jambe du Patient avec des Machines de Fer appellées *Valet*; quelquefois on ferre les deux Pouces pour l'extraordinaire.

Au Parlement de BRETAGNE, on approche le Patient aſſis & attaché ſur une Chaiſe devant un Feu, les Pieds nuds levés contre, & on l'approche par degrés.

Au Parlement de BESANÇON, la Queſtion ſe donne de deux manieres différentes : l'*ordinaire* eſt une eſpece d'Eſtrapade ; le Patient ayant les Bras liés avec des Cordes derriere le Dos, eſt élevé en l'air par une autre Corde attachée aux Bras liés, & ſortant d'une Poulie miſe au-deſſus d'une grande Machine de Bois ; cette Corde eſt tirée par un Tour : pour la Queſtion *extraordinaire*, on attache aux Orteils de chaque Pied du Patient un gros Poids de Fer ou de Pierre qui, lorſqu'on l'éleve, demeure ſuſpendu à ſes Pieds ; & pour mieux lui faire ſentir de la Douleur, on lui donne différentes ſecouſſes d'un Bâton, dont on frappe ſur la Corde.

ON PEUT juger, par tous ces Exemples, de la rigueur de ce genre de Supplice, que les Loix, comme l'Ordonnance, mettent immédiatement après celui de la Mort, & qui la cauſent même quelquefois, lorſqu'il dure un certain tems, & que le Corps du Patient ne ſe trouve pas d'ailleurs bien diſpoſé : il y en a un exemple mémorable, rapporté dans les Cauſes célebres, dans la Perſonne de *le Brun.* C'eſt par cette raiſon qu'on ne peut faire ſubir ce Supplice à des Perſonnes qui ont des Deſcentes, & que ſa durée ne doit être, ſuivant les Auteurs, que d'une heure, ou une heure & quart au plus. Nous avons obſervé d'ailleurs que la Queſtion ne pouvoit être donnée que huit ou dix heures après le repas.

*V. Zachias en ſes Queſt. medico-leg. tom. 1. tit. 6. qu. 4.*

Au reſte, il y a cela de remarquable par rapport à cette Peine, qu'ayant été introduite, moins pour punir le Coupable, que pour acquérir des Preuves contre lui, elle n'emporte par elle-même aucune Note d'infamie, encore moins la Confiscation des Biens de celui qui l'a ſoufferte ; de maniere que s'il venoit à mourir avant le Jugement définitif, il ſeroit cenſé mort *integri ſtatus*, ſans qu'il fût beſoin de faire réhabiliter ſa Mémoire ; mais auſſi ſes Héritiers n'auroient, de leur côté, aucuns dommages-intérêts à prétendre contre ſes Accuſateurs, quand même ils parviendroient à juſtifier ſon innocence ; ainſi jugé dans l'affaire de l'*Anglade.*

*V. Procès-verbal de conſer. ſur l'Ordonn. de 1670.*

3°. GALERES *perpétuelles* : cette Peine qui eſt la troiſieme dans l'ordre des Peines corporelles, ſuivant l'Ordonnance, eſt comparée, par nos Auteurs, à celle de la Condamnation AUX MINES du Droit Romain, & produit comme elle la Mort civile & la Confiſcation des Biens; elle ne peut être régulierement prononcée que par un Juge royal, parce qu'il n'y a que le Roi qui ait des Galeres en ce Royaume. Henrys rapporte un Arrêt du Parlement de Paris, en forme de Réglement, qui fait défenſe aux Juges des Seigneurs de prononcer cette eſpece de Condamnation : l'on trouve cependant dans le Dictionnaire des Arrêts pluſieurs Déciſions contraires, qui ſont autoriſées par l'uſage.

*V. tom. 1. liv. 2. ch. 4. qu. 31.*

Cette Peine ne peut être prononcée contre les *Femmes* à cauſe de la foibleſſe du ſexe; mais l'on y a ſubſtitué celle d'être renfermées dans l'Hôpital Général, comme il paroît par la Déclaration du 29 Avril 1688, ou bien celle du Banniſſement perpétuel : l'on n'y condamne point non plus les *Vieillards*, les *Malades incurables*, les *Eſtropiés* d'un Bras ou d'une Jambe, ou *Culs-de-jatte*, & généralement tous Ceux qui ne ſont pas en état de ramer.

Par une Déclaration du 4 Septembre 1677, il eſt porté que les Condamnés aux Galeres, qui après leur Jugement mutileront leurs mèmbres, ſeront punis de Mort.

Cette Peine eſt toûjours jointe à celle de la Flétriſſure ou Marque avec un Fer chaud avec ces trois Lettres G A L. *pour, en cas de récidive de la part du Condamné, en Crime qui mérite Peine afflictive, être puni de Mort;* c'eſt la diſpoſition de l'article v. de la Déclaration du 4 Mars 1724. Elle a lieu généralement pour tous les Crimes qui ſont moins graves que Ceux qui donnent lieu à la Torture, quoiqu'on la prononce auſſi volontiers dans les Cas où l'Accuſé n'a rien avoué dans la Queſtion avec réſerve de Preuves en leur entier : les Crimes pour leſquels elle s'inflige le plus ordinairement ſont, l'*Uſure*, la *Concuſſion*, la *Suppreſſion des Pieces*, la *Fauſſeté des Dépoſitions*, l'*Abigeat*, le *Trouble au Service Divin*, & autres Crimes commis par *Vagabonds*, *Gens ſans aveu;* & elle a lieu auſſi, aux termes de la Déclaration du 31 Mai 1682, regiſtrée le 17 Juin ſuivant, contre des Condamnés au Banniſſement, par Jugemens Prevôtaux, qui ne gardent pas leur Ban : cette Déclaration laiſſe, à la vérité, aux Juges la liberté d'arbitrer cette Peine à tems ou à perpétuité. Enfin cette Peine eſt encore prononcée par la Déclaration du 4 Mars 1724, pour les récidives des Vols ſimples par Gens déja flétris.

4°. BANNISSEMENT *perpétuel* : cette Peine qui suit immédiatement celle des Galeres perpétuelles , est comparée par nos Auteurs à celle de la *Déportation* du Droit Romain : elle produit aussi les mêmes effets ; sçavoir , la Mort civile & la Confiscation des Biens , & elle ne donne point ouverture à la Substitution , en quoi elle differe des Galeres perpétuelles.

Le mot de BANNISSEMENT vient de *Ban* , ancien mot Tudesque qui signifie une *Proclamation publique* , parce qu'anciennement on faisoit sçavoir publiquement l'exil de celui qui étoit condamné , comme il se pratiquoit à Rome à l'égard de la Déportation & des Proscriptions. Cette Peine a lieu, suivant nos Auteurs, lorsque le Cas est de nature à mériter Mort naturelle , mais que les Preuves ne sont pas exactement concluantes , & forment seulement de fortes Présomptions telles qu'elles suffiroient pour faire condamner aux Galeres perpétuelles , si le Juge n'étoit retenu par des considérations particulieres tirées de l'âge , de l'infirmité , ou de la condition de l'Accusé. C'est la Peine que l'on prononce ordinairement contre les Femmes , au lieu de celle des Galeres perpétuelles. *V. Alex. consil.* 115. vol. 3.

Il y a plusieurs sortes de Bannissemens perpétuels : les uns sont seulement d'une *Ville ;* d'autres, du *Ressort d'un Bailliage ;* d'autres, du *Ressort d'un Parlement ;* d'autres enfin , *hors du Royaume :* il n'y a que les Cours supérieures qui peuvent prononcer ce dernier ; & c'est aussi le seul qui produise la Confiscation des Biens : *V. Bouchel, l. 1. ch.* 41. il ne peut être prononcé contre les Femmes, suivant les dernieres Déclarations & Arrêts, mais il doit être converti ou dans la Détention perpétuelle dans une Maison de Force, ou dans un Bannissement perpétuel hors du Ressort du Parlement, qui produit alors le même effet, à leur égard, que celui hors du Royaume ; au reste, cette Peine est ordinairement accompagnée de celle du Fouet.

Nous avons dit plus haut , que par un Arrêt de Réglement de la Cour du 12 Mars 1685 , il étoit enjoint aux Juges du Ressort de faire faire lecture de la Déclaration du mois de Mai 1682 aux Condamnés au Bannissement , en même tems qu'on leur prononceroit leur Jugement.

5°. QUESTION *sans réserve de Preuves :* nous avons parlé , sous le Titre de l'*Instruction* , de cette espece de Peine que l'Ordonnance place à la suite du Bannissement perpétuel , & nous avons remarqué que ce qui la rendoit moins rigoureuse que celle de la

*Queſtion avec réſerve de Preuves*, c'eſt qu'elle opéroit l'entiere décharge de l'Accuſé qui n'avoit rien avoué dans ce Tourment,
auſſi ne s'ordonne-t-elle que lorſque les Preuves du Crime ſont
moins conſidérables que celles qui peuvent donner lieu à la premiere.

6°. GALERES *à tems* : cette Peine eſt toûjours accompagnée,
comme celle des Galeres perpétuelles, d'une Flétriſſure ou Marque avec un Fer chaud qui porte ces trois Lettres *G A L.* conformément à l'article v. de la Déclaration du mois de Mars 1724;
mais elle n'emporte point, comme la premiere, la Mort civile
ni la Confiſcation des Biens, quoiqu'elle ſoit également infamante; & elle ſe prononce ordinairement dans les Crimes qui,
de leur nature, ne méritent point la Peine de Mort, mais qui, à
cauſe des Conſéquences dangereuſes qu'ils peuvent entraîner dans
le Public, demandent néanmoins qu'on donne un exemple : de ce
nombre ſont, entr'autres, l'*Enlévement des Bornes*, la *Poligamie*
ou *Bigamie*, les *Vols faits contre la Foi publique*, la *Contrebande.*
Elle a lieu auſſi pour l'*Infraction* de Ban, lorſque le Juge trouve
à-propos d'en modérer la Peine, conformément à la Déclaration
du 31 Mars 1682, que nous avons citée ci-devant; il y a même
des Cas où cette Peine ſe trouve directement prononcée par les
Ordonnances du Royaume; l'on peut en donner pour exemple
les *Mandians* & *Vagabonds*, qui, dans le Cas d'une ſeconde récidive, doivent être condamnés aux Galeres pour cinq ans, ſuivant l'article iij. de la Déclaration du 18 Juillet 1724.

Au reſte, le Tems ordinaire, pour la durée de cette Peine, eſt
de trois, cinq, ou neuf années.

Il fut queſtion, lors du Procès-verbal de Conférence, de ſçavoir ſi, après le tems fini, le Condamné aux Galeres rentreroit
dans tous ſes Droits. M. le Chancelier fut d'avis que cela étoit
contre l'honnêteté publique; il propoſa néanmoins qu'il falloit
faire mention de l'incapacité dans l'article : mais le Rédacteur remarque que cette Propoſition ne fut point ſuivie, comme étant,
dit-il, une *choſe de Droit.*

ANCIENNEMENT, lorſqu'on avoit une Demande à former
contre un Condamné aux Galeres à tems, on étoit dans l'uſage de
commencer par un Procès-verbal de Perquiſition, & de lui faire
créer un Curateur; mais cet uſage a été abrogé par l'article viij.
du Titre II. de l'Ordonnance de 1667, qui permet d'agir contre

lui, comme contre les Absens ordinaires, en les assignant à leur dernier domicile.

7°. FOUET : cette Peine, que l'Ordonnance place à la suite de celle des Galeres à tems, s'inflige publiquement dans les Carrefours de la Ville par l'Exécuteur de la Haute-Justice, qui, à chacun de ces endroits, frappe de Verges le Condamné sur ses Epaules mises à nud ; elle est ordinairement suivie d'une Flétrissure qui se fait sur l'Epaule droite avec un Fer chaud où est marquée la premiere Lettre du Crime pour lequel il est condamné, telle que celle de *V.* pour les Voleurs : cette Flétrissure se fait au - devant de la Porte du Palais ou de l'Auditoire.

Nous avons dit que la Peine du Fouet étoit ordinairement jointe à celle du Bannissement perpétuel, & quelquefois aussi au Bannissement à tems : il faut, pour qu'il y ait lieu à cette Peine, que les Circonstances du Crime soient moins aggravantes que pour celles des Galeres à tems ; mais il faut, comme dans celles-ci, que le Crime soit de nature à demander une Punition publique & exemplaire : les Crimes où on l'employe plus ordinairement sont, l'*Adultere*, les *Libelles diffamatoires*, le *simple Vol* ou *Larcin*, les *Vols de Charrues*, *Harnois de Laboureurs*, la *Fraude commise par des Voituriers aux Vins & aux Denrées*, les *Vols commis par Cabaretiers*, ou *par ceux qui tuent des Pigeons*, ou *qui coupent ou arrachent des Arbres*.

CETTE Peine est mise au nombre des Peines *afflictives* par l'Edit de Novembre 1542, & elle est aussi du nombre des Peines *infamantes*, suivant une de nos Regles du Droit François, rapportée dans *Loysel*.

*L. Instit. liv. 6. tit. 2. Régl. 15.*

*L. 131. ff de Regul. Juris.*

8°. AMENDE-HONORABLE, c'est la cinquieme dans l'ordre des Peines corporelles marquées par l'Ordonnance ; elle se fait au Roi & à la Justice par le Condamné, nud en chemise, la Torche à la main, & sous la conduite du Bourreau, devant la Porte de l'Eglise principale du Lieu ; ou de l'Auditoire ; elle ne peut être ordonnée, suivant Imbert, que pour des Crimes commis contre l'Autorité & Honneur de Dieu, du Roi, du Public ou d'une Partie privée ; elle se prononce ordinairement à la suite de quelque Condamnation capitale, pour des Crimes qualifiés, tels que ceux de *Leze-Majesté*, de *Sacrilége*, *Blasphême*, *Parricide*, *Empoisonnement*, *Magie*, *fausse Monnoie*, *Inceste au premier degré*.

*V. Imb. Prat. liv. 3. ch. 21.*

*Uſure énorme, Concuſſion, Péculat, Calomnie évidente d'un Crime atroce;* elle ſe prononce auſſi quelquefois, comme Peine principale, & dans tous ces Cas, elle eſt accompagée d'une groſſe Amende pécuniaire. Cette Peine eſt infamante, & elle peut être convertie, comme nous l'avons dit, en une Peine plus forte, lorſque le Condamné refuſe d'exécuter le Jugement.

Il y a encore une autre eſpece d'Amende-honorable, que les Criminaliſtes appellent, *Amende-honorable ſéche* & qui ſe fait en la Chambre du Conſeil par le Condamné, étant nue tête & à genoux; celle-ci n'eſt point réputée infamante, parce qu'elle ne ſe fait point publiquement, & qu'elle eſt faite à la Partie, & non au Roi & à la Juſtice; cependant il y a dans BRUNEAU un Arrêt qui paroît l'avoir jugé telle, en l'ordónnant ſur l'Appel *à minima* interjetté par M. le Procureur Général, d'une Sentence du Châtelet qui condamnoit le nommé *Lavor* au Baniſſement de neuf années, pour abus de Confiance par lui pratiqué, en qualité d'Agent d'Affaires; cet Arrêt eſt du 29 Mars 1708.

*V. Brun. part. 2. obſ. crim. lit. 23.*

9°. BANNISSEMENT A TEMS; cette Peine eſt la derniere de celles que l'Ordonnance met au nombre des Peines corporelles, quoiqu'elle ne ſoit point rappellée parmi les Peines afflictives, dont l'Ordonnance veut que l'Appel ſoit porté *recta* au Parlement.

Ce Baniſſement ne peut s'ordonner que hors la Juriſdiction du Juge, qui prononce la Condamnation, & non point hors du Royaume, comme le Baniſſement perpétuel. Nous avons dit, que cette Peine étoit ordinairement accompagnée de celle du *Fouet*; elle s'inflige auſſi pour les mêmes Cas, & emporte également infamie: ſur quoi il s'eſt élevé une Queſtion parmi les Docteurs, pour ſçavoir, ſi l'infamie que produiſoit le Baniſſement à tems, ne devoit pas ceſſer après le tems expiré: ceux qui le prétendoient ainſi, ſe fondoient ſur pluſieurs Loix du Titre du CODE *de his qui in exilium dati, vel ab ordine moti ſunt;* mais le ſentiment contraire a prévalu, ſur le fondement que la Tache une fois imprimée à l'honneur dure toujours; c'eſt ainſi que le décide, entr'autres COQUILLE, en ſes Queſtions, où il cite à ce ſujet la Loi *ad Tempus*, §. *de Decurionib.*

*V. Coq. qu. 11.*

Au reſte nous ne parlons ici que des Baniſſemens qui ſont prononcés en Jugement, & non de ceux qui émanent directement de la volonté du Prince, qu'on appelle proprement *Rélégation*

*gation* ou *Exil*, par Lettres de cachet, lefquelles étant ordonnées pour des raifons particulieres, qui ne font connues qu'à Sa Majefté, n'emportent point Note d'infamie.

Voyez au furplus ce que nous avons dit ci-devant par rapport à Ceux qui ne gardent pas leur Ban, comme auffi par rapport à la Lecture préalable qui doit être faite aux Condamnés de la Déclaration du mois de Mai 1682.

10°. FLEUR DE LYS fur l'Epaule, cette Peine fuit ordinairement celle du Fouet, quoiqu'elle foit fouvent employée dans le Cas des Galeres & du Banniffement à tems; elle a été fingulierement introduite, afin qu'on puiffe reconnoître à cette Marque celui qui auroit fubi l'un ou l'autre de ces Supplices, & qu'on le puniffe plus féverement, en cas de récidive. IMBERT, en fa Pratique civile & criminelle, remarque, que le principal objet de l'établiffement de cette Peine, a été de tenir lieu de celle des *Oreilles coupées*, qui fe prononçoit ordinairement contre ceux qui étoient convaincus de Larcins falfifiés; parce que, dit-il, l'expérience avoit fait connoître, qu'un homme qui avoit une ou deux Oreilles coupées, ne pouvant plus trouver à fervir, étoit contraint de fe retirer dans les Bois & de fe mettre à voler.

PEINES CORPORELLES qui ne font point mentionnées dans l'Ordonnance.

*V. Imb. liv.* 3. *ch.* 21.

11°. PENDU SOUS LES AISSELLES, cette Peine s'inflige ordinairement aux Impuberes, qui ont participé à de grands Crimes, qui demandent une Punition exemplaire; on ne peut douter qu'elle ne foit du nombre des Peines afflictives & infamantes; & elle eft même fi violente, qu'elle peut caufer la mort, fi on la fait durer plus d'une heure; il y en a un exemple dans le jeune Frere de Cartouche, qui eft mort dans ce Supplice; auffi cette Peine produit-elle les mêmes effets, par rapport à la Confifcation, que celle de la Potence.

12°. TRAINÉ SUR LA CLAIE, cette Peine s'inflige ordinairement contre le Cadavre d'un Criminel convaincu de quelqu'un des Crimes mentionnés dans l'art. j. du Titre XXII. de l'Ordonnance; fçavoir, ceux de *Leze-Majefté Divine & Humaine*, *Duel*, *Homicide de foi-même*, *& Rébellion à Juftice à force ouverte*, lors de laquelle le Coupable a été tué.

Elle s'inflige auffi contre des *Relaps* aux termes de la Déclaration du 14 Mai 1724.

Fff

Cette Peine s'exécute ainsi : on traîne le Cadavre sur une Claie, la face contre terre, par les Rues & Carrefours du Lieu où le Jugement de la Condamnation a été rendu, après quoi on le pend à une Potence, & il est traîné à la Voirie ; lorsque le Cadavre n'a pû être conservé, l'on fait une Figure de Paille, sur laquelle la Peine s'exécute de même que contre le Cadavre, ou bien l'on rend un Jugement qui condamne sa Mémoire, conformément à l'art. iij. du Tit. XXII. de l'Ordonnance.

13°. POING COUPÉ : cette Peine, qui est aussi infamante, a lieu ordinairement dans les Crimes de *Sacrilége*, de *Parricide*, ou de *Faux commis par des Personnes publiques* ; elle s'exécute à la suite de l'Amende-honorable, & immédiatement avant le dernier Supplice.

14°. La LANGUE *percée* ou *coupée* : ces Peines ont lieu contre les *Blasphémateurs du S. Nom de Dieu, de la Vierge*, ou *des Saints* ; mais ce n'est, aux termes de la Déclaration du 30 Juillet 1666, qu'après plusieurs récidives, & après avoir été précédée de celle de la Fente des levres supérieure & inférieure, comme nous le verrons en traitant de ce Crime. Suivant cette même Loi, ces Peines peuvent être augmentées à l'arbitrage du Juge, selon l'énormité des Blasphêmes ; c'est pour cela qu'on y joint ordinairement la peine des Galeres perpétuelles ou à tems.

15°. PILORI ou CARCAN : cette Peine s'ordonne quelquefois toute seule, comme dans le Cas *des Monopoles, des Insolences commises par des Soldats*, ou *par des Domestiques* envers leur Maître, ou *par des Mendians*, ou enfin pour de *simples Vols* : mais le plus souvent elle est jointe à celle des Galeres ou Banniffement, comme en fait de *Banqueroute frauduleuse, Maquerelage, Poligamie* ou *Bigamie*, & autres Crimes de cette espece, qui demandent une punition exemplaire ; l'usage est, dans l'application de cette Peine, d'attacher un Ecriteau devant & derriere le Coupable, où est marqué le Titre du Crime en général.

16°. RÉCLUSION *dans une Maison de Force* : cette Peine, dont il est parlé dans les Déclarations des 29 Avril 1687, 4 Mars & 18 Juillet 1724, a été établie, comme nous l'avons dit, contre les Femmes pour tenir lieu de celles des Galeres ou du Banniffement perpétuel hors du Royaume, auxquelles elles ne peuvent être condamnées. Il femble que par cette raifon elle devroit produire les mêmes effets, foit par rapport à l'Infamie, foit par rapport à la Confifcation des Biens; cependant comme d'un autre côté cette Peine fe trouve comprife, aux termes de la Déclaration du 26 Juillet 1713, dans le nombre de celles que le Lieutenant Général de Police peut prononcer fans Recollement ni Confrontation, & à l'Audience, il y a lieu d'en conclure qu'elle n'a ni l'un ni l'autre de ces effets, lorfqu'elle eft prononcée feulement à tems, & hors les Cas où elle eft prononcée, pour tenir lieu des Galeres ou du Banniffement perpétuel.

17°. PRISON PERPÉTUELLE. Quand nous avons dit, que dans les Tribunaux laïcs la Prifon n'étoit point regardée comme une Peine, nous n'avons entendu parler que de celle qui eft ordonnée pour un certain tems, & qui n'eft employée uniquement que pour s'affûrer de la perfonne de l'Accufé jufqu'au Jugement du Procès: mais lorfqu'elle eft perpétuelle, & qu'elle eft prononcée par forme de Condamnation dans un Jugement définitif, elle eft alors regardée comme une véritable Peine corporelle, qui emporte la Mort civile & la Confifcation des Biens. Il eft vrai que cette Peine n'eft point ufitée dans nos Tribunaux, & qu'elle n'eft guere connue parmi nous que dans un feul Cas, c'eft celui de la *Commutation* de la Peine de Mort ou des Galeres, qui fe fait par les Lettres du Prince; & encore ne s'exécute-t-elle point dans les Prifons ordinaires, mais dans des Maifons de Force.

*V. Coquil. qu. 19.*
*& fur l'art. 1. de la*
*Coût. de Niv.*

Il y a cependant encore un Cas, où la Prifon, fans être perpétuelle, peut être regardée comme une véritable Peine, c'eft lorfqu'elle eft ordonnée pour fatisfaction d'une injure réelle commife par un Gentilhomme ou Officier de Juftice, conformément aux Édits & Déclarations du Roi, dont nous avons parlé en traitant de la Jurifdiction de MM. les Maréchaux de France. A la vérité celle-ci n'emporte point d'infamie, comme la Prifon perpétuelle, qui retranche pour toûjours le Condamné de la Société.

18°. FOUET *fous la Cuftode*: cette Peine ne note point d'infamie comme celle du Foüet, dont nous avons parlé ci-devant, parce qu'elle ne fe donne point publiquement par les mains du Bourreau, mais par celles du Geolier ou du Queftionnaire: il en eft parlé dans l'Édit de Juin 1601, portant Réglement pour les *Chaffes;* elle eft principalement ufitée envers les Perfonnes d'une condition diftinguée, ou envers les Impuberes, lorfqu'ils ont commis quelqu'un des Crimes, qui donnent lieu à la Peine du Foüet.

## §. I I.

### *Des Peines infamantes.*

L'Homme étant né pour la Société, doit en recueillir tous les avantages, lorfqu'il en remplit les Devoirs; comme au contraire il mérite d'en être privé, lorfqu'il vient à s'écarter de ces Devoirs & à violer par fon Crime, l'Ordre qui y eft établi.

De tous les avantages de la Société, le plus prétieux, fans contredit, eft l'Honneur, qui en eft comme l'ame & le principe. Mais plus cet avantage eft prétieux, plus l'on doit apporter de circonfpection lorfqu'il s'agit d'en dépouiller un Citoyen. Il étoit donc néceffaire de déterminer les Cas particuliers où la privation de cet Honneur, que nous appellons autrement l'Infamie, pouvoit avoir lieu; & c'eft ce que nous allons tâcher de faire ici, d'après les Loix & les Autorités les plus conftantes.

Nous avons vû, en parlant de ceux qui ne pouvoient accufer, que les Loix Romaines diftinguoient deux fortes d'Infamies; l'une de Droit, l'autre de Fait; que l'effet de la *première* étoit de détruire entierement l'Honneur; & celui de la *feconde*, d'y porter feulement quelque atteinte par la diminution de l'eftime des Honnêtes-gens. Nous avons confervé ces Diftinctions dans notre ufage, mais nous en avons fait une application différente : ce n'eft point affez, pour que l'Infamie foit encourue parmi nous, que l'on ait commis les Crimes auxquels les Loix l'ont attachée, mais il faut encore qu'il y ait une Condamnation à de certaines Peines que les Loix ont attachées à ces mêmes Crimes, ou bien que l'Infamie foit expreffément prononcée par les Ordonnances du Royaume.

Les Peines auxquelles l'infamie eft attachée, font ou *Corporelles*, telles que celles dont nous venons de parler, à l'exception néanmoins de celle de la *Tête tranchée*, de la *Torture*, de la *Détention en Maifon de Force*, lorfqu'elle n'eft pas perpétuelle, & du *Foüet fous la Cuftode*; ou bien elles font fimplement *Infamantes*, & ce font ces dernieres, dont il nous refte à parler ici.

L'Infamie a fes degrés, & produit différens effets, ainfi que les Peines qui y donnent lieu; il y en a, dont l'effet eft fi étendu, qu'il emporte tout-à-la-fois la privation de l'Honneur & des

Biens ; c'est celle que produit la *Mort civile* & la *Condamnation de la Mémoire.*

Il y en a d'autres, dont l'effet emporte seulement la perte de l'Honneur & non celle des Biens, telles que celles que produisent la *Dégradation de Noblesse*, le *Blâme*, le *plus Amplement informé indéfini*, & l'*Amende envers le Roi.*

Il y en a enfin, qui ne privent point entierement ni de l'Honneur ni des Biens, telles que sont l'AUMÔNE, l'ADMONITION, l'INTERDICTION *d'un Officier public*, l'ABSTENTION *de certains lieux*, la RÉPARATION *d'honneur*, les DÉFENSES *de récidiver*, & la PRIVATION *des Priviléges.* Celles de cette derniere espece sont proprement celles que nous appellons *Infamantes de Fait*, conformément à la distinction établie par le Droit Romain ; & à l'égard de celles de la premiere & de la seconde espece, nous allons les discuter séparément, sous le nom de PEINES *infamantes de Droit.*

## Peines infamantes de DROIT.

1°. La MORT CIVILE est le retranchement absolu de la Société & de tous les droits qui sont attachés à la qualité de Citoyen. Cette Peine étant de sa nature extrémement grave, ne peut être que l'effet d'une Condamnation à quelque Peine capitale, telles que la Condamnation à mort par Contumace ; celle aux Galeres ou au Bannissement perpétuel hors du Royaume ; & cela, soit que ces Peines ayent été exécutées sur la Personne du Condamné, soit qu'elles n'ayent été exécutées que par Contumace : il est vrai qu'en ce dernier cas la *Mort civile* n'est encourue que lorsque le Condamné vient à déceder sans s'être représenté dans les cinq années, à compter du jour de l'exécution du Jugement de Contumace, suivant la Disposition de l'Art. xxix. du Titre des *Défauts & Contumace* ; c'est-à-dire, aux termes de cet article, que le Condamné par Contumace à Mort ou aux Galeres perpétuelles, ou qui auroit été banni à perpétuité du Royaume, & qui viendroit à déceder après les cinq années, sans s'être représenté, ou avoir été constitué Prisonnier, est reputé mort civilement du jour de l'exécution de la Sentence de Contumace. Il y a cependant une Exception portée par l'art. xxvij. de l'Edit des *Duels*, suivant lequel les Condamnés par Contumace pour ce Crime, sont déclarés incapables & indignes de toutes successions qui peuvent leur écheoir depuis la Condamnation, encore qu'ils foient dans les cinq années, & qu'ils fe faffent enfuite reftituer contre la Contumace.

Nous avons dit que la Mort civile étoit auffi encourue par la Condamnation à une Prifon perpétuelle dans une Maifon de force, parce qu'elle retranchoit abfolument le Condamné de la Société civile, & qu'elle eft employée ordinairement pour tenir lieu d'une Peine capitale.

La Mort *civile* n'eft pas feulement produite par la Condamnation à des Peines capitales, telles que celles dont nous venons de parler ; elle l'eft encore de plein droit, par de certains Crimes capitaux, tels que ceux de *Leze-Majefté*, le *Duel*, dont nous venons de parler, la *Sortie du Royaume fans la permiffion du Roi*, le *Parricide* : bien entendu néanmoins, que dans tous ces cas, la Mort civile ne produit fes effets, qu'après la Condamnation qui intervient fur la Preuve juridique de ces Crimes ; c'eft-à-dire, que cette Condamnation fait alors remonter ces effets au jour même que le Crime a été commis.

L'Effet de la Mort civile dans tous ces cas, eft de priver le Condamné de toutes les facultés de la Vie civile ; c'eft-à-dire, de celles qui font établies par la Difpofition du Droit civil ; tels que les Droits de *Succeffion*, *Donation*, *Subftitution & Teftament* ; mais elle ne prive point de celles du Droit des Gens, comme la faculté de paffer les Contrats de *Vente*, d'*Achat*, de *Louage* & d'*Echange* ; à plus forte raifon de ceux qui font fondés fur le Droit naturel, & fur les principes de la Religion ; tels que les Droits attachés à la *puiffance paternelle* fur les Enfans, & celui du *Mariage* à l'égard duquel elle ne peut produire d'autre effet que la fimple féparation de Biens.

2°. Dégradation *de Nobleffe*, c'eft une autre efpece de Mort civile, qui s'applique fingulierement aux Perfonnes Nobles convaincues d'avoir fait quelques Actions baffes & indignes de leur état; cette Peine dont il eft parlé dans l'Art. xxiij. de l'Edit des Duels de 1679 & dans l'Art. viij. de la Déclaration du 10 Février 1723, ne differe de la Mort civile, proprement dite, qu'en ce qu'elle n'emporte point, comme celle-ci, la Confifcation des Biens : elle eft ordinairement employée dans les cas qui mériteroient une Peine corporelle, s'ils étoient commis par des Ro-turiers, fuivant cette Regle du Droit François rapportée par Loyfel : *où le Vilain perdroit la Vie ou membres de fon Corps,*

*V. Loyfel, Inflit. tit. des Peines, max. 32.*

*le Noble perdroit l'Honneur en réponfe en Cour* : cette Peine eft ordinairement accompagnée du Rafement des Maifons & Châteaux, & de la coupe des Bois de haute futaye, jufqu'à une certaine hauteur.

3°. CONDAMNATION *de la Mémoire* : cette Peine a lieu dans tous les Crimes, pour lefquels l'Ordonnance veut que le Procès foit fait à la Mémoire du Défunt ; mais principalement contre les Criminels de Leze-Majefté, dont on veut abolir la Mémoire & laiffer à la Poftérité des marques flétriffantes de leur Crime ; ce qui fe fait en déclarant leurs Defcendans Roturiers, s'ils font Nobles ; en ordonnant le brifement de leurs Armoiries, la démolition de leurs Maifons, la coupe de leurs Bois, la fuppreffion de leurs Noms ; on en peut voir un exemple fameux dans le Procès fait à la Mémoire du Maréchal d'*Ancre*, qui eft rapporté par BOUCHEL, en fa Juftice criminelle : cette Peine emporte, comme nous l'avons dit, la Confifcation des Biens.

4°. Le BLASME ; cette Peine eft mife au nombre des infamantes par l'art. xxxviij. du Réglement de la Cour du 3 Septembre 1667 ; & l'Appel des Jugemens qui la prononcent doit par cette raifon être porté directement dans les Cours fupérieures ; elle fe prononce ordinairement dans les Crimes, qui ne font ni affez graves pour mériter une Peine corporelle, ni affez legers pour ne donner lieu qu'à une Peine purement pécuniaire.

*V. Journal des Aud. tom. 2.*

5°. Le PLUS AMPLEMENT INFORMÉ *indéfini*, ne devant être ordonné, comme nous l'avons dit, que lorfqu'il y a des Preuves confidérables contre l'Accufé. Il paroît qu'on ne peut s'empêcher de le mettre au nombre des Peines infamantes ; il faut cependant diftinguer entre le *plus Amplement informé*, qui a été prononcé à la Requête de la Partie publique feulement, & celui qui a été prononcé fur la Pourfuite de la Partie civile. Comme le *premier* fe prononce ordinairement dans tous les Cas, où il y auroit lieu d'ordonner la converfion du Procès criminel en Procès ordinaire vis-à-vis de la Partie civile, il ne peut faire aucune impreffion fur l'honneur du Condamné ; mais il n'en eft pas de même du *fecond*, qui n'a lieu que dans le Cas d'une Accufation grave fondée fur un Crime capital, dont l'Accufé eft violemment foupçonné.

6°. L'AMENDE *envers le Roi*, eſt encore miſe au nombre des Peines infamantes ; mais il faut pour cela le concours de trois circonſtances qu'il ne faut point diviſer : la *premiere*, qu'elle ſoit prononcée en Matiere criminelle : la *ſeconde*, qu'elle procede d'un Délit infamant ; car ſi elle n'eſt prononcée que pour des Délits legers, tels que des Contraventions en Matiere d'Eaux & Forêts, des Gabelles, des Fermes du Roi, il n'en peut réſulter aucune infamie : la *troiſieme*, enfin que le Jugement qui la prononce ait été confirmé par Arrêt, ou qu'il ſoit en dernier reſſort ; c'eſt la diſpoſition de l'article vij. du Titre XXV. de l'Ordonnance de 1670, qui porte que l'*Amende payée par Proviſion n'emportera point d'infamie, ſi elle n'eſt confirmée par Arrêt*. Cette diſpoſition eſt ſi préciſe, qu'il y a lieu de s'étonner que des Auteurs modernes ayent prétendu que l'Amende n'emportoit d'infamie que lorſqu'elle ſe trouvoit jointe à une autre Peine qui ſeroit de ſoi infamante. Ce ſentiment paroît réſiſter formellement aux termes de la Loi, & à l'uſage même où ſont les Cours, d'ajoûter dans leurs Arrêts, toutes les fois qu'elles veulent empêcher que l'Amende ne produiſe cet effet, *ſans toutefois que l'Amende emporte infamie*.

### Peines qui ſont ſeulement Infamantes DE FAIT.

1°. L'AUMÔNE eſt diſtinguée de l'Amende, tant en Matiere civile, qu'en Matiere criminelle. Elle l'eſt en Matiere *civile*, en ce qu'elle emporte infamie, & que l'Amende ne l'emporte point ; elle l'eſt en Matiere *criminelle*, non-ſeulement parce qu'elle n'eſt jamais infamante de *Droit* comme la premiere, mais parce qu'elle s'applique toûjours aux œuvres pies ; au lieu que l'Amende ſe prononce toûjours envers le Roi ou envers le Seigneur, dans la Juſtice duquel ſe fait l'Inſtruction criminelle, pour les indemniſer des frais qu'ils ſont obligés de faire pour cette Inſtruction.

Par une Déclaration du 21 Mars 1671, il eſt défendu aux Cours & autres Juges de faire application des Amendes à des Réparations, Pain des Priſonniers, Néceſſités du Palais, ou ſous autre prétexte que ce ſoit. Cette Loi permet ſeulement de condamner les Accuſés à quelque Aumône appliquable en œuvres pies ; & elle veut en même tems que cette Aumône faſſe partie de la Réparation. Cette diſpoſition a été confirmée par une autre Déclaration du 21 Janvier 1685, qui ajoûte que les Aumônes auxquelles les Accuſés ſeront condamnés, ne pourront être appliquées à d'autres uſages qu'au Pain des Priſonniers, ou au profit des Hôtels-Dieu,

Hôpitaux

Hôpitaux Généraux des Lieux , Religieux & Religieuses Mendians , & autres *Pitoyables*, à Peine de desobéissance ; & de plus, elle fait défenses aux Cours & autres Juges , qui jugent en dernier Ressort , de prononcer aucune Condamnation d'Aumônes pour employer en œuvres pieuses, si ce n'est dans le Cas où il a été commis *Sacrilége* , & où la *Condamnation* , pour œuvres pies, fera partie de la Réparation.

C'est d'après ces mêmes Loix, que s'est établie parmi nous la Maxime que l'Aumône & l'Amende ne peuvent être prononcées par le même Jugement.

2°. L'ADMONITION est du nombre des Peines qui ne produisent que l'infamie de *fait* , ou la diminution de l'estime des Honnêtes Gens ; elle consiste dans une espece de Reprimande ou Exhortation que fait le Juge à l'Accusé dans la Chambre du Conseil , par laquelle il l'avertit de ne plus retomber en pareil Cas , à Peine d'encourir une Condamnation plus considérable.

3°. L'INTERDICTION *d'un Officier public* est une Peine de l'abus ou de la négligence qu'il a commise dans ses fonctions ; elle est quelquefois prononcée par les Ordonnances , sous le nom de *Suspension d'Office*. Nous ne parlerons ici, que de celle qui se fait pour un certain tems, comme de trois ou six mois, & non de la perpétuelle , qui est une suite de la Condamnation à Peine corporelle ou infamante , qui rend le Condamné incapable de posséder aucunes Charges , & d'être admis en témoignage.

4°. L'ABSTENTION *de certains Lieux* est une Peine qui se prononce ordinairement dans les Cas de *simples Injures* ou *Menaces* faites entre les Officiers ou Gens de Robe, dont on veut prévenir les effets ; & par cette raison , elle ne produit , comme les précédentes , que la simple Infamie *de fait*.

5°. La RÉPARATION D'HONNEUR a lieu pareillement en Matiere d'injures ; elle se fait de trois manieres, ou à l'*Audience* , ou à la *Chambre du Conseil* , ou par *un Ecrit* que l'on met au Greffe : les unes & les autres n'emportent point Infamie de *Droit*, comme l'Amende honorable , parce que celle-ci se fait, comme nous l'avons dit, au Roi & à la Justice , au lieu que ces dernieres se font seulement à la Partie offensée.

6°. Les DÉFENSES *de récidiver* ou *de plus user de telles Voies* , &c.

G g g

quoiqu'elles ne foient point proprement infamantes , il faut convenir qu'elles emportent néanmoins une Note, qui les fait furpaffer les Peines purement pécuniaires ; c'est pourquoi elles fuffifent pour donner lieu à l'obtention des Arrêts de *Défenfes* contre les Sentences qui les prononcent.

7°. Enfin la PRIVATION *des Privilèges* est une Peine qui s'applique ordinairement à des Communautés accufées de quelques Crimes , fuivant l'art. iv. du Tit. XXI. de l'Ordonnance. On y joint auffi quelquefois , comme nous l'avons remarqué fur ce Titre, d'autres Punitions qui marquent publiquement la Peine qu'elles ont encourue par le Crime , telle que la Démolition des Murs, ou autres Edifices diftingués.

### §. IV.
#### Des Peines pécuniaires.

NOUS avons dit, que le Crime produifoit deux fortes d'Obligations de la part de celui qui le commettoit ; l'*une*, par laquelle il foûmettoit fa Perfonne à la rigueur des Châtimens pour la réparation du fcandale que fon Crime avoit caufé dans le Public; l'*autre*, par laquelle il engageoit fes Biens à la réparation du tort que fon Crime avoit caufé ; & c'eft de cette derniere , dont nous entendons parler ici , fous le nom de *Peines pécuniaires*.

Les PEINES *pécuniaires* font de deux fortes ; les unes font infamantes , & les autres n'emportent aucune note d'infamie.

Les premieres embraffent , ou l'univerfalité des Biens du Condamné, telle que la *Confifcation;* ou feulement une partie, telle que l'*Amende* en Matiere criminelle , & l'*Aumône* en Matiere civile.

Celles qui ne font point infamantes, confiftent dans l'*Aumône* en Matiere criminelle , ou dans de fimples *Réparations civiles, Dommages-Intérêts , Frais , & Dépens* du Procès criminel. Nous avons parlé ci-devant de l'Amende & de l'Aumône ; il nous refte à décliner ici quelques principes par rapport aux autres Peines pécuniaires , dont nous venons de parler, à l'exception des *Dépens* néanmoins , qui, comme nous l'avons dit, doivent fe régler, en Matiere criminelle , comme en Matiere civile , fuivant la difpofition de l'art. xx. du Titre XXV. de l'Ordonnance de 1670.

1°. CONFISCATION: cette Peine étoit déja connue, comme nous l'avons vû, dans l'ancien Droit Romain ; elle eft fondée, fuivant les Auteurs , fur ce que le Condamné devient par fon Cri-

me Efclave de la Peine , & qu'un Efclave ne pouvant faire aucune difpofition de derniere volonté, les Biens d'un Homme condamné doivent conféquemment appartenir au Fifc comme vacans.

Pour fe former une jufte idée de cette Peine , & de l'application qu'elle doit avoir parmi nous , il y a trois chofes à confidérer , 1°. les Caufes qui peuvent y donner lieu , 2°. les Effets qu'elle
produit , 3°. enfin les Exceptions particulieres qui peuvent la faire
ceffer.

1°. Quant aux CAUSES de la Confifcation, nous ne connoiffons point cette Confifcation *principale* , dont il eft parlé dans le
Droit Romain ; toutes les Confifcations font réputées *acceffoires*
parmi nous, c'eft-à-dire qu'elles font la fuite de certains Crimes
ou de certaines Peines auxquelles la Confifcation eft attachée par
nos Ordonnances.

Les CRIMES auxquels nos Ordonnances ont attaché la Confifcation, font les mêmes que ceux qui produifent la MORT CI-
VILE , dont nous avons parlé ci-devant.

Les PEINES qui emportent avec elles la Confifcation , font ou
corporelles ou infamantes. Les *corporelles* font , 1°. Celles de Mort,
fuivant la Maxime , *qui confifque le Corps, confifque les Biens* : 2°.
Celles dont la durée eft perpétuelle , telles que les Galeres , le
Banniffement à perpétuité, la Prifon perpétuelle, & généralement
toutes les Peines qui emportent avec elles la Mort civile ; il faut
feulement obferver qu'à l'égard du Banniffement perpétuel, il n'y
a que celui hors du Royaume qui emporte la Confifcation des
Biens ; ou bien celui hors du Reffort du Parlement , lorfqu'il eft
prononcé contre des Femmes.

Les Peines *infamantes* auxquelles eft attachée la Confifcation,
font , 1°. la *Condamnation de la Mémoire du Défunt* : 2°. la *Condamnation par Contumace* à quelques-unes des Peines corporelles ,
dont on vient de parler ; mais celle-ci ne produit la Mort civile, &
conféquemment la Confifcation des Biens , que dans le Cas où
l'Accufé ne s'eft point repréfenté dans les cinq années du jour de
l'Exécution de fon Jugement ; à l'exception néanmoins du Duel ,
qui, comme nous l'avons dit, donne ouverture à la Confifcation,
même avant les cinq années expirées.

V. art. 32. tit.
17. de l'Ordonn.
de 1670.

2°. Par rapport aux EFFETS que produit la Confifcation parmi nous , ils confiftent à dépouiller les Condamnés de tous leurs

Ggg ij

Biens au profit du Roi ou des Seigneurs dans la Jurisdiction desquels se trouvent les Biens confisqués ; en quoi elle differe de la Confiscation *accessoire* du Droit Romain, qui ne comprenoit qu'une partie des Biens.

Mais quand on dit *de tous les Biens*, cela ne doit s'entendre que de ceux qui doivent rester au Condamné, après le payement de tous ses Créanciers, n'étant pas juste que ceux - ci souffrent d'un Crime auquel ils n'ont eu aucune part ; aussi ont-ils été autorisés par plusieurs Arrêts, à retenir Prisonniers les Condamnés au Bannissement perpétuel, jusqu'à ce que les Réparations civiles leur ayent été payées. Il faut cependant excepter les quatre Cas suivans, où la Confiscation a lieu, même au préjudice des Créanciers, 1°. en fait de Crime de *Leze-Majesté* au premier Chef, où le Roi prend tous les Biens du Condamné sans aucune charge de Dettes, ni Substitution, ni Fidéicommis ; c'est une Regle de notre Droit François, attestée par Loysel : 2°. lorsqu'un Office est confisqué pour le Crime *de l'Officier*; cette exception qui est fondée sur notre Jurisprudence, a servi principalement de motif à deux Arrêts du Conseil d'Etat des 23 Décembre 1676 , & 27 Juillet 1680, qui ont jugé que l'Office ainsi confisqué que le Roi rendoit à la Veuve ou aux Enfans, ne demeuroit point sujet aux Dettes, & étoit réputé acquêt en leurs Personnes : 3°. en fait de *Faussette commise au Sceau* des Lettres de Chancellerie, où, suivant les Loix du Royaume, la Confiscation appartient à M. le Chancelier : 4°. enfin en Cas de *Félonie*, où le Seigneur réunit le Fief de son Vassal, & doit en jouir franc & quitte de toutes charges ; c'est encore une Regle de notre Droit François, attestée par Loysel.

Dans le nombre des CRÉANCIERS sont compris les Héritiers *Fidei-Commissaires* ou *Substitués*, la *Femme* & ses *Enfans* pour son Douaire, & autres Biens Dotaux , ainsi que pour sa Part dans les Meubles & Acquêts de son Mari; pareillement le *Mari* pour sa Part dans les Meubles & Acquêts, lorsque la Confiscation est prononcée contre sa Femme : tout cela est fondé sur des Maximes de notre Droit François, qui sont rapportées par Loysel, sous le Titre des Peines.

3°. Enfin pour ce qui concerne les EXCEPTIONS qui peuvent faire cesser la Confiscation, il faut remarquer que lorsque les Ordonnances prononcent cette Peine, elles ajoûtent toûjours la clause

*V. Loys. Instit. liv. 6. tit. 2. max. 21.*

*V. Journal des Aud. t. 1. liv. 3. ch. 63. & tom. 5. liv. 7. ch. 6.*

*V. Brodeau sur l'art. 183. de la Coût. de Paris, n. 17.*
*V. Le Maitre, ibid. tit. 8. ch. 5.*
*V. Loys. liv. 4. tit. 3. max. 97. & 98.*

*V. Max. 24. 25. 26. & 27.*
*V. Jul. Clare, qu. 78.*

*s'il y a lieu*, pour donner à entendre qu'il y a certains Endroits dans le Royaume où cette Peine n'eſt point reçue.

En effet, il y a pluſieurs Provinces où la Confiſcation n'a point lieu ; de ce nombre ſont, 1°. tous les Pays qui ſont régis par le Droit Ecrit ; 2°. de certains Pays Coûtumiers, tels que la *Bretagne*, le *Berry*, l'*Anjou*, le *Perche*, l'*Auvergne*, le *Poitou*, la *Marche*, la *Normandie*, la *Touraine*, le *Maine*, & le *Boulonnois* ; c'eſt-à-dire que dans tous ces Lieux, les Biens du Condamné à quelques Peines qui emportent la Mort civile, paſſent dans la Perſonne de leurs Héritiers naturels, comme s'ils étoient véritablement décédés. Ce qui ne doit s'entendre néanmoins qu'avec les modifications ſuivantes.

1°. Il y a certains Crimes qui emportent la Confiſcation, même dans les Lieux où elle n'eſt pas reçue ; ces Crimes ſont ceux de *Leze-Majeſté Divine & Humaine*, l'*Héréſie*, la *Contrebande en faux Tabac*, *Toiles peintes*, & *autres Marchandiſes prohibées*, lorſqu'elle ſe fait par *attroupement* au nombre de cinq au moins avec port d'Armes ; on peut y ajoûter le *Duel*, quoiqu'il y ait pluſieurs Arrêts rapportés par l'*Annotateur* D'HENRYS, qui ont décidé que ce Crime n'emportoit point Confiſcation dans les Lieux où la Confiſcation n'étoit point reçue ; mais cette Déciſion ne doit s'entendre que conformément à la diſpoſition de l'article xiij. de l'Edit d'Août 1619, qui porte que ſi ce Crime ſe trouve commis dans les Provinces où la Confiſcation n'a point lieu, il doit être pris ſur les Biens du Criminel, au lieu de la Confiſcation, une Amende au profit des Hôpitaux, dont la valeur ne pourra être moindre que de la moitié des Biens.

2°. Quoiqu'en général la Confiſcation ne ſoit point admiſe dans les Pays de Droit Ecrit, il y a cependant des Parlemens qui ſe régiſſent par ce Droit, tel que celui de TOULOUSE, où la Confiſcation eſt reçue, avec cette Reſtriction ſeulement, que ſur les Biens confiſqués, on en prélève le tiers en faveur de la Veuve & des Enfans, qui eſt exempt de toutes charges.

3°. A l'égard des Coûtumes particulieres, où nous venons de dire que la Confiſcation n'avoit pas lieu, il y en a qui l'ont reçue, quant aux *Meubles*, telle que la Coûtume de POITOU ; celle-ci l'admet même, quant aux *Immeubles*, dans le Cas des Crimes de *Leze-Majeſté Divine & Humaine*. Il y en a d'autres qui l'ont reçue quant *aux Acquêts*, tant Meubles qu'Immeubles, & n'exceptent que les *Propres* ſeulement, telle que la Coûtume du PER-

CHE. D'autres qui la rejettent indistinctement dans tous les Cas, hors le Crime de *Leze-Majesté au premier Chef*, telle que la Coûtume de BERRY. Il y en a enfin qui exceptent, outre le Crime de Leze-Majesté, celui de l'*Hérésie*, telle que l'ANJOU.

A l'égard des autres Coûtumes où la Confiscation n'a lieu dans aucun Cas, nous avons dit qu'on adjugeoit ordinairement au Roi ou aux Seigneurs Hauts-Justiciers, une Amende plus forte, par forme de *Dédommagement*.

2°. INTÉRESTS CIVILS, c'est une Peine pécuniaire qui n'emporte point d'Infamie ; nous l'appellons autrement *Réparation civile*.

Cette Peine se prononce, ou *conjointement* avec d'autres Peines, ou bien *séparément* par forme de Condamnation principale : celle-ci a ordinairement lieu dans les Cas suivans, que nous avons remarqués dans le cours de cet Ouvrage.

1°. Contre l'*Accusé*, lorsqu'il s'agit de Délits *legers*, & qui n'intéressent pas l'ordre public ; ou bien lorsqu'il s'agit de Crimes *capitaux*, mais qui ont été commis sans *Dol* & sans Préméditation de la part de cet Accusé ; comme ceux commis par Impéritie & Imprudence, dont nous avons parlé dans la premiere Partie de cet Ouvrage.

2°. Contre les *Cautions & Fidéjusseurs* de l'Accusé, lorsque ceux-ci se font chargés de le faire représenter après son Elargissement.

3°. Contre les *Héritiers* de l'Accusé, lorsque celui-ci est mort avant le Jugement de Condamnation, & qu'ils ont profité de ses Biens.

4°. Contre l'*Accusateur* lui-même, lorsque l'Accusé est renvoyé absous, & que l'Accusation est jugée calomnieuse & mal fondée.

5°. Contre les *Procureurs du Roi* ou *des Seigneurs*, en cas de Vexation & de Calomnie évidente de leur part ; ou bien lorsqu'ils ont fait informer sans Dénonciateur, & que les Accusés ont été renvoyés absous.

6°. Contre les *Greffiers & Huissiers*, lorsqu'ils contreviennent aux Injonctions & Défenses qui leur sont faites par l'Ordonnance, dans les différens Cas que nous avons remarqués sous le Titre *de l'Instruction*.

7°. Enfin, contre le *Juge*, lorsqu'il a commis quelque Nullité dans l'Inftruction du Procès criminel ; & généralement dans tous les Cas qui peuvent donner lieu à la Prife à Partie.

AU RESTE, il y a plufieurs chofes à remarquer par rapport aux INTÉRESTS CIVILS, & qu'on peut regarder comme autant de Priviléges qui les diftinguent de ce que nous appellons DOM-MAGES & INTÉRÊTS en Matiere civile.

Un premier PRIVILÉGE, c'eft que les Dommages & Intérêts ne donnent lieu à la Contrainte par Corps, fuivant l'Ordonnance, que lorfqu'ils excedent une certaine *fomme*, qui eft de 200 livres ; & après un certain *tems*, qui eft de quatre mois, à compter du Jour de la Signification du Jugement. Au lieu que les Intérêts civils emportent la Contrainte par Corps de plein droit, & fans avoir égard à la Quantité de la fomme à laquelle ils peuvent monter.

*V. l'Ordonn. de 1667. tit. 34. art. 2.*

Un fecond PRIVILÉGE des Intérêts-civils, c'eft que celui qui y eft condamné, ne peut être reçu au Bénéfice de Ceffion.

*V. Beraut fur la Coût. de Norm. art. 20.*

Un troifieme PRIVILÉGE, c'eft que pour le Payement de ces Intérêts civils, on peut retenir le Condamné en Prifon, nonobftant que par le même Jugement, ce dernier ait été condamné au Banniffement.

*V. art. 29. du tit. 13. de l'Ordonn. de 1670.*
*V. Soefve, tom. 2. cent. 2. ch. 17.*
*V. Journal des Aud. tom. 2. l. 3. ch. 14.*

Un quatrieme PRIVILÉGE, c'eft que les Intérêts civils ne peuvent être faifis par les Créanciers de celui au profit de qui ils ont été adjugés.

*V. Bafnage fur la Coût. de Norm. art. 143.*

Un cinquieme PRIVILÉGE, c'eft que la Veuve à qui ils font adjugés, peut les conferver fans aucune diminution, quand même elle pafferoit à de fecondes Nôces, ou qu'elle renonceroit à la Communauté ; & qu'elle peut en difpofer à fon gré, parce qu'elle ne les a point à titre de Gain, mais à titre d'Indemnité. Par la même raifon, celui qui prend la Réparation civile, ne fait point acte d'Héritier.

*V. Frain en fes Arrêts, p. 159.*
*V. Maynard, t. 1. liv. 3. ch. 775.*
*V. Catellan, l. 4. ch. 48.*

Un fixieme PRIVILÉGE, c'eft que le Condamné aux Intérêts civils ne peut les compenfer avec d'autres dettes.

*V. Mornac in L. ult. Cod. de hæred. vel ort. vend.*

Enfin, un feptieme PRIVILÉGE, que nous avons eu lieu de remarquer précédemment, c'eft que les Intérêts civils font préférés à l'Amende envers le Roi, qui n'eft due que du Jour de la Prononciation du Jugement. Au lieu que l'Hypotheque pour les Intérêts civils remonte au Jour même que le Délit a été commis, fuivant la Difpofition des Loix & la Jurifprudence des Arrêts. Ce qui eft fondé, comme le remarque BRUNEAU, tant fur l'Ac-

*V. Diction. des Arr. de la Ville, n. 8666.*
*V. Journal des Aud. tom. 2. l. 3. ch. 11. art. du 10 Mars 1660.*

L. *Ex Judicio-*
*rum, ff. de Accu-*
*fat. L. poft contrac-*
*tum, ff. de Dona-*
*tionibus.*
V. *Bruneau, Tr.*
*des Criées, p.* 534.

*quiefcement* tacite de l'Accufé que la Loi préfume avoir confenti à la Réparation du Délit dans l'inftant qu'il l'a commis, que fur la *néceffité* de remédier.aux fraudes par lefquelles un Criminel pourroit préjudicier à fon Accufateur.

Il faut cependant diftinguer à cet égard, entre les *Crimes énormes*, les *Crimes ordinaires*, & les *Délits extrémement legers*; il n'y a que les Premiers qui operent par le fait feul, l'incapacité de difpofer, & emportent conféquemment l'hypotheque du jour même qu'ils font commis : de ce nombre font les Crimes de *Leze-Majefté*, *Parricide*, *Péculat*, *Meurtre*, *Affaffinat*, *Héréfie*, *Simonie*, *Sodomie*, &c. Ceux-ci font même vaquer les Bénéfices de plein droit, comme il a été jugé par plufieurs Arrêts rapportés par BRUNEAU d'après BARDET, le PRESTRE, la ROCHEFLAVIN; & l'incapacité qu'ils produifent, ne s'étend pas feulement aux Aliénations à *Titre gratuit*, mais encore à celles à *Titre onéreux*, que feroit le Coupable depuis le Crime, hors les cas néanmoins où il s'agiroit d'acquitter des Obligations néceffaires & forcées, que la Partie civile ou le Fifc feroient obligés d'acquitter eux-mêmes; c'eft la remarque que fait Denis GODEFROY, fur la Loi *poft Contractum, ff. de Donationib.*

V. *Bruneau,*
*ibid.*

V. *Imbert, liv.* 4.
*ch.* 6.

A l'égard des Crimes *ordinaires* & non qualifiés, ce n'eft que du jour feulement que l'Accufation a été intentée, que commence l'hypotheque des intérêts civils, & l'incapacité de difpofer à titre onéreux; ( car pour les Aliénations à titre gratuit, elles font toujours fujettes à révocation, même depuis le Crime commis, comme étant fufpectes de fraude) : c'eft cette diftinction qui paroît avoir fervi de fondement à la Maxime de notre Droit François atteftée par LHOMMEAU, qui porte que *l'hypotheque de là Condamnation pour caufe de Délit, retrograde au jour que le Délit a été commis ou l'ACCUSATION INTENTÉE.*

V. *Lhommeau,*
*max.* 308.

ENFIN, pour ce qui concerne les Délits *legers*, tels que ceux qui feroient arrivés par accident non prévû & par cas fortuit, l'hypotheque des intérêts civils ne commence à courir que du jour feulement de la Condamnation; c'eft le fentiment de BRUNEAU, qui fe fonde fur les autorités que nous venons de rapporter, & principalement fur l'Article liij. de l'Ordonnance de Moulins.

Nous avons d'ailleurs obfervé d'après BRETONNIER en fes Queftions de Droit, qu'il y a plufieurs Parlemens dans le Royaume, notamment ceux de Franche-Comté, de Grenoble & de Dijon;

Dijon, qui jugeoient que la Réparation civile ne se prescrivoit que par 30 années, au lieu de 20 qui suffisent pour la prescription de la Peine du Crime.

3°. DOMMAGES ET INTÉRESTS, nous n'en parlons ici qu'entant qu'ils sont prononcés par un Jugement criminel; ils ont cela de commun avec ce que nous appellons *Réparation civile*, qu'ils produisent également la contrainte par corps, sans avoir égard à la somme à quoi ils peuvent monter : mais ils en sont distingués d'ailleurs, par plusieurs endroits remarquables.

1°. En ce qu'ils peuvent s'adjuger également au profit de l'Accusé, comme de l'Accusateur; au lieu que la Réparation civile ne peut avoir lieu que contre l'Accusé. *Voyez* ce que nous avons dit ci-devant en traitant de l'exécution des Jugemens d'*Absolution*.

2°. En ce que les Dommages & Intérêts ne sont point déterminés par le Jugement de Condamnation, & que leur liquidation ne se fait qu'après le Jugement, & sur la Poursuite qui s'en fait en exécution d'icelui ; au lieu que la Réparation civile, faisant partie de la Peine qui doit toujours être certaine, doit conséquemment être fixée par le Jugement qui la prononce.

3°. En ce que les Dommages & Intérêts ne concernent proprement que le préjudice causé dans les Biens, au lieu que la Réparation civile tend principalement à réparer le tort fait à la Personne ou à son Honneur.

4°. FRAIS *du Procès criminel*, nous avons eu lieu de parler de ces frais en traitant de l'Instruction ; nous avons observé que l'Accusé n'étoit point tenu de les avancer, à la réserve seulement de ceux concernans la Preuve de *ses Faits justificatifs* ; mais que ce Devoir regardoit principalement la Partie civile, & à défaut de Partie civile, ou si celle-ci se trouvoit insolvable, les Receveurs & Engagistes du Domaine du Roi, & même les Seigneurs, dans la Justice desquels s'instruisoient les Procès criminels.

Nous avons dit que l'Obligation de fournir ces Frais, tant de la part du Roi que des Seigneurs, étoit une suite de celle de rendre la Justice à leurs Sujets, & du profit qu'ils avoient droit d'en espérer par les Amendes & Confiscations. Il ne nous reste donc plus qu'à rapporter ici les Dispositions particulieres des Réglemens qui ont été faits, pour empêcher que les Juges n'abusent du pouvoir qu'ils ont de régler ces Frais, dans les Exécutoires qu'ils décernent à ce sujet. On trouve ces Réglemens, dans les art. xvj. xvij. & xviij. du Tit. XXV. de l'Ordonnance de 1670, mais principalement dans la Déclaration du 12 Juillet 1687 & les Arrêts du Conseil, qui sont intervenus en conséquence.

Ces Arrêts sont dés 26 Octobre & 25 Novembre 1683, 5 Mai 1685, 23 Octobre 1694, & 12 Août 1710.

Suivant ces Réglemens, il paroît que Sa Majesté s'est proposé trois Objets principaux, 1°. de fixer la Qualité des Frais qui peuvent être compris dans ces Exécutoires : ces Frais sont ceux de *Nourriture* & de *Voiture* des Juges & Officiers, qui se transportent hors de leur résidence, à l'effet des Instructions criminelles, & *autres* qui sont nécessaires à cette Instruction & à l'exécution des Jugemens. Mais il est défendu aux Juges d'y comprendre leurs *Droits & Vacations*, ni les *Salaires des Greffiers* ; 2°. de déterminer la Qualité des Crimes, pour l'instruction desquels ces Exécutoires peuvent être délivrés sur le Domaine. Ces Crimes sont les *Meurtres*, les *Viols*, *Incendies*, *Vols de Grands-chemins*, & autres de cette nature, où il échet de prononcer Peine afflictive & infamante ; 3°. enfin d'assurer l'exécution de ces mêmes Réglemens, en ordonnant que les Exécutoires seroient visés par les Intendans & Commissaires départis ; & qu'en cas de contravention par les Juges, ils soient condamnés à l'Amende de 150 liv. par les Juges supérieurs, qui sont autorisés à délivrer eux-mêmes ces Exécutoires.

Il y a aussi deux Réglemens faits en dernier lieu ; l'*un*, par Arrêt du Conseil du 24 Novembre 1733 ; l'*autre*, par la Déclaration du 4 Janvier 1734, au sujet du recouvrement à faire des Frais qui ont été avancés sur le Domaine contre les Parties civiles, les Engagistes, les Seigneurs Hauts-Justiciers, ou sur les biens des Condamnés.

*V. art. 16. de l'Ordonnance.*

*V. Journal des Aud. tom. 4. l. o. ch. 18.*

# TRAITÉ
## DES DIFFERENTES ESPECES
# DE CRIMES,
## ET DE LEURS PEINES,

*Suivant les Principes du Droit Civil, Canonique, &
de la Jurisprudence du Royaume.*

APRES avoir donné une Notion générale des Crimes, & des Peines qui y sont attachées, nous ne croyons pouvoir mieux terminer cet Ouvrage que par le Détail exact des différentes Especes de Crimes auxquels ces Peines peuvent s'appliquer. Ce Détail nous a paru d'autant plus essentiel, qu'il ne contribuera pas peu à faciliter l'Intelligence de toutes les autres Parties du Procès criminel, en nous donnant lieu de développer, par des Exemples sensibles, les Principes que nous y avons indiqués.

Nous avons vû dans la Premiere Partie de cet Ouvrage, où il est traité du CRIME en général, que le Droit Romain avoit établi plusieurs Divisions en Matiere de Crimes ; qu'il les avoit d'abord distingué en *Crimes Publics* & en *Crimes Privés* ; qu'il avoit ensuite subdivisé les Crimes publics en *Ordinaires*, parce que leur Punition étoit ordonnée par une Loi particuliere ; & en *Extraordinaires*, dont la Peine n'étoit déterminée par aucunes Loix précises, & étoit laissée à l'Arbitrage du Juge.

MAIS l'Expérience ayant fait voir les Inconvéniens dangereux qui devoient résulter nécessairement d'une Regle générale en

Hhh ij

cette Matiere, en ce que parmi les Crimes appellés *Publics* & *Ordinaires*, il s'en trouvoit le plus souvent, que leurs circonstances rendoient assez legers pour ne pouvoir donner lieu aux Peines capitales que les Loix y avoient attachées; tandis qu'au contraire parmi ceux appellés *Extraordinaires* ou *Privés*, il s'en trouvoit dont les circonstances étoient tellement qualifiées, qu'elles pouvoient donner lieu à des Peines capitales. Il étoit réservé à la sagesse de nos Rois, d'apporter les tempéramens convenables à la rigueur d'une Regle, qui faisoit ainsi dépendre la Punition des Crimes de leurs Dénominations plûtôt que de leurs Qualités & de leurs Circonstances; & ce qu'avoient déja tenté plusieurs fois les Préteurs par leurs Edits, & les derniers Empereurs Romains par leurs Constitutions, ils l'ont heureusement exécuté par leurs Ordonnances; tantôt, en prononçant des Peines dans les Cas que les Loix Romaines avoient laissés à l'arbitrage du Juge; tantôt, en n'en prononçant aucunes, & s'en rapportant à la prudence du Juge, dans les cas mêmes où les Loix en avoient prononcé de particulieres.

C'est d'après de si sages Maximes, puisées dans les Regles de l'Humanité & de l'Equité naturelle, qu'au lieu de suivre l'ordre des Divisions établies par le Droit Romain en cette Matiere, nous nous attacherons, dans l'Enumération que nous allons faire des différens Crimes, à les ranger sous autant de Classes différentes, qu'il y a de différens Genres auxquels ils peuvent se rapporter. Or parmi les différens Genres de Crimes, nous en remarquons huit principaux, dont on peut dire que tous les autres ne sont qu'autant d'Especes ou de Qualifications particulieres; sçavoir,

1°. Le Crime de LEZE-MAJESTÉ DIVINE, qui comprend l'Athéisme, l'Apostasie, l'Hérésie, le Schisme, le Blasphême, le Parjure, la Magie & Sortilége, le Sacrilége, Profanation des Eglises, le Trouble au Service Divin, l'Inobservation des Fêtes & Dimanches, Violation des Sépulchres, Outrages faits à des Prêtres, Enlevement de Religieuses, Recélement des Corps morts des Bénéficiers, Simonie & Confidence.

2°. Le Crime de LEZE-MAJESTÉ HUMAINE, qui comprend tous Attentats faits à la Personne du ROI, de ses Enfans, à sa Couronne ou à ses Ministres, Rebellion aux Mandemens émanés de S. M. les Assemblées illicites avec port d'armes, Séditions, Emotions populaires, Fabrication ou Altération de Monnoie, Falsification du Sceau royal, Amas d'Armes, Fabrication de

Poudre, Démolition de Murs & Fortifications, ou Conftruction fans permiffion de S. M. Infractions de Ban & Sauf-conduit, Rébellion à Juftice, Chartre privée, Bris de Prifon, Péculat, & Concuffion.

3°. Le Crime de LUXURE, qui comprend l'Adultere, la Poligamie ou Bigamie, le Stupre, le Maquerelage, le Concubinage, le Viol, le Rapt, l'Incefte, la Sodomie, la Beftialité.

4°. L'HOMICIDE, qui comprend le Meurtre, l'Affaffinat, l'Empoifonnement, l'Incendie, le Duel, le Parricide, Fratricide, l'Infanticide ou Suppreffion de Part, Suicide.

5°. Le VOL, qui comprend, Ceux faits fur le Grand-chemin, les Vols domeftiques, Ceux faits avec effraction, les Vols d'Eglife ou dans les Maifons Royales, les Vols de Fruits de Jardin, de jeunes Arbres, de Charrues, Harnois de Laboureurs; Ceux faits par des Cabaretiers, Voituriers, Meffagers; le Plagiat, l'Abigeat, l'Ufure, la Banqueroute frauduleufe, le Monopole, & le Recélement.

6°. Le FAUX, qui comprend la Suppofition de Perfonne, Suppofition de Part, le Stellionat, la Calomnie, Faux Témoignage, Subornation de Témoins, Falfification de Papiers publics ou privés, Falfification de Denrées & Marchandifes, Vente à faux Poids & fauffe Mefure, Simulation dans les Contrats.

7°. L'INJURE, qui comprend les Injures Verbales, les Réelles, & celles par Ecrit ou autrement, Libelles diffamatoires.

8°. Enfin les DÉLITS CONTRE LA POLICE, qui comprennent Ceux commis dans les Bois, Ceux commis au fujet de la Chaffe, au fujet de la Pêche, la Contrebande; Ceux concernant les Jeux défendus, les Délits en fait d'Imprimerie, & enfin Ceux commis par les Mendians & Vagabonds.

Il y a encore d'autres Crimes, qui font particuliers aux Eccléfiaftiques & aux Gens de Guerre, ou Gens de Mer, dont nous avons eu lieu de parler précédemment, en traitant des *Jurifdictions* qui en doivent connoître.

MAIS en nous écartant ainfi de l'Ordre établi par les Loix Romaines, dans la Divifion des Crimes, nous n'avons pas entendu pour cela rejetter abfolument les Regles & les Principes qui nous font tracés par ces mêmes Loix, pour juger de la Qualité des Crimes, & pour déterminer les Cas particuliers où l'on doit augmenter ou diminuer la rigueur de leur Punition. Comme ces Principes font fondés fur une Equité naturelle, qui les a fait adopter dans tous les Pays, & les a fait fervir de bafe aux Difpofitions de nos Ordonnances mêmes; bien loin de les regarder comme étrangers parmi nous, nous nous ferons un devoir de les rappeller exactement fur chacun des différens Crimes, que nous allons difcuter. Nous avons cru devoir auffi, par la même raifon, y joindre les Décifions des Loix canoniques; afin de ne rien laiffer à defirer, pour l'éclairciffement d'une Matiere auffi délicate qu'elle eft importante.

## TITRE PREMIER.

### Du Crime de Leze-Majefté Divine.

NOUS comprenons fous ce nom, tout ce qui tend à bleffer la Sainteté de notre Religion.

PARMI les Crimes de cette efpece, il y en a qui attaquent DIEU *directement*, par le mépris & l'abus fcandaleux que l'on fait de fa Religion, de fes Sacremens, & de fes Myfteres; ce font ceux-ci qu'on appelle CRIMES DE LEZE-MAJESTÉ DIVINE *au premier Chef*.

Il y en a d'autres qui attaquent DIEU *indirectement*, dans la Perfonne de *fes Saints*, de *fes Miniftres*, & des *chofes confacrées à fon Culte*; & que par cette raifon nous appellons CRIMES DE LEZE-MAJESTÉ DIVINE *au fecond Chef*.

## CHAPITRE PREMIER.

### Des Crimes de Leze-Majefté Divine au premier Chef.

DE ce nombre font l'Athéifme, l'Apoftafie, l'Héréfie, le Schifme, le Blafphême, le Parjure, la Magie & le Sortilége.

### ATHEISME.

CE CRIME confifte à ne point reconnoître de DIEU ni de PROVIDENCE; ainfi l'on appelle ATHÉES, ceux qui ofent nier l'Exiſtence d'un Etre Suprême, & ne profeſſent aucune Religion vraie ou fauſſe. On les appelle auſſi MATÉRIALISTES , parce qu'ils attribuent tout à la Matiere ; ou SPINOSISTES , parce que c'eſt *Spinoſa* qui a réduit le premier en Syſtème, cette horrible opinion, dont la véritable ſource eſt dans la dépravation du cœur : *Dicit inſipiens in corde ſuo , non eſt Deus.*

Nous ne trouvons, ni dans l'ancien Droit, ni dans le nouveau, aucune Diſpoſition particuliere ſur la punition de ce Crime, parce que ce n'eſt que de nos jours ſeulement qu'a commencé cette damnable Secte, & qu'elle a affecté de répandre ſes Chymeres ſous une forme Dogmatique. Si les exemples de rigueur , que ſes progrès paroiſſent demander, ne ſont pas plus fréquens dans ce Royaume , c'eſt ſans doute parce qu'elle eſt fondée ſur des Erreurs ſi groſſieres & ſi abſurdes, qu'il y a lieu d'eſpérer qu'elle ſe détruira d'elle-même , & que les Ecrits ſolides & triomphans, que nos Théologiens ne ceſſent de lui oppoſer , feront plus efficaces pour la deſarmer, que la violence des flammes qu'un des nos Parlemens a fait éprouver à l'un de leurs principaux Chefs.

## A P O S T A S I E.

Ce CRIME conſiſte dans la deſertion ou abandonnement de la vraie Religion ; ainſi l'on appelle APOSTATS tous ceux qui quittent la Religion Chrétienne pour embraſſer ou l'*Idolatrie* , ou le *Mahométiſme* , ou le *Judaïſme* , ou toutes autres Sectes condamnées par l'Egliſe : c'eſt dans ce ſens que l'on peut dire que tous les Hérétiques ſont des *Apoſtats* , quoique tous les Apoſtats ne ſoient pas ſimplement Hérétiques.

L'on appelle auſſi APOSTATS, les Religieux qui quittent, ſans Diſpenſe légitime , l'Ordre dans lequel ils ont fait Profeſſion : comme cette derniere eſpece d'Apoſtaſie, quoique fondée le plus ſouvent ſur les mêmes principes d'irreligion que la premiere, ne trouble point auſſi directement l'ordre Public, elle n'eſt ordinairement ſujette qu'à des Peines canoniques, dont l'application eſt réſervée au Supérieur de l'Ordre d'où le Religieux a deſerté. Ces Peines ſont la Priſon avec le Jeûne au Pain & à l'Eau, juſqu'à ce que le Religieux Apoſtat ſe ſoit converti, & qu'il ait expié ſon Crime par une ſincere Pénitence.

*V. Cap. nobis EXTRA. de Apoſtatis.*

Mais à l'égard de la premiere eſpece d'Apoſtaſie, qui renferme une Perfidie & une Rébellion ſcandaleuſe , les Loix ont cru devoir en arrêter la contagion, par des Peines publiques & infamantes. La Loi III. au Code *de Apoflatis*, veut que les Apoftats foient abfolument retranchés de la Société ; qu'ils foient regardés comme imcapables de difpofer ni recevoir par Teftament , & d'être admis en témoignage : la Loi XI. du même Titre va plus loin ; elle veut qu'ils foient privés de la faculté de faire aucune forte de Contrat, foit de Donation , de Vente , ou d'Achat , &c.

ENFIN, par les autres Loix, tant civiles que canoniques, il paroît qu'ils font affujettis aux mêmes Peines que les Hérétiques, dont il fera parlé ci-après , & fur-tout de l'*Exclufion* abfolue de tous les Priviléges qui ont été introduits en faveur de la Religion.

## HERESIE.

Ce CRIME confifte dans l'Erreur où tombe un Catholique , & qu'il foûtient avec opiniâtreté contre quelque Dogme de la Religion ; ainfi l'Hérétique ne différe de l'Apoftat , qu'en ce que celui-ci combat généralement tous les Dogmes de la Religion.

Ce n'eft donc pas affez , pour être réputé Hérétique , de tomber dans l'erreur , mais il faut encore la foûtenir opiniâtrement après qu'elle a été condamnée par l'Eglife , qui a feule le droit de déclarer Hérétique ; & tant qu'elle ne le fait point , on ne peut qualifier une Perfonne de ce nom : ces Qualifications deviennent alors de véritables Injures , qui pouvant donner lieu à des troubles & des féditions , doivent être réprimées féverement par l'autorité féculiere.

Dans les premiers tems de l'établiffement de la Religion Chrétienne , ce Crime étoit du nombre de ceux dont la connoiffance étoit purement réfervée à la Jurifdiction eccléfiaftique , ainfi qu'il paroît par les DÉCRÉTALES, fous le titre *de Hæreticis;* mais l'expérience ayant bien-tôt fait connoître que ce Crime , fruit ordinaire de l'ambition ou de la débauche , étoit toûjours accompagné de fcandale & d'affemblées illicites , auffi contraires au repos & au bien de l'Etat , qu'au refpect dû à la Religion , les Princes Chrétiens n'ont pas tardé d'interpofer leur autorité pour extirper de leur Etat ces nouveautés dangereufes , & en arrêter le cours par des Punitions exemplaires. En effet , fi l'on remonte aux Loix Romaines , l'on voit que l'Héréfie y eft mife au nombre des Crimes publics. Si l'on confulte les Ordonnances de nos Rois , on remarque que les Coupables de ce Crime y font qualifiés de *Criminels de Leze-Majefté, Séditieux, Perturbateurs du repos public;* & qu'enfin ce Crime a été placé dans le nombre des *Cas royaux.*

Ainfi

*V. Cap. ad abolendum, & Cap. excommunicamus, extr. de Hæret.*

*L. Manicheos, §. & primum, Cod. de Hæret. & Manich.*

*V. Ordonnances d'Henry II.* 1551. *François II.* 1559. *Charles IX.* 1556.

Ainsi, suivant les Maximes du Royaume, comme celles du Droit Romain, il paroît que l'autorité de l'Eglise, sur cette Matiere, est bornée uniquement au Droit de juger & de condamner la Doctrine qui contient l'Héréfie, & de prononcer des Peines spirituelles contre ceux qui la profeffent ou qui la répandent, telle que la privation de toutes les marques de Communion avec ses Enfans, soit pendant leur vie, soit après leur mort ; & de plus, si c'est un Eccléfiastique, la Dégradation & la perte de ses Bénéfices. Mais pour ce qui concerne les Peines temporelles que peuvent mériter les Hérétiques, comme ces Peines tendent à l'effufion du sang, que l'Eglise a en horreur, elle se contente de s'en rapporter là-deffus à l'autorité des Princes temporels, à qui elle recommande en même tems d'employer ces Peines, plûtôt comme un avertiffement falutaire, afin de les faire revenir de leur égarement, que comme une punition de leur Crime : *De vobis autem corripiendis atque coercendis habita ratio est qua potens admoneremini ab errore difcedere quam pro fcelere puniremini.* Ce sont les termes du Canon *non invenitur*, Cauf. 23. quæst. 4.

*V. Cap. Excommunicamus, ci deffus.*

*V. Cap. Statutum est.*

*V. Cap. Ad Abolendum, ci deffus.*

A l'égard des Peines que les Loix Romaines prononçoient contre les Hérétiques, elles confistoient, tantôt dans le dernier Supplice, tantôt dans la Rélégation perpétuelle dans les Ifles ; & lorfque l'Hérétique étoit mort dans son erreur, l'on condamnoit sa Mémoire, comme dans le Crime de Leze-Majesté. Ces Peines ne regardoient pas feulement ceux qui répandoient ou fomentoient les Héréfies, mais encore ceux qui se les laiffoient perfuader. On trouve dans le Titre du Code *de Hæret. & Manich.* plusieurs Loix des Empereurs Conftantin, Théodose, Valentinien, Marcien, & Juftinien, qui contiennent des difpofitions particulieres à ce fujet.

*L. 3. 5. 8. 11. & 12. Cod. de Hæret. & Manich.*

*V. auffi la L. Si quis, ff. de Pænis.*

*V. Confér. des Ordonn. de Fontanon, liv. 1. tit. 5.*

DANS NOTRE USAGE, sans nous arrêter à rappeller ici cette foule d'Edits qui ont été rendus dans les premiers tems des Héréfies de Luther & de Calvin, nous nous contenterons de parcourir en peu de mots les Difpofitions de ceux rendus depuis la Révocation de l'Edit de Nantes ; fçavoir, les Déclarations des 20 Juin 1665, 13 Mars 1679 ; l'Edit de Juin 1680, la Déclaration du mois de Novembre de la même année ; celles des 15 Juin 1682, 16 Juillet & 6 Août 1685, 7 Mars & 29 Octobre 1686, 12 Octobre 1687, du mois de Mars 1693, 13 Septembre 1699, 8 Mars 1715, 24 Mai 1724.

Suivant ces Loix, il paroît qu'il y a des Peines particulieres

Iii

V. Déclar. du 10 Juin 1665, 13 Mars 1679, & l'Edit de Juin 1680.

prononcées contre les différentes Personnes qui peuvent introduire ou favoriser l'Hérésie dans le Royaume ; sçavoir,

1°. Contre *les Sujets du Roi* qui embrassent ces sortes d'erreurs, ou qui les reprennent après les avoir abjurées ; ils sont condamnés à l'Amende-honorable ou Bannissement perpétuel, & à la Confiscation de leurs Biens.

V. Décl. de Mars 1693.

2°. Contre *les Ministres prédicans*, qui reçoivent ou souffrent dans leurs Temples les Sujets du Roi, tant Catholiques que ceux qui auroient abjuré leur Religion ; ils sont condamnés à la même Peine que dessus.

3°. Contre *les Nouveaux Convertis* qui se retirent dans les Pays étrangers, ou qui sont arrêtés sortans du Royaume sans permission : ils sont condamnés ; sçavoir, les Hommes aux Galeres perpétuelles, & les Femmes à être renfermées dans tels Lieux qui seront ordonnés par les Juges, & tous leurs Biens confisqués, même dans les Pays où la Confiscation n'a pas lieu.

V. Déclar. du 7. Mars 1686, & 13 Septemb. 1699.

4°. Contre *Ceux qui auront favorisé* directement ou indirectement l'*Evasion des Nouveaux Convertis* ; ils doivent être punis de Mort.

V. Déclar. du 14 Mai 1724.

5°. Contre *Ceux qui s'assemblent* pour faire des Exercices d'une Religion autre que la Catholique : ils sont condamnés ; sçavoir, les Hommes, aux Galeres perpétuelles, & s'ils sont trouvés en armes, au dernier Supplice ; les Femmes, à être rasées & enfermées pour toûjours, & en outre à la Confiscation de leurs Biens.

V. même Déclar. art. 2.

6°. Contre *les Ministres* qui convoquent ces Assemblées, ou y auront prêché ; ils sont condamnés à la Peine de Mort.

V. la même Décl. art. 9.

7°. Contre *Ceux qui auront donné Retraite* à ces Assemblées, ou prêté du *secours* : ils sont condamnés ; sçavoir, les Hommes aux Galeres perpétuelles, & les Femmes à être rasées & enfermées pour toûjours, avec la confiscation de leurs Biens.

V. la même, art. 9.

V. Déclar. du 29 Octobre 1986.

8°. Contre *Ceux qui pendant leurs Maladies refusent* de recevoir les derniers Sacremens, & qui étant retournés dans l'Erreur qu'ils avoient abjurée, déclarent publiquement qu'ils veulent mourir dans la Religion prétendue reformée ; ils sont condamnés, s'ils recouvrent la santé & s'ils persistent dans leur Déclaration, au Bannissement à perpétuité, avec confiscation des Biens ; & s'ils meurent, le Procès doit être fait à leur Cadavre ou à leur Mémoire, de la maniere portée par le Tit. XXII. de l'Ordonnance de 1670.

9°. Contre *ceux de la Religion Prétendue Reformée*, qui exhortent fecretement les Malades à retourner & perféverer dans leurs anciennes Erreurs : ils font condamnés ; fçavoir , les hommes aux Galeres , & les femmes à être renfermées à tems ou à perpétuité, fuivant la prudence des Juges.

V. ibid. art. 11.

10°. Contre *les Médecins* , ou à leur défaut, *les Chirurgiens & Apoticaires* , qui étant appellés auprès des Religionnaires, ne donnent pas avis au Curé, lorfqu'ils jugent la maladie dangereufe & qu'ils voyent que les Curés n'ont pas été appellés d'ailleurs ; ils font condamnés à une Amende, & en cas de récidive à être interdits de leurs fonctions.

V. ibid. art. 8.

11°. Contre *les Parens, Serviteurs* , & autres qui étant près des Malades , auront refufé l'entrée aux Curés , Vicaires ou Prêtres par eux envoyés ; ils font condamnés aux mêmes Peines que celles ci-deffus.

V. même art. 8.

12°. Contre *les Sujets du Roi* , qui ne font pas baptifer leurs Enfans à l'Eglife Paroiffiale du lieu, dans les 24 heures ; & contre les *Sages-Femmes* qui n'en avertiffent pas les Curés, mêmes Peines que ci-deffus.

V. ibid. art. 31.

13°. Pareilles Peines font prononcées contre ceux qui envoyent *leurs Enfans hors du Royaume* , fans la permiffion fignée d'un Secrétaire d'Etat, ou qui négligent de les envoyer au Catéchifme & aux Inftructions & Offices ; comme auffi contre ceux qui font chargés de l'Education des Enfans.

V. ibid. art. 4. 5. 6. & 7.

14°. Contre ceux qui confentent que leurs Enfans , ou ceux dont ils font *Tuteurs* ou *Curateurs* , fe marient en Pays Etrangers fans une permiffion expreffe fignée d'un Sécretaire d'Etat : ils font condamnés ; fçavoir, les hommes aux Galeres à perpétuité & les femmes au Banniffement à perpétuité , avec la confifcation des Biens.

V. ibid. art. 17.

15°. Contre *les Sujets du Roi Nouveaux convertis* , qui fe marient fans obferver les folemnités prefcrites par les Loix du Royaume ; ils doivent être punis, outre la nullité de leur mariage, d'une Punition exemplaire.

V. ibid. art. 15.

Indépendamment de ces Peines particulieres, il y en a encore de générales prononcées par ces mêmes Loix contre les Hérétiques, telles que L'EXCLUSION ABSOLUE *de toutes Charges publiques, des Licences de toutes les Univerfités du Royaume, des Profeffions de Médecins, Chirurgiens, Apoticaires, Sages-Femmes, Libraires & Imprimeurs; l'*INCAPACITÉ *de contracter mariage avec des Catholiques,* l'ILLÉGITIMITÉ *des Enfans qui proviennent de ces*

V. art. 12. 13. 14. ibid. V. Décl. des 15 Juin 1682, 16 Juillet & 6 Août 1685.

*Mariages, enfin la* PRIVATION *des effets de l'autorité paternelle*, par la liberté qui eſt accordée aux Enfans de ceux qui ſont retirés en Pays étrangers pour cauſe de Religion, de pouvoir ſe marier ſans leur conſentement; pourvû qu'à leur défaut, ils prennent l'avis leurs de Tuteurs & Curateurs créés *ad hoc*, & de leurs Parens, Alliés & Amis.

*V. Déclar. de Novemb. 1680. V. Décl. du 14 Mai 1724, art. 16.*

## SCHISME.

CE MOT, qui ſignifie en général *Diviſion* & *Séparation*, s'entend ici de la diverſité d'Opinions entre les Perſonnes de la même Religion. Comme il entraîne ordinairement des ſuites auſſi fâcheuſes dans un Etat que l'Héréſie même, quoiqu'il ne cauſe pas un auſſi grand ſcandale, il y a lieu de pourſuivre ceux qui le fomentent, comme des *Perturbateurs du repos public*, & prononcer contr'eux des Peines plus ou moins ſéveres, ſuivant les circonſtances & le degré d'obſtination, qu'ils ſont paroître : c'eſt pour cela que les Schiſmatiques ne ſont point diſtingués dans le Droit, des Hérétiques mêmes, & qu'ils ſont aſſujettis aux mêmes Peines.

Il y a auſſi des Peines particulieres, prononcées contr'eux par le Droit canonique ; mais nous croyons inutile de les rapporter ici, parce qu'elles n'ont été prononcées qu'à l'occaſion des Schiſmes cauſés par les Anti-Papes.

*V. Can. illud, C. 24. qu. 3. & Can. de Ligurib. C. 23, qu. 5.*

## BLASPHEME.

C'EST un Crime énorme qui ſe commet contre la Divinité par des *Paroles* injurieuſes à Sa Majeſté ; à ſa bonté & à ſa juſtice, comme en lui attribuant ce qui ne peut lui convenir, ou en lui refuſant ce qui lui appartient ; il ſe commet auſſi par *Ecrit*.

Les Canoniſtes en diſtinguent de trois ſortes : le *Premier*, par lequel on attaque directement & immédiatement DIEU, comme DIEU, en lui attribuant des choſes contraires à ſa puiſſance & à ſa majeſté, ou en lui ôtant des Attributs qui ſont propres & eſſentiels à ſa Divinité ; comme ſi l'on diſoit, que Dieu eſt injuſte, qu'il n'eſt pas tout-puiſſant ; ou bien en attaquant les principaux Myſteres de la Religion.

Le *Second*, eſt celui par lequel on attaque DIEU directement & médiatement, en jurant en vain & ſans néceſſité par ſon Nom, & par ſa Puiſſance, par la Mort & Paſſion de NOTRE-SEIGNEUR, ou par ſes Sacremens ; & c'eſt proprement ce que nous appellons *Juremens*, dont il ſera parlé ci-après.

Le *troisieme* enfin, consiste dans toutes Paroles injurieuses proferées contre l'honneur de la Sainte Vierge & des Saints.

DANS l'*ancienne* Loi, les Coupables de ce Crime étoient lapidés publiquement. *V. Levit. cap. 24.*

Suivant le Droit *Canonique*, celui qui en est convaincu, doit être puni ; s'il est Clerc, de la Privation de ses Bénéfices, ou de la Déposition ; & s'il est Séculier, de l'Excommunication.

Suivant le Droit Romain, il paroît que les Blasphémateurs étoient punis de mort : c'est entr'autres la Disposition de la *fameuse* AUTENTIQUE, *ut non luxurientur*, où l'Empereur Justinien après avoir exposé tous les malheurs & les fleaux, que ce détestable Crime attire ordinairement sur les Royaumes, veut que cette Peine soit infligée sans rémission contre ceux qui sont convaincus de ce Crime. *V. c. t. §. Quoniam, novell. 77. V. aussi ibid. cap. Igitur, §. præcipimus.*

ENFIN, à l'exemple de cet Empereur, nos Rois n'ont rien oublié pour déraciner entierement ce Crime, qu'ils ont toujours regardé pareillement, comme la source des Calamités publiques. L'on trouve dans THEVENEAU plusieurs Ordonnances qu'ils ont rendues à ce sujet, notamment celle de Saint Louis, qui veut que les Blasphémateurs du Nom de Dieu & de sa Sainte Mere, soient marqués d'un fer rouge : il y en a d'autres de Philippe VI. de Charles VII. de Louis XII. de Henri II. de Charles IX. de Henri III. & de Louis XIII. Mais comme parmi les Peines que ces Loix prononcent, il y en a plusieurs qui ne sont plus en usage, ou du moins qui ne le sont qu'en partie, nous nous arrêterons uniquement à rapporter ici, celles qui sont prononcées par les dernieres Loix qui ont été rendues sur cette Matiere ; nous voulons parler des Déclarations des 7 Septembre 1651 & 30 Juillet 1666. *V. Theven. liv. 4. tit. 1. V. aussi Confer. de Guenois, l. 9. V. entr'autres l'art. 8. de l'Ordonn. de Moulins, & l'art. 35. de l'Ord. de Blois. V. aussi l'Ordon. du 10. Nov. 1617.*

Aux termes de ces Loix, les Peines sont augmentées suivant les degrés d'énormité, ou d'habitude où l'on est de tomber dans ce Crime. Ainsi lorsqu'ils sont tels, qu'ils appartiennent au genre d'*infidélité*, comme ceux qui dérogent à la Bonté & à la Grandeur de Dieu & à ses Attributs, ils doivent être punis de plus grandes Peines que celles qui sont établies pour les Blasphèmes *simples*, c'est-à-dire, de ceux qui ne consistent que dans des termes impies & Juremens échappés dans la Colere, ou dans le premier mouvement, quoique ceux-ci seroient d'ailleurs réitérés & commis par habitude.

A l'égard des Blasphêmes de la premiere espece, qui consistent dans des exécrations réfléchies ; la Peine n'eft point déterminée par ces Loix qui la laiffent à l'arbitrage du Juge , & lui permettent de la porter jufqu'à celle de Mort , fuivant les circonftances. Auffi voit-on plufieurs Arrêts de différens Parlemens, qui ont prononcé cette derniere Peine, pour des Blafphêmes exécrables prononcés contre Dieu N. S. J. C. & fa Sainte Mere , tantôt en condamnant les Blafphémateurs au feu vif, tantôt en les condamnant à la Potence, & leurs corps réduits en cendres ; il y en a un entr'autres de ce Parlement du 12 Mai 1681 , rapporté dans le Dictionnaire des Arrêts, qui prononce , outre la Peine d'avoir la Langue percée d'un fer chaud, celle des Galeres perpétuelles , & de l'Amende-honorable devant la principale Porte de l'Eglife de Paris, la Corde au col , la Torche ardente au poing, avec un Ecriteau devant & derrierre , contenant ces Mots, *Blafphémateur exécrable*. Il y a auffi des Arrêts, qui ont ordonné que le Procès feroit fait à la Mémoire des Blafphémateurs après leur Mort. A l'égard des Ecrits qui contiennent ces Blafphêmes, on les fait brûler par la main du Bourreau.

V. Papon, liv. 24. tit. 13. n. 2.
V. l'Annot. d'Imbert, liv. 3. ch. 22.

Quant aux Blafphêmes de la derniere efpece , qui fe commettent par de fimples *Juremens*, & dans un premier mouvement, les Peines doivent en être augmentées fuivant le nombre des récidives ; & c'eft pour s'affurer de ce nombre , que les Loix que nous venons de citer, veulent qu'il foit fait un Regiftre particulier de ceux qui auront été pris & condamnés pour ce Crime.

Ainfi pour une *premiere* fois, ces Loix condamnent le Blafphémateur à une Amende pécuniaire , qui doit être plus ou moins confidérable, fuivant la qualité du Blafphême & les facultés du Blafphémateur , & qui doit s'appliquer pour les deux tiers à l'Hôpital, ou à l'Eglife du Lieu, & l'autre tiers au Dénonciateur.

Si le Blafphémateur retombe dans le même Crime, une *feconde*, *troifieme* ou *quatrieme* fois, l'Amende doit être du double, du triple & du quadruple ; & pour la *cinquieme* fois, il doit être mis au Carcan aux jours de Fêtes & Dimanches ou autres, depuis huit heures du matin jufqu'à une heure après midi, & de plus condamné à une groffe Amende, faute du payement de laquelle il doit tenir Prifon pendant un mois au pain & à l'eau, ou plus long-tems, ainfi que les Juges le trouveront à propos : pour la *fixieme* fois, il fera mis au Pilori, & on lui coupera la Levre fupérieure avec un fer chaud : pour la *feptieme* fois, il fera mis pareillement au Pilori, & on lui coupera la Levre inférieure : enfin, pour la *huitieme* fois, on lui coupera la Langue.

## PARJURE.

Nous plaçons ce Crime à la suite du Blasphême, parce qu'il l'accompagne ordinairement, & qu'il est puni par les mêmes Loix.

PARJURE, se dit en général de celui qui jure contre sa propre science & connoissance. BALDE, sur la Loi derniere, au Code *de Jurejurando*, le définit un Mensonge confirmé par un Serment : c'est aussi la Définition qu'en donne Saint Thomas.

*V. aussi la Nov.* 123.

*V. S. Thomas,* qu. 98.

Il y en a de deux sortes ; l'un, qui se fait en Justice, & l'autre extrajudiciairement : le *premier*, quoiqu'extrêmement grave, comme étant injurieux tout-à-la-fois, à Dieu, aux Juges, & à la Partie, n'est cependant point puni par les Loix humaines, comme le dernier, en ce qu'il est fait dans la vûe d'en retirer quelque profit, comme devant emporter la décision de sa Cause ; au lieu que dans celui qui se fait hors Jugement, on jure communément sans intérêt, & que le Parjure n'a d'autres vûes que de manquer à la foi qu'il a vouée à Dieu, en abusant de son Nom, qu'il nous a laissé pour appuyer les Vérités.

*V. ch. ad audientiam extr. de crim. falsi.*
*V. Boerius decis.* 305. *Jul. Clare,* §. perjurium.

Nous aurons lieu de parler des Peines qui concernent les uns & les autres, en traitant du Crime de FAUX ; nous ne parlons ici du *Parjure*, qu'entant qu'il se trouve joint au Blasphême & autres impiétés. Nous venons de voir par les Ordonnances, que nous avons citées ci-devant, les Peines qui sont prononcées contre ce Crime en ce dernier cas. Suivant les Capitulaires de CHARLEMAGNE, la Peine du Parjure étoit d'avoir la main coupée : l'on trouve dans le Style du Parlement, Partie II. plusieurs Arrêts qui ont condamné les Coupables de ce Crime à l'Amende-honorable & au Bannissement ; il y en a un entr'autres, contre un Chanoine de l'Eglise Collégiale d'Origny.

*V. Journal des Aud. t. I, ch. 145.*

## MAGIE.

Ce TERME, qui dans son Origine signifioit l'*Etude de la Sagesse*, est devenu dans la suite tellement odieux par l'abus qu'on en a voulu faire pour pénétrer dans l'avenir & jetter le trouble parmi les hommes, qu'on ne peut aujourd'hui le prononcer qu'avec horreur ; on la distingue néanmoins encore dans le vulgaire en *Magie blanche*, qui ne consiste qu'en des secrets purement na-

turels; & en *Magie noire*, qui eſt celle dont nous voulons parler ici.

Cette MAGIE eſt connue tantôt ſous le nom de *Sortilége*, tantôt ſous celui de *Maléfice*, quoiqu'on les diſtingue le plus communément, en ce que la Magie ſe fait enſuite d'un Pacte fait avec
le Démon, pour opérer des Preſtiges, qui étonnent les hommes, comme étant au-deſſus des forces naturelles; au lieu que
le Sortilége & le Maléfice ont principalement pour objet de nuire
aux hommes, ſoit en leur Perſonne, ſoit en leurs Beſtiaux, Plan-
tes & autres Fruits de la terre; c'eſt auſſi proprement dans ce
dernier ſens, qu'elle eſt regardée comme Crime *public*, & que
nous nous propoſons d'en traiter ici.

Sans vouloir entreprendre de rien décider, dans une Matiere
auſſi délicate que l'eſt celle-ci, & qui eſt proprement du reſſort de
la Théologie Chrétienne; nous nous contenterons d'expoſer ici
les principes, qui concernent ſingulierement les Peines attachées
aux Crimes de Magie & de Sortilége.

La LOI *Divine* condamne à la Mort ceux qui en ſont convaincus, comme on le voit dans les Chap. XX. du Lévitique, &
XVIII. du Deutéronome.

Le DROIT *Canonique* prononce contre eux l'Excommunication & les autres Cenſures de l'Egliſe; il n'y a pas même juſqu'aux
Loix du Paganiſme, qui ne ſe ſoient élevées contre ces ſortes de
Gens, & ne les ayent condamnés comme Ennemis du Bien public, & du repos de la Société. La Loi des XII. Tables contient
une Diſpoſition préciſe à cet égard; & ſi dans la ſuite on a permis l'uſage des Augures chez les Romains, ce ne fut uniquement
que pour ſçavoir le ſort des Armes & des Batailles: encore voit-
on que cet Uſage qui favoriſoit les Aſſemblées ſecretes, où ſe formoient les Conſpirations contre l'Etat & la vie des Concitoyens,
a été aboli du tems même des Empereurs Payens. SUETONE fait
mention d'un Edit de TIBERE, qui proſcrivit ces ſortes d'Aſſemblées; & il paroît en effet par le *Senatuſconſulte ad Leg. Corn.
de Sicariis*, qui fut fait du tems de cet Empereur, que la Peine
de mort fut prononcée contre ceux qui les convoqueroient.

Mais depuis qu'éclairés par les lumieres du Chriſtianiſme, les
Empereurs Romains furent convaincus que ces ſortes d'Aſſemblées n'étoient pas moins injurieuſes à la Majeſté de Dieu, à qui
ſeul il appartient de connoître les tems & les événemens, que
préjudiciables

*V. Levit. cap. 20.*
*⩨. 6.*
*V. Deuter. c. 28.*
*⩨. 10. 11. & 12.*
*V. le Can. Ad-
moneant, cauſ. 16.
qu. 7. Can. Si
quis, cauſ. 26.
qu. 5.*
*L. 5. Cod. de
Malef. & Mathem.*

préjudiciables au bien de l'Etat, ils s'empreſſerent d'en arrêter le cours par les Peines les plus rigoureuſes.

Ces Peines qui ſont rapportées ſous le Titre du Code *de Maleficiis & de Mathematicis*, étoient tantôt l'expoſition aux Bêtes, tantôt celle du Feu vif, tantôt celle du Crucifiement, quelquefois celle d'être mis dans un vaſe plein de pointes, d'autres fois d'être décapité ; enfin, la moindre de toutes, étoit celle de la Déportation. *L. 2, 3, & 5. de ce titre.*

De toutes ces différentes Peines, la ſeule que nous ayons retenue dans notre Uſage, c'eſt celle du FEU VIF ; on en trouve pluſieurs exemples rapportés dans nos Auteurs, tant anciens que modernes ; mais ſuivant ces Auteurs, cette Peine ne doit pas s'appliquer indiſtinctement dans tous les Cas : on doit diſtinguer entre les Sortiléges ſimples, qui ne ſe trouvent aggravés par aucunes Circonſtances extraordinaires, & partent ordinairement d'un Cerveau dérangé ; & les Maléfices qui ont cauſé la mort, ou des pertes conſidérables à des Particuliers ; ce ſont ces derniers que regarde principalement la Peine dont nous venons de parler, & qui ont fait l'objet particulier des Condamnations portées par les Arrêts.

Nous croyons cependant devoir remarquer, par rapport à ces Arrêts, que comme dans preſque toutes les Accuſations qui s'élevent à ce ſujet, il s'y trouve une complication d'autres Crimes, tels que le Sacrilége, Blaſphême, Viol, & autres de cette eſpece : on ne peut tirer aucune conſéquence bien certaine des Déciſions qu'ils renferment ; en effet, celui du Parlement d'*Aix* qui a condamné le Prêtre *Gaufredy*, n'a eu, ſi l'on en croit au rapport qu'en fit en ce tems-là, le Chef de cette Compagnie à M. le Chancelier, d'autre motif que l'*Inceſte ſpirituel* commis par ce Prêtre avec Madelaine de la *Palu*, ſa Pénitente.

Ainſi, l'on ne ſauroit trop recommander aux Juges d'uſer d'une extrême circonſpection à cet égard, & de conſidérer que ſi, d'une part, rien n'eſt plus certain que l'exiſtence de la Magie après les témoignages inconteſtables que nous en rendent les Livres Saints, rien auſſi, d'un autre côté, ne paroît plus équivoque ni plus incertain que les exemples dont la plûpart des Auteurs ſe ſervent pour prouver qu'elle s'eſt perpétuée juſqu'à nos jours.

Nous avons vû, ſous le Titre *de la Preuve*, quels ſont les Indices particuliers que les Auteurs enſeignent pour parvenir à la conviction de la Magie : l'on peut voir auſſi à ce ſujet le Traité de la Police du fieur *de Lamarre*, Commiffaire au Châtelet ; & un autre Ouvrage qui a paru en 1737 , fous le titre de *Traité fur la Magie, Sortilége, Poffeffions, Obfeffions, & Maléfices*, où l'Auteur entreprend de prouver la réalité, l'origine, le progrès, & les effets de la Magie, & cite différens Arrêts des Parlemens d'Aix, de Touloufe, de Rennes, de Dijon, & de Rouen ; il y a auffi plufieurs Arrêts de ce Parlement, rapportés par Bodin & Chenu, & qui font rappellés dans la nouvelle Hiftoire critique des *Pratiques fuperftitieufes*, par le R. P. le Brun, de l'Oratoire.

Au refte, les Peines portées par les Loix, & les Arrêts dont nous venons de parler, ne doivent s'appliquer qu'à ceux qui font reconnus pour vrais Magiciens, & qui joignent à la Superftition l'Impiété & le Sacrilége ; mais non point à ceux qui feignent feulement de l'être, & affeftent de paffer pour tels, comme ces prétendus *Devins*, *Faifeurs de Prognoftics*, *d'Almanahcs*, & *Difeurs de Bonne-Fortune*, dont il eft parlé dans les Ordonnances d'Orléans & de Blois ; ceux-ci doivent feulement, aux termes de ces Loix, être punis de Peines corporelles & exemplaires. L'Edit d'Août 1682 , ajoûte cependant celle de Mort, lorfqu'ils joignent à la Superftition l'Impiété & le Sacrilége, fous prétexte d'opérations Magiques.

*V. art. 26. de l'Orden. d'Orléans & l'art. 36. de celle de Blois.*

Nous aurons lieu de rappeller ci-après, fous le Titre du Vol, les Peines particulieres que les dernieres Ordonnances ont prononcées contre ces fortes de *Vagabonds*, appellés *Bohémiens & Egyptiens*, qui fous prétexte de Mandier & de dire la Bonne-Fortune, commettent différens Vols dans les Campagnes.

# CHAPITRE II.

## Des Crimes de Leze-Majefté Divine au fecond Chef.

NOus comprenons fous ce nom le Sacrilége, le Trouble au Service Divin, l'Inobfervation des Fêtes & Dimanches, la Violation des Sépulchres, le Recellement des Corps morts des Bénéficiers, les Outrages faits à des Prêtres, l'Enlévement d'une Religieufe, la Simonie & la Confidence, l'Ufurpation des Biens d'Eglife.

## SACRILEGE.

CE CRIME, pris dans sa signification générale, s'entend de toutes Profanations de choses sacrées ou dévouées à Dieu ; ainsi il comprend tous Attentats faits 1°. aux *Sacremens* de l'Eglise, soit en renversant par mépris & dérision les Hosties consacrées, soit en appliquant les Vaisseaux sacrés, comme Calices, Ciboires, à des usages vils & prophanes, soit en faisant servir les Saintes Ecritures à des Superstitions & des Sortiléges : 2°. envers les *choses Saintes*, comme quand on brise le Crucifix, ou les Statues de la Sainte Vierge & des Saints, ou quand on deshonore leurs Images, ou qu'on profane leurs Reliques, en les jettant au feu, ou les foulant aux pieds : 3°. envers *les Eglises* en les brûlant, les ruinant, les dépouillant de leurs ornemens, les prophanant par des indécences, tuant, frappant, blessant quelqu'un dans leurs enceintes, troublant le service qui s'y célebre, en n'observant point les Fêtes & Dimanches, en violant les Sépulchres, en recellant les Corps morts des Ecclésiastiques : 4°. envers *ses Ministres* & autres Personnes qui lui sont singulierement dévouées, comme en battant & maltraitant des Prêtres, & abusant des Religieuses : 5°. enfin envers *les Biens* qui lui sont consacrés, par la Simonie & la Confidence que l'on employe pour acquérir ou se défaire des Bénéfices qui en sont dépendans, ou enfin par les injustes usurpations que l'on en fait.

Mais ce Crime, pris dans un sens plus étroit, tel que nous voulons en parler ici, s'entend principalement des profanations qui se commettent à l'égard des Hosties & Vases sacrés, des Sacremens, des Images & Reliques des Saints, & des Eglises. Nous venons de donner des exemples des unes & des autres, il ne reste plus qu'à y appliquer les Peines particulieres que les Loix y ont attachées.

1°. Quant à la Profanation des HOSTIES & des VASES SACRÉS, comme ce Crime, qui attaque le plus grand de tous nos Mysteres, suppose nécessairement dans celui qui le commet, l'Infidélité ou l'Hérésie ; il ne peut être sujet à une moindre Peine que celles prononcées contre ces Crimes : cette Peine doit donc être celle du Feu avec l'Amende - honorable, & le Poing coupé ; & si les Coupables sont morts avant l'Accusation, le Procès doit être fait à leur Mémoire comme Criminels de Leze-Majesté Divine ;

V. Papon, l. 14. tir. 10. Arr. 3. & 4. Guyp. décif. 561. & Boer. décif. 110. & 154.

il y en a plusieurs exemples rapportés dans les Décisions catholiques de Filleau. *Voyez aussi* l'art. xxvj. de l'Ordonnance Militaire, du 1 Juillet 1727, qui sera rapporté ci-après.

2°. Quant à la Profanation des SACREMENS, l'on veut parler ici, non-seulement de ceux qui contrefont les Saints Mysteres, & qui profanent ou polluent les Fonts Baptismaux ; mais principalement des Confesseurs qui abusent du Tribunal de la Pénitence pour séduire leurs Pénitentes; la Peine de ceux-ci ne doit pas être moindre que celle du *Feu*, lorsque la Séduction est bien prouvée : c'est l'espece de l'Arrêt du Parlement d'Aix contre le Prêtre *Gaufredy;* quelquefois l'on se contente de condamner les Prêtres à la Potence , & ensuite leurs Corps à être brûlés.

3°. Pour ce qui concerne la Profanation des IMAGES & RELIQUES DES SAINTS, les Peines de ce Crime sont différentes, suivant les degrés d'impiété qui les accompagnent. Par l'Ordonnance de Charles IX. du 14 Février 1561, art. j. il est défendu sous peine de Mort, d'abattre & démolir les Croix & Images, & de faire autres Actes de scandale & sédition impies.

V. liv. 1. tit. 2. n. 1. & suiv.

L'on trouve dans PAPON plusieurs Arrêts rendus à ce sujet; l'*un*, entr'autres, qui condamne le nommé François *Désus*, convaincu d'avoir donné malignement trois coups de Dague à un Crucifix en papier, à avoir la Main coupée & la Tête tranchée un *autre*, qui condamne seulement à être Battu de Verges un Particulier , pour avoir, étant yvre & dans une Danse ayant l'épée à la main suivant la coûtume, coupé la moitié du Visage & des Cheveux de N. S. J. C. représenté dans une Image ; & enfin un *troisieme*, qui condamne un Particulier à être pendu, & son Corps brûlé dans l'Eglise , pour avoir mis en pieces un Crucifix, & rompu les Bras à deux ou trois Statues de Saints dans une Eglise , nonobstant qu'il fût prouvé qu'il étoit alors aliéné d'esprit.

4°. Enfin, par rapport à la Profanation des EGLISES, elle se fait, tant par l'Incendie & la Démolition des Eglises , que par le Vol & le Pillage des Ornemens qui y sont renfermés; c'est la seule espece de Sacrilege dont il soit parlé dans les Loix Romaines : *sunt autem Sacrilegi, qui publica sacra compilarunt*, dit la Loi 9. ff. ad Leg. Jul. Peculatus.

V. le tit. du Code de crimine Sacrileg. V. la l. 4. ff. ad I. Jul. Peculatus.

La Peine de ce Sacrilege est celle de Mort, suivant la même Loi, *Sacrilegi capite puniuntur;* cependant par les Loix suivantes du même Titre, il paroît qu'elle peut être augmentée ou diminuée fuivant les circonftances, c'eft-à-dire fuivant la Qualité des Perfonnes, le Tems, l'Age, le Sexe, la Quantité de la chofe volée ; c'eft auffi la remarque que fait BOERIUS dans fa Décifion 254, où après avoir diftingué trois différentes manieres de commettre le Sacrilége ; fçavoir, lorfqu'on enleve une chofe facrée d'un Lieu faint, ou une chofe facrée d'un Lieu qui n'eft pas faint, ou une chofe qui n'eft pas facrée d'un Lieu faint ; il obferve qu'il y a jufqu'à fept fortes de Peines établies contre les Sacriléges ; fçavoir, *trois* capitales, telles que la Mort, la Condamnation aux Mines, ou le Banniffement perpétuel ; & *quatre* non capitales, comme la Rélégation ou Banniffement à tems, l'Infamie, la Privation de la Dignité, l'Interdiction de l'Office dont on eft revêtu.

Suivant le Droit Canonique, outre la Pénitence au pain & à l'eau, le Voleur d'Eglife eft encore tenu de reftituer le quadruple.

*V. Can. Pecuniâ, cauf. 17. qu. 4.*

Il paroît que notre Jurifprudence a fuivi, dans l'impofition des Peines contre ces fortes de Sacriléges, les Regles établies par le Droit Romain, c'eft-à-dire qu'elle proportionne ces Peines aux différens degrés d'atrocité de ces Délits ; ainfi lorfque le Vol eft fait des chofes facrées, telles que le *Soleil du S. Sacrement*, le *S. Ciboire*, & le *Calice*, la Peine ordinaire eft celle du Feu, fur-tout fi ce Vol a été fait en brifant ou forçant le Tabernacle. Par l'art. xxvj. de l'Ordonnance du premier Juillet 1727, concernant les Délits militaires, il eft dit « que quiconque aura pillé, volé, ou » dérobé, en tems de Paix ou pendant la Guerre, foit dans le » Royaume ou en Pays ennemi, Calices, Ciboires, ou autres » Biens d'Eglife, fera pendu & étranglé ; & fi par les circonftan- » ces du Vol il fe trouvoit y avoir eu Profanation des chofes fa- » crées, il fera condamné au Feu ».

L'on a auffi quelquefois égard à la *Qualité* de celui qui le fait, comme il paroît par un Arrêt du Parlement de Bordeaux, du 12 Mai 1528, rapporté par *Papon*, qui condamne deux Enfans, pour avoir volé, le Jeudi-Saint, un Calice & fa Patene, à être Battus de verges deux Samedis de fuite par les Carrefours de la Ville, d'affifter les deux Dimanches fuivans à la Grand-Meffe à genoux, en Chemife, la Corde au col, & Torche ardente à la main, & là demander pardon à haute voix, lors de l'Elévation de la fainte Hoftie, & être bannis de la Sénéchauffée, tenus en outre de refaire le Calice en augmentant d'un marc.

*V. Pap. liv. 24. tit. des Peines.*

Enfin l'on confidere encore la *Modicité* de la chofe volée, &

la *maniere* dont le Vol a été fait ; ainsi, par exemple, si le Vol ne consistoit seulement qu'en quelques Ornemens, Lampes, & autres choses consacrées au Service Divin, la Peine pourroit être diminuée ; mais elle ne peut être moindre que de la Mort, s'il y a eu effraction ; dans ce dernier Cas, le Corps du Coupable doit être brûlé, après avoir subi un autre genre de Mort, telle que la Roue, la Potence ; on peut voir à ce sujet DAMOUDHER dans sa *Pratique criminelle* : cette effraction le rend alors un Cas royal. Mais si au contraire le Vol se fait sans effraction, & ne consiste que dans des choses de peu de valeur, comme quelques Linges, ou Nappes servant aux Autels, la Peine ne doit pas aller jusqu'à la Mort, quoiqu'elle ne puisse être moindre que celle des Galeres à perpétuité ou à tems pour les Hommes ; & celle de la Flétrissure d'une marque en forme de la Lettre *V.* & de la Réclusion pour toûjours ou à tems dans une Maison de Force à l'égard des Femmes ; c'est la disposition expresse de la Déclaration du 4 Mars 1724, article premier.

*V. Chap. 22. de Sacrileg.*

Ce n'est donc que lorsque le Vol est considérable, ou qu'il est fait avec effraction, que la Peine de Mort peut avoir lieu ; & c'est principalement de ces Cas dont veut parler cette même Déclaration, à la fin de l'article que nous venons de citer, lorsqu'elle ajoûte ces mots : *le tout sans préjudice de la Peine de Mort, suivant l'exigence des Cas.*

## TROUBLE *au Service Divin.*

C'EST encore une espece de Sacrilége qui forme un Cas royal, & qui doit être puni plus ou moins séverement, suivant les circonstances. Il y a une foule d'Edits, de Déclarations, & d'Arrêts de Réglemens rendus à ce sujet ; on croit inutile de les rappeller ici, parce qu'il n'est permis à qui que ce soit de les ignorer, ayant été renouvellés par une derniere Déclaration du Monarque glorieusement regnant, qu'on voit affichée dans toutes nos Eglises. Toutes ces Loix, dignes de la piété des Rois Très-Chrétiens, font assez voir avec quelle attention nos Souverains se sont toûjours empressés d'empêcher ces sortes de profanations, par les Peines exemplaires qu'ils veulent être prononcées contre ceux qui les commettent, & par les injonctions particulieres qu'ils font aux Juges d'y tenir la main.

Au reste, pour que le Trouble que causent ces irrévérences forme un Cas *royal*, & puisse donner lieu à des Peines exemplaires, il faut qu'il soit fait publiquement & avec scandale, & tel, en un mot, qu'il oblige d'interrompre le Service Divin, comme la célébration de la *Sainte Messe, le Prône, ou les Sermons ;* mais s'il ne consistoit seulement qu'à faire du bruit & à se promener dans les Eglises durant la célébration du Service Divin, ce ne seroit alors qu'un simple Cas ordinaire, qui, suivant l'article xxxix. de l'Ordonnance de Blois, seroit punissable de la Prison.

## *INOBSERVATION des Fêtes & Dimanches.*

C'est une espece de Sacrilége moins criminel, à la vérité, que les précédens, parce qu'il se commet hors de l'Eglise, mais qui ne laisse pas que d'être également scandaleux aux yeux de la Religion. Les Ordonnances d'Orléans & de Blois défendent de tenir des Foires & Marchés les jours de Dimanches & Fêtes annuelles ; de faire aucunes représentations de Jeux ni de Farces pendant les heures du Service Divin, avec injonction aux Juges de punir les Contrevenans de Prison, même de Peines corporelles. *V. Orl. art. 23. 24. & 25. & Blois art. 38.*

Ces Ordonnances ont été renouvellées par les Déclarations du 16 Décembre 1698, du 16 Mai 1701, & 18 Février 1710, qui défendent à tous Ouvriers & autres Personnes de travailler les jours de Dimanches & Fêtes, à Peine d'être procédé contre eux, suivant la rigueur des Ordonnances.

C'est conformément aux sages dispositions de ces Loix, qu'ont été rendus deux Arrêts de Réglement de la Cour : l'*un*, du premier Octobre 1588, qui défend de tenir Cabaret ouvert les Dimanches & Fêtes aux heures du Service Divin, à Peine d'Amende pour la premiere fois, & de Prison pour la seconde, tant contre les Cabaretiers, que contre ceux qui les auront fréquentés, & renouvelle au surplus les défenses portées par les Ordonnances d'Orléans & de Blois : l'*autre*, du 28 Avril 1673, qui ordonne que les Foires & Marchés qui tomberont aux jours de Dimanches & Fêtes, seront remises au lendemain ; taxe l'Amende contre les Cabaretiers qui reçoivent le monde pendant le Service à 10 liv. pour la premiere fois, & à plus grande en cas de récidive ; celle contre les Farceurs & Bateleurs à 20 liv. & de plus à la Prison ; enjoint aux Juges d'y tenir la main.

## *VIOLATION des Sépulchres.*

CE CRIME eſt regardé comme une eſpece de Sacrilége, tant par les Loix civiles, que par les Loix canoniques.

Il ſe commet principalement de ces quatre manieres ; 1°. en enlevant les Corps morts, ou les oſſemens ; 2°. en fouillant dans les Tombeaux pour dépouiller les Morts de leur Suaire, Croix, & Images qui ont été laiſſés ſur eux ; 3°. en mutilant & abattant les Statues qui ſont ſur leurs Monumens, ou emportant les Pierres & les Marbres qui y ſont ; 4°. enfin en empêchant la Sépulture d'un Défunt, ſous prétexte de Créance.

L'on peut auſſi rapporter à ce Crime celui qui ſe commet par l'Enterrement d'un Hérétique, dans le Cimetiere des Catholiques.

Comme ces Crimes ſont plus ou moins graves par leurs circonſtances, ils ſont auſſi punis par des Peines différentes.

1°. A l'égard de ceux qui *enlevent les Corps morts ou les Oſſemens*, leur Peine étoit, ſuivant le Droit Romain, celle du dernier Supplice pour une Perſonne de condition vile, & la Déportation ou la Condamnation aux Mines pour une Perſonne d'un rang diſtingué.

*L. Oſſa, §. de Relig. & ſumpt. funerum. L. 3. §. non perpetua, ff. de ſepulc. violat. L. 11. ibid.*

Mais ſi ce Crime étoit regardé avec tant d'horreur dès le tems même du Paganiſme, ſur le fondement qu'il n'y avoit pas moins de Barbarie de tirer les Morts de leurs Tombeaux, que de priver les Vivans de leurs Maiſons : combien ne doit-il pas l'être davantage aux yeux de la Religion Chrétienne, qui met aux nombre des Peines les plus ſéveres la privation de la Sépulture en Terre-Sainte : c'eſt auſſi pour reprimer cette licence, qui commençoit à s'introduire dans les premiers tems de l'établiſſement du Chriſtianiſme dans les Gaules, qu'il fut défendu par pluſieurs Conciles, & entr'autres par celui de Mayence, tenu ſous le regne de Charlemagne, de transférer, ſous quelque prétexte que ce fût, les Corps morts d'un lieu à un autre, pas même les Reliques des Saints, à moins qu'il n'y en eût une permiſſion expreſſe du Souverain Pontife, ou de l'Evêque, ou du Prince.

*V. Mornac ſur la Loi 1. du Cod. de Relig. & ſumpt. funer.*

La Peine ordinaire parmi nous, lorſque l'Enlévement des Corps morts ſe fait dans la vûe de les vendre pour des Expériences d'Anatomie, & d'en retirer quelque profit, c'eſt celle du Pilori, ou du Fouet, ou des Galeres perpétuelles ; & ſi c'eſt dans la vûe d'outrager la mémoire du Défunt & l'honneur des Familles, cette

Peine

Peine peut être plus considérable ; & de plus, les Héritiers peuvent se joindre au Ministere public, pour en poursuivre la réparation.

2°. Quant à ceux qui *fouillent dans les Tombeaux* pour dépouiller les Morts de leur Suaire, des Croix, & des Images qu'on avoit laissés sur eux, leur Peine étoit, suivant le Droit Romain, celle du dernier Supplice, si les Personnes étoient trouvées avec des Armes ; & de la Condamnation aux Mines, ou de la Rélégation perpétuelle, pour ceux qui étoient trouvés sans Armes.

*L. Prætor, 3. §. adversus, ff. de sepulchro viol.*

Suivant le Canon XLVI. du Concile de Tolede tenu en 633, les Clercs qui ont assez d'impiété pour ouvrir les Tombeaux afin d'y fouiller & d'emporter ce qu'il y a de plus précieux, sont regardés comme Sacriléges, doivent être chassés du Clergé & mis en pénitence pendant trois ans, & de plus, être livrés à la rigueur des Peines portées par les Loix civiles.

*Ce Canon est rapporté au tome 5. des Conciles.*

BOUTILLIER dans sa Somme *Rurale*, parle de ce Crime comme d'un Vol exécrable, qui étoit commun de son tems ; & il ajoute, qu'il y a lieu de punir ceux qui y tombent, d'une Peine capitale. DURET dans son Traité des Peines, dit qu'on peut poursuivre les Coupables de ce Crime, comme Voleurs & Sacriléges, & qu'ils doivent être punis du dernier Supplice, s'ils sont d'une condition vile ; & bannis à perpétuité, s'ils sont d'une condition noble & relevée.

*Duret* verbo *SEPULCHRE.*

3°. La Peine *de ceux qui mutilent, abattent les Tombeaux, en enlevent les Marbres, les Plombs ou les Statues ;* si c'est dans la vûe d'outrager la Mémoire du Défunt, doit être corporelle ou infamante, suivant la qualité du fait, & suivant les circonstances qui ont accompagné cette insulte, comme si elle est faite avec armes ou sans armes ; ou même quelquefois d'une simple Amende & de la Condamnation aux frais de la reconstruction du Tombeau ; mais elle doit être plus considérable, si à l'insulte l'on y joint des vûes d'intérêt. Au reste dans tous ces Cas, les Héritiers du Défunt, & à leur défaut les Procureurs du Roi, à cause du scandale public, sont autorisés à poursuivre criminellement les Coupables.

*L. 4. & 5. Cod. de sepulc. viol.*

4°. La Peine de ceux qui sous prétexte de *créance, empêchent la Sépulture de leur Débiteur*, étoit dans le Droit, d'une Amende de 50 livres d'or, & elle devoit être convertie en corporelle par le défaut de payement de cette Amende, & de plus, tous les engagemens qu'ils avoient fait contracter aux Héritiers du Dé-

*L. Cum sit, §. Cod. de sepulc. viol.*

funt, pour confentir à l'enlevement du corps, étoient déclarés nuls.

V. Cap. facris extra de fepulc. V. art. 10. de l'Edit de 1606. rendu fur les Re-montr. du Clergé, affemblé à Paris.

5°. Enfin à l'égard de ceux qui *enterrent des Hérétiques dans les Cimetieres des Catholiques*, contre la Défenfe expreffe des Canons; ils font condamnés par l'Edit de 1606, confirmé par un Arrêt des Grands-Jours de Poitiers du 16 Septembre 1634, à déterrer les Corps, & à 1000 liv. d'amende applicable aux Eglifes des lieux.

### RECELEMENT *des Corps morts des Bénéficiers.*

Suivant la Difpofition du Droit canonique, il y a Peine d'Excommunication contre ceux qui recélent les Corps morts.

Suivant l'Ordonnance de 1539, confirmée par celle de Blois, & en dernier lieu par la Déclaration du 9 Février 1657, regiftrée au Grand-Confeil le 30 Mars 1662, la Peine de ce Crime eft la Confifcation du Corps & des Biens contre les Laïcs qui le commettent; & la Privation à l'égard des Eccléfiaftiques, de tous Droits & Poffeffions, qu'ils pourroient prétendre fur les Bénéfices vacans, avec groffe Amende à l'Arbitrage du Juge. La Déclaration ajoute, que pour parvenir à la Preuve de ce Recélement, le premier Juge fera tenu fur la Réquifition des Evêques & autres Collateurs, de fe tranfporter avec eux en la maifon du Bénéficier, pour fe faire repréfenter le Malade ou fon Corps, dont il dreffera Procès-verbal; & qu'en cas de refus de la part des Parens ou Domeftiques, les Evêques & Collateurs pourront pourvoir aux Bénéfices comme vacans.

### OUTRAGES *faits à des Prêtres.*

CE Crime eft mis au nombre des Sacriléges, comme étant une Profanation des Ordres facrés, dont ce Prêtre eft revêtu. Il faut diftinguer, par rapport à fa Peine, les circonftances dans lefquelles il a été fait, la qualité de l'injure, & les motifs qui y ont donné lieu. Ainfi, par exemple, fi ce Crime a été commis dans le tems que le Prêtre faifoit fes Fonctions: comme fi l'on a attenté à fa Vie pendant qu'il célébroit la fainte Meffe, la Peine doit être celle du Feu. Les Canons prononcent la Peine de l'Excommunication contre ceux, qui par mauvais deffeins, frappent ou font frapper avec violence un Clerc ou Religieux, ou l'enferment dans une Prifon; c'eft entr'autres la Difpofition du fameux

V. Can. Si quis, caus.f. 17. qu. 4.

Canon, *fi quis fuadente Diabolo*, fuivant lequel cette Excommunication s'encourt par le feul fait, & l'on ne peut en obtenir l'Abfolution que du faint Siége ; fi ce n'eft à l'article de la Mort, où tout Prêtre peut en abfoudre , ou bien quand le Crime n'eft pas public ; alors fuivant le Concile de Trente , l'Evêque peut en abfoudre toutes fortes de Perfonnes.

Mais, comme c'eft proprement la volonté qui fait le Crime, fi les mauvais traitemens ne font point faits dans la vûe d'infulter, mais dans quelqu'autre bonne vûe , tels que ceux faits par un Pere, qui voudroit corriger fon Enfant , un Abbé fon Religieux, un Maître fon Difciple : dans tous ces cas, il n'y a point lieu à l'Excommunication ; ces exceptions font marquées par le Chap. *cùm voluntate* §. *qui* Extra *de fentent. Excommunic.*

### ENLEVEMENT d'une Religieufe.

C'est encore une efpece de Sacrilége, qui eft fujet comme le précédent à la Peine de l'Excommunication , outre celle que les Loix & les Ordonnances ont attachées au Crime de Rapt.

*V. cap. 17. qu. 11*

La même Peine d'Excommunication a lieu, fuivant les Loix canoniques , contre les Laïcs qui abufent d'une Religieufe ; elles y ajoutent la Dégradation contre les Eccléfiaftiques qui tombent dans ce Crime.

*L. Si quis , Cod. & l'Authent. de fanctiff. Epift.*

Suivant les Loix civiles, les uns & les autres doivent être punis de Mort, comme nous le verrons en parlant des Crimes de Luxure.

### SIMONIE.

C'est une efpece de Sacrilége, qui confifte dans une Convention illicite , par laquelle l'on donne ou l'on reçoit une récompenfe temporelle pour quelque chofe de faint ou de fpirituel. Ainfi, c'eft Simonie que de donner ou recevoir de l'argent pour obtenir les Ordres ou un Bénéfice. Ce Crime tire fon nom, comme tout le monde le fçait, de Simon le Magicien, qui vouloit acheter des Apôtres le Don de faire des Miracles.

*V. Decr. de grat. cauf. 1. qu. 6.*

*V. Can. Petrus, cauf. 19. qu. 1.*

L'Eglife s'eft élevée dans tous les tems contre ces fortes de Crimes, qu'elle met au nombre des Héréfies.

Les Canoniftes en diftinguent de trois fortes ; l'une Mentale, qui demeure dans les termes de la feule volonté , fans fe manifefter au-dehors , telle que celle que commettent ceux qui rendent fervice à un Prélat , ou qui employent des Recommandations auprès de lui, dans la vûe d'obtenir des Ordres ou un Bénéfice : l'autre Conventionnelle, qui fe fait par un Pacte ex-

*V. Can. Præsbyter, cauf. 1. qu. 1. de Simonia.*

près, mais qui eſt demeuré ſans exécution : une troiſieme, qu'ils appellent RÉELLE, & qui eſt fondée ſur une convention qui a eu ſon effet ; celle-ci qui eſt la plus criminelle, ſe fait ou *directement*, en achetant ou vendant les Sacremens & les Bénéfices, ou *indirectement*, en donnant un Bénéfice à une Perſonne pour le garder à un tiers, ou pour lui en remettre les fruits : cette derniere eſt appellée autrement CONFIDENCE.

Quant à la Simonie mentale, comme elle ne regarde que le *For intérieur*, c'eſt aux Théologiens qu'il appartient de déterminer les Peines qui lui ſont propres. Il n'en eſt pas de même de la Conventionnelle & de la Réelle ; comme celles-ci ſe manifeſtent par des Actes extérieurs, elles rendent auſſi ceux qui en ſont convaincus, ſujets à des Peines publiques ; mais ces Peines doivent être moindres dans la premiere, qui n'a pas eu ſon entiere exécution, & qui eſt reſtée dans les termes d'un ſimple projet, que dans la derniere, qui a été ſuivie de la conſommation de l'Acte, auſſi celle-ci fait-elle vacquer le Bénéfice de plein droit, tandis que dans l'autre, la Vacance des Bénéfices n'a lieu, qu'après qu'elle eſt prononcée par un Jugement : ce n'eſt pas cependant, dit Duperray, que dans la premiere, il ne ſoit auſſi beſoin de recourir à un Jugement, pour conſtater l'évidence du Crime.

Indépendamment de la *Privation* des Bénéfices, les Canons prononcent encore la Peine de l'*Excommunication*, tant contre celui qui a obtenu le Bénéfice par cette voye, que contre tous ceux qui y ont participé directement ou indirectement ; de plus, ils déclarent le Simoniaque infame, & comme tel incapable de pouvoir jamais poſſéder d'autres Bénéfices, le condamnent à la reſtitution de tous les fruits qu'il en a perçus ; & ſi ce ſont les Ordres qu'il a obtenus par cette voye, ils le déclarent ſuſpens de plein droit des fonctions de ces Ordres : enfin, ils veulent qu'il ne puiſſe obtenir, que du ſaint Siege, excepté à l'article de la mort, l'Abſolution, tant de l'Excommunication, que de l'incapacité de poſſéder des Bénéfices.

Les Diſpoſitions de ces Canons ont été reçues en ce Royaume, comme il paroît par les Ordonnances de ſaint Louis en 1228, celle de Blois, & l'Edit de Louis XIII. en Janvier 1629, qui portent des injonctions expreſſes, tant aux Evêques de procéder ſoigneuſement à la punition de ceux qui ſe trouveront coupables de ce Crime, conformément à la Diſpoſition des ſaints Canons, notamment celle de la Vacance des Bénéfices de plein droit ;

V. Tr. de l'Etat, & cap. des Bénéf. Liv. 4. ch. 1. max. 34.

V. Chap. Cum deteſtabile extravag. commun. de Simon. V. Rebuffe prax. Benef. de Simon. & Reſign.

V. Ordonn. de de Blois, art. 46. Edit de Melun, art. 17. Edit de 1619. art. 1.

qu'aux Baillis & Sénéchaux de procéder par les mêmes Peines contre les Evêques qui tomberoient eux-mêmes dans ce Crime ou y auroient participé ; comme auffi de procéder contre les Laïcs, qui fe trouveroient coupables & participans du même Crime, par l'Amende ou autres Peines arbitraires.

Enfin, pour faire ceffer le prétexte du défaut de Preuves littérales qu'on avoit alors imaginé, pour éluder ces Peines, ces mêmes Loix ajoutent, que la Preuve teftimoniale pourroit fuffire en pareil cas ; & même qu'à cet effet, il pourroit être décerné Monitoire : cependant, DUPERRAY prétend, que la Jurifprudence eft contraire à cette dernière Difpofition, & qu'il faut néceffairement qu'il y ait un commencement de Preuves par écrit, conformément à l'Ordonnance de Moulins & à celle de 1667 ; par la raifon, dit-il, que fi l'on fe contentoit de la Preuve teftimoniale, ce feroit un appât à ceux qui feroient mal-intentionnés de faire des fubornations ; il rapporte à ce fujet un Arrêt qui l'a ainfi jugé fur fa Plaidoirie, en date du premier Février 1695 ; il excepte feulement le cas où la Simonie fe pourfuivroit extraordinairement ; mais c'eft, dit-il, ce qui arrive très-rarement, & même point du tout, dans les Tribunaux féculiers, lefquels ne prononcent fur ce Crime qu'*incidemment*, & lorfqu'il eft oppofé par forme d'*Exception*.

*V. Duperr. loc. cit. ch. 2. max. 15.*

Il y a cela de particulier, par rapport à ce Crime, qu'il ne fe prefcrit par aucun laps de tems, & que la bonne foi de celui qui a été pourvû d'un Bénéfice par cette voye, fans le fçavoir, ne peut le fauver de la privation du Bénéfice & de la reftitution des fruits, fur le fondement que les Bénéfices étant de Droit public, il feroit de mauvais exemple de tolérer une poffeffion, qui n'a aucun Titre canonique : c'eft la Remarque que fait DUPERRAY au même endroit, où il cite un Arrêt rapporté dans le Journal du Palais, qui l'a ainfi jugé.

## CONFIDENCE.

IL paroît qu'on devroit mettre quelque différence quant à la Peine, entre la Simonie, proprement dite, qui fe fait par un échange du Spirituel avec le Temporel, & la Confidence qui fe fait feulement du Spirituel avec le Spirituel ; comme lorfque le Bénéficier jouit d'un Bénéfice fous le nom d'un autre ; cependant quoique celle-ci ne foit pas auffi criminelle que la premiere, l'on

ne voit pas que les Canons ni les Ordonnances ayent fait aucune diſtinction à cet égard.

## USURPATION des Biens d'Egliſe.

V. cap. 2. extra de Raptor. & Incend.
V. cap. adverſus extra de Immunit. Ecclef.
V. Edit d'Amboiſe en 1572, art. 7. Ordonn. de Blois, art. 47. Edit de Melun, art. 30. 31. 32. & 33.

Suivant le Droit canonique, ceux qui s'emparent violemment des Biens d'Egliſe, doivent être privés des Bénéfices qu'ils poſſedent, s'ils ſont Clercs, outre la reſtitution de ce qu'ils ont pris.

Suivant les anciennes Ordonnances du Royaume, il y a Peine de Confiſcation de Corps & de Biens contre ceux qui uſurpent par force ou autrement les *Dixmes*, *Juſtices*, *Cenſives*, & autres dépendances d'un Bénéfice. Mais la rigueur de ces Peines, à laquelle avoient donné lieu les Troubles dont le Royaume étoit alors agité, a été tempérée par notre Juriſprudence, & convertie en des Amendes, & autres Condamnations purement pécuniaires.

# TITRE SECOND.

## Du Crime de Leze - Majeſté Humaine.

LEs Rois étant les Images de la Divinité ſur Terre, on ne peut attenter à leurs Perſonnes ni à leur Autorité, ſans bleſſer la Majeſté de cet Etre ſuprême qu'ils repréſentent ; & c'eſt dans ce ſens qu'on peut regarder ces ſortes d'Attentats comme autant de Sacrileges, *proximum ſacrilegio eſt, quod Majeſtatis dicitur. L.* 1. ff. ad Leg. Jul. Majeſt.

V. Deuteron. 17. ỳ. 12. Nomb. 201. Des Juges, 9.... Rois, 26... Exod. 22. S. Paul, épit. 30. ad Thimot. & premiere aux Corinthiens.
V. auſſi ch. 10. EXTR. de Maled.

MAIS indépendamment de cette Conſidération, puiſée dans l'Ordre *moral*, l'on trouve dans l'Ordre *politique* une infinité de raiſons également puiſſantes pour l'appuyer. Perſonne n'ignore en effet, que c'eſt de la conſervation de la Perſonne, & du reſpect dû aux Souverains, que dépendent principalement l'harmonie & la tranquillité des Etats ; ainſi tout ce qui tend à porter atteinte à l'une ou à l'autre, doit être réprimé avec la derniere rigueur, comme jettant néceſſairement le trouble dans la Société, dont ces Princes ſont les Chefs.

C'EST auſſi ſur ce Principe inconteſtable, que ſont fondées ces précautions ſalutaires, que les Loix ont priſes dans tous les tems pour prévenir des entrepriſes auſſi dangereuſes ; de-là cette foule d'Exceptions remarquables qu'elles ont établies à ce ſujet.

ET DE LEURS PEINES. *Tit. II.* 455

PARMI ces Exceptions, que nous avons eu lieu de remarquer dans le cours de cet Ouvrage, les unes concernent l'*Accusation*, d'autres la *Compétence*, d'autres l'*Instruction*, d'autres la *Preuve*, d'autres enfin la *Peine* de ce Crime.

1°. En Matiere d'ACCUSATION, nous avons dit que toutes fortes de Personnes étoient admises à accufer de ce Crime, même les Infames; & ceux qui étoient d'ailleurs déclarés incapables d'accufer dans le Droit, tel que le Fils à l'égard du Pere, &c. que non-feulement ceux-ci étoient admis, mais qu'ils étoient même tenus de le faire, lorfqu'ils avoient connoiffance de ce Crime, à peine d'être punis comme Complices. Nous avons vû d'ailleurs, que toutes fortes de Personnes pouvoient être accufées de ce Crime, même les Infenfés.

V. les tit. du Cod. & du ff. ad L. Jul. maj.

V. Ayraut, liv. 1. art. 4. fom. 21.

2°. En Matiere de COMPÉTENCE, nous avons dit que ce Crime formoit un Cas Royal, & que la connoiffance en appartenoit fingulierement aux Cours des Parlemens.

V. le même, ibid.

3°. En Matiere d'INSTRUCTION, nous avons dit qu'elle n'étoit point fujette aux Formalités & aux Délais ordinaires: que l'on pouvoit arrêter un Criminel fans Plainte ni Information précédentes, & fur de fimples foupçons.

4°. En fait de PREUVES, nous avons dit que la Confeffion du Criminel pouvoit fuffire; qu'on admettoit le témoignage de toutes fortes de Personnes, même des Parens & Alliés, & autres Témoins qui feroient d'ailleurs reprochables, à la réferve néanmoins de ceux qui feroient prouvés ennemis irréconciliables de l'Accufé: qu'on pouvoit contraindre, même par la Torture, toutes fortes de Personnes de quelque âge & condition qu'elles fuffent, de dépofer tout ce qu'elles peuvent fçavoir fur ces fortes de Crimes: enfin, que de fimples indices & conjectures pouvoient fervir de Preuves en cette Matiere.

V. le même.

5°. Pour ce qui concerne la PUNITION de ce Crime, nous avons dit qu'il n'étoit fufceptible d'aucune Rémiffion: qu'il ne s'éteignoit point par la mort du Coupable, mais qu'on faifoit le Procès à fon cadavre ou à fa mémoire: que la Peine s'étendoit jufqu'à fes Pere, Mere, & Enfans: que la fimple Volonté manifeftée par quelques actes extérieurs, rendoit puniffable de peine de Mort: qu'il ne fe prefcrivoit par aucun tems; qu'il opéroit la Mort civile, du jour même qu'il avoit été commis; qu'il emportoit la Confifcation, même dans les Pays où elle n'avoit pas lieu, & que cette Confifcation appartenoit aux Princes, à l'exclufion

V. ibidem.

des Seigneurs, dans la Jurifdiction defquels le Crime avoit été commis, & même des Créanciers de l'Accufé. Enfin nous avons remarqué qu'il étoit fujet aux Peines corporelles les plus rigoureufes.

Mais comme ce Crime peut fe commettre de plufieurs manieres, qui font plus ou moins injurieufes aux Souverains, & le rendent par conféquent fujet à différentes Peines ; pour faire une jufte application de ces Peines, nous croyons devoir diftinguer ici les véritables caracteres de ce Crime, fuivant les Principes du Droit Romain & du Nôtre.

# CHAPITRE PREMIER.

## Des différentes efpeces du Crime de Leze-Majefté, & de leurs Peines fuivant le Droit Romain.

V. le liv. 48. du ff. tit. 4. & le liv. 9. du Code, tit. 8. ad leg. Jul. Majeftatis.

L ES ROMAINS diftinguoient d'abord deux fortes de Crimes de LEZE-MAJESTÉ : les uns qui confiftoient dans le Fait, les autres dans les Paroles injurieufes & conuices.

L. 1. 2. 3. & 4. ad L. Jul. maj. L. 5. Cod. eod. tit.

1°. Les Crimes de LEZE-MAJESTÉ qui confiftoient dans le Fait, étoient divifés en quatre Claffes différentes : les premiers, qui étoient les plus atroces, & dont les Coupables étoient appellés PERDUELLES, étoient ceux qui attaquoient directement la Perfonne du Souverain; comme lorfqu'on attentoit à fa Vie ou à fa fûreté, en portant les Armes contre lui, ou en favorifant ouvertement l'invafion des Ennemis dans l'Etat, ou en refufant d'obéir à fes ordres, ou enfin en détournant les autres de l'obéiffance qu'ils lui devoient.

L. Majeftatis, ff. ad L. Jul. maj. L. 6. §. Exploratores, ff. de re milit. V. Paulus, l. 50. fentent. 29.

Ceux de la feconde Claffe, dont les Coupables étoient appellés PRODITORES, confiftoient dans la Trahifon & les Brigues fecrettes qu'ils faifoient avec les Ennemis de l'Etat, en les excitant à déclarer la Guerre à leur Prince, en retirant d'eux des Gratifications & Penfions, en révélant les fecrets du Miniftere, en négligeant de défendre les Places dont la garde leur étoit confiée, en empêchant de nuire aux Ennemis, & de prendre avec eux fes fûretés par des Otages, ou autrement ; ou enfin en leur faifant tenir fecrettement des Armes, des Chevaux, de l'Argent, & autres
tres

tres fecours pour les mettre en état de former & confommer leurs entreprifes.

Ceux de la *troifieme* Claffe, dont les Coupables étoient appellés SEDITIOSI, confiftoient dans les Emeutes & Séditions qu'ils excitoient contre le Prince ou le Gouvernement ; mais on n'appelloit pas de ce nom ceux qui ne faifoient que joindre leurs acclamations à celles des Auteurs de la Sédition, ou qui n'excitoient la Sédition que par haine ou par envie contre quelques Particuliers ; ceux-ci étoient feulement déclarés coupables du Crime de *Violence publique.*

*L. 1. & 2. Cod. de Seditiofis.*

Enfin ceux de la *quatrieme* Claffe, qui attaquoient fingulierement la Dignité du Prince, confiftoient dans les Traitemens injurieux que l'on faifoit à fes *Statues* en les mutilant ; ou à fon *Image*, en altérant la Monnoie qui étoit frappée à fon Coin ; ou enfin à fon Autorité, en s'arrogeant des Droits de Souveraineté dans fon Etat, comme faifant battre Monnoie, portant des Ornemens qui font fpécialement deftinés à la Royauté, tels que le *Diadéme* & la *Pourpre*, en faifant Chartre privée, en faifant mettre fes Infcriptions dans les Ouvrages publics, au lieu de celles du Prince, en violant les Afyles, & en enlevant par force ceux qui s'y étoient réfugiés, enfin en attentant à la Vie de ceux à qui le Prince avoit confié une partie du foin de fon Gouvernement.

*L. 5. 6. & 7. ff. ad L. Jul. maj.*

2°. Les Crimes de LEZE-MAJESTÉ, qui confiftoient uniquement dans les *Paroles & les Convices*, n'étoient point réputés fi atroces, ni punis auffi féverement que les premiers ; il y avoit même des Cas où ils pouvoient devenir excufables ; & c'eft à ce fujet que le Jurifconfulte Marcellus, fur la Loi *Famofi*, dit que l'on devoit confidérer la Qualité de la Perfonne qui tient ces mauvais Difcours, fi elle étoit dans fon bon fens, & fi auparavant que de les tenir, elle avoit fait ou tenté quelque chofe qui puiffe faire juger qu'elle les eût tenus de propos délibéré.

*L. Famofi, §. 3. ff. ad. L. Jul. Maejeftatis.*

Les Empereurs Théodofe, Arcadius, & Honorius ont même pouffé l'indulgence jufqu'à décharger entierement de Peine ceux qui tomberoient dans cette derniere efpece de Crime, à moins, difent ces bons Princes, dans la Loi unique du Code *fi quis Imperatori maledixerit*, que la néceffité de l'exemple n'obligeât à en tirer fatisfaction ; & même dans ce dernier Cas, ils déclarent qu'ils entendent s'en réferver la connoiffance à eux-mêmes pour les remettre ou punir, fuivant qu'ils le jugeroient à-propos ; par

M m m

ce que fi c'eft, ajoûtent-ils, par legereté & imprudence que ce Crime a été commis, le Coupable eft digne de mépris ; fi c'eft par pure envie & à deffein de calomnier, il eft encore plus digne de pitié ; enfin fi c'eft par reffentiment d'une injure qu'il prétend avoir reçue, il mérite quelque indulgence : *fi illud ex levitate proceffit, contemnendum ; fi ex infamiâ, miferatione digniffimum ; fi ab injuriâ quam paffus eft ille qui maledixit, remittendum.*

Cette Loi qui devroit être gravée dans le Cœur de tous les Princes, paroît en effet d'autant plus fage dans fes difpofitions, que l'on a remarqué, que l'Envie & l'Animofité étoient le plus fouvent le véritable principe des Accufations qui fe formoient à ce fujet ; c'eft pour cela qu'il eft qualifié par les Auteurs, *invidiofum Crimen Majeftatis*, & que l'on n'en admettoit l'Accufation, que lorfqu'il avoit quelqu'un des caracteres que la Loi avoit marqués.

*L. 24 ff. de Pœn. L. Quifquis, Cod. ad L. Jul. maj.*

Quant à la PEINE de ce Crime, elle étoit différente, fuivant les degrés de noirceur qu'il renfermoit, & fuivant les différens âges de la Domination Romaine. Dans l'ANCIEN DROIT, elle confiftoit feulement dans l'*Interdiction de l'Eau & du Feu*, ou la *Déportation*. Mais dans le DROIT NOUVEAU, elle a été étendue jufqu'au dernier Supplice, qui étoit ordinairement celui du *Feu*, ou de la *Potence*, ou de l'*Expofition aux Bétes* ; cependant cette Peine étoit modérée lorfque ce Crime étoit borné à la fimple Sédition, & l'on fe contentoit de condamner à la Déportation ou à la Rélégation dans une Ifle : il y avoit encore cela de remarquable, que les Peres étoient enveloppés dans la Condamnation de leurs Enfans, & ceux-ci dans celle de leurs Peres,

*Cicer. epift. 12. ad Brut. V. le même in Orat. pro Rofcio.*

afin, comme dit l'Orateur Romain, de rendre les Peres plus fideles envers la République, par la crainte qu'ils auroient d'expofer leurs enfans à partager avec eux les Peines qu'ils encourroient en la trahiffant, & en même tems pour contenir les Enfans eux-mêmes, & les effrayer par l'exemple de leurs Peres, dont ils pourroient avoir hérité de la fureur & des vices.

# CHAPITRE II.

### Du Crime de Leze-Majesté, & de sa Peine suivant les Loix du Royaume.

AU LIEU des Divisions établies par le Droit Romain, dont nous avons d'ailleurs retenu la plûpart des principes sur cette Matiere, nous rangeons toutes les différentes especes de Crimes de Leze-Majesté Humaine, sous deux Classes principales : les uns sont appellés Crimes de LEZE-MAJESTÉ *au premier Chef ;* les autres, Crimes de LEZE-MAJESTÉ *au second Chef.*

### §. I.

#### Des Crimes de Leze-Majesté au premier Chef.

Nous comprenons sous ce nom tout Attentat & Entreprise faite directement contre la Personne du Roi, ou de ses Enfans, ou contre sa Couronne.

Ainsi sont réputés Criminels de Leze-Majesté *au premier Chef :*
1°. *Tous Sujets & Vassaux* du Roi, de quelqu'état & conditions qu'ils soient, qui Entreprennent ou Conspirent contre la Personne, Majesté, ou Autorité de Sa Majesté, de ses Enfans, & de son Etat, & qui vont en Armes contre ses Commandemens ; c'est la disposition de l'Ordonnance de François I. en Août 1539.

2°. *Tous ceux* qui ayant assisté à de telles Conspirations, ne les viennent ou envoyent révéler, & ne dénoncent la Trahison qui seroit faite en livrant les Villes & Places à l'Ennemi ; c'est la disposition des Ordonnances de Louis XI. en Décembre 1477, de Louis XII. en Décembre 1497, de François I. en Juillet 1534, art. xxxj. & xxxvij.

3°. *Tous ceux* qui entrent en Association, Intelligence, Ligue offensive ou défensive contre la Personne, Autorité, & Majesté du Roi, soit entr'eux, ou avec autres Potentats, Républiques, & Communautés Etrangeres, ou leurs Ambassadeurs, soit dedans ou dehors le Royaume, directement ou indirectement, par eux ou par Personnes interposées, verbalement ou par écrit ; c'est la disposition des Edits de Charles IX. de 1562, 1568, 1570, de l'Ordonnance de Blois, art. xciv. de celles de 1580, 1588, & de l'Edit de Nantes en 1598.

4°. *Tous ceux* qui font quelques Levées ou Enrôlemens de Gens de Guerre, fans Permiffion, Congé, ou Licence du Roi portée par Lettres-Patentes de Sa Majefté ; c'eft la difpofition des mêmes Edits ci-deffus, confirmés par celui d'Henri III. en Juillet 1575, & par les Ordonnances de Louis XIII. en 1615 & 1629.

5°. *Tous ceux* qui courent le Royaume pour folliciter les Sujets d'entrer dans des Ligues, Affociations, & Enrôlemens, foit verbalement, foit par écrit ; c'eft la difpofition de l'Edit d'Henri III. à Saint Germain-en-Laye, du 11 Novembre 1583.

C'eft à ces cinq efpeces de Crimes de Leze-Majefté au premier Chef, comme les plus atroces, que s'appliquent fingulierement les Exceptions que nous avons remarquées au commencement de ce Chapitre : ils font auffi fujets à des Peines plus rigoureufes que tous les autres.

Les Ordonnances que nous venons de citer, ne déterminent point précifément le Genre de Peine que doivent fubir les Coupables de ces Crimes ; elles prononcent feulement, en général, la Confifcation du Corps & des Biens ; mais l'Ufage a toûjours été de diftinguer, à cet égard, entre les Crimes qui attaquent directement la Perfonne du Roi, & ceux qui n'attaquent que fa Dignité & fa Couronne : les *premiers* font fujets à de plus grandes Peines que les *derniers*. Ces Peines que nous avons rapportées précédemment, d'après les Arrêts rendus contre ces trois Monftres du Genre-humain, *Chatel, Ravaillac, & Damiens*, font de neuf fortes, & s'exécutent dans l'ordre fuivant : 1°. l'Amende-honorable : 2°. le Poing coupé : 3°. le Tenaillement aux Mammelles, Bras, Cuiffes, & Gras de Jambe, fur lefquels on jette du Plomb fondu, de l'Huile bouillante, de la Poix-Refine brûlante, de la Cire & Soufre fondus enfemble : 4°. le Démembrement du Corps du Criminel, par le trait de quatre chevaux, ou par celui des Galeres, fi c'eft fur Mer : 5°. les Membres ramaffés, jettés au Feu pour être confumés, & les Cendres jettées au Vent : 6°. la Confifcation de tous les Biens : 7°. la Démolition & le Rafement de la Maifon où étoit né l'Affaffin, avec défenfes d'y faire à l'avenir aucun Bâtiment : 8°. le Banniffement à perpétuité des Pere & Mere du Criminel, avec défenfes de ja-

*Nota.* Les Arrêts font des 29 Décembre 1594, 27 Mai 1610, & 26 Mars 1757. Il vient de paroitre un *Procès-verbal* imprimé du Procès fait à ce dernier.

mais revenir dans le Royaume, à Peine d'être Pendus & Etranglés, fans autre forme de Procès : 9°. enfin défenfes à fes Freres, Sœurs, Oncles, & autres Parens, de porter jamais fon nom.

Quant aux autres Crimes qui attaqueroient la Couronne, nous avons marqué leurs Peines, d'après les Ordonnances Militaires, où font rapportées exactement les différentes manieres dont ils peuvent être commis. Les Peines les plus ordinaires en ce dernier cas, font celles d'être *décapités*, pour les gens Nobles, & la *Potence* ou la *Roue* pour les gens de vile condition ; l'on ordonne auffi quelquefois que le corps fera *mis en Quartier* après l'Exécution à Mort du Coupable ; & fi le Coupable fe trouve décédé avant l'Exécution, on fait le Procès à fa *Mémoire* ; & dans tous ces cas, il y a lieu à la *Confifcation* de tous les Biens au profit de Sa Majefté feulement ; on y joint quelquefois le *Rafement* des Maifons, Châteaux, Bois de haute futaye, la *Suppreffion* du Nom & des Armoiries, la *Dégradation* de Nobleffe, & le *Banniffement* des Enfans hors du Royaume.

V. l'annot. d'Imb. liv. 3. ch. 22.

## §. II.

### *Des Crimes de Leze-Majefté au fecond Chef.*

Par Crimes de Leze-Majefté au fecond chef, nous entendons tous ceux qui attaquent *indirectement* la Majefté & Autorité du Prince dans la Perfonne de fes *Officiers* ou dans la *Chofe publique*; ainfi font compris fous ce nom :

1°. L'Attentat *fait à la perfonne des Miniftres & principaux Officiers du Roi ; tels que Généraux d'Armées, Gouverneurs de Province, Membres de Cours fupérieures* étant dans leurs fonctions ; ce Crime dont il eft parlé dans la Loi *Quifquis*, au Code, eft puni de la Mort & de la Confifcation des Biens : *De nece etiam Virorum illuftrium, qui Confiliis & Confiftorio noftro interfunt Senatorum etiam ( nam & ipfi pars Corporis noftri funt) vel cujuflibet poftremo qui nobis militat ..... ipfe quidem ut majeftatis reus, Gladio feriatur, bonis ejus omnibus fifco noftro addictis.*

L. Quifquis, 5. Cod. ad Leg. Jul. majeft.

2°. La Rébellion *aux Mandemens émanés de Sa Majefté* ou *de fes Officiers;* ce Crime, que l'Ordonnance met au nombre des Cas Royaux, fe commet principalement, lorfqu'on outrage & excede de mauvais traitemens les Magiftrats, Officiers, Huif-

V. Theven. liv. 4. tit. 8. & 9.

fiers ou Sergens, faifant, exerçant & exécutant Actes de Juftice;
& il eft puni de la *Mort*, fans efpérance d'aucune grace, fuivant
la Difpofition des art. xxxiv. de l'Ordonnance de Moulins, &
art. clxxxx. de l'Ordonnance de Blois, renouvellés par l'art. iv.
du Titre XVI. de l'Ordonnance de 1670; & de plus, s'il arrive
que le Coupable foit tué en faifant la Rébellion à force ouverte,
le Procès doit être fait à fon Cadavre ou à fa Mémoire, fuivant
l'art. premier du Titre XXII. de cette derniere Ordonnance.

Il y a encore une autre efpece de RÉBELLION *à Juftice*, pour
laquelle la même Ordonnance ne permet pas également qu'on
accorde des Lettres de Grace; c'eft celle dont il eft parlé dans
l'art. iv. du Tit. XVI. & que commettent ceux qui fe *louent* ou
*s'engagent* pour retirer des mains de la Juftice, les Prifonniers
pour Crimes.

Mais il y a des RÉBELLIONS *à Juftice*, qui ne font point punies auffi févérement que celles dont on vient de parler; fçavoir,

1°. Celle que commettroit celui qui refuferoit d'ouvrir les
Portes aux Commiffaires, Exécuteurs d'un Jugement, & fe tiendroit *Fort* dans fa Maifon ou Château pour leur réfifter; la Peine
de celui-ci, fuivant l'art. ij. de l'Edit de CHARLES IX. à *Amboife* en Janvier 1572, doit être feulement Corporelle ou Pécu-
naire, fuivant l'exigence des Cas, outre la Démolition de la
Maifon ou Château, & la Confifcation des Fiefs & Juftices.

2°. Celui qui s'empareroit par violence des Fruits & Revenus des Biens faifis par l'autorité de Juftice; il ne doit pareillement être puni que d'une Peine corporelle ou pécuniaire, à l'arbitrage du Juge, fuivant la Difpofition de l'art. v. du même Edit
d'*Amboife*; il eft vrai que cet article ajoute la Peine de la Confifcation des Biens faifis, mais cette Peine ne s'exécute plus.

3°. Celui qui donneroit Retraite à ceux que la Juftice pourfuit;
aux termes de l'art. clxxxxiij. de l'Ordonnance de Blois, il devoit
être puni de la même Peine que méritoient les Accufés; mais
cette Difpofition n'eft point fuivie à la rigueur, & la Peine eft
modérée fuivant les circonftances du Crime, & le motif qui y
a donné lieu; comme fi c'eft par l'effet de l'Affection fondée fur
la Parenté, ou de la Commiſération.

4°. Celui qui auroit favorifé l'Evafion de l'Accufé des mains
de la Juftice ou des Prifons. Suivant l'Edit de François I. en Octobre 1525, art. xv. il devoit être puni auffi févérement, que
s'il avoit rompu les Prifons & ôté les Prifonniers des mains de

la Juſtice : mais ſuivant notre Juriſprudence actuelle, l'on diſtingue, lorſque l'Evaſion a été favoriſée par une Perſonne à la Garde duquel le Priſonnier avoit été confié, tel que le *Geolier*, *Guichetier* ou *Sentinelle* ; la Peine eſt alors des Galeres, ſuivant l'article xix. du Tit. XIII. de l'Ordonnance de 1670 : mais à l'égard de toute autre Perſonne, cette Peine doit être modérée ſuivant les circonſtances que nous venons de remarquer ci-deſſus.

*L. Carceris*, 8. *ff. de cuſtod. & exhib. reor.*

*L. Militis*, 12. *ff. ibid.*

3°. LE BRIS DE PRISON ; ce Crime qui renferme une eſpece de Rébellion à Juſtice, étoit puni ſuivant les Loix, de la même Peine que méritoit celui pour lequel le Priſonnier étoit détenu. Mais nous n'avons ſuivi ſur ce point, ni la Diſpoſition du Droit Romain, ni le Sentiment des Auteurs, qui ont prétendu que l'Evaſion emportoit la Preuve du Crime : nous ne tenons point pour convaincu, le Priſonnier qui vient à s'échapper des Priſons, de quelque maniere que ce ſoit ; mais on ſe contente de lui faire ſon Procès par Contumace, & on le condamne ſuivant la Preuve qui ſe trouve dans les Charges & Informations, enforte que s'il n'y a aucunes Preuves du Crime contre lui, il y a lieu de le décharger entierement, à cauſe de l'injuſtice de ſa Détention, à moins toutefois qu'il n'ait commis des violences ou autres Crimes en s'évadant. Mais ſi au contraire, il y a quelques Preuves du Crime, qui a donné lieu à cette Détention, l'on peut augmenter la Peine, à raiſon du Bris de Priſon, pour lequel l'Ordonnance veut, qu'on inſtruiſe ſon Procès ſéparément de celui de la Contumace.

*L. In eos*, 13. *ff. de cuſtod. & exhib. reor.*

*V. Boerius, déciſ.* 215. *Jules Clare, lib* 5. *qu.* 21.

*L. In eos, ci-deſſus.*

Ce Crime eſt mis au nombre des Cas royaux par les Arrêts de *Laval* & de *Montpenſier*, mais il faut pour cela que les Priſons ſoient royales.

4°. La SÉDITION ET EMOTION *populaire* ; ce Crime qui eſt du nombre des Cas royaux, ſuivant l'Ordonnance, eſt puni ordinairement de la Potence, conformément à l'article j. de l'Edit de Charles IX. en Juillet 1561.

*L. Si quis*, 38. *§. authores, ff. de Pœnis.*

Par l'article ij. de cet Edit, il eſt fait défenſes, ſous la même Peine de la Potence, aux Prédicateurs d'uſer en leurs Sermons, ou ailleurs, de Paroles ſcandaleuſes, ou tendantes à exciter le Peuple à Emotion : mais par des Lettres-Patentes d'Henri IV. en Septembre 1595, cette Peine a été modérée à celle d'avoir la Langue percée, & au Banniſſement perpétuel hors du Royaume. Au reſte, nous remarquons avec l'Annotateur d'Imbert, & autres graves Auteurs qu'il cite, tels que DAMHOUDER, BOYER, & MENOCH, qu'en général la Peine de ce Crime eſt arbitraire, & doit dépendre de la Qualité des Perſonnes & des Circonſtances du Crime.

5°. La PUBLICATION des Libelles diffamatoires contre la Perſonne du Roi & ſon Gouvernement : nous ne parlons ici que de ces Ecrits furtifs & clandeſtins, dont les Auteurs ne veulent point être connus, & non point de ceux qui ſe répandent ouvertement en forme de MANIFESTE par ceux qui courent le Royaume pour ſolliciter les Peuples à Emotion, dont nous avons parlé ci-devant. Les Auteurs mettent ce Crime dans le nombre des Cas royaux, & en réputent Coupables, non-ſeulement ceux qui compoſent & qui impriment ces ſortes de Libelles & Placards contre l'honneur du Roi; mais encore ceux qui les répandent ou les expoſent en Vente : quoique ces derniers ne ſoient pas punis auſſi ſévèrement que les premiers, dont la Peine ne peut être moindre que celle de Mort, ſuivant-les Ordonnances.

*V. les Edits de Charles IX. en Av. 1571. d'Henri III. en Sept. 1577.*
*V. auſſi l'Ordon. de Moulins, l'Edit de Nantes & l Edit de 1598.*
*V. Imb. liv. 3. ch. 22.*

C'eſt conformément à ces Loix que, par un Arrêt de la Cour, rapporté dans les Notes ſur IMBERT, un Gentilhomme de la Religion Prétendue-Réformée, nommé Pierre *Dugué*, pour avoir compoſé des Livres contre le Roi & ſon Etat, fut condamné à la Potence, & ſon Corps brûlé avec ſes Livres, & ſes Biens confiſqués. Cet Arrêt eſt du premier Décembre 1584.

Enfin c'eſt la néceſſité de remédier aux Abus dangereux qu'avoit entraîné juſqu'ici l'inexécution de ſi ſages Réglemens, qui a donné principalement lieu à la Déclaration du Roi, qui vient de paroître au mois d'Avril dernier, & dont nous aurons lieu de parler plus amplement ſous le Titre des DÉLITS contre la Police.

6°. Les ASSEMBLÉES illicites : par l'Ordonnance de Blois, article cclxxviij. il eſt fait défenſes aux *Gentilshommes*, & à tous autres, de faire des Aſſemblées illicites, ſous quelque prétexte que ce ſoit, à Peine d'être punis comme *Criminels de Leze-Majeſté, & Perturbateurs du repos public* du Royaume.

Par l'article cxcxij. de la même Ordonnance, il eſt enjoint aux *Hauts-Juſticiers* d'empêcher ces Aſſemblées illicites qui ſe tiennent dans l'étendue de leurs Juſtices, à Peine de Confiſcation deſdites Juſtices au profit du Roi. Pareilles Injonctions ſont auſſi
faites

faites à leurs Officiers, à Peine, en Cas de *connivence* ou *de dissimulation*, de la privation de leurs Offices. Cette difposition, conforme à celle de l'article xxx. de l'Ordonnance de Moulins, a été renouvellée par la Déclaration de Louis XIII. du 27 Mai 1610; & c'eft conformément à ces Loix, que ce Crime a été mis dans le nombre des Cas royaux.

Pour qu'une Affemblée foit cenfée illicite, & puiffe donner lieu à une Peine capitale, il faut principalement quatre chofes; 1°. qu'elle foit faite avec Armes; 2°. qu'elle foit compofée de dix Perfonnes, ou plus; 3°. qu'elle foit faite dans le deffein de *braver* l'Autorité publique; 4°. enfin qu'elle foit fuivie de Violence: hors ces Cas, elle ne peut donner lieu qu'à des Peines afflictives ou infamantes, fuivant les circonftances.

*L. in ead. 3. ff.
ad L. Jul. de vi
publ.
L. Qui cœtus, 5.
ff. ibid.
L. 4. ff. de vi
bonor. raptor.*

7°. Le PORT D'ARMES *fans permiffion;* ce Crime, connu dans le Droit fous le nom de *force publique*, fuppofe toûjours un deffein formé de mal faire; car s'il eft prouvé d'ailleurs qu'on ne porte uniquement des Armes, que pour la défenfe de fa vie, on n'eft point fujet à la Peine portée par la Loi.

L'on comprend donc ici, fous le nom d'*Armes*, tous Inftrumens *offenfifs*, & avec lefquels on peut nuire, comme *Fufils, Piftolets, Piques, Epées*: il y a des Auteurs qui mettent l'*Epée* au nombre des Armes *défenfives;* mais cela ne doit s'entendre que relativement à ceux qui ont droit de la porter, tels que les Nobles, Gens de Güerre, & Voyageurs, dont il fera parlé ci-après, & non point de ceux à qui elle eft défendue par état.

*V. Theven. l. 4.
tit. 7. art. 1.*

Par fes Novelles 17. & 85. l'Empereur Juftinien défendit les Armes à tous autres qu'aux Gens de Guerre.

Suivant les anciennes Ordonnances du Royaume, le port d'Armes n'étoit permis qu'aux Officiers de Sa Majefté, aux Gens Nobles, & aux Gens de Guerre, & il étoit défendu à tous autres, de quelle qualité & condition qu'ils fuffent, à peine de confifcation de corps & de biens.

*V. Theven. ibid.
art. 2.*

Par l'art. xxx. de l'Ordonnance de Moulins, défenfes expreffes font faites aux Seigneurs Hauts-Jufticiers, de fouffrir le Port d'Armes en leurs Juftices, à peine de privation de leurs Juftices.

Par la Déclaration du 27 Mai 1610, il eft fait défenfes à toutes Perfonnes, de quelle qualité & condition qu'elles foient, de prendre les Armes fans un Ordre exprès de Sa Majefté, ou des Gouverneurs & Lieutenans Généraux des Provinces, à peine d'être punis comme *Criminels de Leze-Majesté & Perturbateurs du repos public.*

Par la Déclaration de 1660, défenses sont faites à toutes sortes de Personnes, excepté les *Gentils-Hommes, Officiers de la Maison du Roi, Gens de Guerre, Sergens, & autres Officiers de Justice,* lorsqu'ils sont commandés pour l'exécution d'Ordres d'icelle, de porter des *Arquebuses, Mousquets, Carabines, Pistolets d'arçon,* & autres Armes à feu. La même Déclaration défend encore l'usage des *Poignards, Bayonnettes, & Pistolets de poche,* à peine d'Amende & Confiscation, tant contre les Contrevenans que contre les Armuriers : elle enjoint de plus, aux Maîtres, Précepteurs, & Cabaretiers, de tenir la main pour empêcher, ou déclarer les Contraventions qui seront faites à cet égard, par ceux qu'ils Logent, ou qu'ils ont sous leurs Charges, à Peine d'être responsables de leurs faits.

Par l'article v. de l'Ordonnance des EAUX ET FORESTS de 1669, il est permis aux Sujets de la Qualité requise par les Edits & Ordonnances ci-dessus, passant par les grands chemins des Forêts & Bois, de porter des Pistolets, & autres Armes non prohibées, pour la conservation de leurs Personnes.

Enfin par la Déclaration du 4 Décembre 1679, il est permis seulement à ceux qui font quelque Voyage, de porter une simple Epée, à la charge de la quitter lorsqu'ils seront arrivés dans les Lieux où ils iront.

Il paroît que ces Loix ne sont pas exécutées à la rigueur, ou du moins qu'elles ne le sont principalement, qu'en ce que l'on punit plus séverement les Crimes qui se font avec Armes, que ceux qui se font sans Armes ; aussi voit-on que le Port-d'Armes n'est mis au nombre des Cas royaux, que lorsqu'il se trouve joint à l'Assemblée illicite, ou Attroupement.

*L. Quoniam, C. ad L. Jul. de vi.*

8°. L'AMAS D'ARMES, *sans Permission expresse de Sa Majesté,* ou des Gouverneurs, Lieutenans-Généraux des Provinces ; ceux qui en sont convaincus, doivent être punis comme Coupables de Leze-Majesté ; c'est la disposition de la Déclaration du 27 Mai 1610, confirmée par l'Ordonnance de 1729, art. clxxij.

9°. La FALSIFICATION *du Sceau Royal ;* comme c'est le Sceau qui donne l'autorité aux Lettres-Patentes du Souverain, on ne peut l'altérer, l'imiter, ou le contrefaire sans tomber dans le Cri-

me de Leze-Majefté , & fans encourir la Peine de mort & la Confifcation des Biens au profit du Roi , privativement à tout autre : cette Peine, portée par la Loi *Majorem*, au Code *ad Leg. Corn. de falfis*, a été renouvellée par la Déclaration du mois de Mars 1680, qui porte « que tous ceux qui auront falfifié les Let-
» tres de Grande Chancellerie, & de celles qui font établies près
» les Cours de Parlement, imité, contrefait, appliqué ou fup-
» pofé les grands & petits Sceaux, foit qu'ils foient Officiers,
» Miniftres, ou Commis defdites Chancelleries, ou non, feront
» punis de Mort ».

10°. La FABRICATION *de Salpêtre, Poudre à Canon fans Let-tres-Patentes du Roi;* ce Crime forme un Cas royal, qui eft puni de Mort fuivant les Ordonnances, notamment celle de Charles IX. en 1572, art. j. & celle de Louis XIII. en 1629, art. clxxiv.

11°. La DÉSERTION *d'Armée avec fortie hors du Royaume;* ce Crime eft puni de la Mort & de la Confifcation des Biens ; & fi le Coupable ne peut être arrêté, il eft déclaré mort civilement, fes Biens confifqués, & fes Enfans incapables de toutes Succef-fions & Dignités. C'eft entr'autres la difpofition de l'Ordonnance de François I. en Juillet 1534, qui veut de plus, « qu'il foit mis
» par Figure en quatre Quartiers, dont chacun fera mis aux lieux
» les plus infignes de là où fera la Légion , afin que les autres y
» puiffent prendre exemple ».

*V. Theven. l. 4ᵉ tit. 5. art. 5.*

12°. La CONSTRUCTION *des Murs & Forterefes dans les Villes & Châteaux fans permiffion du Roi;* par l'Edit d'Henri III. en 1579, & par la Déclaration de Louis XIII. en Mai 1620, renouvellée fur ce point par l'art. clxxvj. de l'Ordonnance de 1629, il eft défendu de faire Fortifications ou Défenfes fans Commandement & Ordre exprès de Sa Majefté , ou des Gouverneurs & Lieute-nans Généraux des Provinces , & pour le feul Service de Sa Ma-jefté, à peine d'être puni comme *Criminel de Leze-Majefté & Per-turbateur du repos public*, outre la Démolition & le Rafement de ces Fortifications ; & fi elles ont été faites par des Villes & Bourgs, à peine de la privation de leurs Priviléges.

13°. La DÉMOLITION *des Murs qui forment la Clôture des Villes & Forts fans permiffion de Sa Majefté;* par la Déclaration du 27

Mai 1610, il est ordonné expressément à ceux qui auront fait ces Démolitions, de les rétablir à leurs frais, sous les mêmes peines que celles ci-dessus ; de plus, ils sont condamnés aux dommages-intérêts des Particuliers qui en ont souffert, & à la privation de leurs *Justices*, si ce sont des Seigneurs qui ont fait la Démolition.

Ce Crime est mis au nombre des Cas royaux, par les Arrêts de Réglemens de Montdidier & de Sens.

14°. La CONVOCATION *des Etats généraux & particuliers sans la permission du Roi* ; suivant l'Edit de François I. en Septembre 1535, la Peine de ce Crime est la privation de tous Titres, Dignités, & Seigneuries, & l'incapacité d'en pouvoir jamais posséder d'autres.

15°. L'ENROLLEMENT *d'un Sujet du* ROI *au Service d'un Prince Etranger, sans Congé de S. M.* la Peine de ce Crime, suivant les Ordonnances, est l'*Incapacité* de pouvoir jamais parvenir à aucun Etat, Degré, & Charges dans le Royaume.

Il en est de même de celui qui reçoit Pension d'un Prince Etranger, sans la permission du Roi.

16°. Le MARIAGE *des Princes & Officiers Principaux de la Couronne avec des Etrangers, sans la Permission du* ROI ; la Peine est la Privation de leurs Etats, Titres, Dignités & Seigneuries, & l'incapacité de pouvoir jamais en posséder d'autres : c'est ce qui fut résolu dans l'Assemblée des Notables à Saint Germain-en-Laye en 1583.

17°. L'INFRACTION *de Sauve-Garde* ; ce Crime qui est mis au nombre des Cas Royaux par l'art. x. de l'Edit de Cremieu, étoit puni anciennement de la Potence, suivant cette Regle du Droit François, attestée par LOISEL ; *Infraction de Sauve-Garde & d'Assurance jurée par la Coutume de France, mérite la Hart :* mais par la dernière Jurisprudence, cette Peine a été tempérée & laissée à l'arbitrage du Juge, qui la prononce corporelle ou pécuniaire suivant les circonstances ; c'est la remarque de COQUILE sur la Cout. de Nivern. art. xv. ch. 1er.

*V. tit. des Peines, liv. 6. regl. 9.*

18°. La FABRICATION, ALTÉRATION & EXPOSITION *de Monnoie* ; il se commet deux sortes de Crimes à ce sujet ; l'un, c'eft lorfqu'on s'arroge le Droit de faire battre Monnoie à fon Coin ; *l'autre*, lorfqu'on contrefait celle du Prince, qu'on en altere le Métail ou le Poids, & qu'on la répand dans le Public ; l'un & l'autre de ces Crimes forment également des Cas Royaux, quoiqu'ils foient punis diverfement.

Le PREMIER de ces Crimes, qui attaque directement la Souveraineté du ROI, doit être puni de la Peine du Crime de Leze-Majefté au premier Chef, qui eft toujours celle de Mort avec la Confifcation des Biens.

*V. Imb. liv. 3. ch. 22.*

Celui de la SECONDE efpece, qui attaque fingulierement la Chofe publique, quoiqu'il attaque aufïi la Majefté du Prince, dont l'Image eft empreinte fur la Monnoie, qu'on altere, eft plus ou moins puniffable, fuivant les circonftances. Il faut diftinguer, à cet égard, 1°. ceux qui fabriquent ou aident à fabriquer la Monnoie ; 2°. ceux qui alterent, chargent, ou en diminuent le poids ; 3°. ceux qui expofent ou diftribuent fciemment les Efpeces contrefaites ou altérées ; ceux qui fe trouvent faifis d'Efpeces décriées & hors de cours ; 5°. Ceux qui trafiquent les Efpeces étrangeres dans le Royaume ; 6°. enfin, ceux qui négocient l'Argent du Royaume à plus haut prix que celui porté dans les Edits, & qui font cette efpece de trafic, qu'on appelle *Billonage*.

1°. La PEINE de ceux qui *fabriquent ou contrefont la Monnoie*, étoit fuivant le Droit, celle du *Feu*, avec la Confifcation des Biens ; dans cette Confifcation étoit comprife la Maifon où le Crime avoit été commis, lorfque le Maître en avoit eu connoiffance : l'on puniffoit aufïi des mêmes Peines, celui qui pouvant empêcher ce Crime, ne l'avoit pas fait. Suivant l'ancien ufage de ce Royaume, attefté par l'Annotateur d'Imbert, d'après MASUER & BOERIUS, la Peine de *Faux-Monnoyeur* étoit d'être fuffoqué & bouilli en eau & huile : mais dans notre ufage actuel, confirmé par l'Edit de Février 1726, regiftré en la Cour des MONNOIES, la Peine ordinaire de ce Crime eft celle de la Potence.

*L. 1. 2. & 3. dit tit 24. du Code, de falfa Moneta. L. 9. Cod. Théod. eod. tit.*

Cette PEINE a lieu pareillement aux termes du même Edit, contre *Ceux qui aident* à fabriquer la Monnoie, tels que les *Serruriers, Forgerons, Graveurs & autres*, qui auront fabriqué & gravé fans permiffion par écrit des Officiers des Monnoies, les Uftenciles, Poinçons & autres Pieces fervant à la fabrication des Efpeces.

*V. art. 16. & 17.*

Enfin, cette Loi affujettit encore à la même Peine les *Voituriers, Meffagers & autres*, qui auront *tranfporté* fciemment les

*V. art. 18.*

Machines & Outils fervans à cette fabrication , fans en donner avis aux Procureurs Généraux ou aux Commiffaires départis des Provinces.

2°. La Peine de ceux qui *alterent les Efpeces , foit en les rognant, colorant & bordant*, étoit fuivant le Droit, celle d'être livrés aux *Bêtes* , fi c'étoit une Perfonne libre , & celle des *Fourches*, fi c'é-toit un Efclave. Suivant les Ordonnances du Royaume confir-mées par l'Edit de 1726, il y a auffi Peine de Mort , qui eft ordinairement celle de la Potence.

3°. La Peine de ceux, qui *expofent ou qui contribuent fciemment à l'expofition de ces Efpeces contrefaites*, eft encore fuivant le mê-me Edit , celle de la Potence ; elle y comprend nommément les *Receveurs & Payeurs qui diftribuent fciemment* ces Efpeces de fauffe fabrique ou de faux poids. La même Peine de Mort eft auffi pro-noncée par l'Edit d'Henri II. en Janvier 1549 , art. iv. contre les *Officiers des Monnoies qui délivrent des Efpeces* qui ne font pas de *poids , de bonne rotondité , affiette, impreffion , & dont les Cordons & Lettres ne font pas entiers* : enfin , par l'art. cxlxix. de l'Ordon-nance d'Orleans, il eft fait défenfes aux *Orfévres & autres* d'*al-térer, fouder, changer aucune Efpece d'or ou d'argent*, à peine d'être punis comme faux Monnoyeurs: l'art. xiij. de l'Edit de 1726 fait pareillement défenfes aux Orfévres de *difformer* aucune Efpece, pour les employer à leurs Ouvrages , à peine des Galeres per-pétuelles.

4°. A l'égard des Especes décriées & qui *n'ont point de cours*, le même Edit de 1726 veut, que fi elles font trouvées par-mi les Effets des Parties *faifies* ou des Perfonnes décédées , elles demeurent confifquées au profit de S. M. & qu'à cet effet , il en foit donné avis aux Procureurs Généraux des Cours des Mon-noies, à peine d'interdiction contre les Juges qui y contrevien-dront , & de payer la valeur des Efpeces, & en outre une Amen-de, qui ne pourra être moindre du quadruple , dont la moitié fera au profit du Dénonciateur ; & dans le cas où ces Efpeces dé-criées fe trouveroient entre les mains des *Dépofitaires* , même peine de Confifcation ; & de plus ceux-ci tenus de répondre de leur valeur aux Propriétaires ou Créanciers.

Le même Edit prononce auffi la Confifcation contre les Ti-reurs de Lettres-de-Change, payables en *Efpeces décriées* , & de plus l'Amende du double pour la premiere fois , & pour la fecon-de , le Banniffement de trois ans : enfin , elle prononce encore

*L. Quicumque , ff. ad L. Cornel. de falf.*
*L. 1. Cod. de falf. Moneta.*
*V. Theven. liv. 5. tit. 10. art. 1.*
*V. art. 1. de l'Ed. de 1726.*

*V. même art.*

*V. art. 2.*

*V. Theven. loco citato.*

*V. art. 4.*

*V. art. 5.*

*V. art. 6.*

*V. art. 8.*

*V. art. 10.*

la même Peine de Confiscation & d'Amende contre ceux qui transportent ou envoyent les *Especes décriées* hors des Villes du Royaume, où il y a *Hôtels des Monnoies* ; & de plus la Peine des Galeres contre les Conducteurs des Voitures publiques, qui se chargeront sciemment de ces *Especes décriées*, sans qu'il en ait été fait mention sur les Registres des Carrosses, Messageries & sur les Lettres de Voiture. V. art. 14

V. art. 15

5°. Quant aux MONNOIES ETRANGERES, leur Exposition a été défendue par les Edits d'Henri III. en 1576 & 1577, à peine de Confiscation, & 200 liv. d'Amende, tant contre ceux qui les exposent & reçoivent, que contre ceux qui en seront trouvés saisis sans être *cisaillées & difformées*, & même de Châtiment exemplaire ; mais l'Édit de 1726 prononce à cet égard les mêmes Peines que contre les *Especes décriées ;* sçavoir, que faute de les porter à l'Hôtel des Monnoies, elles seront saisies & confisquées au profit de Sa Majesté, sauf le recours des Propriétaires ou Créanciers contre les Dépositaires, pour le prix de ces mêmes Especes. V. art. 8

6°. Enfin, pour ce qui concerne le BILLONAGE, le même Edit de 1726 défend non-seulement aux *Sujets* du Roi, mais encore aux *Etrangers*, de vendre & acheter, marchander ou offrir les Especes ou Matieres d'or & d'argent à plus haut prix que celui porté par les Edits précédens ; à peine pour la premiere fois du Carcan, de Confiscation desdites Especes & Matieres, & de 3000 liv. d'Amende, applicables moitié au profit de S. M. l'autre moitié au Dénonciateur ; & en cas de récidive, des Galeres perpétuelles : enfin, par une derniere disposition, il est dit que celui des *Billoneurs* ou *Négociateurs*, qui aura déclaré ses Complices aux Procureurs Généraux des Cours des Monnoies ou à leurs Substituts des Provinces, & même aux Juges des lieux, avant que d'avoir été compris dans une Instruction criminelle, sera non-seulement exempt de Peine, mais encore recevra la part des Confiscations & Amendes, qui doit appartenir au Dénonciateur. V. art. 9 & 12 & 19.

19°. Le TRANSPORT *d'Or ou d'Argent monnoyé ou non monnoyé hors du Royaume, sans Lettres-Patentes du Roi ;* ce Crime qui forme un Cas royal, suivant l'Arrêt de *Montdidier*, concerne non-seulement les *Sujets du Roi* qui font passer de l'Argent dans les Pays étrangers, pour toutes autres causes que celles du Trafic

& Commerce de Marchandifes, mais encore les *Etrangers* qui fur-achetent des Efpeces ou Matieres d'Or ou d'Argent dans le deffein de les faire fortir du Royaume fans Permiffion par écrit de Sa Majefté. Suivant les Edits de Louis XII. en 1460, de François I. en 1540, d'Henri II. en 1548, de Charles IX. en 1566 & 1571, la Peine ordinaire de ce Crime, étoit la Confifcation des Efpeces avec une Amende arbitraire ; mais par les Déclarations du 28 Novembre 1693, & 24 Octobre 1711, renouvellées en dernier lieu par l'article ix. de l'Edit de Février 1726, il eft fait défenfes, à Peine de la Vie, à tous Etrangers qui fe trouvent dans le Royaume, de tranfporter hors icelui, fous quelque prétexte que ce foit, ou de fur-acheter ces Efpeces ou Matieres dans le deffein de les faire fortir hors du Royaume, fans Permiffion de Sa Majefté par écrit ; & de plus, à Peine de 6000 liv. d'Amende, de la Confifcation des Efpeces, & même des Marchandifes & Equipages avec lefquels elles feront tranfportées : cette derniere Loi permet feulement aux Etrangers d'emporter la quantité d'Efpeces qui feront néceffaires pour leur fubfiftance, & celle de leurs Valets & Equipages.

*L. Jubemus, 1.*
*Cod. de priv. carcer. inhib.*
*L. 2. Cod. de*
*Epifcop. aud.*

20°. La CHARTRE *privée ;* ce Crime eft mis au nombre de ceux de Leze-Majefté par le Droit Romain, & comme tel, il devoit être puni du dernier Supplice ; mais cela ne s'obferve point avec tant de rigueur parmi nous ; nous avons vû que l'article x. du Titre II. de l'Ordonnance de 1670, ne prononçoit d'autres Peines contre les Prevôts des Maréchaux qui font *Chartre privée,* que la privation de leurs Offices.

*V. le tit. du Code,*
*de Crimine Peculatus, & le tit. du*
*ff. ad L. Jul. Peculatus.*

21°. Le PÉCULAT ; ce Crime auffi appellé *quafi pecuniæ ablatio,* s'entend en général du Vol des Deniers publics, mais plus ordinairement de ceux qui appartiennent immédiatement au Roi, & qui concernent les Finances ; & c'eft dans ce fens que nous le comprenons dans les Crimes de Leze-Majefté au fecond Chef.

Il n'eft point de Crime, fur lequel il ait été rendu un plus grand nombre de Loix & d'Ordonnances que celui-ci, parce qu'il n'en eft point qui fe foit davantage multiplié dans tous les tems ; & la caufe de cette multiplicité vient fans doute de la facilité qu'il y a de commettre ce crime, & d'en éluder la punition, en faifant fervir les Rapines qui en font le fruit, comme autant de reffources efficaces pour s'en affûrer l'impunité. Cependant il faut

convenir

convenir qu'il n'en eſt point de plus préjudiciable à l'Etat, dont l'Argent fait, comme l'on ſçait, la principale force ; & qu'indé-pendamment des Banqueroutes frauduleuſes qu'il occaſionne dans le Public, il mérite une Punition d'autant plus rigoureuſe qu'il renferme une ingratitude inſigne de la part de ceux qui le com-mettent, par l'abus énorme qu'ils oſent faire de la confiance dont il a plu au Roi de les honorer.

Suivant le Droit Romain, le *Péculat* étoit mis au nombre des Crimes publics, dont la peine ordinaire étoit l'interdiction de l'Eau & du Feu, à laquelle a ſuccédé la Déportation. Dans la ſuite, cette peine a varié : tantôt elle a été bornée ſeulement au Quadruple de l'Argent volé, tantôt elle a été portée juſqu'au Banniſſement, & à la Condamnation aux Mines, ſuivant la Qua-lité des perſonnes, & même juſqu'à celle de Mort, comme il paroît par les Loix 1 & 2 du Code Théod. *de Crim. Pecul.* Il eſt vrai, comme le remarque JUSTINIEN dans les Inſtit. *de Publ. Jud.* que ces dernieres Loix n'avoient été faites que contre les Ma-giſtrats ou Gouverneurs de Provinces & Receveurs qui avoient ſouſtrait les Deniers publics pendant leur Adminiſtration, ou qui favoriſoient les Souſtractions faites par d'autres ; enſorte que les peines de la Déportation, de l'Exil & du Quadruple qui avoient été prononcées par les précédentes, n'ont pas laiſſé que de ſub-ſiſter comme auparavant, à l'égard des autres Particuliers qui tomboient dans ce Crime. Enfin, par la Novelle 105 de LEON le Philoſophe, la peine capitale a été entierement abrogée, & l'on y a ſubſtitué celle de l'Infamie & la reſtitution du Double ; & cette derniere peine devoit, ſuivant cette Novelle, s'appliquer à toutes ſortes de perſonnes, ſans aucune diſtinction de Rang ni de Qualité.

A ces Loix ont ſuccédé une foule d'Ordonnances de nos Rois, parmi leſquelles on en remarque une de François I. en 1532, qui condamne à la Corde ceux qui détournent, enlevent & conver-tiſſent à leur profit les Deniers royaux ; mais cette Loi n'eſt pas la premiere qui avoit prononcé cette peine : les exemples d'*En-guerrand de Marigny* ſous LOUIS LE HUTIN, & de *Jacques Cœur* ſous CHARLES VII. prouvent que cette peine étoit déja em-ployée long-tems auparavant, contre les Coupables de ce crime. Auſſi voit-on pluſieurs Ordonnances antérieures à celle de Fran-çois I. qui ſont rappellées dans le préambule de l'Edit de Mars

*L. Peculatus, 3. ff. ad L. Jul. Pe-culatus.*

*L. Judices, 1. Cod. de Crimin. Pecul.*

O o o

1716, portant Etabliſſement d'une *Chambre de Juſtice* pour la recherche de ces ſortes de Crimes.

Quoi qu'il en ſoit, il paroît par cette derniere Loi qui a ſignalé les premiers inſtans du glorieux Regne ſous lequel nous vivons, que Sa Majeſté n'a point entendu déroger à ces premieres Ordonnances, en ce qu'elle donne pouvoir aux Juges qui devoient compoſer cette Chambre, de prononcer les Peines capitales, afflictives & pécuniaires qu'il appartiendroit, contre toutes ſortes de perſonnes, de quelque qualité & condition qu'elles fuſſent, qui ſe trouveroient coupables de ce crime.

Par la Déclaration du 18 Septembre de la même année 1716, les Peines capitales & afflictives que l'Edit de Mars avoit permis d'infliger, ont été converties en pécuniaires. Enfin, par un Edit de l'année ſuivante 1717, la Chambre de Juſtice a été entierement ſupprimée, & il a été accordé une Amniſtie générale à tous ceux qui ſe trouvoient dans les cas portés par les Edits précédens.

Tout ce qu'on peut conclure de ces différentes Loix, c'eſt que la peine de ce crime eſt arbitraire & dépend des circonſtances. Celles qu'a prononcé la derniere Chambre de Juſtice, étoient tantôt l'Amende honorable, tantôt le Pilori ou le Banniſſement à tems, & quelquefois auſſi les Galeres à tems ou perpétuelles.

Il y a cela de particulier à ce crime, qu'il ne s'éteint point par la Mort, & qu'il ſe pourſuit contre les Héritiers, conformément à la diſpoſition du Droit : que les condamnations & reſtitutions pour ce crime peuvent être répétées ſur les Donations & Conſtitutions dotales faites par les coupables depuis qu'ils ſont entrés en Charge, c'eſt entr'autres la diſpoſition de l'art. cccc. de l'Ordonnance de 1629 : & qu'enfin trois Témoins ſinguliers dépoſant de Faits de même nature, valent autant qu'un Témoin entier, c'eſt encore la diſpoſition de la même Ordonnance.

*L. publica ult. ff. ad L. Jul. pecul.*

AU RESTE, nous ne ſuivons point les diſpoſitions du Droit Romain, par rapport à la *Diſtinction* qu'il met entre le Péculat & cette eſpece de crime dont il eſt parlé ſous le Titre de la Loi JULIE de *Reſiduis*, & qui concerne principalement les Officiers comptables, tels que les *Receveurs*, *Tréſoriers*, *Payeurs de Gages*, qui font Banqueroute & emportent les Deniers de leur Caiſſe. Ceux-ci ſont regardés & punis parmi nous comme coupables de Péculat, quoique ce crime s'entende plus ordinairement des *Financiers* : c'eſt ce qui paroît par l'Edit de Mars 1716, qui a con-

*V. tit. du ff. ad Jul. peculatus de ſacrileg. & de reſiduis.*

firmé fur ce Point la difpofition de l'Ordonnance de François I.
en Mars 1545, qui veut que l'on puniffe comme coupables de
Péculat les Comptables qui fe *latitent & retirent du Royaume, fans
avoir rendu Compte & payé le Reliquat par eux dû de l'adminiftration
de leurs Charges.* Ce n'eft pas néanmoins qu'il n'y ait eu des Loix
particulieres rendues en différens tems contre ces derniers ; notamment les Déclarations du 5 Mai 1690, & 3 Juin 1701, dont
la *premiere* prononce la peine de Mort contre tous Commis de
Recettes générales & particulieres, Caiffiers & autres ayant
maniement des Deniers des Fermes du Roi, qui auroient diverti
jufqu'à concurrence de 3000 liv. & au-deffus ; & la *derniere* prononce généralement la même peine contre tous ceux qui étant
prépofés au maniement de ces Deniers, les employent à leur ufage
particulier, & les détournent de leurs Caiffes, fans diftinction des
fommes.

*V. Theven. liv. 4.
tit. 6. art. 1.*

Nous ne parlerons point non plus de cet autre Crime, qui fait
l'objet particulier des Tit. du Code & du Digefte de *Lége* JULIA
*Ambitus,* & qui confiftoit dans les Brigues illicites que l'on employoit pour parvenir aux Dignités. PAPON, dans fon *Notaire,*
fait mention de ce Crime fous le même Titre que celui de *Simonie,* dont il a effectivement la plûpart des caracteres ; mais il a
ceffé d'avoir lieu parmi nous, ainfi que fa Peine, depuis l'intro-
duction de la Vénalité des Charges.

22°. La CONCUSSION *& Levée des Deniers fur les Sujets du
Roi;* ce Crime, dont il eft parlé fous les Titres du Code & du ff.
*ad Leg. Jul. Repetundarum,* concernoit fingulierement les Magiftrats & Gouverneurs des Provinces, & il confiftoit dans le Vol
qu'ils faifoient de l'Argent des Particuliers qu'ils mettoient à contribution, en quoi il différoit du *Péculat,* qui eft le Vol des Deniers royaux & publics. L'on trouve fous les Titres du Droit que
nous venons de citer, & fous celui du ff. *de Concuffione,* plufieurs
exemples de ce Crime : mais comme ces Exemples, qui font relatifs à la Conftitution de l'Empire Romain, n'ont guere d'application à nos ufages, nous nous bornerons à quelques Obfervations générales à cet égard.

*V. le ff. liv. 47.
tit. 13. & liv. 48.
tit. 11. de L. Jul.
repetundarum.
L. Jul. ff. eod.
tit.*

LA GRANDE Politique des Romains, que l'étendue immenfe
de leur Domination rendoit fi néceffaire, étoit d'entretenir les
Gouverneurs qu'ils envoyoient en chaque Province, dans une
étroite dépendance des Ordres de la République, & d'empêcher

qu'ils n'abusaffent de leur pouvoir, pour vexer les Peuples con-
quis, & les porter à la Revolte : c'est dans cette vûe qu'ils avoient
soin de les changer après un certain tems, qui étoit tout au plus
de trois années, & qu'ils les assujettissoient à plusieurs conditions
rigoureuses.

*V. les L. 1. 2.
3. 4. du Code au
même tit. & L.
unica, ut omnes
Judices.*

Ces conditions consistoient entr'autres, dans les Défenses expresses qui leur étoient faites d'épouser ou de faire épouser par
leurs Enfans, même par leurs Domestiques, aucunes Filles ori-
ginaires de ces Provinces ; de faire aucun Commerce ni Négoce,
ni de prêter à intérêt pendant la durée de leur Gouvernement ;
de faire aucunes acquisitions de Biens, tant meubles qu'immeubles, dans ces Provinces, soit à titre onéreux, soit à titre de donation, soit directement à leur profit particulier, soit indirectement dans la personne de leurs Enfans ; & enfin d'exiger par la
voie de la contrainte, aucunes Taxes ou Droits qui ne seroient pas
légitimement dûs.

Les PEINES contre ceux qui venoient à violer ces défenses,
étoient, outre la nullité des Mariages & des Actes particuliers
faits à leur profit, celles d'être dégradés de leurs Dignités, déclarés incapables d'en pouvoir jamais posséder d'autres, d'être
tenus de restituer ce qu'ils avoient pris, avec des dommages-intérêts envers ceux qu'ils avoient vexés ; à l'effet de quoi ils pouvoient être poursuivis pardevant les Gouverneurs qui les rem-
plaçoient, & même pendant le cours de leurs fonctions. De plus,
ils étoient obligés de répondre du fait de leurs Commis & Gens
de leur suite. Le Crime ne s'éteignoit point par leur Mort ; mais
on pouvoit poursuivre leurs Héritiers, tant pour la restitution de
la chose volée, que pour les autres Peines qu'auroit dû souffrir le
Coupable. On obligeoit leurs Commis & Officiers de leur suite, de
rester dans la Province trois années après la Dépossession de leurs
Maîtres, afin de leur faire rendre compte, & tirer d'eux les éclair-
cissemens nécessaires sur ce qui s'étoit passé pendant la durée de
leur Gouvernement. Enfin, les Gouverneurs étoient obligés de
rester eux-mêmes dans la Province cinquante jours après la ces-
sation de leurs Charges, pour y recevoir des éloges ou des re-
primandes de leur conduite.

LA SAGESSE de ces Loix, les avoit d'abord fait adopter dans
ce Royaume, comme il paroît par une Ordonnance de S. Louis
en 1226, qui défend aux Magistrats de recevoir des Dons &
Présens, soit par eux, leurs Femmes & leurs Enfans, & pareil-

lement d'acquérir, tant par eux que par d'autres, aucunes Terres
ès Lieux dont ils avoient la Juſtice, ſans en avoir obtenu la permiſſion du Roi, & ce à peine de la Confiſcation des Terres ac-
quiſes, & de la reſtitution des Dons & Préſens par eux reçus.
Mais la forme du Gouvernement ayant changé depuis ce tems-
là, & les Offices qui étoient alors par Commiſſion & révoca-
bles après un certain tems, comme ils l'étoient chez les Romains,
étant devenus héréditaires & perpétuels au moyen de la Vénalité qui s'y eſt introduite, on a cru, comme le remarque Theveneau, qu'il y auroit de l'injuſtice d'interdire à ceux qui en ſont
pourvus, la faculté de pouvoir rien acquérir dans leur Pays; enſorte que tout ce que nous avons retenu de la Juriſprudence Romaine à cet égard, c'eſt la Prohibition aux Juges de ſe rendre Adjudicataires des Biens qui ſe diſcutent dans leur Siége; comme
auſſi d'accepter directement ou indirectement aucun tranſport ou
ceſſion des Droits litigieux, à peine de punition exemplaire; c'eſt
la diſpoſition de l'Ordonnance d'Orléans, art. xliij. & ljv.

*V. Theven. liv. 2. tit. 20. art. 2.*

A l'égard de la Prohibition de recevoir des Dons, ſoit par eux
ou par leurs Commis, dont il eſt fait mention dans la premiere
partie de l'Ordonnance de S. Louis, il paroît qu'elle a continué
d'être en vigueur, & qu'elle a été renouvellée ſucceſſivement
par pluſieurs Ordonnances, qui ont même étendu ces défenſes
aux autres Officiers & Miniſtres ſubalternes de la Juſtice, tels
que Greffiers, Huiſſiers, Geoliers & Guichetiers, comme nous
l'avons vû d'après le Tit. XIII. de l'Ordonnance de 1670.

Mais ce n'eſt pas tant de cette derniere eſpece de Concuſſion
que nous entendons parler ici, que de celle commiſe par des Perſonnes conſtituées en Dignité, telles que les principaux Officiers
de Juſtice, des Finances, ou de la Guerre, qui abuſent de l'autorité que leurs Places leur donnent ſur les Sujets du Roi, pour
les mettre à contribution par des Impôts & Levées de Deniers
qu'ils font ſur eux, ſoit en exigeant ce qui ne leur eſt point dû,
ſoit en prenant de plus grands Droits que ceux qui leur appartiennent. Ce ſont proprement ceux-ci, que l'on peut appeller *Cri-*
*minels de Leze-Majeſté,* parce qu'ils entreprennent en cela ſur l'autorité ſouveraine; c'eſt auſſi contr'eux, que nos Ordonnances ne
ſe ſont pas contentées de prononcer les Peines infamantes & pécuniaires prononcées par le Droit Romain, mais encore celle de
Mort avec la Confiſcation des Biens: c'eſt entr'autres la diſpoſi-

*L. Jul. 1. ff. de L. Jul. repetund.*

tion de l'art. cxxx. de l'Ordonnance d'Orléans, renouvellée par les art. cclxxv. & cclxxx. de celle Blois.

A l'égard des Concuffions commifes par les Juges, & autres Officiers fubalternes dont nous venons de parler, elles font moins connues fous le nom de *Concuffion*, que fous celui d'*Exactions*, *Prévarications*, *Calomnie*, ou *Abus de Confiance*, dont nous aurons lieu de parler dans la fuite, en traitant des Crimes de VOL & de FAUX.

# TITRE TROISIEME.

## Des Crimes de Luxure, & de leurs Peines.

NOus comprenons fous ce nom, l'Adultere, la Poligamie ou Bigamie, le Stupre, la Fornication, le Maquerelage, le Concubinage, le Viol, le Rapt, l'Incefte, la Sodomie, & la Beftialité.

Nous ne ferons que parcourir rapidement tous ces différens Crimes, afin d'épargner la modeftie de nos Lecteurs ; & nous n'entrons dans ce détail, que pour en infpirer, s'il eft poffible, plus d'horreur par la rigueur des peines que les Loix humaines y ont attachées, & dont l'exécution n'eft malheureufement que trop rare dans la pratique.

# CHAPITRE PREMIER.

## De l'Adultere.

L'ADULTERE eft un crime par lequel un Homme s'approche de la Femme d'autrui, ou une Femme fouffre les approches d'un autre que de fon Mari, contre les Loix du Mariage ; c'eft la Définition qu'en donne S. Thomas.

*V. S. Thomas, 23. art. 154.*

LE TROUBLE que ce crime caufe dans les Mariages, par le mélange & la confufion qu'il répand dans les Générations qui en proviennent, l'ont toûjours fait regarder comme des plus énormes, même dans la Loi de Nature, ainfi qu'il paroit par les plaintes que fit Pharaon à Abraham, de lui avoir caché que Sara étoit sa Femme. Aussi nous remarquons avec les Auteurs, qu'il a été puni dans tous les tems & dans toutes les Nations. *V. Alex. ab Alex. liv. 4. ch. 1.*

DANS les premiers tems, on n'appelloit du nom d'ADULTERE que le Crime qui se commettoit entre un Homme ou une Femme mariée avec un autre Homme ou Femme mariée, *Adulter enim & adultera dicuntur, quia ille ad alteram, hæc ad alterum se conferunt;* dans la suite on a attribué principalement ce Crime à la Femme mariée, parce qu'elle donnoit des Enfans étrangers à son Mari, & qu'elle rendoit sa progéniture suspecte, *proprie adulterium in nupta committitur propter partum ex altero conceptum composito nomine.* *L. Inter liberas, 6. ff. ad L. Jul. de Adult.*

Mais, suivant les Loix du Code, qui ont été adoptées par le Droit canonique, il suffit, pour tomber dans ce Crime, que l'un ou l'autre de ceux qui le commettent, soit marié, *Adulterium vel accessio ad alterius thorum;* c'est la définition qu'en donne le Jurisconsulte Alciat, conformément au Canon *Nemo, Causf. 32. quæst. 4.* *L. Propter, 7. Cod. ad L. Jul. de Adult.*

SUIVANT ces principes, l'Adultere peut donc se commettre de trois manieres: 1°. entre un Homme & une Femme, mariés, ce qui s'appelle *Adultere double:* 2°. entre un Homme marié & une Femme qui est libre: 3°. entre un Homme libre & une Femme mariée.

On sçait que la Peine ordinaire de ce Crime étoit, suivant la Loi de MOYSE, celle d'être lapidé, qui étoit la plus grande de ce tems-là; elle a ensuite été portée à celle du glaive par les Constitutions des Empereurs, *sacrilegos autem nuptiarum gladio puniri oportet;* mais enfin elle a été modérée par l'Autentique, *sed hodie,* au Code *ad Legem Jul. Adulter.* qui condamne seulement la Femme Adultere à être enfermée dans un Monastere après avoir été tondue, & à être privée de sa dot, dont les deux tiers devoient être appliqués au profit de ses Enfans, si elle en avoit, & l'autre tiers au Monastere; & si elle n'avoit point d'Enfans, un tiers devoit être appliqué au profit des Parens; & les deux autres, au Monastere qui devoit même profiter du tout, en cas qu'il ne se trouvât point de Parens, sauf néanmoins l'exécution des conventions stipulées en faveur du Mari par le Contrat de mariage; cette Peine cessoit d'avoir lieu, lorsque le Mari se présentoit pour reprendre sa Femme dans les deux années depuis sa réclusion, pendant lequel tems, elle restoit en habit sécu- *V. Exod. cap. 22. Deuter. cap. 22. Levit. cap. 20. & S. Jean, ch. 8. L. Quamvis, C. ad Jul. de Adult. V. les Nov. 134. coll. 10. & 117. col. 8.*

lier ; mais après ce tems, il n'y étoit plus reçu, & la Femme de voit prendre l'habit dans le Monaftere, & y refter pendant tout le tems de la Vie de fon Mari.

DANS l'ancien Droit, il étoit permis au Pere de tuer fa Fille qu'il furprenoit en Adultere, pourvû qu'il tuât du même coup celui qu'il trouvoit en flagrant délit avec elle ; le Mari pouvoit auffi tuer impunément ce dernier, mais il ne pouvoit tuer fa Femme, & lorfqu'il le faifoit, il étoit feulement exempt de la Peine de mort portée par la Loi CORNELIE de Siccariis, en confidération de fa jufte douleur ; mais il étoit d'ailleurs puni de quelque Peine afflictive ; cette Peine étoit ou l'Exil perpetuel, s'il étoit de condition vile, ou le Banniffement à tems, s'il étoit Noble ou conftitué en Dignité.

L'on ne voit aucunes Loix dans le Droit Romain, qui prononcent des Peines contre le Mari convaincu d'Adultere, du moins il eft certain qu'il n'étoit pas permis à fa Femme de l'en accufer, par la raifon, fans doute, que fon commerce avec la Femme d'un autre ne portoit pas autant de préjudice à la fienne, qu'il en reffentoit du mauvais commerce de celle-ci, en ce qu'elle lui donnoit des Enfans étrangers, qui faifoient tort aux fiens propres ; tout ce qu'elle pouvoit faire dans ce Cas, c'étoit d'oppofer ce Crime comme un moyen pour obtenir la féparation d'avec fon Mari. Cependant il y avoit d'ailleurs une Peine extraordinaire, prononcée dans ce Droit, contre ceux qui cherchoient à corrompre les Femmes d'autrui, & qu'on appelloit *follicitatores alienarum nuptiarum & matrimoniorum interpellatores*, dont il eft parlé dans la Loi I. au ff. *de extraord. Crimin.*

Suivant le DROIT CANONIQUE, le Clerc convaincu d'Adultere, eft puni de la privation des Bénéfices qu'il poffede, & de l'Excommunication. On peut voir à ce fujet le Canon *fi quis Clericus*, Diftin. 81, & le Concile de Trente, Seff. 25, *de reform. matrim. cap. 14.*

Suivant notre JURISPRUDENCE, il paroît qu'il y a des Peines prononcées, tant contre les Hommes, que contre les Femmes Adulteres.

LA Peine ordinaire contre les HOMMES qui font convaincus de ce Crime, eft, fuivant *Duret & Papon*, de faire Amende-honorable, tête & pieds nuds, en chemife, la corde au col, tenant entre les mains une torche allumée de certain poids, & à certain jour & heure, à genoux, dire & déclarer à haute voix,

que

*[marginal notes:]*

*L. Patri, 20. ff. ad L. Jul. de Adult.*
*L. Nihil intereft, 32. ibid.*
*L. Marito, 24. eod. tit.*

*L. 1. §. item divus, ff. ad L. Corn. de Siccar.*

*L. 2. Cod. ad L. Jul. de Adult.*

*V. Duret, Tr. des Peines, verbo ADULTERE.*
*V. Pap. liv. 22. tit. 19. art. 2.*
*V. auffi Lannot & Imbert, liv. 3. ch. 22.*

que follement , témérairement , malicieusement , & audacieu-
sement il a commis Adultere ; qu'il s'en repent, en demande pardon à Dieu, au Roi, & à la Justice ; & de plus on le condamne
au Bannissement perpétuel du Royaume, à la confiscation de ses
Biens, ou à l'Amende envers le Roi, & à tenir Prison jusqu'au
payement, & aux dépens du Procès.

Cette Peine peut même être augmentée, suivant ces Auteurs,
& aller jusqu'à celle de Mort, lorsque ce Crime est accompagné
de certaines circonstances qui le rendent qualifié, comme s'il
avoit été commis par un Valet avec sa Maîtresse : Papon, au même endroit , rapporte un Arrêt du Parlement de Paris, qui a
condamné un *Valet de Cabaret* à être pendu pour avoir commis
Adultere avec sa Maîtresse, quoiqu'il fût prouvé que sa Maîtresse
lui en avoit donné occasion en se découvrant immodestement.
Il en devroit être de même d'un *Geolier* qui abuseroit de sa Prisonniere, d'un *Sujet* qui auroit commerce avec la Femme de son
Seigneur, & de tout autre Homme de *basse extraction* avec une
Femme d'une condition distinguée ; mais il faut convenir, à la
honte de notre siecle, que quelque justes & salutaires que soient
toutes ces Peines pour arrêter le cours des desordres aussi dangereux, elles ne s'exécutent presque jamais, & qu'on les convertit
le plus souvent dans un simple Bannissement à tems, ou autres
Peines arbitraires, avec une Condamnation de dommages-intérêts au profit du Mari de la Femme dont on a abusé. L'on trouve,
au cinquieme Tome du Journal des Audiences, un Arrêt du premier Septembre 1702 , qui s'est contenté de prononcer, en pareil cas, la Peine du Bannissement à tems.

Quant à la FEMME convaincue d'Adultere, on distingue entre celle qui est d'une condition vile, & celle qui est d'une condition relevée ; la Peine de la Femme, qui est d'une condition relevée, est à-peu-près la même que celle portée par l'autentique
*sed hodie* (ce qui fait que nous appellons *autentiquées* les Femmes
qui subissent cette Peine), la Réclusion dans un Monastere de
Filles pendant deux années, durant lesquelles le Mari a droit de
la reprendre, & s'il ne le fait pas dans cet intervalle, cette Femme est tondue & enfermée pour toûjours dans le Monastere ; &
de plus, elle est privée de sa dot, qui est adjugée à ses Enfans,
si elle en a , sinon au profit de son Mari, à la charge de payer sa
Pension dans le Monastere : au Châtelet, on adjuge la dot au

Ppp

Mari, mais en ufufruit feulement, quand il a des Enfans; elle eft même privée de fon douaire, lorfqu'elle furvit à fon Mari.

La Peine de la Femme d'une condition vile, eft d'être fuftigée par les mains de l'Exécuteur; la raifon de cette différence vient de ce qu'une Femme de cette forte n'ayant ordinairement que peu ou point de Biens, non plus que fon Mari, il n'y auroit pas de quoi la nourrir & entretenir dans un Monaftere.

L. Quinquennium, 31, ff. ad L. Jul. de Adult.
L. Si uxor, 13. ibd. §. Judex, & § fed etfi.
L. Quæfitum, 4. ibid.
V. Perefi. in Cod. ad L. Jul. de Adult. n. 44.
L. de Crimine, 50. Cod. ad L. Jul. de Adult.

Ce Crime fe prefcrit, comme nous l'avons dit, dans les cinq années, & nous avons fuivi fur ce point la difpofition des Loix Romaines. Nous avons auffi fuivi la difpofition de ces Loix, en ce qu'elles ne permettent pas au Mari de tranfiger fur ce Crime, ni d'en accufer lorfqu'il y eft tombé lui-même, ou qu'il s'eft réconcilié avec fa Femme depuis qu'il a eu connoiffance de l'Adultere, ou enfin lorfqu'il s'eft une fois défifté de l'Accufation pour le même Crime, ce qui s'entend pour le même fait d'Adultere. Mais nous nous fommes écartés de la difpofition de ce Droit, en ce qu'il permettoit aux Parens proches de la Femme, & même à des Étrangers, à défaut de ceux-ci, de pourfuivre l'Accufation d'Adultere; il n'y a parmi nous que le Mari feul qui ait ce droit; &

L. Ex L. Jul. 2. §. 8. ff. ad L. Jul. de Adult.
L. Quamvis, 30. ibid.
V. Le Brun, Tr. des Succeff. liv. 2. ch. 5. fect. 1. dift. 2. n. 6.
V. Louet, lett. D. fom. 43.
V. Imb. liv. 3. ch. 22. n. 14.

tant qu'il ne fe plaint point, perfonne n'a droit de s'en plaindre, pas même fes Héritiers, fi ce n'eft lorfque l'Accufation a été entamée de fa part; ou bien, comme nous l'avons dit, par maniere d'exception, lorfqu'il s'agit d'écarter la Demande formée contre eux de la part de la Femme, pour la répétition de fes avantages matrimoniaux.

V. tit. des Crim. Regl. 16.

Il y a cependant un Cas où la Partie publique peut auffi pourfuivre ce Crime; c'eft, comme nous l'avons obfervé, lorfque ce Crime caufe un fcandale public, & que le Mari en eft le Complice; c'eft ce qui a donné lieu à cette Regle du Droit François, attreftée par Loyfel, que l'on ne peut accufer une Femme d'Adultere, fi fon Mari ne s'en plaint, ou qu'il en foit le Maquereau, &c.

Voyez au furplus ce que nous avons dit fous le Titre de la Preuve, des Indices qui font particuliers à ce Crime, lequel étant de fa nature occulte, & confiftant en différens Actes réitérés, peut fe prouver par des Témoins finguliers, ou par des Témoins néceffaires, tels que les Domeftiques.

# CHAPITRE II.

## *De la Poligamie.*

A LA SUITE de l'Adultere, nous plaçons la POLIGAMIE, parce que c'est une espece d'Adultere qui se commet par un Homme qui a deux ou plusieurs Femmes en même tems, ou qui, pendant la vie de sa légitime Epouse, en épouse une autre.

L'on appelle aussi *Poligame* une Femme qui a en même tems deux ou plusieurs Maris.

Suivant le Droit *civil*, le terme de *Poligamie* est souvent confondu avec celui de *Bigamie*, & ils ne paroissent différer entre eux, qu'en ce que la Poligamie suppose plusieurs Maris ou Femmes en même tems, au lieu que la Bigamie ne s'entend que de deux seulement.

Mais, suivant le Droit *canonique*, qui est suivi parmi nous, l'on ne connoît proprement, sous le nom de *Bigames*, que ceux qui épousent successivement deux Femmes en légitime Mariage, ou qui épousent une Veuve ; ceux-ci ne sont point regardés comme coupables de Crime, & ils sont seulement déclarés incapables d'être promus à l'Ordre de Prêtrise, à moins qu'ils n'en obtiennent la Dispense en Cour de Rome. V. le tit. de Bigam. non ordin. EXTRA.

A l'égard de la *Poligamie* ou *Bigamie*, dont nous entendons parler ici, on l'a toûjours regardée comme un véritable Crime depuis que le Mariage a été élevé à la dignité de Sacrement, & d'autant plus énorme qu'il renferme, outre l'Adultere, un *Faux* ; ce qui le rend, suivant les Auteurs, sujet à la Peine de l'un & l'autre de ces Crimes. V. Menoch. de arbitr. Jud. cas. 420. n. 103.

Il y a même des Auteurs, tel que Rebuffe sur le Concordat, qui prétendent qu'on doit faire le Procès à un Poligame comme à un Hérétique, à cause de la profanation qu'il fait du Sacrement ; cependant il faut convenir qu'il n'y a aucune Peine déterminée par les Loix Romaines sur ce Crime ; elles se contentent, en général, d'y attacher la note d'infamie, & néanmoins de recommander aux Juges de ne point le laisser impuni, *quam rem competens judex inultam esse non patietur* V. Rebuff. sur le Concord. tit. de publ. concub. §. & tamen.

L. Cum, 18. Cod. ad L. Jul. de Adult. L. Neminem, 2. Cod. de incest. & inut. nupt.

C'est donc principalement dans notre Jurisprudence qu'il faut chercher les Peines ordinaires de ce Crime ; il paroît qu'elle a

V. *Henrys*, tom. I. *liv.* 4. chap. 6. qu. 98.

fort varié fur ce point : l'Auteur des Obfervations fur Henris la divife en trois Claffes, l'*Ancienne*, la *Mitoyenne*, & la *Nouvelle*. Suivant l'*Ancienne* Jurifprudence, la Peine étoit l'infamie, conformément à la Loi I. ff. *de his qui not. infam. jurif.* Suivant la *Mitoyenne*, c'étoit celle de Mort ; Mornac, fur la Loi qu'on vient de citer, rapporte un Arrêt du 13 Août 1619, qui a condamné un Bigame à la Potence. Enfin fuivant la *Nouvelle* Jurifprudence,

V. auffi *Imbert*, liv. 3. ch. 2. n. 19.

l'on condamne les Hommes aux Galeres, & les Femmes au Banniffement ; & l'on ordonne de plus, qu'ils feront attachés au Carcan ; fçavoir, les Hommes avec des Quenouilles, & les Femmes avec des Chapeaux.

V. liv. 7. ch. 65.

L'on trouve, dans le fixieme Tome du Journal des Audiences, deux Arrêts de la Tournelle : l'*un*, du 11 Septembre 1717, par lequel une Femme Bigame a été condamnée à faire Amende-honorable, nue en chemife, la corde au col, ayant deux chapeaux de paille fur la tête au-devant de la principale porte de la Trinité de Laval, déclarant que témérairement, indifcretement, & comme mal-avifée, elle a commis les Crimes d'Adultere & Bigamie, & Bannie pour cinq ans : l'*autre* Arrêt du 24 Septembre 1711, qui a condamné une Femme convaincue de pareil Crime, à faire Amende-honorable, nue en chemife, ayant deux chapeaux de paille, avec écriteau portant ces mots, *Bigame & Fauffaire*, Bannie enfuite pour cinq ans de S. Pierre-le-Mouthier & de Nevers. Mais la Peine la plus ordinaire, fuivant les derniers Arrêts, eft celle du Carcan pendant trois jours de marché, avec autant de Quenouilles attachées aux Bras des Hommes qu'ils ont de Femmes vivantes, & avec écriteau pour les Femmes qui ont plufieurs Maris ; & en outre, aux Galeres ou Banniffement à tems, fuivant les circonftances.

Indépendamment des Peines corporelles & infamantes, que les Arrêts ont prononcées contre les *Polïgames* ou *Bigames*, il y en a encore de pécuniaires, qui font prononcées contr'eux au profit des Femmes qu'ils ont époufées en dernier lieu, lorfqu'il eft prouvé que celles-ci ont été de bonne-foi, & n'ont eu aucune connoiffance du premier Mariage ; & l'effet de cette bonne-foi eft tel, que quoique le fecond Mariage ne puiffe fubfifter au préjudice du premier, fuivant la difpofition des Canons, ni

V. cap. 2. Extr. de fecund. Nupt.

conféquemment donner à la feconde Femme une part dans la Communauté, qui ne peut être que l'effet d'un Mariage légitime, néanmoins les Enfans qui en font iffus, ne laiffent pas d'être réputés légitimes ; de manière qu'ils peuvent fuccéder *ab inteftat* à leurs Peres & Meres , & même à leurs Parens collatéraux de l'un & l'autre Chef. Et de plus, pour l'indemnifer de la part qu'elle auroit dû avoir en la Communauté, on lui adjuge des dommages-intérêts ; le tout, conformément à la Loi *fi ignorans* 3. au Code *foluto matrim.* & à la Loi *qui* CONTRA 4. *de inceft. & inutil. nupt.* Mais il faut, fuivant cette derniere Loi, que la bonne-foi foit clairement prouvée, enforte qu'on puiffe dire de cette Femme qu'elle ait été trompée : *errore acerrimo non affeclato infimulatove, neque ex vili caufa aut ætatis lubrico lapfa.*

V. *Bardet , t. 2.*
*liv. 3. ch. 8.*

C'eft fans doute avec ces modifications remarquables, que doit s'entendre l'Arrêt rapporté par Soefve , en date du 14 Mai 1647, qui a jugé qu'une Femme qui, fur le bruit du décès de fon Mari , s'étoit remariée après l'an du deuil , pouvoit répéter fes deniers dotaux & conventions, fans être tenue de vérifier le décès de fon premier Mari.

V. *Soefve, tom. 1.*
*cent. 2. ch. 20.*

# CHAPITRE III.

## Du Stupre.

IL y a des Auteurs qui confondent ce Crime avec celui de la *Fornication* , quoiqu'il y ait entr'eux plufieurs différences remarquables.

Le STUPRE, en général, s'entend de toutes copulations illicites , faites entre Perfonnes libres, *foluti cùm folutâ* ; mais il eft fingulierement employé, pour fignifier la défloration d'une Vierge, ou l'habitude avec une Veuve qui vit honnêtement , & que l'on féduit fous l'efpérance du Mariage ; au lieu que la FORNICATION s'entend proprement, comme nous le verrons dans un moment, du mauvais commerce avec une Perfonne débauchée, ou dont la conduite eft d'ailleurs fort irréguliere. Auffi ce dernier Crime n'eft point fujet à des Peines ni a des Formalités auffi rigoureufes, que celui dont nous voulons parler ici.

L. *Stuprum , 34.*
§. 1. *ff. ad L. Jul.*
*de Adult.*

Dans le DROIT ROMAIN , la Peine du Stupre étoit plus ou moins févere , fuivant la qualité des Perfonnes qui le commettoient , & de celles envers qui il étoit commis ; ainfi lorfque le Stupre avoit été commis par un Efclave envers fa Maîtreffe , la

V. *Inflit. de publ.*
*Jud.* §. 4.

L. *unica, Cod. de*
*mulierib. quæ fe*
*propr. ferv. junx.*

*L. unica Cod. fi quis eam cujus tutor fuer.*

*L. Si quis, 38 §. qui nondum, ff. de Pœnis.*

V. *Inftit. §. item lex, tit. de publ. Judic.*

V. *Cap. fi feduxerit extr. de Adult. & Stupr.*
V. *Cap pervenit, ibid.*

Peine étoit celle du Feu ; par un Tuteur envers fa Pupille, celle de l'Exil & de la Confifcation de fes Biens au profit de la Pupille ; par toute autre Perfonne envers une Fille qui n'étoit point encore nubile, la Peine étoit le Banniffement pour les Nobles, & la Condamnation aux Mines pour les Perfonnes de vile extraction ; enfin lorfque ce Crime étoit joint à d'autres, tels que le Viol, l'Incefte, &c. on le puniffoit de la Peine de ces derniers Crimes.

Hors ces Cas particuliers, la Peine ordinaire de ce Crime, telle qu'elle eft portée par la Loi JULIE *de Adult.* étoit la Confifcation de la moitié des Biens du Coupable, s'il étoit d'une naiffance honnête ; & s'il étoit d'une condition vile, la Fuftigation avec le Banniffement.

Suivant le Droit CANONIQUE, celui qui a féduit une Viérge eft tenu de la doter, & même de l'époufer lorfque le Pere de la Fille y confent ; s'il refufe de l'époufer, il doit être battu de verges, excommunié, & mis enfuite dans un Monaftere pour y faire pénitence autant de tems qu'il plaira aux Juges d'arbitrer.

Suivant notre JURISPRUDENCE, on avoit d'abord porté la rigueur jufqu'à exiger du Stuprateur la dure alternative, ou d'époufer la Fille, ou de fubir la Mort ; il y en a un exemple fameux, rapporté dans *le premier Tome des Caufes célebres*, au fujet de la nommée *René Corbeau* ; l'on en voit auffi plufieurs autres rapportés dans le *Dictionnaire des Arrêts*, fuivant lefquels il paroît qu'il y avoit certains Parlemens qui exigeoient que cette alternative fût propofée avant le Jugement, d'autres qui vouloient qu'elle ne fût propofée qu'après la Condamnation. Mais enfin, l'expérience ayant fait voir que les Filles fe prévaloient le plus fouvent de la rigueur de cette Jurifprudence pour fe procurer un Mari riche, l'on a converti la Peine de Mort que devoit fubir le Stuprateur, en cas de refus d'époufer, en celle des Dommages-Intérêts, qui font plus ou moins forts fuivant les Biens, Qualité, l'Age des Parties, & les Circonftances du fait, telles que la bonne ou mauvaife conduite de la Fille, le plus ou moins de complaifance des Parens à tolérer la fréquentation du Jeune-homme dans leur Maifon.

Il y a cependant des Cas où la Peine de ce Crime peut devenir capitale, ou tout au moins doit être des Galeres ou du Banniffement perpétuel, avec Confifcation de Biens, comme lorfqu'il fe trouve une grande inégalité de Condition entre la Fille

féduite & le Séducteur, & qu'au Stupre fe joint encore l'Abus de confiance, tel que celui commis par un *Valet* qui abuferoit de la Fille de fon Maître, par un *Maître à Chanter* ou *à Danfer* qui abuferoit de fon Ecoliere, par un *Tuteur* qui abuferoit de fa Pupille, par un *Geolier* qui abuferoit de fa Prifonniere, enfin par toute autre Perfonne qui abuferoit d'une Fille *non Nubile*; c'eft ce qui réfulte de la Difpofition de la nouvelle Déclaration du 22 Novembre 1730, enregiftrée au Parlement de Rennes, qui étoit dans l'ufage de condamner au dernier Supplice, fur la feule Plainte de la Fille qui avoit été féduite, & fur la Preuve d'une fimple fréquentation. L'artic. iij. de cette Déclaration porte, « que les Perfonnes ma-
» jeures ou mineures, qui n'étant point dans les circonftances de
» Rapt, feront feulement coupables d'un *Commerce illicite*, feront
» condamnés à telles peines qu'il appartiendra, felon l'exigence
» des Cas, fans néanmoins que les Juges puiffent prononcer con-
» tr'elles la Peine de Mort, fi ce n'eft dans le Cas que par l'*atro-*
» *cité des circonftances & par la qualité & l'indignité du Coupable*, le
» Crime parût mériter le *dernier Supplice*, ce qui eft laiffé à l'hon-
» neur & à la confcience des Juges, &c. »

Nous avons dit, que la Peine ordinaire de ce Crime, étoit celle des Dommages-Intérêts. Mais quelle Preuve eft néceffaire pour donner lieu à cette Condamnation? En quoi peuvent confifter ces dommages-intérêts? & comment doivent-ils être reglés? Telles font les trois Queftions importantes que nous croyons devoir examiner ici, parce qu'elles fe rencontrent fréquemment dans la Pratique.

Sur la premiere QUESTION, il y a des Auteurs qui ont prétendu, que la feule Déclaration de la Fille pouvoit fuffire pour prouver le Stupre, lorfqu'elle étoit faite avec ferment dans l'inftant de l'Accouchement; ils exceptoient feulement le Cas où la Perfonne qu'elle en accufoit, fe trouvoit mariée, afin d'empêcher, difent-ils, qu'une telle Déclaration ne portât le trouble dans un Mariage bien uni. Telle étoit auffi l'ancienne Jurifprudence de ce Parlement; mais il paroît par les derniers Arrêts, qu'on n'a plus le même égard à ces fortes de Déclarations, quoique faites dans le tems même de l'Accouchement; qu'elles ne fuffifent pas même pour faire adjuger une Provifion à celles qui les font; il faut un Jugement définitif rendu enfuite d'une Information juridique, tant fur la vie & mœurs de la Fille qui a été abufée, que

*V. Fab. Cod. de Prob. def. 18.*

fur les habitudes, familiarités, & autres actes qui fervent ordinairement de préliminaire à ces fortes de Crimes; c'eft ainfi que je l'ai vû juger plufieurs fois en la Chambre des Vacations. Il y a plus, l'on trouve dans le 6ᵉ tome du Journal des Audiences, un Arrêt du 15 Avril 1712, qui a jugé, que non-feulement l'Accufation fur la Déclaration de Groffeffe de la Fille ne fuffifoit point pour faire-prononcer une Condamnation contre l'Accufé; mais que ce dernier pouvoit même, fuivant les circonftances, obtenir des Dommages-Intérêts contre l'Accufatrice.

Sur la feconde QUESTION, qui confifte à fçavoir à quoi peuvent fe réduire les dommages-intérêts qui font dûs à la Fille qui prouve avoir été féduite; il paroît, fuivant la derniere Jurifprudence, que la Peine ordinaire contre ceux qui font convaincus d'être les Auteurs de la groffeffe, confifte non-feulement à être chargés de nourrir & doter les Enfans, mais encore de doter la Perfonne féduite: l'on diftingue néanmoins la condition des Filles; car fi, par exemple, c'eft une fimple Servante, on fe contente de lui payer, au lieu de dot, les frais de fes *Couches* ou *Géfines*. On peut voir à ce fujet plufieurs Arrêts rapportés par BASSET, Tome I. Liv. VI. & dans le VI. Tome du Journal des Audiences.

Enfin fur la troifieme QUESTION, qui eft de fçavoir comment doivent fe régler les dommages-intérêts; fi c'eft fuivant la Qualité & les Biens du Stuprateur ou de la Fille féduite: les Auteurs eftiment qu'ils doivent être réglés fuivant la qualité & les facultés du Stuprateur, pris néanmoins égard à la condition de la Fille; de maniere que la dot qui lui fera payée foit plus confidérable que celle que le Pere lui auroit donnée; c'eft, entr'autres, le fentiment de l'Auteur des Additions fur Jules Clare, §. *Stuprum*.

# CHAPITRE IV.

## De la Fornication.

NOus avons dit, que le caractere particulier qui diftinguoit la FORNICATION du *Stupre*, c'eft qu'elle fuppofoit une débauche précédente de la part de la Fille ou de la Veuve avec qui elle étoit commife.

Auffi le Fornicateur n'étant point coupable de féduction, comme me le Stupre, ne doit pas être puni avec la même rigueur que ce dernier ; il n'y a même, fuivant la remarque de Rebuffe & de la Peyrere, aucune Loi, foit dans le Droit Romain, foit dans le Royaume, qui prononce des Peines contre le Fornicateur ; mais il n'en eft pas de même à l'égard de la Fille ou Veuve avec qui ce Crime eft commis ; c'eft contre elle fingulierement que font portées les Peines prononcées par nos Ordonnances.

Il y a eu plufieurs Loix rendues en différens tems, contre les Filles ou Femmes, dont la conduite fcandaleufe tend à introduire la licence & la corruption dans les Mœurs : mais comme ces Loix ne concernent pas feulement celles qui fe proftituent, mais encore ces fortes de Femmes qui font métier de corrompre la Jeuneffe, & que nous connoiffons fous le nom de *Maquerelles* ; nous nous réfervons à rappeller ci-après leurs difpofitions, en traitant du Crime qui les concerne ; nous ne ferons que rapporter ici celles qui regardent fingulierement les Filles proftituées ; & que nous trouvons réunies dans une derniere Loi, d'autant plus remarquable, qu'en même tems qu'elle indique les Peines dont ces fortes de Crimes doivent être punis, elle prefcrit encore la maniere dont on doit procéder à leur recherche & inftruction ; c'eft la Déclaration du 26 Juillet 1713, regiftrée en la Cour le 9 Août fuivant.

Il paroît, fuivant cette Loi, qui a été faite principalement pour la Ville de Paris, que la PEINE ordinaire de la Fornication ou Proftitution publique, confifte dans la Condamnation à des Amendes ou Aumônes, avec injonction de vuider les Lieux, ou même la Ville, finon les Meubles jettés fur le Carreau, & confifqués au profit des Pauvres de l'Hôpital - Général ; cette Peine peut même aller jufqu'à la Réclufion dans une Maifon de Force, mais il ne paroît pas qu'elle puiffe être portée jufqu'au Banniffement, & autres Peines afflictives, puifque cette Loi ne permet pas qu'on puiffe procéder à l'inftruction de ce Crime par la Voie extraordinaire du Recollement & de la Confrontation, qui feroit néceffaire pour l'application de ces fortes de Peines.

En effet, pour ce qui concerne l'INSTRUCTION de ce Crime, cette même Déclaration veut qu'elle fe faffe par le Lieutenant-Général de Police, fur le Procès-verbal des Commiffaires qui lui en feront le rapport ; que ce Procès-verbal foit fait fur la déclaration des Voifins, & figné par eux : & en cas de dénégation de la part de ces Voifins, des faits contenus dans le Procès-verbal, ou

de fufpicion de ceux-ci, ou pour autres confidérations ; elle permet à ce Juge d'ordonner, qu'il fera informé des faits contenus
dans ce Procès-verbal, même de decréter les Accufés, tant fur
ce Procès-verbal, que fur les Informations faites en conféquence ; fans néanmoins, *eft-il dit*, que le Decret qui interviendra,
puiffe être fuivi du Réglement à l'extraordinaire ; mais elle veut
que l'affaire foit portée à l'Audience, pour y être jugée fur les Conclufions de l'Avocat du Roi, qui fera le récit des Informations
ou du Procès-verbal. Cette Déclaration ajoûte, qu'il pourra cependant en être délibéré fur le Regiftre, fi le Lieutenant-Général de Police le juge à-propos, fur les Conclufions par écrit du
Procureur du Roi ; que le Jugement qu'il rendra, fera toûjours à
la charge de l'Appel au Parlement ; & que cet Appel fera porté
à la Grand-Chambre, nonobftant qu'il y ait eu Decret fur le Procès-verbal ou Information, & que la Sentence auroit prononcé
la Condamnation à une Maifon de Force.

# CHAPITRE V.

## Du Concubinage.

*l. 1. ff. de verb.*
*fignif.*

CE CRIME, pris dans fa fignification naturelle, n'eft autre
chofe qu'un Stupre commis habituellement avec une Perfonne libre, & non mariée ; il differe de la *Fornication*, en ce que
celle-ci eft une habitude criminelle avec différentes Perfonnes ;
& de la *Bigamie & Poligamie*, en ce que, dans ces derniers Crimes, l'habitude criminelle fe trouve jointe à la profanation du
Sacrement.

Le Concubinage n'étoit point défendu dans la Loi de Nature,
comme il paroît par l'exemple d'ABRAHAM, qui entretint commerce avec *Agar* fa Servante, du confentement de *Sara* fon Epoufe, afin de fe procurer une lignée ; mais depuis l'établiffement de
la Loi de Grace, tout commerce charnel avec autre qu'une Epoufe légitime, eft devenu abfolument illicite & prohibé.

Il y a différentes Peines prononcées par les Canons, contre les
Clercs qui tombent dans ce Crime ; nous nous arrêterons fingulierement aux difpofitions de ce Droit, parce qu'il s'agit d'une Matiere qui tient plus à la Religion qu'à l'Ordre politique, & que
nous ne trouvons d'ailleurs, foit dans les Loix Romaines, foit dans

celles du Royaume, aucunes Peines prononcées contre ces sortes de commerces, quoiqu'ils ayent cessé d'être permis depuis l'établissement du Christianisme, comme il paroît par la Loi unique du Code *de Concubinis*, où l'Empereur Constantin défend expressément le Concubinage aux Personnes mariées en ces termes : *Nemini licentia concedatur, constante matrimonio, Concubinam penes se habere.*

Les Peines prononcées par les Canons, contre les Prêtres & les Clercs qui refusent de renvoyer les Concubines après qu'il leur a été fait trois monitions, sont celles de l'Excommunication, outre la privation de leurs Bénéfices ; & ils encourent de plus l'irrégularité, s'ils viennent à célébrer après qu'ils sont tombés dans ce Crime.

*V. Cap. si quisquam extra de Cohab. cleric. & mulier.*
*V. Cap. quæsitum, ibid.*

Suivant la Pragmatique Sanction, & le Concordat sous le Titre *de publicis concubinariis*, les Clercs qui retiennent chez eux des Femmes suspectes, après avoir été avertis par leur Supérieur Ecclésiastique de les congédier, sont punis, pour la premiere fois, de la privation des fruits de leurs Bénéfices pendant trois mois ; & s'ils ne congédient point la Concubine après avoir été avertis, ils sont privés entierement de leurs Bénéfices, & même déclarés incapables d'en posséder jamais d'autres, s'ils retournent à leur mauvaise conduite après avoir obtenu une premiere Dispense.

Toutes ces Peines ont été renouvellées par le Concile de TRENTE, & en termes encore plus forts, lorsqu'il ordonne que si les Clercs concubinaires ne renvoyent pas leurs Concubines après trois *monitions*, ils soient punis de l'Excommunication ; & que si nonobstant la censure ils persistent dans ce Crime pendant une année, ils soient poursuivis extraordinairement, & punis par les Ordinaires des Lieux, suivant la qualité du Crime : il veut de plus, que les Femmes libres ou mariées qui refusent d'obéir aux monitions, & continuent publiquement leur commerce criminel avec les Clercs, soient chassées de la Ville ou du Diocèse ; & qu'à cet effet les Ordinaires des Lieux empruntent, s'il est besoin, le secours du Bras séculier.

*V. Concile de Trente, sess. 24. de Reform. c. 8.*

L'on trouve en effet, dans la Conférence du Droit François, un Arrêt du Parlement de Bordeaux du 12 Février 1575, par lequel un Prêtre, accusé de tenir auprès de lui une Femme malfamée, fut condamné en 100 liv. d'Amende pour le scandale & cas privilégié, & à tenir Prison jusqu'à plein payement ; & pour le cas commun, renvoyé pardevant son Juge Ecclésiastique ; & défenfes furent faites à la Femme de le fréquenter, à Peine du Fouet, & autres plus grandes Peines, s'il y échet.

Quant aux LAïCS, le Concubinage leur eft pareillement défendu par le Droit canonique. Nous ne pouvons mieux faire fentir l'horreur que l'Eglife a toûjours eu pour ce Crime, qu'en rappellant ici ces belles paroles de S. Auguftin, qui font rapportées dans le Canon *Audite*, & qui font tirées de fa 49ᵉ. Homélie. « Je » vous dis qu'il n'eft permis à l'homme vivant de forniquer ; foyez » contens de vos Femmes ; fi vous êtes fourds, Dieu entend mes » paroles ; fi vous les méprifez , que les Anges les écoutent : il » ne vous eft permis d'avoir Concubines, que vous pouvez avec » le tems laiffer pour vous marier à autres ; plus griévement fe- » rez-vous condamnés, fi vous prenez Concubines avec votre » Femme ».

*V. Can. audite, dift. 34.*
*V. auffi cap. clericus Extra de cohab. cleric.*

*Competentibus dico fornicari vobis non licet ; fufficiant vobis uxores ; audiet Deus fi vos furdi eftis, audiant Angeli fi vos contemnitis ; concubinas vobis habere non licet ; & fi non habetis uxores , tamen non licet vos habere concubinas, quas poftea dimittatis , & ducatis uxores ; tanto magis damnatio vobis erit , fi volueritis habere uxores & concubinas.*

*V. Pap. liv. 2, tit. 9. art. 9.*

C'eft, conformément à ces fages Maximes, qu'il faut diftinguer, fuivant l'apon, entre les Laïcs *concubins*, ceux qui étant libres & non mariés, entretiennent des Femmes & en abufent fous couleur du Mariage ; & ceux qui étant mariés, entretiennent des Femmes fous les yeux & au mépris de leur légitime Epoufe : au premier cas, ils doivent, pour fe décharger envers Dieu & envers les Hommes, époufer leurs Concubines, ou du moins leur procurer un établiffement par Mariage avec un autre : dans le fecond cas, ils doivent être punis pour leur mauvaife vie ; & de plus , leurs Femmes font en droit de fe féparer d'avec eux , & faire divifion des Biens.

*V. Maynard, lib. 3. chap. 14. Louet, lett. D. fomm. 44. Ricard, part. 1. chap. 3. fomm. 8.*

A l'égard de la Concubine, la feule Peine que la Jurifprudence a établie contre elle, hors le cas où elle continue de fréquenter, malgré les défenfes qui lui ont été faites par le Juge féculier, comme on l'a vû dans l'efpece de l'Arrêt du Parlement de Bordeaux, eft, comme l'on fçait, l'incapacité de recevoir des libéralités de la part du Concubin ; ce qu'elle pouvoit faire, fuivant la Loi V. & XXXI. au ff. *de Donationib.* elle peut feulement recevoir des alimens , foit dans le Pays de Droit Ecrit, foit dans le Pays Coûtumier.

Par l'article vj. de la Déclaration de Louis XIII. du 26 Novembre 1639, les Enfans qui sont nés des Femmes que les Peres ont entretenues, & qu'ils épousent lorsqu'ils sont à l'extrémité de la vie, sont déclarés incapables d'aucunes Successions, aussi bien que leur Postérité. La même peine est prononcée par l'article précédent, contre les Enfans des Mariages qui sont secrets & tenus cachés pendant la vie des Conjoints.

# CHAPITRE VI.

## *Du Maquerelage.*

CE Crime est d'autant plus énorme & dangereux, qu'il sert à fomenter tous les autres vices de Luxure ; aussi voit-on que les Législateurs, même Payens, se sont occupés dans tous les tems, du soin d'extirper un Vice si contagieux, en y attachant la Note d'infamie.

Cependant, la nécessité d'empêcher de plus grands desordres ayant obligé d'en tolerer le cours, on a cru devoir attaquer ce Crime, fruit ordinaire de la cupidité, jusques dans sa racine, en imposant des tributs considérables, à ceux que n'avoit pû contenir jusqu'alors la crainte du deshonneur qu'on y avoit attaché.

Suétone rapporte que l'Empereur CALIGULA obligea les Maquerelles de son tems, à lui porter une partie du gain qu'elles avoient amassé ; l'Empereur ALEXANDRE SÉVERE leur imposa aussi des tributs, dont l'emploi étoit destiné aux Edifices publics. L'Empereur ADRIEN abolit l'usage honteux où l'on étoit de vendre des Servantes à ces sortes de Maquerelles. Ce fut l'Empereur CONSTANTIN, qui tenta le premier, au rapport de Lactance, de proscrire ces sortes de commerces de Prostitutions publiques ; mais il paroît que des efforts si dignes du premier Empereur Chrétien, ne furent secondés que foiblement par ses Successeurs ; car l'on voit déja que sous le Regne de CONSTANCE son Fils, les Payens, par dérision pour le Christianisme, affectoient de vendre leurs Servantes qui professoient cette Religion, à ces Maquerelles, pour les prostituer publiquement ; & c'est ce qui donna lieu à la Loi de cet Empereur, qu'on trouve rapportée dans le Code Théodosien, par laquelle il permet à tous Ecclésiastiques, & même à tous Chrétiens, de pouvoir racheter ces

*V. le tit. du Code de spectac. & scen. & lenonib.*
*V. la Nov. 14. de lenonib.*

*V. Spartien.*

*V. Lact. tit. 60. ch. 23.*

*V. Socrat. l. 50. cap. 18.*
*V. Cod. Theod. tit. de lenonib. lib. 2.*

pauvres Filles moyennant une certaine fomme d'argent. On voit auffi dans le même Code une Loi poftérieure, qui permit généralement à toutes fortes de perfonnes de retirer ces pauvres Filles partout où on les trouveroit, fans rien payer.

. L'Empereur THÉODOSE abolit l'ufage où l'on étoit de condamner les Femmes qui avoient été furprifes en Adultere, à être livrées aux Bordels.pour être proftituées publiquement. THÉODOSE LE JEUNE fit plus ; il entreprit d'abolir entierement tous les Bordels & les tributs qu'on en retiroit, & il fit défenfes d'en ouvrir aucun dans la Ville de Conftantinople, à peine du Fouet & de la Déportatioń. Mais après la mort de cet Empereur, les chofes étant retournées dans leur premier état, malgré la précaution qu'avoit prife l'Empereur ANASTASE, de faire brûler tous

*V. Zonara, 36. annal. in Anaft.*

les Livres & les Regiftres fur lefquels les Tributs fe percevoient, c'eft à l'Empereur JUSTINIEN que fut réfervée la gloire d'y porter le dernier coup, en dégageant, comme il fit par fes Novelles 12 & 51, ceux qui s'étoient liés par Serment à cette Proftitution publique pendant toute leur vie ; & en faifant bâtir un Monaf-

*V. Procop. l. 10. de edif. Juftin.*

tere pour leur fervir de retraite, & y faire pénitence de leur déréglement.

C'eft à l'exemple de ces Empereurs Chrétiens, que nos Rois ont employé en différens tems, leur Autorité pour faire ceffer les Proftitutions publiques. On voit un Capitulaire de CHARLEMAGNE rapporté dans *Baluze,* par lequel ce Prince religieux prononce la peine du Banniffement contre les Femmes de mauvaife vie ; il défend expreffément à qui que ce foit de leur donner retraite, à peine, fi ce font des *Hommes,* d'être contraints de porter la Femme débauchée fur leurs épaules jufques fur la Place du Marché, & en cas de refus, d'être fuftigés ; & fi ce font des *Femmes* qui donnent retraite à ces Proftituées, elles devoient être punies de la peine du Fouet.

Par une Ordonnance de S. LOUIS de l'année 1254, il eft enjoint aux Juges d'expulfer & faire expulfer les Maquerelles publiques de tous les lieux du Royaume ; & en cas qu'elles fe mettent en refus d'obéir après avoir été averties de fe retirer, de faifir leurs Biens, & même de les dépouiller publiquement de leurs habits. La même Ordonnance prononce la Confifcation de la Maifon contre le Propriétaire qui l'auroit louée *fciemment* à ces fortes de perfonnes.

L'ordonnance d'Orléans, article cj. défend expreffément tous les Lieux publics de débauche qu'elle appelle *Bordeaux*, & elle veut que ceux qui les tiennent foient punis extraordinairement par les Juges, fans *diffimulation* ni *connivence*, à Peine de la privation de leurs Offices. Ces Peines ont été renouvellées enfuite par l'article lvij. de l'Ordonnance de Moulins, & par l'article lxxj. de celle de Blois, avec défenfes à tous Propriétaires de louer leurs Maïfons à autres qu'à Gens *bien famés*, ni fouffrir aucuns *Bordels* fecrets ni publics, à Peine de 60 liv. Parifis d'Amende pour la premiere fois; de 120 liv. pour la feconde; & pour la troifieme, de la Confifcation de leurs Maifons.

Au refte la *Peine extraordinaire*, dont il eft parlé dans ces Loix, doit s'entendre, comme le remarque THEVENEAU, d'après Jules Clare, d'une Peine arbitraire, fuivant les circonftances & confidérations des Perfonnes: la plus ordinaire, fuivant cet Auteur, c'eft celle d'être Fouettée, Mitrée, & Bannie, pour les Femmes; & celle des Galeres pour les Hommes, même celle de Mort, s'il s'agiffoit de la corruption de Femme ou de Fille d'honneur.

*V. Theven. liv. 4, tit. 19. art. 2.*

C'eft auffi de ces dernieres Peines, fans doute, qu'entend parler la Déclaration du 26 Juillet 1713, lorfqu'elle ordonne que le Procès fera fait à tous les Accufés de Maquerelage dans toute la rigueur de l'Inftruction criminelle, & que l'Appel des Jugemens qui interviendront à ce fujet, foit porté en la Tournelle du Parlement, à la différence de ceux faits en cas de Débauche publique & Vie fcandaleufe, qu'elle veut feulement être jugés à l'Audience, & portés par Appel à la Grand-Chambre du Parlement, quand même la Sentence contiendroit la Condamnation à une Maifon de Force.

C'eft encore de-là que vient la diftinction remarquable que cette même Loi met entre ces deux Crimes par rapport à la Compétence, en attribuant au feul Lieutenant de Police la connoiffance du Crime de Proftitution publique, tandis qu'en fait de Crime de Maquerelage, elle veut que le Lieutenant Criminel du Châtelet en connoiffe concurremment avec lui. Les termes de cette Loi font remarquables: « En cas de Maquerelage & de Proftitution publique, & autres Cas où il échéra Peines afflictives » & infamantes, le LIEUTENANT GÉNÉRAL DE POLICE fera » tenu d'inftruire le Procès aux Accufés par RECOLLEMENT OU » CONFRONTATION, fuivant nos Ordonnances & les Arrêts & » Réglemens de nos Cours, auquel Cas l'Appel en fera porté en » la Chambre de la Tournelle, à quelques fortes de Peines que

» les Accufés ou Accufées ayent été condamnés ; le tout , fans
» préjudice de la Jurifdiction du LIEUTENANT CRIMINEL du
» Châtelet , qu'il pourra exercer en cas de Maquerelage, CON-
» CURREMMENT avec le Lieutenant Général de Police, auquel
» néanmoins la préférence appartiendra , lorfqu'il aura informé
» & decreté avant le Lieutenant Criminel, ou le même jour ».

Il paroît auffi que , fuivant notre derniere Jurifprudence, l'on
diftingue , quant à la Peine, entre les Filles qui fe livrent de bon
gré à la Proftitution, & les Perfonnes qui s'employent à les féduire & les corrompre : au premier Cas, les Peines les plus ordinaires font , comme nous l'avons dit , celles de la Maifon de
Force ou du Banniffement ; mais au dernier Cas , comme le plus
criminel, on condamne, outre le Banniffement, la Maquerelle à
être promenée fur un Ane par les Carrefours de la Ville , le vifage tourné vers la queue, avec un chapeau de paille fur la tête ,
& des écriteaux devant & derriere portant ces mots , MAQUE-
RELLE PUBLIQUE , & enfuite à être Fouettée , Marquée , &
Bannnie pour un tems : nous en avons vû un exemple récent en
1750, dans la Perfonne de Jeanne Moyon, Veuve Lefur , condamnée par un Arrêt du 7 Juillet de la même année , confirmatif
d'une Sentence du Châtelet.

On peut rapporter à ce Crime les *Indécences* qui fe commettent
dans les Repréfentations des Pieces de Théâtre ; il y a une Déclaration de Louis XIII. du 4 Avril 1641 , qui enjoint aux Juges de
tenir la main , chacun dans leur diftrict , à l'exécution des défenfes y portées , & d'interdire aux Comédiens , qui y contrevien-
dront, le Théâtre , & même de procéder contr'eux par telles
Voies qu'ils aviferont bon être, felon la qualité de l'action ; fans
néanmoins , ajoûte cette Loi, qu'ils puiffent ordonner plus grande Peine que l'Amende ou le Banniffement.

---

# CHAPITRE VII.

## Du Viol,

*V. le tit. du ff.*
*de vi publ. & privo.*

CE CRIME fe commet lorfqu'un Homme ufe de force &
violence fur la Perfonne d'une Fille, Femme, ou Veuve
pour la connoître charnellement , malgré la réfiftance forte &
toûjours égale que celle-ci fait pour s'en empêcher.

Ainfi,

Ainfi, en partant de cette définition, il faut plufieurs chofes pour commettre ce Crime.

1°. Il faut que la violence foit employée contre la Perfonne même, & non pas feulement contre les obftacles qui peuvent empêcher de parvenir jufqu'à elle, comme l'effraction d'une porte, &c. c'eft pour cela que les Auteurs l'appellent un *Crime perfonnel.* *V. Paul de Caftr. confil. 17. n. 1. & 2.*

2°. Il peut être commis contre toutes fortes de Perfonnes du fexe, Fille, Femme, ou Veuve; mais il eft puni avec plus ou moins de rigueur, fuivant la Qualité des unes & des autres: ainfi, par exemple, lorfqu'il eft commis envers une *Vierge*, la Peine ne peut jamais être moindre que celle de Mort; & cette Peine doit même aller jufqu'à celle de la Roue, fi cette Vierge n'étoit point encore *nubile*. Chorier, en fa Jurifprudence fur Guypape, rapporte un Arrêt du Parlement de Grenoble, qui a condamné à cette Peine un Particulier, pour avoir violé une Fille âgée feulement de quatre ans huit mois. Lorfque ce Crime eft commis avec une *Parente*, comme il fe trouve alors joint à l'Incefte, il doit être puni de la Peine de ce Crime, qui eft celle du *Feu*; il en eft de même, lorfque le Crime a été commis envers une *Religieufe profeffe*. Si c'eft envers une *Femme mariée*, il y a lieu pareillement à la Peine de Mort, même dans le cas où la Femme feroit de mauvaife vie: il y a cependant des Auteurs qui exigent pour cela le concours de trois circonftances; fçavoir, 1°. que le Viol ait été fait dans la Maifon du Mari, & non dans un Lieu de débauche; 2°. que le Mari n'ait aucune part à la Proftitution de fa Femme; 3°. qu'il foit prouvé que celui qui a Violé n'avoit aucune connoiffance que la Femme fût mariée. Lorfque le Viol eft joint à l'*Abus de confiance*, comme celui commis par un *Geolier*, envers fa *Prifonniere*, par un *Tuteur* envers fa *Pupile*, par un *Magiftrat* envers fa *Cliente*, & généralement par tous ceux à qui la Loi auroit donné une autorité fur la Perfonne qu'ils ont violée; dans tous ces Cas, il y a lieu indiftinctement à la Peine de Mort, s'il eft prouvé que le Crime a été confommé; & à celle des Galeres ou du Banniffement perpétuel, s'il n'y a eu que de fimples efforts. Enfin, lorfque le Viol eft commis envers une *Fille proftituée*, il faut diftinguer fi c'eft dans un Lieu de débauche, ou ailleurs; au premier Cas, il n'y auroit lieu à aucune Peine, fuivant les Auteurs; au fecond, on pourroit prononcer quelque

*L. Qui coitu, ff. ad L. Jul. de vi publ.*

*V. p. 170.*

*V. Joann. Faber in §. item L. Jul. 8. Inftit. de publ. Jud.*

*V. Pap. liv. 22. tit. 8.*

*V. Damhoud. Prat. crim. c. 95. n. 11.*

*V. Damhoud. loc. citato.*

L. unc. Cod. de raptu Virginum, & Bald. sur cette loi.

Peine infamante, & même la Peine de Mort naturelle ou civile, telle que le Bannissement ou les Galeres perpétuelles, si cette Fille avoit absolument changé de conduite avant le Viol.

3°. Pour former le Viol, il faut encore, comme nous l'avons dit, qu'il y ait eu une résistance forte & toûjours égale de la part de la Personne violée ; car, s'il est prouvé qu'il n'y a eu que des premiers Efforts, ce n'est point le Cas du Viol, ni con-

V. Boer. decis. 247. n. 7.

séquemment de la Peine attachée à ce Crime. Il y a des Auteurs, tels que BOERIUS, qui prétendent qu'une Femme qui devient Grosse, n'est point présumée avoir été violée, sur le fondement que le concours respectif est nécessaire pour la Génération. Au reste, suivant ce même Auteur, la déclaration d'une Femme qui dit avoir été violée, ne suffit pas pour prouver ce Crime, si elle n'est accompagnée d'autres indices, comme lorsqu'elle a fait de grands cris, & qu'elle a appellé des Voisins à son secours, ou lorsqu'il est resté quelque trace de la Violence sur la Personne, comme des contusions ou blessures faites avec Armes offensives ;

V. l'Annot. de Jules Clare, §. Stuprum.

mais si elle s'est tûe à l'instant, & qu'elle ait tardé quelque tems à intenter son Accusation, elle n'y est plus recevable ; cette Accusation est même réputée calomnieuse, & comme telle, peut donner lieu à des dommmages & intérêts au profit de l'Accusé.

BRUNEAU rapporte à ce sujet un Exemple mémorable, qui fait assez sentir combien cette preuve est dangereuse & équivoque, & combien le Juge doit se tenir en garde contre ces sortes d'Accusations : Un Juge ayant, dit-il, condamné un Particulier qu'une Femme accusoit de Viol, à lui donner une certaine somme par forme de dommages & intérêts ; il donna en même tems à ce Particulier la permission d'enlever à cette Femme l'argent qu'il venoit de lui donner ; ce que le Jeune-homme n'ayant pû faire, à cause de la résistance vigoureuse que lui opposa cette Femme, le Juge ordonna à cette derniere de restituer la somme, sur le fondement qu'elle auroit pû encore mieux défendre son corps que son argent, si elle l'eût voulu.

# CHAPITRE VIII.

## *Du Rapt.*

LE RAPT en général eſt l'Enlevement d'une *Fille, Femme,* ou *Veuve,* de la Maiſon de ſon Pere, de ſon Mari, ou de la ſienne propre, ou de celle de ſon Tuteur ou Curateur, ou même de tout autre endroit où elle faiſoit ſa demeure ordinaire, dans la vûe de la corrompre ou de l'épouſer. *V. le tit. du ff. ad L. Jul. de vi publ. L. unic. Cod. de raptu Virginum.*

Ce Crime ſe commet auſſi envers une *Religieuſe* qu'on enleve de ſon Couvent, ou envers un *Mineur* ou *Fils de famille,* que l'on ſouſtrait à la puiſſance de ſes Pere & Mere, Tuteur, ou Curateur; pour leur faire contraCter Mariage à l'inſçû & ſans le conſentement de ces derniers. Cette derniere Eſpece de Rapt eſt marquée ſingulierement par nos Ordonnances. *L. Raptores, 54. de Epiſc. & Cler.*

Ainſi l'on diſtingue deux ſortes de RAPTS: l'un, qui ſe fait par violence & malgré la Perſonne ravie; c'eſt le *Rapt* propre- ment dit, dont il eſt parlé dans la Loi JUL. *de vi publica :* l'autre, qui ſe fait ſans aucune réſiſtance de la part de la Perſonne ravie, & qui a lieu lorſque par artifice, promeſſes, ou autrement, on ſéduit des Fils ou Filles mineurs, & qu'on les fait conſentir à leur Enlevement; c'eſt celui que nous appellons *Rapt de ſéduCtion* ou *de blandice :* on l'appelle auſſi *raptus in Parentes,* parce qu'il ſe fait contre le gré des Parens.

Ce CRIME differe de celui qui eſt appellé dans le Droit *Ra- pine,* en ce que ce dernier ſe commet par l'Enlevement des cho- ſes, & qu'il renferme un Vol joint à la violence. Il differe auſſi du *Stupre,* en ce que dans ce dernier Crime, la ſéduCtion ſe fait ſans que la Fille, Veuve, ou Religieuſe, ſoit ſortie de la Mai- ſon; au lieu que le Crime de Rapt ſuppoſe néceſſairement que la Perſonne ravie a été tirée d'une Maiſon pour être conduite dans un autre lieu. Enfin, il differe du *Viol,* en ce que celui-ci ſe fait toûjours par violence, & dans la ſeule vûe d'abuſer de la Perſon- ne; au lieu que le Rapt peut ſe faire du conſentiment même de la Perſonne ravie, & dans la ſeule vûe de l'épouſer.

Quant aux peines de ce Crime, il paroît qu'elles étoient dif- férentes ſuivant le Droit Romain; celle portée par la Loi Julie *de vi publica* au ff. étoit l'InterdiCtion de l'eau & du feu, à la-

quelle a fuccédé la Déportation. Ces Peines ont été changées &
augmentées dans la fuite, à mefure que ces fortes de Crimes fe
font multipliés. On trouve dans le Code THÉODOSIEN, fous le
titre *de Raptu Virgin. & Viduar.* plufieurs Conftitutions données
fucceffivement par les Empereurs Conftantin, Conftance, Majo-
rien, & Jovien; ce font toutes ces Loix que Juftinien a raffem-
blées & fondues, pour ainfi dire, dans la fameufe Loi unique,
au Code *de Rapt. Virgin.*

Par cette Loi, qui eft de l'année 528, cet Empereur renouvelle les Peines portées par les précédentes, en ordonnant 1°. que
tous les Raviffeurs des Vierges ou Femmes mariées feroient, ainfi
que leurs Complices, punis du dernier Supplice & de la Confifcation des Biens, lorfque les Perfonnes ravies étoient de condition libre; & cette Peine devoit même être celle du Feu, contre
les Raviffeurs qui étoient de condition fervile : 2°. que le confentement de la Perfonne ravie, ni même celui que fes Pere & Mere
auroient donné depuis fon Enlevement, ne pourroient exempter
le Raviffeur de cette Peine : 3°. que les Pere & Mere qui auroient gardé le filence lors de l'Enlevement, ou après; ou qui fe
feroient accommodés à prix d'argent avec le Raviffeur, feroient
eux-mêmes punis de la peine de la Déportation : 4°. qu'il feroit
permis aux Pere, Mere, Tuteurs, Curateurs, Freres & Sœurs,
Maîtres & Parens de la Perfonne ravie, de tuer le Raviffeur &
fes Complices qu'ils furprendroient dans l'acte même de l'Enlevement, ou dans leur fuite : 5°. que le Raviffeur ne pourroit s'ai-
der de la Prefcription ni de la Voie de l'Appel, pour réclamer
contre la Condamnation prononcée contre lui : 6°. enfin, que
le Raviffeur ne pourroit jamais époufer la Perfonne ravie, quand
même elle ou fes Parens y confentiroient.

A cette Loi, Juftinien en ajouta une autre environ cinq années
après, par rapport au Rapt des Religieufes & des Diaconeffes,
c'eft la Loi *Raptores, 54. Cod. de Epifc. & Cler.* par laquelle il
ordonna, qu'outre la Peine du dernier Supplice, les Biens du
Raviffeur feroient confifqués au profit du Monaftere des Religieufes ou de l'Eglife dans laquelle la Perfonne ravie étoit Dia-
coneffe; & il permettoit auffi aux Pere & autres Parens, ainfi
qu'aux Tuteurs & Curateurs des Perfonnes ravies, de tuer le Raviffeur qu'ils furprenoient en flagrant délit. Enfin, la même Peine
de Mort a encore été renouvellée depuis par la Novelle 123. du
même Empereur, tant contre le Raviffeur que contre fes Com-

plices ; & il ajoute que cette peine doit avoir lieu, foit que la
Religieufe ait confenti ou non à l'Enlevement, fauf que dans le
cas où elle a confenti, elle doit elle-même être punie féverement
par les Supérieures du Monaftere où elle eft renvoyée.

*V. Cap. 43. fi quis.*

Mais comme dans la fuite, il s'étoit élevé des doutes pour fçavoir au profit de qui devoit tourner la Confifcation des Biens,
qui feroit prononcée dans les autres Rapts, fi c'étoit au profit de
la perfonne ravie, qui auroit confenti au Mariage, ou au profit
de fes Parens, ou du Fifc ; Juftinien, interprétant fa Conftitution
par les Novelles 143 & 150, décida que cette Confifcation appartiendroit au Fifc, & non à la perfonne ravie, ni à fes parens,
qui s'en étoient rendus indignes, pour n'avoir pas veillé fuffifamment à la garde de leurs Enfans.

Par les anciennes Conftitutions de l'Eglise, outre la peine de
l'Excommunication, on impofoit au Ravifeur celle de ne pouvoir jamais époufer la perfonne ravie, même de fon confentement ; mais par le Droit nouveau l'on a permis le Mariage, lorfque la Fille qui avoit confenti à fon Enlevement, perfifte à confentir au Mariage, depuis qu'elle a été remife en liberté & en lieu
de fûreté. Cette difpofition du chapitre *Accedens* & du chapitre
*Cum caufa,* EXTRA *de Raptoribus,* a été renouvellée par le Concile de Trente, qui, en même tems qu'il autorife ces fortes de
Mariages afin d'effacer par-là en quelque forte la tache & l'injure du Crime, veut que, tant le Ravifeur que ceux qui lui ont
aidé à commettre ce Crime, foient déclarés excommuniés de
plein droit, & incapables de toutes Dignités, & s'il eft Clerc,
qu'il foit dépofé de fon Bénéfice ; qu'en un mot, foit qu'il époufe
ou non la perfonne ravie, il doit être également condamné de la
doter dans tous ces cas, à l'arbitrage du Juge.

*V. Confér. de Pa-*
*ris, tom. 1. liv. 5.*
*conf. 2. §. 1.*

*V. feff. 24. de*
*Reform. matrim.*
*cap. 6.*

*V. à l'égard des*
*Clercs ravifeurs*
*le Can. de Puellis,*
*cauf. 36. qu. 2.*

Suivant les Loix du ROYAUME, nous avons dit qu'il falloit
diftinguer deux fortes de RAPTS ; l'un fait par violence, & l'autre
par féduction ou *blandice.* Nous ne croyons pouvoir donner une
idée plus exacte de l'un & de l'autre, ainfi que des peines qui y
font attachées, qu'en rappellant les difpofitions des Ordonnances
qui ont été rendues fuccefivement à ce fujet.

Parmi ces Ordonnances, nous en remarquons quatre principales où il eft parlé de ce Crime ; l'Ordonnance de Blois, la Dé-

claration de Louis XIII. en 1639, l'Ordonnance de 1670, & la Déclaration du Roi de 1730.

1°. L'ORDONNANCE DE BLOIS, art. xlij. comprend dans le crime de Rapt, non-feulement celui qui fe fait des perfonnes du Sexe, mais encore celui des Enfans mineurs, qui font attirés par BLANDICES à époufer fans le gré & confentement de leurs Pere & Mere ; elle prononce la peine de Mort contre les Raviffeurs de cette derniere efpece, *fans efpérance*, eft-il dit, *de rémiffion & de pardon, & nonobftant tout confentement que les Mineurs pourroient alléguer par après avoir donné audit Rapt :* enfin, elle veut que l'on procede extraordinairement contre tous ceux qui auront participé au Rapt, en prêtant confeil & aide de quelque maniere que ce foit.

2°. LA DÉCLARATION de Louis XIII. du 26 Novembre 1639, contient deux fortes de Difpofitions, dont les unes concernent la Peine des Raviffeurs, les autres regardent principalement les Perfonnes ravies, & leurs Enfans & Parens, en cas de Mariage avec le Raviffeur.

*V. art. 2.* Par les *premieres Difpofitions*, elle fait injonction expreffe aux Juges de punir de Mort & de la Confifcation des Biens, non feulement les Raviffeurs de Fils, Filles ou Veuves, mais encore leurs Complices, *fans que cette Peine*, eft-il dit, *puiffe être modérée.* Elle enjoint pareillement aux Procureurs Généraux ou à leurs Subftitnts, de faire toutes Pourfuites néceffaires contre les uns & les autres, quand même il n'y auroit Plainte de Parties civiles; elle veut que cette Peine demeure encourue nonobftant les Confentemens qui pourroient intervenir poftérieurement de la part des Pere & Mere, Tuteurs & Curateurs. Elle fait défenfes à tous les Sujets, de quelle qualité & condition qu'ils foient, de donner *faveur* ni retraite aux Coupables, ni retenir la Perfonne enlevée, à peine d'être punis comme Complices, & de répondre folidairement des Réparations adjugées, & même d'être privés de leurs Offices & Gouvernemens, s'ils en ont.

*V. art. 3.* Par les *autres* Difpofitions, la MESME LOI déclare les Filles, Veuves, Mineures de 25 ans, qui après avoir été ravies, contracteront Mariage contre la Teneur des Ordonnances, & notamment contre les Défenfes portées par l'art. xl. de l'Ordonnance de Blois, touchant les Mariages clandeftins, privées & déchûes par le feul fait, ainfi que les Enfans qui en naîtront, de toutes Succeffions, tant directes que collatérales; comme auffi, de tous les droits & avantages qui pourroient leur être acquis par Mariage, Teftament, Difpofition de Coûtume, & mêmes Droits de Légitime, lefquels elle veut être acquis irrévocablement au Fifc, pour être employés en Œuvres pies. Elle ordonne que les Fils de famille qui excéderont l'âge de 30 ans, & les Filles celui de 25, feront tenus de requérir par Ecrit le confentement de leurs Pere & Mere, à peine d'Exhérédation, conformément à l'Edit de 1556. Elle déclare les Mariages faits avec les Ravifleurs, pendant que la Perfonne ravie eft en leur poffeffion, non valablement contractés, fans qu'ils puiffent être confirmés par le Tems, ni par le Confentement des Pere & Mere, Tuteurs & Curateurs; & s'ils font faits après que la perfonne ravie a été remife en liberté, ou qu'étant Majeure, elle ait donné un nouveau Confentement pour le Mariage, elle déclare les Enfans qui naîtront de ce Mariage, indignes & incapables de Légitime & de toute Succeffion directe & collatérale, conformément à ce qui a été ordonné contre les Perfonnes ravies par *fubornation.* Elle déclare auffi les Parens qui ont affifté, donné confeil & favorifé lefdits Mariages, ainfi que leurs Héritiers, incapables de fuccéder directement ou indirectement aux perfonnes ravies, Veuves, Fils ou Filles. Enfin, elle fait Défenfes à toutes perfonnes, même Princes, Seigneurs, de folliciter des Lettres de Réhabilitation pour ceux qui font déclarés incapables de toutes Succeffions, aux Secrétaires d'Etat de figner ces Lettres, & au Chancelier de les fceller; & dans les Cas, ajoûte cette Loi, où par importunité ou autrement, on en auroit impétré quelques-unes, elle veut que les peines contenues dans cette Déclaration, n'ayent pas moins lieu, nonobftant de telles Dérogations ou Difpenfes.

*V. art. 4.*

*V. cependant la Décl. du 22 Nov. 1683, rapport. ci-devant part. 3. c. 4. des Inftit.*

3°. A l'égard de l'ORDONNANCE de 1670, nous avons vû, en parlant des Lettres de Grace, qu'elle mettoit le Crime de Rapt dans le nombre de ceux qui ne font pas fufceptibles de ces fortes de Lettres; nous avons obfervé en même tems qu'elle n'entendoit parler que des Rapts faits par Violence, & non de ceux par Séduction.

5°. Enfin, par la derniere DÉCLARATION du 22 Septembre 1730, le Roi, après avoir confirmé toutes les Ordonnances, Edits & Déclarations des Rois fes Prédéceffeurs, notamment l'art. xlij. de l'Ordonnance de Blois & la Déclaration du 26 Novembre 1639, qui prononce la peine de Mort contre ceux qui ont féduit des Fils, Filles ou Veuves, pour parvenir au Mariage à l'infçû & fans le confentement des Pere & Mere, Tuteurs & Curateurs : ordonne de plus, afin de faire ceffer l'ufage où l'on étoit au Parlement de Bretagne & autres Provinces, d'exempter de la peine de Mort ceux qui confentoient d'époufer la perfonne ravie , que cette peine aura également lieu dans ce cas, fans qu'il puiffe être ordonné que les Raviffeurs fubiront cette peine, s'ils n'aiment mieux époufer la perfonne ravie, & cela, ajoûte cette Déclaration, quand même la Perfonne ravie, fes Pere & Mere, Tuteurs & Curateurs, requerroient expreffément le Mariage.

IL RÉSULTE de la réunion de toutes ces Loix, 1º. que la Peine de Mort & de la Confifcation des Biens, qui avoit d'abord été portée contre ceux qui ont commis le Rapt envers les Filles, Femmes, Veuves, & Religieufes, a également lieu contre ceux qui ont fuborné les Mineurs & Fils de Famille au-deffous de vingt-cinq ans, fous prétexte de Mariage ; avec cette différence feulement, que dans le Cas du Rapt de féduction, cette Peine n'eft point irrémiffible, comme dans le Rapt commis par violence : 2º. que cette Peine ne laiffe pas que d'avoir lieu, nonobftant l'offre que le Raviffeur feroit d'époufer, & le nouveau confentement que donneroit la Perfonne ravie au Mariage depuis fa Majorité, ainfi que fes Parens : 3º. que cette Peine a lieu auffi contre les Complices du Rapt, parmi lefquels font compris ceux qui leur donnent retraite : 4º. que les Mariages faits avec les Perfonnes ravies, pendant qu'elles font au pouvoir du Raviffeur, font déclarés non valablement contractés ; & ceux qui l'ont contracté, ainfi que les Enfans qui en naiffent, incapables de tous droits & avantages qui pourront leur être acquis par Teftament, Mariage, Coûtume, & même par Légitime : 5º. que la Perfonne ravie qui, après qu'elle eft remife en liberté, & devenue Majeure, donne un nouveau confentement au Mariage, eft pareillement déclarée indigne & incapable, ainfi que les Enfans qui naîtront de ce Mariage, de toute fucceffion directe & collatérale, quoique le Mariage foit d'ailleurs valablement contracté : 6º. que les Parens qui ont favorifé ces Mariages font pareillement incapables, ainfi que leurs Héritiers, de fuccéder directement ou indirectement aux Perfonnes ravies : 7º. enfin que toutes les incapacités,

capacités, dont on vient de parler, doivent avoir lieu, & ne peuvent être levées par aucunes Lettres de Réhabilitation.

Au reste, quelque sages & précises que soient toutes ces Loix, il faut convenir qu'elles ne s'exécutent pas dans toute leur rigueur, relativement au Rapt de *séduction* ; & que dans l'application de la Peine pour ce dernier Crime, l'on a principalement égard aux circonstances, telles que celles qui résultent de l'inégalité de fortune, d'âge, ou de condition ; de maniere que ces Loix ne font plus exactement suivies sur ce Point que pour ce qui concerne les intérêts civils, & les formalités qu'elles exigent pour la validité des Mariages.

Nous observerons encore, par rapport au Rapt des *Religieuses,* dont il n'est point parlé dans ces Ordonnances, qu'il y a un Arrêt de Réglement du 9 Juillet 1668, qui fait défenses à toutes Personnes de contracter Mariage avec des Personnes qui ont fait des vœux, & ont obtenu des Rescrits pour les faire déclarer nuls, qu'auparavant lesdits Rescrits n'ayent été entérinés, à Peine de la Vie contre l'un & l'autre des Contractans.

# CHAPITRE IX.

## De l'Inceste.

Les Auteurs distinguent trois fortes d'Incestes : les uns qui se commettent contre le Droit Naturel ; les autres, contre le Droit des Gens ; d'autres enfin, qui font commis feulement contre le Droit Civil & Canonique.

Ils appellent *Incestes contre le Droit Naturel,* ceux qui font commis entre les Peres & les Enfans, ou autres Afcendans avec leurs Descendans, jusqu'à l'infini ; parce que ces fortes de Crimes font horreur à la Nature, & qu'il en résulte le trouble & la confusion dans le sang & dans l'ordre des Familles.

Ils appellent *Incestes contre le Droit des Gens,* ceux qui se commettent entre les Personnes qui se tiennent lieu de Pere & d'Enfans, tels que le Beau-Pere & la Belle-Fille, la Belle-Mere & le Gendre ; ou bien ceux avec lesquels le Mariage est défendu, par le Droit des Gens, comme contraire à l'honnêteté publique & aux bonnes mœurs, tels que les Freres & les Sœurs,

S s s

Enfin ils appellent *Incestes contre le Droit Civil & Canonique*, ceux commis entre des Perſonnes qui ſont Parens ou Alliés juſqu'à un certain degré, qui ne leur permet pas, aux termes du Droit civil & canonique, de pouvoir ſe marier ſans Diſpenſe, comme l'Oncle & la Niéce, la Tante & le Neveu, le grand Oncle & la petite Niéce, la grande Tante & le petit Neveu, Couſin & Couſine, Beau-Frere & Belle-Sœur, &c.

L'on dit que ces derniers Crimes ſont commis ſeulement contre le Droit civil & canonique, parce que ce n'eſt, comme l'on ſçait, que depuis que le Mariage a été élevé à la dignité de Sacrement, que les Loix civiles ont commencé de défendre les Mariages juſqu'à un certain degré ; ce degré a été fixé au quatrieme par le Droit canonique, auquel on a cru devoir s'en rapporter ſur cette Matiere, parce qu'il s'agit de l'effet du Mariage comme Sacrement.

*V. Can. 17. du conc. 2. de Latran, tenu en 1139.*

Il y a encore une quatrieme eſpece d'Inceſte, ſuivant le Droit canonique ; c'eſt celui qui ſe commet entre des Perſonnes qui ont contracté une Alliance ſpirituelle par le Baptême ou la Confirmation, comme celle des Parrains & Marraines avec leurs Filleuls & Filleules, des Comperes avec leurs Comeres.

*V. Concile de Trente, ſeſſ. 24. cap. 2.*

Une autre eſpece d'Inceſte ſpirituel, dont il eſt auſſi parlé dans ce même Droit, c'eſt celui qui ſe commet entre un Confeſſeur & ſa Pénitente ; ou avec des Perſonnes qui ont fait vœu ſolemnel de Chaſteté, comme le Prêtre qui ſe marie, ou la Religieuſe qui ſe laiſſe abuſer.

Enfin une ſixieme eſpece d'Inceſte, dont il eſt fait mention dans le Droit canonique, c'eſt celui que commet un Homme qui connoît charnellement la Mere & la Fille, & même les deux Sœurs, ou une Femme qui auroit commerce en même tems, avec le Pere & le Fils, ou avec les deux Freres ; on l'appelle *Inceste* dans ce Droit, parce que ces ſortes de conjonctions, quoiqu'illicites, forment des Alliances.

*V. Can. ſi quis cum matre, cauſ. 34. qu. 1. Can. ſi quis cum duobus, ibid. Can. ſi homo, cauſ. 35. qu. 3.*

Quant aux Peines prononcées par les Loix contre les Inceſtes, elles ſont différentes, ſuivant les degrés d'énormité qu'ils renferment.

Les Inceſtes commis contre le Droit *Naturel* & des *Gens*, ont toûjours été punis de la Peine de Mort ; c'eſt ce qui paroît par le Chapitre XX. du Lévitique ; la Loi des douze Tables contient auſſi une diſpoſition expreſſe à ce ſujet en ces termes, *Inceſtum pontifices supremo suplicio sanciunto ;* la Loi première , au Code Theod. *de Incest. nupt.* prononce la Peine du *Feu* , & la Confiscation des Biens , tant contre les Femmes , que contre les Hommes qui tombent dans un Crime si horrible ; & il n'y a , suivant cette Loi , que la seule erreur de *Fait* , ou bien l'illégitimité du Mariage , d'où proviendroit la Parenté & l'Alliance , qui puissent faire modérer cette Peine.

*V. aussi la L. si adulterium ,* 38. *ff. ad L. Jul. de Adult.*

2°. A l'égard de l'*INCESTE commis contre le Droit civil* , il étoit aussi sujet , suivant ces mêmes Loix , à une Peine capitale ; avec cette différence seulement , que cette Peine se remettoit plus facilement que celle des Incestes commis contre le Droit Naturel & des Gens , & qu'elle pouvoit être diminuée , suivant les circonstances de l'âge , du sexe , ou de l'ignorance même du *Droit*.

3°. Il n'y a que les Incestes spirituels , tels que ceux commis par les Confesseurs avec leurs Pénitentes , ou par des Prêtres qui se marient , ou par ceux qui séduisent des Religieuses , qui , à cause des Sacriléges qu'ils renferment , ne peuvent jamais être excusés dans aucuns Cas , ils ont toûjours été sujets à la Peine de Mort ; la Loi au Code *de Episcopis & Clericis* , la prononce indistinctement contre les Séducteurs des Religieuses.

DANS NOTRE USAGE nous distinguons , quant à la Peine , quatre sortes d'Incestes : 1°. ceux commis en ligne directe entre les Ascendans & les Descendans , en quelque degré qu'ils soient : 2°. ceux commis en ligne collatérale entre les Freres & les Sœurs , les Oncles & les Niéces , les Tantes & les Neveux , & autres qui sont dans un degré de Parenté , pour lequel il faut Dispense pour le Mariage : 3°. ceux commis entre des Personnes qui violent les Alliances spirituelles qu'elles ont contractées , comme le Confesseur qui abuse de sa Pénitente , le Prêtre qui se marie , le Religieux ou la Religieuse qui se laissent corrompre : 4°. enfin ceux qui se commettent par le commerce charnel qu'une même Personne a avec la Mere & la Fille , le Pere & le Fils , ou avec les deux Sœurs. Nous ne parlons point ici de cette espece d'Inceste qui se commet entre les Parrains & Marraines , Filleuls & Filleules , Comperes & Comeres , parce que nous ne voyons pas qu'il y ait aucune Peine publique prononcée contr'eux.

LA PEINE ordinaire des Incestes , commis en *ligne directe* , est celle du Feu , conformément aux Loix Romaines : on trouve dans Papon , la Rocheflavin , & Raviot , plusieurs Arrêts qui

*V. Pap. liv.* 22. *tit.* 9. *art.* 7. *Rochest. liv.* 2. *tit.* 3. *lett. I. art.* 2. *Raviot, qu.* 275.

l'ont ainſi jugé ; & cette Peine a lieu contre les Femmes comme contre les Hommes, parce qu'elles violent le Droit Naturel, & qu'il s'agit d'empêchemens dirimans, qui rendent le Mariage nul, enſorte qu'elles ne peuvent être excuſées que par la ſeule ignorance de fait.

La Peine de l'Inceſte, commis en *ligne collatérale*, eſt plus ou moins rigoureuſe, ſuivant que le degré de Parenté eſt plus proche, ou plus éloigné ; ſi c'eſt au premier degré, comme entre le *Frere & la Sœur*, la Peine ne peut être moindre que celle de la Mort, ſuivant les Auteurs que nous venons de citer, par la raiſon que ceux qui le commettent, ne peuvent ſe marier, même avec Diſpenſe, & qu'ils pêchent contre le Droit des Gens : nous diſtinguons ſeulement, comme dans le Droit, lorſque l'Inceſte eſt commis entre une Sœur & un Frere *illégitime*, la Peine doit alors être modérée, & ne paroît devoir aller au-delà du Fouet & du Banniſſement : nous diſtinguons auſſi l'Alliance de la Parenté ; ainſi le Crime commis entre un Beau-Frere & une Belle-Sœur, n'eſt point puni auſſi ſeverement, que celui d'un Frere avec ſa Sœur, par la raiſon qu'il n'eſt pas contraire au Droit des Gens, & qu'il étoit même permis, comme l'on ſçait, dans l'ancienne Loi d'épouſer la Veuve de ſon Frere : il y a même des Auteurs, tels que Jules Clare, qui prétendent qu'il n'y a point d'Inceſte véritable en fait d'Alliance ou d'Affinité, & qu'il faut, pour le commettre, que les deux Perſonnes ſoient Parentes par le droit du ſang ; il y en a d'autres qui prétendent qu'il ne ſe commet qu'entre les Alliés au premier degré, tels que Beau-Pere & Belle-Fille, Belle-Mere & Gendre, ſur le fondement que ce n'eſt que contre ceux-ci que la Loi de Moyſe prononce la Peine de Mort. Enfin ſi c'eſt au ſecond, troiſieme, & quatrieme degré, comme dans tous ces Cas on peut ſe marier avec Diſpenſe, le Crime n'eſt jamais puni de la Mort, mais ſeulement de quelques Peines afflictives, infamantes, ou même pécuniaires, ſuivant la proximité ou l'éloignement du degré de Parenté ; la Peine doit être augmentée, lorſque celui qui l'a commis ſe trouvoit *marié*, parce qu'il joint l'Adultere à ce Crime ; elle doit auſſi être diminuée par la conſidération des Perſonnes, de l'âge, du ſexe, ou de l'ignorance où l'on étoit ſur la proximité du degré de Parenté.

*V. Levit. ch. 2.*
*☿. 12.*

*V. Menoch, de arbitr. Jud. lib. 2. qu. 106. Farin. qu. 249. n. 8.*

La Peine des Inceſtes *ſpirituels* eſt celle du Feu, parce que, comme on l'a dit, ils ſont joints au Sacrilége ; les Arrêts ont cependant diſtingué, 1°. par rapport au Confeſſeur qui abuſe de ſa

Pénitente , le cas où il feroit prouvé qu'il n'étoit pas fon Confeſ-
feur ordinaire , & que la féduction n'auroit point été faite dans le
tems de la Confeſſion , ils ſe font contentés de prononcer dans ce
dernier cas des Peines afflictives & infamantes ; on peut voir à
ce fujet le Dictionnaire des Arrêts , *verbo* CONFESSEUR INCES-
TUEUX: 2°. à l'égard de celui qui abuſe d'une Religieuſe , la peine ordinaire eſt celle de la Potence ou de la Tête tranchée , ſuivant la condition des perſonnes qui le commettent ; on trouve
dans la ROCHEFLAVIN des Arrêts qui l'ont ainſi jugé.

A l'égard du Prêtre qui ſe marie, comme il viole par-là l'Ordre
auquel il étoit lié , il paroît qu'il doit être puni de la peine du Sacrilége.

Enfin, quant à l'Inceſte commis par un Homme qui connoît la
Mere & la Fille , ou une Femme qui connoît le Pere & le Fils , la
peine devroit être capitale , ou tout au moins afflictive ; & ſi
c'eſt avec les deux Sœurs , ou la Tante ou la Niéce , elle doit
être du Banniſſement à tems , ou autres peines extraordinaires.

# CHAPITRE X.

## De la Sodomie.

C E CRIME , qui tire ſon nom de cette Ville abominable ,
dont il eſt fait mention dans l'Hiſtoire Sacrée , ſe commet
par un Homme avec un Homme , ou par une Femme avec une
Femme.

Il ſe commet auſſi par un Homme avec une Femme , lorſqu'ils
ne ſe ſervent pas de la voie ordinaire pour la génération.

Enfin il ſe commet par un Homme ſur ſoi-même ; ce que les
Canoniſtes appellent *mollities* , & les Latins *maſtupratio*.

La peine d'un ſi grand Crime ne peut être moindre que celle de
Mort. La vengeance terrible que la Juſtice Divine a tirée de ces
Villes impies , où ce Crime étoit familier , fait aſſez voir qu'on
ne peut le punir par des Supplices trop rigoureux , & ſur-tout lorſqu'il eſt commis entre deux perſonnes du même Sexe ; cette peine
eſt portée expreſſément par le Chapitre XX. du Lévitique , en ces
termes : *Qui dormierit cùm maſculo coitu fœmineo , uterquè operatus
eſt nefas , morte moriatur , ſit ſanguis eorum ſuper eos ;* la même

*V. les Nov. 77.*
*& 141. de his quæ*
*luxur. contra nat.*

peine eſt prononcée par l'AUTENTIQUE, *ut non luxurientur*, contre ceux qui tombent dans ce Crime déteſtable.

La Loi *cùm vir 31.* au Code *de Adult.* veut que ceux qui tombent dans ce Crime, ſoient punis par le Feu vif. Cette peine qui a été adoptée par notre Juriſprudence, s'applique également aux Femmes comme aux Hommes, aux Mineurs comme aux Majeurs : il y a cependant des Auteurs, tel que *Menoch*, qui prétend qu'à l'égard des Mineurs, il y a lieu d'ordonner un Supplice de Mort moins rigoureux que celui du Feu, & même qu'on peut le convertir en peines afflictives, lorſque le Mineur eſt dans un âge tendre, & au-deſſous de quatorze ans.

Mais ſi ce Crime mérite une punition ſi ſevere, lorſqu'il eſt commis par des Laïcs, à plus forte raiſon lorſqu'il eſt commis par des Eccléſiaſtiques & des Religieux, qui doivent l'exemple de la Chaſteté, dont ils ont fait un vœu particulier ; auſſi voit-on des Arrêts qui, en même tems qu'ils ont déchargé de l'Accuſation des Curés qu'on pourſuivoit pour ce Crime, les ont exclus néanmoins, ſur de ſimples ſoupçons, de toutes fonctions ou emplois tendans à l'éducation de la Jeuneſſe : Duperray en rapporte un de cette eſpece du 10 Décembre 1687.

Au reſte, quelque rigoureuſes que ſoient les défenſes & les peines qu'on a attachées à ce Crime, contre lequel on a vû s'armer également la Juſtice du Ciel & de la Terre, il faut convenir, à la honte de notre ſiecle, qu'il n'a pas laiſſé que de ſe perpétuer juſqu'à nos jours ; nous en avons vû des exemples récens dans la perſonne des nommés *Bruneau le Noir*, & *Jean Diot*, qui, par Arrêt du 5 Juin 1750, ont été Brûlés en Place de Greve : il eſt vrai que ſi les exemples de leur punition ne ſont pas auſſi fréquens que l'eſt ce Crime, on peut dire que c'eſt moins par l'effet de la négligence des Juges, que par l'effet des précautions ſecrettes qu'ont coûtume de prendre ceux qui y tombent, pour en dérober la connoiſſance au Public.

Par rapport à la derniere eſpece de ce Crime, qui ſe commet ſur ſoi-même, la peine de ceux qui y tombent, lorſqu'ils ſont découverts ( ce qui eſt extrêmement rare ), eſt celle des Galeres ou du Banniſſement, ſuivant les circonſtances de ſcandale qu'ils ont cauſé. La même peine doit auſſi être portée contre ceux qui apprennent à la Jeuneſſe à ſe polluer ; & de plus, l'expoſition

*V. Menoch, de Arbit. caſ. 329. n. 5.*

*V. Duperr. des moy. Can. ch. 8. n. 6.*

au Carcan, avec un Ecriteau portant ces mots : *Corrupteur de la Jeuneſſe.*

---

# CHAPITRE XI.

## *De la Beſtialité.*

NOUS plaçons ce Crime dans le dernier ordre de ceux de Luxure, parce qu'il eſt le plus atroce de tous, & que c'eſt le dernier excès auquel l'Homme puiſſe ſe livrer.

Les termes ſe refuſent à la définition d'un Crime, qui fait horreur à la Nature, & qui dégrade l'humanité ; ſon nom annonce que c'eſt l'accouplement d'un Homme ou d'une Femme avec une Bête.

Sans nous arrêter à en remarquer ici les odieux caractères, & en rapporter des exemples, pour leſquels on pourra conſulter différens Auteurs, tels que Papon, Bouchel, la Rocheflavin, & Boniface ; nous nous contenterons d'obſerver que les Loix Divines & Humaines s'accordent également à prononcer la Peine du Feu, non-ſeulement contre la Perſonne qui a commis ce Crime, mais encore contre l'Animal même qui a ſervi d'inſtrument à ſa débauche, *qui cum jumento & pecore coierit, morte moriatur pecus quique congreſſus eſt*, c'eſt ainſi que s'explique le ſouverain Légiſlateur dans le Chapitre XX. du Lévitique : *quia pecora tali flagitio contaminata indignam refricant facti memoriam ;* c'eſt la raiſon qu'en rend le Canon *Mulier* 4. Cauſ. 15. quæſt. 1.

*V. Pap. liv. 22. tit. 7. Bouch. Bibl. verbo BESTE. Rocheſt. liv. 3. lett. 6. tit. 2. Boniface, tom. 5. liv. 4.*

---

# TITRE QUATRIEME.

## *De l'Homicide en général, & de ſes différentes eſpeces.*

LE mot HOMICIDE s'applique également, & au Crime, & à celui qui le commet ; il tire ſon nom à *cæde Hominis.* Sous le nom d'*Homme*, ſont compriſes les Perſonnes de l'un & de l'autre Sexe.

Pour faire juger de toute l'énormité de ce Crime, il ſuffira

*L. 152. ff. de verb. ſignif. la L. des 12 tables, tit. 27. c. 6. les tit. du Code & du ff. ad L. Corn. de Siccar.*

d'obferver, en général, qu'il offenfe tout-à-la-fois, & le *Créateur* de l'Univers, dont il détruit le principal Ouvrage, & le *Souve-rain* qu'il prive d'un Sujet, & la *Société civile* à qui il ôte un Ci-toyen, & les *Familles* dont il empêche la propagation & détruit les efpérances; mais principalement la *Perfonne* envers qui il eft commis, qu'il prive du plus grand de tous les biens temporels, qui eft la Vie, en même tems qu'il expofe fon falut éternel, par une mort précipitée. C'eft par toutes ces raifons, que ce Crime eft également condamné par les Loix divines & humaines : *au-diftis quia dictum eft antiquis non occides , qui autem occiderit reus erit judicio*

*V. S. Matth. c. 5. ⊽. 21.*

MAIS comme dans cette matiere, ainfi que dans toutes celles qui intéreffent la Juftice & la Religion, ce n'eft point tant le fait que la volonté qui rend criminel & puniffable; pour pouvoir ju-ger de la Peine que l'Homicide mérite, il eft néceffaire d'entrer dans le détail des circonftances qui peuvent l'accompagner, & d'en diftinguer les différentes efpeces.

Il paroît, fuivant les Principes que nous avons établis en trai-tant du Crime en général, que l'on peut diftinguer l'Homicide en trois claffes différentes, le *néceffaire*, le *cafuel*, & le *volontaire*.

L'HOMICIDE NÉCESSAIRE eft celui qu'on commet en fe défendant contre un injufte Aggreffeur, & parce qu'on y eft forcé par la néceffité de conferver fa vie ou fon honneur. Nous avons donné des exemples de cette efpece d'Homicide, & des conditions qui étoient requifes pour le faire réputer *néceffaire* : nous avons obfervé en même tems, que comme il ne formoit point de Crime par lui-même, il ne pouvoit auffi donner lieu à aucunes Peines, quoique, fuivant la Conftitution du Royaume, celui qui le commettoit ne pouvoit fe difpenfer de recourir à des Lettres de Grace du Prince, pour en obtenir la remiffion : ces Let-tres s'accordent, comme nous l'avons dit, dans les petites Chan-celleries près les Parlemens, aux termes des Déclarations du 22 Novembre 1683, & 21 Mai 1723.

*V. Inftit. au Dr. crim part. 1. ch. 1. p. 9. & fuiv.*

*L. 2. 3. 4. & 5. Cod. ad L. Corn. de Siccar.*

*V. art. 1. du tit. 16. de l'Ordonn. de 1670.*

Il y a cependant certains Homicides *néceffaires*, qui font for-mellement autorifés par le Droit-des-Gens, tels que ceux qui s'exécutent par l'autorité de la Juftice, fur la perfonne des Cou-pables; & ceux qui fe commettent dans la Guerre, pour la dé-fenfe de fon Prince.

Il y avoit auffi certains Homicides tolerés dans le Droit Ro-main,

main, mais qui ne le font plus parmi nous, tels que ceux que commettoient les Maîtres envers leurs Efclaves, les Peres envers leurs Enfans, &c.

*V. le tit. des Inftit. de his qui funt fui vel alien. jur.*

L'HOMICIDE CASUEL, eft celui qu'on commet par accident & fans qu'on ait intention de le commettre; on l'appelle aufli, par cette raifon, *Homicide involontaire.* Quoi qu'on puiffe dire de celui-ci comme de l'Homicide néceffaire, qu'il ne forme pas proprement un Crime, en ce que ce n'eft point un acte de libre volonté, il eft cependant quelquefois accompagné de certaines circonftances qui le rendent puniffable; & ce font ces circonftances que nous avons remarquées fous le nom de FAUTES, & qui font qu'on peut le diftinguer en *criminel* & *non criminel.*

*V. Inftit. au Dr. crim. part. 1. c. 1. p. 7. & fuiv. L. Frater, 1. au Cod. ad L. Corn. de Sicar, in fin.*

Le *non criminel*, eft celui qui n'a pû être prévû, & dans lequel on ne peut même reprocher la faute la plus légere à celui qui le commet, comme lorfqu'en tirant un Lievre dans un Buiffon, l'on tue un Homme qui eft caché derriere, ou lorfqu'en s'exerçant à tirer de l'Arquebufe, on tue un Homme qui vient à paffer: mais il faut, comme nous l'avons obfervé, pour être exempt de Peine dans l'un & l'autre de ces cas, que celui qui a tué fe foit exercé à un acte licite, & dans le tems & le lieu accoûtumé; ainfi un Prêtre, à qui la Chaffe eft défendue par les Canons, ne feroit pas excufable en pareil cas: il en eft de même de tout autre Chaffeur, qui auroit été alors pris de vin, tellement que fa raifon en auroit été offufquée. En un mot, l'on peut dire en général, que la Peine de l'Homicide ne doit ceffer entierement, que lorfqu'il eft arrivé moins par la faute de celui qui l'a commis, que par celle de la Perfonne qui a été tuée; c'eft proprement de ceux de cette efpece dont veut parler la Loi, lorfqu'elle dit: *quæ fortuito cafu aliquo accidere poffunt, Jura non conftituuntur;* Bardet en rapporte un exemple remarquable dans la perfonne d'un Soldat, qui ayant eu le malheur de tuer un Artifan d'un coup de Piftolet, dans une émeute qui s'étoit élevée au fujet d'une Exécution à laquelle il avoit été obligé d'affifter, fut renvoyé abfous, & même déchargé des dommages-intérêts.

*L. 3. ff. de Legib. V. Bard. tom. 1. liv. 1. ch. 112.*

On peut encore mettre au nombre des Homicides *cafuels* qui ne font point criminels, ceux qui font commis par les *Enfans*, par les *Infenfés, Furieux*, qui font incapables de difcerner le Bien & le Mal; ce qui ne doit s'entendre néanmoins qu'avec les Modifications que nous avons rapportées, en parlant de ceux qui ne

*L. Infans, 12. & L. fed etfi, 1. ff. ad L. Cornel. d. fin.*

T t t

peuvent être accusés : sçavoir, 1°. à l'égard des *Enfans*, qu'il faut qu'ils soient au-dessous de l'âge de Raison ; car s'ils ont été capables de connoître la noirceur du Crime, comme s'ils étoient dans un âge de dix ans & au-dessus, ils peuvent être punis du Fouet sous la Custode, ou même pendus sous les aisselles, comme nous l'avons remarqué ci-devant : 2°. à l'égard des *Furieux* & *Insensés*, pour les exempter absolument de Peine, il faut, comme nous l'avons dit, qu'il y ait Preuve constante que la Folie ou la Fureur a précédé l'action ; & que le Crime ne soit pas d'ailleurs de nature à mériter une Punition exemplaire, tel que celui de *Lèze-Majesté*, &c.

L'Homicide casuel, qui est réputé *Criminel*, est celui qui a pû être prévû, & qui a été commis par imprudence, négligence ou impéritie. Nous en avons cité pour exemple, 1°. ceux qui jettent par la fenêtre des vases ou des pierres dans un tems où il peut se rencontrer des Passans dans la Rue ; 2°. ceux qui laissent tomber des branches d'Arbres ou des Tuiles d'un couvert, sans avertir les Passans, & mettre les Signes accoûtumés ; 3°. ceux qui s'exercent à tirer de l'Arquebuse hors du Lieu destiné à cet Exercice ; 4°. les Médecins, Chirurgiens ou Sages-femmes, qui donnent des Remedes dont ils ne connoissent pas la propriété ; 5°. ceux qui s'exposent à monter & conduire des Animaux fougueux, qu'ils n'ont pas la force ni l'adresse de contenir, ou qu'ils n'ont pas eu soin de renfermer : 6°. l'on peut ajoûter à tous ces Exemples celui d'une Mere ou Nourrice, qui couchent avec elles des Enfans qu'on trouve étouffés dans leur Lit.

Dans tous ces Cas, l'Homicide, quoiqu'involontaire, est néanmoins puni par les Loix, parce qu'il a pû être prévû, & qu'il a été la suite d'une faute antécédente ; il est vrai que, comme d'un autre côté, cet Homicide est arrivé contre l'intention de celui qui l'a commis, la Punition n'en doit point être aussi rigoureuse que celle des autres Homicides. Elle étoit bornée dans le Droit à de simples Peines pécuniaires. Mais, suivant notre Jurisprudence, attestée par Papon & par Duret, ces sortes d'Homicides peuvent donner lieu à des Peines afflictives, quoique le Cas ne se rencontre presque jamais, au moyen de la Précaution que l'on prend de recourir à des Lettres de Rémission dans les Petites-Chancelleries près des Parlemens, suivant qu'il est porté par la Déclaration du 21 Mai 1723, que nous avons ci-devant citée. Ce qui est conforme à la Constitution d'Adrien, rapportée dans le §.

*V. Instit. au Dr. e, tit. loco citato.*

*L. Idem, 8. ff. ad L. Aquil. V. Pap. liv. 23. tit. 8. art. 1. V. Duret* verbo HOMICIDE. *V. aussi Bruneau, tit. 5. de l'Homicide, max. 8. & 9.*

*Divus Adrianus*, de la Loi premiere, au ff. *ad Leg. Cornel. de Sicariis*, où cet Empereur décide, *Eum qui hominem occidit, fi non occidendi animo hoc admifit, abfolvi poffe.*

L'HOMICIDE VOLONTAIRE fe commet de deux manieres, ou avec Préméditation, ou fans Préméditation.

1°. L'Homicide volontaire *fans Préméditation*, eft autrement appellé HOMICIDE SIMPLE. L'on comprend fous ce nom ceux qui font commis dans un premier mouvement, comme dans la chaleur d'une Rixe, ou dans la Paffion de la Colere, de l'Yvreffe & de l'Amour, ou même dans le Sommeil. Nous avons donné des Exemples des uns & des autres, en traitant du Crime en général, & de ceux qui peuvent en être accufés. Nous ne ferons que rapporter ici les différentes Peines auxquelles ils peuvent donner lieu.

*V. Inftit. au Dr. crim. part. 3. c. 3.*

En général, la Peine de ces fortes d'Homicides eft celle du dernier Supplice, qui eft la Potence pour les Roturiers, & la Tête tranchée pour les Nobles. Mais il eft rare de voir que ces Peines foient exécutées, par la facilité qu'il y a d'obtenir des Lettres de Grace du Prince dans tous ces Cas ; & fur-tout lorfque ces Homicides font commis par l'effet d'une jufte douleur, telle que celle d'un Mari qui tue fa femme qu'il a furprife en Adultere, d'un Pere qui venge l'honneur de fa Fille ; ou par l'effet d'une Yvreffe extrême ; ou par celui d'une Paffion exceffive qui trouble la raifon ; ou enfin lorfque cet Homicide a été fait avec des armes purement défenfives ; car s'il avoit été fait avec des armes offenfives, comme Fufils, Piftolets, Epées, Haches, Pieux & autres femblables, la Grace ne s'obtiendroit point avec la même facilité. Il en feroit de même fi l'on avoit frappé, quoiqu'avec des armes défenfives, fur certaines parties du corps, où les coups font mortels, ou bien fi c'étoit quelque tems après la rixe, & fi l'action, qui a donné lieu à l'Homicide, n'étoit point par elle-même licite : *Genus armorum, qualitas percuffionis, fi daret operam rei licitæ vel illicitæ.* Telles font les trois circonftances principales que l'on doit confidérer fuivant les Auteurs, pour juger fi un Homicide a été volontaire ou non.

*L. Si quis, 3. §. fi tamen, ff. de S. C. Sillan.*
*L. Cum, 5. Cod. ad leg. Cornel. de Sicar.*
*L. 1. §. 3. ff. ad leg. Cornel. de Sicar.*

*V. Menoch. de Præfump. lib. 5. præf. 40.*
*V. cap. 7. 8. & 9. Extr. de Homicide.*

Non feulement celui qui commet l'*Homicide fimple*, eft fujet à la peine de Mort, mais encore tous ceux qui ont aidé à le commettre : *Nihil intereft occidat quis, an caufam mortis præbeat.* Il faut cependant excepter, lorfque l'Homicide eft arrivé dans la

*L. Nihil, 15. ff. ad leg. Cornel. de Sicar.*

chaleur d'une Querelle de plufieurs perfonnes, fans qu'on pût fçavoir précifément celui qui a porté le coup, on ne devroit pas dans ce Cas, fuivant Jules Clare, les condamner tous à la Mort, mais feulement à quelques Peines extraordinaires. Mais fi au contraire le Meurtrier ou l'Agreffeur étoit connu, il devroit feul être condamné à la Mort, fuivant le même Auteur, & les autres à une moindre Peine. Enfin, fi celui qui a été tué, avoit reçû plus d'un coup mortel & dangereux, fans que l'on puiffe reconnoître lequel de ces coups lui a caufé la mort, tous ceux qui l'auroient frappé, feroient réputés coupables d'Homicide, & comme tels, ils devroient être punis de Mort.

PARMI les Homicides fimples, qui font fujets à la Peine de Mort, l'on peut encore mettre celui qui étant volontaire dans fon principe, ne l'a point été dans fon exécution; comme, par exemple, un Particulier qui, dans une Rixe, voulant tuer une certaine Perfonne, a tué un Tiers qui s'étoit mis au-devant, pour empêcher ou détourner le coup, ou qui a tué une autre Perfonne que celle qu'il croyoit tuer: cependant cela dépend des circonftances; Papon rapporte un Arrêt qui s'eft contenté de condamner au Fouet pendant deux jours pour un Crime femblable.

2°. L'Homicide volontaire fait avec *préméditation*, eft autrement appellé HOMICIDE QUALIFIÉ, parce qu'il eft accompagné de certaines circonftances qui en augmentent l'énormité, & lui ont fait donner des dénominations particulieres; nous en avons déja donné un exemple fous le nom de Crime de LEZE-MAJESTÉ; il nous refte à déterminer également fes autres efpeces, parmi lefquelles nous en remarquons onze principales, qui vont faire la Matiere des Chapitres fuivans; fçavoir, le *Meurtre de guet-à-pens*, l'*Affaffinat*, l'*Empoifonnement*, l'*Incendie*, le *Duel*, le *Parricide*, l'*Infanticide* ou l'*Avortement volontaire*, la *Suppreffion & Expofition de Part*, le *Fratricide*, & le *Suicide*.

# CHAPITRE PREMIER.
## Du Meurtre de Guet-à-pens.

CE CRIME eft ainfi défini par PHILIPPE DE BEAUMANOIR, en fon Livre des Loix & Coûtumes de fon tems, d'où font tirées la plûpart des Maximes de notre Droit François. MEUR-

TRE *fi eſt-ce quand aucun tue ou fait tuer autrui en à guet à pen-fée , puis Soleil couchant juſqu'au Soleil levant . . . . . . nul Meurtre n'eſt ſans Trahiſon.*

C'eſt donc la *Trahiſon* qui forme le principal caractere de ce Crime ; & cette Trahiſon ſe manifeſte ordinairement par les cir-conſtances qui l'accompagnent ou le précedent.

Les CIRCONSTANCES qui l'accompagnent ſe tirent, ou de la *Qualité* des Armes qui ſont offenſives, comme Piſtolets, Arque-buſes , & autres Armes défendues , dont nous avons parlé plus haut ; ou du *Tems*, comme ſi c'eſt pendant la Nuit, depuis le So-leil couchant juſqu'au levant , ou autre Heure ſuſpecte ; ou du *Lieu*, comme ſi le Meurtrier a été vû en embuſcade ſur un Che-min où celui qui a été tué avoit coûtume de paſſer ; ou bien de la *Qualité des Plaies*, comme ſi elles ont été faites par-derriere , ou à la Tête , ou ſur les Reins , ou en différens endroits du Corps ; ou bien l'*Habillement*, comme ſi l'habit que portoit le Meurtrier n'é-toit pas le même qu'il avoit coûtume de porter , & s'il étoit tra-veſti , ou s'il portoit un Maſque.

Les Circonſtances qui précedent ſont , l'*Embuſcade* où l'on a vû le Meurtrier auprès de la Maiſon de celui qui a été tué ; la *Délibération ſecrette* qu'on lui a vû faire avec d'autres quelque tems auparavant ; la *Vente* qu'il a faite de ſes Effets avant le Meur-tre ; les *Menaces* qu'on lui auroit entendu faire contre la Perſonne qui a été tuée ; les *Querelles* qu'ils auroient eu enſemble ; le *Pro-fit* conſidérable qui devoit lui revenir de la Mort de celui qui a été tué ; & enfin la *Mauvaiſe Renommée* de celui qui eſt accuſé du Meurtre. *Voyez* au ſurplus ce que nous avons dit ci-devant, ſous le Titre de la PREUVE, où nous avons rapporté les Indices par-ticuliers à ce Crime.

Comme cette eſpece d'Homicide eſt le pur effet du Dol & de la Malice , & qu'il ne peut être excuſé en aucune maniere , c'eſt contre lui que ſe font élevées principalement toutes les Loix , & qu'elles prononcent irrémiſſiblement la Peine de Mort : *ſi quis per induſtriam* , eſt-il dit dans le TEXE SACRÉ, *occiderit proximum ſuum, & per inſidias , ab altari meo evelles eum ut morte moriatur.*

Le DROIT CANONIQUE a tellement ce Crime en horreur, que c'eſt le ſeul, comme le remarque Damhouder , qu'il ait jugé digne de Mort, ſur le fondement de cette Maxime du Droit Na-turel, *quod quiſque alteri facere voluerit, ipſe patiatur ;* auſſi voit-on qu'il a établi les Peines les plus ſéveres contre les Eccléſiaſti-

*L. Is qui, 7. Cod. ad leg. Cornel. de Siccar.*

*V. Inſtit. au Dr. crim. part. 6. c. 5. §. 2.*

*V. Exod. ch. 21. y. 14.*
*V. Cap. 1. Extr. de Homicid.*
*V. Damh. Prat. crim. cap. 67.*
*V. Cap. ſignifi-caſti, Extr. de Ho-micid.*

V. Can. Si quis
homicidium, 41.
dist. 5.

ques qui font convaincus de ce Crime, qu'il ne fe contente pas
de prononcer contr'eux l'irrégularité & l'incapacité de poffléder
des Bénéfices & d'être promûs aux Ordres ; mais qu'il leur impofoit des Pénitences extrêmement rigoureufes, qui étoient proportionnées à la qualité de la Perfonne qui avoit été tuée ; ainfi,
par exemple, fi c'étoit un Evêque, la Pénitence étoit de quinze
années avec jeûne au pain & à l'eau ; fi c'étoit un Prêtre, de douze ; un Diacre, de dix années, pendant trois defquelles le Meurtrier devoit jeûner au pain & à l'eau ; fi c'étoit un fimple Clerc
ou Laïc, de fept années, avec jeûne au pain & à l'eau pendant

V. Can. Si quis
volontate, 44.
dist. 50.

V. feff. 14. de
Reform. c. 7.

trois années. De plus, le Meurtrier étoit exclus de l'entrée de
l'Eglife, & ne pouvoit s'approcher de la Communion pendant
tout le tems que duroit fa Pénitence, fi ce n'eft à l'article de la
Mort. Le Concile de Trente a prononcé les mêmes Peines d'irrégularité, & d'exclufion abfolue de l'état Eccléfiaftique ; ce Concile veut même que ces Peines ne laiffent pas que d'avoir lieu,
quoique ce Crime feroit caché, & ne feroit point prouvé par les
regles de l'Ordre judiciaire.

Le DROIT ROMAIN ne s'eft pas montré moins févere contre ces
fortes d'Homicides ; il paroît par la Loi CORNEL. de ficariis, que
celui qui en étoit Coupable, étoit condamné à l'Expofition aux
Bêtes, s'il étoit Roturier, & à la Déportation, s'il étoit conftitué
en Dignité : cette Peine étoit auffi augmentée, fuivant la
qualité de la Perfonne qui avoit été tuée ; ainfi lorfque le Meurtre avoit été fait par un Efclave fur la Perfonne de fon Maître, il
y avoit Peine du Feu ; ce qui s'exécutoit avec une telle rigueur,
que tous les Efclaves d'une Maifon, où le Meurtre avoit été com-

L. penult. ff. ad
leg. Corn. de Sicar.
& la L. 12. Cod.
de his qui ut indign.

mis, étoient affujettis à la même Peine, lorfque l'Auteur du Meurtre n'étoit point connu. D'ailleurs on puniffoit également, fuivant ce Droit, celui qui avoit tenté de commettre ce Crime,
comme celui qui l'avoit entierement confommé ; & celui qui l'a-
voit fait commettre, ou y avoit donné lieu, comme celui qui

L. Divus Adria-
nus, 14. ad L. Cor.
de Sicar.

l'avoit commis, fur le fondement de cette Maxime, in atrocibus
voluntas fpectatur, non exitus.

DANS NOTRE USAGE nous avons adopté les difpofitions du
Droit Romain, en ce que nous ne regardons pas feulement comme coupables de ce Crime ceux qui l'ont commis, mais encore
ceux qui ont tenté de le commettre : qui hominem volontarie oc-
cidere voluerit, & perpetrare non potuerit, ut homicida habeatur; c'eft
la difpofition d'un Capitulaire de Charlemagne, doù eft tirée

cette regle de notre Droit François, rapportée dans LOYSEL, qu'*en tous méfaits, la volonté est réputée pour le fait.*

*V. Loyſ. liv. 6. tit. 1. regl. 1.*

Il eſt vrai que MORNAC, qui rapporte ce Capitulaire ſur la Loi VII. au Code *ad Leg. Cornel. de Sicariis,* remarque en même tems, qu'il n'eſt point ſuivi aujourd'hui dans toute ſa rigueur, & qu'il faut, pour être réputé Meurtrier, qu'il y ait quelque Acte prochain, qui marque l'intention formelle où l'on étoit de commettre ce Crime ; l'on entend par *Acte prochain,* v. g. s'il y a eu quelques coups de donnés, ou ſi le Fuſil a été tiré, & a fait faux feu.

*V. Mornac, in leg. 1. §. quid obſ. conat. ff. de Juriſd. V. Theven. liv. 4. tit. 13. des aſſaſſ. art. 1.*

Nous avons ſuivi pareillement la diſpoſition du Droit, en ce que les Complices du Meurtre ſont ſujets, parmi nous, à la même Peine que les Auteurs du Crime ; & parmi les Complices, nous comprenons non-ſeulement ceux qui aident à le commettre, & qui accompagnent les Meurtriers, mais encore ceux qui leur donnent retraite après le Crime commis ; c'eſt la diſpoſition expreſſe des Ordonnances d'Henri II. en Juillet 1557 ; de Charles IX. à Moulins, article xxvj. & d'Henri III. à Blois, article cxciij.

AINSI, toute la différence qui ſe trouve entre notre Droit & le Droit Romain par rapport à ce Crime, regarde ſeulement ſa Peine. Cette Peine, ſuivant nos Ordonnances, eſt toûjours celle du dernier Supplice, ſans aucune diſtinction de la Qualité du Meurtrier ; ainſi le Noble eſt puni à cet égard de même que le Roturier, ſuivant cette regle du Droit François que nous avons citée : *toutes fois où le Noble ſeroit convaincu d'un vilain cas, il ſera puni comme le Vilain ;* ce dernier ſupplice eſt celui de la Roue au lieu de la Potence, qui eſt attachée au ſimple Homicide. Cette Peine, qui eſt portée par l'Ordonnance de François I, en Janvier 1534, & par l'art. ij. de l'Edit de Juillet en 1557, eſt même quelquefois convertie en celle du Feu vif, lorſque le Meurtre eſt joint au Sacrilége, comme celui d'un Prêtre ou d'un Religieux.

Il y a encore cela de particulier, que la Peine de ce Crime ne peut être remiſe, même par les Lettres du Prince ; c'eſt la diſpoſition de l'art. clxxxxiv. de l'Ordonnance de Blois, renouvellée par l'art. iv. du Tit. XVI. de l'Ordonnance de 1670, qui défend aux Juges d'avoir aucun égard à ces Lettres, au cas que quelques-unes ayent été ſurpriſes par importunité ou autrement.

# CHAPITRE II.

## De l'Assassinat.

ON sçait que ce Crime a tiré son nom d'un Prince des Arsacides ou Assassins, appellé *le Vieil de la Montagne*, qui demeuroit entre Damas & Antioche, dans un Château où il élevoit des Jeunes-gens, dont il se servoit pour assassiner les Rois & les Princes ses ennemis.

Quoique ce Crime se trouve le plus souvent confondu dans nos Ordonnances avec celui du Meurtre de Guet-à-pens, parce qu'ils se font l'un & l'autre avec avantage & en trahison, il y a néanmoins plusieurs différences remarquables entr'eux : ces différences, qui sont remarquées par *Theveneau*, consistent, 1°. en ce que dans le *Meurtre*, celui qui le commet ou le fait commettre, y met la main lui-même, ou il y est présent ; au lieu que dans l'*Assassinat*, celui qui le commet ne veut paroître en l'acte, ni en être connu l'Auteur, mais le fait faire par un tiers à prix d'argent, ou sous quelques promesses : 2°. le Crime d'*Assassinat* ne se commet pas seulement par ceux qui tuent, mais encore par ceux qui outragent, excedent, ou *recourrent* des Prisonniers des mains de la Justice ; au lieu que le *Meurtre* ne se commet proprement que par ceux qui ôtent la vie : 3°. pour commettre l'*Assassinat*, il ne faut que la seule machination ou attentat, sans qu'il soit besoin qu'il y ait des coups donnés, ni du sang répandu, mais seulement que cet Attentat soit marqué par quelque écrit ou convention, ou par la réception de quelque somme d'argent, ou autres actes de cette espece qui précedent le Crime, comme d'avoir attendu quelqu'un en embuscade sur son passage ; au lieu que pour le *Meurtre* il faut, comme nous l'avons dit, qu'il y ait quelqu'acte prochain & immédiat du Crime, ce que les Auteurs appellent *actus morti proximus*.

Toutes ces différences sont fondées principalement sur la disposition de l'artic. clxxxxiij. de l'Ordonnance de Blois, qui est conçue en ces termes : « Pour le regard des ASSASSINATS, ou » ceux qui pour prix d'argent ou autrement se louent pour tuer, » outrager, exceder aucuns, ou recourrent des Prisonniers crimi- » nels des mains de Justice ; ensemble ceux qui les auront loués
» ou

*V. Theven. liv. 4. tit. 13. art. 1.*

» ou induits pour ce faire, nous voulons la seule machination ou » Attentat être puni de Mort à tous, encore que l'effet ne s'en soit » ensuivi, dont nous n'entendons donner aucune grace ni rémis- » sion ; & où aucune par importunité seroit octroyée, défendons » à nos Juges d'y avoir égard, encore qu'elle fût signée de notre » main & contresignée par un de nos Secrétaires d'Etat ». Cette disposition a été renouvellée par l'art. iv. du Tit. XVI. de l'Or- donnance de 1670.

Cette Ordonnance ne s'explique point dans cet article, sur le genre de mort dont elle veut que soient punis les Assassins, quoi- que par l'article précédent, elle prononce expressément la Peine de la Roue contre les Meurtriers de Guet-à-pens ; d'où il faut conclure, suivant THEVENEAU, qu'elle a voulu laisser cette Peine à l'arbitrage du Juge, selon les circonstances du fait & des Personnes ; parce qu'en effet il ne seroit pas juste, comme dit DURET en son Commentaire sur le même article, de punir aussi sévérement celui qui s'est seulement mis en devoir d'accomplir sa Délibération, que celui qui auroit entiérement effectué sa Vo- lonté. Aussi il y a des Auteurs, tels que Farinacius & l'Annota- teur de Jules Clare, qui pensent que s'il paroît par les circons- tances, que les Assassins n'en vouloient point directement à la vie de celui qu'ils ont tué, comme s'ils ne s'étoient servis que de bâtons ou cannes, & non d'instrumens perçans, tranchans, ou assommans, ce ne seroit point alors le cas de leur faire subir la Peine ordinaire de ce Crime, mais qu'il y auroit lieu de la con- vertir, ou en un genre de mort moins rigoureux, ou en d'autres Peines afflictives suivant la Qualité des Personnes ; c'est aussi ce dernier tempérament, comme fondé sur l'équité naturelle, qui paroît avoir été adopté par notre Jurisprudence.

*V. Jules Clare; §. Assassinium. V. Farin. quest. 123. §. 172.*

Au reste, il paroît que nos Loix n'ont rien oublié pour assurer la punition d'un Crime aussi dangereux. On trouve dans le Code HENRY plusieurs Ordonnances, qui permettent aux Commu- nautés de faire sonner le Tocsin sur les Assassins, & aux Villes & Bourgs de faire fermer leurs Portes pour empêcher qu'ils ne s'é- vadent ; il leur est même enjoint de *courre* sur eux, lorsqu'ils sont *masqués* & armés, & de prêter main-forte aux Prevôts des Ma- réchaux ; & de les déclarer aux Officiers royaux les plus pro- chains des lieux où ils auront été trouvés. Enfin, il leur est dé- fendu de les retirer chez eux lorsqu'ils sont poursuivis en Justice, à peine d'être punis de la même Peine que les Coupables.

*V. Code Henry. liv. 2. V. aussi Theven. liv. 4. tit. 14. art. 2. & 4.*

V v v

## CHAPITRE III.

### De l'Empoisonnement.

DE tous les Meurtres de Guet-à-pens, il n'en est point de plus énorme ni de plus dangereux que celui-ci, tant à cause de la noire trahison qu'il renferme, que de l'espece d'impossibilité qu'il y a de s'en garantir, comme étant le plus souvent préparé par nos Proches, ou par des Gens qui ont notre confiance la plus intime. D'ailleurs, les autres Crimes sont ordinairement l'effet d'une volonté passagere, ou qui ne dure que peu de tems; au lieu que celui-ci renferme une fureur qui passe en nature, & qui fait voir avec patience, pendant des années entieres, distiller ces mortelles gouttes qui détruisent l'Homme & le conduisent insensiblement au tombeau. Aussi il n'est point de Crime contre lequel les Législateurs ayent cru devoir prendre des précautions plus multipliées. Le Droit civil, le Droit canonique, & nos Ordonnances contiennent à ce sujet une foule de dispositions également sages & rigoureuses.

Les Loix *Romaines* réputent ce Crime plus grand que celui commis par le Glaive, *plus est*, dit la Loi premiere au Code de Malef. & Mathem. *hominem extinguere veneno quàm gladio*; aussi elles ne prononcent pas seulement la Peine de mort contre ceux qui donnent le Poison, mais encore contre ceux qui l'ont fabriqué, ou qui l'ont vendu en public.

Le Droit *Canonique* prononce contre les Ecclésiastiques qui ont eu le malheur de tomber dans ce Crime, la Dégradation & l'Abandonnement au bras séculier. Duperray, en son Traité de *l'Etat & Capacité des Ecclésiastiques*, rapporte les dispositions de plusieurs Conciles, entr'autres de ceux d'Arles & d'Avignon, qui prononcent toutes ces Peines, non-seulement contre les Auteurs, mais encore contre les Complices de ce Crime; & qui ajoûtent que l'on doit se servir de toute la prudence pour en découvrir les Auteurs; que les Présomptions sont d'une grande considération en cette matiere; & enfin qu'il ne doit être permis de vendre du Poison, si ce n'est par ordre du Magistrat.

C'est sur le fondement de toutes ces Loix, que par les Ordonnances du Royaume, & notamment par l'Edit de Juillet 1682,

V. Duper. liv. 5.
ch. 7. max. 16. &
suiv.

la peine de Mort eft prononcée indiftinctement ; 1°. contre Ceux qui font convaincus de s'être fervi de Poifon, foit que la Mort s'en foit enfuivie ou non ; 2°. contre Ceux qui font convaincus d'avoir compofé ou diftribué du Poifon pour empoifonner ; 3°. contre Ceux qui font convaincus d'avoir attenté à la Vie de quelqu'un par Vénéfice & Poifon, enforte qu'il n'ait pas tenu à eux que le Crime ait été confommé ; 4°. contre les Fauteurs & Complices de ce Crime. Ce même Edit répute *Fauteurs & Complices,* ceux qui ayant connoiffance qu'il a été travaillé à faire du Poifon, ou qu'il en a été demandé ou donné, ne le dénoncent pas inceffamment aux Procureurs Généraux ou à leurs Subftituts, & en leur abfence au premier Officier public : & pour d'autant mieux engager ceux-ci à faire ces Dénonciations, cet Edit ajoûte que les Dénonciateurs ne feront tenus à aucune Peine, pas même aux Intérêts civils, dans le Cas où les Perfonnes comprifes dans leurs Dénonciations, viendroient dans la fuite à être déchargées de leurs Accufations ; lorfqu'ils auront déclaré & articulé des Faits ou des Indices confidérables qui feront trouvés véritables & conformes à leurs Dénonciations, & il déroge pour cet effet à l'art. lxxiij. de l'Ordonnance d'Orléans.

*V. art. 4. de l'Edit de Juillet 1682.*

*V. art. 5.*

*V. même art.*

ENFIN, pour empêcher le progrès de ces fortes de Crimes, qui devenoient de jour en jour plus fréquens, ce même Edit contient plufieurs Difpofitions remarquables, qui prefcrivent les Précautions néceffaires qui doivent être gardées à cet effet. Ces Précautions tendent à déterminer les Efpeces de Poifon qu'il eft permis d'avoir & de vendre ; la Qualité des Perfonnes qui peuvent vendre ou acheter ces Poifons, & enfin les Formalités particulieres que doivent obferver Ceux qui les vendent, les employent ou les gardent chez eux.

1°. Les POISONS qu'il eft permis d'avoir & de vendre, font ceux qui entrent en plufieurs Compofitions néceffaires, comme l'*Arfénic*, le *Réagale*, l'*Orpiment*, & le *Sublimé*. Il eft défendu d'en avoir d'autres, foit fimples, foit naturels, foit compofés, à toutes fortes de Perfonnes, à peine de la Vie ; & même aux Médecins, Apoticaires & Chirurgiens, à peine de Punition exemplaire. Parmi ces Poifons défendus, font compris, fuivant cet Edit, non feulement ceux qui peuvent caufer une Mort précipitée, mais auffi ceux qui en altérant peu-à-peu la fanté, caufent des Maladies.

*V. art. 5.*

*V. art. 6.*

2°. Les PERSONNES à qui il eft permis d'en vendre, font les

*V. art. 7.*

seuls *Marchands Epiciers-Droguistes* qui demeurent dans les Villes.

3°. Ceux à qui il est permis d'en acheter, sont les *Médecins*, *Apoticaires*, *Chirurgiens*, *Orfévres*, *Teinturiers*, *Maréchaux*, & autres Personnes *publiques*, qui par leurs Professions sont obligées d'en employer.

4°. Les Précautions qui doivent être gardées par rapport à ces sortes de Poisons, consistent, 1°. en ce que les Marchands doivent les livrer eux-mêmes, faire écrire à ceux à qui ils en ont vendu, ou écrire eux-mêmes pour eux, lorsqu'ils ne sçauront pas écrire, sur un Registre particulier qu'ils tiendront à cet effet, leurs Noms, Qualités & Demeure, & la Quantité qu'ils auront prise de ces Minéraux ; 2°. lorsqu'il se présente des Chirurgiens & Maréchaux des Villages, qui sont inconnus aux Marchands, ceux-ci ne leur en doivent délivrer que sur des Certificats en bonne forme, contenant leurs Noms, Demeures & Professions, signés du Juge des Lieux, ou d'un Notaire & de deux Témoins, ou du Curé, & des principaux Habitans ; 3°. ceux qui vendent ou achetent ces Minéraux, doivent les tenir en des lieux sûrs, dont ils gardent la Clef eux-mêmes, & écrire sur un Registre particulier la Qualité des Remedes où ils auront employé lesdits Minéraux, le Nom de ceux pour qui ils auront été faits, & la Quantité qu'ils auront employée ; & d'arrêter à la fin de chaque année sur ces Registres, ce qui leur en restera, le tout à peine de 1000 liv. d'Amende pour la premiere fois, & de plus grande s'il y échet ; 4°. ceux qui ont droit de vendre ou d'employer ces Minéraux, tels que les Médecins, Apoticaires, Epiciers-Droguistes, Orfévres, Teinturiers, Maréchaux, ne peuvent les distribuer en substance à quelque personne que ce puisse être, & sous quelque prétexte que ce soit, à peine de Punition corporelle ; & ils sont tenus de composer eux-mêmes, ou faire composer en leur présence par leurs Garçons, les Remedes où il doit entrer nécessairement de ces Minéraux, qu'ils pourront donner ensuite à ceux qui les demanderont, pour s'en servir aux usages ordinaires ; 5°. il est défendu par le même Edit, à peine de Punition exemplaire, à toutes personnes, autres que les *Médecins approuvés* ; & dans le lieu de leur résidence, aux *Professeurs de Chimie & Maîtres Apoticaires*, d'avoir chez eux des Laboratoires, sous quelque prétexte que ce soit, sans en avoir obtenu la Permission par des Lettres du Grand-Sceau, qui seront présentées en conséquence aux Juges Royaux & Officiers de Police ; 6°. il est dé-

V. *art.* 7.

V. *art.* 8.

V. *art.* 9.

fendu pareillement, fous la même peine de Punition exemplaire, aux *Diſtillateurs, Vendeurs d'Eau-de-vie*, de faire d'autres Diſtillations que celles de leurs Eaux-de-vie & de l'Eſprit de Vin, ſauf à être choiſi parmi eux le nombre qui ſera néceſſaire pour la Confeſſion des Eaux-fortes, auxquelles ces derniers ne pourront néanmoins travailler qu'en vertu des Lettres de S. M. & après avoir fait leurs déclarations ; 7°. enfin, Défenſes générales ſont faites à tous autres qu'aux Médecins & Apoticaires, d'employer aucun Inſecte vénéneux, comme *Serpens, Crapeaux, Viperes*, & autres ſemblables, ſous prétexte de s'en ſervir à des Médicamens, ou à faire des Expériences, ou autre prétexte que ce ſoit, s'ils n'en ont la Permiſſion expreſſe & par écrit.

V. *art.* 11.

V. *art.* 10.

CET EDIT ne déterminant point le genre de mort que doivent ſubir ceux qui ſont convaincus de ce Crime, ſemble laiſſer par-là aux Juges la liberté de l'infliger ſuivant les circonſtances du Crime, & la qualité des Perſonnes ; ainſi lorſqu'il ſe trouve joint à l'*Impiété* & au *Sacrilége*, ou qu'il eſt employé ſous prétexte de *Magie*, c'eſt le cas d'infliger la peine du Sacrilége ou de la Magie, qui eſt celle du *feu vif*. S'il eſt commis dans la perſonne d'un *Souverain*, c'eſt la peine du Crime de lèze-Majeſté au premier chef, dont nous avons parlé ci-devant. Si c'eſt dans la perſonne d'un *Prêtre*, c'eſt encore le cas de la peine du Sacrilége ; on trouve dans la Rocheflavin un Arrêt qui condamne un Chanoine de Laval à être brûlé vif, pour avoir verſé du poiſon dans le Calice du Doyen, quoique celui-ci n'en fût pas mort. Si c'eſt dans la perſonne d'un *Maître* que ce Crime a été commis par ſon Valet, c'eſt le cas de la Rouë. Il y a un Arrêt du 24 Mars 1673, rapporté dans les Cauſes célébres, qui condamne à cette peine le nommé *la Chauſſée*, Laquais de M. *Aubray*, Conſeiller en la Cour, pour avoir empoiſonné ſon Maître. S'il eſt commis par une *femme* ſur la perſonne de ſon mari, c'eſt le cas de la Potence, ou de la Tête tranchée, ſi la perſonne eſt d'une condition diſtinguée ; il y en a deux exemples fameux rapportés dans les Cauſes célébres : on ajoute auſſi quelquefois que le corps ſera brûlé après l'exécution, comme il paroît par les Arrêts rapportés dans les Notes ſur Imbert. Enfin, ſi c'eſt dans la perſonne d'un *Pere, Mere*, ou autres aſcendans, il y a lieu à la peine du Parricide dont il ſera parlé ci-après.

V. *Imb. liv.* 3. *ch.* 22. *n.* 18.

Au reſte, il paroît que ſuivant la derniere Juriſprudence, la peine ordinaire de ce Crime eſt celle du Feu ; il y a un Arrêt du

3 Mars 1732 qui a condamné à ce supplice la nommée *Eugénie Pic*, préalablement appliquée à la question ordinaire & extraordinaire.

L'on peut mettre dans la Classe des Empoisonneurs les *Corrupteurs de Fontaines publiques*, dont il est parlé dans la Loi première au ff. *de extraordin. Crim.* Ceux-ci sont d'autant plus punissables, que l'effet de leur Crime se trouve plus étendu. On ne peut se rappeller sans horreur le complot détestable dont furent accusés en l'année 1321 sous le régne de Philippe-le-Long, les *Ladres* qui étoient alors en grand nombre dans Paris, d'empoisonner tous les Puits & Fontaines de cette Ville, en y jettant leurs ordures ou des sachets de Poison.

*V. Abr. chronol. de Mezeray, t. 5.*

---

# CHAPITRE IV.

## Du Parricide.

*V. le tit. du ff. de leg. Pomp. de Parricid.*

*L. Necessarium, 2. §. 23. ff. de origine Juris.*
*V. Cicer. 20. de Legib.*

SOUS CE NOM étoient compris chez les Romains toutes sortes d'homicides; c'est pour cela que, dans la Loi des XII. Tables, les Magistrats qui étoient préposés à la poursuite des Crimes capitaux, sont appellés *Questores Parricidii*; c'est aussi par cette raison que dans tous les Jugemens rendus pour Crimes capitaux, on se servoit de cette clause, *Parricida esto.* Mais dans la suite ce nom ne fut plus employé qu'à désigner ceux qui avoient tué leurs Pere, Mere, leurs Enfans, Mari ou Femme, ou autres personnes qui leur étoient proches & alliés, jusqu'au degré de Cousin-germain & de leurs enfans. Enfin, par les Constitutions de Constantin & de Justinien, la signification de ce nom a été restrainte uniquement à ceux qui tuent leurs Pere, Mere, Ayeuls, ou leurs enfans.

*L. 1. ff. de Leg. Pomp. de Parricid. L. Sed sciendum, 3. & L. Cum Pater, 4. ibid.*

*L. unica, Cod. de his qui parentes vel liberos occiderunt.*

DANS notre usage, nous n'appellons proprement du nom de *Parricides* que les Enfans qui tuent leurs Pere & Mere & autres ascendans; & comme les Rois sont les Peres des Peuples, nous appellons aussi *Parricides* ceux qui osent attenter à leurs personnes.

ANCIENNEMENT, c'est-à-dire dans les premiers tems de la République Romaine, il n'y avoit aucune Loi particuliere qui prononçât des peines contre cette derniere espece de *Parricide*;

parce que, comme le remarquent les Historiens, il ne tomboit point en pensée qu'il se trouvât jamais quelqu'un assez dénaturé pour tuer ceux de qui ils ont reçu le jour. Le premier qui fut accusé de ce Crime fut un certain *L. Ostius*, environ 600 ans depuis la fondation de Rome : cet exemple & d'autres qui suivirent, donnerent lieu à l'établissement d'une Peine ; & cette Peine qui a été depuis confirmée par la Loi *Pompeia de Parricidiis*, consistoit à être foüetté avec des verges ensanglantées, ensuite enveloppé dans un sac de cuir avec un chien, un coeq, une vipere, un singe, & être jetté dans la mer, ou dans une riviere ; ou bien on faisoit dévorer le Criminel par les bêtes, si la mer ou le fleuve étoit trop éloigné ; & cela afin que, comme remarque Justinien dans les Instituts, celui-là fût privé de tous les élémens, même dès son vivant, qui avoit osé ôter la vie à celui dont il l'avoit reçûe.

*V. Plutarq. obser. in Rom.* 10.

*L. penult. ff. ad leg. Pomp. de Parricid. ibid. L. unica, Cod. de his qui parentes vel liberos occiderunt. V. Instit.* §. 1. *alia deinde,* 6. *de publ. Jud.*

L'on trouve encore, sous les même Titres du Droit, plusieurs dispositions remarquables par rapport à ce Crime ; sçavoir, 1°. qu'il ne pouvoit se prescrire par aucun tems : 2°. que les complices, quoique non Parens, devoient subir la même Peine que les Auteurs du Crime : 3°. que ceux qui avoient seulement tenté de le commettre, n'étoient pas moins punis que ceux qui l'avoient entierement consommé : 4°. que si celui qui étoit poursuivi pour ce Crime, venoit à mourir pendant ces poursuites, ses Biens étoient dévolus au fisc.

*L.* 1. 1. 6. 7. 8. *&* 10. *ff. ad leg. Pomp. de Parricid.*

Dans ce Royaume, la Peine ordinaire de ceux qui ont tué leurs Pere & Mere, ou autres Ascendans, est celle de la Roue, précédée de l'Amende-honorable avec le Poing coupé. Il y en a plusieurs Arrêts rapportés par *Joannes Gally Expilly*, & *Papon*. Il y a d'ailleurs cela de remarquable, que quoique ce Crime ne soit point imprescriptible parmi nous, comme chez les Romains, néanmoins la prescription n'a point l'effet d'ôter la Peine de l'*indignité* qu'encourent les Parricides du jour du Crime commis, tant par rapport à la succession de ceux qu'ils ont tués, que de tous autres, & même ils sont privés de la faculté de disposer de leurs propres Biens ; de maniere qu'ils sont censés dès-lors dans les liens de la Mort civile : ainsi jugé par plusieurs Arrêts rapportés dans Bardet, le Bret, Brillon, & dans le sixieme tome du Journal des Audiences ; il a même été jugé par un Arrêt du 7 Août

*V. Bard. tom.* 1. *liv.* 1. *chap.* 49. *&* 63. *Lebret, des Succeff. liv.* 1. *ch.* 4. *sect.* 6. *Dict. des Arr.* verbo *PARRICIDE. Journ. des Aud. liv.* 6. *ch.* 17.

*V. Louet, lett. I.*
*somm. 20.*

1604, rapporté par Louet, que l'indignité de fuccéder paffoit jufqu'aux Enfans du Parricide.

A L'ÉGARD du Meurtre d'une Femme par fon Mari, ou du Mari par fa Femme, nous ne fuivons point la difpofition du Droit Romain, qui mettoit ce Crime au nombre des PARRICIDES. Il y a des Auteurs, tels que Jean Faber en fes Inftitutes, Bodin, & autres cités par BRUNEAU, qui prétendent que ce Crime eft plus énorme que celui de tuer fes Pere & Mere, & fe fondent pour cela fur différens paffages du Nouveau Teftament. C'eft d'après

*V. Brun. part. I.*
*tit. 10. max. 5.*

ces Auteurs que BRUNEAU établit pour Maxime, que la Femme ou le Mari qui tombent dans ce Crime, doivent être condamnés à être brûlés vifs, ayant devant les yeux la Chemife fanglante qu'avoit lors de l'action le Mari ou la Femme qui a été tuée. Mais il paroît par les dernier Arrêts qui ont été rendus à ce fujet, que le genre du Supplice dépend principalement des circonftances qui ont accompagné ce Crime, & que l'on diftingue fur-tout ceux qui tuent de leur propres mains, de ceux qui fe fervent de la main d'autrui pour commettre ce Crime ; nous en avons vû un exemple récent dans la Femme *Lefcombat*, qui, pour avoir fait tuer fon Mari par le nommé *Mongenot*, a été condamnée à la Potence, & le Meurtrier à la Roue.

# CHAPITRE V.

## De l'Infanticide.

*L. Sed fciendum,*
*3. ff. de leg. Pomp.*
*de Parricid.*

NOus venons de voir, d'après les Loix rapportées dans le Chapitre précédent, que fous le nom de PARRICIDE étoit compris, non-feulement le Crime des Enfans qui tuoient leur Pere & Mere, mais encore celui des Pere & Mere qui tuoient leurs Enfans ; cependant il faut convenir qu'on y a toûjours mis quelque différence, foit dans le Droit Romain, foit dans notre Jurifprudence.

DANS l'ancien Droit Romain, la puiffance paternelle étoit telle, comme nous l'avons dit, que les Peres avoient droit de Vie & de Mort fur leurs Enfans : cependant ce Droit n'étoit point arbitraire ; il paroît qu'ils ne pouvoient l'exercer que dans le

cas

cas de l'extrême pauvreté qui les mettoit hors d'état de les nourrir, c'est-à-dire qu'il avoient alors le choix de les tuer ou de les vendre, ou de les engager, ou enfin de les exposer; ce fut l'Empereur Conftantin qui s'éleva le premier contre un abus si odieux, & entreprit de le faire ceffer par l'établiffement d'une Maison publique, qui fervît d'afyle à ceux qui feroient dans la difette & l'indigence; c'eft ce qui paroît par les Loix 1. & 2. au Code *de Aliment. quæ Parentes inopes.*

MAIS le nombre des Pauvres s'étant multiplié à tel point, que cette Retraite ne pouvoit leur fuffire, ce même Empereur fut obligé de permettre, par une autre Conftitution, aux Peres de vendre leurs Enfans, à la charge néanmoins qu'ils ne pourroient les reprendre qu'en rembourfant le prix, ou en donnant caution de le rendre. Mais enfin, la néceffité de ce rembourfement & du cautionnement ayant rendu ces fortes de rachats extrêmement rares & difficiles, la piété du Grand Théodofe le porta à ne point permettre que les Enfans puiffent en fouffrir; & il ordonna par une nouvelle Conftitution, que malgré le défaut de rembourfement, ceux-ci ne laifferoient pas que d'acquérir leur premiere liberté; à quoi Juftinien a ajoûté, qu'ils demeureroient même affranchis de la puiffance paternelle.

*L. 3. Cod. de Infant. expof.*

Il y avoit auffi anciennement un Abus encore plus horrible, qui fe pratiquoit parmi les Payens, comme le remarque TERTULLIEN en fon *Apologétique;* c'étoit celui d'immoler des Enfans en Sacrifice. Cette Coûtume barbare s'étoit introduite principalement en Afrique jufqu'au tems du Proconfulat de TIBERE, qui fit mettre en Croix les Prêtres qui les immoloient fur les mêmes Arbres aux pieds defquels s'étoient faits les Sacrifices; enforte que fi dès-lors il eft refté quelques veftiges de pareilles Immolations, les Exemples ne s'en font paffés qu'en fecret. L'on a accufé fur-tout les Juifs de ce Crime détestable; & l'on voit par la Loi *Judæos* 11. au Code *de Judæis,* que les Empereurs HONORIUS & THÉODOSE ordonnent la Recherche & la Punition de certains Juifs, qui en haine de la Religion Chrétienne, fufpendoient les Enfans en Croix, & les y foüettoient jufqu'à la Mort.

L'on peut auffi rapporter à ce Crime, celui connu anciennement fous le nom d'ENCIS, qui eft le Meurtre d'une Femme enceinte, ou de fon Fruit quand il eft dans fon Ventre. Il eft parlé de ce Crime dans le Chap. xxv. des Etabliffemens de S. Louis

X x x

de l'année 1270, & dans les art. xliv. & lj. des Coûtumes d'Anjou & du Maine, qui le mettent dans la Claffe des Grands Cas, dont les Haut-Jufticiers peuvent connoître.

DANS notre Ufage actuel, l'Infanticide eft connu principalement fous trois Qualifications différentes, qui fe tirent des différentes manieres de le commettre ; ou il eft commis envers des Enfans qui ne font pas encore nés, & dont on empêche la Naiffance, & il eft appellé *Avortement volontaire* ; ou il fe commet envers des Enfans nouveau-nés, que l'on fupprime ou que l'on **expofe** à la merci du Public, & il eft appellé *Suppreffion de part* ou *Expofition d'Enfans* ; ou enfin il fe commet envers des Enfans que l'on a élevés, & que l'on tue dans la chaleur de la Colere, ou à deffein prémédité, & c'eft l'*Infanticide* proprement dit. Mais comme ce dernier rentre dans la Claffe des *Homicides fimples* ou *qualifiés*, fuivant les circonftances qui l'accompagnent, il eft auffi puni des mêmes Peines que ceux-ci. Il ne nous refte donc plus qu'à dire un mot des deux premiers, qui fe reglent par des Principes & par des Loix particulieres.

## §. I.

### De l'Avortement volontaire.

Ce Crime eft d'autant plus condamnable, qu'il peut fe commettre avec plus de fécurité, à caufe de l'incertitude & de la diverfité des Termes de l'Accouchement. Il fe commet ordinairement par des *Filles*, qui ayant eu le malheur de fe laiffer débaucher, prennent certains Breuvages ou Médicamens pour détruire leur Fruit. Il fe commet auffi quelquefois par des *Femmes mariées*, dans des vûes d'intérêt ou de vengeance contre leurs Maris.

*V. Imbert, liv. 3. ch. 22. n. 15.*

L'on a agité parmi les Criminaliftes, la Queftion de fçavoir fi l'Avortement volontaire étoit un véritable Homicide, & devoit être puni de la peine de ce Crime : il y en a qui ont prétendu qu'on ne pouvoit le regarder comme tel, conformément à la Doctrine des Stoïciens, qui veulent qu'on ne foit réputé du nombre des hommes, que par la naiffance ; d'autres, qui ont prétendu que c'étoit un véritable Homicide lorfque le *Fœtus* fe trouvoit animé, tant parce qu'en le privant de l'avantage de la Naiffance, c'étoit lui ôter le plus grand de tous les biens, que fur le fondement de cette maxime de Droit, qui veut que lorfqu'il s'agit de

*L. Si quis aliquid, §. qui abortionis, ff. de Pœnis. V. Ariftot. l. 70. Polit. cap. 16.*

l'avantage de celui qui est dans le ventre, il soit réputé du nombre des vivans, *cum igitur de commodo ejus qui in ventre est, pro nato habetur.*

Enfin, il y en a qui sont allés plus loin, & ont soûtenu que quand même le *Fœtus* ne se trouveroit pas encore animé lors de l'Avortement, celle qui se le procureroit, ne laissoit pas que d'être regardée comme coupable d'Homicide. Ce dernier sentiment, comme le plus conforme aux Principes de la Religion, a été principalement adopté par les Canons & par les SS. Peres; & c'est ce qui a fait dire à S. Augustin, que toute Femme qui fait ensorte qu'elle ne puisse engendrer autant d'enfans qu'elle le pourroit, se rend par-là coupable d'autant d'Homicides; de même que la Femme qui cherche à se blesser après la conception, se rend coupable d'autant d'Homicides, qu'il se trouve d'Enfans péris par un seul & même Avortement.

*L. Jul. 9. §. si quis, ff. ad exhib. L. Cicero, 39. ff. de Pœnis.*

*V. D'Expilly en ses Arr. ch. 4. Bouchel. verbo AVORTIF.*

*V. Can. Consuluisti, 20. cauf. 2. qu. 5. S. August. serm. 244. Tertul. Apolog. qu. 9. c. 9. Lactant. lib. 9. divin. c. 20.*

Cependant il faut convenir que, suivant les regles de la Justice humaine, la Peine des Femmes ou des Filles qui se procureroient l'Avortement avant que le fruit eût pris vie, devroit être moindre que de celles dont il seroit prouvé que le fruit étoit animé lors de leur Avortement, & qu'il n'y auroit lieu en ce premier cas, qu'à une Peine extraordinaire, *citra mortem.*

AU RESTE si ces Crimes, quoique très-fréquens, ne sont point poursuivis & punis publiquement parmi nous, c'est à cause de la difficulté, ou plûtôt de l'espece d'impossibilité qu'il y a d'en convaincre les Coupables, la Grossesse des Femmes pouvant n'être qu'apparente, & provenir de différens accidens aussi bien que de la Nature.

## §. I I.

*De la suppression de Part., ou Recellement de Grossesse.*

Ce Crime se commet par des Filles ou Femmes qui se défont de leurs Enfans, aussi-tôt qu'ils sont nés, soit en les suffoquant, soit en les jettant dans des Puits, Rivieres, Cloaques, & autres endroits pour en dérober la connoissance au Public. Il en est fait mention dans la Loi pénultiéme au Code *ad Leg. Cornel. de sicariis*, où l'Empereur VALENTINIEN le vieux déclare les Coupables de ce Crime sujets à la Peine capitale, comme s'ils l'avoient commis dans la Personne d'un Homme parfait.

C'est conformément à cette Loi, que nos Rois ont cru devoir contenir par la terreur du dernier Supplice, les Meres assez dénaturées pour se livrer à de pareils excès, & les assujettir par différens Edits à certaines Formalités, dont l'omission suffit pour opérer la conviction de leur Crime.

Parmi ces Edits, le plus remarquable, est celui d'Henri II. à Paris en Février 1556, dont on croit devoir rapporter ici les termes : « ordonnons que toute Femme qui se trouvera avoir cé-
» lé, couvert, & occulté tant sa Grossesse que son Enfante-
» ment, sans avoir déclaré l'un ou l'autre, & avoir pris suffisans
» témoignages de la Vie ou Mort de son Enfant, lors de l'issue de
» son Ventre, & après se trouve l'Enfant privé du Baptême &
» de Sépulture publique & accoûtumée, soit telle Femme tenue
» réputée avoir homicidé son Enfant, & pour réparation punie
» de Mort & du dernier Supplice, & de telles rigueurs que le
» Cas le méritera ».

Postérieurement à cet Edit, il en a été rendu un autre par Henri III. en 1568, par lequel, afin d'empêcher que les Filles & Femmes qui recelleroient leur Grossesse, ne pussent à l'avenir prétendre cause d'ignorance de la Peine qu'elles encourroient en pareil Cas, il est fait injonction expresse aux Curés de publier au Prône des Messes Paroissiales de trois mois en trois mois l'Edit d'Henri II. & aux Procureurs du Roi & des Seigneurs, d'y tenir la main.

La mesme injonction a été renouvellée en dernier lieu, par la Déclaration du 25 Février 1707, registrée en la Cour le 2 Mars de la même année : cette Loi ajoûte, que les Curés seront tenus d'envoyer aux Procureurs du Roi des Bailliages & Sénéchaussées, un Certificat signé d'eux, de la publication qu'ils auront faite de l'Edit d'Henri II. à peine, en cas de refus, d'y être contraints par saisie de leur Temporel.

Enfin par de nouveaux Arrêts de Réglemens de la Cour, il a été enjoint aux Juges mêmes, de tenir la main à ce que les Curés fassent cette publication de trois mois en trois mois ; & de joindre, lorsqu'ils enverront à la Cour les Procès qu'ils auront jugés au sujet des recellemens de Grossesse, un *Certificat* signé d'eux, contenant la derniere publication qui aura été faite de ladite Ordonnance. Ces Arrêts qu'on trouve rapportés au sixième Tome 6e du Journ. des Audiences, ont porté les précautions encore plus loin. Pour assûrer d'autant mieux la preuve de ce Crime, ils ont enjoint, tant aux Juges du Ressort, qu'aux Substituts du Procureur du Roi, de faire visiter les Femmes ou Filles accusées d'avoir défait leurs Enfans, même de faire exhumer les Enfans, fi le *cas y échet*, & les faire vifiter par des Chirurgiens Jurés qu'ils nommeront d'office, lefquels, par le rapport qu'ils drefferont & affirmeront véritable devant ces mêmes Juges, devront déclarer fi les Enfans *étoient à terme*, & s'ils avoient des *ongles* & des *cheveux*.

Au reste, comme aux termes de l'Edit d'Henri II. qui fait la Loi principale en cette Matiere, il paroît que la Peine de Mort ne doit avoir lieu que dans le Cas où la Fille ou Femme convaincue d'avoir été Enceinte, fans avoir fait fa déclaration, ne pourroit conftater que l'Enfant a été Baptifé, qu'il eft Mort d'une Mort naturelle, & qu'elle l'a fait inhumer en Terre-Sainte; il s'enfuit néceffairement, que fi elle pouvoit parvenir à prouver tous ces faits, elle ne feroit point fujette à cette Peine, quoiqu'elle n'auroit pas fait d'ailleurs fa déclaration; à plus forte raifon, fi elle parvenoit à prouver que fon Enfant exifte encore, ou s'il paroiffoit par le rapport des Chirurgiens, que l'Enfant n'étoit point venu à terme, comme s'il n'avoit pas encore des ongles & des cheveux, conformément à l'Arrêt de Réglement que nous venons de citer; c'eft auffi ce qui paroît réfulter d'un dernier Arrêt de Réglement de la Cour du 2 Juillet 1716, rapporté au même Tome du Journal des Audiences, qui a jugé que fi, nonobftant la preuve qui réfulteroit des vifites ou rapports en faveur de la Perfonne accufée de recellement de Groffeffe, la Partie publique & le Juge ne laiffoient pas que de continuer leurs pourfuites, ils fe rendroient par-là coupables de vexation, & comme tels, pourroient être pris à partie, & tenus de dommages & intérêts.

## §. III.

### *De l'Expofition des Enfans nouveau-nés.*

Nous avons obfervé qu'anciennement chez les Romains on étoit dans l'ufage d'expofer des Enfans, lorfqu'on n'étoit pas en état de les nourrir, & que ces Enfans, qui devenoient par-là les Efclaves de ceux qui avoient la charité de les retirer chez eux, ont été dans la fuite affranchis non-feulement de cet Efclavage, mais encore de l'autorité paternelle. *V. le tit. du Code de Infant. expofit.*

Suivant la difpofition du Droit canonique, il paroît que la Conftitution de Juftinien, qui avoit introduit ce double avantage *V. Cap. fi a Patre Extr. de Infant. & Languid. expof.*

en faveur des Enfans expofés, n'a été fuivie que par rapport à l'Affranchiffement du pouvoir paternel, & non de l'Efclavage qui fubfiftoit toûjours au profit de celui qui les avoit nourris & élevés, avec cette condition néanmoins qu'il falloit pour cela le confentement exprès du Pere : tel étoit auffi l'ancien ufage de ce Royaume, fuivant la remarque de Cujas, qui fe fonde fur un extrait des Archives de l'Eglife de S. Martin de TOURS, portant ces mots : *Nos Dei matricularii dum mane ad oftia ipfius Ecclefiæ obfervanda conveniffemus, ibi infantem fanguinolentum invenimus, & per triduum an quifque fuum effe diceret, perquifivimus, nullo invento, Caio nutriendum dedimus, ut eum in fervitio fuo juxta legis ordinem retineat, pro quo pretium accepimus folidorum decem.*

MAIS dans notre ufage actuel, l'on diftingue deux fortes d'Expofitions d'Enfans ; l'*une* faite en des lieux écartés par les Filles & Femmes auffi-tôt après leur délivrance, dans la vûe de faire périr leurs Enfans, en les laiffant dévorer par les Bêtes ; celles qui tombent dans ce cas, doivent être punies comme de véritables homicides, fuivant la rigueur de la Loi & des Ordonnances du Royaume.

L'*autre* Expofition eft celle qui fe fait en des lieux fréquentés, dans l'efpérance que quelqu'un trouvant ces Enfans fur leur chemin, les fera porter aux Hôpitaux deftinés pour leur fervir d'afyle ; celle-ci, comme moins criminelle, ne paroît pas devoir être fujette à la Peine de Mort, mais feulement à quelques Peines afflictives, comme du Fouet & Banniffement ; l'on donne même fort peu d'exemples de ces fortes de punitions, foit afin d'éviter un plus grand mal que ne manqueroient pas d'occafionner des recherches plus rigoureufes, foit au moyen de l'établiffement des Hôpitaux deftinés à ce fujet, & de l'obligation particuliere où font les Seigneurs Hauts-Jufticiers de nourrir les Enfans qui font expofés dans l'étendue de leur Seigneurie.

*V. Baquet, des Dr. de Juſt. ch. 33. Coq. de Livonn. Tr. des Fiefs, l. 6. ch. 5.*

Les dernieres Peines qu'on vient de marquer ne regardent pas feulement les Auteurs de ces Crimes, mais encore les Complices, c'eft-à-dire ceux qui favorifent fciemment la confommation de ces Crimes, & qui fe chargent de les mettre à exécution.

# CHAPITRE VI.

## *Du Fratricide.*

L'O n entend par ce Crime l'Homicide commis dans la Perfonne d'un Frere ou d'une Sœur. Il ne paroît pas que les
Loix ni les Ordonnances ayent prononcé aucunes Peines particulieres contre ce Crime, qu'elles veulent par conféquent être fujet aux mêmes Peines que celles qu'elles ont prononcées contre les autres Homicides en général.

La feule diftinction que notre Jurifprudence paroît avoir établie à cet égard, concerne l'*effet* de ce Crime par rapport à la
fucceffion de celui qui a été tué, c'eft-à-dire qu'au lieu que cette
fucceffion étoit anciennement dévolue au fifc, à l'exclufion non-
feulement du Meurtrier & de fes Enfans, mais encore des Parens
les plus proches du Défunt ; les derniers Arrêts ont jugé qu'elle
devoit appartenir aux Parens préférablement au Fifc, & aux Seigneurs Hauts-Jufticiers : l'on peut voir ces Arrêts dans Papon,
Maynard, Carondas, Anne Robert, & Brillon ; l'on en voit
même un rapporté par Mornac, fur la Loi premiere, au Code *ubi
fifcales*, par lequel un Frere, qui ayant connoiffance du deffein que
fon Frere avoit formé contre la Vie de leur Frere commun, n'en
avoit pas averti ce dernier, fut condamné, comme Complice,
d'abord à la Queftion, & enfuite, quoiqu'il n'eût rien avoué, à un
Banniffement de cinq ans, après lequel s'étant préfenté pour recueillir la fucceffion de fon Frere tué, il en fut déclaré indigne,
*non fine infamiæ nota*, dit l'Arretifte.

# CHAPITRE VII.

## *Du Suicide ou de l'Homicide de Soi-même.*

P O U R fe former une jufte idée de ce Crime, il faut confi- *V. les tit. du ff.*
dérer les Caufes & les Motifs particuliers qui y ont donné *& du Cod. de his*
*qui fibi mortem con-*
lieu. *fciverunt.*

L'on diftinguoit parmi les Romains plufieurs fortes de Suicides : 1°. celui commis par le fimple dégoût de la Vie à la fuite

d'une perte, ou de quelqu'événement fâcheux : 2°. celui commis par l'effet de la Folie, ou de l'affoiblissement de l'Esprit causé par quelque Maladie : 3°. celui que l'on commettoit à la suite d'un autre Crime, soit par l'effet du remords, soit par la crainte du châtiment dont on étoit menacé : 4°. enfin celui que l'on avoit essayé de commettre, & qu'on auroit commis effectivement, si l'on n'en avoit été empêché.

1°. Les Suicides de la premiere espece, dont on voit plusieurs exemples dans l'Histoire Romaine, étoient regardés parmi eux comme des traits de Philosophie & d'héroïsme, plus dignes d'éloges que de blâme ; aussi n'étoient-ils sujets à aucunes Peines, & les Héritiers pouvoient même leur succéder, suivant les Loix rapportées sous le Titre du ff. *de bonis eorum qui sibi mortem consciverunt.*

2°. IL en étoit de même de ceux qui avoient voulu se défaire dans le *tems de la Folie*, ou de la Fureur causée par une Maladie ; & cette disposition, fondée sur ce que ces sortes de Personnes ne sçavent ce qu'elles font, & qu'elles sont assez punies par le malheur de leur état, a été adoptée par le Droit canonique, comme il paroît par le Canon *si quis insaniens.*

*V. Can. Si quis insaniens, cauf. 75. qu. 1.*

3°. QUANT au Suicide commis *à la suite d'un autre Crime*, si ce Crime étoit capital, & tel qu'il pût donner lieu à une Condamnation au dernier Supplice ou à la Déportation, les Biens de celui qui s'étoit donné la Mort étoient confisqués ; mais il falloit pour cela de deux choses l'une, ou que le Crime eût été poursuivi en Jugement, ou que le Criminel eût été surpris dans l'action même du Crime, *aut postulati esse debent, aut in scelere deprehensi, ut si se interfecerint bona eorum confiscentur.*

*L. Qui rei, 3. ff. de bon. eor. qui mort. sibi conscio.*

4°. ENFIN, à l'égard du Suicide qui n'avoit point été *consommé* parce qu'on en avoit été empêché, celui qui l'avoit tenté étoit puni du dernier Supplice, par la raison, comme dit la Loi, qu'il avoit porté lui-même son Jugement, *quasi de se sententiam detulit*, & qu'il étoit à craindre que celui qui ne s'épargnoit point lui-même n'épargnât point les autres, *qui enim sibi non pepercit, multo minus aliis parcet* ; aussi ces sortes de Personnes étoient regardées comme infames pendant leur vie, & l'on ne permettoit pas même qu'ils joüissent après leur mort de l'honneur de la Sépulture.

*V. même Loi, §. 6.*

*L. Liberorum, 11. §. non solent, ff. de his qui not. infam.*

DANS nos Mœurs, à la réserve de ceux qui se portent à attenter à leur propre Vie, par l'effet d'une altération sensible dans

les

les facultés de l'esprit, caufée par la maladie ou autre accident, nous regardons tous les autres Suicides comme de véritables Crimes, non-feulement du côté de la Religion, en ce qu'ils entraînent en même tems la perte de l'ame & du corps, mais encore rélativement à l'Ordre Politique, fuivant lequel tout Citoyen devient par fa naiffance comptable de fes jours à fon Prince, à fa Patrie, & à fes Parens : il a donc fallu, pour détourner les Hommes d'une action auffi exécrable & auffi inhumaine que celle d'être l'auteur de fa propre deftruction, établir de certaines Peines qui faffent paffer jufqu'à leur Poftérité des traces flétriffantes de l'opprobre dont ils fe font couverts.

PARMI ces Peines, il y en a qui frappent fur la Perfonne, d'autres fur l'Honneur, & d'autres enfin fur les Biens.

Celles de la *premiere efpece* confiftent principalement dans la Privation de la SEPULTURE ; ce qui s'obferve encore aujourd'hui avec tant de rigueur, que fi le Cadavre avoit été enterré dans le Cimetiere, l'exhumation en feroit ordonnée, comme il y en a plufieurs exemples rapportés dans Maynard & dans la Rocheflavin : les Parlemens y en ont ajôuté une autre, qui eft celle de condamner le Cadavre à être traîné fur une *Claie*, conduit à la Voirie, enfuite pendu par les Piés : cet ufage eft attefté par LOYSEL, dans une de fes Regles du Droit François, en ces termes : *le Corps du Defefpéré eft traîné à la Juftice comme convaincu & condamné.* *V. Can. Placuit, cauf. 23. qu. 5.* *V. lib. 6. tit. 21. regl. 18.*

2°. La PEINE qui affecte principalement l'*Honneur,* c'eft la Condamnation de la MÉMOIRE ; cette Peine, dont nous avons parlé fous le Titre de l'INSTRUCTION, a lieu lorfque le Cadavre n'eft point repréfenté, foit parce qu'on n'a pû le trouver, foit parce qu'il eft déja confumé : nous avons remarqué les formalités qui fe pratiquent en cette occafion, d'après le Titre XXII. de l'Ordonnance.

3°. Enfin la PEINE qui concerne les *Biens,* c'eft, comme nous l'avons dit, la CONFISCATION ; *l'Homme qui fe met à mort par defefpoir, confifque fes Biens,* c'eft encore une de nos Regles du Droit François atteftée par Loyfel ; cependant Mornac fur la Loi première *de ædilitio edicto* au ff. obferve que fuivant la nouvelle Jurifprudence établie par les Arrêts de la Cour, la Confifcation n'a pas lieu contre les Homicides de foi-même ; c'eft auffi la remarque de l'Annotateur de Loyfel, à l'endroit qu'on vient de citer. *V. Loyf. ibid.* *V. auffi Annot. Rob. rer. Judic. cap. 1. & Carond. Rep. liv. 9. c. 15.*

Yyy

Il y a une nouvelle Déclaration du Roi, du 5 Septembre 1712, au sujet des Cadavres qui sont trouvés dans les Rues & Fauxbourgs de Paris & lieux circonvoisins, principalement ceux qui sont près des Rivieres. Cette Loi, dont nous avons parlé sous le Titre de l'*Instruction*, marque les précautions nécessaires pour s'assûrer la preuve de ces Crimes : mais cette preuve, qui se fait ordinairement par le Rapport des Chirurgiens & par l'Information des vie & mœurs de celui dont on a trouvé le Cadavre, doit être pesée avec une extrême circonspection de la part du Juge, pour ne point trop favoriser la passion & l'intérêt de ceux qui s'en rendent les Dénonciateurs, & principalement lorsque la poursuite en est faite à la Requête de ceux à qui la confiscation en doit appartenir : plus un Crime est atroce & contraire à la Nature, moins il doit se présumer ; ainsi dans le doute on doit réputer le Suicide comme l'effet d'un pur accident ; c'est pour cela que l'Ordonnance exige, comme nous l'avons vû, la formalité d'un Curateur pour la Défense du Défunt. C'est aussi sur ce fondement sans doute, que parmi les différens Arrêts qui ont été rendus à ce sujet, il y en a plusieurs qui se sont contentés d'ordonner la Privation de la Sépulture dans les cas des Suicides commis par ennui de la Vie, ou par l'impatience d'une vive douleur, sans prononcer la Confiscation des Biens.

*V. Dict. des Arr. verbo* HOMICIDE, n. 57. & 58.

AU RESTE, nous ne parlons point de ceux qui ont été surpris dans le tems où ils vouloient se défaire, & qui en ont été empêchés ; parce qu'on ne trouve dans nos Ordonnances ni dans nos Arrêts, aucun exemple de punition contre ces derniers, par la raison sans doute, que ces tentatives ne sont ordinairement que l'effet d'une douleur momentanée, ou d'une maladie à laquelle on peut remédier.

IL Y A cependant des Peines particulieres prononcées par nos Ordonnances, contre ceux qui se mutilent ou se font mutiler les membres après avoir été condamnés aux Galeres ; cette Peine est celle de mort, suivant la Déclaration du 4 Septembre 1677.

## CHAPITRE VIII.

### De l'Incendie.

NOus avons compris ce Crime dans la claffe des HOMICIDES faits avec *préméditation*, parce que fon objet principal eft de nuire aux Perfonnes dont on veut fe venger, quoiqu'il arrive très-fouvent qu'il fert également de reffource aux Voleurs, qui cherchent à profiter du trouble & de la confufion qu'entraînent ces fortes d'accidens, pour parvenir plus fûrement à faire leur coup; auffi voit-on qu'il eft compris fous le même Titre du Droit que les autres Homicides : *Lege Cornelia de Sicariis & Veneficis tenetur qui hominem occiderit, cujufve dolo malo incendium factum erit.*

*L. 1. ff. ad leg. Corn. de Sicar.*

Comme aux termes de cette Loi, c'eft le mauvais deffein, *dolo malo*, qui fait le principal caractere de ce Crime, l'on peut comprendre fous le nom d'*Incendiaires*, non-feulement ceux qui mettent le feu à la Maifon ou à l'Héritage d'autrui ; mais encore ceux qui tentent de le commettre, ce qui s'entend lorfqu'ils font venus aux actes les plus prochains de ce Crime, comme s'ils ont été furpris ayant la mêche à la main, & s'ils n'ont été empêchés d'exécuter entiérement leur deffein, que par les précautions que l'on a prifes pour éteindre le feu, ou pour le prévenir. Les Auteurs font d'avis que ceux-ci doivent être punis avec la même rigueur que s'ils avoient entiérement confommé le Crime, & qu'il n'y a lieu de modérer la Peine, qu'à l'égard de ceux qui s'en font tenus à de fimples menaces, quoique ceux-ci foient d'ailleurs également réputés *Incendiaires* fuivant ces mêmes Auteurs.

*V. Damhoud; cap. 103. de Incendiar. Math. in tit. 48. du ff. tit. 5. ch. 6.*

Par la même raifon font auffi réputés Incendiaires, & doivent être punis comme coupables de ce Crime, ceux qui ne croyant brûler qu'une maifon, en ont brûlé plufieurs par l'effet de l'impétuofité du vent.

Enfin, la Loi comprend encore dans le nombre des Incendiaires, ceux qui font mettre le feu, & qui aident ou confeillent de le mettre.

*L. Qui cœtu 5: ff. ad leg. Jul. de vi publ.*

Ce Crime n'étant pas moins contraire au Bien général de la Société, qu'à l'intérêt des Particuliers, a toûjours été pourfuivi & puni avec la derniere rigueur. Par la Loi des douze Tables, l'Incendiaire d'une Maifon étoit condamné à être lié, fouetté &

Y y y ij

mis au feu. La Loi *Qui ædes* 9. au ff. *de incendio, ruina & naufrago,* prononce la même Peine contre celui qui par malice & de propos délibéré, auroit mis le feu à la Moisson qui étoit à côté de la Maison d'autrui. Enfin, la Loi *CAPITALIUM 38. §. 12.* au ff. *de Pœnis,* distingue entre l'Incendie causé par ressentiment ou par intérêt, à une *Maison de la Ville,* & celui causé par les mêmes motifs à une *Maison des Champs.* Au premier Cas, elle veut que l'Incendiaire soit brûlé vif ; & au second, que le Supplice de la Mort soit moins rigoureux : *Incendiarii,* ce sont les termes de cette Loi, *capite puniuntur qui ob inimicitias vel prædæ causâ incenderint intra* OPPIDUM, *& plerumque vivi exuruntur, qui vero* CASAM *aut* VILLAM *aliquo levius.*

V. Can. Si quis<br>Ecclef. 17. qu. 4.<br>Can. Peffimam 23.<br>quæft. 8.

SUIVANT la disposition du Droit Canonique, ceux qui par haine, vengeance ou mauvaise entreprise, mettent le feu aux Maisons des Particuliers, ou l'y ont fait mettre & prêté conseil, sont tenus de payer les dommages causés par le feu ; & jusqu'à ce payement, ils sont déclarés excommuniés, & privés de la Sépulture. De plus, ils sont tenus de faire, pour Pénitence, le Voyage de Jérusalem, & livrés au besoin à la Justice séculiere.

SUIVANT notre Jurisprudence, la Peine la plus ordinaire est celle du Feu pour les Incendiaires d'*Eglise,* & ceux des *Villes* & *gros Bourgs* ; celle des Galeres à perpétuité ou à tems pour les Incendiaires de *Campagne* : il faut néanmoins excepter parmi ces derniers, ceux qui mettent le feu de dessein prémédité dans les Forêts & Bruiéres, tant du Roi que des Particuliers, il y a peine

V. Ordonn. des<br>Eaux & Forêts,<br>art. 32. tit. 27.

de Mort prononcée contr'eux par l'Ordonnance des Eaux & Forêts de 1689, & par la Déclaration du 13 Novembre 1714.

Suivant ces mêmes Loix, il y a encore peine du Fouet pour la premiere fois ; & celle des Galeres pour la seconde, contre ceux qui allument ou font du feu à une distance moindre d'un quart de lieue desdites Forêts ; & de plus ils sont condamnés à des Amendes & à des Dommages & Intérêts.

AU RESTE, comme il n'y a aucune Peine déterminée par les Ordonnances relativement aux autres Especes d'Incendie, nous avons crû devoir nous conformer sur ce point à la disposition du Droit Romain ; & notamment à celle de la Loi *Capitalium,* qui par ces mots *Plerumque ... aliquo levius ...,* dont elle se sert, donne à entendre que la Peine en peut être augmentée ou diminuée, suivant les circonstances, c'est-à-dire, suivant la Nature & la Quantité de l'Incendie, le Motif qui y a donné lieu, la Qualité de la chose incendiée, & celle des Incendiaires.

Ainfi , par rapport à la NATURE de ce Crime, celui qui l'a confommé entierement, doit être puni plus févérement que celui qui a tenté feulement de le commettre ; ce dernier doit l'être aufli davantage que celui qui n'a fait que de fimples menaces, ou chez qui on a trouvé feulement des préparatifs, comme Torche, Feu d'Artifice, & autres matieres combuftibles.

Par rapport à la QUANTITÉ de l'Incendie, lorfqu'elle eft confidérable, il y a lieu de prononcer une Peine plus févere que lorfqu'elle n'a caufé que fort peu de ravage.

A l'égard des MOTIFS, celui qui a commis un Incendie par inimitié & reffentiment, doit être puni plus rigoureufement que celui qui l'a commis uniquement par des vûe d'intérêts.

Quant à la QUALITÉ de l'Incendiaire, ceux qui font d'une condition noble, doivent être punis moins rigoureufement que ceux qui font d'une condition vile, à qui ces fortes de Crimes font plus familiers.

Enfin, par rapport à la QUALITÉ de la chofe brûlée ; fi c'eft un *Lieu facré*, comme une Eglife ou Chapelle, la Peine doit être plus forte que pour un *Lieu profane* ; fi c'eft pour une *Maifon fituée à la Ville*, que pour une *Maifon de Campagne* ; fi c'eft pour un *Edifice public*, que pour une *Maifon de Particulier* ; fi c'eft d'un *endroit habité*, que pour un *Lieu qui ne l'eft pas*, & fur-tout lorfque ce Lieu n'étoit point par lui-même deftiné à la demeure des Hommes, tels que les *Forêts* & les *Moiffons*.

Ce font toutes ces circonftances qui ont donné lieu à la Variété des Arrêts rendus en cette matiere. BOUCHEL, en fa Bibliotheque du Droit François, rapporte un Arrêt de la Cour du 14 Mai 1550, par lequel un nommé *Treillaton* fut condamné à être pendu devant la Porte des Etudes de l'Univerfité de Paris, pour y avoir mis le feu, & fes Complices ne le furent qu'à l'Amende.

*V. Biblioth. de Bouchel,* verbo *UNIVERSITÉ. Ibid.* verbo IN-*CENDIAIRES.*

Le Crime d'Incendie fuppofant, comme nous venons de le dire, un mauvais deffein de la part de celui qui le commet ; on ne peut donc regarder ni punir comme Coupables de ce Crime, ceux qui caufent l'Incendie uniquement par leur faute & négligence. Cependant il faut diftinguer, fuivant les Loix, entre l'Incendie arrivé par une faute groffiere, & celui arrivé par une faute legere. Au *premier* Cas, il y a lieu de pourfuivre criminellement & même de prononcer une Peine afflictive, conformément à la Loi pénultieme, au ff. *de incendio, ruina & naufrago*, qui porte

*L. Si fortuito* 11. ff. *de Incend. ruin. & naufr.*

que *si incendium fortuito casu factum sit, venia indiget, nisi tam lata culpa fuit ut luxuriæ aut dolo sit proxima.* Mais au *second,* on ne peut pourſuivre que civilement pour des dommages-intérêts en vertu de l'action, de la Loi *AQUILIA ;* c'eſt ce qui réſulte entre autres de ces termes qu'on voit à la fin de la Loi *CAPITALIUM : Fortuita incendia si cum vitari possent per negligentiam eorum apud quos orta fuerunt, vicinis damno fuerunt, civiliter exercentur, & à Judice vindicantur.*

Dans notre uſage, on ne pourſuit jamais que civilement dans l'un & l'autre de ces Cas ; il eſt vrai que cela ne ſe fait qu'avec une certaine rigueur : il paroît par les derniers Arrêts que les Locataires des Maiſons ont été déclarés reſponſables, non-ſeulement des incendies arrivés par leur faute, mais encore par celle de leurs Domeſtiques, ou autres qu'ils introduiſent dans leurs Maiſons ; on les a ſeulement déchargés de ceux commis par le fait des Soldats qui y logent, ſur le fondement que ces derniers ſont des Hôtes qu'on a malgré ſoi, & que le Propriétaire n'a pû ignorer que celui à qui il louoit étoit de qualité à ne point être exempt de ces ſortes de Logemens ; mais il faut pour cela que les Soldats logent dans la même Maiſon que le Locataire ; car ſi le Locataire avoit affecté de les loger ailleurs pour s'exempter de l'embarras & du péril, il ne laiſſeroit pas que d'en être tenu comme tout autre.

L'on pourroit faire ici la Queſtion de ſçavoir ſi celui qui voyant le feu dans une Maiſon peu éloignée de la ſienne, démolit celle de ſon Voiſin pour empêcher la communication du feu, eſt tenu des dommages & intérêts envers ce dernier. DURET, qui propoſe cette queſtion, décide, d'après pluſieurs autres Juriſconſultes, que la faveur du motif, qui étoit de veiller à ſa propre ſûreté doit exempter ce particulier des dommages & intérêts, d'autant plus que cette action tend à la ſûreté publique, en ce qu'elle peut empêcher la ruine totale d'une Ville. Cependant il y a dans la Coûtume de Bretagne un article qui oblige ceux dont les Maiſons ont été ſauvées par l'abattement des Maiſons prochaines, au dédommagement de ceux dont les Maiſons ont été abattues ; c'eſt l'article dcxlv. du Titre XXV.

*V. Duret, Tr. des Peines,* verbo *BOUTEFEU.*

# CHAPITRE IX.

## *Du Duel.*

CE CRIME, appellé par les Latins *Monomachia*, eſt un de ceux qui ont le plus fixé l'attention de nos Souverains, & qui ont donné lieu à un plus grand nombre d'Ordonnances. Comme ces Loix ſont connues de tout le monde, nous ne ferons qu'en indiquer ici les principales diſpoſitions, pour faire juger des caracteres qui ſont particuliers à ce Crime, & les précautions de toute eſpece qui ont été employées pour en empêcher le progrès. Mais auparavant nous croyons devoir dire un mot de ſon origine, & détruire en même tems le faux préjugé de ceux qui s'aveuglent juſqu'au point de le regarder comme une affaire d'honneur.

Nous ne rappellerons point ici ces tems déplorables du Paganiſme, où l'on ſe faiſoit un plaiſir cruel de ces Spectacles arroſés du ſang Humain, & contre leſquels CONSTANTIN s'eſt élevé avec un zele ſi digne d'un premier Empereur Chrétien, par la Loi unique au Code *de Gladiatoribus penitus tollendis.* Nous ne parlerons point non plus de ces Combats inventés pour l'amuſement & l'exercice des jeunes Gens qui ſe deſtinoient aux Armes, tels que *les Joutes & les Tournois*, dont il eſt parlé avec tant d'éloge dans le Droit Romain, & qui étoient ſi fort en uſage dans ce Royaume avant la fatale cataſtrophe d'Henri II. Mais nous voulons parler de ce Combat *ſingulier* fait entre deux, ou un plus grand nombre de Perſonnes, ſous prétexte de venger leur honneur ou leurs querelles particulieres.

*L. Qua actione, §. ſi quis in colliſu ad leg. Aquil. ff.*

Cet uſage, fruit honteux de la barbarie & de la groſſiereté des premiers ſiecles, s'étoit introduit dans ce Royaume long-tems avant S. LOUIS, qui avoit d'abord entrepris de le proſcrire entierement, *comme des Sacrifices ſanglans faits au Diable ;* c'eſt ainſi que ce Saint Roi les qualifie dans ſes Ordonnances : mais enfin, voyant que la ceſſation de ces Combats avoit fait place à un autre abus encore plus dangereux, qui étoit celui des *Meurtres de guet-à-pens*, ce bon Prince fut obligé, & après lui Philippele-Bel ſon Petit-Fils, de permettre les Combats ſinguliers en certains cas, & avec certaines formalités que l'on trouve rappor-

*V. Theven. liv. 4. tit. 7. art. 5.*

tées dans le *Style du Parlement* & dans les Inſtituts coûtumiers de Loyſel.

LES CAS où ces Combats furent d'abord permis, étoient principalement, lorſqu'il s'agiſſoit de ſe purger de l'accuſation d'un Crime atroce, & qui ne pouvoit être juſtifié d'une autre maniere; ou bien lorſqu'il s'agiſſoit de venger l'injure faite à ſa Femme, ou à ſa Fille qu'on avoit enlevée.

*V. Bouchel en ſon Hiſt. de la Juſtice crimin. tit. 13.*

Quant à la FORME du Combat, il devoit être fait avec Armes égales; on ne pouvoit combattre avant vingt-un ans, ni après ſoixante, ſi l'on ne vouloit; on devoit donner des gages de Bataille; celui qui étoit provoqué étoit tenu de confeſſer ou nier le fait dès le jour même qu'il recevoit le Cartel; il avoit le choix des Armes & de la forme du Combat; s'il ne ſe préſentoit pas pour combattre au jour aſſigné, il perdoit les Armes, & étoit tenu pour vaincu; & ſi s'étant préſenté il n'étoit pas vaincu avant le Soleil couché, celui qui l'avoit appellé en Duel perdoit ſa cauſe, à moins qu'il n'eût proteſté avant le Combat que s'il n'avoit pas l'avantage dans le jour, il pourroit recommencer le lendemain. D'EXPILLY, dans ſon Plaidoyer XXX. rapporte pluſieurs exemples de ces ſortes de Combats, faits en préſence des Princes.

*V. Chopin ſur la Coût. de Paris, liv. 2. tit. 7.*

MAIS, quelque faveur que l'on ſe ſoit efforcé de donner à un pareil uſage, que la néceſſité des tems avoit fait introduire, comme il attaquoit directement les principes de la Religion Chrétienne, qui ne permet pas de tenter Dieu dans les choſes qu'il veut être cachées, & dont il ſe réſerve le Jugement à lui-même; les Canons & les Conciles, auxquels on doit principalement s'en rapporter ſur cette matiere qui eſt de pure conſcience, n'ont ceſſé de s'élever dans tous les tems contre ces ſortes de Combats, qu'ils diſent n'avoir été autoriſés d'aucunes Loix: c'eſt ainſi que s'en explique, entr'autres, le fameux Canon *Monomachiam,* qui a été confirmé dans la ſuite par les Conſtitutions des Papes Jules II. & Grégoire XIII. mais principalement par le CONCILE de Trente, dans le Chap. XIX. de la Seſſ. 25. *de Reform.* où il déclare Excommuniés, Infâmes, & Puniſſables, *comme Homicides, aux termes des Saints Canons,* tant ceux qui font ces ſortes de Combats, que ceux qui leur prêtent les mains, & qu'on appelle *Parrains;* comme auſſi ceux qui ont occaſionné le Duel par leur Conſeil, ou autrement, de quelque maniere que ce ſoit, ou qui s'y ſont trouvés préſens: & à l'égard de ceux qui auront

*V. Can. Monom. cauſ. 2. qu. 5.*

été

été tués dans ces Combats, ce même Concile ordonne qu'ils soient privés de la Sépulture Eccléfiastique ; & *cela*, ajoûte-t-il, nonobstant quelque Privilége ou Coûtume que ce soit, fût-elle même immémoriale.

PÉNÉTRÉS de la fageffe de ces Maximes, & de la néceffité de réprimer ces defordres qui ne faifoient qu'augmenter de plus en plus dans les derniers tems, nos Rois ont cru devoir armer toute leur autorité pour contenir par des Peines féveres ceux à qui l'impunité avoit rendu jufqu'alors ce Crime familier : tel a été l'objet de cette foule d'Edits & Déclarations qu'on a vû paroître succeffivement fous les derniers regnes, notamment fous ceux d'Henri IV. Louis XIII. Louis XIV. & qui ont été renouvellés en dernier lieu par la Déclaration du mois de Février 1723. Monument éternel de la Piété & Bonté paternelle du Roi glorieufement regnant.

PARMI ces différentes Loix, il y en a quatre fur-tout, qui paroiffent devoir fixer le plus notre attention, parce qu'elles raffemblent les difpofitions des précédentes, en même tems qu'elles leur donnent plus d'étendue ; fçavoir, le fameux Edit des Duels du mois d'Août 1679, & les Déclarations rendues en conféquence les 14 Décembre de la même année 1679, 28 Octobre 1711, & enfin celle du mois de Février 1723, dont nous venons de parler.

Il paroît que les difpofitions de ces Loix roulent fur deux objets principaux ; l'*un*, de prévenir ces fortes de Combats, & d'empêcher qu'ils ne fe commettent ; l'*autre*, de pourfuivre & punir les Réfractaires, après qu'ils font tombés dans ce Crime.

Nous avons eu lieu de rappeller les difpofitions qui tendent à prévenir ce Crime, en traitant de la Jurifdiction de MM. les Maréchaux de France, dont elles font l'objet particulier : il nous refte à parler ici, des difpofitions particulieres qui tendent à la pourfuite & à la punition de ce Crime après qu'il eft commis. Nous en remarquons de trois fortes ; les unes, qui concernent la *Compétence* des Juges qui doivent connoître du Duel ; les autres, l'*Inftruction* qui doit fe faire contre les Accufés de ce Crime ; enfin les dernieres regardent les *Peines* particulieres qui font attachées à ce Crime.

1°. Pour ce qui concerne la COMPÉTENCE, ces Loix contiennent quatre Difpofitions remarquables. Par la *premiere*, il eft dit que c'eft aux Prevôts des Maréchaux & Lieutenans-Criminels

*V. Edit de Juin 1609. Déclar. de Juillet 1611, de Janvier & Mars 1613, d'Octobre 1614, Edit d'Août 1623, Déclarat. de Juin 1624, Edit de Juin 1643, de Mai 1644, Décl. de Mars 1646, Edit de Septembre 1651, Déclar. de Mai 1653, d'Août 1668, Edit d'Août 1679, Déclar. de Décembre en la même année, d'Octobre 1711, & Février 1723.*

*V. art. 1. 2. 3. 4. 5. 6. 8. 9. 10. 11, & 12.*

*V. Declar. du 30 Décembre 1679 en ampliation de l'Edit des Duels.*

Z z z

de Robe-courte, concurremment avec les Lieutenans-Criminels des Bailliages & Sénéchauffées, que la connoiffance de ce Crime appartient ; de maniere néanmoins que lorfque ces derniers fe trouveront avoir informé & decrété dans les trois premiers jours, ils pourront faire le Procès préférablement aux Lieutenans-Criminels de Robe-courte, s'il n'en eft autrement ordonné par les Cours de Parlement fur le vû des Informations faites de part & d'autre.

Par la *feconde*, que les Parlemens ont droit de connoître en premiere Inftance, des Duels qui arrivent dans l'enceinte ou aux environs des Villes où ils tiennent leurs féances, & même plus loin, lorfque les Perfonnes font de telle qualité & importance qu'ils croyent devoir interpofer leur autorité.

Par la *troifieme*, que les Prevôts des Maréchaux, lorfqu'ils connoiffent de ce Crime, ne peuvent le juger prevôtalement & en dernier reffort, mais feulement à la charge d'Appel au Parlement, ainfi que nous l'avons obfervé d'après la Déclaration de 1731. Nous avons vû d'ailleurs, que fuivant cette derniere Déclaration, les Jugemens, tant préparatoires, interlocutoires que définitifs, qui interviennent dans les Procès faits fur ce Crime, ne peuvent être rendus qu'au nombre de cinq Juges au-moins, & qu'il doit être fait deux Minutes de ces Jugemens, conformément à l'art. xxv. du Tit. II. de l'Ordonnance de 1670.

V. l'Edit de 1679. art. 19.
V. Déclarat. de Février 1731. art. 27. & 28.

Par la *quatrieme*, que quand le titre de l'Accufation eft pour crime de Duel, il ne peut être formé aucun Réglement de Juftice, nonobftant tout prétexte de Prévention, Affaffinat, ou autrement ; & le Procès ne peut être pourfuivi que pardevant les Juges du crime de Duel

2°. Quant à l'INSTRUCTION, ces mêmes Loix contiennent encore plufieurs difpofitions remarquables. 1°. Dans tous les Decrets, Commiffions, & Actes préparatoires qui font faits pour crime de Duel, le Procureur du Roi ou autre Accufateur à la Requête de qui ils font donnés, doivent être qualifiés *Demandeurs & Accufateurs en crime de Duel*, afin qu'on ne puiffe ignorer que l'Inftruction eft faite pour ce Crime : 2°. les Officiaux font tenus de décerner des Monitoires fur la fimple réquifition des Procureurs Généraux ou de leurs Subftituts, pour obliger de venir à révélation, de ce qu'on fçaura touchant ce Crime : 3°. les Procureurs Généraux ou leurs Subftituts font tenus de faire leurs requifitions, fur l'avis qu'ils auront des Combats, contre ceux

V. Déclarat. du 3 Déc. 1679.
V. Edit de 1679. art. 23.
V. même art. 23.

qui par notoriété en feront eftimés coupables : 4°. fur la feule notoriété , & fans qu'il foit befoin d'informations préalables , ceux-ci pourront être decrétés , ou feront tenus d'obéir aux ordres qui leur feront faits par les Cours, de fe rendre dans les Prifons pour fe juftifier : 5°. que s'ils ne comparoiffent pas , ou ne peuvent être arrêtés en vertu du Decret ou des Ordres qui feront fignifiés à leur domicile, tous leurs Biens feront faifis ; & il doit être procédé contr'eux fuivant la forme prefcrite par le Tit. XXIII. de l'Ordonnance de 1670, fans que les Procureurs Généraux ou leurs Subftituts foient obligés d'informer & faire preuve de la notoriété : 6°. pendant l'Inftruction du Procès qualifié pour Duel, les Biens de celui qui aura été tué & de celui qui fera accufé d'avoir tué , feront regis par les Adminiftrateurs des Hôpitaux , & les revenus employés aux frais de pourfuites : 7°. que le Parent du mort pourra fe préfenter dans les trois mois , pour fe rendre Partie contre celui qui aura tué, & fi celui-ci eft convaincu, condamné, & exécuté, la confifcation de fes Biens fera remife au Parent du mort, le plus proche devant être préféré au plus éloigné , & les frais de Juftice prélevés.

*V. ibid.*

*V. Déclar. du 30. Décembre 1679. V. art. 14.*

3°. A l'égard des PEINES attachées à ce Crime, il y en a qui regardent les Accufés contumax, d'autres qui font prononcées contre les Accufés préfens.

1°. A l'égard des *Contumax*, l'Edit de 1679 veut qu'ils foient condamnés , conformément aux Edits antérieurs , à la Peine de mort, leur Maifon rafée, leurs Bois de Haute-futaye coupés jufqu'à une certaine hauteur; qu'ils foient déclarés infames , dégradés de Nobleffe , & incapables de tenir aucune Charge, tous leurs Biens confifqués, & cela fans attendre l'expiration des cinq années de Contumace. Cet Edit veut en outre, qu'ils foient déclarés indignes de toutes les Succeffions qui pourroient écheoir à leur profit pendant le même tems ; que la Juftice de leurs Terres foit exercée au nom du Roi, & les fruits attribués aux Hôpitaux, fans efpérance de reftitution, & ce à compter du jour de la Condamnation par Contumace, nonobftant qu'ils fe feroient enfuite reftituer contre la Contumace. Il fait défenfes aux Cours de les recevoir en leur juftification , même pendant les cinq années, fi ce n'eft enfuite de la permiffion de Sa Majefté, portée par des Lettres ; & après qu'ils auront payé les Amendes auxquelles ils

*V. art. 23. de l'Edit de 1679.*

*V. art. 27. ibid.*

*V. art. 23. ci-deffus.*

auront été condamnés, en quoi ce même Edit déroge à la diſpoſition de l'art. xviij. du Tit. VII. de l'Ordonnance de 1670.

Quant aux Peines portées contre les Accuſés *préſens*, elles ſont différentes ſuivant les différentes Perſonnes qui peuvent être accuſés de ce Crime : parmi ces Perſonnes, l'Edit diſtingue : 1°. ceux qui ſe ſeront préſentés au Combat où ils n'auront été ni tués ni bleſſés ; 2°. ceux qui s'étant préſentés au Combat auront été tués ; 3°. ceux qui auront tué dans le Combat ; 4°. ceux qui ſe ſeront ſervis de Second, de Tiers ou autre nombre, dans leurs querelles ; 5°. Ceux qui auront ſervi de Second ou de Tiers, &c. 6°. Les Roturiers qui auront provoqué les Gentilshommes en Duel, & ſe ſeront battus avec eux ; 7°. les Gentilshommes qui ſe ſeront battus avec des Roturiers ; 8°. ceux qui auront fait l'Appel ſans qu'il ait été ſuivi de Combat ; 9°. ceux qui pour éluder l'effet des Ordonnances ſe ſeront allés battre hors du Royaume ou ſur les Frontieres ; 10°. ceux qui après avoir reçu offenſes, dont ils n'ont point donné avis aux Maréchaux de France, ſe rencontrent & ſe battent avec armes égales ; 11°. les Laquais, Domeſtiques, qui ont porté *ſciemment* les Billets d'Appel, ou qui conduiſent au lieu du Combat ; 12°. Ceux qui ſont Spectateurs des Duels ; 13°. enfin, ceux qui leur donnent retraite dans leur Hôtel ou Maiſon.

V. art. 15.

La PEINE *de ceux qui ſe ſont préſentés au Combat, encore qu'ils n'ayent été ni tués ni bleſſés*, eſt celle de Mort, & la Confiſcation des Biens dans les Pays où elle a lieu, & dans ceux où elle n'a pas lieu, d'une Amende dont la valeur ne pourra être moindre que de la moitié des Biens du Criminel. Suivant la Diſpoſition de l'art. xiij. de l'Edit des Duels, une portion de ces Biens confiſqués, pouvoit être appliquée par le Juge au profit de la Femme & des Enfans du Condamné, pour ſervir à leur nourriture & entretien ; mais cette reſſource leur a été ôtée par la Déclaration du 28 Octobre 1711, qui veut que tous ces Biens ſoient appliqués aux Hôpitaux, ſçavoir, un tiers à l'Hôtel-Dieu de Paris, un autre tiers à l'Hôpital Général, & un tiers à l'Hôpital de la Ville où eſt ſitué le Parlement ; & cela, eſt-il dit, afin que ceux qui ne pourront être arrêtés par les Peines qui les regardent, ſoient du moins ſenſibles à celles des Perſonnes qui leur ſont auſſi proches, lorſqu'ils les verront privés de toute eſpérance de trouver dans l'indulgence & la commiſération de leurs Juges, une reſſource dans leur diſgrace.

La Peine de ceux qui *s'étant présentés au Combat, ont été tués*, est la Condamnation de leur Mémoire, comme Criminels de Leze-Majesté Divine & Humaine, la Privation de la Sépulture, & la Confiscation de leurs Biens. *V. art. 13.*

La Peine de celui *qui aura tué un autre en Duel*, est celle de Mort avec la Confiscation des Biens, ou Amende de la valeur de la moitié des Biens dans les Pays où la Confiscation n'a pas lieu; de plus, l'Edit des Duels veut que sa Maison soit rasée, ses Bois de Haute-futaye coupés jusqu'à une certaine hauteur, suivant les ordres qui en seront donnés, & qu'il soit déclaré infame & dégradé de Noblesse. *V. art. 14.*

La Peine de ceux qui *se seront servis de second, tiers, ou autre nombre pour leurs querelles*, est pareillement celle de Mort, quand même il n'y auroit aucun blessé ni tué dans le Combat, & de plus la Confiscation de leurs Biens, la Dégradation de Noblesse, l'Incapacité de posseder aucune Charge, leurs Armes noircies & brisées publiquement par le Bourreau, défenses à leurs Héritiers de prendre les mêmes Armes, sous peine de les faire noircir & briser également, & d'être en outre condamnés à l'Amende de deux années de leurs revenus. *V. art. 15.*

La Peine de ceux qui *auront servi de second ou tiers, &c.* est la même, suivant l'Edit, que celle de ceux qui les employeront. *V. art. 16.*

La Peine des *Roturiers qui auront provoqué des Gentils-hommes au Combat, & se seront battus avec eux*, est celle de la Potence & de la Confiscation de tous les Biens, sur lesquels les Juges pourront ordonner telle récompense, qu'ils jugeront raisonnable au Dénonciateur.

La Peine du *Gentilhomme qui se sera battu avec le Roturier*, est la même que celle prononcée contre ceux qui se servent de second. *V. même art. 16.*

La Peine de ceux qui *auront fait l'Appel sans qu'il ait été suivi du Combat, ou qui se seront rendus au lieu de l'assignation où on aura donné l'Appel au nom d'un autre*, est la Prison de deux années, avec l'Amende de la moitié au moins de leurs revenus, Suspension & Privation de leurs Charges pendant trois ans; & en cas de récidive, de six ans de Prison avec Amende de six années de leurs revenus. *V. art. 10. & 11.*

Pareille Peine que celle ci-dessus contre celui qui, *après avoir été privé de sa Charge, donnera Appel à celui qui aura été pourvû en sa place*, & si c'est un Chef ou Commandant auquel on donne l'Appel, la Prison sera de quatre ans, ainsi que la Suspension & *V. art. 11.*

la Privation des Charges ; fi ç'eft un inférieur qui appelle fon fu-périeur, la Peine eft auffi la Prifon de quatre ans, avec l'Amende d'un an au-moins de fon revenu.

Même Peine eft encore prononcée contre les Chefs ou Supé-rieurs qui auront reçû l'Appel.

Toutes les Peines ci-deffus, doivent être prononcées par les Maréchaux de France, aux termes des Réglemens qu'on voit à la fuite de l'Edit.

V. art. 18.  La PEINE de ceux qui vont fe battre hors du Royaume ou fur les Frontieres, eft la même que celle du Duel arrivé dans l'intérieur du Royaume.

V. art. 18.  La PEINE de ceux qui, après avoir reçû offenfes, dont ils n'ont point donné avis aux Maréchaux de France, fe rencontrent & fe bat-tent avec armes égales, eft encore la même, que celle prononcée ci-devant contre le Duel.

V. art. 12.  La PEINE des Spectateurs de Duels, eft la Privation pour toû-jours des Charges, Dignités, & Penfions qu'ils poffedent, avec la Confifcation du quart de leurs Biens, ou Amende de la valeur du quart, dans les Pays où la Confifcation n'a pas lieu.

V. art. 22.  La PEINE de ceux qui leur donnent retraite dans leurs Maifons, n'eft point déterminée par l'Edit ; S. M. fe réferve de l'ordonner fur l'Avis des Maréchaux de France, enfuite du Procès-verbal qui fera dreffé & envoyé par les Prevôts des Maréchaux aux Se-crétaires d'Etat, chacun dans leur Département.

V. art. 17.  La PEINE des Laquais qui ont porté fciemment des Billets d'Appel, auront conduit au lieu du Combat, eft celle du Fouet & de la Fleur-de-lys pour la premiere fois, & des Galeres perpétuelles en cas de récidive.

V. art. 36.  ENFIN, par les dernieres difpofitions de cet Edit, Sa Majefté déclare en foi & parole de Roi, qu'elle n'exemptera à l'avenir au-cunes Perfonnes pour quelque caufe & confidération que ce foit, de la rigueur de cet Edit, & qu'il n'y aura aucune prefcription de ce Crime, même de 20 à 30 années, fi ce n'eft dans les cas où il n'y auroit eu ni Exécution, ni Condamnation, ni Plainte en Juftice.

V. art. 35.

Toutes ces Difpofitions ont été confirmées en dernier lieu par la Déclaration du mois de Février 1723, donnée par le Roi glo-rieufement régnant, féant dans fon Lit de Juftice : S. M. a feule-ment cru devoir y ajoûter les Difpofitions fuivantes, afin de faire cesser les fausses Interprétations qu'on s'étoit efforcé de donner à l'Edit de 1679.

Par la *premiere*, elle ordonne que ceux qui, sans avoir donné avis de leurs Querelles, viennent au Combat, soient punis de Mort, sur la seule Preuve de la Querelle.   V. *art.* 3.

Par la *seconde*, qu'en cas d'avis donné, celui qui aura attaqué dans une Rencontre, sera puni de Mort, pourvû qu'il y ait Preuve que l'Attaqué se soit tenu dans les bornes d'une légitime défense.   V. *art.* 4.

Par la *troisieme*, S. M. enjoint aux Maréchaux de France de prononcer, suivant l'exigence des Cas, telles Peines qu'ils aviseront au-delà de celles portées par leurs Réglemens.   V. *art.* 8.

Par la *quatrieme*, que les Prévenus du Crime de Duel par Notoriété ne pourront être renvoyés absous qu'après un Plus-amplement-informé d'une année, pendant lequel ils garderont Prison.   V. *art.* 6.

Par la *cinquieme*, S. M. enjoint aux Officiers de Justice ordinaire, & même aux Prevôts & Lieutenans de Robe-courte, d'informer des Querelles & Voie de Fait dont ils auront connoissance, & d'envoyer leurs Procès-verbaux aux Maréchaux, pour être procédé contre les Coupables, suivant la rigueur de l'Edit.   V. *art.* 7.

AU RESTE, cette Déclaration ne déterminant point, non plus que l'Edit qu'elle confirme, le Genre de Mort que doivent subir les Condamnés pour ce Crime, semble supposer que la rigueur de cette Peine doit être augmentée ou diminuée suivant les circonstances; c'est-à-dire, que si un Gentilhomme, dont la Peine ordinaire dans ce Cas est d'avoir la Tête tranchée, vient à commettre quelque bassesse dans cette action, ou quelque trahison indigne de sa naissance, il peut être condamné aux Supplices destinés pour les plus vils Roturiers, qui sont ceux de la Potence ou de la Roue.

---

# TITRE CINQUIEME.

## Du Vol, & de ses différentes espèces.

NOus avons vû dans la premiere Partie de cet Ouvrage, quels sont les Principes particuliers du Droit Romain par rapport à ce Crime, qu'il mettoit au nombre des *Délits privés*. Nous n'en parlerons ici que relativement à nos Usages particuliers.

Le Vol peut être défini l'Enlevement clandeſtin & frauduleux de la choſe d'autrui, pour en faire ſon profit particulier, contre le conſentement de celui auquel la propriété ou l'uſage en appartient : *Furtum eſt contractio fraudulenta rei alienæ lucri faciendi gratiâ, vel ipſius rei, vel etiam uſus poſſeſſioniſve, quod lege naturali prohibitum eſt.*

*L. 1. §. 3. Furtum, ff. de Furtis.*

Nous diſons, en *premier* lieu, que le Vol eſt un *Enlevement*, parce que le Vol ne ſe fait régulierement que d'une choſe mobiliaire qui peut ſe tranſporter d'un lieu en un autre, *furtum ab auferendo.* A l'égard des Immeubles, quoique ceux qui s'en emparent injuſtement ſoient réputés également Voleurs parmi nous, l'Acte par lequel ſe fait ce Dépouillement, s'appelle proprement Usurpation, qui peut être pourſuivie criminellement, lorſqu'elle eſt jointe à la Violence ; mais qui le plus ſouvent ne donne lieu qu'à une action civile, qu'on appelle *Réintégrande*, dont il eſt parlé dans l'article ij. du Titre XVIII. de l'Ordonnance de 1667.

Nous avons dit, en *ſecond* lieu, que le Vol eſt un Enlevement *clandeſtin*, pour le diſtinguer de la Rapine qui ſe commet publiquement & par violence. Nous avons parlé de celle-ci ſous le nom de *Force publique*, en traitant des Crimes de Lèze-Majeſté au ſecond chef. Nous avons auſſi parlé dans la premiere Partie des Inſtitutes, de la diſtinction des Vols *manifeſtes* & *non-manifeſtes* ſuivant le Droit Romain, & des Peines qui y étoient attachées.

*V. Inſtit. au Dr. crim. part. 1. c. 4.*

Nous avons dit, en *troiſieme* lieu, que le Vol étoit un Enlevement *frauduleux*, parce que c'eſt la mauvaiſe foi qui fait le Crime : *furtum*, dit la Loi, *ſine affectu furandi non committitur.* Ainſi l'on n'eſt point coupable de ce Crime, lorſqu'on prend par erreur la choſe d'autrui, croyant que c'eſt la ſienne propre ; ou lorſqu'on s'approprie une choſe dont on ne connoît pas le véritable Maître, comme un Tréſor, une Bête égarée, que nous appellons *Epave*, en termes de Coûtume. On peut ſeulement dans ces derniers Cas être contraint à la Reſtitution & aux Dommages-Intérêts, lorſqu'on ne ſatisfait pas aux différentes formalités que les Loix & les Coûtumes ont établies à cet égard.

*L. 37. ff. de Uſurpat.*

*L. 43. ff. de Furtis.*

De ce qu'il faut un deſſein formé de mal faire pour commettre un Vol, il s'enſuit qu'un Impubere qui eſt incapable de diſcerner le

*V. Inſtit. de Juſt. lib. 4. tit. 1. §. in ſumma.*

le mal, ne peut être puni comme Voleur ; cependant s'il approche de la Puberté, il ne doit point être exempt de Peine.

Pareillement, lorsqu'on prend par nécessité, & uniquement pour s'empêcher de mourir de faim, on ne tombe point dans le Crime du Vol ; & quoiqu'on puisse être poursuivi par la voie extraordinaire, pour raison de la voie de Fait, on ne peut néanmoins être condamné qu'à des Peines pécuniaires.

Il en faut dire de même de celui qui prendroit la chose d'autrui en compensation de celle qu'on lui retient ; ce n'est encore alors qu'une simple voie de Fait, qui à la vérité pourroit donner lieu à la voie extraordinaire, comme étant défendue par les Loix du Royaume, à cause des troubles & des desordres qui peuvent en résulter dans la Société, mais dont la Condamnation ne peut se résoudre qu'en de simples dommages-intérêts, avec défenses de récidiver. *L. 7. ff. ad leg. Jul. de vi privat. L. 5. Cod. eod. tit.*

Nous avons dit, en *quatrieme* lieu, que le Vol se faisoit de la *chose d'autrui;* parce que si nous y avons quelque droit, ce n'est point proprement un Vol ; mais il faut pour cela, suivant les Auteurs, que le droit soit actuel & certain : car s'il n'est qu'en espérance, comme celui d'un Fils qui prendroit quelque chose à son Pere, dont il est l'Héritier présomptif ; ou bien si ce droit n'étoit point encore liquidé, comme celui de la Femme, qui recéleroit les Effets de la Communauté ; ou de l'Héritier qui s'empareroit des Biens d'une Succession, au préjudice de son Cohéritier : dans tous ces Cas, c'est un véritable Vol qui n'oblige pas moins à la Restitution que les autres. Il est vrai, comme nous l'avons observé, qu'à cause de certains Motifs de bienséance & d'honnêteté publique, les Loix n'ont pas voulu que ces derniers fussent sujets à des Poursuites & à des Peines aussi rigoureuses que les premiers ; elles accordent seulement contr'eux des Actions purement civiles ; sçavoir, contre le *Fils de famille* sur son Pécule ou sa Légitime, contre la *Veuve* sur sa part de Communauté, & s'il n'y a point de Communauté, sur sa Dot, ou sur les avantages à elle faits par son Mari ; & de plus ce Recélé sert à la rendre commune, & à la priver de la part qu'elle pouvoit avoir dans l'effet qu'elle a recélé ; enfin, contre l'*Héritier*, en le rendant également sujet au payement des Dettes de la Succession, nonobstant la Renonciation qu'il en auroit faite dans la suite. Au reste, tout cela ne doit s'entendre qu'avec ces trois Modifications remarquables qu'y a apportées notre Jurisprudence. *L. Servi & fili 17. ff. de Furtis. L. Uxor, §. ff. expil. haredit. L. 1. & 2. Cod. rer. amot. Louet, lett. R. somm. 1. V. le même, lett. H. som. 24.*

AAaa

La PREMIERE, c'est que l'Action en Recélé & Divertissement contre la Veuve & les Héritiers, ne se prescrit que par l'espace de vingt années, comme les autres Crimes. C'est ce qui a été jugé par un Arrêt du 20 Mai 1692, rapporté au Journal des Audiences.

La SECONDE, c'est qu'il y a des Cas où la Veuve & les Héritiers peuvent être poursuivis par la Voie extraordinaire, comme les autres Voleurs étrangers ; sçavoir, 1°. lorsque le Recélé ou la Spoliation de l'hoirie ont été faits après la Renonciation faite de leur part à la Communauté ou à la qualité d'Héritier, parce qu'alors ils sont réputés l'un & l'autre proprement étrangers : 2°. lorsque la Déprédation qu'ils ont faite avant cette Renonciation est considérable. L'on trouve au VI°. Tome du Journal des Audience un Arrêt du 7 Décembre 1715, qui l'a ainsi jugé sur les Conclusions de feu M. le Procureur Général Guillaume-François Joly de Fleury, où ce grand Magistrat établit pour Maxime que dans le Cas d'une Déprédation énorme, la Veuve encouroit l'indignité, & étoit sujette à des Peines infamantes.

Enfin une TROISIÉME modification, c'est que, quoique dans la regle générale on ne puisse poursuivre directement ce Crime contre le Fils de Famille, la Veuve, ou les Héritiers, on ne laisse pas que de le poursuivre contre leurs Complices, & ceux qui ont aidé à le consommer : non-seulement ces derniers doivent être poursuivis solidairement, & par les mêmes Voies que ceux pour qui ils ont recélé ; mais s'il est prouvé que, non contens de recéler pour le profit du Fils de Famille, de la Veuve, ou des Héritiers, ces mêmes Complices ont encore souftrait des effets pour leur profit particulier, l'on peut dire qu'ils commettent alors un véritable Vol qui les assujettit, comme tous autres étrangers, aux Peines portées contre ce Crime : Bruneau prétend qu'ils doivent être condamnés à des Peines afflictives, *citra mortem.*

L'on appelle *Complices,* aux termes du Droit, ceux qui contribuent au Vol par leur conseil ou par leur aide, en favorisant l'entrée du Voleur dans une Maison, & l'ouverture des Armoires, ou en faisant tomber de l'Argent à terre pour donner lieu au Voleur de le prendre, ou en se mettant devant la Personne volée, pour donner au Voleur la facilité de faire son coup, ou enfin en faisant sortir le Troupeau de l'Etable, pour donner au Voleur l'occasion de l'enlever.

Nous avons dit, en *cinquieme* lieu, que le Vol étoit fait dans

*V. Inflit. §. interdum de Oblig. quæ ex delict. nasc. L. Si quis 52. ff. de Furtis.*

*V. Brun. part. 1. tit. 26. max. 6.*

*V. Inflit. §. interdum, ci dessus. V. aussi L. Si pegnore, §. 5. ff. de Furtis.*

la vûe *d'en retirer un profit particulier ;* car , s'il n'étoit fait uniquement que dans la vûe d'infulter & de nuire à celui qu'on dépouille de fes Biens , ce feroit alors moins un Vol qu'une injure réelle , ou plûtôt un de ces délits privés appellés *damnum* , qui font fujets à la Peine de la Loi Aquilie , dont nous avons parlé dans la premiere Partie.

*L. Qui ea 65. ff. de Furtis.*

Nous avons dit , en *fixieme* lieu , que le Vol fe faifoit contre *le confentement de celui* envers qui il fe commettoit ; par conféquent fi le Débiteur confentoit que le Créancier fe fervît du Gage qu'il lui avoit remis pour fûreté de fa Dette ; fi le Dépofant voyoit tranquillement , & fans fe plaindre , le Dépofitaire fe fervir de la chofe dépofée ; fi le Créancier fouffroit également que fon Débiteur employât les Deniers qu'il lui a prêtés à d'autres ufages que celui pour lequel avoit été fait le Prêt ; dans tous ces Cas , il n'y auroit pas lieu à l'accufation de Vol.

Mais il n'en feroit pas de même , fi ces emplois avoient été faits à l'infçû de ceux-ci ; on ne peut douter que ce ne fuffent alors de véritables Vols , tant à caufe de la fraude qu'ils renfermeroient , que du préjudice réel qu'ils porteroient à autrui : néanmoins il peut arriver que les circonftances foient telles , qu'il n'y ait pas lieu à la procédure extraordinaire , & qu'il n'y ait pas même de Vol ; comme fi , par exemple , on employoit la chofe prêtée ou dépofée à de certains ufages qui ne peuvent lui caufer aucun tort ni altération , ou fi l'on s'en étoit fervi dans une extrême néceffité ; l'on doit préfumer dans tous ces Cas , que fi le Maître en avoit eu connoiffance , il ne s'y feroit point oppofé , & qu'en tout cas , s'il l'avoit fait , fon refus n'auroit pas été raifonnable ; car c'eft une Maxime conftante en cette Matiere , que quand on dit qu'il faut le confentement du Propriétaire , l'on ne veut parler que d'un confentement qui foit jufte & raifonnable , *dominus fit rationabiliter invitus.*

*L. 54. & L. 79. ff. de Furt. V. Inftit. §. 10. de Oblig. quæ ex delict. nafc.*

Enfin , nous avons dit , en *dernier* lieu , que le Vol fe faifoit au préjudice de celui *à qui la propriété ou la poffeffion de la chofe appartenoit ;* ce n'eft donc pas toûjours le Propriétaire de la chofe volée qui a le droit de fe plaindre du Vol ; il y a des Cas où le Poffeffeur eft fondé à le pourfuivre en fon nom , à caufe de l'intérêt particulier qu'il a à ce que le Vol n'ait pas été fait ; ainfi , par exemple , le Débiteur qui fouftrait le Gage des mains du Créancier , commet un véritable Vol : pareillement le Propriétaire qui

*V. Inftit. §. Furti vifio de Oblig. quæ ex delict. nafc. L. 12. §. 2. ff. de Furtis. L. 19. ibid.*

s'empareroit clandeſtinement d'une choſe louée avant le terme du louage ; l'Héritier qui dépouilleroit l'Uſufruitier avant ſa Mort : dans tous ces Cas, il n'eſt pas douteux que tant le Créancier que le Locataire & l'Uſufruitier, ne fuſſent fondés à ſe plaindre de pareilles entrepriſes, comme d'autant de Vols qui leur auroient été faits.

Après avoir établi les Conditions qui ſont néceſſaires pour for-mer le Vol, il ne reſte plus qu'à déterminer les Peines que les Loix ont attachées à ce Crime.

Chez les Romains, la Peine ordinaire du Vol, quelque con-ſidérable qu'il fût, n'étoit que pécuniaire, ſur le fondement que la Peine devoit ſe meſurer ſur la qualité du Délit, & qu'il n'y avoit aucune proportion entre la Vie & les Biens ; mais il en eſt autrement parmi nous, comme chez toutes les autres Nations policées, l'expérience ayant fait connoître que ces ſortes de Pei-nes n'étoient point ſuffiſantes pour contenir les Voleurs, ni pour remédier aux deſordres que ce Crime entraîne dans la Société, tant par la ruine des Particuliers à qui ils ſont faits, & conſéquem-ment celle de leurs Créanciers qu'on prive de leur ſûreté ; que par les ſoupçons & les jugemens téméraires qu'ils font naître, d'où procedent les haines & les diviſions ; joint à ce que ces deſ-fordres ſont le plus ſouvent commis par des miſérables, que leur inſolvabilité met hors d'état d'en pouvoir eſpérer la réparation : on a cru devoir ajoûter aux Peines pécuniaires des Peines af-flictives, corporelles, & même capitales, ſuivant les circonſ-tances.

Ce ſont toutes ces différentes circonſtances qui ont donné lieu à la diviſion du Vol en *ſimple* & *qualifié.*

Le Vol simple eſt celui qui ne bleſſe uniquement que l'in-térêt des Particuliers ; nous venons d'en donner pluſieurs exem-ples dans ceux faits par les Fils de Famille à leur Pere, par la Veuve aux Héritiers de ſon Mari, par ces derniers à la Veuve ou à leurs Cohéritiers, par le Créancier qui abuſe du Gage de ſon Débiteur, par le Dépoſitaire qui ſe ſert du Dépôt qui lui a été confié, & enfin par le Propriétaire qui veut fruſtrer le Locataire ou l'Uſufruitier avant le tems convenu. Nous avons obſervé en même tems que ces ſortes de Vols ne pouvoient être pourſuivis que civilement, parce qu'ils ne pouvoient donner lieu qu'à des

Condamnations pécuniaires, telles que la Restitution de la chose volée, avec des dommages-intérêts ; & cela sur le fondement que les Personnes qui les commettoient, avoient quelque apparence de droit sur la chose volée.

Mais il n'en est pas de même lorsque ce Vol simple a été commis par des Etrangers, qui seroient d'ailleurs d'une condition vile ; ceux-ci n'en doivent pas être quittes pour la simple Restitution avec dommages & intérêts, mais ils doivent, en outre, être condamnés à quelques Peines afflictives, telles que le Bannissement, le Fouet avec la Flétrissure d'une marque en forme de Lettre V. conformément à la Déclaration du 4 Mars 1724, registrée le 31 Mars de la même année, qui porte que « ceux ou celles qui, » n'ayant point été repris de Justice, se trouveront, pour la pre- » miere fois, convaincus d'autres Vols que ceux commis dans les » Eglises, ou Vols Domestiques, ne pourront être condamnés » à moindre Peine que celle du Fouet, & d'être Flétri d'une mar- » que en forme de Lettre V. sans préjudice de *plus grandes Pei-* » *nes*, s'il y écheoit ».

*L. Qui ea 65. ff. de Furtis.*

C'est aussi par cette raison que l'Instruction, dans ce dernier Cas, doit se faire dans toute la rigueur de la Procédure extraordinaire, comme il a été jugé formellement par un Arrêt de la Cour, prononcé à la séance au Châtelet le 14 Mai 1717, par lequel il est enjoint au Lieutenant Criminel du Châtelet de garder & observer les Ordonnances, Arrêts, & Réglemens de la Cour, & conformément à iceux, de ne plus rendre de Jugement définitif contre des Accusés de Vol, que préalablement ils n'ayent instruit le Procès par Recollement & Confrontation, & en conséquence de se faire assister du nombre des Juges nécessaires pour le Jugement desdits Procès : cet Arrêt est rapporté au VIe. Tome du Journal des Audiences.

Les Vols qualifiés sont ceux qui intéressent principalement l'Ordre public, & qui sont accompagnés de certaines circonstances aggravantes, qui demandent qu'ils soient punis exemplairement.

Ces Circonstances se tirent ou de la Maniere dont le Vol a été fait, comme s'il est commis avec Effraction, avec Armes, ou avec Déguisement, ou bien par Adresse & Filouterie : ou de la Qualité de ceux qui le commettent, comme si ce sont des Domestiques, des Vagabonds, Gens sans aveu, Gens

*V. Damhoud. in prax. rer. crim. cap. 110. de Furto, n. 37. & seq.*

d'Affaires, Officiers ou Miniſtres de la Juſtice, Soldats, Cabaretiers, Maîtres de Coche, ou de Navire, ou Meſſagerie,
Voituriers, Serruriers, & autres Dépoſitaires Publics ; ou de
la QUALITÉ de la choſe volée, comme ſi le Vol eſt fait d'une
choſe Sacrée, des Deniers royaux, des Deniers publics, des
Perſonnes libres, des Beſtiaux, des Pigeons, Volailles, Poiſſons, Gibiers, des Arbres des Forêts ou Vergers, ou des Fruits
des Jardins, des Charrues, Harnois de Laboureurs, des Bornes,
& Limites, ou bien de la QUANTITÉ de la choſe volée, comme
ſi le Vol eſt conſidérable, & emporte une Déprédation entiere
de la fortune des Particuliers : ou de l'HABITUDE, comme s'il a
été réitéré pluſieurs fois, s'il eſt commis par un grand nombre de
Perſonnes ; ou du LIEU, comme ſi c'eſt à l'Egliſe, dans les Maiſons royales, au Palais ou Auditoire de la Juſtice, dans les Spectacles publics, ſur les grands Chemins : ou du TEMS, comme
s'il eſt fait pendant la Nuit, dans un tems d'Incendie, de Naufrage, & de Ruine, ou de Famine : ou enfin de la SURETÉ du
Commerce, comme en fait d'Uſure & de Banqueroute frauduleuſe, Monopole, & Recélement.

Nous allons parler ſucceſſivement de toutes ces différentes eſpeces de Vols, & de leurs Peines, dans le même ordre que nous
venons de les indiquer.

## CHAPITRE PREMIER.

### Des Vols qualifiés par la Maniere dont ils ſont faits, & de leurs Peines.

DE ce nombre ſont les Vols commis, 1°. avec *Effraction*,
2°. avec *Armes*, 3°. avec *Déguiſement*, 4°. avec *Filouterie*.

#### VOL avec Effraction.

Ce Crime eſt, comme nous l'avons vû, du nombre des Cas
Prevôtaux ; mais il faut pour cela, aux termes de la Déclaration
de 1731, qu'il ſoit accompagné de port d'Armes & de Violence
publique, ou bien que l'Effraction ait été faite dans le Mur de
Clôture, dans les Toits de Maiſons, Portes, Fenêtres extérieures : mais lorſqu'il ne ſe trouve accompagné d'aucunes de ces
circonſtances, c'eſt-à-dire, lorſqu'il n'y a ni port d'armes, ni vio-

lence publique, ou lorſque l'Effraction a été faite dans l'intérieur des Maiſons, ce Crime devient alors de la ſeule Compétence du Juge Royal. C'eſt pour conſtater toutes ces circonſtances, qu'il doit être dreſſé un Procès-verbal auquel ſont appellés des Ouvriers ou Artiſans, qui peuvent juger de la nature de l'Effraction.

Le Vol avec effraction peut donc, aux termes de cette Déclaration, être commis ou avec Armes ou ſans Armes, ou à l'*extérieur* d'une Maiſon, comme en démoliſſant les Murs de cloture, les Toits, forçant les Portes, caſſant les Vitres des fenêtres pour y entrer; ou bien dans l'*intérieur*, comme en crochetant ou forçant les Portes des Armoires, & emportant ce qui s'y trouve: dans tous ces Cas, il eſt toûjours puni d'une peine capitale, à cauſe de la violence dont il eſt accompagné: c'eſt de ce Vol, dont il eſt parlé dans la Loi, *qui alienas ædes*, au ff. *de vi publ.* & qu'elle punit du dernier Supplice. Suivant l'Ordonnance de François I. du mois de Janvier 1534, la Peine ordinaire de ce Vol eſt celle de la Roue: « Tous ceux, *porte cette Loi*, qui ſeront dûe» ment atteints & convaincus par Juſtice d'avoir par inſidiation » & aggreſſion conſpiré, machiné, pillé, & détrouſſé de nuit » dedans les Villes, & qui entreront au-dedans des Maiſons, » icelles crocheteront & forceront, prendront & emporteront » les ſubſtances & richeſſes prétieuſes, ou la plus grande partie » d'icelles qu'ils trouveront éſdites Maiſons, ſeront punis en la » maniere qui ſuit; c'eſt à ſçavoir, les Bras leur ſeront briſés & » rompus en deux endroits, tant haut que bas, avec les Reïns, » Jambes, & Cuiſſes, & mis ſur une Roue haute plantée & éle» vée, le Viſage contre le Ciel, où ils demeureront vivans pour » y faire pénitence tant & ſi longuement qu'il plaira à Notre» Seigneur les y laiſſer, & morts juſqu'à ce qu'il ſoit ordonné » par Juſtice ».

Il y a cependant des Cas où cette Peine peut être convertie en celle de la Potence, ſçavoir, lorſque la violence n'a pas été entiere; comme ſi après être entré dans la Maiſon, ſans briſer ni forcer les Portes, on a ſeulement fait des effractions aux Portes d'une Chambre ou Cabinet, ou à un Coffre, Armoire ou Buffet; ou bien ſi l'effraction n'a pas été réelle, comme lorſque les Portes & Armoires ont été crochetées & ouvertes à l'aide de fauſſes Clefs; ou enfin lorſque le Vol & l'Effraction n'ont pas été conſidérables, & qu'ils n'embraſſent point toutes *les ſubſtances & richeſſes précieuſes*, ou *la plus grande partie d'icelles*, tels que ceux

*V. auſſi le tit. du ff. de effraction. & expilator.*

dont il eſt parlé dans l'Ordonnance de François I. de 1534, que nous venons de citer. En effet, l'on trouve dans le Recueil des Loix Criminelles deux Arrêts de la Cour des 19 & 22 Mars 1722, qui ont condamné ſeulement à la Potence différens Particuliers convaincus de Vol avec effraction, fauſſes Clefs, ſous prétexte de louer des Appartemens dans des Maiſons Royales. L'on pourroit auſſi condamner à la même Peine, le Vol fait avec eſcalade.

## VOL fait avec Armes.

L. 1. auſſ. de furib. balneariis.

Ce Vol ſe commet, ou envers la Perſonne préſente, qu'on veut intimider en lui demandant la Bourſe, ou pendant ſon abſence, lorſque le Voleur eſt trouvé dans une Chambre ſaiſi d'Armes meurtrieres, telles que Fuſils, Piſtolets, Epées: au premier Cas, la Peine ne peut être moindre que de la Potence, lorſque le Vol eſt commis dans l'intérieur d'une Maiſon; & que de la Roue, lorſqu'il eſt fait dans une Rue, ou ſur un Grand-Chemin, & cela quand même le Vol n'auroit pas été entiérement conſommé, & que le Voleur en auroit été empêché par des Perſonnes qui ſeroient ſurvenues ou autrement.

Au ſecond Cas, comme l'on peut préſumer que le Voleur portoit des Armes pour ſa propre défenſe, n'en ayant fait aucun uſage; lorſqu'il n'y a point d'autres circonſtances qui rendent ce Vol qualifié, ou bien lorſque les Armes ne ſont point du nombre de celles qui ſont défendues, telles que Piſtolets de poche & Poignards; il paroît qu'on pourroit ſe contenter de prononcer contre lui de ſimples Peines corporelles, telles que les Galeres & le Banniſſement.

## VOL fait avec Déguiſement.

C'eſt contre ces ſortes de Vols, qui étoient devenus très-fréquens dans le Royaume, que ſe ſont élevés les Ordonnances de François I. en 1539, & celle de Blois.

Par la *premiere*, il eſt fait défenſes à toutes Perſonnes, de quelque qualité qu'elles ſoient, d'aller par les Villes, Cités, Forêts, Bois, Bourgs, & Chemins, armées de Harnois ſecrets ou apparens, ſeules ou en compagnie, maſquées ou déguiſées, ſous quelque cauſe que ce ſoit, ſur Peine de Confiſcation de Corps & de Biens, ſans aucune exception de Perſonne. Mêmes défenſes ſont faites, ſous pareilles Peines, à ceux qui les reçoivent ou les logent

gent

gent dans leurs Maifons, ou qui ne les déclarent pas à la Juftice auffi-tôt qu'ils en ont connoiffance.

L'article cxcviij. de l'ordonnance de Blois porte, « quand au-
» cunes Voleries, Meurtres, & Affaffinats auront été commis
» dans les Chemins par Perfonnes mafquées, voulons qu'il leur
» foit couru fus par autorité de Juftice, & avec les Officiers d'i-
» celle, en toutes voies d'habileté & à fon de tocfin, & qu'é-
» tant appréhendées, elles foient punies par les Juges des Lieux
» fans diffimulation ».

THEVENEAU, qui rapporte ces Ordonnances, rend cette raifon de la différence des Peines qu'elles ont établies entre des Voleurs mafqués, & ceux qui ne le font pas ; c'eft, dit-il, que les
Perfonnes mafquées, fuyant toute lumiere & juftification, la
Loi les tient pour convaincus, & c'eft pour cela qu'elle permet
de courre deffus comme contre les Voleurs de nuit ; au lieu que
ceux qui ne le font pas, peuvent trouver lieu à leur juftification,
en prouvant qu'ils ont été meurtris en leur corps défendant, ou
qu'ils ont pris leur Bien où ils l'ont trouvé ; c'eft pourquoi, ajoûte
cet Auteur, la Loi permet feulement de pourfuivre ceux-ci en
Jugement, & veut qu'ils foient pris pour être oüis, & non pas
qu'on courre deffus par voie d'hoftilité.

En effet, comme ces fortes de Déguifemens ne fe font jamais
fans quelque mauvais deffein, & fur-tout lorfqu'ils font faits avec
Armes, & par des Gens de Guerre, il eft certain qu'on ne pouvoit les contenir par des Peines trop rigoureufes ; c'eft auffi ce
qui a engagé le feu Roi Louis XIV. d'heureufe mémoire, à donner une Déclaration le 22 Juillet 1692, enregiftrée le 2 Septembre fuivant, par laquelle Sa Majefté a entrepris de remédier à
un abus, qui s'étoit alors gliffé dans cette Capitale, de la part
des Soldats des Gardes-Françoifes, qui, dans l'efpérance de ne
point être connus pour tels, au moyen de ces traveftiffemens,
fe donnoient la hardieffe de commettre de mauvaifes actions avec
impunité, & de cacher plus facilement leurs Crimes. Elle ordonne, à cet effet, que les Soldats qui feront trouvés de nuit ou de
jour dans les Rues, Places publiques, Eglifes, ou Maifons particulieres, traveftis ou vêtus d'autres Habits que ceux du Régiment, ayant l'Epée au côté, ou autres Armes prohibées, quoique ne faifant point de défordres, foient arrêtés & conduits dans
les Prifons du Châtelet pour y être jugés en dernier reffort &
fans Appel fur le Procès-verbal de l'Officier qui les aura arrêtés,

BBbb

& fur les Conclufions du Procureur du Roi , fans autre forme de Procès ; & être condamnés aux Galeres , fans que les Juges puiffent modérer la Peine, mais feulement l'arbitrer à tems ou à perpétuité.

Cette Déclaration a été exécutée dans toute fa rigueur dans les différens Cas qui fe font préfentés , comme il paroît par plufieurs Arrêts de la Cour , qui font rapportés au fixieme Tome du Journal des Audiences.

### VOL fait avec Adreffe & Filouterie.

*L. 7. ff. de extraord. Crimin. L. 1. §. expilatores , ff. de effractorib.*

Nous voulons parler des Vols faits par ees Faifeurs de Tours , Coupeurs de Bourfes, appellés en Droit *Sarcularii* , ou bien par ces fortes de Gens appellés *Directarii*, qui s'introduifent fubtilement dans les Maifons & Boutiques dans la vûe d'y voler , fous prétexte du Jeu ou d'achat de Marchandifes : *Directarii qui in aliænas cœnaculas fe dirigunt , furandi animo.* Ces fortes de Vols , à caufe de l'Abus de confiance qui y eft joint , & de la difficulté qu'il y a de s'en garantir , font punis de Peines plus rigoureufes que les Vols ordinaires. Suivant le Droit Romain, leurs Peines étoient celles de la Condamnation aux Métaux, ou de la Fuftigation, ou de la Rélégation à tems. Dans notre Ufage , comme il n'y a aucune Peine prononcée contr'eux par les Ordonnances, leur punition eft par conféquent laiffée à l'arbitrage du Juge.

*V. Damhoud, cap 126. de falfis aliis , n. 3. & 4.*

La Peine la plus ordinaire , fuivant notre Jurifprudence , eft celle du Banniffement à tems , ou autres infamantes ; outre la reftitution du Vol, on prononce auffi quelquefois la Peine corporelle, lorfque le Faux fe trouve joint au Larcin, comme lorfqu'on fe fert de faux Dez ou des Cartes préparées , & qu'il s'agit de pertes confidérables.

## CHAPITRE II.

### Des Vols qualifiés par la Qualité des Perfonnes qui les commettent.

L'ON comprend fous ce noms, 1°. les Vols *Domeftiques* , 2°. ceux faits par des *Vagabonds* & *Gens fans aveu*, 3°. par *Gens d'Affaires*, 4°. par *Gens de Juftice*, 5°. par des *Soldats*, 6°. par des *Cabaretiers*, 7°. par des *Maîtres de Coches*, de *Navires*,

8°. par des *Meſſagers ;* 9°. par des *Voituriers ,* 10°. par des *Serruriers.*

## VOLS Domeſtiques.

L'on entend par Vols Domeſtiques, ceux faits par des Perſonnes qui ſont à nos Gages, & qui ſont nourris à nos Dépens.

La Peine ordinaire de ce Crime, eſt celle de la Potence ; elle eſt marquée par l'Ordonnance de S. Louis en 1270, en ces termes : *hous quand il emble à ſon Seigneur , & il eſt à ſon Pain & à ſon Vin, il eſt pendable ; car c'eſt maniere de trahiſon :* cette Peine a été renouvellée en dernier lieu par la Déclaration de 1724, dont nous avons parlé ci-devant ; ces Loix ne diſtinguent point ſi le Vol eſt conſidérable, ou ſeulement de choſes de peu de valeur ; enſorte que c'eſt uniquement ſur la Trahiſon qu'on peut dire qu'eſt fondé le motif d'une rigueur ſi ſalutaire, d'où dépend la ſûreté de la Perſonne & des Biens de la plûpart des Citoyens.

Cependant ſi le Vol étoit extrêmement modique, & qu'il parût par les circonſtances que le Domeſtique étoit le Maître de voler une ſomme plus conſidérable, il paroît que cette Peine pourroit être modérée & convertie dans une ſimple Peine afflictive.

Bruneau dit qu'à Paris l'on eſt dans l'uſage de condamner au Fouet & à la Fleur-de-Lys, & quelquefois aux Galeres, pour des Vols domeſtiques, lorſque le Voleur eſt jeune, & que le Vol eſt modique & ſans effraction.

*V. part. 1. tit. 13.*
*max. 4.*

## VOLS faits par Vagabonds & Gens ſans Aveu.

On appelle *Vagabonds & Gens ſans aveu,* aux termes des Déclarations de 1701 & 1731, ceux qui n'ayant ni Profeſſion, ni Métier, ni Domicile certain, ni Biens pour ſubſiſter, ne peuvent être avoués, ni faire certifier de leurs Bonnes Vies & Mœurs, par Perſonnes dignes de foi.

Comme ces ſortes de Gens ne ſubſiſtent ordinairement que par les Vols & Pilleries qu'ils font dans tous les endroits où ils paſſent, on les a toûjours réputés comme Voleurs ; & c'eſt dans cette qualité qu'il a été rendu contr'eux une foule d'Ordonnances, qui font défenſes à tous Cabaretiers de les recevoir en leurs Maiſons plus d'une nuit, ſous Peine de Galeres ; & leur enjoint, ſous pareille Peine, de venir les révéler en Juſtice ; c'eſt entr'autres la diſpoſition de l'article cij. de l'Ordonnance d'Orléans, & de l'art. ccclx. de celle de Blois ; c'eſt encore dans la même vûe

que, par une Déclaration du 18 Décembre 1660, il eſt enjoint à
tous Vagabonds, Gens ſans aveu, de ſe retirer de Paris dans
trois jours, à Peine de Fouet & de Punition corporelle, avec défenſes à qui que ce ſoit, de leur donner retraite, à Peine de répondre, en leur nom, des Délits qu'ils pourroient commettre,
& d'être compliqués dans leurs Crimes.

Par une autre Déclaration du 26 Janvier 1687, regiſtrée le
14 Février ſuivant, les Vagabonds & Mendians ſont condamnés; ſçavoir, les Hommes aux Galeres perpétuelles; les Femmes au Fouet, à la Marque, & au Banniſſement perpétuel : les
mêmes Peines ont été renouvellées contr'eux par les Déclarations
du 12 Mars 1719, & 5 Juillet 1722. Enfin, par une derniere Déclaration du 18 Juillet 1724, il a été enjoint aux Mendians &
Gens ſans aveu de ſe retirer dans leurs Pays, à peine d'être arrêtés & conduits à l'Hôpital Général pour la premiere fois, &
des Galeres, en cas de récidive. On peut voir au ſurplus ce que
nous avons dit ci-devant au ſujet de ces ſortes de Vagabonds,
qu'on appelle *Bohémiens* & *Egyptiens*, contre leſquels ont été
rendues la plûpart de ces mêmes Loix, d'après leſquelles on peut
regarder les Vols qui ſont commis par ces ſortes de Gens, comme qualifiés & puniſſables du dernier Supplice, à moins qu'ils ne
puiſſent être excuſés par la néceſſité ou par la modicité de la choſe
volée.

Cette Peine doit avoir lieu, à plus forte raiſon, lorſque les
Vols ſont faits par ces Vagabonds, qui font le Métier de mendier leur Pain, quoiqu'ils ſoient en état de gagner leur Vie, &
qui, pour s'appliquer les Charités deſtinées à de véritables Pauvres, déguiſent leurs Noms, Surnoms, le Lieu de leur Naiſſance,
ſuppoſent de faux Certificats ou de faux Congés, contrefont les
Eſtropiés, feignent des Maladies qu'ils n'ont pas. La Déclaration
du 18 Juillet 1724, veut que lorſque ceux-ci ſont attroupés au
nombre de quatre, & ſont trouvés armés de Fuſils, Piſtolets,
Epées, Bâtons, ou autres Armes, ou lorſqu'ils ſont trouvés Flétris de la Fleur-de-Lys, ou de la Lettre *V.* ou d'autres Marques
infamantes, ou enfin lorſqu'ils demandent l'Aumône avec inſo-
lence, ils ſoient condamnés, quoiqu'arrêtés Mendians pour la
premiere fois; ſçavoir, les Hommes valides aux Galeres, au
moins pour cinq années; ceux qui ſont invalides, ou les Femmes, au Fouet dans l'intérieur de l'Hôpital, & à être détenus à
l'Hôpital Général à tems ou à perpétuité, ſuivant l'exigence des

Cas : cette Déclaration laisse même à la prudence des Juges de prononcer de plus grandes Peines, s'il y échet.

Au reste, comme cette Déclaration contient plusieurs Réglemens de Police au sujet des Mendians, nous nous réservons à discuter plus amplement ses dispositions, en traitant des Délits particuliers qui peuvent se commettre en cette Matiere.

## *VOLS faits par Gens d'Affaires.*

Sous le nom de *Gens d'Affaires*, nous comprenons les Intendans de Maison, Receveurs, & autres Administrateurs des Biens qui sont à nos Gages, mais qui ne demeurent point avec nous. Les Vols que font ceux-ci ne doivent point, par cette raison, être punis aussi séverement que les Vols Domestiques ; mais aussi comme ils entraînent avec eux un Abus de confiance & des Prévarications dans leurs Fonctions, ils doivent, sans contredit, être sujets à des Punitions plus séveres que les autres Vols ordinaires. Aussi voit-on en plusieurs Arrêts qui ont sévi contre ces sortes de Personnes, non-seulement lorsqu'elles ont commis *directement* les Vols, mais encore *indirectement* par des Actes & Contrats frauduleux qu'ils ont surpris à la foiblesse ou à l'inexpérience de ceux dont ils font les Affaires. Il y en a un entr'autres du 19 Avril 1708, rapporté par BRUNEAU, sous le Titre *du Larcin*, qui a condamné le nommé *Jean Lavor*, pour avoir extorqué, pendant qu'il étoit Intendant d'une grande Maison, plusieurs Rentes, Contrats, Actes, Obligations, & Transports, à une Amende honorable seche, & à un Bannissement de neuf années de la Ville, Prevôté, & Vicomté de Paris : par ce même Arrêt, les Actes & Contrats faits au profit de Lavor, & sous Noms interposés, sont déclarés nuls & de nul effet, & Lavor est condamné à 3000 liv. de réparations civiles, & aux dommages-intérêts & dépens du Procès.

## *VOLS faits par Gens de Justice.*

Nous ne parlons point ici de ces Vols faits par les principaux Officiers de la Justice, & dont nous avons traité ci-devant sous le nom de *Concussion* ; mais de ceux commis par des Officiers subalternes, que leurs Fonctions rendent comptables à la Justice, tels que les Procureurs, Greffiers, Huissiers, Geoliers, & Guichetiers, lorsqu'ils prévariquent dans ces mêmes Fonctions, & qu'ils ne se contentent point des droits qui leur sont attribués par les

Réglemens. Comme ces fortes de Contraventions, que l'Ordonnance appelle *Exactions*, font toûjours préjudiciables aux Parties dont les intérêts leur font confiés, on peut les regarder comme de véritables Vols, & même des Vols qualifiés, à caufe de l'Abus de confiance qui s'y trouve joint; c'eft pour cela qu'ils font punis plus rigoureufement que s'ils étoient commis par d'autres Perfonnes. Les Peines qui font prononcées contr'eux par nos Ordonnances font; comme nous l'avons vû fous le Titre de l'Inftruction, tantôt celle de l'Interdiction avec Amende, tantôt de la Privation d'Office, tantôt de la Prifon, tantôt de la Reftitution du quadruple, tantôt de Punitions corporelles ou infamantes. Il faut voir, par rapport à ces dernieres, les Ordonnances d'Orléans, de Moulins, & de Blois, dont nous avons rapporté les difpofitions en traitant du Crime de *Concuffion*.

## VOLS commis par des Soldats.

Nous avons eu lieu de parler de ces fortes de Vols, en traitant de la *Jurifdiction Militaire*; ils font punis plus féverement que les autres, parce qu'ils tirent à une plus grande conféquence pour la tranquillité publique & la vigueur de la difcipline, dont dépend la confervation de l'Etat.

Suivant les Ordonnances & les Réglemens Militaires, l'on remarque quatre fortes de Vols qui fe font par les Soldats.

Les *premiers* font ceux qu'ils commettent à l'égard des *Vivandiers* ou *Marchands* venant dans les Villes ou dans les Camps, lorfqu'ils leur prennent par force & fans payement les denrées, foit dans les Marchés des Villes, dans les Boutiques, dans les Cafernes, foit dans les Routes; ceux-ci doivent être punis de mort, aux termes de l'article xxij. de l'Ordonnance Militaire de 1727.

Les Vols de la *feconde* efpece, font ceux que commettent les Soldats lorfqu'ils s'emparent des *Meubles & Uftenfiles des Maifons où ils font logés*, foit en Route où en Garnifon; il y a même Peine de mort prononcée contr'eux par l'article xxiv. de la même Ordonnance.

La *troifieme* efpece de Vols dont il eft fait mention dans l'article xxvij. de la même Ordonnance, eft de ceux que commettent les Soldats envers leurs Camarades & autres Soldats, en quelque lieu que ce foit; fi c'eft des *Armes*, ils doivent être pendus; fi c'eft du *Linge*, ou *Habits*, ou *Equipages*, ou *Pain de la Chambrée*, ils font condamnés à la Mort ou aux Galeres perpétuelles, fuivant les circonftances.

La *quatrieme* efpece de Vols dont il eft parlé dans l'article de l'Ordonnance Militaire du 18 Septembre 1713, eft de ceux que commettent les Soldats qui volent des *Pieces & Munitions d'Artillerie;* la Peine en ce Cas n'eft pas moindre que celle de Mort.

## VOLS commis par les Cabaretiers.

La Confiance qu'on eft obligé d'avoir en ces fortes de Perfonnes publiques, & qui les rend en quelque forte les Maîtres de la Vie & des Biens de ceux qu'ils logent, fait affez fentir la néceffité qu'il y a de les punir rigoureufement lorfqu'ils viennent à en abufer: *quia neceffe eft,* dit la Loi, *plerumque eorum fidem fequi, & res cuftodiæ eorum committere.* Auffi quelque leger que foit le Vol qu'ils commettent, la Peine n'en doit jamais être moindre que celle du *Fouet* & du *Banniffement,* fur-tout lorfqu'il s'agit de Vols faits par les Cabaretiers de la Campagne, où la Police ne s'exerce point avec la même exactitude que dans les Villes. Cette Peine peut même devenir *Capitale,* s'il y avoit preuve de l'habitude où le Cabaretier étoit de voler, & fi le Vol étoit confidérable, ou bien s'il y avoit preuve qu'il s'entendoit avec d'autres Voleurs qui logeoient chez lui: c'eft cette derniere circonftance qui a principalement donné lieu aux difpofitions des anciennes Ordonnances rappellées ci-devant, par lefquelles il eft fait défenfes aux Taverniers de recevoir & loger chez eux aucunes Perfonnes mafquées & déguifées, à peine *d'être punis comme Fauteurs & Complices.* Tel a auffi été l'objet particulier des injonctions qui leur ont été faites par l'Ordonnance d'Henri II. en 1558, renouvellée par plufieurs Réglemens de Police pour la Ville de Paris, de donner des *Rolles,* les noms & qualités des Perfonnes qu'ils logent chez eux.

*L. I. §. I. ff. naut. caup. & ftabul.*

IL Y A PLUS, les Loix Romaines, que nous avons adoptées fur ce point, comme étant fondées fur des motifs d'équité & d'intérêt public, qui nous font communs en cette matiere, ont porté la rigueur jufqu'à rendre les Hôteliers refponfables de tous les Vols qui fe commettoient chez eux, quand même il feroit prouvé qu'il n'y auroit eu aucun dol de leur part, & qu'ils auroient été commis par leurs Domeftiques ou autres Perfonnes qui logeroient chez eux, fur ce fondement que, *eo ipfo quod merces illatæ funt in Cauponâ, earum cuftodiam recepiffe videtur.*

*L. Debet 7. ff. naut. caup. & ftab. L. I. §. recipit autem, & L. 2. ibid. Carond. Rep. liv. 10. Rep. 70.*

Il eſt vrai que la Regle établie par cette Loi, n'eſt point tellement générale qu'elle ne ſoit ſujette à quelqu'Exception : nous
en trouvons trois remarquables, dont les deux premieres ſont tirées du même Titre du Droit *Naut. caup. ſtabul.*

La PREMIERE, c'eſt lorſque l'Hôtellerie a été volée & pillée
par l'effet d'une *force majeure* que l'Hôtelier n'a pû prévoir ni empêcher, *ſi in Caupona vis major contigerit ;* comme ſi le Vol avoit
été fait par des Perſonnes du dehors avec Armes & Effraction,
& pendant la nuit. Il y a pluſieurs Arrêts qui ont déchargé les
Hôteliers ſur le fondement de cette exception : ces Arrêts ſont
rapportés par Bardet, le Prêtre, Soefve, Papon, Maynard,
Boniface, & Grovel.

*L. Et ita 2. §. 1.*
*ff. naut. caup. ſtab.*
*L. Licet 6. §. ſed*
*etſi 2. ff. eod. tit.*

*V. Bard. tom. 1.*
*liv. 8. ch. 21. Le*
*Pretre, cent. 1. ch.*
*18. Soefve, cent. 3.*
*ch. 26. Pap. liv. 3.*
*tit. 6. n. 4. Mayn.*
*liv. 18. chap. 81.*
*Bonif. t. 5. Grivel.*
*deciſ. 49.*

La SECONDE exception, c'eſt lorſqu'il eſt prouvé que l'Hôtelier n'a point reçu entre les mains les effets qui ont été volés,
& que ceux à qui ils ont été volés ſe ſont chargés eux-mêmes
de leur garde, malgré les offres & l'avertiſſement de l'Hôtelier
qu'il n'en répondroit pas : *item ſi prædixerit ut unuſquiſque Vecto-
rum res ſuas ſervaret, neque ſe damnum præſtaturum ;* mais il faut
en ce cas, pour décharger entierement l'Hôtelier, que les Voyageurs ayent déclaré de leur côté qu'ils ſe chargeoient eux-mêmes
de tous les évenemens, *& conſenſerint Vectores prædictioni.*

*L. Debet 7. §.*
*item eod. tit.*

*V. Grivel. décif.*
*49. Menoch, conſil.*
*352. n. 11, & 12.*

Enfin, une TROISIEME Exception que notre Juriſprudence a
introduite en faveur des Hôteliers ; c'eſt lorſqu'il paroît qu'il n'y
a eu aucune faute ni négligence de leur part : comme s'ils ont
donné les Clefs, ou s'ils ont été volés eux-mêmes. Mais pour
cela, il faut ſur-tout que l'Hôtelier jouiſſe d'une réputation entiere ; c'eſt-à-dire, que c'eſt par ſa bonne ou mauvaiſe réputation
que l'on ſe détermine principalement dans les Jugemens qui ſe
rendent à ce ſujet. Tel eſt entr'autres l'uſage de ce Parlement,
tant au Civil qu'au Criminel, comme l'atteſte MORNAC d'après
MASUER : *Obſervatum eſt ex cauſis quæ de hujuſmodi furtis actæ
ſunt, in majori criminalique auditorio judicari ſolere pro famâ Caupo-
nis.* C'eſt encore la remarque que fait GRIVEL ſur un Arrêt du
Parlement de Franche-Comté, rendu dans la même eſpece, *Præ-
ter hæc Curia conſideravit Cauponem omni ſiniſtra opinione carere.*

*V. Maſuer. tit.*
*des dévens, n. 31.*
*Mornac ſur la L. 1.*
*ff. naut. caup. ſtab.*

Cette Juriſprudence eſt fondée, ſuivant COQUILLE, ſur la
différence qu'il faut mettre entre nos Hôteliers & ceux dont il eſt
parlé dans les Loix Romaines, qui le plus ſouvent faiſoient ſervir
leurs Maiſons de retraite à la débauche, *cùm ne nunc abſtineant
hujuſmodi fraudibus ;* au lieu, dit cet Auteur, que ces ſortes d'a-
bus

*V. Coquille ſur la*
*coût. de Niv. c. 28.*
*art. 1.*

*L. 1. §. 1. ff. eod.*

bus font extrêmement rares chez les Hôteliers de nos jours, au moyen des fages précautions qui ont été prifes par les Ordonnances & Réglemens de Police.

PARMI les Réglemens qui font intervenus en dernier lieu à ce fujet, on remarque fur-tout l'Edit de Mars 1693, qui veut qu'on ne puiffe admettre à la Profeffion d'*Aubergifte*, que ceux dont la probité eft connue, & qu'après qu'ils auront pris des Lettres de Permiffion, & qu'ils fe feront faits recevoir par les Juges ordinaires.

Il y a encore des Réglemens particuliers de Police, qui concernent fingulierement ceux *qui logent en Chambre garnie*, & furtout dans cette Ville de Paris où ils font en grand nombre, à caufe de la multitude d'Etrangers qui y abordent de toutes parts. Ceux-ci prétendent être déchargés des Vols qui fe font dans ces Chambres, lorfqu'ils en ont remis les Clefs. Mais comme ils ont ordinairement des doubles Clefs, on n'a pas toûjours égard à cette exception ; & il a été jugé par plufieurs Arrêts, notamment par un de la Tournelle de ce Parlement, du 12 Décembre 1654, *V. tom. 1. liv. 8.* rapporté au Journal des Audiences, qu'ils étoient refponfables *ch. 1.* des Hardes & Argent qui avoient été apportés en leurs Chambres garnies, nonobftant la remife qu'ils avoient faite de la Clef à la Perfonne volée.

AU RESTE, c'eft à l'Hôtelier à rapporter la preuve de toutes ces Exceptions. On ne fe contente plus, comme l'on faifoit autrefois, de fa feule affirmation, lorfqu'il étoit d'ailleurs bien famé ; *V. Mafuer. loc* mais on l'oblige de fe juftifier, foit par des Procès-verbaux qu'il *citato.* aura foin de faire dreffer par les Juges des Lieux, foit par les Informations qui feront faites fur fa Plainte. Le Voyageur n'a de fon côté autre chofe à prouver, finon que fes Effets ou Marchandifes ont été apportés à l'Auberge, fuivant la Maxime générale *Eo ipfo*, &c. que nous avons établie ci-devant ; & cette Preuve eft fi favorable, que l'Ordonnance lui donne à cet égard les mê- *V. art. 4. tit. 26* mes Priviléges que pour les autres *Dépôts néceffaires* ; fçavoir, *de l'Ordonn. de* qu'il peut juftifier ce Fait par *Témoins*, fans qu'il foit befoin de *1667.* commencement de Preuve par écrit, quand même la chofe volée excéderoit la fomme de 100 livres.

*VOLS faits par des Maîtres de Coches & Meffageries.*

Ceux-ci étant, comme les Hôteliers, des Dépofitaires publics ; lorfqu'ils font convaincus d'avoir volé les effets qui leur ont été confiés, ils devroient conféquemment fubir la même Peine, quoique le plus ordinairement on fe contente de les condamner au Fouet, outre la Reftitution des effets volés.

· Mais s'il étoit prouvé que le Vol eût été fait par ceux qu'ils employent à leur fervice, fans qu'ils y ayent eu aucune part, ils feroient feulement tenus à la Reftitution de la chofe volée ou perdue ; il y auroit même lieu de les décharger entierement, s'il y avoit preuve que le Vol ou la Perte font arrivés par l'effet d'une force majeure qu'ils n'ont pû prévoir ni empêcher : ainfi, par Arrêt de la Cour du 14 Septembre 1715, rapporté au fixieme Tome du Journal des Audiences, il a été jugé en faveur du Maître du Coche d'Auxerre, qu'un Meffager n'étoit point tenu d'un Vol fait en fon Bureau nuitamment & avec effraction.

*L. 7. §. 4. ff. naut, caup, & ftab.*

Par l'Edit de 1576, rapporté dans le CODE VOITURIN, les Cochers & Meffagers font déclarés refponfables de tous Larcins & Vols, excepté ceux qui font faits en *plein jour* & fur les *grands Chemins* ; ils font par conféquent refponfables de ceux qui feroient faits dans les Auberges où ils logent, à ceux qu'ils conduifent dans leurs Voitures : MORNAC, fur la Loi *Argentum*, rapporte un Arrêt qui a condamné le Meffager de Poitiers à rendre la valeur de la chofe dérobée à celui qui étoit venu avec lui, & avoit mis les chofes apportées dans l'Hôtellerie où elles furent dérobées ; il eft vrai que, par le même Arrêt, l'Hôte fut condamné à indemnifer le Meffager.

*V. Mornac ad L. argentum 10. ff. commodati.*

Il y a encore cela de remarquable, par rapport aux Maîtres des Coches & Meffageries, que comme ils font tenus, fuivant le même Edit de 1576, & autres rapportés dans le Code *Voiturin*, d'avoir des Regiftres fideles des chofes dont ils font chargés ; ils ne font auffi refponfables que des effets mentionnés dans ces Regiftres. Il y a plufieurs Arrêts rendus en leur faveur en pareil Cas, un entr'autres rapporté par Dufrefne, du 5 Janvier 1627, au profit du Cocher de la Ville de Rheims, que l'on vouloit rendre refponfable de quelque argent prétendu mis en fa Valife par deux Marchands, & dont il n'étoit point chargé par le Regiftre : BRUNEAU, fous le Titre du *Larcin*, rapporte un autre Arrêt du Confeil privé de l'année 1696, qui décharge, fur ce fondement, le Maître du Coche de la garantie du Vol fait par fon Cocher dans une Hôtellerie d'Effone.

*V. Obferv. crim. part. 2. tit. 23. p. 417.*

CEPENDANT, fi le Regiftre fe trouvoit défectueux, & qu'il fût prouvé d'ailleurs que les effets volés ou perdus avoient été con-

fiés aux Maîtres des Coches & Meſſageries , ceux-ci ne laiſſe-
roient pas que d'en être tenus , ſoit que le Vol eût été fait par
leurs Domeſtiques , ou même par des Etrangers ; tout l'adouciſ-
ſement que la derniere Juriſprudence a apportée en leur faveur,
comme il paroît par les Arrêts recueillis dans le Code *Voiturin*,
a été de ne point s'en rapporter à cet égard , comme on faiſoit
auparavant , à la ſeule affirmation des Perſonnes volées , mais
d'obliger celles-ci à juſtifier par des Preuves juridiques de la qualité & valeur des effets qui ſe trouvoient dans les Malles & Ballots
volés ; & à défaut de cette Preuve , qui ſe fait ordinairement par
des *factures* , lorſqu'il s'agit de Marchandiſes , on eſt dans l'uſage
de reſtraindre la valeur à une certaine ſomme , qui eſt ordinairement de 150 livres, ſuivant les Arrêts du Conſeil de 1687 , 1704 ,
1715 , & 1746.

Il n'y a donc proprement que le Cas de la *force majeure* , tel
que celui du Vol fait avec effraction , ou en plein jour , & ſur
les grands Chemins , qui puiſſe mettre ces Maîtres de Coches à
couvert de toutes recherches à ce ſujet : ils ne peuvent par conſéquent reclamer les autres Exceptions qui ont été établies en faveur des Hôteliers , quoiqu'ils ſe trouvent compris ſous le même
Titre du Droit. La raiſon de cette différence , c'eſt , comme le remarque A C C U R S E , ſur la Loi derniere du même Titre *Caup.
Naut. Stabul.* parce que les Maîtres de Coches & de Navires ſont,
dit-il , Maîtres de choiſir ceux qu'ils embarquent dans leurs Coches & Navires , & que ces derniers , une fois embarqués , ne
ſont plus les Maîtres de ſe choiſir une autre Voiture , comme ils
peuvent le faire en fait d'Hôtellerie.

### *DES VOLS faits par des Voituriers.*

On veut parler principalement de ces Voituriers qui piquent
les Futailles pour boire le Vin qu'ils conduiſent en la Ville de
Paris , ou ailleurs : P A P O N rapporte un Arrêt rendu en 1550,
qui a condamné au Fouet & à l'Amende-honorable des Charretiers qui , après avoir bû & piqué des Tonneaux de Vin qu'ils
amenoient à un Préſident des Requêtes du Palais , les avoient
remplis d'eau.

On ſe contente auſſi quelquefois de prononcer la Peine du
Carcan , lorſque la Défraudation n'eſt pas conſidérable : il y en
a un exemple récent dans un Arrêt du 14 Août 1715 , rapporté

*V. liv. 23. tit. 9.*

au 6ᵉ Tome du Journal des Audiences, par lequel la Cour en confirmant une Sentence du Lieutenant Général de Police, qui prononçoit cette Peine, ordonne l'exécution des Arrêts & Réglemens de Police concernant les Charretiers & Voituriers de Vin; & conformément à iceux, fait défenses à tous Charretiers de piquer les Vins qu'ils voitureront pour les Marchands de cette Ville de Paris, sur les peines portées par les Réglemens; même permet de faire emprisonner les Contrevenans, saisir & arrêter leurs Chevaux, & les mettre en Fourriere.

Il y a encore d'autres Dépositaires publics, auxquels peuvent s'appliquer les peines dont nous venons de parler, tels que les Meuniers, Fourniers, Tailleurs, &c.

### VOLS faits par des Serruriers.

Ces Vols sont mis au nombre des *qualifiés*, à cause des conséquences dangereuses qu'ils entraînent dans la Société, par l'abus que peuvent faire ces sortes d'Ouvriers de leur Art, en faisant ou prêtant de fausses Clefs pour s'introduire dans les Maisons. Ainsi, soit que ce Vol ait été fait pour leur profit particulier, soit qu'il ait été fait pour le profit d'autres Personnes qui les employent, il doit toûjours être puni du dernier Supplice, parce qu'au *Vol* est joint le Crime de *Faux*.

L'on distingue seulement, en fait de Complicité, si les Serruriers ont assisté au Vol en personne, ou s'ils ont seulement remis des fausses Clefs à des Tiers qui s'en sont servis en leur absence; dans ce dernier Cas, ils ne doivent pas être punis de la Potence comme dans le premier, mais seulement de quelques Peines afflictives, à moins toutefois que ceux à qui ils ont remis ces fausses Clefs ne fussent des *Domestiques*, parce qu'ils n'ont pû ignorer l'usage que ceux-ci en vouloient faire. On trouve dans M. Le Prêtre, Cent. 2. un Arrêt qui a condamné à la Potence un Serrurier pour avoir fait une fausse Clef à un Valet qui vola son Maître.

# CHAPITRE III.

## *Des Vols qualifiés par la nature de la chose volée.*

NOUS avons donné pour exemples de ces sortes de Vols, 1°. ceux des choses sacrées ; 2° des Deniers Royaux ou Publics ; 3°. des Personnes libres ; 4°. des Bestiaux ; 5°. des Pigeons ; 6°. des Poissons ; 7°. du Gibier ; 8°. des Arbres des Forêts & Jardins ; 9°. des Fruits & Légumes ; 10°. des Charrues & Harnois de Laboureurs ; 11°. des Bornes & Limites ; & autres semblables faits contre la foi publique.

Nous avons eu lieu de parler des *Vols de Deniers Royaux & Publics* , en traitant des Crimes de PÉCULAT & de CONCUSSION.

### *VOLS de choses sacrées.*

Nous avons parlé de ce Crime sous le Nom de *Sacrilège* , & nous avons observé qu'il se commettoit de trois manieres ; ou lorsqu'on voloit une chose sacrée dans un lieu sacré ; ou lorsqu'on voloit quelque chose de sacré dans un lieu profane ; ou enfin, lorsqu'on voloit une chose profane dans un lieu sacré.

A l'égard des Peines, elles sont différentes suivant les degrés d'énormité du Crime. Ainsi par exemple , celui qui aura volé le *Soleil* ou le *Ciboire* dans lequel sera le S. Sacrement , doit être puni du *feu vif* à cause de la Profanation jointe au Vol. Celui qui aura volé des *Vases sacrés* , sans qu'il s'y trouve rien de sacré ; ou des *Patenes* & *Calices* dans un lieu qui soit consacré ou non , il doit être puni de la Potence , après avoir fait Amende-Honorable & avoir eu le Poing coupé, & son corps doit être jetté au feu. Mais, s'il n'avoit volé que des *Ornemens* d'Eglise , & ceux qui seroient destinés au Service Divin , il ne seroit sujet qu'à la Peine de la Potence. Enfin, si le Vol ne consistoit que dans des choses de peu d'importance, comme de la *Cire* , des *Cierges* , des *Napes* d'*Autels* , il y auroit seulement lieu à des Peines corporelles, telles que les Galeres pour les hommes, & la détention dans une Maison de Force pour les femmes, avec la flétrissure d'une marque en forme de la lettre V. le tout conformément à la Disposition de l'article premier de la Déclaration du 4 Mars 1724.

Mais , si le Vol étoit considérable , & qu'il fût fait avec effrac-

*V. art. 172. de la* CAROLINE.

tion, il y auroit lieu à la Peine de Mort: c'eſt encore ce qui réſulte de ces termes, qu'on voit à la fin du même article de cette
Déclaration ; le *tout ſans préjudice de la Peine de Mort, s'il y échet,*
*ſuivant l'exigence des Cas.*

## *DU VOL des Perſonnes Libres.*

On l'appelle autrement PLAGIAT, quoiqu'on entende plus ordinairement ſous ce nom, le Vol que font ceux qui s'approprient
les Livres ou les Ecrits des autres. Le Crime dont il s'agit, eſt celui dont il eſt parlé dans la Loi *Fabia au ff. de Plagiariis*, & qui ſe
commettoit par ceux qui enlevoient de jeunes gens libres & les
vendoient pour Eſclaves ; ce Crime, ſuivant la Loi derniere au
CODE, ſous ce même Titre, étoit puni de la même Peine que
l'Homicide, ſur le fondement que ceux qui le commettoient, faiſoient ſouffrir aux Peres & Meres la même douleur qu'ils auroient
eue de la mort de leurs Enfans.

Nous en diſtinguons de quatre eſpeces parmi nous. 1°. Celui
qui ſe commet, en enlevant un Chrétien pour le vendre à un
Infidele, tel qu'un Turc ou un Algérien. 2°. Celui qui ſe commet par des Juifs, qui volent des Enfans Chrétiens pour les faire
mourir en haine du Chriſtianiſme. 3°. Celui qui ſe commet par
des Gueux ou Mendians, comme Bohémiens & autres, qui pour
mieux exciter la charité & la compaſſion des Paſſans, s'approprient les Enfans d'autrui qu'ils enlevent par les chemins, les dé-
figurent & leur mutilent les Membres. 4°. Celui qui ſe commet
par les Capitaines de Galeres & leurs Lieutenans, lorſqu'ils retiennent des Galériens après le tems expiré, ou après que ceux-ci
ont obtenu des Lettres de Rappel.

Au *premier* Cas, la peine ne doit être moindre que celle de la
Potence. Il y a un Arrêt de la Cour du 19 Mai 1453, qui a prononcé cette peine contre *Jacques Cœur* de Bourges, Argentier de
CHARLES VII. accuſé de vendre & livrer des Enfans aux Sarra-
ſins. Cette peine eſt conforme à celle prononcée par les Livres
Saints : *qui furatus fuerit hominem, & vendiderit eum, convictus noxæ*
*morte moriatur.*

Au *ſecond* Cas, il y a lieu à la peine du Feu. BRUNEAU
rapporte un Arrêt du Parlement de Metz, qui a condamné à cette
peine un Juif, pour avoir volé un Enfant Chrétien qu'il avoit
fait mourir cruellement. C'eſt de ce Crime dont il eſt parlé dans
la Loi *Judæos*, que nous avons citée en parlant de l'*Infanticide.*

*V. Exod. ch. 21.*
*⸭. 16.*

*V. Bruneau, Obſ.*
*crim. part. 2. tit.*
*29. p. 451.*

Au *troifieme* Cas, il y a lieu à la peine des Galeres, lorfque l'Enfant volé n'a point été mutilé par les Gueux & Mendians ; mais fi le Vol eft accompagné de Mutilation, la peine ne doit pas être moindre que celle de Mort. *V. Bruneau, ibid.*

ENFIN, la peine contre les Capitaines ou Lieutenäns des Galeres, qui retiennent les Galériens après le tems expiré, ou après qu'ils ont obtenu des Lettres de Rappel ; c'eft celle de la Privation de leur Etat, aux termes de l'article cc. de l'Ordonnance de Blois.

## *DU VOL des Beftiaux.*

Ce Vol eft connu dans le Droit fous le nom d'ABIGEAT ; il vient du mot Latin *ABIGERE*, qui fignifie *enlever & tranfporter d'un lieu à un autre*, mais il ne s'entend proprement que lorfque l'enlevement fe fait d'un Troupeau entier, ou d'une grande quantité de Beftiaux qui peuplent une Etable, tels que *Chevaux, Bœufs, Vaches, Chevres & Moutons ;* c'eft pour cela que ceux qui commettent ce Crime, font appellés dans le Droit *Latrones,* pour les diftinguer des autres qui font appellés feulement *Fures.* *V. les tit. du Code & du ff. de albigeis vel abactorib.*

CE CRIME eft mis dans le Droit au nombre des Crimes extraordinaires, dont la Peine dépend principalement des circonftances. Ainfi l'on diftinguoit fi ce Vol étoit confidérable ; s'il étoit fait avec Armes ; s'il étoit fait en plaine Campagne, ou dans l'Etable ; fi l'on étoit dans l'habitude de le commettre ; fi l'on avoit quelque droit, quoique litigieux, fur les Beftiaux ; s'ils étoient égarés, & avoient été trouvés dans des lieux fort écartés de la demeure de leur Maître.

Toutes ces circonftances, qui font marquées par les Loix rapportées fous le Titre du ff. *de Abigeis,* font encore confidérées parmi nous, fuivant le témoignage de Defpeiffes, c'eft-à-dire que la Peine de ce Crime eft, comme chez les Romains, laiffée à l'arbitrage du Juge. Ainfi, lorfque le Vol eft fait dans l'Etable, il doit être puni plus féverement que lorfqu'il eft fait dans le Bois ou dans le Troupeau ; dans le *premier* Cas, la Peine peut aller jufqu'aux Galeres perpétuelles ; & quelquefois même, dans le *fecond,* lorfque le Vol eft confidérable. Si le Vol eft fait pendant que le Bétail eft en pâturage, il eft plus puniffable que dans le Cas où le Bétail auroit été trouvé errant ; la Peine, au *premier* Cas, peut être des Galeres à tems ; & au *fecond,* du Fouet & du Banniffement à tems. Pareillement lorfque le Vol eft fait d'une *V. Defp. tom 3. art. 18. p. 147.*

*V. Damhoud. cap. 113. de abigeatd.*

grande quantité de Beſtiaux, la Peine doit être plus forte que s'il ne s'agiſſoit que d'un Cheval, Bœuf, Vache, ou de quelques Moutons ou Pourceaux ; au *premier* Cas, elle peut aller juſqu'aux Galeres perpétuelles ; mais au *ſecond*, elle ne peut être portée au-delà du Fouet & du Banniſſement à tems. Enfin il y a des Cas où la Peine peut devenir *capitale*, comme lorſque le Vol a été accompagné d'Effraction & d'Aſſemblées illicites avec port d'Armes.

## VOL des Pigeons.

*V. Inſtit. de Juſtinien, liv. 2. tit. 1. §. 15.*
*V. Damhoud, cap. 113. de Abigeata.*
*V. Guyp. qu. 218.*

Ce Vol, ſuivant certains Auteurs, eſt compris ſous le Crime d'*Abigeat*, quoique ce dernier ne doive s'entendre proprement que du Vol des Bêtes à quatre pieds. La Peine, au ſurplus, en eſt également arbitraire ; elle conſiſte ordinairement dans une Amende envers le Roi ou le Seigneur ; elle peut même aller juſqu'au Fouet & au Banniſſement, lorſque le Vol eſt fait avec Effraction dans les Lieux qui ſervent de retraite à ces Animaux, & qu'il eſt d'ailleurs conſidérable : la Peine de ceux qui tuent des Pigeons avec Armes à feu, ou autrement, eſt du Fouet ou du Carcan, s'il y en avoit un grand nombre ; & ſeulement d'une Amende, s'il n'y en avoit qu'une petite quantité.

Il en eſt de même du Vol des Poules, & autres Volailles, dans une Baſſe-Cour.

## VOL des Poiſſons.

Il peut ſe commettre deux ſortes de Vols à cet égard ; le *premier* eſt le Vol des Poiſſons qui ſont dans un Etang, Réſervoir, & Foſſés d'une Ville ou Château ; le *ſecond* eſt celui des Poiſſons que l'on pêche en eau courante & non fermée, ſans en avoir le Droit ni la Permiſſion de celui dont la Riviere dépend.

Au *premier* Cas, c'eſt un véritable Vol, dont la Peine ordinaire, ſuivant notre Juriſprudence, eſt celle des Galeres, & peut même devenir capitale, lorſque le Vol eſt accompagné d'Effraction ou d'Aſſemblées illicites avec port d'Armes.

Au *ſecond* Cas, l'on punit différemment, ſuivant les circonſtances, c'eſt-à-dire ſuivant la Qualité des Perſonnes, le Tems, la Maniere dont la Pêche a été faite ; nous aurons lieu de diſtinguer ci-après tous ces différens Cas, & de marquer les Peines qui y ſont attachées, en traitant des Délits qui ſe commettent au ſujet de la Pêche.

## *VOLS de Gibier & Bêtes fauves.*

Dans les premiers tems où la Chasse étoit permise à tout le Monde, le Gibier & les Bêtes sauvages appartenoient au premier *occupant* qui pouvoit s'en emparer impunément ; mais depuis que nos Souverains ont jugé à propos de restraindre cette faculté par leurs Ordonnances, il n'y a que ceux à qui elle a été spécialement réservée par ces mêmes Loix, qui puissent en user librement, sans encourir les Peines qui y sont portées. *V. Institt. de Justinien, liv. 2. tit. 1. §. 12. & 13.*

Aux termes de ces Loix, que l'on trouve recueillies au Code des *Chasses*, sont réputés Voleurs, & doivent être punis comme tels :

1°. Ceux qui volent dans les Garennes du Roi, des Hauts-Justiciers, & autres, suivant la disposition de l'Ordonnance d'Henri IV. du mois de Juin 1601 : COQUILLE, sur l'article xvj. du Chap. xvij. de la Coûtume de Nivernois, qui renouvelle la disposition de cette Ordonnance, compare ce Vol à celui des Pigeons dans le Colombier, parce que, dit-il, les uns & les autres font partie de notre patrimoine.

2°. Ceux qui ouvrent & ruinent les trous qui sont dans les Garennes du Roi ou dans celles des Particuliers où le Gibier se retire ; c'est la Disposition de l'Ordonnance des Eaux & Forêts, *Tit. des Chasses, art. x.*

3°. Ceux qui prennent dans les Forêts du Roi, Garennes & Buissons, des Aires ou Nids d'Oiseaux, des Œufs de Cailles, Perdrix & Faisans, la peine est de 100 liv. pour la premiere fois, du double pour la seconde, du Fouet & Bannissement à six lieues de la Forêt pour la troisieme.

Nous verrons au reste, en traitant des Délits contre les Réglemens des Droits de Chasse, les différentes Especes de Chasses qui sont défendues, ainsi que les peines portées contre ceux qui contreviennent à ces Réglemens.

L'on avoit d'abord douté, si c'étoit commettre un Vol, que de s'approprier des *Bêtes sauvages* qui sont apprivoisées. Mais enfin la plûpart des Jurisconsultes se sont réunis à soûtenir l'affirmative, pourvû que ces Animaux conservent l'habitude d'aller & de retourner dans la Maison, *donec animum revertendi habeant.* *V. Institt. ibid. §. 15. V. Automn. sur la L. ff. de acquis. rer. domin.*

L'on avoit encore agité parmi les Docteurs, la Question de sçavoir si l'on pouvoit commettre un Vol à l'égard des *Abeilles*, parce que ces Insectes sont de leur nature réputés sauvages ; mais le sentiment qui a prévalu, & qui a été adopté par Justinien

D d d d

V. Inflit. ibid. §. 14.

dans fes Inftitutes, eft qu'on ne pouvoit les prendre, lorfqu'elles étoient dans la Ruche, fans commettre un Vol ; & même qu'on ne pouvoit empêcher, lorfqu'elles étoient envolées, de les fuivre à vûe, fur le Territoire d'autrui, fans s'expofer à être pourfuivi & condamné à des peines pécuniaires : *Examem apum quod ex alveo tuo evolaverit, eo ufque intelligitur effe tuum, donec in confpectu tuo eft, nec difficilis perfecutio ejus eft.*

Au refte, il faut principalement confulter fur tous ces points les Coûtumes des Lieux.

## VOLS des Arbres.

V. le tit. du ff. arborum furtim cæfarum, lib. 47.

L'on veut parler non feulement du Vol des Arbres qu'on enleve, & dont on fait une Coupe illicite, mais encore de ceux qu'on endommage & qu'on dégrade.

V. la Rocheft. liv. 1. tit. 13.

V. Journ. du Palais, tom. 2. infol. p. 545.

Dans le *premier* Cas, la peine ordinaire eft celle des Galeres pendant trois ans ou du Fouet, comme celle des autres Vols faits contre la foi publique ; & cette peine doit avoir lieu, fur-tout fi le Vol a été fait la nuit, ou fi la Coupe a été faite dans les tems prohibés pour le travail ; ou bien s'il y a eu une Effraction au Mur de clôture des Jardins, ou quelques autres circonftances qui marquent un deffein prémédité. Nous ne fuivons point par conféquent la Difpofition du Droit Romain, qui mettoit ce Crime au nombre des Délits privés, comme il paroît par le Titre du Digefte *Arborum furtim cæfarum*, & qui ne le puniffoit que par la peine de la Loi *AQUILIA*, qui étoit celle du double de la chofe volée.

Au *fecond* Cas, c'eft-à-dire, lorfqu'il n'y a eu ni Coupe ni Enlévement, & que l'on s'eft feulement contenté d'endommager & de dégrader les Arbres, foit dans les Forêts, foit dans les Jardins ; la peine des Galeres peut alors être convertie en celle du Fouet ou du Banniffement ; ou même d'une fimple Amende avec dommages-intérêts, fi la Dégradation eft faite dans les Arbres qui appartiennent à des Particuliers ; il n'y a que celle faite dans les Forêts du Roi qui doit toûjours être punie d'une Peine cor-

V. art. 22. tit. de la Police & conferv. des Forêts.

porelle, fuivant la Difpofition de l'Ordonnance des Eaux & Forêts. Nous aurons lieu de remarquer au furplus, en traitant des Délits contre la Police des Bois, les autres Difpofitions que cette Ordonnance contient à cet égard.

L'on peut rapporter à ce Vol celui du *Bois-à-brûler* dans les Chantiers, ou celui des jeunes *Seps* ou des *Echalas* dans une

Vigne. La Peine ordinaire de ces Vols est celle des Galeres pour trois ans, comme des autres Vols faits contre la foi publique.

Au reste, l'on doit considérer dans l'application des Peines à tous ces différens Cas ; la *Quantité* du Vol, le *Tems* où il a été fait, la *Maniere* dont il a été commis, & les autres circonstances qui peuvent servir à en marquer la *Préméditation.*

### V O L S *de Fruits dans les Jardins.*

Suivant les Arrêts des Reglemens de la Cour, la Peine de ce Vol est celle des Galeres pour trois ans, ou du Fouet avec Bannissement, lorsqu'il se commet dans les Jardins & Marais de cette Capitale, soit que ces Jardins ou Marais soient clos ou non. Mais dans les Provinces on n'en use point avec la même rigueur, on se contente de condamner à une Amende ou à une Aumône, lorsque le Vol n'est point accompagné d'autres circonstances qui le rendent qualifié, c'est-à-dire, qu'il n'est point *considérable,* qu'il n'a point été fait pendant la *nuit,* & qu'il ne se trouve pas accompagné de Port d'*Armes,* & d'*Effraction* ou d'*Escalade.*

L'on doit aussi principalement consulter la *Qualité* des Personnes qui commettent ce Vol ; car si, par exemple, il a été fait par un Soldat contre la Défense de son Général, il n'y a pas une moindre Peine que celle du dernier Supplice, suivant les Réglemens de la Discipline militaire.

Il faut encore considérer si les Personnes sont dans l'*habitude* de faire ces sortes de Vols. Suivant les anciennes Ordonnances de Franche-Comté, ceux qui ont volé des Fruits dans des Jardins ou Vergers clos & fermés, même les Grangers, Serviteurs, Vignerons, Messiers, & autres, sont punissables de la Peine du Fouet pour la premiere fois, & pour la seconde de la Potence. L'article suivant excepte néanmoins les trois Cas suivans ; 1°. lorsque le Voleur ne seroit point diffamé par aucun autre Larcin ; 2°. lorsqu'il y auroit quelque apparence qu'il a dérobé pour subvenir à sa nécessité & à son indigence ; 3°. lorsque la chose dérobée se trouve de petite valeur. Dans tous ces cas, il est laissé au pouvoir des Juges de prononcer telle autre Condamnation qu'ils jugeront convenables.

*V. art. 1234 tit. 28.*

Enfin, il faut sur-tout considérer le *Motif* qui y a donné lieu, c'est-à-dire, si ce Vol a été fait dans la vûe d'en tirer du profit ou d'insulter, ou bien seulement par gourmandise, comme ceux faits par des Ecoliers, dont la punition doit être refervée à leurs Peres & Meres.

Au reste, c'eft l'ufage du Lieu où ces fortes de Vols font faits, qu'il faut fingulierement confulter en cette matiere.

### VOLS des Charrues & Harnois de Laboureurs.

*V. Bonif. tom. 2. part. 3. liv. 1. tit. 5. ch. 5.*

Ce Vol eft puni de la même Peine que les autres Vols contre la foi publique ; fçavoir, des Galeres pour trois ans, & du Fouet ou du Banniffement. Il y a plufieurs Coûtumes qui prononcent des Peines corporelles en pareil cas. BONIFACE rapporte un Arrêt du Parlement de Provence du 27 Mai 1667, qui a jugé que le Larcin d'Inftrumens de *Labours* eft qualifié & public, & qu'il peut être pourfuivi comme tel à la Requête du Miniftere public, fans intervention de la Partie civile.

Il en faut dire de même du Vol des *Gerbes* dans les champs, & de celui des *Toiles*, *Linge*, *Fil*, & autres chofes qu'on laiffe pour blanchir ou fécher ; ou des *Denrées*, & autres effets qui font dans des Bateaux près des Ports. La Peine la plus ordinaire, dans tous ces Cas, eft celle des Galeres pour trois ans.

### VOLS ou Enlévement des Bornes & Limites.

*V. le tit. du ff. de termino moto, l. 47.*

Sous le nom de BORNES, l'on veut parler des *Pierres*, *Arbres*, *Pieux*, & autres Marques qui font employées pour féparer les Territoires, Jurifdictions, Champs, Prés, Vignes, & Forêts, les unes des autres.

L'on ne parle point ici, de cet enlévement accidentel de Bornes qui peut être caufé par leur ancienneté, ou par le Labourage, ou bien par l'ébranlement & l'écroulement des Terres, & qui donne lieu à cette action civile, appellée en Droit *finium regundorum* ; mais de cet enlévement frauduleux de Bornes, fait dans la vûe d'aggrandir fon Héritage, Territoire, ou Jurifdiction ; ou de fe procurer une décifion favorable, & qui bleffant tout-à-la-fois l'intérêt public & particulier, en ce qu'il entraîne néceffairement le Trouble & la Divifion, & quelquefois même les Meurtres, mérite d'être réprimé par des Punitions exemplaires.

*V. Deuteron. 19. ☞. 14. 16. 17.*

Les Coupables de ce Crime font maudits par la Sainte-Ecriture, & par les Canons.

*V. Can. in legib. cauf. 12. qu. 2.*

Il en eft parlé dans le Droit, fous le Titre du ff. *de termino amoto*, où il eft mis dans le nombre des Crimes extraordinaires, dont la Peine doit fe régler fuivant la condition des Perfonnes, & les circonftances du Crime.

La Peine la plus ufitée parmi nous, eft celle des Vols contre la foi publique ; fçavoir, les Galeres à tems, ou le Fouet avec le Banniffement, outre les dommages-intérêts envers le Proprié-taire qui en a fouffert. Cette Peine peut être agmentée lorfque le Crime eft accompagné de la Violence publique avec port d'Ar-mes ; elle peut être auffi modérée & convertie en une fimple Amende en certains Cas, comme lorfqu'on abat ou qu'on arra-che & déplace les *Pieds corniers* dans les Forêts ; on appelle ainfi les gros Arbres qui font choifis & marqués par autorité de Jufti-ce, pour indiquer les Bornes des Ventes & des Coupes de Bois, tant Taillis, que de Haute-Futaye.

Suivant l'article iv. de l'Ordonnance des Eaux & Forêts, au Titre des *Peines & Amendes*, il y a une Amende de 100 liv. pour *Pied cornier* abattu, & de 200 liv. pour *Pied cornier* arraché & déplacé.

## CHAPITRE IV.

### *Des Vols qualifiés par la Quantité.*

L'ON comprend dans cette Claffe, 1°. les *Larcins* ou *Vols* confidérables ; 2°. ceux qui font réitérés.

### *LARCIN ou VOL confidérable.*

Un Vol peut être confidérable de trois manieres, ou par la *Quantité* de la chofe volée, ou par la *Qualité* de la Perfonne à qui il eft fait, ou enfin par la *Multitude* des Perfonnes qui le com-mettent.

1°. Par la QUANTITÉ *de la chofe volée*, le Vol devient confidé-rable, comme fi, au lieu de voler une Bête à quatre pieds, on vole le Troupeau entier ; ou fi, au lieu de ne prendre que quel-ques Effets d'une Succeffion, on en fait la Déprédation entiere : ce font ces fortes de Vols dont il eft parlé fous les Titres du ff. *de Abigeis.... de Crimine expilatæ hæreditatis*, & qui paroiffent avoir fait l'objet particulier des derniers termes de l'article iij. de la Déclaration de 1724, où après avoir prononcé la Peine du Fouet

& de la Flétriſſure pour de ſimples Vols, Sa Majeſté ajoûte, *ſans préjudice d'une plus grande Peine, s'il y échet, ſuivant l'exigence des Cas.* Cette Peine peut donc aller juſqu'au Banniſſement ou aux Galeres perpétuelles, lorſqu'il s'agit d'un Vol extrêmement conſidérable, & fait avec des circonſtances qui en marquent la préméditation.

Il faut cependant excepter le Cas d'une Déprédation totale de Succeſſion faite par une Veuve ou par des Héritiers préſomptifs, pour laquelle il n'y a lieu, comme nous l'avons vû, de prononcer que des Peines pécuniaires, ou tout au plus infamantes.

2°. Par la QUALITÉ *de la Perſonne à qui il eſt fait;* le Vol peut encore devenir conſidérable, comme par exemple, le Vol qui ſeroit fait à un pauvre Artiſan, de ſon Métier ou de ſes Outils, qui ſeroient toute ſa reſſource pour ſubſiſter, ne ſeroit pas moins puniſſable, que s'il avoit été fait en plus grande quantité, vis-à-vis d'une autre Perſonne plus riche & plus commode.

3°. Par la QUANTITÉ *des Perſonnes qui le commettent,* le Vol peut devenir conſidérable : *Quoties nimirum,* dit la Loi, *multis perſonis graſſantibus exemplo opus ſit;* mais pour qu'il y ait lieu d'augmenter la Peine en ce cas, il faut ſuivant les Auteurs, que la même eſpece de Vol ait été commiſe par différentes Perſonnes, *dans le même tems & dans la même contrée.*

*L. Aut facta 16. §. nonunquam, ff. de Pœnis.*

## VOLS *Réitérés.*

L'expérience ayant fait connoître qu'on ne parvient aux plus grands Crimes que par degrés, & qu'ils ne prennent ordinairement leur ſource que dans le peu de ſévérité qu'on apporte à punir les moindres ; on s'eſt vû obligé d'augmenter les Peines à proportion de l'habitude qu'on a de tomber dans le Crime. Tel a été entr'autres l'objet particulier de la Déclaration de 1734, que nous venons de citer ; où après avoir ordonné la Peine du Fouet avec la fletriſſure d'une lettre V. pour un premier Vol, Sa Majeſté ajoute que ceux ou celles, qui après avoir été condamnés pour Vols ou flétris pour quelque autre Crime que ce ſoit, ſeroient convaincus de *récidive* en Crime de Vol, ne pourront être condamnés à moindre Peine, que, ſçavoir les hommes aux Galeres à tems ou à perpétuité, & les femmes à être de nouveau flétries d'un double W. ſi c'eſt pour récidive de Vol, ou d'un ſimple V. ſi la premiere Flétriſſure a été encourue pour autre

*V. art. 4.*

Crime, & enfermées à tems, ou pour leur vie dans des Maisons de force, *le tout sans préjudice*, est-il dit, *de la Peine de Mort, s'il y échet, suivant l'exigence des cas.*

Il y a plus, pour mieux assurer la preuve des Récidives, & conséquemment l'augmentation des Peines qui doivent être prononcées en pareil cas, Sa Majesté veut encore par une Disposition particuliere de la même Loi, que ceux qui seront condamnés aux Galeres à tems ou perpétuité pour quelque Crime que ce puisse être, soient flétris, avant que d'y être conduits, des trois Lettres G A L. *& cela*, est-il dit, *pour en cas de récidive en Crime qui mérite Peines afflictives, être punis de Mort ;* ce qu'elle veut même avoir lieu, encore que les Accusés auroient obtenu de Sa Majesté des Lettres de Rappel de Ban ou de Galeres ou de Commutation de Peines, pour précédens Vols & autres Crimes.

V. art. 5)

V. art. 6)

Il résulte des termes de cette Loi trois choses remarquables: 1°. qu'il ne suffit pas qu'il y ait récidive de Vol, pour donner lieu à l'augmention des Peines qu'elle prononce, mais il faut encore que le Voleur ait été condamné & repris de Justice pour ce même Vol ; ensorte que si l'Accusé avoit commis notoirement d'autres Vols, qui mériteroient Peine afflictive, & qu'il n'eût essuyé aucune condamnation à ce sujet, on ne pourroit lui faire subir la Peine qui est portée par cette Loi en cas de récidive : 2°. qu'il n'est pas toujours nécessaire, pour qu'il y ait lieu à cette augmentation de Peine, que le Crime pour lequel le Voleur a été condamné & repris de Justice, soit un Vol, mais qu'il suffit que ce soit tout autre Crime qui mérite Peine afflictive : 3°. que celui qui après avoir été condamné aux Galeres pour Vol, vient à retomber dans ce Crime, doit subir la Peine de Mort ; par conséquent comme la Condamnation aux Galeres doit avoir lieu, suivant la même Déclaration, dans le cas d'une premiere récidive dans ce Crime, on en peut tirer cette conclusion générale, que la Peine de Mort doit avoir lieu en cette matiere, toutes les fois que le Voleur est tombé dans une seconde récidive : c'est aussi ce qui paroît résulter de la réunion des différentes Autorités que nous allons citer.

1°. Par l'art. viij. de la Coutume de Nivernois, Chap. I. il est dit, « si aucun commet simple larcin non excédant soixante sols, » pour la premiere fois, il sera puni selon la discrétion & arbi- » trage du Juge ; pour la seconde fois, jusqu'à la mutilation des

» membres inclufivement ; & pour la troifieme fois, *il fera con-*
» *damné à Mort*, ce qui s'entend quand à chacune defdites fois,
» il a été appréhendé & atteint par Juftice ».

2°. L'article v. de la Coutume de Bourgogne Chap. I. des *Jufti-*
*ces*, « porte fi aucun commet'fimple larcin , qui n'excede 10 liv.
» tournois, pour la *premiere* fois, il fera puni corporellement felon
» l'exigence & la qualité du cas, & l'arbitrage du Juge , & *s'il ren-*
» *chet* & commet autre larcin , *il en perdra la vie.*

3°. Aux termes de l'art. clxij de la CAROLINE , celui qui a
volé pour la troifieme fois, & dont les Vols ont été bien & dûement vérifiés, eft tenu pour *Voleur Décrié ;* & n'étant pas moins
coupable que celui qui a ufé de violence, il eft condamné à la
Mort. Cette Loi ne diftingue point fi les trois Vols réunis forment un objet confidérable , la punition qu'elle ordonne ayant
moins pour objet, comme le remarque fon Commentateur, la
valeur de la chofe volée, que le degré de malice & l'incorrigi-
bilité du Voleur, dont il importe à la République de fe défaire.
Elle ne diftingue point non plus , fi ces Vols réitérés ont été commis dans le même Pays , ou dans la même Jurifdiction, ou fi
le Voleur a déja fubi une punition pour des Vols précédens :
mais elle exige feulement que ces Vols ayent été faits en différens tems & dans un certain intervalle les uns des autres. Ainfi,
par exemple, le Voleur qui auroit volé pendant une même nuit
en trois maifons différentes , ne feroit point cenfé avoir fait trois
Vols différens , mais un même Vol & Action continue.

V. *Griv. décif.*
94.

GRIVEL, en fes Décifions du Parlement de Dole, examine la
Queftion de fçavoir, fi un Voleur, qui commet jufqu'à trois fois
le Vol , doit être puni du dernier Supplice ; & après avoir rapporté l'avis de différens Auteurs, il conclut pour *l'affirmative,* fur
le fondement qu'un Voleur ainfi accoutumé à de petits Vols , devient, dit-il, bien-tôt fameux Voleur , & que c'eft par un troifieme Acte répété, que fe forme ordinairement une coutume : il
appuie fon fentiment de ceux de MENOCH , DAMHOUDER ,
GOMES , & principalement de la Jurifprudence du Parlement
de Dole. Il eft vrai qu'en même tems, cet Auteur obferve qu'en
général, ce Parlement ne fe porte à cette févérité , que lorfque
le Vol eft confidérable , ou que les Accufés ont déja été pourfuivis & convaincus d'autres Vols , fans confidérer fi ces Vols
antérieurs ont été commis hors de fon reffort , ou s'ils ont déja
été

été effacés par la Punition, ou par la Grace du Prince, mais seulement l'habitude du Vol, & le mépris qu'on a fait de la punition précédente.

---

# CHAPITRE V.

## *Des Vols qualifiés par le Lieu.*

L'ON veut parler de ceux qui se commettent, 1°. dans les Eglises, 2°. dans les Maisons royales, 3°. dans les Auditoires de la Justice, 4°. dans les Spectacles publics, 5°. dans les Grands Chemins.

### *VOLS faits dans les Eglises.*

Nous avons déja parlé des Vols faits dans les Eglises, en traitant du Crime de SACRILÉGE ; nous ne ferons que rapporter ici la disposition de la Déclaration du mois de Mars 1724, qui les concerne : « Ceux & celles ( porte l'article » premier de cette Déclaration ) qui se trouveront à l'avenir » convaincus de Vols & Larcins faits dans les Eglises, ensem- » ble leurs Complices & Suppôts, ne pourront être punis de » moindre Peine que, sçavoir les Hommes, de celle des Galeres » à tems ou à perpétuité, & les Femmes, d'être flétries d'une mar- » que en forme de la lettre V. & enfermées à tems ou pour leur » vie dans la Maison de Force ; le tout sans préjudice de la Peine » de Mort, s'il y échet, suivant l'exigence des Cas ».

### *VOLS faits dans les Maisons Royales.*

Il y a eu plusieurs Edits & Déclarations du Roi qui prononcent la Peine de Mort contre ceux qui sont convaincus de ce Crime, encore qu'ils n'auroient jamais été repris ni punis, & sans avoir égard à la valeur & estimation de ce qu'ils pourroient avoir volés, notamment les Déclarations de Novembre 1530, de Janvier 1677, & de Décembre 1682 ; cette derniere étend la Peine de Mort à ceux qui volent dans les Cours, avant-Cours des Cuisines & Ecuries. Mais il paroît que la rigueur de ces Loix ne doit s'appliquer proprement qu'aux Vols des Effets appartenans au Prince, & non point de ceux appartenans à des Particuliers qui se trouveroient dans les Maisons royales ; & que dans ce dernier

Cas, l'on devroit principalement avoir égard à la valeur & à l'eſti-
mation de la choſe volée.

### VOLS faits dans l'Auditoire de la Juſtice.

Les Juges, & ſur-tout ceux des Cours ſupérieures, repréſen-
tant la Perſonne du Souverain qui leur a confié le ſoin de rendre
la Juſtice à ſes Sujets ; on peut dire des Vols qui ſont faits dans
les Lieux où ils tiennent leur ſéance, comme de ceux faits dans
le Palais du Prince, qu'ils ſont autant d'Attentats commis contre
le reſpect dû à Sa Majeſté, & qu'ils doivent conſéquemment être
ſujets à la même Peine. L'on voit en effet pluſieurs Arrêts de différens Parlemens, rapportés par Brillon, d'après Papon, Jovet,
la Rocheflavin, & Bouchel, qui ont prononcé, en pareil Cas,
la Peine de Mort avec Amende-honorable, quoique les Vols fuſſent d'ailleurs très-legers : à la vérité, il y en a d'autres rapportés par les mêmes Auteurs, & notamment par Papon & Bouchel, qui ſe ſont contentés de condamner au Fouet & à cinq ans
de Galeres ; d'autres, au Fouet ſeulement par tous les Carrefours
du Bailliage du Palais, avec la Marque de la Fleur-de-Lys ſur les
deux Epaules, Amende-honorable, & Banniſſement perpétuel ;
d'autres enfin qui n'ont prononcé que la Peine du Fouet & du
Banniſſement pour dix ans du Reſſort du Parlement.

V. Dict. des Arr. verbo LARCIN.

Cette diverſité de Juriſprudence fait voir que dans ces ſortes
de Vols, comme dans tous les autres, l'on doit conſidérer les
différentes circonſtances dont ils ſont accompagnés. Ces circonſtances ſe tirent ou de la Qualité du Tribunal, s'il eſt ſupérieur ou
inférieur ; ou du Tems pendant lequel le Vol a été fait, ſi c'eſt
pendant ou après l'Audience, ou de la Qualité de la Preuve. Enfin l'on conſidere encore ſi le Vol eſt par lui-même conſidérable ;
car s'il ne conſiſtoit qu'en choſe de peu de valeur, quand même
il auroit été fait pendant l'Audience, & que la Preuve en ſeroit
d'ailleurs complette, il paroît qu'il ne devroit être puni que du
Fouet ou des Galeres, ſur-tout depuis la Déclaration de 1724,
qui ne prononce que cette derniere Peine contre les Vols legers
qui ſe font dans les Egliſes. Auſſi par Arrêt de la Cour du 8 Mars
1660, le nommé Pierre Méry, pour avoir coupé des Boutons,
l'Audience de la Grand-Chambre tenant, fut condamné à faire
Amende-honorable, à être Fouetté, Marqué, & Banni pour
neuf ans : ce qu'il y a de remarquable, c'eſt que le Procès fut inſtruit ſur le champ, l'Audience tenante, en préſence de tous ceux

V. Dict. des Arr. verbo VOL. V. Bouchel, Bi- blioth. du Dr. Fr. verbo COUPEUR DE BOURSE.

qui y affiftoient. BRUNEAU attefte que la punition la plus ordinaire qu'il a vû prononcer, en pareil Cas, c'eft celle du Fouet,
de la Feur-de-Lys, & du Banniffement.

*V. Brun. part. 2.
tit. 2 3. max. 4.*

### *VOLS faits dans les Spectacles Publics.*

L'on veut parler ici de ces Spectacles *privilégiés* qui fe repré-
fentent avec la permiffion & fous l'autorité du Roi ; on ne peut
par conféquent y commettre des Vols, fans bleffer le refpect dû
à cette autorité : à la vérité, comme cet Attentat ne fe fait pas
auffi directement que dans les précédens, il ne paroît pas qu'il
puiffe donner lieu à des Peines auffi rigoureufes. Ainfi, à moins
que ce Vol ne foit confidérable, ou qu'il ait été réitéré, il paroît
que le Banniffement à tems, le Blâme, ou la Prifon, quelquefois
même une fimple Amende pourroit fuffire.

On peut rapporter ces fortes de Vols à ceux qui fe faifoient
dans les Bains publics chez les Romains, dont il eft parlé fous le
Titre *de Furibus balneariis au ff.* & qui doivent être punis d'une
Peine extraordinaire.

### *VOLS faits fur les Grands Chemins.*

De tous les Vols qualifiés, il n'en eft point qui demandent une
punition plus exemplaire, que ceux commis fur les grands Chemins, parce qu'il n'en eft point de plus dangereux & de plus
contraires à l'ordre public, qui veut que l'on puiffe voyager en
fûreté : *utile eft fine metu & periculo per itinera commeari, & iter*
*facientibus profpici;* c'eft auffi par cette raifon qu'on appelle, dans
le Droit, ceux qui commettent ces fortes de Vols *famofi latrones*,
& qu'ils font punis d'une Peine capitale contre la Maxime générale de ce Droit, qui n'affujettiffoit les Vols qu'à des Peines pécuniaires ; cette Peine eft prononcée par la Loi *Capitalium 38. §.*
*famofos,* au ff. *de Pœnis.*

*L. 1. ff. de iis qui
dejec. publ.*

C'eft, conformément à cette Loi, que nos Ordonnances ont
cru devoir affujettir ces fortes de Voleurs à une Peine plus rigoureufe que tous les autres ; cette Peine eft celle de la Roue, fuivant
l'Ordonnance de François I. à Paris en Janvier 1534, dont voici
les termes : « Ceux qui feront duement atteints & convaincus
» d'avoir, par infidiation & aggreffion, confpiré & machiné,
» pillé & détrouffé de nuit les Allans & Venans ès Villes, Villa-
» ges, & Lieux de notre Royaume, fe mettant pour ce faire en
» embuches pour les guetter & épier aux entrées & iffues def-

» dites Villes, les détrouſſer & piller, ſeront punis en la manière
» qui ſuit ; c'eſt à ſçavoir, les Bras leur ſeront briſés & rompus en
» deux endroits, tant haut que bas, avec les Reins, Jambes, &
» Cuiſſes, & mis ſur une Roue, haute, plantée, & élevée, le
» Viſage contre le Ciel, où ils demeureront vivans pour y faire
» Pénitence, tant & ſi longuement qu'il plaira à Notre Seigneur
» de les y laiſſer, & Morts juſqu'à ce qu'il ſoit ordonné par
» Juſtice ».

Cette Ordonnance a continué d'être en vigueur juſqu'à préſent, par rapport à la Peine qu'elle prononce ; on y a ſeulement
ajoûté la formalité particuliere de l'*Expoſition des Cadavres* ſur les
grands Chemins, pour l'exemple. Il faut cependant convenir qu'il
y a de certaines circonſtances qui peuvent ſervir à faire modérer
cette Peine, & engager les Juges des Cours ſupérieures à ordonner par un *Retentum* que le Voleur de grands Chemins ſera étranglé après avoir été Rompu vif, ou même à le condamner ſeulement à la Potence ; comme ſi, par exemple, le Vol étoit extrêmement modique, s'il avoit été fait à un ſimple Particulier,
& s'il n'étoit d'ailleurs accompagné de Port d'Armes ni d'Attroupement.

Suivant la même Ordonnance de *François I.* il paroît que ceux
qui volent dans les Rues des Villes, ſont compris également ſous
le nom de Voleurs de grands Chemins ; & c'eſt ſur ce fondement,
ſans doute, que l'Ordonnance de 1670 avoit attribué la connoiſſance des uns & des autres aux Prevôts des Maréchaux. Mais
cette diſpoſition a été changée par la nouvelle Déclaration du
mois de Février 1731, qui exclut les Prevôts des Maréchaux de
la connoiſſance des Vols faits dans les Rues des Villes & Fauxbourgs, leſquelles elle ne veut point être compriſes, à cet égard,
ſous le nom de *grands Chemins.* Au reſte, le changement qu'a
apporté cette derniere Loi, ne tombe, comme l'on voit par ces
mots, *à cet égard,* que ſur la ſeule Compétence, & non point
ſur la Peine de Crime qui a toûjours ſubſiſté, conformément à
la diſpoſition de l'Ordonnance de François I.

*V. art. 5. de la Déclar. de Février 1731.*

# CHAPITRE VI.

## *Des Vols qualifiés par le Tems.*

DE ce nombre font, 1°. les Vols Nocturnes ; 2°. ceux faits dans un tems d'Incendie, de Ruine, ou de Naufrage ; 3°. ceux faits en tems de Famine.

### *VOLS Nocturnes.*

Ces Vols, à cause de la trahison qu'ils renferment, & de la difficulté qu'il y a de s'en garantir, doivent être punis plus sévèrement que ceux commis pendant le jour ; c'est pour cela qu'il est permis, comme nous l'avons dit, de tuer le Voleur de nuit. Il est parlé de ces sortes de Vols sous le Titre *de Furibus balneariis* au Digeste, qui les assujettit à une Peine extraordinaire ; & c'est sur ce fondement, sans doute, que s'est établie parmi nous cette Regle du Droit François, attestée par Loysel, *que les Amendes de mêlées ou Forfaits, commis de nuit, font doubles.* Aussi il paroît, suivant notre Jurisprudence actuelle, que la Peine ordinaire de ce Crime est celle de la Potence, pour peu que le Vol soit considérable, sur-tout s'il a été fait avec Armes & fausses Clefs. *V. Loysel, liv. 6, tit. 2. regl. 11.*

La nécessité de prévenir ces sortes de Vols, qui devenoient de jour en jour plus fréquens dans cette Capitale, a donné lieu à deux Arrêts de Réglemens de la Cour ; *l'un,* du 12 Février 1619 ; *l'autre,* du 7 Septembre 1725 ; par lesquels il a été pourvû à ce qui doit être observé par les Officiers & Archers du Guet, pour arrêter & examiner les Personnes qui seront trouvées dans les Rues pendant la nuit, commettant quelques desordres : le *dernier,* entr'autres, leur enjoint expressément de conduire sur le champ dans la Maison du Commissaire ceux qui seront chargés de Vols, ou autres Crimes graves ; de déposer à la Geole ou chez le Commissaire les Effets servant à conviction, dont ils seront trouvés saisis ; d'en faire mention dans leurs Procès-verbaux, qu'ils porteront au Greffe du Châtelet dans le lendemain matin qui suivra la Capture.

### *VOLS faits dans un tems d'Incendie, de Ruine, de Naufrage.*

Il est parlé de ces trois especes de Vols sous le Titre du Digeste *de Incendio , Ruina, Naufragio ;* la Peine , fuivant ce Droit, étoit celle du quadruple , & par conféquent plus rigoureufe que celle des autres Vols qui , comme nous l'avons dit, étoit feulement du double , *fi quidem publice intereft nihil capi ex hujufmodi cafibus ;* c'eft la raifon qu'en rend le Préteur fur le paragraphe premier de la Loi premiere de ce Titre. A quoi l'on peut ajoûter que ces fortes de Crimes font d'autant plus puniffables , qu'ils ne bleffent pas feulement les Regles de la Juftice & de la Religion , mais encore celles de l'Humanité même ; & c'eft pour cela que , fuivant la Loi, ceux qui favorifent ces fortes de Vols , ne font pas moins réputés Coupables que ceux qui les commettent, *receptores non minus delinquunt quam aggreffores.*

Nous diftinguons cependant, dans nos Mœurs, les circonftan-ces qui ont accompagné ces Vols : 1°. en fait d'*Incendie* , fi le Vol a été commis dans la Maifon même , pendant qu'elle brûloit, le Voleur doit être puni plus rigoureufement que s'il l'avoit com-mis dans la Rue, ou après que la Maifon auroit été brûlée ; pa-reillement fi le Voleur a fait *Effraction* pour entrer dans la Mai-fon , il doit être puni plus féverement que s'il y étoit entré fans Effraction ; au premier Cas, la Peine eft de la Roue ; & au fe-cond, de la Potence , ou au moins des Galeres , pour peu que le Vol foit confidérable ; & cela , afin de le diftinguer des Vols fimples, dont la moindre Peine eft, comme nous l'avons vû, aux termes de la Déclaration de 1724, celle du Fouet & de la Flé-triffure.

2°. A l'égard des Vols faits pendant le *Naufrage* , l'on peut voir ce que nous avons dit plus haut, en traitant de la Jurifdic-tion de la *Marine*, où nous avons rapporté la maniere dont fe doit faire la diftribution des chofes qui font retrouvées dans la Mer après le Naufrage.

3°. Quant aux Vols faits par ceux qui s'approprient des Effets qu'on leur a confiés dans un tems de *Trouble;* quoiqu'ils ne foient pas moins Criminels que les premiers, ils ne font pas cependant punis avec la même rigueur ; ce feroit le Cas de leur faire fubir la Peine du *Quadruple* ordonnée par le Droit Romain : mais l'on n'en voit point d'autre prononcée contr'eux par nos Ordonnan-ces , fi ce n'eft qu'on peut les convaincre du Vol par la Preuve teftimoniale , qui n'a pas lieu dans les autres Dépôts, lorfqu'ils excedent la fomme de 100 liv. c'eft pour cela que l'Ordonnance les diftingue de ceux-ci, fous le nom de *Dépôts néceffaires.*

V. Ordonn. de 1667. tit. 10. art. 3.

*VOLS faits dans un tems de Famine.*

Nous ne parlerons point ici de ces Vols faits dans une néces-sité extrême , & dans la seule vûe de soulager ses besoins pres-sans ; nous avons vû que ceux-ci ne renfermant point le carac-tere essentiel du Vol , qui doit être fait *animo furandi* , ne pou-voient conséquemment donner lieu à aucune Peine , quoique ce-lui qui les commettoit ne laissoit pas que d'être sujet à la poursuite extraordinaire , & tenu à la Restitution lorsqu'il seroit en état de le faire.

*V. Cap. Si quis Extr. de Furt. & Gl. ibid.*

Mais nous entendons parler de ces Vols , qui , sous prétexte d'indigence , sont commis avec plus de licence , & passent les bornes de la nécessité & du besoin ; ceux qui les commettent doi-vent être punis avec la même rigueur que les Mendians valides qui tombent dans ce Cas ; la Peine peut même aller jusqu'à celle de Mort , lorsque le Vol a été fait à ceux qui étoient dans un be-soin extrême , comme en tems de Siége ou de Guerre.

# CHAPITRE VII.

## Des Vols qualifiés comme contraires à la sûreté du Commerce.

NOUS en avons distingué de quatre sortes , 1°. l'Usure , 2°. la Banqueroute frauduleuse , 3°. le Monopole , 4°. le Re-célement.

Le mot USURE vient *ab usu rei* ; elle a lieu , en général , tou-tes les fois qu'on exige plus qu'on a donné , *usura est ubique am-plius requiritur quam datur.*

*V. le tit. du ff. de usur. & fruct. l. 22. V. le Code, liv. 4. tit. 32.*

Les Jurisconsultes la définissent un gain au-delà du principal , *lucrum ultra sortem* ; ils en distinguent de trois sortes : la premiere qu'ils appellent *compensatoire* , par laquelle on se dédommage du tort qu'on a reçû , ou du profit dont on a été privé , *propter dam-num emergens vel lucrum cessans* ; la seconde qu'ils appellent *puni-toire* ou *conventionnelle* , qui n'est point tant fondée sur la perte de celui qui la demande , que sur la punition de la négligence ou du retard de celui qui ne paye point , ou ne fait point ce qu'il a promis. Enfin la troisieme , qu'ils appellent *lucratoire* , consiste principalement dans un Gain que l'on retire d'une certaine quan-

tité d'argent ou autre choſe qu'on a prêtée ; c'eſt celle-ci qu'on
peut définir proprement *Lucrum ultrà ſortem.*

L'USURE *compenſatoire* n'a rien de vicieux & de repréhenſible,
ſuivant les Loix & les Canons ; parce que l'on n'eſt pas obligé,
hors le Cas d'une néceſſité abſolue, de faire le profit d'un autre
à ſon préjudice ; & que l'indemnité qu'on retire du ſervice qu'on
rend, n'a rien d'incompatible avec la Charité chrétienne, qui ſe
trouveroit au contraire bleſſée de la part de celui qui auroit profité de ce ſervice, s'il ſouffroit qu'il fût nuiſible à celui qui le lui
a rendu.

C'eſt ſur ce fondement qu'un *Vendeur* de Fonds qui n'a point
été payé du prix de ſon Héritage, eſt autoriſé à répéter l'Intérêt
de ce prix, en compenſation des fruits que l'Acheteur en a perçûs.

Par la même raiſon, le *Mari* peut demander l'Intérêt des Deniers dotaux de ſa Femme, qui n'ont point été payés dans le tems
fixé par le Contrat de Mariage, ou dès le jour de la Bénédiction
nuptiale, lorſqu'il n'y a point de terme convenu ; parce que ces
Deniers devoient fournir aux frais néceſſaires du Ménage, qu'il a
été obligé de ſe procurer d'ailleurs.

Enfin, l'on en doit dire de même des Intérêts de la *Légitime,*
ou d'une *portion héréditaire,* d'une *Soulte de partage,* du *Reliquat*
d'un compte dû par un *Tuteur,* leſquels ſont dûs de plein droit
du jour de l'ouverture de la Succeſſion ou de la Ceſſation de la
Tütelle, & ſans qu'il y en ait une convention particuliere ; c'eſt
pour cela que cette eſpece d'Uſure eſt appellée autrement *légale.*

Quant à l'USURE *punitoire* ou *conventionnelle,* quoiqu'elle ne
ſoit pas auſſi réguliere que la précédente, il y a des Cas où elle
eſt autoriſée, même ſuivant le Droit Canonique : on en peut
citer par exemple, 1°. en fait d'*Emphytéoſe,* où le Preneur eſt privé
de ſon droit, lorſqu'il laiſſe paſſer deux ans ſans payer le Canon
emphytéotique : 2°. en matiere de *Compromis,* où celui qui refuſe de l'exécuter dans le tems convenu, eſt obligé de payer une
certaine ſomme : 3°. en matiere de *Teſtament,* dont l'Héritier eſt
tenu de remplir les conditions, ou de ſubir la peine qui lui eſt impoſée.

Il n'y a donc que l'USURE *lucratoire,* dont la cauſe principale
eſt dans le prêt, qui ne peut jamais s'excuſer, & qui forme un
véritable

Crime , comme étant reprouvé par toutes les Loix Divines & Humaines: *non feneraberis fratri tuo ad usuram pecuniam, nec fruges, nec quamlibet aliam rem;* c'est la défense expresse que fait le souverain Législateur dans la Loi ancienne , & qu'il a réiterée d'une maniere encore plus précise dans la Loi nouvelle , par ce commandement absolu qu'il nous fait : *mutuum date, nihil inde sperantes.*

V. Deuteron. ch. 23. v. 19.

V. S. Luc, c. 6.

Les Canons & les Conciles se sont également élevés dans tous les tems contre ces sortes de profits illicites ; ils prononcent la Suspension des Bénéfices contre les Clercs , & l'Excommunication contre les Laïcs qui ont le malheur d'y tomber : on peut voir entr'autres là-dessus le ch. *Præterea extra de Usuris,* & le Canon *Episcop.* dist. 47.

Quant au Droit Civil, quoiqu'il paroisse par les Loix du Code & du Digeste, qui sont rapportées sous les Titres *de Usuris,* que cette derniere espece d'Usure étoit permise comme les autres chez les Romains, ce n'étoit néanmoins qu'avec la condition expresse qu'elle ne pouvoit excéder un certain *Taux* dont on étoit convenu ; & lorsqu'on venoit à l'excéder, on étoit déclaré infame, & l'on étoit puni de la peine du Quadruple , plus forte par conséquent que celle attachée aux Vols ordinaires , qui n'étoit que du Double.

Ce qui donna lieu principalement à cette derniere Peine, ce fut l'Usure *centésime,* dont il est parlé sous ces mêmes Titres, & qui revenoit à 12 pour cent par chaque mois. Cette Usure, qui se pratiquoit même avant la Loi des XII. Tables, d'où a été tirée la peine du Quadruple dont on vient de parler, s'étoit perpétuée jusqu'au tems de JUSTINIEN, malgré les défenses réitérées des Empereurs qui l'avoient précédé. On voit par la Loi *Eos* 25. du Cod. sous ce Titre, que cet Empereur y fait mention de l'Usure lucratoire, qu'il divise en *triente, bessale, semisse, quincunce;* ce qui a fait dire à certains Interpretes, que ce Prince avoit autorisé généralement toutes sortes d'Usures. Mais comme l'on voit d'un autre côté par la Loi *Inter claras,* que ce même Empereur a approuvé & confirmé en tous leurs points les dispositions des quatre Conciles œcuméniques, qui ont condamné formellement ces sortes d'Usures ; il est plus raisonnable de conclure avec d'autres Auteurs, que cet Empereur en indiquant, comme il a fait sur la Loi *Eos,* le taux & la maniere dont ces Usures devoient être deman-

V. Zoes. in ff. tit. de usur.

E. Inter claras ; §. suscipimus , Cod. de sum. Trin.

dées, n'a point entendu les autoriser, mais seulement en tolérer l'usage, afin d'éviter un plus grand mal, & de faciliter des emprunts aux pauvres Gens; c'est aussi le motif particulier qu'en donne l'Empereur LÉON dans sa Novelle 82.

Quoi qu'il en soit, la pureté des Maximes Chrétiennes, dont nos Rois ont toûjours fait une profession singuliere, ne leur a point permis d'avoir la même condescendance sur ce point; ils ont cru devoir s'attacher scrupuleusement aux Maximes du Droit Canonique sur une matiere de cette qualité, qui concerne principalement le *for intérieur*; & c'est conformément à ces Maximes que s'est établi l'usage constant parmi nous, qu'il n'y a que trois voies licites pour pouvoir tirer l'intérêt de son Argent, qui par lui-même est stérile & incapable d'en produire.

*V. Extrav.* 1.
& 2. de usu.

La PREMIERE, qui a été autorisée, comme l'on sçait, par les célébres Constitutions des Papes Martin V. & Calixte III. est le Contrat de CONSTITUTION DE RENTE, dont la validité dépend de quatre conditions essentielles; 1°. de l'aliénation perpétuelle des deniers de celui au profit de qui la Rente est constituée, de maniere qu'il ne peut les demander pendant que la Rente lui est payée; 2°. de la faculté perpétuelle de la part de celui qui l'a constituée, de pouvoir la racheter toutes & quantes fois qu'il le voudra; 3°. de la conformité du Taux avec celui prescrit par les Ordonnances; 4°. enfin de sa création à prix d'Argent, & non en Marchandises, ni en arrérages d'autres Rentes.

La SECONDE VOIE qui est autorisée parmi nous pour retirer l'intérêt de son Argent, est celle qui vient *ex mora & officio judicis*; celle-ci a lieu lorsque le Débiteur manquant de payer au terme convenu l'Argent qui lui a été prêté, le Créancier se pourvoit en Justice pour demander ce payement avec les intérêts: elle a été sagement introduite pour empêcher que le Débiteur ne profitât de sa mauvaise foi, & que le Créancier ne perdît le profit qu'il auroit pû faire, s'il avoit été payé dans le tems: mais l'une de ces conditions ne doit jamais aller sans l'autre, c'est-à-dire que le seul retard du Débiteur ne suffit point parmi nous, comme dans le Droit Romain, suivant lequel *dies clamabat pro homine*; mais il faut, pour assujettir ce Débiteur au payement de ces intérêts, qu'il soit constitué en demeure par des Poursuites judiciaires, telles qu'un Exploit d'assignation; & d'ailleurs qu'il y soit condamné par un Jugement. *Voyez* l'article lx. de l'Ordonnance d'Orléans.

Enfin la TROISIEME VOIE permife dans notre Ufage pour retirer l'intérêt de fon Argent, c'eft celle qui a été ftipulée pour
autre caufe que pour le Prêt, & qui eft fondée fur des Actes à
titre onéreux, comme des Tranfactions pour intérêts civils, des
Ventes de droits incorporels ou de chofes mobiliaires en gros.

*V. Regl. du Dr.*
*Fr. de Poq. de Liv.*
*liv. 4. ch. 2. fect. 1.*
*art. 3.*

Il y en avoit encore une QUATRIEME introduite en faveur
des Pupilles & des Mineurs, dont les Deniers pouvoient être donnés à intérêt par de fimples Obligations pendant le cours de la
Tutelle, fur le fondement qu'ils ne pouvoient, pendant ce tems-
là, agir en leur nom, ni fe pourvoir en Juftice pour demander
ces intérêts ; l'on trouve en effet dans BRODEAU, fur LOUET,
plufieurs Arrêts qui l'ont ainfi jugé. Mais enfin l'opinion contraire
a prévalu ; & par un dernier Arrêt du 7 Mai 1714, rapporté au
VIᵉ. Tome du Journal des Audiences, Chap. xxij. Liv. IV. il a
été jugé fur les Conclufions de M. l'Avocat Général Chauvelin,
que les Deniers pupillaires ne pouvoient porter intérêts, tandis
qu'ils font entre les mains de toute autre Perfonne que le Tuteur ;
& que les intérêts qu'ils auroient reçus devoient être imputés fur
le principal.

Au refte, quoiqu'il foit certain, en général, qu'on ne peut
tirer des intérêts d'un Argent prêté par fimple Obligation ; il y a
néanmoins certains Pays dans le Royaume où cet ufage eft toléré ;
les uns, tels que la *Breffe*, à caufe de leur fituation qui leur rend
tout autre moyen de faire profiter leur Argent comme impoffi-
ble ; d'autres, tels que la *Bretagne*, à caufe de la proximité de la
Mer qui rend le Commerce de leur Argent en quelque forte indifpenfable : mais pour qu'on puiffe fe prévaloir d'un ufage auffi
fingulier, il faut néceffairement que les deux Parties foient de la
même Province où ces Obligations à intérêt font autorifées ; autrement, ce feroit le cas de dire, *ceffante caufa ceffat effectus.*

L'ON doit donc regarder, comme une Maxime conftante parmi nous, que hors les différens Cas que l'on vient d'excepter,
toute autre maniere de tirer l'intérêt de fon Argent, eft abfolument illicite & ufuraire, & comme telle, fujette aux Peines qui
font prononcées par les Loix & les Ordonnances, contre le Crime
d'Ufure.

L'on ne finiroit point fi l'on vouloit rapporter ici toutes les différentes formes fous lefquelles ce Monftre de cupidité fe reproduit chaque jour pour abufer de la crédulité du Public ; l'on ne fera

qu'indiquer ici celles qui font les plus communes, afin de prémunir la Jeuneffe contre les piéges dangereux que l'on ne ceffe de tendre à fa facilité & à fon inexpérience. Au refte, nous ne parlons ici que des Ufures qui fe pratiquent envers les Particuliers, & non de celles qui s'exercent par rapport aux Deniers royaux, dont nous avons parlé fous le nom de PÉCULAT.

La premiere & la plus ordinaire de toutes les Ufures prohibées, eft celle dont nous avons parlé ci-devant fous le nom d'U*fure lucratoire*, & qui fe tire principalement du prêt, foit en Argent, foit en toute autre chofe qui peut être apprétiée ; cette Ufure eft plus ou moins criminelle, fuivant que l'intérêt eft plus ou moins confidérable.

Une feconde efpece d'Ufure qui eft la pire de toutes, & qui eft la plus cachée, c'eft le *Prêt à perte de Finance*, dont il eft parlé dans les anciennes Ordonnances ; celle-ci fe fait par la revente de la même Marchandife à Perfonnes fuppofées ; c'eft la définition qu'on en trouve dans l'article cxlj. de l'Ordonnance d'Orléans : THEVENEAU, qui rapporte cette Ordonnance, obferve que la perte de Finance peut avoir lieu dans la Campagne ; & il en donne pour exemple, lorfque l'on vend du Bétail, des Grains, & autres chofes à un prix exceffif, & qu'on le fait racheter à vil prix, par foi ou par autres Perfonnes, à caufe de la néceffité où fe trouve celui qui a acheté à un prix fi haut, de trouver de l'Argent.

*V. Ordon. d'Orléans, art. 141. & celle de Blois, art. 202.*

*V. Theven. liv. 4. tit. 21. art. 4.*

On peut encore rapporter à cette Ufure celle par laquelle on profite de la mifere des pauvres Gens de la Campagne, foit en leur avançant de l'Argent pour avoir leurs Denrées à un prix fort bas au tems de la Moiffon ou des Vendanges, ou en leur vendant à crédit du Bled à un prix au-deffus du commun, au tems qu'ils ont confommé celui qu'ils avoient, ou bien en leur vendant cherement des Bœufs, Chevaux, & enfuite les rachetant d'eux par Perfonnes fuppofées & à vil prix, pour leur donner de l'Argent comptant ; c'eft ce que les Cafuiftes appellent le Contrat MOHATRA. En voici un exemple, auffi naïf que fenfible, que nous donne Duret fur l'article ccij. de l'Ordonnance de Blois : « Vous » trouverez, dit-il, tel Homme qui aura pour cent Ecus de Vaif» felle d'Argent, cent Ecus de Bled, & cent Ecus de Vin ; fi » vous lui demandez de l'Argent à emprunter, il n'en aura point ; » mais du Bled & du Vin à votre commandement ; & plûtôt que » vous voudriez, fe défera de fa Vaiffelle d'Argent pour vous gra-

» tieuser ; que si repliquez ces choses pour être de difficile défaite, » il vous enseignera son Courtier qui en donnera la moitié du » prix que la Denrée vaut, ou de ce qu'elle vous aura couté : » quelquefois ces Denrées dans une semaine sont vendues trois » & quatre fois, avec extrême profit pour le Maître Usurier & » le Vin du Valet ».

Une troisieme espece d'Usure prohibée, c'est le *Prêt sur Gages* ; ces Gages consistent en Meubles ou en Immeubles : à l'égard du Prêt qui se fait sur des *Meubles*, les Auteurs l'assimilent au Prêt d'Argent à Usure, en ce qu'il prive le Débiteur du profit qu'il pourroit faire de ses Meubles en les vendant, ou autrement.

Quant au Prêt qui se fait sur des *Immeubles*, il y en a de deux sortes : l'*un*, connu dans le Droit sous le nom d'ANTICHRESE, qui a lieu quand on prête de l'Argent sous condition que l'on jouira de l'Héritage ou de la Maison de celui qui l'a prêté, tant & si longuement qu'il sera *Détempteur* de l'Argent prêté ; de maniere que les fruits que l'on en retirera, tiendront lieu de l'intérêt de cet Argent : ce Prêt est approuvé par le Droit civil, *propter incertum fructuum eventum* ; mais il est reprouvé par le Droit canonique, qui veut que le Créancier qui a pris en Gage l'Héritage de son Débiteur, dont il a perçû les fruits, en restitue le fond dès que les fruits qu'il a recueillis suffisent ( en déduisant toutes les dépenses ) pour acquitter le sort principal.

*L'autre* espece de Prêt se fait par le CONTRAT PIGNORATIF, comme lorsqu'un Vendeur stipule que jusqu'à l'entier payement du prix de la vente, il jouira des fruits du fonds qu'il a vendu ; ce Contrat est pareillement approuvé par les Loix Romaines, mais il n'est autorisé par notre Jurisprudence, ainsi que le précédent, que dans les Cas suivans : 1°. lorsqu'il s'agit de l'engagement des Biens de l'Eglise, ou du Roi : 2°. lorsque l'Acquéreur entre en possession actuelle de l'Héritage, & consent que le Vendeur en perçoive les fruits : 3°. lorsque le Vendeur ne loue point à d'autres le fonds qui lui est engagé, mais qu'il en jouit par ses mains : 4°. lorsque les fruits du fonds engagé sont certains, comme des loyers de Maisons, & qu'ils n'excedent point les intérêts légitimes du prix de la vente. Mais si au contraire le Vendeur demeure saisi de l'Héritage aliéné, tel qu'un Champ, un Pré, & qu'il en recueille les fruits, qui sont incertains de leur nature ; comme il arrive presque toûjours que les intérêts du prix de la vente s'ac-

*L. 17. Cod. de usur.*
*L. 11. §. 1. ff. de pignor.*

*V. Cap. Plures... quoniam, Extr. de usur.*

*L. Si ea pactione, 14. Cod. de usur.*

*V. Basset, tom. 1. liv. 4. tit. 13. c. 2.*
*V. Bonif. tom. 4. liv. 8. tit. 11. c. 1.*
*V. Catell. liv. 5. ch. 1.*
*V. M. Lepretre, cent. 4. ch. 9.*

cumulent toutes les années par l'impuissance où est le Vendeur de
les payer, de maniere qu'il se trouve en même tems dépouillé de
sa Terre, & surchargé d'arrérages qui absorbent tout le reste de
son Bien; l'on juge avec raison ces sortes de Contrats usuraires,
& l'on ordonne l'imputation de l'excédent des intérêts perçus, sur
le sort principal. C'est contre ces especes de conventions que s'est
élevé l'Empereur Justinien par ses Novelles 32, 33, & 34, qui
contiennent les dispositions les plus sages à ce sujet.

Enfin une quatrieme espece d'Usure prohibée, est celle qui
procede du Contrat d'ANATOCISME, par lequel on stipule les intérêts des intérêts, ou bien l'on convertit des Arrérages en sort
principal, contre la défense expresse des Loix.

Par la Loi XXVIII. au Code de Usuris, l'Empereur JUSTI-
NIEN ordonne que lorsque les intérêts de plusieurs années accu-
mulés viendroient à égaler le sort principal, ils cesseroient de
courir absolument. La disposition de cette Loi a été suivie par nos
Ordonnances, & notamment par celle de PHILIPPE-LE-BEL
en 1311, qui défend expressément aux Créanciers qui font renouveller des Obligations, de faire accumuler l'intérêt avec le
principal, sous Peine de Confiscation de Corps & de Biens. Par
l'art. j. du Titre III. de l'Ordonnance du Commerce de 1676, il
est défendu aux Négocians, Marchands, & à tous autres, de
comprendre l'intérêt avec le principal dans les Lettres ou Billets
de change, ou aucuns autres Actes. Enfin par l'article suivant, il
est défendu pareillement de prendre l'intérêt de l'intérêt, sous
quelque prétexte que ce soit.

C'est en conformité de ces Loix que notre Jurisprudence répute
comme usuraire la Convention par laquelle on voudroit compen-
ser les intérêts reçus avec les fruits de la Terre qui a été acquise
des Deniers prêtés, & qu'elle veut que ceux qui ont été payés
volontairement soient imputés sur le sort principal; il y en a plusieurs Arrêts rapportés dans Louet, Brodeau, le Prêtre, & au
Journal des Audiences.

*V. Louet & Brod. lett. I. ch. 8. & 9. Lepretre, cent. 2. ch. 27. Journ. des Aud. liv. 2. ch. 19. tom. 6.*

Ainsi pour que l'*Anatocisme* soit permis, il faut que ce ne soit
point avec le même Débiteur qui doit la Rente, mais avec une
autre Personne, que se fasse la stipulation de l'intérêt des intérêts.
Il y a cependant une exception particuliere sur ce point en faveur des Mineurs, qui peuvent exiger l'intérêt des intérêts des
Deniers de la Tutelle qui font restés entre les mains de leur Tuteur, parce que ces intérêts font censés former un principal à leur

égard ; ces intérêts commencent à courir du jour de l'expiration des trois mois qui sont accordés au Tuteur pour faire l'emploi des Deniers pupillaires. Il en est de même des Deniers de l'Eglise qui sont restés sans emploi entre les mains d'un Bénéficier ou de ses Héritiers, l'Eglise ayant le même privilége que les Mineurs. Les Arrêts ont de plus étendu ce privilége à la Caution qui a payé les intérêts à la décharge du principal Débiteur.

*L. 23. Cod. de sacr. Ecclef.*
*V. Dolive, liv. 4. ch. 32. Catell. l. 8. c. 4. & 5.*

Pour ce qui concerne la Punition de ce Crime, il paroît que de toutes les especes de Contrats usuraires, dont nous venons de parler, il n'y a que les deux premiers ; sçavoir, le *Prêt d'Argent à usure*, & le *Prêt à perte de Finance*, qui ayent fixé principalement l'attention de nos Rois, & qui ont fait l'objet particulier des Peines qu'ils ont prononcées par leurs Ordonnances. Sans remonter à celles de Philippe-le-Bel en 1311 & 1313, Louis XII. en 1510, Charles IX. en 1567, nous nous contenterons de rappeller ici les dispositions des articles ccij. & ccclxij. de l'Ordonnance de Blois, qui renouvelle sur ce point toutes celles des Loix précédentes : « Faisons défenses ( porte le premier de ces arti- » cles ) à toutes Personnes d'exercer aucune Usure, ou prêter » Deniers à profit, intérêt, ou bailler Marchandises à perte de Fi- » nance, par eux ou par autres, encore que ce fût sous prétexte » de Commerce public ; & ce, sur Peine, pour la premiere fois, » d'Amende-honorable, Bannissement, & Condamnation à de » grosses Amendes, dont le quart sera adjugé au Dénonciateur ; » & pour la seconde, de la Confiscation du Corps & des Biens ; » ce que semblablement voulons être observé contre les *Proxe-* » *nettes*, Médiateurs, & Entremetteurs de tel Trafic & Contrats » illicites & réprouvés, sinon au Cas qu'ils vinssent à Révélation, » auquel Cas ils seront exempts de ladite Peine.

L'article ccclxij. ajoûte : « Enjoignons à tous Juges de garder » & faire garder étroitement l'Ordonnance faite sur la Revente » & Marchandises qu'on appelle *Perte de Finance*, & non-seule- » ment dénier l'action à tel Vendeur & Supposeur du Prêt, mais » aussi procéder rigoureusement contr'eux, & contre les Cour- » tiers & Racheteurs qui se trouveront sciemment être partici- » pans de tel Trafic & Marchandises illicites, par *Mulcte* Confisca- » tion de Biens, Amende-honorable, & autres Peines corporel- » les, suivant les Circonstances ».

Quelque sage que soit la rigueur de ces Dispositions, il faut convenir qu'elles ne font pas toûjours fuivies exaſtement dans la Pratique, à caufe de la difficulté de parvenir à la Preuve entiere d'un Crime tel que celui-ci, qui s'enveloppe fous tant de formes différentes : on voit dans Brillon, *verbo* USURE, plufieurs Arrêts qui ont prononcé tantôt l'Amende-honorable, tantôt de fimples Amendes pécuniaires, & tantôt l'une & l'autre en même tems. A la vérité, des Peines auffi legeres ne doivent avoir lieu, fuivant ces Arrêtiftes, que lorfque les Ufures font peu confidérables, ou que l'Ufurier eft condamné pour la premiere fois ; car s'il y avoit continuité d'Aftes d'Ufure, ou une Récidive après Condamnation à Peines infamantes pour le même Crime, ou bien fi les intérêts avoient été portés à un excès confidérable, comme de 50, 60, ou 100 pour 100 ; alors ce feroit le Cas de joindre à l'Amende-honorable & aux groffes Amendes pécuniaires le Banniffement ou les Galeres perpétuelles, & même la Confifcation du Corps, conformément à l'Ordonnance de BLOIS. Cette diftinftion fe trouve auffi marquée dans les Ordonnances de Philippe-le-Bel, qui, après avoir prononcé la Confifcation de Corps & de Biens pour les Ufures à intérêt exceffif, laiffe aux Juges la fixation de la Peine de celles qui font moins confidérables.

Au refte, il y a plufieurs chofes remarquables par rapport à ce Crime ; fçavoir, 1°. quant à la *Compétence*, en ce qu'il eft mis au nombre des Cas royaux.

2°. Par rapport à l'*Inftruftion*, en ce que l'Accufé eft obligé d'avancer les frais de fon Procès ; Papon rapporte un Arrêt qui l'a ainfi jugé.

*V. Pap. liv. 12.
tit. 7. n. 17.*

3°. A l'égard de la *Preuve*, en ce que l'Accufé eft tenu d'exhiber fes Livres, contre la Maxime, *nemo tenetur edere contra fe*. D'ailleurs ce Crime peut fe prouver par des Témoins finguliers ; il en faut dix fuivant la plûpart des Auteurs, d'autres en veulent vingt : mais il paroît que le nombre de fix, qui feroient non débiteurs de l'Accufé ; pourroit fuffire pour la conviction de ce Crime, l'Ufurier ne devant pas être regardé, comme nous l'avons dit, d'un œil plus favorable que les Geoliers & Guichetiers, dont les véxations peuvent être prouvées par un pareil nombre, fuivant l'Ordonnance.

*V. Jul. Clare. §.
ufura.*
*V. Cap. Quia in
omnibus, Extr. de
ufur. & cap. eventu
manifefto, ibid.*

4°. Enfin, relativement à la *Peine*, en ce que ce Crime ne fe prefcrit point ; que les Ufuriers manifeftes ne peuvent difpofer de leurs Biens qu'en donnant Caution ; qu'ils doivent être privés de

la

la Communion & de la Sépulture eccléſiaſtique s'ils meurent ſans avoir fait pénitence de ce Crime, & ſans avoir reſtitué lorſqu'ils en ont le pouvoir.

## *BANQUEROUTE fraudule[u]ſe.*

Sous le nom de BANQUEROUTE, l'on entend en général l'abandon que fait un Débiteur de tous ſes Biens à ſes Créanciers, à cauſe de ſon inſolvabilité feinte ou véritable.

Dans l'origine, ce mot ne s'entendoit proprement que des Banquiers ou Négocians publics qui fraudoient les Créanciers ; mais aujourd'hui il s'applique également à tous Particuliers, ſoit Marchands, Négocians, Tréſoriers, Receveurs, Dépoſitaires publics, & autres Débiteurs ou Comptables, qui faute de volonté ou de pouvoir, manquent à acquitter leurs dettes, & s'enfuient pour échapper aux pourſuites de leurs Créanciers.

Il y a donc des Banqueroutes fraudule[u]ſes & de celles qui ne le ſont pas ; ce ſont les *premieres* qui forment le Crime dont nous voulons parler ici : à l'égard des *autres*, qui n'arrivent point par la faute ou débauche, mais par malheur ou accident, & qu'on appelle proprement *Faillite* ; elles ne peuvent donner lieu à aucunes Peines ſuivant les diſpoſitions de nos Ordonnances, & notamment de celle de 1629, art. cxliv.

Suivant l'Ordonnance du Commerce, & la Déclaration du mois d'Août 1725, l'on peut pourſuivre comme Banqueroutiers frauduleux, 1°. ceux qui divertiſſent leurs effets, ſuppoſent des Créanciers, & déclarent plus qu'il n'eſt dû aux véritables, 2°. les Marchands, Négocians, & Banquiers, qui lors de leur Faillite ne repréſentent pas leurs Regiſtres & Journaux ſignés & paraphés en la forme preſcrite par cette Ordonnance ; 3°. enfin, tous ceux généralement qui employent dans l'Etat de leurs Dettes ou autrement, des Créances feintes & ſimulées, qui font revivre celles qui étoient acquittées, ou qui ſuppoſent des Tranſports, Ventes, & Donations de leurs effets, en fraude de leurs Créanciers. *V. Ordonn. du mois de Mars 1673, art. 10. & 11. du tit. 11.*

*V. Déclar. du 5 Avril 1725.*

Mais comme, ſuivant l'art. j. du même Tit. XI. de l'Ordonnance du Commerce, la Banqueroute n'eſt cenſée ouverte que du jour que le Débiteur s'eſt retiré, l'on peut dire que c'eſt principalement par la fuite que ſe conſomme la Banqueroute frauduleuſe ; & que le Débiteur, qui fait alors un Vol de ſa Perſonne à ſes Créanciers, devient ſujet aux Pourſuites extraordinaires comme Coupable de ce Crime. Il eſt vrai que par l'article ſuivant, l'Or-

G G g g

donnance paroît laiffer à ce Débiteur, quoique Fugitif, une reffource pour échapper aux Pourfuites de fes Créanciers, au moyen
de l'obligation qu'elle lui impofe, de leur donner un Etat, certifié de lui, de tout ce qu'il poffede & de tout ce qu'il doit ; &
de plus, s'il eft Marchand, de repréfenter les Livres & Regiftres
cotés & paraphés de la maniere portée ci-devant. D'où l'on
pourroit conclure que cette Fuite n'opere alors d'autre Droit en
faveur des Créanciers, que celui de faire mettre les Scellés fur fes
Effets mobiliers, aux termes de l'article premier que nous venons
de citer ; & d'empêcher que ce Débiteur n'en puiffe difpofer valablement par Tranfports, Ceffions, Ventes & Donations ; c'eft
auffi ce qui réfulte de la Difpofition de l'art. iv. du même Titre,
qui *déclare nuls tous Tranfports, Ceffions, Ventes & Donations des
Biens meubles ou immeubles, faits en fraude des Créanciers.*

Mais comme cette derniere Difpofition étoit trop générale, &
que les Débiteurs ne ceffoient d'en abufer, ainfi que de celle qui
déclaroit la Banqueroute ouverte feulement du jour de leur Fuite,
pour pratiquer jufqu'à ce tems-là toutes fortes de Fraudes au préjudice de leurs Créanciers, foit en s'arrangeant avec quelqu'un
d'eux, foit en contractant de nouvelles Dettes, il a fallu néceffairement y fuppléer par une Loi plus précife ; & c'eft à quoi
a fagement pourvû la Déclaration du mois de Novembre 1702,
en déclarant nuls toutes Ceffions & Tranfports faits fur les Biens
des Marchands qui font Faillite, s'ils ne font faits *dix jours* au
moins avant la Faillite, & en ordonnant que les Actes qu'ils pafferont pardevant Notaires au profit de quelqu'un de leurs Créanciers, enfemble les Sentences qui feront rendues contr'eux, n'ac-
querreront aucune hypotheque ni préférence fur les Créanciers
hypothécaires, fi ces Actes & Obligations ne font paffés, & les
Sentences rendues pareillement dix jours avant la Faillite publiquement connue.

Quoique cette Déclaration ne paroiffe concerner que les Marchands & Négocians, la Jurifprudence en a étendu la Difpofition
aux Tranfports en cas de Faillite par les *Gens d'Affaires*, BOR-
NIER rapporte un Arrêt de la Cour des Aides qui l'a ainfi jugé.

Suivant la même Jurifprudence, c'eft encore un Principe certain, que quoique le Débiteur qui eft en Faillite ne puiffe aliéner
fes Biens, ni faire aucun Acte qui tende à diminuer fon Patrimoine, il peut néanmoins l'augmenter, en acceptant les Donations ou les Succeffions qui lui font déférées par Teftament ; &

s'il ne le fait pas, ſes Créanciers ſont autoriſés à le faire pour lui; à la différence de ce qui ſe pratiquoit dans le Droit Romain, ſuivant lequel le Débiteur pouvoit refuſer d'acquérir malgré les Créanciers, ſans que ceux-ci puiſſent exercer ſes Droits, l'Action *Paulienne* qui révoquoit les Aliénations faites en fraude des Créanciers, n'ayant lieu que contre les Débiteurs qui diminuoient leur Patrimoine, & non contre ceux qui refuſoient une occaſion d'acquérir : *Pertinet Edictum ad diminuentes patrimonium ſuum, non ad eos qui id agunt ut locupletentur.*

*V. les tit. du ff. & du Code de his quæ in frand. cred. facta ſunt.*

Il y a encore pluſieurs autres Diſpoſitions également ſages, par leſquelles l'Ordonnance du Commerce a tâché de prévenir ou de remédier aux Pertes que les Créanciers peuvent reſſentir de ce Crime. Mais comme tout cela ne forme que des objets purement Civils qui ne ſont point de notre Plan, nous croyons devoir renvoyer nos Lecteurs à la Loi même, & nous arrêter uniquement à rappeller ici les Diſpoſitions qui concernent la Punition de ce Crime.

L'Ordonnance diſtingue, quant à la Peine, entre ceux qui commettent la Banqueroute frauduleuſe, & ceux qui l'aident ou la favoriſent. 1°. Quant aux BANQUEROUTIERS FRAUDULEUX, ils doivent, aux termes de l'art. xij. du même Tit. XI. être punis de *Mort.* Cette Peine, qui avoit déja été prononcée par l'Edit d'HENRI IV. du mois de Mai 1604. eſt plus rigoureuſe que celle prononcée par le Droit Romain, qui étoit tantôt de la Fuſtigation avec des Verges plombées, tantôt de l'Interdiction perpétuelle de l'Office dans lequel on avoit commis la Fraude, & quelquefois ſeulement de la Saiſie & Vente des Biens du Coupable. Elle eſt même plus forte que celle portée par les Ordonnances d'Orléans & de Blois qui ſe contentoient d'ordonner une Punition *extraordinaire & exemplaire,* ſoit par Amende honorable, Punition corporelle, Carcan & Pilori, ou autrement, à l'arbitrage du Juge. Il eſt vrai qu'on peut dire que ce qui avoit principalement donné lieu à la Modération des Peines portées par ces premieres Loix; c'étoit la difficulté qu'il y avoit alors d'acquérir une Preuve complette de la Banqueroute frauduleuſe, attendu que les Marchands & Négocians n'étoient point tenus d'avoir des Livres & des Regiſtres ſignés & paraphés qui contiennent leurs Dettes actives & paſſives, & que cette difficulté a ceſſé entiérement au moyen de l'injonction expreſſe qu'a fait la derniere

*L. Quidlibet 4. Cod. de Decurionibus.*
*L. Si aliquid 12. Cod. de ſuſceptor.*
*V. Ordon. d'Orléans, art. 142. & celle de Blois, art. 205.*

Ordonnance aux Marchands & Négocians d'avoir ces fortes de Livres & Regiſtres, de maniere que le ſeul défaut de Repréſentation de ces Piéces ſuffit aujourd'hui pour opérer leur conviction.

Quoi qu'il en ſoit, la même Peine de Mort a été renouvellée depuis par la Déclaration du 5 Août 1725, que nous avons citée. Cette Loi ajoûte ſeulement que les Créanciers, pour pouvoir être admis à pourſuivre extraordinairement leur Débiteur pour ce Crime, ſeront tenus d'affirmer devant les Juges ordinaires & autres Juges qui en doivent connoître, que leurs Créances ſont véritables, & qu'ils compoſent le quart du total. Par ces mots *& autres Juges qui en doivent connoître*, cette Déclaration veut parler des Juges Consuls, à qui la connoiſſance de tous les Procès concernant les Faillites & les Banqueroutes avoit été attribuée par une Déclaration précédente du 10 Juin 1715, mais ils n'en connoiſſent plus aujourd'hui. Suivant la Déclaration du 13 Septembre 1739, ce Crime eſt entierement de la compétence des Juges ordinaires, à l'exception de deux Cas ſeulement : l'*un*, lorſqu'il eſt commis par des Comptables, la connoiſſance en appartient alors à la Chambre des Comptes ; l'*autre*, lorſqu'il eſt commis par ceux qui ont le Maniement des Fermes du Roi, il devient dans ce dernier Cas de la Compétence des Elections en premiere Inſtance, & par appel en la Cour des Aides.

2°. A l'égard des Fauteurs & Preste-Noms des Banqueroutiers frauduleux, l'art. xiij. du même Titre XI. de l'Ordonnance porte, que ceux qui auront aidé & favoriſé la Banqueroute frauduleuſe, ſoit en divertiſſant les Effets, ou en acceptant des Tranſports, Ventes ou Donations ſimulées qu'ils ſçauront être en fraude des Créanciers, ſoit en ſe déclarant Créanciers ne l'étant pas, ou pour plus grande ſomme que celle qui leur eſt dûe, ſeront condamnés à 15000 liv. & au double de ce qu'ils auront diverti ou trop demandé.

Mais les Peines pécuniaires prononcées par cette Loi, n'ayant pas encore été capables de contenir ceux qui favoriſoient ainſi les Banqueroutes ; par une Déclaration du 11 Janvier 1716, regiſtrée le 6 Février ſuivant, S. M. a jugé à propos d'y ajoûter la Peine des Galeres à perpétuité ou à tems, ſuivant l'exigence des Cas. Elle a encore renouvellé cette Peine en dernier lieu par la Déclaration du 5 Août 1725, que nous avons citée ci-devant.

Mais, quelque juſtes & ſalutaires que paroiſſent toutes ces

Peines, pour arrêter le cours d'un Crime auffi contagieux, il faut convenir que l'application en eft extrêmement rare dans la Pratique, quoique les Banqueroutes ne foient pas moins fréquentes qu'elles étoient dans le tems que font intervenues les Loix que nous venons de rapporter ; & qu'on fe contente le plus fouvent, lorfque le Cas vient à fe préfenter, de juger conformément aux difpofitions des Ordonnances d'Orléans & de Blois, en ne prononçant que des Peines corporelles & afflictives, telles que les Galeres, le Banniffement, l'Amende honorable & le Carcan, fuivant les circonftances.

Il y a un célebre Arrêt du 26 Janvier 1702, qui condamne le nommé *François Fabre*, Caiffier, pour avoir fait une Banqueroute frauduleufe, aux Galeres perpétuelles, préalablement attaché au Pilori pendant trois jours de Marché. La même Condamnation avoit déja été prononcée par un Arrêt précédent du 30 Mai 1673, contre le nommé *François Mercier*, Marchand de cette Ville de Paris.

Il y a cela de remarquable dans ce premier Arrêt, qui eft poftérieur de quelques mois à l'Ordonnance du Commerce, que quoique par cette Ordonnance les Peines établies contre les Fauteurs des Banqueroutes foient moindres que celle des Banqueroutiers frauduleux, il a néanmoins condamné le nommé *Jean-Baptifte Defves*, Procureur au Châtelet, atteint & convaincu d'avoir été Fauteur, Confeil & Adhérant de la Banqueroute & Recélement des Effets dudit *Mercier*, aux mêmes Peines que celui-ci ; fçavoir, à faire Amende honorable, être attaché au Pilori pendant trois jours de Marché, y demeurer deux heures chaque jour, & enfuite conduit aux Galeres pour y fervir comme Forçat pendant l'efpace de neuf années, & à payer folidairement avec ledit *Mercier* les fommes portées par cet Arrêt, qui permet aux Créanciers de les faire emprifonner pour cet effet, après leur retour des Galeres. Cet Arrêt eft rapporté au Journal du Palais.

Mais pour que les Fauteurs des Banqueroutes foient condamnés aux mêmes Peines que les Banqueroutiers, il faut, comme dans l'efpece de cet Arrêt, que non feulement ils ayent confulté, prêté leurs Noms aux Tranfports frauduleux, mais encore qu'ils ayent recélé les Effets fouftraits, ou qu'ils ayent reçû les fommes portées par les Tranfports ; car fi, par exemple, un homme qui feroit ami d'un Négociant, à fa priere & par commifération pour lui, fe prêtoit à accepter un Tranfport fous fon Nom d'une certaine fomme, & que par l'Information qui feroit faite à la Requête des Créanciers, de l'Evafion de leur Débiteur & des Effets qu'il auroit détournés, il y avoit preuve que le Tranfport fût frauduleux & fimulé, fans qu'on trouve chez ce Particulier, qui a fait le Tranfport, aucun des Effets divertis : il paroît qu'il feroit trop dur de lui faire fouffrir la même Peine qu'aux Banqueroutiers frauduleux ; & que n'ayant accepté le Tranfport que pour faire plaifir à fon ami, & non pour en profiter lui-même, on ne peut le regarder comme véritable Complice de fon Crime ; ainfi ils ne devroient être condamnés qu'à une Peine pécuniaire, telle qu'elle eft portée par l'art. xiij. du Titre XI. de l'Ordonnance. C'eft le fentiment de *Savary*, Chap. *des Faillites*, où cet Auteur a traité cette Matiere avec autant d'étendue que de folidité.

*V. Coquil. c. 32. art. 22.*

Il refte à obferver d'après ce même Auteur, & de Coquille fur la Coûtume de Nivernois, qu'indépendamment des Peines corporelles & pécuniaires auxquelles font fujets les Banquerouroutiers frauduleux, ils font encore privés du bénéfice de *Ceffion*, & de l'Obtention des Lettres de *Répis*. C'eft auffi la difpofition de l'art. ij. du Tit. IX. de l'Ordonnance du Commerce.

## MONOPOLE.

*V. le tit. du Code de monopol. liv. 4. V. le tit. du ff. de leg. Jul. de annona, liv. 48.*

L'on entend fous ce nom toutes entreprifes & interceptions frauduleufes pratiquées par une ou plufieurs perfonnes, pour ramaffer, à l'exclufion de toute autre, une efpece de Marchandifes, & la revendre plus cherement.

Ainfi l'on peut réputer coupables de ce Crime, non feulement tous ceux qui s'attribuent le droit de vendre feuls une certaine Marchandife pour en tirer un plus grand profit, mais auffi tous Marchands qui font des complots & affociations fecrettes pour ne vendre que dans un certain tems, ou donner à leurs Marchandifes un certain prix qui ne puiffe être diminué. On le met au nombre des Vols, parce que tout cela ne fe fait qu'au préjudice & dommage du Public.

Il paroît, fuivant les Notions générales, que nous venons de donner du *Monopole*, qu'on peut comprendre fous ce nom toutes Pratiques ou Conventions qui tendent à géner la liberté du Commerce ou à la détruire ; par conféquent l'on tombe dans ce Crime toutes les fois qu'on procure des Impôts fur les Marchandifes, qu'on les altere, qu'on fait un *Regrat* deffus, & qu'en un mot on cherche à empêcher l'abondance, que la néceffité de vendre peut procurer au Public.

Mais de toutes les Marchandiſes ſur leſquelles peut ſe commettre ce Crime, il n'en eſt point qui le rende plus condamnable que celles dont l'uſage eſt néceſſaire à la Vie, telles que le *Bled*, la *Boiſſon* & l'*Habillement*. C'eſt auſſi principalement au ſujet de celles-ci qu'ont été rendues les Loix & les Ordonnances qui prononcent les Peines contre ce Crime : tel a été entr'autres l'Objet particulier de la fameuſe Loi *Jubemus* au Code *de Monopolis*, par laquelle l'Empereur ZENON défend de commettre le Crime de Monopole à l'égard des Habillemens, des Poiſſons, ou de quelque eſpece de choſe que ce ſoit, néceſſaire à la Vie, à peine de Confiſcation de Biens, & d'être bannis à perpétuité.

*L. 2. ff. de leg. Jul. de annon.*

BARTHOLE, ſur cette Loi, atteſte l'avoir vû obſerver de ſon tems à l'égard des Ouvriers & Artiſans. MORNAC ajoûte, qu'elle eſt ſi ſage qu'on ne l'abolira jamais, quoiqu'on y ait, dit-il, apporté pluſieurs modifications dans la Pratique : il cite à ce ſujet un Edit de François I. du 20 Juin 1539, regiſtré le 30 du même mois ; par lequel » il eſt fait défenſes de commettre au fait des » Vivres & Marchandiſes aucun Monopole, Conventicule ou » Fraude, ni autrement contrevenir en tout & leur dépendance » à ce qui appartient à Gens de bien, loyaux & fideles, & à » ce que le vrai état des Marchandiſes veut & requiert ».

Mais comme cet Edit ne prononçoit aucunes Peines, & que par les Ordonnances antérieures, notamment celle du Roi Jean en 1355, il étoit ſeulement dit, que ceux qui commettroient le Monopole, ſeroient punis rigoureuſement ; ce même Prince ( François I. ) a crû devoir y ſuppléer par ſon Ordonnance de Villers-cotterets, du mois d'Août de la même année 1539, où il prononce la *Confiſcation de Corps & de Biens* dans le Cas des Monopoles commis par Ouvriers & Artiſans, & avec Aſſemblée. La même Peine a été renouvellée par des Ordonnances poſtérieures contre ceux qui tranſportent, ſans permiſſion expreſſe, des Grains hors du Royaume ; & c'eſt ſans doute ſur le fondement de ces Loix qui ſont rappellées dans le préambule de la Déclaration du 13 Décembre 1698, que les Monopoles faits par conſpiration avec attroupement juſqu'au nombre de ſix ou plus, ont été mis au nombre des Cas Royaux par les Arrêts de Sens & d'Angers en 1556 & 1611.

Enfin, par une derniere Déclaration du mois d'Août 1699, rendue à l'occaſion de l'avidité de certains Particuliers, qui, ſans être Marchands de Bled par leur profeſſion, s'ingéroient d'en faire le commerce, & s'affocioient avec d'autres pour en faire des amas cachés, qui, en produifant la rareté & cherté des Grains, leur donnoient lieu de les revendre à beaucoup plus haut prix qu'ils ne les avoient achetés, & même qui acheroient ces Bleds en verd fur le pied & avant la recolte, il eft fait défenfes expref-fes, 1°. à toutes Perfonnes de quelque qualité & condition qu'el-les foient, de faire à l'avenir le commerce des Bleds, qu'après en avoir demandé & obtenu la *Permiffion* des Officiers de Juftice ordinaires, prêté ferment, & fait enregiftrer leurs noms au Greffe des Juftices, à peine de Confifcation des Grains, dont un tiers fera délivré au Dénonciateur, de 500 liv. d'Amende, & d'être déclarés incapables de faire le Trafic & Marchandife de Grains ; elle excepte feulement de ces formalités les Négocians du Royau-me, & autres qui y voudront faire vendre des Grains des Pays étrangers : 2°. aux Marchands de Grains de faire aucune *Société* avec d'autres Marchands de Grains, à peine de Confifcation de ces Grains comme deffus, & d'être déclarés incapables d'en faire à l'avenir le Commerce ; & au cas que ceux-ci veuillent contrac-ter des Sociétés avec d'autres Perfonnes que des Marchands, elle leur enjoint d'en paffer *Acte* par écrit, & de le faire enregiftrer au Greffe fous les mêmes peines que ci-deffus : 3°. aux Marchands & à tous autres d'*enharrer* & acheter les Bleds & autres Grains en verd fur le pied & avant la récolte, à peine de nullité des ventes qui en feroient faites, de perte des Deniers qu'ils auroient four-nis d'avance pour les achats, d'être privés de la faculté de faire le Commerce en Grains, de 3000 liv. d'Amende, qui ne pour-ront être remifes ni modérées, & même de Punition corporelle s'il y échéoit.

On trouve dans le Recueil des anciennes Ordonnances de Franche-Comté, plufieurs Edits & Réglemens contre ces fortes de Gens, appellés *Dardenarii* dans le Droit Romain, qui font des amas de Bled, foit pour les tirer hors du Pays, foit pour les vendre à des Particuliers. Ces Ordonnances prononcent la Peine de la Confifcation des Bleds, 500 liv. d'Amende, & même plus grande s'il y échet, dont tiers au Roi, tiers au Délateur, tiers à l'Hôpital le plus proche des lieux. Elles enjoignent, fous les mêmes Peines, à ceux chez qui les amas auront été faits, d'en avertir les Officiers de Juftice des lieux dans 24 heures ; décla-rent en outre tous Contrats & Arremens de Bled nuls, fauf ceux qui

*L. 6. ff. de extra-ord. criminib.*

qui feront faits par les Commiffaires de Sa Majefté, pour fon Service.

Il y a auffi des Peines particulieres pour les Monopoles qui font faits en matiere de Vente de Bois. Par l'art. xxiij. du Titre de l'Affiette, Bailliage, Martelage & Vente de Bois, de l'Ordonnance des Eaux & Forêts, il eft dit que les Marchands adjudicataires des Bois qui fe trouveroient convaincus de Monopole ou Complot concerté entr'eux par parole ou par écrit, de ne point enchérir les Bois les uns fur les autres, feront condamnés, outre la Confifcation des Ventes, à une Amende arbitraire, qui ne pourra être au-deffous de 1000 liv. & bannis des Forêts.

## CHAPITRE VIII.

### Des Vols qualifiés par le Recélement.

LA Loi appelle cette efpece de Vol la *pire de toutes*, parce qu'elle tend à favorifer l'impunité, en dérobant à la Juftice la connoiffance du Crime & de fon Auteur : *peffimum genus eft receptatorum, fine quibus latere nemo diu poteft.* 

*L. Peffimum 1. ff. de receptat.*

Le RECÉLEMENT fe fait, ou des Perfonnes, ou des chofes : nous avons donné des exemples de celui concernant les *Perfonnes*, en rapportant les Ordonnances rendues contre ceux qui donnent Retraite à des Perfonnes mafquées & déguifées, à des Vagabonds & Gens fans aveu ; ou qui tiennent des lieux de Débauche pour corrompre la Jeuneffe, ou qui fouffrent qu'on en tienne dans leurs Maifons.

Nous avons auffi parlé, fous le Titre des Crimes de *Leze-Majefté Divine*, de cette efpece de Vol qui fe fait par le Recélement des Corps morts des Bénéficiers.

Nous avons enfin parlé, en traitant des Crimes de *Leze-Majefté au fecond Chef*, d'une autre efpece de Recélement qui fe fait des Perfonnes qui ont été condamnées pour Crimes, & qu'on dérobe aux pourfuites de la Juftice. Il ne nous refte donc plus qu'à parler du Recélement des *Chofes*, qui appartient fingulierement au Crime de Vol dont il s'agit dans ce Titre.

Ceux qui le commettent ne font pas moins puniffables que les Voleurs mêmes, puifqu'ils les entretiennent dans l'habitude de voler, *quia furtum alunt*, pour se servir des termes d'un fameux Criminaliste ; ce qui ne doit s'entendre néanmoins, suivant les Auteurs, que lorsque ces Recéleurs ont une certaine connoissance que la chose a été volée, autrement ils ne sont tenus qu'à la restitution de cette chose ; & même si elle a été par eux achetée, & qu'il y ait preuve évidente de leur bonne foi, ils peuvent, aux termes des Loix, obliger la Personne volée à leur rendre le prix qu'ils en ont donné.

Cette bonne-foi se manifeste sur-tout lorsqu'on a pris toutes les précautions nécessaires pour s'assûrer si le Vendeur étoit Propriétaire légitime, comme en allant ou envoyant s'informer dans les Lieux & auprès des Personnes dont on a dit que la chose provenoit ; ou bien lorsqu'on a acheté d'une Personne connue, & qu'on ne pouvoit naturellement soupçonner d'un Vol ; ou lorsque l'Achat a été fait en Marché ou Foire publique ; ou bien que les Marchands, dont on a acheté, font commerce de Marchandises de l'espece de la chose volée.

Mais elle ne doit point se présumer lorsqu'on achete d'un Passant inconnu, & qu'on se met en refus d'indiquer son Vendeur ; à plus forte raison, lorsque ce Vendeur est un Domestique : la Loi *Eos qui 14*, au Code *de furtis*, veut que ceux qui achetent *sciemment* de ces derniers, soient non-seulement poursuivis pour la Restitution, mais qu'ils soient punis de la Peine du Vol. Enfin l'on doit aussi beaucoup considérer la bonne ou mauvaise réputation dont jouit celui chez qui on trouve la chose volée.

Le seul tempérament qu'a apporté notre Jurisprudence dans la punition des *Recéleurs*, c'est qu'en Matiere de Vols faits avec Effraction ou sur les grands Chemins, & autres semblables, au lieu de les condamner à la Roue, comme les Auteurs du Vol, on se contente ordinairement de les condamner à la Potence, & quelquefois même à une simple Peine corporelle, lorsque les Recéleurs se trouvent proches Parens du Voleur, tels que Pere, Mere, Freres, Sœurs : *non enim par eorum est delictum, & eorum qui nihil ad se pertinentes latrones recipiunt.*

Il est parlé dans la Loi III. au ff. *de Fugitiv.* de la maniere dont on doit faire la recherche de la chose volée dans la Maison d'autrui. Dans notre Usage, elle se fait par le Juge sur le Vû des Charges & Informations : à Paris, elle se faisoit anciennement d'Office par les Commissaires du Châtelet ; mais par Arrêt de Réglement

**Marginal notes:**

*V. Cap. qui cum, Extr. de Furtis.*

*V. Jul. Clare, §. furtum, n. 26. L. Incivilem 2. Cod. de Furtis.*

*L. Mulier 6. ff. de captiv. & post limn. Soefve, t. 1. cent. 2. ch. 96.*

*V. Coquil. sur la Coût. de Nivern. ch. 11. art. 16.*

*L. civile en §. Cod. de Furtis.*

*V. Jules Clare, lib. 5. §. Furtum, cap. 4.*

*L. 1. Cod. de Receptat. L. 2. ibid.*

de la Cour du 9 Juillet 1712, il leur a été défendu d'aller dans les Maisons des particuliers, sans en être requis ou être Porteurs d'une Ordonnance du Juge qui le leur permette.

## TITRE SIXIEME.

### Du Crime de Faux, & de ses différentes especes.

LEs Jurisconsultes appellent de ce nom tout Acte frauduleux qui tend à obscurcir la vérité, & à tromper un autre : *Actus dolosus animo corrumpendæ veritatis ad decipiendum alterum adhibitus.*

L'on dit, en *premier* lieu, un ACTE, *Actus :* cet Acte se commet de trois manieres, suivant les Auteurs, ou par Ecrit, ou par Paroles, ou par le Fait, *scriptis, dicto, facto.* Il se commet par PAROLES, en déposant faux ou en subornant les Témoins pour déposer faux, ou pour les empêcher de dire la vérité : il se commet par ECRIT, en fabriquant les Ecrits, ou les altérant, ou bien en se servant de ceux qui sont fabriqués : il se commet enfin par le FAIT, en vendant à faux Poids & Mesure, ou bien en vendant une chose qui ne nous appartient pas, & que nous avons déja vendue à un autre. *(V. Jules Clare, liv. 5. §. Falsum.* *L. Instrumentor. 16. ff. de leg. Corn. de Falf.)*

L'on dit, en *second* lieu, un Acte frauduleux, *Actus dolosus ;* car s'il est commis sans mauvais dessein, & sans intention de nuire à Personne, ce n'est plus qu'un Faux matériel, qu'une simple erreur de fait qui n'est sujette à aucune Peine : *falsum, ubi cessat dolus, non punitur ut falsum,* dit Balde sur la Loi *Nec exemplum 20. Cod. ad Leg.* CORNEL. *de falsis :* ainsi, par exemple, celui qui employeroit une Piece falsifiée, sans le sçavoir, n'est point réputé coupable de ce Crime ; mais il faut pour cela qu'il prouve qu'il n'en a eu aucune connoissance, soit en designant la Personne dont il tient cette Piece, soit en déclarant, après cette fausseté reconnue, qu'il n'entend point s'en servir ; car autrement, dans le doute, il sera présumé l'Auteur ou le Complice de ce faux par l'usage qu'il fera de cette Piece ; c'est à ce sujet que MENOCH distingue entre celui qui se sert d'une Piece fausse fabriquée par un autre, & celui qui s'en sert après l'avoir fabriquée ; ce dernier ne peut, suivant cet Auteur, se disculper en renonçant même à s'en servir, parce que le Crime étoit, dit-il, déja consommé lors de *(L. Divus 31. ff. de leg. Cornel. de Falf. L. Majorem Cod. ad leg. Corn. de Falf.* *L. Si falfis 8. Cod. ibid.* *Menoch de Arbitr. caf. 315. n. 29.)*

H H h h ij

l'ufage qu'il en a fait ; au lieu que ce n'eft que par l'ufage que le premier en fait, depuis qu'il a connoiffance du faux, qu'il eft cenfé confommer le Crime ; de maniere qu'il peut tôûjours, avant le Jugement, être admis à s'en defifter ; il faut cependant excepter, en Matiere *Bénéficiale*, où malgré la Déclaration que fait l'Eccléfiaftique, qu'il n'entend fe fervir de la Piece fauffe, il ne laiffe pas que d'être privé du Bénéfice, aux termes de l'art. viij. du Titre IX. de l'Ordonnance de 1670.

L'on dit, en *troifieme* lieu, qu'il eft fait dans la vûe de corrompre la vérité, *animo corrumpundæ veritatis* ; ce qui fe fait de deux manieres, ou en expofant une chofe fauffe, ou en déguifant une véritable, c'eft-à-dire que le Faux ne fe commet pas feulement en difant ou faifant quelque chofe contre la vérité, mais encore en faifant quelque chofe pour empêcher que la vérité ne foit connue, comme en diffimulant les engagemens dont un Héritage eft affecté.

*L. Inftrumentor. 16. ff. de leg. Corn. de Falf. L. Cum qui 14. Cod. ad leg. Corn. de Falf.*

L'on dit, en *quatrieme* lieu, qu'il eft fait dans la vûe de tromper un autre, *ad decipiendum alterum* ; ce qui s'entend lorfque cette tromperie eft faite au préjudice de ce dernier ; car s'il n'en reçoit aucun préjudice réel, celui qui commet le Faux n'eft point fujet aux mêmes Peines que fi l'effet s'en étoit enfuivi ; c'eft la remarque de Zoesius, fur le Tit. du ff. *de Leg. Cornel. de falfis*, qui compare ce Cas à celui d'une bleffure qui n'auroit pas été fuivie de la mort. Jules Clare prétend même qu'il n'eft fujet à aucune Peine, *excufatur falfum fi nemini prejudicat.*

*V. Jules Clare, §. Falfum, Alex. confil. 141. Socin. confil. 103. n. 1.*

Le Faux eft mis dans le nombre des Crimes publics du Droit Romain, & ceux qui y tomboient étoient punis de la Peine de la Loi Cornel. *de falfis*, qui étoit la Déportation ou Banniffement perpétuel, avec la Confifcation des Biens pour les Perfonnes libres, & le dernier Supplice pour les Efclaves. L'on comprenoit encore dans la même Peine les Complices de faux, c'eft-à-dire ceux qui le faifoient commettre par un autre, ou qui aidoient à le commettre.

*V. Inftit. lib. 4. tit. 4. §. item lex Cornel. L. 2. §. fin. ff. ad leg. Cornel. de Falf.*

*L. Lege Cornel. 9. ff. de leg. Cornelia de Falf.*

*V. Inftit. liv. 4. tit. 18. §. item lex Cornel.*

*L. Qui teftamentum, ff. de leg. Cornel. de Falf.*

Cette Loi avoit d'abord été établie contre ceux qui falfifioient & fupprimoient les Teftamens, ou qui étant chargés de les écrire, marquoient un Legs pour eux à l'infçû du Teftateur, c'eft pourquoi on l'appelloit auffi *Teftamentaria* ; mais fa difpofition a été étendue dans la fuite à toutes les efpeces de faux, telles que la Calomnie, le Faux témoignage, la Subornation des Témoins, la Suppreſſion & Falſification des Actes publics, celles des Poids & Meſures publiques, le Stellionat, la fauſſe Monnoie, la ſuppoſition de Part, celles des Perſonnes, le changement de Nom, & autres ſemblables, dont on trouve des exemples ſous les Titres de cette Loi, dans le Code & le Digeſte.

Ce ſont toutes ces différentes eſpeces de Faux qui vont faire la Matiere de ce Titre ; mais pour les diſcuter avec ordre, & d'une maniere plus conforme à nos Uſages, nous croyons devoir les tous rapporter à cinq Claſſes différentes, qui formeront la Diviſion de ce Titre en cinq Chapitres.

La *premiere* comprendra le Faux commis dans les Personnes, comme ſuppoſition de Perſonnes, changemens de Noms & de Qualités, ſuppoſition de Part.

La *ſeconde* comprendra les Faux commis dans les Ecrits, ſoit *publics* & autentiques, comme les Brefs & Reſcrits de Rome, les Lettres & Reſcrits du Prince, les Arrêts de la Cour, les Actes paſſés par des Juges, Greffiers, Notaires, & autres qui ont foi en Juſtice, ſoit *privés* comme les ſimples Cédules, & autres Papiers domeſtiques qui ſont émanés de ſimples Particuliers.

La *troiſieme* comprendra le Faux commis dans les Paroles, comme Faux témoignage, Subornation de Témoins, & Calomnie.

La *quatrieme* comprendra le Faux commis dans les Choses qui ſont de Commerce, comme fauſſe Monnoie, Vente à faux poids & Meſure, falſification de Denrées & Marchandiſes, Faux-ſaunage.

La *cinquieme* comprendra enfin le Faux commis dans les Conventions, comme la Simulation dans les Contrats, & le Stellionat.

# CHAPITRE PREMIER.

## *Du Faux commis dans les Perſonnes.*

NOUS en avons diſtingué de trois eſpeces, 1°. la ſuppoſition des Perſonnes, 2°. le changement de Noms & de Qualités, 3°. la ſuppoſition de Part.

*Suppofition de Perfonnes.*

CE CRIME fe commet principalement de trois maniéres : 1°. en fe donnant pour Fils d'un autre Pere que le fien, afin de s'approprier les Biens d'une Famille étrangere : 2°. en voulant paffer pour Mari d'une autre Femme que la fienne, afin de s'arroger les Droits attachés à cette qualité : 3°. en préfentant des Perfonnes pour d'autres à des Notaires, Greffiers, & autres Officiers publics, dans la vûe de fe conftituer des Créances, ou fe libérer de fes Dettes.

Ainfi les Motifs ordinaires qui engagent à tomber dans ce Crime, font, comme l'on voit, ou la Cupidité, ou la Débauche ; dans le *premier Cas*, l'on joint le Larcin au Faux ; & dans le *dernier*, l'on y ajoûte la profanation du Sacrement ; celui-ci eft par conféquent le plus puniffable.

La Peine du *premier* eft arbitraire, & peût être capitale, afflictive, ou infamante, felon l'*exigence des Cas* & la *qualité des Crimes* ; mais celle du *dernier* ne peut être moindre que la capitale : nous en avons deux exemples fameux dans le faux *Martin Guerre*, & le faux *Caille*, dont les Procès font rapportés dans les Caufes célebres. Le *premier*, nommé *Arnout du Thil*, fut condamné par Arrêt du Parlement de Touloufe, du 12 Septembre 1560, à être Pendu après avoir fait Amende-honorable, fon Corps enfuite brûlé ; fes Biens, attendu la bonne-foi où avoit été fa Femme, furent adjugés à une Fille qu'il avoit eu d'elle. Le *dernier* échappa à la punition des Loix humaines par une Mort anticipée dans fa Prifon.

*V. Pap. liv. 22. tit. 9.*

Il y a encore une autre efpece de SUPPOSITION DE PERSONNES, dont il eft parlé dans l'Edit de Mars 1697, concernant les formalités qui doivent être obfervées dans les Mariages ; c'eft celle commife par ceux qui fe difent fauffement être les Peres, Meres, Tuteurs, & Curateurs des Mineurs, pour parvenir à l'obtention des Permiffions de célébrer Mariage, des Difpenfes de Bans, & des Mains-levées des Oppofitions formées à la célébration des Mariages ; cet Edit veut que le Procès leur foit fait, & qu'ils foient condamnés ; fçavoir, les *Hommes* à faire Amende-honorable, & aux Galeres pour le tems que les Juges eftimeront jufte, & au Banniffement, s'ils ne font pas capables de fubir la Peine des Galeres ; & les *Femmes*, à faire pareillement Amende-honorable, & au Bannissement, qui ne pourra être moindre de neuf ans.

### Changement ou Déguisement de Noms & de Qualités.

Ce Crime est ordinairement une suite du précédent ; il en est parlé dans la Loi XIII. au ff. *de Leg.* CORNEL. *de falsis*, qui veut qu'il soit puni de la Peine du faux ; la Loi XXVII. du même Titre, §. dernier, en donne pour exemple celui qui, pour voyager plus sûrement, se fait passer pour Soldat à l'aide de faux Certificats & de faux Engagemens.

Nous en avons aussi donné des exemples, relativement à nos Usages, en parlant des faux Soldats ou *Passe-volans*, & des Soldats *des Gardes-Françoises*, qui se travestissent en habit Bourgeois pour s'introduire dans les Compagnies & dans les Jeux.

L'on peut encore rapporter à ce sujet la disposition de l'article vj. de la Déclaration du 18 Juillet 1724, régistrée le 26, au sujet des Mendians qui se disent faussement Soldats, qui sont Porteurs de Congés qui ne sont point véritables, & qui après avoir été arrêtés & conduits à l'Hôpital Général, auront déguisé leurs Noms, Surnoms, & le Lieu de leur naissance, ou qui contrefont les Estropiés, ou feignent des Maladies qu'ils n'ont pas : la Peine de ceux-ci, suivant cette Déclaration, est celle des Galeres pour cinq ans au moins, quant aux Hommes *valides* ; & à l'égard des Femmes & Hommes *invalides*, c'est celle du Fouet dans l'intérieur de l'Hôpital, & la Détention à l'Hôpital Général, à tems ou perpétuelle, suivant l'exigence des Cas : cette Loi laisse même à la prudence des Juges de prononcer plus grande Peine, *s'il y échet*.

L'on peut y joindre aussi la disposition de l'article premier de la Déclaration du mois de Juin 1722, rendue contre les *Fauxsauniers*, qui prononce la Peine des Galeres pour cinq ans contre les Hommes, & celle du Bannissement pour cinq ans contre les Femmes, lorsqu'étant pris en Fauxsaunage, ils supposent de faux Noms, ou déclarent de faux Domiciles.

Enfin l'on peut ajoûter aux dispositions de ces Loix, celle de l'article xxxviij. de l'Ordonnance des Eaux & Forêts, au Titre *de la Police & Conservation des Bois*, qui condamne les Vagabonds & Gens *inutiles*, qui changent de Nom pour n'être pas reconnus, à la même Peine des Galeres, s'ils peuvent y servir, sinon en telles autres Peines corporelles & exemplaires qui seront arbitrées par les Officiers des Forêts.

Suivant PÉRÉSIUS, sur la Loi unique de Code *de Mutatione nominis*, celui qui prend dans un Contrat un autre Nom que le sien, afin de pouvoir éluder dans la suite ses engagemens, en disant qu'il n'est point celui dont il est parlé dans le Contrat, est punissable de la Peine du faux.

Au reste, nous ne voulons parler ici que des changemens ou suppositions de Nom qui se font en fraude & dans la vûe de nuire à des Tiers, ou d'en tirer quelque Profit ; car si ce n'est uniquement que pour satisfaire sa vanité, comme un Roturier qui s'arrogeroit la qualité de Noble, il n'y a lieu de prononcer aucunes Peines : ce qui s'entend néanmoins, lorsqu'on s'en tient à de simples Déclarations verbales ; car si l'on y joint l'USURPATION des Titres ou des Armoiries, c'est alors un Crime punissable, aux termes des Ordonnances du Royaume. Par l'article x. de l'Ordonnance d'Orléans, il est dit « que ceux qui usurperont fausse-
» ment, ou contre vérité, le Nom & le Titre de Noblesse ; pren-
» dront ou porteront Armoirie timbrée, seront Mulctés d'Amen-
» des arbitraires, & au payement d'icelles contraints par tou-
» tes Voies, &c. *Voyez* au surplus les Déclarations des 8 Février 1661, 12 Mars 1666, & 20 Janvier 1668, qui ont été rendues au sujet des Recherches de la Noblesse.

Il y a plus, la Peine pourroit même devenir capitale, si, pour satisfaire sa vanité, l'on s'attribuoit faussement des marques d'honneur Militaire, comme la *Croix de Chevalier*, parce que ce Faux emporteroit alors un Crime de Leze-Majesté au second Chef.

Mais si l'on n'avoit changé son Nom ou sa Qualité que pour éviter un Danger imminent, comme fit ABRAHAM vis-à-vis de PHARAON ; ou si l'on avoit quitté son Nom, qui a été flétri, pour prendre celui d'une Personne de bonne réputation, on ne se rend coupable d'aucun Crime ; & c'est alors l'espece de la Loi unique du CODE *de Mutatione nominis*, qui permet à toute Personne libre de changer son Nom ou Surnom, lorsqu'il n'en résulte aucun préjudice à autrui : *mutare itaque nomen sive cognomen sine aliqua fraude licito jure, si liber es secundum ea quæ sæpe statuta sunt, minime prohiberis nullo ex hoc præjudicio futuro.*

A plus forte raison, ce changement est-il permis, lorsqu'il n'est
fait

fait que dans la vûe de satisfaire à quelque obligation particuliere, comme pour se conformer à la volonté du Testateur qui n'a donné sa succession qu'à ce prix.

### Supposition de Part ou d'Enfant.

Nous venons de donner des exemples du *faux* que l'on commet en sa propre Personne ; en voici un du *faux* que l'on commet dans la Personne des autres.

Ce Crime se commet de quatre manieres, suivant les Auteurs : 1°. par une Veuve qui, après avoir feint d'être Enceinte, fait paroître au tems de l'Accouchement un Enfant qu'elle dit provenu des œuvres de son défunt Mari, pour frustrer ses Héritiers légitimes : 2°. par une Femme qui, ayant été véritablement Grosse, a accouché, mais qui n'ayant mâle ou femelle, selon qu'elle le desiroit, échange avec un autre, & prend celui qui revient mieux à son gré : 3°. par des Peres & Meres qui n'ayant point d'Enfans, en supposent un étranger qu'ils disent être issu de leur Mariage, afin de frustrer des Héritiers substitués, ou par quelqu'autre motif : 4°. enfin par des Etrangers qui supposent à des Peres & Meres un Enfant, au lieu de celui qu'ils avoient, sous le prétexte de la ressemblance.

V. Duret, Tr. des Peines, verbo SUPPOSITION.

Toutes ces especes de Suppositions tendant à faire réputer légitimes les Enfans qui ne le sont pas, blessent tout-à-la-fois & l'Ordre public, & celui des Familles qu'elles dépouillent de leur Patrimoine : *publice interest partus non subjici, ut ordinum dignitas familiarumque salva sit ;* ainsi comme elles joignent le Vol au Faux, on ne peut douter qu'elles ne méritent une punition très-rigoureuse.

L. 1. §. 13. ff. de inspiciendo ventr.

Suivant la Loi premiere, §. 13, au ff. *de Leg. CORNEL. de falsis,* la Peine de ce Crime étoit celle de l'Exil perpétuel avec la Confiscation des Biens : la Loi premiere du Code, au même Titre, paroît aller plus loin, en ce qu'elle prononce la Peine capitale.

L'on trouve encore, sous le même Titre du Droit, plusieurs autres dispositions remarquables par rapport à ce Crime ; sçavoir, 1°. que quoique la Peine en fût prononcée par une Loi publique, il ne pouvoit néanmoins être poursuivi que par les Parens, & autres Personnes qui y avoient intérêt : 2°. que lorsqu'il y avoit du doute qu'un Enfant étoit supposé, il n'étoit pas besoin d'attendre sa puberté pour lui contester son état, parce que la Loi présumoit que sa Mere qui avoit un intérêt personnel à le défendre, pour évi-

L. 3. ff. de leg. Cornel. de Falf.

L. Si cui 1. §. ult. ff. de Carbon. edict.

ter la Peine de fon Crime , ne négligeroit rien pour foutenir en même tems l'intérêt du Fils qu'elle s'étoit fuppofé : 3°. que l'accufation de ce Crime étoit perpétuelle , & ne pouvoit fe prefcrire par quelque efpace de tems que ce fût : 4°. enfin qu'elle ne ceffoit pas , comme celles des autres Crimes , par la Mort de celui qui l'avoit commis.

L. Qui falfam 19. ff. de leg. Cornel. de Falf.

DANS NOTRE USAGE , la Peine de ce Crime s'inflige fuivant les circonftances ; l'on a égard fur-tout à la *Qualité* des Perfonnes & à celle des moyens que l'on a employés pour y parvenir ; & ces circonftances font quelquefois telles , qu'elles peuvent donner lieu à la Peine capitale : il y en a un exemple fameux dans l'Arrêt rendu en la Caufe de la Dame de Saint-Géran , par lequel la nommée *Marie Pigorreau* femme *Beaulieu* fut condamnée à être pendue , pour s'être prétendu fauffement la Mere de l'Enfant dont il s'agiffoit alors.

La même Peine eft auffi prononcée contre les Complices de ce Crime, & principalement contre les Sages-Femmes , qui fubftituent les Enfans étrangers & affurent qu'ils font véritables ; c'eft ce qui a été jugé par le même Arrêt , qu'on vient de citer contre la nommée *Louife Gaillard* Sage-Femme , qui avoit contribué à la fuppofition de Part.

V. Paulus, lib. 1. Sentent. tit. 24.

AU RESTE , de toutes les Difpofitions du Droit Romain , foit par rapport à l'*imprefcriptibilité* de ce Crime , foit par rapport à la *perpétuité* de l'Action après la Mort du Coupable , foit enfin par rapport à la *capacité* d'en accufer ; nous n'avons adopté que la derniere , c'eft-à-dire , que nous n'admettons point indiftinctement toutes fortes de Perfonnes à la pourfuite de ce Crime , mais feulement le Mari , & après fa mort les Parens qui y ont intérêt. SOEFVE rapporte un Arrêt du 18 Juin 1648 , par lequel il a été jugé que l'Accufation de la fuppofition de Part n'étoit point recevable en la bouche des Héritiers de la femme , le mari étant vivant. C'eft encore conformément à ce principe , que par un dernier Arrêt du 14 Février 1713 , rapporté au VI Tome du Journal des Audiences ; il a été jugé qu'on ne pouvoit accufer la femme de fuppofition d'un enfant , quand elle rapportoit un Extrait Baptiftaire en bonne forme , figné du Pere ; & que la Preuve au contraire n'étoit pas admiffible.

V. Soefve, tom. 1. cent. 1. ch. 89. Bardet, tom. 2. liv. 7. ch. 31.

# CHAPITRE II.

## *Du Faux commis dans les Actes.*

C'EST cette espece de FAUX dont l'inftruction a fait l'objet particulier du Tit. IX. de l'Ordonnance de 1670 & de celle de 1737, dont nous avons rapporté les Difpofitions dans la IV. Partie des INSTITUTES.

Nous avons vû auffi fous le Titre de la PREUVE, les différentes manieres de commettre ce Faux, & les effets qu'il produit relativement aux Actes qui en font infectés. Il ne nous refte donc plus qu'à en rapporter ici les différens exemples avec les Peines que les Loix & les Ordonnances y ont attachées. Nous allons commencer par ceux qui fe font dans les Ecrits *publics*, tels que les Brefs & Refcrits de Rome, les Lettres & le Sceau du Prince, les Arrêts des Cours, & autres Actes judiciaires, les Regiftres des Curés, les Contrats paffés par les Notaires, & autres Officiers publics ; & nous finirons par ceux qui fe commettent dans les Ecrits *privés*, tels que Billets, Quittances, Certificats, Lettres miffives, & Teftamens olographes.

### *FAUX commis dans les Brefs & Refcrits de Rome.*

Suivant le Droit Canonique, le Clerc qui falfifie les Lettres Apoftoliques, eft excommunié de plein droit, privé de tous fes Bénéfices, & enfuite livré au bras féculier, pour être puni de la même Peine que les Laïcs qui ont falfifié les Refcrits du Prince. DUPERRAY, dans fon Traité de l'*état & capacité des Bénéfices*, dit qu'outre la privation des Bénéfices, le Fauffaire doit être encore puni du dernier Supplice ; parce que, dit-il, c'eft une efpece de Crime de Leze-Majefté, à caufe de la conféquence. Il fonde fon fentiment fur la Difpofition de l'Edit d'Henry II. du mois de Juin 1650, dont voici les termes : « Tous ayant commis fauffetés au fait » des Bénéfices, foit en baillant Collations, Impétrations, Pro- » curations, Inftrumens, Réquifitions, tems d'Etudes, Lettres » de degrés, Mandat, Nominations & autres Lettres, Actes & » Inftrumens judiciaires ou extrajudiciaires en Cour de Rome, » ou des autres Collations, ou Préfentations, foit ès Regiftres

*V. Cap. ad Falfariorum, Extr. de crimine Falfi.*

*V. Duper. liv. 2. ch. 4. max. 24.*

I I i i ij

» des Notaires Apoftoliques ou autres Regiftres des Banquiers-ou
» autres Perfonnes publiques , de quelque qualité qu'elles foient ;
» s'ils font CLERCS, foient déclarés déchûs du droit poffeffoire
» prétendu auxdits Bénéfices par eux faits contentieux , & punis
» de telles Peines que les Juges verront pour le cas privilégié , &
» renvoyés à leurs Prélats & Juges ordinaires pour procéder
» contr'eux tant par déclaration d'inhabilité perpétuelle de poffé-
» der Bénéfice en ce Royaume, qu'autres Peines fuivant la qua-
» lité du fait ; & quant aux Gens LAICS , fera procédé contr'eux
» felon la rigueur de nos Ordonnances.

Cet Edit a été confirmé , quant à la Peine d'*inhabilité* dè Bénéfices , par l'art. viij. du Tit. IX. de l'Ordonnance de 1670,
qui déclare le Pourvû déchû du droit poffeffoire qu'il pourroit
avoir au Bénéfice, s'il avoit fait, ou fait faire, ou connu la fauffeté.

A l'égard des autres Peines que doivent fubir tant les Clercs que
les Laïcs , lorfqu'ils font pourfuivis pour ce Crime pardevant les
Juges ordinaires; il faut diftinguer fuivant les Auteurs entre la fauffeté qui eft commife dans le Titre même du Bénéfice, & celle qui
eft commife dans quelqu'Acte indépendant du Titre : fi c'eft dans
le Titre, ils font fujets à la même Peine que celle portée contre
ceux qui commettent quelque fauffeté dans les Actes publics,
dont nous parlerons ci-après.

Mais fi la fauffeté ne tombe que fur quelqu'Acte indépendant
du Titre , il y a lieu de condamner feulement à des Peines pécuniaires les Clercs qui les ont faites : *Joann. Galli* rapporte un
Arrêt de la Cour, qui l'a ainfi jugé contre l'Abbé de Bourgueil.

Queft. 186.

L'on peut voir au refte dans le Chapitre *Licet* EXTRA *de crimine falfi* , de combien de manieres on peut falfifier les Lettres
Apoftoliques.

### FAUX commis dans les Lettres ou Sceau du Prince.

Ce Crime eft, comme nous l'avons vû, du nombre des Crimes de Léze-Majefté au fecond Chef, & comme tel, il eft puniffable de Mort & de la Confifcation des Biens.

Par *Lettres du Prince*, nous entendons celles qui font obtenues
foit en la Grande, foit en la Petite Chancellerie près les Parlemens:
elles peuvent être falfifiées de plufieurs manieres ; fçavoir en
imitant , contrefaifant , ou appliquant ou en fuppofant les Sceaux ;
c'eft ce qui réfulte de la Difpofition de l'Edit du mois de Mars

1680, qui porte « que tous ceux qui auront falfifié les Lettres
» de Grande Chancellerie & celles qui font établies près des
« Cours de Parlemens, imité, contrefait, ou fuppofé les Grands
» & Petits Sceaux, foit qu'ils foient Officiers, Miniftres ou Com-
» mis de nofdites Chancelleries ou non, feront punis de mort.

Il y a deux chofes remarquables dans cette Difpofition: la *premiere*, qu'elle prononce indiftinctement la Peine de Mort contre
toutes fortes de Perfonnes, foit qu'ils foient Officiers ou non; au
lieu que dans les autres Faux commis dans les Ecrits publics, elle
diftingue, comme nous le verrons ci-après, ceux qui font Officiers de ceux qui ne le font pas, c'eft-à-dire que dans ces derniers cas elle confidere plus la Perfonne qui commet le Faux, que
celle envers qui il eft commis; au lieu que dans l'efpece du Faux
dont il s'agit, elle confidere principalement la Perfonne du Prince
envers qui le Faux eft commis. La *feconde*, c'eft que dans les autres Actes publics, le Faux ne fe commet que par l'altération qui
fe fait dans le contenu des Actes mêmes; au lieu que dans celui
dont il s'agit, il fe commet par la feule altération des *Sceaux* qui
font attachés aux Lettres du Prince, fur le fondement fans doute,
que c'eft le Sceau qui leur donne toute l'autorité. Nous avons dit
ailleurs, que la Confifcation pour fauffeté commife au Sceau &
aux Lettres de Chancellerie, appartient à M. le Chancelier.

Suivant le Droit Romain, on puniffoit comme Fauffaires ceux
qui arrachoient ou fupprimoient les Ordonnances & Edits affichés: *qui Edicta propofita dolo malo corrumpunt, falfi pœna plecten-
tur:* mais parmi nous, la Peine de ceux qui enlevent ou lacerent
l'Ordonnance du Juge qui a été affichée, eft celle du Banniffement, & même le plus fouvent elle eft moderée à une fimple
Amende pécuniaire.

*L. Hodie 32. ff.
de leg. Cornel. de
Falf.
Imbert, Inftit. for.
liv. 4.
V. Duret, Tr.
des Peines, verbo.
FAUSSETÉS.*

## FAUX commis dans le Seing des Secrétaires d'Etat, & des Commandemens de Sa Majefté.

Ce Crime eft auffi puni de Mort, lorfqu'il eft commis dans
les chofes qui concernent les fonctions des Charges defdits Secrétaires; c'eft la difpofition expreffe de la Déclaration du 20
Août 1699.

## FAUX commis dans les Arrêts des Cours fupérieures.

La même peine de Mort a lieu dans ce Cas comme dans les

précédens, parce que ces Cours repréſentent en cette partie l'autorité ſacrée du Souverain ; c'eſt la remarque de THEVENEAU,
ſur l'Edit de François I. en Mai 1531 , & il rapporte à ce ſujet
un Arrêt de l'an 1566, par lequel le nommé *Maréchal*, Procureur
de la Cour, fut condamné à être pendu pour avoir falſifié un Arrêt de la Cour.

*V. Theven. liv.* 4. *tit.* 17. *art.* 3.

A l'égard des Jugemens émanés des Juges inférieurs ; comme
ceux-ci ne ſont point intitulés du nom du Souverain, il paroît
que leur falſification ne pourroit donner lieu à des peines auſſi
rigoureuſes que celle commiſe dans des Arrêts, quoiqu'elle mé-
riteroit d'ailleurs une punition exemplaire, comme celle commiſe
dans les Actes publics judiciaires dont il ſera parlé ci-après.

### *FAUX commis dans les Finances & Papiers royaux.*

Ce Crime eſt auſſi puni de Mort, ſuivant l'art. v. de l'Ordonnance de FRANÇOIS I. à Château-Briant, en Juin 1531, dont
voici les termes : « Ordonnons que tous nos Financiers, de quel-
» que qualité & condition qu'ils ſoient, qui ſe trouveront avoir
» falſifié Acquits, Quittances, Comptes & Rôles de montre,
« ſoient pendus & étranglés ». THEVENEAU, qui rapporte cet
article, en rend cette raiſon, qu'outre la Fauſſeté, il y a *Péculat*
puniſſable de Mort.

*V. Theven. loco citato.*

La même Peine a été renouvellée en dernier lieu, par la Déclaration du mois de Mai 1720, regiſtrée le 10 Juin de la même
année, contre tous Ceux qui imitent, contrefont, falſifient, alterent & changent, en quelque maniere que ce ſoit, tous Papiers
royaux, notamment les *Ordonnances* tirées ſur le Tréſor royal,
les *Etats* ou *Extraits de Diſtribution*, les *Reſcriptions*, *Récepiſſés*,
ou autres émanés du Tréſor royal, les *Regiſtres*, *Quittances* ou
*Expéditions* du Tréſorier des Revenus Caſuels, Tréſoriers généraux de l'Extraordinaire des Guerres, Receveurs des Conſigna-
tions ou des Epices, Commiſſaires aux Saiſies prépoſés à la Recette des Fermes, Finances, Receveurs, Tréſoriers des Pays d'E-
tat, & tous autres qui ſont chargés par Commiſſion ou autrement
de la Recette du Maniement ou Payement des Fonds qui entrent
dans les Caiſſes royales ou publiques.

Dans tous ces Cas, la Peine de Mort doit avoir lieu, aux termes de cette Déclaration, *ſans que les Juges puiſſent la modérer,
ni avoir égard à la modicité des ſommes, & au plus ou moins de dommage que leſdites falſificaions, altérations ou changemens pourroient*

*saufer ; & cela, quand même les Coupables n'auroient jamais été repris ou punis pour semblables Cas.*

### *FAUX commis dans les Actes publics.*

Nous avons distingué deux sortes d'Actes publics, les uns qui font *Judiciaires*, les autres *Extrajudiciaires*.

1°. Quant aux Faux qui concernent les Actes *judiciaires*, nous voulons parler de Ceux que commettent dans leurs fonctions les *Juges, Greffiers, Ministres de Justice, Police, Finance*, de toutes les *Cours & Jurisdictions*, même Ceux des *Officialités, Justice des Seigneurs*, comme aussi Ceux qui font employés dans la *Chancellerie, Chambre des Comptes, Bureaux des Finances, Hôtels de Ville*, les *Archiviers*, & généralement toutes Personnes faisant fonctions publiques par Office, Commission ou Subdélégation, même leurs Clercs ou Commis.

Suivant l'Edit du mois de Mars 1680, regiftré le 24 Mai fuivant, toutes ces falfifications font puniffables de Mort, telle que les Juges l'arbitreront, fuivant l'exigence des Cas.

2°. A l'égard des Faux concernant les Actes publics *extrajudiciaires*, nous en diftinguons de trois fortes : fçavoir, 1°. Ceux que commettent les Curés & Vicaires de Paroiffes, qui falfifient des Regiftres de Mariage, Baptême & de Sépulture ; 2°. les Notaires, qui falfifient des Actes publics, foit entre-vifs, comme Ventes & Donations, foit à caufe de Mort, comme les Teftamens & Codiciles ; 3°. les Personnes privées, qui falfifient les Papiers publics.

1°. Par rapport aux CURÉS & VICAIRES qui falfifient les Regiftres de Baptêmes, Mariages, & Sépultures, ils ne doivent pas être punis moins févérement que ceux qui falfifient les Papiers royaux, à caufe des inconvéniens dangereux qui peuvent réfulter de ces falfifications pour l'état des Citoyens. Cependant il paroît par les derniers Arrêts qui ont été rendus à ce fujet, que l'on fe détermine rarement à prononcer la Peine de Mort, & que le plus fouvent on la convertit en celle des Galeres, par la difficulté fans doute qu'il y a d'acquérir la preuve complette de ces fauffetés, qui peuvent avoir eu des motifs plus ou moins condamnables.

2°. A l'égard des NOTAIRES, comme ces Officiers font Dépofitaires de la foi publique, la fûreté des Citoyens demande que les fauffetés qu'ils commettent dans leurs fonctions, foient punies d'une maniere exemplaire, & avec d'autant plus de rigueur, qu'ils joignent à ce Crime un Abus de confiance qualifié.

Par l'Ordonnonce de François I. en 1531, il eft dit « que tous » ceux qui feront atteints & convaincus d'avoir fait & paffé faux » Contrats, feront exécutés à Mort telle que les Juges l'arbitre- » ront, fuivant l'exigence des Cas ». La même Difpofition a été renouvellée d'une maniere encore plus précife relativement aux Notaires, par l'Edit de Mars 1680, qui veut, que toutes Perfon- nes faifant *fonctions publiques*, qui feront convaincues de faux, foient punies de Mort, telle que les Juges l'arbitreront, fuivant l'exigence des Cas.

Il y a plus : par une derniere Déclaration du 28 Décembre 1734, regiftrée le 15 Janvier fuivant, Sa Majefté ajoûtant aux Déclarations précédentes, qui n'avoient prononcé que de fimples Amendes pour la premiere contravention que commettoient les Notaires en faifant mention du Contrôle fur les Expéditions qu'ils délivroient, quoique les Minutes n'euffent pas été contrôlées, veut que les Notaires, Tabellions, Greffiers, & autres ayant fa- culté de paffer des Actes, Contrats, qui feront convaincus de cette fauffe mention du Contrôle, foient pourfuivis extraordinai- rement, même pour la premiere fois, & qu'ils puiffent être con- damnés aux Peines prononcées par les Ordonnances contre les Fauffaires.

Il y a cependant une efpece de Faux moins puniffable, que commettent les Notaires ; fçavoir, lorfque par condefcendance pour les Parties qui contractent, ils fe prêtent à déguifer les Con- trats, ou à y inférer des claufes évidemment contraires à la vé- rité, comme en déclarant qu'un homme eft préfent lorfqu'il eft abfent, ou qu'il a payé argent comptant en préfence du Notaire, lorfqu'il n'y a point eu de numération réelle.

Ce Crime, qui fe commet le plus fouvent pour favorifer les Banqueroutes frauduleufes, eft connu proprement fous le nom de SIMULATION : il peut être plus ou moins grave, fuivant les circonftances qui y donnent lieu, & fuivant la quantité des fom- mes ou le degré de préjudice qui peut en réfulter, quoiqu'il ne foit jamais puni auffi févérement que celui du *Faux* qui fe com- met par l'altération & le changement des Actes mêmes. La Peine la plus ordinaire en ce Cas, eft celle de l'Admonition, du Blâme, ou

ou du Banniſſement contre le Notaire, & celle des dommages-
intérêts contre les Parties qui ont eu part à cette ſimulation, dont
les Notaires ſont encore eux-mêmes ſolidairement reſponſables,
& en outre la nullité des Actes, ſuivant la Maxime *quæ ſimulata*
*geruntur pro infectis habentur.* Cependant ſi la ſimulation ſe trouvoit jointe à la ſuppoſition de Perſonnes & au vol, comme ſi
l'on ſuppoſoit un faux Créancier, ou un faux Débiteur, ce ſeroit
le Cas d'ordonner la Peine ordinaire du Faux. *Voyez* au-ſurplus
ce que nous avons dit ci-devant par rapport aux Vols commis
par les Gens d'affaires.

*L. Cum ea 21.*
*Cod. de Tranſact.*

*L. Si creditor 15.*
*Cod. ad leg. Corn.*
*de Falſ. L. Falſus*
*43. ff. de Furtis.*

3°. Enfin, lorſque la Fauſſeté a été commiſe par de ſimples Particuliers, il faut diſtinguer ſi c'eſt dans des Papiers royaux & publics, ou dans des Papiers ordinaires ; au premier Cas ils doivent
être punis du dernier Supplice, conformément à la Déclaration
de Mai 1720, que nous avons citée, & cela ſans avoir égard à
la modicité des ſommes, ni au plus ou moins de dommage que
leſdites Falſifications, Altérations, ou Changemens pourroient
cauſer ; mais au dernier cas, la Peine eſt laiſſée à l'arbitrage du
Juge, comme il paroît par la derniere diſpoſition de l'Edit de Mars
1680, qui porte « qu'à l'égard de ceux qui n'étant Officiers, &
» qui n'ayant aucunes Fonctions ni Miniſtere public, ou Emplois
» de la qualité de ceux marqués ci-devant, ou qui étant Offi-
» ciers auroient commis ces Fauſſetés hors la fonction de leurs
» Offices, Commiſſions, ou Emplois, les Juges pourront les con-
» damner à telle Peine qu'ils jugeront à propos, même de Mort,
» ſelon l'exigençe des Cas ».

*V. art. 3.*

### *FAUX commis dans les Actes privés.*

Ce Crime peut être commis, comme on vient de le voir, aux
termes de l'Edit de 1680, non-ſeulement par de ſimples Particuliers, mais encore par des Officiers publics hors la fonction de
leurs Offices, comme lorſqu'ils ſignent un autre nom que le leur
au bas d'un *Billet* ou *Quittance, Lettres miſſives, Certificats,* & autres *Actes privés,* dans la vûe de tromper ceux avec qui ils ont
affaire, & de les fruſtrer de leurs Biens ou Créances ; ou bien lorſqu'ils alterent ces Actes privés, en retranchant ou augmentant
leur contenu afin que la vérité ne ſoit connue. C'eſt cette eſpece
de Faux, dont la pourſuite fait l'objet particulier du Titre de l'Or-

K K k k

donnance concernant la *Reconnoiſſance des Signatures & Ecritures privées en Matiere Criminelle.*

*L. Inſtrumento-rum, ff. Paulus, ff de leg. Cornel. de Falſ.*

Suivant la diſpoſition du Droit, ceux qui tombent dans cette derniere eſpece de Faux, ſont punis comme les autres Fauſſaires de la Peine de l'Exil & de la Conſiſcation des Biens : mais, ſuivant l'Edit de Mars 1680, cette Peine, comme on vient de l'obſerver, eſt laiſſée à l'arbitrage du Juge, qui peut prononcer celle de Mort ſuivant l'exigence des Cas. Il paroît que la Peine la plus ordinaire, ſuivant notre Juriſprudence, eſt celle des Galeres ou du Banniſſement.

*V. tom. 5, lib. 7. ch. 31.*

L'on trouve dans le Journal des Audiences, un Arrêt du 15 Juin 1691, qui condamne au Banniſſement de 9 ans, un Fils de famille âgé de 26 ans, pour avoir ſuppoſé un faux Conſentement de ſon Pere.

GRIVEL, *Déciſ. 101.* obſerve qu'il y a lieu d'augmenter la Peine, ou ſuivant la *Condition* des Perſonnes, comme fait la Loi CORNELIE, qui diſtingue *inter liberum & ſervum*, ou ſuivant les *Récidives.* Il ajoûte, que pour un ſimple Faux l'on punit du Fouet & de la Main coupée la Perſonne vile, & ſeulement d'une Peine pécuniaire la Perſonne de condition honnête, & qui eſt d'ailleurs bien famée.

L'on peut rapporter à cette derniere eſpece de Faux, celui que commettent ceux qui ſuppriment des Teſtamens : lorſque ce ſont des Etrangers, ils ſont ſujets à la Peine ordinaire du Faux, ſuivant la Loi 2. *ff. de Leg. Cornel. de Falſ.* & la Loi *Cum qui 14.* au Code, même Titre. Mais ſi ce ſont des Héritiers préſomptifs ou des Légataires, ils ſont privés, eux & leurs Héritiers, de tous les droits qu'ils pouvoient avoir à la Succeſſion de celui dont ils ont ſupprimé le Teſtament. C'eſt ainſi que le décide entr'autres la Loi 26. *ff. de Leg. Cornel. de Falſ.* A l'égard du Fils de famille qui a ſupprimé le Teſtament de ſon Pere, en le brûlant ou le déchirant, & qui a poſſedé en conſéquence ſa Succeſſion *ab inteſtat*, juſqu'à ſa mort, elle veut que non-ſeulement cette Succeſſion lui ſoit ôtée comme indigne, mais même à ſes Héritiers après ſa mort : *ſi quis Patris ſui Teſtamentum aboleverit, & quaſi inteſtatus deceſſiſſet pro hærede ſe geſſerit, atque ita diem ſuum obierit, juſtiſſimum tota hæreditas paterna hæredi ejus eripietur.* On peut voir encore par rapport aux *Légataires*, la Loi 25 au Code *de Legatis.*

Quant à la Suppression d'autres Pieces que des Testamens, la Peine doit être augmentée suivant la Qualité des Personnes, comme si ce font des *Dépositaires publics ;* ou suivant les circonstances, comme si ce font des *Pieces essentielles ,* & si la Suppression a été accompagnée d'*effraction* considérable , ou d'autres *violences ,* qui la font rentrer dans la Classe des Vols qualifiés.

## CHAPITRE III.

### *Faux commis dans les Paroles.*

NOus en remarquons de trois fortes : 1°. le Faux-Témoignage, 2°. la Subornation de Témoins , 3°. la Calomnie.

### *FAUX-TEMOIGNAGE.*

Ce Crime est plus ou moins grave , suivant les circonstances dans lesquelles il est commis , la Qualité des Personnes qui le commettent , & les Motifs qui y ont donné lieu.

Il faut d'abord distinguer , s'il a été commis en Jugement , comme dans une Information , Enquête ou Interrogatoire , ou bien feulement dans quelques Actes extrajudiciaires. Au *premier* Cas , comme le Faux fe trouve joint au Parjure ; & que pour fe fervir des expreffions du Droit Canonique , celui qui le commet offenfe tout-à-la-fois Dieu , le Juge , & la Partie contre laquelle il dépofe , il mérite fans contredit une plus grande Peine , que lorfqu'il n'a point été précédé du Serment.

*V. Cap. falfidicus 1. Extr. de crim. Falfi.*

Cependant il faut encore diftinguer à cet égard entre les Faux-Témoignages qui font rendus en qualité de *Parties ,* & ceux rendus en qualité de *Témoins.* Au premier Cas , qui eft proprement celui du Parjure , ils ne font point auffi puniffables , à caufe de l'intérêt perfonnel qu'ont les Parties de fupprimer la Vérité , fachant que c'eft de leur Serment que doit dépendre la décifion de leur Caufe ; & fur-tout en Matiere criminelle , où il ne s'agit pas feulement de la confervation de fes Biens , mais encore de celle de fa Vie ou de fon Honneur ; au lieu que fi c'eft par le Témoin que le Faux a été commis , comme lorfqu'il a rétracté fa Dépofition , ou qu'il l'a changée en des circonftances effentielles après le récollement , il ne peut être excufé en aucune maniere , & conféquemment le Fauffaire doit fubir toute la rigueur des Peines attachées à ce Crime ; c'eſt auſſi principalement contre ceux-ci que ſont prononcées celles portées par les Loix & les Ordonnances. A l'égard des *Premiers*, nous avons dit, en traitant des Crimes de Leze-Majesté, qu'ils étoient du nombre de ceux *qui habent Deum ultorem.*

*L. Pœna 1. ff. de Falſ. & L. 27. ibid.* Suivant le Droit *Romain*, la Peine des Faux-Témoins étoit la même que celle des autres Fauſſaires.

*Can. Quia, §. 5. cauſ. 5. qu. 6.* Suivant les Conſtitutions *Canoniques*, le Clerc qui a dépoſé faux en Matiere criminelle, eſt puni, outre la Peine du Faux, de l'incapacité d'être promu aux Ordres ſacrés & de la privation des Bénéfices.

Par l'Ordonnance de François I. en 1531, il eſt dit que ceux qui ſeront convaincus d'avoir prêté Faux-Témoignage en Juſtice, ſoit en Matiere civile ou criminelle, ſeront exécutés à mort.

Quoique cette Ordonnance ne diſtingue point entre les Matieres civiles & criminelles, quant à la Peine de ce Crime ; il paroît cependant qu'on devroit mettre quelque différence par rapport à ces dernieres, à cauſe des conſéquences plus dange-reuſes qui peuvent en réſulter ; auſſi voit-on que dans notre Ju-

*V. Dolive, act. for. part. 3. act. 6.*

*V. Guypape, qu. 44.*

riſprudence actuelle, l'on s'eſt relâché de la rigueur de cette Peine en Matiere civile, & que ce n'eſt qu'en Matiere criminelle que les Arrêts prononcent la Peine de Mort portée par cette Ordonnance.

La modération de la Peine en Matiere civile paroît fondée, tant ſur la diſpoſition de l'Edit de 1680, qui a laiſſé à l'arbitrage du Juge de prononcer une Peine moindre que celle de la Mort contre tous ceux qui commettent le Faux hors d'une fonction publique, que ſur celle de l'Edit du mois de Mars 1697, concer-nant les Formalités qui doivent être obſervées dans les Mariages, qui veut que le Procès ſoit fait aux Témoins qui auront ſciem-ment certifié des faits qui ſe trouveront faux à l'égard de l'âge, qualité & domicile de ceux qui contractent, ſoit pardevant les Archevêques & Evêques, Diocéſains, ſoit pardevant les Curés ou Prêtres, lors de la Célébration des Mariages ; & qu'ils ſoient condamnés, ſçavoir les Hommes à faire Amende honorable, & aux Galeres pour le tems que les Juges l'eſtimeront juſte, & au Banniſſement, s'ils ne ſont pas capables de ſubir la Peine des Ga-leres ; & les Femmes à faire pareillement Amende honorable, & au Banniſſement, qui ne pourra être moindre de neuf années.

Ces mêmes Diſpoſitions peuvent encore ſervir de Regle pour

l'application des Peines qui doivent être prononcées contre ceux qui déposent fauſſement dans les Actes extrajudiciaires.

## SUBORNATION de Témoins.

Nous mettons ce Crime dans le nombre des Faux qui ſe commettent par *Paroles*, parce qu'il eſt l'effet ordinaire des Promeſſes & Conventions verbales, & qu'il ne s'exécute preſque jamais par Ecrit, à cauſe du danger d'être découvert. C'eſt auſſi la difficulté qu'il y a de parvenir à la Preuve de ce Crime, par les précautions extrêmes qu'ont coûtume de prendre ceux qui y tombent, qui a fait admettre en cette Matiere la Dépoſition des Témoins mêmes qui ont été ſubornés ; & que, comme nous l'avons obſervé d'ailleurs en traitant de la Preuve *teſtimoniale*, le Juge peut, ſur la Dépoſition de deux de ces Témoins, décréter & même condamner à la Torture le Suborneur. Il eſt vrai que ſi ce dernier n'avouoit rien à la Torture, & ſi les Témoins avoient dépoſé ſingulierement ſur chaque fait de Subornation, il y auroit lieu de renvoyer abſous cet Accuſé. Mais ſi au contraire ces dépoſitions ſe trouvoient conformes ſur un même fait, l'Accuſé, quoique n'ayant rien avoué à la Torture, pourroit être condamné à quelques Peines extraordinaires, ou du moins à quelques Amendes pécuniaires. C'eſt le ſentiment des Auteurs les plus accrédités en cette matiere ; ce qui ne doit s'entendre néanmoins que dans le cas où les Juges, avant que de mettre l'Accuſé à la Queſtion, auroient arrêté, conformément à l'art. ij. du Tit. **XIX.** de l'Ordonnance, que nonobſtant la condamnation à la Queſtion, les Preuves ſubſiſteroient en leur entier. *V. Papon, l. 22. tit. 13. n. 23.*

Pour ce qui concerne la PEINE de la Subornation, il paroît, ſuivant le Droit Romain, que tant les Suborneurs que les Témoins ſubornés, devoient être également punis de la Peine ordinaire du Faux.

Suivant nos Ordonnances, & notamment celle de l'année 1531, l'on voit auſſi, que la Peine ordinaire des uns & des autres eſt celle de Mort : cependant, comme les Suborneurs ſe rendent coupables d'un double Crime, & par le Faux qu'ils commettent, & par celui qu'ils font commettre aux autres, ils devroient être punis d'un genre de Supplice plus rigoureux que ceux qu'ils ont ſubornés, ſur-tout lorſque cette Subornation a été faite en Matiere criminelle, & dans la vûe de faire périr un innocent ; c'eſt-à-dire, qu'au lieu de la Peine de la Potence que les Témoins *L. Pœna 1. §. 1. ff. de leg. Cornel. de Falſ.* *Can. Si quis, cauſ. 22. qu. 5.*

subornés doivent subir, il y auroit lieu de prononcer celle de la Roue contre les Suborneurs de ces Témoins.

Suivant la disposition du Droit Canonique, le Suborneur est puni de l'Excommunication ; & celui qui se laisse suborner, déclaré incapable d'être admis en Témoignage, & noté d'Infamie.

Il est encore parlé dans le Droit d'une autre espece de Subornation qui se commet à l'égard des Juges, suivant la Loi I. §. 2. au ff. *de Leg.* CORNEL. *de falsis ;* celle-ci étoit sujette à la Peine du Faux, comme celle qui se pratiquoit à l'égard des Témoins. Mais il n'y a parmi nous aucune Peine portée expressément par nos Ordonnances, de maniere qu'elle dépend entierement de l'arbitrage du Juge, qui peut l'augmenter ou la diminuer, suivant les circonstances.

## CALOMNIE.

L'on distinguoit dans le Droit trois sortes de CALOMNIES.

La *premiere* est celle que commettoit le Juge qui se laissoit corrompre en recevant de l'Argent pour condamner ou absoudre l'Accusé, ou même pour différer son Jugement : la Peine, en cas de Condamnation injuste, étoit celle de Mort, ou tout au moins de la Déportation, avec la Confiscation des Biens ; & en cas d'Absolution, c'étoit la Restitution du *quadruple* dans l'année, & du *simple* après l'année. Il y avoit aussi la Peine de Mort dans le cas d'Argent reçu pour différer son Jugement.

V. le tit. du Code de Pœna Judicis qui male judic.

L. I. ff. ad leg. de Sicar.

L. In eum 1. ff. de Calomniat. L. Si ab eo 8. ibid.

La *seconde* espece de CALOMNIE, dont il est parlé dans le Droit, est celle que commettoient les Avocats & Procureurs qui révéloient le secret de leurs Parties, & qui recevoient de l'Argent des Parties adverses ; la Loi les regardoit comme Faussaires, & les condamnoit comme tels à un Exil perpétuel avec la Confiscation de tous leurs Biens ; elle les punissoit aussi de la même Peine, lorsqu'ils transigeoient avec leurs Parties pour participer au gain du Procès ; mais lorsqu'ils prenoient seulement de l'Argent pour poursuivre un Procès qu'ils sçavoient d'ailleurs injuste & calomnieux, ils étoient tenus de la Peine du *quadruple* dans l'an, & du *simple* après l'année.

V. le tit. du ff. de Prævaricatione, liv. 47. L. I. ibid. L. I. §. I. ff. ad leg. Cornel. de Falf.

La *troisieme* espece de CALOMNIE, dont il est encore parlé dans le Droit, est celle que commettent ceux qui intentent de fausses Accusations ; la Loi veut qu'ils soient sujets à la Peine du TALLION, c'est-à-dire à la même Peine qu'auroient subi les Ac-

V. les tit. du Code & du ff. de Calomniatoribus.

cufés s'ils avoient été convaincus : mais cette Peine n'avoit lieu que lorfqu'il s'agiffoit d'une Accufation de Crime *capital* & *public* ; car s'il ne s'agiffoit que d'un Délit *privé* comme d'injure, il n'y avoit lieu qu'à la Déportation ou à la Rélégation avec perte de Biens & Dignités. Enfin fi, après avoir accufé calomnieufement, l'on avoit pris de l'Argent pour fe déporter de fon Accufation avant le Jugement, l'on étoit tenu de la Peine de la Loi *Rhemia*, qui étoit la Reftitution du *quadruple* dans l'an, & du *fimple* après l'année.

Dans notre Usage nous diftinguons trois fortes de Calomnies : l'*une* qui fe commet par *Paroles* ; l'*autre* par *Ecrit* ; & la *troifieme* par le *Fait*.

Nous aurons lieu de parler ci-après de celle qui fe commet par *Ecrit*, fous le nom de Libelles Diffamatoires ; nous avons parlé de celle qui fe commet par le *Fait*, en traitant de la Concussion & des Vols *faits par Gens de Juftice* ; nous obferverons feulement, à l'égard des Juges, qu'il n'y a d'autres Peines prononcées contre eux par nos dernieres Ordonnances en Cas de *Corruption*, finon qu'ils deviennent par-là fujets à la Récufation & à la Prife à partie ; & à l'égard des Avocats & Procureurs qui prévariquent dans leurs fonctions, qu'ils peuvent être pourfuivis & punis, tant par l'*Interdiction*, que par les autres Peines portées contre les Témoins corrompus, fuivant la qualité & importance des Affaires dans lefquelles ils ont prévariqué.

Ainfi la feule efpece de Calomnie dont nous nous propofons de traiter ici, eft celle qui fe commet *verbalement* ; nous diftinguons à cet égard celle qui fe commet en Jugement par des Déclarations faites en préfence du Juge, de celle qui fe fait hors Jugement par des Diffamations publiques ; ces *dernieres* ne font ordinairement punies que par des Amendes & Réparations d'honneur faites publiquement à l'Audience, ou par *Ecrit*, avec des dommages & intérêts ; mais pour les *premieres*, comme elles tendent à compromettre la Vie, l'Honneur, & les Biens de la Perfonne calomniée, elles doivent être punies de Peines plus fortes : au lieu de la Peine du Tallion qui étoit en ufage chez les Romains, nous y avons fubftitué des Peines extraordinaires, c'eft-à-dire que ces Peines doivent être proportionnées à la qualité de l'injure & à celle de la Perfonne à qui elle eft faite.

Ainfi, lorfque le Crime dont on accufe fauffement eft atroce,

la Peine peut aller jufqu'au Banniffement perpétuel avec Amende-
honorable ; il y en a un exemple notable dans l'Arrêt du Parlement de Paris du 31 Janvier 1715, rapporté au fixieme Tome du
Journal des Audiences, qui a condamné à cette Peine un ancien
Greffier Criminel du Châtelet de Paris, pour avoir fauffement &
calomnieufement accufé la Demoifelle *Richard*, Fille Majeure,
d'un Vol avec Effraction.

On pourroit auffi prononcer la même Peine, fi la Calomnie
tendoit à la *Diffamation* d'un Mariage bien famé, qui eft mife
au nombre des Cas royaux par l'Arrêt de L A V A L du 16 Mars
1573.

Cette Peine devroit même être augmentée & portée jufqu'à
celle de Mort, fi l'on avoit employé des Voies odieufes pour ac-
créditer la Calomnie & en affûrer le fuccès, comme en effayant
de corrompre des Témoins ; elle peut auffi être modérée fuivant
les circonftances, comme lorfque la Calomnie eft faite pour en
repouffer une autre, & par maniere d'exception ; ou lorfque l'Accufation paroît fondée fur quelques *indices* apparens, comme lorfqu'elle eft dirigée contre des Perfonnes mal famées : mais dans tous
ces Cas le Calomniateur ne peut éviter, outre la Peine qu'il doit
fubir pour fa Calomnie, la Condamnation aux dommages intérêts
de l'Accufé, fuivant la difpofition de l'article vij. du Titre III.
de l'Ordonnance de 1670.

## CHAPITRE IV.

### *Faux commis dans les Chofes qui font dans le Commerce.*

N O U S en diftinguons de fept fortes, qui peuvent fe commettre, 1°. fur la Monnoie, 2°. fur les Ouvrages d'Orfévrerie, 3°. fur les Poids & Mefures, 4°. fur les Marchandifes,
5°. fur les Denrées, 6°. fur le Sel, 7°. fur le Tabac.

Nous avons eu lieu de parler du F A U X *commis fur la Monnoie*,
en traitant des Crimes de Leze-Majefté au fecond chef, dont il
fait partie.

### *F A U X commis dans les Ouvrages d'Orfévrerie.*

Il eft parlé de ce Crime dans les Déclarations du 4 Janvier
1724 & 19 Avril 1739, regiftrées en la Cour des Monnoies.

Par

Par la *premiere* de ces Loix, il eſt porté que tous ceux qui ſe trouveront convaincus d'avoir *calqué*, *contre-tiré*, ou autrement *contrefait les* POINÇONS des Villes du Royaume dans leſquelles il y a Jurande, ou les POINÇONS des Fermiers de S. M. comme auſſi ceux qui s'en ſerviront pour une fauſſe Marque, ſeront condamnés à faire Amende-honorable, & ſeront punis de Mort comme pour Crime de FAUX.

Par la Déclaration du 19 Avril 1739, la même Peine de Mort & d'Amende-honorable eſt prononcée contre ceux qui *abuſeront* en quelque maniere que ce ſoit des *Poinçons* de contre-marque des Villes où il y a Jurande, & qui les *enteront*, *ſouderont*, *ajouteront* ou *appliqueront* ſur des Ouvrages d'Or ou d'Argent, qui n'auront point été portés, eſſayés & marqués dans les Bureaux des Maiſons communes.

Ces DÉCLARATIONS déterminent au ſurplus à qui doit appartenir la connoiſſance des Faux qui ſe commettent en cette Matiere, ſuivant les différens cas qui peuvent ſe préſenter; ainſi, 1°. lorſqu'il y a falſification du Poinçon du Bureau de la Maîtriſe des Orfévres, en même tems que de celui du Fermier des Droits du Roi, & que le Procès-verbal de fauſſeté a été dreſſé par les Commis du Fermier, la connoiſſance en doit appartenir en premiere inſtance aux Officiers des Elections, & par Appel à la Cour des Aydes; 2°. lorſque la falſification eſt commiſe ſeulement dans le Poinçon du Bureau des Orfevres, & que la Saiſie a été faite par les Maîtres & Gardes de l'Orfévrerie, ou par les Officiers des Monnoies, la connoiſſance de la fauſſeté doit appartenir à la Cour des Monnoies; 3°. enfin s'il s'agit ſeulement de l'abus que l'on a fait du vrai Poinçon, en l'appliquant ſur des Ouvrages qui n'ont point été portés ni eſſayés dans le Bureau des Orfévres, la connoiſſance de ce Faux doit appartenir pareillement à la Cour des Monnoies, pour y être pourſuivi & jugé ſur les Procès-verbaux qui ſeront dreſſés par les Maîtres & Gardes des Orfévres & autres prépoſés, qui auront fait la Viſite chez les Orfévres, & qui ſeront portés à cet effet à leur Greffe dans les 24 heures après leſdites Saiſies.

## *FAUX commis dans les Poids & Meſures.*

Ce Crime ſe commet ordinairement par les *Marchands*, *Boulangers*, *Meuniers*, & autres qui ſe ſervent de faux Poids & Meſures ou Aunes, pour tromper le Public ou augmenter leurs profits.

On peut juger de l'énormité de ce Crime par ces termes du DEUTÉRONOME, *Pondus & Pondus, Mensura & Mensura abominabile est apud Deum.*

Suivant le Droit *Romain*, ce Crime étoit puni de la Rélégation dans une Isle, outre la Peine du double envers celui qui avoit été trompé.

Mais parmi nous, la Peine ordinaire est la Confiscation des Marchandises, avec une Amende pour la *premiere* fois, & le Bannissement pour la *seconde*; cependant cette Peine pourroit aller plus loin, si la falsification se faisoit par pure malice, ou s'il y avoit récidive de la part de celui qui en est convaincu : aux termes de l'Art. cxiij. de la Caroline, il doit dans ces derniers cas être banni du Pays, après avoir été fustigé ou subi d'autres Peines corporelles, suivant l'exigence des cas; il peut même être sujet à la Peine capitale, si elle étoit *faite avec danger.*

Mais hors ces cas particuliers, il n'y a lieu qu'à des Peines particulieres, qui peuvent être prononcées par les Juges de Police, & l'instruction s'en fait ordinairement par un Procès-verbal qui est dressé par le Juge, en y appellant des Experts.

Ces Peines peuvent aussi s'appliquer aux *Arpenteurs*, qui ne mesurent pas juste, ou aux *Huissiers-Priseurs*, qui n'estiment pas les effets suivant leur valeur.

### FAUX commis dans les Marchandises.

Suivant l'Edit de Charles IX. en Octobre 1574, tous ceux qui sont convaincus d'avoir falsifié & contrefait les Marques de S. M. qui sont mises ès bouts des Pieces d'Or & d'Argent ou de Soye, doivent être punis comme faux Monnoyeurs. Cependant

les Auteurs sont d'avis que ces sortes de Crimes doivent être punis seulement de la même Peine que ceux de la Vente à faux Poids & Mesures.

### FAUX commis dans les Denrées.

L'on veut parler principalement des Faux que commettent, 1°. les *Marchands de Vin* & Cabaretiers, en altérant leurs Vins; 2°. les *Boulangers*, en mettant dans leur Pain certains ingrédiens dont la santé peut être altérée; 3°. les *Bouchers*, en débitant des Viandes d'une qualité nuisible. L'on trouve dans le Journal du Palais plusieurs Arrêts, qui ont prononcé des Peines plus ou

moins rigoureufes, fuivant les circonftances : il paroît qu'en général ces Peines font les mêmes que celles ufitées à l'égard des
Vendeurs *à faux Poids & Mefures*, dont nous avons parlé ci-dev.

### FAUX commis fur le Sel ou Faux-faunage.

L'on entend par ce Crime le Commerce frauduleux que l'on
fait dans la Vente ou Diftribution du Sel; ainfi l'on appelle *Faux-
fauniers*, ceux qui vendent & débitent du faux Sel; l'on répute
auffi comme coupables de ce Crime, aux termes de la Déclaration du 23 Mars 1688, regiftrée en la Cour des Aydes le 10 Avril
fuivant, les particuliers trouvés à la campagne faifis de *faux Sels*,
nonobftant qu'ils déclareroient l'avoir acheté pour leur ufage.

V. art. 3. de l'Or-
donn. des Gabelles
du mois de Mai
1680. tit. 17.

Ce Crime étant l'effet ordinaire de l'oifiveté & du libertinage,
produit & multiplie le nombre des Vagabonds & gens fans aveu
qui infeftent le Royaume, & parviennent par degré aux plus
grands excès : c'eft auffi dans la vûe d'arrêter le cours de ces défordres, qu'ont été rendues une foule d'Ordonnances, notamment
celle de François I. en 1517, la Déclaration du 17 Février
1663, celle du 22 Février 1667, l'Ordonnance des Aydes &
Gabelles du mois de Mars 1680, la Déclaration du 13 Mars 1688,
celle du 5 Juillet 1704, & enfin la Déclaration du mois de Juin
1722, regiftrée en la Cour des Aydes le 14 Juillet fuivant.

LA PEINE de la Confifcation des effets qui avoit été prononcée par les premieres Loix, n'ayant pas été capable de contenir les Faux-fauniers, l'Ordonnance des AYDES ET GABELLES
a voulu qu'elle fût augmentée fuivant les circonftances ; cette
Ordonnance diftingue pour cet effet parmi les Faux-fauniers :

V. art. 34.

1°. Ceux qui font attroupés avec armes; elle veut qu'ils foient
condamnés aux Galeres pour 9 ans & en 500 liv. d'Amende, &
en cas de récidive à la Potence : mais par la Déclaration du cinq
Juillet 1704, regiftrée le 28 en la Cour des Aydes, la peine de
mort eft prononcée pour la premiere fois, contre les Faux-fauniers attroupés au nombre de cinq & au-deffus, lorfqu'ils font
armés de Fufils, Bayonnettes, Epées, Bâtons ferrés ou autres
Armes offenfives ; & contre les Faux-fauniers armés qui font en
moindre nombre que de cinq, celle des Galeres pour 3 ans &
de l'Amende de 300 liv. pour la premiere fois, & de la Mort
en cas de récidive.

2°. Les Faux-fauniers fans armes, avec Chevaux, Harnois,
Charrettes ou Bateaux; ils feront condamnés pour la premiere

fois en 300 liv. d'Amende , & en cas de récidive aux Galeres pour neuf ans & en 400 liv. d'Amende.

3°. Les Faux-fauniers à porte-col fans armes ; ils feront condamnés pour la *premiere* fois en 200 liv. d'Amende , & en cas de récidive aux Galeres pour fix ans.

V. *art.* 5.

4°. Les femmes & filles qui font le Faux-faunage, elles feront punies de l'Amende de 100 liv. pour la *premiere* fois , du fouet pour la *feconde* avec 300 liv. d'Amende , & pour la *troifieme* du Banniffement perpétuel, outre le Fouet & les 300 liv. d'Amende.

V. *art.* 4.

5°. Les Complices des Faux-fauniers ; ils doivent être condamnés aux mêmes Amendes que celles portées contre les Faux-fauniers, dont ils feront tenus folidairement ; & pareillement les Pere

V. *art.* 6.

& Mere doivent répondre civilement de celles prononcées contre leurs Enfans mineurs : par la Déclaration du 23 Mars 1688 , regiftrée en la Cour des Aydes le 28 du même mois , les Maris font auffi tenus folidairement & par corps des peines pécuniaires prononcées contre leurs femmes , convaincues de Faux-faunage.

6°. Les Commis, Capitaines, Gardes, Officiers des Gabelles , Officiers des Greniers à Sel & Dépôts , qui font le Fauxfaunage, ils font punis de mort; & s'ils ne font que Complices des

V. *art.* 6 11.

Faux-fauniers, de la confifcation feulement de leurs Offices, avec incapacité d'en tenir d'autres du Roi.

7°. Enfin les Nobles, qui font le Faux faunage ou qui donnent retraite aux Faux-fauniers; ils font déclarés déchûs de tous les avantages de la Nobleffe, pour eux & leur poftérité , outre le

V. *art.* 13.

Rafement de leurs Maifons , qui auront fervi de retraite aux Faux-fauniers

L'Ordonnance a porté la précaution plus loin : comme il pouvoit arriver que celui contre lequel la Peine des Galeres feroit prononcée, fe trouveroit incapable de fervir de Forçat, & que celui qui feroit condamné à l'Amende, ne la payeroit point promptement, ou ne feroit point en état de la payer, elle a pourvû par deux Difpofitions particulieres à l'un & l'autre de ces cas. Par la *premiere*,

V. *art.* 7.

elle convertit la Peine des Galeres pour fix ans , en celle du Fouet & de la Fletriffure ; & celle des Galeres pour 9 ans en celle du Fouet & de la Fletriffure avec le Banniffement perpétuel hors du Royaume. Et par la *feconde*, elle veut que faute de payement ou de con-

V. *art.* 8.

fignation de l'Amende dans le mois, du jour de la prononciation de la Sentence , cette Amende , fi elle eft de 200 liv. , foit convertie en la peine du Fouet ; la Déclaration de Mars 1688 veut qu'on y ajoute celle de la Marque G. qui leur fera appliquée avec un fer chaud fur l'Epaule. Si l'Amende eft de 300 liv. elle doit être convertie en celle des Galeres pour 5 ans à l'égard des *Hommes* , & pour les *Femmes* ou *Filles* au Banniffement pour cinq ans du Reffort du Grenier où les Coupables auroient fait le Faux-faunage , de celui de leur Domicile , & de celui de la Ville de Paris. Enfin fi les Condamnés font Eccléfiaftiques, elle veut qu'ils puiffent être contraints par corps au payement des Amendes , & par la faifie de leur temporel.

V. *art.* 1

Ce n'eft pas tout : comme depuis cette Ordonnance , il s'eft trouvé plufieurs Vagabonds, qui dans la vûe d'éluder les Peines y portées , s'avifoient d'emprunter ou fuppofer de faux noms, ou de faire le Faux-faunage par le miniftere de leurs Enfans, qu'ils élevoient & exerçoient dans ce Commerce au-deffous de l'âge de 14 ans ; c'eft pour rémedier à ce double inconvénient , qu'a été rendue la Déclaration du 12 Juin 1722 , par laquelle il a été ordonné , d'*une part*, que tous Faux-Sauniers de l'un & l'autre fexe , qui étant pris en Faux-faunage , fuppofent de faux noms ou déclarent de faux domiciles par les Interrogatoires qu'ils fubiront devant les Juges des Gabelles & autres, foient condamnés ; fçavoir les *Hommes* aux Galeres pour 5 ans, & les *Femmes* à 5 ans de Banniffement. Cette Déclaration ajoute que la preuve de la fuppofition de nom & de domicile, fera jugée fur le Certificat du Curé, Syndic, & de deux des principaux des Habitans de la Paroiffe dans laquelle ils auront déclaré être domiciliés : par l'Arrêt d'enregiftrement à la Cour des Aydes , il eft dit que ces *Certificats feront légalifés par le plus prochain Juge royal des Lieux.*

V. *art.* 1

V. *art.* 2

D'*une autre part*, cette Loi diftingue entre les Contrevenans, ceux qui auroient atteint l'âge de 14 ans, & ceux qui n'auroient pas encore atteint cet âge : à l'égard des premiers , elle veut qu'ils foient fujets comme les Majeurs, aux Peines portées par l'Ordonnance des Gabelles , & à celles portées en la préfente Déclaration ; en cas qu'ils foient convaincus de fuppofition de nom & de domicile : l'Arrêt d'enregiftrement y a apporté cette modification : *fauf néanmoins à la Cour de modérer les Peines portées par cet article , fuivant l'exigence des cas & les circonftances du fait.* Par rapport aux Contrevenans qui n'auroient pas atteint l'âge de 14 ans , la même Loi veut qu'ils foient feulement condamnés aux Amendes portées par le Titre xviij. de l'Ordonnance des Gabel-

V. *art.* 3

V. *art.* 4

les, felon l'exigence des cas, & que pour le Payement de ces Amendes, les Peres & Meres demeurent civilement refponfables, & comme tels contraignables par corps.

### FAUX commis fur le Tabac.

Par l'article xv. de la Déclaration du 17 Octobre 1720, il eft dit que ceux qui auront contrefait ou fauffement appofé les Marques & Cachets, tant du Fermier des Droits du Roi, que des Fabriquans de Tabac, dont l'empreinte aura été mife aux Greffes des Lieux, feront condamnés pour la premiere fois à l'Amende-honorable aux Portes de la principale Eglife, & aux Galeres pour cinq ans; & en Cas de récidive, aux Galeres à perpétuité.

*Voyez* au furplus ce qui fera dit de cette efpece de Contrebande fous le Titre *des Délits concernans la Police.*

## CHAPITRE V.

### Du Faux commis dans les Conventions.

NOUS en avons diftingué de deux fortes, la Simulation dans les Contrats, & le Stellionat: nous avons eu lieu de parler de la SIMULATION en traitant des différentes efpeces de Faux qui fe commettent dans les Actes publics paffés devant les Notaires, qui en font ordinairement les Complices.

### STELLIONAT.

Le nom de ce Crime eft tiré d'un certain Léfard appellé *Stellio*, remarquable par fon extrême fineffe & par la variété de fes couleurs; parce que ceux qui le commettent, employent toutes fortes de détours & de fubtilités pour cacher leur fraude.

C'eft auffi par cette raifon, que dans le Droit Romain l'on appelle de ce nom toutes les efpeces de fraudes & tromperies auxquelles la Loi n'avoit point donné de defignation particuliere: *ftellionatum autem objici poffe his qui dolo quid fecerunt, fciendum eft.*

*L. Stellionatus 3. ff. ftellionatus.*

Parmi les différentes Matieres de commettre ce Crime, on en remarque fix des plus ufitées, dont on trouve des exemples dans les Loix Romaines, & notamment dans la Loi III. au ff. *de Crimine ftellionatus.*

Le premier exemple eſt de celui qui Vend ou Engage la même choſe à deux Perſonnes en même tems.

Le deuxieme, eſt de celui qui Engage ou donne en payement à ſes Créanciers une choſe qui ne lui appartient pas, & qu'il ſçait ne pas lui appartenir.

Le troiſieme, eſt de celui qui ſouſtrait ou altere des Effets qui étoient obligés à d'autres.

Le quatrieme, eſt de celui qui collude avec un autre, au préjudice d'un Tiers.

Le cinquieme, eſt de celui qui donne une Marchandiſe pour une autre, ou qui en ſubſtitue une autre à celle qu'il a vendue ou échangée.

Enfin le ſixieme, eſt de celui qui affirme une choſe fauſſe dans un Acte.

L'on voit par tous ces exemples que, ſuivant le Droit Romain, ce Crime ne ſe commettoit pas ſeulement dans les Conventions, mais encore par le fait même, & ſans qu'il fût beſoin d'une déclaration expreſſe de la part de celui qui le commettoit. Mais il n'en eſt pas de même parmi nous, nous ne réputons proprement *ſtellionataire* que celui qui fait une déclaration frauduleuſe dans un Contrat, ſoit en vendant comme ſien un Héritage qui appartient à autrui ou qui eſt ſubſtitué, ſoit en déclarant comme franc & quitte de toutes charges, un fonds qui ſe trouve déja hypothéqué à d'autres. Ce Crime peut ſe commettre par conſéquent non-ſeulement dans les Ventes & Obligations, mais encore dans les Rentes conſtituées.

Mais la principale différence qui ſe trouve entre notre Droit & le Droit Romain, par rapport à ce Crime, regarde ſa punition. Suivant le Droit Romain, ce Crime étoit puni d'une Peine extraordinaire; & cette Peine pouvoit aller, lorſque le Stellionat ſe trouvoit joint au Parjure, juſqu'à la Condamnation aux Mines à l'égard d'une Perſonne de vile naiſſance, & à la Rélégation ou Interdiction d'Emploi pour les Perſonnes conſtituées en Dignité.

Parmi nous, il y a fort peu d'exemples que ce Crime ſoit puni & pourſuivi par la Voie extraordinaire, quoiqu'il y ait des Arrêts, un entr'autres rapporté par Du Fail, qui ont prononcé l'Amende-honorable avec le Banniſſement; mais il faut pour cela que le Stellionat ſoit accompagné de circonſtances de fraude extrêmement graves. Les Peines les plus ordinaires contre les

*L. Qui duob. 21. ff. de leg. Cornel. de Falſ.*

*L. Improbum 12 Cod. de crimine Stellionatus.*

*L. 3. §. ſed etſi 2 ff. Stellionatus.*

*V. même L. §. item ſi quis.*

*V. même L. 3.*

*V. L. ibid.*

*V. Brodeau ſur Louet, lett. S. ſomm. 18.*

*V. Dufail, liv. 3. ch. 165.*

Stellionataires font de trois fortes, & elles confistent, 1°. en ce qu'ils peuvent être pourfuivis pour le Remboursement des chofes par eux vendues, ou au rachat de la Rente, suivant l'Ordonnance de Paris en Janvier 1629, articles cxlix. & clvj. 2°. qu'ils peuvent y être contraints par Corps, fuivant l'article iv. du Titre XXXIV. de l'Ordonnance de 1667, même les Septuagénaires, quoiqu'ils ne puiffent être d'ailleurs contraints par cette Voie pour des Dettes puremenr civiles : 3°. enfin qu'ils ne font point reçus au Bénéfice de Ceffion. A la vérité toutes ces Peines ne fe prononcent que par la Voie civile, auffi n'en eft-il fait mention que dans l'Ordonnance civile, qui ne contient même aucune réferve particuliere à ce fujet, comme elle fait ordinairement dans tous les Cas qui peuvent être fufceptibles de la Voie criminelle, tels que ceux mentionnés dans l'article ij. du Titre XVIII. *des Complaintes & Réintégrandes*, & dans l'article vij. du Titre XXVII. *de l'Exécution des Jugemens.*

Suivant l'ancienne Jurifprudence, les Femmes étoient fujettes aux mêmes Peines que les Hommes, lorfqu'en s'obligeant avec leurs Maris, elles déclaroient leurs Biens francs & quittes, quoiqu'ils ne le fuffent pas ; mais cette Jurifprudence a changé depuis le mois de Juillet 1680, qui a affranchi les Femmes de l'emprifonnement en pareil Cas, en les déclarant feulement fujettes folidairement au payement des Dettes pour lefquelles elles fe font obligées avec leurs Maris, par Saifie & Vente de leurs Biens acquêts ou conquêts.

Il y a cependant trois Cas particuliers où les Femmes font reftées fujettes à la contrainte par Corps comme les Hommes : fçavoir, 1°. lorfque le Stellionat procede de leur fait feulement ; c'eft la difpofition de l'article viij. du Titre XXXIV. de l'Ordonnance de 1667 : 2°. lorfqu'elles font Marchandes publiques, ce qui doit s'entendre lorfqu'elles font un Commerce féparé de celui de leurs Maris ; *voyez* auffi le même article de l'Ordonnance, & l'article cccxxxv. de la Coûtume de Paris : 3°. lorfqu'elles font féparées de Biens d'avec leurs Maris, ou que par leurs Contrats de Mariage elles fe font réfervé l'adminiftration de leurs Biens, comme cela fe pratique ordinairement dans les Pays de Droit Ecrit.

Au refte, la Peine de ce Crime ceffe parmi nous, comme dans le Droit Romain, en deux Cas : l'*un*, c'eft lorfqu'avant la Conteftation en caufe l'Accufé offre de dédommager fon Débiteur ;

*L. 1. Cod. de crim.*
*Stell.*

ce

ce qui n'a pas lieu dans le Vol ou la Rapine : l'*autre*, c'eft lorf- *L. dern. du même tit.* que celui qui s'en plaint fe trouve lui-même Complice de la fraude ; car il faut que la Perfonne à qui fe fait la Vente ou l'Engagement, ne fçache point que la chofe étoit déja vendue ou engagée à un autre, pour qu'elle foit en droit de répéter des dommages & intérêts.

## TITRE SEPTIEME.

### De l'Injure, & de fes différentes efpeces.

PAR le mot INJURE, pris dans fa fignification générale, l'on entend, comme nous l'avons dit, tout ce qui eft fait contre le Droit, *quidquid non jure fit ;* & dans ce fens, elle comprend tous les Crimes dont nous venons de parler ; mais en la prenant dans le fens étroit, telle que nous nous propofons d'en traiter ici, elle comprend feulement les Délits qui n'ont point de noms particuliers dans le Droit, & qui confiftent en de fimples outrages de faits ou de paroles.

Dans le Droit Romain, on diftinguoit trois fortes d'Injures : les *unes* qui attaquoient la Perfonne, d'*autres* la Dignité, d'autres *L. Injuria* 1. §. 2i *ff. de Injuriis.* la Réputation : *aut in corpus infertur, aut ad dignitatem, aut ad infamiam pertinet.*

Dans les Injures qui attaquoient le CORPS, la Loi comprenoit *V. fous le même tit. les L.* 5, 11. 17. 25. toutes Voies de fait dont on ufoit envers quelqu'un, foit en le pouffant, le frappant, lui faifant faire quelque chofe malgré lui, ou l'empêchant d'agir comme il veut : *pulfando, verberando, cædendo.*

Dans celles qui attaquoient la DIGNITÉ, la Loi comprenoit *V. auffi les L.* 15. & 19. *ibid. & au Code L.* 4. *de Epifc. aud. L.* 4. *de veftib. oloberis, & Nov.* 123. toutes Voies de fait qui tendoit à avilir ou à tourner en dérifion la Dignité de celui envers qui on la commettoit, comme lorfqu'on enlevoit à une Dame fa Suivante, qu'on coupoit fes Vêtemens, qu'on gâtoit fes Ornemens, qu'on affectoit de porter des Habits qui n'étoient deftinés qu'à des Souverains, & qu'on portoit fur le Théatre des Habits de Religieux ou de Religieufes.

Enfin dans les Injures qui attaquoient la RÉPUTATION, la Loi *V. Inftit. lib.* 44 *tit.* 4. §. 1. comprenoit celles qui fe commettoient lorfqu'on follicitoit des Vierges, qu'on fe fervoit de termes fales & deshonnêtes en leur

préfence , qu'on fe répandoit en des malédictions contre quelqu'un , qu'on faifoit des huées & clameurs extraordinaires contre
des Perfonnes de bonnes mœurs , qu'on compofoit ou répandoit des Libelles diffamatoires , des Vers , des Affiches & Placards contr'elles , qu'on gravoit quelqu'Infcription fur les Monumens publics contre fa mémoire , qu'on mettoit en pieces fa Sta-
tue , qu'on ne lui faifoit pas des Obfeques convenables , & qu'on
empêchoit fa Sépulture.

Après avoir marqué par tous ces exemples les différentes manieres de commettre l'Injure , la Loi ajoute plufieurs autres Difpofitions concernant les différentes Actions que produifoient ces
efpeces de Délits ; la Maniere de les pourfuivre en Jugement ;
les Perfonnes qui avoient droit de le faire , & enfin les Peines qui
y étoient attachées.

V. la L. des 12. tab. tit. 5. ch. 3. & tit. 25. ch. 2. de Pœna Tallionis.

Suivant la Loi des douze Tables , l'Injure, de quelque efpece
qu'elle fût, ne produifoit qu'une Action privée purement pénale ;
cette Loi y avoit attaché trois fortes de Peines qu'elle diftinguoit
en trois Chapitres différens : dans le premier , qui concernoit
l'*Injure legere*, elle prononçoit une Amende pécuniaire ; dans le
fecond, qui concernoit les *fimples bleffures*, elle prononçoit une
Peine plus forte fuivant la qualité de la Perfonne bleffée, & cette
Peine pouvoit même aller jufqu'au dernier Supplice, fi c'étoit
une Perfonne illuftre ; enfin dans le troifieme, qui regardoit la *mutilation* ou *fracture des membres*, elle ordonnoit la peine du Talion.

V. Inflit. lib. 7. tit. 4. §. 10.

Mais la variété des circonftances qui accompagnent ordinairement les Injures , ayant rendu l'exécution de cette Loi trop difficile dans la pratique, on s'eft vû obligé de fubftituer à l'Action
pénale, qu'elle établiffoit, deux autres Actions , fuivant lefquelles
on pouvoit pourfuivre civilement ou criminellement l'Injure , &
il n'y avoit aucune peine déterminée à cet égard ; mais ces peines
étoient laiffées à l'arbitrage du Juge, qui pouvoit les augmenter
ou les diminuer, fuivant les circonftances du tems , du lieu , de
la qualité des Perfonnes, & de la nature de l'Injure. La premiere
de ces Actions , par laquelle on pourfuivoit l'Injure qu'on avoit
reçue, s'appelloit *actio Legis Corneliæ* ; la feconde, par laquelle
on étoit admis à pourfuivre l'Injure qu'on avoit reçue dans la perfonne de fa Femme, de fes Enfans , & de ceux que l'on avoit en
fa puiffance, s'appelloit *actio Prætoria famofa*.

L. 5. §. 5, illud quæritur, ff. de Injur. L. 5. ibid. V. auffi L. 1. §. 3. item. & L. Prætor 7. ibid. L. Injuriar. 13. ff. de Injuriis.

Au refte il y avoit plufieurs chofes remarquables par rapport
à ces Actions ; fçavoir , 1°. qu'elles ne paffoient point aux Hé-

ritiers de celui qui avoit reçû l'Injure, à moins que celui-ci ne
ne les eût entamées de son vivant ; 2°. que néanmoins les Héri- *L. 1. §. cùsi 4. &*
tiers étoient admis à poursuivre l'Injure faite au Cadavre ou à la *L. statua 27. ibid.*
Mémoire, & même à la Sépulture de celui auquel ils avoient
succedé ; 3°. qu'elles ne pouvoient être intentées par la Femme *L. Quod, §. 2.*
pour l'Injure faite à son Mari, quoique celui-ci pouvoit pour- *ff. ibid.*
suivre la réparation de celle faite à sa Femme ; 4°. qu'elles pouvoient être intentées, non-seulement contre ceux qui avoient *L. Non solum 11.*
fait l'Injure, mais encore contre ceux qui l'avoient fait faire ; *ff. ibid.*
5°. qu'elles ne pouvoient être intentées contre les Impuberes ni *L. Injuriar. 13.*
les Insensés, ni contre ceux qui n'auroient fait qu'exécuter les or- *§. is qui, ff. ibid.*
dres du Juge; 6°. qu'elles cessoient d'avoir lieu, toutes les fois *ff. ibid.*
qu'il y avoit preuve ou de quelque acte de reconciliation, ou de *L. Non solum 11.*
la satisfaction qu'on en avoit reçue dans l'instant même de l'In- *§. 1. Injuriarum,*
jure, ou de celle qu'on en avoit tiré soi-même, ou lorsque cette *ibid.*
Injure avoit été faite en badinant & sans mauvais dessein, ou lors- *L. Sed si 17. §.*
qu'on avoit laissé passer une année sans faire aucune poursuite, *si ante 6. ibid.*
ou bien lorsqu'on avoit transigé sur celles qu'on avoit faites. *L. Illud 3. ibid.*
*L. Si non 5. Cod.*
*de Injur.*

Tels sont les Principes généraux qui nous sont marqués dans
le Droit Romain, par rapport à cette espece de Délits ; voyons
présentement quels sont les changemens & les modifications que
notre Jurisprudence y a apportés.

Dans notre Usage, quoique nous ne connoissions ni les
Actions *Pénales*, ni les *Prétoriennes*, ni celles de *la Loi Cornelie*,
établies dans le Droit Romain, & que nous admettions indistinctement, comme nous l'avons vû, à la Poursuite de l'Injure tous *V. Instit. au Dr.*
ceux qui l'ont reçue ou *directement* dans leurs personnes, ou *indi-* *crim. part. 2. 6. 2.*
*rectement* dans celles de leurs Proches, nous n'avons pas laissé que
d'adopter d'ailleurs les Principes de ce Droit, par rapport aux
différentes manieres de poursuivre & de punir l'Injure, c'est-à-
dire que nous la poursuivons tantôt *civilement*, tantôt *criminelle-*
*ment*, suivant les circonstances qui rendent l'Injure atroce ou legere ; & que c'est de ces mêmes circonstances que nous faisons
dépendre la rigueur ou la modération des Peines qui y sont attachées ; ensorte que ce n'est que par rapport aux Manieres de la
commettre, que consiste la principale différence qui se trouve
entre ce Droit & le nôtre.

En effet, comme nos mœurs sont différentes sur ce point de
celles des Romains, de maniere que telle Injure qui paroissoit

grave aux yeux de ce Peuple, nous paroît le plus souvent legere ou indifférente ; comme au contraire ils dédaignoient bien des choses auxquelles nous avons attaché un point d'honneur singulier, nous ne croyons point devoir nous en tenir aux exemples qui sont proposés dans ce Droit ; & au lieu de la distinction qui y est faite entre les Injures faites au Corps, à la Dignité, & à la Réputation, nous allons tâcher d'en donner une Explication plus conforme à nos Usages, en les divisant en trois classes différentes, qui feront la matiere de ce Titre ; sçavoir, en Injures *verbales*, Injures *réelles*, Injures *par écrit*.

# CHAPITRE PREMIER.

## De l'Injure verbale.

*L. 2. §. 1. de 'Injur.*

L'INJURE VERBALE est appellée autrement *Convice* dans le Droit, & *Outrage de paroles* dans notre Usage : les Jurisconsultes l'appellent *lubricum linguæ*.

*L. Illud 3. ff. de Injur. L. 5. Cod. eod. tit.*

Suivant le Droit, il falloit deux choses pour former ce qu'on appelloit *Convice*; *d'une part*, qu'il y eût un dessein formel d'injurier, *injuriandi animo*, ensorte que l'on ne reputoit point tel l'Injure faite dans la colere, quelque grave qu'elle fût d'ailleurs ; & de *l'autre*, que le fait qu'on reprochoit fût faux & calomnieux, de maniere qu'il suffisoit pour être exempt de Poursuites, de rapporter la preuve de la vérité de ce fait.

Mais parmi nous, on ne distingue point si l'Injure a été l'effet d'un mouvement *de colere* ou de la *préméditation ;* c'est principalement par la qualité des *termes injurieux* dont on s'est servi, que l'on juge de la grieveté ou de la legereté de l'Injure. Si ces termes sont injurieux de leur nature, on présume toûjours qu'ils ont été proférés à dessein d'insulter, & c'est à celui qui les a proférés de prouver le contraire : *quia præsumitur dolus quoties quid naturâ turpe & Legibus prohibitum profertur.* Il y a cependant, comme le remarque Péréfius sur le Titre du Code *de Injuriis*, de certaines circonstances qui peuvent faire juger qu'il n'y a point eu de mauvais dessein de la part de celui qui les a proférées, & où l'on peut se contenter de son affirmation, comme si elles ont été proférées dans une Partie de plaisir, & entre des Amis qui n'avoient d'ailleurs aucun sujet de s'en vouloir. Mais si au contraire les paroles proférées font indifférentes par elles-mêmes, & qu'elles ne foient injurieufes que par le *ton* & le *gefte* de mépris & de moquerie dont elles font accompagnées, c'eft alors à celui qui s'en prétend offenfé, à faire la preuve du mauvais deffein ; & cette preuve, fuivant ce même Auteur, fe fait ordinairement par des conjectures.

*L. 42. 96. 168. ff. de reg. Injur.*

De ce que, pour former l'Injure, il faut un deffein formel d'infulter, il s'enfuit que les Furieux, Infenfés & les Impuberes, qui ne font pas capables de réflexion, ne peuvent être pourfuivis pour ces fortes de Délits ; en quoi nous avons adopté la difpofition des Loix Romaines.

*L. Illud 3. ff. de Injur.*
*V. Inftit. au Dr. crim. part. 3. c. 4. §. 1.*

Il s'enfuit encore, que toutes les fois que la néceffité de la Défenfe oblige à oppofer certains *Convices*, comme lorfque pour écarter la Dépofition d'un Témoin, on foûtient qu'il eft *infame* ou *excommunié*, où lorfque des Héritiers oppofent à une Veuve le Crime d'*Adultere* par forme d'Exception contre la Demande en Payement des Avantages à elle faits par fon Mari, & enfin lorfque dans une Plaidoirie l'Avocat fe fert de certains termes injurieux qui entrent naturellement dans la Défenfe de fa Caufe. Dans tous ces Cas, l'on n'eft pas cenfé coupable d'*Injures*, ni fujet à la Pourfuite pour ce Crime.

*L. Quifquis, C. de poftulando.*
*V. Augeard, tom. 3. p. 404.*

Mais fi la *Colere* n'excufe point l'Injure parmi nous, encore moins la *Vérité* des Faits qui en font l'objet. En effet, nous tenons pour maxime conftante dans ce Royaume ; maxime fondée tant fur la Sainteté de la *Religion* que nous profeffons, que fur les loix de l'*Humanité* même, qu'il n'eft permis à perfonne de révéler fans néceffité les défauts d'autrui, & qu'on n'eft point reçû à les prouver, quand mêmes les Reproches feroient d'ailleurs véritables.

L'on dit *fans néceffité*, parce qu'il y a de certains Crimes que le bien de la Religion, de l'Etat & du Public demande qu'ils foient découverts & punis, & dont la Preuve peut être admife fuivant les Auteurs ; comme en fait d'*Héréfie, Trahifon, Mal contagieux, Vente à faux Poids & Mefures.* Il y en a auffi d'autres, dont la Preuve peut être également admife à caufe de l'intérêt des Particuliers qui en ont fouffert, comme en fait de *Vols, Bleffures,* &c. Il y en a même qu'on eft obligé de venir déclarer auffi-tôt qu'on en a connoiffance, à peine d'être réputés Fauteurs & Complices, comme en fait de Crimes de *Léze - Majefté,* de *Duel* & de *Poifon.*

L'INJURE VERBALE est la moindre de toutes les Injures ; parce qu'elle est ordinairement l'effet d'un premier mouvement, & qu'elle ne laisse aucune trace après elle, comme la *Réelle* & celle par *Ecrit* ; c'est pour cela qu'elle se remet beaucoup plus facilement que les autres ; qu'il ne faut qu'une année pour la prescrire ; & que ne pouvant donner lieu qu'à des Condamnations purement Civiles, elle n'est pas susceptible de la Voie extraordinaire, mais doit être jugée, comme nous l'avons dit, sur une simple Assignation à l'Audience.

*V. Instit. au Dr. crim. part. 3. c. 4. §. 2.*

La Peine ordinaire de l'Injure *verbale* est une *Réparation d'honneur* qui se fait par un Acte déposé au Greffe, où l'on fait déclarer à l'Injuriant qu'il tient l'Injurié pour Homme d'honneur, exempt des Reproches qu'il lui a faits, & qu'il s'en dédit ; & de plus, la Condamnation à des dommages & intérêts, que l'on fixe ordinairement à 100 liv. & aux *Dépens*. Quelquefois l'on condamne aussi à aumôner 3 liv. au Pain des Prisonniers.

Mais nous n'entendons parler ici que des Injures verbales *simples* ; c'est-à-dire, qui ne sont accompagnées d'aucunes circonstances qui puissent en faire augmenter la Punition. Ces circonstances se tirent ou de la NATURE *du Fait* que l'on reproche, comme si ce sont des Crimes & Forfaits atroces, des Vices ou Maladies honteuses, & qui rejaillissent contre l'honneur d'une Famille ; ou de la QUALITÉ de l'*Injurié*, comme si c'est un Prêtre, un Juge, un Pere, un Maître, ou autres Supérieurs ; ou de la QUALITÉ de l'*Injuriant* & de l'*Injurié* en même tems, comme si c'est un Homme de la lie du Peuple vis-à-vis d'un Honnêtehomme, un Paysan vis-à-vis de son Seigneur, un Roturier vis-à-vis d'un Gentilhomme ; ou du LIEU, comme si c'est à l'*Eglise* pendant la célébration du Service Divin, à l'*Audience*, dans une *Place* ou *Assemblée publique*.

*L. Atrocem 4. Cod. de Injur.*

*L. Prætor 1. §. atrocem, ff. cod. tit. L. Sed si 17. §. quædam 3. & L. Si quis 35. ff. ibid.*

Dans tous ces Cas, il y a lieu de poursuivre l'Injure par la Voie extraordinaire, parce qu'elle mérite des Peines plus fortes que de simples Condamnations pécuniaires. Ces Peines sont, tantôt une Réparation publique à l'*Audience*, en présence d'un certain nombre de Personnes que choisit l'Injurié. Quelquefois cette Réparation se fait en demandant Pardon à genoux ; & l'on y joint la Permission d'afficher, qui est très-mortifiante pour les Personnes d'un certain état. D'autres fois l'on condamne à une Réparation particuliere à la *Chambre du Conseil*, qu'on appelle autrement *Amende honorable séche*, ou à une *Absence* pour un certain

*L. ult. ff. de Injur. V. Augeard, tom. 2. ch. 25. & 49.*

tems. L'on ajoûte dans tous ces Cas des *Défenses de récidiver*, sous peine de Punition corporelle. On voit plusieurs Exemples des unes & des autres de ces Condamnations dans le Journal des Audiences & dans le Dictionnaire des Arrêts. Il y en a même qui ont porté la Peine jusqu'au Blâme & Bannissement, lorsqu'à l'Injure se trouve joint le Trouble public fait au Service Divin, ou le Crime de Lèze-Majesté au second Chef, par l'outrage que l'on fait au Juge séant dans son Tribunal.

BRUNEAU prétend qu'un Enfant, pour des Injures verbales proférées contre ses Pere & Mere, doit être condamné à faire Amende honorable en chemise, tête & pieds nuds, la Corde au col & la Torche à la main, & à être fouetté & fustigé, ou aux Galeres. *Part. 1. tit. 10, max. 3.*

Lorsque ces Injures sont fondées sur des Faits évidemment faux & *calomnieux*, elles doivent être punies de la Peine de la CALOMNIE, dont nous avons parlé ci-devant.

Suivant la disposition du Droit Canonique, le Clerc qui commet cette espece d'Injure, est tenu de demander Pardon; & s'il refuse de le faire, il doit être déposé de ses Bénéfices, & même dégradé s'il est dans les Ordres. *V. Can. Clericus distinct. 46.*

Que si les Injures sont faites avec *Menaces*, & que ces Menaces tendent à quelques excès atroces, comme de tuer ou d'empoisonner, ou mettre le feu à une Maison; celui qui les fait doit, suivant les Auteurs, être regardé comme *Perturbateur du repos public*; & ce seroit le Cas de le condamner à donner caution, & de tenir Prison jusque-là; & à faute de pouvoir la donner, prononcer contre lui la Peine du Bannissement hors du Pays. Mais la Voie la plus usitée dans ce Cas, c'est de recourir aux Juges pour avoir un Mandement d'*Assûrement & de Sauve-garde*, que l'on signifie à la Partie menaçante, & dont l'effet est tel, que si ce dernier venoit à exécuter ses Menaces, il seroit puni beaucoup plus séverement, & même que si la Personne menacée venoit à mourir ou à être blessée dans l'intervalle, il en seroit présumé l'Auteur.

AU RESTE, quoiqu'en général les Peines de l'Injure soient purement arbitraires parmi nous, & dépendent des circonstances; il y en a cependant qui sont portées par des Loix particulieres, dont il n'est pas permis aux Juges de s'écarter; l'on veut parler des Injures proférées par un Gentilhomme contre un autre Gentilhomme , ou par un Homme de Robe contre un Gentilhomme ; & autres , qui ont fait l'objet particulier de l'Edit du mois de Décembre 1704 , enregiftré en la Cour le 3 du même mois , & de la Déclaration du 12 Avril 1723 , enregiftrée le 4 Mai fuivant. Nous ne rappellerons ici que les difpofitions de ces Loix qui font relatives aux Injures verbales ; nous aurons lieu de rapporter dans le Chapitre fuivant , celles qui concernent les Injures réelles.

V. art. 1.

1°. Quant à l'EDIT de Décembre 1704 , qui a été rendu fingulierement contre les Officiers de Robe qui outragent les Gentilshommes , ou autres , il contient trois Difpofitions remarquables à ce fujet : par la *premiere* il eft dit que celui des Officiers de Robe qui aura proféré fans fujet des Paroles injurieufes contre quelqu'un , comme *Sot* , *Lâche* , *Traître* , ou autres femblables , ou plus graves , pourra être condamné à tenir Prifon durant deux mois ; & qu'après qu'il en fera forti , il fera tenu de déclarer à l'Officier que mal-à-propos & impertinemment il l'a offenfé par des Paroles outrageantes , qu'il les reconnoît fauffes , & lui en demande pardon.

V. art. 2.

Par une *feconde* difpofition , cet Edit veut que celui qui aura donné un démenti foit puni de quatre mois de Prifon ; & de plus , qu'après qu'il fera forti , il foit tenu de demander pardon à l'Officier avec les Paroles les plus capables de le fatisfaire.

V. art. 5.

Enfin par une derniere difpofition , il permet aux Juges d'ordonner dans tous ces Cas que les fatisfactions fe feront en préfence de telles Perfonnes , & feront exécutées en préfence d'un Greffier , Officier , ou autre qu'ils eftimeront à-propos de nommer & de commettre , dont il fera dreffé Procès-verbal.

2°. A l'égard de la DÉCLARATION de 1723 , qui concerne fingulieremeut les Injures entre les Gentilshommes , Gens de Guerre , & autres ayant droit de porter les Armes pour le Service du Roi , il eft dit ( article premier ) que dans les Offenfes faites fans fujet par Paroles injurieufes , comme celles de *Sot* , *Lâche* , *Traître* , & autres femblables ; fi elles n'ont pas été repouffées par des reparties plus atroces , celui qui aura proféré de telles Injures , fera condamné à fix mois de Prifon , & à en demander pardon avant d'y entrer à l'offenfé , en la forme marquée par l'article vij. du Réglement de MM. les Maréchaux de France de l'année 1653 ; fçavoir , que mal-à-propos & impertinemment il

l'a

l'a offenfé par des Paroles outrageantes, qu'il reconnoît être fauf-
fés, & lui en demande pardon.

L'article ij. de la même Déclaration porte que fi l'*Offenfé* a re-
pliqué par des Injures *pareilles* ou plus *fortes*, il fera condamné à
trois mois de Prifon, fans qu'il lui foit demandé pardon par l'Aggreffeur, qui n'en fera pas moins condamné à fix mois de Prifon.

Cette Loi détermine, par l'art. iij. la Punition de ceux qui
donnent des Démentis, ou qui font des Menaces par Paroles ou
Geftes ; elle veut qu'ils foient condamnés à deux ans de Prifon,
& que l'Aggreffeur, avant d'y entrer, foit tenu de demander
pardon à l'Offenfé.

Enfin, par l'article iv. elle prévoit le Cas où les Démentis
ou Menaces auroient été repouffés par Coups de Mains ou de
Bâtons ; elle veut que celui qui aura donné le Démenti, ou fait
les Menaces, foit condamné, comme Aggreffeur, à deux ans de
Prifon ; & celui qui aura frappé, foit puni par les Peines portées
par l'Edit du mois de Février précédent, qui font la Dégrada- *V. Edit de Février*
tion des Armes & de Nobleffe perfonnelle, & quinze ans de Pri- *1723. concernant*
fon, d'où le Condamné ne pourra fortir qu'en vertu des ordres *les Duels, art. 8.*
de Sa Majefté, expédiés fur l'Avis de MM. les Maréchaux de
France.

Il y a donc, comme l'on voit, cette différence entre les Injures proférées par les Gens de Robe, & celles proférées entre
les Gentilshommes ; qu'au *premier* Cas, il n'y a lieu à aucune
Peine, lorfque celui qui a été injurié a repouffé l'Injure par une
femblable, ou une plus forte ; au lieu que dans le *dernier*, la Peine
ne laiffe pas que d'avoir également lieu contre l'Aggreffeur, quand
même l'Injure auroit été repouffée par une femblable, ou par une
plus forte.

Il faut voir au furplus ce que nous avons dit dans la feconde
Partie des INSTITUTES, où nous avons rapporté les différentes *V. Inftit. au Dr.*
manieres dont ces fortes d'Injures pouvoient fe pourfuivre & s'é- *crim. part. 2. ch. 3.*
teindre parmi nous. *§. 3. & part. 3.*
*ch. 4. §. 4.*

## CHAPITRE II.

### Des Injures réelles ou Voies de fait.

L'INJURE RÉELLE eſt appellée en Droit *contumelia* ; il en eſt
auſſi parlé ſous le Titre de la Loi *JUL. de vi publica & privata.* Nous avons parlé de la Violence *publique* , ſous le nom
d'ASSEMBLÉE ILLICITE & PORT D'ARMES ; nous ne parlerons
ici que de la Violence *privée* qui ſe fait d'Homme à Homme.

*L. 1. §. ſi quis*
*me, ff. de Injur.*
*V. Coquille ſur la*
*Coût. de Nivern.*
*ch. & art. 2.*
*L. Lex Corn. §.*
*ff. de Injur.*
*L. Si inferiorum*
*44. ibid.*

Nous entendons ſous ce nom toutes Voies de fait dont on uſe
envers quelqu'un, non-ſeulement en le battant, maltraitant, le
pouſſant, mais encore en l'empêchant d'uſer de ſa choſe librement, en le privant injuſtement de ſa liberté, en le menaçant ou
par des geſtes, ou avec un bâton, ou de la main, ou de quelqu'autre maniere qui marque une dériſion inſultante ; en excitant ſon Chien ou autre Animal à le mordre, ou à lui nuire de
quelque maniere que ce ſoit ; en entrant dans ſa Maiſon avec violence, ou l'obligeant d'en ſortir ; en faiſant du bruit ou *charivari*
devant ſa porte, ou y jettant des ordures, &c.

Cette eſpece d'Injure, comme nous l'avons dit, eſt plus grave
que la *verbale*, parce qu'elle renferme un plus grand degré de malice, & qu'elle produit des effets plus dangereux ; auſſi voit-on
qu'elle donne ordinairement lieu à la Procédure extraordinaire,
& qu'elle eſt ſujette à de plus grandes Peines.

*V. Inſtit. §. 1. de*
*perpet. & tempor.*
*act.*

Cette Injure a encore cela de particulier, qu'elle ne ſe preſcrit point par une année comme la verbale, mais que ſon action
dure autant que celle des autres Délits publics ; & qu'elle ne peut
être excuſée, même par l'*erreur* où tomberoit celui qui la commettroit en frappant une Perſonne pour une autre ; & cela, tant
à cauſe de la mauvaiſe intention qui regne dans ſon principe, que

*V. Loyſel, lib. 6.*
*tit. 1. regl. 2.*

de la Maxime conſtante dans ce Royaume, que toutes Voies de
fait ſont défendues.

L'on a dit que cette Injure ſe pourſuivoit le plus ſouvent par la
Voie *extraordinaire* ; cette Voie eſt autoriſée formellement par
l'article ij. du Titre XVIII. de l'Ordonnance de 1667 , qui permet à celui qui a été dépoſſédé par Violence ou Voie de fait, de
demander la *Réintégrande* extraordinairement, par Action criminelle ; & cela, ſans qu'il puiſſe revenir à la Voie civile, à moins

que celle-ci ne lui ait été réfervée en prononçant fur l'extraordinaire.

Les Peines les plus ordinaires, en pareil Cas, font la Réparation faite publiquement à l'Audience, étant debout ou à genoux,
avec Amende, Dépens, Dommages-Intérêts ; mais lorfque l'Injure fe trouve accompagnée de certaines circonftances qui la rendent qualifiée, on peut y joindre l'Aumône, la Prifon, l'Abften-
tion du Lieu de la demeure, ou à une certaine diftance de la Perfonne offenfée, le Blâme ou Banniffement à tems, l'Amende-
honorable, le Fouet, & même le Banniffement, ou Galeres perpétuelles.

Ces dernieres Peines, qui font autorifées par la Loi derniere,
au ff. *de Injuriis*, n'ont lieu que pour les Injures & excès qui font
violens, & qui ont caufé la rupture ou fracture de quelques membres, ou lorfqu'elles font la fuite évidente de la haine & de la préméditation ; ou bien qu'elles font faites entre des Perfonnes d'une
condition fort inégale, comme fi un Fils maltraitoit fon Pere, un
Sujet fon Seigneur, un Valet fon Maître, ou enfin lorfqu'elles
font faites d'une façon ignominieufe, & qui bleffe la pudeur.

CES PEINES devroient avoir lieu, à plus forte raifon, fi ces
Voies de fait étoient accompagnées de Port d'Armes, d'Effraction de Portes, & autres Circonftances femblables qui la feroient
dégénérer en *Violence publique* ou en *Affaffinat* ; il y a même dans
ces derniers Cas, la Peine de Mort, comme nous l'avons vû ci-
devant : ou bien fi l'infulte étoit commife par un Laïc envers un
Prêtre, par un Paroiffien envers fon Curé ; ce feroit alors un Crime de Leze-Majefté Divine au fecond Chef, dont la Peine peut
être afflictive, & même capitale, outre l'Excommunication : ou
enfin fi elle étoit commife par un Soldat envers fon Officier, ou
par une Partie envers fon Juge ; ce feroit alors des Crimes de Leze-
Majefté Humaine au fecond Chef, qui rendroient les Coupables
dignes de Mort, aux termes des Ordonnances que nous avons
ci-devant citées.

*V. Inftit. au Dr.*
*crim. part. 4. tit. 3.*
*ch. 2. §. 1.*
*V. ci-devant de la*
*Rebellion à Juftice.*

Il y a encore une injure réelle connue fous le nom de FÉLON-
NIE, qui eft celle commife par un Vaffal envers fon Seigneur ;
la Peine ordinaire de celle-ci, eft la perte du Fief, avec réparation d'honneur ; mais elle peut être accompagnée de Peines afflictives, telles que le Banniffement, l'Amende-honorable, les Galeres ; & même capitales, fuivant la griéveté de l'Injure.

*Dict. des Arrêts,*
*verbo FELONIE.*

Le Lieu où les voies de fait font commifes, peut encore fervir à les rendre puniffables de peines capitales, tels que l'*Eglife*, le *Palais du Prince*, ou l'*Auditoire de la Juftice*.

L'endroit du Corps où elles font faites peut auffi en faire augmenter la Peine; ainfi les Playes qui font faites au vifage, font plus confidérables que celles faites au bras ou à la jambe: mais l'on veut parler fur-tout de celles qui feroient faites au Membre qui conftitue l'Homme, & tendroient à le rendre impuiffant; il y auroit même lieu d'ordonner en ce dernier cas la peine de Mort, conformément à la Loi CORNELIE, *de Sicariis*, & cela quoique le Patient y auroit confenti: ce dernier devroit même à caufe de fon confentement être puni auffi févérement que le premier.

Au refte, comme l'application de ces Peines dépend principalement des circonftances qui peuvent varier à l'infini; au lieu de nous arrêter à rapporter ici les différens Arrêts qui ont été rendus dans tous les Cas que nous venons d'indiquer, nous ne croyons pouvoir donner une Regle plus fûre en ces Matieres, qu'en rappellant ici les Difpofitions de l'Edit de Décembre 1704, & de la Déclaration du 12 Avril 1723, qui concernent les injures réelles commifes par les Gentilshommes, les Officiers de Robe & par les Parties qui ont des Procès.

1°. A l'égard des GENTILSHOMMES, que la Déclaration de 1723 a eu principalement en vûe; la Peine de celui qui a frappé dans quelques circonftances que ce foit, eft la même que celle portée par l'art. viij. de l'Edit du mois de Février précédent concernant les Duels; fçavoir, la Dégradation des Armes & de Nobleffe perfonnelle & 15 ans de Prifon, après lequel tems, il eft dit, que le Condamné n'en pourra fortir, qu'en vertu des Ordres de Sa Majefté, expédiés fur l'avis de MM. les Maréchaux de France.

2°. Quant aux OFFICIERS DE ROBE, qui font l'objet particulier de l'Edit de 1704; il faut fuivant cet Edit diftinguer les cas & les circonftances dans lefquelles les voies de fait ont été par eux commifes; fçavoir, fi c'eft un foufflet & coup de main, & fi ce coup de main a été précédé ou non d'un démenti; fi c'eft un coup de bâton, & fi ce coup a été précédé d'un foufflet ou non; enfin fi ce coup de bâton a été donné pardevant & avec avantage, ou s'il a été donné par-derriere.

L. Eft 8. ff. de Injur.

L. Vulneris 7. ff. de Injur.

L. 4. 5. & 6. ad L. Cornel. de Sicar. L. 4. ibid. §. 2.

V. art. 4.

La Peine de *celui qui a frappé d'un coup de main ou autres fem-*
*blables* , eft de la Prifon de deux années , fi le foufflet ou le coup
de main n'a point été précédé d'un démenti ; & d'une année feulement , s'il y a eu un démenti donné : mais dans l'un & l'autre cas , l'Offenfant doit fe foumettre à recevoir des coups femblables de l'Offenfé , & lui demander pardon.

La Peine de *celui qui a frappé de coups de bâton après avoir reçu*
*un foufflet ou coup de main* , eft de 2 années de Prifon , & de 4 ,
*s'il n'a point été frappé auparavant ;* de plus , il doit après qu'il
en fera forti , demander pardon à l'Offenfé en préfence de telles
perfonnes que le Juge eftimera à propos de nommer , dont il fera
dreffé Procès-verbal.

La Peine de *celui qui a frappé feul & pardevant de coups de bâ-*
*ton , Cannes & autres inftrumens de pareille nature , de deffein prémé-*
*dité , par furprife ou avec avantage* , eft la Prifon de 15 années ; &
s'il a frappé par derriere , quoique feul ou avec avantage , en fe
faifant accompagner ou autrement , la Prifon fera de 20 années
& fe tiendra dans des lieux éloignés de 30 lieues de celui où l'Offenfé fera fa demeure ordinaire.

3°. Enfin , pour ce qui concerne les Outrages & Voies de fait
commis par une Partie envers l'autre , à l'occafion d'un Procès intenté & pourfuivi devant les Juges ordinaires , le même
Edit veut qu'outre les Peines ci-deffus fpécifiées , la Partie qui
aura commis ces Voies de fait , foit de plus condamnée au Banniffement , ou à s'abftenir pendant le tems que les Juges eftimeront à-propos , des lieux où elle fait fa réfidence ordinaire.

V. art. 3.

V. art. 4.

V. art. 7.

V. art. 6.

# CHAPITRE III.

## *Des Injures par écrit , ou Libelles diffamatoires.*

SOus le nom de Libelles , nous n'entendons pas feulement
parler des Ecrits qui font publiés & affichés , contenant les
reproches de Crimes , ou autres chofes contre l'honneur & la réputation , mais encore toutes Pieces fatyriques , foit en Vers ,
foit en Profe , Gravûre , Peinture , ou autres manieres qui peuvent diffamer.

Cette Injure , qui laiffe après elle des traces permanentes ,

*L. Item* 15. §. 27.
*& 29. ff. de Injur.*
*V. Inftit. liv.* 4.
*tit.* 4. §. 1.

& qui fe reproduit autant de fois que l'Ecrit qui la contient paffe en différentes mains, eft fans contredit plus grave que la verbale; elle eft auffi pourfuivie & punie d'une maniere plus rigoureufe, tant dans le Droit Romain que dans le nôtre.

*L. Lex Cornel.* 5. §. *fi quis eod. ff. de Injur.*
*L.* 18. §. 1. *qui teftam. fac.*
*L.* 21. *ff. de Teftibus.*

Quant à la PEINE, il paroît, fuivant les Loix du DIGESTE, que ceux qui compofoient ou répandoient dans le Public, ou même qui favorifoient la compofition ou publication de ces fortes de Libelles, étoient déclarés infames, & comme tels incapables de faire des Teftamens & d'être admis en Témoignage; mais par la Loi *Si quis*, au CODE *de famofis libellis*, cette peine a été portée jufqu'à celle de Mort, & elle a lieu non-feulement contre ceux qui ont écrit ou compofé ces Libelles, & qui les ont fait écrire ou publier, mais encore contre ceux qui pouvant en empêcher la publication, ne l'ont pas fait. Cette Loi ne diftingue point, au refte, fi les faits qui font imputés par les Libelles font vrais ou faux; elle veut que la même Peine ait lieu dans l'un & l'autre Cas, fur le fondement que celui qui publie des faits vrais, n'eft pas moins condamnable que celui qui les fuppofe, pour ne s'être pas fervi, comme il l'auroit pû, de la voie légitime de l'Accufation ou de la Dénonciation.

*Jules Clare, l.* 5. §. *fin. n.* 25.

Mais dans ce Royaume, où la voie de l'Accufation n'eft point ouverte à tout le monde, comme elle l'étoit chez les Romains, on a regardé la Peine portée par la Loi *Si quis*, comme trop rigoureufe. JULES CLARE eft d'avis que cette Peine ne doit avoir lieu dans aucun Cas, & qu'elle doit être bornée à celle du Fouet, d'une Amende pécuniaire, ou tout au plus à celle du Banniffement & des Galeres: cependant il faut convenir qu'il y a de certains Cas où la Peine peut être augmentée, & devenir capitale aux termes des Ordonnances.

Suivant les Capitulaires de CHARLEMAGNE, la Peine ordinaire de ce Crime étoit l'Exil, comme le remarque MORNAC fur la même Loi unique du Code de *famofis libellis*.

Par l'Edit de CHARLES IX. à Saint-Germain-en-Laye, en Janvier 1561, il eft dit (art. xviij.), que tous Imprimeurs, Semeurs & Vendeurs de Placards & Libelles diffamatoires, doivent être punis, pour la premiere fois, du Fouet; & pour la feconde, du dernier Supplice.

Par l'art. x. de l'Edit du même Prince, à Paris, le 16 Avril 1571, tous *Libelles, Livres, Placards, & Portraits diffamatoires,* font défendus à peine de punition corporelle; & il eft enjoint de

proceder extraordinairement, tant contre les Auteurs, Compo-
fiteurs, Imprimeurs, que contre ceux qui les publieront à la diffamation d'autrui.

Par l'art. lxxvij. de l'Ordonnance de MOULINS, les mêmes
défenfes font renouvellées contre ceux qui écrivent, impriment
& expofent en vente des *Livres, Libelles* ou *Ecrits diffamatoires*,
contre l'honneur & naiffance des Perfonnes, fous quelque prétexte ou occafion que ce foit ; & injonctions font faites à tous
Sujets qui ont tels Livres & Ecrits, de les brûler dans trois mois,
fous les peines portées par les Edits précédens.

Enfin, par l'Ordonnance de Louis XIII. à Paris, en Janvier
1626, tous ceux & celles qui fe trouveront avoir attaché ou fe-
mé des Placards & Libelles diffamatoires, font condamnés à la
Potence.

La variété de ces difpofitions, a fait regarder la Peine de ces
fortes de Délits comme arbitraire dans notre Jurifprudence. DU-
RET attefte que l'ufage de fon tems, étoit de condamner les Semeurs de Placards, tantôt à certaines fommes de deniers envers
l'injurié, avec Amende-honorable, tantôt d'ordonner, felon les
circonftances, que le Libelle injurieux feroit lacéré en préfence de
l'Auteur. Le même ufage eft auffi attefté par PAPON en fes Arrêts.

*V. Duret, Tr. des Peines, verbo INJURES.*

*V. Papon, liv. 8. art. 12.*
*V. Imbert, liv. 3. ch. 22.*

Cependant IMBERT, après avoir rapporté les difpofitions des
Ordonnances que nous venons de citer, eftime que la Peine ordinaire de ce Crime eft celle du Fouet pour la premiere fois, &
du dernier Supplice pour la feconde, conformément à l'Edit de
Charles IX. en 1561 ; il ajoûte que la Peine capitale doit même
avoir lieu pour la premiere fois, lorfque ces Libelles diffamatoires
font faits contre la Perfonne de Sa Majefté, ce qu'il prouve par
deux Arrêts que nous avons rapportés, en traitant des Crimes de
Leze-Majefté au fecond Chef.

En effet, cette Peine vient d'être prononcée, ou plûtôt renouvellée en ce dernier Cas, par la Déclaration du mois d'Avril de
la préfente année, dont nous aurons lieu de rappeller les difpofitions ci-après, en traitant des *Délits en fait d'Imprimerie*, qui y
ont principalement donné lieu.

## TITRE HUITIEME.

### Des Délits contre la Police, & de leurs Peines.

Nous appellons de ce nom tout Acte, qui, étant de soi permis, ne devient illicite, que parce qu'il renferme une contravention aux Ordonnances & Réglemens de Police.

Nous ne parlerons ici que des contraventions faites aux Loix générales du Royaume, qui ont été rendues sur le fait de la Police, & non de celles faites aux Réglemens particuliers, qui ne concernent que de certains Lieux, Corps, Colléges, & Communautés ; encore moins à ceux portés par des Statuts locaux, ou qui sont émanés de la seule autorité des Officiers préposés à la manutention de la Police. Outre que le détail de ces Réglemens nous meneroit trop loin à cause de leur variété immense, nous croyons ce détail d'autant plus inutile, que ces Loix particulieres ne peuvent être ignorées de ceux qu'elles intéressent spécialement, & que leur infraction ne peut jamais donner lieu qu'à de simples Condamnations pécuniaires, qui ne sont point de notre Plan. Nous nous contenterons donc de renvoyer, à ce sujet, aux différens Recueils qui en ont été faits (notamment à celui du Sr de LA MARRE concernant cette Ville de Paris), pour nous borner uniquement à rappeller ici les dispositions des Loix, dont la connoissance est nécessaire à tous les Sujets du Roi, & qu'on ne peut enfraindre sans s'exposer à des Peines rigoureuses.

Parmi ces Loix, nous en remarquons de cinq especes, dont la discussion va faire la matiere des huit Chapitres qui composeront ce Titre : 1°. celles rendues au sujet de la Conservation des Forêts, de la Chasse & de la Pêche : 2°. celles rendues au sujet de la Contrebande : 3°. celles concernant les Jeux publics : 4°. celles concernant l'Imprimerie : 5°. enfin celles concernant les Mendians & Vagabonds. Il y a encore des Réglemens particuliers faits contre le Luxe, dont nous ne parlons point ici, parce qu'ils ne sont point exécutés.

Au reste, dans l'Analyse que nous allons faire de ces Loix, nous nous attacherons à en rapporter exactement les dispositions, sans entreprendre d'y suppléer par des Commentaires particuliers, parce qu'elles forment un Droit positif, dont il n'est pas permis de s'écarter. CHAPITRE

# CHAPITRE PREMIER.

## *Des Délits concernant les Bois.*

IL y a eu différentes Ordonnances rendues fur le fait de la
Police & Confervation des Bois, où font rappellées toutes
les efpeces de Délits qui peuvent fe commettre à cet égard, ainfi
que les Peines qui y font attachées : mais de toutes ces Loix,
celle à laquelle nous croyons devoir principalement nous arrêter,
parce qu'elle rappelle les difpofitions des précédentes, & qu'elle
les confirme en tous les points auxquels elle n'a pas dérogé expreffément, c'eft l'Ordonnance des *Eaux & Forêts* de l'année
1669, regiftrée en la Cour le 13 Août de la même année.

Parmi les différens Titres que contient cette Loi, nous en remarquons cinq entr'autres, où il eft parlé fingulierement des Délits commis dans les Bois ; fçavoir, ceux concernant 1°. la *Police
& Confervation des Forêts, Eaux & Rivieres* ; 2°. l'*Affiette, Balivage, Martelage & Vente des Bois* ; 3°. les *Ventes & Adjudications
des Panages, Glandées* ; 4°. les *Droits de Pâturage & de Panage* ;
5°. enfin les *Routes & Chemins Royaux.*

Pour éviter la confufion des objets, nous croyons devoir diftinguer fous autant de Paragraphes les Délits qui font relatifs à
ces différens Titres.

### §. I.

#### *Des Délits qui fe commettent contre la Police & Confervation des Forêts.*

L'on trouve fous le Titre de l'Ordonnance qui concerne la
POLICE DES BOIS, plufieurs Défenfes, tant générales que
particulieres, qui donnent lieu conféquemment à deux fortes de
Délits, de la part de ceux qui y contreviennent. Les uns, qui font
*Généraux*, & peuvent être commis par toutes fortes de Perfonnes ; les autres, qui font *Particuliers*, & ne peuvent concerner
que les Perfonnes qui font défignées expreffément par cette Loi.

Les DÉLITS GÉNÉRAUX en cette Matiere font :
1°. Lorfqu'on *arrache des Plans de Chêne, Charme, & autres*

O O o o

*Bois dans les Forêts du Roi* fans Permiffion de S. M. & Attache
du Grand-Maître. Cela eft défendu par l'art. xj. à peine de Punition exemplaire & de 500 liv. d'Amende.

2°. Lorfqu'on *plante du Bois à cent perches des Forêts du Roi*,
fans Permiffion expreffe de S. M. Cela eft défendu par l'art. vj. à
peine de 500 liv. d'Amende, & de Confifcation des Bois qui feront arrachés & coupés.

3°. Lorfqu'on *abat la Glandée, Feine*, & autres fruits des Arbres,
qu'on les *amaffe* ou *emporte* fous prétexte d'ufage ou autrement.
Cela eft défendu par l'art. xxvij. à peine de 100 liv. d'Amende.

4°. Lorfqu'on *enleve dans l'étendue & aux reins des Forêts, du
Sable, Terre, Marne ou Argile;* qu'on fait de la *Chaux* à cent perches de diftance, fans Permiffion expreffe de S. M. Cela eft défendu par l'art. xij. à peine de 500 liv. d'Amende, & de Confifcation des Chevaux & Harnois.

5°. Lorfqu'on fait *conftruire des Châteaux & Maifons dans l'En-
clos, aux Rives & à demi-lieue des Forêts.* Cela eft défendu par
l'art. xviij. à peine de Confifcation du Fonds & des Bâtimens,
& de l'Amende ci-deffus, qui ne pourra être remife ni modérée.

6°. Lorfqu'on *fait des Cendres* dans les Forêts de S. M. ou dans
celles des Eccléfiaftiques & des Communautés. Cela eft défendu
par l'art. xix. à peine contre les Ufufruitiers & Officiers qui le
fouffriront, d'Amende arbitraire, de Confifcation des Bois vendus, Ouvrages & Outils, privation de Charges, à moins qu'il
n'y en eût Permiffion par Lettres Patentes de S. M. vérifiées fur
l'Avis des Grands-Maîtres.

7°. Lorfqu'on *leve des Atteliers de Cendres*, & qu'on en fait fa-
çonner ailleurs que dans les Ventes, ou qu'on en fait tranfporter
dans des Tonneaux qui n'ont point été marqués du Marteau marchand; cela eft défendu par l'art. xxj. fous peine d'Amende arbitraire.

Les DÉLITS PARTICULIERS en cette matiere concernent fingulierement Ceux qui par leur Etat ont des Fonctions relatives
aux Forêts, tels que les Marchands de Bois, les Bucherons, les
Ufagers, les Sergens à Garde, les Officiers des Forêts de S. M.
Ceux qui habitent des Maifons dans les Forêts, les Ouvriers &
Artifans qui travaillent en Bois, enfin les Vagabonds & Gens inutiles qui veulent bâtir des Maifons dans les Forêts.

1°. Les DÉLITS qui concernent les MARCHANDS ADJUDI-

CATAIRES DES BOIS font : 1°. Lorfqu'ils pelent les Bois de leur Vente, tandis qu'ils font encore debout & fur pied. Cela leur eft défendu par l'art. xxviij. à peine de 500 liv. & de Confifcation des Bois. 2°. Lorfqu'ils tiennnent Atteliers & Loges, & font ouvrir Bois ailleurs que dans les Ventes. Cela eft défendu par l'art. xxix. à peine de 100 liv. d'Amende & de Confifcation. 3°. Lorfqu'ils donnent des Bois, dont ils font Adjudicataires aux Bucherons & autres Ouvriers pour leurs falaires. Cela eft défendu par l'art. xxvj. à peine de répondre de tous les Délits qui fe commettent dans les Forêts de S. M. pendant les Ufances & jufqu'au Récollement des Ventes.

2°. Les DÉLITS qui concernent les BUCHERONS font, lorfqu'ils emportent, en fortant de leurs Atteliers, du Bois fcié, fendu, ou d'autre nature. Cela leur eft défendu par l'art. xxvj. à peine de 50 liv. d'Amende pour la premiere fois, & de Punition en cas de récidive.

3°. Les DÉLITS qui concernent les USAGERS font, lorfqu'ils vont de nuit dans les Forêts de S. M. hors les Routes & Grands-Chemins, avec Serpes, Haches, Scies, Coignées. Cela leur eft défendu par l'art. xxxiv. à peine d'être emprifonnés & condamnés, pour la premiere fois, à cinq liv. d'Amende, & vingt liv. d'Amende pour la feconde, & pour la troifieme, d'être bannis de la Forêt.

4°. Les DÉLITS qui concernent les *Ouvriers & Artifans qui travaillent en Bois,* tels que les *Cercliers, Vanniers, Tourneurs, Sabottiers,* & autres de pareille condition font, lorfqu'ils tiennent Atteliers dans la diftance de demi-lieue des Forêts du Roi. Cela leur eft défendu par l'art. xxiij. à peine de Confifcation de leurs Marchandifes & de 100 liv. d'Amende.

5°. Les DÉLITS qui concernent *Ceux qui habitent les Maifons fituées dans les Forêts & fur les Rives* font, lorfqu'ils font commerce & tiennent Atteliers de Bois, & qu'ils en font un plus grand amas que ce qui eft néceffaire pour leur chauffage. Cela leur eft défendu par l'art. xxx. à peine de Confifcation & d'Amende arbitraire, & de Démolition de leurs Maifons.

6°. Les DÉLITS qui concernent les *Sergens à Garde & autres Officiers des Forêts du Roi* font, lorfqu'ils tiennent Tavernes & exercent quelque Métier où l'on employe du Bois. Cela leur eft défendu par l'art. xxxiij. à peine de reftitution, de 50 liv. d'Amende, outre la Confifcation des Bois qui fe trouveront en leurs Maifons.

7°. Enfin, les DÉLITS qui concernent les *Vagabonds & Gens inutiles* font, lorfqu'ils bâtiffent des Maifons fur perches dans la diftance de deux lieues des Forêts du Roi. Cela leur eft défendu par l'art. xvij. fous peine de Punition corporelle; à l'effet de quoi il eft enjoint par le même article aux *Procureurs du Roi*, auffi-tôt qu'une Perfonne eft déclarée *inutile*, de lui faire faire Commandement & à fa Famille, par un Acte qui fera publié au Prône, de s'éloigner de deux lieues des Forêts. De plus, il eft fait Défenfes à *toutes Perfonnes* de les retirer, après la Publication, dans l'étendue de cette diftance, à peine de 300 liv. d'Amende, & de demeurer Refponfables de toutes les Amendes qui feront jugées contre les *Inutiles*. Par l'art. xxxvij. il eft encore fait Défenfes aux *Gardes-Marteaux* ou *Sergens* d'employer dans leurs Procès-verbaux Ceux qui auront été déclarés Inutiles & Vagabonds, en conféquence de leur rapport précédent, à peine d'être eux-mêmes condamnés & contraints au Payement des Sommes & Amendes dont ils fe trouveront chargés. Enfin, il eft ordonné par l'art. xxxvj. de faire un Etat exact dans chaque Maîtrife, contenant le Nom & Defcription de tous les Inutiles & Vagabonds, & d'envoyer cet Etat au Greffe des autres Maîtrifes voifines; de maniere que s'il fe trouve dans la fuite que pour n'être pas reconnus ils ayent changé de Noms, ils feront condamnés aux Galeres s'ils y peuvent fervir, finon en telles autres Peines corporelles & exemplaires qui feront arbitrées par les Officiers des Forêts.

## §. II.

### Des Délits qui fe commettent au fujet de l'Affiette, Martelage, Balivage, & Vente des Bois.

Sous le Titre de l'Ordonnance qui concerne l'*Affiette*, *Martelage*, *Balivage* & *Vente des Bois*, l'on remarque trois fortes de Délits qui peuvent fe commettre à cet égard.

Le PREMIER confifte dans les *Affociations fecrettes* que font les Marchands pour empêcher par Voies indirectes les Encheres fur les Bois du Roi. L'art. xxiij. de ce Titre veut que Ceux qui feront convaincus de cette efpece de Monopole, foient condamnés à une Amende arbitraire, qui ne pourra être moindre de 1000 liv.

& de plus, bannis des Forêts, outre la Confiscation des Ventes.

Le Second consiste à *retenir* dans ces Ventes d'autres Bois que ceux qui en proviennent. L'art. xlviij. veut que les Marchands adjudicataires qui en seront convaincus, soient punis comme s'ils avoient volé les Bois ainsi retirés, contre la Prohibition qui leur en est faite.

Enfin, le Troisieme se commet par les Marchands ou autres Personnes qui font travailler *nuitamment ou les jours de Fêtes* dans les Ventes en Coupe, ou qui prennent ou enlevent des Bois. L'art. xliij. les condamne dans tous ces Cas à l'Amende de 100 livres.

### §. I I I.

*Des Délits qui se commettent au sujet des Ventes & Adjudications des Panages & Glandées.*

Dans le Titre de l'Ordonnance qui regarde les *Ventes & Adjudications des Panages & Glandées*, il est parlé d'un Délit où tombent ceux qui n'étant point employés dans l'Etat qui a été arrêté au Conseil, envoyent ou mettent leurs Porcs en Glandées dans les Forêts du Roi, sans qu'ils en ayent pouvoir du Marchand adjudicataire. L'article iv. de ce Titre veut qu'ils soient punis de 100 liv. d'Amende & de Confiscation, dont moitié au profit du Roi, l'autre au profit du Marchand ; & de plus, il déclare les Propriétaires responsables de ceux qu'ils commettent à la Garde de leurs Porcs.

### §. I V.

*Des Délits qui se commettent au sujet des Droits de Pâturage & de Panage.*

Dans le Titre de l'Ordonnance qui concerne les Droits de *Pâturage & de Panage*, il est parlé de six especes de Délits. Une Premiere espece de Délits, est de ceux que commettent les *Propriétaires* des Bestiaux d'une même Paroisse ou Hameau, qui a Droit d'usage dans les Forêts, lorsqu'ils envoyent au Pâturage les Bestiaux, avant qu'ils ayent été marqués d'une même Marque, dont l'empreinte doit être mise au Greffe, & qu'ils ayent été assemblés chaque jour en un même lieu. Cela leur est défendu par l'article vj. de ce Titre, à Peine de Confiscation des Bestiaux, & d'Amende arbitraire.

Une Seconde espece de Délits, est de ceux que commettent les *Pâtres & Gardes*, lorsqu'ils conduisent les Bestiaux par une autre Route ou Chemin que celui qui sera designé par les Officiers de la Maîtrise, comme le plus commode & le mieux défendu. Cela leur est prohibé par l'article vj. à Peine de Punition exemplaire.

Une Troisiéme espece de Délits est de ceux que commettent les *Habitans* qui menent leurs Bestiaux à Garde séparée, ou les envoyent en la Forêt par leurs Femmes & Enfans, ou Domestiques. Cela leur est défendu par l'article viij. à Peine de 100 liv. d'Amende pour la premiere fois, de Confiscation pour la seconde, & pour la troisieme, de Privation de tout usage.

Pareilles défenses sont aussi faites, par le même article, aux *Seigneurs*, *Ecclésiastiques*, *Gentilshommes*, & autres Personnes qui jouissent du Droit comme Habitans ; & cela, nonobstant les Droits de Troupeau à part, & toutes Coûtumes & Possessions contraires.

Une Quatrieme espece de Délits, est de ceux que commettent les *Usagers*, lorsqu'ils prêtent leurs Noms & Maisons aux Marchands & Habitans des Villes & Paroisses voisines pour retirer leurs Bestiaux. Cela leur est défendu par l'article x. à Peine de 50 liv. d'Amende pour la premiere fois, & de Privation de tous Usages en Cas de récidive, outre la Confiscation des Bestiaux.

Une Cinquieme espece de Délits, est de ceux que commettent les *Particuliers* qui envoyent leurs Bestiaux en Pâturage sous prétexte des Baux & Congés des Officiers, Receveurs, ou Fermier du Domaine, même des Engagistes ou Usufruitiers. Cela leur est défendu par l'article xj. à Peine de Confiscation des Bestiaux trouvés en Pâturage, & de 100 liv. d'Amende.

Enfin une Sixieme espece de Délits est de ceux que commettent les *Habitans des Paroisses*, *Usagers*, & toutes Personnes ayant Droit de *Pacage* dans les Forêts du Roi, ou en celles des Ecclésiastiques, Communautés, & Particuliers, lorsqu'ils y mènent ou envoyent *Bêtes à Laine*, *Chevres*, *Brebis*, *Moutons*, ou même lorsqu'ils les menent ou envoyent ès fonds des Bruyeres, Places voisines, & Vergers aux Rives des Bois & Forêts. Cela leur est défendu par l'article xij. à Peine de Confiscation des Bestiaux, & de 3 liv. d'Amende pour chacune Bête, contre les Propriétaires ; & contre les Bergers & Gardes, de l'Amende de 14

liv. pour la premiere fois, dont les Propriétaires des Bestiaux &
Peres de Famille demeureront civilement responsables ; & en Cas
de récidive , d'être Fustigés & Bannis du Ressort de la Maîtrise.

## §. V.

### *Des Délits qui se commettent au sujet des Routes & Chemins Royaux.*

Suivant le Titre de l'Ordonnance qui concerne les *Routes &
Chemins royaux* , il paroît que les Délits qui peuvent se commettre à ce sujet, sont, toutes les fois que l'on *rompt* , *empêche* , *la-
cere* , *ou casse* les Poteaux, Croix, Inscriptions , ou autres Marques plantées dans les Angles, Bois , ou Coins des Places croi-
sées, *triviaires*, *extriviaires*, qui se rencontrent aux grandes Routes & Chemins royaux des Forêts du Roi ou des Particuliers, &
qui indiquent le lieu où chacun des Chemins conduit. Tout cela
est défendu par l'article vj. de ce Titre , à Peine de 300 liv. d'A-
mende , & de Punition exemplaire.

## CHAPITRE II.

### *Des Délits au sujet de la Chasse.*

NOUS avons déja parlé, sous le Titre du VOL , de quelques
Délits qui peuvent se commettre sur le fait de la CHASSE ;
nous ne parlerons ici que de ceux concernant la Police qui a été
établie par les Ordonnances pour la conservation des Droits de
Chasse.

On sçait combien les Souverains sont jaloux de ce Droit , dont
le noble Exercice fait leur principal amusement ; ce grand nombre de Loix & de Réglemens qui ont été faits à ce sujet, les
Peines séveres & multipliées contre ceux qui osent les enfrein-
dre , font assez voir qu'ils ont toûjours regardé la propriété de ce
Droit comme un des Apanages les plus précieux de leur Souveraineté , & que Ceux mêmes à qui ils ont permis d'en user, n'en
étant que de simples Usufruitiers , sont comptables de l'Abus qu'ils
en font , & ne sont pas moins punissables , lorsqu'ils viennent à
s'écarter des Bornes qui leur sont prescrites par ces Réglemens,
que ceux mêmes à qui l'Exercice de ce Droit est absolument interdit.

Or parmi ces Réglemens, qu'il feroit trop long de rapporter ici, & qu'on trouve raffemblés dans le CODE DES CHASSES, nous en remarquons trois, qui méritent une attention particuliere, tant parce qu'ils réuniffent dans leurs Difpofitions, tous les objets qui avoient fait la Matiere des Edits précédens, que parce qu'ils nous font propofés par le Souverain, comme la derniere Regle que l'on doit fuivre en cette Matiere, nous voulons parler des Edits de 1601 & 1607, mais principalement de l'Ordonnance des EAUX ET FORESTS, qui ordonne l'exécution de ces mêmes Edits, dans les Cas auxquels elle n'y a point dérogé expreffément.

Avant que d'entrer dans l'examen des Difpofitions particulieres de ces Loix, nous obferverons d'abord, qu'il réfulte de leur réunion, deux Maximes générales qui doivent fervir de Regle dans l'application des Peines ufitées en cette Matiere.

La PREMIERE, c'eft que ces Peines ne peuvent jamais aller jufqu'au dernier Supplice, de quelque Qualité que foit la Contravention fur le fait de Chaffe, à moins qu'il n'y ait d'autres Crimes mêlés qui puiffent mériter cette Peine; c'eft la Difpofition expreffe de l'article ij. du Titre II. de l'Ordonnance des Eaux & Forêts, qui déroge expreffément fur ce point à l'article xiv. de l'Edit de 1601.

La SECONDE, c'eft que les Peines portées par ces Loix doivent augmenter ou diminuer, fuivant la Qualité des Perfonnes, le nombre des Récidives, & les Circonftances du fait.

Ainfi, 1°. quant aux *Perfonnes*, il faut confidérer fi elles font du nombre de celles à qui la Chaffe eft abfolument prohibée, & fi elles font de Condition vile & abjecte; il n'y a que celles-ci qui puiffent être condamnées à des Peines afflictives, fuivant la Difpofition de l'article xxiv. de l'Edit de 1601.

2°. A l'égard des *Récidives*, il faut diftinguer, fuivant ces mêmes Loix, entre celles qui font arrivées fans avoir été punies précédemment, & celles où l'on eft tombé après la Punition; ce font ces dernieres principalement qui peuvent donner lieu à l'augmentation de la Peine.

3°. Enfin par rapport aux *Circonftances du fait*, ces Circonftances font tirées du Lieu, du Tems, des Armes, de la Maniere de chaffer, de la Qualité des Animaux, & généralement de tous les Abus & Obftacles qui peuvent troubler ou empêcher l'Exercice de ce Droit.

Ce font tous ces différens Objets, que nous allons développer
dans

dans les Paragraphes fuivans , d'après les Difpofitions textuelles des Ordonnances.

### §. I.

#### *Des Perfonnes qui ne peuvent chaffer.*

De ce nombre font les *Marchands* , *Artifans* , *Bourgeois* , & autres *Habitans* des Villes , Bourgs , Paroiffes , & Hameaux , *Payfans* & *Roturiers* , de quelque état & condition qu'ils foient , non *poffédans Fiefs* , *Seigneuries* , & *Haute-Juftice.* Cela leur eft défendu expreffément par l'article xxviij. du Titre *des Chaffes* , à Peine de 100 liv. d'Amende pour la *premiere* fois , du double pour la *feconde* , & pour la *troifieme* d'être attachés trois heures au Carcan du Lieu de leur réfidence à jour de Marché , & Bannis pour trois années du Reffort de la Maîtrife , fans que pour quelque caufe que ce foit , les Juges puiffent remettre ni modérer cette Peine , à peine d'Interdiction.

Il n'y a donc , fuivant cette Ordonnance , que les feuls Seigneurs Hauts-Jufticiers , Seigneurs de Fiefs , Gentilshommes , Nobles , & autres qui font fondés en Titre ou Permiffion générale , fur le fait de Chaffe , qui puiffent ufer de ce Droit ; ce qui ne doit s'entendre néanmoins , qu'avec les modifications dont il fera parlé ci-après.

### §. I I.

#### *Des Lieux défendus pour la Chaffe.*

Par l'article xx. de ce Titre de l'Ordonnance , il eft défendu à toutes Perfonnes , même aux Seigneurs *Hauts-Jufticiers* , *Seigneurs de Fiefs* , *Gentilshommes* , *Nobles* , & autres , qui font fondés en Titre ou Permiffion générale , fur le fait de la Chaffe , de chaffer à l'Arquebufe , ou avec Chiens , *dans l'étendue des Capitaineries des Maifons royales* , s'ils n'en ont des Permiffions particulieres.

Par l'article xij. il leur eft auffi défendu de chaffer à bruit *dans les Forêts du Roi* , *Buiffons* , *Garennes* , *& Plaines* , s'ils n'en ont Titre ou Permiffion expreffe , à peine de Defobéiffance , & de 15 liv. d'Amende.

Par l'article xxvj. il eft défendu aux Seigneurs Hauts-Jufticiers d'empêcher le Propriétaire du Fief qui fe trouve dans l'étendue de leurs Seigneuries , de chaffer *dans l'étendue de fon Fief* , & il ne

P P p p

hah666 TRAITE' DES CRIMES,

leur eft permis d'y chaffer eux-mêmes, autrement qu'en Perfonne, & non par Domeftiques, & autres Perfonnes de leur part.

Par l'article xxvij. il eft dit, qu'en Cas de Démembrement & Divifion de la Haute-Juftice entre plufieurs, il n'y a que celui à qui appartiendra la principale Portion, qui ait Droit de Chaffe, à l'exclufion des autres, dans l'*étendue de fa Juftice ;* & que fi les Portions font égales, il n'y a que celle qui procedera du partage de l'aîné qui puiffe jouir de cette prérogative.

Enfin par les articles xiv. & xvij. il eft défendu, tant aux Seigneurs Hauts-Jufticiers, qu'aux Gentilshommes & Nobles, de chaffer à force de Chiens & Oifeaux dans *leurs propres Forêts, Buiffons, Garennes, & Plaines,* à moins qu'elles ne foient éloignées d'*une lieue* des Plaifirs du Roi ; & de *trois lieues,* fi c'eft aux Chevreuils & Bêtes noires ; comme auffi de tirer en volant, fi ce n'eft à *trois lieues de diftance* des Plaifirs du Roi.

§. III.

*Des Tems prohibés pour la Chaffe.*

L'Ordonnance diftingue, à cet égard, trois fortes de Chaffes : celles dans les Bois, celle dans les Terres enfemencées, & celle dans les Vignes. 1°. Le tems où il eft défendu de chaffer dans les Bois, c'eft la *Nuit.* Suivant l'article iv. de ce Titre, ceux qui font trouvés de nuit dans les Forêts du Roi, Bois & Buiffons en dépendans, & même dans les Bois des Particuliers, avec Armes à feu, doivent être punis de 100 liv. d'Amende, & de Punition corporelle, s'il y échet.

2°. Quant à la Chaffe dans les Terres enfemencées, elle eft défendue *depuis que le Bled eft en tuyau jufqu'à la Récolte.*

3°. Enfin le tems où il eft défendu de chaffer dans les Vignes, c'eft *depuis le premier jour de Mai jufqu'à la Dépouille.*

Tous ceux qui contreviennent à ces défenfes font punis, par l'article xviij. du même Titre, de la Privation du Droit de Chaffe, d'une Amende de 500 liv. & de tous Dépens, Dommages & Intérêts envers les Propriétaires ou Ufufruitiers.

§. IV.

*Des Armes défendues pour la Chaffe.*

Les Armes qui font défendues font de trois fortes : 1°. celles

à feu, *brisées par la Crosse ou par le Canon :* 2°. *les Cannes ou Bâtons creusés :* 3°. *les Pistolets & les Arquebuses, ou Fusils à Rouet.*

A l'égard des Armes de la premiere & de la seconde espece,
elles sont défendues, par l'article xij. de ce Titre, à peine, contre
ceux qui en sont trouvés saisis, de 100 liv. d'Amende, & de la
Confiscation pour la premiere fois, & de Punition corporelle
pour la seconde ; & contre les Ouvriers qui les ont fabriquées
ou façonnées, de Punition corporelle pour la premiere fois.

Quant aux *Pistolets & Arquebuses à Rouet*, le Port en est pareillement défendu, par les articles vj. & vij. de ce Titre, tant de
nuit que de jour, aux Gardes des Plaines, & Sergens à Garde
dans les Forêts du Roi ou dans les Plaines ; à moins qu'ils ne
soient revêtus des Casaques & Livréees du Roi, & qu'ils ne
soient dans les Fonctions de leurs Charges, où à la suite de leur
Capitaine ou Lieutenant, à peine de 50 liv. d'Amende, & de
Destitution de leurs Charges.

### §. V.

#### Instrumens de Chasses défendus.

Les Instrumens de Chasse qui sont défendus sont les *Lacs, Ti-
rasses, Tonnelles, Traineaux, Bricoles de corde & de fil-d'archal,
Pieces de pans de rets, Colliers, Hailliers de fil ou de soie.* Suivant
l'article xij. de ce Titre, il y a peine, contre ceux qui les employent, du *Fouet* pour la premiere fois, & de 30 liv. d'*Amende ;*
& pour la seconde, d'être *Fustigés, Flétris, & Bannis* pour cinq
ans hors de l'étendue de la Maitrise.

*V. Ordonn. des Eaux & Forêts, tit. des Chasses.*

### §. VI.

#### Des Especes de Chasse défendues.

Les Especes de Chasse qui sont défendues sont de deux sortes :
1°. *celle au feu ;* elle est défendue, par l'article iv. de ce Titre, à
peine de 100 liv. d'Amende, & de Punition corporelle, s'il y
échet, sans distinction si c'est dans les Bois des Particuliers : 2°.
la Chasse *au Chien couchant* ou *Braconage ;* celle-ci est défendue par l'article vj. à toutes sortes de Personnes, même aux
Seigneurs Hauts-Justiciers, Gentilshommes & Nobles, & en
tous Lieux ; sçavoir, à peine, contre les *Particuliers*, de 20 liv.
d'Amende pour la premiere fois, du double pour la seconde, &

*V. Ordonn. des Eaux & Forêts, tit. des Chasses.*

du triple pour la troisieme , outre le Banniſſement à perpétuité hors l'étendue de la Maîtriſe ; & contre les *Seigneurs* , *Gentilshommes* , ou *Nobles* , à peine de Deſobéiſſance , & d'encourir l'indignation de Sa Majeſté , & de 1500 liv. d'Amende.

## §. VII.

*Des eſpeces d'Animaux dont la Chaſſe eſt défendue.*

*V. Ordonn. des Eaux & Forêts, tit. des Chaſſes.* Les eſpeces d'Animaux dont la Chaſſe eſt défendue , ſont les *Cerfs* , *Biches* , *Faons* , *Sangliers* & *Chevreuils* : ſuivant les arr. xiv. & xv. de ce Titre , il n'eſt permis à qui que ce ſoit de les tuer , même aux Seigneurs , Gentilshommes , dans leurs propres Forêts , lorſqu'elles ſont éloignées d'une diſtance moindre que de trois lieues des Plaiſirs du Roi ; ceux-ci peuvent ſeulement tirer de l'Arquebuſe ſur toutes ſortes d'Oiſeaux de paſſage & de Gibier , à une lieue des Plaiſirs du Roi , tant ſur leurs Terres , Etangs , Marais & Rivieres de Sa Majeſté.

*V. Ord. de 1601. art. 12.* Suivant l'Ordonnance de 1601 , la Peine de ceux qui ont chaſſé aux Cerfs , Biches , Faons , eſt de 83 Ecus un tiers d'Amende ; de ceux qui ont chaſſé aux Sangliers & Chevreuils , de 41 Ecus tiers ; & s'ils n'ont pas dequoi payer ces Amendes , ils doivent être battus de Verges ſous la Cuſtode juſqu'à effuſion de ſang.

*V. art. 13.* Ces Peines doivent auſſi être augmentées à proportion du nombre des Récidives ; ainſi pour une *premiere* récidive , les Délinquans doivent , ſuivant la même Ordonnance , être battus de Verges autour des Forêts , Bois & Buiſſons , Garennes & autres lieux où ils auront délinqué , & bannis à 15 lieues à l'entour ; pour une *V. art. 14.* *ſeconde* récidive , ils doivent être envoyés aux Galeres , ou battus de Verges & bannis à perpétuité du Royaume , avec Confiſcation des Biens ; & enfin pour une *troiſieme* récidive , ils doivent , à cauſe de l'infraction de Ban qui y eſt jointe , être condamnés au dernier Supplice.

*V. art. 15.* La même Ordonnance va encore plus loin , elle prévoit le cas où ceux qui ont chaſſé à diverſes repriſes aux Cerfs , Biches & Faons , n'auront point été punis ; & elle veut que pour la premiere fois , ils ſoient condamnés à 166 Ecus d'Amende ; & que faute de payement de cette ſomme , ils ſoient battus de Verges aux environs des Forêts & autres lieux où ils auront délinqué , & bannis à trois lieues à l'entour , outre la Confiſcation des Venaiſons ,

Chiens, Filets, Bâtons, Engins; & en cas de récidive, qu'ils soient punis de la même Peine, que celle portée ci-devant contre ceux qui ont contrevenu pour la troisieme fois.

*V. art. 16.*

Il y a encore dans la même Ordonnance, des Peines portées contre ceux qui n'ayant point droit de Chasse, ont chassé aux menues Bêtes & Gibiers ; ils sont condamnés à six Ecus deux tiers d'Amende pour la premiere fois, faute du payement de laquelle ils doivent subir un mois de Prison, au Pain & à l'Eau ; & pour la seconde, du double de l'Amende ; à défaut de Payement, battus de Verges sous la Custode, mis au Carcan trois heures à jour & heures du Marché ; & pour la troisieme fois, outre les Amendes ci-dessus, battus de Verges au-tour des Garennes, & au-tour du lieu où ils auront délinqué, & bannis à 15 lieues à l'entour ; & en cas de plusieurs récidives, sans avoir été punis, ils seront punis de treize écus un tiers d'Amende ; & à défaut de la payer, ils seront battus de Verges sous la Custode, mis au Carcan comme dessus, outre la Confiscation des Venaisons, Gibier, Chiens, Oiseaux, Filets, Bâtons, Engins : enfin si après ladite Punition ils récidivent encore, ils seront punis comme ceux qui ont contrevenu pour la troisieme fois.

*V. art. 17.*

*V. art. 18.*

A ces Peines prononcées contre toutes sortes de personnes en général, la même Ordonnance en ajoute encore de particulieres contre les Officiers des Chasses, qui auront contrevenu aux Défenses ci-dessus, ou auront usé de négligence ou connivence à l'égard des Infracteurs ; elle veut que pour la *premiere* fois, ils soient punis des mêmes Peines & Amendes que celles portées ci-devant, & pour la *seconde* fois, de la suspension de leurs Offices pour un an, enfin de la privation entiere pour la *troisieme* fois.

*V. art. 22.*

### §. VIII.

*Des Troubles & Empéchemens au droit de Chasse.*

Les Troubles & Obstacles qu'on peut apporter à l'Exercice de la Chasse envers ceux qui en ont le droit, sont de cinq sortes, suivant l'Ordonnance.

*V. Ordonn. des Eaux & Forêts, tit. des Chasses.*

1°. Lorsqu'on établit des *Garennes* sans en avoir le droit en vertu des titres & possessions suffisantes. Cela est défendu par l'art. xix. du même Titre de l'Ordonnance des Eaux & Forêts, à peine de 500 liv. d'Amende, & en outre la Garenne ruinée & détruite à leurs dépens.

2°. Lorfqu'on commet des *Rébellions* & *Violences* envers les Officiers des Chaffes dans leurs fonctions, & pour fe maintenir dans le droit de Chaffe que l'on a ufurpé. Cela eft défendu par les articles xxix. & xxx. du même Titre, à peine de 3000 liv. d'Amende pour la *premiere* fois, & en cas de récidive, d'être privé de tous droits de Chaffe fur les Terres riveraines, & même d'être condamné à une Punition plus fevere, dans le cas où la violence feroit qualifiée. Que fi cette violence avoit été commife de la part des Prêtres, Moines & Religieux, qui n'auroient pas dequoi fatisfaire à l'Amende ci-deffus, l'Ordonnance leur fait défenfes pour la *premiere* fois de demeurer plus près de quatre lieues des Forêts, Bois, Plaines & Buiffons ; & en cas de *Récidive*, elle veut qu'ils foient éloignés de 10 lieues, & qu'il foit procédé contre eux par faifie de leur temporel & par toutes autres voies raifonnables, conformément à la Déclaration de François I. du mois de Mars 1515.

3°. Lorfqu'on conftruit des *Parcs & Clôtures d'Héritage* en Maçonnerie, dans l'étendue des Plaifirs des Maifons royales, fans permiffion expreffe de S. M. Cela eft défendu par l'art. xxiv. du même Titre.

4°. Lorfque l'on pratique des *Trous*, *Couliffes* ou autres *Paffages* dans les Murs, pour donner entrée au Gibier. Cela eft défendu par l'art. xxj. du même Titre, à tous ceux qui ont des Parcs, Jardins, Vergers & autres Héritages clos de murs dans l'étendue des Capitaineries des Maifons royales, à peine de 100 l. d'Amende : l'Ordonnance excepte feulement par l'article fuivant les *Trous* ou *Arches*, qui fervent au cours des ruiffeaux, les *Chantepleurs*, *Ventoufes* & autres *Ouvertures* néceffaires à l'écoulement des Eaux.

5°. Lorfqu'on fait la *récolte des Foins* avant la Saint Jean-Baptifte ; cela eft défendu par l'art. xxiij. du même Titre, à tous ceux qui ont des *Ifles*, *Prés & Bourgognes fans clôtures dans l'étendue des Capitaineries royales*, à peine de Confifcation & d'Amende arbitraire.

# CHAPITRE III.

## *Des Délits au sujet de la Pêche.*

NOUS avons parlé des *Vols* qui pouvoient se commettre au sujet de la Pêche ; il nous reste à parler ici des Délits qui se font contre la *Police* établie à cet égard par l'Ordonnance des Eaux & Forêts.

Cette POLICE s'étend non-seulement sur les Pêches qui se font dans les Fleuves & Rivieres , mais encore sur celles qui se font en plaine Mer ; nous avons eu lieu de parler de celles-ci , en traitant de la Jurisdiction de la MARINE ; il ne nous reste plus qu'à dire un mot de celle qui concerne la Pêche dans les Fleuves & Rivieres , & des Délits qui peuvent se commettre à cet égard.

C'est un principe constant en cette matiere , & qui est établi par l'art. lxxxj. du Titre de la Police & conservation des Eaux & Forêts, que le Roi est Propriétaire de tous les Fleuves & Rivieres , qui portent Bateaux de leurs fonds , & qu'ils font partie du Domaine de la Couronne ; nonobstant tous Titres, Possessions, Coûtumes, que pourroient avoir les particuliers ; ensorte que ceux-ci peuvent seulement , lorsqu'ils ont titres & possessions valables , y avoir droit de Pêche , Moulins, Bacs & autres usages, tels que droits de Péages , Travers, &c.

C'est en vertu de ce Droit primitif & régalien, que Sa Majesté a crû devoir par une Loi particuliere prendre toutes les précautions nécessaires pour empêcher les entreprises de ceux qui voudroient s'arroger les Droits dont il s'agit , sans en avoir titre ou possession , ou sans en avoir une permission expresse de Sa Majesté ; & en même tems pour prévenir les abus qu'en pourroient faire ceux qui sont maintenus dans la jouissance de ces Droits.

Ces précautions ont fait l'objet particulier de quatre différens Titres de l'Ordonnance des Eaux & Forêts , dont le *premier* concerne la Pêche ; le *second*, la Police & conservation des Eaux & Rivieres ; le *troisieme* , les droits de Péage , de Travers & autres ; & enfin le *quatrieme* , regarde les droits de Pêcherie appartenans aux Communautés & Habitans.

Après avoir ordonné par une premiere disposition générale, que la conoissance des Délits qui se commettent sur le fait de la Pêche, appartiendra aux Officiers des Maîtrises, à l'exclufion des Juges ordinaires ; cette Ordonnance ftatue enfuite fur fept diffé-rens objets que nous allons parcourir fucceffivement dans ce Chapitre : elle détermine, 1°. quelles font les *Perfonnes* qui ont droit de Pêcher, & celles qui ne peuvent ufer de ce droit ; 2°. le *Tems* où ceux qui ont ce droit, ne peuvent en ufer ; 3°. les *Inftrumens* dont on ne peur fe fervir pour la Pêche ; 4°. les *Ma-nieres* de Pêcher qui font défendues ; 5°. les *Poiffons* qu'on eft tenu de rejetter dans l'eau après les avoir pris ; 6°. la *Police* qui doit s'obferver, par rapport à la confervation des Rivieres navi-gables ; 7°. enfin les *droits de Peage* qui y font établis.

## §. I.

### *Des Perfonnes qui ont droit de Pêche.*

V. Ordonn. des Eaux & Forêts, tit. de la Pêche.

L'Ordonnance contient cinq Difpofitions remarquables à cet égard.

Par la PREMIERE, elle fait défenfes *à toutes Perfonnes,* à la ré-ferve feulement de celles qui ont *droit de Pêcher* de la maniere dont on l'a dit ci-devant, ou *des Maîtres Pêcheurs* qui font reçûs ès Siéges des Maîtrifes par les Maîtres particuliers ou leurs Lieu-tenans, de pêcher fur Fleuves & Rivieres navigables, à peine de 50 liv. d'Amende, & de Confifcation du Poiffon, Filets & autres Inftrumens de Pêche, pour la premiere fois ; de 100 liv. d'Amende pour la feconde, outre pareille Confifcation, & mê-me de Punition plus févere, s'il y échet.

Par la SECONDE, qui regarde les *Eccléfiaftiques, Seigneurs, Gentilshommes* & *Communuutés,* qui ont droit de Pêcher dans les Rivieres ; elle leur fait injonction expreffe d'obferver & faire obferver par leurs Domeftiques & Pêcheurs, auxquels ils ont affermé ce droit, le Réglement fait par l'Ordonnance fur la Pê-che, à peine de privation de leur droit ; comme auffi de donner Déclaration aux Procureurs du Roi des Maîtrifes, des noms fur-noms & demeures des Pêcheurs auxquels ils ont fait Bail de leur Pêche ; & cette Déclaration doit être regiftrée au Greffe de la Maîtrife, où les Pêcheurs feront tenus de prêter ferment.

Par la TROISIEME, qui concerne les *Maîtres Pêcheurs ;* elle veut qu'ils ayent au moins l'âge de 20 ans ; qu'ils élifent tous les ans un Maître de Communauté qui aura l'œil fur eux, & aver-tira les Officiers des Maîtrifes des abus qu'ils commettront, ce

que

que ceux-ci feront tenus de faire fans frais & fans exaction, à peine de Punition exemplaire & d'Amende arbitraire.

Par la QUATRIEME, elle veut qu'il y ait auſſi en chaque Maîtriſe, des *Sergens* pour la conſervation des Eaux & Pêches, dont les fonctions ſoient, 1°. d'être journellement ſur les Rivieres & Fleuves, pour veiller ſur les Pêcheurs à ce qu'ils ne contreviennent aux Ordonnances ; 2°. de ſaiſir les Engins, en cas de contravention ; 3°. d'envoyer leurs Procès-verbaux au Greffe de la Maîtriſe ; 4°. d'aſſigner les Délinquans au premier jour, pour y répondre ; 5°. enfin de faire la collecte des Amendes au profit du Roi.

Enfin par la CINQUIEME, qui concerne les *Habitans* des Communautés, elle veut que ceux d'entr'eux qui ont droit de Pêcherie, ſoient tenus de donner ce Droit par Adjudication, & que les Ajudicataires ne puiſſent être qu'au nombre de deux en chaque Paroiſſe ; & elle défend à tous autres, qu'à ces Adjudicataires, de pêcher en aucune ſorte, même la Ligne à la main ou au Panier, ès Eaux, Rivieres, Étangs, Foſſés, Marais & Pêcheries communes, nonobſtant toutes Coûtumes & Poſſeſſions contraires, à peine de 30 liv. d'Amende & un mois de Priſon pour la premiere fois, & de 100 liv. d'Amende, avec Banniſſement de la Paroiſſe en cas de récidive.

*V. art. 17. & 18. tit. des Bois.*

## §. II.

### *Des Tems prohibés pour la Pêche.*

Les tems prohibés pour la Pêche ſont :

1°. Les *jours de Fêtes & Dimanches*, ſous peine de 40 liv. d'Amende ; & il eſt enjoint pour cet effet, par l'article xiv. aux Pêcheurs d'apporter tous les Samedis & veilles de Fêtes, incontinent après le Soleil couché, au Logis du Maître de Communauté, tous les Engins & Harnois, leſquels ne leur ſeront rendus que le lendemain du Dimanche, ou après Soleil couché ; à peine de 50 liv. d'Amende, & d'interdiction de la Pêche pour un an.

*V. Ordonn. des Eaux & Forêts, tit de la Pêche.*

2°. La *Nuit*, depuis le coucher du Soleil juſqu'à ſon lever ; l'art. v. prononce la même peine en ce Cas, que celle ci-deſſus, & il excepte ſeulement la Pêche aux arches des Ponts, aux Moulins, aux Gords où ſe rendent des Dideaux, laquelle peut ſe faire tant de nuit que de jour, hors les Dimanches & Fêtes, & autres tems défendus.

3°. Le *Tems de la Fraye*, fçavoir, aux Rivieres où la Truite abonde fur tous les autres Poiffons, depuis le premier Février jufqu'à la mi-Mars ; & aux autres, depuis le premier Avril jufqu'au premier Juin, à peine pour la premiere fois de 20 liv. d'Amende ou d'un mois de Prifon ; & du double de l'Amende & de deux mois de Prifon pour la feconde & du Carcan, Fouet, & Banniffement du Reffort de la Maîtrife pendant cinq années : c'eft la difpofition de l'article vj. L'article fuivant excepte la Pêche des Saumons, Alofes, & Lamproies, qu'il permet de continuer en la maniere accoûtumée.

Au refte, il eft défendu par l'art. viij. pendant le tems de la Fraye, de mettre *Bires* ou *Naffes* d'ofier à bout des Dideaux, à peine de 20 liv. d'Amende & de Confifcation du Harnois pour la premiere fois, de Privation de la Pêche pendant un an pour la feconde ; l'on peut feulement y mettre des Chauffées ou Sacs du moule de 18 lignes en quarré.

V. art. 9.

## §. III.

### Des Infrumens & Engins prohibés pour la Pêche.

V. Ordonn. des 1 aux & Forêts, tit. de la Pêche.

Les Inftrumens & Engins qui font prohibés, font ceux appellés *Giles*, *Tramail*, *Furet*, *Epervier*, *Chauffon*, & *Sabre*, dont il eft fait mention dans l'art. x. de ce Titre de l'Ordonnance. Par le même article il eft encore fait défenfes expreffes aux Maîtres Pêcheurs de fe fervir d'aucuns autres Engins & Harnois qui font prohibés par les anciennes Ordonnances fur le fait de la Pêche, à peine de 100 liv. d'Amende pour la premiere fois, & de Punition corporelle pour la feconde.

Enfin par ce même article l'Ordonnance défend en général, fous de pareilles peines, tous autres Inftrumens qui pourroient être inventés au dépeuplement des Rivieres, comme auffi d'aller au Barandage, & mettre des Bacs aux Rivieres.

A l'égard des autres *Harnois* ou *Engins* qui ne font pas défendus, pour que les Pêcheurs puiffent s'en fervir, l'Ordonnance veut par l'art. xiij. qu'ils les faffent marquer du Coin de la Maîtrife fcellé en plomb, fur lequel fera gravé l'Ecuffon des Armes du Roi, & autour le Nom de la Maîtrife, à peine de Confifcation & de 20 liv. d'Amende ; & elle ordonne à cet effet, par le même article, qu'il fera fait Regiftre dans chaque Maîtrife des Harnois qui auront été marqués, enfemble du jour & du nom du

Pêcheur qui les aura fait marquer , fans que pour ce les Officiers puiffent prendre aucun falaire.

De plus , elle enjoint par l'art. xxv. aux Officiers des Maîtrifes, qui trouveront des Engins & Harnois défendus , de les faire brûler à l'iffue de l'Audience devant leur Auditoire , & condamner les Pêcheurs fur lefquels ils auront été faifis aux peines ci-deffus , fans pouvoir les modérer , à peine de Sufpenfion de leur Charge pour un an.

Enfin , par l'art. xv. du même Titre , l'Ordonnance fait défenfes à tous Mariniers , Contre-Maîtres , Gouverneurs , & autres Compagnons de Riviere conduifant leurs *Nefs*, *Bateaux*, *Befognes*, *Marnies*, *Flettes* ou *Naffelles*, d'avoir aucuns Engins à pêcher , foit de ceux permis ou défendus , tant par les anciennes Ordonnances que par les précédentes , à peine de 100 liv. d'Amende & de Confifcation des Engins.

## §. IV.

### *Des manieres de pêcher qui font défendues.*

Les manieres de pêcher qui font défendues par l'Ordonnance font , 1°. celles avec de la *Chaux*, *Noix Vomiques*, *Coque de Levant*, *Mommie*, & autres *Drogues* ou *Appâts*, à peine de Punition corporelle.
*V.* Ordonn. des *Eaux & Forêts*, tit. de la *Pêche*. *V. art.* 14.

2°. Celles de *Bouiller* avec *Bouilles* ou *Rabots*, tant fur les Chevrins , Racines , Saules , Ofiers , Terriers & Arches , qu'en autres lieux : il y a peine de 50 liv. d'Amende & d'être bannis des Rivieres pour trois ans.
*V. art.* 11.

3°. De mettre *Lignes* avec *efchets* & *amorces vives*, cela eft défendu fous les mêmes Peines.
*V. même art.* 11.

4°. De porter *Chaînes* ou *Clairons* dans les Batelets , même Peine que deffus.
*V. ibid.*

5°. D'aller à la *Fare*, c'eft-à-dire de faire une Pêche publique & folemnelle , même Peine que deffus.

6°. De pêcher dans les *Noues* avec Filets , & d'y *bouiller* pour prendre le Poiffon & le Frai qui a pû y être porté par le débordement des Rivieres ; même Peine que deffus.
*V. ibid.*

7°. Enfin d'aller fur les *Mares*, *Etangs*, *Foffés*, lorfqu'ils feront glacés pour en rompre la glace & y faire deux trous , & y porter Flambeaux , *Brandons*, & autres feux. Cela eft défendu à peine d'être punis comme de Vol.
*V. art.* 18.

## §. V.

### Des Poiſſons qu'il n'eſt pas permis de garder.

V. Ordonn. des Eaux & Forêts, tit. de la Pêche.

Les Poiſſons que les Pêcheurs doivent rejetter après qu'ils les ont pris, ſont les *Truites, Carpes, Barbeaux, Brêmes* & *Meuniers* qui ont moins de 6 pouces entre l'œil & la queue, & les *Tanches, Perches,* & *Gardins* qui en auront moins de 5, à peine de 100 liv. d'Amende, & Confiſcation, contre les Pêcheurs & Marchands qui en auront vendus & achetés ; c'eſt la diſpoſition de l'art. xij. du même Titre de l'Ordonnance. Le même article permet aux Maîtres, Lieutenans, & Procureurs du Roi, de viſiter les Rivieres, Bannitons, Boutiques, Etuis de Pêcheurs ; & s'ils y trouvent du Poiſſon qui ne ſoit pas de la longueur & échantillon ci-deſſus preſcrit, ils doivent dreſſer Procès-verbal de la qualité & quantité qu'ils auront trouvée, aſſigner les Pêcheurs pour répondre du Délit, le tout ſans frais.

## §. VI.

### De la Police & Conſervation des Eaux & Rivieres.

V. art. 40. du tit. de la Pol. & Conſerv. des Forêts, Eaux & Riv. de l'Ordon. des Eaux & Forêts.

L'Ordonnance contient ſous ce Titre, trois diſpoſitions remarquables à ce ſujet.

Par la premiere, elle défend de tirer de la Terre, du Sable, & autres Matériaux à ſix toiſes près des Rivieres navigables, à peine de 100 liv. d'Amende.

V. art. 42.

Par la ſeconde, de faire des Moulins, Batardeaux, Ecluſes, Gords, Pertuits, Murs, Plans d'Arbres, Amas de Pierres, de Terre, Faſcines, ni autres Edifices ou empêchemens nuiſibles au cours de l'Eau dans les Fleuves & Rivieres navigables ; & de jetter aucune ordure, immondice, ou les amaſſer ſur les Quais & Rivages, à peine contre les Contrevenans d'Amende arbitraire, & de plus tenus de la Démolition des Moulins, Ecluſes, Vannes, Gords, & autres Edifices qu'ils auront fait bâtir ſans avoir obtenu Permiſſion de S. M. ſinon Elle veut que cette Démolition ſoit faite à leurs frais.

V. art. 43.

Enfin par la troiſieme, elle défend de détourner l'Eau des Rivieres navigables & flottables, ou d'en affoiblir ou altérer le cours par Tranchées, Foſſés & Carreaux, à peine contre les Contrevenans d'être punis comme Uſurpateurs, & les choſes réparées à leurs dépens.

V. art. 44.

## §. VII.

*Des Droits de Péages, & autres qui se perçoivent sur les Fleuves & Rivieres.*

L'Ordonnance fait Défenses, par l'art. vij. du Titre des *Droits de Péage*, à toutes Personnes de lever ces Droits, s'ils ne sont légitimement établis par Titre & Possession avant cent années, & s'ils ne sont insérés dans une Pancarte qui sera mise & attachée sur des Poteaux à l'entrée des Ponts, Passages & Pertuis, où les Droits sont prétendus, nonobstant tout usage contraire. Elle défend aussi, par le même article, à Ceux qui jouissent de ces Droits, de les excéder, à peine de Punition exemplaire contre les Contrevenans, même de Restitution du Quadruple envers les Marchands, outre l'Amende arbitraire envers le Roi. Au reste, l'on peut voir à ce sujet les art. cxxxviij. de l'Ordonnance d'Orléans & clxxxij. de celle de Blois.

*V. Ordonn. des Eaux & Forêts, tit. des Dr. de Péage, Travers, &c.*

---

## CHAPITRE IV.

*De la Contrebande & des Délits qui peuvent se commettre à ce sujet.*

ON appelle *Contrebandiers*, Ceux qui débitent ou portent en Fraude des Marchandises prohibées par les Ordonnances du Royaume, tels que le Tabac, le Sel, Toiles peintes, &c.

Nous avons déja parlé, sous le Titre du *Faux*, de cette espece de Contrebandiers qu'on appelle *Fauxsauniers*, & qui font l'Objet particulier du Titre xvij. de l'Ordonnance des Aides & Gabelles. Nous avons aussi parlé en même tems du Faux qui se commettoit dans les Marques & Cachets du Fermier des Droits de S. M. & des Fabriquans de Tabac, dont il est fait mention dans l'art. xv. de la Déclaration du 17 Octobre 1720. Il nous reste à parler présentement de Ceux qui débitent simplement, ou portent en fraude le Tabac & autres Marchandises qui ne sont altérées ni contrefaites, mais dont le commerce est seulement prohibé par les Ordonnances.

De toutes les Loix qui ont été rendues à ce sujet, celle à laquelle nous croyons devoir principalement nous arrêter, parce que c'eſt la derniere que nous ayons ſur cette matiere ; c'eſt la Déclaration du 20 Août 1729.

Cette Loi renferme deux ſortes de diſpoſitions, dont les unes concernent les *Contrebandiers* ; les autres, leurs *Fauteurs & Complices.*

Quant aux CONTREBANDIERS, la Déclaration diſtingue entre eux, Ceux qui ſont ſaiſis ſans Armes ou avec Armes & Attroupement : Ceux qui ſe révoltent contre les Commis, forcent les Poſtes & Corps de Garde : enfin, Ceux qui font la Contrebande, après avoir été employés dans les Fermes.

*V. art. 1.*   1°. La Peine de ceux qui ſont convaincus d'avoir porté des Toiles peintes & autres Marchandiſes prohibées en Contrebande ou en Fraude par Attroupement au nombre de cinq au moins, avec port d'Armes, eſt celle de Mort avec Confiſcation de Biens, même dans les Lieux où la Confiſcation n'a pas lieu.

*V. même art.*   2°. La Peine de ceux qui ſont trouvés ſans Armes, & en moindre nombre que cinq, eſt celle des Galeres pour cinq ans, & une Amende de 100 liv. payable ſolidairement par chacun.

*V. art. 3.*   3°. La Peine de ceux qui ſe révoltent contre les Commis, forcent les Poſtes & les Corps de Garde établis dans les Villes ou à la Campagne, & qui ſont gardés par les Gardes des Fermes, eſt celle de Mort, quand même les Coupables n'auroient alors ſur eux aucunes Marchandiſes, & qu'ils auroient été trouvés en moindre nombre que cinq.

*V. art. 9.*   4°. La Peine de ceux qui, après avoir été employés dans les Fermes en Qualité de Commis & de Gardes, ſont arrêtés avec du Tabac, & autres Marchandiſes de Contrebande, eſt celle des Galeres pour cinq ans, & de 500 liv. d'Amende, quoiqu'ils ne ſeroient ni attroupés ni armés.

*V. art. 6.*   5°. La Peine de ceux qui ſont trouvés portant ou débitant du faux Tabac, ou autres Marchandiſes de Contrebande à Paris ou autres lieux du Royaume, eſt celle de trois ans de Galeres, quant aux Hommes pour la premiere fois, & de 500 liv. d'Amende ; & en cas de Récidive, les Galeres perpétuelles & 1000 livres d'Amende : & à l'égard des Femmes, celle du Fouet, de la Fleur-de-lys & du Banniſſement pour trois ans, avec 500 liv. d'Amende pour la premiere fois ; & en cas de Récidive, Banniſſement perpétuel, 1000 liv. d'Amende, ou enfermées pendant toute leur

Vie dans l'Hôpital ou Maison de Force, le plus près du lieu où la Condamnation aura été prononcée.

A l'égard des FAUTEURS *& Complices* de la Contrebande, la Déclaration comprend sous ce Nom :

1°. *Ceux qui recellent* les Effets de la Contrebande, en retirant dans leurs Maisons les Porteurs & Voituriers de Tabac en fraude, où qui souffrent que les Tabacs soient entreposés chez eux. La peine de ceux-ci est la même que celle portée contre les Contre-bandiers sans Armes. V. *même art.* 6.

2°. Les *Cabaretiers, Fermiers & autres Gens de la Campagne,* qui donnent *retraite* aux Contrebandiers, ou retirent leurs Marchandises. La Peine de ceux-ci est l'Amende de 1000 l. pour la premiere fois ; le Bannissement, en cas de Récidive. Ils peuvent même être poursuivis & punis, comme Complices, des Peines portées ci-devant, lorsqu'ils n'avertissent pas dans les 24 heures le Juge le plus prochain, ou les Officiers de la Maréchaussée de se transporter dans leurs Maisons, à l'effet d'y dresser Procès-verbal de la Violence qui leur seroit faite par les Contrebandiers ; comme aussi lorsqu'ils n'avertissent pas dans le même délai de 24 heures les Brigades des Fermes du Roi qui sont les plus proches de leur demeure, à l'effet de courre sur les Contrebandiers. V. *art.* 7.

3°. Les *Commis & Employés* qui favorisent le passage des Contrebandiers, ou qui sont convaincus d'être d'intelligence avec eux, la Peine de ceux-ci est celle de Mort. V. *art.* 2.

4°. Les *Commis* qui ne dressent pas sur le champ leur Procès-verbal de la Rébellion faite contre eux de la part des Contrebandiers, & n'en donnent pas avis dans les 24 heures aux Juges qui en doivent connoître ; la Peine de ceux-ci est d'être déclarés incapables de tous Emplois, même de Punition corporelle s'il y échet. V. *art.* 4.

5°. Les *Juges* qui, après qu'ils auront eu avis des Rébellions, n'informeront pas dans les 24 heures, à la Requête des Fermiers ou des Procureurs du Roi, la Peine est de 300 liv. d'Amende, avec Interdiction. V. *art.* 5.

6°. Enfin, les *Syndics* & les *Habitans des Bourgs & Villages* qui voyant passer des Particuliers attroupés avec port d'Armes & avec des Ballots sur leurs chevaux, ne sonneront pas le Toc-fin ; ceux-ci doivent être punis de 500 liv. d'Amende, qui sera prononcée solidairement contre les Communautés. V. *art.* 8.

## CHAPITRE V.

### Des Délits concernant les Jeux publics.

LEs Defordres multipliés qu'entraîne la paffion du Jeu, dont le moindre eft la ruine des Familles, font affez fentir la néceffité & la fageffe des Défenfes portées par les Réglemens qui ont été faits à ce fujet.

Sans rappeller ici les Difpofitions particulieres qui fe trouvent répandues, tant dans le Droit Romain que dans les anciennes Ordonnances du Royaume, nous nous contenterons de remarquer en général, que ces Loix portent fur trois objets principaux : le *premier* regarde les Efpeces de Jeux qui font défendus ; le *fecond*, les Académies publiques qui fe tiennent à ce fujet ; le *troifieme*, les Engagemens & les Pertes qui fe font à l'occafion de ces Jeux.

#### JEUX qui font défendus.

Ce font généralement tous Jeux de *Hazard*, & dont l'effet ne dépend aucunement de l'induftrie des Hommes, tels que les Jeux de *Dez*, dont l'ufage & la fabrique ont été fpécialement prohibés par une Ordonnance de S. Louis en 1254. On comprend auffi fous ce nom, tous les Jeux qui font la fource la plus ordinaire de la débauche & de la ruine de la Jeuneffe, tels que le *Lanfquenet*, les Jeux de *Hoka*, de *Baffette* & de *Pharaon*, le *Lanfquenet* & la *Duppe*, dont il eft parlé dans les Arrêts de Réglemens de la Cour, & notamment dans celui du 3 Avril 1717, rapporté au Tome VI. du Journal des Audiences.

*V. Journal des Aud. liv. 7. c. 41.*

Suivant ce dernier Arrêt, où font rapportés les Réglemens antérieurs ; ceux qui jouent à ces fortes de Jeux, doivent être punis d'une Amende de 1000 liv. pour la premiere fois, *fauf*, eft-il dit, *à impofer autre & plus grande Peine, & même injonction de vuider la Ville & Fauxbourgs de Paris, & principalement en cas de Récidive.*

Au refte, les Peines qui font portées par ces Arrêts, concernent principalement les Joueurs qui font trouvés dans des Académies de Jeux, mais encore plus particulierement ceux qui tiennent

nent ces fortes d'Académies, que nos Ordonnances appellent *Berlans*.

## *ACADEMIES de Jeux ; Peine de Ceux qui les tiennent.*

Par l'Edit d'Henri III. à Blois, en Mars 1577, il eft « fait » Défenfes expreffes aux Hôtelliers, Cabaretiers & Taverniers, » de tenir ou permettre qu'on tienne en leurs Maifons, Berlans » de Jeux de Dez, Cartes & autres *débauchemens* pour la Jeu-» neffe », &c.

Par l'Edit de Louis XIII. en Mai 1661, regiftré en Parlement : Pareilles « Défenfes font faites à toutes fortes de Perfonnes, de » quelque Qualité & Condition qu'elles foient, même aux Pro-» priétaires, Locataires des Maifons où fe tiennent lefdits Ber-» lans, à peine d'Amende arbitraire, & d'autre punition s'il y » échet ; même d'être refponfables en leur propre & privé nom, » de la perte des Deniers qui y fera faite ».

La même Loi « enjoint aux Juges de fe tranfporter aux Mai-» fons où ils feront avertis que fe tiennent lefdits Berlans, de fe » faifir des Joueurs qui s'y trouveront, leur faire leur Procès, » ainfi qu'aux Propriétaires & Locataires qui les recevront com-» me à des Infracteurs des Ordonnances & ayant encouru la ri-» gueur d'icelle ; fe faifir pareillement de l'Argent des Joueurs, » Bagues & Joyaux, & autres chofes expofées aux Jeux, dont » ils feront la diftribution aux Pauvres des Hôtels-Dieu ».

Par l'Ordonnance du même Prince, en 1629, les mêmes Dé-fenfes ont été renouvellées d'une maniere encore plus rigoureufe, en ce qu'elle veut que tous ceux généralement qui recevront en leurs Maifons les Affemblées pour le Jeu, qu'on appelle *Acadé-mies* ou *Berlans*, & qui fe proftitueront à un fi *pernicieux Exer-cice*, ce font les termes, foient déclarés *infames, infeftables & in-capables* de tenir jamais Offices Royaux, & qu'ils foient bannis pour jamais des Villes où ils feront convaincus d'avoir contre-venu à ces Défenfes ; que les Maifons foient confifquées fur le Propriétaire, s'il eft prouvé que cet Exercice y ait été fait fix mois durant, fauf le Recours de ce dernier contre les Locataires ; & qu'enfin, à l'égard des Joueurs qui fe trouveront convaincus d'avoir été trois fois auxdites Académies, ils foient pareillement déclarés *infames & infeftables*, comme deffus, &c.

*V. art. 137. de l'Ordon. de 1629.*

Il y a eu depuis ce tems-là un Edit du mois de Décembre 1666, regiftré en la Cour, qui ordonne l'exécution des Loix précédentes contre ceux qui tiennent Académie, Berlan, Jeux de hafard, & autres Jeux défendus.

Mais il paroît que ces Loix ne font point fuivies à la rigueur, & que par les derniers Arrêts qui ont été rendus à ce fujet, notamment par celui du 30 Avril 1717 que nous avons cité, l'on s'eft contenté de condamner ceux qui tiennent des Académies de Jeux de hafard à de fimples Amendes pécuniaires de 3000 liv. pour la première fois ; & à une peine corporelle, telle que le Fouet & le Carcan, avec injonction de vuider la Ville & les Fauxbourgs de Paris, en cas de récidive.

Les mêmes Arrêts font défenfes aux Propriétaires, de louer pour tenir Académie de Jeux, après en avoir été avertis par les Commiffaires du Châtelet, à peine de perte des Loyers, & d'avoir leurs Maifons fermées pendant un an ; comme auffi d'être folidairement refponfables des Amendes ci-deffus ; & ils ordonnent que les Condamnations pourront être prononcées par le Lieutenant Général de Police fur la Dépofition uniforme de deux Témoins dignes de foi, ou fur les Procès-verbaux de deux des Commiffaires au Châtelet, portant qu'ils ont furpris dans le Jeu ceux qui tiennent lefdites Académies, ou qui jouent chez les autres.

### Des Pertes & Engagemens qui fe font à l'occafion du Jeu.

Les mêmes Loix qui prononcent des Peines contre les Académies des Jeux & les Joueurs, ont cru devoir auffi pourvoir à la fûreté des Familles & des Créanciers, par des Difpofitions particulieres.

Par l'art. 1. de l'Ordonnance de MOULINS, les Mineurs, & même leurs Pere & Mere, Tuteurs, Curateurs, & proches Parens, font autorifés de répéter les Deniers & Biens qu'ils auront perdus en tous Jeux de hafard.

Par l'Edit de 1577, que nous avons cité ci-devant, il eft défendu aux Hôteliers, Taverniers, de faire aucun crédit aux Enfans Mineurs à l'occafion des Jeux, fous peine de perdition de leurs Dettes, & fans qu'il leur foit permis ni loifible d'en faire aucunes pourfuites contr'eux ; cet Edit déclare nulles les Promeffes, Cédules, ou Obligations qui pourroient avoir été faites à cette occafion, avec défenfes aux Juges d'y avoir égard.

V. art. 138. L'Ordonnance de 1629 va plus loin, elle déclare toutes Dettes contractées pour le Jeu nulles, fans diftinguer fi elles ont été faites par les Mineurs ou Majeurs. Elle décharge de toutes Obligations civiles & naturelles., par rapport aux promeſſes qui ont été faites à ce ſujet, quelque déguiſées qu'elles ſoient. Elle veut de plus, que s'il eſt prouvé que ces Promeſſes viennent du Jeu, celui qui en ſera le Porteur, ainſi que le premier Créancier ou Ceſſionnaire, ſoient condamnés, envers les Pauvres, en pareille ſomme que ſera celle contractée auxdites Promeſſes. Elle défend à toutes Perſonnes de prêter Argent, Pierreries, ou autres Meubles pour jouer, & de répondre pour ceux qui jouent, à peine de la perte de leurs Dettes & de nullité des Obligations, & même de Confiſcation de Corps & de Biens, comme Séducteurs & Corrupteurs de la Jeuneſſe. Elle veut que ceux qui jouent ſur V. *art.* 139. Gages perdent ceux qu'ils auront expoſés, & que ces Gages ſoient confiſqués au profit des Pauvres, un tiers reſervé au Dénonciateur. Elle prononce la même peine contre ceux qui auront gagné les Gages; & elle veut qu'outre la privation de ces Gages, ces derniers ſoient encore condamnés en pareille ſomme que celle pour laquelle ils auroient gagné leſdits Gages, applicable comme deſſus. Elle permet, conformément à la Diſpoſition de l'article I. de l'Ordonnance de MOULINS, aux Pere & Mere, V. *art.* 140. Ayeuls, Ayeules, & Tuteurs, de répéter toutes les ſommes que les Fils de famille & les Mineurs auroient perdues, avec dépens, dommages-intérêts: mais elle déroge à cette Ordonnance, en ce qu'elle admet la Preuve par Témoins, nonobſtant que les ſommes excéderoient celle de 100 liv. Enfin, la même Ordonnance déclare nulles toutes les aliénations d'immeubles qui ſeroient prouvées être procédées du Jeu; elle veut que nonobſtant la perte & V. *art.* 141. délivrance de ces immeubles, quoique déguiſée ſous le nom de Vente, Echange, ou autrement, & nonobſtant tous Decrets qui en ſeroient faits, les hypotheques demeurent entieres aux Femmes pour leurs Conventions matrimoniales, & aux Créanciers pour leurs Dettes; le tout ſans déroger, eſt-il dit, aux Peines portées par l'Edit de Mai 1611, contre les Berlans & Jeux de haſard.

## CHAPITRE VI.

### Des Délits en fait d'Imprimerie.

SI l'on ne peut difconvenir que l'Imprimerie a procuré de grands avantages pour l'accroiffement des Sciences, il faut convenir en même tems qu'elle a attiré de grands & dangereux inconvéniens dans les Etats & Républiques où elle a été trop librement permife ; c'eft l'idée que nous en donne le Roi Louis XIII. dans le Préambule de fon Ordonnance à Paris en Janvier 1626, où il obferve que c'eft par le moyen de cet Art, que fe font gliffées & femées beaucoup de mauvaifes & fauffes Maximes de Doctrine & d'Impiété, contre Dieu, la Religion, les bonnes Mœurs, & le Bien public.

C'eft auffi pour remédier à ces inconvéniens, qu'on a vû éclorre en différens tems plufieurs Ordonnances, Edits, & Déclarations, par lefquels on a aftreint les Imprimeurs fous de rigoureufes Peines, à n'imprimer aucuns Ouvrages qu'après en avoir obtenu le Privilége du Roi, & qu'après qu'ils auront été examinés par des Docteurs en Théologie, fi c'eft un Livre concernant la Religion. Mais de fi fages Réglemens n'ayant point eu tout l'effet qu'on en pouvoit attendre, au moyen des précautions frauduleufes que prenoient les Imprimeurs de contrefaire le nom d'autrui, de déguifer le nom de l'Auteur, & le lieu dans lequel les Livres avoient été imprimés, & même de les faire imprimer en des Pays étrangers ; il a fallu, pour faire ceffer ces derniers Abus, établir par de nouvelles Loix des Peines encore plus rigoureufes que celles portées par les précédentes.

*PEINES contre les Imprimeurs qui fuppofent le Nom d'autrui.*

Par l'Edit d'Henri II. à Château-Briant, du 27 Juin 1551, article ix. les Imprimeurs qui fuppofent le Nom d'autrui font punis comme Fauffaires de la Confifcation de Corps & de Biens ; & il eft enjoint à tous les Sujets qui en ont connoiffance, & en ont entre les mains, de les apporter inceffamment en Juftice, comme Livres fufpects, à peine de Punition arbitraire.

*PEINES contre les Imprimeurs qui déguisent leurs Noms*
*& Demeures.*

Par l'Edit de Charles IX. à Paris en Septembre 1572, art. x.
il est défendu aux Imprimeurs de déguiser leurs Noms, & le Lieu
où les Livres sont imprimés, à peine de Confiscation des Livres
avec Amende arbitraire. Cette Peine a été augmentée par les
Loix postérieures, telle que l'Ordonnance de Moulins, & celle *V. Ordonn. de*
de Louis XIII. en Janvier 1626, qui enjoignent expressément aux *Moulins, art. 78.*
Imprimeurs de mettre & insérer leurs Noms & le Lieu de leur demeure, ainsi que celui de l'Auteur, & la Permission d'imprimer ;
sçavoir, la premiere de ces Loix, à peine de *perdition* de Biens,
& de Punition corporelle ; & la derniere, sous peine de la Potence.

*PEINES contre ceux qui font imprimer en Pays étrangers.*

Par l'article x. de l'Edit de Charles IX. en Septembre 1572,
il est défendu de faire imprimer des Livres dans les Pays étrangers, à peine de Confiscation de ces Livres, & de l'Amende
arbitraire contre les Imprimeurs, Libraires, & Marchands du
Royaume qui y contreviendront.

*PEINES de ceux qui impriment sans Permission.*

Il y a une foule de Loix rendues sur cette Matiere ; mais celle
à laquelle nous croyons devoir principalement nous arrêter, parce qu'elle contient plusieurs Dispositions remarquables, tant pour
la Punition, que pour la Compétence & l'Instruction de ces sortes de Délits, c'est la Déclaration du 12 Mai 1717.

1°. Quant à la PEINE, cette Déclaration, après avoir rappellé
les Ordonnances, Edits, & Déclarations précédentes, dont elle
ordonne l'exécution, notamment des articles lxx. & lxxviij. de
l'Ordonnance de Moulins, des Lettres-Patentes en forme de
Déclaration du 18 Avril 1571, de l'Edit du mois d'Août 1686,
des Lettres-Patentes du mois d'Octobre 1701, des Arrêts de Réglemens du Parlement de Paris des 17 Janvier 1645, 3 Décembre 1705, 4 Janvier 1706, 26 Août 1711, 3 Février 1712, 21
Février 1715, 4 Avril & 11 Mai 1716, elle fait défenses à tous
*Imprimeurs, Libraires, Colporteurs*, & à tous autres, de quelque
état & condition qu'ils soient, d'Imprimer, Vendre, & Débiter
ni Distribuer aucuns Livres, Livrets, Libelles, Feuilles volan-

tes , & autres Ouvrages , qu'*en vertu des Privileges généraux ou particuliers* obtenus de Sa Majefté ; ou de *Permiffion* des Officiers de Police , dans les Cas où il eft permis à ceux-ci d'en accorder, fuivant les Lettres-Patentes du 2 Octobre 1701 ; *le tout à peine,* eft-il dit , *contre les* LIBRAIRES *ou* IMPRIMEURS , *d'Interdiction pour un tems , ou de Privation de leur Maîtrife pour toûjours ; & tant contre ceux-ci que contre les* COLPORTEURS , DISTRIBUTEURS , & autres , de Confifcation des Exemplaires , 100 liv. d'Amende pour chaque contravention , dont la moitié au Dénonciateur, & l'autre moitié aux Hôpitaux des lieux , ou autres Hôpitaux les plus proches , s'il n'y en a point dans le lieu.

Cette Déclaration exempte feulement des Formalités ci - deffus : 1°. les *Edits , Déclarations , Lettres-Patentes de Sa Majefté :*
2°. les *Arrêts des Cours* qui feront imprimés dans leur Reffort &
par leurs ordres , en la maniere ordinaire : 3°. les *Mémoires , Placets , Requétes , Factum* , ou autres Ecritures fervans aux Jugemens des Procès pendans , tant au Confeil du Roi , que devant les Cours des Parlemens , & autres Juges , pour l'impreffion defquels il fuffira qu'ils foient fignés d'un *Avocat* ou *Procureur* ; en la maniere accoutumée.

*V.* Journal des Aud. tom. 6. l. 7. ch. 4.

2°. Quant à la CONNOISSANCE de ces fortes de Délits , elle eft attribuée , par la même Déclaration , aux Officiers de Police par Appel en la Grand-Chambre des Parlemens , *& cela,* eft-il dit , *quand même la Sentence dont eft Appel , porteroit Condamnation à Peines afflictives.* La même Loi ajoûte , que les Procureurs Généraux pourront même requérir lorfqu'ils le jugeront à-propos , eu égard à l'importance de la Matiere , l'Apport au Greffe du Parlement, des Procédures commencées par le premier Juge du Reffort , pour y être continuées en la GRAND-CHAMBRE , qui fera cependant défenfes de répandre & diftribuer lefdits Libelles.

3°. Enfin à l'égard de l'INSTRUCTION pour ces fortes de Délits , la même Loi contient deux Difpofitions remarquables : par la *premiere* , elle veut que lorfqu'il s'agira de prononcer la peine du CARCAN , cette Inftruction foit faite aux Accufés *par Recollement & Confrontation* , tant par les Cours , que par les autres Juges : par la *feconde* , elle permet d'entendre , comme Témoins, ceux qui auront fait le Procès-verbal de faifie , ou qui y auront affifté ; à l'effet de quoi , elle veut qu'ils foient répétés fur lefdit Procès-verbal par forme de Dépofition.

Mais comme, malgré les fages précautions qu'avoient apportées toutes ces Loix à réprimer des Abus d'une conféquence auffi
dangereufe pour le bien de la Religion & la tranquillité publique, on avoit trouvé le fecret d'en éluder l'exécution, à la faveur des Imprimeries privées & clandeftines qui fe pratiquoient
dans des Maifons particulieres ou dans des Communautés, Sa
Majefté a cru devoir en arrêter le progrès par une nouvelle Déclaration du 16 Avril dernier, où après avoir renouvellé la Peine
de MORT, portée par les précédentes, contre tous ceux qui auroient eu part à la Compofition, à l'Impreffion, & à la Diftribution des Écrits *tendans à attaquer la Religion, à émouvoir les Ef-
prits, à donner atteinte à l'Autorité de Sa Majefté, & à troubler l'ordre & la tranquillité de l'Etat;* & celle des GALERES, contre ceux
qui auroient eu part à la Compofition, à l'Impreffion, & à la
Diftribution d'*autres Ecrits que ceux ci-deffus, fans avoir obfervé les
Formalités prefcrites par les Ordonnances.* Sa Majefté ordonne l'e-
xécution des Ordonnances, Edits, & Déclarations rendus fur le
fait de l'Imprimerie & de la Librairie; & en conféquence, fait
défenfes à tout Particulier, de quelle qualité & condition qu'il
foit; & à toutes Communautés, Maifons Eccléfiaftiques ou Laï-
ques, Séculieres ou Régulieres, de fouffrir en leurs Maifons, dans
les Villes ou dans les Campagnes, des Imprimeries privées &
clandeftines, foit avec Preffes, Rouleaux, ou autrement, à
Peine de 6000 liv. d'Amende; & du double, en Cas de récidive, tant contre les Propriétaires ou principaux Locataires de ces
Maifons qui n'auront pas dénoncé ces Imprimeries à la Juftice,
que contre les Communautés, qui feront en outre déclarées dé-
chues des Priviléges à elles accordés par S. M. & par les Rois
fes Prédéceffeurs.

## CHAPITRE VII.

*Des Délits commis par les Mendians & Vagabonds.*

NOUS avons eu lieu de parler plufieurs fois, dans le cours
de ce Traité, des Délits commis par ces fortes de Perfonnes, tantôt fous les noms de *Bohémiens & Egyptiens, & Difeurs
de bonne fortune,* tantôt fous ceux de *Voleurs,* tantôt fous ceux
de *Fauffaires.* : nous avons rapporté en même tems les Loix qui

ont été rendues contr'eux fous ces différentes dénominations ; nous ne parlerons ici que de celles qui concernent principalement la Police qui doit être obfervée à leur égard , afin de prévenir tous les défordres dont ces fortes de Gens font capables.

Parmi ces Loix , nous en remarquons trois principales ; fçavoir , la Déclaration du 18 Juillet 1724 , regiftrée en Parlement le 26 du même mois ; celle du 12 Septembre de la même année , regiftrée le 27 du même mois ; & enfin celle du 1 Août 1738 , regiftrée le 5 Décembre fuivant.

Il paroît par ces différentes Loix , que le Prince s'eft propofé fept Objets principaux , dont le *premier* tend à déterminer ceux que l'on doit regarder comme Vagabonds ; le *fecond* , à pourvoir à la fubfiftance des pauvres Gens , afin de les empêcher de mendier ; le *troifieme* , à punir ceux des Mendians qui ne profiteront pas des reffources qui leur font offertes par les Déclarations , ou qui feront arrêtés plufieurs fois ; le *quatrieme* , à affûrer le moyen de reconnoître ceux qui auront été arrêtés une premiere fois ; le *cinquieme* , à prévenir & reprimer les excès auxquels pourroient fe livrer les Mendians ; le *fixieme* , à empêcher les Rebellions qui pourroient être faites au fujet de leur Capture & Conduite ; enfin le *feptieme* , à déterminer la Compétence des Juges qui en doivent connoître.

Ce font tous ces différens Objets que nous allons difcuter féparément , avec toutes les Modifications qui y font jointes.

### Qui font ceux qu'on peut appeller VAGABONDS.

Nous avons vû , qu'aux termes de la Déclaration de 1701 , on appelloit de ce nom ceux qui n'ayant ni Profeffion , ni Métier , ni Domicile certain , ni Biens pour fubfifter , ne pouvoient être avoués , ni faire certifier de leur bonne Vie & Mœurs par Perfonnes dignes de foi ; la Déclaration du mois de Juillet 1724 , excepte néanmoins , article xij. les Habitans du Pays de *Normandie* , *Limoufin* , *Auvergne* , *Dauphiné* , *Bourgogne* , & autres , même des Pays étrangers , qui ont accoutumé de venir , foit pour faire la Récolte des Foins ou des Moiffons , ou pour travailler , ou faire Commerce dans les Villes & autres Lieux du Royaume ; & elle défend expreffément d'apporter aucun trouble ou obftacle à leur paffage , à moins qu'ils ne foient trouvés mendians , contre les défenfes portées par cette même Loi.

Suivant la Déclaration du mois d'Août 1738 , regiftrée le 5
Décembre

Décembre fuivant, l'on doit encore regarder comme *Vagabonds* ceux des Sujets du Roi qui vont en Pélerinage à *Saint Jacques*, *Notre-Dame de Lorette*, & autres Lieux *hors* du Royaume, fans une Permiffion expreffe de S. M. fignée par l'un des Secrétaires d'Etat, & fur l'approbation de l'Evêque Diocéfain. La même Déclaration fait des injonctions expreffes aux Magiftrats, Prevôts des Maréchaux, Exempts, Maires, Syndics des Villes, de les arrêter fur les Frontieres ; & elle veut qu'ils foient condamnés par les Juges des Lieux en premiere Inftance, & par Appel aux Cours des Parlemens ; fçavoir, les Hommes à la Peine des Galeres à perpétuité, & les Femmes à telle Peine afflictive qui fera eftimée convenable par les Juges.

### *MOYENS pour empécher les pauvres Gens de mendier.*

La Déclaration de Juillet 1724, diftingue à ce fujet les Pauvres qui font *valides*, & en état de gagner leur Vie par leur travail ; & ceux qui font *invalides*, foit parce qu'ils font Eftropiés, foit à caufe de leur grand Age ; elle met auffi de ce nombre les Enfans, Nourrices, & Femmes groffes qui mendient faute de moyens de fubfifter ; elle enjoint à ceux qui font *valides*, de prendre un Emploi pour fubfifter de leur travail, foit en fe mettant en Condition pour fervir, foit en travaillant à la Culture des Terres, ou autres Ouvrages ou Métiers dont ils peuvent être capables. Elle fait plus ; afin de leur ôter tous prétextes d'excufer leur fainéantife & leur mendicité, fur ce qu'ils n'ont pû trouver de travail pour gagner leur Vie, elle leur permet de s'engager aux Hôpitaux, qui, au moyen de cet Engagement, feront tenus de fournir leur fubfiftance & entretien : & elle ajoûte, que s'ils trouvent dans la fuite un Emploi pour fubfifter, les Directeurs pourront, en connoiffance de Caufe, leur accorder leur Congé, comme auffi pour entrer, s'ils le veulent, dans les Troupes du Roi : mais elle leur défend expreffément de quitter le Service des Hôpitaux fans Congé, ou pour aller fervir ailleurs, ou pour reprendre leur premier état de fainéantife & de mendicité, à peine d'être pourfuivis extraordinairement, & condamnés en cinq années de Galeres.

A l'égard des Mendians *invalides*, tels que les Vieillards, les Eftropiés, les Enfans, les Nourrices, & les Femmes groffes, cette même Loi leur enjoint de fe préfenter dans un délai de quinzaine dans les Hôpitaux les plus prochains de leur demeure,

*V. art.* 1.

*V. art.* 2.

SSss

où ils feront reçus généralement & employés au profit des Hôpitaux , & à des Ouvrages proportionnés à leur âge & à leur force.

*PEINE des Mendians qui contreviennent à la Déclaration du Roi.*

Les Mendians & Mendiantes qui ne profiteront pas dans le tems prefcrit, des reffources que leur préfente la Déclaration , doivent être arrêtés, tant ceux qui feront *valides* que ceux qui feront *invalides* , & conduits dans les Hôpitaux généraux les plus proches des lieux où ils auront été arrêtés, & les Mendians invalides, tels que les *Vieillards* & *Eftropiés* y feront nourris pendant leur vie , & les *Enfans* y feront nourris jufqu'à ce qu'ils ayent atteint l'âge fuffifant pour gagner leur vie ; les *Femmes groffes* & les *Nourrices* , pendant le tems qui fera jugé convenable par les Directeurs & Adminiftrateurs des Hôpitaux , & qui ne pourra être moindre que de deux mois.

Que fi ces Mendians font arrêtés une *feconde* fois ; ils doivent, s'ils font invalides , être retenus dans les Hôpitaux pendant leur vie pour y être nourris , & s'ils font valides , condamnés à être renfermés dans lefdits Hôpitaux pendant le tems & efpace de trois mois au-moins & marqués avant leur élargiffement d'une Marque en forme de la Lettre *M.* au bras , & ce dans l'intérieur de la Maifon ou de l'Hôpital ; fans néanmoins , ajoute la Déclaration, que cette Marque emporte infamie.

Enfin dans le Cas où les uns & les autres feroient arrêtés pour une *troifieme* fois en quelque lieu que ce puiffe être ; cette Déclaration ordonne que les *Femmes* valides feront condamnées à être enfermées dans les Hôpitaux généraux pendant le tems qui fera jugé convenable , & qui ne pourra être moindre que de 5 années , & même à perpétuité, s'il y échéoit, & les *Hommes* valides aux Galeres pour cinq années au moins ; & à l'égard des Hommes & des Femmes *invalides*, elle veut qu'ils foient retenus dans les Hôpitaux pour être nourris & alimentés pendant leur vie, & employés au profit de l'Hôpital aux ouvrages dont ils feront capables.

Il y a cependant une Exception portée dans l'art. iv. de cette même Déclaration, en faveur de ceux des Mendians qui voudront fe retirer dans le lieu de leur naiffance & domicile ; elle leur permet de prendre dans quinzaine un Congé ou Paffeport à l'Hôpital général le plus prochain du lieu où ils feront, qui fera mention de leur nom, furnom , âge, naiffance & domicile , de leurs fignalemens , des principaux lieux de leur Route ; comme auffi de celui

où ils voudront fe retirer , & où ils feront tenus de fe rendre dans
le délai qui leur fera marqué par le Paffeport; lequel fera vifé par
les Officiers Municipaux des lieux où ils pafferont : au moyen
dequoi, ils ne pourront être arrêtés pendant ce délai , pourvû
qu'ils ne foient pas attroupés en plus grand nombre que celui de
quatre , non compris les Enfans.

*MOYENS pour reconnoître les Mendians qui ont été arrêtés*
*une premiere fois.*

La Déclaration de 1724 veut que pour cet effet, il foit établi
à l'Hôpital général de Paris , un Bureau général de Correfpondance avec tous les autres Hôpitaux du Royaume, où l'on tien-
dra Regiftre exact de tous les Mendians qui y feront arrêtés ,
contenant leurs noms, furnoms, âge & pays , & autres circonftances qu'ils auront déclaré par leurs Interrogatoires , avec les
principaux fignalemens de leurs perfonnes ; elle veut en même
tems , que les Hôpitaux des Provinces tiennent auffi de leur côté
un pareil Regiftre des Mendians amenés en leurs Maifons, dont
ils enverront une copie toutes les Semaines au Bureau général
de Paris ; fur laquelle copie , on formera au Bureau de Paris un
Regiftre général de tous les Mendians arrêtés dans toute l'étendue du Royaume , dans lequel on portera au nom de chaque
Mendiant les Notes & Obfervations réfultantes de leurs Interrogatoires , ainfi que les autres découvertes qu'on aura faites à leur
fujet , dans les copies des Regiftres des autres Hôpitaux ; elle veut
encore qu'on y tienne un Regiftre alphabétique du nombre de
tous les Mendians , & que l'on faffe imprimer chaque femaine la
copie de ce qui aura été porté pendant le cours de la femaine fur
le Regiftre général & fur le Regiftre alphabétique , & qu'il en
foit envoyé un Imprimé à chacun des Hôpitaux du Royaume ,
enfemble à tous les Officiers de Police & de Maréchauffée.

Toutes ces précautions ont été également établies, aux termes
de la même Loi , pour reconnoître plus facilement ceux des Mendians contre lefquels il y auroit d'ailleurs des Plaintes , & autres
faits , qui mériteroient d'être approfondis & pourroient donner
lieu à des Châtimens plus féveres.

*PEINES des Excès auxquels peuvent fe livrer les Mendians.*

Les Excès dont il eft parlé dans l'article vj. de la Déclaration
de 1724, font 1°. lorfqu'ils demandent l'Aumône avec infolence ;

2°. Lorfqu'ils fe difent fauffement Soldats , & qu'ils font Porteurs de Congés, qui ne font pas véritables; 3°. lorfqu'ils déguifent dans le tems qu'ils font arrêtés leurs noms , furnoms, & le lieu de leur naiffance ; 4°. lorfqu'ils contrefont les Eftropiés , ou qu'ils feignent des maladies qu'ils n'ont pas ; 5°. enfin lors qu'ils s'attroupent au nombre de quatre , non compris les Enfans , foit dans les Villes ou dans les Campagnes, & qu'ils font trouvés armés de Fufils, de Piftolets, Epées , Bâtons ferrés ou autres Armes ; dans tous ces cas , la Déclaration veut qu'ils foient condamnés , quoiqu'arrêtés Mendians pour la premiere fois; fçavoir , les *Hommes valides* , aux Galeres au moins pour cinq années , & les *Femmes & Hommes invalides* , au Fouet dans l'intérieur de l'Hôpital , & à une détention à l'Hôpital général à tems ou à perpétuité , fuivant l'exigence des Cas , & même à plus grande Peine , fi le Juge le trouve à propos. Les mêmes Peines font auffi prononcées par le même article contre ceux des Méndians , qui fe trouveroient flétris d'une Fleur-de-Lys ou de la Lettre *V.* ou autres Marques infamantes , quoiqu'arrêtés Mendians pour la premiere fois.

*V. art. 6.*

## REBELLIONS *faites à l'occafion de la Capture & de la Conduite des Mendians.*

Ces Délits ont fait l'objet particulier de la Déclaration du 12 Septembre 1724 , qui contient à ce fujet trois Difpofitions remarquables : par la *premiere* , elle fait défenfes expreffes à toutes fortes de Perfonnes , de quelque qualité & condition qu'elles foient , de troubler les Officiers qui font prépofés à cet effet dans les fonctions de leurs Commiffions , à peine d'être pourfuivies extraordinairement , & d'être punies felon la rigueur des Ordonnances : par la *feconde* , elle ordonne que le Procès leur foit fait tant fur les Procès - verbaux des Officiers , qu'ils ont troublés & infultés , & autres , dans lefquels ils feront répétés par forme de dépofitions fur les Interrogatoires des Accufés ; que fur les Recolemens & Confrontations de ces mêmes Officiers & Archers , & des Témoins qui auront été entendus dans les Informations : enfin par la *troifieme* , elle enjoint aux Brigadiers & Sous-Brigadiers de ces Archers de faire leur rapport en forme , du trouble qui leur a été apporté dans l'exécution de leurs fonctions fur un Regiftre , qui fera dépofé à cet effet au Greffe de la Police , après qu'il aura été cotté & paraphé dans toutes les pages par le Juge de Police.

*V. art. 1.*

*V. art. 2.*

## *JUGES qui doivent connoître des Mendians.*

La Compétence des Juges qui doivent connoître des Mendians, fe trouve marquée par les articles vij. viij. ix. x. & xj. de la Déclaration du 18 Juillet 1724, enregiftrée le 26 du même mois. Suivant ces articles, la Connoiffance des Mendians eft attribuée principalement aux LIEUTENANS GÉNÉRAUX DE POLICE, avec pouvoir de juger en dernier reffort & fans appel, & de fe faire affifter pour cet effet des autres Officiers des Siéges Préfidiaux & Bailliages du lieu de leur établiffement au nombre de fept, conformément aux Déclarations des 16 Avril 1685, 10 Février 1699, 25 Janvier 1700 & 27 Août 1701. *V. art. 7.*

La même Connoiffance & le même Pouvoir font auffi attribués aux PRÉVOSTS DES MARÉCHAUX, pourvû que ceux-ci ayent arrêté avant les Lieutenans Généraux de Police : Néanmoins la Déclaration ajoute deux Exceptions remarquables à cet égard ; *V. art. 8.* l'*une*, au fujet des Mendians qui feront arrêtés dans *les Cours, Sales & Galeries du Palais de Paris*, dont elle réferve la Connoiffance au Lieutenant Général du Bailliage du Palais, pour juger *V. art. 9.* en dernier reffort en la forme ci-deffus prefcrite, & avec le nombre de fept Juges au moins.

L'*autre*, au fujet des Mendians qui fe trouveroient accufés d'autres *Crimes* qui ne feroient pas de la compétence des Lieutenans Généraux de Police, Prévôts des Maréchaux & Lieutenant Général du Baillage du Palais ; elle veut que ces Juges en laiffent la *V. art. 11.* connoiffance à ceux qui en doivent connoître, fuivant les Ordonnances ; à la charge néanmoins, eft-il dit, par les Juges qui en connoîtront, de prononcer contre les Accufés, qui auroient contrevenu à la Déclaration ; les *Peines portées par icelle, & même de plus grandes, s'il y échet.*

Il y a encore une troifieme Exception établie par la Déclaration du mois de Février 1731, à l'égard des Mendians valides, qui font Vagabonds & Gens fans aveu ; l'article premier de cette *V. Déclar. du 5.* Déclaration enjoint aux Prévôts des Maréchaux de les arrêter, *Févr. 1731. art. 1.* pour procéder contr'eux, fuivant les Edits & Déclarations qui ont été donnés fur le fait de la *Mendicité.*

## *F I N.*

# TABLE ALPHABETIQUE
## DES MATIERES
*Contenues dans les Inſtitutes & dans le Traité des Crimes.*

## A

*Ban,*

## C.

du

## H.

## M.

X X x x

bre & la Tournelle affemblées. Cas dont connoît la Grand'Chambre feulement. *Voy* Grand'Chambre. Cas attribués principalement à la Chambre de la Tournelle. *V.* Tournelle. Cas dont peuvent connoître les Chambres des Enquêtes. *Voyez* Enquêtes. Cas dont connoît la Chambre des Vacations. *V.* Vacations.

*Parrains* , s'ils peuvent être Témoins dans la Caufe de leur Filleul ou Filleule *& vice verfa.* 313. S'ils peuvent être recufés comme Juges. 128. Si le commerce du Parrain avec fa Filleule eft un Incefte. 506

*Parricide* , Crime , fa Peine , 526

*Part* , fuppreffion de Part. *V.* Suppreffion, Suppofition de Part. *V.* Suppofition. Expofition de Part. *V.* Expofition.

*Partie civile,* en quoi elle differe du Plaignant & du Dénonciateur. 36. 220. A quoi elle eft tenue. 33. Quand fe peut défifter. 65

*Partie publique* , *V.* Procureur du Roi.

*Paffevolans,* ou faux Soldats, leurs Peines. 176

*Pauvre,* Pauvreté; fi la Pauvreté eft un moyen de reproche valable contre un Témoin. 318

*Péage* , droits de Péage qui fe perçoivent fur les Rivieres , Délits qui fe commettent à ce fujet. 677

*Péculat* , Crime de Léze-Majefté au 2d chef, fa Peine. 472. Particularités concernant ce Crime. 474

*Peine* , ce que c'eft. 390. Cas où elles doivent être augmentées ou diminuées. 392. En quel fens font réputées arbitraires en France.32. Peines ufitées chez les Romains. 394. Peines canoniques. 206. Peines fuivant nos Ufages. 397. Pei-

nes corporelles , de combien de fortes, la maniere dont elles s'exécutent & leurs effets. 398. *& fuiv.* Peines infamantes , en quoi elles confiftent. 412. Peines qui emportent l'infamie de droit.413. Peines qui emportent feulement l'infamie de fait. 416. Peines pécuniaires , de combien d'efpeces, 418. Peines particulieres aux Tribunaux militaires. 399. Peines particulieres à la Marine. *Ibid. &* 180

*Pere,* s'il peut accufer fon fils. 56. S'il peut être témoin contre fon fils. 312. S'il eft refponfable du dommage caufé par fon fils. 70. Eft puni pour Crime de fon fils en fait de Léze-Majefté. 458. 460

*Pendu* fous les Aiffelles, Peine, Cas où elle a lieu. 409

*Pêche,* Délits commis au fujet de la Pêche. 671. Perfonnes qui ont feuls droit de Pêche. 672. Tems prohibés pour la Pêche. 973. Inftrumens prohibés pour la Pêche. 674. Manieres de pêcher défendues. 675. Poiffons qui doivent être rejettés dans l'eau après qu'ils font péchés. 676

*Pieces* fervans à conviction, quand doivent être repréfentées à l'Accufé & où doivent-elles refter. 237. 244. Pieces de comparaifon, de quelle qualité doivent-elles être. 237. Par qui doivent-elles être fournies.238.Comment doiton procéder à leur repréfentation. *Ibid.*

*Pilori* , *Voyez* Carcan.

*Pilote* , Délits qu'ils peuvent commettre. 183. Pilote, Lamaneur , ce que c'eft. *Ibid.*

*Permiffion* d'informer. *V.* Ordonnance. Permiffion d'obtenir Monitoire , quand & par qui doit-

nelle. 178. Prevôt des Maréchaux , ce que c'étoit chez les Romains. 160. Ses fonctions , comme Officier militaire. 161. Ses fonctions, comme Juge. *Ibid.* Cas dont il peut connoître en dernier ressort. *V.* Cas Prevôtaux. Cas Prevôtaux dont il ne peut connoître, qu'à la charge de l'Appel. 165. Cas Prevôtaux dont il peut connoître à l'exclusion des Présidiaux. 164. Cas dont il connoît concurremment avec les Présidiaux & les Baillifs & Sénéchaux. *Ibid.* Cas ordinaire dont il peut connoître. *Ibid.* Formalités qu'il doit observer dans ses Jugemens. 165. Prevôt de l'Hôtel, Cas dont il connoît. 158

*Preuve* , sa nécessité dans les Matieres criminelles. 303. Preuves qui ne sont plus en usage parmi nous. 304. Preuves qui n'ont plus la même autorité parmi nous. 305. Preuve nécessaire pour la Condamnation à Mort. 307. Preuve tirée du Corps du Délit. 308. Preuve testimoniale, son ancienneté. 304. Preuve testimoniale considérée par rapport à la qualité du Témoin. 312. Preuve testimoniale considérée par rapport à la Déposition en elle-même. 319. Preuve littérale ou instrumentale. 326. Conditions nécessaires pour la former. 328. Causes qui la détruisent. 331. Preuve vocale ou Confession de l'Accusé. *Voyez* Confession. Preuve conjecturale ou par Indices. *Voyez* Indices.

*Primat* , Quels sont les Archevêques de France qui prétendent la Qualité de Primat des Gaules. 197

*Prince* qui se marie dans les Pays étrangers sans la Permission du Roi. *V.* Mariage.

*Prise* à partie, dans quel Cas elle a lieu. 134

*Prison* , si c'est une Peine. 211. Prison perpétuelle , si elle emporte Mort civile. 411. Cas où elle a lieu. Bris de Prisons. *Voyez* Bris. Prison privée. *V.* Chartre privée. Police des Prisons. *V.* Police.

*Prisonniers* doivent être visités. 263. 265. Par qui doivent être nourris. 262. Peine du Geolier qui abuse de sa Prisonniere. *V.* Geolier. Elargissement des Prisonniers. *V.* Elargissement.

*Privation* de Bénéfices, Peine, comment s'encourt. 210. Privation de Sépulture , Cas où elle a lieu. *Ibid.*

*Priviléges* des Accusés , quels sont-ils. 67. Privilége clérical, ce que c'est, Cas où il cesse. 199. Privilége de l'entrée de la Reine dans une Ville du Royaume. *V.* Entrée. Privilége de l'entrée de l'Evêque d'Orléans. *V.* Entrée. Privilége de la Fierte de Rouen, *V.* Fierte.

*Privilégié,* Accusés Privilégiés. 123. Cas Privilégiés. *V.* Cas.

*Procès* criminel , de quelles parties doit être composé. 1. Conversion du Procès criminel en civil. *Voyez* Conversion. Instruction du Procès criminel. *V.* Instruction. Jugement du Procès criminel , comment le Juge doit y procéder. *V.* Jugement. Procès-verbal de Plainte , comment se fait. 221. Procès-verbal du Juge pour constater le corps du Délit, ce qu'il doit contenir. 224. Procès-verbal du Juge, s'il peut donner lieu au Decret. *Quid* du Procès-verbal d'un Huissier en Cas de Ré-

Y Y y y

De l'Imprimerie de LE BRETON, Imprimeur Ordinaire du Roi.

✖✖✖✖✖✖✖✖✖✖✖✖✖✖✖✖✖✖✖✖✖✖✖✖✖✖✖✖✖✖

## APPROBATION.

J'AI lû, par Ordre de Monseigneur le Chancelier, un Manuscrit qui a pour titre *Institutes au Droit Criminel, avec un Traité particulier des Crimes;* & je n'y ai rien trouvé qui doive en empêcher l'Impression. A Paris, ce seize Février mil sept cens cinquante-sept.

COQUELEY DE CHAUSSEPIERRE.

## PRIVILEGE DU ROI.

LOUIS, PAR LA GRACE DE DIEU, ROI DE FRANCE ET DE NAVARRE : A nos amez & féaux Conseillers les Gens tenant nos Cours de Parlement, Maîtres des Requêtes ordinaires de notre Hôtel, Grand-Conseil, Prevôt de Paris, Baillifs, Sénéchaux, leurs Lieutenans Civils, & autres nos Justiciers qu'il appartiendra : SALUT. Notre bien amé le Sieur MUYART DE VOUGLANS, Avocat au Parlement, Nous a fait exposer qu'il desireroit faire imprimer & donner au Public un Ouvrage qui a pour titre *Institutes au Droit Criminel, avec un Traité particulier des Crimes,* s'il nous plaisoit lui accorder nos Lettres de Privilége pour ce nécessaires. A CES CAUSES, voulant favorablement traiter l'Exposant, Nous lui avons permis & permettons par ces Présentes, de faire imprimer ledit Ouvrage autant de fois que bon lui semblera, & de le faire vendre & débiter par tout notre Royaume, pendant le tems de douze années consécutives, à compter du jour de la date des Présentes : Faisons défenses à tous Imprimeurs, Libraires, & autres Personnes de quelque qualité & condition qu'elles soient, d'en introduire d'impression étrangere dans aucun lieu de notre obéïssance ; comme aussi d'imprimer, ou faire imprimer, vendre, faire vendre, débiter ni contrefaire ledit Ouvrage, ni d'en faire aucun Extrait sous quelque prétexte que ce puisse être, sans la permission expresse & par écrit dudit Exposant ou de ceux qui auront droit de lui, à peine de confiscation des Exemplaires contrefaits, de 3000 liv. d'amende contre chacun des Contrevenans, dont un tiers à Nous, un tiers à l'Hôtel-Dieu de Paris, & l'autre tiers audit Exposant ou à celui qui aura droit de lui, & de tous dépens, dommages & intérêts ; à la charge que ces Présentes seront enregistrées tout au long sur le Registre de la Communauté des Imprimeurs & Libraires de Paris, dans trois mois de la date d'icelles ; que l'impression dudit Ouvrage sera faite dans notre Royaume & non ailleurs, en bon Papier & beaux Caracteres conformément à la feuille imprimée attachée pour modele sous le contre-scel des Présentes ; que l'Impétrant se conformera en tout aux Réglemens de la Librairie, & notamment à celui du 10 Avril 1725 ; qu'avant de l'exposer en vente, le Manuscrit qui aura servi de copie à l'impression dudit Ouvrage sera remis dans le même état où l'Approbation y aura été donnée, ès mains de notre très-cher & féal Chevalier Chancelier de France le Sieur de Lamoignon, & qu'il en fera enfuite remis deux Exemplaires dans notre Bibliotheque publique, un dans celle de notre Château du Louvre, & un dans celle de notredit très-cher & féal Chevalier Chancelier de France le Sieur de Lamoignon, le tout à peine de nullité des Préfentes : du contenu defquelles vous mandons & enjoignons de faire jouir ledit Expofant & fes ayans caufe pleinement & paifiblement, fans fouffrir qu'il leur foit fait aucun trouble ou empêchement : Voulons que la copie des Préfentes, qui fera imprimée tout au long au commencement ou à la fin dudit Ouvrage, foit tenue pour dûement fignifiée, & qu'aux copies collationnées par l'un de nos amez & féaux Confeillers-Secrétaires, foi foit ajoûtée comme à l'Original. Commandons au premier notre Huiffier ou Sergent fur ce requis, de faire pour l'exécution d'icelles tous actes requis & néceffaires, fans demander autre permiffion ; & nonobftant Clameur de Haro, Charte Normande, & Lettres à ce contraires ; CAR TEL EST NOTRE PLAISIR. Donné à Verfailles le deuxieme jour du mois d'Avril, l'an de grace mil fept cent cinquante-fept, & de notre Regne le quarante-deuxieme. Par le Roi en fon Confeil.

*Signé*, LE BEGUE.

*Regiftré fur le Regiftre XIV. de la Chambre Royale des Libraires & Imprimeurs de Paris, N°. 196. fol. 177. conformément au Réglement de 1723, qui fait défenfes, art. 4. à toutes Perfonnes de quelque qualité qu'elles foient, autres que les Libraires & Imprimeurs, de vendre, débiter, & faire afficher aucuns Livres pour les vendre en leurs noms, foit qu'ils s'en difent les Auteurs ou autrement, & à la charge de fournir à la fufdite Chambre neuf Exemplaires de chacuns, preferits par l'art. 108. du même Réglement. A Paris le 28 Juin 1757.*

P. G. LE MERCIER, *Syndic.*

www.ingramcontent.com/pod-product-compliance
Lightning Source LLC
Chambersburg PA
CBHW031535210326
41599CB00015B/1899